无锡年鉴

WUXI YEARBOOK

2018

无锡市人民政府主办
无锡市史志办公室编

图书在版编目（CIP）数据

无锡年鉴.2018 / 无锡市史志办公室编. -- 北京：方志出版社，2018.9
ISBN 978-7-5144-3339-5

I.①无… II.①无… III.①无锡—2018—年鉴 IV.①Z525.33
中国版本图书馆CIP数据核字(2018)第227065号

无锡年鉴（2018）

编　　者：无锡市史志办公室
责任编辑：王海荣
出 版 人：冀祥德
出 版 者：方志出版社
地址 北京市朝阳区潘家园东里9号（国家方志馆4层）
邮编 100021
网址 http://www.fzph.org
发　　行：方志出版社图书经销中心
电话（010）67110500
经　　销：各地新华书店
印　　刷：无锡市长江商务印刷有限公司
开　　本：889×1194　1/16
印　　张：39.5
字　　数：1256千
版　　次：2018年9月第1版　2018年9月第1次印刷
印　　数：0001～1500册

ISBN 978-7-5144-3339-5　定价：280.00元

2017年度获得的主要荣誉

内地最宜居城市

中国旅游休闲示范城市

国家生态文明建设示范市

全国社会治安综合治理“长安杯”

全国文明城市群

江苏游客满意度第一名

省优秀管理城市

无锡市测绘院有限责任公司

地图审

泰州市
靖江市
江阴市
江阴长江大桥
江阴高新技术产业开发区
江阴临港经济开发区
江阴－靖江工业园区
临港街道
澄江街道
城东街道
云亭街道
南闸街道
周庄镇
华士镇
新桥镇
月城镇
青阳镇
徐霞客镇
祝塘镇
长泾镇
顾山镇
张家港市
杨舍镇
金港镇
锦丰镇
乐余镇
南丰镇
塘桥镇
凤凰镇
现代农业示范园
苏州市
海虞镇
大义镇
常熟市
尚湖镇
琴川街道
东南街道
辛庄镇
阳澄湖镇
渭塘镇
北河泾街道
太平街道
黄桥街道
元和街道
相城区
唐亭街道
姑苏区
苏州市
胜浦街道
惠山区
惠山经济开发区
惠山站
洛社镇
锡北镇
锡山经济技术开发区
东港镇
羊尖镇
锡山区
无锡站
无锡东站
梁溪区
蠡园高新技术产业园区
滨湖区
无锡经济开发区
胡埭镇
无锡市
无锡太湖山水城旅游度假区
新吴区
无锡高新区综合保税区
无锡高新技术产业开发区
新区站
苏南硕放国际机场
鹅湖镇
北街道
黄埭镇
望亭镇
通安镇
浒墅关镇
东渚镇
虎丘区
光福镇
藏书镇
木渎镇
胥口镇
香山街道
横泾街道
临湖镇
金庭镇
太湖
长江
京沪高速公路
沿江高速公路
常合高速公路
锡澄高速公路
苏嘉杭高速公路
苏绍高速公路
沪宁高速公路
沪常高速公路
京沪高速铁路
沪宁城际铁路
沪宁铁路
G2
G42
G204
G312
G346
G524
S19
S38
S58
S83
S9
G15w
图例
市政府
区政府
镇(乡)政府、街道
村、社区
山峰
省级界
地级市界
县级界(区界)
高速铁路
普通铁路
高速公路及编号
规划高速公路
国道及编号
主要道路
次要道路
河流、湖泊
图内界线不作实地划界依据

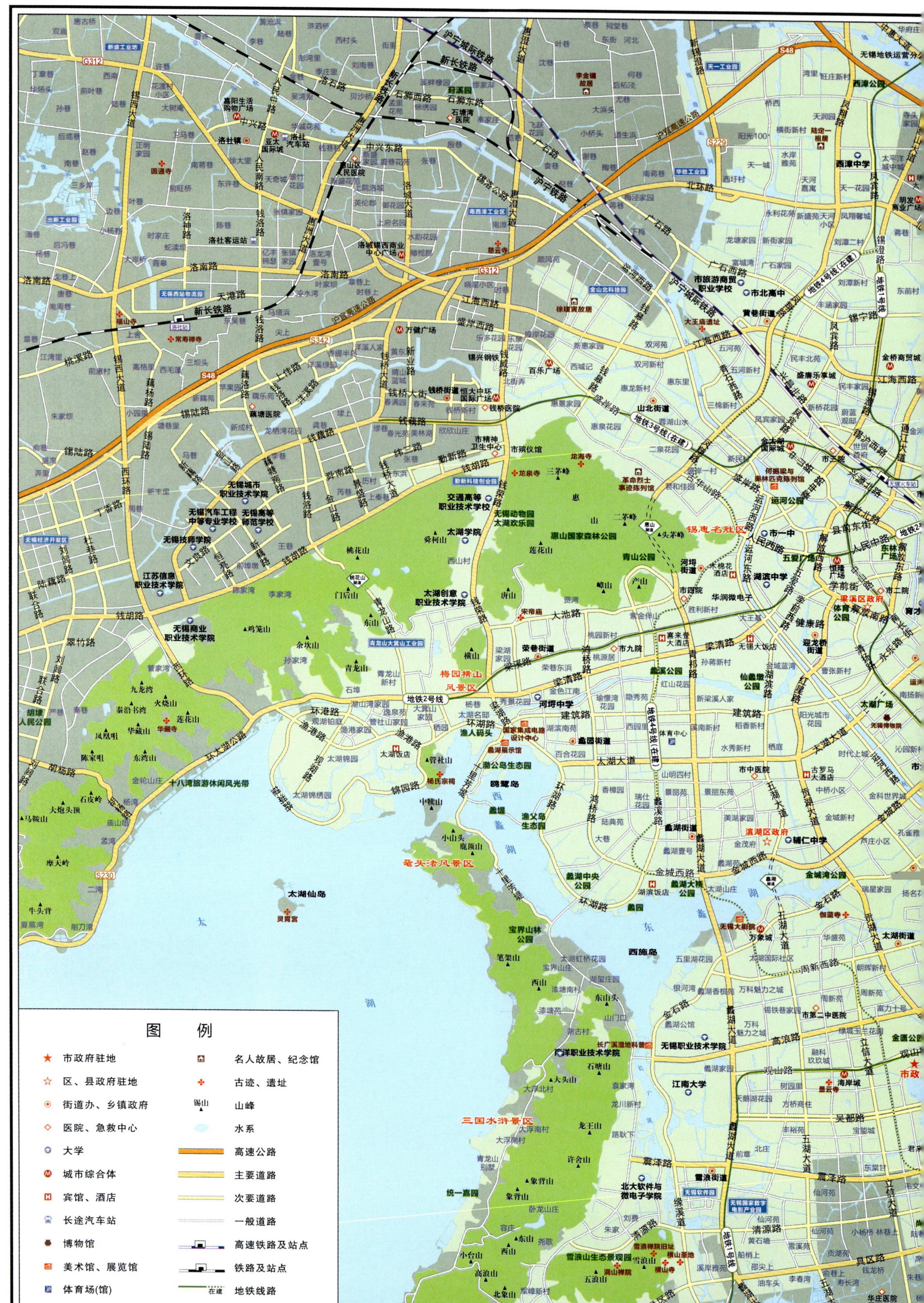
图 例
市政府驻地
区、县政府驻地
街道办、乡镇政府
医院、急救中心
大学
城市综合体
宾馆、酒店
长途汽车站
博物馆
美术馆、展览馆
体育场(馆)
名人故居、纪念馆
古迹、遗址
锡山 山峰
水系
高速公路
主要道路
次要道路
一般道路
高速铁路及站点
铁路及站点
在建 地铁线路
沪宁城际铁路
新长铁路
沪宁铁路
沪宁高速公路
锡惠名胜区
梅园横山风景区
鼋头渚风景区
三国水浒景区
十八湾旅游休闲风光带
惠山国家森林公园
太湖仙岛
西施岛
鸥鹭岛
江南大学
无锡职业技术学院
梁溪区政府
滨湖区政府
地铁1号线
地铁2号线
地铁3号线(在建)
地铁4号线(在建)
太湖大道
梁清路
建筑路
环湖路
钱胡路
人民中路
人民西路
北环路
江海西路
锡澄路
高浪路
震泽路
清源路
太湖广场
蠡湖街道
雪浪街道
太湖街道
荣巷街道
河埒街道
无锡大饭店
无锡火车站
太湖饭店
灵山胜境
北大软件与微电子学院
无锡商业职业技术学院
无锡城市职业技术学院
无锡汽车工程中等专业学校
无锡高等师范学校
无锡技师学院
江苏信息职业技术学院
交通高等职业技术学校
太湖学院
太湖创意职业技术学院
无锡动物园太湖欢乐园
锡山
惠山
龙泉寺
三茅峰
二茅峰
头茅峰
青山公园
太湖

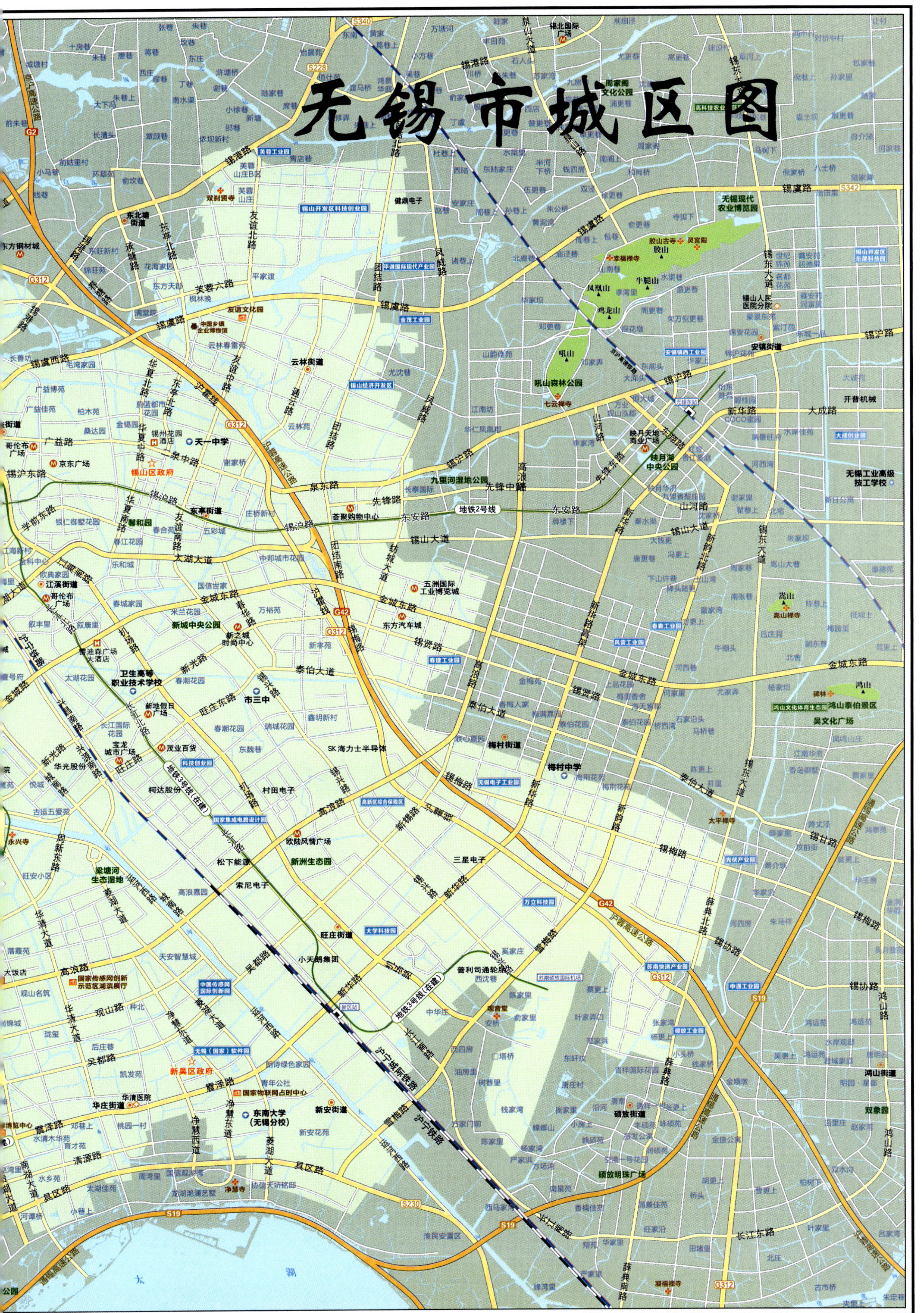
无锡市城区图
锡山开发区科技创业园
锡东大道
锡港路
锡虞路
锡沪路
锡沪东路
锡沪西路
锡虞西路
锡山大道
东安路
先锋路
先锋中路
锡澄路
团结路
团结中路
团结北路
友谊北路
友谊中路
友谊南路
凤威路
芙蓉六路
华夏北路
华夏中路
华夏南路
东亭北路
东亭南路
东亭街道
锡山区政府
天一中学
锡山区人民医院分院
九里河湿地公园
荟聚购物中心
胶山
胶山古寺
灵宫殿
牛腿山
凤凰山
鸡笼山
吼山
吼山森林公园
七云禅寺
无锡现代农业博览园
安镇街道
无锡东站
映月湖中心公园
映月天地商业广场
新华路
大成路
山河路
锡山工业高级技工学校
地铁2号线
云林街道
新锡路
五洲国际工业博览城
东方汽车城
梅村街道
梅村中学
鸿山泰伯景区
吴文化广场
太平禅寺
锡梅路
锡甘路
锡协路
金城东路
泰伯大道
新光路
新华路
江溪街道
新城中央公园
新之城时尚中心
卫生高等职业技术学校
市三中
SK海力士半导体
欧陆风情广场
新洲生态园
三星电子
旺庄街道
茂业百货
松下能源
索尼电子
小天鹅集团
大学科技园
普利司通轮胎
地铁3号线（在建）
地铁1号线（在建）
梁塘河生态湿地
新吴区政府
东南大学（无锡分校）
新安街道
硕放街道
硕放明珠广场
华庄街道
净慧寺
具区路
长江东路
高浪路
观山路
吴都路
沪宁城际铁路
沪宁铁路
沪宁高速公路
锡张高速公路
长江北路
太湖
G2
G42
G312
S19
S342
S228
S340
S230

地区生产总值 单位：亿元

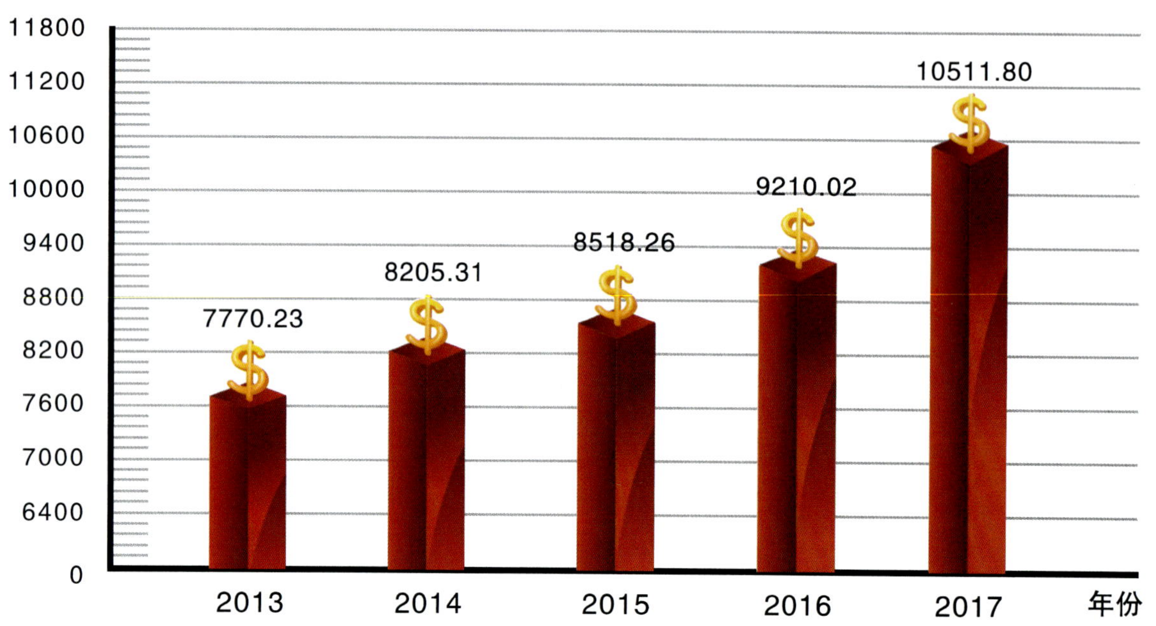

人均生产总值（常住人口） 单位：元

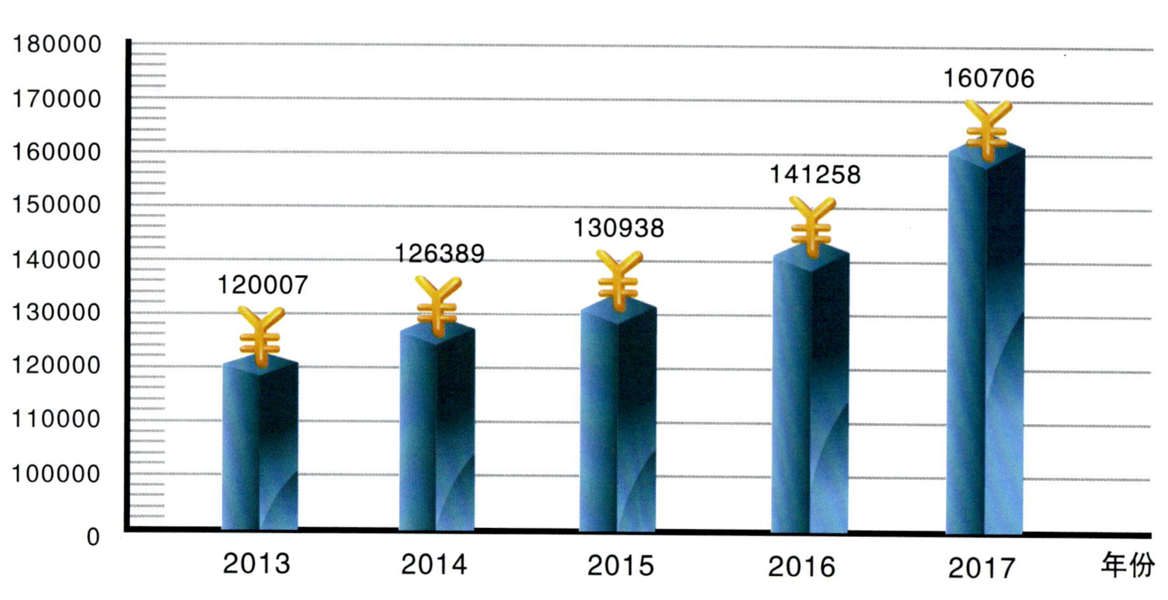

产业结构比例 单位：%

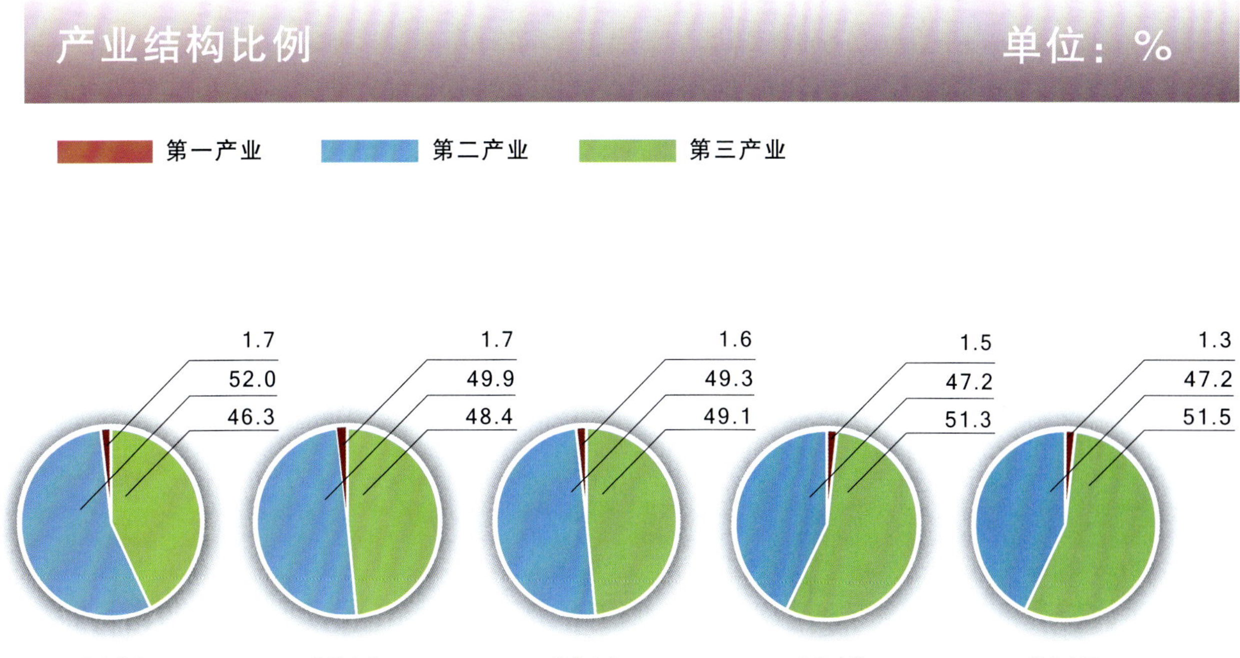

一般公共预算收入 单位：亿元

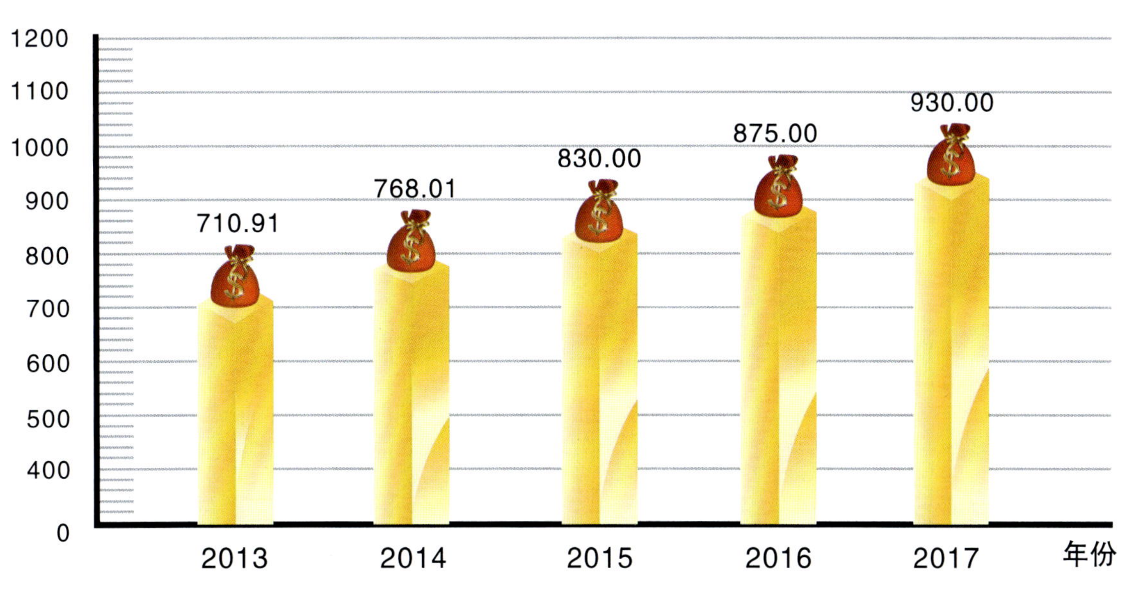

城镇居民人均可支配收入 单位：元

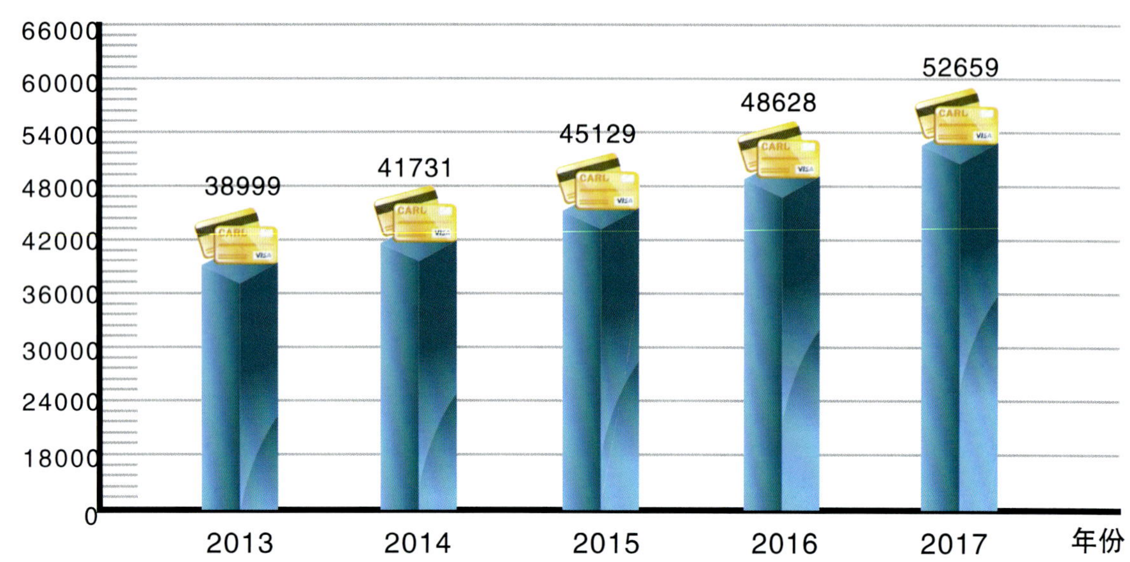

农村居民人均可支配收入 单位：元

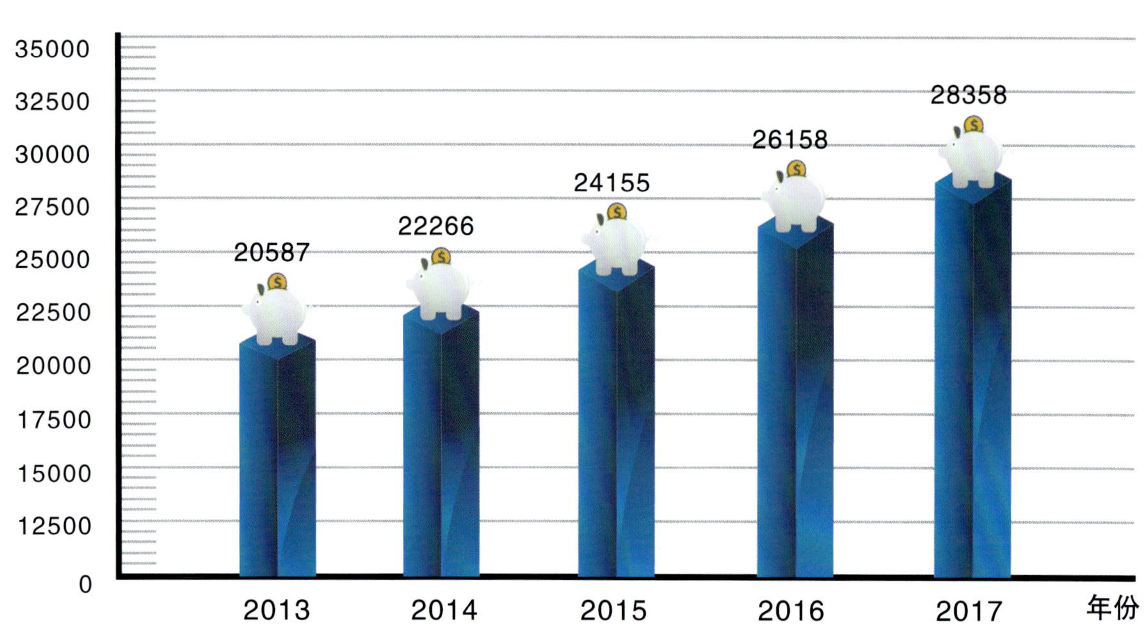

进出口总值 单位：亿美元

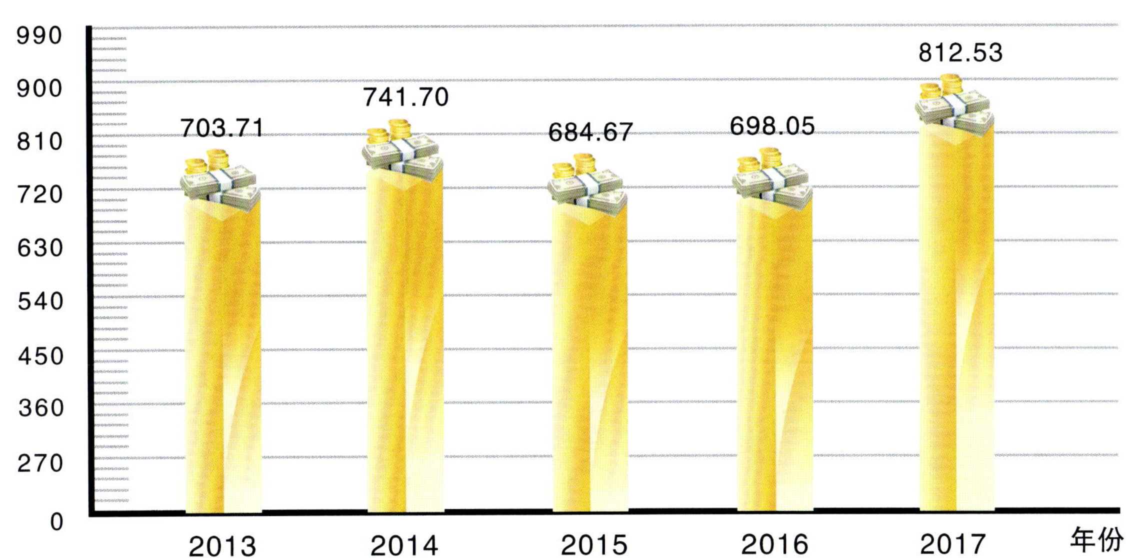

固定资产投资 单位：亿元

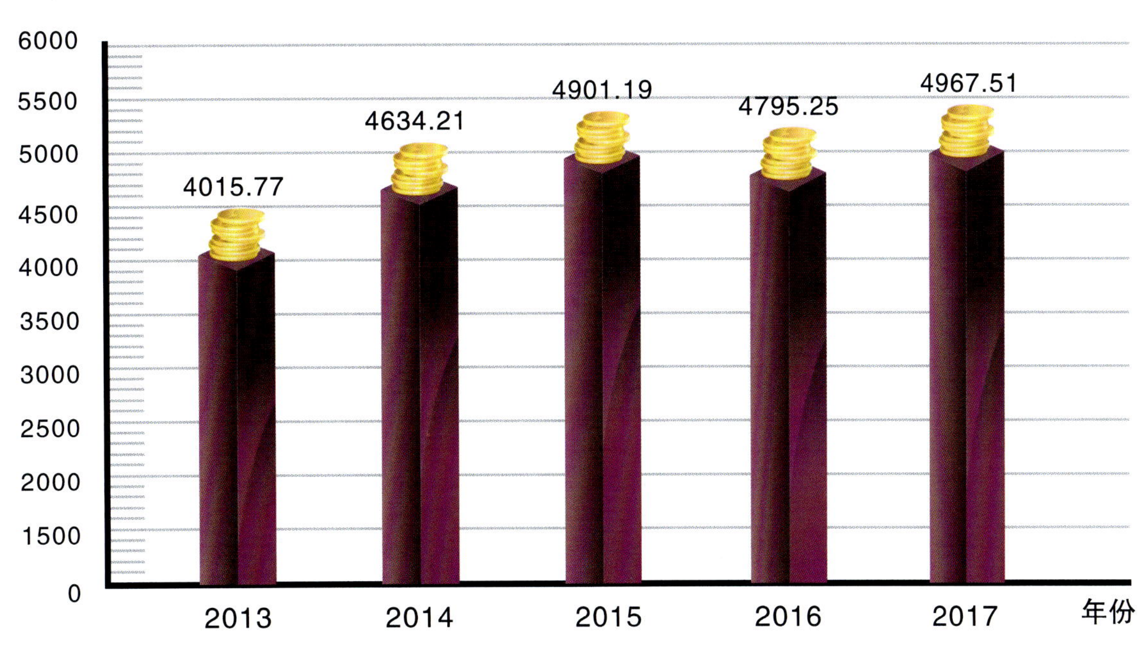

到位注册外资　单位：亿美元

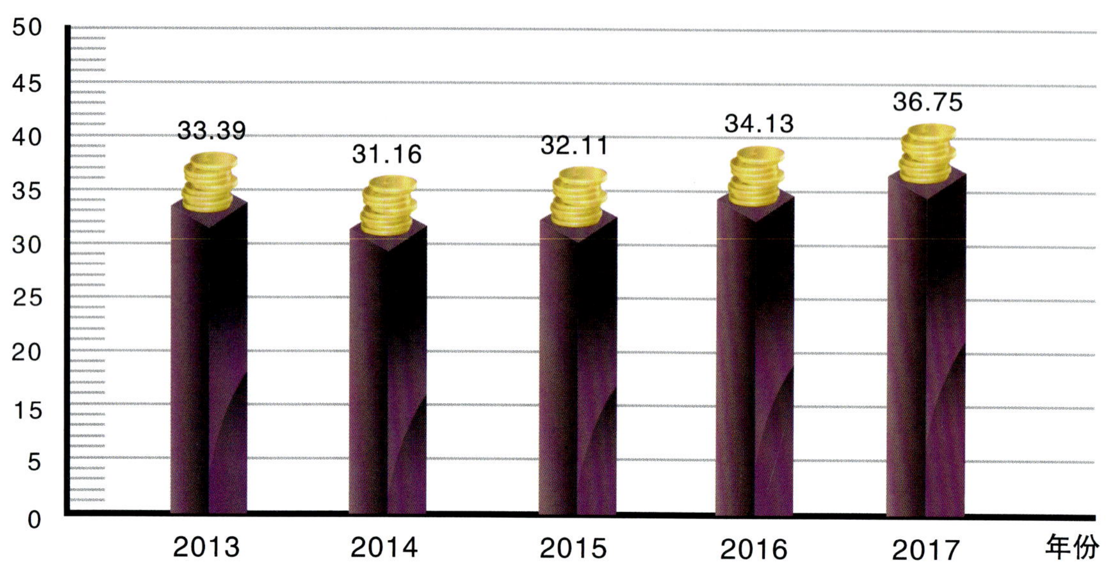

社会消费品零售总额　单位：亿元

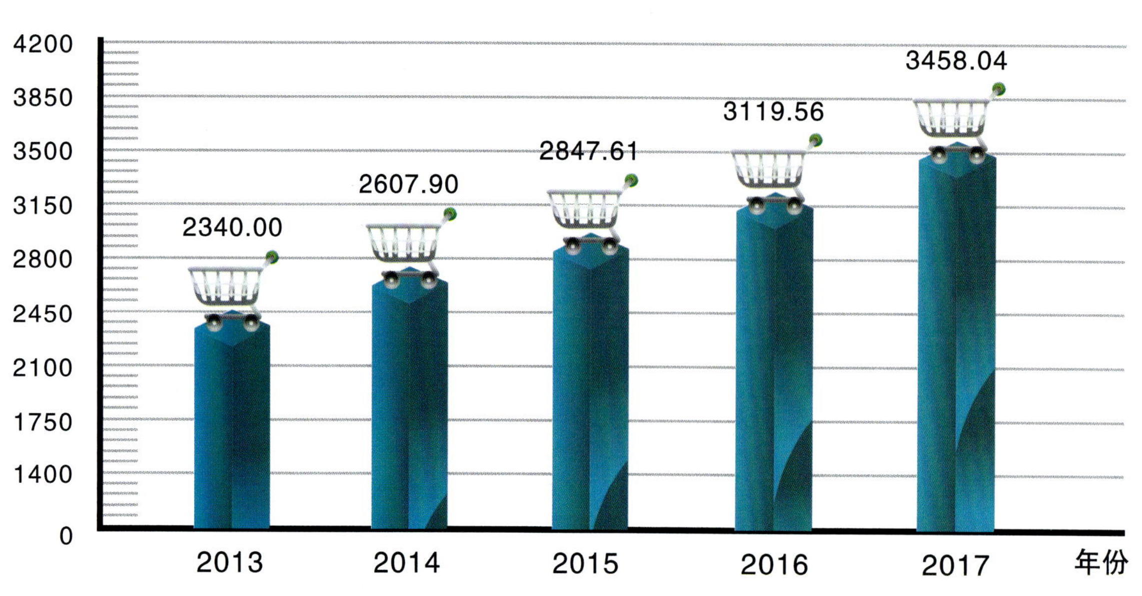

城市道路面积 单位：万平方米

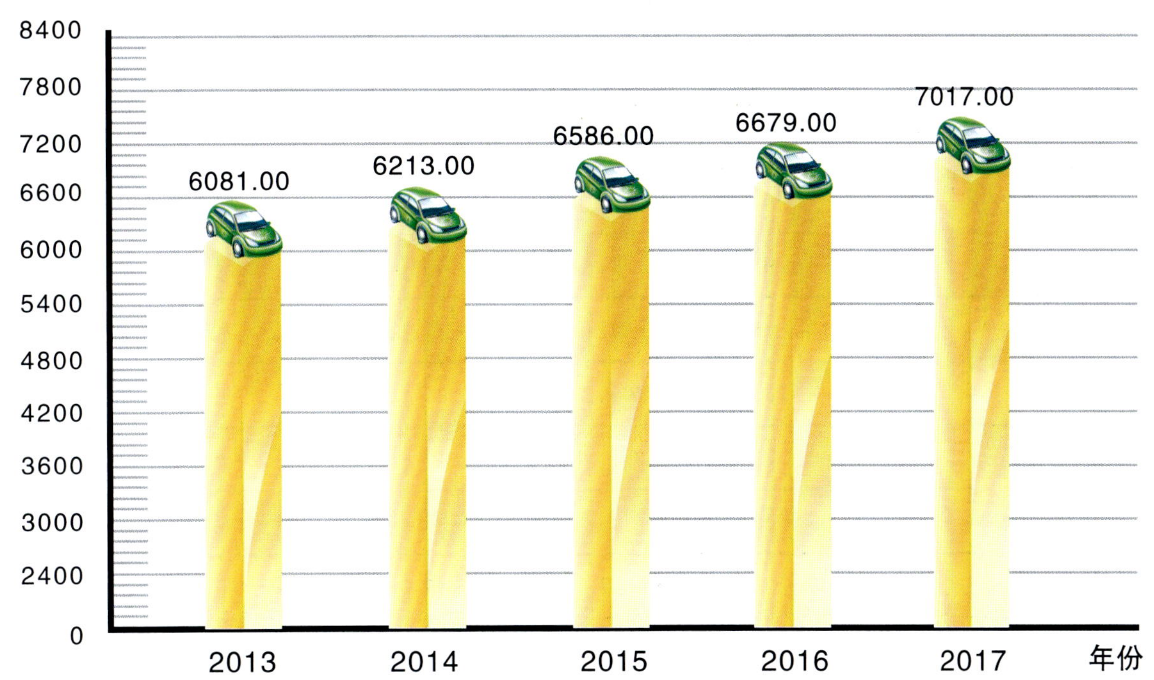

公园绿地 单位：公顷

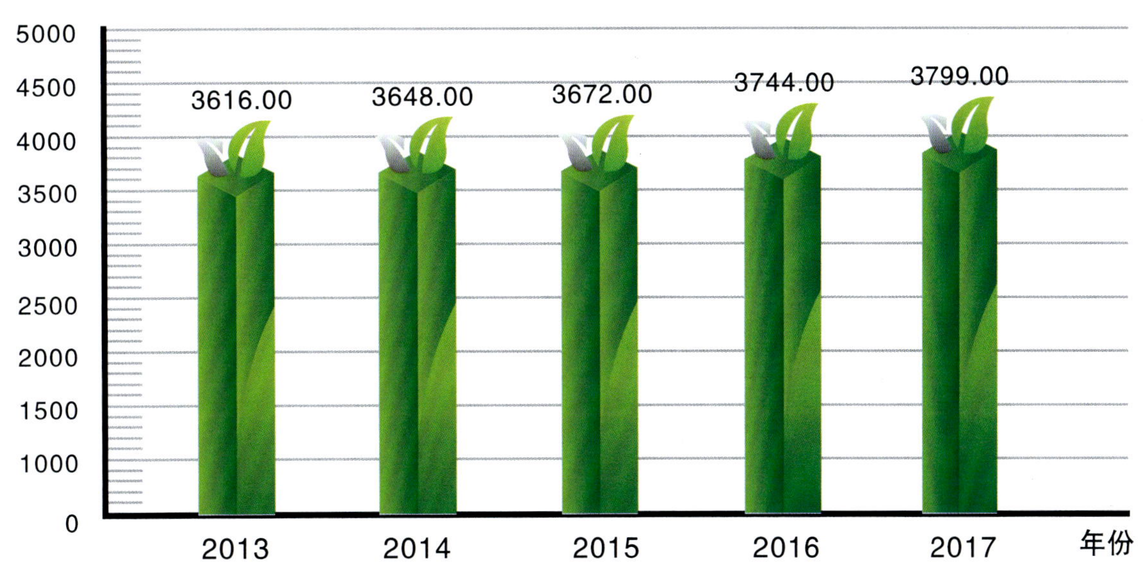

2017年长江三角洲城市群26个城市国民经济主要指标

城市名称	地区生产总值（亿元）	第三产业增加值（亿元）	固定资产投资（亿元）	社会消费品零售总额（亿元）	一般公共预算收入（亿元）	出口总值（亿美元）	城镇居民人均可支配收入（元）	农村居民人均可支配收入（元）
上 海 市	30133.86	20783.47	7246.6	11830.27	6642.26	1936.81	62596	27825
南 京 市	11715.1	6997.22	6215.2	5604.66	1271.91	344.15	54538	23133
无 锡 市	10511.80	5412.18	4967.51	3458.04	930	495.19	52659	28358
常 州 市	6622.28	3383.99	3896.3	2444.05	518.81	229.39	49955	25835
苏 州 市	17319.51	8861.65	5629.59	5442.82	1908.1	1871.61	58806	29977
南 通 市	7734.64	3712.14	4959.2	2873.41	590.6	249.38	42756	20472
盐 城 市	5082.69	2261.78	4278.49	1806.2	360.02	58.41	33115	18711
扬 州 市	5064.92	2327	3690.09	1494	320.2	78.68	38828	19694
镇 江 市	4105.36	1931.84	2694.36	1366.03	284.34	69.85	45386	22724
泰 州 市	4744.53	2242.32	3623.33	1254.22	343.97	82.16	40059	19494
杭 州 市	12556.16	7857.3	5856.65	5717.43	1567.42	509.95	56276	30397
宁 波 市	9846.94	4427.35	5009.58	4047.81	1245.07	737.88	55656	30871
嘉 兴 市	4355.24	1911.27	3009.64	1806.62	443.79	262.02	53057	31436
湖 州 市	2476.13	1175.13	1730.98	1188.15	237.43	100.88	49934	28999
绍 兴 市	5108.04	2409.61	3115.67	1977.66	431.36	274.19	54445	30331
金 华 市	3870.22	2067.97	2200.52	2191.19	357.71	13.86	50653	23922
舟 山 市	1218.95	631.52	1450.31	505.68	125.76	56.88	52516	30791
台 州 市	4388.22	2181.59	2518.26	2235.73	382.25	204.22	51374	25369
合 肥 市	7213.45	3297.62	6351.43	2728.51	655.9	145.66	37972	18594
芜 湖 市	3065.52	1219.45	3342.24	930.86	311.23	41.44	35175	18830
马鞍山市	1738.09	663.5	2255.72	529.45	138.36	15.89	41403	19358
铜 陵 市	1163.89	381.5	1341.3	343.28	77.3	5.7	33283	13145
安 庆 市	1708.55	686.37	1731.25	764.17	121.02	10.55	28675	11814
滁 州 市	1607.71	561.69	1929.1	574.39	182.5	19	28612	11947
池 州 市	654.15	284.12	714.59	248.72	65.19	2	28394	13476
宣 城 市	1188.56	486.08	1580.5	531.51	143	14	33548	14590

无锡风貌

太湖新城　　（潘晓鸣　摄）

俯瞰梁溪（梁溪区史志办　供稿）

鼋头渚太湖帆影

蠡湖摩天轮

影视基地三国城

贡湖湾湿地水韵广场

阳山桃花盛开

花千谷主题乐园

蠡湖边瑜伽晨练

荡口古镇

东氿之光　（蒋思奇　摄）

唐平湖夜色　（顾海星　摄）

巡塘古镇探梅

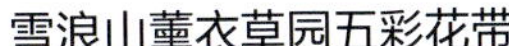

雪浪山薰衣草园五彩花带

龙池山自行车公园　（马治　摄）

建成首个全国文明城市群

省委常委、市委书记李小敏与江阴、宜兴负责同志一起，各自捧着全国文明城市奖牌，拍了张无锡文明城市群“全家福”
（张立伟　摄）

江苏紫金文化创意园 1 号楼大厅省广场舞决赛（市文明办　供稿）

江苏省青少年“四仪”服饰展示暨无锡市中学生 18 岁成人仪式示范观摩活动在无锡青山高级中学举行　（市文明办　供稿）

居民集中收看中共十九大开幕盛况（滨湖区政府办　供稿）

举办“喜迎十九大，共筑中国梦”童心向党歌咏展演　　（市文明办　供稿）

堰桥整治后的河道

管社山庄环境优美，成为市民赏荷热点

“我为人人——点亮城市文明”锡台志愿服务交流会在君来梁溪饭店举行（市文明办 供稿）

地铁 1 号线堰桥站口绿色出行宣传活动

整治后的长安老街焕然一新 （市文明办 供稿）

举办学雷锋快闪活动　　（市文明办　供稿）

端午节，在无锡的外国人在社区学包粽子

玉祁镇礼舍老街龙舞活动

100 名志愿者为全国体育旅游产业发展大会暨水韵江苏推介活动提供志愿服务（市文明办　供稿）

举办第二届江苏志愿服务展示交流会“公益志愿行，共筑中国梦”志愿论坛（市文明办　供稿）

金匮公园樱花林下练瑜伽

体育公园全民健身节上耍空竹的老人

香山书屋漂流书箱走进公园，读者凭微信扫码即可借阅　　（江阴市香山书屋　供稿）

4 月 23 日世界读书日期间，举办“爱阅之城，诗意无锡”主题系列活动　　（严峻　摄）

无锡胜利门国美电器广场爱心送考的群众

无锡市开展“礼让斑马线，文明在锡城”的主题活动

（市文明办　供稿）

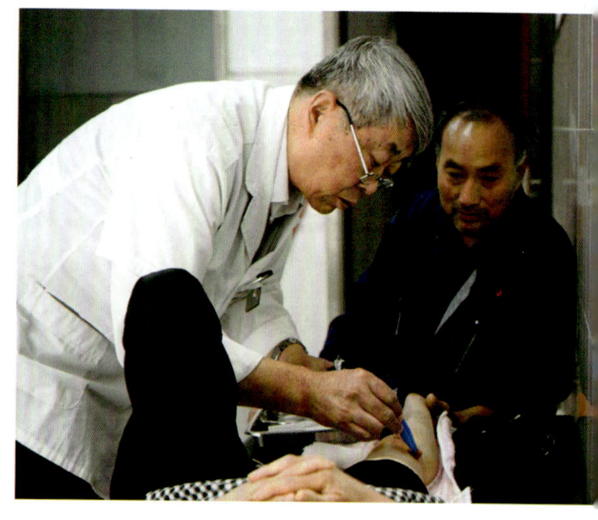

退休老党员在高浪社区卫生所义诊

年逾八十的民间艺人在穆桂英美食城演唱评弹

清洗新光路道路隔离护栏

江苏省道德模范与身边好人（无锡·江阴）现场交流活动暨第四届“十佳江阴好人”颁奖典礼

（纪晓华　供稿）

GDP跨越一万亿元大关

2017年3月2日，无锡市人民政府与中电海康集团签署战略合作协议（新吴区档案馆　供稿）

2017年12月17日，举行硕放航空小镇启动仪式（新吴区档案馆　供稿）

发展中的锡东新城　　（潘晓鸣　摄）

锡山区举行重大项目集中签约仪式（锡山区政府办　供稿）

举行鸿山物联网小镇重要合作伙伴签约仪式
（新吴区档案馆　供稿）

地铁 2 号线轨道交通

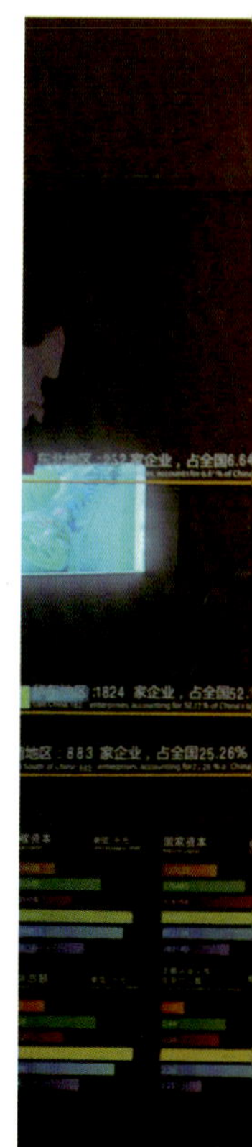

亚洲品牌500强、中国企业500强、中国民营企业500强企业远东控股集团有限公司

蛟龙号获国家科技进步奖一等奖（滨湖区政府办　供稿）

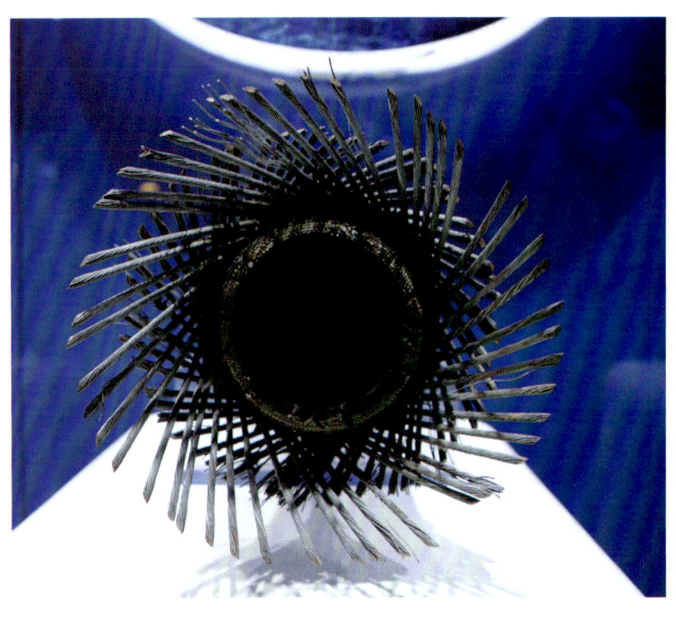

中国500强企业法尔胜泓昇公司生产的钢缆

双良集团连续多年名列中国企业500强、中国制造企业百强、中国民营企业百强

玉祁酒业有限公司是一家中华老字号企业，双套技艺为省非物质文化遗产保护项目，这是新出的双套酒

上汽大通汽车有限公司是上海汽车集团股份有限公司全资子公司，无锡分公司是最大的生产基地，图为分公司生产的整车下线

华飞航空发展集团（江苏）有限公司是一家以通用航空运营、仿真科技、航空教育、航空综合服务为主营业务的集团化、综合性企业，为空中客车公司 A380 提供配件

中信戴卡是中国大陆第一家铝车轮制造企业，是全球汽车零部件配套供应商 100 强企业之一

无锡文化艺术产业博览交易会上的土耳其展品

红豆集团是国务院 120 家深化改革试点企业之一，图为红豆商城

在物联网博览会上，小朋友与机器人对话（市委宣传部 供稿）

无锡一棉纺织集团有限公司加强智能化改造

江阴市璜土葡萄风情小镇

6 月 11 日，无锡首届杨梅节暨 2017 第 12 届马山杨梅公益采摘节在马山古竹社区举行 （刘芳辉 摄）

无锡惠山软件产业园（O-Park）以培育高科技企业为目标，总规划用地面积约 159 公顷，是国家级科技企业孵化器、江苏省省级软件园

中国传感网国际创新园位于无锡市新吴区，规划面积 80 公顷，开发建设规模约 80 万平方米，重点打造中国物联网产业研究院　　　（潘晓鸣　摄）

太湖影视小镇（滨湖区政府办　供稿）

灵山禅意小镇（滨湖区政府办　供稿）

（彩页照片除已署名外，均由自媒体提供）

编辑说明：

一、《无锡年鉴》以马克思列宁主义、毛泽东思想、邓小平理论、“三个代表”重要思想、科学发展观、习近平新时代中国特色社会主义思想为指导，坚持辩证唯物主义和历史唯物主义的立场、观点和方法。

二、《无锡年鉴》自1991年起，逐年编辑出版。《无锡年鉴(2018)》为第28部年鉴，旨在全面、系统、翔实地记载2017年度无锡市政治、经济、文化、社会各方面的基本面貌和发展情况，为各级领导决策和管理提供可靠的参考依据，为社会各界了解无锡、建设无锡提供最新的信息和情报，也为续修地方志积累资料。

三、《无锡年鉴》按照分类编辑法，设类目、分目、条目3个层次，部分分目下设子分目，条目为记述的基本形式。一般先有一简略介绍行业或事业情况的概况，然后按一事一条的原则设置条目。

四、《无锡年鉴(2018)》共设特载、大事记、无锡概貌、中共无锡市委员会、无锡市人民代表大会、无锡市人民政府、政协无锡市委员会、中共无锡市纪委、民主党派·工商联、人民团体、法治、军事、城乡建设和管理、环境·水利、旅游·园林、交通运输、信息业·邮政·电信、综合管理、农业与农村、工业、新兴产业、商贸流通、对外及对港澳台经济贸易·口岸管理、开发区、财政·税务、金融、精神文明建设、科学、教育、文化、新闻·出版、卫生、体育、人力资源和社会保障、社会·生活、市(县)区概况、人物、统计资料38个类目。书后设附录。

五、按2017年行政区划，年鉴中的“无锡市”“全市”，范围包括江阴、宜兴2个市(县)，梁溪、锡山、惠山、滨湖、新吴5个区。年鉴中的“市区”，范围仅指上述5个区。

六、本年鉴“统计资料”部分，由市统计局提供。由于统计口径的缘故，某些数据与有关业务部门使用的不尽一致，采用时请予注意。

七、《无锡年鉴(2018)》“人物”部分收录新任无锡市领导人、新当选中国工程院院士、2016年国务院政府特殊津贴专家、全国五一劳动奖章获得者和逝世人物等。

八、读者可以通过手机扫描封面二维码或登录“无锡史志网”(http://szw.wuxi.gov.cn/)，查阅《无锡年鉴(2018)》所有内容。

九、年鉴中的条目，由市属各部门和各市(县)、区专人撰写，并经各自单位领导审阅。撰稿人姓名加括号列在每个条目后面，审稿人名单列于卷首。

十、本年鉴的检索方法有目录和索引两种。目录在卷首，编排至条目；英文要目编排至分目。索引在卷末，采用主题分析法编制。

无锡市地方志编纂委员会

主　　任：黄　钦

副 主 任：华博雅　陆志坚　金元兴　许建军

委　　员：陆　洪　糜君初　王锡惠　陆惠玲　吕勤彬
徐盛希　金　政　张明康　周文栋　许　可
高　佩　陈明辉　高圣华　吴春林　唐加俊
孙海东　葛恒显　包　鸣　夏正兴　张海泉
汪　行　高　燕　谢寿坤　吴红星　钱中益
周艳阳　张寅华　许麟秋　顾必成　蔡叶明
张立军　许立新　王　维　吴建元　陈锡伦
封晓春

《无锡年鉴（2018）》

主　　编：许建军

副 主 编：顾必成

编　　辑：李汉洪　顾洪兴　罗秋云　邵文凯　郭　鹏
胡　慧　徐西平

编　　务：张　辉　郭　莺

特约摄影：吕　枫　张立伟　卢　易　刘芳辉　潘晓鸣
严　峻

英文翻译：辛志红　吴　刚

各撰稿单位主审人员

（按姓氏笔画为序）

丁旭初	于文霞	马　剑	马卫明	马学英	王　元
王　晋	王　萍	王　斌	王少杰	王冰宇	王宗亮
王建军	王海宝	王蕴慧	尤玲娜	毛晓刚	方　晔
方枫云	邓小伟	石松哲	卢迎安	包　鸣	皮何总
邢　盈	过　锋	吕益华	朱文革	朱玉龙	朱冬青
朱晋达	任克奇	任晓恩	刘　会	刘葱葱	刘燕萍
刘霞萍	汤忠元	许　可	许伟英	许建军	许麟秋
孙　纯	孙志坚	孙明江	孙海东	严　峻	李正全
李祖坤	李晓红	杨如年	吴　刚	吴　涛	吴　磊
吴正国	吴红星	吴伯荣	吴国平	吴晓羚	吴智跃
吴满良	吴燕敏	邱晓东	何　鸣	何巧凤	邹立群
沈　沂	沈　源	宋　晓	张　勇	张　健	张　铭
张　媛	张　筠	张中云	张吉平	张华林	张芸霞
张京东	张晓东	张海泉	张海涛	张淇铭	张寅华
陆　洪	陆　铁	陆　斌	陆国平	陆政伟	陆惠玲
陈　东	陈　勇	陈寿彬	陈秀峰	陈明辉	陈俊峰
陈晓华	陈锡云	武云超	范　帆	杭恩裕	季　刚
季美娟	周　英	周　娟	周立军	周伟东	周凌晶
周海平	宗继芳	孟　菲	赵志军	赵俊明	荣　怡
胡　碧	胡才鸿	相　江	柳成安	柳高远	袁开坤
耿海华	夏正兴	夏晓东	顾　伟	钱　军	钱喜中
钱嘉骏	徐　业	徐　叶	徐　杰	徐　政	徐　剑
徐真柱	徐爱艺	徐惠娟	徐耀峰	殷　超	殷兰青
奚　河	高　慧	高志华	郭　王	唐维伟	陶　畅
陶　勇	黄　珺	黄达民	曹　韵	龚清荣	章　雷
蒋　飞	蒋　伶	蒋　波	蒋晓鸣	蒋蕴洁	韩富才
惠　莲	程　松	谢光海	蓝天月	解令运	蔡江华
谭　军	缪根宝	薛建良	薛圆圆	薛海萍	戴　政
戴　泉	戴玉明	戴国牛			

目 录

特 载

大事记

无锡概貌

中共无锡市委员会

中共无锡市纪委

民主党派·工商联

公安

法院

综合开发

太湖新城建设

市政建设

城市建设重点工程

公用事业

环境·水利

环境质量

环境保护

水环境治理

水利

防汛防旱

气象

旅游·园林

旅游

园林

AAAAA 级景区

央视无锡影视基地

交通运输

港口

联运

交通运输管理

信息业·邮政·电信

信息业

邮政

电信

中国电信股份有限公司无锡分公司

中国移动通信集团江苏有限公司无锡分公司

中国联合网络通信有限公司无锡市分公司

综合管理

发展与改革

农业与农村

综述

城乡发展一体化

现代农业

种植业

养殖业

林业

农业资源开发

美丽乡村

农产品质量建设

农业机械

工业

综述

无锡产业发展集团有限公司

纺织工业

冶金工业

机械工业

电子工业

石化工业

商贸流通

对外及对港澳台经济贸易·口岸管理

教育

文化

新闻·出版

卫　生

宜兴市

梁溪区

锡山区

惠山区

人 物

统计资料

附　录

文件选目

无锡人士著作书目和全国报刊有关无锡文章题录

先进名录

索　引

Contents

Special Records

Record of Major Events

Survey of Wuxi

Wuxi Municipal CPC Committee

Wuxi Municipal People's Congress

Wuxi Municipal People's Government

Wuxi Municipal Committee of CPPCC

Disciplinary Inspection Commission of Wuxi Municipal CPC Committee

Democratic Parties · Federation of Industry and Commerce

Mass Organizations

Government by Law

Military Affairs

Urban & Rural Construction & Administration

Environment · Irrigation Works

Tourism · Gardens

Transportation

IT Industry · Postal Service · Telecommunication

Comprehensive Management

Agriculture and Countryside

Industry

Emerging Industry

Commercial Circulation

Economic Trade with Hong Kong, Macao, Taiwan and Foreign Countries · Port Administration

Development Zones

Finance · Tax

Finance

Improvement of Spiritual Civilization

Science

Education

Culture

Press · Publication

Health

Sports

Human Resources & Social Security

Society · Life

Survey of Cities (Counties) / Districts

Figures

Statistics

Appendix

Index

(Translated by: Xin Zhihong & Wu Gang)

2017年市委常委会工作报告(摘要)

——在市委十三届五次全会上

(2017年12月29日)

省委常委、市委书记 李小敏

市委十三届二次全会以来,市委常委会以迎接党的十九大召开和学习宣传贯彻党的十九大精神为主线,按照中央和省委部署,围绕高水平全面建成小康社会、建设“强富美高”新无锡目标,坚持稳中求进工作总基调,积极践行新发展理念,坚定实施六大发展战略,统筹推进“五位一体”总体布局,协调推进“四个全面”战略布局,全市经济社会和党的建设各项事业取得新进展新成效。

2017年,市委常委会突出重点,集中精力抓5件大事。

一是做好迎接党的十九大召开和学习宣传贯彻党的十九大精神工作。十九大召开前,精心组织,周密安排,严把人选政治关廉洁关,圆满完成无锡市出席十九大代表候选人初步人选推荐工作;强化舆论宣传引导,组织开展“砥砺奋进的五年”主题宣教活动,广泛宣传十八大以来国家、江苏省、无锡市改革发展辉煌成就,营造良好舆论氛围;做好维护稳定工作,扎实开展社会矛盾和安全隐患大排查大整治,确保社会和谐稳定。党的十九大闭幕后,迅速召开市委常委会会议和全市传达党的十九大精神大会,传达学习大会精神,及时下发市委《关于认真学习宣传贯彻党的十九大精神的通知》,要求全市上下全面深刻领会十九大精神,切实把思想认识统一到十九大精神上,把智慧力量凝聚到实现十九大确定的目标任务上;精心组织学习培训,成立市委宣讲团,市委各常委带头深入各地各部门和驻无锡高校、企业、基层进行宣讲,年内共安排135个专场。全面开展市管领导干部轮训和基层党组织书记集中培训,推动各地、各部门、各单位分层分类抓好学习培训,做到干部培训、宣讲活动和社会宣传全覆盖;抓好常委会自身学习贯彻,带头专题交流学习体会,围绕贯彻十九大精神开展集中调研,形成11份调研报告,把学习成果转化为谋划工作的新思路、推动工作的新举措、领导工作的新本领,落实到高水平全面建成小康社会、建设“强富美高”新无锡的具体实践中。

二是推动经济总量实现历史性跨越。市委常委会分析认为,2017年无锡GDP实现超万亿元有基础、有条件、有支撑,有助于提升无锡综合竞争力、资源集聚力、区域辐射力和国际影响力,有助于拓展结构调整空间、增强转型升级动力,有助于提振干部群众的发展信心。一年来,围绕实现这一目标,狠抓产业发展和实体经济,积极完善政策、优化举措,勇于改革创新、攻坚克难,强化部署落地,化解矛盾问题,推动各地对标找差、少拖后腿、争先进位、多作贡献,促进各级各部门主动转作风、切实提效能,引导广大干部群众团结奋进、埋头苦干,形成了上下联动、决战决胜的强大合力。经过努力,预计全年全市地区生产总值达10500亿元、同比增长7.4%,高质量高水平完成GDP超万亿元目标,经济发展实现历史性跨越、迈上新的台阶。

三是推进城市总体规划编制。针对无锡现有城市总体规划远不适应当前和今后发展的问题,着力推进新一轮城市总体规划(2016~2035年)编制工作,已形成中期成果。新的城市总体规划,着眼无锡长远发

展,立足全域一体化,加强与长江经济带建设、长三角城市群、扬子江城市群等规划对接,突出锡澄、锡宜一体化发展,科学定位功能区域,严格控制开发强度,重点提出在市域形成“一轴一环三带”和“一体两翼两区”的空间布局,在市区形成“一城两核三片六组团”的空间布局,促进生产空间集约高效、生活空间宜居适度、生态空间山清水秀,为打造具有山水特质、湖湾特色、滨江特点的长三角现代化国际化区域中心城市奠定基础。

四是加强环境基础设施建设。全面分析无锡环境基础设施特别是固体废弃物处置设施建设严重滞后、处置能力严重不足的现状,组织制定《无锡市危险废物污染防治规划》《无锡市市区主要固体废弃物处置设施建设三年计划》,攻坚克难、全力推进,加快消除生态环境重大隐患。以强烈的担当精神和严密有力的举措启动锡东垃圾焚烧发电厂复工,9月点火成功,排放符合欧盟2010标准,达到国内外同类项目领先水平,成为全国同类项目中原址复工投运的成功范例,困扰无锡多年的垃圾处置问题得到有效缓解;全面启动飞灰、餐厨垃圾、建筑渣土、危废、污泥等固废处置设施建设,城市固废无害化处置体系加快完善。

五是扎实开展大走访活动。按照省委统一部署,聚焦“连心富民、联企强市”主题,围绕让群众暖心头、让企业有奔头、让干部添劲头,有力有序开展大走访活动。加强组织领导,建立活动领导机构、工作机构和五个专项工作组,市委各常委带头开展走访,带头认领问题。突出问题导向,集中收集问题、集中梳理分析、集中协调处置,努力做到一般问题即知即办、职能问题工单督办、复杂问题联合会办、体制机制问题政策促办。注重常态长效,健全挂钩联系、包村入户、对口帮扶、党员干部一线挂职等常态化机制,完善联系服务群众工作网络。截止目前,全市累计走访117万余人次,查找问题13.3万个,解决问题11.8万个。

2017年,市委常委会总揽全局、协调各方,统筹做好改革发展稳定各项工作。

一、坚定推进产业强市

市委常委会认为,推进产业强市是全局工作的重中之重,必须抓紧抓实。无锡市坚持稳中求进工作总基调,坚定实施创新驱动核心战略和产业强市主导战略,积极构建现代产业体系和产业科技创新体系,产业强市取得显著成效,产业发展焕发蓬勃生机。

高度重视经济稳定增长。认真落实各项政策措施,全市经济呈现稳中有进、进中提质的良好态势,预计14个主要经济指标中有9个指标增速高于全省平均水平、6个指标增速在省内位次前移,地区生产总值增速5年来首次超过全省平均水平,摆脱了“十二五”以来增速持续下滑、全省垫底的状况;预计一般公共预算收入、税收收入同比分别增长6.3%和6.5%,超额完成全年目标任务。工业保持较快增长,预计规模以上工业增加值增长8.5%,13年来首次超过全省平均水平、列苏南第一位,7年来首次超过GDP增速。千方百计扩大有效投入,促进民间投资回升,推进项目开工建设,预计固定资产投资增长4.6%,其中工业投资增长5.3%;工业技改投资同比增长15.1%,高新技术产业投资同比增长11.5%,分别高于工业投资9.8和6.2个百分点;制造业贷款余额占全部贷款余额的比重达到28.4%、全省第一。积极扩大消费需求,推进梁溪区省级商贸流通创新示范区建设,加快培育消费新业态新模式新平台,预计社会消费品零售总额增长11%,增速10年来首次超过全省平均水平、列苏南第一位。着力完善外贸政策支撑体系和工作机制,启动国际经贸合作伙伴城市计划,预计以美元计外贸进出口、出口分别增长15%和13%,进出口总额首次突破800亿美元。积极推动企业上市,新增境内外上市公司18家,上市企业总数达129家,位居全省第一。坚持抓好实体经济,推动企业做强做优做大,12家企业入围2017中国企业500强、24家企业入围2017中国制造业企业500强,均居全省第一。总体看,无锡经济经过两年多的负重爬坡,主要指标增速在省内已经摆脱整体靠后、部分垫底的状况,部分重要指标增速位居全省前列,形成了多年未有的良好局面。

扎实推进供给侧结构性改革。积极稳妥去产能,累计化解钢铁过剩产能290万吨,关停落后化工产能企业275家,粗钢、水泥产量较近年同期最高点下降32%、16%。认真落实房地产调控政策,市区商业地产去化周期控制在100个月左右,房地产市场总体稳定健康。多途径帮助企业压降债务,全市规模以上工业企业资产负债率下降到53.5%,不良贷款余额、不良贷款率保持“双降”态势,不良贷款率退居全省第九位。制定出台《关于进一步降低实体经济企业成本的实施意见》《关于切实减轻企业负担的实施意见》等系列政策,预计全年可为企业再减负275亿元。突出公共服务、基础设施、生态环境等重点领域补短板,推动各项工作向其聚焦、各类资源向其倾斜。

牢牢抓住项目建设“牛鼻子”。制定出台《关于进一步做好无锡市重大项目推进工作的实施意见》《市级重点项目市领导挂钩服务制度》等政策意见,每季度召开重大项目现场推进观摩交流会,对100个市级重点项目和136个省集中开工项目实施市领导挂钩,加大督查推进力度,项目建设取得较大突破。2017年新签约投资超10亿元重大项目44个,其中投资300亿元以上项目3个、投资100亿元~300亿元项目10个,成功引进无锡历史上单体投资规模最大、总投资100亿美元以上的华虹无锡集成电路研发和制造基地项目,总投资86亿美元的SK海力士二工厂项目,引进重大产业项目数量和规模均为历年最好。

着力提高发展质量效益。制定实施《关于深化现代产业发展政策的意见》,促进产业转型升级,推动产业结构迈向中高端。坚持以发展具有比较优势的战略性新兴产业为优先选项,制定出台《无锡市加快发展以物联网为龙头的新一代信息技术产业三年(2017~2019年)行动计划》,大力发展物联网、高性能集成电路、大数据和云计算等信息技术产业,成功举办2017世界物联网博览会,规划建设鸿山、雪浪、慧海湾3个物联网小镇,物联网等信息技术产业保持较快增长,预计全市高新

技术产业产值达到6670亿元、同比增长18%，占规模以上工业总产值比重达42.5%。坚持以发展具有领先优势的智能制造为主攻方向，制定出台《无锡市智能制造三年(2017~2019年)行动计划》，推广应用智能制造技术，发展智能装备和产品，全年实施智能化改造项目270个，建成国家级智能制造试点示范和应用项目3个、省级示范智能车间59个，试点示范企业总数全省领先。坚持以发展具有特色优势的现代服务业为重要取向，制定出台《无锡市现代服务业提质增效三年(2017~2019年)行动计划》，加快发展物流、金融等生产性服务业，积极推进国家全域旅游示范区建设，预计服务业占经济总量的比重达51.5%，全市有9家企业入围2017中国服务业企业500强，占全省入围企业数的近1/3。

大力推进科技创新。制定实施《关于加快实施创新驱动核心战略的若干政策措施》，出台《关于深化"太湖人才计划"的若干意见》，预计全年科技进步贡献率达到63.5%，研发投入占GDP比重达到2.86%，每万人有效发明专利拥有量超过34件。深入实施创新型企业培育计划和科技企业"小升高"计划，建成省级以上工程技术研究中心526家、省级以上企业技术中心217家，110家企业研发机构入选省重点企业研发机构、列全省第二位。深化与国内外著名高校院所的产学研合作，累计建成院士工作站139家、其中省级院士工作站53家，累计建成校企联盟910个。实施"太湖人才计划"升级版，推进顶尖人才团队优先支持计划、"乡土人才"培养培育计划、"凤还巢"创新创业支持计划，成功举办2017高层次人才创新创业无锡交流大会，赴上海、北京等地举办"百企千才高校行"活动，赴美国、中国香港等地开展"双招双引"海外行活动，在无锡创新创业"千人计划"专家245人、"万人计划"专家15人、"双创"人才407人、"双创团队"43个，新增新兴产业领军人才55名，新增高技能人才16661人。完善孵化育成体系，鼓励发展创新工场、虚拟创新社区等新型孵化器，累计建成省级以上孵化器45家、众创空间36家。强化科技人才金融服务支撑，设立规模各为1亿元的太湖人才信保基金和科技成果转化基金，开展"人才贷""人才投"等人才金融服务，举办太湖人才科技金融路演暨江苏人才创新创业路演，推动与江苏高投、深交所战略合作，搭建"现场+线上"全国性路演平台，扩大"苏科贷""锡科贷"风险补偿资金覆盖面和受益面，促进人才、项目、资本有效对接，促进科技成果加快转化为现实生产力。

二、全面深化改革开放

市委常委会认为，改革开放是激发发展活力、提升发展效能的制胜法宝。无锡市积极抢抓改革窗口期和开放机遇期，强力推动改革举措落地见效，扎实推进新一轮全面对外开放，着力构筑改革开放新优势。

市委全面深化改革领导小组先后召开7次会议，专题研究重大改革事项，对行政审批制度改革、承担行政职能事业单位改革、群团改革、国企改革、生态环境保护体制改革、监察体制改革等作出部署。建立市和市(县)区领导人联系重点改革任务制度，推动领导干部带头抓好改革任务落实。强化督办督察，对年初确定的24项重点改革任务建立季度推进机制，特别是对推进难度大的重点改革事项进行专项督察，及时研究解决矛盾问题，推动改革措施实施到位。鼓励基层大胆探索、先行先试，形成了一些可复制可推广的改革经验做法。

坚持以经济体制改革为重点，推进重点领域和关键环节改革。深化"放管服"改革，制定出台《关于深化行政审批制度改革加快简政放权激发市场活力的实施意见》，开展相对集中行政许可权和承担行政职能事业单位改革试点，成立市行政审批局，江阴县级集成改革省级试点工作有序推进。围绕"3550"改革目标，推行"一窗受理、集成服务"制度，"多证合一、一照一码"改革覆盖范围扩大，"双随机、一公开"抽查工作全面展开，公布首批"不见面"和"见一次面"审批事项7746项，全市新登记内资企业46356户、同比增长21.4%，市场主体总量突破61万户。召开全面深化国企改革工作推进会，出台无锡市全面深化国有企业改革的实施意见等政策文件，组建市国发资本运营公司，对城建类国企进行重组整合，全年实施混合所有制改革项目36个、投资额291亿元，其中吸引社会资本和非公资本247亿元。抓好金融体制改革，全国首家物联网大宗商品交易中心、互联网金融资产交易中心正式营业。深化农村综合改革，加快农村土地确权颁证步伐，全市累计有386个村颁发了权证，345个村完成了县级验收，分别占应确权村数的96%和86%；积极推进农村产权交易市场建设，全市累计有53个镇级产权交易服务中心建成运行。

积极抢抓"一带一路"、长江经济带等国家重大战略机遇，提升全方位对外开放水平。制定实施《关于扩大对外开放积极利用外资的实施意见》，开展利用外资"八聚焦八提升"行动计划，拓展招商引资新模式，预计全年完成到位注册外资35亿美元、同比增长2.7%，其中制造业到位注册外资21亿美元、占比达60%，引进3000万美元以上重大外资项目48个。支持企业以增强核心竞争力为目标"走出去"，健全完善"走出去"服务暨预警平台，推进红豆集团柬埔寨西哈努克港经济特区等一批重点项目建设，无锡一棉埃塞俄比亚纺织生产基地项目正式签约，预计全年完成境外投资中方协议投资额12亿美元。着力推动开发区转型发展，优化开发区考评工作体系，加快开发区功能性园区建设，省级特色产业园增加至18家、居全省第二位。强化口岸功能建设，苏南硕放国际机场国内国际客货航线增加到68条，全年完成旅客吞吐量666万人次，货邮吞吐量10.5万吨，同比分别增长19.8%和9.4%。成功举办江苏发展大会无锡乡贤恳谈会、第三届全球锡商大会、2017无锡香港智能制造和现代服务业合作恳谈会，签约了一批高质量的投资项目。

三、统筹城乡区域发展

市委常委会认为，统筹城乡区域发展是推进城市现代化和城乡发展一体化的必然要求。无锡市组织召开全市城市现代化与城乡发展一体化工作会议，积极实施新型城镇化和城乡发展一体化战略，制定实施《进一步加强城市规划建设管理工作的实施意见》，美丽城乡新家园建设取得积极成效，无锡被评为内地宜居城市第一名，获“江苏省优秀管理城市”称号。

围绕提高城市承载能力，加快推进重大基础设施项目建设。突出交通基础设施建设重点，开工建设地铁4号线一期、苏锡常南部高速无锡段、宜长高速等重大项目，地铁3号线一期、地铁1号线南延线建设进展顺利，蠡湖大道快速化改造主线、建筑路、运河西路等15个重点道桥项目全面建成，全年交通基础设施投资总额将超百亿元，是“十二五”以来最多的一年。把锡澄、锡宜交通基础设施互联互通作为一体化的突破口，确定了“十三五”期间锡澄、锡宜重大基础设施建设项目，锡澄城际轨道S1线、宜兴通用机场等项目前期工作取得阶段性进展。编制完成全市《地下综合管廊专项规划》，城市防洪排涝能力不断提高。扎实推进智慧城市建设，无锡成为全国首个高标准全光网城市。太湖新城、锡东新城、惠山新城等建设步伐加快，人口和产业集聚度不断提高。加快推进老城区更新改造，预计市区全年完成省棚户区改造项目65万平方米，完成旧住宅整治217万平方米，60个城中村完成整治改造，老城区环境面貌得到改善。

扎实推进新型城镇化试点，出台《关于实施“三增三改三提升”重点任务深入推进城乡发展一体化的意见》等政策措施，加快城乡“六个一体化”建设步伐，户籍管理、医疗和大病保险、居民基本养老保险、特困人员供养标准等基本实现城乡一体化。深入推进城乡发展一体化示范镇和美丽乡村建设，新增全国“一村一品”示范村镇1个、中国美丽乡村2个、中国特色小镇3个，入选省级特色小镇6个，入选省首批旅游风情小镇创建名录6个。制定出台《关于加强和改进农村住房建设管理的意见(试行)》，推动解决积累多年的农村居民住宅翻建改建问题。深入推进现代农业发展，无锡国家现代农业示范区建设水平和农业基本现代化综合得分继续保持全省全国前列，锡山现代农业产业园获批创建国家现代农业产业园，新增省级农业龙头企业5家、市级农业龙头企业24家、高标准农田666.67公顷、高效设施农业(渔业)1000公顷，农业综合机械化水平达91%、继续位居全省首位。扎实推进经济薄弱村脱困转化工作，年内40个集体收入200万元以下经济薄弱村实现脱困转化。

四、推进民主法治建设

市委常委会认为，最广泛凝聚建设“强富美高”新无锡的强大力量，必须扎实推进社会主义民主法治建设。无锡市坚定不移走中国特色社会主义政治发展道路，始终坚持党的领导、人民当家作主和依法治市有机统一，努力巩固和发展民主团结、政通人和、生动活泼的政治局面。

支持和保证市人大及其常委会依法行使职权。精心组织和指导市人大换届工作，顺利选举产生市十六届人大常委会和市人大代表，重视换届后人大履职能力建设，提高人大代表依法履职水平。加强党对立法工作的领导，指导完成新一届人大常委会立法规划，安排正式立法项目13项、调研项目9项，成立立法咨询专家库，调整完善基层立法联系点，推动全市人大系统不断提高立法质量。支持人大加强和改进监督工作，为人大代表开展专题询问、专题视察和执法检查提供便利条件。支持人大依法行使重大事项决定权，制定出台《关于健全人大讨论决定重大事项制度各级政府重大决策出台前向本级人大报告的实施办法》，有效提升重大决策科学化、民主化、法治化水平。

支持市政协及其常委会履行政治协商、民主监督、参政议政等职能。积极做好市政协换届选举的协调指导工作，选举产生第十四届市政协领导班子和常务委员会。坚持重大决策和重要人事安排与各民主党派和无党派人士民主协商制度，努力把党的主张转化为政协各参加单位和各界人士的思想共识。支持各级政协深入开展“立足本职促发展、当好委员献良策”主题活动，支持政协举办“委员活动日”，组织全体委员包括居住无锡的全国、省政协委员开展视察活动。制定《提案办理协商办法》，认真听取、积极吸纳政协委员的意见建议。支持政协进行民主监督，市政协成立16个民主监督员小组，派驻到全市19家单位和部门，对市委重大决策部署贯彻落实情况进行督促推进。

认真贯彻落实中央和省、市委统战工作会议精神及《中国共产党统一战线工作条例(试行)》要求，重视发挥统一战线重要作用。在市级人大、政府、政协换届中，加大对党外干部的推荐使用力度，6位市级党派组织主要负责人进入同级人大、政府、政协领导班子，实现了无锡市党外领导干部配备的新突破。召开全市新的社会阶层人士统战工作会议，制定《关于加强新的社会阶层人士统战工作的实施意见》，加强民族、宗教、侨务、对台和港澳工作，不断扩大团结面、画大“同心圆”。

认真学习习近平总书记关于做好群团工作、推进群团改革的重要讲话精神和指示要求，全面落实中央和省委部署要求，召开市委党的群团工作会议，制定出台市总工会、团市委、市妇联、市科协等群团组织改革实施方案，把握正确方向，明确改革要求，为推动群团工作新发展注入新动力。

深入推进法治无锡建设。印发实施《关于推行法律顾问制度和公职律师公司律师制度的实施意见》《中共无锡市委法律顾问工作规则(试行)》，促进提升各级党委特别是领导干部用法治思维和法治方式深化改革、推动发展、化解矛盾的能力水平。深入开展法治系列创建，全面落实“七五”普法工作，立项实施法治惠民实事工程近200件，群众对法治建设的满意度居全省第一。支持和保证法院、检察院依法独立公正行使职权，扎实推进以审判为中心的刑事诉讼制度改革，深化司法责任制、“大庭制”、江阴法院“全国审判权运行机制改革试点”等改革成果运用，促进司法公正。健全完善公共法律服务体系，推进智慧公共法律服务建设，市县镇(街道)村四级公共法律服务平台全面建成，线上线下公共法律服务网络全面覆盖，市县镇(街道)三级公共法律服务中心和村(社区)司法行政服务站建成率达100%。

五、强化宣传文化引领

市委常委会认为，做好宣传思想文化工作，必须坚持正确政治方向，牢牢掌握宣传思想文化工作领导权和主动权。无锡市坚持党管宣传、党管意识形态、党管媒体原则，自觉承担起政治责任和领导责任，根据形势发展变化不断创新理念、方法、手段，为推进改革发展凝聚广泛思想共识。

深入学习贯彻习近平总书记关于落实意识形态工作责任制的重要讲话精神，每半年听取一次意识形态领域情况汇报，分析问题、研究措施，提高预警预测预防能力。将落实意识形态责任制情况纳入绩效考核和科学发展观考核，制定《关于实行意识形态工作责任清单制度的通知》，市委常委带队开展落实意识形态责任制情况检查，在巡察工作中开展意识形态工作责任制落实情况专项检查。健全完善意识形态领域情况分析研判联席会议制度，及时应对处置突发舆情，严密防范网上意识形态渗透。坚持团结稳定鼓劲、正面宣传为主，广泛宣传高水平全面小康社会和“强富美高”新无锡建设的新成效，广泛宣传干部群众积极投身改革发展实践的典型事迹，巩固发展积极健康向上的主流思想舆论。打通传统媒体、网络媒体两个“舆论场”，使网上网下的正面声音相互呼应，占据舆论制高点。

全方位推进社会主义核心价值观建设，广泛开展中国特色社会主义和中国梦主题宣传教育，在落细落小落实上下功夫，使核心价值观深入人心、深入家庭、深入社会。有力推动文明城市建设常态化长效化，无锡蝉联全国文明城市荣誉，江阴、宜兴创成全国文明城市，创建成为首个全国文明城市群。建好用好“思想云”、“手机微学堂”等新媒体平台，加强道德讲堂建设，惠山古镇“双孝祠”创建成为全市首个社会主义核心价值观孝文化教育实践基地。大力弘扬社会文明风尚，健全志愿服务保障机制，活跃志愿者占比位居全省第一。

以更好满足人民群众日益增长的精神文化需求为导向，坚持文化事业和文化产业双轮驱动、共同发展。扎实推动文化惠民，组织开展“全民阅读手拉手·春风行动”等全民阅读系列活动，加强重点文化功能设施和基层文化载体建设，多功

11月17日，省委常委、市委书记李小敏与江阴、宜兴负责人一起，各自捧着全国文明城市奖牌，拍了张无锡文明城市群“全家福” （张立伟 摄）

能基层综合性文化活动室（服务中心）建成数量同比增加45%，建成50个“吴韵书香”城市阅读联盟，省五星级示范农家书屋数量位居全省第一。繁荣文艺创作，举办首届市文华奖·艺术展演月活动，《二泉》入选2017“中国民族歌剧传承发展工程”重点扶持剧目。壮大文化产业，修订《无锡市文化产业发展扶持资金管理实施细则》，国家数字电影产业园发展势头良好，无锡影视文化金融服务中心获评首批省级文化金融服务中心，新吴区获评首批省级文化金融合作实验区。加强文化传承，制定《中华优秀传统文化传承发展工程的实施意见》，稳步推进大运河无锡段等文化遗产保护利用，组织开展第五批市级非物质文化遗产项目、非物质文化遗产传承人推荐评选，惠山古镇加入“江南水乡古镇”联合申遗。

六、加强生态文明建设

市委常委会认为，无锡市生态环境仍面临较大压力，必须毫不动摇加强生态文明建设。无锡市认真践行“绿水青山就是金山银山”的理念，深入实施可持续发展战略，加大污染治理力度，加快补齐生态短板，着力解决群众反映强烈的突出环境问题，全市生态质量进一步改善，获评首批国家生态文明建设示范市。

把水环境治理作为生态文明建设的首要任务。深入实施太湖治理和河道综合整治“1+4”工作方案，统筹推进水污染治理、水环境改善、水生态修复，从严管控生态红线，深化排水达标区建设，有序推进面源污染治理，全市5635条村级以上河道全部实现河长制管理，化学需氧量、氨氮、总磷、总氮四项主要污染物排放量削减超额完成考核任务，全市45个国、省考核断面优于Ⅲ类水质比例同比提高20个百分点，161条重点河道水质稳步改善，重点水功能区水质达标率提高到87%，7个主要饮用水源地水质全部达到国家和省考核要求，自然湿地保护率达50%。高度重视太湖安全度夏，针对严峻的藻情，多次召开常委会和现场推进会，全面落实保障安全供水措施，抓好监测预警、打捞处置、调水引流等工作，连续10年实现安全度夏。

全力推进大气和土壤污染防治。积极推进产业结构和能源结构调整、燃煤锅炉和工业窑炉整治、工业废气治理、机动车船尾气防治、扬尘污染防治等十大类267个大气治理重点工程项目，至年底，无锡市PM2.5浓度较2016年下降15.9%，优良天数比例达到68.2%，达到考核要求。加快实施土壤治理三大类23个重点项目，开展农用地土壤污染状况详查工作，加强对关停搬迁的化工、涉重等企业遗留地块污染防控，稳步推进土壤污染治理与修复，组织开展重金属重点行业环境综合整治工作。

*扎实开展“263”专项行动。*制定出台11个专项行动工作方案和年度工作计划,强化组织推进、督查考核、问责追责。截止目前,完成重点工程(措施)1308个。减煤累计完成煤炭削减量78.61万吨;减化累计完成“四个一批”企业366家;186个治太工程项目完成159个、达到序时进度27个,41个重点断面水质平均达标率为85.4%;在130个居住区推行生活垃圾分类试点;10个年度黑臭水体治理项目全部完成,主城区生活污水集中处理率达95%以上;围网养殖面积签订削减协议35.67公顷、完成年度目标,关闭禁养区内养殖场117家;完成244个挥发性有机物污染治理工程项目;30家危化品企业被责令停产整顿,30家不符合安全生产条件的化工企业被关闭,73个危化品码头正在清理整治;出台《关于加强长江大保护建设生态安全示范区的工作方案》《宜兴生态保护引领区实施方案》,提升生态保护水平;明确污染排放统筹资金收取返还、环境质量达标奖励落实、污染物排放总量挂钩财政政策相关指标考核等要求,提升环境经济政策调控水平;加强环境执法监管,累计行政处罚1727件,处罚金额11427万元,移送行政拘留案件32件,移送涉嫌环境污染犯罪案件31件。

*加强环保体制机制创新。*修编完成《无锡市生态文明建设规划(2016~2020年)》,出台实施《提升生态保护水平专项行动工作方案》,积极推进太湖生态保护圈、江阴长江生态安全带、宜兴生态保护引领区建设,加快完善生态空间管控体系。制定实施《无锡市生态环境保护工作责任规定(试行)》,从制度上落实环保“党政同责、一岗双责”要求,形成“管发展必须管环保、管生产必须管环保”的责任体系。制定实施《无锡市环保机构监测监察执法垂直管理制度改革工作方案》,有序推进组织实施。开展排污权有偿使用和交易试点工作,制定出台《关于完善生态补偿政策的意见》,加大补偿力度,优化补偿措施,促进无锡市生态补偿工作规范化、制度化、法治化,市区全年累计落实生态补偿资金6982万元,完成排污权有偿使用和交易试点金额1526万元。

七、持续增进民生福祉

市委常委会认为,保障改善民生既是发展的目的所在,也是发展的动力所在。无锡市牢固树立以人民为中心的发展思想,深入实施民生共建共享战略,加大民生事业投入力度,既稳步“拉高平均线”又着力“抬高地平线”,群众获得感和幸福感得到提升。

*千方百计增加居民收入,提高社会保障水平。*制定《关于聚焦富民持续提高城乡居民收入水平的实施意见》,全面确定富民工作的目标原则、具体举措和组织保障,预计全年居民人均可支配收入增长8.5%,增速高于经济增长速度。坚持就业优先,完善就业失业监测体系,制定实施针对高校毕业生、就业困难人员、退役军人、农村失业人员等重点群体的个性化扶持政策,全年新增城镇就业15.2万人,城镇登记失业率1.83%。深入实施全民创业行动计划,积极打造全方位创业支持体系,全年累计发放各类创业补贴1223万元、创业担保贷款9521万元,扶持自主创业12233人,超额完成年度目标任务。抓好农民创业增收,出台《无锡市促进农民持续增收行动计划(2017~2020年)》,加快农村一、二、三产业融合发展,全年培训新型职业农民约6000人次,新型职业农民比重预计达50%,农村居民收入增速连续5年高于城镇居民。稳步提升社会保障水平,社保净增缴费8.42万人、为5年来社保扩面最好的一年,企业退休人员养老待遇提高6.57%,被征地农民政府养老金和居民养老金人均每月分别增加60元和35元。扎实推进“阳光医保工程”建设,医疗费用得到有效控制。市区低保标准提高到820元/月,临时救助标准全省第一。健全城乡困难群众精准帮扶机制,建立“阳光扶贫”监管系统,在全省率先出台特困家庭深度救助办法,出台12项精准救助政策,首次打通低保信息比对金融瓶颈,首次构建低保与就业联动机制,首次将中等偏下收入家庭纳入保障性住房申请范围。

*切实加强社会事业建设。*制定实施《无锡市“十三五”基层基本公共服务功能配置标准(试行)》,加快提高公共服务能力。以办好人民满意的教育为目标,投入13.6亿元实施义务教育改薄项目,推进职业教育产教融合,80个项目获省教学成果奖,江南大学两个学科入选国家“世界一流”建设学科、医学院“临床医学”专业获批招生,南京信息大学滨江学院无锡校区开工建设。全力推进“健康无锡”建设,制定出台《“健康无锡2030”规划纲要》,深化医药卫生体制改革,新五院项目投入运营,医联体总数达16家,分级诊疗模式逐步成型,个人卫生支出占卫生总费用比例控制在30%以下。成功举办首届全国体育旅游产业发展大会和第23届亚乒赛、第8届环太湖自行车赛、2017无锡马拉松等重大赛事,无锡入选全国十佳体育旅游目的地城市,宜兴创成国家级体育产业示范基地,蠡湖景区入围首批国家体育旅游示范基地。在全省率先出台《无锡市关于进一步做好居家养老服务工作的意见》,积极推进医养融合式发展,完善各类养老机构服务设施和功能,养老护理岗位入职奖励标准省内第一,新增养老床位2100张,每千名老人床位数升至41张。

*加强和创新社会治理。*健全完善矛盾纠纷排查预警、分析研判、多元化解等机制,深化信访工作制度和涉法涉诉信访改革,加强重点群体和重点人员教育稳控,全年共实施稳评项目720项,化解信访积案371件,矛盾调处成功率达98.5%。深入推进“平安无锡”建设,加快织密技防网、巡防网、数据网“三张网”,健全完善合成研判、联合指挥、合成打击“三大机制”,创新网格化社会治理机制,初步建成立体化现代化社会治安防控体系,在全国率先推出“反信息网络诈骗平台”,现行命案连续7年实现全破,公众安全感继续保持全省第一,获得全国社会治安综合治理领域最高荣誉“长安杯”。深入开展“安全生产执法年”活动,在全省地级市中率先出台《无锡市安全生产条例》,严格落实安全生产责任,建立健全长效机制,安全生产事故起数和死亡人数连续16年实现“双下降”;扎实做好食品药品、交通消防等其他安全工作,全年未发生重大食品安全事故,江阴、

宜兴被评为首批“江苏省食品安全示范市”。

八、坚持全面从严治党

市委常委会认为，党的建设是各项事业发展的根本保证。无锡坚持以加强党的长期执政能力建设、先进性和纯洁性建设为主线，以政治建设为统领，全面推进党的政治建设、思想建设、组织建设、作风建设、纪律建设，把制度建设贯穿其中，不断强化管党治党责任意识，提高管党治党质量，进一步营造风清气正的政治生态和干事创业的良好环境。

*把党的政治建设摆在首要位置。*坚持把政治建设作为党的根本性建设，推动党员干部深入学习习近平新时代中国特色社会主义思想，牢固树立“四个意识”，衷心拥戴习近平同志这个党中央的核心、全党的核心，始终在思想上、政治上、行动上同以习近平同志为核心的党中央保持高度一致。总书记每次重要讲话发表后，常委会都第一时间组织学习贯彻，开展研讨交流。精心组织学习贯彻十八届六中全会精神，严格执行《关于新形势下党内政治生活的若干准则》，在加强思想教育、端正用人导向、严明纪律规矩、严格组织生活、解决实际问题上下功夫，推动党员干部坚守真理、坚守正道、坚守规矩。认真落实《中国共产党地方委员会工作条例》和《中国共产党党组工作条例》，严格执行民主集中制，提高各级党组织把方向、管大局、作决策、保落实的能力。

*推进“两学一做”学习教育常态化制度化。*召开工作座谈会，专题研究部署推进“两学一做”学习教育常态化制度化工作，制定出台《实施方案》和2017年《工作安排》、市委常委会《年度工作安排》等，推动“两学一做”学习教育常态长效开展。严格落实“三会一课”、组织生活会、民主评议党员等制度，制定下发《关于健全规范全市党员活动日制度的实施意见》等文件，组织开展“双百双千”领学计划，遴选出10个省级书记工作室、10个省级党员教育实境课堂，为基层党支部实现学习教育常态化制度化提供制度依据、规范要求和学习样本。加强督促检查，出台关于建立健全“两学一做”学习教育常态督查制度的《意见》，通过集中督查、互学互查、随机抽查等形式传导压力、压实责任。加强典型引领，大力宣传先锋行动典型事迹，吴协恩、周海江、王俊入选全省“两学一做”先进典型“群英谱”。梁溪区检察院获得全国“守望正义——群众最满意的基层检察院”十佳荣誉称号。

*努力建设高素质专业化干部队伍。*坚持党管干部原则，落实好干部标准，树立鲜明用人导向，做到重点岗位重点配备，选优配强30个市级机关部门正职。拓宽选人用人视野，统筹用好各类干部资源，推进部门、板块与企事业单位之间干部交流，对59个部门、6个市(县)区、8个开发区、9家市属国企共236名副处职以上干部进行优化配备，领导班子功能结构得到整体提升。贯彻落实省委“789”青年干部培养计划，制定出台《关于进一步加强年轻干部选拔培养工作的意见》，年内增配“80后”副处职16人、“80后”正科职43人、“90后”乡科级10人，选派106名优秀年轻干部开展“任职式”挂职锻炼。注重调动各年龄段干部积极性，在市级机关部门择优选拔69名处级非领导职务干部。落实选人用人把关责任，严密选任程序，严格“凡提四必”，全年有3名拟提任人选因信访问题或其他反映暂缓任用或考察，有9名拟提任人选因不如实填报个人有关事项被终止任用。深化干部日常管理，改进市管领导班子和领导干部年度考核工作，首次对市管领导干部评优激励，推动干部担当作为。明确提醒函询诫勉工作规程，针对集中教育、年度考核、信访举报、“三责联审”等工作中发现的苗头性、倾向性问题，对558名市管干部进行了提醒谈话，对45名市管干部进行了函询，对3名市管干部进行了诫勉。注重能力素质提升，突出加强理想信念宗旨教育，建立实施领导干部上讲台制度，全年共举办培训班40期。坚持严管和厚爱结合、激励和约束并重，推动健全鼓励激励、容错纠错、能上能下“三项机制”，出台实施《关于在领导干部经济责任审计中建立容错纠错机制的办法》等文件，进一步营造勇作为、敢担当的良好氛围。

*促进基层组织全面进步全面过硬。*以提升组织力为重点，健全基层党建领导机制和考核体系，落实“书记抓党建”主体职责，切实建强党在基层的战斗堡垒。坚持政治功能与服务功能相统一、分类指导与整体推进相结合，巩固扩大各领域基层党的组织和工作有效覆盖，深入实施农村、社区、非公经济基层党建“雁阵计划”，以华西村、水秀社区、红豆集团为标杆，带动提升全市村(社区)、非公经济党组织建设水平。推动基层党建创新发展，全面推行基层党建“书记项目”，下力气破解了一批基层党建工作突出问题。实施国企党建“强基提质”工程，制定出台《关于在深化国有企业改革中坚持党的领导加强党的建设的实施办法》等“1+7”系列文件。深入贯彻全国和省城市基层党建工作会议精神，进一步巩固党在城市的执政基础。改进党员发展和教育管理，按照“控制总量、优化结构、提高质量、发挥作用”的要求，提高新发展党员质量；健全、落实党员活动日、流动党员双向管理、党员记实管理等相关制度，把每个党员都纳入组织有效管理；完善党员出口机制，积极稳妥推进处置不合格党员工作；加强清理清缴党费使用，把补缴党费用于加强基层基础建设。

*深化党风廉政建设和反腐败工作。*认真学习贯彻习近平总书记关于进一步纠正“四风”、加强作风建设的重要批示精神，严格落实中央“八项规定”精神和省委、市委“十项规定”要求，常委会专题听取相关情况汇报，研究解决问题，推动深化落实。中央政治局贯彻落实“八项规定”《实施细则》和省委贯彻落实《具体办法》出台后，及时组织制定无锡市贯彻的《具体办法》，确保落实到位。驰而不息查纠“四风”，盯牢关键节点、多发领域和群众身边，强化日常监督、提醒预警和执纪审查，共组织明察暗访2269次，查处违规问题85起，处理115人，其中党纪政纪处分59人，对56起典型问题进行通报曝光，持续释放执纪必严、违纪必究的信号。深入开展专项治理，组织对2016年开展的违规吃喝问题专项整治和会所清理整治“回头看”，发现和处置问题线索191个。整肃会风会纪，对发现的两起典型问题

及时查处、公开曝光，引起了强烈反响。坚持无禁区、全覆盖、零容忍，坚决查处领导干部违纪违法案件，全年立案1474件，其中县处级19人，乡科级86人；在2个月内成功劝返2名“百名红通人员”回国投案，得到中央领导和中央追逃办充分肯定。注重抓早抓小、动辄则咎，全年全市共运用“四种形态”处理2849人次，其中运用第一、第二种形态占83%，第三种形态纪律重处分、重大职务调整占5%，第四种形态严重违纪涉嫌违法行为进行立案审查的占12%，监督执纪四种形态结构更趋合理。充分发挥巡察利剑作用，建立市县巡察联动机制，实现对全市30个镇巡察全覆盖，部署开展对村（社区）的巡察，扎实做好巡视反馈意见整改落实，中央巡视组反馈意见95项整改措施和省委巡视组反馈意见30项整改措施全部完成。建立健全审计联动、巡察联动、驻点督导、通报曝光和长效监管等长效机制，稳步推进监察体制改革试点工作，探索开展执纪审查与执纪监督分设和国有企业纪检体制改革，在省内率先完成市级派驻机构和巡察两个全覆盖。

推动管党治党责任落到实处。牢固树立抓好党建是最大政绩理念，带头履行主体责任，全年专题研究党建工作25次，市委主要领导认真履行第一责任人职责，班子成员认真履行“一岗双责”，做到守土有责、守土负责、守土尽责。健全完善纵向到底、横向到边的履责体系，扎实开展履责全程纪实工作，推动各级党组织强化主责主业意识，构建一级抓一级、层层抓落实的党建工作格局。加强督促检查，市委常委带队对市（县）区、部分市级机关部门落实党风廉政建设责任制情况进行检查考核，常委会专题听取市（县）区委抓基层党建和履行全面从严治党主体责任述职，市委主要负责人逐一点评，指出存在问题，明确努力方向。认真贯彻《问责条例》，把落实全面从严治党责任作为领导班子和领导干部考核的重要内容，对党的领导弱化、党的建设缺失、全面从严治党不力的，严肃追究领导责任，全年有27个党组织、76名领导干部因落实“两个责任”不力被问责。

认真抓好党管武装工作。支持和保障驻无锡部队履行职责，依法依规支持和协助驻无锡部队落实全面停止有偿服务工作，深入推进军民融合深度发展，积极争创全国首批军民融合创新示范区。加强国防动员和后备力量建设，制定《关于完善拥军政策增强军人荣誉感的实施意见》，圆满完成军转安置任务，积极做好随军家属就业、子女教育优待等工作，双拥工作取得新成效。

2017年，市委常委会重视加强自身建设，牢固树立“四个意识”，严守政治纪律和政治规矩，始终在思想上、政治上、行动上同以习近平同志为核心的党中央保持高度一致。坚持党委（党组）中心组集中学习制度，加强思想理论武装，坚定理想信念宗旨。严肃党内政治生活，认真组织开好年度民主生活会，开展严肃认真的批评和自我批评，加强党性锻炼，提高党性修养。坚持民主集中制原则，健全完善议事规则和决策程序，严格执行“三重一大”事项集体决策制度。严格执行廉洁自律各项规定，认真落实“一岗双责”。

在看到成绩的同时，市委常委会也分析了面临的挑战和问题，主要是：经济增长的动能仍显不足，产业层次、创新能力有待提高，发展的质量和效益还须进一步提升；重点领域改革有待深入推进，发展的体制机制还须不断完善；公共服务存在短板，与人民日益增长的美好生活需要相比还存在差距；资源环境约束加大，生态治理和环境保护任务艰巨；影响社会稳定的因素依然较多，社会治理创新有待加强；党的建设仍然存在薄弱环节，“四风”问题特别是形式主义、官僚主义新表现还不同程度存在，少数党员干部敢于担当、奋发进取的奋斗精神、进取意识还不强，全面从严治党还须向纵深发展。在今后工作中，市委常委会将认真贯彻党的十九大精神，坚持以习近平新时代中国特色社会主义思想为指导，按照中央和省委、省政府决策部署，以强烈的担当精神和务实的工作作风，团结带领全市干部群众，努力取得更加扎实过硬的业绩，奋力谱写新时代中国特色社会主义无锡实践的新篇章。

（市委办公室）

政府工作报告（摘要）

——在无锡市第十六届人民代表大会第二次会议上

（2018年1月7日）

市长　汪泉

一、2017年工作回顾

2017年，面对复杂多变的宏观经济形势，在中共无锡市委的坚强领导下，全市上下认真学习宣传贯彻党的十九大精神，以习近平新时代中国特色社会主义思想为指导，牢牢把握稳中求进工作总基调，坚定不移贯彻新发展理念，深入开展“两聚一高”新实践，大力实施六大发展战略，全力推进“强富美高”新无锡建设，为无锡新时代实现新跨越打下了坚实基础。

（一）综合实力迈上新的台阶。预计全市实现地区生产总值10500亿元，同比增长7.4%。预计规模以上工业增加值增长8.5%，社会消费品零售总额增长11%，固定资产投资增长4.6%。外贸进出口超过800亿美元，增长15%。一般公共预算收入930亿元，增长6.3%。全社会研发投入占地区生产总值比重提高到2.86%，科技进步贡献率提高到63.5%，保持全省领先水平。12家企业入围中国企业500强，24家企业入围中国制造业500强。社会融资规模达1650亿元，增长11.5%；金融机构本外币存、贷款余额分别达15123亿元和11233亿元，增长3.5%和6.8%。新增境内外上市企业18家，累计达129家，上市公司总量位居全省第一。

（二）产业强市建设成效明显。全市新签约重大产业项目44个，计划总投资3910亿元，其中300亿元以上项目3个、100亿元以上项目10个，单体规模刷新历史纪录。制定实施《加快发展以物联网为龙头的新一代信息技术产业三年行动计划》，成功举办2017世界物联网博览会，物联网产业营业收入增长18%。制定实施《智能制造三年行动计划》，组织实施270个智能化改造项目，新增省级示范智能车间17家。制定实施《现代服务业提质增效三年行动计划》，预计服务业增加值占地区生产总值比重提高到51.5%。加快发展现代农业，新增高标准农田666.7公顷、高效设施农业（渔业）1000公顷，无锡国家现代农业示范区和农业基本现代化综合得分继续保持全省全国前列。

（三）科技创新能力不断增强。加快苏南国家自主创新示范区建设，万人有效发明专利拥有量达34件，科技进步综合评价排名上升到全省第二位。4项科技成果获国家科学技术奖，“神威·太湖之光”超级计算机实现全球超算500强榜单四连冠、应用成果再获戈登·贝尔奖。新增省级工程技术研究中心22家、省级企业技术中心23家、国家技术创新示范企业1家。新增省级科技小巨人企业4家，全市高新技术企业总数达1669家，高新技术产业产值达6670亿元、增长18%。实施“太湖人才计划”升级版，全年新引进各类人才7.5万人，省级众创空间、创业示范基地分别达到36家、24家。

（四）改革开放水平全面提升。供给侧结构性改革深入推进，化解钢铁产能90万吨，市区非住宅商品房库存减少19.35万平方米，全年继续为企业减负超过270亿元，银行业金融机构不良贷款余额和不良贷款率连续四年实现“双下降”。“放管服”改革扎实推进，全面推行“不见面”审批（服务），市行政审批局挂牌成立，江阴市县级集成改革试点全面启动。商事制度改革成效显著，全市新登记内资企业数量和注册资本金额分别增长21.5%、13.5%。国有企业改革迈出重要步伐，发展混合所有制项目55个，吸收社会资本投资341亿元。农村土地确权颁证基本完成，农村产权交易市场基本组建到位。开放型经济稳中向好，79家企业入围省级出口品牌，完成到位注册外资36.7亿美元，完成境外投资中方协议投资额12亿美元。苏南硕放国际机场旅客吞吐量668万人次、增长20.2%，货邮吞吐量10.75万吨、增长12.1%。

（五）城乡建设发展步伐加快。新一轮城市总体规划形成中期成果。苏锡常南部高速公路无锡段、常宜高速公路开工建设，宜长高速公路先导段启动建设。锡澄城际轨道S1线前期工作取得阶段性进展，地铁1号线南延线提前贯通，地铁3号线一期完成60%的隧道掘进量，地铁4号线一期10座车站进入主体施工。蠡湖大道快速化改造高架段、广益路、吴桥西路等重点道桥项目建成通车，江海西路快速化改造完成50%工作量。市区完成65万平方米棚户区和217万平方米旧住宅区整治改造任务。新农村建设稳步推进，支持符合条件的农村居民翻建或新建住房，江阴新桥镇等3个镇获“第二批全国特色小镇”称号。

（六）生态环境质量持续改善。扎实开展“263”专项行动，成功跻身首批国家生态文明建设示范市。全面开展新一轮太湖治理和河道综合整治，太湖无锡水域水质总体向好，连续第十年实现安全度夏。完成大气污染防治10大类267项重点工程，空气质量优良天数比例达到67.7%，PM2.5平均浓度同比下降14.6%。锡东垃圾焚烧发电厂建成投运，生活垃圾无害化处理率保持100%。单位建设用地GDP产出预计达6.93亿元/平方公里，万元GDP能耗、水耗进一步下降。减少煤炭消耗总量109万吨，淘汰低端落后化工企业275家。新增城市绿地面积205万平方米，全市林木覆盖率达到27%，自然湿地保护率达到50%。

（七）人民生活水平稳步提高。组织实施聚焦富民33条政策措施，财政资金用于民生的比例达80%左右，为民办实事十大项目全面完成。新增城镇就业15.2万人，扶持自主创业1.3万人，全体居民人均可支配收入增长8.5%左右。实现全市经济薄弱村脱困转化40个。开工建设幼儿园和中小学新建、改扩建项目79个。第五人民医院新院区建成投用，第四人民医院新院区主体工程封顶。城乡社区“10分钟体育健身圈”实现全覆盖。江阴、宜兴入选全国文明城市，无锡率先创建成为全国文明城市群。连续16年实现安全生产事故起数、死亡人数“双下降”。群众安全感、法治建设满意度均列全省第一，连续三届获“全国社会治安综合治理优秀市”称号，被授予最高奖“长安杯”。

（八）政府自身建设进一步加强。深入学习宣传贯彻党的十九大精神，扎实推进“两学一做”学习教育常态化制度化。全面推进依法行政，集中开展政府规章规范性文件清理，完成重大事项合法性审查62件，按时办复247件市人大代表议案建议和341件市政协委员提案。深入开展“连心富民、联企强市”大走访活动，有效解决企业和群众反映的各类问题11.84万件。认真执行中央“八项规定”和省委、市委“十项规定”，市政府“三公”经费支出进一步下降。切实加强党风廉政建设，推进“阳光扶贫”监管系统建设，严肃查处一批违纪违法案件。

二、深入学习贯彻党的十九大精神

学习贯彻党的十九大精神，是当前和今后一个时期的首要政治任务。全市上下要深入学习、认真领会、准确把握党的十九大提出的重要思想、重要论断、重大战略部署、重大政策举措，紧密联系无锡实际抓好贯彻落实，推动“强富美高”新无锡建设取得更大成效。

坚持以习近平新时代中国特色社会主义思想为指导。牢固树立“四个意识”，坚决维护以习近平为核心的党中央权威和集中统一领导，自觉把习近平新时代中国特色社会主义思想作为建设“强富美高”新无锡的根本遵循，不折不扣把中央和省、市委决策部署贯彻好、落实好。

*深入贯彻新发展理念、建设现代化经济体系。*坚持质量第一、效益优先，把质量作为产业强市之基，着力加以巩固和提升。深化供给侧结构性改革，更高水平建设国家创新型城市，实施乡村振兴战略，着力推动区域协调发展。坚持把发展经济的着力点放在实体经济上，努力打造国内一流、具有国际影响的现代产业新高地。

*更好满足人民日益增长的美好生活需要。*坚持以人民为中心的发展思想，把满足人民群众对美好生活需要、着力解决不平衡不充分的发展问题，作为政府工作的努力方向。紧紧抓住人民群众最关心、最直接、最现实的利益问题，一件事情接着一件事情办，一年接着一年干，努力创造民生幸福、百姓充分认可的全面小康新生活。

*加大生态文明建设力度。*着力解决环境突出问题，深入实施“263”专项行动，切实把太湖治理摆上更加重要位置，着力推进绿色发展，加强生态系统保护，努力建造生态宜人、内涵品质跃升的美丽城乡新家园。

*大力推动社会主义文化繁荣兴盛。*坚持文化自信，弘扬时代主旋律，大力培育和践行社会主义核心价值观，加快文化事业发展，推动全国文明城市创建工作向更高水平迈进，努力塑造体现传承、彰显时代精神的社会文明新气象。

*切实把全面从严治党要求落实到政府工作之中。*认真履行全面从严治党主体责任，不断加强党的建设。深入推进“两学一做”学习教育常态化制度化，扎实开展“不忘初心、牢记使命”主题教育。持之以恒正风肃纪，强化监督执纪问责，深入开展反腐败斗争，建立健全对行政权力运行的监督和制约机制。

*奋力在新时代展现新气象、新作为。*勇于解放思想，善于抢抓机遇，强化创新引领，注重系统提升，坚持底线思维，以功成不必在我的胸怀、低调务实不张扬的作风、撸起袖子加油干的劲头，锐意进取、埋头苦干、不懈奋斗，努力开创政府工作新局面。

三、2018年主要工作

2018年政府工作的总体要求是：深入学习贯彻党的十九大精神，以习近平新时代中国特色社会主义思想为指导，认真学习贯彻习近平新时代中国特色社会主义经济思想，认真贯彻落实2017年中央经济工作会议精神和省委十三届三次全会、市委十三届五次全会精神，坚持稳中求进工作总基调，自觉践行新发展理念，统筹推进“五位一体”总体布局和协调推进“四个全面”战略布局，以高质量发展为导向，以推进供给侧结构性改革为主线，着力推动质量、效率、动力三大变革，坚定实施六大发展战略，聚力创新、聚焦富民，全面做好稳增长、促改革、调结构、惠民生、防风险各项工作，确保经济平稳健康发展，确保人民生活持续改善，确保社会大局和谐稳定，推动高水平全面建成小康社会和建设“强富美高”新无锡取得更大成果。

全市经济社会发展主要目标是：地区生产总值增长7%~7.5%；一般公共预算收入增长6.5%左右；固定资产投资增长5%左右；社会消费品零售总额增长10%以上；外贸进出口增长5%左右；全社会研发投入占地区生产总值比重达到2.92%；城乡居民收入增长与经济增长同步，城镇登记失业率、居民消费价格涨幅控制在省定范围内；节能减排和大气、水环境质量确保完成省下达的目标任务。

2018年，重点做好以下工作：

（一）按照高质量发展要求推进产业强市建设

深入推进质量强市示范城市建设。广泛开展质量提升行动，加快培育技术、标准、品牌、服务“四位一体”的质量竞争新优势。组织开展“标准化+”系列行动，鼓励和帮助企事业单位积极承担和参与制（修）订国际标准、国家标准和行业标准。加强打击侵权和制售假冒伪劣商品工作，严厉查处质量违法行为。

深入实施现代产业发展三个“三年行动计划”。加快推进国家传感网创新示范区建设，办好2018世界物联网博览会，加快推进鸿山、雪浪、慧海湾等物联网小镇和浪潮大数据产业园建设，实现物联网产业营业收入增长20%以上。积极争创“中国制造2025”国家级示范区，组织推进100个智能制造重点项目，聚力打造集成电路、生物医药、新能源及新能源汽车等重点产业集群，实现规模以上工业增加值增长8%左右。加快发展生产性服务业，大力发展共享经济、数字经济、创意经济等服务业新业态、新模式。

强化重大产业项目支撑带动作用。集中力量招引一批投资超10亿美元或50亿元的重大产业项目。全力推进已签约重大项目落地开工，加快在建项目建设进度，抓好总投资超过3477亿元的市级重大产业项目建设。积极开展“千企技改”行动，实现全市工业投入增长8%左右。

大力促进乡村振兴发展。全面开展现代农业发展“343”行动，健全城乡一体化发展体制机制，促进农村一二三产业融合发展。优化农产品结构，农业“三品”产量占比达到48%以上。鼓励多种形式适度规模经营，培育新型农业经营主体，实现省级农业龙头企业收入增长8%。加快推进城乡一体化示范镇、特色田园乡村建设试点。

强化对实体经济的全方位服务。加强土地、能源、人力资源等要素保障，进一步开展“稳心留根”活动。加大金融服务实体经济力度，实现社会融资规模1700亿元以上，其中新增本外币贷款800亿元以上。引导和扶持新设产业基金规模100亿元以上。加强上市后备资源培育，新增境内外上市公司10家。

（二）坚持把创新作为驱动发展的第一动力

加强苏南国家自主创新示范区建设。落实创新驱动核心战略30条政策措施，推动产、学、研深度融合，积极参与国家和省重大科技计划。完善科研成果转化激励机制，强化科技金融服务，促进科技成果加快转化。强化知识产权创造、保护、运用，促进专利申请量和授权量稳定增长。

着力发挥企业创新主体作用。鼓励企业加大研发投入，实现全市企业研发经费占销售收入比重达到1.78%。实施高成长性创新型企业培育行动，实现全市高新技术企业超过1800家。加强无锡军民融合公共服务平台建设，加快推进宜兴军民融合产业园、蓝鲸军民融合创新园建设，积极争创国家级军民融合创新示范区。

打造科技创新创业人才高地。深入实施“太湖人才计划”升级版，引进科技创新创业领军人才(团队)企业70家。促进大众创业、万众创新与各行各业深度融合，鼓励发展创新工场、虚拟创新社区等新型孵化器。

推动形成全面创新的生动局面。积极完善有利于全面创新的政策和制度环境，全面推动产业创新、企业创新、市场创新、产品创新、业态创新和管理创新。大力弘扬优秀企业家精神，充分保护和激发民营企业家创新热情，坚决破除制约民营企业发展的歧视性限制和各种隐性障碍。

(三)着力推动深化改革重点任务落地见效

在深化供给侧结构性改革上保持定力。更多运用市场机制实现优胜劣汰，确保完成省下达的去产能任务。加大商业地产去库存力度，促进房地产市场平稳健康发展。有效化解企业“互保链”风险，积极稳妥化解地方政府性债务风险。全面落实国家和省、市各项减税降费政策，继续为企业降本减负200亿元以上。

在推进“放管服”改革上精准发力。持续推进相对集中行政许可权改革试点，不断巩固“3550”改革成果。着力构建适应现代化市场体系的商事制度，提升事中事后监管效能。完善政务服务“一张网”，提高政务服务事项在线办理比例。推进全市政务服务品牌化建设，提高政务服务效能。深化江阴市县级集成改革试点。

在全面落实改革举措上持续用力。积极推进财税和投融资改革，设立城市建设创新发展基金。推进国有企业改革，加强国有资本资源整合，积极发展混合所有制经济。积极引进和培育各类金融机构，创建物联网金融综合改革试验区。推进农村土地制度和集体产权制度改革，探索“三权分置”多种实现形式。进一步推进医药卫生体制改革，加快医保支付方式改革步伐。

(四)推动形成开放型经济和文化旅游经济新格局

高水平发展开放型经济。加大外贸稳增长调结构力度，推动外贸向优质优价、优进优出转变。放宽利用外资市场准入，强化重大外资项目招引，更大力度推动现有外资企业向地区总部、功能性总部转型升级。支持帮助企业沿着“一带一路”开拓发展新空间。加快开发区转型升级，推动开发区主要经济指标占全市比重、在全省排位稳步提升。

推动文化体育会展产业融合发展。健全现代文化产业体系和市场体系，积极创建国家文化出口基地、省级文化金融合作试验区、文化金融服务中心。推动体育产业创新发展，提高智慧体育产业园发展水平。大力发展会展经济，积极扩大物联网、新能源、汽车、工业设计、文化艺术产业等会展的影响力和辐射效应。

积极创建国家全域旅游示范区。加强旅游目的地城市建设，进一步完善旅游市场体系和旅游公共服务体系。加快锡澄宜“一体两翼”旅游资源整合力度。精心打造特色旅游品牌，实现旅游总收入增长10%。

(五)加快推进锡澄宜城市群协同发展

增强城市群协同竞争力。积极主动融入长江经济带、长三角一体化和扬子江城市群建设，推动无锡打造长三角重要中心城市、江阴打造长江经济带重要节点城市、宜兴打造宁杭生态经济带中心城市。深化锡澄宜产业体系分工协作，探索产业协作园区共建机制。

加快基础设施互联互通。加快苏锡常南部高速公路等重大基础设施建设步伐，开工建设南沿江铁路、凤翔路快速化改造、宜兴丁蜀通用机场等重点项目，配合省有关部门做好盐泰锡常宜铁路、锡太高速、锡宜高速改扩建等项目前期工作。

推进公共服务共建共享。建立开放的就业服务信息平台。完善市域客运公交网络。落实基本公共服务功能配置标准，整合区域教育、医疗、养老等资源，促进教育均衡协调发展，推动医疗卫生、养老服务共享。统一区域环境准入标准，加强环境质量联合监测。深化文化体育外事交流，共同申办全国性、国际性重大文化活动和体育赛事。

(六)提高保障和改善民生水平

持续促进富民增收。坚持就业优先战略和积极就业政策，实现城镇新增就业11万人，扶持自主创业1万人。完善职工工资正常增长机制，拓宽居民劳动收入和财产性收入渠道，做到在经济增长的同时实现居民收入同步增长、在劳动生产率提高的同时实现劳动报酬同步提高。

锡山宛山荡省级湿地公园 (市农委 供稿)

健全兜底保障体系。推动社会保障从制度全覆盖向人群全覆盖转变。实施低收入群体和经济薄弱村脱困致富工程，健全最低生活保障标准自然增长机制，加大因病因残致贫家庭救助力度。完善居家养老服务机制，探索实施长期护理保险制度。

加快教育现代化步伐。加大幼儿园、中小学布局优化和建设力度，推进义务教育学校标准化建设。实施普通高中办学品质提升计划。加大职业教育校企合作、产教融合力度。支持江南大学建设世界一流学科和高水平医学院，实现南京信息工程大学滨江学院无锡校区入驻新生。巩固提升与东南大学等高校合作共建成果。

深化“健康无锡”建设。增加优质医疗资源供给，完成第四人民医院新院区主体工程，加强基层医疗卫生服务体系和全科医生队伍建设。加大医疗卫生人才引育和重点专、学科建设力度。传承发展中医药事业。进一步加强妇幼健康服务能力建设。深入实施食品安全战略，创建国家食品安全示范城市。

繁荣文化体育事业。扎实开展书香城市创建，推进市文化馆、美术馆、基层综合性文化服务中心等公共文化设施建设。推动锡剧艺术繁荣发展。加快推进惠山古镇二期建设和申遗工作。提升公共体育服务水平，争创全国体育旅游示范城市和全国运动健康城市。

(七)加强城乡建设管理和社会治理

提高城乡建设和管理水平。进一步做好城市总体规划修编、镇村规划编制工作，推进城市设计和历史城区“双修”试点。支持引导新城开发和特色小镇健康发展，推动太湖新城、锡东新城、惠山新城、蠡湖新城和太湖影视小镇等特色小镇加快产业导入、完善配套服务。加快实施棚户区、旧住宅区更新改造，加强老城区环境卫生整治。进一步加强农村居民住房建设管理，建立健全村庄综合整治长效管理机制。

加强城乡基础设施建设。加快推进轨道交通建设。加快钱皋路、环山东路、新锡路北延等城市重点道路建设。加强城市地下综合管网和海绵城市建设管理。加快实施新孟河拓浚延伸工程、望虞河西岸控制工程、锡澄运河北排扩大工程、白屈港整治工程，完成新沟河拓浚延伸工程。实施新型智慧城市建设行动计划。

创新和加强社会治理。深化政社互动，推进网格化社会治理，进一步完善社区减负长效机制。巩固提升全国文明城市群创建成果。健全安全生产责任体系，确保全市安全生产形势持续向好。组织开展信访突出问题大化解、大突破专项行动。深入推进平安无锡和“雪亮工程”全国示范城市建设，严厉打击各类违法犯罪行为。

(八)强化环境整治和生态保护

把太湖治理放在重中之重位置。加快推进重点治太工程，强化应急防控措施，确保饮用水安全、确保不发生大面积湖泛。深入推进工业污染、生活污染和农业面源污染防治，加快规模养殖场改造提升。全面推进161条河道和38条黑臭水体整治，确保45个国家、省考核断面水质稳定达标。

着力整治突出环境问题。抓好大气污染综合治理，实现PM2.5平均浓度持续下降、城市空气质量优良天数比例持续上升。强化土壤环境综合监管。加快固体废弃物处置设施建设。积极推进生活垃圾分类工作。继续开展“绿刃2018”环保专项行动，严厉打击各类环境违法行为。

深入推进绿色低碳发展。科学划定城市开发边界、生态保护红线和永久性基本农田保护线。加快推进太湖生态保护圈、长江生态安全带、宜兴生态保护引领区和中瑞低碳生态城建设。扎实开展能源消耗总量和强度“双控”行动。加快化工行业结构调整。开展工业企业资源利用绩效管理。积极推进企业循环式生产、产业循环式组合、园区循环式改造。

完善生态文明体制机制。严格落实环境保护“党政同责”和“一岗双责”，深入推进环保机构监测监察执法垂直管理制度改革。落实生态补偿机制。推进碳排放权交易市场建设。完善环境污染责任保险制度。

(九)努力建设担当高效廉洁政府

坚持依法行政。提升政府立法质量，完善法律顾问制度，推进重大行政决策目录管理。加大行政执法监督力度，促进严格规范公正文明执法。依法接受市人大及其常委会的监督，积极支持市政协履行政治协商、民主监督和参政议政职能，提高人大代表建议和政协委员提案的办理质量。做好普法宣传工作，增强全民法治观念。

强化责任担当。大力倡导保持锐意进取的勇气、敢为人先的锐气、蓬勃向上的朝气，弘扬“定了干、马上办、办到底”的作风。真心实意为群众办实事、解难事，主动当好服务群众和企业的“店小二”。完善激励机制和容错纠错机制，坚决整治工作落实不力、效能低下、敷衍塞责等“庸懒散”行为。

认真落实全面从严治党主体责任和“一岗双责”。推动和督促全市政府系统各级党组(党委)切实履行主体责任，领导班子成员切实履行“一岗双责”。认真贯彻执行《中央八项规定实施细则》及省、市委贯彻落实的《具体办法》，坚决防止“四风”问题反弹回潮。加强审计监督。用好监督执纪“四种形态”，加大违纪违法案件查处力度，坚决纠正损害群众利益的不正之风。

(市政府办公室)

编辑　罗秋云

1月

3~4日　青海省海东市市委书记于丛乐、市长鸟成云率海东市党政代表团到无锡考察，并就加强扶贫协作工作进行交流。

4日　省委副书记、省长石泰峰率检查考核组到无锡，检查考核落实党风廉政建设和意识形态工作责任制情况。

5日　“我心目中的无锡工匠”评选揭晓。活动由市总工会、无锡日报社共同主办，江苏阳光集团于燕、双良节能系统股份有限公司丁贯林等20人获评。

△省委常委、市委书记李小敏主持召开市委常委会“两学一做”(学党章党规、学系列讲话，做合格党员)专题学习会。

9日　省委常委、市委书记李小敏主持召开市委常委会第14次会议。会议传达学习习近平在中纪委七次全会上的重要讲话精神，研究部署省委党风廉政建设和意识形态工作责任制检查考核反馈意见整改落实工作。

△机器人与智能制造装备联合研发中心在惠山经济技术开发区揭牌，无锡中车时代智能装备有限公司同时成立。该中心由中车株洲电力机车研究所有限公司和华中科技大学无锡研究院共同创立，其中机器人智能磨抛系统、智能制造工程项目总投资近1.5亿元。省委常委、市委书记李小敏会见华中科技大学党委书记路钢、常务副校长邵新宇，中国工程院院士、中车株洲电力机车研究所有限公司董事长丁荣军以及中国科学院院士、华中科技大学机械科学与工程学院院长丁汉一行。

△市长汪泉会见阿斯利康全球执行副总裁、亚太区与中国总裁王磊一行，双方就加快推进健康物联网建设进行洽谈。

△在京举行的2016年度国家科学技术奖励大会上，无锡市1个项目获技术发明奖、3个项目获科技进步奖。

10日　省委常委、市委书记李小敏率检查考核组到市梁溪区检查考核落实党风廉政建设和意识形态工作责任制情况。

11日　经中共江苏省委同意，谢晓军任中共无锡市委常委。

△中国亚洲经济发展协会江苏委员会(分会)在无锡成立。

12日　无锡公安“最美警察”评选揭晓。江阴市公安局交警大队副大队长徐澄、宜兴市公安局刑警大队大案中队中队长王华峰等10人获评。

△省委常委、市委书记李小敏会见韩国乐金华奥斯株式会社社长吴长洙一行。双方就深化友好往来和交流合作进行洽谈，共同签署韩国乐金华奥斯株式会社与无锡高新技术产业开发区合作协议。

13日　无锡市工商联(总商会)第十二次会员代表大会召开。

△无锡市慈善总会举行“慈善情暖你我他，爱心联结千万家”慈善款物发放仪式，在春节前陆续发放慰问金和救助物资，总价值1800余万元。

△市长汪泉主持召开市政府第75次常务会议。会议听取《无锡市“十三五”城乡建设总体规划》编制、2016年为民办实事项目执行、2017年为民办实事项目安排、无锡市“两减六治三提升”(减少煤炭消费总量、减少落后化工产能，治理水环境、治理生活垃圾、治理黑臭水体、治理畜禽养殖污染、治理挥发性有机物污染、治理环境隐患，提升生态保护水平、提升环境经济政策调控水平、提升环境执法监管水平)专项行动实施方案编制等情况的汇报，审议通过《关于开展建成区违法建设治理工作的实施意见》。

△清华大学媒介调查实验室发布江苏省年度游客满意度调查结果，无锡市以84.53分位居全年游客满意度综合指数全省第一。

15日　由中国工程院院士侯保荣领衔的江苏麟龙新材料股份有限公司院士工作站在无锡市惠山区落成揭牌。

16日　省委常委、市委书记李小敏主持召开市委常委会第15次会议。会议听取无锡市十六届人大一次会议、政协无锡市十四届一次会议筹备情况和有关报告起草情况的汇报，审议通过《无锡市“两减六治三提升”专项行动实施方案》《关于深入推进城乡发展一体化示范特色镇建设的指导意见》《关于深入推进美丽乡村建设的实施意见》《无锡市规范性文件和重大决策合法性审查程序规定》。

19日　市委召开市纪委派驻机构改革工作动员部署会议。无锡市纪委派驻机构改革启动。

21日　市委常委会召开2016年度民主生活会。

22日　无锡市召开生态文明建设暨“两减六治三提升”专项行动动员大会。

23日　市长汪泉主持召开市政府第76次常务会议。会议听取《政府工作报告》《2016年国民经济社会发展计划执行情况和2017年国民经济社会发展计划（草案）的报告》《2016年预算执行情况和2017年预算（草案）的报告》起草情况汇报，听取开展全市化工企业“四个一批”（关停一批、转移一批、升级一批和重组一批）专项行动的情况汇报。

25日　市政府决定授予江苏亨鑫科技有限公司和华瑞制药有限公司2016年度“无锡市市长质量奖”。

26日　省委常委、市委书记李小敏主持召开市委常委会第18次会议。会议讨论《政府工作报告》等提请市十六届人大一次会议审议的文件，听取为民办实事项目情况汇报，传达学习全省组织部部长会议、全省宣传部部长会议精神，研究部署宗教工作。

2月

3日　国家物联网感知装备产业计量测试中心落户无锡。

△省委常委、市委书记李小敏会见到无锡调研的省纪委副书记、省监察厅厅长王立平一行，就如何加强内部监督制约机制建设开展专题调研。

4日　省委常委、市委书记李小敏主持召开市委常委会第19次会议。会议听取市委、市政府2016年重点工作完成情况和2017年重点工作方案汇报，讨论《关于开展“连心富民、联企强市”大走访活动的实施方案》。

6日　省委常委、市委书记李小敏，市长汪泉在南京会见SK集团副会长、SK海力士（株）代表理事CEO朴星昱一行，双方就SK海力士下阶段战略发展、拓展合作领域进行会谈。

△全国第四批美丽宜居小镇、美丽宜居村庄示范名单公布。无锡市惠山区阳山镇获评“全国美丽宜居小镇”称号。

11日　省委常委、市委书记李小敏主持召开市委常委会第20次会议。会议传达学习省两会精神，研究部署纪检监察工作和“三农”工作。

12日　江苏省举行重大项目集中开工现场推进会。省委常委、市委书记李小敏在无锡分会场宣布中国船舶海洋探测技术产业园等重大项目开工。

13日　江苏省内首个统一开放的物联网公有云平台OneNET在无锡上线发布。

13~16日　政协无锡市十四届一次会议召开。省委常委、市委书记李小敏发表讲话，周敏炜代表市十三届政协常委会作工作报告，蒋达作市十三届政协常委会关于提案工作情况的报告。会议选举周敏炜为市政协第十四届委员会主席，叶勤良、张丽霞、吴仲林、丁旭初、刘玲、金元兴、高慧、韩晓枫为副主席，王鸿涌为秘书长，马剑等77人为市十四届政协常务委员会委员。

14~17日　无锡市十六届人大一次会议召开。市长汪泉作政府工作报告，姚建华代表市十五届人大常委会作工作报告，市中级人民法院、市人民检察院作工作报告。会议选举徐一平为市十六届人大常委会主任，汪泉为市人民政府市长，赵志新、华博雅、滕兰英、吴峰枫、袁飞为市十六届人大常委会副主任，黄钦、谢晓军、朱爱勋、刘霞、王进健、陆志坚、高亚光为市人民政府副市长，黄蓉华为市十六届人大常委会秘书长，时永才为市中级人民法院院长，俞波涛为市人民检察院检察长，王中苏等40人为市十六届人大常务委员会委员。大会进行宪法宣誓。

16日　石墨烯国家标准提案立项研讨会在无锡召开。

17日　市长汪泉会见由台湾新北市副市长侯友宜率领的台湾新北市文化经贸参访团，双方就加强在经贸、文化、教育、旅游、体育等多个领域的合作进行交流。

△四川省乐山市市委书记彭琳率乐山市党政代表团到无锡考察旅游文化产业。省委常委、市委书记李小敏会见代表团一行，双方就产业发展、文化交流、旅游开发等方面合作关系进行交流。

18日　帝特律电动汽车项目落户宜兴。省委常委、市委书记李小敏会见底特律电动汽车控股有限公司董事长林秀山一行，并出席项目签约仪式。

20日　省委常委、市委书记李小敏会见美国加利福尼亚州圣贝纳迪诺郡行政长官科特·海格曼率领的代表团一行并出席贸易与投资合作签约仪式，市长汪泉签署贸易与投资备忘录。

21日　第五届国际青少年教育机器人奥林匹克竞赛（IYRE）在美国斯坦福大学举行，无锡东林中学初一学生许钊胜获机器人奥赛世界冠军。

△市长汪泉主持召开新一届市政府第1次常务会议，传达省、市两会精神并部署当前工作。会议审议《关于进一步降低实体经济企业成本的实施意见》《无锡市公立医院管理委员会运行规则（试行）》《无锡市居民住宅二次供水管理办法（草案）》《无锡市特种设备安全管理办法（草案）》和《无锡市机关事务管理办法》。

22日　国际现代五项联盟主席克劳斯·舒曼到访江苏省锡山高级中学，授予校长唐江澎“顾拜旦金牌”，授予江苏省锡山高级中学“顾拜旦金奖”证书。

△东方环晟高效叠瓦太阳能电池组件项目在宜兴签约，项目总投资额50亿元。省委常委、市委书记李小敏会见项目投资方、东方环晟股东公司中国东方电气集团有限公司党组书记、董事长邹磊，天津中环电子信息集团有限公司总经理曲德福，美国晟博迩公司总裁与首席执行官汤姆·维尔纳等一行，并出席签约仪式。

△江苏省天一中学女生张冼月获第九届罗马尼亚大师杯数学竞赛银牌。

23日　中共无锡市第十三届纪

律检查委员会第二次全体会议召开。市委常委、纪委书记王唤春主持会议并作工作报告,省委常委、市委书记李小敏讲话并与各地各部门党委(党组)主要负责人签订2017年度党风廉政建设责任书。会议以电视电话会议形式召开,各市(县)区设分会场。

23~24日 陕西省延安市政府代表团到无锡考察,就深入开展扶贫协作和经济合作进行对接交流,并签署无锡与延安扶贫协作和经济合作战略协议。省委常委、市委书记李小敏,市长汪泉会见延安市市长薛占海一行并出席签约仪式。

24日 无锡圣瑞门诊部开诊。这是来自台湾的一个高端私立儿科门诊,主要由台湾和上海医生坐诊。

△第六届"全国服务农民、服务基层文化建设先进集体"名单揭晓。名单由中宣部、文化部、国家新闻出版广电总局联合评出,无锡市惠山区洛社镇杨市社区农家书屋上榜。

△三星(无锡)电子材料有限公司偏光板项目举行竣工仪式。省委常委、市委书记李小敏会见韩国三星SDI(株)社长赵南成一行,市长汪泉出席竣工仪式并致辞。

25日 2016年"江苏省质量奖"公布。红豆集团有限公司上榜。

26日 2017"和美家风·德润无锡"最美家庭揭晓。省委常委、市委书记李小敏会见80户"最美家庭"代表,并与市领导汪泉等共同为无锡市"最美家庭"颁奖。

△投资规模达2亿美元的粒子放疗产业群基地研发与制造项目签约落户无锡市梁溪区。无锡市政府与新里程投资集团举行签约仪式,市长汪泉出席签约仪式并会见新里程投资集团董事局主席周玉成一行。

3月

2日 省委常委、市委书记李小敏主持召开市委常委会,专题研究产业发展工作。会议审议《加快发展以物联网为龙头的新一代信息技术产业三年行动计划》《无锡市智能制造三年行动计划》《无锡市现代服务业提质增效三年行动计划》《关于进一步降低实体经济企业成本的实施意见》《关于进一步做好我市重大项目推进工作的实施意见》《无锡国家传感网创新示范区建设实施意见(2017~2020年)》,听取全省统战部部长会议精神和无锡市贯彻意见的汇报。

3日 赴京参会的全国人大代表、无锡市人民医院副院长陈静瑜,在北京中日友好医院完成一例肺移植手术。

6日 北京中日友好医院与无锡市人民医院在京签署合作协议,双方建立紧密型医联体,在医疗、科研、教育方面紧密合作。

7日 省委常委、组织部部长王炯到宜兴专题调研人才工作,市委常委、组织部部长周英陪同调研。

9日 市长汪泉会见到无锡考察的中国航发集团公司党组书记、董事长曹建国一行,双方就深化项目合作、推进军民融合发展进行交流。

△ "2017年国际大数据与E级计算研讨会"在无锡开幕。研讨会由国家超级计算无锡中心承办,是国内首次在高性能计算领域举办的顶级专业研讨会。

10日 江苏省第十四届哲学社会科学优秀成果奖(省政府奖)揭晓。无锡市有26部作品分别获一等奖、二等奖、三等奖,其中由市祠堂文化研究会会员李文扬编写的四卷本社科普及类图书《千秋家国梦——无锡惠山祠堂群人文故事集》获一等奖。

11日 市长汪泉主持召开市政府第3次常务会议。会议专题听取2016年市本级审计发现问题及整改情况汇报,审议《无锡市全面深化河长制实施方案》。

13日 英国格拉斯哥大学与无锡石墨烯产业发展示范区缔结全面战略合作伙伴关系并举行签约仪式。双方在石墨烯领域开展国际前沿技术导入、专业学术交流合作、最新研发成果发布、顶尖团队技术支持、项目孵化及产业化五个方面达成一致。

14日 无锡高新技术产业开发区与瑞典阿特拉斯·科普柯公司签署战略合作框架协议。市委常委、常务副市长黄钦会见阿特拉斯·科普柯集团董事会主席汉斯·斯特拉伯格一行,并出席签约仪式。

16~18日 美国波士顿大学代表团到无锡市考察。省委常委、市委书记李小敏会见波士顿大学校长罗伯特·布朗一行,双方就开展合作进行交流。

17日 省委常委、市委书记李小敏主持召开市委常委会第22次(扩大)会议。会议传达学习全国两会精神,听取中央和全省政法、信访、对台工作会议精神以及无锡市贯彻意见的汇报。

△省委常委、市委书记李小敏主持召开市委全面深化改革领导小组第12次会议。会议听取2016年全面深化改革工作情况汇报,研究确定2017年全面深化改革工作要点。

18日 市长汪泉会见到无锡市访问的印度驻沪总领事古光明,就深化经贸、文化交流合作等事宜进行洽谈。

19日 2017小天鹅无锡马拉松赛开赛,参赛人数近3万人。

22日 省委书记、省人大常委会主任李强在南京会见瑞典爱立信和英国阿斯利康公司联合董事长雷夫·约翰森一行,并出席无锡高新技术产业开发区、阿斯利康、江苏移动、爱立信健康物联网战略合作备忘录签约仪式。省委常委、市委书记李小敏,副省长马秋林参加会见并出席签约活动。

23~24日 海关总署党组书记、署长于广洲一行到无锡调研外贸进出口及开放型经济发展情况,并召开企业座谈会听取促进外贸"优进优出"的意见、建议。

24日 水利部部长陈雷到无锡检查太湖流域防汛、水环境治理工作和河长制落实情况。

27日 无锡市举办中日樱花友谊林建设30周年纪念大会。市长汪泉出席并会见日本驻沪总领事。

28日 无锡地铁4号线一期工程开工建设。地铁4号线一期工程总体呈南北走向,北起惠山区刘潭站,南至太湖新城贡湖大道站,线路全长24.6千米,共设车站18座,全部为地下站。

△南京信息工程大学滨江学院新校区在锡东新城商务区启动建设。

△省委常委、市委书记李小敏会见由香港中华总商会会长、全国政协教科文卫体委员会副主任蔡冠

深率领的香港中华总商会访问团一行。

29日　无锡市首个供电智能客服机器人上岗。这是全省首个供电智能互动服务机器人，能熟练应对常规的接待、引导、咨询、缴费等业务。

30日　省委常委、市委书记李小敏主持召开市委常委会第23次会议。会议传达贯彻全省制造业大会精神，听取关于2016年度市(县)区科学发展考核评价实施情况、省级以上开发区考核评价情况、市级机关部门(单位)绩效考核情况以及江苏发展大会筹备情况的汇报，审议《无锡市全面深化河长制实施方案》、江苏发展大会无锡市相关筹备方案。

△“中国摄影小镇(鹅湖)”授牌暨全国摄影大展启动仪式在无锡市锡山区荡口古镇举行。继2016年获得“中国摄影创作基地”称号后，荡口再次成为无锡首个国家级摄影基地。

31日　无锡智康弘仁新药开发有限公司在无锡高新技术产业开发区揭牌成立，与上海药明康德新药开发有限公司签订战略合作协议。

4月

1日　无锡市政府与江南大学签署“十三五”市校“1+3”合作共建协议。省委常委、市委书记李小敏，江南大学党委书记朱拓分别讲话。市长汪泉与江南大学校长陈坚签署合作共建协议，市领导周英、刘霞、高亚光分别与江大签署关于人才引进干部培养智库共建、江大无锡医学院建设、智能制造及产业创新发展等合作子协议。

5日　瑞士联邦政府科技文化中心和瑞士创新中心联合组织的物联网考察团到无锡访问。

6~7日　省长石泰峰在无锡调研经济社会发展情况。

△省委常委、省纪委书记蒋卓庆到无锡调研党风廉政建设和反腐败工作情况。

8日　第23届亚洲乒乓球锦标赛在无锡开幕。来自29个国家、地区的代表队和运动员参加比赛。国家体育总局副局长、亚乒联盟主席蔡振华，省委常委、市委书记李小敏出席开幕式。

9日　2017“春来马山”环岛骑行活动暨第二届无锡马山户外旅游节启动仪式在马山阖闾王城开幕。

10日　省委常委、市委书记李小敏主持召开市委常委会第25次会议。会议研究部署推进市域重大基础设施建设、加快锡澄锡宜一体化发展工作，传达学习全国创建文明城市工作经验交流会精神、研究无锡市贯彻意见，听取全省关工委工作会议精神和无锡市工作情况汇报，审议通过《无锡市机关事务管理办法(草案)》。

11日　国际标准组织新设物联网金融标准研究工作组落户无锡高新技术产业开发区。

12日　中央统战部副部长、全国工商联党组书记、常务副主席全哲洙率调研组到无锡，就开展降低实体经济企业综合成本进行调研。

13日　常州市市委书记费高云、市长丁纯率常州市党政代表团到无锡，考察无锡市创新、富民方面的情况和做法。

14日　2017中国“物联网+”高峰论坛在无锡举行。赛伯乐投资集团与无锡市政府签署合作协议，赛伯乐绿科公司与无锡市金融投资有限公司签署物联网产业基金合作协议。

△由工业和信息化部指导的“制造业与互联网融合发展系统解决方案高峰论坛”在无锡举行，中国(无锡)两化融合应用推广联盟成立。

16日　2016年“中国美丽乡村百佳范例村”评选揭晓。惠山区阳山镇桃源村成为无锡市唯一一个获此荣誉的乡村。

△无锡市梁溪区被评为第三批“中国商旅文产业发展示范区”，这是省内首家获得该称号的区(县)。

17~18日　省人大常委会立法调研组到无锡，就制定苏南国家自主创新示范区条例进行立法调研。

△省政协副主席范燕青率领调研组到无锡，围绕“聚焦富民持续提高城乡居民收入水平”开展专题调研。

18日　中兵军民融合产业园及产业基金战略合作协议、宜兴厢式电动物流车项目、协鑫“双养”小镇项目框架协议在宜兴市签约。省委常委、市委书记李小敏见证项目签约，市委常委、组织部部长周英，全国政协委员、协鑫集团有限公司董事长朱共山，中国兵器工业集团中兵投资公司总经理李子福等出席签约仪式。

19日　省委常委、市委书记李小敏会见欧司朗光电半导体全球首席运营官嘉斯查·奥特曼斯一行，并出席欧司朗无锡工厂二期项目签约仪式。

19~20日　中国工程院院长周济率领院士、专家团到无锡，调研无锡市推进智能制造及智能制造装备产业发展情况。

20日　市委常委、常务副市长黄钦会见到无锡访问的达能集团全球副总裁、纽迪希亚大中华区总经理李健一行，就深化项目合作进行交流。

23日　新疆维吾尔自治区克孜勒苏柯尔克孜自治州党政代表团到无锡考察。省委常委、市委书记李小敏，市长汪泉会见克孜勒苏柯尔克孜自治州州长迪力夏提·柯德尔汗一行，双方就深化对口支援和交流合作进行深入探讨。

25日　市长汪泉主持召开市政府第4次常务会议。会议听取2017年议案和建议、提案办理工作情况汇报，听取2017年一季度全市安全生产形势汇报，讨论《无锡市市区主要固体废弃物处理设施建设三年规划》，听取锡东电厂配套生活垃圾转运体系二年改造计划的汇报，讨论《无锡市审计机关人财物管理改革试点实施方案》《关于深化行政审批制度改革加快简政放权激发市场活力的实施意见》等。

△太湖街道国际养老康复合作项目签约。这是无锡市首个引进外资建设的养老项目，由澳大利亚国际知名品牌企业莫朗福克斯集团投资，总金额8000余万元。

25~26日　省人大常委会常务副主任、党组副书记史和平率省人大常委会调研组一行到无锡，调研农民增收和农村扶贫工作情况。

26日　天津中环半导体股份有限公司10吉瓦晶硅切片项目在宜兴市签约。项目总投资30亿元，首期投资20亿元。

△美国通用电气中国研发中心新任首席运营官戴鹰率通用电气集团中国区高层代表团到无锡，考察

投资环境，寻找合作机会。

28日　无锡市政府召开第一次全体(扩大)会议暨廉政工作会议。会议贯彻落实省政府全体会议和市委、市政府一季度全市重大项目推进暨经济形势分析会议精神，总结一季度工作，部署安排二季度任务和政府系统廉政工作。

△无锡浪潮大数据产业园落户太湖新城。8月15日，无锡浪潮大数据产业园揭牌运营。

△省委常委、市委书记李小敏主持召开市委常委会第26次会议暨市委全面深化改革领导小组第13次会议。会议听取无锡市简政放权创新创业环境评价结果的汇报，审议通过《关于深化行政审批制度改革加快简政放权激发市场活力的实施意见》《无锡市审计机关人财物管理改革试点实施方案》和《无锡市市区主要固体废弃物处置实施建设三年计划》。

5月

3日　无锡太湖人鱼小镇项目奠基开工，项目总投资200亿元。

5日　省委常委、市委书记李小敏主持召开市委常委会第27次会议。会议听取全省推进"两学一做"学习教育常态化制度化工作座谈会精神，审议并原则通过《关于推进"两学一做"学习教育常态化制度化的实施方案》《关于推荐评选无锡市优秀共产党员的建议方案》《关于进一步加强和改进离退休干部工作的实施方案》。

△无锡市政府与紫金财产保险股份有限公司签署战略合作协议。双方将在道路交通事故救助、保险资金运用、保险市场开发与产品创新等方面开展全面合作。

6日　副省长蓝绍敏率省相关部门到无锡检查防汛工作。

△首届"绿色快递进高校"活动启动。该活动由国家邮政局联合共青团中央共同发起，在全国六所高校同步启动。无锡作为唯一的地级市入选，在江南大学的分会场活动成功举行。

9日　市长汪泉主持召开市政府第5次常务会议。会议审议通过《关于培育建设特色小镇工作的实施意见》《市政府关于加快全市政务服务网建设的实施方案》《无锡市燃煤工业窑炉整治三年行动计划(2017~2019年)》和《无锡市旅游度假区考核评价办法》。

10日　环保部水环境管理司司长张波率督导组到无锡，进行太湖治理专项督导。

11日　市长汪泉会见到无锡考察项目的比亚迪集团董事长王传福一行，双方就未来合作进行深入交流。

14日　水利部太湖流域管理局局长吴文庆一行到无锡调研太湖治理工作。

15~16日　副省长马秋林率省发改委、省经信委、省科技厅等相关部门负责人到无锡，调研2017世界物联网博览会筹备情况及石墨烯产业发展情况。

17日　市长汪泉主持召开市政府第6次常务会议。会议审议通过《无锡市人民政府议事规则和市政府党组会议规则》，重点听取近期房地产市场情况汇报。会议讨论《关于

5月21日，参加"共叙乡情，同筑梦想"江苏发展大会无锡乡贤恳谈会的部分嘉宾，与自己的手模合影留念

(卢　易　摄)

加强农村住房建设管理的意见（试行）》《关于聚焦产业聚力创新深化实施“太湖人才计划”的若干意见》《无锡市安全生产条例(草案)》，审议通过《无锡市教学成果奖励办法》。

△副省长张敬华率省相关部门到无锡检查太湖应急防控工作。

△无锡地铁便民服务“码上行”APP上线试运营。

18日 梦东方·徐霞客国际旅游度假区项目举行开工仪式，总投资300亿元。

△无锡实现NB-IoT窄带物联网全域覆盖，成为全国首个物联网覆盖全域的地级市。

19日 省委常委、市委书记李小敏主持召开市委常委会第29次会议暨第14次市委深化改革领导小组会议。会议审议通过《关于加强和改进农村住房建设管理的意见(试行)》，部署太湖安全度夏应急防控工作，研究有关改革事项。

△无锡市十三届市委第二轮巡察工作动员部署会召开。市委4个巡察组于即日起，分别对8家单位开展为期两个月的巡察。

21日 “共叙乡情，同筑梦想”江苏发展大会无锡乡贤恳谈会在灵山拈花湾举行。

22日 国联人寿保险股份有限公司和无锡市第八人民医院签署战略合作协议，将开展全流程线上商保医疗直付项目。

△无锡中铁城轨装备有限公司暨中铁一局城轨公司掘进设备技术中心落成仪式在无锡市锡山区高铁商务区举行。

23日 无锡滨湖区与药明康德集团签署马山健康小镇、生物科技园、药明康德国际交流及数据中心等多个项目合作协议。省委常委、市委书记李小敏会见药明康德董事长兼首席执行官李革一行并见证项目签约。

24日 无锡市梁溪区举行2017重大产业暨金融合作项目签约仪式。

△2017全国“最美家庭”揭晓会在京召开。无锡市有3户家庭获此荣誉。

26日 无锡市委、市政府举行全市国有企业重大投资项目签约仪式。市属国企集中签约25个项目，总投资额527亿元。

△江苏省军区副司令员周志斌率队到无锡检查太湖安全度汛准备情况。

△无锡新能源商会首届第三次会员大会暨“一带一路”新能源投资论坛召开。无锡新能源商会新能源汽车与充电业务专委会成立，“江苏省屋顶分布式光伏发电公共服务平台”上线，相关实施办法同步发布。

27日 第四届江苏省美德少年颁奖仪式在南京举行。无锡市8名学生获评江苏省“百名美德少年”称号，金星宇入选省“十大美德少年标兵”。

6月

1日 省委常委、市委书记李小敏主持召开市委常委会第30次会议。会议审议通过《关于深化“太湖人才计划”的若干意见》《关于健全人大讨论决定重大事项制度、各级政府重大决策出台前向本级人大报告的实施办法》，听取关于2017世界物联网博览会筹备情况、“连心富民、联企强市”大走访活动开展情况、举办江苏发展大会无锡乡贤恳谈会情况的汇报。

△市长汪泉主持召开市政府第7次常务会议。会议审议通过《关于统筹推进城乡义务教育一体化促进优质均衡发展的实施意见》《关于在市场体系建设中建立公平竞争审查制度的实施意见》，听取市第十三届哲学社会科学优秀成果评奖情况的汇报，讨论全市城市现代化与城乡发展一体化工作会议有关文件。

△国家呼吸临床研究中心·中日友好医院呼吸专科医联体单位、王辰院士工作站、南京医科大学转化医学研究院无锡基地、中日友好医院国家呼吸临床研究中心—无锡市呼吸疾病联合诊治中心落户无锡市人民医院。中国工程院院士、中日友好医院院长王辰，市委常委、常务副市长黄钦出席揭牌仪式。

△省委常委、市委书记李小敏会见到无锡考察的韩国SK海力士常任顾问权五哲、SK海力士社长金俊镐一行，双方就进一步拓展合作进行深入交流。

1~2日 由国家信息化专家咨询委员会常务副主任周宏仁率队的中国信息化百人会到无锡，调研物联网产业发展情况。

2~3日 副省长马秋林率省有关部门负责人到无锡调研加快产业转型升级、培育经济发展新动能情况。

6日 省委书记李强到无锡调研太湖治理工作，到基层联系点江阴市就推进“两学一做”学习教育常态化制度化进行调研并召开座谈会。省委常委、市委书记李小敏，省委常委、省委秘书长樊金龙参加调研并出席座谈会。

7~8日 美国波士顿大学代表团到无锡考察。市长汪泉会见波士顿大学教务长兼首席学术官吉恩·莫里森一行，双方就开展合作进行深入洽谈。

8日 省检察院党组书记、检察长刘华率省检察院相关部门到无锡开展大走访活动。

△由全国人大华侨委员会副主任委员罗保铭带领的专题调研组到江阴专题调研社区侨务工作。

△市长汪泉会见到无锡考察的希捷公司全球供应链及运营高级副总裁杰弗瑞·耐嘉德一行，双方就进一步加强合作进行深入交流。

9日 “我身边的创业榜样”年度人物揭晓。活动由市人社局、团市委等共同主办，马伟忠等10人被评为无锡创业榜样。

12日 省委常委、市委书记李小敏主持召开市委常委会第31次会议。会议传达学习省委书记李强在无锡考察太湖治理和安全度夏工作时的讲话精神和召开“两学一做”学习教育座谈会的讲话精神，审议通过《关于进一步加强城市规划建设管理工作的实施意见》《关于实施“三增三改三提升”重点任务深入推进城乡发展一体化的意见》和《无锡市推进旅游业供给侧结构性改革促进全域旅游发展行动计划（2017~2020)》《无锡市旅游度假区考核评价办法》，听取无锡市军民融合发展工作和推荐评选市优秀共产党员情况汇报。

14日 中国文联党组书记、副主席、书记处书记李屹率调研组到无锡，调研基层文联改革、文艺界行业建设情况等。

△中国技能大赛第八届全国交

通运输行业“中车株机·捷安杯”轨道列车司机职业技能大赛评选结果揭晓。无锡地铁电客车司机高锋获评“全国交通技术能手”称号。

16日　百发动力(无锡)有限公司新基地在锡山经济开发区建成投产。

17日　“神威·太湖之光”获世界超级计算机排名榜单TOP 500第一名。此次夺冠实现中国国产超算系统在世界超级计算机冠军宝座的首次三连冠。

20日　无锡市政府举行公共资源交易区级平台集中揭牌仪式。江阴公共资源交易中心，宜兴公共资源交易中心，市公共资源交易中心梁溪、锡山、惠山、滨湖、新吴分中心挂牌。此举标志着无锡市“1+7”市、县(区)一体化的公共资源交易平台基地建成。

21日　省委常委、市委书记李小敏主持召开市委常委会第32次会议。会议研究部署无锡市安全生产和社会稳定工作，传达建设扬子江城市群工作座谈会精神，听取全省宣传部部长座谈会精神和无锡市贯彻意见的汇报，部署无锡市深化全国文明城市创建工作。

△无锡太湖学院2017年校企合作项目集中签约仪式举行。阿里巴巴、国家超级计算无锡中心、中兴通讯、正保集团、美国罗克韦尔、无锡农商行等32家国内外企业和科研机构与无锡太湖学院签订合作协议，共同推进产学研合作。

△市长汪泉会见到无锡访问的意大利驻上海总领事裴思泛一行，双方就进一步深化友谊、加强合作进行深入洽谈。

22日　市长汪泉主持召开市政府第8次常务会议。会议重点听取《无锡市户籍准入登记规定》修改情况汇报，决定提高2017年市区城镇居民最低生活保障标准。会议审议通过《市本级政府融资担保和政府购买服务整改方案》和《2017年市本级政府投资和资金安排调整方案》，听取1~5月市本级专项资金支出进度分析和“双过半”安排落实情况的汇报。

23日　省委常委、市委书记李小敏主持召开市委常委会第33次会议。会议专题研究部署加强新形势下国有企业党的建设工作，审议通过《关于在深化国有企业改革中坚持党的领导加强党的建设的实施办法》。

25日　欧姆龙智能农业产业园合作项目签约落户无锡市锡山区。市长汪泉会见欧姆龙株式会社常务执行总裁藤本茂树一行，并出席签约仪式。

△2017中国(无锡)国际瑜伽节万人瑜伽盛会在无锡灵山胜境举行。

△“无锡—柬埔寨西哈努克港”国际航线开通。柬埔寨西哈努克省省长润明出席西哈努克港的首航仪式，江苏省委常委、市委书记李小敏，柬埔寨西哈努克省副省长何茉莉，江苏省政府副秘书长、政务办主任方伟共同启动无锡首航，何茉莉和市长汪泉分别致辞。

△由惠山古镇、无锡市祠堂文化研究会秦氏分会发起的无锡市社会主义核心价值观(孝友文化)教育实践基地成立，市委宣传部为基地授牌。

26日　江苏联合职业技术学院无锡立信分院、无锡汽车工程分院揭牌仪式在无锡技师学院举行。

27日　省科技厅公布2017年省重大新型研发机构建设名录。无锡市哈尔滨工业大学无锡新材料研究院和南京航空航天大学无锡研究院两个建设项目入列。

28日　阿斯利康中国商业创新中心交付启用。省委常委、市委书记李小敏与瑞典企业与创新部部长米卡尔·丹贝里会面并共同出席启用仪式。

△市长汪泉会见到无锡访问的柬埔寨劳工与职业培训部大臣叶绍兴一行，双方就加深经贸合作、推动职业培训交流、进一步增进友谊进行深入洽谈。

29日　省委常委、市委书记李小敏主持召开市委常委会第34次会议。会议传达学习省委十三届二次全会精神，研究无锡市贯彻落实意见。

△华勤通信无锡研发中心项目签约落户无锡高新技术产业开发区。项目总投资7亿元。

△“喜迎十九大·无锡实体经济微分享”网络主题宣传活动暨2017年“寻味惠山”网络文化季活动启动仪式在无锡市惠山区举行。

7月

3日　镇江市党政代表团到无锡考察制造业发展、科技创新和城市建设等情况。

△欧美产业园项目签约落户无锡市惠山区。项目占地14公顷，总投资额30亿元。

4日　无锡市现代农业政产学研合作签约仪式举行。无锡市与6所高校、科研院所签署政产学研合作协议。省委常委、市委书记李小敏会见出席签约仪式的南京农业大学校长周光宏、南京林业大学党委书记蒋建清、江南大学校长陈坚、省农科院院长易中懿、省林科院院长陈庆生、中国水产科学研究院淡水渔业研究中心主任徐跑等高校院所领导。

5日　2017年中国商标金奖颁奖大会举行。无锡市工商局获2017年中国商标金奖——商标保护奖。

5~6日　马尔代夫反腐败委员会副主席穆阿维斯·拉希德率领马尔代夫反腐败委员会研修团访问无锡。

6日　省政协副主席阎立率领视察组到无锡，围绕“加快建设产业科技创新中心”开展专题视察。

△国家旅游局、国家体育总局联合主办的“全国体育旅游产业发展大会暨水韵江苏推介活动”在无锡举行。

8日　第十四届中国企业发展论坛(江阴峰会)暨2017央企战略性新兴产业研讨会在江阴举行。

△启迪协信科技谷项目在无锡签约。项目由无锡市新吴区政府、启迪协信、清华大学三方合作，启迪清洁能源集团、同方股份有限公司等多家清华控股企业举行入驻仪式。

9~11日　第六次全国对口支援新疆工作会议在新疆维吾尔自治区喀什市召开。会议表彰全国对口支援新疆先进个人，无锡市新安中学校长、党支部书记、高级教师丁强受表彰。

10~11日　省人大常委会原副主任赵龙、省政协原副主席周珉率省人大代表省直无锡组、南通组到无锡，就“汇聚人才优势、促进产业创新”工作开展专题调研并座谈交流。

11日　泰州市市委书记曲福田、市长史立军率泰州市党政代表团到无锡,考察产业发展、科技创新、生态保护、城市建设等方面情况。

12日　全省首个“互联网+”集成办税厅在无锡市国税局亮相。

13日　省纪委副书记、省委巡视办主任黄继鹏到无锡调研,并在宜兴召开专题调研座谈会,听取无锡市纪委专项行动等工作情况汇报,与市、县两级纪委书记探讨推进专项行动,深化派驻巡察体制改革、加强基层纪委建设等方面工作。

14日　无锡高新技术产业开发区与协鑫集团签署全面战略合作协议。省委常委、市委书记李小敏,全国政协委员、协鑫集团有限公司董事长朱共山等出席签约仪式。

15日　阳山水蜜桃栽培系统入列第四批中国重要农业文化遗产名单。这是无锡市首个国家级农业文化遗产。

17日　省委常委、市委书记李小敏主持召开市委常委会第35次会议。会议听取市委十三届四次全会有关事项的汇报,讨论提交市委全委会审议的文件。

△市长汪泉主持召开市政府第9次常务会议,听取近期安全生产事故情况汇报。

18日　省委副书记、代省长吴政隆在省委常委、市委书记李小敏等陪同下在无锡市调研。

20日　市长汪泉会见到无锡考察的台湾业成集团董事长周贤颖一行,双方就进一步深化合作、加快启动新项目建设进行交流。

△无锡市人大常委会主任徐一平会见澳大利亚维多利亚州上议院议长布鲁斯·阿特金森一行。

20~21日　中共无锡市委十三届四次全会举行。省委常委、市委书记李小敏总结上半年工作、明确下半年主要任务,重点对富民工作和深入推进产业强市作部署。市委副书记、市长汪泉对下半年工作作具体安排。会议审议通过全会决议,审议《关于聚焦富民持续提高城乡居民收入水平的实施意见》《无锡市“十三五”基层基本公共服务功能配置标准(试行)》,决定根据审议意见作修改完善后印发实施。

24日　世界跆拳道大满贯冠军系列赛新闻发布会在北京举行,世界跆拳道大满贯冠军系列赛永久落户无锡太湖新城。

△无锡市梁溪区政府与中国核工业华兴建设有限公司签订战略合作协议。双方签约成立中核梁溪投资管理有限公司,发起总规模不低于50亿元的项目基金。

25日　市长汪泉主持召开市政府第10次常务会议。会议学习贯彻省政府全体会议精神、《中华人民共和国慈善法》,讨论《关于加强农村集体“三资”监管的实施意见》。

26日　省委常委、市委书记李小敏主持召开市委常委会第37次会议。会议专题研究巡视巡察工作,集中学习新修改的《中国共产党巡视工作条例》,听取省委第二轮巡视工作动员部署会议精神和无锡市贯彻意见的汇报,审议《省委巡视和市委巡察发现的共性问题整改落实工作方案》。

27日　江苏省优秀退役运动员创业孵化基地在无锡市揭牌。

8月

1日　无锡高新技术产业开发区与阿里云计算有限公司战略合作协议暨“飞凤平台”项目签约仪式举行。

2日　市长汪泉会见到访的日本阿尔卑斯电气集团社长栗山年弘一行,双方就加强合作、推动阿尔卑斯在无锡的基地化发展进行深入洽谈。

△无锡市政府与上海华虹(集团)有限公司签署战略合作协议,省委常委、市委书记李小敏会见华虹集团董事长张素心并出席签约仪式。

3日　省委常委、市委书记李小敏主持召开市委常委会第38次会议暨理论中心组学习会。会议传达学习习近平7月26日在省部级主要领导干部专题研讨班上的重要讲话精神。

△省委常委、市委书记李小敏会见到无锡考察的香港恒隆集团董事局主席陈启宗一行,双方就深化合作进行深入交流。

△省人大常委会副主任赵鹏率省人大执法检查组到无锡,对《中华人民共和国残疾人保障法》和《江苏省残疾人保障条例》实施情况进行检查。

△国家旅游局在陕西省西安市召开全国全域旅游推进会。无锡获评“中国旅游休闲示范城市”。

△阿斯利康中国商业创新中心在无锡举行首批合作伙伴进驻仪式,中国移动、爱立信将与阿斯利康一起开启健康物联网的跨领域深度合作。

4日　市长汪泉会见到访的日本THK株式会社代表取缔役社长寺町彰博一行,双方就深化合作进行交流。

△无锡市召开“两减六治三提升”(简称“263”)专项行动暨生态文明建设推进会。会议学习传达省“263”专项行动领导小组第二次全体(扩大)会议精神,总结回顾年内全市“263”专项行动和生态文明建设主要情况,分析当前形势,部署下阶段工作。

5日　国家体育总局局长苟仲文一行到无锡调研体育产业发展情况。省委常委、市委书记李小敏,副省长王江陪同调研。

△副省长蓝绍敏带领省相关部门负责人到无锡,考察太湖安全度夏应急防控和太湖治理工作,并主持召开座谈会。

7日　欧司朗光电半导体(中国)有限公司二期扩产项目在无锡高新技术产业开发区奠基开工。项目总投资额1.95亿欧元。

7~9日　国务院安委会第14次督导组在无锡就安全生产大检查工作进行督导。

9日　江苏卡威(无锡)新能源汽车项目举行签约仪式。项目落户无锡市惠山区,总投资额约73.5亿元。

△首届“希望杯”苏台青少年棒球交流赛暨“太湖风·两岸情”棒球嘉年华活动在无锡市举行。

10日　省委常委、市委书记李小敏等在南京出席宜兴国际旅游度假区、雅达健康生态产业园项目签约仪式。

14日　省委常委、市委书记李

小敏主持召开市委常委会第39次会议。会议讨论通过《2017年度无锡市市(县)区科学发展考核评价实施意见》《全市开发区科学发展综合考核评价实施意见》《无锡市市级机关部门(单位)绩效管理和作风建设综合考评办法》,听取全省组织部部长座谈会精神和无锡市贯彻意见的汇报,听取2017高层次人才创新创业无锡交流大会筹备工作汇报,审议通过《关于进一步加强农村集体资金、资源、资产监管的实施意见》。

△"中国报刊经营价值排行榜"揭晓。《无锡日报》列"全国城市日报二十强"第四位。

15日　江苏省人大常委会副主任刘永忠率省人大常委会调研组到无锡,对供给侧结构性改革推进情况进行调研。

15~16日　世界500强医药巨头英国阿斯利康全球首席执行官兼常务董事帕斯卡·索西欧率全球高层管理团队到无锡访问。省委常委、市委书记李小敏,市长汪泉分别会见帕斯卡·索西欧一行,双方就加强合作进行深入交流。

16日　省委书记李强在无锡调研物联网产业,省委常委、市委书记李小敏,省委常委、省委秘书长樊金龙,副省长马秋林参加调研活动。

△无锡物联网小镇——雪浪小镇启动建设,并与杭州市云栖小镇缔结姊妹小镇,"唤醒计划"(通过互联网技术和应用唤醒传统制造业)同步发布。省委书记李强听取雪浪小镇规划建设情况汇报,省委常委、市委书记李小敏向阿里巴巴集团技术委员会主席、"阿里云"创始人王坚颁发雪浪小镇名誉镇长聘书。

17日　省委书记李强在江阴就集成改革试点进行调研。省委常委、市委书记李小敏,省委常委、省委秘书长樊金龙参加调研和座谈会。

△华为鸿山物联网生态使能中心签约仪式在无锡高新技术产业开发区举行。市长汪泉会见华为公司物联网解决方案总裁蒋旺成、中软国际高级副总裁马震一行,并出席项目签约仪式。

18日　市长汪泉主持召开市政府第11次常务会议。会议专题听取无锡市中央环保督察反馈问题与环保部太湖治理督查意见整改工作的汇报,对做好后续整改工作再部署。

△无锡惠山经济开发区与广州尚航科技股份有限公司、无锡电信签订合作协议。尚航华东云基地项目落户无锡市惠山区。

19~22日　无锡党政代表团赴新疆维吾尔自治区克孜勒苏柯尔克孜自治州阿合奇县考察援疆工作。

21日　省委常委、市委书记李小敏主持召开市委常委会第40次会议。会议传达学习省委书记李强8月16~17日在无锡调研时的讲话精神,对全国文明城市创建工作进行再动员再部署,审议通过《无锡市生态环境保护工作责任规定(试行)》《无锡市第十六届人大常委会立法规划》。

△省委常委、市委书记李小敏主持召开市委常委会。会议传达学习省委常委会关于做好安全稳定工作的部署要求,听取全市安全稳定大排查大整治行动进展情况汇报,对进一步做好各项工作提出明确要求。

22日　省委常委、政法委书记、省公安厅厅长王立科到无锡,对强化基层社会治理创新、深化大走访和大排查大整治、优化服务保障富民政策和细化专项维稳工作开展调查研究。

△无锡市获评"江苏省优秀管理城市"荣誉称号。

23日　江苏省第三督查组反馈大排查大整治督查情况,省委常委、市委书记李小敏出席反馈会并讲话。

△无锡市政府与中国日报社签署战略合作框架协议,中国对外政务信息平台无锡制作中心揭牌。

△市长汪泉会见台湾统一实业公司执行董事梁祥居一行,双方就拓展合作空间进行深入交流。

23~24日　安徽省马鞍山市党政代表团到无锡考察。

24日　浪潮集团与无锡市公安局举行战略合作签约暨无锡警务大数据研究院揭牌仪式。

25日　无锡高新技术产业开发区管委会与无锡农村商业银行签订共建鸿山物联网小镇支行合作协议,感知集团与江苏银行、无锡农村商业银行、江阴农村商业银行签订物联网金融创新合作战略协议。

26日　2017高层次人才创新创业无锡交流大会暨"人才为中国智造注入新动能"主题峰会举行。作为企业代表,新疆维吾尔自治区金风科技股份有限公司与来自海内外的500余名中外院士、国家"千人计划"专家、高层次人才参加峰会。

△省长吴政隆在无锡会见柬埔寨发展理事会秘书长索庆达和西哈努克省省长润明。

30日　省委常委、南京市委书记张敬华率党政代表团到江阴,考察产业发展、科技创新以及开发区建设等情况。

△无锡市与辽宁省盘锦市签署两市对口合作框架协议,双方结为对口合作城市。市长汪泉会见盘锦市市长郝春荣率领的政府考察团一行并出席签约仪式。

31日　2017中国·江苏太湖影视文化产业投资峰会在无锡市举行。峰会由国家新闻出版广电总局电影局、省新闻出版广电局、市政府共同主办,邀请全国200余家影视企业、300余位影视精英、40余家媒体以及50余位行业人士参加,对新形势下影视行业发展、资本运作、衍生产品开发以及影视工业化发展等进行深入分析和探讨。

△2017第十届中国(无锡)国际汽车博览会开幕。博览会由无锡市政府主办、无锡广播电视集团(台)承办,总展示面积8万平方米,80余个汽车品牌、600余辆展车参会。

9月

1日　延安—无锡产业合作交流会在无锡市举行。陕西省延安市经贸代表团就该市的能源化工产业、绿色载能产业、高新技术产业开发区、大数据产业基地、富县工业园区招商项目等进行推介。

4日　第十三届全运会跆拳道比赛举行。无锡籍运动员吴瑞东代表江苏跆拳道队获得此次全运会首枚金牌。

5日　市长汪泉主持召开市政府第12次常务会议。会议审议通过《关于开展工业企业资源利用绩效管理工作加快产业转型升级发展的实施意见》《关于加快知识产权强市建设的若干政策措施》《无锡市化工行业建设项目准入暂行管理办法》,

审议通过《无锡市居民住宅二次供水设施改造实施意见》，讨论《关于在领导干部经济责任审计中建立容错纠错机制的办法》《关于加快实施创新驱动核心战略的若干政策措施》，听取关于江阴市部分街道行政区划调整方案的汇报、关于2018年市本级预算编制方案的汇报。

△第九批无锡江阴市对口支援新疆维吾尔自治区伊犁哈萨克自治州霍城县重点项目在霍城县集中开工。随江苏省党政代表团在新疆维吾尔自治区考察的省委常委、市委书记李小敏出席开工仪式并宣布开工。

△村田新能源锂电池新工厂项目落户高新技术产业开发区。市长汪泉会见日本村田制作所取缔役副会长藤田能孝一行并出席项目合作签约仪式。

8日　2017中国(无锡)石墨烯创新创业大会在无锡惠山经济开发区举行。会上，示范区产业化企业与产业规模化应用合作伙伴集体签约，江苏省石墨烯检测标准化委员会揭牌成立。

10日　2017世界物联网博览会在无锡开幕。此届物联网博览会由工业和信息化部、科技部、江苏省政府共同主办，为期4天。省委书记李强出席峰会并发表主旨讲话，科技部党组书记、副部长王志刚，工业和信息化部副部长罗文分别讲话，省长吴政隆主持峰会，省委常委、市委书记李小敏致欢迎词。博览会主题为"物联世界，共创未来"，由世界物联网无锡峰会、物联网应用和产品展览会以及8场系列活动等组成。其中展览会面积5万平方米，分为物联网通信和软件、物联网发展成果展、智能制造、智慧交通、智慧生活等主题馆，来自20余个国家和地区的500余家企业参加展会。

△国家智能交通综合测试基地揭牌仪式在无锡市举行。该测试基地由工业和信息化部、公安部和江苏省政府三方共建，是国内公安系统内的首个自动驾驶安全测试基地。

14日　省委常委、市委书记李小敏主持召开市委常委会第41次会议。会议审议通过《关于加快实施创新驱动核心战略的若干政策措施》《关于开展工业企业资源利用绩效评价工作的实施意见》《关于在领导干部经济责任审计中建立容错纠错机制的办法》，研究部署年内无锡市军转干部安置工作。

△省委常委、市委书记李小敏主持召开市委全面深化改革领导小组第15次会议。会议研究部署进一步深化文化市场综合执法改革工作，审议通过《无锡市关于进一步深化文化市场综合执法改革的实施方案》。

△省人大常委会调研组到无锡，就法院执行工作进行专题调研。

14~15日　省委督查组第二组组长、省教育厅副厅长潘漫率督查组一行到无锡，专项督查省委"人才新政26条"贯彻落实情况。

15日　IEEE第三届智慧城市国际会议在无锡开幕。英国皇家工程院院士约瑟夫·克特勒、加拿大工程院院士马克·福克斯等来自20余个国家的专家、学者和江南大学的师生共同交流全球智慧城市建设最新研究成果，分享人工智能助力智慧城市建设经验。

17日　中国质量发展圆桌会议·江阴峰会举行。会议期间，举办江阴市争创全国质量强市示范城市启动仪式，中国质量研究与教育(江阴)基地揭牌。

△无锡市邮政管理局在何振梁与奥林匹克陈列馆举办《科技创新》纪念邮票首发活动。"神威·太湖之光"超级计算机首次登上"国家名片"。

18日　第28届国际拖曳水池会议(ITTC)在无锡开幕，来自全球30个国家、近100家船舶研究机构和高校的230余名中外船舶水动力专家、学者参会。

△省国资委主任、党委书记兼省委组织部副部长徐郭平率江苏省城市基层党建工作座谈会第二考察调研组到无锡，考察调研城市基层党建工作。

△"美德之光——第六届江苏省道德模范"颁奖仪式在南京举行。无锡市有2人获评省道德模范，2人获提名奖。

19日　市长汪泉主持召开市政府第13次常务会议。会议审议通过《市政府关于扩大对外开放积极利用外资的实施意见》《关于全面推进生活垃圾分类的实施意见》《关于进一步加强建筑垃圾处置管理的实施意见》，听取关于开展对政府采购活动中围标、串标行为协同惩戒工作的汇报，讨论《关于无锡市创建国家全域旅游示范区的意见》。

△在京召开的全国社会治安综合治理表彰大会上，无锡市被评为2013~2016年度"全国社会治安综合治理优秀市"，并因2005年起连续三届获此荣誉，被授予"长安杯"。

20日　市委、市政府召开全市深化"放管服"(简政放权、放管结合、优化服务)改革推进会。省委常委、市委书记李小敏发表讲话，市长汪泉作工作部署。

△无锡高新技术产业开发区举行梦溪小镇发布会暨研祥深港科技园签约仪式。省委常委、市委书记李小敏向研祥高科技控股集团董事局主席陈志列颁发梦溪小镇名誉镇长聘书，无锡无锡高新技术产业开发区管委会与研祥智能科技股份有限公司签署《深港科技园战略合作协议》，梦溪小镇、研祥深港科技园的入驻企业分别签约。

△2017年欧洲生物特征识别研究与工业奖颁奖典礼在德国举行。该颁奖典礼由欧洲生物特征识别协会举办，江南大学物联网工程学院模式识别与计算智能国际联合实验室的博士后研究人员冯振华获得2017年欧洲生物特征识别工业奖。

△国际顶尖免疫学家和肿瘤专家麦德华教授团队与无锡市惠山区签署联合共建无锡创新药物研究院协议。

△凤凰大数据中心产业园项目在江阴市签约。项目由江苏江阴临港经济开发区、江苏利电能源集团和凤凰传媒股份有限公司合作开发建设。

21日　省委常委、市委书记李小敏主持召开市委常委会第42次会议。会议听取2017世界物联网博览会举办情况汇报，审议通过《健康无锡2030规划纲要》《关于加强和改进新形势下民族宗教工作的实施意见》，讨论《关于无锡市创建国家全域旅游示范区的意见》。

△省委常委、市委书记李小敏主持召开市委常委会，专题传达学习习近平在全国社会治安综合治理

表彰大会上的重要讲话精神，研究部署无锡市社会治安综合治理和党的十九大安保工作。

△第十四届中国(无锡)国际设计博览会开幕。

△全国生态文明建设现场推进会在浙江省安吉县召开。无锡市成为被环保部授牌的46个第一批国家生态文明建设市县之一。

22日 第三届全球锡商大会在无锡举行。大会以“传承工商基因、汇聚锡商力量”为主题，来自20余个国家、地区和国内各地的500余名锡商代表参会。会议发布无锡市100强民营企业，表彰十大杰出锡商人物等。香港江苏社团总会、深圳市工商联(总商会)、无锡市工商联(总商会)举行三地商会战略合作联盟签约，无锡各市(区)与锡商企业签订投资项目18个，总投资额256.6亿元。

23日 “双城联动·智造未来”2017创业高峰论坛暨项目对接交流会在无锡市惠山区举行。

23~25日 省委常委、市委书记李小敏率无锡市经贸代表团赴意大利考察，推动交流和开展项目合作。25日上午，无锡市在罗马举行中国无锡(罗马)经贸合作恳谈会。

26~27日 省委常委、市委书记李小敏率无锡市经贸代表团到瑞士，访问洛桑市政府，考察皮拉图斯飞机制造有限公司、布勒集团，推动城市之间友好交流。

△第二届亚洲质量功能展开与创新研讨会在浙江省杭州市举行。红豆集团发表的“基于客户需求的连锁专卖店服务接触点管理”项目获亚洲质量创新优秀项目一等奖。

27日 无锡市与白俄罗斯博布鲁伊斯克市签署两市推进友好合作备忘录，深入推动交流与经贸合作。市长汪泉会见由博布鲁伊斯克市市长亚历山大·斯图德涅夫率领的代表团一行并出席签约仪式。

28~29日 省委常委、市委书记李小敏率无锡市经贸代表团赴德国考察，出席欧司朗、博世、柏丽项目签约仪式。

10月

10日 省委常委、市委书记李小敏主持召开市委常委会第43次会议暨市委全面深化改革领导小组第16次会议。会议专题研究部署承担行政职能事业单位和群团组织相关改革工作，审议通过承担行政职能事业单位改革试点工作安排和市总工会、团市委、市妇联、市科协等群团组织改革实施方案。

11日 市委、市政府召开全市旅游发展大会暨国家全域旅游示范区创建工作动员大会。

12日 由台湾宏仁企业集团投资的宏义新材料项目在无锡高新技术产业开发区启动建设。市长汪泉会见台湾宏仁企业集团总裁王文洋一行。

△无锡市政府与天津中环股份有限公司、浙江晶盛机电股份有限公司签署集成电路用大硅片研发生产制造项目战略合作协议。省委常委、市委书记李小敏，市长汪泉会见天津中环集团总经理沈浩平、浙江晶盛董事长曹建伟、十一科技董事长赵振元等，并出席签约仪式。

12~16日 第七届中国(无锡)国际文化艺术产业博览交易会在无锡太湖国际博览中心举行。

13~14日 市委、市政府召开三季度全市重大项目推进暨经济形势分析会，实地考察了解重大项目推进情况，分析当前经济形势，研究部署四季度重点工作。

14日 “SK海力士杯”无锡市第十二届运动会在市体育中心开幕。各比赛分批分期在4~10月间举行，设青少年部、职工部、老年部、残疾人部四个部，比赛29项、64项次，参赛教练员、运动员总计6000余人，裁判员近1000人。

18日 无锡锡东新城商务区管委会与中国南山开发(集团)股份有限公司举行车联网小镇项目签约仪式，市长汪泉致辞并会见南山集团总经理田俊彦一行。

△第十九届中国上海国际艺术节无锡分会场在无锡大剧院开幕。

19日 弘扬传统曲艺艺术的“姜昆笑剧场”综合性文化场馆项目在宜兴市西渚镇开工。中国曲艺家协会主席姜昆及一批艺术家专程到无锡参加开工仪式。

21日 “中美惠山离岸创新创业平台”合作签约仪式暨波士顿生命科学双创项目推介会开幕仪式在无锡惠山经济开发区举行。

23日 市长汪泉主持召开市政府第14次常务会议。会议听取调整企业退休职工独生子女父母一次性奖励资金发放渠道的汇报，审议《无锡市地方政府性债务风险预警暂行办法》《无锡市本级地方债务化解方案》，讨论《中共无锡市委无锡市人民政府无锡军分区关于完善拥军政策增强军人荣誉感的实施意见》，听取对第26期援桑给巴尔医疗队给予记功嘉奖的汇报等。

24日 省人大常委会常务副主任、党组副书记史和平率省人大常委会调研组一行到无锡，调研基层人大工作等情况。

26日 第九届中国宜兴国际陶瓷文化艺术节开幕。

△荷兰北布拉邦省省长范德东克率代表团到无锡访问。市长汪泉会见荷兰代表，双方就深入开展产业合作进行交流洽谈，并共同为思密得科技(无锡)有限公司揭牌。

27日 无锡市召开传达党的十九大精神大会。

28日 “翰墨丹青，两岸传情”锡台书画文化交流笔会暨阖闾城遗址博物馆省级对台交流基地揭牌仪式在吴都阖闾城遗址博物馆举行。

30日 省委常委、市委书记李小敏主持召开市委常委会第44次会议。会议专题交流学习党的十九大精神的认识和体会。

31日 无锡市锡山区举行2017年重大项目集中签约仪式。34个重大项目成功签约，投资总额973亿元，其中单体投资超100亿元的项目4个。

11月

1日 市长汪泉会见爱尔兰驻沪总领事等部分驻沪领馆官员及友城代表团嘉宾，欢迎各友好城市到无锡交流合作。

△国际金钥匙学院无锡分院在无锡城市职业技术学院落户。无锡城市职业技术学院成为国际金钥匙组织在国内第一家被授予分院的高校。

2日 第九届中国(无锡)国际新能源大会暨展览会开幕。

△无锡一棉埃塞俄比亚纺织生产基地项目签约。这是国联集团首个实业对外投资项目，市长汪泉会见埃塞俄比亚国家投资委员会副主席阿贝贝·阿贝巴约一行并出席签约仪式。

△省人大常委会副主任邢春宁率省人大常委会调研组一行到无锡，对《江苏省太湖水污染防治条例(修正案草案)》进行立法调研。

3日　无锡市人民医院举行消化内科与日本东京医科大学病院"系井隆夫"教授团队合作协议签字仪式。

6日　省委常委、市委书记李小敏主持召开市委常委会第45次会议，听取驻无锡部队全面停止有偿服务工作进展情况的汇报，审议通过《关于完善拥军政策增强军人荣誉感的实施意见》《无锡市健全落实社会治安综合治理领导责任制实施办法》《无锡市清理收缴党费使用方案》。

△省委常委、市委书记李小敏主持召开市委常委会。会议研究部署十九大精神学习宣传贯彻工作，审议通过《中共无锡市委关于认真学习宣传贯彻党的十九大精神的通知》，以及《关于学习宣传贯彻党的十九大精神工作安排建议》《市管领导干部学习贯彻党的十九大精神轮训班建议方案》《党的十九大精神宣传报道意见》《关于做好学习贯彻党的十九大精神宣讲工作的建议方案》《市级领导学习贯彻党的十九大精神调研工作方案》。

△在2017年全国高等院校BIM应用技能大赛中，无锡商业职业技术学院学生团队获一等奖3项，团队总排名位列全国第三，江苏省第一。

8日　无锡市十三届市委第三轮巡察工作动员部署会召开。6个巡察组采用"一托二"形式，对市政府办公室等18家单位开展巡察。

△江阴市政府与江苏高科技投资集团签订战略合作协议。江阴市政府、江阴高新技术产业开发区、江苏高科技投资集团、毅达资本及系列基金出资人签订共同发起设立江阴系列基金框架合作协议。

△国家卫生计生委统计信息中心和招商银行在无锡签署"居民健康卡创新应用战略合作协议"，双方就居民健康卡虚拟化应用达成合作共识。

9日　第六届全国道德模范及提名奖获得者名单揭晓。无锡市周海江获提名奖。

10日　无锡市总工会召开十七届七次全委(扩大)会议。会议传达学习党的十九大精神，对全市各级工会组织学习贯彻党的十九大精神作部署，替(增)补市总工会"两委"委员，选举市总工会常委、副主席。

14日　市长汪泉主持召开市政府第15次常务会议。会议听取关于锡澄锡宜重大基础设施建设领导小组组织架构和"十三五"分年度建设计划的汇报，讨论《关于调整完善生态补偿政策的意见》，听取关于编制《无锡市环保机构监测监察执法垂直管理制度改革工作方案》的情况汇报、关于拟使用"惠山古镇景区"名称申报国家AAAAA级旅游景区的汇报。

15日　中国佛教协会在无锡灵山举办纪念赵朴初居士110周年诞辰暨中国佛教文化研究所成立30周年学术研讨会。

17日　中央文明委在北京举行全国精神文明建设表彰大会。无锡市蝉联全国文明城市荣誉，江阴市、宜兴市双双创建成全国文明城市，无锡创建成为首个全国文明城市群。

23日　无锡高新技术产业开发区"产业唤醒、智能制造"项目签约仪式暨精益智造联盟成立大会在鸿山物联网小镇客厅举行。

27日　市长汪泉主持召开市政府第16次常务会议。会议听取高污染燃料禁燃区调整情况汇报，审议《无锡市市长质量奖评定管理办法》，听取2017年度无锡市腾飞奖、科技进步奖、第十届专利奖评选情况汇报。会议还听取关于对在2013~2016年度全市社会治安综合治理工作中表现突出的集体和个人给予记功嘉奖的情况汇报，讨论《关于进一步全面深化国有企业改革的实施意见》《关于进一步完善国有企业法人治理结构的实施意见》，听取2017年度无锡市第一批新兴产业创业领军人才经费情况汇报，审议《无锡市不动产登记条例(草案)》。

△全球制药企业阿斯利康与国投创新投资管理有限公司在南京签约，在无锡高新技术产业开发区合资共建迪哲(江苏)医药有限公司。合资公司专注于创新药的探索、研发和商业化，一期注册资金1.3亿美元，总投资额4亿美元。

△中国工程院2017年院士增选结果公布，并在北京举行颁证仪式。江南大学校长陈坚当选为中国工程院环境与轻纺工程学部院士；从事核武器初级物理研究、设计与核试验工作的江苏无锡人唐立，当选为能源与矿业工程学部院士。

28日　省委常委、市委书记李小敏主持召开市委常委会第46次会议。会议审议通过《关于调整完善生态补偿政策的意见》《关于推行法律顾问制度和公职律师公司律师制度的实施意见》《中共无锡市委法律顾问工作规则(试行)》《关于建立"阳光扶贫"监管系统推进精准帮扶精准脱困的实施意见》。

△省委常委、市委书记李小敏主持召开市委全面深化改革领导小组第17次会议。会议研究部署无锡市深化监察体制改革试点工作，审议通过《无锡市深化监察体制改革试点工作实施方案》《无锡市深化监察体制改革试点工作小组建议方案》以及《无锡市环保机构监测监察执法垂直管理制度改革工作方案》。

30日　无锡城市职业技术学院淘宝影视学院揭牌仪式举行。

12月

1日　由省高等教育学会主办、无锡太湖学院承办的2017年江苏省高等教育学会学术年会在无锡市举行。省委常委、市委书记李小敏看望中国高等教育学会会长杜玉波一行并一同考察太湖学院。

5日　2017国际金圆规奖颁奖典礼在浙江省杭州市举行。无锡市鼎奕创新科技有限公司开发的首款使用两轮设计、集娱乐与代步于一体的电动滑板，成为江苏省唯一入围作品，并获得荣誉奖。

7日　2017中国电子元器件授权分销商领袖峰会暨人工智能、工业物联网与供应链创新峰会在无锡举行。

△香港无锡商会第四届会董就职典礼举行。全国政协副主席董建华到会祝贺，省委常委、市委书记李小敏出席并赠送纪念品。

7~8日　省委常委、市委书记李小敏率无锡市经贸代表团，分别访问香港江苏社团总会、香港中华总商会、隆源企业控股公司、九龙仓集团、恒隆集团等香港知名社团和企业，考察钟山公司、锡洲国际有限公司等省、市驻港企业，与香港江苏社团总会会长唐英年、隆源企业控股公司董事局主席荣智健、香港中华总商会会长蔡冠深等进行会晤，就加强无锡、香港两地合作进行深入交流。

10~12日　市长汪泉率无锡党政代表团赴青海省海东市考察，就深入开展东西部扶贫协作进行对接交流，慰问派驻扶贫一线的无锡干部，两市签署东西部扶贫协作框架协议。

13日　无锡市卫计委、中国心血管健康联盟、阿斯利康投资（中国）有限公司签署战略合作备忘录，三方共建的无锡胸痛中心全市模式信息平台启动。

14~15日　四川省攀枝花市市委书记李建勤、市长王波率党政代表团到无锡，考察经济社会发展情况。

15日　2017(第二届)国际企业资源交流峰会在无锡召开。格林纳达、牙买加等国的驻华大使、韩国企业代表、乌克兰企业代表、现代快报、中科招商、Hello bike、海尔海创培训学院、中国网库、北京易百和咨询等受邀出席峰会，来自全国各地的近千家企业代表参会。大会围绕产业政策、产融互动、人才培养、项目合作等议题，展开交流对接、共话创新发展。

17日　硕放航空小镇启动仪式在苏南硕放国际机场国际出发大厅举行。硕放航空小镇是无锡高新技术产业开发区第六个特色小镇。

18日　省委常委、市委书记李小敏主持召开市委常委会。会议传达学习习近平视察江苏时的重要讲话精神，以及关于进一步纠正“四风”、加强作风建设的重要批示精神，听取五年来无锡市贯彻落实中央“八项规定”和省委、市委“十项规定”精神情况的报告，审议通过《关于贯彻落实〈中央政治局贯彻落实中央八项规定实施细则〉的具体办法》。

△2017首届中国·无锡“智慧法务”发展大会在无锡市开幕。

18~22日　无锡市第三届职工创新创优成果展示周在太湖国际博览中心举行。

19日　省委常委、市委书记李小敏主持召开市委全面深化改革领导小组第18次会议，专题研究部署全面深化国有企业改革工作。会议审议通过《关于全面深化国有企业改革的实施意见》《关于进一步完善国有企业法人治理结构的实施意见》《关于组建无锡市国发资本运营有限公司的方案》《关于重组无锡城市发展集团有限公司的方案》。

20日　省委常委、市委书记李小敏主持召开市委常委会第48次会议。会议听取无锡市第十六届人民代表大会第二次会议、政协无锡市第十四届委员会第二次会议筹备工作汇报，审议并同意会议议程和日程安排。

21日　市长汪泉主持召开市政府第17次常务会议。会议听取全市安全生产及食品药品安全工作情况汇报，对无锡市安全生产工作进行再强调、再部署。审议通过《无锡市城市建设创新发展基金实施方案》，听取关于2017年为民办实事项目执行情况和2018年为民办实事项目安排情况的汇报，贯彻落实省对市财政体制调整意见、适当完善市对区财政体制的汇报，市水务集团改革重组上市情况的汇报，《关于更大力度支持以物联网为龙头的新一代信息技术产业发展的政策意见》等文件制定情况的汇报，对2017世界物联网博览会作出突出贡献的集体和个人记功奖励及通报表扬的汇报。

25日　无锡市《村务公开规范》颁布实施。这是国内地级市第一个此类指导性技术文件。

26日　市长汪泉主持召开市政府第18次常务会议。会议讨论即将提请市十六届人大二次会议审议的2018年《政府工作报告》、《关于无锡市2017年国民经济和社会发展计划执行情况与2018年国民经济和社会发展计划草案的报告》以及《关于无锡市2017年财政预算执行情况和2018年市本级预算草案的报告》3个征求意见稿，听取关于《无锡市人民政府向市人大常委会提请审议和报告重大事项的实施办法（修订稿）》和2018年拟向市人大常委会报告的重大事项的汇报。

△由匈牙利国家人力资源部公共卫生事务副国务秘书深讷戴斯·托马斯率领的匈牙利老年健康服务代表团到无锡考察，市委常委、常务副市长黄钦会见代表团一行。

△无锡宝诚党支部暨“无锡(永达)党建联盟”与江苏银行无锡分行营业部党支部举行“统筹共建”签约仪式。

27日　江苏省第二环保督察组向无锡反馈督察情况，省委常委、市委书记李小敏作表态讲话，市长汪泉主持会议。

△市长汪泉会见到无锡考察的韩国科玛株式会社会长尹东汉一行，双方就深化合作进行深入交流。

△省委常委、市委书记李小敏主持召开市委常委会第49次会议。会议传达学习省委十三届三次全会精神，研究2018年工作。

28~29日　中共无锡市委十三届五次全会举行。省委常委、市委书记李小敏总结2017年工作、明确2018年任务，对深入学习贯彻党的十九大精神、推动经济社会高质量发展、全面从严治党向纵深发展作部署。市委副书记、市长汪泉对2018年经济工作作具体安排。会议审议通过全会决议。

编辑　李汉洪

无锡概貌

地情概要

【位置面积】 无锡市,别名梁溪,简称锡,位于北纬31°07′~32°02′,东经119°33′~120°38′,长江三角洲江湖间走廊部分,江苏省的东南部。东邻苏州,距上海128公里;南濒太湖,与浙江省交界;西接常州,距南京183公里;北临长江,与泰州市所辖的靖江市隔江相望。无锡市为江苏省省辖市,全市总面积为4627.47平方公里(市区面积为1643.88平方公里,其中建成区面积为231.3平方公里),其中山区和丘陵面积为782平方公里,占总面积的16.90%;水面面积为1342平方公里,占总面积的29.0%。

(易 文)

【地形地貌】 无锡市境内以平原为主,星散分布着低山、残丘。南部为水网平原;北部为高沙平原;中部为低地辟成的水网圩田;西南部地势较高,为宜兴的低山和丘陵地区。无锡市地貌雏形,形成于中生代印支期(距今约1.8亿年)的华夏系构造,它使无锡地区褶皱成陆。燕山运动(距今约1.5亿~7000万年)因强烈的火山活动和新块褶皱构造的形成,使原来比较稳定的基底又生新复活升高。距今约2500万年的喜马拉雅运动,以差异性升降运动为主,在老构造的基础上,又加强了东西间褶皱和断裂,使江阴、宜兴一线以东形成了以现代太湖为中心的坳陷盆地,即太湖盆地。宜兴地区山体均作东西向延伸,绝对高度500米以上,最高峰为黄塔顶,海拔611.5米。江阴和无锡市区的山丘总体上呈北东、北东东走向,其高度由西南往东北逐级下降。最高峰为惠山三茅峰,海拔328.98米。

(易 文)

【气候】 2017年无锡市气候特点:

全年 全市气温偏高,降水正常偏多,日照时数正常。冬春季气温持续偏高;梅雨期略偏短,梅雨量偏少约6成;盛夏出现罕见持续性高温热浪天气;秋季多连阴雨,降水异常偏多。主要灾害性天气有寒潮、连阴雨、暴雨、高温、强对流、雾霾等。气象条件对主要农作物、旅游及交通行业气候年景较好,水资源及水产养殖等行业气候为正常年景,而水环境气候年景则较差。

年平均气温16.6℃(宜兴)~17.5℃(无锡),年极端最低气温为-7.6℃(宜兴)~-5.1℃(无锡),年极端最高气温40.6℃(无锡、江阴)~40.9℃(宜兴)。年低温日数(日最低气温<0℃)22天(江阴)~46天(宜兴),年高温日数(日最高气温≥35℃)31天(无锡、宜兴)~33天(江阴)。

年降水量1322.8毫米(无锡)~1569.0毫米(江阴),无锡、宜兴正常,江阴偏多;年雨日124天(无锡)~136天(宜兴);无锡、江阴和宜兴的一日最大降水量分别为211.3毫米(9月25日,历史第一)、185.9毫米(6月10日)和102.5毫米(8月16日),年暴雨日数(日降水量≥50毫米)分别为4天、7天和4天。年降水量月际震荡明显,特别是7月和8月旱涝急转,7月全市降水显著偏少,8~10月全市转为多雨期。

年日照时数1729.7小时(宜兴)~2085.2小时(江阴)。宜兴比常年同期略偏少,无锡和江阴略偏多。

冬季(2016年12月~2017年2月) 气温显著偏高,降水和日照正常。2016年11月22日进入气象意义上的冬季。冬季平均气温5.9℃(宜兴)~6.8℃(无锡),无锡冬季平均气温平1955年以来历史同期最高纪录(2007年),无锡和宜兴冬季平均最高气温创历史新高;降水量139.5毫米(无锡)~190.9毫米(宜兴),其中宜兴1月上旬降水量83.2毫米,创历史同期新多;雨日21天(无锡)~26天(宜兴);日照时数386.2小时(宜兴)~436.0小时(江阴)。

春季(3~5月) 气温显著偏高,降水正常,日照略偏多。3月25日进入气象意义上的春季,比常年早了3天。春季平均气温16.1℃(宜兴)~16.9℃(无锡、江阴),其中,无锡和江阴春季平均气温位居历年同期第二高;降水量为244.9毫米(江阴)~348.1毫米(宜兴);雨日30天(无锡)~36天(宜兴);日照时数为519.0小时(宜兴)~626.2小时(江阴)。

夏季(6~8 月) 气温显著偏高，降水正常，日照正常。5 月 17 日进入气象意义上的夏季，比常年早了 22 天，和 1984 年一起成为历史最早的入夏时间。夏季平均气温为 27.6℃(宜兴)~28.6℃(无锡、江阴)，其中无锡和江阴夏季平均气温仅次于 2013 年和 2006 年，列历史同期第三位；降水量为 510.2 毫米（无锡)~765.4 毫米(江阴)，无锡和宜兴正常，江阴偏多近五成，其中无锡 6 月上旬降水量 209.0 毫米，为历史同期的 6.4 倍，创历史纪录；雨日 35 天(无锡)~38 天（江阴、宜兴)；日照时数为 530.3 小时（无锡)~598.8 小时（江阴)。

秋季（9~11 月） 气温正常，降水异常偏多，日照时数正常略偏少。9 月 20 日进入气象意义上的秋季，比常年早了 1 天。秋季平均气温 17.4℃(宜兴)~18.2℃(无锡、江阴)。降水量 431.8 毫米（宜兴)~457.2 毫米(无锡)，无锡和江阴异常偏多，宜兴显著偏多，其中 9 月无锡、江阴和宜兴的降水量分别为 351.0 毫米、326.5 毫米和 270.6 毫米，是常年的 3 倍、2.9 倍和 1.5 倍，无锡创历史同期新多，江阴、宜兴分别列历史同期第二、第三，9 月 24 日 20 时~25 日 20 时，无锡降水量 211.3 毫米，超过了 1962 年 9 月 6 日的 202.9 毫米，创 1955 年有气象记录以来最大一日降水量；雨日 38 天(宜兴)~40 天(无锡)；日照时数 296.5 小时(宜兴)~422.1 小时(无锡)。

(钱昊钟)

表 1　　2017 年无锡市气象要素初终日期

月/日

要素名称	2016 年度			2017 年度
	初日	终日	初终间日数	初日
霜	11/24	3/9	106	11/5
雪	11/23	2/9	79	
结冰	11/24	3/3	100	11/24
当年无霜期天数	240			

(钱昊钟)

【水文】 2017 年，无锡市有水位站 13 处(其中潮水位站 1 处)，雨量站 21 处，流量站 11 处，13 个测流断面，蒸发站 1 处，浅层地下水位站 13 处，地表水温站 1 处，地下水温站 1 处。

全年无锡市雨情较平稳，全年日降雨量≥0.1 毫米的雨日 128 天，比常年多 3 天。水面年蒸发量 878.2 毫米，最大日水面蒸发量 7.0 毫米(7 月 28 日)。

梅雨期呈现入梅迟、出梅正常、梅雨期短、梅雨量少的特点。6 月 19 日入梅，较常年晚 3 天；7 月 11 日出梅，与常年相当；梅雨期 23 天，较常年少 3 天。全市平均梅雨量 82.9 毫米，是上年梅雨量的 15.3%，是常年梅雨量的 34.3%。梅雨期内，降水分布不均，江阴、宜兴和无锡市区的梅雨量分别为 114.4 毫米、82.7 毫米和 67.3 毫米。

2017 年汛期全市最大单日面雨量为 77.2 毫米(6 月 10 日)，强降雨主要集中在 6 月 9~10 日、9 月 24~25 日。

河道水情 1~4 月，河道水位变幅受降雨影响比较大，整体呈现平

图 1　　2017 年无锡市各月降水量和日照时数变化情况

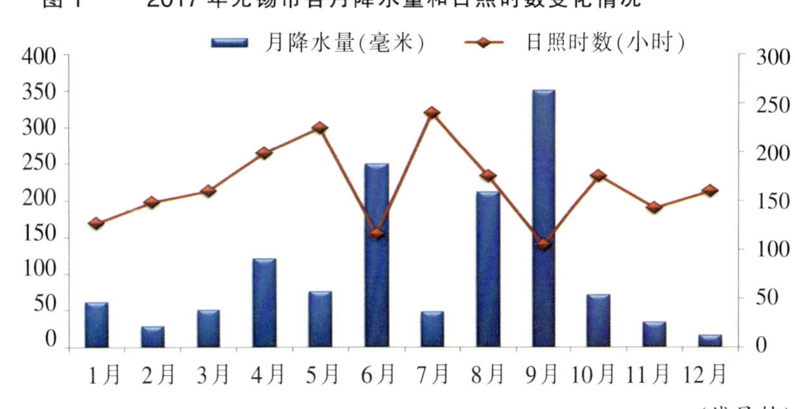

(钱昊钟)

图 2　　2017 年无锡市各月雨日和平均气温

(钱昊钟)

稳。1月,受持续降雨影响,内河水位有明显上涨过程,各内河在1月7日左右出现汛前最高水位。

入汛后,河道水位整体趋于平稳,受6月9~10日、9月24~25日两场强降雨影响,全市各地水位上涨迅猛,内河大多在9月25日左右出现最高水位,其中大运河无锡站、洛社站以及锡澄运河青阳站出现超历史水位。汛后,随着降水逐渐减少,河道水情平稳,总体呈下降趋势。

5月,无锡地区降雨量偏少,内河水位整体比较平稳。锡澄地区5月2日后内河水位开始缓慢下降,至8日左右出现月最低水位,之后受降雨影响内河水位有所上升,最高水位出现在5月17日左右;湖西地区5月份内河水位持续缓慢下降,月最高水位出现在2日左右,月最低水位出现在28日左右。

6月,内河水位整体趋于平稳,受6月9~10日强降雨影响,内河水位快速上涨并超过警戒水位,10日出现月最高水位,24日左右出现月最低水位。

受6月9~10日暴雨影响,锡澄地区河道水位涨幅迅猛,大运河无锡站水位从10日5:15的3.46米开始上涨,22:00最高达到5.00米,超过警戒水位1.10米,比降雨前上涨1.54米,最大1小时涨幅0.22米(10日15:00~16:00);锡澄运河青阳水位从10日5:15的3.51米开始上涨,到22:20最高达到5.06米,超过警戒水位1.06米,比降雨前上涨1.55米,最大1小时涨幅0.16米(10日16:00~17:00);西氿宜兴站水位从10日5:00的3.28米开始上涨,12日7:40最高达到3.79米,比降雨前上涨0.51米,最大1小时涨幅0.05米(10日15:00~16:00)。

7月,内河水位总体平稳,7月18日左右内河水位最高,7月31日左右最低。

8月,内河水位比较平稳,16日左右出现月最高水位,1日左右出现月最低水位。受7~9日、15日两场降雨影响,内河水位快速上涨,随着降雨的结束,水位呈下降趋势。

受8月7~9日降雨影响,锡澄地区河道水位快速上涨,大运河无锡站从8日15:25的3.65米开始上涨,9日14:10达到4.04米,比降雨前上升0.39米,超过警戒水位0.14米,最大1小时涨幅0.08米(8日8:00~9:00);锡澄运河青阳水位从8日14:40的3.67米开始上涨,到9日9:20达到4.20米,比降雨前上升0.53米,超过警戒水位0.20米,最大1小时涨幅0.15米(9日7:00~8:00);西氿宜兴站水位从7日19:15的3.31米开始上涨,到10日12:35达到3.53米,比降雨前上升0.22米,最大1小时涨幅0.03米(8日1:00~2:00)。

受8月15日强降雨影响,锡澄地区河道水位快速上涨,大运河无锡站从15日22:30的3.72米开始上涨,16日11:35达到4.11米,比降雨前上升0.39米,超过警戒水位0.21米,最大1小时涨幅0.13米(16日5:00~6:00);锡澄运河青阳水位从16日4:15的3.77米开始上涨,到16日10:50达到4.20米,比降雨前上升0.43米,超过警戒水位0.20米,最大1小时涨幅0.12米(16日6:00~7:00);西氿宜兴站水位从16日1:00的3.51米开始上涨,到16日12:10达到3.71米,比降雨前上升0.20米,最大1小时涨幅0.07米(16日4:00~5:00)。

9月中上旬,全市内河水位整体平稳,受24~25日强降雨影响,内河水位上涨迅猛,其中3个站水位超历史,随着降雨的结束,水位呈下降趋势。内河水位在25日左右出现月最高水位,2日左右出现月最低水位。

受9月24~25日降雨影响,大运河无锡站从24日14:00的3.81米开始上涨,25日19:05达到5.32米,比降雨前上涨1.51米,超过警戒水位1.42米,超历史最高水位0.04米,最大1小时涨幅0.16米(25日12:00~13:00);大运河洛社站从24日15:35的3.84米开始上涨,25日19:35达到5.40米,比降雨前上涨1.56米,超过警戒水位1.40米,超历史最高水位0.03米,最大1小时涨幅0.16米(25日9:00~10:00);锡澄运河青阳水位从24日15:20的3.86米开始上涨,到25日20:15达到5.43米,比降雨前上升1.57米,超过警戒水位1.43米,超历史最高水位0.09米,最大1小时涨幅0.15米(25日7:00~8:00);西氿宜兴站水位从23日4:05的3.45米开始上涨,到27日7:

表2　　2017年无锡市主要水位站水位特征值统计

河名	站名	年最高水位(米)	出现日期(月.日)	年最低水位(米)	出现日期(月.日)	年平均水位(米)
大运河	洛社	5.40	9.25	3.20	3.10	3.60
大运河	无锡	5.32	9.25	3.22	12.27	3.59
太湖	犊山闸	4.07	7.50	2.65	3.20	3.27
太湖	大浦口	3.76	9.30	2.87	3.10	3.34
锡澄运河	青阳	5.43	9.25	3.24	2.20	3.63
望虞河	甘露	4.52	9.25	3.18	3.11	3.49
西氿	宜兴	4.00	9.27	3.03	3.20	3.40
横山水库	横山水库	34.19	1.11	30.08	12.31	32.75
长江	江阴	5.76	7.11	1.39	2.10	

说明:表内水位为吴淞基面以上米数

(朱　玲)

表3　2017年无锡市主要雨量站降水量特征值统计

地区	站名	年降水量(毫米)	年降水日数	年最大日降水量(毫米)	出现日期(月.日)
南长区	无锡	1112.8	125	104.8	9.25
滨湖区	直湖港闸	1124.8	128	57.0	9.25
惠山区	洛社	1306.0	128	129.2	9.25
锡山区	甘露	1312.2	118	120.6	9.25
江阴市	江阴	1463.1	118	147.4	6.10
江阴市	青阳	1329.0	134	154.2	6.10
宜兴市	横山水库	1206.8	135	70.2	6.50
宜兴市	宜兴	1196.0	127	87.5	8.15
宜兴市	大浦口	1062.4	135	55.6	6.90

（朱　玲）

15达到4.00米，比降雨前上升0.55米，最大1小时涨幅0.03米（26日21:00~22:00）。

太湖水情　全年，太湖平均水位3.27米，比上年同期低0.03米，比多年同期高0.06米；最高水位3.62米（10月4日），最低水位2.96米（3月12日）。大浦口站平均水位3.34米，最高水位3.76米（9月30日），最低水位2.87米（3月1日）。犊山闸站平均水位3.27米，最高水位4.07米（7月5日），最低水位2.65米（3月2日）。

长江水情　长江江阴站（警戒潮水位5.50米）7月11日（农历六月十八日）出现年最高潮水位5.76米，2月10日（农历一月十四日）出现最低潮水位1.39米。

横山水库水情　年最高水位34.19米（1月11日），最大蓄水量5433万立方米，最低水位30.08米（12月31日），最小蓄水量2674万立方米。

（朱　玲）

【资源】　*气候资源*　无锡市属北亚热带湿润季风气候区，四季分明，热量充足，降水丰沛，雨热同季，灾害频繁。夏季受来自海洋的夏季季风控制，盛行东南风，天气炎热多雨；冬季受大陆盛行的冬季季风控制，大多吹偏北风；春、秋季是冬、夏季风交替时期，春季天气多变，秋季秋高气爽。常年（1981~2010年30年统计资料）平均气温16.2℃，降水量1121.7毫米，雨日123天，日照时数1924.3小时，日照百分率43%。一年中最热是7月，最冷为1月。常见的气象灾害有台风、暴雨、连阴雨、干旱、寒潮、冰雹和大风等。由于受太湖水体和宜南丘陵山区复杂地形等的影响，局部地区小气候条件多种多样，具有南北农业皆宜的特点，作物种类繁多。

水资源　全市共有大小河道3100多条，总长2480公里。市区河道总长150公里，平水期水体容积800万立方米。太湖为江南水网中心，面积2338.1平方公里，总蓄水量为44.28亿立方米，年平均吞吐量约52亿立方米。因此，无锡地表水较丰富，外来水源补给充足。地下水资源据不完全资料测算，市区储量为6349万立方米，年补给量为6453万立方米。

矿产资源　无锡市具有开采价值的矿产资源，以黏土矿、石灰石、大理石、玻璃用石英砂岩、建筑石等非金属矿为主，其次为煤、泥炭等可燃性矿产及矿泉水。黏土矿以陶土为主，已探明工业储量5000余万吨。石灰石估算储量17亿吨。大理石估算储量5000万立方米。煤探明工业储量4000余万吨。

生物资源　植物资源方面，无锡市除栽培植物外，拥有自然分布于地区内以及外来归化的野生维管束植物共141科、497属、950种、75变种，占全国的比例分别为植物科数39.94%、属数15.61%、种数3.5%。植物种类中，草本植物有744种，占总数的78.32%；木本植物（包括竹类）有206种，占总数的21.68%。主要用材林有竹、松、杉，优良用材的树种有杉木、檫树、樟树、紫楠、红楠、麻栎、锥栗、榆树等。药用植物400多种。动物资源方面，鸟类有170多种；鱼类为90多种，太湖中的银鱼，长江中的刀鱼、鲥鱼、河豚是名贵鱼类；兽类有30多种，主要有华南兔、穿山甲、豹猫、黄鼬等。

（易　文）

【建置沿革】　无锡是江南文明发源地之一，有文字记载的历史可追溯到3000多年前的商朝末年。公元前十一世纪末，周太王长子泰伯为让王位于三弟季历，偕二弟仲雍，从现属陕西的歧山东奔江南，定居梅里（今无锡梅村），筑城立国，自号“勾吴”。周灭商后，因泰伯无子，周武王追封仲雍五世孙周章为吴君，建吴国。周元王三年（公元前473年），越灭吴，无锡属越国。周显王三十五年（公元前334年），楚灭越，无锡属楚国。秦王政二十四年（公元前223年），秦灭楚，置会稽郡，无锡属之。汉高祖五年（公元前202年）始置无锡县，属会稽郡。王莽时（公元9年）改名为有锡县，东汉建武元年（公元25年）复置无锡县。三国时，分无锡县以西为屯田，置毗陵典农校尉。西晋太康元年（280年）复置无锡县，属毗陵郡。隋、唐、宋相沿。元元贞元年（1295年）升无锡为州，属浙江行中书省常州路。明洪武元年（1368年）又降州为县，属中书省常州府。清雍正二年（1724年），分无锡为无锡、金匮两县，同城而治，均属常州府。宣统三年（1911年），无锡光复，锡金军政分府成立于原金匮县属，辖原无锡、金匮两县；同年5月，撤销锡金军政分府。民国元年(1912年)锡、金两县合并复称无锡县，属苏常道。民国十六年(1927年)，无锡县直属江苏省。民国二十三年至二十六年(1934~1937年)，为无锡行政督察区专员公署驻地。抗日战争期间，无锡四乡先后建立中共领导的锡北、锡东、太湖、武南、澄西等抗日民主政权。

1949年4月23日无锡解放，分无锡为无锡市、无锡县，市、县同城，无锡市属苏南人民行政公署。1953年建江苏省，无锡市为省辖市；无锡县属先后多次变化，曾经属常州专区、无锡市、苏州专区管辖。无锡市区于1958年6月基本形成了四区格局，即崇安、南长、北塘三区和一个郊区。1983年3月，实行市管县体制，原属苏州地区的无锡县、江阴县与原属镇江地区的宜兴县划为无锡市管辖。1988年，在马山镇(含马圩地区)设立马山区。1987年4月、1988年3月、1995年6月，江阴县、宜兴县、无锡县先后撤县设市，设立江阴市、宜兴市、锡山市。1995年3月，无锡市市区和无锡县行政区划进行部分调整，组建无锡新区。郊区旺庄乡，无锡县硕放镇和坊前、新安、梅村3镇的19个行政村，连同无锡国家高新技术产业开发区、无锡新加坡工业园，由无锡新区管理。2000年12月，撤销锡山市，设立锡山区和惠山区；撤销马山区，将马山区的行政区域和锡山市的部分镇(9个)并入无锡市郊区，并将郊区更名为滨湖区。2001年12月，滨湖区广益镇划归崇安区，扬名镇划归南长区，黄巷镇、山北镇划归北塘区。2015年10月，撤销崇安区、南长区、北塘区，合并设立梁溪区；析锡山区的鸿山街道和滨湖区的江溪、旺庄、硕放、梅村、新安5个街道，设立新吴区。

(市民政局区划地名处)

【行政区划】 2017年，无锡市辖梁溪、锡山、惠山、滨湖、新吴5个区，及江阴、宜兴2个县级市。全市有30个镇、53个街道，下设524个村委会、601个社区居委会、115个村(居)委会(合一)。

(汪隆顺)

【部分行政区划调整】 8月10日，江阴市人民政府上报《关于部分街道行政区划调整的请示》。9月7日，无锡市人民政府下发《市政府关于调整江阴市部分街道行政区划的批复》。

一、同意将澄江街道的普惠、夏东、葫桥、普惠苑等4个村(居)委会，划入临港街道。

二、同意撤销临港街道，分设夏港街道、申港街道、利港街道。以原夏港镇、申港街道、利港街道行政区域作为新设立后夏港街道、申港街道、利港街道的行政区域。

三、区划调整后，澄江、夏港、申港、利港4个街道的设置：

(一)澄江街道：管理城中、环城东路、文定、芙蓉、塔南、西大街、君山、北大街、澄康路、澄江路、花园、天鹤、大桥、蒲桥、立新、澄南、先锋、革新、贯庄、文富、新华、浮桥、梅园、黄山、江锋、世新(谢北)26个社区居委会和皮弄、绮山、花北、工农、斜泾、谢园、璜塘上、通运、红光、绿园、塔南、五云桥、秦泾、君山、黄田港15个村委会。区域面积65平方千米，户籍人口25.2万人，街道办事处驻人民东路259号。

(二)夏港街道：管理普惠苑、苏港路2个社区居委会，长江、三元、新沟、李沟头、三联、景贤、夏南、葫桥8个村委会，普惠、夏东、夏港3个村(居)委会合一。区域面积37平方千米，户籍人口4.4万人，街道办事处驻镇澄路588号。

(三)申港街道：管理申港、江南、锦湖苑3个社区居委会，于门、滨江、创新、横塘、东刘、申西、申南、申港8个村委会，申浦、申兴2个村(居)委会合一。区域面积39平方千米，户籍人口4.6万人，街道办事处驻镇澄路1816号。

(四)利港街道：管理兴利、西安、兴港、龙港、仁和、后梅、东支、西石桥8个社区居委会，苍山、巨轮、黄丹、西奚墅、维常、北郭庄6个村委会，陈墅、利港、球庄(江市)3个村(居)委会合一。区域面积59.42平方千米，户籍人口5.9万人，街道办事

表4　2017年无锡市行政区划一览

区域名称	所辖街道、乡镇名称
梁溪区	街道:崇安寺、广益、广瑞路、上马墩、江海、通江、迎龙桥、南禅寺、清名桥、金匮、金星、扬名、北大街、五河、惠山、黄巷、山北
锡山区	街道:东亭、东北塘、云林、安镇、厚桥 镇：羊尖、鹅湖、锡北、东港
惠山区	街道:堰桥、长安、钱桥、前洲、玉祁 镇：洛社、阳山
滨湖区	街道:河埒、荣巷、蠡湖、蠡园、华庄、太湖、雪浪、马山 镇：胡埭
新吴区	街道:旺庄、江溪、硕放、新安、梅村、鸿山
江阴市	街道:澄江、城东、南闸、云亭、夏港、申港、利港 镇:璜土、月城、青阳、徐霞客、华士、周庄、新桥、长泾、顾山、祝塘
宜兴市	街道:宜城、屺亭、新庄、新街、芳桥 镇:丁蜀、张渚、和桥、官林、徐舍、周铁、高塍、湖㳇、杨巷、太华、新建、西渚、万石

(汪隆顺)

表 5　　2017 年无锡市行政区划统计

区域名称	市(县)(个)	市辖区(个)	镇(个)	街道(个)	村委会(个)	居委会(个)	村居合一(个)	面积(平方千米)	户籍人口(人)
梁溪区		1		17		156		71.50	778755
锡山区		1	4	5	75	47		399.11	455279
惠山区		1	2	5	29	60	26	325.12	481801
滨湖区		1	1	8	0	105	7	628.15	512747
新吴区		1		6	9	79	35	220.01	364621
小计		5	7	41	113	447	68	1643.88	2593203
江阴市	1		10	7	197	57	46	986.98	1255125
宜兴市	1		13	5	214	97	1	1996.61	1082044
小计	2		23	12	411	154	47	2983.59	2337169
合计	2	5	30	53	524	601	115	4627.47	4930372

（汪隆顺）

处驻利康东路 28 号。

（汪隆顺）

年度荣誉

【内地最宜居城市】 6 月 22 日，中国社会科学院和《经济日报》在北京共同发布《中国城市竞争力报告 No. 15》，无锡荣膺内地最宜居城市。该年度报告的宜居竞争力指标体系更加注重城市在教育、医疗等公共服务以及经济活力上的表现。宜居竞争力指数十强分别为香港、无锡、广州、澳门、厦门、杭州、深圳、南通、南京、上海。

（沈斐旻）

【中国旅游休闲示范城市】 8 月 3 日，国家旅游局在西安召开第三届全域旅游推进会。会上，中国旅游休闲示范城市创建成绩榜揭晓，苏州、武汉、杭州、成都、大连、厦门、银川、宁波、无锡、珠海等 10 个城市荣膺“中国旅游休闲示范城市”。这是无锡自 1998 年成为第一批“中国优秀旅游城市”后获得的旅游业界又一项重要荣誉。

（冀彦臣）

【国家生态文明建设示范市】 9 月 21 日，在浙江安吉召开的全国生态文明建设现场推进会上，环境保护部向无锡授牌，无锡成为全国第一批生态文明建设示范市。首批出炉的国家生态文明建设示范市、县共 46 个，其中，获此殊荣的地级市全国仅有 8 个。江苏、浙江、福建三省各有 5 个市县入选，数量最多。

（冀彦臣　沈斐旻）

【全国社会治安综合治理“长安杯”】 9 月 19~20 日，在全国社会治安综合治理表彰大会上，无锡市被评为 2013~2016 年度“全国社会治安综合治理优秀市”，并因 2005 年后连续三届获此殊荣被授予“长安杯”。“长安杯”是全国社会治安综合治理工作的最高荣誉，是对一个城市社会治理水平和平安建设成果的最高褒奖。

（沈斐旻　冀彦臣）

【全国文明城市群】 11 月 14 日，中央文明委发布第五届全国文明城市名单，无锡蝉联全国文明城市荣誉；宜兴、江阴两市首次入选县级全国文明城市，测评成绩分列全国第七和第八位。由此，无锡创建成为首个全国文明城市群。

（沈斐旻　冀彦臣）

【江苏游客满意度第一名】 1 月 13 日，清华大学媒介调查实验室发布江苏省 2016 年第 4 季度暨年度游客满意度调查结果，无锡以 84.53 分位居全年游客满意度综合指数全省第一。游客满意度的四大评价要素为旅游大环境、旅游公共服务、旅游景区服务、旅游相关要素。从梅园的梅花开始，无锡的园林景区一年四季花开如海。最美的赏花季有鼋头渚的樱花、蠡园的桃花和荷花、锡惠公园的杜鹃花和菊花等，还有无锡国际马拉松赛、太湖音乐节、世界佛教论坛、素文化博览会等活动，吸引省内外大批游客。

（沈斐旻）

【省优秀管理城市】 8 月 11 日，省政府办公厅授予无锡等 7 个城市“江苏省优秀管理城市”称号，标志着无锡市城市管理工作走在全省前列。“江苏省优秀管理城市”是省政府对城市管理和环境综合整治实效的综合性评价，由省住房城乡建设厅组织考核，并报省政府批准。

（冀彦臣）

国民经济和社会发展概况

【综合】 2017 年，无锡市实现地区生产总值 10511.80 亿元，跻身“万亿俱乐部”，按可比价格计算，比上年增长 7.4%。按常住人口计算，人均生产总值达到 16.07 万元。

产业结构优化升级。全市实现第一产业增加值 135.18 亿元，比上年增长 1.3%；第二产业增加值 4964.44 亿元，比上年增长 7.3%；第三产业增加值 5412.18 亿元，比上年增长 7.7%；三次产业比例调整为 1.3:47.2:51.5。

全年城镇新增就业 15.37 万人，其中，各类城镇下岗失业人员实现就业再就业 5.93 万人，援助就业困难人员再就业 2.67 万人。全市城镇登记失业率为 1.82%。

民营经济活力增强。全年民营

表6　　2017年无锡市居民消费价格指数情况

指　标	市　区
居民消费价格总指数	101.9
食品烟酒	100.0
衣着	101.3
居住	102.2
生活用品及服务	102.1
交通和通信	102.2
教育文化和娱乐	104.4
医疗保健	103.4
其他用品和服务	102.3

(市统计局)

表7　　2017年无锡市主要农产品产量及其增长速度

产品名称	产量(吨)	比上年增长(%)
粮食	551454	-6.8
油料	7854	-2.7
#油菜籽	6781	4.6
茶叶	6412	-1.5
水果	186643	5.9
水产品	135632	7.0

(市统计局)

经济实现增加值6895.74亿元,比上年增长7.3%,占经济总量的比重为65.6%,比上年下降0.1个百分点。民营经济固定资产投入3147.02亿元,比上年增长7.9%,民营工业实现产值9295.29亿元,比上年增长16.6%。

大众创业深入发展。年末全市工商部门登记的各类企业27.74万户,其中,国有及集体控股公司2.40万户,外商投资企业0.64万户,私营企业24.70万户,当年新登记各类企业4.66万户。年末个体户35.52万户,当年新增7.13万户。

消费品价格涨幅平稳。全年市区居民消费价格指数(CPI)为101.9,比上年下降0.4个百分点。其中服务项目价格指数为102.6,消费品价格指数为101.5,商品零售价格指数为102.0。

(市统计局)

【农业】 2017年,无锡市粮食生产小幅下降。粮食总产量55.15万吨,比上年下降6.8%。油料总产量7854吨,比上年下降2.7%,其中油菜籽6781吨,比上年增长4.6%;茶叶总产量6412吨,比上年下降1.5%;水果总产量18.66万吨,比上年增长5.9%。

种植业结构继续调整。粮食种植面积为8.659万公顷,比上年减少0.747万公顷;油料种植面积为0.354万公顷,比上年减少110公顷;蔬菜种植面积4.575万公顷,比上年减少140公顷;水果种植面积1.557万公顷,比上年减少770公顷。

牧渔业生产一降一增。主要畜产品中,肉类总产量6.06万吨,比上年下降17.6%,其中猪牛羊肉4.61万吨,比上年下降11.5%;禽蛋(鸡鸭鹅)总产量3.09万吨,比上年增长7.4%。奶牛存栏0.36万头,比上年下降29.4%。水产品产量13.56万吨,比上年增长7.0%。

(市统计局)

【工业和建筑业】 2017年,无锡工业生产稳步向好。全市规模以上工业企业实现增加值3382.77亿元,比上年增长8.6%。按经济类型分析,内资企业总产值增长17.0%,港澳台商投资企业总产值增长19.0%,外商投资企业总产值增长15.2%。全市统计的278个主要工业产品中,产品产量比上年增长的有164个,占全市统计产品数的59.0%。在全市跟踪统计的30种重点产品中,有23种产品的产量实现增长。

工业效益稳定改善。全市规模以上工业实现主营业务收入15543.76亿元,比上年增长15.8%;工业产品产销率98.8%,比上年提高0.1个百分点;实现利润总额1053.61亿元,比上年增长13.7%。

建筑业发展保持稳定。全年建筑业完成增加值411.85亿元,比上年增长0.1%;实现建筑业总产值742.62亿元,比上年增长17.2%。施工房屋建筑面积3194.19万平方米。3个建设工程项目获得鲁班奖,38个建设工程项目获江苏省优质工程奖"扬子杯"(房屋建筑工程),100个建设工程项目获无锡市"太湖杯"优质工程奖。

(市统计局)

【固定资产投资】 2017年,无锡市固定资产投资小幅增长。全年固定资产投资完成4967.51亿元,比上年增长4.7%。其中,第一产业投资10.26亿元,比上年增长44.5%,第二产业投资2089.73亿元,比上年增长5.7%,第三产业投资2867.52亿元,比上年增长4.1%。

房地产业平稳发展。全年房地产业实现增加值530.72亿元,比上年略降0.5%。完成房地产开发投资1201.89亿元,比上年增长16.3%,商品房施工面积为5736.51万平方米,比上年下降4.2%,竣工面积1129.90万平方米,比上年下降14.7%。全年商品房销售面积1182.09万平方米,比上年下降7.4%,商品房销售额1253.93亿元,比上年增长13.2%。

(市统计局)

【国内贸易】 2017年,无锡市消费市场稳步提升。全年实现社会消费品零售总额3458.04亿元,比上年增长10.9%。其中,批发和零售业零售额3193.32亿元,比上年增长10.8%,住宿和餐饮业零售额264.72亿元,比上年增长10.9%。按经营地统计,城镇社会消费品零售总额2962.88亿元,比上年增长10.9%;乡村社会消费品零售总额495.16亿元,比上年增长10.6%。在限额以上批发和零售业零售额中,汽车类增长6.4%;粮油、食品类增长5.5%;石油及制品类增长 13.8%;中西药品类增长 35.4%;化妆品类增长 16.0%;书报杂志类增长 8.0%。

(市统计局)

【开放型经济】 2017 年,无锡对外贸易快速增长。按美元计,全年实现对外及对港澳台贸易进出口总额 812.53 亿美元,比上年增长 16.4%。其中,进口总额 317.34 亿美元,比上年增长 18.0%;出口总额 495.19 亿美元,比上年增长 15.4%。一般贸易实现出口额 253.02 亿美元,总量占比达 51.1%。按人民币计,全年实现对外及对港澳台贸易进出口总额 5502.46 亿元,比上年增长 19.4%。其中,进口总额 2147.84 亿元,比上年增长 20.8%;出口总额 3354.62 亿元,比上年增长 18.4%。

利用外资及港澳台资层次提升。全年批准外资项目408 个,协议注册外资及港澳台资 63.00 亿美元,增长 40.5%。到位注册外资及港澳台资 36.75 亿美元,增长 7.7%。制造业利用外资及港澳台资占到位注册外资比重达到 65.6%。全年完成协议注册外资及港澳台资超 3000 万美元的重大项目 55 个。至年底,全球财富 500 强企业中有 100 家在无锡市投资兴办了 192 家企业。

服务外包发展良好。全市服务外包产业接包合同总额 145.03 亿美元,比上年增长 18.5%,执行金额 120.75 亿美元,比上年增长 17.4%;离岸合同总额 94.76 亿美元,比上年增长 17.1%,离岸执行金额 74.97 亿美元,比上年增长 15.2%。

对外经济合作及对港澳台经济合作出现下降。全年备案投资项目 84 个,其中 1000 万美元以上项目 14 个。中方协议投资额 12.05 亿美元,比上年下降 42.5%。

(市统计局)

【交通运输、邮政电信和旅游业】 2017 年,无锡市交通运输能力稳步提升。年末公路总里程 7748.63 公里,其中高速公路 273.88 公里。全社会拥有车辆 187.87 万辆,比上年增长 6.2%。其中汽车 176.45 万辆,比上年增长 11.4%。私人汽车拥有量年末达到 148.92 万辆,比上年增长 11.3%。年末城市轨道交通运营线路总长 55 公里,全年运营总里程 523.48 万列公里,线网客流总量 9233.58 万人次。市区新辟公交线路 4 条,年末营运线路 290 条,线路总长 5773 公里,全年公交运客总量 39844.70 万人次。年末市区营运出租汽车 4040 辆。

客货运量小幅增长。全年完成客运量 8799.70 万人次,比上年增长 1.9%;完成货运量 17384.56 万吨,比上年增长 9.8%。港口吞吐量 21366.83 万吨,比上年增长 13.6%。空港旅客吞吐量 668.30 万人次,比上年增长 20.2%。

邮政通信快速发展。全年邮电业务总量 224.26 亿元,发送函件 3428.31 万件。全年规模以上快递服务企业业务量完成 4.51 亿件,比上年增长 29.7%。率先建成国内高标准全光网城市,覆盖用户超过 775.5 万户,城域网出口带宽 4.82T。建设 4G 基站累计达到 27682 个。年末移动电话用户 879.90 万户,其中 4G 手机用户达到 651.85 万户。固定互联网宽带接入用户 298.20 万户,移动互联网宽带接入用户 779.08 万户。

旅游市场有序发展。全年共接待国内游客 9179.34 万人次,比上年增长 6.9%;接待旅游、参观、访问及从事各项活动的入境过夜旅游者 49.54 万人次,比上年增长 12.8%。旅游总收入达 1743.66 亿元,比上年增长 12.1%。全市拥有年接待游客 10 万人以上的景区 50 个,国家 AAAAA 级景区 3 家,国家 AAAA 级景区 27 家,国家 AAA 级景区 14 家,国家 AA 级景区 15 家。省星级乡村旅游区(点)110 个。年末全市星级宾馆已达42 家,其中五星级宾馆 13 家,四星级宾馆 11 家。全市拥有旅行社 202 家,其中出境游组团社 24 家。

(市统计局)

【财政和金融业】 2017 年,无锡市财政收入增长稳定。全市一般公共预算收入 930.00 亿元,比上年增长 6.3%。财政支出结构继续调整,一般公共预算支出 987.66 亿元,比上年增长 14.1%。

金融存贷持续增加。年末金融机构各项本外币存款余额达 15141.30 亿元,比上年增长 3.6%;各项本外币贷款余额 11232.63 亿元,比上年增长 6.8%。存款中,非金融企业存款余额 6658.47 亿元,比上年增长 3.6%;住户存款余额 5143.49 亿元,比上年增长 3.8%。贷款中,非金融企业及机关团体贷款 8835.44 亿元,比上年增长 4.3%;住户贷款 2382.61 亿元,比上年增长 16.6%。全年现金净投放 235.45 亿元。

保险收入快速增长。全年实现保费收入 408.74 亿元,比上年增长 28.7%。其中财产险收入 92.99 亿元,比上年增长 8.1%;人寿险收入 315.74 亿元,比上年增长 36.9%。保险赔款支出 59.58 亿元,比上年增长 7.6%。保险给付支出 32.66 亿元,比上年增长 31.0%。

证券市场规模扩大。全年证券市场完成交易额 3.17 万亿元,比上年下降 41.9%。新增上市公司 18 家,累计 129 家;全市证券交易开户总数 146.14 万户,托管市值 2643.22 亿元,下降 9.9%。年末全市共有证券公司 2 家,证券营业部 137 家。全年"新三板"企业挂牌 50 家,累计挂牌 259 家。

(市统计局)

【科学技术和教育】 2017 年,无锡市科技人才集聚加速。全市有国家级工程技术研究中心 6 家,省级以上重点实验室 9 家,省级以上企业重点实验室 6 家,国家级国际合作基地 10 家,省级国际技术转移中心 8 家。当年自主培育"千人计划"专家 4 人,累计培育国家"千人计划"专家 88 人,年末在锡创新创业"千人计划"专家 245 人。

科技产出质量提升。全市高新技术产业产值占规模以上工业总产值比重达到 42.3%,高新技术产业产值比上年增长 17.3%。新认定省级高新技术产品 1165 个。

科技创新趋势缓和。全市发明专利申请量达 20122 件,比上年下降 38.3%;发明专利授权量达 4825 件,比上年下降 13.6%。全市获国家、省科技计划到位经费 4.53 亿元,比上年下降 29.8%,其中获国家科技经费 0.18 亿元。

质检能力显著增强。全市有国家级产品质量监督检查中心 12 个,

表 8　　2017 年无锡市主要工业产品产量及其增长速度

产品名称	单位	产量	比上年增长(%)
粗钢	万吨	1096.14	4.9
钢材	万吨	1664.10	7.4
铜材	万吨	133.09	12.6
钢绞线	万吨	19.82	-3.4
电站锅炉	万蒸发量吨	1.92	25.1
工业锅炉	万蒸发量吨	1.52	8.5
滚动轴承	亿套	6.98	20.7
发动机	万千瓦	6801.18	33.9
电力电缆	万千米	149.02	-16.5
光缆	万芯千米	1593.18	-15.3
光纤	万千米	713.62	11.8
太阳能电池(光伏电池)	万千瓦	406.12	1.8
半导体分立器件	亿只	1228.91	9.6
集成电路	亿块	333.26	13.9
电子元件	亿只	151.18	13.5
印制电路板	万平方米	1118.05	5.7
绒线(俗称毛线)	万吨	2.36	9.4
呢绒	万米	11045.03	-2.8
帘子布	万吨	1.82	-3.9
化学纤维	万吨	440.72	8.9
合成纤维聚合物	万吨	212.58	-19.6
锂离子电池	万只	46171.25	11.5
硬盘存储器	万台	7956.60	17.2
服装	万件	60803.02	7.5
数码照相机	万台	304.53	22.3
民用钢质船舶	万载重吨	257.22	1.7
电动自行车	万辆	352.14	10.3
家用洗衣机	万台	1117.62	9.2
家用电热水器	万台	107.36	5.9
微型计算机设备	万台	74.86	-25.9

（市统计局）

表 9　　2017 年无锡市对主要国家和地区进口、出口总额及其增长速度

出口国家和销往地区	2017 年（万美元）	增长(%)	进口国家和地区	2017 年（万美元）	增长(%)
美国	766311	16.7	日本	612709	22.9
中国香港	687069	17.8	韩国	565356	14.1
日本	415572	4.6	中国台湾	285875	28.8
韩国	414642	23.5	美国	180546	23.1
印度	159246	21.2	澳大利亚	134468	-13.9

（市统计局）

表 10 2017 年无锡市财政分项情况

指标	数额(亿元)	比上年增长(%)
一般公共预算收入	930.00	6.3
#税收收入	752.40	6.6
#增值税	369.24	40.7
营业税	1.87	-98.5
企业所得税(40%)	125.37	21.0
个人所得税(40%)	47.16	-4.8
城市维护建设税	52.70	-2.7
房产税	36.57	10.6
印花税	11.86	13.8
契税	51.22	112.5
上划中央四税收入	654.03	9.9

(市统计局)

国家级型式评价实验室 1 个，国家级检测重点实验室 8 个，国家级产业计算测试中心 1 个。全年省级监督抽查无锡市产品 1372 批次,强制性产品认证获证企业 1174 家，法定计量技术机构 3 家，强制检定计量器具 66.75 万台(件)。全年新增主导和参与制修订国际、国家、行业标准 60 项。

教育事业蓬勃发展。全市有普通高校 12 所。普通高等教育本专科招生 3.48 万人,在校生 11.27 万人,毕业生 3.39 万人；研究生教育招生 0.26 万人,在校生 0.72 万人,毕业生 0.19 万人。全市中等职业教育在校生达 6.69 万人。九年义务教育巩固率 100%，高中阶段教育毛入学率 100%,普及高中阶段教育。特殊教育招生 146 人,在校生 1199 人。全市共有幼儿园 403 所，比上年增加 20 所;在园幼儿 19.07 万人,比上年增加 0.87 万人。

(市统计局)

【文化、卫生、体育和民族宗教】2017 年，无锡市文化事业和文化产业繁荣发展。至年末,有艺术表演团体 64 个,文化馆 8 个,公共图书馆 8 个,文化站 82 个,博物(纪念)馆 62 个。全市人民广播电台节目 8 套,电视台节目 10 套,无锡有线电视总用户达 132.17 万户。电视人口总覆盖率和广播人口覆盖率均达 100%。全市档案馆 8 个，已向社会开放档案 58.14 万卷(件、册)。

卫生事业持续健康发展。全市拥有卫生医疗机构 2350 个,其中综合医院 80 家，社区卫生服务中心(卫生院)102 家，社区卫生服务站(村卫生室)707 家,护理院 22 家,疗养院 7 家。年末全市共有卫生技术人员 5.10 万人,其中执业(助理)医师 1.96 万人;拥有医疗床位 4.32 万张，其中医院、社区卫生服务中心(卫生院)4.20 万张。全市各级医疗机构全年完成诊疗 5604.74 万人次，比上年增长 9.6%。

体育事业稳步发展。全市新增公共体育设施面积 13.02 万平方米，新增各级社会体育指导员 3000 人。成功举办无锡国际马拉松赛、环太湖国际公路自行车赛、亚洲击剑锦标赛等一批大型国际赛事。全年无锡籍运动员在全国以上各级各类比赛中取得 50 个冠军，其中 1 人获 2 项世界冠军。全市体育彩票销售达到 29.06 亿元,增长 11.4%。

民族宗教领域和谐稳定。年末有宗教活动场所 273 处，教职人员 785 名(不含散居道士)。

(市统计局)

【人口、人民生活和社会保障】2017 年,无锡市人口规模平稳增长。年末全市户籍人口 493.05 万人,比上年增长 1.41%。全年出生人口 49809 人,出生率 10.17‰;死亡人口 39277 人,死亡率 8.02‰,人口自然增长率为 2.15‰。户籍人口城镇化率 75.03%。年末全市常住人口 655.30 万人,比上年增长 0.37%,其中城镇常住人口 498.03 万人，比上年增长 0.63%,常住人口城镇化率 76.0%。

居民收入稳步提高。全体居民人均可支配收入 46453 元，比上年增长 8.6%。城镇常住居民人均可支配收入 52659 元,比上年增长 8.3%。农村常住居民人均可支配收入 28358 元,比上年增长 8.4%。全体居民人均消费支出 29659 元，比上年增长 6.2%，城镇常住居民人均消费支出 32972 元,比上年增长 4.9%,农村常住居民人均生活消费支出 19998 元,比上年增长 8.3%。

社会保障日益完善。全市企业职工基本养老保险人数达到 245.77 万人,扩面 7.47 万人。参加城镇职工基本医疗保险人数达到 326.29 万人,扩面 7.00 万人。参加失业保险职工人数为 210.64 万人,扩面 5.91 万人。参加工伤保险人数 204.14 万人,扩面 3.90 万人。参加生育保险人数 204.08 万人,扩面 2.10 万人。市区月低保标准提高至 820 元。至年末,在领失业保险金人数为 3.67 万人。

表 11 2017 年无锡市各类教育招生和在校生情况

指标	学校数(个)	招生数(万人)	在校生数(万人)	毕业生数(万人)
普通高等学校	12	3.48	11.27	3.39
普通中等专业学校	21	1.50	4.50	1.36
普通中学	186	7.93	22.31	6.80
职业高中	2	0.11	0.35	0.13

(市统计局)

社会福利事业扎实推进。城乡居民最低生活保障对象25099人，全年发放低保金1.65亿元。实施城乡医疗救助31.49万人次，支付救助金8978.39万元；实施临时救助33889人次，发放救助金4235.72万元。全市享受国家抚恤、生活补助的优抚对象17852人。保障性安居工程建设有序推进，全市新开工保障性住房11648套，基本建成11290套。

食品安全监管力度加大。全年抽检各类食品3.71万批次，每千人抽检率达5.69批次，动态合格率为98.63%。

（市统计局）

【资源、环境和安全生产】 2017年，无锡市土地资源配置优化。全年全市国有建设用地供应总量2270.16公顷，比上年增长8.5%。其中，工矿仓储用地764.05公顷，房地产用地564.34公顷，基础设施等其他用地941.77公顷。

电力消耗小幅增长。全年全社会用电量686.67亿千瓦时，比上年增长7.5%。其中工业用电量524.68亿千瓦时，增长6.3%；城乡居民生活用电66.79亿千瓦时，增长10.6%。

水资源高效利用。至年末，全市水资源总量29.1亿立方米，比上年减少52.6%。全年总用水量26.97亿立方米，比上年增长0.8%。

环境保护效果明显。全市PM2.5年均浓度较上年下降14.6%。环境空气质量优良天数比例为67.7%，集中式饮用水源地水质达标率100%，全市功能区昼间和夜间噪声达标率分别为93%和75%。

城市绿化水平提升。年内市区新增绿地面积205公顷，人均公园绿地面积14.91平方米，建成区绿化覆盖率达到42.98%。

安全生产形势平稳。全年发生各类事故732起，死亡380人。亿元GDP生产安全事故死亡率0.036人/亿元。

说明：1.以上内容中地区生产总值和各产业增加值绝对值按现行价格计算，增长速度按可比价格计算。

2.部分数据因四舍五入的原因，存在着与分项合计不等的情况。

（市统计局）

组织机构和负责人名单

中共无锡市委

书　记　李小敏
副书记　汪　泉
　　　　徐　劼
常　委　李小敏
　　　　汪　泉
　　　　徐　劼
　　　　黄　钦
　　　　周　英（女）
　　　　陈德荣
　　　　陈金虎
　　　　王唤春
　　　　柳江南
　　　　王国中（至5月）
　　　　谢晓军（1月任）
　　　　袁　飞（7月任）
秘书长　张叶飞（至1月）
副秘书长　马　良
　　　　刘葱葱（女）
　　　　陆　洪
　　　　曹国光
　　　　陈寿彬
　　　　张耀斌（9月任）
　　　　许立新（兼，至4月）
　　　　吴建元（兼）

市委办公室

主　任　陆　洪
副主任　张耀斌（至6月）
　　　　江　杰（12月任）
　　　　孙协军（6月任）
　　　　黄维恭（12月任）

市委组织部

部　长　周　英（女）
副部长　周建军（至3月）
　　　　王锡惠
　　　　林茂松
　　　　戴美忠

市人才工作办公室

副主任　林茂松

市委新经济社会组织工作委员会（与市委组织部合署办公，2017年7月更名为市委非公有制企业和社会组织工委）

书　记　周建军（兼，至3月）
副书记　叶　照
　　　　钱文琴（女，兼，8月任）
　　　　严健媛（女，兼，8月任）
　　　　盛小伟（兼，8月任）
　　　　管海燕（女，兼，8月任）

市委宣传部

部　长　王国中（至5月）
　　　　袁　飞（8月任）
副部长　陆惠玲（女）
　　　　蔡文煜
　　　　金　政（至3月）
　　　　商波涛
　　　　商　明（5月任）
部务委员　商　明（至5月）
　　　　李明新（9月任）

市文明办（与市委宣传部合署办公）

主　任　商　明（5月任）
副主任　商　明（至5月）

市委统一战线工作部

部　长　陈德荣
副部长　吕勤彬
　　　　唐英彪
　　　　吴　涛（兼）
　　　　钱文琴（女，兼）
　　　　赵俊明（6月任）

市委政法委员会

书　记　张叶飞（至1月）
　　　　谢晓军（1月任）
副书记　徐盛希
　　　　谢晓军（兼，至1月）
　　　　时永才（兼）
　　　　蒋永良（兼，至1月）
　　　　俞波涛（兼，1月任）
　　　　邹立群（6月任）
政治部主任　张文新

市社会治安综合治理委员会办公室（与市委政法委员会合署办公）

主　任　徐盛希
副主任　邹立群（至6月）
　　　　李继军
　　　　华文明（11月任）

市委研究室

主　任　曹国光（至9月）
　　　　陈寿彬（9月任）
副主任　韩　宁（女）
　　　　江玉杰
　　　　刘　俊（12月任）

市委农村工作办公室

主　任　周士良
副主任　蒋军民
　　　　荣　怡（女）

市委台湾工作办公室（市政府台湾事务办公室）

主　任　相　江
副主任　张曙峰

许　宁
蔡卫红
曹泳敏(9月任)

市机构编制委员会办公室（2017年11月增挂市事业单位登记管理局牌子）
主　任　陆卫东
副主任　吴志伟(女)
张海涛
吴建昌(9月任)

市委市级机关工作委员会
书　记　李祖坤(3月任)
副书记　刘冯生
陆　东
施　勤(女)
纪工委书记　刘永平

市委老干部局（2017年3月增挂市委离退休干部工作委员会牌子）
局　长　王锡惠(兼)
副局长　吴金元(至8月)
章　雷(女)
袁伟强
工委书记　王锡惠(6月任)
副书记　周　捷(6月任)

市信访局
局长、党组书记　吴建元
副局长　余小鹰(女)
叶俊杰
张晓波
周勇军

市委保密委员会办公室(市国家保密工作局、市委机要局)
主　任(局长)　孙志坚
副主任(副局长)　毛亚荣
成志强

市委党校、市行政学院
校长(院长)　徐　劼(兼)
常务副校长(副院长)
金　政(3月任)
副校长(副院长)
吴惠明(至9月)
谭　军
邓弋青(女)
成大江

无锡日报报业集团(无锡日报社)
党委书记、总裁(社长)
杨　建(3月任)
总编辑　杨　建(至3月)
党委副书记　杨　建(至3月)
马正红
副总裁　杨　建(至3月)
马正红
祁国华(至12月)
许　扬
副总编辑　马正红
许　扬

无锡市人大常委会

主　任　姚建华(至2月)
徐一平(2月任)
党组书记　丁大卫(至2月)
徐一平(2月任)
副主任　丁大卫(至2月)
赵志新
华博雅(女,2月任)
滕兰英(女)
吴峰枫
袁　飞(2月任,至8月)
曹锡荣(至2月)
党组副书记　姚建华(至2月)
赵志新
党组成员　马志相(至1月)
滕兰英(女)
吴峰枫
袁　飞(3月任,至8月)
平明德(至2月)
王中苏
陈荣庆(1月任)
黄蓉华
王传军(11月任)
秘书长　平明德(至2月)
黄蓉华(2月任)
副秘书长　赵立平(女)
张淇铭(兼)
张广鑫(6月任)

市人大法制委员会
主任委员　赵志新(2月任)
副主任委员　钱　群
吴早春(2月任)

市人大财政经济委员会
主任委员　袁　飞(2月任,至8月)
副主任委员　毛建新(至2月)
龚　聘(2月任)
吴迎春(2月任)

市人大常委会办公室
主　任　张淇铭
副主任　严巍巍
张广鑫(至6月)
蒋　健(6月任)
张　弦(12月任)

市人大常委会研究室
主　任　顾正刚

市人大常委会法制工作委员会
主　任　钱　群
副主任　俞宏雷
李红卫

市人大常委会内务司法工作委员会
主　任　吴早春
副主任　何云彪

市人大常委会财政经济工作委员会
主　任　龚　聘
副主任　江　涛

市人大常委会农村经济工作委员会
主　任　朱　伟
副主任

市人大常委会教科文卫工作委员会
主　任　施　展
副主任　朱惠霖

市人大常委会民族宗教侨务外事工作委员会
主　任　蔡大钢
副主任　陈荣文

市人大常委会环境资源城乡建设工作委员会
主　任　翁林敏
副主任　唐尧夫

市人大常委会人事代表联络工作委员会
主　任　孙国祥
副主任　冯伟东
陆汀兰(女)

市人大常委会预算工作委员会
主　任　吴迎春
副主任　黄宇回

市人大常委会机关行政管理处
处　长

市人大常委会办公室信访处
处　长　季亚东

无锡市人民政府

市　长　汪　泉(党组书记)
副市长　黄　钦(党组副书记)
华博雅(女,至2月)
谢晓军
朱爱勋
刘　霞(女)
王进健
陆志坚(2月任)
高亚光(女,2月任)
秘书长　叶勤良(至3月)
许立新(3月任)
副秘书长　钮素芬(女)
周浩明
吴建昌(至8月)
糜君初
王　维
席永清

张千山(3月任)
顾　伟(兼,6月任)
市人民政府办公室
党组书记　叶勤良(至3月)
许立新(3月任)
主　任　童晓寒(党组副书记)
副主任　王建军
周学东(至3月)
张千山(至3月)
郭　平(5月任)
程　松(5月任)
纪检组长　郁锡坤(至3月)
督查室主任　王建一
总值班室(市应急管理办公室)
主　任　张宁冶
市政府研究室
副主任　李伟刚
王　兵
市发展和改革委员会
主任、党组书记　张明康
副主任　毕滨江(至8月)
顾　岗(兼)
张建春
陈卫东
邢益新
许　可(至3月)
钱喜中(5月任)
总经济师　吴虹娟(女)
纪检组长　龚詠程(至3月)
市经济和信息化委员会(2017年6月与原市信电局重新整合，挂市中小企业局、市物联网发展办公室牌子)
主　任(局长)　高亚光(女,至3月)
周文栋(4月提名)
党组书记　周浩明(至4月)
周文栋(4月任)
副主任(副局长)
张克平　(党组副书记,至3月)
陈晓华(至3月)
吴建平
华解语(女,7月任)
黄丽侠(女)
戴可为
卢　益(7月任)
张国斌(7月任)
王荣明(5月任)
陈荣明(6月任)
纪检组长　惠增一(至3月)
市教育局(市委教育工作委员会)
局　长　唐加俊
副局长　许兴城(至4月)
符菊成
许　敏
陈　曦
吴洵如(女)
市委教育工委书记　唐加俊
市委教育工委副书记　符菊成(9月任)
市委教育纪工委书记　边静玉(女,至3月)
市政府教育督导室
主任督学　施正洲
副主任督学　冯益民
市科学技术局(市知识产权局)
局长、党组书记　吴建亮(至3月)
孙海东(3月任)
副局长　王　浩
赵建平
黄晓珊(女)
徐重远(女)
市公安局
党委书记、局长、督察长　谢晓军
党委副书记　龚清荣
张　轩
副局长　龚清荣
张　轩
缪小展
盛卫中
陶苏根(至4月)
周爱明(至3月)
薛俊仁
施冬冬(4月任)
纪委书记　田世杰(至3月)
政治部主任　周爱明(全3月)
胡　晓(3月任)
市维护稳定工作领导小组办公室(设在市公安局,2017年7月更名为市委维护稳定工作领导小组办公室)
主　任　龚清荣(兼)
副主任　华逸锋
胡　晓(至3月)
阳洪昕(8月任)
市监察局(与市纪委合署办公)
局　长　许　峰(至8月)
副局长　许麟秋(至3月)
李　晓(9月任)
李勇忠(9月任)
市民政局
党委书记、局长　刘　玲(女,至3月)
葛恒显(3月任)
党委副书记　严健媛(女,9月任)
副局长　马益宝
钱晓东
严健媛(女,至9月)
韩富才
马　剑(12月任)
纪委书记　尹小燕(女,至3月)
市司法局
局长、党组书记　杨智敏
副局长　沈仲良
张丽霞(女,至3月)
刘益良
纪检组长　张维新(至3月)
市财政局
局长、党组书记　高圣华
副局长　赵　鞠(女,至3月)
陈安新
孙文华
蒋晓鸣
杨百海(5月任)
纪检组长　俞　云(至3月)
市人力资源和社会保障局(市外国专家局)
局　长　周文栋(至4月)
吴春林(4月提名)
党委书记　周文栋(至4月)
吴春林(4月任)
党委副书记　杨乔良
副局长　杨乔良
徐炯明(至9月)
林小异
顾学年
常亚敏
包晓东
市环境保护局
局长、党组书记　葛恒显(至3月)
任　栋(3月任)
副局长　王晓栋
李秋宇
陈建平(女,至6月)
任　栋(至3月)
周　山
高小萍(女,6月任)
纪检组长　杨　铭(至3月)
市住房和城乡建设局(市建筑工程管理局)
党委书记、局长　包　鸣(3月任)
党委副书记　任金富(9月任)
副局长　朱秋荣(至12月)
任金富(至9月)
王　达
荣福民
范　伟
周锡良
邵崇浴
何跃平

纪委书记　葛坚松（至3月）

市交通运输局

党委书记、局长　夏正兴
党委副书记　尹南方(9月任)
副局长　宋良栋
　　尹南方(至9月)
　　许青凯
　　丁满琪
　　刘永强
　　徐锡良
　　陈　东(兼,8月任)
纪委书记　许树生(至3月)

市水利局

局长、党组书记　张海泉(3月任)
副局长　季永东(至12月)
　　缪学军
　　邹永明
　　兰秀凯(11月任)
总工程师　金雪林

市农业委员会(市林业局)

主任(局长)　高　佩
党组书记　高　佩(6月任)
副主任(副局长)　吴伯荣(兼)
　　(党组副书记,兼)
　　巫亚东
　　何丽梅(女)
　　赵中兴
　　李　岩
纪检组长　韩朝晨(至3月)

市商务局(市口岸办公室)

局长(主任)、党组书记　汪　行
副局长(副主任)　邓泉明
　　(至6月)
　　宗继芳(女)
　　袁开坤
　　石松哲
　　蒋　波
　　陈秀峰
纪检组长　王新伟(至3月)

市文化广电新闻出版局(市版权局、市文化遗产局)

局长、党组书记　杨福良
副局长　贺　军(至12月)
　　高　燕(女)
　　宗　翡(女)
　　过　丹
　　过旭明
纪检组长　王海平(至3月)

市卫生和计划生育委员会

党委书记(主任)　谢寿坤
党委副书记　张文伟
副主任　韩晓枫
　　杭兰生
　　张卫阳(至11月)
　　杨如年
　　胡建伟(至12月)
　　笪学荣

市工商行政管理局

局长、党组书记　邵鹤鸣
副局长　盛小伟(至12月)
　　苏益玲(女)
　　张　贤(女)
　　邹伟明(5月任)
纪检组长　张一明(至3月)

市质量技术监督局

局长、党组书记　吴建亮(3月任)
副局长　朱小元(党组副书记,至8月)
　　胡　宏
　　周建辉
　　夏一明
　　于文霞(女)
纪检组长　丁　军(至3月)

市食品药品监督管理局

局　长、党组书记　许伟英(女)
副局长　丁玉萍(女)
　　凌晓霖
　　庄　志
　　胡　勇(12月任)

市审计局

局长、党组书记　刘燕萍(女)
副局长　谢浩峻
　　潘海刚
　　龚备英(女,5月任)
　　唐盈洁(女,9月任)

市规划局

局长、党组书记　郑　强(3月任)
副局长　尤志斌
　　任　颐
　　徐丽华(女)
　　杨尔怡
总工程师　郑　强(至3月)
纪检组长　蒋国新(至3月)

市市政和园林局

局长、党组副书记　吴燕敏
党组书记　李镇国
副局长　张　剑
　　徐炳香
　　孙晓鹏(6月任)
　　王兰兰(女,12月任)

市城市管理局（市城市管理行政执法局）

局长、党组书记　周立军
副局长　程海华(至3月)
　　周　炜
　　陶苏根(4月任,至11月)
　　周　峰
　　陈忠明(5月任)
　　张跃跃(12月任)
纪检组长　贾传华(至3月)

市统计局

局　长　吴红星
党组书记　钮素芬(女)
副局长　周建平
　　邹海峰
　　杨晋超

市安全生产监督管理局

局长、党组书记　周爱明(3月任)
副局长　朱明伟
　　钱志伟
　　陈跃华
　　吴伟君(至2月)
　　徐孝力
　　胡才鸿(9月任)

市粮食局

党委书记、局长　张海泉(至3月)
　　周学东(3月任)
党委副书记　陈　熹(9月任)
副局长　黄燕萍(女,至8月)
　　陈　熹(9月任)
　　马　骏
　　薛　钦
　　吴莉萍(女,12月任)
纪委书记　周　鸣(至3月)

市体育局

局长、党组书记　黄浩然
副局长　汪克强
　　张振华
　　杨宇华
　　李海红(11月任)
纪检组长　钱文豪(至3月)

市物价局[价格检查局(价格举报中心)]

局长、党组书记　张克平(3月任)
副局长　钱　夏(女)
　　王生强
　　徐　叶(女)
纪检组长　蔡吉生(至3月)
价格检查局(价格举报中心)局长(主　任)　李维一

市旅游局

党委书记、局长　蒋蕴洁(女)
副局长　汤建华
　　柳永红
　　杨建国
纪委书记　张兆平(至3月)

市民防局(市人民防空办公室)

局长(主任)、党组书记　薛建良(4月任)
副局长(副主任)　蒋仁宝

朱　俊(3月任)
胡建军(9月任)
胡建人(11月任)
纪检组长　卞中群(至3月)

市政府外事办公室（市政府港澳事务办公室）

主任、党组书记　陈明辉
副主任　许睿煜
赵　明(至11月)
詹　熠
叶　净(女,12月任)

市政府侨务办公室

主任、党组书记　何巧凤(女)
党组副书记　吕勤彬(兼,3月任)
副主任　包金明
吴象忠
章叶春(9月任)

市政府法制办公室

主任、党组书记　蒋　飞(3月任)
副主任　栾海港
魏晓晗(女,12月任)

市机关事务管理局

局长、党组书记　许立新
副局长　冯晓明
武云超
张牧原(5月任)

市民族宗教事务局

局长、党组书记　吴　涛
副局长　何　鸣
张慧东
刘　列(女,12月任)

市政府国有资产监督管理委员会

党委书记、主任　许　可(3月任)
副主任　沈宁宁(党委副书记,至12月)
周　燕(女)
叶再熙(12月任)
纪委书记　方中伟(至3月)
市属国有企业外派监事会主席
潘彬宾(12月任)

市政务服务管理办公室（市政务服务中心）(2017年6月撤销市政务服务管理办公室，设立市行政审批局，挂市政务服务管理办公室、市政务服务中心牌子)

党组书记　顾　伟(6月任)
副主任　孙　伟
陈　波
包松林
夏慎洁(女,9月任)
黄伟祥(12月任)
纪检组长　李文波(至3月)

市太湖水污染防治办公室

主任、党组书记　顾　岗
副主任　权　辉
丁建清

市供销合作总社

主　任　吴满良
党委书记　吴满良(6月任)
副主任　王　镇
韩家武(11月任)
徐　婧(女,12月任)
纪委书记　车文君(至3月)

市接待办公室（2017年11月调整为市委办公室挂牌机构)

主　任、党组书记　刘葱葱(女)
副主任　祁志平(至12月)
朱　敏
王　续

市史志办公室

主　任、党组书记　许建军
副主任　郭　明(至12月)
盛　铁
接玉松
顾必成(9月任)

市档案局(市档案馆)

局(馆)长　钱中益
副局(馆)长　徐　杰
徐俊文
闫东影(女,12月任)

市政府驻北京联络处

主　任　吴　彧
副主任　丁　丽(女)

市政府驻南京办事处

主　任　刘葱葱(女,兼)
副主任　徐建邦(至12月)

市政府金融工作办公室(2017年11月调整为市政府工作部门)

主　任　王　维
副主任　鲁振平(至9月)
徐耀峰

市地震局

局长、党组书记　薛建良(至4月)
副局长　李晓红
张　敏

市农业机械局

局长、党组书记　吴伯荣
副局长　叶红谏
陈　松

无锡市公共工程建设中心（市城市重点工程建设办公室)

党委书记、主任　俞　臻(女)
党委副书记　陆　骏(女)
副主任　陆国平

市轨道交通规划建设领导小组（指挥部)办公室

主　任　席永清(兼,至5月)
常务副主任　徐　政
副主任　陆春晓
张　军

无锡广播电视集团(无锡广播电视台)

党委书记、总裁(台长)　郭　王
(6月任)
党委副书记　郭　王(至6月)
副总裁(副台长)　张　军(女)
赵　波
陈　宏
王　凡(女)
总编辑　郭　王
副总编辑　张　军(女)
赵　波
总会计师　周俊清
纪委书记　陈锡初

政协无锡市委员会

主　席　周敏炜(党组书记)
党组副书记　叶勤良(3月任)
副主席　叶勤良(2月任)
张丽霞(女)
吴仲林(2月任)
丁旭初(2月任)
刘　玲(女,2月任)
金元兴(2月任)
高　慧(女,2月任)
韩晓枫(2月任)
蔡捷敏(至2月)
孙志亮(至2月)
章一中(至2月)
蒋伟坚(至2月)
蒋　达(至2月)
秘书长　顾　韬(至2月)
王鸿涌(2月任)
副秘书长　刘　翔(女)
许建樟
王　晋(女,兼)
皮何总(兼)
王　萍(女,兼,3月提名)
惠　莲(女,兼,3月提名)
汤忠元(兼)
任克奇(兼)
王海宝(兼)

市政协办公室

主　任　吕益华
副主任　周　彦(女)
邱亚君
于洪钟(11月任)

市政协研究室

主　任　范春虎

副主任　汤亚宾

市政协提案委员会

主　任　褚一波

副主任　蒋家举(至12月)

吴红星(兼,至3月)

洪　雅(女,兼,至3月)

邵　峰(兼,至3月)

施正洲(兼,3月提名)

宋良栋(兼)

胡建光(兼,3月提名)

王　健(兼,3月提名)

市政协经济科技委员会

主　任　唐家梁

副主任　胡　蕙(女)

苏益民(兼,至3月)

刘燕萍(女,兼,至3月)

汪　行(兼,至3月)

张　健(兼,至3月)

刘玉海(兼,至3月)

陈晓华(兼,3月提名)

徐重远(女,兼)

赵　鞠(女,兼,3月提名)

何丽梅(女,兼,3月提名)

张晓耕(兼,3月提名)

市政协人口资源环境城乡建设委员会

主　任　陆　檬

副主任　夏维平

张　琦(兼,至3月)

方毅军(兼,至3月)

邵崇浴(兼)

卢　益(兼,3月提名)

周　炜(兼,3月提名)

周乙新(兼)

赵　民(兼,3月提名)

市政协文教卫体委员会

主　任　王珍珍(女)

副主任　任英齐

黄浩然(兼,至3月)

过　丹(兼)

吴洵如(兼,女,3月提名)

施正洲(兼,至3月)

胡建伟(兼)

李晓红(兼,至3月)

张振华(兼,3月提名)

殷兰青(兼,女,3月提名)

市政协社会法制委员会

主　任　魏持红

副主任　张艺明(至12月)

刘　翔(女,兼,至3月)

张　轩(兼)

杨乔良(兼,3月提名)

王党民(兼,女,3月提名)

高建强(兼,至3月)

邹立群(兼,3月提名)

卢　敏(兼,女,3月提名)

陈　奕(女,兼,至3月)

市政协学习文史委员会

主　任　周艳阳

副主任　袁彬彬(女)

谭　军(兼,3月提名)

吴竹频(兼,3月提名)

陈　奕(兼,女,3月提名)

张　军(兼,女,3月提名)

许　扬(兼,3月提名)

郭　王(兼,至3月)

毛　晨(兼,至3月)

刘基平(兼,至3月)

李　波(女,兼,至3月)

市政协港澳台侨外事民族宗教委员会

主　任　冯　雷

副主任　王观华

相　江(兼)

何巧凤(女,兼)

吴　涛(兼,3月提名)

赵　明(兼,3月提名)

韩晓枫(兼,至3月)

赵　静(女,兼,至3月)

市政协委员工作委员会

主　任　王友根

副主任　王忆平

市政协机关行政管理处

处　长　葛晓霞(女)

无锡市中级人民法院

院长、党组书记　时永才

副院长　金　飚(党组副书记)

赵建聪

顾铮铮(女)

弓建明

政治部主任　邹霞虹(女)

审判委员会专职委员　陈靖宇

徐振华

执行局局长　周建(至5月)

邱必友(5月任)

无锡市人民检察院

检察长、党组书记　蒋永良(至1月)

俞波涛(1月任)

副检察长　李乐平(党组副书记)

蒋伟平(女)

何洪辉

张　媛(女)

政治部主任　王　卫

检察委员会专职委员　顾　甦

李勇忠

(至9月)

中共无锡市纪律检查委员会(与市监察局合署办公)

书　记　王唤春

副书记　许　峰(至8月)

刘葱葱(女,12月任)

孙　英(女)

方　力

常　委　许麟秋(至3月)

钱　群(女)

陈　熹(至9月)

程　波(至9月)

李　晓

李勇忠(9月任)

市委巡察工作办公室

主　任　许麟秋(至3月)

钱　群(女,5月任)

副主任　徐俊友

杨成富(9月任)

人民团体·民主党派

无锡市总工会

主　席　陈德荣

副主席　管海燕(女,党组书记)

王党民(女)

周国祥

施宇星(9月任)

纪检组长

胡君松(至3月)

共青团无锡市委员会

书记、党组书记　周子川(至12月)

俞政业(12月任)

副书记　马　剑(至12月)

吴莉萍(女,至12月)

俞政业(至12月)

周卫国(12月任)

朱晓峰(12月任)

周凌晶(挂职,女,12月任)

唐忠宝(兼,12月任)

朱　虹(兼,女,12月任)

纪检组长　马　剑(至3月)

无锡市妇女联合会

主席、党组书记　夏晓春(女)

副主席　王　健(女)

陈锡云(女)

杭向丽(女)

无锡市科学技术协会
主　席　金征宇(兼)
党组书记　陈晓华(3月任)
副主席　陈晓华(3月任)
　　陆伟中
　　姚沛声(6月任)
　　袁禄来(12月任)
　　钱俊方(至12月)
　　周　方(女,至5月)
　　陈　曦(兼)
　　何丽梅(女,兼)
　　金秋萍(女,兼)
　　赵　阳(兼)

无锡市归国华侨联合会
主　席　吕勤彬(3月任)
副主席　张　筠(女)
　　韩晓枫(兼,至12月)
　　钱丽忠(女,兼,至12月)
　　许晓椿(兼,至12月)
　　包晓东(兼,12月提名)
　　尹　健(兼,12月提名)

无锡市文学艺术界联合会
主　席　金元兴
党组书记　陆惠玲(女)
副主席　董　晓
　　过旭明(兼)
　　刘仲宝(兼)
　　许益民(兼)
　　梁　元(兼)
　　曹建平(兼)

无锡市哲学社会科学界联合会
主席、党组书记　李祖坤(至3月)
　　许麟秋(3月任)
副主席　王铭涛
　　王海宝(兼)
　　韩　宁(女,兼)
　　李伟刚(兼)
　　谭　军(兼)
　　符惠明(兼)

无锡市残疾人联合会
理事长、党组书记　金卓青(女,3月任)
副理事长　王　元
　　朱永彬
　　徐　斌
　　韩庆东(兼)

无锡市工商业联合会
主　席　周海江(兼)
党组书记　钱文琴(女,3月任)
副主席　钱文琴(女)
　　王海宝
　　窦　林
　　俞　波
　　于建军(11月提名)
　　吴建平
　　(兼,2016年12月提名)
　　徐重远
　　(女,兼,2016年12月提名)
　　盛小伟
　　(兼,2016年12月提名)
　　张　健(兼)
　　周　江(兼)
　　温秀芳(女,兼)
　　蒋东良(兼)
　　龚育才(兼)
　　高岳峰(兼)
　　赵正红(女,兼)
　　严　奇(兼)
　　刘海涛
　　(兼,2016年12月提名)
　　孙银龙
　　(兼,2016年12月提名)
　　李洪耀
　　(兼,2016年12月提名)
　　王新潮
　　(兼,2016年12月提名)
　　蒋锡培
　　(兼,2016年12月提名)
　　张庆卿
　　(兼,2016年12月提名)
　　冯建昌
　　(兼,2016年12月提名)
　　曹洪海
　　(兼,2016年12月提名)
　　段　涛
　　(兼,2016年12月提名)

中国国际贸促会无锡市支会
会长、党组书记　徐惠娟(女)
副会长　金孟安(至8月)
　　龚智杰(12月任)
纪检组长　杨晓锋(至3月)

无锡市红十字会
会　长　华博雅(女,兼,至1月)
　　曹锡荣(兼,1月提名)
党组书记、常务副会长　殷兰青(女)
专职副会长　冯淑静(女)

中国国民党革命委员会无锡市委员会
主　委　张丽霞(女,兼)
副主委　张　筠(女,兼)
　　王　晋(女)
　　姜　科(兼)
　　徐　雯(女,兼)

中国民主同盟无锡市委员会
主　委　高亚光(女,兼)
副主委　皮何总
　　何丽梅(女,兼)
　　洪　雅(女,兼)
　　崔荣荣(兼)

中国民主建国会无锡市委员会
主　委　华博雅(女,兼)
副主委　许建樟(兼)
　　毛加弘(女,兼)
　　王　萍(女)
　　冼　薇(女,兼)
　　陈卫宏(兼)

中国民主促进会无锡市委员会
主　委　金元兴(兼)
副主委　杨瑞金(兼)
　　吴国平(兼)
　　惠　莲(女)
　　康立为(兼)

中国农工民主党无锡市委员会
主　委　韩晓枫(兼)
副主委　汤忠元
　　唐家梁(兼)
　　张　琦(兼)
　　夏加增(兼)

中国致公党无锡市委员会
主　委　高　慧(女)
副主委　吴红星(兼)
　　王晓刚(兼)
　　江　波(兼)
　　龚备英(女,兼)

九三学社无锡市委员会
主　委　程　红(女,兼)
副主委　任克奇
　　唐　红(女,兼)
　　陈凤军(兼)
　　何云彪(兼)
　　李　崎(女,兼)

无锡军分区

司令员　叶少军
政　委　柳江南

中央、省直属部门和外地主要驻无锡机构

中国人民银行无锡市中心支行
党委书记、行长　何敏峰(女)
副行长　惠　娟(女)
　　张先忧(至5月)
　　黄　华
　　朱　敏(11月任)
纪委书记　郭林宽

中国银行股份有限公司无锡分行
党委书记、行长　程　祥(至9月)
　　陈新宏(9月任)
副行长　李　扬

张晓明
崔时松
何晓明(女)
纪委书记　杜承宇(女,至8月)
颜志宏(9月任)

中国建设银行股份有限公司无锡分行
党委书记、行长　吴荣明
党委副书记　张　晶
副行长　张　晶
徐海峰
纪委书记　沈卫兴
合规官　胡　克
工会主任　肖银峰

中国农业银行无锡分行
党委书记、行长　陈杏梅(女,)
党委副书记、副行长　陆　铁
(兼任纪委书记)
副行长　吴永东(兼纪委书记)
狄晓东
周学军
黄黎琴(女)

中国工商银行无锡分行
党委书记、行长　周　刚
党委副书记　谢晓东
副行长　陈晓春
戴　峰(女)
戴　政
朱伊民
蒋晓青(女)
蒋　俊
纪委书记　谢晓东

交通银行无锡分行
党委书记、行长　杨文胜
副行长　廉伟红(女,兼纪委书记)
朱寿海(至8月)
盛金才
高　干

中国农业发展银行无锡市分行
党委书记、行长　陶　勇
副行长　王建春
许　晔(女)

江苏银行股份有限公司无锡分行
党委书记、行长　杨　凯(至5月)
王卫兵(5月任)
副行长　金建明
徐　吉(兼任纪委书记)
钱若枫(女)
丁宗红(至5月)

中国人民财产保险公司无锡分公司
总经理　尤力人
副总经理　彭　军(兼任纪委书记)
罗蔚文(女,至2月)
吴晓羚(女)
朱　勇
黄建新(8月任)
总经理助理　唐志明(8月任)

中国人寿保险股份有限公司无锡市分公司
党委书记、总经理　张建平
副总经理　季芯宇
张　嵘(兼纪委书记)
周　明
总经理助理　陈　波
顾立新(至12月)
黄奕辉(12月任)

无锡市国土资源局
党委书记、局长　吴春林(5月免)
席永清(5月任)
副局长　杨武亮
马卫明
陈　艳(女)
黄朝奎(1月任)
纪委书记　李安国

无锡海关
关长、党组书记　李亚萍(女)
副关长　宋　平
汪莹晖(女,至5月)
罗相海
郭　健

无锡出入境检验检疫局
局长、党组书记　张　汀(至4月)
副局长　张　勇
李百胜
陶伟东
党组成员　张　勇
李百胜
田林辉
陶伟东

无锡市国家税务局
局长、党组书记　江武峰
副局长　曹建伟
成尔方
朱晋达
陈　熙
总经济师　曹国平
总会计师　吕　超
纪检组长　徐　军

无锡市国家安全局
党委书记、局长　冯进良

无锡市烟草专卖局(江苏省烟草公司无锡市分公司)
局长、经理、党组书记　杨思藻
(至7月)
廉　文
(7月任)
副局长　范光耀
副经理　王旭明
纪检组长　刘仲凡

无锡市气象局
局长、党组书记　史巧华(女,至7月)
解令运(7月任)
副局长　马志强
纪检组长　朱　玮(女)

江苏省水文水资源勘测局无锡分局
局　长　洪国喜
副局长　沈顺中
吴朝明
赵家福

江苏省无锡地方税务局
局长、党组书记　丁　源
副局长　胡建光
王晓东
总经济师　严　郓
总会计师　李　青
纪检组长　邵　云(至12月)
蔡莉萍(12月任)

国网江苏省电力公司无锡供电公司
党委书记　朱　斌(兼副总经理)
总经理　吴浩然
(兼党委副书记,至12月)
唐建清(12月任)
副总经理　顾志强(2月任)
顾水福
丁建忠
纪委书记　夏伟文(至2月)
黄峻岭(2月任)
工会主席　张东旭

中国电信股份有限公司无锡分公司
党委书记、总经理　张华林
副总经理　邹易风(兼任工会主席)
金　红(女)
孙晓健
蒋　芃
夏　杰(2月任)

中国邮政集团公司无锡市分公司
党委书记、总经理　莫志坚
副总经理　柳高远
(兼纪委书记、工会主席)
张志慧

无锡市盐务管理局
局　长　万泽湘
副局长　张惠民(至5月)
陈长锋(5月任)

说明:该名单反映的是2017年1~12月无锡市县(处)级以上领导人员任职情况。姓名后括号内为该同志兼职、年内职务变动等情况。

(市委组织部)

编辑　邵文凯

综　述

【概况】 2017年，中共无锡市委总揽全局、协调各方，团结和带领全市人民，以迎接中共十九大召开、学习贯彻中共十九大精神为强大动力，认真落实中央和省委、省政府决策部署，围绕高水平全面建成小康社会、建设"强富美高"新无锡的发展目标，坚持稳中求进工作总基调，积极践行新发展理念，坚定实施"六大发展战略"(创新驱动核心战略、产业强市主导战略、全面开放战略、新型城镇化和城乡发展一体化战略、可持续发展战略、民生共建共享战略)，统筹推进"五位一体"(经济建设、政治建设、文化建设、社会建设、生态文明建设)总体布局，协调推进"四个全面"(全面建成小康社会、全面深化改革、全面依法治国、全面从严治党)战略布局，埋头苦干、攻坚克难，经济社会和党的建设各项工作取得新成效。

(丁祥建)

【产业强市成效显著】 2017年，无锡市实施产业强市主导战略，加强产业政策体系和工作体系建设，全市经济呈现稳中有进、进中提质的良好态势。14个主要经济指标中有9个指标增速超过全省平均水平，主要经济指标增速摆脱"十一五"以来持续下滑、在全省整体靠后、部分垫底的局面，其中规模以上工业总产值15861.19亿元、比上年增长16.8%，实现增加值3382.77亿元、比上年增长8.6%，13年来首次超过全省平均水平、列苏南第一，7年来首次超过GDP增速；全年实现社会消费品零售总额3458.04亿元、比上年增长10.9%，增速10年来首次超过全省平均水平、列苏南第一。稳步提升实体经济质效，全市规模以上工业企业实现利润1040.43亿元、比上年增长13.7%，6年来再次超过千亿元；全市营业收入超百亿元的工业企业28家，占全省总数的20%以上，海澜集团营业收入超千亿元、实现全市超千亿集团零的突破，阳光集团成为全省首家获"中国质量奖"称号的企业。引进新签约投资超10亿元重大项目44个，其中投资300亿元以上项目3个、投资100亿元~300亿元项目10个，引进迄今为止无锡历史上单体投资规模最大、总投资100亿美元以上的华虹无锡集成电路研发和制造基地项目，总投资86亿美元的SK海力士二工厂项目。优化产业结构，实施以物联网为龙头的新一代信息技术产业、智能制造、现代服务业提质增效三年行动计划，全市高新技术产业产值6716.35亿元、比上年增长17.29%，占规模以上工业总产值比重42.34%；鸿山、雪浪、慧海湾物联网小镇启动规划建设，集聚物联网相关企业超2000家，物联网产业营业收入增长18%；实施270个智能化改造项目，建成国家级智能制造试点示范企业总数全省领先；服务业占经济总量比重51.5%，9家企业入围2017中国服务业企业500强，占全省入围总数的31%。

(丁祥建)

【创新水平】 2017年，无锡市坚持把发展的基点放在创新上，坚定实施创新驱动核心战略，扎实推进苏南国家自主创新示范区建设，加快构建以市场为导向、企业为主体、高校院所为支撑的产业科技创新体系，提升自主创新能力，全社会的创新活力和动力得到有效激发。全社会研发投入占地区生产总值比重2.86%，企业研发经费占销售收入比例1.75%，科技进步贡献率63.5%，万人发明专利拥有量35.1件，均保持全省领先水平。发挥企业创新主体作用，实施创新型企业培育计划和科技"小巨人"企业培育计划，全市110家企业研发机构入选"江苏省重点企业研发机构"、列全省第二；2017年新增省级科技小巨人企业4家，全市高新技术企业总数1669家；科技创业领军人才企业应税销售收入414.6亿元、比上年增长59%，销售收入超亿元和超千万元的企业分别为29家和192家。推动产学研深度融合，至2017年年底，全市企业与140多家高校院所建立校企联盟910家，建设产学研合作新型研发机构21家、院士工作站139

家，累计建成省级以上工程技术研究中心526家、其中国家级6家；2017年，全市企业和科研院所获国家科技进步奖和技术发明奖10项。实施“太湖人才计划”升级版，设立规模各为1亿元的太湖人才信保基金和科技成果转化基金，加快完善孵化育成体系，全年新增新兴产业领军人才55名，新增高技能人才16661人，累计建成省级以上科技企业孵化器46家，累计建成国家级众创空间15家、省级众创空间36家。

（丁祥建）

【改革开放】 2017年，无锡市坚持以供给侧结构性改革为主线，落实“三去一降一补”（去产能、去库存、去杠杆，降成本，补短板）任务，累计化解钢铁过剩产能290万吨，关停落后化工产能企业275家，粗钢、水泥产量较近年同期最高点下降32%、16%；市区非住宅商品房库存减少19.35万平方米，房地产市场总体稳定健康；不良贷款余额和不良贷款率连续4年实现“双下降”，不良贷款率下降到1.20%，由全省最高降至第十位，5年内首次低于全省平均水平；全年实际降低实体经济各类成本超过270亿元，为中小企业提供转贷应急资金超过100亿元。深化“放管服”改革，制定出台《关于深化行政审批制度改革加快简政放权激发市场活力的实施意见》，开展相对集中行政许可权和承担行政职能事业单位改革试点，在苏南地区率先成立设区市行政审批局，江阴县级集成改革省级试点工作有序推进，全年全市新登记内资企业数量和注册资本金额分别增长21.5%、13.5%。出台《无锡市全面深化国有企业改革的实施意见》等政策文件，组建无锡市国发资本运营公司，对城建类国企重组整合，全年发展混合所有制项目55个。抓好金融体制改革，全国首家物联网大宗商品交易中心、互联网金融资产交易中心营业。深化农村综合改革，加快农村土地确权颁证步伐，全市累计386个村颁发权证，345个村完成县级验收，分别占应确权村数的96%和86%；推进农村产权交易市场建设，全市累计53个镇级产权交易服务中心建成运行。抢抓“一带一路”、长江经济带等国家重大战略机遇，推进新一轮全面对外开放，全年实现对外贸易进出口总额812.53亿美元、出口总额495.2亿美元，比上年分别增长16.4%和15.4%，一般贸易出口比重超过50%，完成到位注册外资36.75亿美元、增长7.7%，其中制造业占比60%，引进3000万美元以上重大外资项目48个，签约一批高质量投资项目；支持企业以增强核心竞争力为目标“走出去”，推进红豆集团柬埔寨西哈努克港经济特区等一批重点项目建设，无锡一棉埃塞俄比亚纺织生产基地项目正式签约；推动开发区转型发展，加快开发区功能性园区建设，省级特色产业园增加至18家、居全省第二；强化口岸功能建设，苏南（硕放）国际机场通航城市56个，其中国际（地区）航点20个，全年旅客吞吐量668万人次、增长20.2%，货邮吞吐量10.75万吨、增长12.1%，无锡（江阴）港货物吞吐量首次突破2亿吨。

（丁祥建）

【城乡区域协调发展】 2017年，无锡市实施新型城镇化和城乡发展一体化战略，被评为内地宜居城市第一名，获“江苏省优秀管理城市”称号。加快推进重大基础设施建设，全市高速公路建设打破10年停滞期，同时在建苏锡常南部高速、常宜高速、宜长高速公路，同时在建地铁1号线南延线、3号线、4号线，蠡湖大道快速化改造主线、建筑路、运河西路等15个重点道桥项目全面建成，交通基础设施投资总额超百亿元。加快建设智慧城市、海绵城市，成为全国首个高标准全光网城市，入选省级海绵城市建设试点。推动老城区更新改造，市区完成65万平方米棚户区和217万平方米旧住宅区整治改造任务，60个城中村完成整治改造。深化新型城镇化试点，户籍管理、医疗和大病保险、居民基本养老保险、特困人员供养标准基本实现城乡一体化。实施城乡发展一体化示范镇和美丽乡村建设，新增全国“一村一品”示范村镇1个、中国美丽乡村2个、中国特色小镇3个，入选省级特色小镇6个，入选省首批旅游风情小镇创建名录6个。推进经济薄弱村脱困转化，40个集体收入200万元以下经济薄弱村实现脱困转化。加快现代农业发展步伐，锡山现代农业产业园获批创建国家现代农业产业园，省、市级农业龙头企业分别新增5家、24家，农业综合机械化水平91%、继续位居全省首位。

（丁祥建）

【生态环境建设】 2017年，无锡市践行“绿水青山就是金山银山”的理念，实施可持续发展战略，被评为首批“国家生态文明建设示范市”。开展“263”（减少煤炭消费总量和减少落后化工产能，重点治理太湖水环境、生活垃圾、黑臭水体、畜禽养殖污染、挥发性有机物污染和环境隐患，提升生态保护水平、提升环境经济政策调控水平和提升环境监管执法水平）专项行动，制定出台11个专项行动工作方案和年度工作计划，强化组织推进、督察考核、问责追责，完成重点工程（措施）1308个，减煤累计完成煤炭削减量109.1万吨，减化累计完成“四个一批”（关停一批、搬迁一批、升级一批、重组一批）企业383家，186个治理太湖水工程项目全部完成，主城区生活污水集中处理率95%以上，围网养殖面积签订削减协议35.67公顷，关闭禁养区内养殖场117家。统筹推进水污染治理、水环境改善、水生态修复，全市5635条村级以上河道全部实现河长制管理，全市45个国、省考核断面优于Ⅲ类水质比例比上年提高20个百分点，161条重点河道水质稳步改善，重点水功能区水质达标率提高到87%，7个主要饮用水源地水质全部达到国家和省考核要求，自然湿地保护率50%，太湖无锡水域水质总体向好，连续10年安全度夏。积极推进产业结构和能源结构调整、燃煤锅炉和工业窑炉整治、机动车船尾气防治等十大类267个大气治理重点工程项目，PM2.5浓度较2016年下降15.9%，优良天数比例68.2%。修编完成《生态文明建设规划（2016~2020）》，出台实施《提升生态保护水平专项行动工作方案》，积极推进太湖生态保护圈、江阴长江生态安全带、宜兴生态保护引领区建设，加快完善生态空间管控体系。制定出台《关于完善生态补偿政策的意见》，促进生态补偿工作规范化、制度化、法治化，市区全年累计落实生态补偿资金6982万元，完成排污权有偿使用和交易试点金额

1526万元。

（丁祥建）

【民生事业】 2017年，无锡市全体居民人均可支配收入46453元、比上年增长8.6%，城镇常住居民人均可支配收入52659元、比上年增长8.3%，农村常住居民人均可支配收入28358元、比上年增长8.4%，增幅均高于上年度并高于GDP增幅，其中农村居民收入增速连续5年高于城镇居民。全年新增城镇就业15.37万人，城镇登记失业率1.83%、保持全省最低。社会保险净增缴费8.42万人、为5年来社会保险扩面最好一年，企业退休人员养老待遇提高6.57%。市区低保标准提高到820元/月，在全省率先出台特困家庭深度救助办法，临时救助标准全省第一。投入13.6亿元实施义务教育改造薄弱项目，80个项目获省教学成果奖，江南大学两个学科入选国家“世界一流”建设学科，南京信息工程大学滨江学院无锡校区开工建设。分级诊疗模式逐步成型，个人卫生支出占卫生总费用比例控制在30%以下。在全省率先出台《关于进一步做好居家养老服务工作的意见》，养老护埋岗位入职奖励标准省内第一。在全国率先推出“反信息网络诈骗平台”，公众安全感继续保持全省第一，获全国社会治安综合治理领域最高荣誉“长安杯”称号。在全省地级市中率先出台《无锡市安全生产条例》，建立健全安全生产长效机制；扎实做好食品药品、交通消防等其他安全工作，江阴市和宜兴市被评为首批“江苏省食品安全示范市”。

（丁祥建）

【党的建设】 2017年，无锡市把加强党的政治建设摆在首位。坚持思想建党、纪律强党、制度治党同向发力，在加强思想教育、端正用人导向、严明纪律规矩、严格组织生活、解决实际问题上下工夫，严格执行《关于新形势下党内政治生活的若干准则》和民主集中制，认真落实《中国共产党地方委员会工作条例》和《中国共产党党组工作条例》，推动党员干部认真学习习近平新时代中国特色社会主义思想，牢固树立“四个意识”（政治意识、大局意识、核心意识、看齐意识），始终在思想上、政治上、行动上同以习近平同志为核心的党中央保持高度一致。推进“两学一做”（学党章党规、学习习近平总书记系列讲话，做合格党员）学习教育常态化制度化，制定出台《关于推进“两学一做”学习教育常态化制度化的实施方案》和《市委常委会“两学一做”学习教育年度工作安排》等措施，严格落实“三会一课”（支部党员大会、党支部委员会、党小组会，按时上好党课）、组织生活会、民主评议党员等制度，加强督促检查和典型引领，吴协恩、周海江、王俊入选全省“两学一做”先进典型“群英谱”。坚持党管干部原则，统筹用好各类干部资源，贯彻落实江苏省委“789”（培养选拔一批“70后”厅级干部、“80后”处级干部、“90后”乡科级干部）青年干部培养计划。首次对市管领导干部评优激励，10月13日，市委、市政府印发《在领导干部经济责任审计中建立容错纠错机制的办法》等文件，营造勇作为、敢担当良好氛围。健全基层党建领导机制和考核体系，落实“书记抓党建”主体职责，实施基层党建“雁阵计划”，全面推行基层党建“书记项目”和国企党建“强基提质”工程，促进基层组织全面进步全面过硬。深化党风廉政建设和反腐败工作，严格落实中央“八项规定”精神和省委、市委“十项规定”要求，驰而不息查纠“四风”（形式主义、官僚主义、享乐主义和奢靡之风），坚决查处违纪违法案件，稳步推进监察体制改革试点工作，在省内率先完成市级派驻机构和巡察全覆盖。认真抓好党管武装工作，支持和保障驻无锡部队履行职责，依法依规支持和协助驻无锡部队落实全面停止有偿服务工作，深入推进军民融合深度发展，积极争创全国首批军民融合创新示范区。

（丁祥建）

中共无锡市委常委分工

省委常委、市委书记　李小敏

主持市委全面工作。分管人大、政协工作，纪委工作，干部工作。

市委常委、市长　汪　泉

主持市政府全面工作。分管经济发展工作，机构、编制、外事工作，人民武装委员会工作。

市委常委、市委副书记、梁溪区委书记　徐　劼

主持梁溪区委全面工作。主要协助书记抓党的建设工作，具体负责市委党的建设工作领导小组的工作。分管农业和农村工作，党校工作。

市委常委、常务副市长　黄　钦

负责市政府常务工作。

市委常委、组织部部长　周　英

协助书记分管干部工作。负责市委组织部工作。分管组织、人才、老干部工作，科技与科协、对台工作，共青团、妇联、残联工作，对口支援工作。

市委常委、统战部部长　陈德荣

负责市委统战部工作。分管民族宗教、工会、侨联、台联、工商联工作。

市委常委、政法委书记　张叶飞

负责市委政法委工作。分管市委办公室、研究室（改革办）、市级机关工委工作，机要、保密、档案、史志、机关管理、接待工作，政法工作（至2017年1月）。

市委常委、宣传部部长　王国中

负责市委宣传部工作。分管意识形态和宣传工作，教育、文化、卫生、体育方面党的工作，文联、社科联工作（至2017年5月）。

市委常委、江阴市委书记　陈金虎

主持江阴市委全面工作。

市委常委、市纪委书记　王唤春

主持市纪律检查委员会工作。

市委常委、无锡军分区政委　柳江南

负责无锡军分区工作。分管人民武装建设、国防动员以及驻无锡部队联系工作。

市委常委、政法委书记、公安局局长　谢晓军

负责市委政法委、公安工作（2017年1月始）。

市委常委、宣传部部长　袁　飞

负责市委宣传部工作。分管意识形态和宣传工作，教育、文化、卫生、体育方面党的工作，文联、社科联工作(2017年8月始)。

(丁祥建)

重要会议

【全市发展和改革工作会议】 1月11日，全市发展和改革工作会议召开，会议围绕“两聚一高”新要求和创新驱动核心战略、产业强市主导战略，全面总结2016年工作，细化安排2017年任务，动员全市发改系统统筹谋划、开拓创新、扎实推进发展改革各项工作。会议指出，产业强市、供给侧结构性改革、区域协调发展、对接国家发展战略、保障和改善民生等是2017年发展改革工作重点。在项目建设方面，精准排定100个左右的重大项目、深化PPP项目研究，降低民间资本准入门槛；在产业转型发展方面，制订出台战略性新兴产业发展、现代服务业发展三年行动计划；在创新平台建设方面，争取一批国家级、省级工程中心、工程实验室和企业技术中心，加快推进无锡长电科技集成电路封装、宜兴海翼双方船体式复合材料水陆两栖飞机等重大项目建设。

(沈斐旻)

【全市领导干部警示教育大会】 (参见第101页中共无锡市纪委类目)

(沈斐旻)

【市委召开市纪委派驻机构改革会议】 1月19日，无锡市委召开市纪委派驻机构改革工作动员部署会议，无锡市纪委派驻机构改革启动。无锡是全省市一级纪委派驻机构改革试点单位，根据改革方案，由市纪委设立16个综合派驻纪检监察组，对全市82家市一级单位实行综合驻派，实现派驻监督全覆盖，同时撤销原有的派驻纪检监察机构和单位内设纪检监察机构。派驻机构由市纪委直接领导、统一管理，主要负责督促被监督单位领导班子落实全面从严治党主体责任，负责被监督单位领导班子的日常监督工作，负责被监督单位执纪审查工作，负责该派驻纪检监察组干部日常管理和监督，协助市委巡察组做好巡察工作。省委常委、市委书记李小敏对各派驻机构和派驻纪检干部提出明确要求，指出，派驻监督本质上是党内监督，主业就是党风廉政建设和反腐败斗争，首要职责就是监督执纪问责。各派驻机构要明确职责，准确把握与市纪委的关系是“紧密型领导关系”，而不是“松散型指导关系”，紧紧依靠市纪委开展监督；准确把握与驻在部门的关系是监督与被监督的关系，本质上是上级纪委对下级党组织和领导干部的监督。各派驻机构要发挥好“前哨”作用，坚持治未病、防未然，对苗头性倾向性问题早发现、早提醒、早纠正、早查处，达到惩前毖后、治病救人的目的；发挥好“探头”作用，加强对驻在部门领导班子成员等“关键少数”的监督，密切关注资金管理、资产处置、资源配置和工程项目等方面反映突出的问题，定期参加驻在部门重要会议，及时发现和处置违纪问题线索，让派驻监督精准、有效。要保持绝对忠诚，增强“四个意识”，始终在思想上、政治上、行动上与以习近平同志为核心的党中央保持高度一致。要严守纪律底线，带头学习党章、党规、党纪，做严守纪律规矩的表率，坚决防止“灯下黑”。要勇于担责尽责，强化党性观念，忠于职守、敢于负责，切实把党章赋予的职责担起来。

市委副书记、梁溪区委书记徐劼，市委常委、组织部部长周英，市委常委、江阴市委书记陈金虎出席会议，市委常委、纪委书记王唤春主持会议。

市人大常委会机关、市政协机关党组书记；市中级人民法院、市人民检察院党组书记、纪检组长；市委各部委办，市各委办局、人民团体、直属单位主要负责人、纪检组长(纪委书记)、监察室主任；各市(县)区委书记、纪委书记、监察局局长；市纪委监察局全体班子成员，机关各室(部)、各派出纪工委负责人参加会议。

(沈斐旻)

【生态文明建设大会】 1月22日，无锡市召开生态文明建设暨“两减六治三提升”专项行动动员大会，部署、推动全市生态文明建设。会议号召全市上下，要切实把生态文明建设放在高水平全面建成小康社会的突出位置，以开展“两减六治三提升”专项行动为重要抓手，坚持问题导向，强化责任担当，坚决打赢生态保护和环境治理攻坚战，增创无锡生态文明建设新优势。省委常委、市委书记李小敏指出，全市扎实推进生态文明建设工程，特别是强力推动太湖治理和河道综合整治工作，生态环境质量稳步改善。但必须清醒地看到，无锡生态环境形势仍然相当严峻，生态环境质量发生根本性好转的“拐点”远未到来，治太湖、治垃圾、治黑臭、治畜禽、治挥发性有机物、治隐患，是当前环境问题最突出、人民群众反映最强烈的短板，也是污染治理的重点。实施“两减六治三提升”专项行动，既是一场攻坚战，也是一场持续战，任务极为艰巨。要加强组织领导，市里专门成立专项行动领导小组及办公室，抽调人员实体运作，各地要成立相应机构，确保2017年春节前全部集中到位开展工作。要扎实推进“1+4”太湖治理和河道综合整治工作，确保太湖水质一年比一年好，确保到2020年无锡市区和江阴、宜兴建成区基本消除黑臭水体。深入实施大气污染防治行动计划，提高空气质量优良天数比例。扎实推进土壤污染防治行动计划，保障农产品质量和人居环境安全。抓好生活垃圾治理，加大生活垃圾无害化处理设施建设。加大危险废物、畜禽养殖、挥发性有机物污染治理，加快提高危险废物集中处理能力。持续开展重点风险企业环境安全达标建设，全面解决沿江危化品仓储码头环境风险。要狠抓督查考核，专项行动领导小组和办公室要加大对整改落实工作的督导检查，把专项行动作为2017年的督查重点，纳入年度考核任务、纳入领导班子考核评价体系，探索建立市级环保督察机制，推动环保工作落到实处。要严格责任追究，确保专项行动取得实实在在的成效。

市委副书记、市长汪泉作具体部署。市领导黄钦、陈金虎、谢晓军、吴峰枫、刘霞、王进健、蒋伟坚出席会议，副市长朱爱勋主持会议。

会议以电视电话会议形式召开，各市(县)区设分会场。会上，市发改委、市经信委、市环保局、江阴市、宜兴市、惠山区、滨湖区作表态发言。

(丁祥建)

【全市公安工作会议】 1月22日,全市公安工作会议召开,回顾总结2016年工作,分析研判当前形势,深入查找问题短板,研究部署2017年工作。省委常委、市委书记李小敏,省委常委、政法委书记、省公安厅厅长王立科,市长汪泉分别批示。市委常委、副市长、市公安局局长谢晓军参加会议并作工作报告。

李小敏在批示中要求全市公安机关在新的一年里牢牢把握增强"四个意识"这个首要政治要求,牢牢把握稳中求进工作总基调,牢牢把握维护国家安全和社会稳定总任务,把工作基点放在有效防控和应对各类风险上,把人民群众安全感满意度作为检验工作的标准,从严从实从细落实保稳定、护安全、促和谐各项工作措施,扎实推进社会治理创新和公安工作改革,进一步加强队伍思想政治、纪律作风、能力水平建设。

大会表彰2016年获得高等级荣誉的集体和个人,为从警30周年的民警颁发从警30周年纪念章,签发2017年市公安局党风廉政建设责任书。

(丁祥建)

【全市人力资源和社会保障工作会议】 1月23日,全市人力资源和社会保障工作会议召开。会议提出,要把民生为本、人才优先的理念贯穿2017年人力资源和社会保障工作。在扩就业扶创业方面,计划全年新增就业11万人,净增就业4.8万人,城镇登记失业率控制在3%以内;开展职业培训1.1万人;引进高校毕业生就业4万人;援助重点就业困难人员实现再就业8000人;扶持自主创业1万人,其中大学生自主创业1600人,实现带动就业5万人。在社会保障方面,计划全年全市企业职工养老保险扩面5万人以上,其中净增缴费人数2.5万人以上;医疗保险扩面5万人以上,失业保险扩面3万人以上。在人才引育方面,计划引进各类人才7万人,其中新增高层次人才6500人,引进培养创新领军人才25人,新增高技能人才1.7万人。

省委常委、市委书记李小敏,市委副书记、市长汪泉分别批示。市委常委、常务副市长黄钦出席会议。

(丁祥建)

【市纪委十三届二次全会】 (参见第101页中共无锡市纪委类目)

(丁祥建)

【全市安全生产工作会议】 2月28日,全市安全生产工作会议召开,会议总结2016年工作,分析当前形势,安排部署2017年工作,下达安全生产责任书和任务书。市委副书记、市长汪泉出席会议,副市长王进健作2017年全市安全生产工作报告。

汪泉指出,各级各部门务必保持高度警觉,树牢红线意识,时刻绷紧安全生产这根弦;强化担当意识,全面落实安全生产责任;坚持问题导向,切实加强安全风险管控;推进改革创新,提升安全生产保障能力。加快推进安全生产领域改革发展,强化机制保障,完善法治体系,创新监管方式,夯实基层基础,全面提升安全生产工作整体水平。

(丁祥建)

【"连心富民、联企强市"大走访活动动员大会】 3月1日,市委、市政府召开"连心富民、联企强市"大走访活动动员大会。会议要求全市各地各部门要以对人民群众的深厚感情、对改革发展的强烈责任,精心组织开展好"连心富民、联企强市"大走访活动,促进广大党员干部在心贴心为群众解忧、零距离为企业服务中锤炼过硬作风、展示良好形象、解决突出问题,为高水平全面建成小康社会、加快建设"强富美高"新无锡注入新的动力,以优异成绩迎接中共十九大胜利召开。省委常委、市委书记李小敏出席会议并作动员讲话。

李小敏强调,开展大走访活动既是"老课题",也是"新试卷"。在指导思想上,要处理好连续性与创新性的关系,对过去走访活动中形成的行之有效的经验做法,要认真总结、继续坚持,同时又要根据省市委的新精神新要求,以更高标准审视和谋划大走访活动,围绕"连心富民、联企强市"主题,与时俱进探索实践;处理好"沉下去"与"带上来"的关系,既要积极推动党员干部俯下身子、放下架子,经常走到群众身边去,听闻百姓心声、感知百姓冷暖,又要把群众的意见建议、企业的需求呼声、解决矛盾问题的办法经验"带上来",使作出的决策、制定的政策更加符合基层实际;处理好联系群众与服务群众的关系,不仅要架起党员干部与群众联系沟通的桥梁,更重要的是在联系群众中了解群众的所思所想所盼,实打实地帮助群众解难事、做好事,以真诚服务赢得群众的信任和支持。

会议印发《关于开展"连心富民、联企强市"大走访活动的实施方案》,江阴市、锡山区、市发改委负责人作表态发言。

会议采用电视电话会议形式,市委、市人大常委会、市政府、市政协领导人,市中级人民法院院长、市人民检察院检察长,市各部委办局、人民团体、直属单位党委(党组)主要负责人、分管负责人等在主会场出席,各市(县)区设分会场。

市委副书记、市长汪泉主持会议,市领导徐一平、周敏炜、徐劼出席会议。

(丁祥建)

【全市农村工作会议】 3月2日,无锡市召开农村工作会议。会议明确,要围绕农业提质增效、农民增收,深化农村土地、产权、金融等改革,加快推动新型城镇化和城乡一体化发展,为建设"强富美高"新无锡奠定坚实基础。省委常委、市委书记李小敏作了批示,要求把"三农"工作摆在决胜高水平全面小康社会建设的重中之重位置,以推进农业供给侧结构性改革为主线,提高农业质量效益和竞争力;坚持以促进农民增收为中心,全面打赢农村脱困攻坚战,切实提高农民富裕程度;坚持以实施新型城镇化和城乡一体化战略为抓手,不断提升新农村建设水平;坚持以深化农村改革为动力,补齐拉长农村发展短板,持续推动农业增效、农民增收、农村增绿。

市委副书记、市长汪泉,市领导徐劼、刘霞参加会议。

(沈斐旻)

【全市食品安全委员会成员(扩大)会议】 3月8日,无锡市召开全市食品安全委员会成员(扩大)会议,对2017年全市食品安全工作作出部署。省委常委、市委书记李小敏，市委副书记、市长汪泉分别作了批示，李小敏在批示中要求各地各有关部门认真贯彻习近平关于食品安全"四个最严"的要求，切实把食品安全工作作为一项重大民生工作，坚持党政同责、产管并重、齐抓共管，全面落实食品安全责任制，加快完善统一、权威、专业的食品安全监管体制，积极健全食品安全治理和技术支撑体系，大力推进职业化检查员队伍建设，重点治理"餐桌污染"，真正做到源头严防、过程严管、风险严控，把好"从农田到餐桌"的每一道防线，确保人民群众"舌尖上的安全"。

市委副书记、市长汪泉，市委常委、常务副市长、市食安委主任黄钦参加会议。

（沈斐旻）

【全市组织部部长会议】 3月9日，全市组织部部长会议召开，总结2016年工作，安排部署2017年组织工作任务。省委常委、市委书记李小敏作批示，要求全市组织系统深入学习贯彻习近平系列重要讲话精神，加强换届后领导班子建设，大力培养使用年轻干部，激发干部队伍新活力；以开展"连心富民、联企强市"大走访活动为重要抓手，推进"两学一做"学习教育常态化制度化，开创基层党建新局面；深化人才发展体制机制改革，打造"太湖人才计划"升级版，构筑人才发展新高地；加强自身建设，锻造一支政治过硬、能力过硬、作风过硬、纪律过硬的组工干部队伍。

市委常委、组织部部长周英就做好2017年组织工作提出具体要求。

（沈斐旻）

【全市老干部工作会议】 3月13日，全市老干部工作会议召开，回顾总结2016年工作，部署安排2017年任务。省委常委、市委书记李小敏作批示，要求全市各级组织部门和老干部工作部门深入学习贯彻习近平关于老干部工作的重要指示精神，着眼更好发挥老同志的独特优势和作用，切实加强离退休干部思想政治建设，扎实推进离退休干部党建工作创新，全面落实离退休老干部服务管理各项政策措施，强化老干部工作部门和干部队伍自身建设，推动老干部工作迈上新台阶。各级党委和政府要充分认识做好老干部工作的重要性，保持敬重之心，倾注关爱之情，多办务实之事，真正把工作做到老同志的心坎上，为高水平全面建成小康社会、建设"强富美高"新无锡凝聚强大正能量。

会上，中共无锡市委离退休干部工作委员会正式揭牌成立。市委常委、组织部部长周英到会讲话。

（沈斐旻）

【全市政法工作会议】 3月21日，无锡市召开全市政法工作会议，分析研究当前政法工作发展方向，部署2017年政法工作目标任务。省委常委、市委书记李小敏作批示，要求全市政法机关全面贯彻落实习近平对政法工作的重要指示精神，把为中共十九大胜利召开创造良好社会环境、法治环境作为重中之重，牢固树立政法工作服务发展大局的指导思想，强化忧患意识，提高政治警觉，深化司法体制改革，扎实推进平安无锡、法治无锡和过硬队伍建设，肩负起促一方发展、保一方平安的政治责任。全市各级党委要加强和改善对政法工作的领导，研究解决问题，加大支持力度，优化工作环境，为做好新时期政法工作提供有力保障。

会议下达《无锡市社会治安综合治理责任书》，通报表彰2016年度全市综治工作先进集体和平安镇（街道），相关单位和部门作交流发言。

（沈斐旻）

【全市信访工作会议】 3月21日，无锡市召开全市信访工作会议，贯彻落实全省信访工作会议、全市政法工作会议精神，总结2016年工作，部署2017年任务。省委常委、市委书记李小敏，市委副书记、市长汪泉分别作批示，李小敏在批示中要求全市信访战线的同志全面贯彻落实习近平系列重要讲话精神，强化宗旨意识、完善工作机制、落实信访责任、加强自身建设，深入推进信访工作制度改革创新，不断提高信访工作法治化水平，有效化解信访积案和难题，切实维护人民群众合法权益，为高水平全面建成小康社会、为中共十九大胜利召开营造和谐稳定的环境。

市委副书记、市长汪泉，市领导谢晓军、滕兰英出席会议。

（沈斐旻）

【党的建设工作领导小组会议】 3月28日，市委召开党的建设工作领导小组会议，深入学习贯彻习近平系列重要讲话精神和治国理政新理念、新思想、新战略，按照省、市第十三次党代会以及市委十三届二次全会的部署要求，明确2017年党建工作的目标任务和重点举措，动员全市各级党组织以高标准、实举措，推动全面从严治党迈上新台阶，以优异成绩迎接中共十九大胜利召开。省委常委、市委书记、市委党建工作领导小组组长李小敏主持会议并讲话。李小敏强调，推进党建工作，关键在责任落实。领导小组要充分发挥牵头抓总作用，各成员单位要各司其职、密切配合，各级书记要带头履行"第一责任人"责任，层层压实责任，构建全覆盖、有深度的责任体系，形成齐抓共管的整体合力。要围绕10个党建创新重点项目推进的目标要求，结合实际拿出管用、有效的举措，细化任务、实化措施，努力取得实效。要尊重基层首创精神，鼓励基层改革创新，总结升华老典型，培育提炼新典型，努力形成党建工作"百花齐放"的好局面。认真落实抓基层党建工作述职评议考核制度，把管党治党责任落实情况作为领导班子和领导干部考核的重要内容，严格执行问责条例，加大问责力度，以强有力的问责督促各级党组织切实扛起全面从严治党的政治责任。

市领导徐劼、周英、陈德荣、王唤春参加会议。

（沈斐旻）

【全面深化改革领导小组第13次会议】 4月28日，省委常委、市委书记李小敏主持召开第26次市委常委会暨市委全面深化改革领导小组第13次会议，听取无锡市简政放权创业创新环境评价结果的汇报，审议通过《关于深化行政审批制度改革加快简政放权激发市场活力的实施意见》《无锡市审计机关人财物管理改革试点实施方案》和《无锡市市区主要固体废弃物处置设施建设三年计划》。

会议指出，简政放权是政府的自我革命，必须刀刃向内、向自己开刀，最大程度优化营商环境，最大程度利企便民。各地各部门要对照先进地区，抓住项目审批、企业开办、施工许可、不动产交易登记等关键环节和领域，排查存在的差距，找准深层原因，一项一项落实整改措施，一项一项整改纠正到位，加快实现省委、省政府提出的“企业3个工作日内注册开业、5个工作日内获得不动产权证、50个工作日内取得施工许可证”的目标。要强化责任落实，建立倒逼机制、细化工作方案、明确推进举措，确保各项改革举措落地见效，确保全市创业创新环境评价取得明显进步。

会议要求，推进省以下地方审计机关人财物集中统一管理改革，要认真落实中央和省委、省政府的部署要求，认真抓好审计机关人、财、物和审计业务等重点改革内容的落实，切实整改解决工作中存在的问题，确保改革各项任务落实到位。市改革试点工作领导小组要加强组织领导和协调指导。相关部门要强化责任意识、落实责任分工，全力支持试点工作稳步推进、取得实效。各级审计机关作为试点工作的实施主体，要全力以赴抓好组织实施，充分调动广大审计干部参与改革、支持改革的积极性、主动性，确保这项改革在无锡取得实效。

会议强调，城市固体废弃物处置事关生态安全大局、事关城市长远发展、事关人民群众福祉。全市上下要清醒看到全市固体废弃物处置面临的严峻形势，充分认识加快推进固体废弃物处置设施建设的极端重要性和紧迫性，切实增强全局意识、责任意识，讲大局讲纪律、敢负责敢担当，围绕确定的建设目标和规划布局，加快推进项目建设，确保各类处置设施按期建成投用。

（丁祥建）

【全市防汛防旱工作会议】 5月5日，无锡市召开全市防汛防旱工作会议。会议要求各地各部门要立足防大汛、抗大灾、救大险，全力做好各项防汛防旱工作。省委常委、市委书记李小敏指出，防汛防旱事关经济发展和社会稳定，事关人民群众生命财产安全。各地各部门要高度重视，按照以人为本、依法防控、科学防控、群防群控的工作思路，严格落实以行政首长负责制为核心的防汛责任制，真正做到责任落实到位、监测预警到位、重点巡查到位、应急保障到位、协同配合到位，确保全市安全度汛，保障经济社会发展，以优异成绩迎接中共十九大胜利召开。副市长刘霞出席会议并讲话。

（沈斐旻）

【国家安全领导小组工作会议】 5月9日，无锡市召开市国家安全领导小组工作会议，传达学习国家安全工作座谈会和省国家安全领导小组成员会议精神。省委常委、市委书记、市国家安全领导小组组长李小敏出席会议并讲话。李小敏强调，各级各部门要加强对国家安全工作的组织领导，共同筑牢国家安全的坚固防线。要建立健全党委统一领导的国家安全工作责任机制，党委（党组）书记要履行好各地区各部门维护国家安全“第一责任人”职责，各级国家安全工作领导小组要发挥好统揽全局、协调各方的作用，领导小组各成员单位要认真落实好本部门本系统国家安全各项工作。要强化国家安全宣传教育，将国家安全教育纳入领导干部培训体系、公务员培训体系、国民教育体系，采取多种方式宣传总体国家安全观和国家安全法等法律法规，提高全社会国家安全意识。

市委常委、政法委书记、副市长、市国家安全领导小组副组长谢晓军主持会议。市国家安全局、市公安局、市委宣传部、市保密局分别作交流发言。

（沈斐旻）

【江苏发展大会无锡乡贤恳谈会】 5月21日，市委、市政府邀请参加首届江苏发展大会的无锡籍嘉宾和其他海内外无锡人士，回到家乡参加无锡乡贤恳谈会，共叙乡情，同筑梦想。省委常委、市委书记李小敏致欢迎辞，希望广大海内外无锡籍乡亲和与无锡结缘的各界朋友，同心同德、群策群力，携手开创无锡美好的明天。

市委副书记、市长汪泉介绍无锡经济社会发展情况，市人大常委会主任徐一平、市政协主席周敏炜出席，市委副书记、梁溪区委书记徐劼主持恳谈会。

（沈斐旻）

【全市国有企业争先进位暨重大投资项目推进会】 5月26日，无锡市召开全市国有企业争先进位暨重大投资项目推进会，会议要求市属国资国企明确发展目标，调动和激励干事创业的热情，为全市经济增长和产业发展当先锋、做示范。国资委和政府相关部门要始终把服务企业发展作为工作的出发点、着力点和落脚点，坚持在服务中监管、在监管中提升，发挥好考核评价的正向激励作用，在服务企业发展中主动作为，以权力的“减法”换取市场活力的“乘法”，共同为企业发展创造良好的环境。

市委常委、常务副市长黄钦对市属国有企业的争先进位工作提出要求。市政协副主席丁旭初，市政府秘书长许立新出席会议。会上，市政府向各市属企业集团下达《2017年争先进位工作目标责任书》，国联集团、交通产业集团、地铁集团、金投公司负责人作表态发言。

（沈斐旻）

【城市现代化与城乡发展一体化工作会议】 7月7日，市委、市政府召开全市城市现代化与城乡发展一体化工作会议。省委常委、市委书记李小敏在讲话中指出，各级各部门要切实加强对城乡建设的组织领导，建立完善党委统一领导、党政齐抓共管、有关部门各负其责的领导体制和工作机制，形成上下联动、部门协同、共同推进的良好态势。要深化改革创新，创新投融资模式、土地供给方式、农村产权制度，推进城市综合执法体制改革，破解瓶颈、打通梗阻、激发动力。要强化法治保障，注重运用法治思维和法治方式规划建设管理城乡。要浓厚共建氛围，让政府有形之手、市场无形之手、市民勤劳之手同向发力、同频共振，营造城乡建设发展共治共管、共建共享的浓厚氛围。落实中央和省关于城乡建设的系列决策部署，坚定实施新型城镇化和城乡发展一体化战略，推进无锡城市现代化和城乡发展一体化，努力打造具有山水特质、湖湾特色、滨江特点的长三角现代化国际化区域中心城市，建设生态宜人、内涵品质跃升的美丽城乡新家园。

市委副书记、市长汪泉作工作部署，市人大常委会主任徐一平，市委副书记、梁溪区委书记徐劼出席会议,副市长朱爱勋主持会议。

(沈斐旻)

【中共无锡市委十三届四次全会】 7月20~21日,中共无锡市委十三届四次全会举行。会议贯彻中共十八大和十八届三中、四中、五中、六中全会精神,落实习近平系列重要讲话精神和治国理政新理念、新思想、新战略,按照省委十三届二次全会决策部署,总结上半年工作,安排下半年任务,专题部署富民工作,深入推进产业强市,动员全市上下改革创新、开拓进取,攻坚克难、实干争先,努力开创各项事业发展新局面,以优异成绩迎接中共十九大胜利召开。市委常委会主持会议。会议指出,全市上下认真落实中央和省委、省政府决策部署,全面实施六大发展战略,扎实推进各项重点工作,全市经济社会发展取得新进展新成效,总体展现经济运行向好、基础建设提速、环境保护加力、改革开放深化、人民生活改善、党的建设加强的良好局面。会议分析经济社会发展中存在的不足和问题,强调务必保持清醒头脑,采取有力措施加以解决。

会议对富民工作作专题部署。会议强调,做好下阶段的富民工作,要重点把握好坚持发展与聚焦富民的关系;把握好富裕百姓与幸福百姓的关系;把握好整体提升与缩小差距的关系;把握好政府有为与社会作为的关系。

会议就深入推进产业强市作出部署。会议强调,深入推进产业强市,关键还是坚持问题导向,聚焦问题、解决问题,在化解问题中不断优化发展环境、增强发展动力、提升发展成效。下阶段重点要解决好板块的发展如何激励?部门的作用如何发挥?投资的成效如何提高?发展的环境如何优化?企业的成本如何降低?坚持综合施策,既要抓好政策规费等方面的降成本,又要通过推进产业转型升级,发展物流、金融、科技等生产性服务业,完善各类基础设施等,降低企业的相关费用支出,拓展降成本的空间,提高降成本的实效,把无锡实体企业的成本降下来、竞争力提起来。

会议对下半年重点工作作出安排。会议要求全市上下扎实做好下半年各项工作,全力完成经济增长目标,推动无锡经济迈上新台阶、跨入新行列;切实抓好改革落地见效,努力实现"3550"目标,增强经济发展动力活力;加快重大基础设施建设,抓紧研究确定S1、S2线规划方案,加快宜马快速通道前期工作,尽早完成盐泰锡常宜铁路前期研究和报批工作,年内开工建设常宜高速、宜长高速、340省道等工程,新开工一批城市骨干道路,实现2017年基础设施投资超百亿元;解决环境突出问题,确保完成2017年"263"专项行动目标任务;千方百计增进民生福祉,办好10件为民办实事项目,完成2017年30个以上经济薄弱村脱困转化任务;努力保持社会和谐稳定,坚决防止重特大安全事故发生,坚决防止重大极端事件发生,加强意识形态工作,不断壮大主流思想舆论,营造心齐气顺、昂扬向上的社会氛围。

市委副书记、市长汪泉对下半年工作作具体安排。会议审议通过全会决议,审议《关于聚焦富民持续提高城乡居民收入水平的实施意见》《无锡市"十三五"基层基本公共服务功能配置标准(试行)》,决定根据审议意见作修改完善后印发实施。会议期间,部分与会人员集中考察观摩江阴重大项目建设进展情况,点评分析上半年全市和各板块主要经济指标完成情况。

市委委员、候补委员出席会议。市纪委委员、有关方面负责人、部分市第十三次党代会代表列席会议。

(丁祥建)

【2017高层次人才创新创业无锡交流大会】 8月26日,2017高层次人才创新创业无锡交流大会暨"人才为中国智造注入新动能"主题峰会举行。大会邀请500余名国际国内高层次人才参会,其中12名中外院士、217名国家"千人计划"专家。除主题峰会外,还安排"千人计划"专家技术成果展示交易会、制造业人力资源创新服务高峰论坛、海外归国留学人员主题音乐会、海外人才项目路演对接会、产学研合作科技成果对接洽谈会等活动,组织实地考察,江阴、宜兴、惠山区、新吴区还举行人才项目专场对接。省委常委、市委书记李小敏致辞时指出,无锡正大力实施创新驱动核心战略和产业强市主导战略,坚持以智能化、绿色化、服务化、高端化为引领,加快建设"智造强市"和"智慧名城",努力打造国内一流、具有国际影响的现代产业新高地,向着高水平全面建成小康社会、建设"强富美高"新无锡的宏伟目标奋力迈进。创新驱动实质上是人才驱动,产业强市实质上是人才强市。站上新的发展起点,面对新的形势任务,人才对于无锡的发展比以往任何时候都重要,无锡对于人才的渴求比以往任何时候都强烈。他期待大家选择无锡,把技术、项目、资本带到无锡,在无锡施展人生抱负,成就事业辉煌;真诚欢迎大家建言无锡,围绕宏观战略、产业发展、人才工作等直抒己见、畅所欲言;衷心希望大家推介无锡,推荐和吸引优秀人才到无锡创业、发展。

国家"千人计划"专家联谊会会长、清华大学经济管理学院院长钱颖一致辞,中科院院士、清华大学副校长施一公等作主题演讲,中组部人才工作局副局长唐永刚,人力资源和社会保障部全国人才流动中心副主任李建敏,市长汪泉、市人大常委会主任徐一平、市政协主席周敏炜以及国家"千人计划"专家联谊会、省委党建办、省人社厅、省科技厅、省财政厅和市委、市政府负责人出席有关活动,市委副书记徐劼主持主题峰会。

(沈斐旻)

【省第二环境保护督察组督察无锡市工作动员会】 8月31日,省第二环境保护督察组督察无锡市工作动员会召开。省委常委、市委书记李小敏就各地各部门配合做好环保督察工作提出"四个务必"和"四个做到"的要求。"四个务必":就是督察组需要的资料,务必准确提供、第一时间呈报;督察组召集的座谈和会议,务必认真准备、按时参加;督察组交办的问题和事项,务必即知即办、及时回复;督察组提出的意见和建议,务必认真研究、全面落实。"四个做到":就是做到主动配合,把对环保工作"党政同责"和"一岗双责"的要求,首先落实到对环保督察工作的积极配合、全力支持上;做到实事求是，坚持讲真话、讲实情，让督察组掌握真实情况、督出真实问题；做到联络畅通，确保督察组与群众的联系畅通无阻；做到周密保障，按照中央"八项规定"要求，周密细致地做好工作、生活服务以及安全保障，同时在督察组的指导下做好媒体宣传报道和舆论引导，为督察工作顺利开展营造良好环境。

会议以电视电话会议形式召开，省第二环境保护督察组成员，市委常委、副市长，各市（县）区主要负责同志、市各部门主要负责同志在主会场出席会议。

（沈斐旻）

【全面深化改革领导小组第15次会议】 9月14日，省委常委、市委书记李小敏主持召开市委全面深化改革领导小组第15次会议，研究部署深化文化市场综合执法改革工作，会议审议通过《无锡市关于进一步深化文化市场综合执法改革的实施方案》。会议强调，各地各部门要认真贯彻落实"完善市县两级执法管理体系，调整执法机构，实现一个领域'一支队伍管执法'"的要求，明确和细化机构设置、编制、人员以及经费等配套方案，完善改革保障措施，加强与省有关部门的沟通联系和工作对接，确保无锡市文化市场综合执法改革顺利进行。

市委副书记、市长汪泉，市人大常委会主任徐一平、市委副书记徐劼等出席会议。

（沈斐旻）

【全市深化"放管服"改革推进会】 9月20日，市委、市政府召开全市深化"放管服"改革推进会。省委常委、市委书记李小敏强调，各地各部门要围绕深化改革各项部署，加强组织领导，强化工作落实，全力保障"放管服"改革不断向前推进。市委、市政府鼓励探索、包容失败，各地各部门尤其是主要负责人要切实肩负起改革的重任，坚定不移将"放管服"改革往深处推、往实处落；各地各部门要主动认领重点改革任务，主要负责人要亲自领衔挂帅、亲自谋划部署、亲自推动落实。要强化统筹意识，进行系统的、集成的改革制度设计，建立上下级部门之间、部门与部门之间相互联动、协同配合的工作格局，全面提升审批监管服务效能；要用好督察督办这个有力手段，把改革成效纳入科学发展综合考核、行政机关绩效考核和民主评议范围，切实加大督查问效力度，确保改则有进、改则有效；充分发挥舆论引导作用，认真学习先进地区的成功做法。

市委副书记、市长汪泉作工作部署，市领导徐一平、周敏炜、徐劼、周英、王唤春、陆志坚、吴仲林出席会议。市委常委、常务副市长黄钦主持会议。

（沈斐旻）

【第三届全球锡商大会】 9月22日，第三届全球锡商大会在无锡举行。大会以"传承工商基因、汇聚锡商力量"为主题，来自世界各地的锡商代表欢聚家乡，共绘蓝图、共谋发展。省委常委、市委书记李小敏发表主旨讲话，李小敏指出，当前，全市上下正在落实习近平系列重要讲话精神，沿着产业强市的道路奋勇前进。在无锡产业强市的新征程上，需要全体锡商有担当、有智慧、有作为；家乡无锡也努力为大家提供优质服务、优惠政策、优美环境，让家乡成为大家事业发展的高平台、实现价值的大舞台。他希望大家把个人根脉与无锡主根系紧密结合起来，把个人的智慧、成果、资源等融入家乡建设发展，在绘就现代产业新高地中合力作为，在构建现代产业发展、产业科技创新中积极作为，在发展具有比较优势的战略性新兴产业、发展具有领先优势的智能制造、发展具有特色优势的现代服务业中奋发作为，在为家乡建设发展作出新贡献中开辟企业发展的新天地；希望大家用好全球锡商联盟这个平台，同一产业链上的可以开展产业联动式抱团，联手打通产业链，携手提升竞争力；业务内容重合的可以开展竞合共生式抱团，联手增加竞争砝码，共同做大市场蛋糕；不同发展领域的可以开展资源整合式抱团，联手创新创业，共同成就事业，真正把锡商群体打造成一个产生化学反应、释放巨大动能的命运共同体、发展共同体；希望大家争当攀登者，以高标准寻找那座"山"，锚定发展新坐标，不断向上攀登，努力把企业规模、经济效益推上新的海拔高度；以大勇气来征服那座"山"，努力建设"小巨人"企业、"独角兽"企业、"龙头型"企业，用行动、用作为诠释"山高人为峰"的壮美图景；以宽胸襟来超越那座"山"，用好国内外"两种资源"，开拓国内外"两个市场"，让锡商走向世界，让锡商赢得未来。

全国政协常委、香港江苏社团总会会长唐英年等作演讲，全国工商联党组成员、副主席杨启儒，省人大常委会副主任、省工商联主席许仲梓出席并致辞。全国工商联副主席、上海市政协副主席王志雄，省委统战部副部长、省工商联党组书记顾万峰，市人大常委会主任徐一平、市政协主席周敏炜等领导，20多个国家、地区和国内各地的470余名

9月22日，第三届全球锡商大会在无锡召开　（市委统战部　供稿）

锡商代表出席大会。

会上，李小敏为无锡市十大杰出锡商人物获得者颁奖，为10名海外锡商人物颁发“锡商勋章”，徐一平、周敏炜为无锡市百名锡商人物代表颁奖，市领导陈德荣、高亚光为无锡百强民营企业代表授牌，唐英年、唐鹤千家族成员唐建年分别为第五届无锡市“唐翔千卓越工程师奖、唐鹤千卓越青年创意人才奖”获奖者颁奖。香港江苏社团总会、深圳市工商联(总商会)、无锡市工商联(总商会)举行三地商会战略合作联盟签约，各市(区)与锡商企业签订18个投资项目，项目总投资256.6亿元，涉及智能、环保、养老等产业。

大会期间，还举办“一带一路·产业强市”无锡民营企业“走出去”专题讲座、江苏发展大会“吾锡网”云平台上线暨《天下无锡人》首发仪式、“创在无锡·产业强市”海内外锡商英才投资推介会等活动。市委副书记徐劼主持大会。

(沈斐旻)

【全面深化改革领导小组第16次会议】 10月10日，省委常委、市委书记李小敏主持召开第43次市委常委会暨市委全面深化改革领导小组第16次会议，专题研究部署承担行政职能事业单位和群团组织相关改革工作。

会议要求各级各部门要根据中央和省委部署要求，坚持问题导向，结合无锡实际，研究制定《无锡市总工会改革实施方案》《共青团无锡市委改革实施方案》《无锡市妇联改革实施方案》《无锡市科协系统深化改革实施方案》。会议审议通过群团组织的改革实施方案，要求全市各级党委、各级群团组织要认真贯彻习近平关于群团改革的重要指示精神，按照中央和省委的要求，扎实做好全市群团改革各项工作。市总工会、团市委、市妇联、市科协要加强对本系统改革的指导，抓紧部署实施，确保按时完成全市群团改革任务。

(沈斐旻)

【全市旅游发展大会】 10月11日，市委、市政府召开全市旅游发展大会暨国家全域旅游示范区创建工作动员大会。会议分析无锡旅游业面临的形势，准确把握旅游业发展趋势，科学定位旅游发展方向，明确无锡市旅游发展的目标任务和工作重点。省委常委、市委书记李小敏在讲话中全面分析无锡市发展全域旅游的优势和短板、机遇和挑战。强调指出，无锡发展旅游要学习先进、用好优势，把全域旅游作为主攻方向，把无锡作为最大景区、最美旅游休闲目的地来建设经营，加快形成“一岛(马山)、双环(环城古运河、环蠡湖)、两翼(江阴、宜兴)、四区(山水城、阳山、翠屏山、吴文化)、N个旅游镇村(街区)、全域覆盖”的全域旅游空间格局。要高度重视旅游品牌建设，打造一批专属无锡、代表无锡乃至象征无锡的旅游核心品牌。重点突出“旅游+农业”“旅游+工业”“旅游+文化”“旅游+影视”“旅游+体育”“旅游+康养”，加快构建体系完善、功能齐全、方便快捷的公共服务体系，让游客“乐游无锡”“畅游无锡”。

李小敏要求各级党委政府，要把旅游发展放到经济社会发展的重要位置，各部门要强化“+旅游”责任意识，推动无锡旅游又好又快发展。调整完善旅游管理体制机制，筹划设立旅游发展委员会，统筹行使旅游规划编制、产业推进、公共服务、综合监管等职能，推动旅游从部门主导向党政统筹转变；建立公开透明的市场准入标准和运行规则，推动旅游规划与城乡、土地、交通等规划“多规合一”，加快景区从“办事业”向“办产业”、从“管资源”向“管资产”转变，按照差别化要求把旅游业纳入地区和部门的考核内容，启动《无锡市旅游市场条例》立法，深化旅游行政综合执法体制改革，构建良好的旅游市场秩序；推动财政、产业、土地、金融和奖励等各类政策向旅游业倾斜，发挥政策的导向作用；认真实施“旅游英才工程”，完善旅游人才交流引进和培养使用激励机制，打造高素质的旅游专业人才队伍。

市长汪泉作具体部署。市领导徐一平、周敏炜、徐劼、黄钦、周英、朱爱勋、陆志坚、吴仲林、韩晓枫，市人大常委会党组成员王中苏、市人民检察院检察长俞波涛出席会议，副市长刘霞主持会议。

(沈斐旻)

【传达中共十九大精神大会】 10月27日，无锡市召开传达中共十九大精神大会。省委常委、市委书记李小敏主持会议并讲话。李小敏指出，中共十九大把习近平新时代中国特色社会主义思想确立为党必须长期坚持的指导思想，这是中国特色社会主义理论一次里程碑式的伟大飞跃，为实现中华民族伟大复兴提供思想武器和根本遵循。十九届一中全会选举产生以习近平同志为核心的新一届中央领导集体，反映全党的共同意志，对保证党和国家兴旺发达、长治久安，具有重大而深远的意义。全市广大党员干部要在思想上衷心拥戴核心，在政治上坚决维护核心，在行动上坚定紧跟核心。全市各级党组织和广大党员要深刻领会和把握中国特色社会主义进入新时代这一重大判断，坚定地把中国特色社会主义建设全面推向前进；深刻领会和把握习近平新时代中国特色社会主义思想，并作为一切工作的行动指南；深刻领会和把握新时代党实现中华民族伟大复兴这一历史使命，增强推进“四个伟大”的自觉性坚定性；深刻领会和把握社会主义现代化建设“两个15年”的战略安排，积极开展无锡现代化建设的探索实践；深刻领会和把握十九大按照“五位一体”总体布局作出的重大部署，推动全市各项工作迈上新台阶；深刻领会和把握新时代党的建设这一决定性工程，不断增强党的执政能力和领导水平。全面加强党的政治、思想、组织、作风、纪律、反腐倡廉、制度和能力等建设，推动全市党员干部队伍能力有新提高、作风有新改进、精神面貌有新变化，切实做到干部清正、政府清廉、政治清明。

各地区各部门要围绕十九大报告提出的新目标、新任务、新举措、新方略，围绕无锡改革发展的热点、难点问题，认真履行工作职能，积极开展调查研究，着力谋划有效的落实方案，拿出具体的破解招数，推动无锡各项事业发展迈上新台阶。

市领导汪泉、徐一平、周敏炜、徐劼等出席会议。十九大代表、市委常委、江阴市委书记陈金虎传达十九大主要精神。

市委、市人大常委会、市政府、市政协全体领导人，市中级人民法院院长、市人民检察院检察长，各市

(县)区党政主要负责人，市有关方面负责人，在无锡高校、企业、科研院所、金融单位主要负责人参加会议。

（丁祥建）

【十三届市委第三轮巡察工作动员部署会】 11月8日，无锡市召开十三届市委第三轮巡察工作动员部署会。省委常委、市委书记李小敏作动员讲话。李小敏强调，巡察工作涉及方方面面，必须凝聚各方面力量协同推进。全市各级党组织要把共同做好巡察工作、支持配合巡察工作作为重大政治责任，加强组织领导，认真履行职责，推动巡察工作向纵深发展。市委巡察工作领导小组要加强工作谋划，巡察办要履行好统筹、协调、指导的职责，各巡察组要忠于职守、严格履行监督责任，纪检机关和组织、审计、信访等部门要各司其职，全力支持做好巡察工作。被巡察单位要自觉接受巡察监督，主要负责人要扛起第一责任人责任，认真抓好巡察反馈意见整改。二要加强制度建设。认真贯彻执行新修订的《中国共产党巡视工作条例》以及省委《实施意见》《巡视工作五年规划》，抓紧制定完善无锡市规范市县巡察工作的实施办法，健全各环节的配套制度、部门协调配合机制、运用巡察成果的制度机制、日常管理监督机制，提升无锡巡察工作规范化、制度化、常态化水平。本着适应任务需要、专兼结合、精干高效的原则，加强巡察干部队伍的思想理论武装、业务培训指导、日常管理监督和规范化建设，打造一支忠诚、干净、担当的巡察干部队伍。

市委常委、组织部部长周英宣布巡察组组长授权任职及任务分工，市委常委、纪委书记王唤春主持会议。市委常委、统战部部长陈德荣，市委常委、宣传部部长袁飞出席会议。

（沈斐旻）

【全面深化改革领导小组第17次会议】 11月28日，省委常委、市委书记李小敏主持召开市委全面深化改革领导小组第17次会议。会议部署无锡市深化监察体制改革试点工作。会议审议通过《无锡市深化监察体制改革试点工作实施方案》《无锡市深化监察体制改革试点工作小组建议方案》《无锡市环保机构监测监察执法垂直管理制度改革工作方案》。会议强调，深化监察体制改革试点工作时间紧、任务重、要求高。市、市(县)区党委要成立深化监察体制改革试点工作小组，加强组织领导，统筹抓好改革各项工作，及时研究协调解决重大问题。纪委要按照统一部署，切实抓好改革试点工作的组织实施和具体落实。人大常委会要把开好人代会与监委组建紧密衔接起来，依法选举产生监察委员会及其组成人员。组织部门要统筹考虑监委人事安排和干部管理工作。宣传部门要加强舆论宣传引导。政法委要协调指导相关执法机关、司法机关做好与监委的工作衔接。检察机关要主动配合做好职能划转、人员转隶等工作。编办要加强对涉改单位机构编制工作的服务指导。财政和机关事务管理局要对经费、房产置换、后勤保障等事项提供支持。广大党员干部要严守政治纪律，形成强大合力，推动全市监察体制改革试点工作高标准高质量完成。

会议指出，推进省以下环保机构垂直管理制度改革，顺应当前生态文明建设和环境保护的客观需要，对于无锡完善生态环境监管体系、持续改善生态环境具有重要意义。各地各相关部门要切实把思想和行动统一到中央和省里的部署要求上来，认真抓好改革实施工作，特别要做好环保机构编制调整和财政供养的保障工作，确保改革期间新老体制的平稳有序过渡。

（沈斐旻）

【2013~2016年度全市社会治安综合治理工作记功授奖大会】 12月6日，无锡市召开2013~2016年度全市社会治安综合治理工作记功授奖大会。省委常委、市委书记李小敏会见全国社会治安综合治理先进工作者、2013~2016年度全市社会治安综合治理先进集体的主要负责人和先进个人，并合影留念。李小敏强调，全市各级党委、政府要把综治工作摆上重要位置，全面落实综治工作领导责任制，加强统筹协调，加大支持力度，为综治工作开展提供坚强保障。受表彰人员要再接再厉，以获奖为新起点，以荣誉为新动力，弘扬先进精神，争创新的业绩，示范、带动、引领全市综治工作者齐心奋进、合力奋斗，共同推动全市社会治安综合治理工作迈上新台阶，为决胜高水平全面建成小康社会、谱写新时代中国特色社会主义无锡实践的新篇章作出新贡献。

市领导汪泉、徐一平、周敏炜、周英、王唤春、谢晓军、赵志新、刘玲，市中级人民法院院长时永才、市人民检察院检察长俞波涛参加会见。

（沈斐旻）

【市委召开党的群团工作会议】 12月15日，市委召开党的群团工作会议。会议落实中央和省、市委关于加强和改进党的群团工作、推进群团改革的部署要求。省委常委、市委书记李小敏指出，全市各级党组织和群团组织要贯彻落实中共十九大精神，牢牢把握为实现中华民族伟大复兴中国梦而奋斗的时代主题，坚定不移走中国特色社会主义群团发展道路，以保持和增强政治性、先进性、群众性为鲜明导向，以组织动员群众、教育引导群众、联系服务群众、维护群众合法权益为基本职责，以扩大有效覆盖、增强吸引力、凝聚力为重点，广泛组织、动员、团结群众，最大程度激发群众的巨大热情和创造活力，在高水平全面建成小康社会、建设"强富美高"新无锡的实践中谱写新篇章。

市委副书记、市长汪泉主持会议，市领导徐一平、周敏炜、徐劼、王唤春、刘霞、丁旭初，市政府秘书长许立新出席会议。

（沈斐旻）

【深化监察体制改革试点工作小组会议】 参见第102页中共无锡市纪委类目。

（沈斐旻）

【全面深化国有企业改革工作会议】 12月19日，市委、市政府召开全面深化国有企业改革工作会议。会议审议通过《关于全面深化国有企业改革的实施意见》《关于进一步完善国有企业法人治理结构的实施意见》和《关于组建无锡市国发资本运营有限公司的方案》《关于重组无锡城市发展集团有限公司的方案》。

李小敏强调，全市上下要充分认识推进国有企业改革的重要意义，切实增强责任感、紧迫感，按照态度坚决、方向正确、路径清晰、推进有力的要求，抓好改革各项工作的落实，加强党对国有企业的领导，完善国有资产管理体制，改革国有资本授权经营体制，加快国有经济布局优化、结构调整、战略性重组，推动国有企业做强做优做大，为全市发展大局作贡献。

市委副书记、市长汪泉主持会议，市领导徐一平、徐劼等出席会议，市委常委、常务副市长黄钦宣读关于组建无锡市国发资本运营有限公司、重组无锡城市发展集团有限公司的方案。

（沈斐旻）

【中共无锡市委十三届五次全会】 12月28~29日，中共无锡市委十三届五次全会举行。市委常委会主持会议。省委常委、市委书记李小敏总结2017年工作，明确2018年任务。

12月28~29日，中共无锡市委十三届五次全会举行　（张立伟　摄）

会议认为，2017年，全市上下在党中央坚强领导下，认真落实中央精神和省委部署，扎实工作、开拓进取，全市经济总量实现跨越，发展态势整体趋好，改革开放不断深化，人民生活持续改善，城乡环境逐步优化，从严治党深入推进，经济社会发展和党的建设各项工作取得新成效。

会议指出，落实好中共十九大对全面建设社会主义现代化国家作出的两个阶段战略安排，要把无锡的发展放到全省全国大格局中来考量、来审视，按照走在全省全国前列的要求来谋划、来定位。从现在起到2020年，要突出抓重点、补短板、强弱项，高水平全面建成小康社会，推动“强富美高”新无锡建设迈上新台阶，在国家全面建成小康社会的决胜进程中走在前列。从2020年到2035年，在高水平全面建成小康社会基础上，奋斗15年，在解决发展不平衡不充分问题、满足人民日益增长的美好生活需要上取得显著成效，“强富美高”新无锡建设取得重大成就，在国家基本实现社会主义现代化的奋斗征程中走在前列。从2035年到21世纪中叶，在基本实现社会主义现代化基础上，奋斗15年，全市实现高度的物质文明、政治文明、精神文明、社会文明和生态文明，“强富美高”新无锡展现出令人信服、令人鼓舞的生动美好景象，人民群众对美好生活的需要得到充分满足，在国家建设富强、民主、文明、和谐、美丽社会主义现代化强国的伟大历程中走在前列。

会议强调，2018年是全面贯彻中共十九大精神开局之年，是改革开放40周年，是决胜高水平全面建成小康社会、实施“十三五”规划承上启下的关键一年。做好2018年工作，全市上下要贯彻中共十九大精神，以习近平新时代中国特色社会主义思想为指导，以实现高质量发展为导向，以推进供给侧结构性改革为主线，推动质量、效率、动力变革，坚定实施六大发展战略，聚力创新、聚焦富民，全面做好稳增长、促改革、调结构、惠民生、防风险各项工作，确保经济平稳健康发展，确保人民生活持续改善，确保社会大局和谐稳定，推动高水平全面建成小康社会和“强富美高”新无锡建设取得成果。做好2018年工作，必须坚定贯彻新经济思想，把习近平新时代中国特色社会主义经济思想作为基本遵循，推动无锡经济行驶在正确的轨道上；必须扎实推进高质量发展，加快迈出质量变革、效率变革、动力变革新步伐，努力在高质量发展上走在全省全国前列；必须牢牢把握矛盾新变化，解决好发展不平衡不充分问题，为创造人民群众美好生活奠定坚实基础。

会议部署2018年重点工作。一要保持经济稳中有进。深化供给侧结构性改革，全力扩大有效投资，培育消费新热点，推动对外贸易扩大规模、提升效益，在“稳”的基础上，加快转型升级步伐。二要全面深化改革开放。深化“放管服”、行政体制、国资国企、财税体制、金融体制、农村土地制度改革和集体产权制度等领域改革，实施具有无锡特色的全面深化改革“施工图”，构建无锡全方位对外开放“新版图”，增创改革开放新优势。三要统筹城乡区域发展。加快推进苏锡常南部高速无锡段等重点道桥建设，积极推进海绵城市和城市地下综合管廊建设，加大中心城区更新改造力度，积极落实国家乡村振兴战略，提高城市现代化和城乡发展一体化水平。四要改善生态环境质量。坚持保护为先、防治为本、监管为重，以“263”专项行动为重点，以落实“水十条”“气十条”“土十条”为抓手，统筹推进环境保护、污染治理和生态修复，抓好中央和省环保督察组反馈问题的整改和“回头看”，推动生态环境持续好转。五要提升民生福祉水平。抓好富民增收工作，提高社会保障水平，深化教育、医药卫生体制和住房制度改革，提升基层公共文化、体育服务水平，完善养老服务体系建设，解决好少数群众存在的特殊困难、大多数群众反映的突出问题。六要维护社会和谐稳定。创新社会治理，加强平安建设，严格落实安全生产责任制，保障食品药品安全，提高法治水平，全面落实意识形态工作责任制，巩固提升全国文明城市群建设成果，扎实做好拥军优属安置工作。

会议对推进产业强市作出部署。面对推进产业强市的新形势新态势，无锡产业发展要有新作为、经济总量要有新增长、发展质量要有新提高，必须坚持以智能化、绿色化、服务化、高端化为引领，加快推动产业转型升级，大力促进实体经济、科技创新、现代金融、人力资源协同发展，加快构建现代产业体系和产业科技创新体系，推动无锡产业在高质量发展上迈出坚实步伐。一要立足自身优势和基础，壮大以物联网为龙头的新一代信息技术、节能环保、生物医药、新能源、新材料等新兴产业，发展互联网金融、互联网文化、互联网教育、互联网健康、互联网体育、互联网旅游、互联网物流等新业态新模式，谋划布局未来产业，积极发展现代农业，加快培育新的动能。二要推进传统产业智能化改造、集群化发展、品质化制造，促进新技术、新模式与传统产业融合，推动传统制造业升级成为先进制造业，让传统产业焕发新活力。三要坚持把发展经济的支撑点放在科技创新上，加强创新体系建设、创新人才引育、创新生态营造，不断提高社会研发投入占GDP比重、企业研发经费占主营业务收入比重、科技进步对经济增长贡献率。四要把经济发展放在实体经济上，强化企业降本减负、金融服务支持、企业家市场主体作用，解决影响企业细胞活力、肌体健康的深层次问题，努力为企业加油充电，让市场主体展翅飞翔。五要优化整合资源，做好提高产出效益、发展总部经济、产业协同发展文章，提高资源利用效率，实现可持续发展。会议审议通过全会决议。市委副书记、市长汪泉对2018年经济工作作具体安排。市委委员、候补委员出席会议，市纪委委员、有关方面负责人和部分基层党员代表列席会议。

（丁祥建）

重要活动

【李小敏率无锡市经贸代表团赴罗马考察】 9月23~25日，省委常委、市委书记李小敏率无锡市经贸代表团赴意大利考察，推动双方交流合作，对接具体合作项目。25日上午，在罗马举行中国无锡（罗马）经贸合作恳谈会，李小敏出席并讲话，中国驻意大利大使李瑞宇，意大利通信部原副部长、投资促进会会长吉安卡洛·伊诺切奇·博蒂分别致辞。李小敏在介绍无锡基本情况后说：中意两国已结成全面战略伙伴关系，在此背景下，近年来无锡与意大利的交流合作取得不少成果。无锡愿意顺应时代发展潮流，与意大利朋友一起落实好两国元首达成的新共识，开创交流合作新局面。市委常委、江阴市委书记陈金虎出席恳谈会。恳谈会上，江阴市招商局、德国无锡商会、阳光集团、申利纺织、常隆客车、江阴市汽车改装厂，分别与意大利圣马力诺圣意、欧洲咨询联盟安博思等企业签署系列合作项目，涉及中欧汽车产业园、平台战略合作、智能制造、欧洲户外市场开拓、纯电动客车营销合资、道路救援车等项目。

（沈斐旻）

12月7~8日，无锡经贸代表团访问香港社团和企业，省委常委、市委书记李小敏与各界人士合影　（市委统战部　供稿）

【李小敏率无锡市经贸代表团赴洛桑考察】 9月26~27日，省委常委、市委书记李小敏率无锡市经贸代表团到瑞士，访问洛桑市政府，考察皮拉图斯飞机制造有限公司、布勒集团，推动城市之间友好交流，助推在谈项目加快落地，谋求宽领域、深层次合作。李小敏与洛桑市政府高级顾问丹尼斯·德克斯托德、瑞中友协副主席白鹄进行座谈交流，并考察奥林匹克博物馆。李小敏说，无锡是一座有特色、有魅力、有影响力的城市，是“伟大的奥林匹克人”何振梁先生家乡，与作为国际奥委会总部所在地的洛桑市颇有渊源，而且无锡与洛桑在经济社会发展许多领域有共通之处，希望借此次访问，推进双方在体育、文化、信息与通信技术、清洁技术和机械制造等多领域交流，巩固深化双方友好关系，造福两地人民。

（沈斐旻）

【李小敏率中国无锡市经贸代表团赴德国考察】 9月28~29日，省委常委、市委书记李小敏率无锡市经贸代表团到德国，对接高端项目，深化战略合作，为建设产业强市注入新动能。代表团先后考察拜访欧司朗集团、博世集团、柏丽集团等德国知名跨国公司总部。在交流和座谈中，欧司朗集团、博世集团、柏丽集团分别与无锡高新区签署合作协议，研发中心、高端车用48伏电池等项目落户。

（沈斐旻）

【李小敏率无锡市经贸代表团赴香港考察】 12月7~8日，省委常委、市委书记李小敏率无锡市经贸代表团赴香港考察，加强与香港工商界的交流沟通，深化两地产业联动、实现优势互补。其间，分别访问香港江苏社团总会、香港中华总商会、隆源企业控股公司、九龙仓集团、恒隆集团等香港知名社团和企业，考察钟山公司、锡洲国际有限公司等省市驻香港企业，与香港江苏社团总会会长唐英年、隆源企业控股公司董事局主席荣智健、香港中华总商会会长蔡冠深等进行会晤，就加强无锡香港两地合作进行深入交流。市领导黄钦、陈德荣、袁飞参加有关活动。

（沈斐旻）

【汪泉率中国无锡市经贸文旅代表团赴日本交流】 4月3日，由市委副书记、市长汪泉率领的无锡市经贸文旅代表团，在东京举办“《无锡旅情》30周年——中日经贸旅游文化交流活动”，与日本政商界友人再次共唱“无锡旅情”，推进无锡与日本人民加深友谊，在经贸、旅游、文化方面项目合作。活动除举办“《无锡旅情》30周年答谢晚会”主题活动外，还举办“《无锡旅情》30周年——中国无锡旅游推介会”“《无锡旅情》30周年——江阴市专题推介会”“无锡高新区（新吴区）重大项目签约仪式”等专场活动。活动期间，代表团还拜访日本CKD株式会社、JFE商事、住友化学、三菱东京日联银行、瑞穗银行、索尼、永旺、久保田、捷太格特、夏普等日本企业，推进现有在无锡项目的增资扩股，并成功洽谈一批高端制造业和现代服务业投资项目，拓展无锡与日本优势产业领军企业之间的合作领域，为双方产业合作开拓新空间。本次活动共促成14个产业项目签约，投资总金额8.93亿美元，包括日本环保设备制造基地项目、工模具钢项目、积水化学工业汽车内饰项目、华狮保健品项目、无锡太平洋动漫城项目等，其中阿尔卑斯基地化项目、信越光棒二期项目投资总额均超过1亿美元。

（沈斐旻）

【汪泉率中国无锡市经贸代表团赴英国访问】 4月5~8日，由市委副书记、市长汪泉率领的无锡市经贸代表团抵达英国。代表团在伦敦举办“无锡·英国企业家交流会”，与阿斯利康、卡特彼勒、康明斯、汇丰银行等企业和国际咨询机构等进行交流。代表团先后访问生物医药企业阿斯利康集团位于英国剑桥的全球研发中心、江苏友好省份埃塞克斯郡政府及其首府、无锡友好城市切姆斯福德市政府，与埃塞克斯郡内阁委员史蒂芬·嘉宁议员，切姆斯福德市罗伊·怀特海德议长等高层亲切交谈，全面深化与英国埃塞克斯郡在智慧城市建设、物联网产业发展和双向投资等领域的交流合作。代表团还考察安格利亚鲁斯金大学科技创新园，并与华为西欧企业业务公司、Patients2People医疗有限公司、Telensa智能路灯有限公司、AxonVibe智能技术有限公司、Crowd数据系统有限公司有意赴中国发展的智能制造和服务企业高层进行洽谈和交流。

（沈斐旻）

【汪泉率中国无锡市经贸代表团赴以色列访问】 4月8~9日，由市委副书记、市长汪泉率领的无锡市经贸代表团访问被誉为“世界第二硅谷”的以色列，会见全球滴灌和微灌解决方案领先者耐特菲姆公司及其美方投资人，实地考察其研发中心和生产基地，推进其在江阴市总投资1亿美元的都市农场项目；拜访世界领先的多学科研究中心以色列魏兹曼研究院及其技术商业化公司——耶达研究发展有限公司，与耶达公司初步达成合作意向；代表团还拜访以色列著名咨询公司生-BDO，由生-BDO推荐的以色列精密制造企业ORNIT公司初步明确到无锡设立合资企业的意向。

（沈斐旻）

组织工作

【概况】 2017年，在中共无锡市委领导下，全市组织系统深刻领会习近平新时代中国特色社会主义思想，贯彻落实省委、市委决策部署，各项工作取得新成效。紧扣迎接和学习、贯彻中共十九大主线，在全市评选100名优秀共产党员，大力宣传基层党组织和党员干部先进典型，全面开展市管领导干部轮训和基层党组织书记集中培训，推动各地各部门分层分类学习培训，掀起学习、贯彻中共十九大精神的热潮。推进“两学一做”学习教育常态化制度化，推动领导干部落实“六个一”（制定一份年度自学计划，每年至少讲一次党课，建立一个基层单位学习教育联系点，每季度听取一次分管部门分管领域学习教育情况汇报，每年参加不少于一次下级党组织领导班子民主生活会和组织生活会，牵头解决学习教育中的一批突出问题）规定动作，引导党员干部投身“两聚一高”（聚力创新、聚焦富民，高水平全面建成小康社会）新实践，在锡东电厂复工、薄弱村脱困、文明城市创建等重点工作中，发挥党员先锋模范作用。加强换届后领导班子和干部队伍建设，强化事业为上的用人导向，选优配强30个市级机关部门正职，其中从市（县）区班子中选拔6名干部充实到机关部门正职岗位。推进年轻干部培养选拔工作，调动和发挥各年龄段干部积极性。深化干部日常管理与考核，常态化开展提醒、函询和诫勉工作，提振各级干部干事创业的精气神，营造风清气正的好环境。实施村、社区、“两新”（新经济、新社会）党组织“雁阵计划”，制定出台国有企业党

2017年8月27日，高层次人才创新创业无锡交流大会全英项目路演

（施组轩　摄）

建“1+7”系列文件,优化提升梁溪党建、地铁城际等一批党建联盟,健全落实党员活动日、流动党员双向管理、党员记实管理等制度,推进各领域基层党组织建设。强化党建责任落实,首次设立市级党建创新重点项目10个,市、县、街道(镇)“一把手”领办基层党建“书记项目”97个,全面从严治党向基层有效延伸。深化人才发展体制机制改革,制定、实施“太湖人才计划”升级版,实行跟奖跟补特别支持计划,调动各类用才主体积极性。紧扣重点产业发展,举办2017高层次人才创新创业无锡交流大会,举办海外高层次人才交流洽谈会,与麻省理工学院达成第三轮战略合作。新设2亿元太湖人才信保基金,联合深圳证券交易所、江苏省高科技产业投资股份有限公司举办太湖人才科技金融路演,组织开展“创投无锡”路演17期,为30多个项目融资6.5亿元。此外,全市对口支援干部人才67人。

(朱隽昉)

【学习中共十九大精神培训】 2017年,无锡市委把学习、贯彻中共十九大精神作为首要政治任务。市委下发《关于认真学习宣传贯彻党的十九大精神的通知》并专门部署。2017年11月20日至12月14日,组织全体市管干部开展学习贯彻习近平新时代中国特色社会主义思想和中共十九大精神轮训,省委常委、市委书记李小敏进行开班动员并作十九大精神专题宣讲报告。轮训班7期培训1300人,做到应训尽训,实现县处级干部全覆盖。各地各部门按照干部管理权限,分别对2.75万余名科级及以下人员开展轮训。同时,分领域举办村(社区)、非公企业以及直属单位等基层党组织书记示范培训班,引导广大基层党组织采取专题培训、宣讲报告、支部讨论等形式学习,推动中共十九大精神落地落实。

(朱隽昉)

【完善干部考核评价机制】 2017年,无锡市改进领导班子和领导干部年度考核,区分机关、板块、开发区和市属国企,区分正职和副职,分别设置考核重点,对所有市管、部管班子和领导干部全面测评和考核谈话,同步检查“年轻干部选拔培养”“巡视巡察、审计信访、学习教育中所反映的问题整改”“干部选拔任用及管理监督”工作。开展综合分析研判,加强考核结果运用,做到与评优激励相结合,在市管干部中增设“优秀”年度考核等次,评定考核“优秀”等次153人;与选拔使用相结合,突出因事择人,配强配齐机关部门和开发区领导班子,并在优秀对象中设置“跟踪培养名单”,重点跟踪关注;与监督管理相结合,对所有考核班子及部分考核中有反映的干部“一对一”反馈,指出问题,推动整改。

(朱隽昉)

【年轻干部选拔培养】 2017年,无锡市把打造一支来源广泛、数量充足、结构合理、素质优良的年轻干部队伍为目标。3月8日,无锡市委组织部印发《关于进一步加强年轻干部选拔培养工作的意见》,落实统筹选配、专项预审等制度。全市年轻干部选配数量大幅增加,年内增配“80后”副处职16人、“80后”正科职43人、“90后”乡科级10人。开展年轻干部专项建库工作,将选拔视野扩大到驻无锡垂直条线单位,全市产生“80后”县处级后备人选90人、“90后”乡科级后备人选77人。加强年轻干部实践锻炼,选派106名优秀年轻干部开展为期两年的“任职式”挂职锻炼,磨练意志,增长才干。突出强化党性教育,举办两期中青班和两期青干班,培训学员187人,示范带动各市(县)区举办年轻干部培训班17期,培训各类年轻干部1000人。

(朱隽昉)

【实施“太湖人才计划”升级版】 2017年6月5日,市委、市政府出台《关于深化“太湖人才计划”的若干意见》。意见明确实施顶尖人才团队优先支持计划、“乡土人才”培养培育计划、“凤还巢”创新创业支持计划,最高给予1亿元项目资金支持;实施引才用才主体跟奖跟补特别支持计划,给予最高1000万元的人才项目扶持经费跟奖跟补,撬动各类用才主体引才聚才。建立市县党政“一把手”抓人才工作机制,构建起党委、政府、部门以及板块共同参与的人才工作领导格局。举办2017高层次人才创新创业无锡交流大会,吸引国家“千人计划”专家217名、中外院士12名齐聚无锡城、共谋发展,68个海内外人才创新项目现场签约。举办波士顿、旧金山高层次人才交流洽谈会,与麻省理工学院开启第三轮战略合作,与硅谷国际孵化器深度对接,与美国专业的工程师协会合作,把无锡的发展与国际一流大学、一流科技机构、一流人才社团连接起来。出台高层次人才子女入学、医疗健康专项服务实施办法,营造良好服务环境。

(朱隽昉)

【村、社区党组织“雁阵计划”】 2017年起,无锡市委组织部组织实施村、社区党组织整体功能提升三年“雁阵计划”,村党组织以华西村为标杆,围绕“强化管党治党机制,在创新组织领导体系上领飞;强化作用发挥机制,在推动强村富民上领飞;强化教育管理机制,在党员队

9月22日,市委老干部局在崇安寺二泉广场举办“喜迎十九大,夕阳映更红”文艺演出 (夏 刚 摄)

伍建设上领飞；强化规范监督机制，在促进乡村治理上领飞；强化物质投入机制，在提升公共服务上领飞”目标，社区党组织以水秀社区为标杆，围绕“党建引领制度化、组织设置网格化、组织生活规范化、为民服务精准化、基础保障优质化、社区治理特色化”的标准和要求，首年度遴选102个村党组织、108个社区党组织为培育对象，示范带动全市村、社区党组织建设整体提升。培养“吴仁宝式”基层党组织带头人，在华西村举办全市村、社区党组织书记集中培训，开设2期村、社区书记工作讲坛，410人参加，增强基层党组织书记的思想素质、政策水平和履职能力。

（朱隽昉）

10月9日，市委组织部、老干部局联合举办“畅谈新变化、畅想新生活”喜迎十九大书画摄影展（夏　刚　摄）

【全市党员和党组织概况】 至2017年年底，全市党员总数421407名，比上年净增1034名。全年发展新党员5615名，其中35岁及以下的4112名。全市党员中，女党员128516名，占30.5%。35岁及以下的103473名，占24.55%；36~45岁的74542名，占17.69%；46~55岁的74340名，占17.64%；56~60岁的28372名，占6.73%；61岁及以上的140680名，占33.39%。研究生学历的21428名，占5.08%；大学学历的120264名，占28.54%；大专学历的79258名，占18.81%。

全市基层党组织21647个，其中党委705个，总支部1705个，支部19237个。全市城市社区建立党委91个，总支部373个，支部71个，建制镇党委30个，村建立党委42个，总支部498个，支部34个。全市公有经济控制的企业法人单位建立党委92个，总支部57个，支部462个；非公有经济控制的企业法人单位建立党委148个，总支部189个，支部6116个。事业法人单位建立党委89个，总支部102个，支部1211个。国家机关、政党机关、人民团体和群众团体机关法人单位建立党委88个，总支部126个，支部355个。

（杨　俊）

【全市离休干部概况】 至2017年12月31日，全市离休干部1517人（含江阴市149人、宜兴市208人），平均年龄88.2岁。按参加革命工作的时期分，抗战前期62人，抗战后期219人，解放战争时期1236人；按享受待遇分，享受副省级医疗待遇1人，享受地市级以上政治、生活待遇92人，享受地市级医疗待遇149人，享受地市级医疗乘车待遇87人，享受县处级政治、生活待遇572人，享受科级及其他待遇616人；按机构性质分，机关386人，事业422人，企业709人；按年龄分，80~89岁1047人，90岁以上470人。

另有在无锡的部省属单位离休干部312人，外省市安置在无锡的离休干部102人，年内无市属离休干部迁往外省市。

（夏　刚）

【学习中共十九大精神】 2017年，无锡市以各级老干部部门和离退休干部党支部为单位，组织离退休干部集中收看十九大开幕式直播；下发通知对全市老干部工作系统贯彻中共十九大精神提出要求；结合重阳节走访慰问老干部，开展送学上门活动；市委老干部局局长王锡惠组织召开十九大精神学习会；邀请市委组织部调研员周建军作中共十九大精神宣讲报告；邀请江南大学马克思主义学院副教授唐忠宝作中共十九大精神解读；局领导章雷、袁伟强、周捷、吴金元，分别作中共十九大精神专题学习辅导；组织局机关及直属单位全体人员撰写中共十九大精神学习体会心得，并在《无锡老干部》刊物开辟交流栏目。

（夏　刚）

【发挥作用和倾情服务】 2017年，无锡市开展“千名银发人才服务千家企业”活动，发挥10万名银发人才独特优势，整合离退休专业技术人才资源，建立“银发人才智库”，助推无锡产业强市。1100多名老科技工作者与500多家企业对接服务项目1000余项。

健全完善离休干部医疗困难补助机制，提高离休干部护理费标准和提租补贴及部分抗战老干部医疗待遇，扩大用药范围，降低自费比例，简化异地就医手续。落实高龄养老服务专项经费，为离休干部购买家政服务券、意外伤害保险，对空巢、独居、失能等离休干部，采取配备助老员、上门巡诊等方式，提供亲情化个性化服务。

（夏　刚）

【出台《实施方案》】 2017年，市委常委会审议通过《无锡市关于进一步加强和改进离退休干部工作的实施方案》，方案把老干部工作分别纳入市（县）区、市级机关科学发展考核和绩效管理考核。离退休干部党建工作经费和支部书记工作补贴列入各级财政预算得到保障。市、市（县）区离退休干部党工委全部成立，老干部局局长兼任组织部副部长全面落实。调研信息工作连续5年名列全省前茅；年内，市委老干部局获“全省老干部工作先进集体”称号。

（夏　刚）

宣传工作

【概况】 2017年，无锡市宣传思想文化战线把迎接宣传中共十九大精神贯穿工作全过程，以中共中央总书记习近平关于宣传思想文化工作的重要讲话精神武装思想、提振精神、指导实践，围绕中心鼓与呼，服务大局闯与干，牢牢掌握意识形态工作主导权，组建市委宣讲团，开展135场十九大精神专题宣讲，“思想云”新媒体经验入选中央宣传部创新案例；大力弘扬核心价值体系主旋律，江阴、宜兴创成全国文明城市，无锡大市创成全国首个文明城市群。全年1人获“全国道德模范提名奖”、7人入选“中国好人”、曹婉芬家庭当选全国文明家庭；始终把稳新闻舆论引导主基调。开展“砥砺奋进的五年”迎接党的十九大主题新闻宣传活动和网络宣传，精心策划全国和省、市“两会”宣传，开展大走访、“263”专项行动、江苏发展大会和2017物博会等系列重大主题新闻宣传；全力争当文化发展繁荣主力军。建成多功能基层综合性文化活动室320余个，市美术馆建设进入立项阶段。13个项目获中央、省专项资金奖励2155万元，全市4家企业入选年度国家文化出口重点企业，举办上海国际艺术节无锡分会场、文化创意设计大赛等活动，民族歌剧《二泉》、民族舞剧《画女情怀》分别入选文化部、国家艺术资金资助项目。舞剧《英雄·玛纳斯》、广播剧《命若琴弦》等5个作品获省“五个一工程”奖，为高水平全面建成小康社会、加快“强富美高”新无锡建设提供强大价值引领力、文化凝聚力和精神推动力。

(锡　轩)

【理论宣传】 2017年，无锡市委宣传部结合无锡实际，把党中央治国理政新理念、新思想、新战略等10个方面列为全市县以上党委(党组)中心组理论学习专题内容。围绕深化改革、科技创新、生态文明、法治建设等主题，利用“梁溪大讲堂”，先后邀请专家和有关领导作专题讲座，全年举办“梁溪大讲堂”12场，同时利用《无锡日报》推出讲座精粹。围绕中共十九大精神和中共中央总书记习近平系列重要讲话、“一带一路”等方面内容，编印《参考文选》10期、《学习手册》1期、“手机微学堂”59期，服务党委(党组)中心组学习。围绕“坚定实施‘六大发展战略’，谱写‘强富美高’新无锡精彩篇章”的主题，在全市县(处)级以上领导干部中部署专题读书调研活动，促进领导干部学以致用、真学真用。围绕市委中心工作加强应用性研究，会同市社科联确定15个全市重点招标课题。通过向上申报，《深化供给侧结构性改革背景下的无锡产业强市战略研究》等3个课题入选省市协作课题。

9月30日，20对新婚夫妇冒雨赶到市革命烈士陵园向烈士献花
(市委宣传部　供稿)

理论宣讲。围绕学习中共十九大精神，召开全市宣讲工作动员会，成立由省委常委、市委书记李小敏为团长，所有市委常委、十九大代表、市有关部门领导及专家、学者共40人为成员的市委宣讲团，明确时间、对象、要求，在全市专题宣讲135场，并发动各级宣讲骨干和队伍宣讲，在全市兴起学习贯彻中共十九大精神的热潮。同时，通过精心遴选、专家评审、现场考察，评选江阴市青阳镇等18家单位为无锡市马克思主义大众化(理论宣讲)示范单位，树立先进、带动全盘。

拓展理论学习教育阵地。利用“思想云”理论学习平台，围绕宣传中共中央总书记习近平系列重要讲话精神，每天至少推介2条以上相关信息，丰富学习形式和内容。同时，完善、升级“思想云”平台，改进功能、丰富内容、加强推送。《“思想云”:微时代理论学习好帮手》，作为江苏省唯一典型经验入选由全国宣传干部学院编写的《宣传思想文化工作案例选编(2017年)》。同时，利用“手机微学堂”平台，编发手机短信超过5万人次，打造学习的“随身课堂”。

(锡　轩)

【核心价值观建设】 2017年，无锡市建设一批主题突出、特色鲜明的核心价值观建设示范点。在惠山古镇“秦氏双孝苑”，创建社会主义核心价值观(孝文化)教育实践基地。在江阴市祝塘镇，打造7000多平方米的核心价值观主题公园。在宜兴城区核心位置，建设家风家训广场，展示宜兴26个姓氏的家规、家训和家风故事。在惠山区洛社镇新开河安置房小区，利用楼道、长廊、广场、凉亭和步道，打造核心价值观主题社区。在新吴区，建设1万多平方米别具文化韵味的核心价值观公益文化墙。在江阴市华西村，打造核心价值观“10米场景圈”，村民在起居10米内，能耳濡目染受到教育。

开展核心价值观教育实践创新案例评选，编写《成风化人——社会主义核心价值观教育实践创新案例》，总结推广基层培育和践行核心价值观创新经验。会同市教育局编写《润物无声——无锡市中小学校训故事》，推动核心价值观进教材、进课堂、进头脑，培育良好的师德师风和校风学风。此外，与中国思想政治工作研究会联合开展运用无锡惠山祠堂文化，弘扬核心价值观课题研究。强化示范引领，加强先进典型学习宣传。年内推出“无锡最美人物”40人，3人入选“江苏最美人物”。

加强爱国主义教育基地建设。组织开展“砥砺奋进的五年”主题宣传教育活动，参加“喜迎十九大，全景看江苏”系列视觉作品大赛，30件作品获奖，数量位列全省第二名，并获优秀组织奖。围绕迎接中共十九大和中国人民解放军建军90周年，制定《关于在全市组织开展建军90周年主题教育活动的通知》《2017年无锡市国防教育工作要点》，举办《爱我中华，扬我国威——纪念建军90周年图片展》《华中抗战的长城——新四军在无锡图片展》，组织新婚夫妇向革命烈士献鲜花活动。在全市爱国主义教育基地中，部署“喜迎十九大，不忘初心跟党走”教育实践活动，对活动有特色、有成效的10家基地给予经费扶持。

开展文化科技卫生“三下乡”活动。在江阴市祝塘镇，举行2017年无锡市暨江阴市文化科技卫生“三下乡”集中活动。活动现场内容丰富，有文化、科技、卫生等专题咨询，“最美人物走基层”文艺巡演，“澄韵流芳”非物质文化遗产展示，还有体质检测、应急救护、专家义诊、书写春联等志愿服务，此外，社会主义核心价值观主题公园开园，市、区领导走访慰问当地困难家庭。据统计，全年市、县两级机关部门共筹集170余万元的“三下乡”扶持资金和物品。

（锡　轩）

【文化交流】 2017年，无锡市委宣传部组织市文化艺术演出团赴台湾台东县、新北市等地文化交流。赴丽江文化交流并签署无锡丽江两市文化交流合作备忘录。组织参与第三届江苏紫金合唱节并获优秀组织工作奖第一名。无锡画家画无锡展览

9月21日，江苏发展大会“吾锡网”云平台上线暨《天下无锡人》首发仪式

（市委统战部　供稿）

亮相第七届中国（无锡）国际文化艺术产业博览交易会。电影《西游记之孙悟空三打白骨精》、舞剧《英雄·玛纳斯》、电视动画片《成长不烦恼》、传记文学《布衣壶宗》和广播剧《命若琴弦》获江苏省第十届“五个一工程”奖。民族歌剧《二泉》作为江苏20多年来首部民族歌剧，入选2017年“中国民族歌剧传承发展工程”重点扶持剧目，参加第三届精彩江苏艺术展演月并赴京参加全国优秀民族歌剧展演。锡剧《珍珠塔》入围国家艺术基金2016年度传播交流推广资助项目，赴全国15个省市区22座城市巡演。滑稽戏《屋檐下的蓝天》参加第三届上海国际喜剧节滑稽戏展演。新编舞剧《画女情怀》成功巡演。“山河颂·无锡画家万里采风作品展”在河北美术馆开幕。纪录片《惠山祠堂群》《鸿山大墓》在中央电视台播出。举办第十九届中国上海国际艺术节无锡分会场。

（锡　轩）

【文化产业】 2017年，无锡市修订《无锡市文化产业发展扶持资金管理实施细则》。实施细则找准政策发力点，强化增加文化企业总量、提升文化企业效益，突出推动文化和科技、金融融合发展。组织高新区创成省级首批文化金融合作试验区，组织无锡（国家）数字电影产业园成立的无锡市影视文化金融服务中心创成首批省级文化金融服务中心，无锡农村商业银行创成首批省级特色文化金融机构，创成数量居全省第二。加强省级重点文化产业园区和重点文化科技企业建设，智慧无锡文化创意产业园被评为“江苏省重点文化产业园”，无锡市科虹标牌有限公司等5家企业被评为“江苏省重点文化科技企业”。

（锡　轩）

【新闻舆论宣传】 2017年，无锡市委宣传部制定《迎接党的十九大“砥砺奋进的五年”主题新闻宣传活动方案》《党的十九大精神宣传报道意见》等系列宣传报道方案，下发28期新闻宣传提示，会前会中会后、线上线下全方位发力做好新闻舆论宣传。组织媒体开设“开启‘两聚一高’新征程，建设强富美高新无锡”“喜迎十九大”“砥砺奋进的五年”“学习贯彻十九大精神，谱写无锡实践新篇章”“新时代新气象新作为”等20多个专题专栏，策划开展“代言中国实业，打造无锡实力”“探寻佛山智造密码，触摸深圳创新脉搏”“我的河长我的河”“大国重器上的无锡印记”等融媒体采访活动，推出“产业强市两年间”“发展富民在路上”“‘连心富民’‘联企强市’大走访”“263行动”“太湖安全度夏”等系列主题报道。十九大期间组建报道组、搭建演播室，邀请省委常委、市委书记李小敏等4位无锡党代表走进融媒体演播室，刊播各类报道200多篇、传

9月11日,省内首个地级市文明频道——无锡文明频道上线

(市委宣传部　供稿)

播量超过500万人次。十九大后迅速组织媒体开设专栏、报道宣讲、蹲点采访,统一思想,凝心聚力。

对外传播提质增量。依托央媒省媒讲好无锡故事,全年中央省级主要媒体刊播无锡重点报道770篇,比上年增长25%。江苏发展大会期间,率先上线"约在无锡"云平台、开展"天下无锡人"融媒体专访,无锡乡贤恳谈会传播总量超过2100万人次。2017物博会,组织中央、省、市媒体开展三轮预热宣传,物博会官方主题曲《WIOT》传播量超1500万人次、成为现象级"爆款","四位一体"物博会云平台访问量98万人次,物博会《5.24亿价值传播启示录》获全省宣传思想文化工作创新奖。20多家中央省级主要媒体十多批百余人次到无锡采访报道徐霞客镇行政审批制度改革、江阴相对集中行政许可权改革试点、物联网产业、红豆集团、华西村、大运河保护和文化传承等。红豆集团西港特区"一带一路"建设成果、太湖流域治理、河长制等被中央宣传部列为重大典型报道。新华社江苏分社两次到无锡调研并专访市委书记李小敏,采访太湖治理十年成效,推出重点报道《太湖:从蓝藻暴发到水质"年轻十岁"》;央视财经频道《对话》栏目年度重磅节目"为中国实业代言"走进无锡,"神威·太湖之光"、法尔胜等出镜央视十九大特别节目《还看今朝》和《航拍中国》。创新引进"国社"团队为物博会提供专业新闻采集和传播服务,组织18场高端访谈和28位重量级嘉宾专访,各大媒体推出一批有影响的深度报道,首次实现《人民日报》、新华社和央视综合频道、财经频道、中文国际频道报道"大满贯"。同时,坚持通过"十八湾"、@无锡、"聚力聚焦"微信群精准传播无锡发展"好声音",扩大影响。

引导媒体融合发展。2017年,由无锡市委网信办(市互联网信息办)、市新闻工作者协会主办的"无锡新媒体排行榜"推出,旨在通过精准权威的大数据分析,对全市政务类、媒体类新媒体排行榜公布,激励新媒体提升传播力、引导力、影响力、公信力。通过对新媒体"排座次",激发新媒体的内生动力,以用户思维、精品意识考量内容发布,提升水平。

(锡　轩)

【城市对外宣传】 2017年,无锡市启动"新时代新无锡"大型航拍活动,制作新的无锡城市形象片。落实2017年中国—东盟新闻部长会议共识,举办首届中国—东盟媒体合作论坛。无锡市舞剧《绣娘》、《丹顶鹤》、《聊斋·竹青》赴美国、加拿大、澳大利亚、新西兰、英国、荷兰等国商演,实现无锡原创舞剧在国际上良好开局。组团赴美国圣安东尼奥市参加建市300周年纪念活动,民乐演奏人员推介民乐等无锡特色文化,展示泥人等城市品牌。开展"同乐江苏——外国人汉语演讲大赛"苏南片区比赛、"爱在无锡"系列外宣活动。出版《认知无锡》系列丛书等外宣品。

(锡　轩)

【网络正面宣传】 2017年,无锡市委宣传部围绕主题主线,掀起学习贯彻中共十九大精神网上高潮,先后举行"喜迎十九大,无锡实体经济微分享""喜迎十九大,无锡大走访故事微分享"网络主题宣传活动,影响网民500多万人次。开展"开启'两聚一高'新征程,建设'强富美高'新无锡"等八个主题网上正面宣传。开设"砥砺奋进的五年"专题,其中原创稿件816篇,网上宣传考核在全省居于前列。向人民网、新华网等国内重点新闻网站、商业网站首页推荐重要新闻907条,向新华网手机政务通推荐新闻213条,总量位居全省前列。举办全市首届网络好新闻评选,提高全市网络新闻传播水平。精心策划举办网络文化活动,组织2017年全市第五届网络文化季活动,共开展41项网络文化活动;围绕"清明""端午""七夕""中秋""重阳"传统节日,开展"网络中国节,无锡好生活"2017无锡消费生活网络行活动,吸引网民近5万人次参与,展现网民风貌、传递梦想能量、激发家国情怀,形成线上线下互动,网上网下共通的网络活动大格局。围绕网络问政主线,拓展政府发声新平台,无锡发布政务双微,位列《人民日报》"2017上半年政务指数微博影响力报告"全国党政新闻发布微博第五名。11月30日,在人民网"2017年城市政务新媒体指数报告"中,无锡发布双微位列319个地级市总榜第三位,党政宣传第一位。举办全市百家政务新媒体矩阵上线仪式暨政务新媒体经验交流会,全市百家政务号集体入驻"无锡号""企鹅号"等四大平台,推出"无锡市新媒体影响力榜单",下设"政务类新媒体"榜和"媒体类新媒体"榜,对全市政务服务类微信公众号、官方微博、媒体从业人员自办的微信公众号、媒体类官方微博统计分析汇总发布。

（锡 轩）

【宣传干部队伍建设】 2017年，无锡市委宣传部认真学习中共十九大精神和习近平新时代中国特色社会主义思想，加强党的宣传工作理论知识、党的建设理论与实践、党的群众路线工作方法等教育培训，全年举办10期培训班，培训人数1330人。加大机关作风效能建设和内部管理力度。主动配合市委第二巡察组对市文明办和市委讲师团巡察工作。在年度全市绩效作风建设和社会评议中，单项得分名列全市第一。

（锡 轩）

【市委讲师团宣讲工作成效显著】 2017年，市委讲师团坚持“融入服务、组织协调、创新发展”的工作思路，在理论宣讲、课题研究和重大活动组织等方面取得新成绩。孟菲被评为“全国基层理论宣讲先进个人”。《“互联网+文化发展”的路径探索》获全省宣传思想文化工作优秀调研成果一等奖。《坚持问题导向，创新理论宣讲工作》获全市宣传思想文化工作调研报告一等奖。

强化统筹协调，确保完成重大活动。根据省、市委统一部署，做好中共十九大精神省委宣讲团到无锡宣讲及市委宣讲团宣讲的联络协调、媒体报道、信息报送等工作。在全市组织开展“‘两聚一高’中的你我他”“百姓名嘴”风采展示活动，在全省决赛中，无锡市2名选手分别获得二等奖和三等奖。在全市开展理论宣讲文艺作品征集活动，评选优秀作品20部送省参评，获一等奖3个，二等奖4个，三等奖6个。

走进基层一线，开展理论宣讲。围绕贯彻中共十九大精神、“两学一做”学习教育、省市第十三次党代会精神等组织专题理论宣讲80余场，产生很好的社会反响。在新吴区新安街道、旺庄街道、梅村街道、空港经济开发区、江溪街道、鸿山街道等地开展“公益宣讲基层行”活动。

加强课题研究，提升宣讲高度。围绕“聚力创新”“党的建设”“文化发展”等中心工作开展课题研究，完成省社科基金课题1项、市社科重点课题《无锡提升集聚全球创新资源能力研究》等5项，并与延安市有关部门合作完成《延安无锡携手奔小康》子课题1项。加强应用研究，推动成果转化。分别在《江南论坛》《经济研究导刊》《无锡日报》等报刊上，发表《无锡创新发展的区域比较及对策建议》等理论调研文章10多篇，编辑出版书籍《微故事传大义》。

突出务实创新，拓展理论宣讲阵地。市委讲师团在实地考察、组织评审的基础上，推荐5个基层单位参与省理论宣讲示范点评选。利用无锡宣讲网、无锡宣讲微博和微信公众平台，及时更新内容，用新媒体拓展宣讲工作平台。落实全市讲坛备案管理工作，全年市级讲坛报备107场。加强师资库长效管理。做好思想云微信客户端的信息发布，编发手机微学堂50多期。

（肖复新）

统一战线工作

【概况】 2017年，全市统战系统围绕市委、市政府中心工作，发挥统一战线独特优势，积极凝聚人心、汇聚力量，加大党外代表人士安排使用力度，开展民营企业管理技术人员统战试点工作，举办江苏发展大会无锡乡贤恳谈会、第三届全球锡商大会、“无锡—香港智能制造和现代服务业合作恳谈会”等活动，促进无锡对外交流合作，拓展统战工作领域，各项工作取得新成绩。

（姚静芳）

【巩固多党合作思想政治基础】 2017年，市委统战部下发《2017年市各民主党派开展“不忘合作初心，继续携手前进”专题教育活动重点工作一览表》，推动市各民主党派、无党派知识分子联谊会开展“不忘合作初心，继续携手前进”专题教育，通过举办“观故居，增共识”等活动，使多党合作的优良传统薪火相传、发扬光大。举行统一战线学习中共十九大精神报告会，在全市统一战线兴起贯彻中共十九大精神热潮，切实把统一战线广大成员的思想和行动统一到中共十九大精神上，把智慧和力量凝聚到实现“两个一百年”的宏伟目标上，夯实共同奋斗的思想政治基础。加强党外代表人士教育培养工作，举办党外领导干部学习班、第26期民主党派骨干多党合作理论研修班、第28期党外中青年干部培训班、民主党派新成员培训班、无党派人士培训班等，增强党外代表人士“四个意识”和接受中国共产党领导的自觉性和坚定性。

（姚静芳）

11月25日，市委统战部举办“无锡新英汇”新阶层统战工作示范基地培训班 （市委统战部 供稿）

11月27日,市委常委、统战部部长陈德荣调研基层统战工作
(市委统战部 供稿)

【参政议政和民主监督】 2017年,无锡市委统战部起草《关于支持民主党派市委开展重点考察调研的实施意见》。实施意见对重点考察调研的选题、内容、形式、程序、成果运用等进行规范,为民主党派开展考察调研、做好参政议政、民主监督工作创造有利条件。研究、制订年度专题民主协商计划,协助市各民主党派、工商联和无党派知识分子联谊会围绕"增进民生福祉""科技创新与产业升级"协商专题,开展调研活动,形成《深入开展国家养老服务业综合改革试点,着力提高医养融合水平》等调研成果18篇。协助市委召开专题民主协商会,就增进民生福祉等听取市各民主党派、工商联和无党派知识分子联谊会的意见建议。协助市各民主党派、工商联和无党派知识分子联谊会围绕"产业强市相关政策措施落实情况",开展专题民主监督,并将民主监督调研成果汇编成《民主监督情况专报》,推动市委、市政府决策部署的贯彻落实。召开"文化繁荣与发展"和"增进民生福祉"专题民主协商意见建议办理落实推进会,提高专题民主协商意见建议办理落实水平。
(姚静芳)

【党外干部使用】 2017年,市委统战部做好市人大常委会、市政府、市政协换届中党外人选的酝酿、推荐、提名、协商等相关工作,保证换届工作如期完成,市政协委员和常务委员中党外人士比例都符合要求。新一届政协委员445人,其中新提名250人,党外人士270名(其中民主党派成员178名,占60.7%),人员组成合理,代表性广泛。加大党外干部的推荐使用力度,6个市级民主党派组织的主要负责人进入同级人大常委会、政府和政协领导班子,实现无锡市党外领导干部配备上的一大突破。协助做好全国、省人大常委会、政协换届党外人士建议人选的推荐工作,共推荐全国和省人大常委会党外代表、政协党外委员55名。年内,为加强年轻党外干部培养,会同市委组织部联合研究、制定《关于党外干部队伍建设"321人才计划"的实施意见》,为市人大常委会、政府、政协、司法部门及市各民主党派领导班子建设提供高素质后备人才。
(姚静芳)

【新的社会阶层人士统战试点】 2017年,无锡市认真学习中央、省委新的社会阶层人士统战工作会议精神,分析形势,部署任务,统筹推进新的社会阶层人士统战工作。9月,市委办出台《关于加强新的社会阶层人士统战工作的实施意见》,建立新的社会阶层统战工作联席会议制度,制定《无锡市新的社会阶层统战工作联席会议工作规则》《无锡市新的社会阶层统战工作联席会议成员单位工作职责》等,明确任务要求,落实工作责任。按照省委统战部部署,开展民营企业管理技术人员统战试点工作,建立工作联系点制度,确定50家不同类型、不同规模的民营企业为重点联系单位,选择500名企业管理技术人员为联系对象,建立300余人的代表人士队伍。开展"无锡新英汇"新的社会阶层人士统战工作实践创新示范基地创建活动,依托园区、街道、社区、楼宇、行业组织,搭建新的社会阶层人士工作平台。围绕提高新的社会阶层人士统战工作规范化、制度化、长效化水平,探索形成"组织协调、教育培训、联系交流、激励评价、政治安排"工作机制。研究制定《无锡市新的社会阶层代表人士综合评价实施细则》,建立"政治思想、履职尽责、工作创新、公益慈善、遵纪守法、社会影响"6大类、20多个项目的综合评价指标体系,提高新的社会阶层代表人士选拔培养工作科学化水平。
(姚静芳)

【非公经济人士理想信念教育】 2017年,无锡市召开全市非公经济人士理想信念教育交流会,授予红豆集团等10家企业为"理想信念教育实践活动示范点"称号。市委统战部深化感恩社会光彩公益"百千万工程",组织民营企业参与"百企帮百村"精准扶贫工程、光彩公益走进太湖学院等活动,通过"产业帮扶、智力帮扶、助学帮扶、就业帮扶和捐赠帮扶"模式,引导全市非公经济人士富而思源、回报社会。组织实施青年企业家基业长青教育培训"百千万工程",首期培训150余名青年企业家,为无锡非公有制经济健康发展提供人才支撑。围绕"传承工商基因、汇聚锡商力量"主题,举办第三届全球锡商大会,发布"无锡市百强民营企业",首次授予10名海外无锡商人"锡商勋章",表彰"无锡市十大杰出锡商""无锡市百名锡商人物",颁发第五届"唐翔千卓越工程师奖""唐鹤千卓越青年创意人才奖"。会上还签订18个投资项目,金额256.6亿元。开展"锡商民情员千企万户大走访"活动,组织机关干部进村、入户、到企业,当好联络员、宣传员、指导员、服务员。无锡市工商联被评为"全国工商联2017'创新中国'工商联工作特别奖(地市级第一名)"。建立"锡商联盟政企直通车",畅通民营企业诉求通道。实现全市7

个板块“纳税人之家”全覆盖。

（姚静芳）

【民族宗教工作】 2017年11月，无锡市委、市政府联合发布《关于加强和改进新形势下民族宗教工作的实施意见》，成立江苏省首家“少数民族传统体育项目训练基地”。同月，无锡市民族宗教工作领导小组印发《关于进一步完善少数民族群众服务体系的意见》，提高全市做好少数民族流动人口服务管理的能力和水平。开展以“做学法守法用法的新市民”为主题的少数民族法律法规宣传教育。先后在梁溪区古运苑社区、惠山区惠南社区成立无锡市“民族团结进社区示范点”。加强宗教团体建设，1月，无锡市民族宗教事务局出台《市级民族宗教团体联席会议制度》，通过定期召开会议、举办联谊活动等形式，促进各市级团体间的联系与交流。在全市宗教界部署以“坚持宗教中国化方向”为主题的讲经论道活动。推进星级宗教活动场所认定工作，完善《无锡市星级宗教活动场所认定考核评分细则》。开展“慈善品牌深化年”、慈善周”活动，新成立“无锡惠缘慈善基金会”、梁溪区“汉慈永兴嗣慈善基金会”。协助举办“纪念赵朴初居士110周年诞辰暨中国佛教文化研究所成立30周年学术研讨会”。年内，无锡市民族宗教事务局获“全国宗教工作系统先进集体”(地级市全国唯一)称号。

（姚静芳）

【海内外统战工作】 2017年，市委统战部协助做好江苏发展大会联络服务工作，组织举办“共叙乡情，同筑梦想”江苏发展大会无锡乡贤恳谈会，邀请海内外无锡人士200余人参加大会，达成合作项目16个。开通对接江苏发展大会“我苏网”的首个地级市外宣云平台“吾锡网”。做好无锡香港经贸合作交流组织服务工作，加强无锡香港合作交流。12月7日，在香港举办“无锡—香港智能制造和现代服务业合作恳谈会”，香港主要商协会、行业机构代表、企业家代表等200余人参加活动，现场重点签约11个项目，投资额49.21亿美元，助力无锡产业发展。组织举办“无锡海外联谊会国情研修班”，35名无锡旅港同乡会和义工队骨干学员参加井冈山革命传统教育和基本国情教育。组织实施“同创未来——香港大学生无锡暑期实习计划”，香港7所大学的40位大学生到无锡参加为期40天的实习活动。加强香港无锡商会领导班子建设，完成香港无锡商会换届工作。

（姚静芳）

【提升统战工作科学化水平】 7月13日，无锡市召开市委统一战线工作领导小组第一次全体会议，会议审议通过《中共无锡市委统一战线工作领导小组工作规则》《中共无锡市委统一战线工作领导小组成员单位职责分工》《中共无锡市委统一战线工作领导小组办公室工作细则》文件，统战工作“大格局”形成。市委统战部落实市委关于党风廉政建设党委主体责任、纪委监督责任的实施意见，围绕党风廉政建设“两个责任”，细化明确“五个清单”，把责任压紧压实。组织开展“两学一做”学习教育，推进“两学一做”学习教育常态化制度化。配合市委第一巡察组巡察市委统战部，认真整改巡察发现的问题，营造风清气正的政治生态和干事创业的良好环境。加强统战干部教育培训，组织、举办为期3天的全市统战干部培训班。开展“统战系民情、推进走帮促”大走访活动。至2017年年底，走访科研院所1所，走访街道单位2个，走访企业86家（其中试点任务企业50家），走访居民家庭288家，上报工单269条，工单办结率99.8%。

（姚静芳）

1月19日，市委统战部民族宗教界召开2017’迎春联欢会

（市委统战部 供稿）

调查研究工作

【概况】 2017年，市委研究室(改革办)结合自身职能定位，把握调查研究和改革服务工作格局，以开展“连心富民、联企强市”大走访活动为动力，以加快转型发展为主线，注重提高思想政治、服务决策、改革协调、内部建设等方面水平。全年编发《决策参考》7期、《情况与建议》11期、《改革动态》17期，营造浓厚改革氛围。

（朱 勇）

【聚焦重点工作调研】 2017年年初，根据市委主要领导要求，市委研究室围绕高水平建成全面小康社会的民生短板问题，专门组成课题组，通过书面调研、个别访谈等调研形式，在全面了解全市主要民生短板问题基础上，形成《关于我市补齐民生短板的专题调研报告》。市长汪泉在报告上批示：“此调研报告调查研究深入，言之有据、客观透彻地反映了我市民生工作中存在的短板和不足，应引起高度重视，作为今后改革和保障民生的重要参考和决策依据，请市发改委等12个部门阅研”。国有企业改革是市委、市政府确定的重点工作。年中，经市分管领导同意，围绕国企改革这个重大课题，研究室创新调研形式，以“合作+委托”方式，联合市经济学会组成调研组，并委派室相关人员参与跟踪，赴深圳、重庆等地区，以及市相关部门、重点国有企业集团调研,形成《关于深化市属国有企业改革的研究》1个总报告和7个分报告的系列调研成果,并在市国有企业会议前,呈报市领导参阅,为市委、市政府推进国企改革提供基础资料和决策依据。此外,市委研究室及时总结深圳质量型发展经验,并对无锡市推进高质量发展提出一些建设性建议。

(朱　勇)

【聚焦热点难点调研】 2017年,江阴市作为县级集成改革省级试点,其下辖的璜土镇创新体制机制,率先探索出“三资”全公开运行做法。为此,市委研究室专门赴江阴相关部门和璜土镇调研,总结介绍其“三资”管理经验,得到市委相关领导关注。市纪委书记王唤春批示:“璜土镇‘三资’全公开经验要认真总结,特别是发票、凭证、清单全公开,非现金结算等做法要逐步在全市推进”。特色小镇正成为国家各地投资建设热点,无锡市相关地区也在积极推进。无锡鸿山物联网小镇是江苏省首个物联网小镇,市委研究室利用走访联系点时机,专门对其发展分析总结,调研报告被市《走访工作动态》刊登。在此基础上,市委研究室还对列入市级培育的特色小镇摸底调研,总结存在问题,提出一些针对性建议,推动全市此项工作开展。同时,围绕“无锡和佛山推动智能制造发展的比较研究”“加强我市新型智库建设”“无锡构建‘清亲’政商关系中有效规范监督企业行为”“江阴市创新村级医疗互助制度”“关于深入推进无锡市供给侧结构性改革”等10多个课题调研,形成一批较高质量报告。有些调研成果被省委研究室(改革办)刊载。

(朱　勇)

【形成全市“大调研”工作网络和格局】 2017年,市委研究室积极发挥在全市调研工作中的综合协调作用,建立包括全市7个板块和20多个重点部门的调研联络员制度,组织开展“总结改革新成果、共献发展新良策”专题调研活动,收到“产业强市”“富民工程” 等专题类调研报告126篇,初步形成全市“大调研”工作网络和格局。搭建“大调研”交流平台。利用《决策参考》《情况与建议》交流平台,及时反映全市工作进展情况,发挥党委调研系统参谋助手作用。

(朱　勇)

【加强“大智库”建设】 2017年,无锡市推进“江南智库”建设。市委研究室牵头组织起草《无锡市人民政府、江南大学关于人才引进干部培养智库共建合作协议》,建立由市委研究室、市政府研究室、江南大学社会资源处组成的联席会议制度和人才交流工作,确立2017年“江南智库”首批36个重点课题。“无锡市物联网发展与智慧城市建设课题研究”“无锡上市公司可持续发展课题研究”等课题已经展开。协同推进智库力量整合,构建与市委党校苏南发展研究院、市经济学会等智库的联系合作机制,建设“智库联盟”。协同推进重大决策咨询委员会制度建设,根据江苏发展大会部署,会同市委统战部全面开展对海内外无锡籍和在无锡工作过的人士的摸排工作,梳理出50多名海内外人士,起草《关于聘请部分无锡海内外知名人士为无锡决策咨询专家的方案》《关于完善无锡市重大决策咨询委员会制度的实施方法》,为全市建立重大决策咨询委员会专家库做好高层次专家人才储备。协同办理市政协《关于推进我市政府“智库”建设的建议》提案,办理结果得到相关政协委员认可。

(朱　勇)

【综合协调和改革部署】 2017年,市委研究室(改革办)按照市委全面深化改革领导小组工作部署,在落实中央和省委全面深化改革领导小组2017年工作要点基础上,结合无锡实际,坚持供给侧结构性改革,围绕经济体制、政治体制等八方面改革任务,起草市委全面深化改革领导小组2017年工作要点,细化形成276项具体改革任务,确立24项年度重点改革事项,并明确责任分工,同时梳理无锡市承担的国家级试点28项和省级改革试点13项,明确全市自主实施4项改革任务,并分解落实责任单位、年度目标任务与进度安排,推动各地各部门切实把改革重任担起来。根据省委深改组部署,建立市、县(市、区)领导联系重点改革任务责任制,党政主要领导每人联系两项重点改革任务、市领导每人联系一项重点改革任务,市(县)区领导每人联系一项重点改革任务,并将重点改革任务季度推进情况报省委改革办。牵头抓好重点改革工作的协调推进,围绕部署推进群团改革,多次牵头召集专题会议,就市总工会、团市委、市妇联、市科协改革实施方案中有关机构、编制、干部职数等重点难点问题,与相关职能部门反复会商,形成比较成熟的改革实施方案,直接推动相关改革工作的实施。组织举办2017年度全市党委研究室(改革办)系统业务培训班,提升全市改革系统工作人员推动改革的本领和水平。

(朱　勇)

【真督实查】 2017年,市委研究室(改革办)抓好全面督察。按季度对全面深化改革年度工作要点进展情况全面督察,分别形成《改革督察通报》和《市委全面深化改革领导小组2017年工作要点季度推进情况表》,对任务未细化、责任未落实、工作未启动、进度未达标的,逐一进行督促和提醒,并上报省委改革办。抓好试点督察。积极发挥改革试点的示范效应,按季度对无锡市承担的国家级和省级改革试点推进情况跟踪督察,促进先行先试,努力形成可复制、可推广的成功经验。

(朱　勇)

【专项督查】 2017年,市委研究室(改革办)重点对无锡市文化市场综合执法、群团改革、农村土地承包经营权确权登记颁证工作、农业供给侧结构性改革、供销合作社综合改革等推进情况,以及市(县)区改革办机构建设情况专项督查,有关情况及时上报,相关督查通报得到市委领导高度重视和肯定,如市委副书记徐劼在“关于无锡市农村土地承包经营权确权登记颁证工作的督查通报”上专门批示,对推进相关改革工作起到促进作用。

(朱　勇)

【加强考评宣传】 在2016年《无锡市全面深化改革工作绩效考评实施细则(试行)》基础上,市委研究室(改革办)探索创新全面深化改革工作绩效评价机制,制定《无锡市2017年全面深化改革工作考评办法》,正面开展全年绩效考评。加大考评结果应用力度，把改革考评纳入市(县)区科学发展考评体系，及市级机关部门(单位)绩效管理和作风建设综合考评体系，形成鲜明导向，促进各地、各部门重视改革、主动谋划改革、合力做实改革，确保中央和省市委关于全面深化改革的重要决策部署有效落实，化为无锡创新实践。年内，汇编整理2016年无锡市改革工作在国家级、省级等重要媒体上的宣传报道135篇，形成《击楫勇进——2016年无锡改革创新新闻集锦》《无锡深化改革典型案例汇编》，部分改革典型案例得到省委改革办肯定。

(朱　勇)

对台工作

【概况】 2017年，无锡新批台资项目32个，新增协议注册台资3.23亿美元，实际到位台资1.70亿美元。全市台资企业增资项目14个，协议增加注册台资1.24亿美元。台商以人民币投资项目4个，协议投资18.02亿元，年内已到位3.62亿元。全市因公赴台湾团组251批1060人次，其中经贸团组46批291人次，交流团组60批492人次，培训或商贸团组145批277人次。无锡居民赴台湾旅游15836人次。无锡市百和织造有限公司董事长兼总经理、无锡市台协会会长郑国烟被授予“无锡市荣誉市民”称号。

(崔世平)

【举办系列纪念活动】 2017年是海峡两岸开放交流30周年，无锡市台办系统及有关方面举办各种形式的纪念活动。10~12月，先后举办无锡市对台工作30年图片展、优秀台资企业展示、专题报告会、台商台属联谊晚会、无锡台商看无锡、编印纪念画册、对台工作微视频创作及“远纺杯”两岸亲情征文等系列纪念活动，活动引起较大社会反响和公众的积极参与。全市创作对台工作微视频13部，收到征文267篇，其中外地征文125篇。11月7~9日，由两岸企业家峰会和全国台湾同胞投资企业联谊会主办的首届大陆台资企业产品展销会在南京举行。健鼎电子、盟创科技、祥狮艺术制品、台宜陶瓷、百和织造、三能器具、富星地毯、江阴珍宝香、经典陶坊代表无锡台资企业参加展销会，红宝油墨、远东纺织等也与关联企业参加展销活动。

(崔世平)

【新北市文化经贸团访问无锡】 2月17~18日，台湾新北市副市长侯友宜率文化经贸考察团访问无锡。无锡市市长汪泉等会见侯友宜一行。在无锡期间，新北市客人参访朝阳水果批发市场、金桥副食品市场等，并与无锡市商务局、文化局及部分商贸企业负责人就具体合作交流事宜进行商讨。

(崔世平)

【海峡两岸棒球交流赛在无锡举行】 6月23~27日，2017年“新吴杯”海峡两岸棒球交流赛在新吴区棒球训练基地举行。海峡两岸16支球队、440多名棒球选手进行40场比赛，无锡梅村实验小学队夺得少年棒球组冠军。海峡两岸棒球交流赛自2011年起由中国棒球协会与中华台北棒球协会共同举办，海峡两岸轮流办赛，至今连续举办6届。经国家体育总局手曲棒垒球管理中心同意，自2017年起，大陆地区赛事长期由无锡市新吴区人民政府承办。

(崔世平)

【举办苏台青少年棒球交流赛】 8月8~9日，由江苏省台办、江苏省体育局主办，无锡市台办、南京市台办、昆山市台办、无锡市体育局、无锡市教育局承办的2017年“希望杯”苏台青少年棒球交流赛暨“太湖风·两岸情”棒球嘉年华活动在无锡棒球训练基地举行。江苏和台湾15支棒球队进行友谊比赛。比赛后，两岸学生表演各类文艺节目，并进行联欢活动。

(崔世平)

【台东县议会组团到无锡参观】 9月18~22日，台东县议会副议长、中国国民党台东县委员会主任委员陈宏宗一行24人到无锡参访交流。台东县客人参观宜兴陶瓷博物馆、江阴华西村等海峡两岸交流基地，并与无锡市副市长王进健等进行座谈交流。

(崔世平)

【北大软微无锡基地录取台湾新生75名】 2017年，北京大学软件与微电子学院无锡产学研合作教育基地录取台湾新生75名，数量超过大陆学生。自2012年起，该基地面向台湾地区招收集成电路工程、计算机技术、软件工程专业方向研究生，每年录取50~60名台湾新生。

(崔世平)

【组织台商考察对口支援地区】 7月29日至8月5日，无锡市台办、无锡市台湾同胞投资企业协会组织部分台商赴新疆考察无锡对口支援地区和“一带一路”建设。先后考察阿合奇县、石河子市、霍尔果斯市、霍城县等地，与相关地区招商部门对接。经实地考察，确定支援阿合奇县收购当地蒜头并深加工、县牲口屠宰场和物流公司建设项目，并向当地民族文化事业捐款。

(崔世平)

【成立无锡市海峡两岸交流促进会】 12月28日，无锡市在梁溪饭店举行无锡市海峡两岸交流促进会成立大会。促进会由无锡市台湾同胞投资企业协会、无锡市台湾同胞服务中心、无锡市台商服务中心、无锡市台属联谊会、无锡市滨湖区台属联谊会发起成立，有32个创会成员单位。无锡上农农业科技江苏股份有限公司董事长张晓峰当选为会长，无锡市玉祁酒业有限公司董事长姚永海当选为监事长。该促进会是致力于推动无锡与台湾地区经贸往来、文化交流等活动的民间社团组织。

(崔世平)

党校工作

【概况】 至2017年年底，中共无锡市委党校(无锡市行政学院)有教职工83人，其中专职教师17人(副教授以上职称12人)，同时聘请一批国内专家、学者、企业家和市有关方面领导担任兼职教授。市委党校挂有无锡市社会主义学院、无锡市国防教育学院、中共中央党校无锡科研基地、中央社会主义学院主体班教学基地、江苏省高层次创新创业人才培训基地、江苏省社会科学院无锡分院、苏南发展研究院等牌子。

设有基本理论教研室等5个教研业务机构和教务处等11个管理机构。同时设有中共无锡市委党校（无锡市行政学院）梁溪区分校(分院)、新吴区分校(分院)。学校图书馆藏书6.5万余册，常年订阅报刊400余种，与市图书馆合作共建无锡市图书馆市委党校特色分馆。学校实际占地6.14公顷，建筑面积2.39万平方米，能同时容纳近千人学习培训。

3月，市委决定撤销市委党校纪委，由市纪委派驻第三纪检监察组履行日常监督工作。

(刘周一叶)

【市管干部轮训】 11月20日，无锡市市管干部学习中共十九大精神轮训班在无锡市人民大会堂举行开班式。省委宣讲团成员、省委常委、市委书记李小敏出席开班式并作宣讲报告。至年底，先后举办7期轮训班，每期轮训班为期2~2.5天，轮训市管干部1300余人。轮训主要开设“习近平新时代中国特色社会主义思想的历史地位和丰富内涵”“贯彻新发展理念，建设现代化经济体系”等课程。邀请市领导和上级党校、高校专家、学者授课，采用个人自学、课堂讲授、交流研讨和学习调研相结合的教学方式，确保培训质量。《无锡日报》连续7天刊载37篇轮训班学员学习中共十九大精神体会文章，首次连续专版集中展示校(院)学员学习成果。

3月、5月和9月，分别举办为期1个月的市管领导干部“认真落实‘四个全面’要求，提升‘强富美高’新无锡建设水平”轮训班，培训学员239人。至此，为期三年的“认真落实‘四个全面’要求，提升‘强富美高’新无锡建设水平”轮训结束，前后办班11期，培训学员815人。

(刘周一叶)

【中共十九大精神宣讲研究】 11月20日，中共市委党校组建由校领导和骨干教师组成的中共十九大精神宣讲团，宣讲《决胜全面建成小康社会，夺取新时代中国特色社会主义伟大胜利——学习党的十九大精神》《习近平新时代中国特色社会主义思想》《中国特色社会主义进入新时代》《贯彻新发展理念，建设现代化经济体系》《坚定不移全面从严治党》《新党章：党的根本大法的与时俱进》等专题。据不完全统计，为全市机关企事业单位提供宣讲近100场次，参加学习1.2万余人，受到干部群众好评。5名干部教师参加全市学习贯彻中共十九大精神宣讲团，成员人数居全市机关单位之首。在中央党校《学习时报》和《无锡日报》等发表理论宣传解读文章23篇。

11月，参加环太湖发展研究中心2017年年会，围绕“习近平新时代中国特色社会主义思想与环太湖区域经济社会创新发展”主题，共同探讨环太湖地区的新实践、新探索、新发展。3篇论文被评为年会优秀论文。12月，在中共锡山区委党校举办全市党校系统学习中共十九大精神理论研讨会暨“党校论坛”2017年年会。一批教师应邀参加省、市中共十九大精神相关理论研讨会。

(刘周一叶)

【干部培训轮训】 2017年，中共无锡市委党校有班次在校290天，其中有主体班在校236天，共举办中共十八届六中全会精神轮训班、公务员任职培训班、中青年干部培训班等主体班34期，培训学员3944人次。理论教育和党性教育课时占比达75%，其中党性教育占比23%。举办委托培训班212个，培训学员1.51万人次。培训量在全省党校系统中位居前列。全年开设课程102门，新开课程占比42%，主体班学员综合测评满意率达99.4%。首次将分校部分主体班次纳入校(院)主体班次计划统筹组织实施，共举办梁溪区区管干部、青年干部等培训班3期，培训学员147人次。报送的“突出主业主课 做强做优党的理论教育与党性教育”项目，被评为全市宣传思想文化工作优胜项目。

(刘周一叶)

【科研咨政】 2017年，中共无锡市委党校有31项课题获准立项，其中省社科基金课题1项、省软科学项目1项、省“333”工程项目1项、全省党校系统重大调研课题1项、市哲学社会科学重点课题3项。3项省委党校调研课题均获优秀结项。公开发表论文97篇，其中在核心期刊发表论文23篇。2篇论文被人大复印报刊资料全文转载。提交各种学术会议论文40余篇。

首次设立4项校咨政课题，其中重大咨政课题成果《梁溪区再创发展新优势的思路与对策建议》得到市委有关领导肯定。编辑报送《领导参阅》4期，其中1期获得市长汪泉批示。向中央党校提交智库建设、教研咨一体化等调研报告2篇。启动省社科院无锡分院工作并承担省社科院“书记省长指定课题”1项。与市委研究室建立智库建设长期协作关系，联合市委宣传部、市政府研究室、江南大学以及市(县)区委党校等开展重点课题研究。近20人次参加市有关部门论证会、专题座谈会和媒体专题栏(节)目，提供咨政服务。

(刘周一叶)

史志工作

【概况】 2017年，无锡市史志系统以迎接中共十九大召开和学习中共十九大精神为主线，以全面完成新一轮修志任务为重点，以力争实现市、市(县)区年鉴全覆盖为目标，聚焦主职主业，坚持主业主抓，在党史编研、志书编修、年鉴编纂、史志宣传、史志资政、地情研究、阵地建设等方面取得新成效。年内，市史志办被省委党史工办、省人社厅联合表彰为“全省党史工作先进集体”。

(黄 杨)

【《无锡市志（1986~2005)》出版发行】 2006年2月，无锡市召开全市地方志工作会议，启动《无锡市志(1986~2005)》(简称“市志”)编纂工作。在市政府领导关心和支持下，在全市184个部门、200多名志稿撰写人通力协作下，市史志办在广泛听取地方志专家和部分领导意见基础上，几易其稿，反复修改和完善，历时十多年之艰辛，市志于2017年由方志出版社出版发行。市志采用中编体结构，分4册，45卷258章1198节，约500万字。上限为1986年，政区、杂记、补遗等内容有所追溯、补记；下限为2005年，志首彩页部分延伸至2010年。彩页照片114帧，内页随文照片426帧，内容涵盖政区地理、城乡建设、政治、经济、军事、文化、社会等各方面。市志全面翔实录载全市自然地理、建置沿革、区划调整、人口变化、风景名胜、城乡建设、环境保护、文化遗产、风俗民情、杰出人物、轶闻掌故等地情资料；繁简有序记述无锡市20年间深化各项改革，扩大对外开放，加快经济发展，推进小康社会建设的伟大历程以及所取得的瞩目成就。6月7日，在无锡市民中心举行市志首发式，市长汪泉、省地方志办公室主任漆冠山、副市长王进健、方志出版社代表李江、市级机关供稿单位撰稿人、现场接受赠书单位代表等150多人参加首发式。首发式后，市史志办通过多种渠道赠书。年内，向市各部委办局、市各人民团体、市各直属单位、市内外文史专家、社会文史爱好者等赠送市志1225套。

（黄　杨）

7月24日，洛社镇启用"先锋农场"献礼中共十九大

（市委统战部　供稿）

【开展系列党史纪念和宣讲活动】 2017年，无锡市史志办牵头组织无锡市党建创新重点项目——"开展系列党史纪念和宣讲活动"。年内，为纪念中国共产党成立96周年、全民族抗战爆发80周年、中国人民解放军建军90周年和刘群先110周年诞辰，举办"红色记忆·见证辉煌"党史讲堂、《华中抗战的长城——新四军在江苏》图片展、《爱我中华扬我国威——庆祝中国人民解放军建军90周年图片展》等系列活动，受到市领导、驻无锡部队官兵及广大干部群众肯定和好评。组建全市党史宣讲团，走进机关、社区、企业、学校，宣讲《从苦难到辉煌——中国共产党的奋斗历程》《无锡地方党史对加快建设"强富美高"新无锡的启迪》《追溯峥嵘岁月，重温红色记忆——无锡党史上的重大事件》等主题。活动5个月，举办专场宣讲10场，巡回宣讲20场，听众超过3000人次，在全市范围内掀起学习党史、宣传党史的热潮。

（黄　杨）

【全面征编党史档案资料】 2017年，为全面掌握第一手党史编研素材，市史志办组织党史业务骨干到无锡市档案馆，查阅1978年到2002年期间，市委、市人大常委会、市政府、市政协及市各综合部门的档案资料。年内，初步形成无锡党史三卷本纲目，为编写《中共无锡地方史》第三卷奠定基础。《杰出的女工领袖——刘群先纪念文集》编辑出版，全书20万字，附图60张，史料翔实，内容丰富，是无锡地方党史乃至全国工运史不可缺少的珍贵史料。完成《建设强富美高新江苏》无锡部分3个专题、《江苏党史专题集》无锡部分2个专题、《中共江苏党史人物传》11个无锡党史人物传记、《大江南北军旗红》13个专题的组稿工作。出版雨花台烈士传记《蒋云传》，基本完成《史砚芬传》《朱杏南传》初稿。

（黄　杨）

【区志、名镇(村)志编修】 2017年，无锡市完成名镇名村统计汇总和名镇、名村志申报工作，《鹅湖镇志》《严家桥村志》《祝陵村志》入选江苏名镇名村志首批出版计划。5月22日，市政府办印发《无锡市江苏名镇名村志编纂工作方案》。方案对编纂范围和各市(县)、区名镇名村志编纂工作明确要求。市史志办督促指导锡山区鹅湖镇、严家桥村，宜兴市祝陵村组建编纂工作领导小组，确定编纂人员，指导编写业务。年内，清·光绪《无锡金匮县志》通过方志出版社审稿，进入出版程序。《惠山区志》通过终审，《北塘区志》通过省地方志办公室审核。《严家桥村志》完成初稿，《祝陵村志》进入终审。

（黄　杨）

【史志资源开发利用】 2017年，无锡史志系统利用报纸、电视等新闻媒体，推进史志宣传。市史志办联合《江南晚报》刊发《邓小平与无锡二三事》专文。联合《江南晚报》，发布15处抗战遗址和纪念设施寻访名录。组织工作人员赴江西南昌等地拍摄专题片《寻找烈士》，展示90年前参加南昌起义的无锡籍烈士姜铁英的革命事迹。年内，联合市电视台等主要新闻媒体拍摄专题电视片《农运风云》《永远的先驱》等。参与央视纪录频道《渡江第一船》电视纪录片拍摄工作。同时，组织专家对《无锡读本》初稿评审，根据评审意见，实施修改，该书通过方志出版社审稿。组织业务骨干走进街道(镇)、社区、校园等单位，开设史志讲座，赠送史志书籍。《无锡年鉴(2017)》制作手机二维码替换以往光盘，方便读者查阅。结合"连心富民，联企强市"大走访活动，向新吴区新锦园社区捐赠200册史志书籍，帮助建立史志图书角，为社区居民学习无锡历史文化提供便利。

（黄　杨）

【方志馆服务功能发挥】 2017年，无锡方志馆通过征集、交换、接受社会捐赠等途径征集各种文史资料、地情书刊200多本(册)。同时，加强内部管理，做好方志馆资料查阅服务工作，组织工作人员对馆藏资料和征集资料整理归档。年内，按照市发改委项目计划要求，组织无锡方志馆拓建项目招标工作，推动改造建设。"无锡历史地情展"展览文案三易其稿，力争精益求精。

（黄　杨）

【入驻自媒体新平台“今日头条”】 2017年，无锡市史志办在全省史志系统率先入驻自媒体新平台“今日头条”,运用平台大数据技术特点和优势，精准、有效传播史志文化知识。年内,“无锡史志”微信公众号发布史志文章52篇，阅读量10.07万人次,“无锡史志”今日头条号发布史志文章60篇，阅读量突破26万人次，为丰富人民群众的精神文化生活发挥作用。

(黄　扬)

保密工作

【概况】 2017年，无锡市严格落实党管保密的政治原则和管理制度，先后召开全市保密工作务虚会和全市局长会议,研究形势、分析问题，围绕中共十九大做好有关保密工作。开展涉密人员保密管理培训,全年分3期对全市机关、相关单位涉密人员600余人进行指导。联合市经信委举办信息安全保密主管培训班,110多家市级机关单位和7个市(县)区的130多名信息安全保密主管参加。围绕全年工作要点,深化保密法制宣传教育，加强保密技术监管,确保国家秘密安全。

(陆　烨)

【宣传教育】 2017年，无锡市组织全市30多名省管领导干部以及80多家市级机关和企事业单位的党政正职领导观看窃密泄密案例展览。为省管干部发放《领导干部保密须知》，组织开展保密知识测试工作。下发《机关单位党委(党组)中心组学习参考资料》，供全市党政领导干部学习使用。全年为市管领导干部轮训班、军转干部培训班、初任公务员培训班和市级机关、军工企业、涉密印刷资质单位开展保密讲座30多场次。4月8日在金城湾公园参与“法治惠民,12348在行动”广场法治宣传法律服务活动。12月4日，在二泉广场参与“12·4”国家宪法日广场法治宣传服务活动。丰富和充实“无锡保密”微信公众号内容，全年推送9期,编发微文30余篇,对全市党政机关、涉密单位1731人进行形象生动的保密宣传教育。全年制作发放保密笔记本8800余册,保密宣传布袋3000余个。

(陆　烨)

【监管服务】 2017年，无锡市规范涉密载体回收销毁工作，全年回收销毁各类保密废纸940多吨，电子产品上万件,各种磁卡、U盘、光盘、银行卡、身份证、硒鼓2800多公斤，硬盘近4500个。在全市军工单位组织开展“学标准、严管理、上水平”主题活动和第二届军工保密知识竞赛。举办全市军工保密资格认定新标准培训班，全市150多家单位参训,400多人取得证书。全年辅导军工保密资格申请单位40多家,现场辅导和接受电话咨询500多人次，13家单位通过省军工保密资格认定委员会的现场审查。

(陆　烨)

【保密检查】 2017年，无锡市保密局组织开展机关单位保密自查自评专项督查、重要军事设施周边环境安全保密督查、网络安全执法检查专项检查,以及中考、高考、司法、卫生专业技术、医师资格等国家统一考试前的保密检查。依托相关监管平台对全市党政机关、涉密单位的涉密计算机进行实时动态监控。对150多个重点党政机关和涉密单位网站发布的信息进行针对性保密检查。

(陆　烨)

机构编制工作

【概况】 2017年，无锡市以推进深化“放管服”改革为主线,统筹推进承担行政职能事业单位改革、综合行政执法改革、经济发达镇改革和其他重点领域改革，严格机构编制管理。5月22日,市编办制定《政府转变职能和机构改革中涉及事业单位调整的若干意见》,从改革调整的总体要求、主要措施、人员分流安置办法和经费保障方式作出明确规定。11月7日,出台《无锡市事业单位信用等级评价办法（试行)》,在全市范围内开展事业单位信用等级评价。

(鲁　超)

【推进“放管服”改革】 2017年,无锡市按照党中央、国务院和省委、省政府全面深化改革工作部署，持续深化简政放权、放管结合、优化服务改革。5月12日,市委、市政府印发《关于深化行政审批制度改革加快简政放权激发市场活力的实施意见》，实施意见提出4类21条改革举措。9月20日,市委、市政府召开全市深化“放管服”改革推进会,全面部署“放管服”改革。同时,做好改革舆论宣传工作。年内,在《人民日报》《新华日报》等媒体刊发涉及无锡“放管服”改革新闻报道7篇，《无锡日报》刊发专题报道24篇,编印《简政放权优化服务工作简报》22期。

(许宇峰)

【86项行政权力事项下放】 2017年，无锡市按照中央和省简政放权改革要求，根据部分区划调整的实际,按照扁平化、便利化、规范化原则,实行“协同、联动、全链条”下放。5月,市政府印发《关于下放梁溪区等地一批行政权力事项的通知》,将市场准入类、建设投资类、监管执法类、城市管理类共计86项行政权力事项下放梁溪区等版块。推动“市县同权”,按照江阴县级集成改革试点要求，除法律法规规章明确规定必须由设区市行使的权限外，赋予江阴市与市本级同等的经济社会和行政管理权限，实现无锡与江阴市县同权，切实减少管理层级,方便企业和群众办事。

(茜　坤)

【相对集中行政许可权改革】 3月31日,省委办公厅、省政府办公厅复函同意无锡等地相对集中行政许可权改革试点方案。7月7日,无锡市行政审批局挂牌成立。9月27日,市政府发文公布首批划转市行政审批局行政权力事项目录。10月9日,市行政审批局运行,颁发首张加盖“无锡市行政审批局”印章的营业执照。江阴市、梁溪区、无锡高新区(新吴区)、宜兴经济技术开发区与市本级同步推进改革。9月28日,无锡高新区(新吴区)举行集中审批工作启动仪式;10月9日,江阴市行政审批局挂牌成立;12月28日，宜兴经济技术开发区行政审批局挂牌成立。

(袁　晨)

【推进“不见面”审批(服务)改革】 2017年,无锡市推进“网上办、集中

4月24~26日，经济发达镇行政管理体制改革推进会在无锡市召开，中央编办副主任何建中（左三），省委常委、常务副省长黄莉新（右二）参加会议

（市编办 供稿）

批、联合审、区域评、代办制、不见面”的审批（服务）改革，市本级和各市（县）区先后出台“不见面审批（服务）”改革实施方案，初步形成“不见面”审批（服务）制度体系。认真梳理“不见面审批（服务）”事项，把可以通过互联网平台、信函、电报、电传、传真和全程代办等“不见面”形式办理的事项梳理汇总，并用清单形式对外公布。首批向社会公布的“不见面”和“见一次面”审批（服务）事项7746项。

（高道峰）

【推动落实“3550”改革目标】 2017年，无锡市落实省委、省政府和市委、市政府提出的“3个工作日内企业注册开业、5个工作日内获得不动产权证、50个工作日内工业生产建设项目取得施工许可证”改革目标。市编办会同相关部门就企业注册开业、不动产登记、企业施工许可证办理出台专门工作意见，积极推行一窗受理、并联审批、模拟审批、代办审批、多图联审、多评合一、区域评估、网上审图、电子踏勘、联合测绘、联合验收等改革举措，优化审批流程、减少审批环节，缩短审批时限。在全省2017年简政放权创业创新环境评价中，无锡市位列综合先进地区第二。

（袁 晨）

【徐霞客镇改革取得成效】 经过5年改革探索实践，江阴徐霞客镇实现“一枚印章管审批、一支队伍管执法、一张网络管服务、一个网格管治理”，初步构建“集中高效审批、强化监管服务、综合行政执法”和“信息化+网格化”的基层治理架构，成为无锡“放管服”改革成效的一张名片。4月24~26日，中央机构编制委员会办公室在无锡市召开经济发达镇行政管理体制改革推进会暨专题培训班，全国32个省市自治区编办系统领导及乡镇干部近160人参加培训。中央机构编制委员会办公室副主任何建中就深入推进经济发达镇行政管理体制改革作动员部署。省委常委、常务副省长黄莉新出席会议并致辞。省委常委、市委书记李小敏看望与会代表。市长汪泉，市委常委、江阴市委书记陈金虎参加相关活动。会议期间，何建中、黄莉新一行还赴江阴徐霞客镇调研，与会人员考察徐霞客镇综合执法局、政务服务中心，学习交流改革经验。

（高道峰）

【完成市纪委派驻机构改革和巡察机构调整】 2017年，无锡市落实省委、市委改革部署，统筹推进市纪委派驻纪检机构改革和市委巡察机构建设。改革后，市级设立15个派驻纪检监察组，市委巡察工作办公室列入市委职能部门（设在市纪委），设立6个市委巡察组，优化机构编制资源配置，增强纪检监察和巡察工作力量，为全面从严治党、强化党内监督提供机构编制保障。同时，指导市（县）区完成纪委派驻机构改革和巡察机构调整工作。

（叶长渭）

【调整优化市政府工作部门设置】 8月，根据政府机构改革“同一件事情由一个部门负责”原则，整合市经济和信息化委员会、市信息化和无线电管理局机构职责，重新组建市经济和信息化委员会（挂市中小企业局、市物联网发展办公室牌子）。11月，根据江苏省关于开展相对集中行政许可权改革试点要求和市委、市政府工作部署，把市场准入、建设投资领域涉及的70项行政权力事项划入市行政审批局统一行使。

（叶长渭）

【推进综合行政执法体制改革】 10月，市编委印发《无锡市住房建设和农业领域综合行政执法体制改革试点实施方案》。方案整合市建设工程安全监督站、市地震局等相关执法职责，组建市住房建设综合行政执法支队；整合市动物卫生监督所、市农业机械安全监理所等相关执法职责，组建市农林综合行政执法支队；在两个领域实现同一部门内一支队伍管执法。11月，按照省、市委改革部署，把梁溪区、滨湖区文化市场执法职责和队伍上收市文化主管部门，由市级统一承担梁溪区、滨湖区、新吴区文化市场执法工作，实现城区文化市场一支队伍管执法。

（孙 淼）

【指导推进江阴县级集成改革】 5月，在省委改革办和省编办直接指导下，无锡市启动江阴县级集成改革探索。7月，根据省两办批复的改革总体方案，指导江阴市编办拟订行政管理体制改革实施方案，在江阴市全域推广徐霞客镇改革经验，调整江阴市部分政府工作部门、镇（街道）和开发区管理机构，打造镇（街道）“管理服务指挥中心、综合执法局、便民服务中心”平台，推动构建“集中高效审批、分类监管服务、综合行政执法”的基层政府治理架构。在镇（街道）实现“区域内一支队伍管执法”基础上，整合江阴市级17个领域的29支执法队伍，实现江阴市级7支队伍综合执法。

（孙 淼）

【推进群团改革】 2017年10月,无锡市印发无锡市总工会、共青团无锡市委、无锡市妇联、无锡市科协改革实施方案。按照机构编制总体不增且适当精简要求,调整优化无锡市相关群团机构编制配置,机关编制精简5%充实到基层,事业机构空编精减10%。

(吴振业)

【承担行政职能事业单位改革试点】 2016年4月,无锡市被确定为全省四个承担行政职能事业单位改革试点市之一,试点范围包括市本级和江阴、宜兴两个县级市。2017年9月15日,省编办向无锡市印发《关于承担行政职能事业单位改革试点方案的批复》。市级层面连续召开市分类推进事业单位改革工作领导小组会议、市委常委会暨市委全面深化改革领导小组会议、全市承担行政职能事业单位改革试点工作会议,研究部署承担行政职能事业单位改革工作。各地区、各相关部门高度重视,迅速行动,落实市委、市政府要求,做好改革组织实施工作。11月底,无锡市完成对8个部门23家事业单位改革方案的批复。12月上旬,通过中央编办组织的评估验收。

(吴 昊)

【修订《无锡市事业单位机构编制管理办法》】 2017年,无锡市编办修订《无锡市事业单位机构编制管理办法》,并申报为市政府立法项目。市编办组织专门力量进行前期调研,全面梳理中央、省有关法律法规、政策文件,认真学习2009年以来外地在这一领域的立法经验,广泛征求各市(县)、区机构编制部门和市委组织部、市人社局、财政局等部门意见,多次与市法制办对接,经过充分论证和反复修改后,形成《无锡市事业单位机构编制管理办法(送审稿)》,于9月15日递交市政府审议。

(吴 昊)

机关党的工作

【概况】 2017年,市级机关各级党组织和广大党员认真学习中共十九大精神和习近平系列重要讲话,落实全面从严治党要求,紧扣"两聚一高"目标,坚持"服务中心、建设队伍",抓党建、带队伍、促发展,全面推进机关党的建设各项工作。至年底,市级机关共有直属党组织91个,下辖党的基层组织785个,其中党委59个,党总支42个,党支部684个,党员11423人。

(李 娟)

【思想政治建设】 中共十九大召开前,无锡市组织市级机关党组织和党员学习习近平"7·26"重要讲话。开展旗帜鲜明讲政治专题教育。举办"砥砺奋进·共筑中国梦"市级机关喜迎十九大歌咏比赛、机关党建成果图片展、机关干部主题摄影展等系列活动,营造喜迎十九大浓厚氛围。中共十九大召开后,及时发出学习十九大精神通知,并向市级机关直属党组织所有党员发放十九大报告单行本和新党章等学习资料2.8万余册。举办市级机关学习中共十九大精神专场报告会和机关党组织书记培训班,开展学习中共十九大精神网络答题活动,89个直属党组织的6784名党员参加,掀起学习宣传热潮。围绕党建工作主线,落实意识形态工作责任制。坚持正确的政治方向和舆论导向,办好"无锡机关先锋网"、《无锡机关党建》杂志、微信公众号等宣传阵地。开展社会主义核心价值观宣传教育。举办"我的家风故事"主题征文活动,收到征文136篇。开展机关党员干部思想动态调研。

(李 娟)

【基层组织建设】 2017年,无锡市全面落实党建工作责任制和"一岗双责"制度,市级机关工委组织8个党建片组定期研究、交流和推进工作。建立健全机关党建述职评议考核制度,开展基层党组织履职情况百分考核,年底进行市级机关基层党建工作现场述职评议。实施党组织按期换届提醒制度,指导15个直属党组织进行换届改选,按期换届率98%。把好机关党组织书记选拔

10月12日,市级机关举办"砥砺奋进·共筑中国梦"喜迎十九大歌咏比赛 (杨卫兴 摄)

任用关和发展党员质量关，调整任免基层党组织负责人88名，新发展党员98名。举办3期机关党务干部培训班，390多名党务工作者参加培训。开展基层组织生活情况调研。3月10日，市委市级机关工委印发《关于进一步落实“三会一课”制度的意见》。定期通报基层组织生活情况，工委派员参加基层支部党员大会70多场次，向基层党组织发放党员活动证2万多本。抓实党员活动日制度，加强对各类党员的登记管理。继续开展创先争优活动，市公安局机关党委、惠山区机关工委被评为全省机关党建工作先进集体，市国税局机关党委和宜兴市机关工委分别有一人被评为全省机关党建工作先进工作者，11名党员被评为无锡市优秀党员。在机关窗口部门和执法单位评选表扬“为民服务”“执法为民”先进集体和个人。协调落实机关基层党组织活动经费，按每名党员每年600元标准列入部门行政预算。推进机关党建服务中心工作，开展“‘两聚一高’先锋行动”和“两服务走在前、两提升作表率”活动。

（李 娟）

8月31日，市级机关开展“两聚一高”先锋行动推进会 （李 娟 摄）

【推进“两学一做”学习教育常态化制度化】 5月25日，市委市级机关工委印发《关于在市级机关推进“两学一做”学习教育常态化制度化实施方案》，搭建载体平台，组织开展“四个百”（百堂党课、百场讲座、百个论坛、百题竞赛）活动，以书记讲党课、专家讲理论、典型讲事迹、人人讲感受等，丰富学习形式，提高学习成效。开展市级机关“两学一做”学习教育主题征文活动，收到作品140多篇。组织开展“春节微调研”活动，收到125篇有价值的“微调研”文章。组织开展第三届市级机关主题读书月活动，市级机关党组织以“阅读让心灵飞翔”为主题，结合“世界读书日”，举办读书活动170多场（次），推荐书目660篇，党员干部撰写读书心得921篇。引导机关党员干部深化“学”与“做”的实效。组织机关党员干部走进革命老区、烈士陵园、廉政基地开展教育实践活动，筑牢党性基础。每季度通报学习教育开展情况，总结基层党组织的经验做法，指导基层实践。加强机关志愿者队伍建设，组织市级机关79个单位的160多名党员干部参加世界物联网博览会志愿者服务活动。

（李 娟）

【大走访活动】 2017年，无锡市开展“连心富民、联企强市”大走访活动。市级机关工委做好大走访活动宣传推动工作，通过工委宣传平台，编辑发布大走访信息900余条。市级机关工委印发《无锡机关党建——大走访专刊》1100册，宣传市级机关党员干部在大走访活动中的生动实践。开展“党组书记谈大走访”访谈活动，举办“我在大走访一线”征文和电视演讲比赛，创作传播《大走访之歌》，提高大走访活动的知晓率和影响力。对市级机关80家单位大走访活动进行督查。在大走访活动中，市级机关党员干部参与走访25.4万人次，走访农户7.2万家（次），走访社区家庭16.4万户（次），查找问题9600多个，解决问题9000多个。按照市委部署，积极参与构建“阳光扶贫”系统，组织开展“精准帮困、情暖万家”活动，建立帮扶队伍，落实帮扶对象，协调落实专项帮扶资金240万元。

（李 娟）

【社会评议和党风廉政建设】 2017年，无锡市持之以恒抓好纠正“四风”工作，加强对中央“八项规定”精神和省委、市委“十项规定”精神落实情况的监督检查，在抓常、抓细、抓长上下功夫。市级机关工委做好机关作风建设社会评议反馈意见整改工作，梳理意见建议499条，及时向79家单位反馈，并公示整改措施，督促限期整改，接受社会监督。开展2017年作风建设半年初评和年终评议，更新参评人员数据库，优化评议机制，运用网络移动终端开展评议活动，提高评议工作成效。加强反腐倡廉教育，突出地方特色、突出求新求实、突出风险防范，集中开展“5·10”思廉主题教育月活动。适应纪检监察体制改革，坚持把纪律和规矩挺在前面，注重抓早抓小，强化监督执纪问责。全年查办市级机关党员干部违纪违法案件10起，查处党员干部10人。其中：给予开除党籍处分5人、严重警告处分1人、警告处分3人、免于党纪处分1人。

（李 娟）

编辑 罗秋云

无锡市人民代表大会

综　述

【概况】 2017年，无锡市人大常委会以迎接中共十九大召开、学习贯彻十九大精神为强大动力，在中共无锡市委领导下，紧紧围绕中央精神和省、市委决策部署，依法履行职权，积极主动作为，为全市改革发展和民主法治建设作出新贡献，实现该届人大常委会工作良好开局。全年召开常委会会议8次，主任会议13次，共听取审议"一府两院"（人民政府、中级人民法院、人民检察院）相关专项工作报告、计划预决算和审计报告25项，听取相关工作汇报49项，组织和配合执法检查5项、专题询问1项、集中视察3项；制定地方性法规2件；对8个政府组成部门工作评议；完善重大事项议决的制度规范，突出依法、规范、执行，作出决议决定12项；全年形成调研报告31篇，理论研究成果6篇，其中4篇在全省获奖。坚持党管干部原则，依法任免干部66人次，组织宪法宣誓55人次。邀请代表和群众参与常委会立法、监督等履职活动，48人次代表列席常委会会议，75名普通市民受邀旁听市人民代表大会、常委会等会议和活动。

年内，市人大常委会切实把立法主导责任扛起来，突出抓好重点领域法规制定，并以提升立法能力来促进提高立法质量；坚持正确监督、有效监督，始终把监督力量聚焦到稳增长、促改革、调结构、惠民生、防风险上，创新举措，加大力度，力推市委重大决策部署的贯彻落实，力促"一府两院"依法行政和公正司法；按照深化人大领域改革部署要求，注重从政治上把握、在大局下行动，认真行使重大事项决定权，把市委意图和群众意愿有机结合起来，凝聚加快发展的强大合力；坚持尊重代表、依靠代表、服务代表，加强对新一届代表的履职培训，活跃闭会期间代表活动，保障代表依法执行职务，激发代表充分发挥作用；把加强自身建设摆上重要位置，强化理论武装，完善工作制度，改进工作作风，提升依法履职能力。

（严巍巍　朱　煜）

重要会议

【无锡市第十六届人民代表大会第一次会议】 会议于2月14~17日举行，出席会议代表444名，在无锡的全国和省人大代表、参加市政协十四届一次会议的政协委员和其他有关人员列席会议，20名市民代表应邀旁听第一次大会。会议听取和审议《政府工作报告》《无锡市人大常委会工作报告》《无锡市中级人民法院工作报告》《无锡市人民检察院工作报告》，审查《无锡市2016年国民经济和社会发展计划执行情况与2017年国民经济和社会发展计划草案的报告》《无锡市2016年财政预算执行情况和2017年市本级预算草案的报告》，决定批准上述报告，并通过相关决议；会议审议并通过《无锡市制定地方性法规条例(修订草案表决稿)》；选举产生新一届无锡市国家机关领导人员，通过无锡市第十六届人民代表大会法制委员会、财政经济委员会主任委员、副主任委员、委员名单。无锡市国家机关领导人员选举结果：徐一平当选为无锡市第十六届人民代表大会常务委员会主任，赵志新、华博雅、滕兰英、吴峰枫、袁飞当选为副主任，黄蓉华当选为秘书长，王中苏、叶少军等40人当选为委员；汪泉当选为无锡市人民政府市长，黄钦、谢晓军、朱爱勋、刘霞、王进健、陆志坚、高亚光当选为副市长；时永才当选为无锡市中级人民法院院长，俞波涛当选为无锡市人民检察院检察长。大会进行宪法宣誓。

（严巍巍　朱　煜）

【无锡市第十五届人大常委会第三十六次会议至无锡市第十六届人大常委会第六次会议】 1月9日，市十五届人大常委会举行第三十六次会议，会议审议并通过《无锡市人民代表大会常务委员会关于接受徐鸣辞去江苏省第十二届人民代表大会代表职务请求的决定》；补选蒋卓庆、周琪、徐一平为江苏省第十二届人民代表大会代表。

1月19日，市十五届人大常委会举行第三十七次会议，审议并通过关于无锡市第十六届人民代表大会代表资格的审查报告；讨论市十六届人大一次会议日程安排、各类建议名单及有关筹备事项、市人大常委会工作报告（征求意见稿）；决定有关人事任免，举行宪法宣誓；审议并通过《无锡市人民代表大会常务委员会关于接受蒋永良辞去无锡市人民检察院检察长职务请求的决定》和《无锡市人民代表大会常务委员会关于俞波涛代理无锡市人民检察院检察长职务的决定》。

4月17~18日，市十六届人大常委会举行第一次会议，听取和审议市政府关于2016年度无锡市环境状况和环境保护目标完成情况的报告、市人民检察院关于刑罚执行监督工作情况的报告、关于市十六届人大一次会议主席团交市人大常委会审议的两件议案处理意见的报告，以及市政府关于议案办理方案的报告；审议并通过《无锡市人民代表大会常务委员会议事规则》《无锡市第十六届人大常委会2017年工作要点》《无锡市人大常委会2017年度立法计划》，以及无锡市人民代表大会常务委员会代表资格审查委员会名单；决定有关人事任免，并举行宪法宣誓。

6月28~29日，市十六届人大常委会举行第二次会议，听取和审议市政府关于物联网重点合作项目推进情况的报告，审议并通过《无锡市人民代表大会常务委员会关于加快发展以物联网为龙头的新一代信息技术产业的决议》；听取和审议市政府关于居家养老服务工作情况的报告；审议市政府关于2016年度无锡法治政府建设工作情况的报告；一审《无锡市安全生产条例(草案)》；听取部分省人大代表履职情况的报告；听取和审议市人民检察院关于提请许可对无锡市人大代表钱盘生采取强制措施的报告，审议并通过相关决定；决定有关人事任免，并举行宪法宣誓。

8月29~30日，市十六届人大常委会举行第三次会议，听取和审议市政府关于无锡市2017年上半年国民经济和社会发展计划执行情况的报告、关于无锡市2017年上半年预算执行情况的报告、关于无锡市2016年本级预算执行和其他财政收支的审计工作报告，审查和批准无锡市2016年本级财政决算；听取和审议市政府关于道路交通秩序管理工作情况的报告、关于“锡东生态园”规划建设工作情况的报告；听取和审议市人大常委会执法检查组关于《中华人民共和国食品安全法》执法检查情况的报告；听取和审议市政府关于提请授予森泰智等8人无锡市荣誉市民称号的议案，审议并通过《无锡市人民代表大会常务委员会关于授予森泰智等8人“无锡市荣誉市民”称号的决定》；听取和审议市政府部分组成部门履职情况的报告，并开展评议；审议并通过《无锡市人民代表大会常务委员会关于在市人大代表中开展“履职为民、连心富民”主题实践活动的意见》；决定有关人事任免，并举行宪法宣誓；审议并通过《无锡市人民代表大会常务委员会关于接受袁飞辞去市人大常委会副主任等职务请求的决定》。

10月30~31日，市十六届人大常委会举行第四次会议，听取和审议市政府关于加快推进锡澄宜重大基础设施一体化建设的报告，审议并通过《无锡市人民代表大会常务委员会关于加快推进锡澄宜重大交通基础设施一体化建设的决定》；听取和审议市政府关于市十六届人大一次会议主席团交市人大常委会审议的两件议案办理情况的报告，关于深化国有企业改革相关重点工作情况的报告；听取和审议市中级人民法院关于全市建设工程案件审判工作情况的报告；听取和审议市政府关于扩大国际城市合作、推进服务“一带一路”建设情况的报告，关于无锡市2017年市本级预算调整方案(草案)的报告，审议并通过《无锡市人民代表大会常务委员会关于批准无锡市2017年市本级预算调整方案的决议》；二审通过《无锡市安全生产条例》；审议并通过《无锡市人民代表大会常务委员会讨论、决定重大事项的规定（修订草案）》；决定有关人事任免，并举行宪法宣誓。

12月5日，市十六届人大常委会举行第五次会议，听取和审议市政府关于市十六届人大一次会议代表建议办理情况的报告、关于城市总体规划修编工作进展情况的报告；审议并通过《无锡市人大常委会2018年度立法计划》《无锡市人民代表大会常务委员会关于召开无锡市第十六届人民代表大会第二次会议的决定》。

12月27日，市十六届人大常委会举行第六次会议，听取和审议市政府关于落实市人大常委会审议意见有关2016年度审计发现问题整改情况的报告、关于《中华人民共和

6月19日，市人大常委会对食品安全法开展执法检查，确保“舌尖上的安全”

（市人大常委会　供稿）

国食品安全法》执法检查整改意见落实情况的报告；听取和审议市政府关于无锡市2017年国有资本经营预算调整方案(草案)的报告，审议并通过《无锡市人民代表大会常务委员会关于批准无锡市2017年国有资本经营预算调整方案的决议》；一审《无锡市不动产登记条例(草案)》；讨论市十六届人大二次会议日程安排、各类建议名单及有关筹备事项；讨论市人大常委会工作报告(征求意见稿)；审议并通过关于无锡市第十六届人大代表资格的审查报告；决定有关人事任免。

(严巍巍　朱　煜)

重要工作

【加强立法规划计划】 2017年，市人大常委会突出事关转型发展、生态保护、民生福祉、社会治理等重点领域立法，科学编制5年立法规划，确定13件立法项目、9件立法调研项目。注重立法工作连续性和创新性的有机结合，制定年度立法计划，全年制定地方性法规2件，对5件立法事项调研；坚持立改废并举，制定《无锡市安全生产条例》，建立健全安全生产责任体系，强化安全生产监督管理，引导全社会提高安全生产法治意识、维护人民生命财产安全；制定《无锡市不动产登记条例》，使不动产登记规范、高效、便民；开展法规清理和修改工作，对14件涉及生态文明建设和环境保护的法规自查和清理，对3件法规修改完善。着眼现实需要，着重就生态补偿、出租车管理、献血、奖励和保护见义勇为人员、文明行为促进等加强立法调研，为下步立法提供依据。

(严巍巍　朱　煜)

【推动经济发展增效提质】 2017年，市人大常委会主动适应、把握、引领经济发展新常态，突出推动经济发展实现跨越加强监督。听取审议政府专项工作报告3项、听取汇报16项，开展视察、调研11次，全面了解无锡市国民经济和社会发展计划执行情况，推动政府以供给侧结构性改革为主线，实施创新驱动核心战略和产业强市主导战略，实现经济总量的历史性跨越。着眼三个“三年行动计划”实施，专题视察物联网产业发展，调研新一代信息技术产业发展、制造业单项冠军企业培育、高层次人才创新创业情况，听取现代服务业情况汇报；加强对行政审批制度改革、国有企业改革的监督；听取审议扩大国际城市合作、推进服务“一带一路”建设情况报告；督促政府加快城市总体规划修编进程。

(严巍巍　朱　煜)

【推动民生福祉补短提标】 2017年，市人大常委会着眼富民惠民，高度关注教育、医疗、食品安全、养老、住房等事关群众切身利益的事项，就义务教育均衡发展、医药卫生体制改革、居家养老服务、道路交通秩序管理、粮食储备收购、棚户区改造等调研或听取审议专项报告，推动补缺补短、改善民生；高度重视农民增收和农村扶贫工作，督促政府完善政策体系，打牢增收基础，实施精准扶贫。把解决信访问题作为解决群众实际问题的重要抓手，全年依法办理群众来信340件，接待群众来访208批434人次，为维护群众合法权益、促进社会和谐稳定发挥作用。

(严巍巍　朱　煜)

【推动生态环境改善提优】 2017年，市人大常委会围绕打好大气、水、土壤污染防治“三大战役”，就年度环境质量和环境保护目标完成、“263”专项行动推进、固体废弃物处置设施加快建设、挥发性有机物整治等议题加强监督，推动生态环境持续改善。听取审议“锡东生态园”规划建设工作情况报告，要求政府完善规划方案，切实把锡东电厂区域打造成绿色协调的生态园区。专题视察防汛防旱和安全度夏工作，调研河长制实施情况。专题询问“生态补偿机制实施情况”，推动生态补偿政策的调整完善，实现生态补偿“扩面提标”，市级补偿资金翻番，为深化生态文明建设提供支持。

(严巍巍　朱　煜)

【推动社会治理创新提升】 2017年，市人大常委会加强对法治政府建设的监督，支持机构改革和“放管服”改革，促进依法行政、优化行政服务、提高效率效能。听取审议市中级人民法院建设工程案件审判工作情况报告，要求加强队伍建设，提高审理效率，切实维护市场经济秩序。听取审议市人民检察院刑罚执行监督工作情况报告，督促健全工作机制，提升监督实效，保证刑罚执行公正高效权威。开展规范性文件备案审查工作，对工程运输安全管理等4个文件集中审查，针对有关合法性或明显不适当等问题，形成审查意见并督促纠正，同时对公民提出的审查建议及时审查和答复，切实维护法制统一。

(严巍巍　朱　煜)

【依法加强预算监督】 2017年，无锡市人大常委会落实《中华人民共和国预算法》，加强对全口径预算编制工作的监督，督促细化完善预算编制；修改财政预决算专家审查操作办法，增强审查权威性；依法审查批准决算和预算调整。督促审计发现问题的整改，推动政府加快财税治理方式改革，防范地方债务风险。对涉及民生的公立医院药品零差率补助等3个专项资金，探索开展“调研+询问”形式，促进提升使用绩效。推进预算联网监督系统建设，成立机构，完善方案，拓展内容，提升功能，发挥实时审查监督功效。

(严巍巍　朱　煜)

【适时议决重大事项】 2017年，市人大常委会完善重大事项议决的制度规范，把中央和省、市委关于健全人大常委会讨论决定重大事项制度、各级政府重大决策出台前向本级人大常委会报告的相关文件精神落细落实。按照重大事项协调机制，在市委领导下，确定讨论决定重大事项“年度清单”，并就推动产业强市主导战略实施，作出《关于加快发展以物联网为龙头的新一代信息技术产业的决议》；贯彻市委城市现代化与城乡发展一体化决策部署，回应群众关切，作出《关于加快推进锡澄宜重大交通基础设施一体化建设的决定》；同时，还授予森泰智等8位为无锡发展作出贡献的国内外友好人士“无锡市荣誉市民”称号，激励优秀人才到无锡创新创业。加强对已作出决议决定的跟踪问效，对往届人大及其常委会作出的轨道交通建设、垃圾分类处理、生态补偿、引进南京信息工程大学滨江学院等决议决定，紧盯不放，并就垃圾分类处理和生态补偿加快地方立法进程，放大重大事项决定权的工作效果和社会效应；对该届作出的决议决定，一着不让，扎实推动决议决定的落地见效。

（严巍巍　朱　煜）

【依法行使人事任免权】 2017年，市人大常委会坚持党管干部原则，依法行使人事任免权，落实法律知识考试、任前承诺发言和宪法宣誓制度，增强被任命干部的法治意识和责任意识，全年任免国家机关工作人员66人次。

（严巍巍　朱　煜）

【代表主体作用发挥】 2017年，市人大常委会建立健全代表工作网络，围绕密切常委会与代表、代表与人民群众的联系，组织开展“双联”活动，保证常委会组成人员每人至少与3名基层市人大代表保持密切联系，市人大代表在“代表之家”接待、持证视察、专题调研等活动中，接待群众2653人次，收集群众意见、建议1069条，形成代表意见、建议121件；围绕激发代表履职热情，组织开展“双争”活动，鼓励争创代表活动先进小组、争当代表活动积极分子，全年市人大代表小组和代表专业组，先后就产业强市、民生实事、城市建设、生态治理等95个主题，开展84次代表小组活动、20次专业组活动，各代表组形成调研报告28篇；围绕发挥代表作用，组织开展“履职为民、连心富民”主题实践活动，动员全体代表聚焦富民主题，落实富民责任，投身富民实践，广大代表进村入户、结对帮扶，展示新时期代表风采。

（严巍巍　朱　煜）

【办理代表议案建议】 2017年，市人大常委会把提高代表议案建议办成率作为尊重和支持代表行使职权的重要内容，紧抓不放，并力求在建议“提得好、交得准、办得成”上下功夫。市十六届人大一次会议和闭会期间，代表提出并作为议案办理2件、建议245件。常委会以解决问题为根本，严格办理程序，加大督办力度，对凤翔路快速化改造、“田园综合体”议案的办理，加强调查研究、深度对接和督促推动；对11件重点督办建议，坚持领导牵头督办，开展“代表建议督办月”等活动，推动办理取得实效。市政府高度重视议案建议办理工作，经努力，“关于启动凤翔路快速化改造的议案”“关于加强中央一号文件提到的‘田园综合体’模式试点和推动实施的议案”办理取得积极进展，关于加强农贸市场农产品食品安全检测、实施白屈港综合整治畅通洪水北排入江通道等重点建议得到推进，关于营改增后调整财政体制、清理“僵尸车”等建议得到有效解决，建议办成率62.5%，代表满意和基本满意率97.6%。

5月12日，市人大常委会召开立法咨询专家暨立法联系点工作会议，成立由40人组成的立法咨询专家库　（市人大常委会　供稿）

（严巍巍　朱　煜）

【提升代表履职水平】 2017年，市人大常委会高度重视代表履职能力的提升，分两期组织代表全员培训，学习法律法规和业务知识，让代表掌握履职应知应会、了解政情社情。完善市人大代表履职信息化平台，拓展功能，优化设置，并适应移动互联新趋势，开发手机应用客户端，提高服务代表履职效率。扩大代表对常委会工作的参与，全年邀请代表48人次列席常委会会议、943人次参加各项活动。落实代表述职制度，全年组织64名市人大代表向原选举单位报告履职情况，增强代表的责任意识。

（严巍巍　朱　煜）

【常委会自身建设】 2017年，市人大常委会建立健全学习制度，办好常委会专题讲座，扎实推进“两学一做”学习教育常态化、制度化，系统学习中共十八大和中共十八届三中、四中、五中、六中全会精神和习近平治国理政新理念、新思想、新战略；中共十九大召开后，迅速组织学习贯彻，引导和帮助党员干部学懂弄通做实，掀起宣传中共十九大精神热潮，自觉坚定地用习近平新时代中国特色社会主义思想武装头脑。严格纪律规矩，全面落实从严治党主体责任，规范党内政治生活，出台无锡市人民代表大会常务委员会主任会议议事规则、中共无锡市人大常委会党组议事规则、无锡市人民代表大会常务委员会议事规则，制定加强机关自身建设的意见，对加强常委会和机关各方面建设提出明确要求。执行中央“八项规定”精神和省委、市委“十项规定”，改进工作作风，严格纪律约束。开展大走访活动，为基层和群众解决实际困难。发挥“人大之声”电视专题、《无锡日报》专版和《代表与人民》专刊、门户网站、微信平台等各类阵地作用，加强对人大常委会工作的宣传和报道，讲好人大常委会故事，传播人大常委会声音，增强人大常委会影响力。推进“无锡人大”网站改版，完善“数字人大”协同办公系统，提升市人大常委会机关信息化水平。

（严巍巍　朱　煜）

编辑　罗秋云

综　述

【概况】 2017年,无锡市人民政府在中共无锡市委的坚强领导下,坚持以习近平新时代中国特色社会主义思想为指导,深入学习宣传贯彻中共十九大精神,认真落实中央和省委、省政府决策部署,牢牢把握稳中求进工作总基调,坚定不移贯彻新发展理念,深入开展"两聚一高"新实践,大力实施六大发展战略,全市经济社会发展取得新的明显成效,为无锡新时代实现新跨越打下了坚实基础。

(市政府办公室)

【综合经济实力】 全市地区生产总值成功跨上万亿元台阶,达10511.8亿元,同比增长7.4%,五年来首次超越全省平均水平。人均GDP达16.07万元,在14个"万亿俱乐部"城市中位居第三。完成一般公共预算收入930亿元,同比增长6.3%。规模以上工业增加值增长8.6%,增速13年来首次超过全省平均水平、列苏南第一位。社会消费品零售总额同比增长10.9%。外贸进出口、出口以美元计价分别增长16.4%和15.4%,进出口总额首次突破800亿美元。12家企业入围中国企业500强,位居全省第一;24家企业入围中国制造业企业500强,占全省半数以上。海澜集团成为全市首家营业收入超千亿元的企业。金融机构本外币存、贷款余额分别增长3.5%和6.8%,其中制造业贷款占比27.8%、全省最高。新增境内外上市公司18家,上市企业总数达129家,位居全省第一。

(市政府办公室)

【产业强市建设】 2017年,无锡市在重大项目建设方面取得新突破,100个市级重大项目全年完成投资705.8亿元;全市新签约重大产业项目44个,计划总投资3910亿元,其中300亿元以上项目3个、100亿元以上项目10个。突出发展具有比较优势的战略性新兴产业,成功举办2017世界物联网博览会,鸿山物联网小镇建设顺利推进,雪浪、慧海湾物联网小镇和浪潮大数据产业园、国家智能交通综合测试基地启动建设,物联网产业营业收入增长18%。华虹集成电路研发和制造、天津中环大硅片研发和制造、SK海力士第二工厂等行业龙头项目相继落地,无锡作为集成电路重要产业基地的地位得到巩固和提升。突出发展具有领先优势的智能制造,积极开展"中国制造2025"苏南城市群试点示范,组织实施270个智能化改造项目,新增省级示范智能车间17家,阳光集团成为全省首家获"中国质量奖"称号企业,兴澄特钢获"中国质量奖提名奖"称号,法尔胜泓昇集团被评为2017年江苏省省长质量奖。突出发展具有特色优势的现代服务业,服务业增加值占地区生产总值比重提高到51.5%,全市旅游总收入比上年增长12.1%。加快推进苏南国家自主创新示范区建设,区域创新竞争力持续提高,全市万人有效发明专利拥有量34.1件,全社会研发投入占地区生产总值比重2.86%,科技进步贡献率63.5%,全市高新技术产业产值比上年增长18%。"神威·太湖之光"超级计算机实现全球超算500强榜单四连冠、应用成果再获戈登·贝尔奖。大力实施"太湖人才计划"升级版,全年新引进各类人才7.5万人,省级众创空间36家、创业示范基地24家。

(市政府办公室)

【深化改革开放】 2017年,无锡市在供给侧结构性改革方面取得新进展,化解钢铁产能90万吨,市区非住宅商品房库存减少19.35万平方米,全年为企业减负超过270亿元,银行业金融机构不良贷款余额和不良贷款率连续四年实现"双下降",不良贷款率下降到1.20%。"放管服"改革扎实推进,开展相对集中行政许可权改革试点,市行政审批局挂牌成立,市级向市(县)、区下放行政权力事项86项,启动江阴市县级集成改革试点,徐霞客镇经济发达镇行政管理体制改革试点经验在全国推广。全面推行"不见面"审批(服务),向社会公布"不见面"审批(服务)事项清单167项,有效落实省定"3550"改革目标。扩大"多证合一、一照一码"改革覆盖范围,"双随机、一公开”抽查工作全面展开，全市新登记内资企业数量和注册资本金额分别增长21.5%、13.5%。国有企业改革迈出重要步伐，成立市属国有资本运营公司，推进市属城建类国有企业合并重组，发展混合所有制项目55个，吸收社会资本投资341亿元。优化完善市对区财政体制，扩大信保基金规模和覆盖面，9个PPP项目落地实施。农村土地确权颁证基本完成，农村产权交易市场基本组建到位。承担行政职能的事业单位改革试点基本完成。开放型经济稳中向好，外贸发展方式加快转变，79家企业入围省级出口品牌；完成到位注册外资36.7亿美元，新增跨国公司地区总部和功能性机构7家。完成境外投资中方协议投资额12亿美元。柬埔寨西港特区入驻企业118家。进口肉类指定口岸建成投运。苏南硕放国际机场旅客吞吐量668万人次，比上年增长20.2%，货邮吞吐量10.75万吨，比上年增长12.1%。成功举办江苏发展大会无锡乡贤恳谈会、第三届全球锡商大会、2017无锡—香港智能制造和现代服务业合作恳谈会、徐霞客430周年诞辰纪念大会暨第十二届徐霞客国际旅游节、中日樱花友谊林建设和《无锡旅情》唱响30周年纪念活动等。

（市政府办公室）

【城乡建设发展】 城市规划和空间布局持续优化，新一轮城市总体规划形成中期成果，太湖新城、锡东新城、惠山新城产业布局和配套功能完善，历史城区“双修”试点启动。基础设施建设加速推进，制定锡澄锡宜重大基础设施分年度建设计划，苏锡常南部高速公路无锡段、常宜高速公路开工建设，宜长高速公路先导段启动建设，锡澄运河市区段航道整治工程加快实施。锡澄城际轨道S1线前期工作取得阶段性进展，地铁1号线南延线提前贯通，地铁3号线一期完成60%的隧道掘进量，地铁4号线一期10座车站进入主体施工，地铁1号线获“国家优质工程金奖”称号。蠡湖大道快速化改造高架段、广益路、吴桥西路等重点道桥项目建成通车，江海西路快速化改造完成50%工作量。老城区更新改造步伐加快，市区完成65万平方米棚户区和217万平方米旧住宅区整治改造任务。拆除违法建设77万平方米，完成26条主要道路包装出新和116个背街小巷综合治理，被江苏省授予“省优秀管理城市”称号。新增、改造居民天然气用户7万户。地铁1、2号线日均客流量比上年增加11.4%，新辟优化公交线路31条，新增低碳环保公交车170辆，公共自行车一期项目建成投运。广南立交绿地改造等一批海绵城市建设重点项目有序推进，无锡入选省级海绵城市建设试点。新农村建设稳步推进，出台《关于加强和改进农村住房建设管理的意见（试行）》，支持符合条件的农村居民翻建或新建住房。因地制宜建设美丽乡村，江阴市新桥镇等3个镇获“第二批全国特色小镇”称号，江阴市红豆村被评为中国美丽休闲乡村，宜兴市张阳村被评为全国美丽乡村示范村，江阴市璜土村被评为全国改善农村人居环境示范村，惠山区阳山镇冯巷等3个村入选江苏省首批特色田园乡村建设试点。

（市政府办公室）

【生态环境治理】 扎实开展“263”专项行动，大力推进中央、省环保督察和环保部太湖治理专项督导反馈问题整改，成功跻身首批国家生态文明建设示范市。全面开展新一轮太湖治理和河道综合整治，完成九里河、伯渎港等区域性骨干河道和市区10条黑臭河道整治任务，新建、改建污水管网114公里，规模养殖场治理率70%，新孟河水利工程启动建设，45个国考省考断面达到或优于III类水质比例，比上年提高20个百分点，太湖无锡水域水质总体向好，连续第十年实现安全度夏。完成大气污染防治10大类267项重点工程，空气质量优良天数比例67.7%，PM2.5平均浓度比上年下降14.6%。制定实施《无锡市区主要固体废弃物处置设施建设三年计划》，生活垃圾分类收集全面推广，锡东垃圾焚烧发电厂建成投运，生活垃圾无害化处理率保持100%。市县乡三级土地利用总体规划调整方案获批，全市划定永久基本农田137.13万亩，工业企业资源利用绩效评价工作全面启动，单位建设用地GDP产出预计达6.93亿元/平方公里。万元GDP能耗、水耗比上年下降，化学需氧量、氨氮、二氧化硫、氮氧化物四项主要污染物排放量削减超额完成考核任务。整治燃煤锅炉28台、燃煤工业窑炉141座，减少煤炭消耗总量109万吨，淘汰低端落后化工企业275家。新增城市绿地面积205万平方米，全市林木覆盖率27%，显义桥绿地等一批城市游园建成开放。宛山荡湿地公园成为省级湿地公园，全市自然湿地保护率50%，率先在省内建成全市域湿地群。出台生态环境保护工作责任规定，调整完善生态补偿政策，积极推进水环境区域补偿和生态重点区域补偿工作，开展排污权有偿使用和交易以及环境污染责任保险试点。

（市政府办公室）

【保障和改善民生】 组织实施聚焦富民33条政策措施，财政资金用于民生的比例达80%左右，为民办实事十大项目全面完成。新增城镇就业15.2万人，扶持自主创业1.3万人，全体居民人均可支配收入增长8.5%左右。基本养老、医疗、失业、工伤和生育保险分别扩面6.37万人、6.01万人、5.87万人、3.53万人、3.53万人。企业退休人员养老金、居民基础养老金和市区城镇低保标准分别提高到每人每月2649元、405元和820元。市区大病保险受惠群众累计达20万人次。增设养老床位2000张，新建街道（镇）级日间照料中心14家。建成公租房1100套，新增审批通过住房保障家庭2000户。实现全市经济薄弱村脱困转化40个。社会事业加快发展，开工建设幼儿园和中小学新建、改扩建项目79个，4所学校建成省现代化示范性（优质特色）职业学校，新少年宫建成。启动与江南大学新一轮合作共建，江南大学两个学科入选“双一流”建设学科，南京信息工程大学滨江学院无锡校区开工建设。第四人民医院新院区主体工程封顶，27家社区卫生服务机构提档升级，医联体总数达到18家，普仁医疗集团成立运行。传统锡剧《珍珠塔》、民族歌剧《二泉》、舞剧《画女情怀》入选国家重点资助扶持剧目，惠山古镇加入“江南水乡古镇”联合申遗。城乡社区“10分钟体育健身圈”实现全覆盖，成功举办亚洲乒乓球锦标赛、世界跆拳道大满贯冠军系列赛、第十二届市运会等重大体育赛事。江阴、宜兴双双入选全国文明城市，无锡率先创建成为全国文明城市群。安全生产形势总体稳定，连续16年实现事故起数、死亡人数“双下降”。群众安全感、法治建设满意度均列全省第一，连续三届荣获“全国社会治安综合治理优秀市”称号，被授予最高奖“长安杯”。

(市政府办公室)

【政府自身建设】 2017年，无锡市全面推进依法行政，市政府提请市人大常委会审议地方性法规2件，制定出台市政府规章4件，集中开展政府规章规范性文件清理，完成重大事项合法性审查62件。深入执行市人大及其常委会的决议和决定，定期向市人大常委会报告重大事项和重要工作，认真听取市政协和各民主党派、工商联、无党派人士、人民团体意见，按时办复247件市人大代表议案建议和341件市政协委员提案，代表和委员满意率分别为97.6%和98.4%。改进政府工作作风，开展“连心富民、联企强市”大走访活动，有效解决企业和群众反映的各类问题11.84万件。滨湖区列为全国基层政务公开标准化规范化试点单位，中国无锡政府门户网站实现全国地市级政府网站绩效评估七连冠。认真执行中央“八项规定”和省委、市委“十项规定”，市政府“三公”经费支出比上年下降。加强审计监督，完成审计项目358个，整改问题资金64.92亿元。加强党风廉政建设，认真抓好巡视巡察反馈问题整改，推进“阳光扶贫”监管系统建设，着力解决发生在群众身边的不正之风和腐败问题，定期通报曝光典型案例，严肃查处一批违纪违法案件。

(市政府办公室)

市政府领导分工

中共无锡市委副书记、市长　汪　泉

主持市政府全面工作，兼管监察、财政、审计、机构编制、城乡规划、太湖新城建设方面工作。分管太湖新城集团。(2017年3月20日始)

市委常委、常务副市长　黄　钦

负责市政府常务工作，分管发展计划、经济体制改革、重大项目、人力资源、公务员管理、社会保障、国土资源、统计、物价、机关事务、国有资产管理、政务服务、公共资源交易、金融、税务、政务公开、应急管理方面工作。协助分管监察、财政、审计、机构编制方面工作。代管卫生、人口和计划生育方面工作。分管市政府办公室(市政府研究室)，市发改委、监察局、财政局、人社局(外专局)、国土局、审计局、统计局、物价局、机关管理局、国资委、政务办、金融办、应急办，市政府驻外办事机构，市土地储备中心、退管委、国联集团、建发公司。代管市卫计委。联系市人大常委会、市政协、市国税局、无锡地税局、国家统计局无锡调查队、人民银行无锡市中心支行、无锡银监分局、各金融机构驻无锡分支机构。(2017年3月20日始)

市委常委、政法委书记、副市长、公安局局长　谢晓军

主持市公安局全面工作，负责司法、信访、国家安全、双拥方面工作。分管市公安局、司法局、信访局、综治办、双拥办。联系市中级人民法院、人民检察院、国安局、驻无锡部队。(2017年3月20日始)

副市长　朱爱勋

负责住房和城乡建设、交通运输、环境保护、太湖水污染防治、市政、园林和绿化、城市管理、民防、邮政方面工作，协助分管城乡规划工作。分管市住建局(建工局)、交通运输局、环保局、规划局、市政园林局、城管局(城管执法局)、民防局(人防办)、轨道办、太湖办、地震局、公建中心、市政集团、交通集团、城发集团、地铁集团。联系市邮政管理局、中国邮政集团无锡市分公司、江苏邮政速递无锡分公司、无锡火车站、江苏省太湖风景区建设委员会办公室。(2017年3月20日始)

副市长　刘　霞

负责农业农村经济、水利、粮食、旅游、民政、民族宗教、供销、经济协作、对口支援、扶贫方面工作。代管教育、文化、体育、广播电影电视、新闻出版方面工作。分管市民政局、水利局、农委(林业局)、粮食局、旅游局、民宗局、供销社、气象局、农机局、老龄委、文旅集团。代管市教育局、文广新局(版权局、文化遗产局)、体育局，市政府教育督导室。联系市残联、慈善总会；代联系团市委，市妇联、文联、社科联、红十字会、关工委、报业集团、广电集团，江苏广电网络无锡分公司。(2017年3月20日始)

副市长　王进健

负责商务、开发区、外事和港澳事务、侨务、安全生产、法制、史志、档案方面工作。分管市商务局(口岸办)、安监局、外办(港澳办)、侨办、法制办、史志办、档案局、贸促会(无锡商会)、君来集团、机场集团。联系市台办、侨联、台联，无锡海关、无锡出入境检验检疫局。(2017年3月20日始)

副市长　陆志坚

暂不参与分工。

副市长　高亚光

负责工业、信息化、科技、知识产权、民营经济、工商行政管理、质量技术监督、食品药品监管、通信方面工作。分管市经信委(中小企业局)、信电局、科技局(知识产权局)、工商局、质监局、食药监管局(食安办)、产业集团。联系市总工会、科协、工商联、盐务局、烟草局，无锡供电公司，各通信机构驻无锡分支机构。(2017年3月20日始)

(市政府办公室)

重要会议

【市政府全体会议】 2017年，市政府召开两次全体会议。

4月28日，市政府召开第一次全体(扩大)会议暨廉政工作会议，总结一季度工作，部署安排二季度任务和政府系统廉政工作。会议认为，一季度，全市经济运行基本稳定，产业升级步伐加快，全市经济社会总体呈现“开局平稳、稳中有进”的良好态势，同时经济运行稳中也有忧、稳中也有难。会议要求，全市上下要咬定目标任务、强化关键举措,紧扣工作重点、加大攻坚力度,确保实现上半年经济社会发展各项目标任务“双过半”,要抓好七方面重点工作:加强重大项目建设促进投资稳定增长,大力实施“三个行动计划”推进产业转型升级,深挖外资外贸潜力提升开放型经济水平,强化金融服务支撑助力实体经济发展,狠抓重大改革落地着力增添发展动能,开展“263”专项行动切实改善生态环境质量,办好实事项目保障改善民生。会议强调,各级政府系统要扎实推进勤政廉政建设,提高政府执行力,推进源头反腐,改进政风作风,遏制重点领域腐败,恪尽职守、履职尽责,廉洁奉公、执政为民,以奋发有为的精神状态和求真务实的工作作风,完成各项任务。

11月17日,市政府召开第二次全体(扩大)会议,总结全市经济社会发展情况,部署下阶段重点工作。会议认为,1~10月,全市上下统筹做好改革发展稳定各项工作,主要经济指标稳定增长,重大项目建设取得突破性进展,供给侧结构性改革纵深推进,经济结构持续优化,质量效益明显提升,内生动力增强,民生福祉改善,全市经济社会发展呈现总体平稳、稳中向好、稳中有进的良好态势。会议指出,全市政府系统党员干部要落实中共十九大精神,按照习总书记“新时代要有新气象,更要有新作为”的指示要求,密切联系无锡建设发展实际,丰富完善发展思路和举措,推动无锡发展迈上新台阶。会议强调,各地各部门要坚定信心、振奋精神,只争朝夕、狠抓落实,全力以赴把工作往前赶、往实做,打好经济社会发展收官战。重点抓好十个方面工作:实现地区生产总值超万亿元目标,确保固定资产投资稳定增长,推动外贸外资和开发区工作迈上新台阶,努力实现科技专利和高新区主要指标争先进位,充分发挥金融支持实体经济作用,加快落实深化改革重点任务,加大生态环境整改和整治力度,提高保障和改善民生水平,全面推进社会事业发展,高度重视安全生产和社会稳定工作。

(市政府办公室)

【市政府常务会议】 2017年,市政府召开20次常务会议,讨论和审议会议议题129项。

1月13日,市政府召开第75次常务会议。会议审议《关于开展建成区违法建设治理工作的实施意见》,听取《2016年为民办实事项目执行情况和2017年安排情况》《无锡市“两减六治三提升”专项行动实施方案》编制情况及《无锡市“十三五”城乡建设总体规划》编制情况的汇报。

1月23日,市政府召开第76次常务会议。会议讨论2017年《政府工作报告》《关于〈无锡市2016年国民经济社会发展计划执行情况和2017年国民经济社会发展计划(草案)〉的报告》及《关于〈无锡市2016年预算执行情况和2017年预算(草案)〉的报告》,听取开展全市化工企业“四个一批”专项行动的汇报。

2月21日,新一届市政府召开第1次常务会议。会议传达省、市“两会”精神并部署当前工作,审议《关于进一步降低实体经济企业成本的实施意见》《无锡市公立医院管理委员会运行规则(试行)》《无锡市居民住宅二次供水管理办法(草案)》《无锡市特种设备安全管理办法(草案)》《无锡市机关事务管理办法》。

3月1日,市政府召开第2次常务会议。讨论《加快发展以物联网为龙头的新一代信息技术产业三年行动计划》《无锡市现代服务业体制增效三年行动计划》《无锡市智能制造三年行动计划》《无锡国家传感网创新示范区建设实施意见(2017~2020)》《关于进一步做好重大项目推进工作的意见》,审议《关于大力发展电子商务加快培育经济新动力的实施意见》,听取第二届无锡市人民政府国际经济顾问名单相关情况汇报。

3月11日,市政府召开第3次常务会议。明确市长、副市长工作分工,审议《无锡市全面深化河长制实施方案》,听取2016年市本级审计发现问题及整改情况汇报。

4月25日,市政府召开第4次常务会议。审议《无锡市市区主要固体废弃物处置设施建设三年计划》《锡东电厂配套生活垃圾转运体系三年改造计划》《无锡市审计机关人财物管理改革试点实施方案》《关于深化行政审批制度改革加快简政放权激发市场活力的实施意见》,听取2017年议案和建议提案办理工作、一季度全市安全生产形势、给市安监局等单位和个人记功嘉奖等情况的汇报。

5月9日,市政府召开第5次常务会议。讨论《无锡市推进旅游业供给侧结构性改革创新发展行动计划(2017~2020年)》,审议《无锡市旅游度假区考核评价办法》《无锡市燃煤工业窑炉整治三年行动计划(2017~2019年)》《关于培育建设特色小镇工作的实施意见》《市政府关于加快全市政务服务网建设的实施方案》,听取市政府部分工作部门调整方案情况、市拟下放梁溪区行政权力事项有关情况、对无锡国家高新技术产业开发区完善重大项目推进激励机制建议、2017年政府投资项目及资金安排计划和筹资方案的汇报。

5月17日,市政府召开第6次常务会议。讨论《关于加强农村住房建设管理的意见(试行)》《关于聚焦产业聚力创新深化实施“太湖人才计划”的若干意见》《关于进一步加强房地产市场调控通知》,审议《无锡市人民政府议事规则和市政府党组会议规则》《无锡市2017年生态文明建设实施方案》《无锡市生态文明建设规划(2016~2020修编)》《2017年度市区海绵城市建设重点工程实施方案》《无锡市教学成果奖励办法》《无锡市安全生产条例(草案)》,听取近期房地产市场情况汇报、贯彻落实国家和省就业创业工作会议精神汇报。

6月1日,市政府召开第7次常务会议。会议讨论全市城市现代化与城乡发展一体化工作会议有关文件《关于进一步加强城市规划建设管理工作的实施意见》《关于实施“三增三改三提升”重点任务深入推进城乡发展一体化的意见》《关于表彰2011~2015年城市建设作出突出贡献的集体和个人的决定》,审议《关于统筹推进城乡义务教育一体化促进优质均衡发展的实施意见》《关于在市场体系建设中建立公平竞争审查制度的实施意见》《无锡市超标粮食处置管理办法》,听取《无锡市危险废物污染防治规划(2014~

2020)》编制情况、市第十三届哲学社会科学优秀成果评审情况的汇报。

6月22日，市政府召开第8次常务会议。会议审议《关于进一步加强地方政府债务管理创新城市建设发展方式的意见》《无锡市地方政府性债务风险应急处置预案》《无锡市本级政府融资担保和政府购买服务行为整改方案》《无锡市本级政府投资和资金安排调整方案》,听取1~5月市本级专项资金支出分析和“双过半”安排落实情况、《无锡市户籍准入登记规定》有关修改情况、2017年度城镇低保标准调整有关情况汇报。

7月17日，市政府召开第9次常务会议。会议审议《关于聚焦富民持续提高城乡居民收入水平的实施意见》《无锡市“十三五”基层基本公共服务功能配置标准(试行)》,听取2017年度社会保险缴费基数、最低工资标准、市区居民养老保险待遇标准调整以及公布企业工资指导线的有关情况、市区特困人员供养标准调整情况、无锡市“荣誉市民”候选人相关情况、近期安全生产事故情况的汇报。

7月25日,市政府召开第10次常务会议。会议学习市委十三届四次全会精神，传达省政府全体会议精神,讨论《关于加强农村集体“三资”监管的实施意见》,审议《无锡市民用无人驾驶航空器管理办法（草案)》,学习《中华人民共和国慈善法》。

8月18日,市政府召开第11次常务会议。会议讨论《无锡市生态环境保护工作责任规定(试行)》《无锡市关于进一步深化文化市场综合执法改革的实施方案》《“健康无锡2030”规划纲要》,听取中央环保督察反馈问题与环保部太湖治理督查意见整改情况的汇报、清理规范市本级部门单位非税收入开票项目的情况汇报。

9月5日,市政府召开第12次常务会议。会议讨论《关于开展工业企业资源利用绩效管理工作加快产业转型升级的实施意见》《关于加快实施创新驱动核心战略的若干政策措施》,审议《关于在领导干部经济责任审计中建立容错纠错机制的办法》《关于加快知识产权强市建设的若干政策措施》《无锡市特色田园乡村建设实施方案》《无锡市居民住宅二次供水设施改造实施意见》《无锡市化工行业建设项目准入暂行管理办法》,听取江阴市部分街道行政区划调整方案和2018年市本级预算编制方案的汇报。

9月19日,市政府召开第13次常务会议。会议讨论《关于无锡市创建国家全域旅游示范区的意见》,审议《关于全面推进生活垃圾分类的实施意见》《关于进一步加强建筑垃圾处置管理的实施意见》《市政府关于扩大对外开放积极利用外资的实施意见》《无锡市企业名称自主申报登记管理办法》,听取关于拟划转至市行政审批局权力事项目录、开展对政府采购活动中围标串标行为协同惩戒工作的汇报。

10月24日，市政府召开第14次常务会议。会议对学习贯彻中共十九大报告提出要求,讨论《关于完善拥军政策增强军人荣誉感的实施意见》,审议《无锡市地方政府性债务风险预警暂行办法》《无锡市本级地方债务化解方案》,听取调整企业退休职工独生子女父母一次性奖励资金发放渠道、向“事改企”企业退休人员发放生活困难补助、对第26期援助桑给巴尔医疗队给予记功嘉奖的汇报,学习《中华人民共和国城市房地产管理法》。

11月14日，市政府召开第15次常务会议。会议讨论《关于调整完善生态补偿政策的意见》,审议《关于促进快递业持续健康发展培育经济新增长点的实施意见》《无锡市存量房交易资金监管办法(试行)》,听取拟使用“惠山古镇景区”名称申报国家AAAAA级旅游景区、《最低生活保障家庭及低收入家庭人均金融资产限额标准》制定情况、锡澄宜重大基础设施建设领导小组组织架构和“十三五”分年度建设计划、《无锡市环保机构监测监察执法垂直管理制度改革工作方案》编制情况的汇报。

11月27日，市政府召开第16次常务会议。会议讨论《关于进一步全面深化国有企业改革的实施意见》《关于进一步完善国有企业法人治理结构的实施意见》,审议《无锡市市长质量奖评定管理办法》《无锡市不动产登记条例(草案)》,听取对2013~2016年度全市社会治安综合治理工作中表现突出的集体和个人记功嘉奖、调整高污染燃料禁燃区、2017年度无锡市第一批新兴产业创业领军人才奖励性资助经费以及无锡市腾飞奖、科技进步奖、第十届专利奖评选情况汇报。

12月21日，市政府召开第17次常务会议。会议审议《无锡市城市建设创新发展基金实施方案》,听取市安全生产工作、食品药品安全工作、省集中开展信访突出问题大化解大突破专项行动动员部署电视电话会议精神及无锡市贯彻落实建议、2017年为民办实事项目执行情况和2018年为民办实事项目安排、贯彻落实省对市财政体制调整意见及适当完善市对区财政体制、市水务集团改革重组上市有关问题、《关于更大力度支持物联网为龙头的新一代信息技术产业发展的政策意见》《关于更大力度支持集成电路产业发展的政策意见》及《无锡市加快发展以物联网为龙头的新一代信息技术产业三年(2017~2019年)行动计划2018年实施方案》起草情况、对2017年世界物联网博览会作出突出贡献的集体和个人记功奖励及通报表扬的情况汇报。

12月26日，市政府召开第18次常务会议。会议讨论2018年《政府工作报告》《关于2017年国民经济和社会发展计划执行情况与2018年国民经济和社会发展计划草案的报告》《关于2017年财政预算执行情况和2018年市本级预算草案的报告》,听取《无锡市人民政府向市人大常委会提请审议和报告重大事项的实施办法(修订稿)》和2018年拟向市人大常委会报告的重大事项、无锡市对口帮扶延安市、海东市有关工作情况的汇报。

（市政府办公室）

为民办实事

2017年,市委、市政府确定为民办实事项目共十大类,由16个市级单位承担实施。主要涉及经济薄弱村脱困致富、黑臭水体整治、城市重点道桥建设、旧住宅区综合整治改造、城市公共交通建设、农贸市场改造提升、健康养老服务体系建设、市政配套设施改造、文化惠民建设、教育事业基础设施建设等与群众日常生活密切相关领域。至年底,完成各实施项目年度任务。

1.经济薄弱村脱困致富方面。建立全市经济薄弱村数据库,制定脱困转化计划,深入开展"两保(脱贫小康保、增收致富保)两贷(农业保险贷、人保惠农贷)一投(引进集团投资)",完成40个经济薄弱村脱贫转化。

2.黑臭水体整治方面。全面开展新一轮太湖治理和河道综合整治,启动建设新孟河水利工程,完成九里河、伯渎港等区域性骨干河道和市区许溪河、铁树桥浜等10条黑臭河道整治任务;新建、改建污水管网114千米,规模养殖场治理率达70%。无锡45个国考省考断面达到或优于III类水质比例同比提高20个百分点,太湖无锡水域水质总体向好,连续第十年实现安全度夏。

3.城市重点道桥建设方面。蠡湖大道快速化改造主线(高浪路节点除外)、建筑路主线、广益路、广澄路、桐桥港路、吴桥西路等8个重点道桥项目建成通车,道路总里程达18千米;有序推进江海西路快速化改造、新锡路北延、环山东路、钱皋路、运河西路等重点道桥项目,开工建设具区路、缘溪道、运河东路大修、兴昌路北延等重点道桥项目。

4.旧住宅区综合整治改造方面。加快老城区更新改造步伐,市区完成棚户区危旧房改造65万平方米、旧住宅区整治改造217万平方米,拆除77万平方米各类违法建设,完成26条主要道路包装出新和116个背街小巷综合治理,被授予"省优秀管理城市"称号。

5.城市公共交通建设方面。地铁1、2号线投运稳定,日均客运量同比增长11.4%;开工建设地铁4号线一期工程。锡澄城际轨道S1线专项规划编制形成论证成果。加快建设城市公共自行车一期工程,投放公共自行车10100辆,建成400个配套站点;新辟和优化31条公交线路,新增低碳环保公交车辆170辆,其中混合动力新能源车160辆,LNG车10辆。

6.农贸市场改造提升方面。新建和畅农贸市场,鑫秦、落霞、泉山等农贸市场完成改造施工并正式营业,小桃园农贸市场基本完成改造。开展市区120家农贸市场环境整治提升工作,全年检测食品80.8万批次,实现全市农贸市场食品安全快速检测网络监控全覆盖。

7.健康养老服务体系建设方面。完成并搬迁、启用市第五人民医院,加快建设市新四院建设项目。完成34个基层卫生医疗机构中医诊疗区(中医馆)项目建设,建成投用12家街道(镇)级老年人日间照料中心。

8.市政配套设施改造项目。完成老旧自来水管网改造60.1千米;水表出户改造完成4096户;新增天然气用户80020户,完成目标任务的160%。

9.文化惠民建设项目。新少年宫建成投用。建设"吴韵书香"城市阅读联盟,完成50个"吴韵书香"城市阅读联盟城市阅读点、150个多功能基层综合性文化活动室(服务中心)建设。

10. 教育事业基础设施建设方面。开工建设幼儿园和中小学新建、改扩建项目79个,完成省锡中第二实验小学、长安中心小学等8个义务教育学校项目和阳光100第二幼儿园、中海凤凰溪岸等12个幼儿园项目,4所学校建成省现代化示范性(优质特色)职业学校。南京信息工程大学滨江学院无锡校区开工建设。

(市政府办公室)

对口支援与帮扶

【对口支援新疆工作】 2017年,无锡市援助新疆工作围绕新疆地区社会稳定和长治久安总目标,统筹产业发展与教育、科技、人才等方面建设相结合。完成第八、第九批援疆干部(阿合奇县19人,霍城县23人)工作对接。年内,投入援助新疆资金20833万元(阿合奇县4846万元、霍城县15987万元),援建项目42个(阿合奇县11个、霍城县31个),包括特色农产品种植示范基地建设、中小企业创业园建设、乡镇基础设施建设、医疗教育惠民工程等。组织受援地招商、旅游、教育、医疗等领域干部、人才培训、交流、考察40余批次2000余人。引入教育管理、医疗卫生、信息技术等领域"柔性援疆人才"100余人次。产业援助新疆签约中小微企业园、新材料生产加工、服装加工等项目十余个,总投资5.5亿元,带动当地3000余人就业。在国家"携手奔小康"行动指引下,无锡市将锡山区鹅湖镇与阿合奇县阿合奇镇、甘露社区与阿合奇镇佳朗奇村建立对口支援关系。组织苏利股份、江阴澄江街道等基层组织和企事业单位赴新疆考察对接帮扶工作十余批次,为当地贫困居民捐款捐物300余万元。援助新疆工作有效带动受援地区经济和社会发展,促进民族团结。

(韦　锋)

【西部扶贫协作工作】 2017年,无锡市与青海省海东市建立扶贫协作关系,与延安市调整结对帮扶关系。年内,编制完成《"十三五"对口帮扶延安市扶贫协作规划》和《"十三五"对口帮扶海东市扶贫协作规划》。向两地派出挂职干部20人(延安市7人,海东市13人)。向延安市派出第14批援助教师6名。全年为两地培训干部、人才30余批次2000余人。完成计划内资金支持10060万元(延安市1260万元、海东市8800万元)。追加计划外帮扶资金1040万元。援建项目95个(延安市23个、海东市72个)。为延安市引进见龙机构EPS生产基地项目、江苏万舜集团电商平台项目、斯派尔集成建筑材料生产基地项目,为海东市引进振发新能源光伏太阳能项目等十余个,总投资近20亿元,带动受援地经济社会发展及产业转型升级。通过资源共享和定向招聘,全年向两地推荐就业岗位3万余个,成功实现贫困人口转移就业近千人。协调各公益组织赴延安、海东开展扶贫、助医、助学活动数十次,累计社会捐赠资金400余万元。携手奔小康行动扎实有效开展,无锡与延安市实现乡镇结对23个,行政村结对40个,与海东市实现乡镇结对13个,镇村结对3个,行政村结对12个。

(韦　锋)

【对口支援云阳工作】 2017年,无锡市对口援助云阳县资金280万元。用于云阳中学北部新区分校建设,该项目惠及师生4000余人。投入资金20万元,举办"人才管理和培养"专题培训班,帮助云阳县培训党政干部、移民致富带头人55名。积极推动两地经济互动交流，帮助云阳县三峡云海药业、旭达药业、万力医药等企业中医药产品进入无锡市及周边各中医院，实现销售额3000多万元。10月，组织市卫计委、各中医医院负责人、企业家赴云阳考察对口帮扶工作，推动中医药产品贸易合作。鼓励无锡市企业赴云阳县投资和贸易合作，推动当地产业发展转型升级，促进当地经济社会发展。

（韦　锋）

【南北挂钩工作】 2017年，无锡市与徐州市签订《2017年无锡市与徐州市南北挂钩合作协议》，确定年度工作目标和任务。12月，为徐州市培训村"两委"正职干部50人，提高徐州市基层党务工作者理论水平。年内，在省共建园区年度考核评价中，无锡市与徐州市共建的7个园区全部考核合格，其中6个排在省综合考评前一半，锡沂高新技术产业开发区位列综合考核第二名。7个园区完成项目建设69个，实现业务总收入1973.80亿元，比上年增长31.77%；工业产品销售收入1788.85亿元，比上年增长9.83%；工业增加值293.46亿元，比上年增长20.11%；公共财政预算收入29.07亿元，比上年增长28.61%；固定资产投资284.25亿元，比上年增长23.07%；基础设施投入210.24亿元，比上后增长27.69%；实际利用外资45256万美元，比上年增长104.98%。

（韦　锋）

【与盘锦市对口合作工作】 2017年，无锡市与盘锦市根据各自实际情况，签订《无锡市与盘锦市对口合作框架协议》。

年内，盘锦市到无锡学习、交流等活动11个团100余人次。无锡市发改委、经信委、科技局、农委、旅游局等部门与盘锦市交流合作频繁。无锡市先后邀请盘锦市相关部门和企事业单位参加无锡市国际物联网大会、国际新能源大会、中国无锡设计博览会、无锡现代农业博览会等会展活动。借助众多展销平台，带动两市互动交流，推动两市在各领域开展合作。在无锡市相关部门协助下，盘锦市在无锡举办电子科技、新能源、化工产业等多个主题的推介、招商活动，吸引江苏、浙江150余家企业参加，达成投资意向企业十余家。

（韦　锋））

行政审批

【概况】 2017年，无锡市行政审批局围绕推进"两聚一高"新实践和建设"强富美高"新无锡的目标要求，凝心聚力，攻坚克难，行政审批制度改革取得新成效。市政务服务大厅办理各类行政审批（服务）事项58.91万件，按时办结率100%，即办率39.68%，承诺件提速率35.7%；10月9日无锡市行政审批局运行后，由局直接办结的事项23521件，承诺件提速率47.8 %，高于平均数12.1个百分点。全市公共资源交易平台（含江阴市、宜兴市）累计完成交易事项1.08万宗，总交易额1163.87亿元，节约资金65.16亿元。市"12345"政府公共服务热线受理有效诉求22.94万件，派发成员单位电子工单13.24万件，期限内办结率99.72%，群众对工单处置结果满意率93.78%，对政府热线服务满意率99.33%。年内，收到企业群众赠送的锦旗（表扬信）102面（封），先后25次被中央和省市主要媒体宣传报道，省市党委政府转发局各类改革信息69篇，分别被省政府和市政府表彰为"省文明单位"和"无锡市规范执法示范单位"。无锡市"12345"政府热线大数据分析获"省政务服务创新成果奖"称号。

（程　骏）

【组建行政审批局】 7月7日，无锡市行政审批局挂牌，成为苏南地区首家设区市行政审批局；全力推进市场准入和建设投资领域涉及的70项行政权力事项划转至市行政审批局统一集中行使，10月9日，颁发首张加盖"无锡市行政审批局"印章的营业执照，"一枚公章管审批"实现良好开局。指导江阴市和梁溪区、新吴区行政审批局同步挂牌运行，相对集中行政许可权改革试点在全市推开。

（程　骏）

【落实"3550"简政目标】 2017年，围绕"3个工作日内完成企业注册开业"的简政目标，市行政审批局整合工商、公安、税务、人民银行等部门的数据资源，通过设立开办企业综合窗口提供一窗办理服务，实现全市上下新设企业办理营业执照、刻制企业公章、开立银行账户、申领税务发票在3个工作日内完成。围绕"5个工作日内获得不动产登记"的简政目标，会同国土、住建、地税等部门全面推行"一窗受理、集成服务"，通过设立"不动产交易、税收、登记联办专窗"，压缩不动产登记办理时限。围绕"50个工作日内获得工业生产建设项目施工许可证"的简政目标，对一般工业生产建设项目的办理流程和审批材料进行优化，编制工业生产建设项目办理流程图和所需材料目录清单，确保全市工业生产建设项目备案类办理时限压缩至28个工作日内，核准类办理时限压缩至45个工作日内。

（程　骏）

【深化商事制度改革】 2017年，无锡市行政审批局会同市工商局出台《关于进一步推进"多证合一、一照一码"改革的实施意见》，在全市实现"工商、质监、税务、统计、社保、公安""六证合一"的基础上，将"多证合一"事项扩大至27项，降低企业制度性交易成本。积极推进企业名称登记改革，开放企业名称库，升级名称自助查询系统，开通企业名称网上登记功能，实现国家级名称的全程电子化登记；9月25日，市政府印发《无锡市企业名称自主申报登记管理办法（试行）》，自11月1日起，在全市范围内全面实现企业名称的自主申报；2017年，全市通过网上申报核准的名称4.04万条，947条实现自主申报。

（程　骏）

【权力事项集中进驻】 2017年，市级6大类1759项政务服务业务项、市（县）区6190项业务项在省政务服务网上集中进驻，实现市、市（县）区全部政务服务事项的"应上尽上"。在省内首批向社会公布"不见面"和"见一次面"政务服务事项清单。年内全市有6528项政务服务事项具备"不见面"审批能力，占比82.1%。

（程　骏）

【建成江苏政务服务网无锡分厅】 2017年，无锡市整合政务服务、公共资源交易、政府热线、公共服务等政府服务资源，建成江苏政务服务网无锡分厅，为企业群众提供“不见面”办事服务。开发完成江苏政务服务网APP无锡站，提供“学区查询、生活缴费、网上预审”等热点事项的“查缴办”服务，边境证签发在省内首家做到移动端的“网上批、不见面、快递送”。市本级和江阴市、宜兴市相续开设综合服务旗舰店；推动公安、人社、民政、工商、国地税等6家部门在市本级综合服务旗舰店上开设“VIP专柜”，为企业群众提供36类政务服务，通过对热点、高频、热门服务的统一归类、分类展示，打造属于群众自己的“政务淘宝”。

(程　骏)

【建成全市统一的电子证照库】 2017年，无锡市建成全市统一的电子证照库，推动照面信息和存量信息统一入库，共向省库传输22万份电子证照和数据批文。统一开发全市三级共享的政务服务管理平台，并与省统一身份认证系统进行数据对接，基本实现业务信息的集中共享、办件数据的集中流转和电子监察的全覆盖；全年向省库输送70万份办件信息。年内完成与省EMS系统的数据对接，市级政务服务管理平台与EMS业务申请、取件、派递实现联动服务；全市EMS邮寄量10.71万件，位居全省第二名。

(程　骏)

【市政务服务网】 2017年，市政务服务网访问量215万次，APP下载安装量30.6万件，用户注册量50.17万件，实名用户注册量33.06万件。其中，访问量和用户注册量在省内排名第一，实名用户注册量在省内排名第三。

(程　骏)

【公共资源交易体系建设】 2017年，无锡市按照“平台建起来，系统联起来、数据用起来、规则严起来”要求，建设全市统一规范的公共资源交易体系。市行政审批局指导市辖区编制完成市公共资源交易分中心组建方案，协商省、市有关部门批复保留江阴、宜兴两个县级市公共资源交易中心；6月20日，举行5个市属公共资源交易分中心和2个(县)市公共资源交易中心的集中挂牌，在省辖市中率先建成“1+7”公共资源交易体系。12月15日，市政府办下发《无锡市关于推进公共资源交易平台一体化管理的实施意见(试行)》，推进全市公共资源交易平台的一体化运行。年内，采取省市共建的方式，建立终端覆盖全市的电子交易公共服务平台，主动对接国家和省电子交易系统，实现市场主体信息、交易信息、行业监管信息的集中交换和同步共享；推动交通工程、水利工程、户外广告、药品耗材采购等其他类公共资源交易业务系统的信息化整合，实现相关交易信息的统一发布；改造升级工程交易系统、政府采购项目管理系统，开发完成轨道交通评委库系统，发挥信息技术在提高交易效率和透明度等方面优势。

(程　骏)

【服务规范化】 5月11日，市政府印发《无锡市公共资源交易目录》，目录涵盖“政府采购、工程建设、交通建设、水利建设、土地交易、国有产权交易、城市管理”等7大类100个事项，在省辖市中首家以“清单化、目录化”方式公布公共资源交易事项的进场范围。组织开展内外场联动服务，规范招投标示范文本，对投标人条件、评审要素、承诺内容进行固化，减少人为失误因素；严格交易现场管理，规范进场权限，对进场交易项目全程同步录音录像，逐步提高远程异地评标效率，加强对公共资源交易活动的监管和服务。会同市住建局开展“政府投资房屋建筑和市场工程项目招投标工作专项整治”，检查896个项目的1651个标段，对发现的70个问题责令限期整改，规范全市建设工程领域的招投标行为。

(程　骏)

【构建政府热线民生响应机制】 2017年，无锡市大力整合政府服务资源，加强大数据运用，打造群众办事零距离，企业群众零障碍的民生诉求响应和综合信息服务平台。市行政审批局全面开通“电话、传真、短信、微信、微博、门户”等服务渠道，为企业群众提供“语音、网络、传真”服务。坚持每天与新闻媒体开展“直通937”等节目的合作播报，开创“政府、公众、媒体”互动新机制。对标省平台数据交换标准，推动市、(县)市“12345”政府热线与省热线互联互通，实现“一个平台受理，三级联动办事”；无锡市政府热线与“江苏‘12345’在线”实时对接，累计办结省平台交办的各类诉求2165件（含江阴、宜兴），按时办结率99.9%，群众综合满意率83.6%。开通政务服务“一号答”，通过设置语音导航，编制知识清单，联动网络服务，为企业群众提供一个咨询、建言、评价“不见面审批(服务)”的通道。市行政审批局定期梳理编制“群众提问频繁、普遍关注”的民生热点问题，以“一问一答”的形式通过“中国无锡”门户网站和“市政务服务网”同步公开，累计公布近千条。组织开展2期“倾听群众呼声，服务民生关切”现场咨询活动，答复市民群众普遍关注的“房屋漏水、社会救助”等诉求1800条。开展“人民建议”金点子征集活动，征集“政务服务”和“民生实事”等方面的意见建议117条，其中“城市道路建设、市政设施建设、公共交通建设、智慧城市建设”等建议列入无锡市政府2018年为民办实事具体内容。年内建成大数据政情民意分析系统1.0版，对政府服务数据进行“整理提纯、自动比对、科学研判、综合运算、分析预测”，坚持做到每周上报一篇典型案例和民生专报，每月上报一篇难点问题和创新做法，每季上报一篇运行报告和热点词汇，获市政府主要领导多次批示。按照全市大走访活动的部署，筹建大走访“一级数据库”，从“民生改善、改革发展、产业发展、基层党建、社会治理”等方面做好报送信息的分类梳理和交办反馈，“一级数据库”协调解决大走访反馈问题3.2万个。提请市政府召开疑难工单协调会，对梳理发现的19个疑难工单和一个建议专题进行协调沟通，解决一批发生在群众身边的老大难问题。

(程　骏)

【实施精准化政务服务】 2017年，无锡市行政审批局组织联审联办专窗开展联动服务。全年办理企业设立登记“一照一码”7466件，建设工程联合验收126件；同时，为197家企业的520名境外人员到无锡就业提供联办服务。在市政务服务大厅，推行“预约、延时、上门、网上、助残、热线”服务，分别开展预约服务3990

件，延时服务7923件、上门服务570件、网上服务17.99万件、助残服务5件、热线服务30.1万件。对全市确定的100个重点项目进行梳理分类，主动向项目单位发放行政服务征询书109份；牵头召开并联审批、联合会审64次，主动前往普仁医疗集团、泰茂置业等26家单位开展联动服务，帮助项目单位解决审批难题53个。制定并下发《政务服务长效管理考核细则》《政务服务监督员工作制度》，完善督查工作机制。围绕“服务态度、服务质量、服务效率”等要素对市、市（县）区和部分镇（街）政务服务中心开展随机式抽查暗访，对发现的问题进行现场通报和督查回访；年内，共发出督查提示（通报）22份，开展服务质量热线回访2511次、现场评议621次、短信回访5042条，群众综合评价满意99.43%，比上年增长0.84个百分点。

（程　骏）

外事工作

【概况】 2017年，无锡市人民政府外事办公室（以下简称市外办）接待到访外宾152批1290人次，其中部长级外宾15批166人次。批准因公出国（境）463批2025人次。制定并实施《无锡市APEC商务旅行卡申办企业资质量化标准》，为企业办理APEC商务旅行卡316张。接待柬埔寨劳工与职业培训部部长、西哈努克省副省长访问无锡，为西港特区建设发展营造良好外部环境。无锡市与印尼泗水市交流交往继续加强，与白俄罗斯博布鲁伊斯克市签署加强合作备忘录，与加拿大多伦多市结为国际经贸合作伙伴城市。年内，无锡市滨湖区与巴西阿拉萨里瓜马市建立友好城市关系。

（缪绘苑）

【对外经贸交流与合作】 2017年，市外办邀请、接待外国经贸企业代表团14批101人次到无锡市洽谈合作，组织市经贸企业代表团26批154人次出访开展合作。推动芬兰友城拉赫蒂市与滨湖区蠡园经济开发区就工业设计领域合作座谈交流，并分别与市规划局等多家部门单位就开展城市规划试点合作探讨。丹麦环保、丹麦清洁技术产业联盟、友城拜瑟克伦城市联合体代表团先后访问无锡，与市环保局、市经信委等相关部门座谈交流，考察相关企业，就环保、教育、物联网、基础教育等领域合作探讨。邀请巴西费利斯港市市长及企业家代表团到无锡访问，促成费市政府及相关企业与无锡市有关企业签署6份合作协议，协助“中国城”项目负责人参加无锡市全球锡商大会并项目推介。与美国友好交流城市圣贝纳迪诺郡签署经贸与合作备忘录，推动苏南硕放国际机场与位于圣郡的安大略国际机场开展物流合作项目。安排无锡市6家企业代表赴韩国参加蔚山市中小企业对口贸易洽谈会，现场达成多项合作意向。

（缪绘苑）

【社会各界对外交流合作】 2017年，在医疗卫生方面，市外办组织全省唯一的市级全科医生团组赴英国埃塞克斯郡学习，市卫计委与埃郡签署《关于开展全科医生和社区医疗研修的合作谅解备忘录》；协调组织江南大学药学院师生赴德国友城勒沃库森市及荷兰友城斯海尔托亨博斯市开展“我们与制药同行”首届欧洲主题访学交流；促成无锡市中医医院与法国友城尼姆市尼姆大学医疗中心互派医生实习。在文化交流方面，应市外办邀请，波兰绿山市、罗马尼亚哈尔吉塔郡、白俄罗斯博布鲁伊斯克市、柬埔寨西哈努克省波雷诺县共挑选44幅作品，参加省教育厅、省外办等五个部门联合举办“友城绘”江苏省青少年国际绘画展，友城波兰绿山市、友好交流郡罗马尼亚哈尔吉塔郡分别派出代表团专程出席颁奖盛典，并访问无锡。在教育方面，促成无锡市峰影小学与波兰绿山市第十七小学、罗马尼亚哈尔吉塔郡格奥尔基尼市瓦斯格缇斯小学以及哈尔吉塔郡克里斯图鲁—塞库耶斯克市佩托菲桑德学校签署校际合作关系协议书；推动无锡市城市职业技术学院与马其顿信息科学与技术大学签署合作备忘录、无锡市科技职业学院和美国圣贝纳迪诺郡查菲学院建立姐妹学校关系。

（缪绘苑）

【领事保护工作】 9月，市外办参加江苏省领事保护工作调研，分别拜访泰国旅游体育部、马来西亚旅游行业协会等，就游客在泰国、马来西亚发生领保事件应急处置工作机制进行对接；对接落实无锡市在曼谷恐怖爆炸事件中受伤人员后续治疗事宜；访问驻两国使馆，建立领保工作沟通机制，并访问在泰、马两国经营的中资企业。11月11日，应租住在无锡市的湖北咸宁籍新市民廖婉荣请求，市外办参与解救其在菲律宾马尼拉市因经济纠纷被扣押的弟弟廖苑军。经驻菲律宾使馆、外交部领事保护中心及市外办多方共同努力，被扣押人员于11月16日获释并回国。还妥善处理其余多起领保事件。

（缪绘苑）

【扩大对外宣传无锡】 2017年，市外办接待外国媒体3批46人次到无锡市考察采访。邀请日本共同通信社等多家日本媒体对“2017无锡国际赏樱周暨中日樱花友谊林建设30周年纪念活动”采访报道。《朝日新闻》、日本NHK分别长篇报道和制作专题节目，在日本播出后引起积极反响。

（缪绘苑）

【重大涉外活动】 3月27~29日，由无锡市人民对外友好协会和无锡市外办共同主办的“2017无锡国际赏樱周暨中日樱花友谊林建设30周年纪念活动”举行。218名日本友好人士参加活动。

4月2~11日，市长汪泉率无锡招商团访问日本、英国和以色列。在日本举行《无锡旅情》30周年”大型经贸活动，并访问住友化学、永旺梦乐城等日本企业；访问江苏友好省郡埃塞克斯郡政府和无锡市友好城市切姆斯福德市政府，与埃塞克斯郡内阁成员史蒂芬·嘉宁议员，切姆斯福德市议长罗伊·怀特海德等高层交谈，探讨与埃塞克斯郡在智慧城市建设、物联网产业发展和双向投资等领域的交流合作。

5月19~20日，无锡市荣誉市民广田隆一郎和金晋燮出席“江苏发展大会”和“江苏发展大会无锡乡贤恳谈会”。

9月27日，在君来世尊酒店举行庆祝中华人民共和国成立68周年国庆招待会，23个国家175名外宾应邀出席。

(缪绘苑)

【重要来宾到访】 2月19~21日,美国圣贝纳迪诺郡行政长官科特·海格曼一行9人访问无锡。市长汪泉与科特·海格曼共同签署《中国江苏省无锡市与美国加利福尼亚州圣贝纳迪诺郡贸易与投资合作备忘录》。省委常委、市委书记李小敏会见代表团一行,市长汪泉,市委常委、纪委书记王唤春、副市长王进健,市政府秘书长叶勤良参加会见。

3月16~18日,美国波士顿大学校长罗伯特·布朗一行7人访问无锡。省委常委、市委书记李小敏会见代表团一行,市长汪泉,副市长刘霞,市政府秘书长许立新、市政府副秘书长吴建昌与客人进行合作洽淡。

3月17日,白俄罗斯驻沪总领事马采利·瓦列里访问无锡。

3月18日,印度驻沪总领事古光明一行2人访问无锡,市长汪泉会见客人一行。

3月20日,乌克兰驻沪总领事罗鹏一行2人访问无锡。

3月27日,日本驻上海总领事片山和之一行26人访问无锡,出席“2017无锡国际赏樱周暨中日樱花友谊林建设30周年”纪念活动。

6月7~8日,美国波士顿大学教务长吉恩·莫里森一行7人访问无锡。市长汪泉会见代表团一行,副市长刘霞,市政府秘书长许立新参加会见。

6月21日,意大利驻沪总领事裴思泛一行3人访问无锡,汪泉市长会见客人一行。

6月23~25日,柬埔寨西哈努克省副省长何茉莉一行7人访问无锡,参加“无锡—西港”国际航线首航仪式并致辞。省委常委、市委书记李小敏,市长汪泉,副市长王进健,市政府秘书长许立新参加仪式。

6月25日,印度驻沪总领事古光明一行6人访问无锡,出席2017中国(无锡)国际瑜伽节。市长汪泉,副市长王进健会见客人并参加开幕式。

6月28日,瑞典企业与创新部长米卡尔·丹贝尔一行5人访问无锡,省委常委、市委书记李小敏会见客人一行。

6月28~29日,柬埔寨劳工部部长叶绍兴一行8人访问无锡,市长汪泉会见代表团一行,市政府秘书长许立新参加会见。

7月5日,马尔代夫反腐败委员会副主席穆阿维斯·拉希德一行27人访问无锡,市委常委、纪委书记王唤春会见代表团一行。

7月14日,格林纳达新民族党代表团一行3人访问无锡。

7月20~21日,澳大利亚维多利亚州上议院议长布鲁斯·阿特金森一行2人访问无锡,市人大常委会主任徐一平会见代表团一行。

8月25日,西班牙人民党中央委员、培训事务书记塞萨尔·桑切斯率西班牙多党青年干部考察团一行12人,在中央对外联络部和省外办相关人员陪同下访问无锡,参观中船重工第702研究所。

8月26~27日,柬埔寨发展理事会秘书长索庆达一行3人访问无锡,省委副书记、省长吴政隆会见代表团一行,省委常委、市委书记李小敏,市长汪泉参加会见。

8月26~28日,柬埔寨西哈努克省省长润明一行18人访问无锡,省委副书记、省长吴政隆会见代表团一行,省委常委、市委书记李小敏,市长汪泉参加会见。

9月8日,各国议会联盟秘书长马丁·纯贡在全国人大常委会办公厅外事局和江苏省人大外事委相关人员陪同下访问无锡。

9月27日,韩国驻沪总领事卞永台一行4人访问无锡,汪泉市长会见客人一行。

10月20日,韩国驻沪总领事卞永台一行3人访问无锡,副市长王进健会见客人一行。

10月26日,荷兰北布拉邦省省长范德东克一行9人访问无锡,汪泉市长会见代表团一行,并共同为思密得科技(无锡)有限公司揭牌。

11月1日,埃塞俄比亚驻沪总领事穆勒·塔瑞肯·埃德雷访问无锡,出席2017无锡国际新能源大会。

11月1日,爱尔兰驻沪领事何莉一行2人访问无锡,出席2017无锡国际新能源大会,汪泉市长会见客人一行。

11月2日,埃塞俄比亚国家投资委员会副总干事阿贝贝·阿贝巴约、埃塞俄比亚驻沪总领馆总领事(大使衔)穆勒·塔瑞肯·埃德雷一行3人访锡。汪泉市长会见客人一行,并共同出席国联集团首个实业对外投资项目—无锡一棉埃塞俄比亚纺织生产基地项目签约仪式。

11月10日,芬兰驻沪总领事万伯阳一行5人访问无锡,汪泉市长会见客人一行。

11月28日,日本驻沪总领事片山和之一行3人访问无锡。

12月2~3日,爱尔兰驻沪总领事何莉访问无锡。

(缪绘苑)

【友好往来】 1月11~21日,市政府机关事务管理局研修团一行4人访问日本明石市。

2月上旬,江南大学药学院师生代表一行25人,赴德国友城勒沃库森市和荷兰友城斯海尔托亨博斯市开展为期8天的“我们与制药同行”首届欧洲主题访学交流。

2月15~17日,韩国金海市事务会议团一行3人访问无锡,协商两市2018年度友好交流计划。

2月16日,华尔街日报亚洲部记者 Preetika Rana 访问无锡。

2月21~28日,市外办交流团一行6人访问日本、韩国友好城市,邀请日本友城市长参加无锡市在东京举办的“无锡旅情三十周年答谢晚宴”活动,推动无锡市与日本、韩国友好城市之间的多领域交流。

2月23日至3月3日,市政府秘书长叶勤良率市经贸代表团一行6人,访问埃塞俄比亚阿达玛市和坦桑尼亚达累斯萨拉姆市。

3月8~9日,以事务总长荒木庆司为团长的第11次日本全国市长会事务局代表团一行6人访问无锡。

3月13日,澳大利亚弗兰克斯顿市威尔士男声合唱团一行47人访问无锡,与无锡市山禾合唱团在无锡运河公园音乐厅举办中国无锡—澳大利亚弗兰克斯顿合唱音乐会。

3月14日,美国圣安东尼奥中学生团一行25人访问无锡,参观无锡市城市规划馆,与无锡市外国语学校交流,前往至德(残疾人)职业训练庇护所看望残疾儿童。

3月24~28日,日本相鉴舍代表桥本钦至率领相模原书画代表团一行11人访问无锡,出席“2017无锡国际赏樱周暨中日樱花友谊林建设30周年”纪念活动。

3月26~28日,新发田丰会长率领“日中共同建设樱花友谊林保存协会”访华团一行47人访问无锡,出席“2017无锡国际赏樱周暨中日樱花友谊林建设30周年”纪念活动。

3月26~28日,小林充会长率领“日中友好樱友之会”访华团一行31人访问无锡,出席“2017无锡国际赏樱周暨中日樱花友谊林建设30周年”纪念活动。

3月26~29日,日本明石市市长泉房穗一行15人、由利本庄议长铃木和夫一行4人、熊本市上海事务所所长一行2人访问无锡,出席“2017无锡国际赏樱周暨中日樱花友谊林建设30周年”纪念活动。市长汪泉会见代表团一行,副市长王进健,市政府秘书长许立新参加会见。

3月27~28日,日本著名歌手、《无锡旅情》首唱尾形大作率代表团一行6人访问无锡,出席“2017无锡国际赏樱周暨中日樱花友谊林建设30周年”纪念活动。

3月27~28日,日中未来创想会代表团一行66人访问无锡,出席“2017无锡国际赏樱周暨中日樱花友谊林建设30周年”纪念活动。

3月27~28日,日本共同通讯社、《朝日新闻》、时事通讯社、NHK驻沪媒体到无锡出席“2017无锡国际赏樱周暨中日樱花友谊林建设30周年”纪念活动。

3月27~29日,日本藤冈企画部关口薰部长率藤冈市政府代表团一行3人访问无锡,出席“2017无锡国际赏樱周暨中日樱花友谊林建设30周年”纪念活动。

4月12日,瑞中协会法语区分会主席白鹄到无锡举办“如何与国外的合作伙伴沟通和互动——事例与实践”讲座,无锡市机关各部门30余人参加讲座。

4月20日,日本相模原市相鑑舍代表桥本钦至一行2人访问无锡。向无锡市赠送相模原市画家吉川启示画作《富士三十六景》,并推广立体移动式印刷扫描技术。

5月16日,美国圣贝纳迪诺郡驻华高级代表史凯哥赴无锡市兴化泡塑及华东可可公司考察,了解企业赴美投资需求,推动两市经贸往来。

5月23~26日,韩国蔚山市研修团一行6人访问无锡,通过走访和座谈了解无锡市创新创业、企业孵化、人才引进等领域相关政策及发展情况,学习优秀经验,推动两地经贸领域友好交流。

6月6~8日,丹麦拜瑟克伦城市联合体秘书长魏腊思(Mr. Lars Wilms)率联合体政府和教育代表团一行9人访问无锡,市政府秘书长许立新接待代表团一行。在无锡期间,代表团政府成员分别与市外办、市经信委和市科技局进行工作会谈;教育代表赴江南大学、市北高中、无锡技师学院等院校对口交流。

6月12~16日,无锡荣誉市民、中日文化经济交流协会会长广田隆一郎一行2人访问无锡,与市友协探讨在日本寻找并结交姐妹湖事宜。

6月13~22日,副市长王进健率市友好交流团一行10人,访问埃塞俄比亚阿瓦萨市、白俄罗斯博布鲁伊斯克市,出席哈萨克斯坦阿斯塔纳新能源世博会“江苏日”活动。

7月上旬,无锡市第六高级中学赴德国勒沃库森市冯施泰因男爵文理中学进行为期一周的交流学习。其间,勒沃库森市市长乌弗·里奇拉会见学生团一行。

7月18~25日,无锡市金桥中学友城交流团一行18人访问美国友城圣安东尼奥市,与友城中学生进行友好交流。圣安东尼奥市政府官员接待到访的全体师生,介绍当地历史文化,并为学生们颁发由无锡市市长和圣安东尼奥市市长共同签署的“友城交流小使者”荣誉证书。

7月20~23日,日本笠悬株式会社总经理大桥利一一行10人到访,为鼋头渚捐赠苗木养护费,并向市少年宫捐赠钢琴一架。

7月22~23日,塞尔维亚青年第三次参访团一行9人访问无锡。

7月23~30日,市卫生考察团一行6人访问意大利瓦雷泽市和英国埃塞克斯郡。

7月27日至8月3日,市政协主席周敏炜率市友好交流团一行5人访问芬兰拉赫蒂市和俄罗斯圣彼得堡市瓦西里岛区。

8月1~4日,日本相模原市青少年乒乓球团一行27人访问无锡,与无锡市惠钧、李慧芬俱乐部球队友谊比赛。交流团一行还和市少年宫进行联欢活动。

8月3~8日,市少年宫一行5人访问相模原市,参加在相市举办的“银河联邦30周年”纪念活动。

8月18~19日,日本相模原市友好交流团一行3人访问无锡,与无锡市外办进行友好交流。

8月19~27日,市政协副主席刘玲率市友好交流团一行6人、市档案团4人、市教育电视台“未来大使”学生团一行13人共同访问丹麦拜瑟克伦城市联合体和瑞典南泰利耶市,参加无锡与两市结好10周年庆祝活动。

8月23日,日本相模原市相鑑舍代表桥本钦至一行2人访问无锡,就桥本数码公司引进尖端扫描技术项目以及友好园改造事宜与外办座谈。

8月27~31日,市外办友好交流团一行3人访问韩国,参加由全国友协、日本地方自治体国际化协会、韩国市道知事协会共同举办的中日韩地方政府会议。

9月2~9日,市人大常委会主任徐一平率市友好交流团一行5人访问匈牙利萨瓦市和波兰绿山市。

9月15日,瑞中友协法语区分会主席白鹄访问无锡。

9月18日,日本相模原市相鑑舍代表桥本钦至一行2人访问无锡,继续就扫描仪技术与外办进行座谈。

9月19~22日,巴西索罗卡巴市友好人士马泰·拿波里访问无锡,参加第三届全球锡商大会,并在海内外锡商英才投资推介会上推介巴西“中国城”项目。

9月22日至10月1日,省委常委、无锡市委书记李小敏率市经贸代表团一行6人,访问德国、瑞士和意大利。

9月25~29日,市政府友好交流团一行4人访问韩国,参加蔚山市升级广域市20周年庆典活动。

9月25日至10月2日,市农业考察团一行6人访问希腊雅典市和马其顿科查尼市。

10月13日,日本相模原市相鑑舍代表桥本钦至一行7人访问无锡。

10月14日,应市友协邀请,日本驻沪总领事片山和之夫妇到宜兴访问,副市长王进健会见客人。

10月17日，新西兰达尼丁经济发展局局长一行4人访问无锡。

10月20日，新西兰怀卡托-泰钮研究与发展学院师生一行18人访问无锡，了解无锡市经济社会发展情况，并与江南大学商学院学生交流。

10月25日，加拿大杜兰郡安省理工大学国际教育部司各特·克拉克访问无锡，与江南大学讨论国际合作事宜。

10月27~28日，韩国利川市产业福利局长韩英熙一行3人访问无锡，参加宜兴市陶瓷文化艺术节，推动两地多领域交流。

10月28日至11月2日，日本相模原市议会团一行8人访问无锡，参加新能源博览会晚宴。在无锡期间，代表团参观惠山区创客空间、石墨烯产业园、华莱坞，考察无锡产业、能源等情况。

10月29日至11月4日，韩国金海市经济研修团一行3人访问无锡，就人才引进、企业扶持、创新创业等领域为期一周的研修学习。

10月30日至11月1日，日本相模原市残疾人支援团体一行22人访问无锡。

10月30日至11月2日，日本明石市美术协会西洋美术部一行18人访问无锡，并与市书画院交流。

10月23~30日，市政协副主席张丽霞率友好交流团一行6人访问日本、美国。在日本期间，访问相模原市政府。在美期间，代表团拜会市长安迪·伯克，并参观ASTEC工业公司、麦考利男子中学、汤普森美国儿童医院等。

10月30日，德国勒沃库森市冯施泰因男爵文理中学师生一行14人访问无锡，在无锡市第六高级中学开展为期一周的交流学习，市外办相关负责人在市民中心接待代表团，并陪同参观市规划展示馆。

10月30日至11月3日，市侨办交流团一行5人访问韩国，推进两地多领域合作。

11月1~4日，韩国金海市副市长申大昊一行6人访问无锡，参加第九届国际新能源大会。

11月6~7日，巴西索罗卡巴市代表、巴西耐速发展与商业公司总裁丹尼尔·莱特一行5人访问无锡，与市商务局、市外办座谈，并与无锡相关企业就巴西“中国城”项目座谈交流。

11月6~7日，韩国清州市议会副议长河在星一行15人访问无锡，与无锡市人大常委会有关人员座谈交流。

11月12~18日，无锡市交通研修团一行6人访问韩国，进行为期一周的交通领域专题研修。

11月18~25日，市友好开拓团一行6人访问比利时鲁汶市和瑞士纳沙泰尔市。

11月25日至12月2日，市人大常委会副主任华博雅率友好交流团一行6人访问巴西、智利友好城市，推动两地文化、教育、体育等领域交流与合作。

11月15~17日，日本青森县日中友好协会一行10人访问无锡。

11月29~30日，马其顿科查尼市李维迪阿格洛（Levidiagro）稻米公司董事长亚萨尔·阿赫迈特·奥孜库尔应邀访苏出席江苏省农业科技大会，期间访问无锡，与市农委、市粮食局、华西都市农业科技发展有限公司等单位主要负责人就稻米产销合作事宜洽谈，并考察无锡国家粮食储备库和华西水稻基地。

11月29日至12月2日，韩国金海市农业代表团一行4人应无锡市邀请访问南京，参加江苏省现代农业科技大会，会议期间，展示金海市农业土特产品。

12月4~6日，芬兰拉赫蒂市地区发展公司设计发展部主任克里斯蒂安·青南恩一行2人访问无锡，拜访惠山区洛社镇主要领导，推介芬兰先进的城市发展和规划理念，并实地考察福山村，就福山村作为两市城市规划试点合作项目商谈。

12月5~6日，加拿大杜兰郡顾问沈浩一行5人访问无锡，与无锡市新吴区、惠山区创业管理部门对接，并参观相关创业载体，为2018年3月无锡市与杜兰郡初创企业交流打前站。

12月13日，美国哥伦布市市长吉姆·列恩霍普一行4人访问无锡，拜访无锡市领导并参加康明斯发动机供应商大会，推动无锡与哥伦布市各领域合作。副市长王进健会见代表团一行。

12月27~29日，韩国蔚山市青年交流团访问无锡，两名蔚山大学青年实习生在无锡市湖滨饭店实习6个月。

（缪绘苑）

【交流合作】 2月17~18日，韩国蔚山市教育交流团一行6人访问无锡，推进友好城市高等教育领域的交流与合作。

2月22日，西门子燃气轮机部件有限公司在宜兴开业。无锡市政府副市长王进健，宜兴市委书记沈建、宜兴市长张立军，德国驻沪总领事罗腾等出席开业仪式。

3月2日，美国、加拿大企业代表团一行3人访问无锡。代表团与市外办、市工商联、市房地产协会、市房地产评估协会以及无锡当地企业家代表进行座谈，双方就中美投资环境以及企业赴美国、加拿大等海外投资事宜进行交流。

3月14日，英国埃塞克斯郡南京代表处首席代表镇文静访问无锡，与市外办、市卫计委商谈全市全科医生赴埃塞克斯郡培训事宜。

3月20~21日，芬兰友城拉赫蒂市地区发展公司（原拉赫蒂科学商务园）首席执行官尤卡·兰塔宁率拉赫蒂市代表团一行10人访问无锡，与滨湖区政府、市外办、市规划局新城规划管理处、国联环保能源有限公司、太湖新城发展有限公司、乾晟景观设计公司、市政设计院和江苏博森建筑设计有限公司（原市民用建筑设计院有限公司）等部门和企业就城市规划设计领域合作座谈。

3月28日，北卡罗来纳州商会代表团一行5人到无锡访问，与市外办就促进两地企业和商务机构在投资、高端制造业等领域合作达成共识。

4月5日，由瑞士联邦政府科技文化中心和瑞士创新中心联合组织的物联网考察团一行28人访问无锡。副市长高亚光会见“瑞士创新中心”、瑞士联邦政府科技文化中心创始人泽维尔·孔泰斯一行，双方就深化友谊、加强合作洽谈。

4月12~13日，澳大利亚墨尔本经贸交流团一行10人访问无锡，并在无锡创客空间3W咖啡举办项目推介会，与30多家无锡企业项目交流。

4月14~16日，柬埔寨海关总署免税局局长金努恩一行5人访问无锡,并考察红豆集团。

4月19日,英国普莱美体育–无锡校园足球领航计划见面会在无锡举行,市教育局、市外办相关负责人参加。

4月30日,法国尼姆大学医疗中心医生 Nicolas MATHIEU 抵达无锡,5月2日始,在无锡市中医医院针灸科实习两个月。

5月3日,丹麦清洁技术产业联盟项目主管莫腾·索瑞森(Mr. Morten Sorensen)一行2人与市外办相关负责人就推进双方在清洁技术领域交流与合作座谈。

5月3日,巴西索罗卡巴市代表、巴西耐速发展与商业公司总裁丹尼尔·莱特访问无锡,并与市外办座谈,协商共建巴西中国城事宜。

5月15~17日,德国勒沃库森市曼弗雷德·赫博斯海姆教授(Manfred Herpolsheimer)一行2人访问无锡。其间,赫博斯海姆教授被江南大学续聘为客座教授,并分别与江南大学药学院、市工商联以及环亚国际英语相关负责人座谈。

5月26日,西门子(中国)有限公司执行副总裁、西门子交通集团大中华区总经理荷骏飞(Frank Hagemeier)一行5人访问无锡,副市长朱爱勋会见代表团。双方就加强无锡市与西门子集团在城市轨道交通、无人驾驶、智能交通等领域合作交流。

5月31日,加拿大杜兰郡旅游经济局局长凯茜·维丝一行4人访问无锡,与市商务局、金融办、工商联、侨办、外办、工商联等部门就中小学互访、科技创新、企业孵化及融资等话题交流。

6月1日,丹麦首都大区区域发展部土壤处主任吉特·拉森(Gitte Larsen)率丹麦环保代表团一行9人访问无锡,与市环保局、聚慧科技和国联环保等部门及公司代表举行对口交流会。

6月7~8日,孟加拉国佛教复兴会大长老苏塔难陀一行7人访问无锡,参观灵山梵宫和祥符禅寺,与无锡市佛教交流。

7月7~9日,韩国蔚山南区棒球协会交流团一行15人访问无锡,与无锡市棒球协会交流,并举行中韩棒球友谊赛。

7月12日,无锡荣誉市民、中日文化经济交流协会会长广田隆一郎一行2人访问无锡,与市友协签署《友好交流意向书》。

7月13日,美国圣迭戈演出团一行17人访问无锡,与无锡市东林中学民乐团联袂演出。

7月16~20日,巴西费利斯港市市长安东尼奥·普拉多一行9人访问无锡,召开巴西“中国城”项目推介会,推进与无锡市的经贸交流合作。

7月19日,比利时摩羯基金创始人、总经理、博士乔斯·佩特斯(Jos Peeters)一行2人访问无锡,与市外办、市金融投资公司座谈。

8月7日,日本广田隆一郎一行2人访问无锡,并与市外办、市水利局等单位座谈。

8月11日,熊本上海事务所所长中村正昭一行2人访问无锡。上午,熊本市与市外办、市农委、市体育局就两市在现代农业和体育领域的交流合作座谈,表示希望与无锡市青少年开展棒球交流。下午,参观惠山区阳山镇的田园东方、前寺社(自然村)、水蜜桃研究所。

8月25~27日,韩国蔚山游泳协会一行10人访问无锡,与无锡市游泳协会交流,并举办中韩游泳友谊赛活动。

8月29日,日本国土交通省土地建设产业局国际课官员安腾俊明一行4人访问无锡,与无锡市国土局就无锡房地产政策方面座谈。

9月11日,巴基斯坦与中国交流友好人士巫永刚一行2人访问无锡,提出希望无锡与巴基斯坦拉合尔市建立联系,推动两地企业交流合作。

9月3~17日,无锡市14名市全科医生赴英国埃塞克斯郡研修、学习15天。

9月19日,澳大利亚墨尔本无锡商会会长张钟达访问无锡,与市外办就墨尔本市长2018年到访、澳大利亚无锡商会筹建孵化基金、在澳定期举办无锡节等事宜交流。

9月27~28日,波兰绿山市和罗马尼亚哈尔吉塔郡师生代表团在无锡考察、交流。代表团体验峰影小学的“画信”课和五爱小学的手工剪纸课,与两校师生互动交流。无锡峰影小学分别与波兰绿山市第十七小学、罗马尼亚哈尔吉塔郡格奥尔基尼市瓦斯格缇斯小学以及哈尔吉塔郡克里斯图鲁–塞库耶斯克市佩托菲桑德学校签订校际合作关系协议书。波兰代表团还出席无锡市2017年国庆招待会,市人大常委会副秘书长张淇铭会见波兰团一行。

9月27日,白俄罗斯博布鲁伊斯克市市长亚历山大·斯图德涅夫一行2人访问无锡。市长汪泉会见代表团一行,双方签署两市加强合作备忘录。在无锡期间,代表团一行还参观惠山区洛社工业园和新吴区展示中心,并与钱桥街道相关企业家代表座谈。当晚,代表团还参加无锡市举办的庆祝中华人民共和国成立68周年国庆招待会。

10月15~16日,日本山形县友好植树团田中功一行31人访问无锡,参加第28次山形县民之翼访华团友好植樱纪念活动。市外办领导会见代表团一行,双方就深化友好合作、加强民间交流等达成共识。

10月24日,德国勒沃库森市CRB传动技术公司总经理蔡留照受勒市市长乌弗·里奇拉特委托顺访无锡,与市外办就2018年勒市代表团访问无锡商谈。

10月24~27日,无锡市企业交流团一行7人访问韩国,参加蔚山市中小企业洽谈会,与18家蔚山企业举办30余场次洽谈,带回意向项目13个,产业涉及汽车零部件、精密机械、新材料、新能源等领域。

10月24~29日,副市长王进健率经贸交流团一行5人访问美国,考察圣贝纳迪诺郡安大略机场的基础设施和调研当地航空货运市场,并同安大略机场管理局探讨双方开通货运航线的可行性方案,落实推进2017年年初签订的合作意向书的相关合作内容。

10月29日至11月3日,市工作组一行3人访问加拿大多伦多市、杜兰郡、奥沙瓦市等地,参加多伦多市举办的友好城市大会,并与多伦多市签订缔结经贸合作伙伴关系协议;拜会杜兰郡郡长及奥沙瓦市市长,推动无锡市与加拿大多领域交流与合作。

11月2~6日,英国苏格兰中国国际协会一行5人访问无锡,与市友协签署《关于开展友好交流合作的协议》,与市商务局、市侨办、市旅游局、市江南中学等单位交流,并考察市内相关企业。

11月15~16日,俄罗斯下诺夫哥罗德州工商联出口潜力发展中心副主任兹弗昂·谢尔盖·弗拉基米罗维奇率代表团一行9人访问无锡,与无锡市工商联签订友好商会合作协议,并与近20家无锡企业对口洽谈。

11月17日,澳大利亚墨尔本科技资源总监伊恩·麦新泰访问无锡,宜兴丁蜀、梁溪通用航空产业园及两家企业代表就通航技术、管理及教育、紧急医疗救护、救火、航空培训等话题与麦新泰总监交流。

11月23~26日,日本相模原市日中交流协会一行14人访问无锡,与市友协签署《友好交流意向书》。

12月1日,经墨尔本市政府推荐,澳大利亚维多利亚州迪肯大学复合材料学教授拉塞尔·瓦莱访问无锡,与市外办座谈,并参观惠山区石墨烯产业发展示范区,了解无锡市石墨烯等新材料发展情况。

12月7日,澳大利亚维多利亚州地方事务部部长马琳·凯鲁兹率团访问无锡,副市长刘霞会见并宴请代表团一行,双方就两市拓展多领域交流达成共识。

12月18~20日,韩国蔚山市政府及企业家代表团访问无锡,与无锡市有关部门就创业孵化、企业扶持、人才引进等领域交流,并举办"韩国初创项目推介会",与无锡市对口企业洽谈。

(缪绘苑)

监察工作

(参见第101页中共无锡市纪委类目)

侨务·港澳事务

【概况】 2017年,市侨务部门举办各类引智引资、经贸洽谈、联络联谊等主题活动57场次,接待华侨、海外华人等2200人次。走访慰问困难归侨侨眷372人(次),发放救济慰问金55.89万元,为90名企业退休归侨放发生活补助金21.6万元。引导侨胞侨商捐赠无锡文化公益事业和医疗卫生及基础设施建设等项目折合人民币1100万元。无锡市侨办、宜兴市侨办和惠山区侨办被评为"全省侨办系统先进集体"。成功创建"全国为侨公共服务体系示范单位"2家,江苏省"侨务工作示范单位"2家,江苏省"为侨服务工作站"1家,江苏省"中华文化海外交流基地"4家,江苏省"华文教育基地"3家。江苏省委研究室《调查与研究》专文刊载《打好新"侨"牌,搭好连心桥——无锡市侨务工作联结海内外华侨华人的实践探索》一文,省委常委、市委书记李小敏等领导批示肯定。

(王宝林)

【引才引智引资】 2017年,无锡市举办第11届"世界华裔杰出青年华夏(无锡)行""中国(江阴)企业在美投资咨询会""'智汇新吴'首届高层次人才峰会"等引智引资活动21场次,引进华侨华人专业人士35人。邀请35名海外乡贤出席江苏发展大会、无锡乡贤恳谈会和全球锡商大会,对接洽谈合作项目;10月,由无锡市侨办牵线引进、香港金轮集团投资建设的金轮星光名座生活广场开业,该集团董事局主席王钦贤获"锡商勋章"称号;归国留学博士郑卫国被无锡市人民政府授予"无锡市荣誉市民"称号;先后配合省人大常委会开展《江苏省保护和促进华侨投资条例》执法检查、市人大常委会开展"海归人才在锡创新创业情况"、市政协开展"为侨公共服务体系建设"专题调研,为优化发展环境提出意见、建议。

(王宝林)

【侨界联络联谊】 2017年,无锡市组织海内外侨界联谊活动36场次,先后接待美国华盛顿国际商会、加拿大无锡协会等华侨华人2200人次;与法国里昂行业家协会、泰国江浙沪总商会等十余个社团新建良好关系;在阿联酋中国江苏商会、中国在韩侨民协会总会、韩华中国和平统一促进联合总会、首尔永登浦中国侨民协会等新建海外联络处6个。惠山区发挥企业引才主体作用,坚持招商引资与招才引智互动并进,构建"人才+企业""人才+项目""人才+团队""人才+技术"的人才引育"4+"模式;部分区、镇(街道)召开侨界人士座谈会,党政领导亲自介绍区、镇(街道)经济发展形势,沟通联络感情。

(王宝林)

【服务涉侨企业】 2017年,无锡市侨办坚持定期走访、定点联系、定人服务制度,做好对高层次人才创新创业团队及重点侨港资企业的调研、服务工作。搭建侨企"服务通道"、建好暖心"情感通道"、构建交流"互动通道",提升服务质量。1月,市海外交流协会、市侨商投资企业

6月28日,市侨办联合市政协专委会赴惠山留学归国人员创业园调研为侨服务公共体系建设工作 (章叶春 摄)

4月12日,无锡市惠山古镇挂牌"中华文化海外交流基地"

(王宝林 摄)

协会联合举办"2017侨界新春联谊会暨创新创业交流会";市侨商会组织和举办菲律宾侨商"一带一路"经贸洽谈会等活动;9月,召开无锡市海外交流协会换届大会,表彰10家"海外优秀联络处",20名"侨务使者";为帮助新侨企业加强知识产权的运用与保护及通过科技贷款获得产业化所需资金,滨湖区、梁溪区分别开展2017"创业中华"——服务新侨科技创新创业面对面活动;新吴区举办侨资企业法律服务活动启动仪式,成立侨资企业法律服务团并专题讲座;加强对侨港资企业的调查摸底,有针对性地开展服务,走访调研侨企110多次,排忧解难25件,受理涉侨纠纷8件(次),全部办结。

(王宝林)

【扩大侨法宣传】 2017年,无锡市推进侨法宣传进校区、进社区、进园区、进企业、进网络工作。多形式开展"侨法宣传月"活动40多次,发放宣传手册5000余册;建立法律顾问制度,为处理涉侨事务提供法律咨询和服务;将侨法宣传列入市法制办法制宣传系统,指导市(县)区侨务部门依托"侨法宣传角"开展"七五"普法宣传工作,提高全社会依法护侨意识;江阴市做好华侨中心侨史展馆改造设计方案确定和资料征集工作,有效推进展馆建设;全市设立国务院侨办授予的"侨法宣传角"9个,各街道、社区普遍设立侨法咨询服务站(点),通过社区板报、宣传画廊、法律橱窗、文艺活动等形式和载体开展侨法宣传教育活动。

(王宝林)

【维护侨界合法权益】 2017年,无锡市开展"暖侨心、解侨忧""侨界关爱与希望同行"等送温暖活动,帮扶侨界弱势群体。引导侨企参与国家"精准扶贫",借助侨资企业力量,拓展扶贫济困领域,采用"慈善捐赠+项目投资+产业带动+基金帮扶"的综合手段,为云南临沧和贵州毕节贫困地区脱贫致富,并在两地各投资1000万元注册企业,惠及70户贫困家庭,向贫困地区捐赠财物计45万元;做好戚维骏等涉侨助学金发放工作,全年受理侨胞各项捐款金额1100万元;"两弹一星"功勋姚桐斌之女、美籍华人姚微明,将其父的文献《研究工作方法》、功勋科学家纪念章等14件珍贵文献史料及实物捐赠给无锡市博物院;接待侨界群众来信来访来电165件(次),办结率100%;经市侨办与市人社局、信访局和社保中心等单位多次沟通协调,妥善办结积累多年的侨眷王者华信访案件。

(王宝林)

【完善服务体系】 2017年,无锡市构建涉侨政策法律、涉侨行政事务、侨界民生保障和事业发展帮扶"四位一体"公共服务体系;在惠山留学归国人员创业园设立"惠侨之家",在荡口古镇设立"为侨服务中心",全市"侨之家"数量31个;市侨办落实行政服务"放、管、服"专项行动工作部署,对行政服务办事指南进行修订、完善,加强侨网公共服务平台信息维护,为侨界群众办事提供便利;按照"放、管、服"要求,简化优化公共服务流程,发挥市行政服务中心窗口作用,实行"一个窗口"受理服务事项并送达办理结果;借助"12345"政府公共服务平台,打造为侨服务热线,受理涉侨政策咨询,切实提高服务效能;指导市(县)区设立为侨服务综合平台和为侨服务窗口,开展"为侨服务示范单位"创建活动;受理回国定居申请1件,办理"三侨生"身份认定5件,办结"12345"转办工单11件。市华侨活动中心举办各类涉侨活动100余场次,丰富侨界群众的精神文化生活。

(王宝林)

【侨务宣传工作】 2017年,无锡市重视与海外华文媒体的联谊交流,拓展各类合作,引导华文媒体关注无锡发展,促进无锡主要媒体与海外华文媒体建立长期友好合作机制,面向海外侨界多视角展现无锡发展成就,推介无锡城市形象。5月,美国、加拿大、澳大利亚等18个国家的25家华文媒体负责人及骨干记者到无锡参加2017"文化中国——海外华文媒体江苏行"无锡活动,促成美国中文电视、加拿大七天传媒、TV33新西兰华人电视台、法国法中网、阿联酋迪拜中阿卫视、日本关西华文时报等18家华文媒体与无锡广电集团签约合作,为无锡宣传"走出去"畅通渠道。在美国《侨报》、加拿大《加中时报》和法国《欧洲时报》、澳大利亚《大洋日报》等海外华文媒体制作宣传专版5期,在媒体、网站、杂志、报刊等平台发布各类涉侨信息2000多条,运用新媒体立体宣传,扩大无锡在海外的影响力,提升无锡美誉度;与中国—法国艺术网合作,设立专版宣传江阴;在中央、省级刊物上宣传李翠英、吴南燕、章红等一批服务产业强市方面有代表性的侨领、侨企;组织十余名海外侨胞、香港同胞及侨企走进云南边远地区国情教育;高标准完成省侨办"水韵江苏"摄影图片和"服务侨胞、情暖侨心——迎接中共十九大主题摄影展"摄影作品征集活动。

(王宝林)

【华文教育工作】 7月,成功承办由国务院侨办主办的2017海外华裔青少年"中国寻根之旅"夏令营,增进海外华裔青少年对中华文化的了解和对无锡的亲近感。市侨办被江苏省海外交流协会授予"夏令营江苏营优秀组织奖"称号;年初,获"中华文化海外交流基地"的惠山古镇和中国(宜兴)陶瓷博物馆揭牌,在向全球推广中华优秀传统文化,强化海外侨胞对祖国对家乡的认同感、促进经济发展等方面作贡献;蒋氏宗亲会"海外活动基地"揭牌,对海内外宗亲的合作交流起到作用;推荐2名外派教师赴美国短期援教;无锡博物院、无锡信利博物馆、无锡现代农业博览园、江南影视艺术职业学院被江苏省侨办、省文化厅确定为"江苏省中华文化海外交流基地"。江阴组织开展"亲情中华·汉语桥"和美国ACE团队夏令营等海外文化经济交流活动;中国华文教育基金会"2017海外红烛故乡行"的15名海外华文教师赴江阴参观。

(王宝林)

【创新侨务工作】 6月,全国人大华侨委员会副主任委员罗保铭带领专题调研组到无锡调研社区侨务工作,对市侨办指导社区的"聚侨、安侨、暖侨、用侨、乐侨"创新工作法给予肯定;8月,市十六届人大常委会第三次会议听取和审议市侨办履职情况报告,并开展工作评议,结果满意;组织市、市(县)区侨办和乡镇(街道)及社区四级专(兼)职侨务干部,参加市侨办与国侨办侨务干部学校联合举办的以"侨务与地方经济"为主题的培训班,成效显著;结合"连心富民、联企强市"大走访活动,走访侨资企业、创新创业人才企业、帮扶社区村镇等,了解企业在生产经营、创业实践、工作生活中的问题和困难,梳理问题144个,全部办结。

(王宝林)

信访工作

【概况】 2017年,在市委、市政府领导下,全市信访系统贯彻落实中共中央总书记习近平关于信访工作的系列重要讲话精神,聚焦聚力阳光信访、责任信访和法治信访,增强信访工作制度改革驱动力,全市信访形势"稳中有降、总体向好"。全年市、市(县)区两级信访部门受理信访总量2.33万件(人)次,比上年下降10%,其中,群众来市上访3715批14355人次,比上年批次和人次上升5.8%和9.9%,群众来信5452件,比上年上升30.9%,群众网上信访2073件,比上年上升78.9%,优化信访结构,形势稳中向好。年内,无锡市信访局被省人社厅、省信访局表彰为"2012~2016年度全省信访工作先进集体",被省委、省政府表彰为"中共十九大安保工作先进集体",信访工作绩效考核位列全省第一。

(吕一品)

【圆满完成各项信访保障工作】 2017年,无锡市把迎接、服务中共十九大召开作为全面工作的头等大事。全市信访系统用高标准、严要求、实作风抓好中央和省、市精神的贯彻落实。年内,开展领导干部接访下访和"百日攻坚"行动,扎实做好矛盾排查化解,千方百计化解信访积案,及时妥善处理重要信访信息,努力把问题解决在初始、人员稳定在当地,为中共十九大胜利召开营造和谐稳定的社会环境。在全国"两会"、"一带一路"国际合作高峰论坛、国家公祭日、厦门金砖国家领导人会晤、世界物联网大会和江苏发展大会等重大活动期间,加强研判预警和应急处置,圆满完成信访保障任务。

(吕一品)

【信访工作制度改革】 2017年,无锡市打造阳光信访信息系统升级版,加强深度应用,接入440个单位,拓展视频信访系统建设。年内,抓住信访工作"责任落实年"时机,市和市(县)区、镇(街道)层层签订信访工作责任书。4月,市委办、市政府办联合印发《无锡市信访工作责任制实施细则》,推动各地各部门层层明确和传导责任,构建权责明晰的责任体系。认真落实中办、国办《进一步加强信访法治化建设的意见》,严格访诉分离,全面推开依法分类处理信访诉求工作,推行律师和法律顾问参与信访工作,建立处理疑难复杂信访问题专家库,聘请54名专家,提升信访法治化、专业化水平。

(吕一品)

【化解信访积案381件】 2017年,无锡市加强和改进初信、初访办理,推进依法逐级走访,压实首接、首办责任,完善办信、接访、网上投诉工作规程,狠抓基础业务规范化建设,完善简易办理配套措施,大量信访问题得到及时就地解决。年内,全市系统开展"百县千案"和积案化解"回头看"活动,加大督查通报力度,化解信访积案381件。加强信访事项统筹实地督查,改进信访工作考

12月26日,市信访局在全省"大练兵、大比武"信访业务竞赛中喜获佳绩

(市信访局 供稿)

核方式，督促和引导各地各部门及时就地解决问题。

（吕一品）

【加强信访干部队伍建设】 2017年，无锡市信访局在“连心富民，联企强市”大走访活动中，实现对联系点村、社区和企业的“全覆盖”走访，形成大走访工单3121条，位列市级机关第一，典型经验在全省推广。加大调查研究，承担的国家信访局理论研究课题《信访极端行为的心理研究》获全国2篇优秀课题之一。强化分层分类培训。在全市信访系统开展“群众满意窗口”创建，组织全系统“大练兵、大比武”活动，激发信访干部干事创业的责任担当和工作活力。

（吕一品）

档案工作

【概况】 2017年，无锡市档案系统扩展覆盖无锡经济社会发展全领域的档案资源体系，完善广大群众以多种途径实现查阅的档案利用体系，打造确保各种介质档案信息安全保管的档案安全体系。市档案馆完成库房装修和门禁系统安装，启用新实物库房。年内，市档案馆接待查档人员3065人次，调阅案卷1.9702万卷又229件，复印有效材料6236页。接收市统计局、教育局、司法局、妇联、残联等单位档案2863卷又6.4066万件。接收锡城公证处、梁溪公证处公证档案6.0750万卷。接收市工商局注吊销档案1.0378万卷。全年征集档案3432卷又2473件，新增照片2240张。至年底，市档案馆馆藏档案105.6892万卷又32.7214万件。

年内，江苏省民族工商业档案展示馆和江苏乡镇企业档案展示馆项目落户无锡。

（於　红　江剑萍）

【专题档案调查与征集活动】2017年，无锡市档案局牵头各市（县）区档案局（馆）开展全市乡镇企业档案专题调查。据统计，市档案馆馆藏乡镇企业档案为21164卷、2627件，另有一批实物档案，为筹备建馆提供具有地方特色的内容资源基础。同期，还开展乡村记忆、百湖百川等专题档案调查，落实一批示范项目，逐步积累富有地域特色的乡村记忆和河湖治理专题档案。

（於　红　张知常）

【数字档案馆（室）系统平台建设】2017年，无锡市围绕数字化档案馆建设，先后两次召开全市档案信息化建设会议，重点推进数字档案馆（室）建设，对江苏省档案局十项重点工作细化并明确任务。年内，无锡市档案局指导部分市级机关和市（县）区数字档案馆（室）建设，并结合省级立项科研项目，加强日常质检，改进系统管理软件，完成机房设备和网络扩容更新工作，配合全市政务外网建设，做好系统迁移工作，建成保密专网，协调维护保密专网正常运行。完善数字档案馆（室）系统软件功能，全年完成扫描纸质档案2000万页以上，著录目录700万条以上，同步开展数据挂接工作。

（於　红　张知常）

【业务指导与培训】 2017年，无锡市档案局按照三年进馆计划，对全市各进馆单位业务指导和检查，接收70家以上单位档案7万卷、8.9万件以上。年内，对全市各级各类单位业务指导，突出重点工程项目和涉及民生领域，会同市卫计委出台《无锡市出生医学证明签发类档案整理规范》。创新突破档案继续教育形式，与武汉大学信息管理学院联合举办无锡市档案管理培训班。

（於　红　张知常）

【重点档案保护与开发】 2017年，无锡市建设全市范围内的国家重点档案目录库，完成国家重点档案文件级目录8.3万条。成立“无锡同业公会档案”“民国教育档案”“锡商与中国现代化”等课题组，有序开展专题编研。3月20日，无锡市档案局启动《民国无锡同业公会档案选编》编纂工作。《民国无锡同业公会档案选编》，为国家重点档案保护与开发项目之一。市档案局成立由局领导、外聘专家、业务骨干及后备人才组成的编纂课题组，对无锡工商同业公会档案全面、系统地梳理鉴定和整理，选取1912年至1949年4月，反映无锡民族工商业发展历程及同业公会组织、职能及其演变发展的档案资料，以原件扫描方式影印出版。

（於　红）

表12　　2017年无锡市档案事业基本情况

指　　标		全市	其　　中		
			市区	江阴市	宜兴市
档案馆机构数	个	8	6	1	1
档案员工数	人	136	85	27	24
馆藏档案数	卷	2622716	1682322	468821	471573
馆藏档案数	件	2295337	1384301	398869	512167
当年接受档案数	卷	121473	64473	37066	19934
当年接受档案数	件	167532	81770	260	85502
利用档案人次	人次	45688	16943	16853	11892
档案馆库面积	平方米	65399	47699	12538	5162
档案网站点击数	次	4734	562	966	3206
档案文件机读目录	条	24603700	13613400	6590300	4400000

（市档案局办公室　供稿）

【档案宣传活动】 6月9日,无锡市档案局牵头组织市住建、公安、教育、社保、卫计委、人社等近20个涉及民生部门,在惠山古镇的西神广场共同举办主题为“档案——我们共同的记忆”宣传咨询活动暨“档案无锡”微信公众号启动仪式。6月13日,邀请原国家档案局副局长、中央档案馆副馆长、研究馆员杨继波在无锡山明水秀举办学术讲座,主题为“档案——我们共同的记忆之毛泽东文稿的故事”。档案系统和相关部门近200人参加讲座。结合“专业法进企业、进社区”,上门为市属企业提供档案法规宣传与培训服务,走进基层开展“法治惠民”行动,组织全市各部门各单位参与“档案与民生”征文和档案法律法规知识竞赛,收到征文40篇,46个单位3592人参加知识竞赛。通过腾讯大苏网推出专题报道,在凤凰江苏网播出专题片《无字牌坊》。年内,申报无锡市社会主义核心价值观教育实践创新案例3项,被江苏省哲学社会科学界联合会授予“江苏省社科普及基地”称号。

(於 红 张知常)

【举办《光阴的故事》等系列联展】 2017年8月下旬,为庆祝无锡与瑞典南泰利耶城市、丹麦拜瑟克伦城市联合体缔结国际友好城市10周年,无锡市档案系统分别在两市举办为期一周的“无锡的过去与现在”照片档案展及档案文化交流活动。与当地对口领域专业人士探讨文化合作事宜,加强互相了解,增进友好关系。展览及相关活动受到两市居民的赞誉。

11月10日,由无锡市档案局(馆)主办的《光阴的故事》摄影联展在市档案馆一楼展厅举行。该展由“无锡变迁”“绿皮火车”“市井·方言”系列摄影展组成,分为三个相对独立又互为联通的展区。展出内容有的曾获国际摄影大奖,有的远赴欧洲多国巡展,获得摄影专业领域和国外民众赞誉。江苏、浙江等地近百名摄影爱好者参加现场活动。展览摄影作品200多幅,展览到年底结束。

(於 红)

【阳山镇档案馆开馆】 2017年7月5日,无锡市首家乡镇档案馆——阳山镇档案馆挂牌。在市、区档案局指导下,阳山镇加强基础设施建设,专门改建500多平方米的档案库室,优化档案功能布局;同时,抓好档案资源建设,镇级部门将工程建设、重点项目、拆迁安置等领域的合同、台账、名册、图纸、清单、明细作为重点归档范围,各村(社区)把涉人、涉财、涉地事项列为必须进馆内容。镇机关各部门档案全部进馆,基本形成内容丰富、门类齐全、结合合理的馆藏资源体系,方便农村基层群众对档案的利用。

(於 红)

【蠡园街道建成档案工作省五星级街道】 2017年11月中旬,无锡市滨湖区蠡园街道档案工作以118.5分(满分120分)通过江苏省档案工作五星级规范测评组考核,成为全省首批、全市首家档案工作省五星级单位。省档案工作五星级是江苏省档案工作最高等级。

蠡园街道档案用房面积近280平方米,实现“三分开”,拥有室藏档案10347卷、16377件,完成档案数字化、OA系统、网站等档案信息化系统建设,完成全文数字化永久卷239349张、长期卷51181卷、照片1412张,建成特色鲜明的档案陈列室。

(於 红)

机关事务管理工作

【概况】 2017年,无锡市机关事务管理局在全国文明单位创建,书香机关建设,节约用水,资产信息化管理改革,办公用房集中统一管理,公务用车标识化管理及推进事业单位公车改革,公共机构节能,市民中心安全运行,管理保障服务等方面取得明显成效。年内,市机关事务管理局被中央文明委表彰为“全国文明单位”,还被评为江苏省首批“水效领跑者”“江苏省书香机关建设示范单位”和“江苏省机关事务管理系统信息和宣传工作先进单位”。

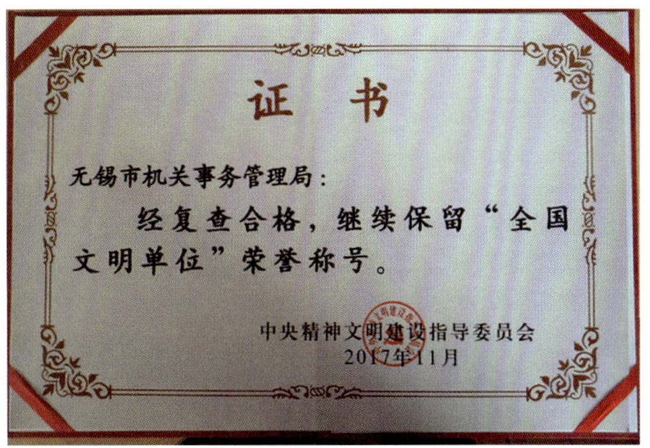
证书

无锡市机关事务管理局:

经复查合格,继续保留“全国文明单位”荣誉称号。

中央精神文明建设指导委员会

2017年11月

11月,市机关事务管理局被中央文明委复评为全国文明单位 (市机关事务管理局 供稿)

《无锡市机关事务管理办法》于2017年7月1日实施。办法在实施“十三五”规划基础上,制定机关事务管理三年(2017~2019)行动计划,重点推进12个方面、93项具体工作。

(金剑锋)

【办公用房图形化智能管理】 2017年,市机关事务管理局用物联网技术推进办公用房信息化、规范化、标准化建设。《机关办公用房智能图形管理系统》于10月26日上线运行,实现利用信息网络技术对全市党政机关办公用房实时、动态管理。市民中心固定资产管理信息系统上线运行。引进RFID电子标签技术,实现固定资产实时管理、自动盘点、综合查询等功能。

(金剑锋)

【公务用车管理】 2017年,无锡市保留1256辆一般公务用车和行政执法用车,喷涂标识925辆,自带标识213辆,车辆标识化率91%。完成公务用车平台化建设。建立全市公务用车信息化管理平台,实现市、市(县)区、镇(街道)公车管理“一张网”。优化实现公务用车分类保障(分级响应)、电话预约、零审批和自动化调度、智能监管、大数据管理功能,保留公务用车和行政执法用车全部纳入平台实行一体化管理。“无锡市公务用车管理平台”取得国家软件著作权。年内平台接入保留公车2594辆。完善公车管理制度,做好企事业单位车改准备。印发《关于公务用车监督举报电话处理流程的通知》《关于进一步完善党政机关公务用车使用管理工作的通知》《关于无锡市市级机关公务用车“平台化、信息化、标识化”管理办法》等六项系列配套制度，实现公车管理规范化。(金剑锋)

【公共机构节能管理】 2017年，无锡市机关事务管理局继续实施《绿色市民中心建设实施方案》，推进屋顶太阳能及停车场太阳能光伏发电、电动桩建设、绿色照明改造、电梯余能回收等十大节能环保工程。屋顶太阳能光伏停车场年发电量100余万千瓦时，占无锡市民中心1个月的用电量。开展示范单位创建活动。年内推荐申报10家“江苏省公共机构节能示范单位”和6家“全国节约型公共机构示范单位”，无锡市民中心被评为全国“能效领跑者”，成为江苏省首批“水效领跑者”表彰单位中唯一的党政机关。全面完成年度节能任务。经统计考核，全市2659家公共机构2017年人均综合能耗159.38千克标准煤，比上年下降2.17%；单位面积综合能耗6.66千克标准煤，比上年下降2.05%；人均用水24.71吨，比上年下降2.37%，完成年初确定的节能指标。完成市生态文明建设、低碳城市发展等赋予公共机构节能目标。(金剑锋)

【财务管理】 2017年，无锡市完善机关事务管理局支付分中心财务管理模式，开设各服务单位核算账套、实行分单位独立核算及会计凭证单独装订管理，落实各保障单位主体责任。年内成立市级机关财务服务中心，配齐配强专业服务人员，新招录3名财会人员，开设各单位零余额账户，实施统一管理。严格账务管理、规范开支行为，厉行节约，加强“三公”经费支出控制。全年完成经费支出6.653亿元。(金剑锋)

【基建维修】 2017年，无锡市机关事务管理局做好周转房项目建设工作，完成市民中心北2号门周边改造工程，新增停车位294个，解决市民办事停车难的问题。完成市民中心4号楼、8号楼屋面防水改造，1号楼、13号楼负一层环氧地坪更新改造，1号楼会议室隔音改造，勤学路78号院市级老领导家舍围墙翻新改造等重点项目。启动市民中心光伏停车棚和国土大楼改造项目。做好日常维修管理，全年完成市民中心日常建筑维修6797件。(金剑锋)

3月6日，市机关事务管理局设施设备维护人员进行空调滤网清洗
(市机关事务管理局 供稿)

【安全管理】 2017年，无锡市机关事务管理局对市民中心安防系统和周界报警系统升级改造。完成12号楼北大门、13号楼北大门岗亭道闸升级改造。市民中心汽车号牌实现自动识别，消防报警信息联网完成。严格监督管理和考核服务外包单位，开展便民服务、学雷锋活动，为残疾人员到访提供帮助，安保服务满意度测评92.3分。年内，保障各类会议1839场，21.8686万人(次)，保障参观考察83批(次)，保障机关各部门举办活动22场(次)，妥善引导上访人员7300人次。(金剑锋)

【通信保障】 2017年，无锡市机关事务管理局在优化拓展服务信息平台及语音通信服务功能上，加强信息安全管理。全年受理话务量85637人次，通话率99.89%；受理“86110”报维业务3321个，响应率100%，修复率99%；更新核对电话资料581条，新增电话252门，移机174门，停机96门；上传各类服务信息1102条，受理公共热线投诉工单23件，结案率100%；维护保养弱电设备1078台次，处置各类安全隐患5个。(金剑锋)

【采购管理】 2017年，无锡市机关事务管理局采取“公开、公平、公正”原则，完成市民中心餐饮、保洁、绿化、安保、设施设备等新一轮招投标工作。探索采购模式，做到采购流程顺畅高效、采购过程公开透明、采购结果满意达标，确保市民中心服务保障顺利、平稳、有序运行。全年局采购组完成200余次采购洽谈，55个项目验收，撰写会议纪要186份、签订合同215份，涉及金额1.42亿元。其中服务外包合同29份，1.25亿元；零星采购148份，835.79万元；其他项目38份，778.18万元。接收零星采购申请单327份，涉及金额120多万元。(金剑锋)

【智慧后勤建设】 2017年，无锡市机关事务管理局依托“物联网+”现代信息技术，探索物联网与机关事务工作的深度融合。率先运用大数据思维，打造智慧市民中心，开启现代机关后勤管理新模式。12月21日，智慧市民中心项目立项通过。年内该建设项目启动实施。对原先建成的“一平台、多模块”机关事务管理信息平台、机关后勤微服务号深度开发。完善OA办公系统、公务用车管理平台，新增微学习、我要健身、医疗保健、新华书店、邮政服务、误餐(病号餐)预订等诸多功能，实现机关事务智能管理和零距离服务。(金剑锋)

编辑 罗秋云

综 述

【概况】 2017年，政协无锡市委员会在中共无锡市委领导下，紧贴中心大局，聚焦“富民强市”，在继承中发展、在发展中创新，认真履行职能，主动担当作为，发挥政协优势和职能作用，为无锡市经济社会健康发展献计出力，实现市十四届政协的良好开局。全年召开常委会议5次，主席会议10次。形成2篇建议案和10篇重点调研报告。认真学习中共十九大精神，印发《市政协关于认真学习宣传贯彻中共十九大精神的通知》，政协大讲堂邀请中央宣讲团成员为全体政协委员作十九大精神宣讲报告，召开企业家委员学习中共十九大精神座谈交流会，专门组织港澳委员学习交流中共十九大精神。开展主题活动聚力“富民强市”，成立市政协企业家沙龙，举办“金融与实业”“青年企业家创新创业”等沙龙活动，建立企业与政府部门、金融机构之间的常态化沟通合作机制。开展“听意见、出主意、解难题、办实事”活动，组织“法律助企”“法制进校园”和“法制进社区”活动，开展新一轮“委员导师进校园”活动，举办各类讲座50余场。组织广大委员走进社区学校、困难群体，开展一系列捐资助学、扶贫帮困等慈善公益活动。围绕党政所需、群众所盼、政协所能开展协商议政，全年组织7次重点视察和23次专题视察。改进提案工作，完善提案办理的督办和考评机制，出台《政协无锡市委员会提案质量评价办法(试行)》，建立提案办理协商长效机制，市政协办与市委办、市政府办联合印发《中国人民政治协商会议江苏省无锡市委员会提案办理协商办法》，全年提交民主监督建议书34份。组建市政协法律事务咨询组，制订《无锡市政协法律事务咨询组工作办法》，为立法协商提供制度保障。此外，还围绕《无锡市安全生产条例》等法规的制定开展立法协商，围绕旅游公共服务体系建设专题协商。开展密切联系委员、联系基层、联系群众活动，了解一线情况、倾听基层诉求，全年领导班子成员走访100多名委员和近千名基层群众。加强委员队伍建设，完成新一届政协7个专门委员会和20个委员联系小组的组建工作，邀请12位代表人士担任学习文史工作和委员进校园工作特邀委员。组织新委员集中培训，加强委员履职情况考核，分批组织市政协常委和机关干部开展“传承红色基因，弘扬革命传统”教育，举办“委员活动日”，组织全体委员视察无锡市重大项目建设情况，组织居住在无锡的全国、省政协委员，就无锡市重大科技创新平台建设、高端制造业发展等专题视察。推进政协文化建设，筹备组建市政协智库，做好“亲历、亲见、亲闻”史料的征集编纂工作，编制完成《无锡工业企业发展变迁》和《无锡品牌史料》课题大纲。组织委员赴三门峡市开展慈善文化交流活动。利用各种媒体渠道加强宣传报道，策划开展“走进新时代、建功展风采”宣传活动。全年拍摄《政协话题》电视节目24期，编发《无锡政协》刊物6期，在省级以上媒体刊发通讯稿18篇，市政协微信公众号传播力排名连续12个月位居全国政协系统前列。加强机关作风建设，修订、完善《中国人民政治协商会议江苏省无锡市委员会专门委员会通则》和《政协无锡市委员会反映社情民意信息工作条例》等规章制度。

(孙 斌)

重要会议

【政协无锡市第十四届委员会第一次会议】 会议于2017年2月13~16日举行。出席此次大会的市政协委员应到445名，实到439名。市委、市人大常委会、市政府全体领导和市中级人民法院、市人民检察院领导参加大会开幕式，省委换届工作督导组到会指导。在无锡全国、省政协委员以及14位市民代表列席开幕式和闭幕式。会议学习省、市第十三次党代会和市委十三届二次全会精神以及省委常委、市委书记李小敏的讲话，回顾总结市十三届政

9月12日,市政协专题调研“263”专项行动开展情况

(市政协　供稿)

协的各项工作，围绕无锡市的发展大局和市委的决策部署，协商讨论新一届市政协的主要工作；选举产生新一届市政协领导班子和常务委员会委员；列席市十六届人大一次会议,对市政府工作报告、其他报告和全市大政方针协商讨论；听取提案初步审查情况报告，审议通过市十四届政协一次会议决议。会议表彰在2017年度“立足本职促发展，当好委员献良策”主题活动中表现突出的先进集体、先进个人和优秀提案、优秀社情民意、优秀调研成果。其间,各民主党派、人民团体和有关界别的10位委员大会发言。会议期间收到提案303件,其中集体提案67件，委员及委员联名提案236件。经审查后移交有关单位承办。

(孙　斌)

【市十四届政协常委会】 3月22日，市十四届政协举行第一次常委会议，传达全国政协十二届五次会议精神,动员部署开展“立足本职促发展,当好委员献良策”主题活动。全国政协委员、市人大常委会副主任华博雅到会传达全国政协十二届五次会议精神。会议协商通过市政协关于委派市政协委员担任民主监督员的决定和市政协2017年工作要点。

4月12日，市十四届政协举行第二次常委会议,协商通过王晋、皮何总、王萍、惠莲、汤忠元、任克奇、王海宝为市十四届政协兼职副秘书长，协商通过市十四届政协专门委员会组成成员名单。

6月20日,市十四届政协举行第三次常委会议,听取市委常委、常务副市长黄钦通报无锡市2017年上半年经济运行情况，协商讨论市政协《推进居家养老医养结合,服务老年群体安享晚年》和《增强新城集聚辐射力,打造城市发展“新引擎”》建议案,以及《坚定民生优先,提升市民富裕程度》《政府基金撬动社会资本，倍增产业强市坚实动力》《关于推进无锡市全民参保计划 实现社会保险全覆盖的对策建议》《加强无锡市宗教历史建筑管理和保护的建议》重点调研报告。会议通过撤销邓泉明市政协委员资格的决定。

9月20日,市十四届政协举行第四次常委会议,听取市委常委、常务副市长黄钦通报2017年提案办理情况,民主评议市农委、市规划局提案办理工作,协商通过市政协《用足用好先行先试优势，推动物联网向纵深发展》《关于在无锡市全面推开垃圾分类的建议》《加快发展学前教育，更好满足百姓需求》《加强违法建设治理,提升城市依法管理水平》《注重加强品牌建设,助推产业强市主导战略》《促进转型升级，拓展合作领域，进一步发挥台资助推产业强市作用》重点调研报告。

12月19日,市十四届政协举行第五次常委会议,听取市委常委、常务副市长黄钦通报2017年全市经济社会发展情况，协商通过关于召开市政协十四届二次会议决定等。会议通报2017年市政协“立足本职促发展,当好委员献良策”主题活动情况；协商通过市政协十四届二次会议议程(草案)、日程;协商通过市政协常委会工作报告、提案工作报告,并确定委托报告人。

(孙　斌)

附：政协无锡市第十四届委员会主席、副主席、秘书长和常务委员名单(主席1人、副主席8人、秘书长1人、常务委员77人,共87人)

主　席　周敏炜

副主席　叶勤良

张丽霞(女)

吴仲林

丁旭初

刘　玲(女)

金元兴

高　慧(女)

韩晓枫

秘书长　王鸿涌

常务委员(共77人　按姓氏笔画为序)：

马剑、王晋(女)、王健(女)、王萍(女)、王友根、王珍珍(女)、王觉民(女)、王晓刚、王海宝、王锡惠、毛加弘(女)、卢益、卢敏(女)、冯雷、皮何总、吕益华、朱重阳、任克奇、刘翔(女)、汤忠元、许金键、许建樟、孙英(女)、孙志亮、李崎(女)、吴涛、吴红星、吴洵如(女)、何丽梅(女)、余勇、邹小新、张健、张琦、张英毅、张振华、陆檬、陆伟中、陈奕(女)、陈凤军、陈建国、邵崇浴、武戈、范永君(蒙古族)、范春虎、金政、周文涛、周艳阳、冼薇(女)、胡建伟、胡玲卿(女)、姜科、姚凯、莫文、顾铮铮(女)、钱文琴(女)、徐雯(女)、徐冬青、徐而迅(女)、徐真柱、徐耀峰、唐英彪、唐家梁、浦巍、能开、梅中华、黄静慧(女)、曹敏(女)、曹洪海、龚雁、崔荣荣、惠莲(女)、温秀芳(女)、游庆军、褚一波、蔡捷敏、薛海萍(女)、魏持红

重要工作

10 月 20 日，市政协协商议政"推进物联网产业发展" （市政协 供稿）

【围绕中心工作建言履职】 2017 年，市政协坚持政协工作与市委中心工作同频共振，同向同心。紧扣无锡产业转型升级、生态文明建设、民生共建共享、社会和谐发展的关键领域和重要问题，先后就国家传感网创新示范区建设、质量强市、文化产业发展、黑臭河道综合治理、城市重点工程建设、"两减六治三提升"(减少煤炭消费总量和减少落后化工产能，重点治理太湖水环境、生活垃圾、黑臭水体、畜禽养殖污染、挥发性有机物污染和环境隐患，提升生态保护水平、提升环境经济政策调控水平和提升环境监管执法水平)专项行动开展情况、特种设备安全监督管理等方面组织重点视察，开展协商议政、助推发展进程。围绕集成电路产业发展、在无锡科研院所发展、特色小镇建设、地铁建设以及民办医疗机构发展、农家乐食品安全、体育文化旅游设施建设、市民素质提升等方面，组织专题视察 23 次，广泛议政建言、促进协调发展。围绕促进富民增收、有效发挥产业投资基金作用、太湖新城发展、推进物联网产业和台资企业发展、实施品牌创新战略、全民参保计划实施、居家养老医养结合、加快发展学前教育、垃圾分类处置、加强违法建设治理、宗教建筑保护管理等方面，开展调查研究，形成 12 篇务实有效的建议案和重点调研报告，其中《进一步加快无锡物联网产业发展的相关建议》等 5 篇调研报告，市委主要领导专门批示并传至有关部门，要求采纳落实。围绕做强做优太湖新城，提出《增强新城集聚辐射力，打造城

表 13　　2017 年无锡市政协重点督办提案

序号	提案号	提案者	案　　由	主办单位	督办领导
1	1	市政协经济科技委员会	关于无锡进一步加快物联网产业发展的建议	市经信委	主席会议成员集体督办
2	14	民革无锡市委	整合优势资源，推进无锡市特色文化小镇建设	市发改委	叶勤良
3	8	民革无锡市委	加强城市景观行动规划，提升无锡城市形象的建议	市规划局	张丽霞
4	61	无锡市工商业联合会	关于优化机制推进无锡市军民融合发展工作的建议	市发改委	吴仲林
5	70	惠山组(第 5 组)	关于加快锡澄一体化路网建设的提案	惠山区政府	丁旭初
6	28	民建无锡市委	积极应对人口老龄化 加速养老服务业发展	市民政局	刘玲
7	44	农工党无锡市委	关于推进发展健康服务产业的建议	市发改委	金元兴
8	54	致公党无锡市委	对建设食用农产品监管体系的建议	市农委	高慧
9	16	民盟无锡市委	完善医联体建设 更加契合便民惠民医改方向	市卫计委	韩晓枫
10	58	九三学社无锡市委	关于无锡市加大工业绿色化进程的四点建议	市经信委	蔡捷敏
11	37	民进无锡市委	关于无锡市全面实施二孩政策对教育的影响及对策建议	市教育局	孙志亮

（市政协办公室）

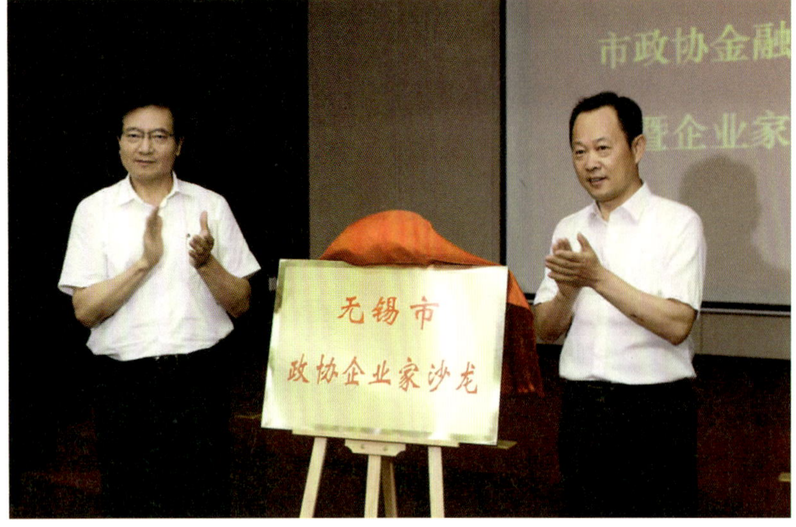

8月30日,市政协企业家沙龙成立,帮扶中小企业创新发展

(市政协　供稿)

市发展"新引擎"》的建议案,为推进全市居家老人实现老有所养、老有所依的进程,提出《推进居家养老医养结合 服务老年群体安享晚年》的建议案。围绕无锡市城乡居民增收,在充分听取市相关部门情况介绍和意见建议的基础上,重点走进宜兴市和梁溪区、新吴区,详细了解城乡居民增收致富的经验做法和制约因素,并先后赴广东省佛山市、东莞市考察,形成《坚定民生优先,提升市民富裕程度》的调研报告。围绕改革发展中出现的新情况、新问题,就惠山祠堂群申遗、共享单车规范管理、公交资源整合、快递业健康发展、微电子产业发展、全域旅游示范城市建设等提出一批专题建言献策。

(孙　斌)

【开展主题活动】 2017年,市政协继续开展"立足本职促发展,当好委员献良策"主题活动,制订年度主题活动实施计划,使主题活动与中心同频共振,与民生相系同行,体现鲜明的活动导向,助推全市经济社会发展和民生福祉改善。围绕市委十三届二次、四次全会的决策部署,就智能制造、科技创新、重大项目建设、老城区改造、美丽乡村建设、青少年自我保护等事关全市产业发展、民生幸福的热点方面组织调研视察、积极献计建言,激励广大委员立足本职工作,为高水平全面建成小康社会、建设"强富美高"新无锡尽责履职、建功立业,争做"高水平全面建成小康社会的积极建功者",有力助推"富民强市"、服务发展大局。结合"连心富民、联企强市"大走访,市政协领导带领全体机关干部深入基层一线,走访45个基层单位、企业、院所的400多名群众,慰问困难家庭63户,协调解决问题221个,切实把"以人民为中心"落实到主题活动中。成立市政协企业家沙龙,举办"金融与实业""青年企业家创新创业"等专题沙龙活动,建立企业与政府部门、金融机构之间的常态化沟通合作机制。依托企业家沙龙开展"听意见、出主意、解难题、办实事"活动。开展新一轮"委员导师进校园"活动,广泛组织委员到大中小学校,举办各类讲座50余场,引导和帮助广大学生传承传统文化。成立十四届政协法律事务咨询组,组织开展"法律助企""法制进校院""法制进社区"等活动,普及法律知识、提供法律援助。组织委员赴三门峡市开展慈善文化交流活动,将80多年前无锡慈善家陕州赈灾而结缘的两地合作交流推向深入。开展密切联系委员、联系基层、联系群众活动,走访100多名委员和近千名界别群众,收集信息664条,反映社情民意信息136条。针对发现的困难问题,走访人及相关专委会、民主监督员小组会同政府主管部门协商解决。

(孙　斌)

【提高提案工作质量】 2017年,市政协收到提案354件,经审查立案341件。其中,集体提案78件,个人提案263件。立案提案分送89个承办单位办理。至年底,所有提案全部办结。其中,解决和采纳250件,占73.3%;列入计划解决64件,占18.8%;留作参考27件,占7.9%。委员对提案办理反映的情况总体较好,表示满意的占94.9%,表示基本满意的占3.5%,表示理解的占1.6%。提案工作制度化建设得到加强,在总结经验、广泛调研、充分听取各方面意见的基础上,制定《中国人民政治协商会议江苏省无锡市委员会提案办理协商办法》,与市委办公室、市政府办公室、市政协办公室联合印发实施,为推进无锡市政协提案办理协商广泛、多层、有序开展提供制度保障。结合无锡市提案工作实际,出台《政协无锡市委员会提案质量评价办法(试行)》,采用指标量化打分方式对提案进行评价,用制度的规范化促进提案质量的整体提升。完善提案办理机制,明确承办单位提案办理工作的第一责任人,引导各承办单位"一把手"亲自领办提案,亲自部署本单位的提案办理工作。确立11件重点督办提案、79件重要提案,由市政协相关专门委员会、市各民主党派、工商联等对口督办,以点带面推动提案办理整体水平的提升。对市十三届政协重点提案和重要提案的办理落实情况"回头看",并对部分提案办理"大户"走访调研。通过对61个承办单位办理的453件提案跟踪检查,提高承办单位对提案办理的重视程度,督促承办单位认真兑现办理承诺。16个民主监督员小组采取明察、暗访、视察、民主评议等多种形式,督查相关部门的提案办理情况。

(孙　斌)

编辑　罗秋云

综　述

【概况】 2017年，在中共江苏省纪委和中共无锡市委领导下，全市各级纪检监察机关学习习近平新时代中国特色社会主义思想，以迎接中共十九大召开和贯彻中共十九大精神为主线，以党章为根本遵循，以党纪为基本准绳，以维护风清气正政治生态为目标，强化监督执纪问责，政治生态持续净化，“两个责任”落实有力，作风建设坚持深化，惩治腐败高压态势继续保持，全面从严治党向基层延伸，纪检监察体制改革稳步推进，党风廉政建设和反腐败工作取得新成效。全年立案1474件，给予党纪政纪处分1212人，其中涉及县处级干部19人、乡科级干部86人，移送司法机关处置39人。坚持挺纪在前，运用“四种形态”处理2849人次，其中运用第一、第二种形态占83%，“四种形态”结构性特征基本显现。坚持“一案双查”，推动以案治本，对典型案件实施“一案五报告”、开展专责监督，在案发单位进行即时教育195次，发出监督意见书99份，督促建章立制511个。

2月3日，省纪委副书记、监察厅厅长王立平到无锡调研“打铁还需自身硬”专项行动。9月14~15日，省纪委副书记周广智，省纪委常委、监察厅副厅长李圣华一行到无锡调研“打铁还需自身硬”专项行动。

4月6~7日，省委常委、省纪委书记蒋卓庆到无锡调研党风廉政建设和反腐败工作情况。

7月13日，省纪委副书记、省委巡视办主任黄继鹏到无锡调研，并在宜兴召开专题调研座谈会。

11月9~10日，中央纪委常委、中央巡视办主任王鸿津到无锡调研。

11月24日，邀请中共十九大代表、无锡市委常委、江阴市委书记陈金虎为无锡市纪委全体纪检监察干部宣讲中共十九大精神。

（钟良添）

重要会议

【市纪委十三届二次全会】 2月23日，中国共产党无锡市第十三届纪律检查委员会第二次全体会议召开。会议学习中共中央总书记习近平在中央纪委七次全会上的重要讲话，落实中央纪委七次全会、省纪委二次全会要求，总结工作，分析形势，部署2017年全市党风廉政建设和反腐败工作任务。省委常委、市委书记李小敏强调，全市各级党组织和广大党员干部要领会习近平重要讲话精神，始终保持管党治党的战略定力和政治定力；坚定信心、树立恒心，不断把党风廉政建设和反腐败斗争引向深入；标本兼治、激浊扬清，推动全面从严治党向纵深发展。全会审议通过王唤春代表市纪委常委会所作的《强化党内监督，深化标本兼治，推进全面从严治党在无锡向纵深发展》的报告。全会认为，2016年是全面从严治党、深入正风肃纪取得重大进展的一年。市委旗帜鲜明、领导有力，各级党组织传导压力、严抓严管，各级纪委忠诚履职、真抓实干，党风廉政建设和反腐败工作深入推进，党员干部纪律规矩意识逐步增强，党风政风持续好转，凝聚改革发展正能量，提振干事创业精气神，增进人民群众满意度。全会研究部署2017年无锡党风廉政建设和反腐败工作，强调要深刻领会习近平系列重要讲话精神，贯彻中央纪委七次全会和省纪委二次全会要求，抓住严肃党内政治生活重点，瞄准维护风清气正政治生态目标，强化党内监督，加强纪律建设，深化标本兼治，狠抓责任落实，扎实做好监督、执纪、问责工作，以优异成绩迎接中共十九大胜利召开。会上，市委与各地各部门党委（党组）主要负责人签订2017年度党风廉政建设责任书。

（钟良添）

【市委召开全市领导干部警示教育大会】 1月19日，市委召开全市领导干部警示教育大会，1300余名党员领导干部接受警示教育。与会人员集体观看市纪委制作的专题警示教育片《锦绣人生 无律则覆》。专题教育片以纪律规矩为主线，从五个

无锡市召开十三届市委第三轮巡察工作动员部署会

（无锡市纪委　供稿）

方面对无锡市近两年查处的党员干部违纪违法典型案例进行剖析，教育全市广大党员干部严守党的纪律规矩，永葆共产党人清正廉洁的政治本色。省委常委、市委书记李小敏强调，全市各级领导干部要认真汲取反面典型的深刻教训，切实把党的纪律和规矩作为修身做人、为官从政、干事创业的基本准则，增强拒腐防变的自觉性和坚定性，永葆共产党人清正廉洁的政治本色，坚持锤炼党性、恪守底线、砥砺情操、担当作为，始终做到心中有党、行为有律、立身有德、肩上有责。

（钟良添）

【市纪委派驻机构改革动员部署会】（参见第47页中共无锡市委类目）

（钟良添）

【派驻机构人员进驻见面会】 3月16日，无锡市召开派驻机构人员进驻见面会。按“片派组、点派员”要求，派驻机构人员开始集中办公到被监督单位开展日常监督。15个派驻纪检监察组与82家市级单位“面对面”交流，统一思想，形成共识。市委常委、纪委书记王唤春强调，派驻机构和被监督单位要清楚树立“全党动手反腐”理念，明白处理好市纪委与派驻纪检监察组、派驻纪检监察组与被监督单位党委（党组）的关系，认真办好每季度对被监督单位班子成员一次谈话、每半年查阅一次被监督单位财务账目等资料、每年核查一次重要岗位人员个人重大事项。

（钟良添）

【深化监察体制改革试点工作小组会议】 12月15日，无锡市深化监察体制改革试点工作小组召开会议。省委常委、市委书记、市深化监察体制改革试点工作小组组长李小敏，市委常委、市纪委书记王唤春，市人大常委会副主任吴峰枫，市人民检察院检察长俞波涛参加会议。会议认为，中央启动国家监察体制改革试点工作以来，无锡市根据全省监察体制改革试点工作部署，在市委领导下，扎实有序推进各项工作，整体进展顺利，取得阶段性成效。会议研究下阶段改革试点中的重点难点问题，逐一明确解决方案和工作要求。李小敏指出，深化监察体制改革试点工作是政治任务，试点工作小组各成员单位要不折不扣落实，严格按照中央和省委确定的“路线图”“时间表”，抓好全市《实施方案》组织实施和具体落实；解决问题要尽心尽力，面对各个方面任务，各部门、各单位要切实增强责任感、使命感，全力以赴完成各项工作任务，确保中央和省委部署落实到位；分工责任要落细落实，试点工作小组要认真履行职责，加强统筹谋划和工作指导，各成员单位和涉及的相关部门要各司其职、协调配合、形成合力，共同做好工作，确保高标准、高质量完成改革试点。

（钟良添）

重要工作

【完成派驻纪检监察改革】 2017年，无锡市率先探索、率先完成市县两级派驻体制改革，实现市县两级派驻监督全覆盖。改革后，全市成立61个派驻纪检监察组，机构人员和编制均按省委规定的上限落实。市纪委设立15个综合派驻纪检监察组，完成对84家市级机关部门的监督全覆盖，解决以往监督力量分散、职能重叠等问题。15个市纪委派驻纪检监察组每季度与被监督单位班子成员开展一轮廉政谈话，每半年对单位财务账目开展一轮核查，每年抽查一批关键岗位个人有关事项，全年共处置问题线索377件，实施谈话函询116件次，立案67件，移送司法机关处置3人。《中国纪检监察报》《新华日报》专题介绍无锡市改革经验。

（钟良添）

【完成巡察体制改革】 2017年，无锡市在全省率先推进巡察体制改革，市委成立6个巡察组，7个市（县）区成立23个巡察组，配备188名专职巡察干部。巡察工作实现横向覆盖到所有行政机关和国有企事业单位，纵向延伸到所有开发区、镇（街道）、村（社区），形成全市“一盘棋”格局。十三届市委前三轮巡察，共发现问题1015个，移交问题线索128条。11月9~10日，中央纪委常委、中央巡视办主任王鸿津到无锡调研时给予充分肯定。8月，在省纪委设区市纪委书记座谈会上，无锡市作经验交流。

（钟良添）

【深化监察体制改革试点】 2017年，无锡市成立以省委常委、市委书记李小敏为组长的深化监察体制改革试点工作小组。市委常委会专题研究深化监察体制改革试点事宜。市纪委组建“人员转隶、留置场所、陪护队伍、制度建设”专项推进组，核定拟划转编制总数。完成对市人民检察院转隶干部的谈心谈话、档案审核、意见听取和留置场所置换工作。同时，做好先期准备，组织纪法衔接专题培训，赴浙江学习调研市县开展监察体制改革经验，选派纪检监察干部到市人民检察院跟班轮训，为改革打牢基础。

（钟良添）

【压实管党治党主体责任】 2017年，无锡市纪委协助市委落实个性化责任书制度，针对各地、各部门政治生态建设实际状况，量身定做责任书，重点突出问题清单和责任清单。配合市主体责任办公室三次分析市管领导班子和市管领导干部履行主体责任情况，梳理排查反映市管领导干部的轻微问题线索194条，协助市领导开展约谈93人次。

（钟良添）

【建立“两个责任”履责记实制度】 2017年，无锡市纪委制定《关于上报履责全程记实情况的通知》，依托省纪委履责记实信息平台，推进履责全程记实工作。市县两级党委、纪委每月通过省信息平台记录履责情况，83个市级部门党委（党组）每季度书面记录履责情况、整改情况，纳入主体责任大数据。

（钟良添）

【推进市委“1+3”文件见人见事】 2016年12月6日，无锡市委出台《关于运用监督执纪“四种形态”的意见》《关于建立容错纠错机制的办法（试行）》《关于治理“为官不为”行为的办法（试行）》《关于对党员和公职人员侮辱诽谤诬陷他人行为的查核处理办法（试行）》（简称“1+3”）文件。2017年，无锡市纪委专题研究部署，推进市委“1+3”文件见人见事。全市共实施改革创新风险备案17起，实施容错免责3例，查纠“为官不为”行为103件，较好解决一些干部不敢为、不愿为问题，营造风清气正的政治生态和干事创业的发展环境。1月10日，《人民日报》以《无锡“1+3”制度框架积极构建良好政治生态——监督！让干部干净又干事》为题，推介无锡市做法。

（钟良添）

【成功劝返2名“百名红通人员”】 无锡市把追回“百名红通人员”作为重大政治任务，加强组织领导，统筹各方资源，盯住重点对象，持续攻坚作战。7月29日和9月25日，成功劝返任标、徐雪伟回国投案，占全省追回人数的50%，取得反腐败国际追逃追赃重大阶段性成果。时任中央书记处书记、中央纪委副书记赵洪祝专门对任标案作出批示：“工作做得好，又取得一重要成果，值得好好总结”。无锡市按中央追逃办要求及时总结经验，用于指导今后工作实践。省纪委、省人社厅给无锡市纪委记集体二等功，市纪委副书记孙英等10人分别记个人二等功、三等功。《中国纪检监察报》专题介绍无锡追逃追赃经验。

（钟良添）

【曝光一批典型案例】 2017年，无锡市加大对典型案例的通报曝光力度，以点带面，举一反三，发挥警醒、震慑作用。查处并通报苏南国际机场集团有限公司原党委副书记孙某兵拉票助选、诬告陷害的典型案例，狠刹一段时期以来诬告陷害等严重影响党员干部干事积极性的歪风邪气，推动政治生态净化。查处并通报宜兴市张渚镇原党委副书记吕某民等9人公款旅游和江阴市澄江街道办事处原副主任陈某平微信收受红包等典型案例，为查处隐形变异“四风”问题提供范例，使中央“八项规定”精神得到落实。查处并通报惠山区编办原主任李某夫、新吴区检察院副检察长华某无故缺席会议、外出钓鱼，并在调查期间编造谎言、欺骗组织等典型案例，在全市产生强烈震动，推动会风会纪问题治理。查处并通报惠山经济开发区经济发展局副局长兼环保分局局长浦某泳消极倦怠、为官不为的典型案例，推动党员干部担当作为。

（钟良添）

【开通“崇德倡廉号”地铁廉政专列】 5月10日，由市纪委、无锡地铁集团联合打造的无锡地铁“崇德倡廉”号廉洁文化专列开通。这是无锡市在开展廉洁文化建设方面又一次有益尝试。“崇德倡廉”号廉洁文化专列，通过廉洁公益广告、历史名人典故、廉洁格言警句、廉谜竞猜等通俗易懂的形式进入地铁，使人民群众在便捷出行的同时，领略无锡地域文化和特色廉洁文化独特魅力，在潜移默化、润物无声中感悟文化的芬芳和廉洁的力量。

（钟良添）

【基层“微腐败”专项治理】 在2016年整治和查处侵害群众利益的不正之风和腐败问题专项行动基础上，无锡市纪委集中在“扶贫领域、农村集体‘三资’管理、惠农补贴发放、城乡拆迁补偿、基层工程建设、基层服务”方面开展专项行动，确保中央和省市扶贫、惠民等民生政策真正“精准”落地、取得实效。建立审计联动机制，专项审计重点村（社区）83个，分类处置问题线索540条，问责党组织23个，处理85人。建立驻点督导机制，对宜兴市芳桥街道、滨湖区雪浪街道驻点指导、解剖麻雀，督促整改13个方面40项问题，督查督办5条重要问题线索。建立通报曝光机制，逢双月对群众身边的不正之风和腐败问题公开通报曝光，持

9月25日，“百名红通人员”之一徐雪伟回国投案

（无锡市纪委 供稿）

4月20日，无锡市委常委、市纪委书记王唤春到老戏馆弄社区开展“大走访”（无锡市纪委 供稿）

续发挥教育、警示、震慑作用。年内，通报基层“微腐败”问题21批54人次。

（钟良添）

【开展“打铁还需自身硬”专项行动】2017年，无锡市成立“打铁还需自身硬”专项行动领导小组。制定《无锡市纪检监察系统开展“打铁还需自身硬”专项行动实施方案》。实施方案从“细化内部管理、规范履职行为、强化监督制约、坚持标本兼治”方面抓好18项具体工作，推动纪检监察自身建设。年内，市纪委机关开展监督执纪随访回访238次，内部督查40次；开展家访166次，谈心谈话464人次。强化业务轮训、岗位实训和挂职培训，认真学习监督执纪工作规则和“1+N”制度体系。梳理监督执纪工作流程，全面排查廉政风险点，通过个人自查、部门互查和领导复查，共制定防控措施624条。建立个人有关事项、信访举报事项核查制度，为全市1147名纪检监察干部建立廉政档案，并定期抽查核实，立案查处违纪干部3人。

（钟良添）

【“阳光扶贫”监管系统运行】12月15日，无锡市“阳光扶贫”监管系统上线运行。监管系统接入48条涉贫资金线。建立领导干部一对一精准帮扶机制。加强集体“三资”监管，市纪委会同无锡市“三资”管理领导小组3次召开会议专题研究部署，健全完善集体“三资”管理制度体系。总结、推广江阴市璜土镇璜土村“三资”全公开运行做法。建设一网通监管平台，将“三资”涉及的每一笔账目、每一张发票，都通过触摸屏、显示屏、手机屏向群众全公开。

（钟良添）

【开展专项整治“回头看”行动】在2016年开展为期半年违规吃喝问题专项整治基础上，4~9月，无锡市纪委开展专项整治“回头看”行动。共处置问题线索191条，督促依法取缔设在居民小区中的隐蔽吃喝场所，推动中央“八项规定”精神在无锡落地生根。

（钟良添）

【推进廉政档案建设】无锡市纪委扎实推进廉政档案建设，制定出台《无锡市领导干部廉政档案信息系统使用管理规定》《进一步建好管好用好廉政档案信息系统的通知》等配套性制度规定，市县两级纪委建立信息化管理平台，实现市县全覆盖。用好廉政档案为监督执纪服务，对领导干部廉政情况综合研判，抓早抓小，防微杜渐，发现廉政风险及时预警。廉政档案覆盖全市2025名县处级领导干部和8557名乡科级干部。同步建立纪检干部廉政档案，建立个人有关事项、信访举报事项核查制度，1147名纪检监察干部全员报告个人有关事项。

（钟良添）

【马尔代夫反腐败委员会研修团访问无锡】7月5~6日，由马尔代夫反腐败委员会副主席穆阿维斯·拉希德率领的马尔代夫反腐败委员会研修团访问无锡。市委常委、市纪委书记王唤春向客人表示欢迎，并介绍无锡市经济社会基本情况和纪检监察工作情况，希望通过此次研修交流，加强沟通联系，相互学习交流，共同治理腐败顽疾。马尔代夫反腐败委员会副主席穆阿维斯·拉希德表示，马尔代夫正在实施“国家廉政计划”，研修团此行就是希望加强国际交流合作，提升反腐败工作效率，无锡的一些经验做法值得借鉴，期待加强交流学习。在无锡期间，研修团一行走访东林书院、惠山古镇、荡口华氏义庄了解廉洁文化，并前往无锡市行政服务中心了解行政权力运行情况。

（钟良添）

【格林纳达代表团访问无锡】7月14日，格林纳达新民族党副总书记、参议员彼得·戴维一行到无锡考察访问。省委常委、市委书记李小敏会见代表团一行。市委常委、纪委书记王唤春等参加会见。李小敏在简要介绍无锡经济社会发展情况后指出：近年来，中格双方在反腐败工作上开展合作，取得一定进展。腐败破坏社会公平正义，影响经济健康发展，反对和消除腐败是全世界的共同课题与责任。衷心希望双方加强以个案为重点的务实协作，构建长效机制，取得合作成果，让腐败分子早日归案。

（钟良添）

编辑　罗秋云

综　述

【开展专题教育活动】 2017年，无锡市各民主党派、工商联、无党派知识分子联谊会开展“不忘合作初心，继续携手前进”专题教育活动，通过举办“观故居，增共识”“喜迎十九大、共筑中国梦”书画展等活动，号召市各民主党派、工商联、无党派人士铭记历史，凝聚共识，不忘合作初心，继续携手前进，使多党合作的优良传统薪火相传、发扬光大。学习贯彻习近平“7·26”重要讲话精神，60余名党外成员赴重庆大学参加多党合作理论学习，360余名民主党派新成员参加市各民主党派新成员培训班。市工商联开展“争做‘四信四有’(增强非公有制经济人士对中国特色社会主义的信念、对党和政府的信任、对企业发展的信心和对社会的信誉；政治上有方向、发展上有本事、责任上有担当、文化上有内涵)新锡商”理想信念教育实践活动，探索加强非公经济人士思想政治工作的新途径，坚定“知党恩、听党话、跟党走”的决心和信心。

(姚静芳)

【参政议政】 年内，无锡市各民主

表14　2017年无锡市各民主党派、工商联、无党派知识分子联谊会开展“不忘合作初心，继续携手前进”专题教育活动情况

名称	特色活动
民革	开展纪念全面抗战80年系列活动，走访慰问抗战老兵，举办书画展，举办抗战老兵图片展，开展征文活动，开展谒陵活动，组织市委委员和骨干党员前往南京中山陵拜谒孙中山，创建民革基层组织“党员之家”“社会服务基地”“同心共建基地”“法律服务工作站”，表彰“优秀参政议政成果”“优秀宣传员”“优秀博爱志愿者”“优秀法律援助案例”
民盟	举办“喜迎十九大，民盟同心行”书画摄影展，编印《学习党的十九大文献资料汇编》，举办“寻根行”活动，开展“连盟心、暖盟师”走访活动，组建“民盟乐跑团”，举办“太湖风·同心同行——无锡六人书画作品展”
民建	参访故居，理论研究，开展“六个一”重点工作，即读一本书、写一篇征文、参与一次寻访、做一场宣讲、过一次专题组织生活、开展一次评优创先等活动
民进	组织基层骨干和新会员赴南湖革命纪念馆、苏州角直叶圣陶纪念馆等地学习考察，开展“我与民进共成长”主题征文，引导广大会员铭记民进历史、弘扬优良传统
农工党	赴连云港邓演达文献馆，开展农工党党史学习教育活动，组织党员干部参观市廉政文化教育基地，赴南京拜谒邓演达烈士墓，开展新党员思想教育活动，举办“喜迎中共十九大、农工党十六大”书画摄影艺术展，举办“学习中共十九大精神”骨干培训班，举办“同忆初心、共话前进”新老成员座谈会，出版专辑《锡农新故事》

续表 14

名称	特色活动
致公党	领导班子成员带头坚持“讲一次党课、写一篇党史理论文章、联系一个基层组织、联系老归侨新海归党员”，开展“连侨心、暖企心”大走访活动，选送机关干部去致公党中央挂职，成立企业家学堂
九三学社	举行“喜迎十九大，无锡九三在行动”大型义诊活动，组织新社员赴宁波开展“学习先贤情怀，传承优秀文化”现场教学，邀请社中央宣讲团成员朱良到无锡作坚持发展实践报告，成立无锡九三文化建设基地，举办九三书法家书法展，开展“重走革命路，薪火永传承”主题教育
工商联	召开“年轻一代企业家理想信念报告会”，“百企帮百村”精准扶贫工程，开展“锡商民情员千企万户大走访”活动，建立“锡商联盟政企直通车”
无党派	开展十九大精神学习传达月活动，话传统、谈畅想活动，观故居、忆传统、增共识活动，举办统战理论学习班、青年企业家谈发展座谈交流活动

（姚静芳）

党派、工商联、无党派知识分子联谊会贯彻中共中央、省委、市委关于支持民主党派开展重点考察调研的文件精神，就调研的选题、内容、形式、程序、成果运用等内容进行协商和规范。研究制定年度专题民主协商计划，围绕“增进民生福祉”“科技创新与产业升级”两个民主协商专题，开展调查研究，形成《深入开展国家养老服务业综合改革试点，着力提高医养融合水平》等调研成果 18 篇，提出针对性、理论性、操作性强的意见建议，得到市委、市政府主要领导肯定，被吸纳进市委、市政府各项重要决策部署。围绕社会热点难点问题，撰写上报各类意见、建议和社情民意 2500 条，被录用 1105 条，为党委、政府科学决策提供重要参考。围绕“产业强市相关政策措施落实情况”，开展专题民主监督，民主监督调研成果汇编成《民主监督情况专报》，推动市委、市政府决策部署的贯彻落实。召开“文化繁荣与发展”“增进民生福祉”专题民主协商意见建议办理落实推进会，推进专题民主协商意见建议有效办理落实。

（姚静芳）

表 15　2017 年无锡市各民主党派、工商联、无党派知识分子联谊会参政议政情况

单位：份（条）

名称	完成专题调研报告	被刊用专题调研文章	被采纳社情民意	“两会”提出议案、提案	被有关部门采纳意见、建议
民革	21	6	9	10	54
民盟	47	5	318	11	14
民建	6	6	166	38	38
民进	25	2	292	6	6
农工党	35	3	427	252	435
致公党	37	2	101	49	8
九三学社	18	3	105	26	20
工商联	7	2	7	6	4
无党派	8	6	11	52	17
合计	204	35	1436	450	596

（姚静芳）

【加强组织建设】 年内，无锡市各民主党派贯彻中共中央、省委、市委统战工作会议精神，按照《无锡市各民主党派基层组织建设纪要》，加强组织建设，推进基层组织过渡更新，探索人才甄选、培养、选拔模式，优化组织人才结构，提升组织建设水平，严格规范新成员发展程序，组织凝聚力和影响力得到全面提升。全年发展新成员 492 人，净增率 5.5%。至年底，全市民主党派成员总数 8895 人。市无党派知识分子联谊会注重加强团队能力建设，至年底，有会员 174 人。完成市和市（县）区两级工商联的换届，全市各板块“五

好”(领导班子好、会员发展好、商会建设好、作用发挥好、工作保障好)县级工商联全面达标。探索建立商会财务审计制度、退出机制等工作机制,加强对商会组织的规范化管理,会员队伍结构明显改善。至年底,全市工商联有各类会员30522个,比上年增长3.44%,其中企业会员25820个,比上年增长4.11%,会员的素质和代表性有一定提高。年内,共建有海内外无锡商会23家,在无锡异地商会27家。市工商联归口管理的经济类行业协会商会148家。按照“商会+支部”模式,加强商会党的建设,成立市总商会党委下属党支部29个,开展“一支部一亮点、一商会一特色、一党员一示范”活动,提升商会党组织活力。

(姚静芳)

表16　　2017年无锡市各民主党派组织及成员情况

单位:个、人

名称	组织情况						成员情况		
	市委会	(市)县委会	基层委员会	总支部	单一支部	综合支部	女成员	新成员	成员总数
民革	1	0	3	1	5	29	220	33	534
民盟	1	2	7	2	27	28	729	79	1788
民建	1	1	6	3	78	6	588	92	1734
民进	1	2	6	0	26	53	650	92	1452
农工党	1	1	7	2	35	45	746	78	1518
致公党	1	0	3	2	0	0	206	35	535
九三学社	1	1	11	0	16	0	532	83	1334
合计	7	7	43	10	187	161	3671	492	8895

(姚静芳)

表17　　2017年无锡市各民主党派、工商联、无党派知识分子联谊会社会服务情况

名称	社会服务品牌项目	社会服务主要内容	参与公益慈善活动(场次)	结对助学(对)	捐款(万元)
民革	博爱志愿服务	关爱儿童、书画进校园、水上搜救、法律服务、医疗服务、关爱老兵	40	20	20.00
民盟	同心支教凉山行	支教、帮困	50	10	10.50
民建	思源工程——生育关怀行动、光彩感恩行动、蠡湖文明之友	扶贫帮困、捐资助学、参与社区建设、服务企业家会员、提升企业家素质	128	70	943.54
民进	书画拥军、送春联进社区、送文化进社区、支教送教	书画拥军、送春联进社区、送文化进社区、支教送教	543	102	293.99
农工党	农工党无锡前进书画院、长期照护研究会、源泉助学金、瑶寨助学、同心助医援藏	送医、助学、宣传科普知识、精准扶贫、文化传播	49	25	28.40
致公党	致德扶智、同心致善	“致德扶智”助力教育扶贫、“同心致善”小处着眼全员参与	11	30	25.00
九三学社	专家工作站、九三讲坛	科技指导服务	5	9	10.75
工商联	希望之家状元奖、“光彩助学行、联企促富民”光彩事业圆梦行动	扶贫、帮困、光彩助学、政企直通车	1000	10	389.06
无党派	“同一片蓝天,同一个梦想”	结对助学,关爱孤寡老人,福利院做义工	15	20	33.58

(姚静芳)

【社会服务活动】 年内，无锡市各民主党派、工商联、无党派知识分子联谊会依托市统一战线“同心”基地联盟，发挥各自资源特色和界别优势，坚持社会服务优良传统，打造特色活动品牌，拓展社会服务领域，探索精准服务形式，广泛开展捐资助学、扶贫帮困、法律援助、文化下乡、义工义诊等形式多样、内容丰富、实效显著的社会服务活动，形成一批各具特色的统一战线社会服务品牌。全年组织各类社会服务活动1841场次，累计捐款捐物1754.82万元。

(姚静芳)

中国国民党革命委员会无锡市委员会

【概况】 2017年，民革无锡市委履行职能，主动担当作为，为无锡市经济社会持续健康发展作贡献。获民革全国社会服务先进集体称号，杜文康、励佳麟被民革中央分别评为全国参政议政、社会服务先进个人。市委会宣传、提案、信息工作等方面受民革省委表彰。年内，市委会表彰2017年度创建达标的党员之家和同心共建基地3个、示范性支部6个、优秀宣传员和优秀信息员22人、优秀参政议政成果72项、优秀博爱志愿者59人、优秀法律援助案例5件。

(温　明)

【参政议政】 年内，民革无锡市委深入调查研究，开展民主协商、民主监督。形成《推进医养结合，增进民生福祉》和《做优特色小镇，助推产业升级》调研报告，在中共市委专题民主协商会议上汇报，受到中共市委书记李小敏肯定。专题民主监督调研报告《持续推进我市民营经济发展金融扶持政策》，受到市金融办、市发改委等部门重视。各专委会、基层组织和党员完成其他参政议政调研课题19件。在市政协十四届一次全会上，作题为《加强信息共享，促进多方参与，创新推动我市精准救助工作》的大会发言，提交集体提案11件，其中2件被列为主席督办重点提案。获优秀集体提案1件、优秀调研成果二等奖1件、优秀社情民意3件。市政协民革界别委员联系小组被评为优秀委员联系小组。开展大走访，促进“连心富民、联企强市”，上报统战信息和社情民意近200条，市政协录用10条，省民革录用25条，中共市委办录用29条，中共省委统战部录用4条，得到市委书记李小敏和副书记徐劼批示各1条。

(温　明)

【思想建设】 年内，民革无锡市委组织学习和宣传中共十九大精神。组织领导班子和基层组织集中收看十九大开幕式，专门召开主委会议，部署学习贯彻中共十九大精神，转发民革中央《关于学习贯彻中国共产党第十九次全国代表大会精神的决定》。通过讲座座谈、学习讨论、发放辅导材料、自媒体宣传、书画展览等形式，在民革党员中掀起学习宣传中共十九大精神的热潮，带领民革党员学习领会中共十九大的精神实质，将学习中共十九大精神与民革工作紧密结合起来。持续开展“不忘合作初心，继续携手前进”主题教育活动，通过组织开展学习培训、党史教育、“观故居，走多党合作之路”活动、知识竞赛等形式多样的系列活动，增强各级干部和广大党员对中国特色社会主义的道路自信、理论自信、制度自信、文化自信。加强宣传工作，出版《无锡民革》4期，民革网站发布信息163条，“无锡民革”微信公众号发布消息232条。年内，各类上报信息被民革中央网站录用81条，《团结报》录用6篇，江苏民革网站、杂志录用100条，无锡政协网站、杂志录用59条，无锡统战网站、杂志录用57条，《无锡日报》《江南晚报》发稿27篇，其他10余条。《团结报》征订工作受民革中央、团结报社表彰。

(温　明)

【组织建设】 年内，民革无锡市委发展党员33人，平均年龄34岁，其中50%以上具有中级以上职称，67%具备民革界别特色。至年底，党员总数534人。6月，民革江苏省委换届，张丽霞、王晋分别当选民革江苏省委常委、委员。12月，民革中央换届，张丽霞赴京参加民革第十三次全国代表大会，并当选为民革中央委员。年内，市委会分层次组织举办基层领导、骨干党员、新党员培训班，多名党员参加无锡市党外中青年干部培训班、民主党派骨干班培训、新党员培训班。3名党员成为无锡市社科联智库成员，4名党员担任无锡市青联常委、委员。市委会完成7个专门工作委员会的换届调整，通过开展示范性支部和党员之家创建工作，加强基层组织建设。

(温　明)

【促进祖国统一工作】 年内，民革无锡市委通过加强交流、开展涉台参政议政和涉台法律服务，彰显特色，推进对台祖国统一工作。接待台湾高雄基层精英江苏参访团一行20余人到无锡访问，参加锡台志愿服务交流会议，和市台办共同举办“两岸一家亲，共话中国梦”座谈会，将无锡市滨湖区青创基地、北京大学软件与微电子学院无锡校区纳入民革中央“两岸青年创业大联盟”。民革无锡中山书画院赴台开展文化交流，在台湾花莲县美术馆展出书画作品100余幅。张丽霞率队开展“台资企业发展”课题调研，就发挥台资助推产业强市作用提出建议，提交涉台信息10余件。民革博爱志愿者法律服务团全年接受在无锡台胞、台属、台商、台企无偿法律咨询35件、举办仲裁法律实务讲座和法律风险防控实务沙龙各1次、为在无锡台胞、台属、台商、台企代理案件8件，获台胞赠送“真诚服务台胞，依法专业维权”锦旗。

(温　明)

【社会服务】 年内，民革无锡市委坚持“博爱”品牌，坚持特色化、基地化、常态化服务，丰富服务内涵、做实服务效果。关爱儿童服务团坚持每月为市儿童福利院的孤残儿童服务。法律服务团在做好涉台法律服务的同时，为民革党员开展法律咨询服务近10件，开展困难群体救助，扶助吴塘社区困难群众和无锡职业技术学院困难学生。书画服务团坚持在兰亭小学开展义教及书画义捐义卖公益活动。医疗服务团走进敬老院和社区开展义诊，在惠福中医馆开展公益健康讲座20余次。水上搜救服务团坚持定期训练，义务开展水上搜救技能培训服务。关爱抗战老兵服务团坚持逢年过节慰问抗战老兵，组织举办“不忘初心，继续前进”关爱抗战老兵影像作品巡展。民革无锡市各基层组织开展形式多样的社会服务工作。

（温　明）

中国民主同盟无锡市委员会

【概况】 2017年，民盟无锡市委新一届领导班子以换届为契机，紧贴无锡产业强市中心任务，以打造高素质参政党地方组织为目标，各项工作取得新进展。年内，获民盟中央2017年度《群言》杂志征订工作先进集体，江苏民盟参政议政工作先进集体、信息工作先进集体一等奖、宣传工作先进集体三等奖、新媒体建设先进集体、活力基层组织建设先进集体、农村教育烛光行动（教育帮扶）先进集体、黄丝带行动（社会帮教）先进集体多项荣誉。学习贯彻中共十九大精神，盟市委常委会召开中共十九大报告专题学习会，发放中共十九大报告单行本。举行民盟中共十九大精神宣讲报告会。贯彻盟中央关于开展“不忘合作初心，继续携手前进”专题教育的工作部署，开展“寻根行”系列活动。围绕坚定政治信念、重温合作初心、树立文化自信、记忆无锡乡愁四个主题，以钱锺书故居为依托，精心选择15个参观点，全年有30个基层组织近500人次参与活动。10月，“中国民主同盟无锡市分部第一届盟员大会纪念地”在公花园多寿楼挂牌。全国人大常委会常委、民盟中央副主席张平，民盟中央宣传部部长曲伟参加活动。民盟江阴市委举行“不忘合作初心，继续携手前进”——民盟江阴市委成立60周年纪念会；庆祝教师节，盟市委领导、盟内人大代表、政协委员分别前往民盟江大委员会等19个直属学校民盟基层组织开展“连盟心、暖盟师”走访活动，在惠山古镇开展向盟员老教师致敬专题活动，在第一女子中学召开丁君援疆支教报告会。民盟中央美术院无锡分院、宜兴分院，江苏民盟国风书画院江阴分院相继成立并揭牌。“太湖风·同心同行——无锡六人书画作品展”在兰州成功举办。宜兴民盟陶艺书画展、大师之路上海展、民盟中央美术院无锡分院首届作品展顺利举行；微信公众号清博指数排名全盟市级组织第六名。以微信公众号推动微站建设，以微站建设带动信息化办公水平。开发“盟展览”“盟调查”“盟预约”等特色功能，对基层各类投稿数据实现综合利用，为盟务管理和考核提供数据和技术支撑，引导更多盟员参与体验。全年采集编辑各级基层组织及机关稿件800余篇，其中10余篇在《人民政协报》《团结报》等国家级媒体发表，120余篇在《新华日报》等省、市级媒体发表，500余篇在人民网等各级、各类网站发表。

（眭俊宝）

【参政议政】 年内，民盟无锡市委围绕政府中心工作和社会热点问题，开展调查研究，建言献策。盟员高亚光在省两会上提交的《关于进一步降低实体经济企业能源使用成本的建议》的个人提案，得到中共省委书记李强批示，盟市委《建议我省大力发展村民医疗互助会，兜牢农民医保底线》《建议无锡建立物联网产业协同创新平台，助力长三角物联网产业发展》2篇调研报告被转化为盟省委集体提案。在市政协十四届一次全会上，盟市委作题为《完善医联体建设，更加契合便民惠民医改方向》的大会发言，提交集体提案10件、个人及联名提案34件。《关于允许为双重、多重劳动关系人员单独缴纳工伤保险的建议》等2篇提案被评为优秀集体提案。会同盟省委、兄弟城市盟市委，合力做好“发挥好中医药在健康江苏建设中的积极作用”专题调研，形成多篇调研报告和专题信息。共享社情民意信息资源，形成紧密结合无锡产业发展的《物联网时代无锡半导体产业可持续发展的建议》等专题调研报告。参与盟省委教育、生态等四个论坛的研讨活动，鲍钰鸣《关于无锡中医医疗服务发展情况的调查报告》、钮新颜《“互联网+”下的教育惠民实践与对策》、朱小红《如何化解生活垃圾焚烧的“邻避”问题——以无锡锡东垃圾发电厂为例》的交流发言获得一等奖。在中共市委“增进民生福祉”专题民主协商会上，盟市委作《规范农村产权交易，切实维护农民权益》交流发言，引起重视并得到相关部门的采纳推进。全年上报各类社情民意信息446条，其中近260条分别被市政协、中共市委办、盟省委、中共省委办、中共中央办公厅采用，被中共市委统战部评为2017年度“信息工作特等奖”。秦健《应高度警惕多国与卡塔尔断交对我国“一带一路”的影响》被中共中央办公厅采用，另有10余篇信息被省、市主要领导批示，数量列全市各民主党派之首，其中邹震宇《建议多方着力推动我市半导体产业持续健康发展》由省政协转发省委常委、市委书记李小敏批示，俞雯《应高度重视我省农村产权交易信息服务平台运行不畅的问题》被副省长杨岳批示，皮何总《建议同步推进锡东电厂复工和益多热电厂关闭》被市政协主席周敏炜批示。张百启《关于出台营改增后我市建筑企业扶持政策的建议》等4篇被市政协评为2017年度优秀社情民意。通过设立物联网信息专报点、点对点约稿、专题研讨等方式，提升信息专业化水平。陈承红《纪念改革开放40周年意识形态工作要防止和反对两种错误倾向》、钱洁《强化与落实党管数据原则的建议》等分别被中共省委办采用。加大同类型信息的深化、整合，报送《建议我市立足物联网优势发展大数据产业》等10余条信息，其中彭静《建议我市建立物联网产业协同创新平台》被盟省委转化为集体提案。在开展社情民意信息骨干培训的基础上，盟江阴市委将报送社情民意信息纳入基层组织年终考核，盟宜兴市委制定《关于加强信息和宣传工作的实施意见》。

（眭俊宝）

【组织建设】 年内，民盟无锡市委围绕民盟江苏省委活力基层组织建设要求，推进基层组织过渡更新，推动组织动能有效提升。全年发展盟员79人，其中大专以上学历78人，中级以上职称43人，平均年龄38.1岁。坚持可持续发展，稳步提高组织发展质量，保持民盟人数优势。至年底，全市有盟员1788人，其中大专以上文化程度1698人，占94.9%，中级以上职称1434人，占80.2%。全市下辖2个市（县）级市委会、7个基层委员会、2个总支部，86个支部。根据《江苏民盟基层组织测评指标体系》要求，持续推进“活力基层”创建活动，开展基层组织测评工作，全年基层组织达标率98%。梁溪区综合二支部盟费收缴率100%。对妇女工作委员会、新社会阶层联谊会、参政议政工作委员会、中等教育工作委员会、文化工作委员会等工作委员会人员构成进行优化调整。开展三高中支部等直属学校民盟组织的属地化管理试点工作，争取区级统战部门的关心支持。江阴“盟员之家”建设经验在民盟中央会议上作专题交流，宜兴七支部、锡山区总支分别成立“盟员之家”，增强基层组织的凝聚力和向心力。挖掘后继人才，优化结构，召开文艺界人士座谈会、盟内人大代表政协委员座谈会等，对主界别盟员履职尽责明确要求。适应参政议政工作对人才需求的要求，加大金融界、文艺界、法律界优秀人才吸收力度，改善盟组织的知识结构。重视队伍建设，加强人才储备，选送21名骨干盟员参加民主党派骨干多党合作理论研修班、盟省委盟务骨干培训班、无锡市党外中青年干部培训班等；举办新盟员培训班及全市基层组织领导干部培训班，累计100余人参加培训。加大各基层组织年轻盟员选拔、培养力度，科技总支通过换届选拔年轻盟员担当支部主任。响应中共无锡市委“连心富民、联企强市”大走访活动号召，组织各基层组织开展“连盟心、强盟企”“连盟心、暖盟师”系列走访，盟市委领导、人大代表、政协委员深入盟员企业、民盟各直属学校支部、盟员家庭，密切党盟联系，了解影响企业生产经营、转型发展的制约因素和实际困难，听取盟员教师对党派发展、教育工作和盟务活动的相关意见和建议。辅仁高中支部程蓉芬报送的社情民意《建议“夏病冬治”，对无锡内河蓝藻加强治理》被市委、市政府主要领导批示。推动盟内监督提升实效，新一届民盟无锡市监督委员会贯彻落实《民盟无锡市监督委员会工作条例（试行）》，履行监委会内部监督职能，对机关委员会等4个基层组织及盟市委经费预决算进行有效监督，形成《关于基层组织建设监督情况的报告》。

（眭俊宝）

【社会服务】 年内，民盟无锡市委延续社会服务传统品牌优势，依托基层社会服务工作站和特色项目，重策划、强实效、树典型，开创各项工作新局面。完成盟省委社会服务立项任务，组织惠山区基层委员会等赴四川省凉山彝族自治州普格县开展第六次凉山支教行，对口捐赠10名凉山困难大学生助学金每人5000元；主动承担盟省委重庆支教任务，副主委崔荣荣带领部分新阶层人士联谊会盟员赴重庆市彭水县，向鹿鸣中心校等两所学校25名贫困学生发放资助款25000元，持续做好12名贫困学生结对帮扶，民盟中央网站进行了报道。发动基层组织持续打造支教帮扶品牌。妇女工作委员会、新社会阶层联谊会、滨湖区基层委员会联合开展六一关爱特殊儿童活动。盟江阴市委承办第二期“毕节、敦煌中小学校长江阴培训班”。文联支部承办云南省麻栗坡县丁晓兵希望小学“书法进课堂”助教活动，武警广西总队政委丁晓兵特地发短信致谢。发挥社区服务工作站及盟员专业优势，精准化开展多种社区服务。文博支部、文联支部、文化支部等开展免费鉴宝、文物体验、拥军书画笔会、青少年社区讲堂、“绳武堂前话梁溪”等文化惠民活动。滨湖区基层委员会为社区居民送上爱心腊八粥，盟江阴市委组织送教天华艺校，盟宜兴市委走访慰问困难病患家庭，梁溪区基层委员会开展公益咨询活动，新吴区基层委员会持续开展关爱自闭症儿童“盟动”计划，锡山区总支为果农“送技”下乡。机关委员会成立扶贫基金会并看望福利院孤残儿童。滨湖区基层委员会以种植“民盟林”的形式，纪念开展义务植树活动20周年。巩固盟员企业中超工作站方圆帮教中心“黄丝带课堂”帮教成果，组织盟内法律、心理、就业方面专家开展咨询辅导。依托盟省委“黄丝带”帮教行动讲师团资源，邀请靖江中等专业学校盟员教师到方圆帮教中心开展以自主创业为主题的讲座与座谈交流活动。机关委员会盟员吴安琪捐献角膜遗体，宜兴七支部盟员潘福安坚持每年为太华镇慈善教育基金捐赠30万元。

（眭俊宝）

中国民主建国会无锡市委员会

【宣传教育】 2017年，民建无锡市委以开展“不忘合作初心 继续携手前进”专题教育活动为主线，学习中共十九大精神、贯彻民建十一大精神，巩固思想政治基础。开展“六个一”重点工作，通过读一本书、写一篇征文、参与一次寻访、做一场宣讲、过一次专题组织生活、开展一次评优创先等活动，培育和践行“爱国、民主、建设、团结、创新、奉献”共同价值理念，增进政治共识。活动期间，征集征文48篇，向省民建推荐报送9篇，其中多篇被评为优秀征文。基层会员参与民建中央“传承工匠精神”课题研讨活动，《弘扬传统工匠精神，培育创新职教人才》等2篇论文分别获得2017年度优秀成果二等奖、三等奖。全年在各级媒体上刊登宣传稿件219篇次，其中中央级媒体30篇次，省市级媒体189篇次，被民建省委授予2017年度新闻宣传工作先进单位三等奖。全年形成理论成果12篇，其中《保持政党独立性，加强民主监督工作实效性》《不忘多党合作历史初心，增强民主监督政治自觉》2篇，被民建省委评为2017年度理论研究优秀成果。

（全宏源）

【参政议政】 年内，民建无锡市委组织市级人大代表、政协委员进行“两会”前视察及履职交流活动，参与以“加快物联网产业发展，打造智慧名城”为主题的《政协话题》节目的策划和录制，鼓励各级人大代表、政协委员积极参加“两会”，建言献策。在市政协十四届一次会议上提交集体提案10篇，内容涉及金融安全、城市规划、文化产业、环境保护等各方面。大会发言《让物博会成为“永不闭幕”的产业盛会》受到有关部门高度重视。“两会”期间，民建无锡市委市（县）区级人大代表、政协委员提交人大建议案24件、政协提案186件。《积极应对人口老龄化，加速养老服务业发展》被评为优秀集体提案，《关于建立“新三板”挂牌企业培训中心的建议》等被评为优秀个人提案。全年向上级信息部门报送社情民意419篇，其中《建议在雄安新区试行“两权分离”的住房制度改革》被中央《零讯》采用，《大力推广米糠制油，发展江苏米糠综合利用产业》被江苏省政协采用，《多措并举，全面长效治理小飞龙》被市委书记李小敏批示，《企业反映：“两证合一”带来新烦恼》被市长汪泉批示，《关于多方位弘扬惠山古镇寻根文化的建议》等2篇被评为市政协优秀社情民意，《特色小镇建设切忌一哄而上，急功近利》被《人民政协报》刊用，另有23篇信息被市人民建议征集办公室采纳为人民建议，多篇被《无锡日报》刊载。全年完成调研报告29篇，《培育精品特色小镇，拓宽富民增收路径》获市政协优秀调研成果三等奖，《建议推进我市综合管廊建设》等4篇专题调研报告均获市委、市政府主要领导批示。民建无锡市委被民建江苏省委授予2017年度报送参政议政成果先进单位一等奖。

（金宏源）

民建惠山二支部慰问开山岛“夫妻哨” （姚静芳 供稿）

【组织建设】 年内，民建无锡市委制定《关于人才强会的实施意见》，明确发展重点，注重吸收政治素质好、业务水平高、有较强参政议政能力的优秀人才加入民建。全年发展新会员92人，新会员平均年龄39岁，其中本科及以上学历73人，中高级职称人数31人(其中高级职称7人)，担任企业高级管理人员41人，占新入会人数44.57%。界别方面，公有经济14人，政府机关11人，新社会阶层人士56人。至年底，会员人数1734人。加强会员组织管理，在2016~2017年度组织管理信息系统工作评比中，民建市委被民建江苏省委授予优秀集体称号。在民建江苏省第九次代表大会上，8人当选为省第九届委员会委员，1人当选为省第九届委员会监督委员会委员，华博雅当选为省第九届委员会副主委，另有8名骨干会员分别被推荐担任民建江苏省委各工作委员会副主任，5人被推举出席民建第十一次全国代表大会。至年底，有会员213人分别担任各级人大代表、政协委员，占会员总数12%。依托“大走访”活动，提高组织管理实效。走访企业党委、高校党委和各中共区委统战部，就加强民建基层组织建设、后备干部培养等工作进行交流，提高工作水平。

（金宏源）

【社会服务】 年内，民建无锡市委组建“思源工程——生育关怀行动”和“蠡湖文明之友”志愿者团队，“思源工程——生育关怀行动”团队创新工作方式，通过联合社区工作、资金帮扶、会员结对等多种形式，帮扶5个城区共76户计生困难家庭。“蠡湖文明之友”团队重新进行整合，开展城市黑臭水体专项巡查。赴定点帮扶的贵州省黔西县定新乡新山村，开展捐资助学暨扶贫调研工作，组织惠山区基层委员会企业家会员现场帮扶捐助15名定新乡优秀贫困高中生，形成长效帮扶机制。会员企业凤凰画材集团组织会内外爱心人士赴甘肃省酒泉市捐资助学，举办“同心梦、凤凰情”酒泉市中小学美术教师培训班，赴甘肃省玉门市独山子乡民族小学捐赠画材，推动移民乡镇教育事业发展。宜兴市基层委员会会员企业坚持每年向周铁镇政府捐资“银燕园丁奖”及困难救助金25万元；民建江阴市委会员主导的“查之家”帮扶基金会及“朱蒋巷”帮扶基金会在助学、助困、助医、敬老等方面分别资助64万元、65.9万元。惠山区基层委员会会员捐资在江苏省锡山高级中学设立奖教基金500万元，用于奖励爱岗敬业、业务突出的优秀教师。全年民建无锡市委各类公益捐款慈善基金总额943.54万元。推荐会员参加民建中央举办的2017非公经济论坛和第九届投资北京洽谈会，全年组织50余位企业家及骨干会员参加中共市委统战部和市工商联联合举办的宝界工商讲坛，邀请学者作“互联网+”与企业家精神专题辅导。成立由民建会员组成的法律、金融、中介特色服务小组，精准对接服务无锡市中小企业。至年底，金融服务小组与市中小企业联合担保公司、企业发展服务中心举办融资对接会，帮助9家企业解决融资难、担保难以及转贷资金使用和办理，受到企业欢迎。

（金宏源）

中国民主促进会无锡市委员会

【思想建设】 2017年，民进无锡市委组织会员对中共十九大、民进十二大、全国“两会”等重要会议精神进行专题学习，形成政治共识。开展“不忘合作初心，继续携手前进”专题教育活动，邀请民进中央委员黄蓓佳作专题报告，组织会员赴民进中央机关会史馆和王绍鏊纪念馆等会史教育基地进行会章会史现场教育。民进新吴区基层委员会等8个集体、武频圆等6人分别被评为全国和全省坚持和发展中国特色社会主义学习实践活动先进集体和先进个人。加强宣传培训，邀请人民政协报相关版面负责人到无锡作专题讲座,提高新形势下的宣传工作能力。办好会刊《无锡民进》,加强市委会门户网站管理和手机新闻、QQ群、微信公众号维护,密切与主流媒体、重点新闻网站的联系与合作,及时报道全会各类活动和典型人物。全年网站更新简讯报道240余篇,手机新闻采写97条,微信公众号发布图文信息134篇,25篇报道被《团结报》《人民政协报》等省级以上报刊采用。结合民进组织自身建设和履职情况,以民进优良传统及其时代价值的独特性视角展开理论研究。征集25篇理论文章参选民进江苏省委、江苏省叶圣陶研究会举办的“语文教师的语言修养”研讨活动,获一等奖1篇、二等奖8篇。年内,新闻宣传、信息等工作受到民进江苏省委2017年专项工作先进表彰。

(华佳佳)

【参政议政】 年内,民进无锡市委成立参政议政智库顾问团,聘请市发改委等18个市委、市政府相关部委办局的领导为智库顾问,定期对重大调研课题提供课题资源,对高层协商提出专业建议。至此,从2015年起确立的目标导向机制、领导联系机制、队伍建设机制、成果转化机制、考核激励机制、智囊外脑助力机制等六大参政议政机制全面建成。开展重点调研,完成调研报告《优化资源布局,推进学前教育优质均衡发展》和《文化为魂,文旅融合,开启全域旅游新篇章》。持续关注民主监督课题《国家各级科技专项补贴的政策落地监督》,深入企业进行专项调研。加强对各基层组织、专委会调研工作的联系与指导,各基层组织和专委会积极申报市委会招标课题,提交调研报告30余篇,相当一部分基层调研报告转化为提交给各级政协的集体提案或提交给各级党委、政府的社情民意信息。申报民进省委参政议政课题,提交调研报告《精准扶持促进转型,提升我省大学生创业水平》。加强队伍建设,成立第十一届专委会,全面调整组成人员,修订完善工作通则。召开专委会全体委员工作会议,邀请民进省委参政议政处处长董淑亮作专题讲座,明确目标任务,强化责任担当。召开人大代表、政协委员履职座谈会,交流履职经验,增强履职实效。开展研讨、调研、培训等各种活动,调动全体会员尤其是特约调研员、信息员参政议政积极性。推动苏州、无锡两地参政议政协作联盟,两地教育专委会就“混合制学校建设”“建设双一流高校”等课题进行深入探讨。重视信息提案工作,开展信息工作分析总结、专题辅导、线索征集等系列会议,全面完成市区支部、会员的信息工作培训。全年报送信息579条,各层级采用308条次,采用率位列全省第二。全年提交提案、议案80余件,对提案办理情况进行跟踪督导。

(华佳佳)

【组织建设】 年内,民进无锡市委制定并实施《民进无锡市委会“英才计划”培养方案》,注重发展教育、文化、科技、医卫、法律等界别的代表性人士和行业骨干,密切关注新文艺组织、新文艺群体、新教育群体等新的社会阶层代表性人士。全年发展新会员92人,79%为本科及以上学历,62%为教育、文化界别,会员发展呈现年轻化、专业化特点。开拓组织发展新领域,成立全省民主党派首个网络文学作家支部。至年底,全市会员总数1452人,有县级地方组织2个、基层组织85个,其中基层委员会6个、基层支部79个。加强同兄弟城市的联系沟通,与南通市、安徽省滁州市等地民进地方组织就基层组织建设、参政议政机制建设等课题进行探讨。全面推动和加强代表性人士队伍建设,选拔培养各专业领军人才,有171人次担任各级人大代表、政协委员,15人次在省、市网络作协、曲艺家协会等协会或社团担任职务。加强学习培训,组织参加省、市各级培训班95人次。引导广大会员“双岗”建功,一批政治素质高、业务能力强、社会形象好的优秀骨干得到表彰和认可。推进达标考核工作,在全市各基层组织中开展“示范支部”创建活动,发挥监督委员会作用,对首批申报的10个基层支部进行专项督查。召开基层组织建设现场会,组织各基层组织负责人分别前往江阴市要塞中学支部、南京江宁卫岗乳业“民进之家”学习交流,全面总结基层组织建设的成果和经验。推动基层组织间开展联合活动,相互交流经验。市委会领导班子开展“走基层、访会员、转作风”大走访活动,围绕基层组织建设、人才培养、参政议政等主题,全年开展走访活动50余次,涉及会员500余人次。调整市委会领导班子分工,加强市委委员履职统计,密切联系基层,督促履职尽责。对监督委员会进行换届并推动对会内重点工作监督。实行机关绩效考核制度,强化机关服务意识,机关干部全年参加基层组织生活200余人次,服务指导基层组织开展工作。市委会和孙晓雄、周文鹏分别被评为民进全省机关工作先进集体和先进个人。

(华佳佳)

【社会服务】 年内,民进无锡市委开展“服务与我同行”系列文化建设活动。发挥民进文化界别优势,开展春联进万家、书画拥军活动;征集会员书画作品9幅,参加民进省委成立60周年书画巡展;举办“喜迎十九大”的文艺会演。建设“艺术家进校园”活动品牌,推广戏剧进校园、书法家进校园、“非物质文化遗产”进校园、歌唱家进校园、作家进校园等系列活动。举办“名校名师说阅读”暨青少年人文市集活动,推进书香无锡的建设。指导基层开展“微公益”活动,把基层组织和广大会员作为社会服务活动的基础力量,通过开展各种“微公益”活动,凸显会员奉献爱心、服务社会的责任和价值,增强民进组织的活力和凝聚力。全年全市各级民进组织开展支教送教活动82次,受益7920人次;资助学生102人,发放助学款17.41万元;捐赠教育教学物资价值9.65万元;开展各类文化社会服务活动228次,受益51285人次;开展其他各类社会公益活动543次,投入资金293.99万元,受益20940人次。与甘肃省酒泉市加强项目合作交流,两地民进组织就新一轮结对交流达成共识。组织科技工作委员会食品、生物、农业方面的专家,赴酒泉市开展“科技富民”项目,调研当地枸杞精深加工产业发展情况。指导民进梁溪区基层委员会做好6位敦煌教师培训工作。协调甘肃省玉门市行政审批及招商活动考察团到无锡考察交流活动。

(华佳佳)

中国农工民主党无锡市委员会

【思想建设】 2017年，农工党无锡市委学习贯彻中共十九大精神、农工党十六大精神，坚持以习近平新时代中国特色社会主义思想为指引，各项工作取得进展。市委被农工党中央评为“优秀地市级组织”，锡山区基层委员会被评为“参政议政工作先进集体”、梁溪区基层委员会被评为“社会服务工作先进集体”、机关支部被评为“党史和理论工作先进集体”、江阴市综合一支部被评为“宣传思想工作先进集体”，曹锡荣被授予“优秀党员”光荣称号，吕国忠等3人获先进个人称号。市委被农工党江苏省委评为“综合优秀市级组织”和“参政议政市级先进集体”，梁溪区基层委员会、锡山区基层委员会被评为“综合优秀基层组织”，宜兴市基层委员会被评为“参政议政基层组织先进集体”，环保支部被评为“社会服务基层组织先进集体”，江阴市委被评为“思想建设县(市、区)级先进集体”，无锡市人民医院基层委员会被评为“组织建设基层组织先进集体”，汤忠元等3人被评为优秀个人，万颖岚等8人被评为先进个人。围绕“不忘合作初心 继续携手前进”系列专题教育，市委领导班子带队赴连云港参观“农工党党史教育基地”邓演达文献馆，举办“不忘合作初心，继续携手前进”书画摄影艺术展，开展《锡农新故事》征文活动，举办“同忆初心，共话前进”座谈会，增强共识，坚定信念。年内，《无锡农工》出刊4期，微信、网站发稿1036篇次，各类宣传报道在《中国政协》《人民政协报》等全国性报刊发表19篇次，《扬子晚报》《挚友》等省级媒体刊发23篇次，《无锡日报》《无锡政协》等市级媒体刊发37篇次，在农工党中央、省委微信、无锡统战、无锡政协等网络媒体刊发360篇次，被农工党江苏省委评为社会宣传工作二等奖，订阅党刊《前进论坛》先进单位，程娅撰写的《携手共奋进，同心书华章》被评为优秀新闻宣传成果奖，耿加宏等3人被评为社会宣传工作先进个人。

（程　华）

【参政议政】 年内，农工党无锡市委围绕市委、市政府中心工作、社会热点问题，开展调查研究，建言献策。围绕“聚焦富民”和“聚力创新”等课题，就如何“完善健康保险服务”“加快旅游康养融合”问题开展调研。围绕“连心富民、联企强市”大走访活动，赴无锡市政和职介所等8家单位调研。组织参与省委“大健康产业”联合调研征文活动，3篇调研报告获二等奖，2篇调研报告获三等奖，有2件调研成果分别被农工党中央和省委采用并作为集体提案。在无锡市政协十四届一次会议上，提交《关于推进发展健康服务产业的建议》等集体提案6件，副主委张琦作题为《充分发挥保险业的作用，有效解决中小企业融资难问题》的大会发言。《加快儿科队伍建设，优化医疗资源配置，切实缓解我市儿童“看病难”问题》获评“优秀集体提案”，《关于加快推进“互联网+健康医疗”的建议》获评“优秀社情民意”，《扎实推进整治工程，着力提升管理水平——关于我市背街小巷整治和旧住宅区改造的调查与建议》获评“优秀调研成果”。全年农工党员通过各种渠道反映社情民意信息(统战信息)512件，向有关信息渠道报送信息395件，其中无锡市政协采纳8件，无锡市党政信息(含特供信息)200余件，农工党江苏省委采纳180余件，江苏省政协采纳2件，中共江苏省委采纳35件，农工党中央采纳9件。2件被无锡市政协评为优秀社情民意，8件社情民意信息获农工党全省“优秀参政议政成果奖”，1件在《前进论坛》刊发，2件被中共中央办公厅采纳，3件获市委副书记、市长汪泉批示，1件被副省长蓝绍敏批示。《基层反映中介评估涉企收费存在三方面问题》《建议切实发挥企业研究生工作站优势，促进教、学、研科技成果转化》获时任江苏省委书记李强批示。《关于对〈水污染防治法(修正案草案)〉中完善政府部门协调机制的建议》作为全国政协双周座谈会专题发言材料、《建议精准关爱农村弱势人群健康困境》在江苏省政协主席会议上作为“精准扶贫”主题汇报材料。农工党无锡市委连续6年获得农工党江苏省委反映社情民意信息工作第一名，连续5年获得中共无锡市委统战部信息工作第一名，3名党员获评中共无锡市委统战部信息工作先进个人。

（程　华）

【组织建设】 年内，农工党无锡市委以换届和基层改选为契机，加强组织建设，奠定组织保障。全年发展新成员78人，平均年龄39岁，其中医药卫生界37人，新主界别环保计生领域4人，中高级以上职称45人，中层职务67人，市政协委员1人，县区政协委员1人、人大代表2人，党员的学历层次进一步提高。筹建新一届专门工作委员会，市十二届专委会扩增至8个，含参政议政、医卫工作、环境资源、教育体育、文化工作、妇女工作、经济联络和老龄工作等专委会。输送6名党员参加无锡市第28期中共党外中青班，12名党员参加无锡市第26期民主党派骨干培训班，2名党员参加第十一期市管干部培训班，15名党员参加省委经济界骨干党员培训班，2名党员参加新任省委委员、市委委员培训班，1名党员参加江苏省统战部第三期高校民主党派骨干培训班。至年底，全市农工党员总人数1518人。全市农工党员担任各级人大代表、政协委员共169人次，有57人次被聘为各级各部门行风监督员，在各级政府部门、机关事业单位担任领导职务的有65人。

（程　华）

【社会服务】 年内，农工党无锡市委以精准扶贫、惠及群众为目标，发挥资源优势，树立服务品牌。做好与农工党酒泉市委结对共建工作，赴甘肃省玉门市独山子东乡族乡捐赠“源泉助学金”5万元，安排3名甘肃省酒泉市乡镇卫生院医生到堰桥社区卫生服务中心完成为期3个月的免费培训。帮扶云南省楚雄彝族自治州发展教育事业，向当地中学捐赠图书3万元。会同梁溪区基层委员会开展“同心助医援藏”活动，募集扶贫资金2万元，药品20余万元，组织3位无锡市专家和10余位志愿者前往四川省甘孜德格县藏区进行义诊、送医送药活动。成立农工党无锡前进书画院，党内外40余名书画家、陶瓷篆刻大师成为书画院首批被聘人员。成立省内第一家长期照护研究会,通过发挥专业研究、教育培训、服务咨询等职能,为无锡经济建设和人民健康服务。继续推进与梁溪区沁一社区合作共建活动,捐赠树苗价值5000元。各级基层组织开展社会服务活动,探索同心实践基地服务新模式,开辟就医"绿色通道",创新"家庭医生初诊并预约医生团队"的快速医疗机制,解决村民就医"最后一公里"难题;持续开展"健康同行"大型社会服务活动,围绕"帮扶、助学、义诊、济困"主题,建立起"基层帮扶""社区义诊""瑶寨助学""济困送医"四个服务平台。继续开展接力阳光助学,情暖寒门学子;关爱失独家庭,佳节传递关怀等活动。

(程　华)

中国致公党无锡市委员会

【思想建设】 2017年,致公党无锡市委组织党员学习中共十九大、致公党全国十五大精神,召开专题学习会,统一党员的思想与行动。开展"不忘合作初心,继续携手前进"专题教育活动,加强参政党思想建设。领导班子成员带头坚持"讲一次党课、写一篇党史理论文章、联系一个基层组织、联系老归侨新海归党员"的学习实践活动的常态机制。宣传工作坚持弘扬主旋律,传递正能量。在第八届"引凤工程"开幕式活动期间,新华报业网、中国江苏网、中国致公、江苏致公、《无锡日报》、《团结报》、《人民政协报》等多家媒体报道开幕式盛况,无锡新闻频道也进行宣传报道。全年"无锡致公"公众号共推送48期,工作报道167篇。上报致公党江苏省委稿件200余篇,《团结报》刊登两篇。《对中国特色社会主义参政党时代使命的认识》《为什么西方的多党制不适合中国——剖析多党制的竞争与选择》入选省委2012~2017参政党建设理论研究成果汇编。年内,致公党无锡市委、梁溪区基层委员会、党员周懿分别被致公党中央评为学习实践活动先进集体、先进基层组织和先进个人。

(吴　洁)

【参政议政】 年内,致公党无锡市委汇集党员智慧和力量,进行调查研究,建言献策。与中共梁溪区委统战部开展联合调研,形成《关于加大消费互联网产业扶持力度,促进形成无锡版"阿里巴巴"的建议》调研报告,受到中共省委常委、市委书记李小敏批示。与梁溪区基层委员会开展联合调研,《以重大项目为牵引,复兴无锡"米市"盛景》获中共市委副书记、市长汪泉批示。有7项调研列为致公党江苏省委2017年立项重点调研课题,承担的课题数量在全省地市级基层组织中位于前列。围绕"聚焦富民""聚力创新"开展调查研究和专题民主协商,形成《优化产业工人职业技能培训模式,增强就业稳定性》《推进生产性服务业向产业链高端提升》两篇调研报告,转化为民主协商议题;形成民主监督调研报告《科技创新资金应加大对中小企业的引导扶持》。党员吴红星撰写《建立健全消费统计体系和制度方法的建议》转化形成全国人大代表建议;高颖《创造人才红利,激发城市活力》转化形成省政协大会书面发言,党员黄晓东《对环境污染第三方治理模式的建议》、党员蒋崟杰《关于改革完善农村宅基地制度的建议》转化形成省政协大会书面发言、省政协提案。上述调研报告被评为省委优秀调研报告。在无锡市政协十四届一次会议上,致公党无锡市委提交集体提案7件,均被列为市政协年度重要提案;《对建设食用农产品监管体系的建议》被列为市政协重点督办提案。集体提案《对规范财富管理市场的建议》被评为优秀集体提案;党员刘墅虹《关于我市加快"互联网+"发展的建议》、党员程灶火《完善康复医疗运行机制,促进无锡康复服务健康发展》《关于让社区老年食堂可持续发展的提案》以及党员蔡靓羽、刘墅虹《关于加快推进生活垃圾分类收集的建议》被评为优秀个人提案。致公党无锡市委与南禅寺街道的合作调研《整合中心城区文化资源,助推旅游产业发展》被评为市政协优秀调研成果。重新调整组建特约信息员队伍,新建的特约信息员90%是1980年以后出生,其中两年内入党的新党员占50%以上。全年收到信息及社情民意200篇,经过编辑、整理,上报信息130余篇,70条次被中共无锡市委、无锡市政协、中共市委统战部、致公党江苏省委等部门录用,其中《推进生产性服务业向产业链高端提升》受到市长汪泉的批示。11条被致公党中央录用,《勿让涉外律师人才缺口拖了"一带一路"后腿》被中共中央统战部录用。

(吴　洁)

【引凤工程】 6月17~19日,致公党无锡市委承办第八届"引凤工程"开幕式系列活动。来自19个国家和地区的71位海外高端人才、36位前期引进并落户江苏的博士到无锡参加活动。致公党中央副主席严以新,省政协副主席、致公党省委主委麻建国,中共市委副书记、市长汪泉,中共市委常委、统战部部长陈德荣等人出席开幕式。开幕式期间,会同团市委举办"引凤工程"无锡青年约会海外"创客"创业大赛暨"创青春"无锡青年创新创业大赛。在事先收到的50余个创业团队和个人的报名资料中,经专家评审选出15个项目参加首轮路演,并从中选出3个项目,参加第八届"引凤工程"开幕式暨无锡青年约会海外"创客"创新创业项目路演。6月,致公党无锡市委接待澳洲江苏联合会、澳洲致公党协会会长孙晓星一行。8月,慰问在无锡训练的韩国击剑队队员。10月,会同市侨联等单位举办"亲情中华·相约无锡"第三届国际华人(海归)歌唱家音乐会。11月,接待美国企业Syntek Global首席执行官一行,就其企业在无锡开展产品营销及加强合作意向进行座谈交流。举办"资产资本资金与城市发展的思考"论坛,邀请市财政局局长高圣华为青年导师,40余位青年参与讨论。组织参加第八届"引凤工程"活动的留学人员参观红豆集团,与董事长周海江进行座谈,对企业的运营和发展提出意见建议。举办"凝心聚力"第四届徒步穿越古道健身运动会。12月,致公党上海市委青年委员会到无锡交流,与"致公凤巢"足球队进行友谊赛。成立企业家学堂,引导青年企业家党员利用党派资源,为"强富美高”新无锡建设贡献力量。

（吴　洁）

【组织建设】 年内，致公党无锡市委推进后备干部队伍和基层组织建设。全年发展新党员35人，党员年龄层次构成合理。至年底，有党员535人。规范发展流程，完善党员信息管理。根据致公党中央信息库建设的要求，明确党员档案资料明细，向每位党员发放新标准的党员信息表，进行信息采集、汇总。加强基层组织和工作平台的建设。对梁溪区、滨湖区下属支部进行调整，为基层组织增添活力。设立经济社会发展工作委员会、侨海工作委员会和青年工作委员会3个专委会，制定专委会工作章程，明确工作职责和工作任务。

（吴　洁）

【社会服务】 年内，致公党无锡市委开展“连侨心、暖企心”大走访活动。组织致公党市委委员和各级“两会”人员深入走访归侨家庭和党员企业，开展调查研究，了解社情民意。致公党无锡市委走访青阳镇普照村、南湖家园社区、宏盛换热器制造有限公司和江苏物联网研究发展中心，形成情况报告4篇；各基层组织通过走访，完成调研报告初稿或提纲8篇，撰写大走访日记多篇。持续开展“新老海归手拉手”活动，海归党员不定期看望结对归侨，对80岁以上的退休党员、行动不便卧病在床的党员，开展高温慰问、敬老节慰问、春节慰问。组织培训班，邀请贵州省松桃苗族自治县、印江土家族苗族自治县两地的老师到无锡，与无锡党员教师交流学习，组织“更专业的书籍，更精准的扶贫”爱心助学活动，两次募集《牛津高阶英汉双解词典》350本，发往贵州地区的民族学校。党员胡晶晶赴贵州省毕节地区，为“致福足球队教练员培训班”108位体育教师授课。致公党无锡市委、党员庞洪亮分别被致公党中央评为社会服务先进集体、先进个人，致公党无锡市委、梁溪区基层委员会等6个组织和党员许轶冰、李俊波等10人分别被致公党省委评为2012~2017年度先进集体、先进个人。

（吴　洁）

九三学社无锡市委员会

【思想宣传】 2017年，九三学社无锡市委学习中共十九大精神，坚定思想政治基础。组织全体常委观看十九大开幕式并交流学习体会。推动江阴市委、宜兴市委、梁溪区委员会、锡山区委员会、四院支社、锡柴支社等各基层组织召集广大社员集体收看开幕式，召开专题学习交流会、撰写学习心得体会，畅谈对中共十九大精神的理解。开展“不忘合作初心，继续携手前进”主题活动，组织领导班子成员进行专题学习10余次。邀请社中央学习实践活动讲师团成员朱良到无锡作报告。在九三学社建社72周年之际，组织社内40余名医卫界专家在惠山古镇举行“喜迎中共十九大，无锡九三在行动”大型义诊活动。组织年轻骨干召开纪念“五四”座谈会。在梅园文化中心成立文化建设基地，通过举办诗歌朗诵会、书法展、笔会等主题活动，展示党派文化建设的风貌。组织社市委委员、基层组织负责人和思想理论研究骨干赴河北省西柏坡等地开展“重走革命路，薪火永传承”教育活动。组织新社员赴浙江省宁波市开展“学习先贤情怀，传承优秀文化”主题教学活动。社市委获社省委“思想建设优秀单位”和社中央坚持和发展中国特色社会主义学习实践活动先进集体荣誉。在网站、杂志等常规宣传平台基础上开通微信公众号。全年编辑《无锡九三》杂志4期，更新网站200余条，推送微信40余期。在《人民政协报》《团结报》《民主与科学》《无锡日报》，以及“人民网”发表各类文章30余篇；在政协、统战系统宣传平台上发表文章200余篇；在上级社组织各类宣传平台上发表文章近100篇。组织撰写“九三学社文脉与传承”论文和中共市委统战部组织的各类理论研究征文10余篇，其中1篇论文入选《“九三学社文脉与传承”论文集》。

（曾志洪）

【组织建设】 6月底，21名社员代表出席九三学社江苏省第八次代表大会，程红当选为九三学社江苏省第八届委员会常务委员，任克奇、颜开、傅洪拓、喻伟力当选为委员；何云彪当选为监督委员会委员；程红、任克奇当选为九三学社全国代表大会代表，于12月参加九三学社第十一次全国代表大会。全年发展新社员83人，平均年龄36.9岁，博士8人，硕士研究生22人，高级职称28人，中级职称21人。至年底，全市社员人数1334人。年内，新成立九三学社无锡市精神卫生中心支社和九三学社无锡职业技术学院支社，城建委员会、梁溪区委员会、四院支社对班子成员和社员分布进行优化调整。至年底，社市委下属1个县级市委会、11个基层委员会、16个支社、1个个别联系小组。1名社员转任为行政副处职，1名社员晋升为副处职，1名社员晋升为正科职。3名社员参加社省委第十期中青年干部培训班，4名社员参加社省委2017年基层组织负责人培训班，4名社员参加中共市委统战部第28期党外中青年干部培训班，10名社员参加中共市委统战部第25期民主党派骨干多党合作理论研修班，50名新社员参加中共市委统战部新成员培训班。年内，新吴区委员会赴云南省瑞丽市等地调研内陆沿边地区“一带一路”倡议；锡山区委员会开展“行走美丽锡山，畅想九三梦想”徒步环保宣传活动，将思想教育与调研相结合，赴安徽省泾县开展“缅怀先烈事迹，学习先烈精神”红色教育活动暨宣纸小镇和查济古镇建设专题调研；江南大学委员会赴茅以升纪念馆学习，开展羽毛球、乒乓球等系列文体活动；教育二支社赴张家港调研新农村建设；尚贤支社与医卫工作委员会联合赴常州吴阶平纪念馆学习；江阴市委电子电力支社、学院支社联合赴安徽省调研；滨湖区委员会赴江阴调研文化建设；惠山区委员会与九三学社苏州工业园区委员会开展学习交流活动；梁溪区委员会赴安徽省滁州市“中国金丝楠木博物馆”等处开展文化考察，邀请兄弟基层组织开展古运河环保徒步宣传活动等。

（曾志洪）

【参政议政】 年内，社市委发挥界别和人才智力优势，深入调查研究，提出许多重要意见和建议。依托经济与科技工作委员会、城乡工作委员会、医药卫生工作委员会等工作委员会，组织开展农民增收、企业创新、政务改革等专题调研。完成《产业和城市“双转型”背景下提升我市文化竞争力的几点思考》《医保统筹将CT检查纳入60岁以上肺癌高危人群体检的可行性报告》等调研报告10篇。在中共无锡市委专题民主协商会上，作《培育农村发展新动能，促进农民持续增收》《扩大智慧城市共享度，提升城市创新驱动力》的发言，受到中共市委主要领导肯定，建议被吸纳进有关政府部门决策中。“两会”期间，向市政协提交《关于助推我市新兴产业发展的四点建议》等集体提案7件；作《注入转型升级动力，领跑智慧产业新征程》的大会发言和《期盼无锡天空的“水晶蓝”更常态化》的大组发言；获市政协优秀集体提案2件，优秀个人提案2件，优秀社情民意1篇。完成社省委课题4篇，6篇论文入选“江苏九三论坛”。社市委被社省委评为参政议政优秀单位，被社中央评为2013~2017年度参政议政工作先进集体；陈正行等人被社中央评为2013~2017年度参政议政工作先进个人。全年上报各类信息280余篇，其中社中央录用6篇，中共省委统战部录用30余篇，社省委录用100余篇，市政协、中共市委统战部录用40余篇。11名社员被市政协聘为民主监督员，2位社员分别被市教育督导室和市检察院聘为特约督学和特约检察员。对市食品药品监督管理局、市市政和园林局、市政公用产业集团有限公司等近10家单位开展民主监督工作，向相关部门提出建议。

（曾志洪）

【社会服务】 年内，社市委凝聚全市社组织的智慧和力量，加强社会服务品牌建设，创新社会服务形式，着重突出针对性和实效性。发挥九三学社专家工作站作用，锡山区委员会、江南大学委员会、淡水渔业中心支社等基层组织开展送科技下乡活动10余次，为结对对象拓宽销售渠道。社市委和梁溪区委员会、滨湖区委员会、人民医院委员会等基层组织在社区开展“九三健康大讲堂（急救）”“九三法律讲堂社区行”“健康无锡，服务百姓”等涵盖医疗、法律、科技、金融等方面服务的“无锡九三讲堂”活动10余场。锡山区委员会、惠山区委员会、环保委员会等基层组织持续帮助贫困学子，送去资助款、书籍等各类学习用品。四院支社的医务工作者持续在灵山公益园区医务工作站开展医疗服务，深入胡埭社区医院开展系列义诊和讲座活动。江阴市委和各基层组织响应社市委“国际科学与和平周”活动号召，累计举办各类义诊、咨询、讲座等活动20余次，受益人数1000余人，发放物资价值1万余元。社市委在无锡市特殊教育学校挂牌成立“九三学社无锡市委社会服务工作站”。淡水渔业研究中心支社为甘肃省酒泉地区提供远程智力服务，并寄送相关鱼药等物品。梁溪区委员会在金匮苑开展志愿服务活动，开展陪社区老人看江阴新貌、看古镇建设等系列活动。江南大学委员会持续开展“茶文化系列专题讲座”。戴建荣作为中国第二批援助桑给巴尔血吸虫病防治工作队队长，带领中方专家在桑给巴尔奔巴岛血吸虫病流行区进行为期6个月的援助工作。王建新参加柬埔寨“一带一路”援建。妇女节之际，社市委组织女社员赴中国吴文化博览园感受吴文化魅力。组织退休社员赴宜兴市白塔村、科技馆等地领略宜兴建设新貌，开展老社员整岁祝寿和慰问等工作。

（曾志洪）

无锡市青年企业家基业长青“百千万工程”启动　（姚静芳　供稿）

无锡市工商业联合会

【概况】 2017年，无锡市工商联以市委书记李小敏在市工商联第十二次会员代表大会上的讲话精神为指导，启动实施以理想信念教育、民企活力创新、锡商英才强企、非公党建雁阵、作风效能提升五项活动为内容的“三年行动计划”，在服务产业强市战略、促进非公有制经济健康发展和非公有制经济人士健康成长等方面取得成效。承办第三届全球锡商大会，大会表彰百名锡商人物和无锡百强民营企业，向十大杰出锡商人物和十名海外锡商人物颁发荣誉勋章。评选第五届无锡市“唐翔千卓越工程师奖”和“唐鹤千卓越青年文化创意人才奖”。会同市委组织部、市委统战部、市人才办，启动无锡市青年企业家基业长青“百千万工程”，首批来自全市的150余名青年企业家参加启动仪式及随后的集中培训。继警企联系协作机制在市和市（县）区两级全覆盖后，启动“1+7”无锡市纳税人之家暨税务助力“走出去”企业等主题活动。开展“连心富民、联企强市——锡商民情员千企万户大走访活动”，累计走访826人次，走访民营企业345家，发放《政策汇编》300余份，反映企业困难问题230条；走访农户和社区家庭316户，接到群众反映问题182条。

（陆雨晨）

【非公有制经济人士理想信念教育实践活动】 年内，市工商联继续推进非公有制经济人士理想信念教育实践活动。3月，制定《全市非公有制经济人士理想信念教育计划》;4月，召开无锡市非公经济人士争做“四信四有”新锡商理想信念教育交流会,来自金鑫集团、电仪集团、华宏实业、科虹标牌的4位民营企业家代表谈认识、讲体会、话感悟。命名红豆集团等10家企业为“无锡市非公有制经济人士理想信念教育实践活动示范点”,邀请市检察院预防职务犯罪处负责人作“非公经济领域预防职务犯罪”专题讲座,启动“全球锡商联盟”微信公众号;5月、6月，各组织200余名年轻一代民营企业家集中收看全国工商联、省工商联召开的年轻一代民营企业家理想信念电视电话报告会，市青年企业家协会会长、苏嘉集团董事长龚育才在省工商联理想信念电视电话报告会上作交流发言。

(陆雨晨)

【组织建设】 年内，市工商联加强商协会建设，新成立异地商会3家(贵州、淮安、山东商会),行业协会7家(市信息技术应用、医药器械、文化娱乐、母婴服务、保洁、物流与仓储、机床工具行业协会),国内无锡商会1家(苏州无锡商会)。上半年,江阴市、宜兴市、梁溪区、惠山区、滨湖区工商联完成2017年度全国“五好”工商联的申报。5月9~12日,组织全市工商联系统赴盐城市委党校参加能力提升培训班。市和市(县)区工商联全体机关干部，部分乡镇(街道)商会秘书长共90余人参加此次培训。至年底,全市有市(县)、区工商联7个，乡镇商会31个、街道商会46个、园区商会7个、市场商会3个、其他类型商会45个,在无锡市级异地商会29个、海内外无锡商会23个，省级行业商会5个、市级行业协会商会148个，拥有各类会员30522个。其中，企业会员25820个、团体会员461个、个人会员4241个。全市工商联会员中,有全国人大代表1人、省人大代表8人、省政协委员9人、市人大代表80人、市政协委员85人。

(陆雨晨)

【参政议政】 年内，市工商联围绕市委、市政府中心工作和民营经济发展的热点难点问题开展调研,建言献策。两次市委民主协商会上,分别作《我市民营企业实施精准扶贫的对策与建议》和《重视企业家队伍培养打造新时代新锡商群》主题发言。其中《无锡市企业互保联保贷款风险问题突破路径研究》获市十三届哲学社会科学优秀调研成果三等奖。在市政协十四届一次全会上,作《新常态下积极构建“亲”“清”新型政商关系》的大会发言,向大会提交《关于优化机制推进我市军民融合发展工作的建议》等集体提案6件。其中《关于发挥我市民企在“一带一路”建设中生力军作用的建议》被评为2016年度市政协优秀提案。在省工商联组织的2015~2017年优秀调研文章评比中,《构建“亲”“清”新型政商关系的无锡探索与思考》《无锡市有效化解企业互保贷款风险对策研究》《提升养老服务水平，打造幸福宜居城市》分别获一等奖、二等奖、三等奖。针对经济社会发展的热点难点问题，做好非公有制企业和非公有制经济人士的社情民意采集工作,《关于鼓励引导个体经营户转型升级为企业的建议》《关于进一步细化我市互联网企业相关扶持政策的建议》被评为2016年度市政协优秀社情民意。参与会办4件人大议案和政协提案的答复工作。组织开展调研工作,组织市和市(县)、区两级工商联，走访调研103家营业收入30亿元以上的“小冠军”“小巨人”民营企业,形成《降低实体经济企业综合成本调研报告》等调研报告,为市委、市政府决策提供参考。组织上报《努力营造良好发展环境促进民营经济健康发展》等3篇文章，参加市委统战部优秀调研成果评比,获调研成果优秀组织奖;完成市委统战部2017年度统战理论研究与创新招标课题《无锡民营企业“走出去”对策与思考》。撰写《对无锡民营企业“走出去”的几点思考》调研文章,在市政协“2017年度优秀调研成果”评比中获二等奖。

(陆雨晨)

【服务非公有制经济发展】 年内，市工商联提升品牌影响力,开展第5届“唐翔千卓越工程师奖”和“唐鹤千卓越青年文化创意人才奖”的“双十佳”评选,授予孙曙光等10名第五届唐翔千卓越工程师奖和朱成等10名唐鹤千卓越青年创意人才奖。表彰50岁以下生产一线带头人,突出智造和新兴产业。市工商联被评为“江苏制造突出贡献奖”先进单位,蒋锡培、王燕清等11人被评为“江苏制造突出贡献奖”先进个人,红豆、法尔胜等11家企业被评为“江苏制造突出贡献奖”优秀企业。推动海内外工商界融合发展，召开海内外无锡商会会长、秘书长商会发展座谈会，组织企业家代表参加无锡—西港首航仪式、摩洛哥非斯—梅克内斯大区经济论坛暨友城大会。参加在美国圣贝纳迪诺郡、德国北威州、西班牙、澳大利亚维多利亚州、俄罗斯下诺夫哥罗德州等地举办的无锡交流推介活动。新建苏州无锡商会,促成无锡—墨尔本、无锡—多伦多缔结国际伙伴城市。全力助推军民融合发展，组织推荐20家民企参加第七次民营企业军民两用高新技术及产品研发生产情况专项调查、30家民企申报2017民参军企业。3月,参加空装发动机领域军民融合项目对接大会,8家无锡民企竞得三分之一军品关键业务，数量居地市级榜首。6家无锡民企集体亮相北京中国航发首届供应商大会,1家上榜优秀供应商、1家获评最佳质量奖、1家上会发言，成为航空装备建设新军。在第二届中国军民两用技术创新大赛上，再创1金、1铜、2项优秀佳绩。巩固“政企沟通”平台,无锡市纳税人之家纳税税政服务全覆盖组织体系全面完成。新吴区“锡商法律服务之家”3月成立。组织检察院专家领导为当地150余名民企代表、行业协会商会和异地商会会员代表,进行“非公经济领域预防职务犯罪”专题培训辅导。开展“连心富民、联企强市——锡商民情员千企万户大走访活动”,累计进行走访826人次，走访民营企业345家,发放《政策汇编》300余份,反映企业困难问题230条。走访农户和社区家庭316户，接到群众反映问题182条。全力参与中国企业500强调研申报，上榜中国民企500强无锡企业15家、中国民企制造业500强22家、中国民企服务业100强1家,位列江苏第二。

(陆雨晨)

【行业协会商会归口管理】 年内，无锡市完成商协会年检95家,撤销登记行业协会2家。至年底,市工商联归口管理的行业协会商会148家。继续承接做好深化行业协会商会与行政机关脱钩后的归口管理工作，全市列入脱钩计划的47家商协会中，办理归口变更15家。配合做好规范退休领导干部在行业协会商会兼职管理工作，受理2名省管干部、6名市管退休干部在6个行业协会的兼职申请，并首次针对同意兼职申请的退休干部发放告知书，累计受理市人大常委会等15个单位省管和市管领导干部22人次在13个行业协会商会兼职的申请。鼓励商协会积极履行社会责任，参加各类扶贫帮困、赈灾救灾、助学助医等活动，市绿化行业协会等15个行业协会近三年慈善捐资累计602万元。无锡"感知中国"物联网商会等5家行业组织被省工商联评为2016年行业协会商会先进集体，市软件行业协会等6家行业组织被评为全市工商联行业协会商会优秀集体，对无锡物流与采购联合会开展的"引导培育管理现代化示范会员企业"等市级行业协会商会十大特色工作进行表彰；向全国工商联推荐报送无锡"感知中国"物联网商会亮点事迹申报材料；推荐中小企业、跨境电商2家行业协会加入长三角企业服务联盟；组织医药流通等10家行业协会参加社会组织评估，至年底，全市行业协会商会获社会组织评估AAAA级16家、AAA级20家。

（陆雨晨）

【光彩事业】 年内，无锡市光彩事业促进会有107个光彩公益小组，完成公益活动1000余场次，资助人员1万余人次，实施光彩公益项目37个，捐助总额389.06万元，其中企业定向捐助166.68万元。按使用类别分类：捐资助学162.31万元，占比41.72%；捐资助业150.5万元，占比38.68%；捐资助贫22.22万元，占比5.71%；捐资助医3.75万元，占比0.96%；百企帮百村投入50.28万元，占比12.92%。组织春节拥军活动，慰问消防支队家庭困难官兵。无锡恒隆典当有限公司定向捐资助学锡山东北塘实验小学、文曲星公益学堂等。与连云港地区对接，"百企帮百村"走访调研帮扶村，定点帮扶灌南县堆沟港镇五队村、许圩村。无锡合力房地产开发有限公司与市希望工程办公室定期开展"希望之家状元奖"，助学无锡考上大学的贫困学生。颁发2017年度"唐翔千卓越工程师奖"10人以及2017年度"唐鹤千青年文化创意人才奖"10人。致公党无锡市委暑期实施贵州铜仁印江县教师到无锡培训项目。"光彩助学行联企促富民"光彩事业圆梦行动走进太湖学院助学100名困难大学生。采购大棚农用微型拖拉机12台，援助青海省海东市民和县、乐都区、平安区的农业生产合作社。

（陆雨晨）

【商会党建】 年内，市总商会党委推进工商联（商会）组织和非公有制企业党建工作，新成立贵州商会党支部，新华商智商会、海安商会、温州商会的党支部及时进行改选。至年底，市总商会党委下辖的商协会党支部29个，发展新党员2人，在册党员56人。在6月20日、6月26日，组织基层党支部书记参加市委组织部在红豆杉庄和总商会党委在山东枣庄市委党校举办的党性教育专题培训，编印《学员培训手册》，进行培训动员、党课教育、专家授课和现场教学。

（陆雨晨）

表18 "2017中国民营企业500强"无锡市入围企业名单

序	企业名称	所属行业	营业收入（万元）	全国排名
1	海澜集团有限公司	纺织服装、服饰业	9330468	31
2	江阴澄星实业集团有限公司	化学原料和化学制品制造业	5814481	72
3	红豆集团有限公司	纺织服装、服饰业	5252176	82
4	江苏三房巷集团有限公司	纺织业	4887241	93
5	江苏阳光集团有限公司	纺织服装、服饰业	3650623	142
6	远东控股集团有限公司	综合	3272223	163
7	江苏新长江实业集团有限公司	黑色金属冶炼和压延加工业	3272177	164
8	法尔胜泓昇集团有限公司	金属制品业	3127327	177
9	双良集团有限公司	通用设备制造业	3034234	189
10	江苏扬子江船业集团公司	铁路、船舶、航空航天和其他运输设备制造业	2687254	206
11	江苏三木集团有限公司	化学原料和化学制品制造业	2452757	224
12	江苏新华发集团有限公司	批发业	2181139	258
13	江苏新潮科技集团有限公司	计算机、通信和其他电子设备制造业	1928331	294
14	江苏华宏实业集团有限公司	化学纤维制造业	1785260	327
15	五洲国际集团	房地产业	1500185	398

（陆雨晨）

编辑　李汉洪

无锡市总工会

【概况】 2017年，全市各级工会推进"大教育、大竞赛、大维权、大调解、大关爱、大组建"六大工程,依法组织开展工会各项工作，组织指导各级工会贯彻落实党的全心全意依靠工人阶级的指导方针，履行维护职工合法权益的基本职责，推进工会改革，各项工作保持良好发展态势。全市基层工会达14039个，涵盖法人单位65019个，会员261.2万人。市总工会机关获评2017年度"无锡市市级机关部门(单位)绩效管理和作风建设综合考评二十佳单位"。

(锡　工)

【职工思想教育】 年内，全市各级工会通过网络知识竞赛、主题读书会等形式，学习宣传习近平新时代中国特色社会主义思想和党的十九大精神;开展"中国梦·劳动美·幸福路"等主题教育活动;组织15万名职工参加"喜迎党的十九大,不忘初心跟党走"知识竞赛;开展"建功必须有我"百场巡讲进企业活动121场。

(锡　工)

【弘扬劳模工匠精神】 年内，市总工会做好全国和省、市五一劳动奖、五一巾帼标兵推荐评选工作。开展劳模、工匠精神进企业、进机关、进校园"三进"活动167场次,举办"我心目中的无锡工匠"评选发布会,开展"五一"走访慰问劳模代表和一线职工活动,促进劳模精神、工匠精神更加深入人心。

(锡　工)

【职工文化活动】 年内，市总工会深化"书香企业"建设,推动新建全国、省、市"职工书屋"示范点6家、8家、21家,建成网上"职工书屋"示范点8家。举办第八届"无锡市职工读书月"活动,全省女职工读书活动展示会在无锡召开，市总工会女职委荣获全国第五届"书香三八"读书活动优秀组织奖。无锡市第12届运动会(职工部)比赛,共10个大项、65个小项,1891名职工运动员参赛,市总工会获优秀组织奖。举办"激情周末"广场文艺演出及"送关爱·送法律·送文化" 活动25场、"职工生活大讲堂"200多场，职工文化生活不断丰富。

(锡　工)

【职工教育培训】 年内，市总工会推进"工会学院"职工教育网络平台建设,加强"线上""线下"职工素质教育阵地建设，累计为职工提供培训服务107.6万人次。以梁溪区试点为基础，在各城区全面推开无锡工会会员教育普惠项目，完成基层会员信息录入76.99万人,累计参加学习41.37万人次。设立每年40万元工会励志奖学金，帮助更多优秀外来务工人员得到提升和发展。

(锡　工)

【多样主题劳动竞赛】 年内，市总工会下发《2017年无锡市主题劳动竞赛实施方案》,紧扣高水平全面建设小康社会、加快建设"强富美高"新无锡的目标任务，围绕产业强市主导战略，开展轨道交通工程等十大重点工程示范性劳动竞赛；围绕民生共建共享战略,开展教育、医疗卫生、金融、商贸等十大重点行业劳动竞赛；围绕新一代信息技术等七大先进制造业，在100家重点制造业企业开展示范性劳动竞赛，带动全市万家企业、百万职工投身劳动竞赛的实践中。

(锡　工)

【职工技能竞赛】 年内，市总工会与相关部门共同承办第三届无锡技能精英大赛，举办36项45个工种的第十届无锡市职工职业技能大赛,参与职工11.2万人次。各级工会按照培训、练兵、竞赛、晋级"四位一体"模式,举办技能培训班1500余期,培训职工5.7万人次,促进职工水平不断提升，建设知识型、技能型、创新型劳动者大军。

(锡　工)

【激励职工技术创新】 年内，市总工会举办第三届无锡市职工创新创优成果展示周活动,全市19个地区和单位工会设置标准展位39个、职工绝技绝活展位22个,集中展示近三年来全市职工创新创优成果。参与第九届江苏省职工科技创新成果评选活动,获奖数量位列全省前茅。

12月18日,无锡市第三届职工创新创优成果展示周开幕

(锡 工 供稿)

全市工会组织创新竞赛400多场次,职工科技创新项目达1万余项,提出合理化建议5.7万条。

(锡 工)

【劳动法律宣传】 年内,市总工会开展"'五一'劳动法律宣传服务月"活动,举办法律知识大讲堂89场,为职工提供咨询1.5万人次,赠送法律书籍资料8万余册,发动18.66万人次职工参加劳动法律知识微信有奖答题活动。5月,全国总工会调研无锡宣传贯彻《中华人民共和国劳动合同法》工作成效和经验做法后,予以肯定。

(锡 工)

【推进劳动法律监督】 年内,全市各级工会开展劳动法律监督联动检查,采取"不用陪同、不扰生产、直奔主题、直入现场"的"两不两直"方式,抽查全市企业1565家,涉及职工27.3万人。发放意见书174份,提出整改意见2200余条,促进企业劳动用工更加规范。

(锡 工)

【加强劳动保护】 年内,全市各级工会组织"安康杯"竞赛活动,开展夏季安康走访慰问活动,投入1175万元走访慰问26万余名职工。开展第三届职工"安全隐患随手拍"活动,组织安全生产"百千万"大教育培训。推动劳动保护监督检查员片区服务站建设,至年底,覆盖全市9681家小微企业。

(锡 工)

【构建和谐劳动关系】 年内,全市各级工会落实《无锡市企业工资集体协商条例》,持续推动各类企业普遍开展工资集体协商。全市开展工资集体协商的企业39018家,建制率98.8%,无锡市工资集体协商三星级企业达116家。市总工会《专项培育经费助力工资集体协商开拓新增长点》被省总工会评为"厂务公开民主管理创优实践项目"。推进企业民主管理。开展星级职代会建设活动,推动职代会制度规范化建设,全市国有、集体企事业单位厂务公开民主管理制度建制面达100%,非公企业达37623家,占已建工会非公企业的95.3%。稳妥化解劳动关系隐患。市总工会与信访局、司法局、人社局等单位协调配合,加强劳动争议特别是集体劳动争议调处工作,及时排查基层一线的劳动关系预警信息,全年开展12次日常排查、1次专项排查,覆盖全市已建工会企业,存在的劳动关系隐患基本化解。

(锡 工)

【建设职工综合服务平台】 年内,市总工会推动全市职工服务三级综合平台建设。在7个市(县)区总工会基本建成的基础上,全市80个省级以上开发区和乡镇(街道)已建成66个,完成三年建设任务的82.5%。全市建成户外职工"安康·爱心驿站"200家、企业和公共场所"爱心母婴休息室"115家。

(锡 工)

【加强就业援助】 年内,全市各级工会开展"工会就业援助月"活动,组织招聘会67场,为37905人提供免费就业服务,介绍18739人成功就业。开展"阳光就业行动",为困难职工家庭高校毕业生提供岗位7221个,推荐就业685人。市总工会联合市委宣传部等7部门,在全市推进"关爱·圆梦"工程,面向特困职工家庭青年学生提供寒暑假勤工俭学、社会实践的机会,使青年学生能取得劳动报酬、提升职业技能,为特困职工家庭提供"造血式"精准帮助。

(锡 工)

【重点对象帮扶】 年内,全市各级工会筹集"两节"送温暖资金2871.6万元,走访慰问困难职工14182户。筹集助学资金1603万元,帮助11946名困难职工家庭子女圆上学梦。帮助173户特困职工家庭成功脱困,脱困比例42.4%。市总工会开展农民工"1+1"亲子游活动,举办无锡市单身职工大型相亲联谊会。深化劳模"暖心关怀"行动,为5905名劳模先进发放"四金"586.85万元,组织680名市级以上劳模先进参加年度休养和健康体检,组织93名一线艰苦岗位职工代表疗休养。

(锡 工)

【工会组织建设】 年内,全市各级工会推进工会组建和会员发展工作,加强产业工会建设和产业工人作用发挥。滨湖区建立无锡数字电影产业工会。江阴市纺织服装、锡山区电动车、惠山区针织服装、新吴区物联网等产业工会组织职工参与岗位练兵、技能比武,开展工资集体协商,提升产业工会建设实效。深化"职工之家"建设,推动4752家单位开展"会员评家",比上年增长9.1%。开展"结对共建、联手强家"活动,组织13家全国级结对14家省级模范职工之家,26家省级结对52家市级模范职工之家,建立交流学习、共享互通等机制,促进结对单位提升职工之家建设水平。加强工会干部队伍建设,全市各级工会落实分级培训,采取集中授课、短期培训、高校学习、专题讲座等形式,提升工会干部培训实效。市总工会组织培训班9期,培训工会干部1250人次。

(锡 工)

【工会工作改革创新】 年内,市总

年内，市总工会举办多次服务农民法治宣传活动　（锡　工　供稿）

工会坚持以改革创新理念推进工作，制定《市总工会改革实施方案》。深化“开门办会”，坚持面向职工及第三方征集为职工办实事项目，邀请职工及第三方参与工会工作评议，委托第三方进行经费审查审计，组织第三方对重点工作进行调查。在全国工会系统先行开发网络平台，对全市各级工会的经费和资产进行“盖边沉底”式调查统计，建立“数据库”实现动态管理；与市地税局联合开发“工会经费收缴协作平台”，规范提升工会经费收缴工作。实施委托第三方审计以及审计报告抄送等6项制度，提升经审工作实效。市总工会连续第五年被全国总工会评为“市级工会财务先进单位”，连续第六年荣获省总工会“县以上工会财务会计工作竞赛特等奖”，并荣获“经费审查工作规范化建设考核特等奖”。持续推进全市工会工作项目化管理复制推广工作，集中组织对2016~2017年64个复制推广项目分别组织现场观摩、集中展评活动，对16个优胜单位予以通报表扬，推动工会工作由“活动引导型”向“机制推动型”转变。

（锡　工）

共青团
无锡市委员会

【**概况**】2017年，共青团无锡市委员会（以下简称“团市委”）以习近平新时代中国特色社会主义思想为指导，以迎接和学习宣传贯彻党的十九大为主线，坚持围绕中心，从严治团。《共青团无锡市委改革实施方案》正式印发，全市共青团改革和青少年工作取得新进展。至年底，全市有共青团员357018名。

（严　杰　顾城烨）

【**落实“从严治团”规定**】年内，团市委传达贯彻团中央、团省委全会精神，学习《关于新形势下推进从严治团的规定》，认真执行团中央《关于中国共产主义青年团团费收缴、使用和管理的规定》。举办2017年度全市优秀团干部培训班，做好基础团务、青年之声、创新创业、中学团建等相关专项培训。做好团干部以及团员队伍管理，落实团干部配备。开展全市“微团课”大赛和中学示范团课选编和“团员风采展”展示活动。

（顾　茜　顾城烨）

【**开展系列学习教育**】年内，《共青团无锡市委改革实施方案》下发，团市委指导基层同步，启动方案推进的督导工作。结合共青团改革和从严治团要求，对全市“学习总书记讲话 做合格共青团员”教育实践进行研究部署，成立教育实践领导小组和工作机构，制定“学习总书记讲话做合格共青团员”教育实践推进时序表。举办“老团干部话改革”“团干部寄语征集”、知识竞赛等，启动“我的青春我的梦——学习总书记讲话做合格共青团员”征集活动。

（顾　茜　顾城烨）

【**纪念建团95周年活动**】5月4日，以“服务‘两聚一高’，青春建功‘十三五’”为主题的无锡市纪念建团95周年各界青年座谈会举办。市第十八届“十大杰出青年”荣誉获得者、“十大杰出青年”提名奖获得者，首届“最美青年工匠”获奖者，省级“我们身边的好青年”代表，青年企业家、青年农民、青年科技工作者和青年教师的代表，以及全市各级团干部代表参与了活动。

（顾　茜　顾城烨）

【**市青联换届**】12月26日，无锡市青年联合会第十三届委员会第一次全体会议召开。全市各族各界、各行各业的300余名青联委员参加会议。大会选举产生市青年联合会第十三届委员会主席、副主席和常务委员会委员，王文等60人当选为新一届无锡市青联常委，俞政业当选为新一届无锡市青联主席，王晓等11人当选为新一届无锡市青联副主席。

（华晓蕾　顾城烨）

【**“1+100”团干部直接联系青年工作**】年内，团市委在全市开展“共青团员先锋岗（队）”创建工作，推报市级创建单位59家，全国“共青团员先锋岗（队）”1家，省级“共青团员先锋岗（队）”2家。结合大走访活动，推进2017年度“1+100走支部连百心”团干部直接联系青年工作。团市委和团市（县）、区委通过持续开展一次机关开放活动、一次共青团与青年面对面活动、一次集中志愿服务活动、一次“1+100”工作分享活动、一次自主设计的联系青年的集体活动，推进“五个一”工作机制。至年底，全市338名专职团干部，共开展7436次直接联系青年的活动；6350名兼职团干部，共开展104775次直接联系青年的活动。同步启动“最美青春故事”评选，惠山经济开发区事例入选“全国最美青春故事”。

（顾　茜　顾城烨）

【**“青年之家”建设**】年内，团市委按照每个区（县）都要建成一个“青年之家”的目标，督导各区（县）团组织对照“80%的乡镇、100%的街道”要求，落实“青年之家”标准化建设。全年建成70家，其中区（县）6家，街道31家,乡镇26家。全市所有"青年之家"入驻云平台,以"团组织+青年之家+服务项目"工作模式,线上线下全覆盖,将"青年之家"做成团组织联系青年的桥梁。各级"青年之家"全年开展活动2921场,覆盖35.56万人。年内,无锡市获评县(市、区)级"青年之家"1家、乡镇(街道)级"青年之家"3家。

(顾 茜 顾城烨)

【**基层组织建设**】 年内,团市委加强区域化团建,抓实"青年工作共建委员会",实施"区域化团建片会制度",丰富"三进三助力"(品牌进基层,助力团建创新;资源进基层,助力优化发展;骨干进基层,助力配强队伍)品牌内涵,整合团市委机关部门、市(县)、区团组织和直属单位团组织资源。申报团省委"10100"团建创新项目,形成"地铁团建大联盟"等一批创新创优项目,获得中国青年报头版专题报道。抓好非公企业团组织的"活力工程",通过"1+100"直接联系青年制度,深入企业走访,使企业员工认识团组织、亲近团组织、拥抱团组织,挖掘、培育和储备一批青年工作骨干,将服务对象转化为支持力量。

(顾 茜 顾城烨)

【**青年宣传文化工作**】 年内,团市委在全市青少年中开展"服务'两聚一高',青春建功'十三五'"无锡市纪念建团95周年主题活动、"不忘初心跟党走,青春建功新时代"党的十九大精神专题学习,承办"青听——信仰的声音"江苏省"诵读学传"走进无锡活动,在全市社区打造"共青团书柜"7家。开展"宝哥来了"青年思享汇,制作《宝哥来了》原创视频4期,覆盖青年20万余人。开展2017"我们身边的好青年"大型网络推荐活动,挖掘推广一批在产业强市、服务民生、提升城市品质等一线青年典型;做好新一届"十大杰出青年""最美新型农民"等典型宣传,在全市广大青年中营造见贤思齐、奋起直追的良好氛围。

(王彩霞 顾城烨)

【**活跃新媒体平台**】 年内,团市委推进"青年之声云计划"项目,建成10510人的专家库,线上提问数达23万余条,回答率超99%。先后举办南极分享会、文艺青年说、"80、90、00"后先锋对话、星空诗会、石匠者思维话剧沙龙等"青年之声"线下活动,吸引10万余人关注参与。建设"团聚无锡"校园媒体工作室,招募小编20余人,在军训季开展"团聚无锡"校园吸粉活动,"粉丝"量超7万人。制作全委会报告图解、少代会报告图解、少代会会议H5、团代会预热视频等一系列新媒体产品以及"五四"主题活动、《无锡的青春纪念册:我们95年的成长故事》原创微信。无锡共青团春节特刊入选全市政务微信优秀案例。2月,无锡作为唯一一个地市级代表,在团中央"青年之声"建设"四个融合"工作现场推进会上作主题发言。4月,团中央网上共青团建设暨"青年之声"运行两周年电视电话会议召开,无锡团市委被评为全团"青年之声"建设优秀团组织,唐忠宝被评为"青年之声"建设优秀专家。

(王彩霞 顾城烨)

【**青少年权益保护**】 年内,团市委以"青春新坐标"为统揽,完善市县两级基础信息数据共享机制,开展"青春新坐标"无锡青少年权益工作创新示范项目评审,实施"青春守护工程",借助两个团属民非机构(青少年权益服务中心、青年社会组织服务中心),共同开展重点青少年群体帮扶。整合九色公益、理想心理等8家龙头青年社会组织、机关和高校的35支青年志愿者团队、梁嫣红社工工作室等3家专业社工机构的品牌项目资源,打造集心理咨询、法律援助、青春期教育、社工服务、家庭沟通五大模块于一体的"青春守护"课程体系,全年开展"青春守护"课程100余场,覆盖基层青少年5万余人。全市建有9家青少年法治宣传教育中心,全年开展"智慧普法 护航青春"青少年法治宣传教育等活动21场次,参与青少年2万余人次。举办第三期无锡市青少年事务社工培训班,至年底,有青少年事务社工918人,配备专业社工督导5名。开展2017青少年法制夏令营,举办第三届全市中专职院校在校生模拟法庭大赛、无锡市大中专院校和技工院校学生法治知识竞赛,打造"智慧普法"、共青团"青少年维权在线"线上平台。联合市司法局开展十佳(优秀)青年律师评选活动,推动优秀青年律师以公益律师的身份入驻专家库,在线上提供青少年案件的维权介入、案件跟踪等服务。联合广电集团打造"青春红绿灯"未成年人保护工作教育专题节目,每周一期直播青少年权益侵害事件法律点评和来电咨询。联合市司法局、中级人民法院编印《美好生活·德法相伴——青少年法治漫画读本》,组织高校团队参与全国禁毒微视频摄影大赛,兼职团干部、新兴青年群体代表杜怿超导演拍摄的微电影《假母》获得全国二等奖。加强线上线下阵地建设,打造65家"12355青春加油站"、27家"希望来吧",基层青少年及家长就近就便提供"定制"式维权服务和成长服务,为青少年打造"1公里成长服务圈"。

(范滢皓 顾城烨)

【**青年志愿者服务**】 年内,团市委开展"青年之声·青春志愿社区行"志愿服务月等主题活动,通过对全市青年志愿者团队、青年社会组织以及有服务需求的社区(村)进行排摸,成功结对113家,常态化开展社区环保宣传、关爱空巢老人等便民服务。承办第二届江苏志愿服务展示交流会团省委展馆设计布展,组织青年志愿者参加世界物联网博览会、世界跆拳道大满贯冠军系列赛等大会的赛会服务工作。锡山地税蓝翼志愿服务队被评为第十一届中国青年志愿者优秀组织奖,陈刚被评为优秀个人,庄昊被评为2016年度江苏省十佳青年志愿者,"彩虹桥"青少年自护教育体验营项目被评为十佳项目提名奖。

(王彩霞 顾城烨)

【**青年人才培养**】 年内,团市委召开产业转型升级座谈会暨基业长青——"创二代"培养计划务虚会,开展全市新生代青年企业家走访活动,全年走访新生代青年企业家近200人。按照《关于组织推报江苏省新生代企业家英才库人选的通知》,无锡入围领军型新生代企业家25人,新锐型新生代企业家87人,组织领军型新生代企业家参与团省委举办的"新动力计划",为无锡经济转型升级和创业富民提供优秀的企业家后备梯队。在市人才办的指导下,与相关单位联合举办无锡市首届"雏凤归 无锡行"2017无锡优秀学子家乡行，国内高校以及海外各大名校的100多名无锡籍学子参加活动。组织青商会优秀青年企业家代表参加中国—马来西亚青年企业家“一带一路”经贸考察暨长三角青年创新创业论坛、金融青年与创业青年“银青对洽”座谈会等活动。

（华晓蕾　顾城烨）

【青年交流与援建】 年内，团市委与专业交友机构“无锡找对象网”深度合作，依托市青年交友服务中心，开展“缘来是你—LOVE课堂”青年交友品牌活动，全年全市各级团组织举办交友活动3400多场，服务青年16.6万余人。青海省海南州青年代表团到无锡参观交流。举办“无锡—阿合奇融情实践夏令营”。与新疆阿合奇县3个村20户建档立卡贫困户结对，并开展爱心助学及就业帮扶。

（华晓蕾　顾城烨）

【推动青年创业就业】 年内，团市委联合致公党无锡市委举办“引凤工程”无锡青年约会海外创客创业大赛暨“创青春”无锡青年创新创业大赛；联合市银监分局开展“青创之友”系列活动——金融青年与创业青年“银青对洽”座谈会；联合市人社局开展“青年创业特训营”等双创实践体验活动，为创业青年提供法务、财务、营销等专项培训。联合广电集团开展“以梦为马 不负韶华——与创业榜样面对面”FM93.7现场演播活动，邀请青年创业典型与学员互动交流。推荐优秀创业青年申报国家级、省级、市级双创荣誉，朱澄、徐钢春获评2017江苏“青年双创英才”，薛静丰等3人获评“2016年度无锡市我身边的创业榜样（创业之星）”。联合多部门开展无锡市导游行业技能大赛、乡土人才传统技艺技能大赛、“高新杯”质量知识大赛等专项职业技能大赛。联合市人社局、市人才办等单位举办“职场微体验 暑期莫宅家”全市青年就业创业专项行动第五季暨“百企千岗”2017年大学生实习、见习&求职招聘会，近百家企业提供了近千个就业见习岗位以及相关政策咨询，同时继续争取前程无忧网站支持，实时同步上传相关就业见习岗位。

（刘　尧　顾城烨）

【寻访“最美（优秀）青年工匠”】 年内，团市委开展寻访无锡市“最美（优秀）青年工匠”主题活动，分行业邀请领域内优秀青年进行思辨活动，在全市掀起弘扬工匠精神的青春思辨热潮。开展“青情匠艺”工匠精神寻访体验活动，定期面向社会招募青少年，到最美青年工匠代表的工作现场进行行业体验，与先进青年典型进行近距离交流互动，亲身体验青年工匠平凡工作中的不平凡事业。

（刘　尧　顾城烨）

【服务青年成长成才】 年内，团市委开展青年职工“三争当”活动，号召青年职工争当“创新尖兵、技能标兵、安全哨兵”，在新生代青年技工中广泛普及无锡产业需求的新知识新技能，为建设现代产业高地提供助力。

（刘　尧　顾城烨）

【寻访“最美新型青年农民”】 年内，团市委开展寻访无锡“最美新型青年农民”活动，推介展示“最美新型青年农民”投身农业产业发展、带动群众致富的风采。围绕全市新型青年农民联谊会平台建设及会员需求，开展“乡约你我”会员企业走访，引领联谊会对内做好服务、对外发挥作用，打造培育农村青年致富带头人的重要平台。

（刘　尧　顾城烨）

【青年文明号创建】 年内，团市委举办第二十四期市级青年文明号创建集体负责人培训班，举办2017年度青年安全生产示范岗创建集体负责人培训班。按行业、地区等分组别开展2017年度无锡市青年文明号、青年安全生产示范岗创建集体考核工作，组织各创建集体通过实地走访、查看台账、听取汇报等形式考查创建工作开展情况，做好往届青年文明号集体的复核工作，至年底，撤销省级青年文明号10家、市级青年文明号2家。

（刘　尧　顾城烨）

【发挥“青年安全生产示范岗”引领作用】 年内，团市委在全市“青年安全生产示范岗”集体中开展“发挥示范引领 力促生产安全”主题活动，发挥各级“青年安全生产示范岗”集体的示范引领作用，组织引导全市青年职工切实做好岁末年初各项安全生产工作。同期，联合市安监局开展《中华人民共和国安全生产法》宣传周启动仪式暨咨询日活动，现场为市民和企业发放安全知识手册、安全法规手册，普及安全知识、学习安全法规。

（刘　尧　顾城烨）

【希望工程系列活动】 年内，团市委在全市开展“共青团在你身边”——2017“暖冬行动”青少年服务月活动，针对流动儿童、贫困家庭青少年学生、弱势孤残重点青少年群体、外来务工青年等，开展“青春温暖”“青春相伴”等关爱行动。至年底，募集发放爱心助学基金84.04万元，结对助学青少年学生5119人，走访慰问贫困青少年家庭1232户，赠送“共青团爱心礼包”（学习用品、新春慰问品等）价值19.05万元。组织社会爱心力量实施帮扶行动，与“向日葵”助学社会组织等公益社团共同发起“爱心助学”公益项目，至年底，资助贫困家庭青少年45名，累计爱心善款67500元。实施“圆梦大学”行动，帮助贫困应届高中生40人进入大学。

（范滢皓　顾城烨）

无锡市妇女联合会

【概况】 2017年，全市各级妇联组织以党的十八届六中全会、党的十九大和习近平系列讲话精神为指引，服务大局，推进改革，各项工作取得良好发展。至年底，全市女性人口391.86万人，有各级妇女组织5650个，“妇女儿童之家”1171个。

（唐科红）

【妇女创业创新】 年内，市妇联围绕创新驱动核心战略和产业强市主导战略，推动妇女经济参与。连续第五年开展“走访美丽乡村·共圆创业梦想”活动，继续开展“女企业家创业导航校园行”活动，让市民和女大学生在感受创业情境、聆听创业故事中，激发创业热情。在2008年后创业的女企业家和成功接班的“女创二代”中，寻访“巾帼创业榜样”。举办“特朗普新政下的政经局势和投资策略”专家讲座、女企业家创业心路分享会，带领女企业家赴娃哈

5月6日,市妇联"走访美丽乡村,共圆创业梦想"活动在鹅湖玫瑰园展开 (唐科红 供稿)

哈、传化、正泰等民企500强企业考察。举办农村女能手、女经纪人培训班,组织女经纪人、女能手赴扬州、镇江等地参观。参加2017海峡两岸(江苏)名优农产品展销会,让事业有成的女企业家、女能手们借此拓宽思路、开阔眼界,增强创新动力,实现跨越发展。全年新增省级"三八"绿色示范基地2个,省级巾帼现代农业科技示范基地29个。规范巾帼文明岗管理办法,创新开展社会化征集省级巾帼文明岗活动,把推荐权交给群众。全市新增全国巾帼文明岗7个、全国巾帼建功先进集体2个、全国巾帼建功标兵4人,省级巾帼文明岗66个、省巾帼建功先进集体7个、省巾帼建功标兵10人。

(唐科红)

【提升妇女和家庭文明素养】 年内,市妇联以社会主义核心价值观为引领,着力提升妇女和家庭的文明素质。妇女节期间,举办"和美家风·德润无锡"最美家庭揭晓典礼。自国际家庭日起,陆续推出"E路好家风"系列活动,"问道——好家风"互动访谈、"如歌的行板——一封家书"征集、"爱的回旋——我有好家风"家风家训家规征集等线上线下活动,吸引大批市民、网民参加。编写《风华传代——无锡市"最美家庭"之文化密码》,发放到村(社区)妇女儿童之家。组织市、县(区)、街道三级宣讲团开展千场好家风宣讲活动,把中华优秀家风文化传播进千家万户。推动落实《无锡市"十三五"家庭教育工作规划(2016~2020年)》,举办家庭教育工作专题培训班,邀请知名家庭教育专家讲授新形势下家庭教育指导服务的推进策略。全年开展"科学家教进万家"公益巡讲活动14场,命名市级示范家长学校30所、优秀家长学校70所,在无锡市质检院建成首个事业单位特色家长学校。联合市妇女理论与家庭教育研究会开展"传统家学如何接轨今天的家庭教育"研讨会。

(唐科红)

【维护妇女儿童合法权益】 年内,市妇联认真履行维护妇女儿童合法权益的基本职能,增进妇女群众的权益维护。发挥市性别平等咨询评估委员会作用,参与《江苏省妇女权益保护法实施办法》等15部法规政策的制定评估,组织专家提出意见建议。无锡市"两会"期间,组织女代表、女委员提交妇女权益类提案建议,聚焦女性公平就业、婚姻家庭权益保护问题。在《中华人民共和国反家庭暴力法》实施一周年之际,组织法律志愿者深入村(社区)开展形式多样的宣传活动,推动婚姻内的性别平等。制作反家暴宣传片,以生动的卡通人物讲法释法。召开维护妇女权益情况新闻发布会,发布妇女权益保护工作成果和典型案例。各级妇联维权干部走进电台、电视台直播间,为妇女群众答疑解惑,提供维权服务。探索妇女儿童权益保护代理诉讼工作,受理代理诉讼案件22件。市妇联接待群众来信来访861件/次,办结率98%以上。实施"爱的港湾"预防家庭暴力援助等公益项目,对预警家庭进行干预,防止矛盾升级。举办普法讲座62场,参与人数3700余人;组织开展各类普法宣传咨询活动196场,发放宣传资料近8万余份,参加服务的专家及志愿者2600余人次,开展对特殊人群的帮教慰问635人次。

(唐科红)

【关爱弱势妇女儿童】 年内,市妇联举办妇女家政、母婴护理、电子商务、农村妇女网上行、妇女创业贷款等各类培训班,培训妇女1.3万人,为弱势妇女就业创业助力。各级妇联与人社部门一起协力推动失业妇女再就业,帮扶1.2万名就业困难妇女实现就业。实施关爱贫困单亲母亲、"爱的守护"儿童安全教育科普讲座、"女童自护课堂"公益巡讲、爱育婴困境儿童家庭成长1000天计划等公益项目和活动。连续10年开展"社会妈妈助春蕾"活动,累计助学1000名困境儿童。争取中国儿童少年基金会在无锡设立10个"小候鸟图书角",为流动儿童家庭教育提供支持。全年开展"两癌"免费筛查24.5万人,为弱势妇女健康护航。依托"智慧无锡"手机APP,组织心理咨询师、精神科医生等专业志愿者开展在线心理咨询,至年底,累计在线服务网友30万人次,其中1500余人次接受线下咨询辅导,6000多人次参加现场活动和课程。

(唐科红)

【巾帼志愿服务】 年内,市妇联继续推动巾帼志愿服务工作。上下联动,打造"邻里守望·姐妹相助·与爱同行"服务品牌,持续开展关爱困难妇女、困境儿童、空巢老人等志愿服务活动。推荐10支巾帼志愿服务团队参与全省"我最喜爱的巾帼志愿服务团队"评选展示活动。承接江苏巾帼志愿服务工作接力展第八站宣传展示工作。选送"落花生女性公益促进会"代表全市妇联系统,参加第二届江苏志愿服务展示交流会。实施关爱"苔花女性"之公益影像计划,对23个承接市妇联公益创投服务项目的女性公益组织进行跟踪报道。举办巾帼志愿服务培训班,邀请资深国际项目管理专家授课,帮助团队提升自身建设和项目执行能力。推进网络巾帼志愿服务工作,组建网评网宣员队伍,开展妇女儿童网情监测和应对工作。

(唐科红)

【妇联组织建设】 年内,市妇联不断推进改革向纵深发展。推进妇联组织区域化建设,全市镇(街道)妇联区域化建设改革覆盖率100%,在两新组织中新建妇女组织65家,村妇代会全部改建成妇联,25家机关妇委会完成换届及改建机关妇联工作。扩充乡镇(街道)、村(社区)两级妇联执委队伍,保证妇联常执委的群众性和代表性。全市80个镇(街道),配备有103名兼职副主席、1236名执委,实现"干事"力量不断壮大的新局面。推进基层阵地建设,全市"妇女儿童之家"实现全覆盖,在机关、企事业单位、两新组织中建立妇儿之家20家,宜兴市、惠山区妇女儿童活动中心相继落成启用。各级妇联广泛开展"一家一品"特色创建活动,根据各自的资源和妇女群众的需求情况,打造各具特色的服务和活动品牌。

(唐科红)

【"和美家风·德润无锡"最美家庭评选揭晓】 妇女节前夕,市妇联举办"和美家风·德润无锡"最美家庭评选揭晓典礼,授予吴协恩家庭等8个类别80户家庭无锡市"最美家庭"荣誉称号。省委常委、市委书记李小敏等市领导会见80户"最美家庭"代表,并为获奖的无锡"最美家庭"颁奖。

(唐科红)

【全市妇女儿童工作会议召开】 9月26日,无锡市妇女儿童工作会议在市民中心召开,市政府妇儿工委全体成员,各市(县)、区政府分管负责人、妇联主席参加会议。会议肯定了"十二五"期间全市妇女儿童事业各项工作取得的成绩,要求各地各部门要深入贯彻落实习近平总书记系列重要讲话精神,按照国务院总理李克强"妇女儿童工作只能加强、不能放松,更不能削弱"的指示,进一步落实政府主体责任,不断强化政府主导、部门协作、社会参与的工作机制,有效推进"十三五"期间妇女儿童发展规划逐年、逐级、逐层落实到位。

(唐科红)

【"苔花芬芳"公益创投项目征集】 11月起,市妇联面向全市社会组织开展"苔花芬芳"公益创投项目征集,采用社会组织和基层妇联申报、市妇联初审、专家评审、社会公示、正式签约的流程模式,征集到申报项目133个,最终确定17个项目作为2017年的创投立项项目。这些项目以妇女儿童和家庭为主要关注和服务群体,内容涉及妇女儿童服务、维权实事帮扶、巾帼志愿团队的成长、女性创业就业能力提升、人文关怀与社会家庭服务等,展现丰富多元的服务性。项目实施过程中,市妇联按照社会化、专业化的工作原则,委托第三方监管机构——无锡市乐助公益发展中心对所有立项项目进行全程督导和监管。至年底,市妇联累计在公益创投项目上投入资金350余万元,实施项目161个。

(唐科红)

无锡市归国华侨联合会

【概况】 2017年,无锡市侨联履行侨联工作职能,最大限度团结服务全市广大归侨侨眷和海外侨胞。在省侨联2017年度考核中获全省地级市特等等次,在省侨联第七次代表大会上被省侨联、省人社厅授予"全省侨联系统先进集体"荣誉称号。至年底,全市有归侨195人,侨眷10万人。

(许竹敏)

【服务侨资企业】 年内,市侨联走访调研江阴市、宜兴市、梁溪区、滨湖区20多家侨资企业,倾听企业心声,了解企业困难,反映企业需求。深入基层开展服务新侨企业面对面活动,围绕高新技术产业政策、投融资政策等为新侨创新创业进行指导。与中国银行无锡分行一起走访侨资企业,为杰尔压缩机股份有限公司发放科技贷款800万元,协助华侨基金无锡公司、东方点石投资公司与创业园、开发区对接交流,提供金融服务。推荐新侨人才加入"中国侨联新侨创新创业联盟",组织新老联盟理事参加2017年中国侨联新侨创新创业活动,成功申报惠山经济开发区、江阴临港经济开发区为"江苏省新侨创新创业基地"。

(许竹敏)

【参政议政】 年内,市侨联支持侨界人大代表、政协委员积极参政议政,围绕推进无锡职业教育发展开展集体调研活动,市级侨界人大代表和政协委员提交提案建议30余件,集体提案《海外侨胞期待国内社

12月6日,无锡市女企业家创业导航活动在无锡商业职业技术学院展开

(唐科红 供稿)

7月7日,无锡市暨惠山区"关爱·圆梦"工程启动　　(锡　工　供稿)

会诚信状况得到改善》被市政协列为重点提案。重视侨情专报的收集,上报《海外华人对身份认证的看法建议》《关于落实细化互联网企业相关扶持政策的建议》《深入推进电梯安全监管体制改革》等建议。

(许竹敏)

【"亲情中华"系列活动】 年内,市侨联组团出访荷兰、英国,拜访华人华侨社团6个,开展与华人华侨、留学生交流活动6次。派员参加侨办柬埔寨、菲律宾经贸考察团。协助相关部门做好江苏发展大会、锡商大会海外无锡籍嘉宾邀请、接待工作,全年接待到访的美国、英国、泰国、澳大利亚、荷兰、加拿大、马来西亚、新西兰华人华侨45批、238人次。承办中国侨联主办的华裔青少年夏令营江苏营活动。申报无锡市歌舞剧院有限公司为"中国华侨国际文化交流基地",惠山古镇、无锡中国泥人博物馆、无锡北仓门生活艺术服务有限公司被确认为"江苏省华侨文化交流基地"。帮助荷兰无锡商会会长费玉樑回国举办"瓷之尚——费玉樑先生藏瓷器展",协助美籍画家华之宁在无锡举办艺术回顾巡展以及"亲情中华"系列活动"跨越·弘远"中美画家作品联展。联合举办"亲情中华·相约无锡"第三届国际华人(海归)歌唱家音乐会。举办"亲情中华·2017侨界迎新联谊会"。帮助梁溪区侨联在惠山古镇设立澳大利亚无锡商会、美国无锡商会联络处。开通市侨联微信公众号,根据海外无锡籍侨胞分布情况分类建立微信群,及时发布侨联工作和活动信息,收集侨情民意,及时回应侨胞诉求。市侨联荣获第三届世界华侨华人摄影大赛优秀组织奖,连续第十次荣获世界华人学生作文大赛优秀组织奖。

(许竹敏)

【加强为侨服务】 年内,市侨联,组织法顾委和法律援助中心定期深入侨界群众进行法律咨询,开展"维权行动"。认真对待来信来访,协调处理涉及房屋拆迁、子女入学、祖屋产权纠纷、劳务纠纷、人身伤害、保障房申请等方面问题82件次,根据不同情况进行相应援助。与市中级人民法院、市公安局密切合作,完善诉调对接工作机制,对涉侨案件进行协商,得到侨界群众好评。深入开展"关爱行动",组织"百名归侨喜迎十九大看无锡活动"。与侨资企业无锡明慈心血管病医院合作,开通为侨医疗服务绿色通道,确定其为"无锡市侨界合作医院",为老归侨优惠开展健康体检。做好关爱老归侨工作,开展集体慰问和集体祝寿活动,走访慰问高龄、鳏寡、困难归侨170户,发放困难补助和慰问品合计8.6万元。

(许竹敏)

【社会活动】 年内,市侨联支持老工委、留亲会、摄影家联谊会、华侨书画院等下属侨界群众组织开展活动。按照市委统一部署,开展"连心富民、联企强市"大走访活动,深入宜兴市周铁镇龙亭村、滨湖区稻香社区和无锡贝斯特精机有限公司及新吴区鸿山街道等,召开会议15次,走访群众家庭26次392户,慰问困难群众15户,梳理问题46条,解决问题3个。发动侨界企业家筹措5万元为结对稻香社区设立"侨联爱心食堂",筹措10万元帮助龙亭村修建了排涝泵站。

(许竹敏)

无锡市台湾同胞联谊会

【概况】 2017年,无锡市台湾同胞联谊会(以下简称市台联)认真学习中共十九大精神,贯彻中央对台方针政策,围绕大局,团结乡亲,加强联谊,精心组织各类台胞活动,扎实做好服务台胞工作,全年接待和服务定居台胞、常住台胞、岛内客人及台生150多人次。组织台联专干、台籍人大代表和政协委员、台籍中共党员、中青年台胞等参加省、市组织的各类培训学习、交流、调研等近10场活动。加强宣传和信息上报工作,全年在省台联刊发信息45条、稿件19篇,单位通讯投稿获省台联三等奖。至年底,无锡市定居台胞125人。

(王志好)

【服务台胞】 年内,市台联落实党和政府关心台胞的各项政策,落实市委"大走访"要求,深入台胞家中,掌握社情民意,传递党和政府对台胞的关怀。全年走访慰问老台胞、老台胞遗孀和生活困难台胞家庭60余户,发放省、市慰问金共计8万余元。协调相关部门,解决老台胞危房重建和残障台胞就业问题,协调市公安局为台胞子女申报办理台籍户口登记;统计中考、高考台胞学生,提供加分办理手续及相关政策咨询,为台籍学生办理加分审核申报工作。举办全市台胞春节、中秋集体慰问会。对患重大疾病台胞、老台胞遗孀、生活困难台胞进行关心慰问。为1名低保台胞申报为全国台联困难帮扶对象，为4名生活困难台胞申报为统战部门关心对象，协调解决困难问题。全年为台胞、台商提供政策咨询30多人次。为台胞出席各类会议提供支持和保障。3月，组织6名台籍中共党员参加全省台湾省籍党员大会，选举产生江苏省出席全国台湾省籍党员代表会议代表。11月，组织13名台胞代表参加省台联"十代会"。12月，会长薛海萍参加全国台联第十次代表会议。

（王志好）

【台胞学习交流活动】 年内，市台联先后组织青年台胞骨干参加省台联青年台胞学习交流活动；台籍人大代表、政协委员参加省台联学习班学习；台联理事和中青年台胞骨干赴镇江开展"三市台联十九大学习座谈会"活动。接待南京台联中青年台胞来锡学习交流等活动。6月，邀请省台联原秘书长王银宝为"无锡台胞学习会"作辅导报告，系统地学习台联组织、台胞政策及当前两岸关系等众多知识点。组织老台胞、妇女台胞赴张家港永联村参观学习、老台胞参加省台联踏青活动、儿童节小台胞赠书卡活动、中小学生夏令营活动、台籍党员"两学一做"学习教育、推荐2名青年台胞参加省台联举办的青委会活动、推荐3名老台胞参加省台联举办的欢度重阳节暨高山族台胞欢庆"丰收节"活动。

（王志好）

【两岸交流交往】 年内，市台联贯彻中共中央总书记习近平"两岸一家亲"的理念，进一步密切无锡与台湾两地民间交流与联系。市台联发挥民间交流优势，传统节日互送祝福。春节前与台湾工党主席关昭明、台北无锡同乡会互致贺卡，体现两岸兄弟情谊。7月，与市委统战部共同接待台北浦东同乡会副理事长程林发为团长的青少年参访团一行，增进台湾同胞对祖国大陆特别是无锡的社会、经济、文化的了解，加深两地友谊。全年，协助办理公务赴台共15批126人次。

（王志好）

6月，市台联邀请省台联原秘书长王银宝到无锡给台胞讲课

（王志好　供稿）

【参政议政】 年内，市台联重视台籍人大代表、政协委员的参政议政工作，参与和关注台籍人大代表、政协委员参加各类考察、学习和培训活动，倡导台籍人大代表、政协委员履职履责，关注社情民意，为建设"强富美高"新无锡献言献策。搭建学习交流平台，组织台籍人大代表、政协委员开展交流座谈，参加市政协的专项调研及考察。强化参政议政工作机制，充分发挥台联界别和台籍代表人士参政议政的整体作用。无锡市"两会"前，市台联召集台籍人大代表、政协委员听取意见，并协助做好建议、提案的撰写工作。与相关单位领导共商集体提案办理落实情况，推动有关建议的落实。协助做好全国人大台湾省代表团在无锡调研工作。10月，会同省台联、市委统战部、市台办，完成全国人大台湾省代表在无锡3天的调研活动。

（王志好）

编辑　邵文凯

政法委及综治

【全力维护社会和谐稳定】 2017年，无锡市政法机关健全完善矛盾纠纷源头预防和多元化解机制，全年实施社会稳定风险评估项目1300余项，矛盾纠纷调处成功率98.6%以上，攻坚化解信访积案381件。全力做好各项安保维稳工作，成功预防处置锡东电厂复工建设、尼康无锡公司关停、出租车与网约车停运冲突等重大不稳定事端，圆满完成“一带一路”高峰论坛、金砖国家领导人峰会、江苏发展大会期间安保维稳任务，有效确保党的十九大期间全市进京非访人员零登记、零通报。

（范润男）

【平安无锡建设】 年内，全市公安机关依法惩治各类违法犯罪，48起命案和72起抢劫案件全部告破，群众关注的涉黑涉恶、网络诈骗、“套路贷”等犯罪得到有效惩治。检察机关批准逮捕5495人、提起公诉1.2万余人。法院系统受理案件17.3万件、审执结13.8万余件。加快推进“雪亮工程”建设，健全完善社会治安防控体系“三网三机制”（技防网、巡防网、数据网，合成研判新机制、合成打击犯罪新机制、实战指挥新机制），新建、改建视频监控2.1万路，4.1万路监控图像实行全网共享，全市刑事警情比上年下降11.5%。挂牌整治治安重点地区16个、突出问题9个，查处黄赌毒娼涉案人员8870人，缴获毒品17.8千克。开展安全隐患大排查大整治，查处违规违法经营危化品单位、寄递企业和网点、加油站（点）等270余家，发现整改安全隐患4.9万余处。加强特殊人群服务管理，社区矫正和刑满释放人员无一漏管失控，社区戒毒康复执行率99.95%，严重精神障碍患者管理率91.53%。加强公共安全监管，全市交通事故死亡人数实现14年连降，重大火灾事故保持21年“零发生”，安全生产事故数和死亡人数连续16年“双下降”。无锡市群众安全感满意度提升至97.82%，连续两年位居全省第一。

（范润男）

【加强和创新社会治理】 年内，无锡市加强社会治理创新，建成市级综治中心，在全省率先实现视频监控联网应用，四级综治中心规范化建设和实体化运行全面提档升级，“部门联动、矛盾联调、治安联防、问题联治、平安联创”机制进一步完善。深入开展创新网格化社会治理机制全省试点，新吴区“一体化运行、一站式服务、一揽子解决、一平台支撑”工作新模式和滨湖区“全要素、网格化”社会治理试点取得阶段性成效。加强社会治理信息化建设，建成政法专用网络，完成综治信息数据交换平台二期建设，综治信息系统登录率和信息采录数、录用数等指标均位列全省前三。推进平安志愿者队伍建设，全市平安志愿者32万人，其中“平安江苏APP”注册数23万人。推进平安小区、平安校园、平安医院等系列平安创建，基层系列平安、区域平安创建达标率均在90%以上。无锡市被评为“全国社会治安综合治理优秀市”，并因连续三届获评该称号而被授予最高奖“长安杯”。

（范润男）

【法治无锡建设】 年内，无锡市协调推进依法治市工作，持续深化法治系列创建，每季度召开法治建设新闻发布会，全年实施法治惠民实事工程211件，法治城市、法治县（市、区）创建顺利通过省检查考核。加强执法司法规范化建设，依托大数据打造现代警务执法体系，全面落实刑事诉讼监督、刑事执行检察、民事行政检察措施，依法履行审判职责，强力攻坚“执行难”问题，执法司法公信力进一步提升。实施“七五”普法，广泛开展法治宣传教育活动，加快构建覆盖城乡的公共法律服务体系，推进公职律师和法律顾问制度，成功举办首届中国·无锡“智慧法务”发展大会，“智慧普法”成为城市普法名片。推进司法体制改革，司法责任制改革基本到位，以审判为中心的刑事诉讼制度改革、

表 19　　　　2017 年无锡市政法系统获省级以上荣誉情况

单位、个人名称	荣誉名称	授奖部门
无锡市	2013～2016 年度全国社会治安综合治理优秀市	中央综治委
	全国社会治安综合治理工作最高奖“长安杯”	
市中级人民法院	全国法院第 28 届学术讨论会组织工作先进奖 《人民法院案例选》2016 年度先进组织单位 全国法院系统 2017 年度优秀案例分析暨“促公正法官梦”第四届全国青年法官优秀案例评选活动先进组织单位	最高人民法院
宜兴市法院人民法院司法宣传工作	通报表扬	
市人民检察院，江阴市、宜兴市、梁溪区、滨湖区、锡山区、惠山区、高新区（新吴区）人民检察院	2017 年度全国检察宣传先进单位	最高人民检察院、《检察日报》
江阴市人民检察院驻江阴市看守所检察室	全国检察机关派驻监管场所一级规范化检察室	最高人民检察院
市人民检察院，宜兴市、锡山区人民检察院	全国检察机关文明接待示范窗口	
江阴市、梁溪区、滨湖区、惠山区、高新区（新吴区）人民检察院	全国检察机关文明接待室	
梁溪区人民检察院	全国群众最满意基层检察院	
锡山区人民检察院刑事诉讼监督局公诉科	2015～2016 年度全国青年文明号	共青团中央
市公安局	全国文明单位	中央文明委
市公安局侦破“4・14”网络非法买卖枪支案专案组	集体一等功	公安部
市公安局刑警支队刑事科学技术研究所、新吴公安分局园区派出所	全国优秀公安基层单位	
江阴市公安局	全国优秀公安局	
滨湖区消防大队特勤一中队	党的十九大消防安保工作先进中队	
无锡市医患纠纷人民调解委员会	全国模范人民调解委员会	司法部
无锡市锡城公证处	全国知识产权公证服务示范机构	司法部、国家工商行政管理总局、国家版权局、国家知识产权局
市国家安全局某专项工作组	集体一等功	国家安全部
市国家安全局 2 个集体	集体二等功	
江阴市委政法委国安科	一级国安办	
滨湖区	全国法治县（市、区）创建活动先进单位	司法部
梁溪区迎龙桥街道，滨湖区雪浪街道峄嶂社区、太湖街道尚贤社区、华庄街道落霞苑二社区，锡山区东亭街道华亭社区、东港镇港下社区、安镇街道安西社区	创建无邪教示范村（社区）	国务院防范和处理邪教问题办公室
梁溪区通江街道、北大街街道	2015 年“百县千乡万村无邪教创建示范工程”活动无邪教示范社区	

续表 19

单位、个人名称	荣誉名称	授奖部门
无锡市公安局	全省党的十九大维稳工作先进集体	省委、省政府
汪泉（市长）、张轩（市公安局党委副书记、副局长）	嘉奖	中央综治委、中组部
周保荣（市委政法委综治二处处长）、张健峰（市委维稳办信息调研处处长）	全国社会治安综合治理先进工作者	人力资源社会保障部、中央综治委
市中级人民法院周建等 26 人、江阴市人民法院陈教智等 26 人、宜兴市人民法院孙梦侠等 25 人、滨湖区人民法院唐锡铭等 14 人、锡山区人民法院蒋广新等 10 人、惠山区人民法院万锡林等 12 人、新吴区人民法院叶志浩等 4 人	荣誉天平奖章	最高人民法院
周耀明（市中级人民法院）	《人民法院案例选》2016 年度优秀通讯编辑	
诸佳英、姜丽丽（市中级人民法院）	全国法院系统 2016 年度优秀案例分析评选活动三等奖	
杜伟建、翁强（市中级人民法院）	全国法院系统 2016 年度优秀案例优秀奖	最高人民法院、中国应用法学研究所
杜伟建、李奇才（市中级人民法院）	全国法院系统 2017 年度优秀案例三等奖	
诸啸军（市中级人民法院）	全国法院信息化工作先进个人	最高人民法院
许蔚（市中级人民法院）	全国法院刑事审判工作先进个人	
陆超（市中级人民法院）	全国法院系统 2017 年度优秀案例分析暨“促公正法官梦”第四届全国青年法官优秀案例评选活动二等奖	
李奇才、姜丽丽、王久荣（市中级人民法院）	全国法院系统 2017 年度优秀案例分析暨“促公正法官梦”第四届全国青年法官优秀案例评选活动三等奖	
陈教智（江阴市人民法院）	全国法院办案标兵	
周雷（锡山区检察院）	全国检察机关职务犯罪侦查部门优秀侦查员	最高人民检察院
高新区（新吴区）人民检察院公诉科二级检察官孙宁（在第六届全国检察机关优秀公诉人业务竞赛中）	全国公诉标兵提名奖、全国优秀公诉人、优秀论辩奖	
李浩（市公安局交警支队高速一大队副大队长）、储小悦（宜兴市公安局副局长）、魏劲松（崇安分局崇安寺派出所民警）、陈珏（锡山分局东湖塘派出所所长）	全国优秀人民警察	公安部
赵逸峰（滨湖公安分局荣巷派出所民警）	中国好人	中央文明委
孙汉才（江阴市司法局月城司法所所长）	全国司法行政系统先进工作者	人力资源和社会保障部、司法部
陈波（江苏蘅远律师事务所律师）	劳动模范	人力资源和社会保障部、司法部
刘强（江阴市交通事故人民调解委员会调解员）、陈云华（梁溪区惠山街道人民调解委员会主任）、陆夏忠（惠山区长安街道人民调解委员会调解员）	全国模范人民调解员	司法部

续表 19

单位、个人名称	荣誉名称	授奖部门
市国家安全局 2 人	个人二等功	国家安全部
市国家安全局 1 人	“尖兵”荣誉称号	
市国家安全局 1 人	一级特殊人才	
市国家安全局 1 人（在某重大科技建设中）	专函表彰	
市委维稳办信息调研处民警盛卫晓等 12 人	全省党的十九大维稳工作先进个人	省委、省政府
曾泉（市公安局巡特警支队一大队副大队长）	省模范公务员	

（范润男）

2017 年 9 月 19~20 日，无锡市被评为 2013~2016 年度“全国社会治安综合治理优秀市”。因 2005 年以来连续三届获得“全国社会治安综合治理优秀市”，被授予全国社会治安综合治理最高荣誉“长安杯”

（赵小勇 摄）

检察机关提起公益诉讼试点和公安、国家安全机关、司法行政工作改革有序推进。无锡市法治建设满意度提升至 98.29%，位居全省第一。

（范润男）

【政法工作创新】 全市政法机关紧紧围绕经济社会发展大局，坚持创新导向，推动政法工作理念思路、方法举措、制度机制创新，涌现出一批特色鲜明、成效显著、社会评价良好的创新成果，促进政法工作发展进步。“‘大数据’破解‘执行难’”等 3 个项目被评为“全市政法工作创新奖”一等奖，“一体联动、高效治理”等 5 个项目被评为“全市政法工作创新奖”二等奖，“民用无人机治安管控系统”等 4 个项目被评为“全市政法工作创新奖”三等奖。

（范润男）

法治政府建设

【概况】 2017 年，无锡市贯彻落实中共中央、国务院《法治政府建设实施纲要（2015~2020 年）》（以下简称“纲要”）和《无锡市法治政府建设规划（2015~2020 年）》（以下简称“规划”），加强政府立法工作。推进依法行政，加强统筹协调，推进制度建设，强化执法监督，提升行政复议质效。年内，市政府法制办审核市政府规章、规范性文件和其他文件 56 件，审查市政府有关合作协议 20 余件，提供法律意见建议 30 余条，办理国家和省立法草案征求意见稿 37 件，审核强制执行函 4 件，受理行政复议 607 件，办理信访复核件 42 件。

（张卫红）

【依法行政】 年内，无锡市制定《2017 年度依法行政、法治政府建设工作要点》，明确目标任务，落实工作职责，确保“纲要”“规划”目标任务落实到位。加强依法行政、法治政府建设报送统计工作管理，将统计报送工作纳入年度工作考核。对全市 2016 年度推进依法行政、建设法治政府工作开展考核评价，并将考评结果与各地各部门绩效考核挂钩。接受市人大常委会 2016 年度依法行政、法治政府建设工作评议，推动问题整改，推进法治政府建设。

（张卫红）

【政府立法】 年内，无锡市制定《2017 年度政府立法工作计划》，对 2 个地方性法规、9 个政府规章规范性文件和 29 个政府规章实施立法后评估。突出推动产业强市的制度建设,提请市人大常委会制定《无锡市不动产登记条例》,市政府修改《无锡市市区户外广告管理办法》。突出服务改善民生的制度建设,市政府制定《无锡市超标粮食处置管理办法》。突出优化政务服务的制度建设,市政府制定《无锡市机关事务管理办法》,修订《无锡市统计管理办法》《无锡市事业单位机构编制管理办法》。突出保障公共安全的制度建设,提请市人大常委会制定《无锡市安全生产条例》。拓展社会公众有序参与政府立法途径,通过确定政府立法基层联系点、网上公布立法项目草案、立法民主协商、召开立法专家论证咨询会等方式,广泛听取社会公众对政府立法的意见建议。"构建政府立法协商新机制"被评为2017~2018年度江苏省依法行政示范项目。对《无锡市安全生产条例(草案)》进行民主协商,对《无锡市无人驾驶航空器管理办法》等政府规章开展立法专家咨询论证,确保立法项目质量。开展"放管服"改革、清理生态文明建设与环境保护涉及的地方性法规、政府规章、规范性文件,年内,共清理规范性文件724件,拟修改113件,拟废止323件,为无锡市深化改革消除制度障碍。

(张卫红)

【法制保障】 年内,市政府法制办当好依法行政、法治政府建设的"法律顾问",重点对《无锡太湖新城(和畅片区)睦邻中心PPP项目合同》等20余份市政府协议进行合法性审查,提供法律意见、建议30余条。对市政府制订的《关于深化行政审批制度改革加快简政放权激发市场活力的实施意见》《加强无锡市区农村住房建设管理意见》《无锡市户籍准入登记规定》《无锡市生态环境保护工作责任规定》《无锡市无照无证餐饮单位治理工作方案》《无锡市2017~2018年秋冬季节大气污染防治强化管控方案》等50余件政府文件进行合法性审查,助推政府依法决策。办理国务院《规章制定程序条例(修订草案)》《江苏省地方志工作条例(草案)》等国家、省立法项目征求意见37件,共提出修改意见200余条。邀请法律专家、学者对锡东电厂复工方案进行专题研究论证,为锡东电厂顺利复工建设提供法律支撑。

(张卫红)

【行政执法监督】 年内,无锡市参与行政许可审批制度改革和粮食、农林、文化、住建、交通运输综合行政执法改革,指导协调江阴市县级综合集成改革,对市级36个部门、700余项行政审批下放事项进行逐项审核,推动"放管服"改革。推进行政权力网上公开透明运行,推进网上法制监督平台建设,规范权力运行。组织开展《无锡市养老机构条例》《无锡市社会医疗机构管理条例》《无锡市工伤保险实施办法》专项执法检查。开展行政执法案卷评查,检查行政执法案卷750余卷,发现执法问题60余个,提出整改意见建议70余条,推动严格规范公正文明执法。会同市委组织部、市级机关工委开展"执法为民先进集体和个人"先进典型表彰活动,表彰12个先进集体和12名先进个人,发挥执法为民先进典型的示范引领作用。落实规范性文件备案审查制度,全年向省政府上报备案规范性文件5件,接收各地各部门报备的规范性文件25件。加强重大行政处罚网上备案监督,对全市行政处罚案件办理情况进行网上在线实时监控。

(张卫红)

【行政复议和行政应诉】 年内,市政府收到行政复议申请671件,受理607件,审结588件。审结件中,维持512件,驳回31件,撤销3件,责令履行1件,确认违法4件,终止37件。市政府应诉省政府行政复议案件27件,审结24件,维持11件,驳回12件,确认违法1件。以市政府为被告的行政应诉案件出庭应诉71件。对重大、疑难、复杂的行政复议案件组织公开听证12次,提高行政复议公信力。严格落实行政机关负责人出庭应诉制度,加强工作考评,全年有407件案件行政机关负责人出庭应诉;完善行政调解工作机制,建立人民调解、行政调解、司法调解联动机制,推动信息互通、工作联动、矛盾联调、优势互补,全年全市各级行政机关受理行政调解案件37878起,调解成功30435件,调解成功率80.35%。

(张卫红)

【法制队伍建设】 年内,市政府常务会议集体学习《中华人民共和国慈善法》《中华人民共和国城市房地产管理法》,提升领导干部运用法治思维和法治方式解决实际问题的能力。无锡市政府法制办组织全市政府法制系统60余名干部到浙江大学光华法学院集中开展法律知识教育培训。对全市800余名新进入行政执法队伍的人员集中开展应知应会法律知识学习培训,提升行政执法人员的依法办案能力。开发行政执法人员法律知识考试信息化管理系统,提升行政执法人员规范化管理水平。全年撰写法治宣传信息600余条,被省政府法制办录用99条,信息报送和录用数量位居全省前列,组织开展"综合执法改革与依法行政"调研论文征集活动,将76篇优秀论文汇编成册,并对作者进行表彰奖励。

(张卫红)

公安

【概况】 2017年,无锡市各级公安机关实施深化公安改革和创新强警战略,推动公安工作转型升级,集中治理影响国家安全和社会稳定的突出问题,确保全市政治安定、社会安全和人民安居,公众安全感和法治建设满意度位居全省首位。无锡市获全国社会治安综合治理最高奖"长安杯"。把党的十九大安保作为贯穿全年的工作主线,统筹推进全警大走访、大排查、大整治、基础管控专项行动等,落实各项安保维稳措施,圆满完成"一带一路"国际合作高峰论坛、金砖国家领导人峰会、江苏发展大会和世界物联网博览会期间重大安保任务和43批次等级警卫任务。持续开展严打整治攻势,推动打击防范管理控制一体化建设,维护社会治安稳定。建立情报引领、分类侦查、合成作战的打击犯罪新模式、新机制,精准打击突出刑事犯罪。滚动排查整治城中村、娱乐场所、中小旅馆等娼赌毒重点地区和重点部位,全市没有形成群众关注的治安热点问题。严格公共安全监管,启动城市交通秩序三年大整治,实施"礼让斑马线""文明骑行、规范行走"等8个专项行动,打造无锡交通"新规矩"。排查整改火灾和涉危安全隐患，全市没有发生群死群伤的火灾事故和危险品安全事故。将提档升级立体化现代化社会治安防控体系作为全市公安工作转型升级、平安建设深化拓展的主导战略，织密"技防网"、筑牢"巡防网"、集成"数据网"和完善合成研判、联合指挥、合成打击三大工作机制，提高对动态社会治安局势的驾驭掌控能力。"雪亮工程"(以县、乡、村三级综治中心为指挥平台、以综治信息化为支撑、以网格化管理为基础、以公共安全视频监控联网应用为重点的"群众性治安防控工程")被确定为国家级改革试点内容并进入实质性建设阶段。全年汇聚公安自建和社会面视频图像资源4.8万路，联网率和地理信息采集标注率100%，列全省第一。完善市、县(区)、镇(街道)、村(社区)四级巡防网络，重点部位及周边"135"快速反应圈基本形成。完成75个派出所勤务指挥室规范化建设，全面推广犯罪预测系统，广泛应用无人机空中巡逻，健全路地联勤协作、铁路护路联防工作机制，加强"三电"(电力、电信、广电)设施、油气田及输油气管道安全保护，提升社会面巡防工作质效。市公安局与华为、阿里巴巴、腾讯、海康、高德等高科技企业开展警务云、移动警务、视频图像、PGIS建设领域应用合作。组织全警开展数据采集会战。市"反诈骗中心"和市公安局联合指挥部、大数据情报合成研判中心、合成打击中心组建到位并实体运行。加强惩治犯罪专业手段建设，升级刑侦网上作战平台，落实多警种配合侦查和区域、部门协作机制。加强公安基层基础建设，提升各类治安要素源头管控能力，把各类风险隐患化解在基层、过滤在末端。健全基层警务工作网络，全市126个派出所建立"派驻式人民调解室"，推行"庭所对接""检所对接""律所对接"等工作机制，多元化调处矛盾纠纷，提高矛盾调处率和群众满意率。深化社区警务战略，加强特殊群体人员管理，会同综治、卫计、民政等部门排查登记易肇事肇祸精神障碍患者，督促监护人落实看护措施，强制收治高风险精神病人。组织开展新一轮平安企业创建活动，全市5314家企业参与创建，创建达标率90%。配合相关部门开展平安医院、平安市场、平安寄递、平安金融等系列平安创建活动。加大公安部门改革力度，着力解决制约公安工作、平安建设和社会治理的基础性、机制性、瓶颈性难题，提高社会治理现代化水平，增强人民群众幸福感、获得感和安全感。推进新能源汽车号牌核发、汽车电子标识应用、轻微交通事故快处等4项国家和省部级改革试点项目。完成涉及民生领域、警务机制、公安执法和队伍建设的20项公安改革年度重点任务。在全省率先下放公章刻制、典当业行政许可权力事项。"互联网+警务"新增服务事项153项。修订《无锡市户籍准入登记规定》，取消购房、投资纳税落户限制，放开放宽重点群体落户条件，推行省内跨地市户口迁移"一站式"办理业务，出台户口"强制迁移"规定，完成死亡未销户口清查核销任务，解决全市无户口人员落户问题。组织开展"第二届无锡最美警察"评选、"践行十九大，党员作表率"志愿服务、"警营开放周"等活动。加强党风廉政建设，成立党风廉政建设责任"主体办"和"监督办"。加强监督执纪，全年开展督察暗访1896次，查纠问题761个。开展"强素质树标兵、促创新保平安"练兵竞赛活动，提升民警执法办案、群众工作、科技信息化能力水平。加强和改进关爱民警工作，推出一批惠警暖警新举措。加强警营文化和公安新闻舆论工作，讲好警察故事，提升公安形象，传播社会正能量。全局281个集体、2327名个人受到市公安局以上表彰，其中1个集体、6名民警立一等功，1名民警当选"中国好人"，1个集体获评"全国优秀公安局"，2个集体获评"全国优秀公安基层单位"，4名民警当选"全国优秀人民警察"，1名民警当选"全国综合治理先进个人"，市公安局在全市市级机关作风建设社会评议中继续保持第一，被评为"全国文明单位"。

(耿永军)

【"110"接处警服务】 2017年，市公安局"110"报警服务台接报各类警情247万余起，报警电话一次呼通率保持在99%以上，未发生一起有责投诉，接处警工作群众满意率始终保持在95%以上。推进"110"接处警工作减负增效，优化改进接警服务质态。针对近几年大幅增长的移车求助警情，提请市政府采取"政府购买外包服务"方式，由无锡电信分公司"114"热线受理群众移车求助。自4月1日实施以来，每日"110"接警量下降三分之一以上，"110"报警电话恢复"零排队"，基层处警量减少近四成，相关经验做法获全省公安机关改革创新成果二等奖、2017年全市政法工作创新一等奖。江阴市、宜兴市建立相应工作模式和运

7月21日，鲸塘派出所民警到属地千年老街帮老人打来清凉的井水，消暑降温

(赵振伟 摄)

行机制，在大市范围内实现移车求助社会化服务全覆盖。“社会应急(求助)联动平台”应用成员单位由11家拓展至16家，非警务求助向联动部门日均分流处置量由100余起增至220余起。落实“110”报警服务台岗前碰头会、岗位工作质态评估等工作制度，组织开展交班讲评、处置点评、警情研讨等培训练兵活动。加强接处警勤务质态监督检查，规范接处警、应急处突、视频监控图像调度等工作；严格执行重点区域部位巡逻值守警力和机关应急备勤力量日常电台点名、分(县)局指挥中心日常视频点调、警情处置情况日常通报等制度，跟踪检查警情指令响应、处置环节和平台警情数据质量等情况。依托社会求助服务工作平台，将一批主动担当社会职责的单位企业、社会团体纳入联动体系，全市社会求助服务成员单位发展至72家。健全完善社会求助(联动)工作日常管理、定期例会、信息报送、情况通报、检查考评等制度规范，形成长效管理机制，群众对社会求助服务工作综合满意度98.46%。完成市公安局联合指挥部升级建设，设置指挥调度、警种联勤、勤务保障、社会联动等功能区和30个实战指挥席位，汇聚接入数据、视频、指挥、情报等资源手段，研究搭建应急处突、专项维稳、警卫任务、大型活动和重要节假日安保等10余项实战指挥情景模型，初步实现各类任务实战指挥的扁平化、可视化、智能化。健全完善常态、应急、战时三种形态下联合指挥运行模式，研究制定各联勤警种岗位工作职责、流程规范和运行管理制度。改革指挥长工作体系，建成由总指挥长、指挥长、指挥员组成的职业化、专业化指挥工作队伍；开展实战指挥警务研究，编制更新专项维稳、涉稳敏感、重大刑事警情、重大安全事故等10余套联指工作预案。建成三级指挥体系，各市(县)公安局、城区公安分局升级改建本级联合指挥部，健全完善本地化联合指挥机制；推动基层派出所勤务指挥室标准化、规范化、信息化升级建设，全市75个户籍管理派出所完成升级建设任务。年内，市公安局联合指挥部指挥处置重要紧急敏感警情1.7万余起，组织实施“关城门”作战近200次，成功指挥处置一批重大警情案件，圆满完成系列重大活动安保和专项维稳组织指挥任务。深化实战演练长效机制建设，全年组织开展“关城门”等科目演习演练10余场次。初步构建形成指挥中心、网安部门齐抓共管，警种部门和基层派出所协同作战的网上情报工作格局。开展人力情报“织网”行动，加强全市4.1万余名信息员管理使用。建成包括综合情报研判大厅、大数据实战服务大厅、侦查情报研判大厅和警种部门工作室等工作区的市公安局大数据情报合成研判作战中心，抽调整合全局16个警种部门、7个分(县)公安局52名民警开展常态化工作。升级改造市级情报平台，汇聚接入市公安局数据资源管理服务平台以及警种专业系统平台60余个，研发上线20个实战功能模块。各市(县)公安局、城区公安分局建成情报合成研判作战中心、组建合成研判队伍。开展数据情报分析师评定工作，组建全市首批95人的初级数据情报分析师队伍。制定警情研判、数据研判等业务流程规范，构建议题发布、研判交办、查控处置、跟踪反馈等合成研判工作链。通过数据合成、力量合成、手段合成和机制合成，承担常态和应急、战时状态下合成研判、合成打击、合成维稳等任务，全年编发《合成研判作战专刊》98期、警情专题研判和预警提示410余期，研判发布工作指令620余条，协助破获各类案件210余起，预警抓获网上逃犯506人。

(耿永军)

【社会面巡逻防控】 年内，市公安局推进“巡防网”建设，在全市划定251个巡防区域、198条重点巡逻路线、368个巡逻必到点和城区13处重点守护部位，形成重点时期巡特警、处突机动分队镇守重点部位、主次干道，治安卡口、公安检查站把关守点，市、市(县)区两级公安机关民警叠加巡逻守卡，派出所巡逻民警、社区民警和群防群治力量巡守社区街面的网格化布警、点线面结合、全天候控制的四级巡防网络。整合巡逻警力资源，担负主城区重点区域、时段内的重装巡逻、驻点备勤等任务。依托市、市(县)区两级9个勤务指挥室对“巡防网”“数据网”进行高度融合集成化处理，运用高新技术手段，对各类信息进行分析研判，形成有价值的成果，精确制导巡防实战。制定《全市公安机关警用无人机巡逻工作规划建设方案》，明确职责任务、配置标准和技术参数，探索试点无人机巡逻警务模式，至年底，盘查检查人员211.8万余人次、车辆127.5万余辆，通过巡防守卡抓获各类违法犯罪嫌疑人员2811人，全市接报违法犯罪警情比上年下降1.93%，其中“两抢”(抢劫、抢夺)、入室盗窃、扒窃拎包警情分别比上年下降45.73%、20.62%和12.9%。

(耿永军)

【大型活动安全监管】 年内，市公安局巡特警支队牵头组织开展大型活动安全检查390次，整改各类安全隐患980处，组织协调各类安保力量6.1万余人次，圆满完成迎新撞钟祈福、无锡马拉松赛、世界物联网博览会、2017第八届环太湖国际公路自行车赛、张学友演唱会等171项、542场次、319万人次参与的大型活动安全保卫工作。全市大型活动举办场次、执勤警力数和群众参与人数比上年分别增加13.6%、15%和106%。严密源头风险把控，围绕安全许可、票证管理、入场安检、人车流控制、治安管控、应急准备等关键要素，制定有11项、66条内容的《无锡市公安局大型活动安全管理标准表》，明确大型活动全流程具体规范和标准。坚持安全风险一票否决制，邀请第三方对大型活动开展风险评估研究，形成评估报告并提出降低风险意见策略。对活动临时构筑物、临时设置电气等重点环节，落实活动举办前、举办中和撤除时的全方位监管。对群众自发节庆聚集活动和大规模商业促销活动，按照“安全第一、预防为主、综合治理”的方针开展安全管理工作。在重大节假日期间，加强安全风险监测，提请市政府协调市安监、交通、旅游、宗教等部门开展联合检查，督促公共场所管理者落实安全措施。在活动举办期间，安排警力集中备勤，确保能在第一时间有效处置突发情况。组织相关警种部门，会同专业检测机构对大型活动的临时搭建、疏散通道、消防设施、电气线路等隐患多发部位进行联合安全检查，及时整改各类隐患。坚持落实安保措施与大型活动进程同步进行的原则，实现对活动全程的全要素、全时空掌控。设置人员安检通道，安装X光通道机和安检门，对进出人员及随身携带物品开展安全检查。安排巡特警搜(排)爆警力，携带专业器材对重要部位开展搜爆工作。落实无人机反制力量和装备，对大型活动举办现场及周边的无人机"黑飞"行为进行现场管制和地面管控。运用"热力图""电子围栏"等科技安防装备，实时清晰掌握活动现场人流汇聚情况，为安保指挥、活动监管和现场执勤等提供数据参考。根据地理位置、活动情况等要素合理划定安保封控区域，科学配备安保设施和警力进行封控。对重大活动增设现场反恐处突单元、维稳专业力量、机动备勤警力等，确保活动现场安全有序。

(耿永军)

【党的十九大召开期间安保维稳工作】 10月18~24日，中国共产党第十九次全国代表大会（简称"十九大"）在北京举行。全市公安机关贯彻落实中央、省、市和上级公安机关的部署，将做好十九大召开期间安保工作作为首要政治任务和全年工作主线，开展"迎接十九大忠诚保平安"主题活动，至10月25日圆满完成各项安保任务，确保全市社会治安大局持续平稳可控。其间，省委常委、市委书记李小敏，省委常委、省委政法委书记王立科和省公安厅党委书记、厅长刘旸，市长汪泉等相继到无锡市安保一线和市公安局检查指导十九大安保工作。市公安局于年初即超前谋划十九大安保维稳工作，召开党委会和全局性会议10余次进行动员部署。在全市组织开展出租房屋、危险物品、寄递行业、校园安全、监控联网"五项基础管控"集中攻坚行动，组织全市近1万名民警进村入企，走访村(社区)居民39648户，村居（社区)1184个，企业、科研院所、中小学、幼儿园、教育培训机构1.37万余家，排查各类风险隐患1.2万余个，采集基础信息11366条；新登记出租房屋4.7万余户、流动人口55.4万余人，整改安全隐患1.45万余处；排摸易制爆化学品单位4600余家次，会同市安监部门查处违法违规经营单位40家、关停12家；检查寄递企业和网点6100余家次，抄告违规企业和网点315家次，配合市邮政管理部门查处违规企业和网点150家；检查校园3200家次，发现整改治安隐患1500余处，依法取缔无证幼儿园和托管场所6家；滚动排查各类矛盾1800余件。9月29日，市公安局召开全市公安机关十九大安保决战动员大会，启动战时联合指挥、情报研判、巡逻防控、应急备勤等机制。9月8日、10月16日，两次组织全市社会面治安集中清查统一行动，投入警力近2万人次，检查场所部位2.1万余家(处)，整改安全隐患570余处，检查盘查人员2.8万余人、车辆1.49万辆，抓获违法犯罪嫌疑人160人，其中网上逃犯5人。10月17~25日，市公安局每日两次点调全市稳定治安情况，抽调市公安局、公安分局两级机关警力211人支援一线执勤，启动公安特警屯警街面动中备勤、公安武警武装联勤巡逻、重点部位武装巡逻值守、人员密集场所高峰勤务"四项机制"，每日投入社会面巡逻民警3000余人、武警战士24人、辅警4300余人、巡逻警车490余辆。规范新兴业态管理，制定《无锡市民用无人驾驶航空器管理办法》，建成"无锡市民用无人驾驶航空器管理服务系统"。按照"公安取证、邮管处罚"原则，探索寄递行业安全监管机制，建成10家寄递行业典型样板网点，会同市邮政管理部门依照《中华人民共和国反恐怖主义法》查处全市首起违反寄递行业查验制度案件。推进反恐维稳斗争，自8月起全面限制相关特殊群体租赁汽车，在全市25个人员密集场所增置防冲撞设施，设立进京航班安检专用通道，加强长途客运始发站安检和实名购票乘车管理。开展严打专项行动，严打突出刑事犯罪。加强思想政治工作，建立督导工作机制。落实爱警暖警各项措施工程，慰问因公负伤、患病民警等1512人次，发放慰问金(品)175万余元。安保期间，全市公安民警严格执行取消休假、在岗在位、禁止饮酒"三个一律"工作纪律，连续奋战两个月，102名民警累倒在岗位上，3名民警在岗位上突发疾病被送医院紧急救治，98个集体、862名民警受到市公安局以上表彰奖励，其中市公安局被省委、省政府评为全省党的十九大安保维稳工作先进集体，11名民警被省委、省政府评为全省党的十九大安保维稳工作先进个人，7个集体被省公安厅记集体二等功，2名民警被省公安厅记个人一等功，16名民警被省公安厅记个人二等功。

(耿永军)

【"网上公安"和"微警务"服务平台】 年内，全市各级公安机关依托无锡"网上公安"互联网网站和无锡公安"微警务"平台集群，做强公安"自媒体"，拓展应用领域，促进警务宣传与社会服务、社会管理有机融合。全年"网上公安"浏览量206.8万人次，市公安局被评为2017年度全市政府网站工作先进单位。"微警务"集群关注用户303万人次，提供服务612万人次，持续位列无锡新媒体排行周榜前三。完成无锡"网上公安"网页改版，开通10个警种的45项办事事项，受理各类办事事项近1万件。全市两级"网上公安"公开各类警务信息6738条，开展民意调查5期，发布安全防范常识512条，更新机构概况等政务信息1716条，受理网上网下依申请公开49件。完成"微警务"平台集群二期建设，建成警务公开、警方服务、警民互动3大功能模块和含注册用户、实人用户的用户中心，开通涵盖水上和治安、交警、刑警、人口、监管、巡特警、法制等13个警种部门的169个服务事项，公开办事指南88条，提供线上受理、审批、查询及办结的"一站式"服务，并详述每项业务的办事流程，具体细化到每个服务窗口，全年受理各类办事事项41万件。推出自助移车、违法犯罪举报、通信网络诈骗止付助手等12个热门应用。通过"网上公安"局长信箱、网上信访、投诉中心，以及"微警务"政策咨询、有奖线索举报、自助移车、投诉建议中心、警企直通车等栏目，架设网络问政桥梁，协调解决群众关心关注的问题，促进警民关系和谐。"网上公安"全年受理各类信件6862件，答复、处置率100%；"微警务"办结各类交互事项3万余件，其中成功"移走"堵路车2.1万余辆。

(耿永军)

【公安科技信息化工作】 年内，市公安局围绕打造平安建设示范区、智慧警务先导区、民生公安引领区和现代化职业警队的“三区一队”奋斗目标，推进“数据强警”战略，加强公安科技项目研发、建设、推广和应用工作，全市公安信息化全面进入以物联网、大数据、云计算为标志的数据建设应用阶段。推进公安大数据中心建设，成立无锡警务大数据研究院，在全市公安机关组织开展“数据采聚会战”，整合汇聚公安内外部数据信息53.5亿余条，向47家单位汇聚104类、12.2亿余条社会面数据；开发社会汇聚自主导入工具和数据采聚积分管理系统，实现12类数据24项规则生成积分，依托数据采聚积分模型对各分局、派出所和民警的数据采聚工作进行跟踪掌握、积分考核，应用后通过模型比对抓获在逃人员20人；解决基层单位查询系统众多、数据融合关联差、助研判工具弱等问题；推动“云挖掘”平台建设，围绕人员稳控、专案侦查、情报研判等，构建数据分析基础工具与图形化建模工作台，提供大数据定制分析流程化服务。围绕省公安厅关于视频监控系统联网应用攻坚的部署，按照“全域覆盖、全网共享、全时可用、全程可控”目标，开展6大类、15项攻坚任务，至年底全市汇聚整合公安自建和社会面视频资源4.8万余路，联网率和地理信息采集标注率100%；完成64家重点单位视频联网接入任务；完成视频监控资源“一机一档”基础信息采集录入48128条；完成重点公共区域1528路视频监控前端高清化改造；建成联网4G移动图像采集设备458套；完成11家单位52路视频监控高清传输干线建设任务；建成现场应急指挥综合通信保障平台项目。推动“人员特征信息识别卡口”雄关工程建设，日均采集人员特征信息110余万条，累计采集2.6亿余条，比中并抓获在逃人员68人，在市公证、社保、体育等行业部署推广取得明显成效；在全市火车站、汽车站、地铁站和医院、老小区出入口等重点部位安装动态人脸识别设备330余套，协助抓获网上在逃人员160余人。开展政法大数据共享应用服务平台建设，初步完成政法专网和数据交换通道建设，推进法院7类、检察院12类、公安10类、司法8类数据共享应用；加强移动警务平台建设，配发移动警务云终端9200余台，将1.2万余条警员数据和应用权限纳入管理，通过移动警务开展移动办公、视频以及照相、摄像、录音等应用，集成应用视频图像、语音、文本等非结构化数据的简易采集。推动PGIS(警用地理信息系统)升级和业务融合，与高德软件、北京图盟科技有限公司签署战略合作协议，依托PGIS平台采集数据1800万条，为10个单位18个应用系统提供地理信息数据服务。完成云计算平台基础框架的搭建，部署云主机节点73台、CPU1987核、内存12T、存储398T，初步形成统一管理、统筹分配的存储、计算资源池，满足快速增长的视频、图片等大数据存储计算需求。开展“永恒之蓝”勒索病毒防御，部署策略控制和补丁分发，建立全局网络安全应急处置响应机制，有效减少因病毒攻击带来的损失。开展公安信息网络安全大检查，对15个重要应用系统、5条边界链路、11个内网网站开展安全风险排查。对全市公安机关130余台服务器开展漏洞扫描，修补漏洞600余个，有效保障公安各类系统的实体安全、运行安全和数据安全。市公安局“物联网小镇派出所”项目列入公安部应用创新计划，“多模态高通量人员特征信息识别卡口设备示范应用”“开放空间下的动态人脸识别集成示范应用”项目列入全国公安科技成果专项应用推广目录；市公安局“人员特征信息识别卡口”雄关工程、“汽车电子标示识别应用示范”“点对点精细化防范通信诈骗”等6个项目分别获全省公安机关改革创新成果一等奖、二等奖、三等奖，8个项目获2017年省公安厅科技强警奖。

（耿永军）

【技术防范管理】 年内，市公安局加强全市技术防范工作，将内设综合管理机构“技术防范管理办公室”变更为执法勤务机构“技术防范管理支队”，组织开展“升级版技防城”“雪亮工程”“三网三机制”建设。5月25日，省综治办、省公安厅、省科技厅在无锡市召开全省升级版技防城建设推进会，下发《升级版技防城建设标准》和建设时间表。市公安局迅速实施，形成《无锡市城区升级版技防城建设方案》《江阴市升级版技防城建设方案》《宜兴市升级版技防城建设方案》，并组织开展建设工作。开展全市重点场所和重点反恐目标技防设施专项检查，指导全市271家宗教场所对技防设施进行排查摸底，对55个小区新建综合安防系统进行验收，指导全市20余个重点项目安防建设。以实战演练方式对全市视频监控系统开展动态、常态化测试，确保监控设施完好率和可利用率分别保持在95%和90%以上。按照市公安局“三网三机制”建设总体规划，推动“技防网”建设“织密补盲、提档增效”攻坚行动，全市完成高清摄像机新建、改建21153个；在铁路沿线及重点部位建设视频监控396个。针对城市薄弱环节开展技防监控覆盖改造，在宜兴市、江阴市和梁溪区、惠山区开展老小区、村村通工程建设，全年完成300余个小区(村)技防设施改造工作。2016年7月，无锡市被国家发改委、中央综治办、公安部确定为全国首批“雪亮工程”示范城市，按照“党政领导、综治牵头、公安负责”的建设原则，由市公安局负责建设，涉及11个项目，至2017年年底，建成1个项目，开工建设4个项目，对3个项目签订合同、2个项目招投标、1个项目进行研究。开展公共安全视频监控联网攻坚行动。推进“打防管控”(打击、防范、管理、控制)应用保障手段建设，提高移动环境下视频图像采集应用水平。加强应急条件下指挥图像保障应用，启动公安现场应急指挥综合通信保障平台建设和市(县)局、分局以及相关警种高清视频监控传输干线建设。加强智能环境下视频图像综合应用，在全市火车站、机场、地铁等重要人员密集公共区域加快部署“雄关系统”，在小区出入口建设1500余套车牌抓拍系统。加强技防队伍建设，编制《基层监控操作员应知应会手册》和《全市技防监控操作员应知应会二十七问》，按照人机互动警情处置机制、人机结合巡防机制需求，对全市派出所监控操作员开展全员业务轮训，推动视频监控系统和情报研判、指挥调度、路面巡防、侦查破案等工作的有效关联、无缝对接。

（耿永军）

【出入境管理】 年内，全市公安出入境管理部门加强和改进出入境管理服务工作，有效维护涉外治安环境稳定和正常出入境秩序。全年办理出入境证件48.5万份，其中中国公民出国（境）证件47.5万份，外国人签证（居留许可）9915件；苏南硕放国际机场口岸签注点签发一次性台胞证等703件。全市常住境外人员1万人，全年临时入境境外人员33.9万人次。全年查处涉外案事件173起。年初，宜兴市新增3个出入境分理点，16个出入境窗口构成15分钟路程受理便民圈。在全市出入境服务窗口建立首问负责制、一次性告知、限时办结、延时服务等工作制度，推行受理服务“零推诿”、服务方式“零距离”、服务事项“零积压”、服务质量“零差错”、服务标准“零投诉”的“五零”工作法。依托“互联网+”，通过网上自助办理、同城快递等方式，精简办事环节。在全省首创微信“实时窗口”模块，让群众足不出户就能实时了解办理大厅人流量，便于错峰办理。市公安局出入境窗口、江阴市公安局、惠山公安分局和新吴公安分局出入境窗口投用电子港澳证单签一体机，集合受理、制证、缴费功能，实现赴港澳再次签注立等可取。升级“无锡出入境”微信公众号，新增微信缴费功能，全市19个出入境受理点全部可以通过微信支付完成证件费用缴纳，避免办证群众在窗口排队用POS机缴费或往返银行现金缴费带来的不便。4月1日，全市启用电子版往来台湾通行证。6月，全市启用全国版出入境管理信息系统。12月26日，经公安部出入境管理局和省公安厅批准，市政府在苏南硕放国际机场设立外国人口岸签证处，开通外国人口岸签证业务，为外国人入境签发包括乘务、访问、团体旅游、商务、探亲、人才交流和私人事务等7种口岸落地签证。为280余名在无锡投资、工作的外国人办理2年或2年以上的居留证件，受理外国人永久居留申请25人，为32人换发外国人永久居留身份证。严密出入境办证审批，配合市、区两级法院对184名民事案件被执行人落实限制出境措施，依法宣布作废出国（境）证件400余本。在外国人签证审查中，建立居住地、工作地派出所落地核查工作机制。组织“三非”（非法就业、非法居留、非法入境）外国人清理整治专项行动，排查“三资”企业700余家、外国人租购房620余处、宾馆饭店210余家、娱乐场所120余家、培训机构80余家，查处外国人“三非”案件8起，拘留审查1人、遣送出境1人。做好联网宾馆临时住宿登记工作，全年登记境外人员临时住宿信息33万余条，境外人员临时住宿登记申报率、准确率、及时率位列全省第一。加强留学生管理服务，制定《留学生服务管理警校联动机制》，与校方形成工作合力。加强与市外事办公室、市商务局、市侨办和市工商联等部门的沟通协调，初步建立协作机制，形成对外警务合作的整体工作格局，汇聚掌握第一手资料，做到数据相互共享、信息相互联通、工作相互通气。对红豆集团等在海外投资企业进行实地走访，听取企业对于海外利益保护需求，针对性提出工作方案。加强与经侦等警种部门的协调配合，派员参与海外追逃、追赃活动，全年协助抓获2名全国“百名红通人员”。3月，在公安部经侦局的指挥下，于滨湖区抓获1名涉嫌走私的美国籍红色通报人员，并在上海浦东机场移送给美国警方。安装运行国际刑警组织“I–24/7”全球警用通信系统，在大型涉外安保等工作中发挥重要作用。开展国际警务交流，接待香港入境事务处和泰国警方等2批次、17人次的交流考察。参与公安部、外交部向“一带一路”国家派驻签证官和警务联络官选拔工作，推荐优秀民警报考，全市3名民警通过选拔考试，其中市公安局出入境管理支队1名民警和滨湖公安分局1名民警分别被派驻到埃及和巴基斯坦担任签证官和警务联络官。

（耿永军）

【惩治刑事犯罪】 年内，全市公安机关破获刑事案件16666起，抓获各类刑事作案成员19047人。坚持领导盯案、合成作战和挂牌督办工作机制，加强调查走访、信息比对、技术侦控和视频查询等传统和现代侦查措施，及时高效惩治严重暴力、涉黑涉恶等恶性犯罪，年内发生的宜兴市太华镇杀人碎尸隐案、宜兴太滆菜场重大伤害致死案、江阴市长泾镇报复杀人案、惠山区堰桥街道新民村杀人藏尸案、梁溪区嘉德花园入室杀人案等48起现行命案全部成功破获，其中杀人案件31起，连续第七年实现现行命案全破。运用DNA亲缘比对、Y染色体等技术手段，破获4起命案积案。加大暴力化程度高的抢劫案件侦破力度，年内发生的72起现行抢劫案件全部破获，全市首次实现现行抢劫案件全破。年内发生的爆炸、放火、绑架等恶性案件全部破获。围绕党的十九大安保工作，组织开展“三打击一整治”（打击传统“盗抢骗”、通信网络诈骗、网络贩枪三类犯罪活动，整治治安复杂地区）、打击“套路贷”（以民间贷款为“幌子”，利用欺骗、胁迫、虚假诉讼等不法手段让受害人“入套”，以达到直接侵害受害人高额财产的目的）犯罪、“冬季攻势”等专项行动。年内破获侵财类案件12631起。推进打黑除恶斗争，坚持“打早打小、露头就打、除恶务尽”的方针不动摇，全年查办3个黑社会性质犯罪组织，破获涉黑涉恶案件659起，通过法院判决涉黑涉恶类犯罪人员1470人。加强犯罪规律特点研究，找准打黑除恶的突破口，紧盯“套路贷”“软暴力”等涉黑涉恶苗头深挖细查，查处“贷恶合流”恶势力犯罪团伙13个、158人，破案300余起。严打制贩枪支犯罪活动，在全力侦破持枪犯罪案件的同时，追查枪源、摧毁窝点，切断枪支销售网络。全年核查涉枪线索2451条，破获涉枪案件120起，其中公安部目标案件3起、省公安厅重点案件4起，抓获涉枪犯罪嫌疑人184人，缴获各类枪支216支，摧毁制贩枪弹窝点25个。创新主动进攻、精确打击模式，提升规模化、集约化打击效能，初步建立信息共享、整体联动、高效率、低成本的打击犯罪新模式。完善破案攻坚机制，建立重大案件自动挂牌督办机制，对7天内没有破获的抢劫和重大抢夺案件，案值10万元以上的现行盗窃案件和案值30万元以上的现行诈骗案件，重大系列性团伙案件以及其他有影响的案件由市公安局进行挂牌督办。推进合成侦查中心建设，全年通过合成侦查梳理、串并案件87串、478起，破获43串、291起，抓获犯罪嫌疑人69人。加强反诈骗中心建设，建立“(警方、银行、客户)三方通话”制度，通过“三方通话”处置诈骗警情11204起，全年拦截诈骗电话25万余条，人工介入劝阻防止发生案件265起，避免群众损失5078万元。办理银行卡止付3743笔，止付金额1.5亿余元；办理冻结3816笔，冻结资金2.8亿余元；办理第三方支付止付1659笔、冻结957笔，冻结资金1.6亿元。围绕侦查办案、布控查缉、网上追逃、信息交流等，加强刑侦协作工作，全年通过与各地刑侦部门协作，破获刑事案件1030起，抓获各类犯罪嫌疑人600余人。开展“利剑7号”等集中追逃行动，全市抓获历年在逃人员546人。

(耿永军)

【刑侦基础建设】 年内，全市公安机关刑事侦查部门加强刑侦基础建设，推进刑事侦查手段、方法和机制的转型创新，整合侦控手段资源，提升惩治犯罪的整体效能。落实市公安局刑侦部门、县区公安(分)局刑侦部门、派出所三级侦查办案责任，突出市公安局刑侦部门“组织、指导、实战”职能，落实入室盗窃犯罪、街头路面犯罪、通信网络诈骗等侦查打击职能，提高攻坚克难、专业打击能力和水平。把刑事技术作为破案攻坚和认定犯罪的重要支柱，紧跟实战，创新手段。提高案件现场勘查率和勘查质量，全部刑事案件现场应勘必勘率97.6%；加强非正常死亡案(事)件现场勘查、走访调查工作；入室盗窃等13类重点案件现场勘查率100%。全市通过指纹系统直接比中案件1627起；DNA系统比中案件3735起。市公安局刑事科学技术研究所电子物证实验室建成投用，参与33起重大案件现场勘查，直接认定犯罪嫌疑人3人。利用足迹、指纹和DNA等技术比对资源服务侦查破案实战，串并案件450串、1296起，为合成侦查工作提供支撑。在公安部组织的全国公安机关刑事科学技术鉴定质量能力验证(盲测)工作中，市公安局刑事科学技术研究所参加盲测的死因鉴定、伤情鉴定、DNA检测、指纹鉴定等12项专业内容连续多年取得全部“满意”成绩。加强市(县)公安局、区公安分局刑事技术室建设，年内，江阴市公安局刑事技术室第四次通过“全国示范刑事科学技术室”评定，宜兴市公安局、滨湖公安分局、惠山公安分局的3家物证鉴定室完成刑事技术机构资质认定现场评审，市公安局刑事科学技术研究所被评为“全国公安优秀基层单位”。开展刑事技术“三个破案会战”(指纹破案会战、人脸图像破案会战、DNA破案会战)，建立“零提取报告制度”，提高现场痕迹提取率、生物检材检出率和比中对象数，确保涉嫌违法犯罪人员信息数据应采必采。对未破积案开展滚动式比对和赴外集中比对。推进人脸图像比对破案会战，建立健全市公安局、县区公安(分)局、派出所三级采集、比对机制，加强价值视频库建设，抓获违法犯罪嫌疑人1103人，破案1330起。

(耿永军)

【惩治经济犯罪】 年内，全市各级公安经济犯罪侦查部门立案查处各类经济犯罪案件1343起，抓获犯罪嫌疑人1374人，移送检察院起诉787人，挽回经济损失6亿元，使企业和群众避免经济损失26亿元。重点惩治关系国计民生、群众利益、市场秩序和社会影响恶劣的重大经济犯罪，成功破获全市首起重大疾病保险诈骗案、涉及全国12个省市的“6·2”特大非法传销等一大批大要案件。推进追逃追赃工作，开展“猎狐2017”专项行动，针对每名境外经济犯罪逃犯的不同情况，逐一制定抓捕方案，全年从4个国家和地区抓获逃犯5人，其中2人为国际刑警组织中国国家中心局集中公布的“百名红通人员”；把挽回经济损失作为衡量案件侦办成效的重要标准，运用刑事、民事、行政等渠道开展追赃挽损工作。开展惩治风险型经济犯罪“云端2017”专项行动，对非法集资，洗钱、地下钱庄，银行卡和银行间债券市场犯罪，骗取出口退税、虚开增值税专用发票犯罪，内幕交易、操纵市场等资本市场犯罪，网络传销、假币、侵犯知识产权和制售伪劣商品犯罪等涉及地域广、涉案金额高、涉网涉众、易引发风险的经济犯罪和区域性、系统性、行业性经济犯罪，加强情报信息收集和研判，适时推进集群作战，适时发起专案行动进行惩治。开展经侦领域涉稳风险隐患排查管控工作，将涉众型经济犯罪涉案人员、投资咨询类公司、P2P等互联网金融以及各种可能涉嫌非法经营的交易场所纳入排查管控范围，对排查发现的各类风险隐患采取化解、打击、治理、预防和防范等管控措施，挤压经济领域违法犯罪空间，全年侦办涉众型经济犯罪案件84起，抓获犯罪嫌疑人388人，移送起诉178人。运用大数据、云计算技术，整合优化相关平台系统的有关功能和数据，建设一体化经侦情报信息平台。坚持情报信息与实战应用相结合，依托海量数据资源，创新数据化导侦机制，初步形成市公安局经侦部门开展综合研判、生成线索、部署核查，基层经侦部门开展个案研判、实施精确打击的工作机制。推广应用涉案资金查控平台，对100家银行机构实现网上查询。推进资金查控手段建设，加强JASS系统(银联司法协助与服务系统)应用，逐步实现对嫌疑人员和单位经济身份、经济状况、经济轨迹和经济风险的专业化查控。全年受理JASS查询300余次，协助抓获犯罪嫌疑人80余人。

(耿永军)

【经侦执法】 年内，全市各级公安经侦部门健全执法质量管理机制，把握执法案件受理、办理和监督三个重要环节，细化制定具体执法操作规程，加强执法监督，提升执法公信力。建立疑难案件定期会商制度，定期与疑难案件侦办民警进行沟通会商，了解案件进展情况，掌握案件特点，针对难点和关键点提出相应侦查方案，加快案件侦办进程。市公安局经侦部门全年进行案件会商60余次，提出针对性建议200余条。建立案件全程监督机制，健全以审判为中心的侦查机制和公安法制部门统一审核、统一出口工作机制，依托案件管理中心(室)，深化“执法公示平台”和“经济犯罪案件侦查监督系统”应用，实现对执法基本要素集约化管理，清晰反映每起经济案件立案、破案、抓获和追赃等全过程主要信息，避免执法过错，促进规范执法。坚持执法质量考评通报机制，开展“百案评查”暨办案卷宗规范专项检查活动，及时通报执法质量情况及考评结果，回顾点评投诉信访件、存在执法问题的案件以及线索核查情况。推进经济犯罪打防控一体化建设，通过加强部门沟通协调、深入走访摸排、舆情宣传等工作方法，构筑经济犯罪“防火墙”，从源头上减少经济犯罪的发生。树立“前置管控”理念，在巩固现有外协领域基础上，加强与银行金融、行政执法和行业协会等部门联动的监测、预警、监管和打击协作机制，以信息互通、高度共享、协同作战为目标，建立定期会商、派驻联络员、线索移送、案件协查等多形式的协调会商机制，形成惩治防范经济犯罪合力，提高对各类经济犯罪预防与处置的效率。开展“连心富民、联企强市”大走访活动以及“深化走访、排查问题、化解风险、服务群众”集中攻坚活动，通过实地调查走访、发放经侦宣传手册等方式，与群众展开面对面交流，与企业探讨风险隐患，倾听群众、企业对经侦工作的意见和建议，为群众、企业解决实际困难和突出问题。在重大节日以及“3·15”消费者权益日、“4·26”世界知识产权日等宣传节点，通过新闻媒体、网络、短信平台、社交软件、社区宣传窗口等向社会公众发布警情提示和防范指导信息。

(耿永军)

【惩治涉毒违法犯罪】 年内，全市公安禁毒部门组织开展“藩篱1号”缉毒行动、禁毒严打整治等专项行动，破获毒品刑事案件702起，抓获毒品犯罪嫌疑人798人，查获吸毒人员5168人次，缴获各类毒品折合海洛因17.8千克。按照“打团伙、破大案、毁网络、抓毒枭、缴毒资”的侦查工作思路，规范部、省、市三级毒品目标案件分级侦办工作机制，侦破部、省毒品目标案件22起。加强专业缉毒队与基层派出所办案合作，严厉打击跨省市贩毒、网络贩毒以及零包贩毒。无锡市被评为全省禁毒严打整治专项行动优胜单位，经验做法被《人民公安报》刊载。优化合成侦查机制建设，研发应用禁毒情报分析系统，加强警种协作，形成合成战力，重特大案件配合侦查率100%，成功侦破公安部目标“2017-599”特大涉外贩毒案等一批大要案件。加强公开查缉机制建设，完善全市16个毒品检查站工作机制，以属地公安机关为主，汇聚各警种资源，将“人、车、轨迹”碰撞比对作为涉毒人员查控的重要手段，实现禁毒堵源截流联查联控机制常态化运作，全年通过公开查缉抓获涉毒违法犯罪嫌疑人80余人，破获100克以上毒品案件4起。会同市安监部门开展易制毒物品和新精神活性物质专项督查和摸底排查，排查走访化工企业6505家，处罚违法、违规企业3家，注销“关停并转”企业35家。建立易制毒物品生产、贩卖、运输环节“入行监测”预警机制，在锡山区试点安装视频监控62个。

(耿永军)

【禁吸戒毒】 年内，市公安局禁毒支队完善禁毒工作客观评价机制，以新闻发布、专题报道、网络刊载等形式向社会公布第三方毒情评估报告，向社会展示禁毒工作成效，加深群众对毒情形势的认识，赢得社会各界对禁毒工作的关注和支持。推进吸毒人员核查管控行动，通过见面核查、电话回访、在线视频和督导检查，全市在册吸毒人员见面核查率95.1%。会同交警部门加强涉毒驾驶人管理，注销486名涉毒人员驾驶证。加强吸毒行为分析研判，落实“逢嫌必检”措施，开展常态化“酒毒同检”联勤工作，开展社会面收戒吸毒人员专项行动，依法执行行政拘留、强制隔离戒毒、社区戒毒、社区康复措施，全年裁决社区戒毒1598人、社区康复256人。实施《无锡市社区戒毒康复条例》，全市社区戒毒康复工作以“硬件规范、软件到位、运作高效”为目标，落实社工经费3000万元，招录专职社工602人，社区戒毒社区康复执行率、阿片类吸毒人员就业安置率分别为100%、91.5%。

(耿永军)

【禁毒宣传教育】 年内，全市公安禁毒部门启动移动互联禁毒宣传阵地建设，注册并在全市推广“无锡禁毒”微信服务号，关注量10万余人。组建禁毒社工互助交流平台“无锡禁毒社会化”微信企业号，210名禁毒社工加入平台。更新完善“无锡禁毒”微博。通过新媒体宣传，扩大禁毒受教育面，全市吸毒人员增长率被控制在4%以下。搭建全媒体禁毒宣传工作平台，成立全国首个全媒体禁毒宣传联盟——正禁毒，突出“正能量、正规化、正在进行时”的文化内涵，整合优秀传媒资源，打造禁毒宣传新模式。推进青少年毒品预防“6·27”工程，成立江南大学“向阳花”禁毒志愿服务学生社团。在“6·26”国际禁毒日期间，以“无锡对毒品说不”为主题，举行《廓清魔障筑藩篱——无锡禁毒工作二十年专题展》、国际禁毒日纪念邮票首发暨江南大学禁毒志愿者服务主题邮局成立仪式。开展无害化集中销毁毒品行动，销毁海洛因、冰毒、氯胺酮、大麻等各类毒品22千克。全市设立集中宣传点60余个，发放禁毒宣传资料、纪念品等10万余份，受教育群众40余万人次。

(耿永军)

【社区警务】 年内，市公安局人口管理支队召开全市社区警务工作现场推进会，就加强和创新社区警务作出部署。推进社区民警“两个就地、三个必到”(社区民警下社区就地着装巡逻、就地接处警，社区发生案事件、抓捕犯罪嫌疑人、刑满释放人员回归社区必到现场)制度，加强常态化考核练兵机制，在2017年度省公安厅组织的全省社区民警练兵竞赛个人项目考核中获得团体第一。组织开展全市优秀社区民警工作法推广活动，市公安局经过提炼总结，选出22篇工作法汇编成册，其中2篇入选全省优秀社区民警工作法汇编。推动矛盾纠纷多元化解，建成“派驻式”人民调解室126个，配备专职调解员247人、兼职调解员242人、人民疏导员367人，全市853个警务室与社区(村)人民调解委员会一体化运作，物建社区街面调解员1056人，将纠纷矛盾化解在萌芽、消化在社区，全年调处各类矛盾纠纷4.2万余起，化解率95%。加强基础工作信息化建设，应用流动人口社会化综合服务管理平台，全面推广实有人口视频门禁系统，以手机“警民通”APP、二维码等移动互联方式，实现治安基础要素智能化、无纸化采集管理。推进群防群治建设，通过电话回访等方式掌握各地群防群治工作质态。

(耿永军)

【户籍制度改革】 年内，市公安局根据国务院《关于深入推进新型城镇化建设的若干意见》《推动1亿非户籍人口在城市落户方案》等户籍改革要求，结合无锡实际，对2014年颁布实施的《无锡市户籍准入登记规定》进行修订,并经市政府批准后于9月1日起在全市施行。修订后的规定取消原规定中对购房、投资纳税、文化层次等落户限制,全面放开放宽高校毕业生、技术工人、职业院校毕业生、留学归国人员等重点群体的落户条件，并将办理租赁登记备案的租赁住宅作为合法稳定住所认定。至年底，依据新规定为8.2万余人办理户籍登记事项。制定市内户口“强制迁移”规定,对因所有权转移,住所内原户口未迁出,现所有权人可申请将原登记人员户口迁出,在公安机关调查核实、经告知仍不迁户的，按规定将其户口迁至社区家庭户，有效解决房屋所有权转移后户口滞留原址拒不迁出引发的矛盾纠纷。拓展市内户口投靠递进式解决政策，将市内户口迁移的投靠范围由父母与子女、祖孙之间相互投靠,放宽至兄弟姐妹之间,对失去房屋所有权或者使用权、无其他合法稳定住所、无直系亲属投靠且无单位集体户可迁移的，允许迁入其兄弟姐妹户内，解决部分无房群众户口投靠迁移困难。优化居民身份证便民服务工作，推进居民身份证“三项制度”(居民身份证全国异地办理、挂失申报和丢失招领)建设;创新推出居民身份证“满意拍”服务，坚持为每位办证群众拍摄不少于3张数字相片，由办证群众选择其中1张本人满意的相片用于制证，提高办证群众对证件质量的满意度。推行上门办证、邮政专递、委托代领等服务，解决特殊困难群众办证、取证难问题。于10月份在全省率先推出省内跨地市户口迁移“一站式”办理业务,至年底,办理相关业务782项。在全省率先完成户政业务“微警务”上线,做优服务群众“最后一公里”。

(耿永军)

【流动人口管理】 年内，市公安局人口管理支队在全市组织开展出租房屋和流动人口管理集中攻坚、出租房屋安全隐患集中整治等专项行动,做好源头排查、隐患整治、违法查处等各项工作,采集群租房结构、居住人员情况、违法租赁、安全风险隐患等相关信息，全年新登记出租房屋14.3万余户、流动人口186.2万余人，新签订治安责任书46.7万余份，整改各类治安隐患2.33万余处,处罚违法出租户主409人。开发应用流动人口社会化综合服务管理平台,推行基于互联网的“出租房屋二维码+APP”工作模式,对出租房屋安装二维码电子标识，社区民警用手机即可在线完成房屋人口的审核和管理，而外来人员只须登录政务网站或使用手机APP就能自助申报。创新推广群租房安全隐患采集流转机制,制定《全市公安机关出租房屋治安管理处罚指引》,完成全市10人以上群租房安全隐患信息采集工作，将超出公安管理职能的违法租赁行为和安全隐患信息向住建、消防等管理部门流转，并通过联动形成多部门共管共治、联合查处、依法打击的良好格局。通过流动人口社会化综合服务管理平台，加强与人社、房管等部门的信息交流协作,解决流动人口信息跨部门共享、应用难题。

(耿永军)

【治安行政管理】 年内，全市公安治安管理部门创新管理理念，提升治安防控、打击整治、社会治理和行政管理服务水平。加强治安基础建设,全年核查行业场所单位7485家次,采集更新单位信息11541条,即时掌握典当、汽车租赁、机动车修理等行业交易信息。研发应用民宿治安管理信息系统,严密对农家乐、慢游居等新兴行业的管控。落实分级管理机制，加强娱乐服务场所治安秩序整治，全年运用手机APP检查单位25万余家次，发现整改问题584处,查处违法违规经营娱乐服务场所76家。严格落实旅馆业验证登记制度，全年查处违法违规经营旅馆995家次,抓获在逃人员240人。加强公共安全监管，推动寄递行业“收寄验视、实名收寄、过机安检”三个100%安全制度的落实,全年检查寄递单位7231家次,整改安全隐患782处。加强涉危安全隐患排查整治,全年检查涉及危险品单位2.2万家次,发现并整改问题340处,确保不发生危险物品丢失和被盗抢。推进高速铁路周边视频监控建设,建成探头123个。整治突出治安问题,全年完成涉娼涉赌犯罪公诉数979人、涉假犯罪公诉数63人。开展夏季治安打击整治等专项行动，全年办理涉黄涉赌涉娼刑事案件485起、治安案件2290起,其中公安部督办案件3起、省公安厅督办案件5起,全市挂牌整治的17个涉娼治安重点地区治安面貌持续好转。开展打假“利剑”行动,全年办理涉假犯罪案件59起，抓获犯罪嫌疑人104人,其中公安部督办案件2起,史某某等人生产销售伪劣产品案被中国惠普公司评为2017年度十大经典案例之一。加强“缉枪治爆”专项工作,全年查处涉枪涉爆案件168起,查处易制爆炸物行政案件585起,收缴枪支475支、子弹7万余发、管制刀具1815件、烟花爆竹2.4万余件,协调处置剧毒、易制爆炸物危险化学品2.6吨。推动治安管理改革创新，在全省率先将公章刻制业和典当业行政许可权力事项下放至市(县)、区公安机关审批,压缩7个事项的审核时限,将16个事项纳入政务服务“一张网”运行,治安类行政权力事项审核办理时间全面缩短至法定时限的40%以下。完善情报导侦机制，破获公安部督办“渔乐王国”手机APP开设赌场案等新型案件。创新汽车流通协会信息系统并联共享机制。全面推行“公安取证、邮管处罚”机制,全年会同邮政部门联合查处违法寄递企业150家。加强保安行业监管，推动保安服务企业“跨出一步”“联勤联防”机制常态运行，全年通过义务巡防活动抓获违法犯罪人员295人。加强民用无人驾驶航空器(简称“民用无人机”)管理，在全国率先颁布实施地方性法规《无锡市民用无人驾驶航空器管理办法》,建设应用“无锡市民用无人驾驶航空器管理服务系统”,全年采集登记民用无人机信息1700余架、驾驶员2000余人,收到飞行报告6500余次,为全市低空空域安全监管提供法律和技术保障。

(耿永军)

【网络安全监管】 年内，全市公安网络安全保卫部门加强网络社会综合防控体系建设,提升网上打击、防范、管理、控制实战能力,有力保障全市网络社会整体稳定。实施情报指导警务战略,严格落实网上情报信息搜集、落地核查反馈、舆情导控等工作措施,加大网上巡查处置力度。严打涉网违法犯罪,净化网络运营发展环境,组织开展"打击整治黑客攻击破坏和网络侵犯公民个人信息"、打击"盗抢骗"等专项行动,全年侦破网络犯罪案件202串(起),其中公安部督办案件7起,抓获犯罪嫌疑人1152人;参与侦破通信网络诈骗案件78串,抓获犯罪嫌疑人628人。破获公安部督办的无锡"8·16"侵犯公民个人信息案件,被公安部评为2017年打击整治网络侵犯公民个人信息专项行动十大精品案例之一;破获公安部督办的宜兴"5·23"非法破坏计算机信息系统案件,是全国破获的首起驾培仪作弊器案件,对同类案件的侦办具有较高的参考范例价值。全年无锡公安反信息网络诈骗平台拦截诈骗网址、病毒木马链接近1亿次。加强网络阵地基础管控,网吧安全管理系统和视频监控系统安装率、在线运行率100%,网吧上网人员实名登记率99.5%,试点网吧人脸识别技术,完成280家网吧视频监控联网;全年检查网吧19817家次,行政处罚41家次,通过网吧系统抓获在逃人员51人;对全市医院、大型购物中心等1.1万个场所5.3万个无线热点、3700余辆覆盖WiFi无线信号的公交车、620家宾馆酒店落实上网安全审计措施。对信息安全等级保护三级系统单位、部分涉及国计民生信息系统运营使用单位、重要ICP(网络内容服务商)、IDC(互联网数据中心)、CDN(内容分发网络)执法检查90余家次,初步认定33个信息系统为无锡市关键基础信息设施。全市备案的630个重要信息系统中,第三级系统测评率90%以上。依托"智慧无锡信息安全服务平台",累计检测页面190余万个,发现暗链、挂马以及有害信息等安全事件220起,发现系统漏洞7000余个。通过检测、监测,点对点通报各网站系统运营使用单位210余家次,对存在较大安全隐患的7家单位责令落实整改。通过安全评级,发现通报高危网站280个,中危网站170个,有效提高全市的互联网网站系统的安全防护水平。市公安局电子物证检验鉴定中心通过中国合格评定国家认可委员会(CNAS)审核,被授予CNAS认可资格。

(耿永军)

【公安监所管理】 2017年,全市公安监管部门按照建设"忠诚、平安、法治、文明、智慧、有为"监管要求,打造升级版"平安型、实战型、法治型、科技型、人文型"公安监管,推进监管场所安全管理、教育感化深挖犯罪、基础保障、规范化执法等重点工作,确保全市公安监管场所安全文明、规范有序,没有发生在押人员脱逃、非正常死亡等责任事故,没有发生一起涉及监所的负面舆情。加强看守所"五化建设"(勤务模式科学化、执法行为规范化、管理工作精细化、监管手段信息化、设施保障标准化)、拘留所"三项重点工作"(规范执法、创新管理和化解矛盾工作)和强制隔离戒毒所"两基础四深化"(夯实执法管理工作基础、医疗工作基础,深化教育康复社会化、禁毒宣传、教育感化深挖犯罪和信息化建设与应用工作)工作,分类细化和规范在押人员一日生活作息制度,提升监所管理水平。全市10个公安监管场所全部达到三级以上等级,其中二级以上监所等级率80%,无锡市拘留所和江阴市拘留所分别晋升为一级所和二级所。发挥监管场所在管理手段、时空条件和信息资源等方面的优势,加强对教育感化深挖犯罪工作的组织领导、检查考核,完善与各警种部门协作机制和违法犯罪线索查证反馈、破案奖励激励、经费装备保障等长效工作机制。全年协助办案单位破获各类刑事案件167起、行政案件145起,抓获违法犯罪人员164人,侦获网上在逃人员31人,缴获枪支1支、各类毒品36.78克。探索建立符合监所特点的医疗卫生专业化建设道路,投入120余万元改造专业医疗用房和购置必需医疗器械;与社会医疗机构建立协作关系,每年投入160余万元用于医院医务人员派驻巡诊工作,有效缓解监所医务力量不足的问题。预算3800万元的市区监所安防系统数字化改造工程获市发改委批准立项,至年底完成环保、节能评定工作,进入招投标程序。依托监管业务"微警务"平台,向社会公开监所执法规范、办事流程、在押人员学习生活消费等信息,通过律师、办案人员和家属会见预约功能,及时接受办理网上、手机咨询、投诉和建议。发挥市拘留所"监法对接"社会矛盾化解、收容教育所"四给"(给文化、给法制、给健康、给技能)工程、强制隔离戒毒所禁毒教育馆和市第一看守所"雨露学堂"等服务社会综合治理基地的作用。全年办理律师及在押人员家属预约会见500余人次,化解被拘留人员社会矛盾35起。

(耿永军)

【惩治食品药品和环境领域犯罪】 年内,市公安局食品药品和环境犯罪侦查支队开展食品药品打假"利剑"行动、惩治环境犯罪"清水蓝天"等专项战役,投入全市"两减六治三提升"(简称"263"行动)专项行动,破获食品药品环境犯罪刑事案件264起,抓获犯罪嫌疑人604人,查获各类假冒伪劣食品药品4万余件,捣毁生产加工窝点200余个,涉案价值1亿余元。坚持"追源头、捣网络、端窝点、打团伙"理念,组织全市公安机关开展惩治破坏环境资源犯罪、惩治在食品中添加罂粟壳行为和惩治固体废物违法转移等专项行动,侦办公安部督办案件7起、省公安厅督办案件15起。组织对全市食品药品和环境领域相关的大、中型重点市场、企业走访排查,收集获取食品药品和环境领域人、地、物、事、单位等基础信息,落实各项动态管控措施。利用大数据研判犯罪发展趋势,及时发现和掌握苗头性信息,发挥情报导侦防范作用。举办全市公安机关食品药品和环境犯罪侦查业务培训班,围绕食品药品和环境相关法律法规规章解读、食品药品安全常识、涉案物品检验鉴定、刑事证据调取固定、侦查技战法交流等内容,对230余名基层民警进行实战业务培训,提升全市公安机关侦办食品药品和环境犯罪的能力水平;10名民警取得办理环境污染刑事案件现场采样相关资质。牵头搭建"食品药品行政执法与刑事司法衔接"信息共享平台,畅通与行政部门、司法机关间信息共享渠道,加强驻市环保局、市食药监局警务室建设和与行政执法部门的日常沟通对接，全年召开联席会议17次，进行联合执法打击40余次。会同市环保局、市盐务局开展“263”、“锡盐利剑”Ⅱ号、Ⅲ号等联合执法行动，维护全市环境安全和用盐安全。对重大、敏感和新型案件，提请检察院、法院提前介入，会商侦查思路，统一执法认识，确保打击处理到位。构筑警企协作窗口，与阿里巴巴集团平台治理部建立惩治食药犯罪长期协作关系、与阿斯利康制药有限公司等10余家企业建立警企交流协作机制。开展全市环境问题联合大接访活动和食药环安全宣传进社区、进厂企、进机关主题宣传活动，发放宣传资料3000余份。按照“CNAS-CL08准则”的要求完善《食药环侦检验鉴定管理系统》并在全市推广应用，全年检验检材433份，定性问题检材219份，为基层办案单位送检264份。拓宽检测范围和种类，减肥类保健食品非法添加西药的检测从2大类、8种拓展到7大类、60余种，为惩治保健品非法添加类犯罪提供强力技术支持。

（耿永军）

【单位内部安全保卫】 2017年，全市各级公安单位内部安全保卫部门创新工作理念，优化运行机制，增强防控质效，打造现代单位内部安全治理体系。围绕重点领域、重点阵地、重点群体和重点人员，加强情报信息工作，落实信息化管理。开展单位治安突出问题专项攻坚，将70余名不合格校园保安员调离岗位，新招80余名50周岁以下、持证上岗的校园保安员。全市917所中小学幼儿园视频监控联网率66.6%，874所校园加高围墙或安装电子围栏，743所校园安装防撞防护栏，761所校园门外划设安全区域。内保列管单位视频监控联网接入率61.2%，加强医院、加油站等易受袭击目标防冲撞设施等物防建设。整治成品油经营，取缔非法加油站（点）34个，查扣非法流动加油车56辆，查扣非法油品74吨。采集三级治安保卫重点单位1340家、“四上企业”（指规模以上工业企业、资质等级建筑业企业、限额以上批零住宿餐饮企业、限额以上服务业企业）6939家，其他应纳入内保管理的单位7619家，整合汇聚银行金融、医疗就诊、教育培训等动态数据。会同市商务局、市工商行政管理局、市安全生产监督管理局发文加强散装汽油管控治理，与全市490家加油站点签订安全管理责任书，加强背景审查、实名购买登记、掌握去向用途、跟踪管控处置。创新现代内保警务，研发运行平安校园管理预警系统，通过信息化手段对特定学生群体的学习、生活、行为动态等治安要素进行动态管理，推动实现信息采集实时化、预警提示超前化、风险评估精细化、服务实战智能化。完善“外勤助手”巡更版管理考核平台，依托“互联网+”手段，实现对256家银行夜间巡防保安的安全专业巡防工作实时化、精确化管理，全年全市自助银行、自助设备未发生存取款人员被袭击案件。开展新一轮“平安企业”和“平安示范校园”创建工作，提高创建标准、完善创建形式、严格创建要求，构筑企业、校园平安高地。发挥人民医院警务室典型示范效应，在市中医医院、市第三人民医院开展实体化运作医院警务室建设。建立完善全面覆盖、重点突出的单位内部治安保卫常态监管机制，依法推动内部安全责任体系健全完善、治安隐患及时查改、防范措施有效落实。依照《江苏省企业事业单位内部治安保卫条例》，办理行政案件304起。对105起单位重大可防性刑事案件进行倒查。立案查处重大责任事故等6类危害生产安全刑事案件33起，起诉24起，对31人采取刑事强制措施。

（耿永军）

【鼓励见义勇为行为】 年内，市公安局和市见义勇为基金会表彰1332人次，发放奖金255万元。组织开展全市见义勇为先进模范、先进分子评选表彰活动，围绕公安中心工作出台见义勇为专项奖励办法。推选见义勇为人员参加全国、全省先进评选活动，3人入选“中国好人”，15人获得“江苏省道德模范”“江苏省见义勇为先进分子”等荣誉称号。加强与宣传部门、新闻单位沟通协作，发动新闻志愿者宣传见义勇为行为，全年被中央和省、市媒体报道168篇（条），在市级主流媒体刊播见义勇为公益广告17次、宣传片20期（次）。开展第一届“见义勇为宣传日”活动，组织创作一台以见义勇为行为为主题的广场文艺演出。落实见义勇为权益保护政策和措施，全市各级见义勇为组织走访慰问见义勇为人员及家庭319人次，发放慰问金、抚恤金53.7万元。落实见义勇为牺牲、伤残人员优抚保障长效机制，全年抚恤、补助见义勇为牺牲、伤残人员家庭11户，发放抚恤金、补助金19.42万元。做好见义勇为人员优惠进公园证、乘车证、就医优待证发放和报纸赠阅工作。提升见义勇为工作法治化规范化水平，向市人大常委会和法制部门提出见义勇为地方立法建议，组织开展立法调研。市委办公室、市政府办公室联合印发《关于进一步加强见义勇为基层基础建设的意见》。推动区级见义勇为基金会组建工作。开展见义勇为工作站示范点创建工作。组建新闻文化、医疗卫生、驾驶员、快递、物业、地铁和环卫工等10支志愿者服务大队，新招募1000余名志愿者参与各类志愿服务活动。

（耿永军）

【预防压降交通事故】 全市各级交警部门完善安全风险管控机制，实施城市交通管理交通秩序系列大整治，开展道路交通安全攻坚行动，确保全市道路交通安全态势平稳，交通事故死亡人数连续第14年下降。市公安局交警支队推进文明交通乡镇（街道）、文明交通社区、文明交通学校、文明交通企业“四个文明交通建设”，会同市综治办制定《2017年全市交通综治工作指导意见》，落实党委政府属地管理责任，推动安全隐患整改和四个文明交通创建工作，协同开展“僵尸车”清理等专项行动。结合文明城市创建，推进企事业单位、商家门前交通管理“三包”责任，开展文明交通志愿者服务和社会各界“认领斑马线”“礼让斑马线”等活动，初步形成共管共治格局。推进8处市级督办道路交通安全隐患排查整改工作，会同整改责任单位制定整改方案，与市、区两级公路部门对接协商，加快施工审批，年内限期整改的7处安全隐患全部整改到位。结合“三个不发生”（不发生暴恐案事件、不发生在全国有重大影响的大规模群体性事件、不发生重大公共安全案事件)创建活动,组织开展“排隐患压事故”百日攻坚会战和交通安全冬季攻势等专项行动,制定无锡市重大道路交通安全风险隐患清单,明确分工职责,限期整改落实。全市梳理一类、二类隐患路段217条,整改重点安全隐患441处,整改率92.45%。全市24处重大道路交通安全风险隐患,有17处完成整改。加强“两客一危”(指从事旅游的包车、三类以上班线客车和运输危险化学品、烟花爆竹、民用爆炸物品的道路专用车辆)、校车等重点车辆风险防控,落实精细化源头监管手段,开展隐患歼灭战等专项行动,清理1717辆逾期未检验、未报废的大中型客货车及1466名逾期未审验、记满12分未降级的AB类驾驶人,重点车辆检验率、报废率及驾驶人审验率100%。会同市交通运输、安监等部门健全完善隐患突出企业联合约谈、专项行动联合检查督导、安全隐患联合整改处罚等源头监管机制,夯实交通安全源头监管基础。

(耿永军)

夜查酒驾 (薛公宣 供稿)

【路面交通组织管理】 年内,全市机动车保有量187.9万辆,比上年增加6.19%;机动车驾驶员225.9万人,比上年增加7.38%,加之地铁3号线、地铁4号线和江海西路、蠡湖大道、凤翔路快速化改造等重点工程全面开工建设,保道路畅通工作压力巨大。全市交警部门以城市交通畅通为目标,改革勤务机制,实施严管整治,着力提升城市交通精细化管理水平。推进“情报指挥勤务”一体化建设,通过警方媒体联动、互联网地图、道路视频监控等渠道,整合各类道路交通信息资源,全面掌控全市道路交通情况,发布各类交通诱导信息,精确指挥周边警力快速反应,及时处置各类警情。推行“三岗一骑”勤务,在中心城区、太湖新城等重要区域的重要路口、繁华路段和中小学校周边设立示范标准岗、共产党员先锋岗、巾帼护学岗等固定岗30余处,强化两高峰时段周边道路交通指挥、秩序管理和排堵保畅,组建交警铁骑队,实施“铁骑”勤务,提高路面见警率和管事率。结合全国文明城市复检等重点工作,部署城市交通秩序大整治,开展夜鹰、星火、清路、治微、猎飚、堵源“六大行动”,坚持全市集中统一行动和区域自行开展整治相结合、现场查处和非现场执法相结合、路面整治和宣传教育相结合,实施千警上路、领导带头和联合执法等三大机制,运用人脸识别等先进技术严管严处各类突出交通违法行为,全市累计查处各类交通违法行为914.6万起。自12月1日起,对“电子警察”抓拍的违法行为全面实施记分管理措施,规范机动车通行秩序,提升驾驶人安全行车、文明守法意识。将市区51个交通路口、72条主次干道、4条商业大街列入严管路口、路段,推进“三个责任”(交通路口承包责任制、主要道路承包责任制、突击执法队承包责任制)落实。强化道路施工区域保障,会同市交通局、市运管处、市交通产业集团、无锡地铁集团等有关部门,制定完善施工交通组织保障方案,梳理改造交通拥堵节点20个,将施工交通影响降至最低。完善高速公路排堵保畅机制,加强苏锡常区域性警务合作,细化诱导分流、应急响应等工作措施。运用无人机开展“猎鹰”专项整治,确保高速公路应急车道安全畅通。加强高架道路早晚高峰期间秩序管理,在高架道路拥堵节点部位设置定点疏导岗,强化动态执勤执法,实现警情主动发现、事故快撤快处。完善重大节假日和大型活动联合指挥协调机制和应急处置预案,提前开展重点景区、高速公路等重点区域交通态势研判预警,落实交通组织、指挥疏导、警力保障、宣传引导、应急处置等措施,圆满完成元旦、春节、清明、五一、端午等节假日大流量交通保障工作,以及2017无锡马拉松赛、网民环太湖徒步大会、江苏发展大会无锡站活动、世界物联网博览会等系列大型活动交通安保工作任务120余场次。

(耿永军)

【交通安全宣传教育】 年内,全市交警部门以实施文明交通行动计划为载体,创新理念,健全机制,丰富载体,构建社会化宣传网络,传播“自律、包容、礼让、文明”的现代文明交通理念。加强警方与媒体的合作,做强《无锡日报》、无锡电视台、交通电台《交警在线》《警方交管》等固有栏目,在《无锡日报》设立“2017年关注畅通出行”和“红绿灯下”新栏目,全年播出(刊发)专题内容418期。按照“报纸有文、电台有声、电视有影、网络有平台”的要求,以专题访谈、新闻发布会等形式，开展排堵保畅、秩序整治、文明礼让等专题宣传，全年召开新闻通气会、新闻发布会21场，各级媒体播放交通安全宣传专题片600余次、游走字幕1.9万条次、公益广告1.4万条次，媒体宣传报道1200篇（条），其中中央级媒体25篇（条），省级媒体44篇（条）。依托"无锡交警"官方微博、微信等新媒体，推送主题1260余条，同步开展执法直播3次，微博、微信平台关注用户130万余人次。投资193.5万元升级改造市交通安全教育体验基地，建成4大类、24项采用多媒体、3D演示、虚拟全息影像、互动式沙盘、实体展示、体感游戏等技术手段的体验项目，年内接待参观体验群众1200人次。在市区70条重点人行横道线，以社会认领共治与交警严管执法相结合，开展"礼让斑马线、文明在锡城"主题活动，倡导机动车礼让行人、礼让斑马线，开展礼让斑马线承诺传递、认领斑马线、礼让斑马线点赞等系列活动。以"尊法守规明礼、安全文明出行"为主题，会同市交通委、市安委会和交通台举办"122"全国交通安全日主题活动，宣传法治交通、文明交通精神。

（耿永军）

【交通治安防范控制】 年内，全市交警部门围绕党的十九大安保，立足路面一线，发挥机动优势，加强交通治安巡逻防控、科技监控设施实战应用和重点车辆查缉布控，服务社会治安维稳大局，全年抓获各类违法犯罪嫌疑人112人。依托公安检查站、交通治安卡口，提升社会面巡防等级，坚持"三必查"（逢车必查、逢人必查、逢疑必查）原则，运用全国机动车缉查布控系统，强化"两客一危"等重点车辆安全检查。织密交通监控网络，在全市40余个交通治安卡口、2个公安检查站部署建立集成指挥平台，加强深度应用，全年检查登记重点车辆22163辆，查获各类重大违法车辆5200余辆、无证驾驶人员372人、假（套）牌车辆36辆。加强情报研判查处机制，查获套牌车、多次违法未处理、逾期未检、无证驾驶等严重违法行为55起。扩大"汽车电子围栏"覆盖面，全市累计安装汽车电子标识4.5万枚，建设读写设备292套。发挥"汽车电子围栏"动态监管作用，全方位、全过程监管重点车辆运行情况，及时抓拍、拦截重点违法车辆，全年抓拍重点车辆违法行为1.6万起，并以此为依据建立车辆所属单位、个人信用评价红黑榜。基于汽车电子标识，研发应用新版工程车管理系统，对全市200余家工程车单位、500余处工地以及1.3万辆货车、工程车、"两客一危"等重点车辆实现电子化户籍管理。

（耿永军）

【车辆驾驶员管理】 年内，市公安局交警支队坚持亲民、便民的服务理念，做好车辆驾驶员管理工作。开展全国统一机动车号牌选号系统、新能源汽车号牌试点工作，在全市新增3处号牌现场制作点，完成机动车上牌27万辆、发放新能源汽车号牌2620副。推进邮政营业网点代办交管业务试点工作，在全市13家邮政代办业务试点服务站推出3大类、15项车辆驾驶员管理便民服务，受理办理业务1720件。在全市16家机动车检测站推出网上车检预约服务，服务网点覆盖城乡、预约时限精确到时，服务群众3.4万余人。简化驾驶证办理业务，贯通驾驶员体检拍照、关联环节影像采集等办事流程，实现"无纸化、无往返"便民操作。贯彻"互联网+交管"理念，加强移动端服务功能建设，推出微信平台违法自助处理和交款功能，并同步推广到"支付宝"城市服务中，日均自助处理交通违法4000余起。提高交通事故免票据理赔标准，打通快速赔付通道，缩短赔付周期。推进公安部互联网道路交通事故在线快速处理平台及"交管12123"事故在线快速处理手机APP软件模块试点工作，驾驶员发生轻微事故后，通过"交管12123"APP软件采集所有当事人证件信息及证件照片上传，就能到保险公司定损和理赔。研发货运车辆通行证网上办理自助操作系统，货运车辆驾驶员通过手机即可进行网上查询和办理货车临时通行证，日均办理250张。对1762家运输企业开展重点群体、重点人员和重点单位走访排查活动，排查各类交通安全隐患621条，协助解决问题40个。成立"党员服务队"，服务基层和企业，上门到红豆集团、村田电子等有影响力的企业提供交管服务，解决问题46个。

（耿永军）

【消防基础建设】 年内，全市投入消防业务正常性经费6188.56万元。市公安消防支队结合地方发展和消防队站建设实际，制定《无锡市2016~2018年消防车辆装备购置计划》和《江阴、宜兴2017~2019年装备建设规划》，以及《江阴化工装备购置方案》。全年投入1.6亿元，购置远程供水泵组、城市主战消防车、高层供水消防车、大跨度举高喷射消防车、多剂联用消防车、多功能救援机械等38辆各类消防车；投入1700万元购置各类器材装备，推进现有消防车辆装备的提档升级。开展"基于物联网技术的消防装备智能管理系统应用示范项目"研发工作，落实2000万元项目资金。投入5000万元建设大数据指挥中心，推进各消防大队营房改造和营区设施升级工作。统筹协调城乡消防工作，完成3个重点镇及其他建制镇的消防专项规划编制任务。全市85%的乡镇（街道）实现消防安全网格规范化管理，61个乡镇（街道）纳入基层综合服务管理平台。全市39个商业区、旅游区、开发区等重点单位集中区域全部建成区域消防联防组织。全市484个街道社区、3606个重点单位建成微型消防站。按省消防总队"863"（8必看、6必测、3必练）熟悉法开展熟悉演练，全年熟悉单位2100余次、实地演练1450余次，完成"863"系统电子台账600余份。结合冬季和夏季火灾防控要求，完成全市高层、地下建筑、超大综合体和石油化工等重点单位熟悉工作。至年底，全市有消防站（中队）50个，现役官兵706人，合同制消防员919人，各类消防执勤车辆199辆。全年全市接警13969起，出动14610队次，出动车辆27492车次，出动人员148180人次，救出遇险人员863人，疏散人员279人，抢救财产价值约2851万元。参与处置"2·16"惠山区荣华特种油品有限公司火灾、"8·24"江阴丹玛建材家居城火灾等急难险重任务。圆满完成党的十九大、世界物联网博览会、"一带一路"国际合作高峰论坛、江苏发展大会等重大活动期间的消防安保工作。

（耿永军）

【消防安全监管】 年初,市委、市政府与各市(县)、区政府签订《2017年度消防工作目标责任书》,将消防工作纳入全市平安建设、社会治安综合治理和安全生产等方面的考核内容。各级政府针对年度消防重点任务和区域性消防安全问题,先后30余次召开会议传达落实责任。各级党政领导多次对消防安全工作做出批示,并带队检查督导70余次。落实消防安全委员会常态化运作机制,形成齐抓共管的良好格局。市公安消防部门会同市质量技术监督、市场监督管理局共同查处假冒消防产品,集中销毁伪劣防火门1000件、灭火器300具;推动全市卫计、旅游等部门开展医疗卫生系统、旅游行业消防标准化管理;指导全市卫计系统、教育部门开展消防演练25次;会同市公安、安监、旅游、民宗、卫计等部门开展行业普查28次、联合督查12次。组织开展夏季消防安全检查专项治理、冬春火灾防控、消防安全大检查等消防隐患专项整治,以及高层楼房地下建筑、城市大型综合体、宗教建筑消防安全整治等集中整治行动,重点加强养老院、福利院、幼儿园、医院、商场市场、大型综合体等人员密集场所以及易燃易爆危险品场所的消防监管,加强行业性、区域性隐患整治工作。围绕重大活动和重要节日,加强消防安全保卫工作。全市调整确定消防重点单位3606家,定期召开全市星级酒店、沿江石化单位消防安全联席会议,推动重点单位全面落实消防主体责任和"六加一"安全防范措施(即开展一次消防安全评估、签订一份消防安全承诺书、维护保养一次消防设施、组织检测一次电气和燃气线路设施、全面清洗一次油烟道、集中培训一次全体员工和建立一支志愿消防队)。指导化工企业完善"一企一档"消防管理档案建设。开展消防安全"大走访"活动,指导保利广场、招商城等消防隐患突出的场所制定治理方案、落实风险防范措施,走访危化品企业599家、重大火灾隐患单位39家。落实消防约谈、公开检查情况、严格监督执法、组织媒体曝光和失信惩戒等五大措施,全市排查大型商业综合体67家、高层建筑6701栋、易燃易爆危化品企业643家、"群租房"1834户、不放心单位58家,检查28947家单位,督促整改火灾隐患或违法行为32192处,临时查封单位231家,责令"三停"(停产、停业、停止使用)302家。全年完成34处重大火灾隐患和1处区域性火灾隐患整改工作。落实消防大数据建设应用工作,推广使用"安全服务云"APP,将消防职责和要求落实到具体岗位和个人,实现消防事件全程可追溯,同时将社会单位与消防设施维护保养机构直接关联,提高维护保养效率,为维护保养机构评级管理、消防产品生产单位改进产品提供依据。至年底,"安全服务云"APP系统收录单位3533家,覆盖建筑3993栋,记入档案的消防设施设备207863个。改革消防行政审批,优化消防行政许可办理程序,提前介入地铁4号线、万达城等重点工程建设项目,提高审批服务质量。全年完成建筑工程项目审核679个,验收项目475个,设计备案抽查466个,验收备案抽查348个,办理公共聚集场所开业前检查项目2014个。

(耿永军)

【消防宣传教育】 年内,市公安消防部门结合消防安全"网格化"管理工作,在全市各街道社区设置消防安全指示牌,在各镇(街道)便民服务中心设立消防宣传资料取阅点,在全市388个小区新建1281处消防宣传栏(橱窗)、单元楼道设置12700块消防宣传标牌。在梁溪区南长街历史文化街区、江阴市临港新城和澄江街道建成3个消防主题公园,全市建成10余个具有消防安全科普知识的社区安全文化一条街。在地方主流媒体开设电视、广播、报纸消防宣传专栏,开展消防宣传教育,年内曝光火灾隐患单位23家。在全市216条公交线路和地铁1号、2号线9351个移动终端开设《消防零距离》专栏。在全市22条公交线路、64辆公交车车身上设置消防公益广告。在微信、微博、QQ号、一点资讯等网络平台开设官方账号,每日向"粉丝"推送消防资讯和提示内容。全年每月初和重要节假日向市民和重点单位负责人、消防安全管理人发送提醒短信5万余条。在江阴市试点消防宣传"进电梯"工作,投入专项经费35万元,2168部电梯、250台候梯视频机成为消防宣传阵地,定期发布消防安全提示内容。在全市开展"全民消防我代言"活动,471名来自各行各业的劳动者担任消防宣传公益使者,结合各自职业特色传递消防正能量;会同美团外卖、ofo共享单车、滴滴专车等企业,开展"共享平安,传递幸福"主题活动,成立由114名美团专送骑手和滴滴专车司机等组成的"送安全小分队",在专车、共享单车、外卖保温箱上粘贴消防宣传标语,以及在外卖订单内加赠消防安全知识彩页等形式,将消防宣传教育触角延伸至群众的衣食住行各方面。成立"萌橙会"消防小卫士俱乐部,3000余名少年儿童报名登记,开展"萌橙会"少年儿童消防主题活动2期。开展消防宣传"进军训"活动,在全市各高校、中学开展消防知识讲座、消防运动会和疏散逃生演练等消防综合宣传教育活动39次,8万余名师生受到教育。制作"锡城卫视"消防专题宣传片,在全市开展消防征文、绘画、摄影比赛。开展"有我有安宁"警营开放日、"119消防"主题宣传日等特色宣传活动。

(耿永军)

【火灾情况】 2017年,无锡市发生火灾2230起,死亡7人,伤16人,直接财产损失2887.9万元。与上年相比,火灾起数、死亡数、伤人数、直接财产损失数分别下降45.50%、50.00%、52.94%、34.88%。未发生群死群伤等恶性火灾事故。

按行政区域划分:新吴区发生火灾468起,占全市火灾总数20.99%。江阴市发生火灾451起,占总数20.22%。滨湖区、宜兴市、惠山区各发生火灾417起、284起、246起,分别占总数18.70%、12.74%、11.03%,梁溪区、锡山区火灾相对较少。

发生火灾区域分析:集镇镇区火灾起数多、损失重。全市集镇镇区发生火灾1075起,占总数48.21%;城市市区发生火灾482起,占总数21.61%;县(市)城区发生火灾134起,占总数6.01%;农村发生火灾410起,占总数18.39%;公路火灾、开发区旅游区火灾分别占总数3.99%、1.12%。

起火场所情况分析:住宅宿舍

表 20　　2017 年无锡市火灾情况

地区＼项目	成灾数(起)	死亡人数(人)	受伤人数(人)	经济损失(万元)
江阴市	451	0	4	481.8
宜兴市	284	1	1	221.8
梁溪区	215	0	3	754.3
锡山区	149	1	1	388.7
惠山区	246	1	1	500.7
滨湖区	417	3	1	223.4
新吴区	468	1	5	317.2
直属单位	0	0	0	0.0
合　计	2230	7	16	2887.9

(市公安消防支队)

火灾起数多、伤亡重。全市住宅火灾共导致 6 人死亡、6 人受伤，死亡人数、受伤人数分别占总数 85.71%、37.50%。起数较多的有住宅宿舍火灾和交通工具火灾,各发生火灾 870 起、412 起，分别占总数 39.01%、18.48%。厂房、物资仓储、餐饮等场所的火灾也相对较多。

火灾原因分析：电气火灾共发生 571 起,占总数 25.61%;其次是生活用火不慎发生火灾 262 起,占总数 11.75%。遗留火种引发火灾 228 起，占总数 10.22%。此外,自燃发生火灾和生产作业火灾也占有一定比重。

24 小时火灾情况分析：火灾高发时段为 14 时至 20 时，在该时段平均每两小时达 252 起以上。最高点为 14 时至 16 时，发生火灾 260 起,占总数 11.66%;亡人火灾高发时段为 16 时至 18 时，共造成 3 人死亡,占亡人总数 42.86%。

(市公安消防支队)

【交通事故】 2017 年，全市发生交通事故 1678 起，致 443 人死亡，1543 人受伤，直接经济损失 5417922 元,与上年相比,事故数、死亡数、伤人数和经济损失数分别下降 4.15%、1.12%、1.28%和 7.97%,未发生一次死亡 3 人以上交通事故。

时段分析:上午的事故数、死亡数和伤人数均高于下午、上半夜和下半夜,上午(6~12 时)的事故数、死亡数、伤人数,分别占总数 32.92%、31.14%、35.38%;下午(12~18 时)的事故数、死亡数、伤人数,分别占总数 29.99%、28.78%、31.17%；上半夜(18~24 时)的事故数、死亡数、伤人数，分别占总数 26.17%、26.28%、25.02%;下半夜(0~6 时)的事故数、死亡数、伤人数，分别占总数 10.92%、13.80%、8.43%。伤亡事故较为突出的时段为 17 时至 21 时,事故数、死亡数、伤人数分别占总数 24.18%、26.02%、23.48%;其次为 6 时至 9 时,事故数、死亡数、伤人数分别占总数 19.94%、17.61%、22.16%。

路段分析:在高速公路、普通国省道、城市道路和县乡公路村道发生的事故分别占事故总数的 2.25%、8.51%、42.55%和 46.69%。与上年相比,高速公路事故死亡数持平,普通国省道事故死亡数下降 35.77%,城市道路、县乡公路村道事故死亡数分别上升 1.57%、4.92%。县乡公路村道伤亡事故多发,事故死亡数、伤人数分别占总数 50.46%、47.14%。普通国省道死亡事故大幅下降，国省道生命防护工程成效显著。S342、G104、云顾线、锡澄路、G2、滨江路、锡沪路、芙蓉大道和澄鹿路等 9 条道路(路段)为死亡事故多发道路(路段),死亡数占总数 17.21%。发生在路口的事故数、死亡数、伤人数分别占总数 38.60%、37.19%、39.67%;发生在路段的事故数、死亡数、伤人数分别占总数 61.40%、62.81%、60.33%。非机动车(特别是电动自行车)进入机动车道行驶、逆向行驶,非机动车和行人随意横穿道路等交通违法是导致路段事故多发的主要原因。

表 21　　2017 年无锡市交通事故统计

地区＼项目	事故数(起)	死亡人数(人)	受伤人数(人)	经济损失(元)
市　区	560	168	428	1861801
江阴市	367	167	265	1308000
宜兴市	751	108	850	2248121
合　计	1678	443	1543	5417922

(市公安交通警察支队)

表 22　　2017 年无锡市机动车、驾驶员统计

项目 地区	机 动 车 （辆）				驾驶员(人)
	汽 车	摩托车	其他机动车	总 计	
市 区	1041852	7314	0	1049166	1247760
江阴市	446878	48858	240	495976	611441
宜兴市	275740	57627	152	333519	399880
合 计	1764470	113799	392	1878661	2259081

（市公安交通警察支队）

表 23　　2017 年无锡市非机动车统计

单位:辆

自行车	三轮车	残疾车	电动自行车	合 计
2768134	6867	554	1848316	4623871

（市公安交通警察支队）

年龄分析：肇事驾驶人相对集中在 26~40 岁年龄段，所致事故数、死亡数、伤人数分别占总数 35.26%、41.39%、30.31%。其中 26~30 岁年龄段驾驶人所致事故数、死亡数、伤人数分别占总数 13.90%、15.51%、12.40%，在所有年龄段中最为突出。在事故中死亡的 60 岁(不含)以上老年人占总数 46.12%

原因分析：机动车肇事是伤亡事故多发的主要原因，事故数、死亡数、伤人数分别占总数 79.03%、86.33%、75.59%。引发交通事故(全部）的交通违法行为主要有未按规定让行、同车道行驶未与前车保持安全距离、违法变更车道、不按规定倒车、违法占道行驶、违法上路行驶、违法停车、逆向行驶、违反交通信号和违法超车。引发死亡事故最突出的 5 种交通违法行为有未按规定让行、无证驾驶、酒后驾驶、违反交通信号和违法占道行驶。机动车中私家车肇事引发事故突出，事故数、死亡数、伤人数分别占总数 56.74%、50.33%、53.82%。

交通设施的设置情况对道路交通事故有较大影响。无任何硬隔离（物理隔离）的道路交通事故数、死亡数、伤人数分别占总数 44.22%、39.82%、46.25%，有道路中心隔离设施的道路事故数、死亡数、伤人数分别占总数 22.83%、26.28%、22.55%，有机动车与非机动车隔离的道路事故数、死亡数、伤人数分别占总数 11.43%、13.40%、10.83%，有道路中心隔离设施及机动车与非机动车隔离的道路事故数、死亡数、伤人数分别占总数 21.52%、20.50%、20.37%。无任何物理隔离的道路（主要集中在农村地区普通国省道、县乡公路村道），非机动车或行人随意横穿现象更为突出，事故远高于有隔离设施的道路。由于死亡事故多数为机动车与摩托车、非机动车和行人之间的事故，有机动车与非机动车隔离的道路伤亡事故明显较低。道路照明情况也是影响事故发生的重要因素，夜间无照明情况下事故死亡数与伤人数之间的比例为 59.12%。

（市公安交通警察支队）

法 院

【概况】 2017 年，全市法院紧紧围绕“努力让人民群众在每一个司法案件中感受到公平正义”目标，坚持司法为民、公正司法工作主线，推进司法改革，创新工作方式，各项工作取得进展。受理各类案件 172932 件，审执结 138482 件，比上年分别上升 5.03%、7.18%；其中市中院受理案件 12431 件(不含减刑、假释案件)，审执结 10434 件，比上年分别上升 5.65%、3.89%。

（张圣斌）

【刑事审判】 年内，全市法院受理刑事案件 9388 件，审结 8595 件，比

图 3　无锡市法院受理审结各类案件情况

单位:件

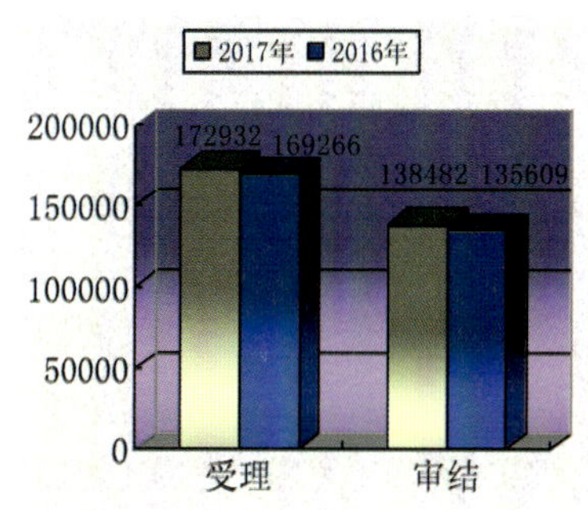

说明:1. 受理案件数比上年上升 5.03%;2.审结案件数比上年上升 7.18%

（张圣斌）

图 4　2017 年无锡市各类案件分布情况

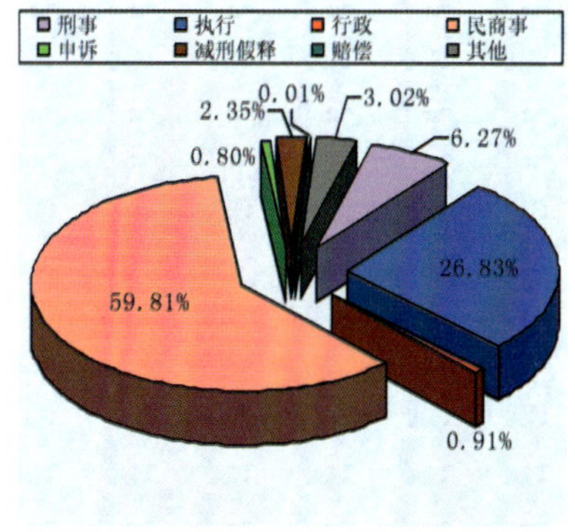

（张圣斌）

图 5　2017 年无锡市法院民事法庭结案情况

单位：件

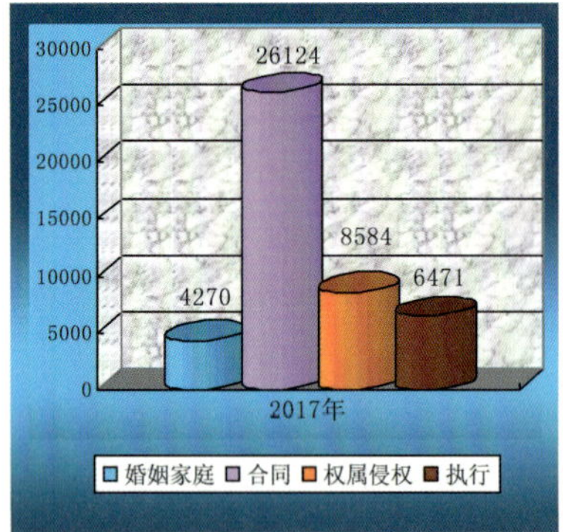

（张圣斌）

图 6　2017 年无锡市法院一审服判息诉率

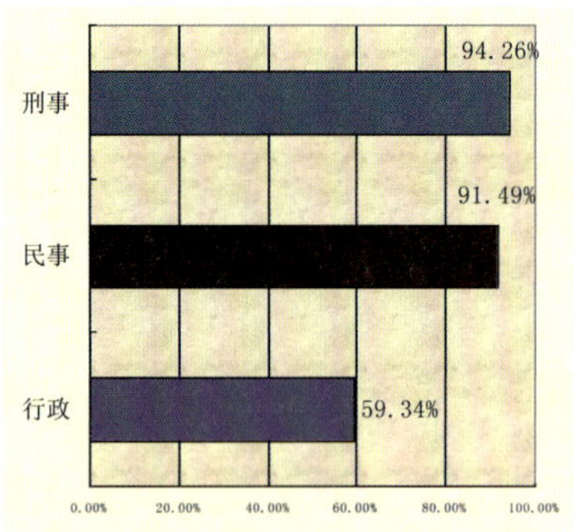

（张圣斌）

图 7　2017 年无锡市民商事案件类型分布情况

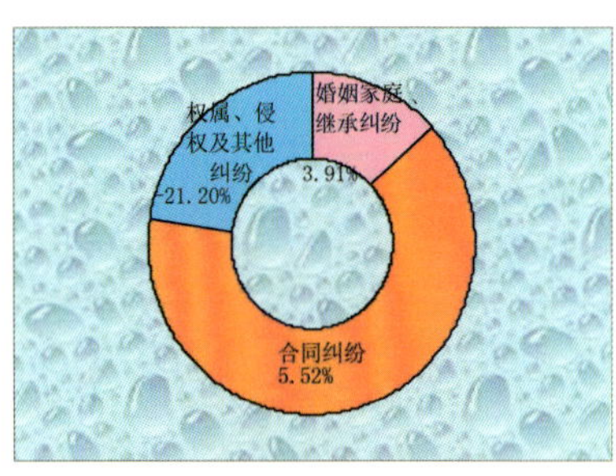

说明：1.新收婚姻家庭、继承纠纷案件 6814 件，比上年上升 6.45%；2.新收合同纠纷案件 56697 件，比上年上升 15.24%；3.新收权属、侵权及其他纠纷案件 19517 件，比上年上升 4.85%

（张圣斌）

图 8　2017 年无锡市环保资源案件新收、结案情况

单位：件

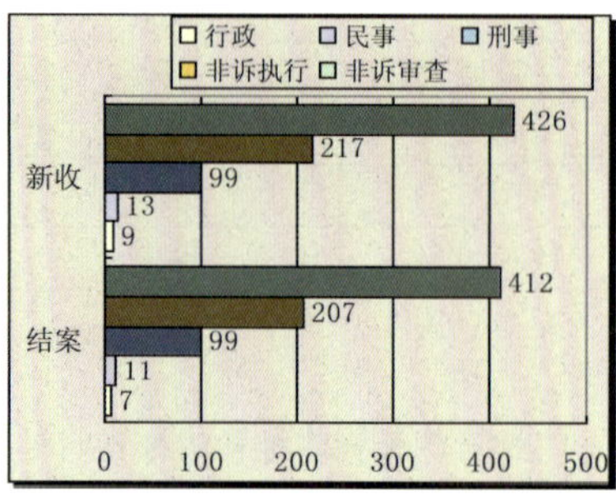

说明：新收数比上年上升 24.03%，结案数比上年上升 44.6%

（张圣斌）

图 9　2017 年无锡市破产案件新收、结案情况

单位：件

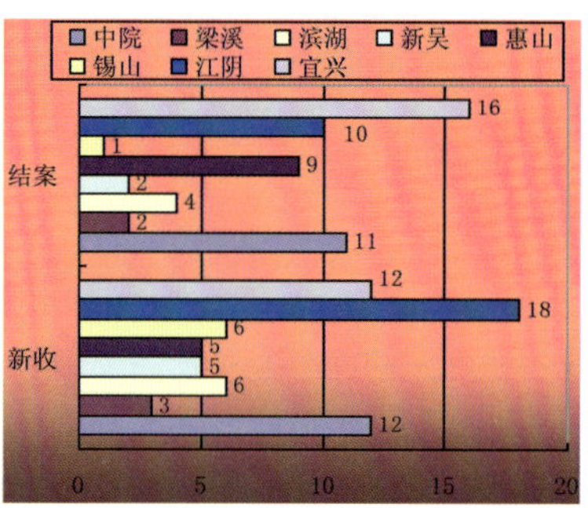

说明：1.新收破产案件 67 件，比上年上升 34%；2. 审结破产案件 55 件，比上年上升 17.02%

（张圣斌）

图 10　无锡市刑事一审案件收结案情况

单位：件

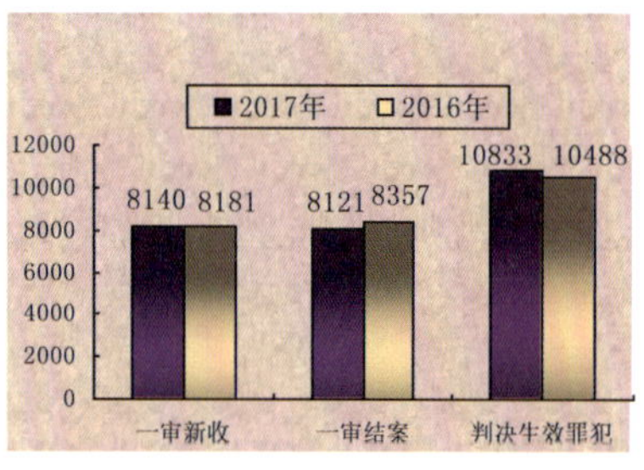

说明：1.一审新收数比上年下降 0.50%；2. 一审结案数比上年下降 2.82%；3. 判决生效罪犯人数比上年上升 3.29%

（张圣斌）

图 11　2017 年无锡市犯罪年龄分布情况

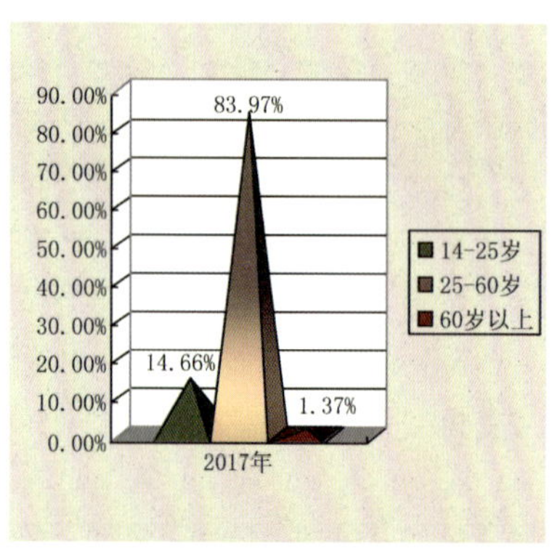

（张圣斌）

图 12　无锡市行政一审案件收案情况

单位：件

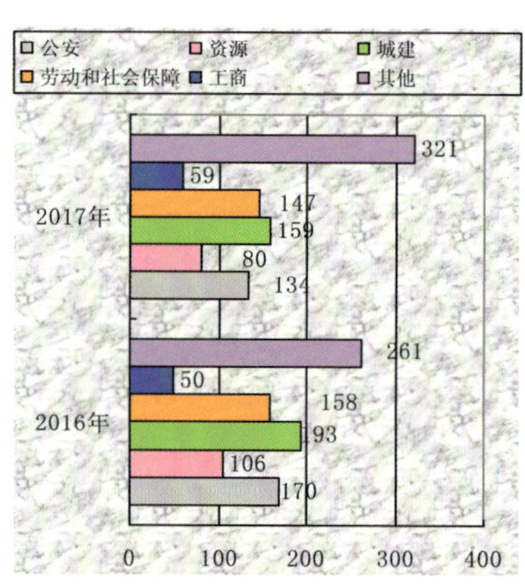

（张圣斌）

图 13　2017 年无锡市一审判决案件改判发回重审情况

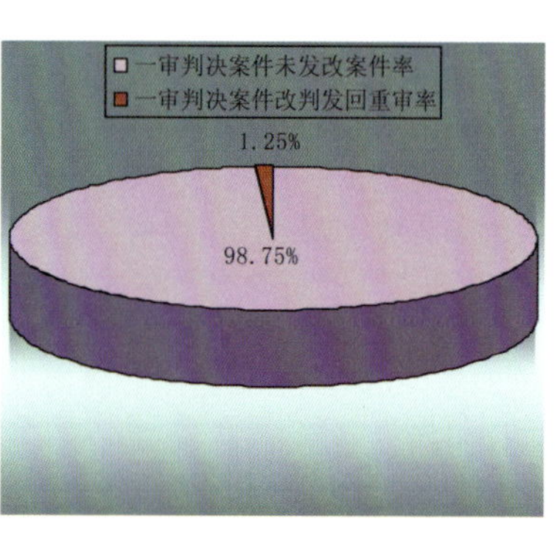

（张圣斌）

图 14 2017 年无锡市案件申诉、申请再审情况

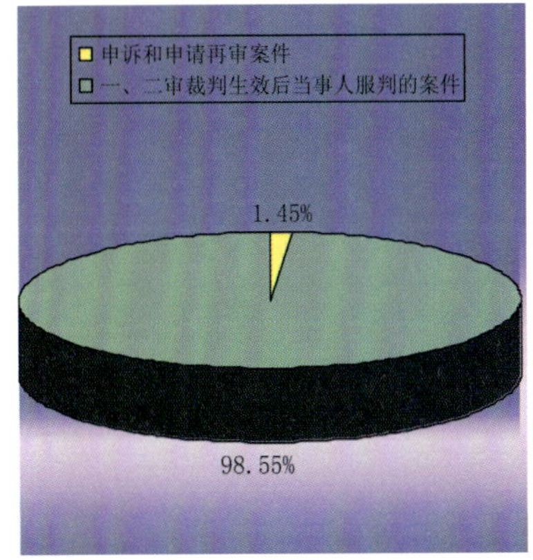

（张圣斌）

表 24 2017 年无锡市法院诉讼案件结案情况

单位 \ 指标		结案(件)	结案标的额（亿元）
中级人民法院		8434	116.26
基层人民法院		84629	442.71
其中	人民法庭	38978	86.65
合计		93063	558.97

说明：此表不含减刑假释、申诉申请和执行案件

（张圣斌）

图 15 无锡市法院执行案件情况

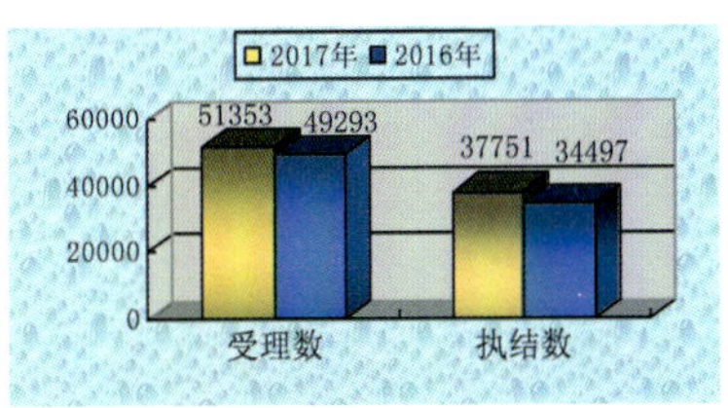

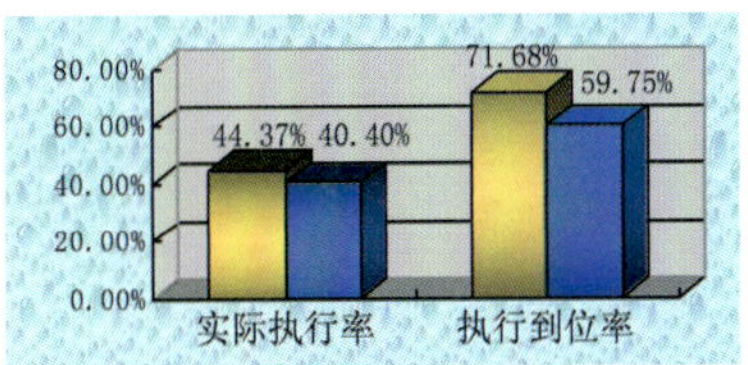

（张圣斌）

表 25 2017 年无锡市人民陪审员参加审理各类案件情况

单位：件

类别 \ 单位	基层人民法院（含法庭）	中院
刑事	2499	0
婚姻家庭、继承	698	0
合同	11952	0
权属、侵权	2227	0
行政	610	0
合计	17986	0

说明：人民陪审员参加审理案件数比上年下降 3.69%

（张圣斌）

图 16 无锡市法院裁判文书上网情况(上网率)

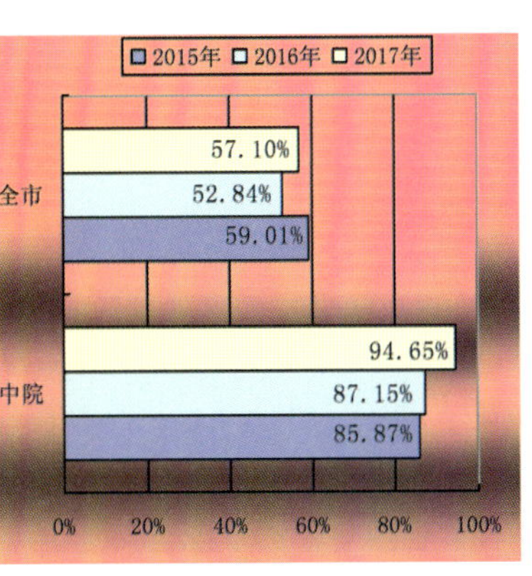

（张圣斌）

表 26 2017 年无锡市位居前十位的民商事一审案件收案情况

单位：件

序号	案由	收案
1	借款合同纠纷	18761
2	买卖合同纠纷	12336
3	人身损害赔偿纠纷	10517
4	婚姻家庭纠纷	6223
5	劳动争议纠纷	4436
6	服务合同纠纷	4051
7	承揽合同纠纷	2315
8	租赁合同纠纷	1761
9	房地产开发经营合同纠纷	1613
10	知识产权纠纷	1479

说明：民间借贷和其他借款合同纠纷收案 18669 件，占借款合同纠纷案件的 99.51%

（张圣斌）

表 27　　2017 年无锡市位居前十位的刑事一审案件收案情况

单位:件

序号	案　由	收　案
1	盗窃罪	2039
2	危险驾驶罪	1819
3	诈骗罪	840
4	交通肇事罪	382
5	故意伤害罪	361
6	容留他人吸毒罪	350
7	走私、贩卖、运输、制造毒品罪	283
8	开设赌场罪	208
9	寻衅滋事罪	183
10	虚开增值税专用发票罪	154

(张圣斌)

图 17 无锡市法院庭审直播情况

单位:件

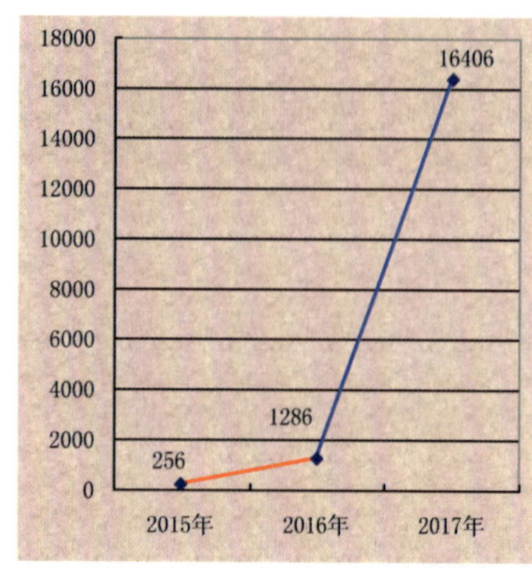

(张圣斌)

表 28　　2017 年无锡市联合信用惩戒情况

限制购买机票和软卧车票	2.9 万人次
限制出境	590 人次
废除护照	459 本
罚款	203 万元
拘传	954 人次
拘留	1163 人次
移送立案侦查	33 人
判处“拒执罪”	16 人

(张圣斌)

表 29　　2017 年无锡市法院案件审理情况

单位:件

指标 单位	受理	上年同期	结案	上年同期
梁溪	25079	24821	18894	17883
滨湖	16927	15200	12987	11613
新吴	15593	12853	13191	10515
惠山	17105	15919	12611	11876
锡山	13535	12304	11090	9857
江阴	37596	37234	31945	30215
宜兴	31436	30247	24100	22887
中院	15661	16079	13664	14356
全市	172932	164657	138482	129202

(张圣斌)

上年分别下降 1.81%、2.26%;判处罪犯 10833 人,比上年上升 3.29%。严惩危害国家安全、黑恶势力、“黄赌毒”和多发性侵财等犯罪,依法审结潜逃 20 余年的王某金故意杀人案等重大案件 759 件、1515 人。严厉惩治“盗抢骗”、“食药环”、电信网络诈骗等涉民生领域犯罪行为,严控缓刑、免予刑事处罚适用,审结案件 4620 件、6677 人。加大对走私、传销、偷漏税、非法集资等扰乱市场经济秩序犯罪行为的惩治力度,审结涉案金额 26.5 亿元的杨某华、杨某军虚开增值税专用发票案等案件 455 件、996 人。推动反腐败斗争,坚持“老虎”“苍蝇”一起打,审理医疗卫生、安全生产等领域的职务犯罪案件 101 件、126 人。贯彻宽严相济刑事政策,对 3385 名初犯、偶犯以及具有自首、立功等情节的被告人,依法从轻、减轻或者免予刑事处罚,做到宽严有据、罚当其罪。

(张圣斌)

【民商事审判】 年内,全市法院受理民商事案件 102504 件,审结 84000 件,比上年分别上升 4.21%、6.46%,诉讼标的额 545.01 亿元。坚持情理法融合,妥善处理教育、医疗、住房、人身损害等事关群众切身利益的案件 12413 件。开展家事审判方式改革,梁溪法院探索建立人身保护令、心理辅导、冷静期等审判机制,审结家事案件 6670 件。召开以加强物业管理、遵守交通秩序等为主题的新闻发布会 28 场,引导社

表 30 2017 年无锡市法院案件结案情况

单位:件

指标 单位	刑事	民事	行政	执行	申诉复查	其他	合计
梁溪	965	12397	243	4763	109	417	18894
滨湖	672	8659	230	2832	77	517	12987
新吴	866	8993	1	2778	86	467	13191
惠山	712	8142	4	3413	101	239	12611
锡山	781	6858	14	3076	87	274	11090
江阴	2536	17586	124	11572	114	13	31945
宜兴	1534	13936	127	8332	141	30	24100
中院	529	7429	468	985	514	3739	13664
全市	8595	84000	1211	37751	1229	5696	138482

(张圣斌)

会树立诚信、守法意识。会同市人社局、市总工会等建立仲裁、调解与审判衔接机制,审结劳动争议案件4617件。支持军队落实全面停止有偿服务工作,开通立审执“绿色通道”,妥善处理涉军案件67件。促进规范交易行为、维护市场秩序,审结买卖、承揽等经济领域纠纷25754件。坚持维护债权人合法权益与保障企业长远发展并重,制定对上市企业依法慎用财产保全等强制措施的实施意见,帮助资信良好企业解决暂时性困难。加强产权保护,发布公司诉讼典型案例,审结股权转让、公司治理等案件388件,一起涉及公司产权的返还原物纠纷案被《最高人民法院公报》刊发。平等保护外商外资合法权益,审结涉外、涉港澳台民商事案件145件。

(张圣斌)

【行政审判】 年内,全市法院受理行政案件1615件,审结1211件,比上年分别下降17.81%、37.87%。畅通行政诉权保护渠道,将“三村两湾”拆迁等历史遗留纠纷依法导入诉讼程序,引导当事人理性表达诉求。推进征收拆迁工作法治化,妥善平稳处理涉及轨道交通建设等重点工程项目的强制搬迁案件13件。加强司法与行政的良性互动,继续推行行政审判年报制度,提出规范行政执法的司法建议,促进依法行政。推动行政机关负责人出庭应诉制度化、常态化,出庭应诉率75.5%。开展行政案件相对集中管辖改革试点工作,实行司法管辖区域与行政管理区域适度分离,增强行政审判公信力。

(张圣斌)

【立案审监管理】 年内,全市法院推进立案登记制改革,创新预约立案、网上立案、跨域立案等方式,打通解决“立案难”的“最后一公里”。拓展诉讼服务功能,加强诉讼服务大厅、诉讼服务网、“12368”热线等服务平台的融合对接。突出审判监督程序依法纠错功能,审结申诉、申请再审案件1229件,依法决定再审78件,其中改判和发回重审49件,占同期生效裁判的0.06%。会同检察、监狱等部门建立减刑假释信息化办案平台,实现远程视频开庭、案件网上办理。严格控制职务犯罪、涉黑犯罪、金融犯罪等罪犯的减刑、假释条件,审结3230件,对94名罪犯依法裁定不予减刑、假释。

(张圣斌)

【完善综合治理工作格局】 年内,全市法院贯彻落实市委、市政府《关于支持人民法院落实“用两到三年时间基本解决执行难问题”的意见》,完善党委领导、人大监督、政府支持、法院主办、社会各界协作配合的执行工作格局。横向加强执行联动,与公安、国土、工商、公积金管理等18家单位以及11家银行建立“查人找物扣车”协作机制和“点对点”查控网络。纵向加强统一管理,统筹调度指挥两级法院执行人员、司法警察和执行装备,组织集中执行、专项执行等重大行动。全方位加强宣传和监督,开展执行攻坚竞赛、网络直播执行等活动,22次邀请240余名人大代表、政协委员和新闻媒体全程见证执行,营造全社会理解和支持执行工作的良好氛围。

(张圣斌)

【实施联合信用惩戒】 年内,全市法院强力推进“晒一批、限一批、抓一批”的惩治措施,促进形成“一处失信、处处受限”的信用监督、警示和惩戒工作体系。多渠道发布失信信息,继2014年在全国首创公开“晒老赖”制度以来,又制定实施办法,发布平台由商业中心大屏幕、公交地铁移动电视向社区广场、农村集市等场所延伸,利用左邻右舍的道德评价压力促使履行义务,共曝光3820人。多领域拓展惩戒范围,为失信被执行人手机定制失信彩铃提示,限制16名失信被执行人子女就读高收费私立学校,限制购买机票和软卧车票2.9万人次,废除护照459本,限制出境590人次,罚款203万元。多层次采用强制措施,持续开展惩治拒不申报或虚假申报财产违法行为等专项行动,拘传954人次,拘留1163人次,移送公安机关立案侦查33人,判处“拒执罪”16人。经采取惩戒威慑措施,有7803件案件的被执行人主动履行义务或达成和解,总金额12.74亿元。

(张圣斌)

【突出智慧执行】 年内,全市法院加强执行指挥中心实体化运行,建立执行事务中心、远程视频谈话系统,在全省率先实现执行过程音频视频记录全覆盖,指挥中心成为推进执行工作的“最强大脑”;在全国首创的“被执行人履行能力智能分析系统”,被评为“江苏省政法工作优秀创新成果二等奖”和“全市政法工作创新项目一等奖”。

(张圣斌)

【健全执行工作机制】 年内,全市法院全面推行网络司法拍卖,共拍卖5569次,成交2437宗,总成交金额95.9亿元,平均溢价率30.05%,为当事人节省佣金0.6亿元;滨湖法院创新执行团队办案机制，其改革经验在全省法院推广；宜兴法院持续打造“执行110”等传统品牌，被省法院荣记集体二等功。严格对照第三方评估指标体系，制定或修订20余项管理规范，专项整治消极执行、选择性执行等不规范行为，努力将执行权力“关进”制度的“笼子”。全年受理执行案件51353件，执结37751件；实际执行率44.37%，比上年上升3.97个百分点；执行到位226.65亿元，执行到位率71.68%，比上年上升11.93个百分点。全市法院攻克执行难的创新举措得到最高法院巡查组的充分肯定，被中央电视台新闻频道专题报道。

（张圣斌）

【健全依法服务大局工作机制】 年内，全市法院围绕服务发展战略和审执工作的重点难点问题，确立10大专题进行深度调研，形成翔实的报告供党委、政府决策参考。制定《关于进一步发挥审判职能作用，依法服务和保障我市“国家全域旅游示范区”创建的实施意见》等指导性文件，把市委重大决策部署精准落实到司法实践中。坚持把开展“连心富民、联企强市”大走访活动与打造高水平司法相融合，深入企业开展法律风险防范座谈、知识产权保护讲座等活动55场次，就走访中发现的“互保联保”可能引发系统性金融风险问题，形成专项报告提出解决对策；共走访企业230余家，收集问题建议120余条；组织干警进驻经济薄弱村精准扶贫，走访街道、社区1680余人次。全市法院围绕中心服务大局的措施和成效受到省、市领导和上级法院领导批示肯定30余次。

（张圣斌）

【保障产业强市主导战略实施】 年内，全市法院贯彻落实市委推进产业强市的决策部署，准确把握保护金融债权与引导实体经济发展的关系，严格划清金融创新、合法借贷与非法集资等行为界限，妥善处理涉互联网金融平台、互联网支付工具等新类型案件35件，证券、期货、保险、金融借款等金融案件7180件，民间借贷案件13310件，总标的额254.63亿元。发挥破产审判保障供给侧结构性改革的作用，建立府院联动机制，畅通“执破衔接”渠道，推动成立全省首家破产管理人协会；运用破产重整、和解方式成功挽救富隆成房地产公司等8家具有经营价值或符合产业发展政策的危困企业；通过破产清算程序使申环电缆公司等44家产能落后、无清偿能力的“僵尸”企业顺利出清，化解不良资产84.74亿元，盘活存量资产74.13亿元，释放土地资源120余公顷、厂房102万平方米，安置职工3000余人。

（张圣斌）

【依法服务创新型城市建设】 年内，全市法院适应苏南国家自主创新示范区建设要求，与苏州知识产权法庭建立合作共建机制，健全区域性知识产权保护体系。深入调研卡拉OK领域著作权侵权问题，向中国音像著作权集体管理协会发出司法建议，营造激励创新法治环境。继续推进“三审合一”（知识产权民事、刑事、行政案件统一集中审理的审判机制）改革，审结知识产权案件1565件，新吴法院审理的一起假冒国际知名品牌巧克力注册商标案，被中国外商投资企业协会评为“2016~2017年知识产权保护十佳案例”之一。

（张圣斌）

【依法服务生态文明建设】 年内，全市法院制定《关于依法服务和保障“两减六治三提升”专项行动的实施意见》，系统推出20项措施保护无锡的绿水青山。健全“四合一”（民事、刑事、行政和执法案件统一集中审理）环保审判机制，妥善处理全国首例检察机关起诉行政机关跨界倾倒生活垃圾的民事公益诉讼案等环保案件736件，3起案件入选“2016年度江苏十大环境资源审判案件”，其中1件入选“全国十大环境公益诉讼典型案例”。在最高法院组织的“人民法院环境资源审判成果展”上，无锡市法院环保审判工作经验被重点介绍。

（张圣斌）

【维护社会和谐稳定】 年内，全市法院坚持“平时重化解，战时重稳控”原则，把全力以赴为党的十九大胜利召开营造安全稳定社会环境作为首要政治任务，集中开展矛盾纠纷大排查、大化解，对排查出的96件涉稳风险案件实行定人包案、一案一策。加强底线思维，落实“零报告”等制度，调配精干力量做好接访劝返等工作，获最高法院通报表彰。推进涉诉信访法治化改革，完善诉访分离、信访终结等机制，信访量比上年下降10.93%。在诉讼服务中心设立律师公共法律服务站、人民调解工作室，接待群众3.58万人次，化解纠纷2140起，成功劝返398人。会同行政管理部门、群团组织、行业协会，建立物业管理、交通事故、医疗卫生等领域的专业化、个性化诉调对接机制。市中院的多元化纠纷解决机制获“2017年度法治无锡建设实事工程项目优质奖”。

（张圣斌）

【落实司法责任制改革】 年内，全市法院总结推广江阴法院审判权运行机制改革试点经验，制定院庭长、审判长、合议庭成员权力清单和责任清单，广泛推行以“法官+法官助理+书记员”为基本架构的新型团队办案模式，实现“让审理者裁判，由裁判者负责”；明确入额院庭长办案标准，院庭长带头办理疑难复杂、新类型等案件57687件，占结案总数的41.65%。坚持放权与监督相结合，建立违法审判责任追究制度，扎牢监督管理的“制度笼子”。

（张圣斌）

【完善法院人员分类管理和职业保障制度】 年内，全市法院建立员额法官动态调整机制，增补遴选员额法官47人，退出员额21人。至年底，有员额法官545人，占政法专项编制的42.47%；推进与员额制相衔接的法官助理、书记员、司法警察等审判辅助人员改革，实现各类人员各归其位、各尽其责。建立与各类人员工作职责、业绩紧密关联的绩效考核、职级晋升、薪酬待遇等制度，有效激发改革内生动力；成立法官权益保障委员会，加强法官履职保障。

（张圣斌）

【推进刑事诉讼制度改革】 年内，全市法院贯彻落实《关于进一步推进以审判为中心的刑事诉讼制度改革的实施意见》。会同公安、检察、司法等部门建立普通程序法庭调查规则、警察出庭作证、法律援助等制度，制定重点类型案件证据收集指引和证据裁判标准，发挥庭审的决定性作用。开展“庭审实质化大比武”活动，分管院领导、刑庭负责人带头开示范庭，以擂台比武形式将改革落实到实践中。自6月1日推行此项改革起，彰显改革成效的关键指标均呈良性发展态势，侦查人员、鉴定人、证人出庭108件、174人，出庭率9.25%，辩护率22.48%，当庭宣判率48.74%；18件案件启动非法证据排除程序，2起案件的非法证据被实际排除。

（张圣斌）

【智慧法院建设】 年内，全市法院适应“互联网+”新时代要求，推进以14项重点任务为内容的智慧法院建设，突出大数据、云计算、移动互联等现代信息技术对司法工作的支撑作用。探索运用语音智能识别技术记录庭审，推进全流程网上办案、电子卷宗随案生成、电子送达、远程视频庭审等工作，实现审判流程的再造和优化。打造“指尖上的阳光司法”，通过微博、微信、新闻客户端等方式，向社会全方位公开一切依法应当公开的司法信息。纵深推进繁简分流改革，组建速裁团队，简化庭审流程和裁判文书，以30%的人员办理60%左右的民商事案件。锡山法院和江阴法院广泛运用代表人诉讼、示范性诉讼方式高效集约处理物业、劳动争议等群体性纠纷，受到最高法院肯定；江阴法院被评为“全国法院案件繁简分流机制改革示范法院”。

（张圣斌）

检 察

【概况】 2017年，全市检察机关紧紧围绕“争当全省检察机关科学发展排头兵、争做中国特色社会主义检察制度示范院”的总目标，瞄准“聚焦主业求突破、科技引领创一流”的总要求，全面履行检察职能，稳步推进司法改革，狠抓过硬队伍建设，各项工作取得新成效，为高水平全面建成小康社会提供了有力司法保障。全年批准逮捕各类刑事犯罪嫌疑人5495人，起诉12449人；立案查办贪污贿赂犯罪案件94件、107人，其中厅级干部1人、处级干部4人、科级干部28人，涉案金额100万元以上的35人；坚决惩治国家机关工作人员滥用职权、玩忽职

图18　　无锡市检察机关刑事检察工作情况

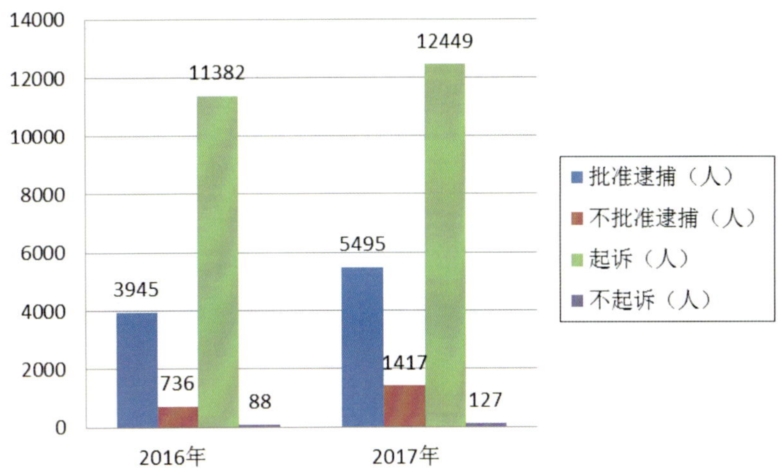

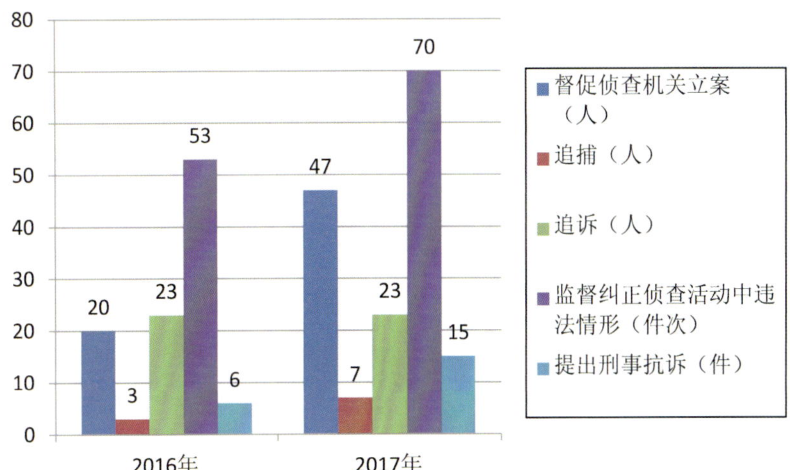

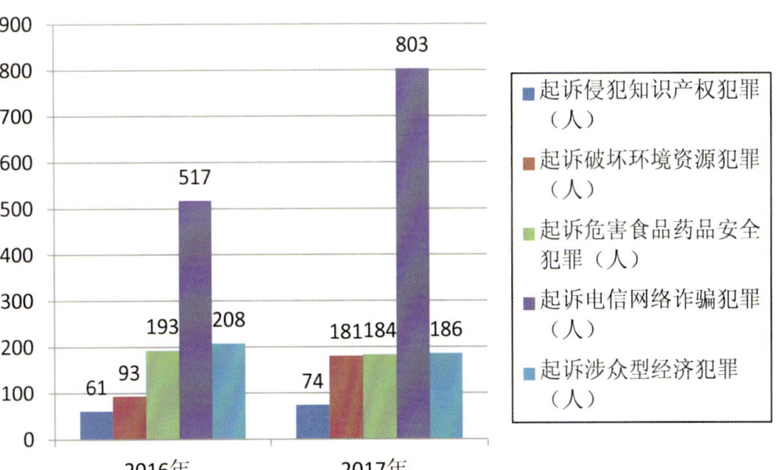

（刘 康）

图 19　　无锡市检察机关职务犯罪检察工作情况

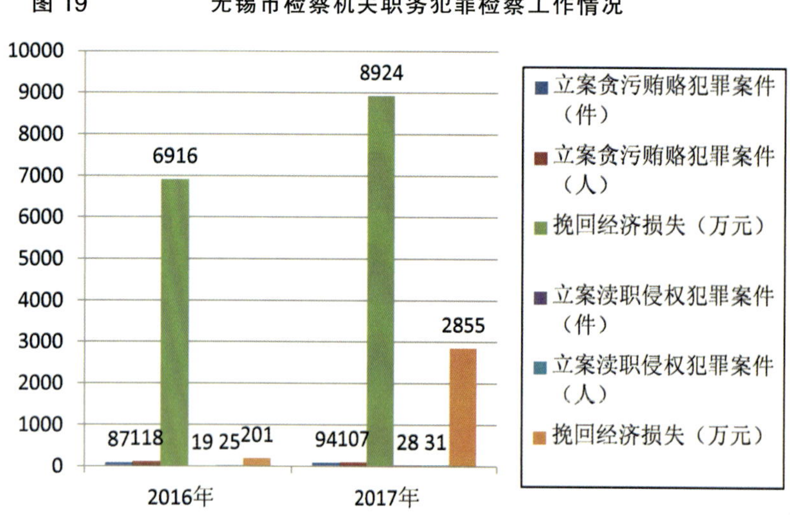

（刘　康）

图 20　　无锡市检察机关刑事执行检察工作情况

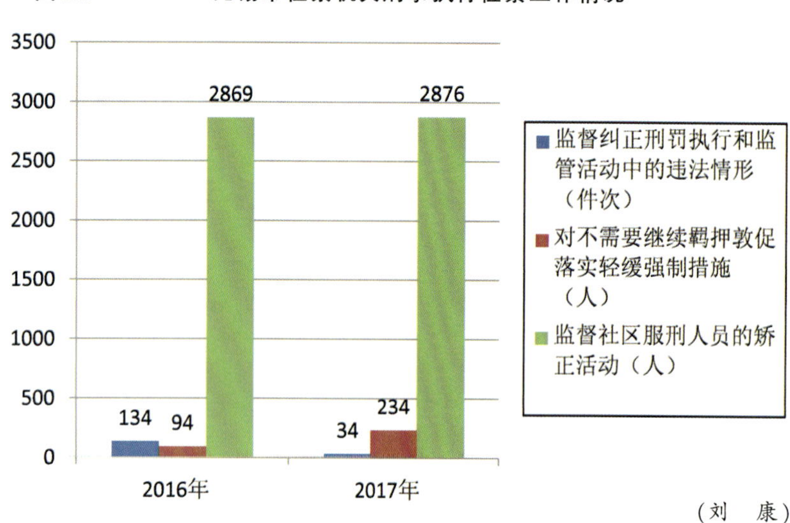

（刘　康）

图 21　　无锡市检察机关控告申诉检察工作情况

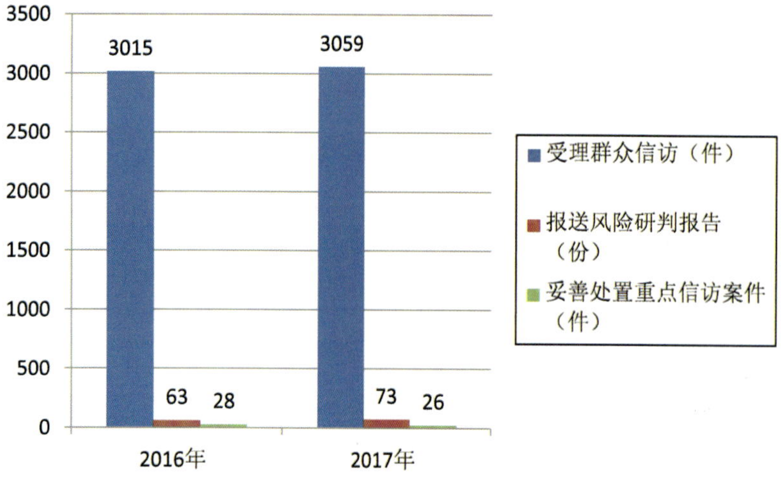

3500
3000
2500
2000
1500
1000
500
0
3015
3059
63　28
73　26
2016年
2017年
受理群众信访（件）
报送风险研判报告（份）
妥善处置重点信访案件（件）

（刘　康）

守等渎职侵权犯罪，立案查办 28 件、31 人，为国家挽回经济损失 2800 余万元。梁溪区检察院被评为全国首届“守望正义——群众最满意的基层检察院”十佳单位，市检察院连续第 9 年被评为市级机关绩效管理和作风建设先进单位，7 个基层检察院全部跨入全国、全省先进行列，15 个单项工作获省级以上通报表彰，7 项工作机制在全国、全省检察系统推广。

（刘　康）

【保障经济社会发展】　年内，全市检察机关依法惩治损害企业合法权益的犯罪行为，批捕 268 人，起诉 391 人。慎重办理涉企案件，对涉嫌犯罪的企业管理者、关键岗位人员和技术骨干不批捕 43 人。防范化解区域性金融风险，促进金融有效服务实体经济。宜兴市检察院起诉骗取贷款、虚假破产等恶意逃废债务犯罪 25 人，挽回经济损失 3.2 亿元。加强知识产权司法保护，起诉假冒专利、假冒注册商标等犯罪 35 件、74 人。市检察院承办全国“强化知识产权司法保护，服务建设创新型国家”研讨会。部分全国人大代表到无锡视察时，对无锡检察机关服务经济发展的做法给予高度评价。受理各类刑事犯罪案件 12267 件、17944 人，批捕 5495 人，起诉 12449 人。宜兴市发生致执法人员和商户 2 死 3 伤的重大刑事案件后，迅速介入引导侦查，对犯罪嫌疑人张某国依法从快作出批捕和起诉决定。严格落实党的十九大、“一带一路”国际合作高峰论坛等重大活动安保维稳任务，向党委、政府报送社会风险研判报告 73 份，接收群众信访 3059 次，妥善处置重点信访案件 26 件。积极推进律师等第三方参与涉法涉诉信访工作机制，邀请律师参与接待、代理、评析和化解信访案件 591 件。高标准打造“一站式”司法便民服务场所，两级院均跻身全国检察机关“文明接待示范窗口”“文明接待室”行列。参与“263”专项行动，加强执法司法联动，与有关部门会签生态环境保护规范性文件 13 份，召开联席会议 39 次。向执法机关发出检察建议 147 份，督促履行生态环境保护职责。对危害生态环境犯罪依法快捕快诉，批捕 13 件、27 人，比上年分别上升225%、237.5%;起诉101件、181人，比上年分别上升140.5%、94.6%。宜兴市检察院成功立案监督一起在善卷洞附近倾倒危险固体废物污染环境案，批捕跨市倾倒废铝灰1万余吨、严重污染环境的4名犯罪嫌疑人。依法查处惠山经济开发区环保分局原局长浦某泳受贿案等环保领域职务犯罪案件10件、11人,净化了生态文明建设环境。加大惩治危害食品药品安全犯罪力度，批捕49人,起诉184人。加强群众财产权益保护,起诉集资诈骗、非法吸收公众存款等涉众型犯罪案件186人,起诉抢劫、抢夺、盗窃等多发性侵财犯罪4120人。严厉惩治群众反映强烈的电信网络诈骗犯罪,起诉325件、803人。江阴市检察院对公安部督办的214人特大电信诈骗案提起公诉，首要分子朱某祥被法院判处有期徒刑13年6个月。立案查处社会保障、医疗卫生等民生领域职务犯罪案件90件、104人。维护劳动者合法权益，起诉拒不支付劳动报酬犯罪案件27件、36人，为员工追回工资1200余万元。滨湖区检察院在办理张某某申请执行监督案中，通过检察建议推动有关部门改进工伤赔偿金给付方式，每年惠及全市3万余名工伤职工，被评为“江苏省维护残疾人合法权益十大典型案例”。落实国家司法救助制度，向94名救助对象发放救助金37.5万元,彰显司法人文关怀。

（刘 康）

【惩治和预防职务犯罪】 年内,全市检察机关严肃查处贪污贿赂犯罪,坚决拥护、全力配合国家监察体制改革，继续保持查办职务犯罪的高压态势。立案查办贪污贿赂犯罪案件94件、107人,其中厅级干部1人、处级干部4人、科级干部28人,涉案金额100万元以上的35人。市检察院依法查处江阴市高新技术开发区原党工委委员、管委会原副主任陈某才(正处级)受贿案等重大案件。圆满完成最高人民检察院、省检察院交办的“5·05”专案侦办任务，立案查处香港永隆银行原总经理徐某宏(副厅级)等13人贿赂案,追回国有资产近1亿元。市检察院承办的连云港市原副市长、公安局原局长陆某飞受贿案，被评为全省反贪

图22 无锡市检察机关民事行政检察工作情况

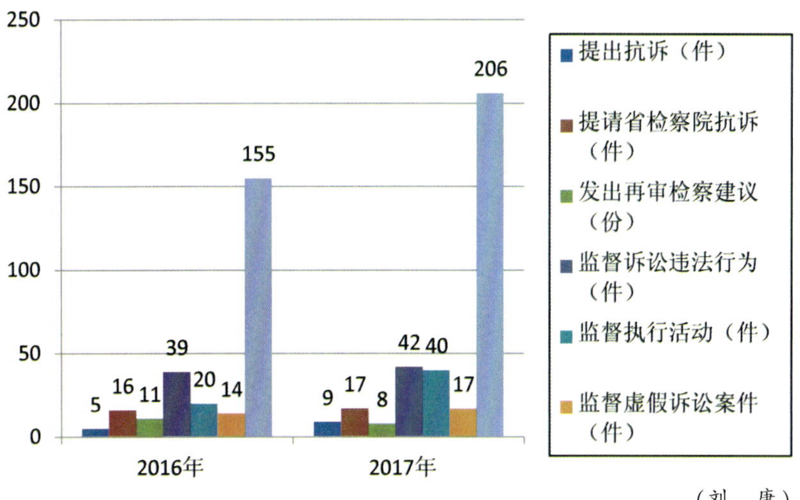

（刘 康）

“十大精品案件”之一。持续开展追逃工作,抓获在逃行贿、受贿犯罪嫌疑人4人。依法惩治渎职侵权犯罪，立案查办28件、31人，为国家挽回经济损失2800余万元,其中包括无锡环境卫生管理处原副处长刘某锋玩忽职守案、原北塘区科技局局长刘某成滥用职权、受贿案等重大案件16件、18人。突出惩治执法、司法人员渎职犯罪，立案查处14人,促进了依法行政、公正司法。推进专项办案工作,在社会保障、物联网发展专项资金等领域查办渎职犯罪案件8件、12人。滨湖区检察院、江阴市检察院办理的2起渎职犯罪案件分别被省检察院评为“精品案件”和“优质案件”。开展职务犯罪预防,对无锡地铁3号线、第四人民医院易地建设工程等19个总投资约530亿元的重点项目开展专项预防。开展行贿犯罪档案查询2.3万余次,建议对有行贿行为的单位和个人作出取消投标资格、降低单位资质等处置。分析职务犯罪发案特点、发展趋势,撰写预防调查报告、案例分析36篇，开展警示教育674批次,2篇预防检察建议、2部警示教育片被省检察院通报表彰。市检察院会同市卫计委,在全市医疗卫生系统开展“远离回扣、廉洁从医”预防职务犯罪专项活动，协助医疗单位完善管理制度148项。深化“微权力”介入式预防机制,协助23家民生重点单位排查出廉政风险点135个,受到新华社、检察日报等主流媒体的关注报道。

（刘 康）

【诉讼监督】 年内，全市检察机关深化刑事诉讼监督，加强刑事立案和侦查活动监督，督促侦查机关立案47人、追捕7人、追诉23人,监督纠正侦查活动违法情形70件次。梁溪区检察院持续跟踪监督，对潜逃7年的特大抢劫案犯罪嫌疑人谷某明批准逮捕；锡山区检察院追诉的一名贩卖毒品案被告人，被判处有期徒刑15年。加强刑事审判活动监督，对认为确有错误的刑事裁判提出抗诉15件,发出再审检察建议10份、书面纠正违法意见5份。无锡检察机关加强侦查活动监督、刑事审判监督的做法被省检察院推广。加强和改进刑事申诉检察工作,江阴市检察院办理的季某某刑事申诉案被评为全省“十大精品案件”之一。加强刑事执行检察,对刑罚执行和监管活动中的违法情形提出纠正意见34件次。对监管场所提请减刑、假释、暂予监外执行的2488人进行监督,对不符合条件的20人提出监督纠正意见。加强羁押必要性审查，对不需要继续羁押的234名犯罪嫌疑人敦促落实轻缓的强制措施，滨湖区检察院办理的胡某军等人羁押必要性审查案被评为全省检察机关“精品案例”。加强社区矫正活动监督,全市2876名社区服刑人员无一脱管漏管。市检察院严审细查，监督纠正对2名未达刑事责任年龄在押人员的错误羁押，监管机

关当天即依法释放。细化民事行政检察，对认为确有错误的民事行政裁判提出抗诉9件，提请省检察院抗诉17件，发出再审检察建议8份，监督诉讼违法行为42件，监督执行活动40件。加大对恶意诉讼行为的惩治力度，共监督虚假诉讼案件17件。市检察院对“前苑宾馆虚假诉讼案”启动抗诉程序，案件被依法改判，当事人被罚款10万元。坚持抗诉与息诉并重，对法院正确的民事行政裁判，做好申诉人的服判息诉工作，息诉206件。加强行政执法检察监督，发出督促履职检察建议59份，监督行政执法机关向公安机关移送案件17件。市检察院与市国土资源局在全省率先构建国土资源行政执法与检察监督联动机制，得到市政府主要领导批示肯定。

（刘 康）

【司法责任制改革和诉讼制度改革】 年内，全市检察机关全力推进司法责任制改革，完善检察人员分类管理，做好第二批员额检察官遴选工作。制定入额院领导直接办案实施意见，两级院领导直接办理案件448件，有效发挥履职示范作用。建立员额检察官、检察辅助人员、司法行政人员绩效考核标准，构建起责权利相统一、科学合理的业绩考评体系。全面试行司法档案工作，全程记录检察官办案质量、数量、职业操守等情况，加强对司法办案的监督制约，确保“权力放到位、监督不缺位”。

推进以审判为中心的诉讼制度改革，市检察院会同市公安局建立审查逮捕环节侦查质量评价机制，开展“侦查人员旁听庭审”等活动，共同提高办案质量。落实公安机关办理重大、疑难案件听取检察机关意见机制，公安机关对238件案件主动采听检察机关的意见。发挥诉前主导、审前过滤作用，对53份非法证据启动调查核实程序，对586件案件自行补充侦查，对1679件案件退回补充侦查，决定不批捕1417人、不起诉127人。适应庭审实质化对检察工作的要求，开展“庭审实质化大比武”活动，努力构建以证据为核心的刑事指控体系。落实证人出庭作证制度，会同市中级法院、市公安局制定规范性意见，努力实现证人出庭常态化。构建新型检律关系，为律师提供电子卷宗查阅、刻录服务2300余次，保障律师诉讼权利。惠山区检察院探索试行简案快办值班律师制度，及时、充分听取律师意见。依法开展公益诉讼工作，对190件案件启动诉前程序，向行政机关提出检察建议，督促限期整改。对在规定期限内未整改的，经省检察院批准，依法提起公益诉讼6件。锡山区检察院针对6家房地产公司未及时缴纳土地出让金和违约金问题，开展4个多月的调查取证，依法督促相关部门及时追缴上述费用6亿余元。滨湖区检察院就十八湾生态公益林地遭破坏案发出诉前检察建议，督促行政机关依法履职，使9.6公顷国家级生态公益林得以修复，被省检察院通报表彰。市检察院“加快推进检察机关提起公益诉讼机制”被评为“法治无锡建设实事工程优质奖”。推进未成年人检察工作，依法惩治侵害未成年人权益的犯罪，共批捕75人，起诉92人。对17名涉罪未成年人附条件不起诉，认真监督考察，开展教育矫治，协调相关部门帮助就学就业，促进顺利回归社会。深入社区、学校145次，开展“防治校园欺凌”等主题活动，护航未成年人健康成长。新吴区检察院未成年人犯罪检察科被评为全省“巾帼文明岗”，两级院6个项目分别被评为无锡青少年权益工作创新“示范项目”和“优秀项目”。探索加强检察监督新路径，在全国率先开展检察监督信息化建设，依托现代信息技术，采集各类监督数据，破解检察监督线索发现难、调查取证难和监督力量不足等实际困难，为全面提升检察监督现代化水平提供坚实基础。探索诉讼职能与监督职能的适当分离，梁溪区检察院“检察监督部”试点运行，纠正侦查活动违法和审判活动违法情形21件次，开展羁押必要性审查100件，监督收监执行刑罚6人，比上年分别增长28%、337%和61%，改革成效初步显现。

（刘 康）

司法行政

【法律服务】 2017年，无锡市司法行政部门开展“法企同行”活动，走访企业32628次，发放企业法律服务手册4.98万册，组建各类法律服务团(组)107个，建立服务企业联系点243个，收集排查企业法律风险服务需求4120项，帮助企业化解风险、解决问题9337件，发布防控举措和法律建议157条，挽回企业经济损失3.37亿余元。围绕全面开放战略，开展“走出去”企业专项走访行动，梳理无锡境外投资重点企业150家，全面摸清境外投资企业发展状况、法律服务需求和经营发展风险，形成专项汇报，为政府科学决策提供依据。推动省司法厅、市人民政府和红豆集团签署《共建江苏驻柬埔寨“一带一路”法律服务中心框架协议》，为中资企业在柬投资提供优质高效的法律服务。协同相关部门举办资本输入输出、跨境并购、知识产权等法律讲座500余场次。制定《关于在全市组织开展人才创新创业法律服务行动的实施意见》，组建市、市(县)区人才创新创业法律服务团和园区法律服务驿站。年内，全市法律服务行业担任企业法律顾问14306家，代理各类案件41125件，办理各类公证77718件，出具鉴定意见书9647件，受理法律援助案件5413件。

（陆 裔）

【公共法律服务体系建设】 年内，无锡市召开全市公共法律服务体系建设推进会，制定《关于加快构建覆盖城乡的公共法律服务体系的意见》，成立协调办公室。推进公共法律服务平台建设，明确各级平台功能定位，规范功能设置和岗位设置，完善工作制度和服务要求。加大7×24小时“12348”法律服务热线宣传力度，累计接听解答群众咨询3万余件次，比上年增长30%。建立31家军人军属法律服务站，开展送法进监狱、送法进军(警)营等活动共117场次。建成259个公共法律服务社会组织，累计开展各类活动2000余场。实施法律援助“名优工程”，建立包括24名各级人大代表、政协委员参与的法律援助名优律师团。实施无锡名优律师人才培养工程，将律师、公证员、司法鉴定人纳入太湖人才计划。落实司法行政惠民举措，开辟特殊群体法律援助“绿色通道”，发布法律风险提示3200余条，设立流动人口“法律诊所”86家，建立后续照管服务站88个，建成“法治书屋”115个，减少公证证明材料693件，减免公证收费70余万元。推进村(社区)法律顾问制度，实现全市1155个村(社区)法律顾问全覆盖。

(陆 喬)

【人民调解】 年内，全市各级各类人民调解组织排查社会矛盾纠纷17940次，受理矛盾纠纷57192件，调处成功矛盾纠纷57180件，调解率100%，调处成功率99.99%。在医患纠纷调解组织全覆盖基础上，推动劳动、交通、消费、物业、知识产权等专业性行业性调解组织发展。加强基层常设性沟通渠道建设，完善人民调解、行政调解和司法调解的衔接机制。借鉴“派驻式”人民调解工作室经验，持续推进“诉调对接”“检调对接”工作。培育个人调解工作室，以品牌效应提升人民调解影响力。至年底，全市建成各类人民调解组织1613个，拥有专(兼)职人民调解员6209人。在法院法庭设立人民调解工作室15个，在公安派出所设立人民调解室132个，设立交通事故调委会32个，专业性、行业性人民调解组织和人民调解工作室规范化建成率均超过95%，初步形成覆盖城乡、专业多元的人民调解组织体系。

(陆 喬)

【特殊人群管理】 年内，无锡市全面贯彻落实社区矫正工作标准，推动社区矫正工作者依法履职、规范执法，严厉惩治不服从管理和对抗管理的行为。全年全市撤销缓刑收监21人，对暂予监外执行人员收监3人，警告235人，提请治安处罚8人，追回在逃社区服刑人员1人，查处不假外出人员171人次。推进社区矫正损害修复工程，聚焦家庭、被害人、社会“三位一体”的社区矫正模式，修复已损害的社会关系。开展教育矫正专项活动，通过开展形式多样的主题特色活动，提高教育矫正效果。制定《关于社会组织参与社区服刑、刑释和解戒人员帮教工作的实施意见》，鼓励、引导和支持社会力量参与帮教工作，促进特殊人群顺利融入社会。推进安置帮教“前置化、协议制、社会化”改革，推行人员衔接留痕管理和备案制度，建立“释放难”等重点人员衔接问题预警机制和处置流程。加大远程亲情视频会见系统社会宣传和应用管理，扩大视频会见系统的知晓面和使用率。至年底，全市累计完成远程视频会见预约69次，成功会见33次。开展特殊人群及其未成年子女专项帮扶活动，排查走访社区服刑、刑释和解戒人员特困家庭448户，联合相关部门，逐步建立长效帮扶机制。健全市、县、乡三级后续照管服务网络，基本实现后续照管工作“网格化”和照管对象全覆盖。加强与强戒机构合作，完成人员信息对接传送406人，签署后续照管协议392份，帮助21名照管对象找到适合的工作岗位，对487名照管对象展开心理咨询、纠纷化解、应急救助等相关帮扶服务。

(陆 喬)

【普法宣传教育】 年内，无锡市委办公室、市政府办公室印发《国家机关“谁执法谁普法”普法责任制实施办法》，制定《国家机关“七五”普法责任清单》，明确61家机关部门的普法职责任务。学习宣传习近平关于全面依法治国的重要论述，开展宪法和中国特色社会主义法律体系宣传教育，开展“法律六进”(法律进机关、进乡村、进社区、进学校、进企业、进单位)活动。全年全市累计发放各类宣传手册、服务卡230万份，走访居民(村民)35万户。组织开展“德法同行”“德法相伴”系列活动，推进法治文化与传统文化、法治教育与道德教育、法治建设与精神文明创建、法治实践与社会公益服务“四结合”。举办各类法治文艺演出、法治电影巡展、法治家规家训征集、法治楹联书画巡展、法治童谣传唱、崇德尚法社区创建等活动4000余场次。建立省级法治文化示范点27个，市级法治文化示范点321个，组建各类法治文化特色团队350个。组织开展村规民约、社区公约专项梳理活动。开展基层民主“双创”活动，全市有7个村(社区)被命名为“全国民主法治示范村(社区)”，529个村(社区)被命名为“省民主法治示范村(社区)”。

(陆 喬)

【依法行政】 年内，无锡市全面推进依法行政工作，推进简政放权优化服务，清理行政权力事项87项，依法办理行政许可、行政处罚和其他行政服务事项371件，上报典型案例82件。落实相关法律法规，落实规范性文件和重大决策合法性审查程序，出具法律意见审查书5件。做好投诉案件办理工作，处理“12345”投诉交办件200余件次，办理行政复议、行政诉讼案件6件，办理法律服务行业投诉81件。

(陆 喬)

监狱管理

【概况】 2017年，无锡监狱围绕“建设现代监狱、推动领先发展、服务全省大局”的目标定位，扎实推进“三效两力五提升”(监区运行效能提升、企业运行效益提升、信息化运用效应提升、领导班子整体合力提升、民警队伍实战能力提升)行动，推动各项工作协调快速发展。监狱被省监狱管理局评为“四大载体”(监区规范化建设三年行动计划、劳务加工提档升级、民警队伍素质提升三年行动计划、监狱智能管理大平台建设)建设综合表彰单位、现代监狱建设先进单位、狱务公开示范单位、监区规范化建设先进单位，1个监区被命名为江苏省青年文明号。

(施 懿)

【坚持公正文明执法】 年内，无锡监狱加强与法院、检察院的外部协同，准确把握政策导向，整合科室、监区办案警力，严格执法程序，运用多种媒介，促进狱务公开，提升监狱的公正文明执法水平、执法公信力。全面规范执法程序，推行执法工作标准化、规范化管理，发挥监狱智能管理大平台功能，建设刑罚执行办案中心平台，与法院、检察院互联互通，建立刑事政策调整与大平台业务模块同步优化机制，推进信息网上录入、证据网上留存、程序网上流转、文书网上生成、结果网上查询、质量网上考评、过程网上监督，严防工作失误、失范、失序，依法开展减刑、假释工作，经监狱呈报、法院裁定减刑938人、假释9人；办理因病保外就医16人，依法办案率100%。保护罪犯合法权益，实施《罪犯处遇管理规定(试行)》和《罪犯劳动报酬及物质奖励管理办法》。规范监狱医院管理，加强罪犯疾病防治和防暑降温工作，与无锡市所有市级医院开展双向合作共建，建立罪犯绿色就医通道，提高医疗保障能力。主动接受执法监督，加强会见窗口、监区等狱务公开窗口建设，推进新版江苏监狱网罪犯信息查询平台和监狱罪犯教育网专栏、监区狱务公开综合信息查询系统的日常维护和常态使用，落实监狱长接待日、罪犯改造情况通报、主题帮教日活动等制度，实现对社会、罪犯亲属、罪犯三个狱务信息公开率100%，以主动接受社会监督，彰显公正文明执法形象。

（施　懿）

【平安监狱建设】 年内，无锡监狱坚持最高标准，采取最严措施，集中最强力量，做好各项安全保卫工作，维护监狱持续安全稳定，圆满完成十九大安保维稳任务。严格重点环节管理，落实民警一日执勤规范和罪犯一日行为规范，对出收工、开收封、车辆管理、工具管理、板块移动、零星流动路线、罪犯流动等重点环节加大管理力度，日常安全管理更加规范。推进监内“白昼化”照明改造，完成高杆灯架设，规范照明时间设置，实现全监照明监控全覆盖。提升应急处置能力，推进指挥中心实战效能建设，建立狱情日研判制度，加强狱情分析研判，主动出击，靠前防守，梳理规范21项应急处置预案，开展各类应急处突演练5次，无预告演练3起，应急处突实战能力明显增强。增强监区运行效能，对监区子网页重新设计，在全省首推将监区日常管理工作在网上留痕，压减表簿册13种，力行减负增效。推进智能管理大平台应用，全面核对档卡数据，做到罪犯信息准确无误。实行“监区自查、科室核查、监狱联查”的“三查”工作机制，全年开展监区自查37次，业务科室专项检查63次，监狱领导带队联合检查20次，有效保证监管制度落地落实。

（施　懿）

【加强教育改造工作】 年内，无锡监狱坚持以德塑人、以文化人、以情暖人的主线，加强问题导向，整合内外资源，拓展教育载体，教育改造质量稳步提升，促进监狱本质安全。以“四查四整两创一做”主题活动为主线，开展大课教育14场，罪犯“心声讲坛”25场，强化罪犯服刑意识。专题开展“反打止殴”“争创无违规小组”专项活动，实施分级管理，累进激励，有效提升罪犯互监互控意识。以“四季塑德”主题教育活动为主轴，巩固和深化传统道德教育成果，教育罪犯崇善扬德、立志自新。持续推进监区文化建设，开展第九届“读书伴人生、书香飘监区”主题读书节活动，举办阳光书市，与无锡市文联联合举办“文化、育人、正心”文艺会演，举行罪犯第九套广播体操比赛，开展“清凉慧心，平安度夏”纳凉活动，丰富罪犯改造生活，调动改造积极性。开展特困罪犯帮扶“暖冬”行动，发放特困罪犯节日慰问品815份。开展“法润江苏2017春风行动”，实施“黄丝带”帮扶行动，帮扶罪犯未成年子女91人，发放特困帮扶金40100元。邀请无锡市第二人民医院外科医生到监开展义诊活动，为49名病犯提供专业诊断。依托监地共建“10+1”平台，与团市委建立“红飘带”志愿者工作站。推进社会帮教“一区四团”（一个监区建立社区矫正宣讲服务团、技能培训服务团、帮扶救助团、“五老”帮教服务团四个服务团）建设，完成4个监区与社区结对帮教。邀请“爱心使者”唐妈妈爱心志愿团队到监开展主题帮教共50余人次，工艺大师徐根生等爱心人士长期辅导罪犯兴趣小组活动，为罪犯改造增添动力。

（施　懿）

典型案件

【破坏计算机信息系统案】 2017年5月22日下午，宜兴市交通局驾驶员培训部门委托为其提供技术支撑的某科技公司报警，称通过系统GPS轨迹比对及大数据分析，发现宜兴地区部分教练车行驶路线明显异常，经常出现在湖泊、山林等地，有悖于常理。经工作人员对异常车辆检查，发现车辆驾培仪内被安装作弊器（即免指纹芯片、电子围栏破解芯片、跑码机等设备），通过避开驾培仪的指纹认证模块，篡改学员学时数据、GPS数据、教练车跑码数据等来减少学员培训时间，从而让学员非法获取考试资格。宜兴市公安局接报后，抽调精干警力组成专案组开展调查，同时商请检察机关提前介入和审判机关指导办理，初步掌握该破坏计算机信息系统犯罪团伙的组织架构、网络层级、角色身份、活动轨迹及运作方式等情况。经进一步侦查，专案组查明涉案设备制作销售源头单位为福州某汽车电子公司和福州某电子科技有限公司。该两家单位在福建省福州市有5个网点。7月7日，宜兴市公安局抽调200余名民警，在福建省福州市和宜兴市同时开展收网行动，在福建省福州市捣毁福州某汽车电子公司和福州某电子科技有限公司这两家涉案设备制售源头窝点，在宜兴市查扣安装作弊器的教练车43辆，抓获林某（男，36岁）、卢某传（男，42岁，均为福建省福州市人）等破坏计算机信息系统涉案人员102人，将在福建省福州市研发、生产、销售和在宜兴市违法使用涉案设备的作案人员一网打尽，缴获大量涉案设备及零部件。经审查，犯罪嫌疑人林某、卢某传等人于近年来通过淘宝、微信、论坛、电话等线上线下销售途径，向全国各地的驾驶教练员、驾驶学校管理人员非法销售跑码机、图片机、免指纹芯片和电子围栏破解芯片等设备24900余单，涉案价值2170余万元。

（耿永军）

【境外设赌诈骗案】 2017年6月15日，江阴市某私营企业业主陈某（男，42岁，江阴市人）接到自称香港泽富企业有限公司经理李善均（化名）的电话，称有意购买其企业生产的设备。7月10日，李善均与“何姓工程师”到陈某的企业考察。7月30日，陈某应约到泰国曼谷一酒店与李善均、香港泽富企业有限公司董事会主席陈世沂（化名）以及澳门人陈伟强（化名）、新加坡人Martin Kwok C.H（化名）等人见面，并签订价值百万元的合同。随后，陈某应陈世沂等人的提议用扑克牌进行“梭哈”赌博，输给陈伟强83万元，被迫打款至陈伟强提供的银行账户。回国后，陈某为履行合同却发现再也联系不上李善均等人，意识到被骗后向江阴市公安局报警。接到报案后，江阴市公安局成立专案组开展侦查，发现南京、无锡等地有多家私营企业业主被骗，循迹查明犯罪嫌疑人的真实身份为杨某球(广东人，冒充“李善均”)、朱某明(浙江人，冒充“何姓工程师”)，2人落脚于广东省深圳市。专案组经赴广东省深圳市侦查，查明另两名犯罪嫌疑人的身份为刘某贤(香港人，冒充“Martin Kwok C.H”)、韩某(香港人，在逃，负责将赃款带到深圳)。11月1日，专案组在深圳市抓获犯罪嫌疑人杨某球、朱某明、刘某贤，扣押作案手机、伪造的名片、账本等大量涉案物品，成功摧毁这一专门针对私企业主实施境外赌博诈骗的犯罪团伙，审查后破获该团伙在江阴市及上海、山东、天津、浙江等地所作案件15起，涉案金额800余万元。

(耿永军)

无锡市公安局大数据指挥服务中心　　(夏震宇　摄)

【网络贩毒案】 2017年8月12日，市公安局微信公众号“平安无锡”接到群众举报，称有一昵称为“罗娜”的女子在微信朋友圈内公开出售大麻等毒品，市公安局禁毒支队迅即会同惠山分局成立专案组开展侦查，初步查明“罗娜”的真实身份为陆某琦(女，23岁，无锡市人)，是一名网络贩毒“代理商”。专案组通过陆某琦的资金流向确定其上线为活动于江西省九江市的谢某（男，23岁，江西省高安市人)、下线为张某青(男，26岁，淮安市人)、李某(男，30岁，无锡市人)。专案组组织警力赴江西省九江市开展侦查，发现谢某与同伙熊某志(男，29岁，江西省九江市人）多次将装有大量包裹的箱子送至快递站投递。专案组通过对谢某的微信号进行梳理，发现该号为其从事毒品交易的专用工作号，谢某通过该号发展他人为自己的“代理商”，向全国数十个省份几百余人贩卖毒品。随后，专案组相继掌握谢某在无锡的其他下家舒某婷(女，22岁，重庆市人)、张某鼎(男，27岁，辽宁省葫芦岛市人)、孙某杰(男，26岁，无锡市人)以及在重庆市的代理商田某鸣(女，24岁，浙江省绍兴市人)的相关情况，同时发现谢某的上家为主要活动在广西壮族自治区贺州市的赵某保（男，34岁，广西壮族自治区贺州人)，赵某保在贺州有专门种植大麻的基地，先后向谢某通过快递的方式寄出大麻数千克。9月17~18日，专案组在江西省九江市、重庆市、广西壮族自治区贺州市和江苏省无锡市开展抓捕行动，先后抓获赵某保、谢某、熊某志、田某鸣和陆某琦等涉案人员14人，缴获大麻10余千克，斩断一条通过网络向全国数十个省市贩卖毒品的通道，成功实现从毒品种植地到末端消费者的全链条打击。

(耿永军)

【倾倒危险固体废物污染环境案】 2016年5月8日，被告人张某、周某从浙江托运固体废物(再生硫酸钠)80余吨至宜兴，指使司机将其中50余吨倾倒在善卷洞附近。经鉴定，该批固体废物具有重金属浸出毒性，环境污染损害费用80余万元。因对该案是否构成犯罪存在争议，公安机关立案后又撤案。2017年3月23日，宜兴市检察院向公安机关发出《要求说明不立案理由通知书》，公安机关于次日决定立案，并对张某、周某刑事拘留。4月27日，宜兴市检察院对2人批准逮捕；9月21日，宜兴市检察院以涉嫌污染环境罪对2人提起公诉。

(刘　康)

【富隆成房地产公司破产重整案】 无锡富隆成房地产开发有限公司是一家从事房地产开发与经营的民营企业。重整前，其正在开发建设房地产项目“红梅新天地”(又名“县前华府”)。因资金链断裂、经营状况恶化，该房地产项目无法按期完工和交付使用，经营陷入困境，购房户为此纷纷提起诉讼及执行，并向有关部门不断上访，呈现出群体性事件的苗头。2016年8月15日，无锡市中级人民法院执行局裁定中止对富隆成公司的执行，移送破产审查。无锡中院金融庭在分析无锡楼市行情走势和涉案楼盘运营状况的基础上，于2016年9月12日裁定受理富隆成公司破产清算，又于同年11月14日转入重整。为顺利推进重整程序，管理人三次发布招募重整投资人公告。最后一次招募参照了公开招投标方式，即在招募公告中预设评选规则，明确将采取评分制选取最高得分者为重整投资人，并邀请专家顾问（非利害关系的房地产企业管理人员、外地房地产企业破产管理人)、债权人代表、购房人代表等担任评标委员会委员进行评分。最终，绿地集团控股的南京市城市建设开发(集团)有限责任公司以4.7亿元报价的偿债方案和切实可行的续建经营方案中标，被确定为重整投资人。在法院指导下，管理人积极与债权人沟通，制定了公平性、可行性、合法性兼具的重整计划草案。2017年8月7日，富隆成公司重整案第二次债权人会议召开，会上各表决组均全票表决通过了该重整计划草案，到会的128个债权人全部投了赞成票。重整计划通过后，无锡中院根据管理人申请批准了该重整计划。该案系无锡市中级人民法院首例、也是全国首例“执行转破产+清算转重整+房地产”破产案件。

（张圣斌）

【环境民事公益诉讼案】 2015年5月，上海市某区绿化和市容管理局将部分生活垃圾交由徐某某处置，徐某某再通过徐某等将2000余吨生活垃圾倾倒至无锡市惠山区一河岸边，造成周边环境严重污染。后无锡市锡山区法院就相关刑事诉讼作出判决，以污染环境罪判处徐某某、徐某等有期徒刑、并处罚金，追缴违法所得。该判决生效后，无锡市人民检察院提起环境民事公益诉讼，要求上海市某区绿化和市容管理局等七被告承担涉案环境污染的应急处置费用、环境修复费用等2094649.16元。法院依法公告案件受理情况，委托专业机构对受污染环境现状监测，组成专家组实地查勘、论证、修订《环境修复技术方案》并公告。环境修复工作完成后，重新委托专业机构后期监测，再次组织专家论证，并邀请当地代表召开听证会，确保环境修复目标实现。相关主管部门积极敦促责任人履行义务并配合完成环境修复，督促责任人承担所有费用，主动交纳环境修复费用2094649.16元，并采取一系列整改措施，严防此类事件的再次发生。后公益诉讼起诉人无锡市人民检察院以全部诉讼请求均已实现为由，申请撤回起诉。法院认为，人民检察院所提公益诉讼的诉讼请求全部实现后申请撤诉的，应予准许。该案中，无锡市人民检察院根据部分垃圾并非来自徐某某、徐某处的事实，主张以垃圾数量占比，酌定非法运输、处置生活垃圾产生的应急处置费用为1460179.16元，符合《中华人民共和国侵权责任法》第六十七条的规定。诉讼中，实施生态环境修复工程的费用476070元、环境修复方案制定费用15万元、后续监测费用3000元、专家论证费用5400元，均属于生态环境修复及为修复环境而支付的必要费用，应由污染者承担。无锡市人民检察院主张应由被告方承担上述各项费用合计2094649.16元，符合相关法律规定。至于该费用已由被告全部支付，应认定已经承担了受污染区域的全部赔偿责任。由于涉案受污染区域的生态环境已得到修复，被告已承担赔偿责任，公益诉讼人无锡市人民检察院的诉讼请求均已实现。且其申请撤回起诉的行为经过最高人民检察院批准，履行了相关审批手续。因此，法院依照《中华人民共和民事诉讼法》第一百四十五条第一款规定，裁定准许公益诉讼人撤回起诉。该案是全国首例检察机关提起的以行政机关为被告的环境民事公益诉讼案件，也是广受关注的“华东跨界倾倒生活垃圾刑事第一案”的延伸案件。该案探索了以行政机关为被告的民事公益诉讼案件的审理流程及特色，明确民事案件双方当事人的平等地位，重申污染者承担环境修复责任的基本原则。

（张圣斌）

【销售假冒注册商标商品及非法制造、销售假冒注册商标标识案】 2014年9月至2015年12月间，由张某某提议，与王某某、徐某某合谋并共同出资，在未经注册商标所有人许可的情况下，假冒使用“德芙DOVE”注册商标，在安徽省芜湖市某橡塑厂内生产、制作巧克力并进行销售，非法经营数额共计217万余元；2014年10月至12月，洪某某、徐某某、钱某某在明知从王某某、张某某处购得的“德芙”巧克力系假冒注册商标的商品，仍销售给他人，销售金额总计130余万元；2015年9~11月，黄某某未经注册商标所有权人授权许可的情况下，非法制造印有“FERREROROCHER”注册商标标识的塑料包装纸5万张、底版纸5万张、圆形小贴纸100万余枚，后其将上述商标标识以10万余元的价格销售给王某某。这些假冒巧克力的成本价为360~380元/箱，售价为440~550元/箱，几乎只有正品批发价的一半。法院认为，公诉机关各项指控属实，张某某等人通过制假、售假，向江苏省、浙江省、安徽省等超市、零售综合体兜售大量假冒“德芙”“费列罗”等国际品牌巧克力。非法经营数额巨大，严重损害了海外品牌在中国市场的企业形象。遂以假冒注册商标罪分别判处被告人张某某、王某某、徐某某、胡某某有期徒刑5年、5年、4年、1年缓刑两年，分别判处罚金185万元、174万元、163万元、1万元；以销售假冒注册商标的商品罪分别判处被告人徐某某、洪某某、钱某某有期徒刑4年、3年缓刑5年、3年缓刑5年，分别判处罚金35万元、30万元、20万元；以非法制造、销售非法制造的注册商标标识罪判处被告人黄某某有期徒刑3年缓刑3年，并处罚金4万元。同时禁止4名缓刑人员在缓刑考验期内从事巧克力的生产、销售、制造标识等经营行为。

此案被公安部列为“利剑行动”督办案件，涉及“德芙”“费列罗”两大国际商标。该案也系江苏法院唯一入选由中国外商投资企业协会优质品牌保护委员会举办的“2016~2017年度知识产权保护十佳案例”。

（张圣斌）

编辑　李汉洪

人民武装

【思想政治建设】 2017年，无锡军分区以学习贯彻中央军委主席习近平系列重要讲话和中共第十九次代表大会精神为主线，制定《学习宣传贯彻党的十九大精神部署安排》，通过专题议学、领导领学、集训研学、考核促学、参观见学等方式，加深对中央军委主席习近平治国理政统军战略思想的理解掌握。开展“听党指挥，维护核心”主题教育，推进“两学一做”学习教育常态化制度化，研读《军委主席负责制读本》，组织党员承诺践诺，规范组织生活，把“三个维护”(维护党中央权威、维护核心、维护和贯彻军委主席负责制）融入官兵血脉。结合纪念建军90周年，举办驻无锡军队离退休老干部书画展，开展“缅怀建军史，共筑强军梦”大讨论，组织开展红色电影展播、专题知识展板巡展和“中国梦、强军梦”征文活动，激发官兵爱军建军强军热情。

（江　涛）

【战备训练】 2017年，无锡军分区推进战备规范化建设，修订各类方案，开展战备值班业务培训，采集更新作战数据，战备建设水平稳步提升。依据新编《训练大纲》，抓好实战化训练，落实首长机关训练，单位总分在省军区组织的动员业务考核中位列第三名。开展民兵专业技术兵挂钩带训、跨区联训，组织3期民兵骨干和专武干部集训，抓好5支民兵合成化应急连“一队多装、一队多能、一队多用”建设，民兵队伍作用发挥更加凸现，江阴市、锡山区、梁溪区、新吴区民兵分队圆满完成协助全国文明城市创建、森林防火、抗洪抢险等任务。

（江　涛）

【兵员征集】 2017年，无锡市军地各级按照“一季征兵、全年准备”要求，开展征兵工作“创四优”(为征兵工作创造优越条件、为部队输送优质兵员、协助部队培养优秀士兵、向地方推荐优秀人才）活动，创新实行大学生士兵征集“一站式”服务，完成新兵征集任务和直招士官招收工作，“五率”(报名率、上站率、合格率、择优率、退兵率）量化考评全省第一。所征新兵中，党员、团员占75.3%，高中以上文化程度占99.5%，大学以上文化程度占79.5%，征兵工作形势总体较好。

（江　涛）

武警部队

【武警无锡市支队加强思想政治建设】 2017年，武警无锡市支队把握新时代强军思想，坚持把举旗铸魂摆在首要位置，深扎信仰之根，固牢忠诚之本。采取编发要点、培训骨干、动态跟进、实践融合等方式，贯彻学习中央军委主席习近平系列重要讲话精神。坚持以“维护核心、听从指挥”为主线，丰富党员学习形式，变1人说教备课为官兵轮流辅导，拓展教育途径。年内，推送新闻通讯800余篇，各级各类公众号70篇，2名基层干部分别被总队表彰为“十佳”、优秀“四会”(会讲、会做、会教、会做思想工作）政治教员。开展“提振精气神、聚力迎大考”专题教育，与驻地联合开展“美好生活·德法相伴”送法进军营系列活动，协调结对法律援助站，免费为官兵提供法律咨询。

（金龙华）

【武警无锡市支队执勤战备训练】 2017年，武警无锡市支队以贯彻“八落实”(人员、内容、时间、质量、弹药、摩托或飞行小时、教练员、场地8项内容）标准和新“十六字”思路为牵引，狠抓常态执勤和练兵备战，提升部队核心军事能力。开展“学规范、查隐患、找问题、补漏洞”专题教育整顿和“过目标、过哨位、过人员”活动，排除执勤隐患27处；贯彻总队中心工作集训精神，抓好支队战备物资库房改造和设备采购，推进基层中队攀登楼改造新建，推进实兵实战与目标对抗系统建设。完成中国共产党第十九次全国代表大会、世界物联网博览会安保和锡东垃圾焚烧发电厂专项维稳、惠山二茅峰山林救火等重大任务，部队在实践实战中得到锤炼。协助公安机关抓获网上逃犯3人。

（金龙华）

【武警无锡市支队保证安全稳定】 2017年，武警无锡市支队坚持依法从严治警方针，发挥安全文化的束心律行功能，组织开展“百日安全竞赛”和安全大检查活动，完善“挂账销号、防范措施、明确责任”3项机制，排查整治安全隐患34处。贯彻《正规化管理规定》，开展“学法规、守法规、用法规”和“条令学习月”活动，从办公秩序、军容风纪、礼节礼貌等抓起，部队管理进一步规范。贯彻总部、总队安全工作讲评会精神，专题召开党委会进行反思，开展“作风纪律专项整顿”查症结、析原因、定措施，层层签订《安全管理责任书》，坚决推行首问、倒查、问效3项责任制和“无后果”责任追究，树立依法从严治军的鲜明导向。

（金龙华）

【武警无锡市支队基层建设】 2017年，武警无锡市支队抓建设、打基础。建立“指导压茬、全程闭合、责任连带”股队挂钩机制，分批组织蹲点帮建和下连当兵，采取“三帮一带”“抓两头带中间”办法，对基层中队进行精准帮建。以“岗位大练兵”活动为载体，统筹开展业务培训、文体骨干培训、“四会”教员授课比赛等活动，建立月分析、季讲评干部机制.开展“放下手机、走出房门、融入战士”活动，优化调整6名基层中队主官，派员赴某师装甲车连参观见学，培养一批抓基层、建基层的实干家。

（金龙华）

【武警无锡市支队现代后勤建设】 2017年，武警无锡市支队推动后勤综合保障能力提升。着眼“后勤变前勤”，增强后勤保障效能。每月组织司务长集体办公，依托地方资源优势，组织后勤专业兵技能培训，每季度组织基层“一长五员”（司务长、炊事员、军械员、卫生员、给养员、驾驶员）专项考核，累计投入7000余元配齐战备帐篷，与3家大型超市签订代储协议，增强后勤应急保障能力。深化“伙食精细管理年及军粮专项检查活动”成果，官兵伙食满意率98%以上。落实党委理财制度，严把经费预算、管控、审核“三道关口”，落实采购、使用、结算“三分离”要求，组织集中采购20余次，节约经费8.6万元。

（金龙华）

人民防空

【概况】 2017年，全市民防（人防）工作贯彻落实《中共中央国务院中央军委关于深入推进人民防空改革发展若干问题的决定》，以习近平新时代中国特色社会主义思想为指导，以第七次全国人民防空会议和全省人民防空会议精神为主线，坚持“长期准备、重点建设、平战结合”工作方针，推动各项工作有效落实。推行无锡市结建人防工程新政策标准，印发“十三五”民防发展规划，深化“放管服”（简政放权、放管结合、优化服务）行政审批改革。强化组织指挥建设，开展重要经济目标防护建设试点，坚持按纲施训，突出实战化演练，提升应急应战能力。严格人防工程建设项目审批，全市人防工程建设和易地建设费筹集等指标实现持续攀升。加强人防工程维护和使用管理，开展人防工程平时使用证换发。拓展宣传教育渠道，丰富宣传教育内容，扩大人防工作社会影响。圆满和超额完成省民防局下达的9类34项建设目标任务和市委、市政府下达的18项重点工作任务。年内，市民防局被评为省“完成年度目标任务优秀单位”、市“安全生产工作目标任务考核先进单位”。

（彭海东）

【人防应急准备】 2017年，市民防局按照“一中心、三部门”和实名制要求，修订人防组织指挥机构方案。按照市国防动员委员会(简称“国防委”)要求，修订国动委人防办组织机构方案。指导锡山区和新吴区完成人防机动指挥通信系统建设，协调惠山区启动人防机动指挥通信系统建设，完成机动指挥通信系统4G图传系统升级改造。组织全市人防机动指挥通信系统进行联网训练和跨区训练，较好完成省组织的人防机动指挥通信系统集训和跨区演练。开展实战化训练演练，全年组织实战化演练26次，参演人员10536人次。完成市本级和各市（县）、区7支常规人防专业队重组，抓好网电信息防护、心理防护、伪装防护等新型民防专业队伍整组，组织人防专业队骨干培训。宜兴市以蓝天救援队为基础成立宜兴人防抢险抢修专业队伍，市民防应急救援大队和民防应急通信大队5次参加各市（县）、区组织的人防应急救援和应急通信演练。组织参加省民防局组织的第六届“民防杯”江苏省业余无线电应急通信演练比赛暨无人机比赛，无人机比赛市本级总分排名第一、个人排名第一，应急通信演练市本级、江阴市均获得二等奖。

（彭海东）

【信息化建设】 2017年，市民防局做好全市495台警报器日常维护工作，新增10台固定警报器，高标准、高质量完成“9·18”全市防空袭警报试鸣任务，警报和覆盖率98%，鸣响率100%。加强人防“一网四系统”（人防信息基础网络、人防预警报知系统、人防指挥控制系统、人防防护救援系统、人防综合保障系统）建设，完善人防有关信息数据，完成超短波集群建设任务，新建5个中继站。与市政法委等部门协调，搭建人防指挥所视频监控系统。会同城市规划设计院编制《无锡市人民防空警报建设规划》，达成初步协议。抓好人防机动指挥通信系统信息化升级，市本级、江阴市、宜兴市人防机动指挥车均安装无人机，完成无人机视频传输系统建设。加强通信业务训练，每周组织和省局、市（县）区联调联试，每月组织人防通信站人员进行业务训练，多次组织跨区域通信演练。

（彭海东）

【人防工程建设】 2017年，无锡市人防工程建设和易地建设费筹集等指标持续攀升，全面超额完成年度目标任务。筹集易地建设费用20789万元，平战结合收入349万元；江阴市筹集易地建设费4054万元；宜兴市筹集易地建设费1891万元，平战结合收入64万元。承办全省人防工程质量监督现场会暨工作研讨会，规范在建人防工程质量监管，加大在建工程的督查力度，确保工程质量和安全生产。强化事中、事后质量行为监管，按照《无锡市人防工程建设事中事后监管“双随机”抽查方案》，重点加强对影响人防工程结构安全和防护功能方面的质量检查控制。

（彭海东）

【人防工程维护管理】 年内，市民防局加强人防工程维护，完成龙光洞维修加固工程、金匮公园人防工程维修、环城河人防工程集水井改造等项目。省人防工程信息系统和省人防工程质量监督管理系统连接运行，完成市人防工程信息系统升级和补充数据工作。强化对人防工程的使用管理，落实年度人防工程维护管理资金180万元，加强平时和重点时段的监督管理。加强对人防工程进行安全检查，及时发现和消除安全隐患。开展人防工程平时使用证的换发，核发平时使用证1133份。完成有关自管人防工程的公开招租，签订规范的人防工程平时使用合同、房屋租赁合同和安全责任书。

（彭海东）

【人防宣传教育】 年内，无锡市继续推进全市中小学民防知识教育，课本征订率、开课率100%。结合防灾减灾日，组织各级人防部门开展“5·12”防空防灾宣传教育活动。5月10日，市民防局会同滨湖区人防办在万科社区组织应急演练活动。结合无锡市第29届科普宣传周活动，开展科普宣传周宣传活动。结合警报试鸣活动，发动全市10余个社区、学校4000余人参加形式多样的宣传教育活动。发挥新闻媒体宣传引导作用，在无锡电视台、《无锡日报》宣传预报警报试鸣相关情况；在《无锡商报》《江南论坛》制作一期专版，介绍全市警报试鸣及民防工作；在省民防局组织的交汇点新闻APP、中国江苏网的网络直播、无锡发布、无锡博报等新媒体平台宣传警报试鸣相关内容。发挥各级宣教场所作用，市民防科普教育馆全年接待团队302个、参观者14.1万人次。

（彭海东）

【依法行政】 2017年，市民防局根据“放管服”改革相关要求，部分行政审批权力事项划转给市行政审批局和下放给梁溪区。做好“双公示”“不见面、见一面”事项、行政权力网上运行等工作。坚持依法审批，杜绝“跑、冒、滴、漏”，依法配建“结建率”、易地建设费“征缴率”100%。督促各市（县）、区成立人防执法队，指导宜兴市、锡山区、新吴区办理3起投诉案件，推动基层人防部门依法行政工作开展。加大执法检查力度，市民防局办理各类人防违法违规案件6起，已作出行政处罚3起，发出各类行政文书10份，追缴易地建设费到账139万元。

（彭海东）

【重要经济目标防护建设试点】 2017年，无锡市按照省重要经济目标防护试点建设任务要求，组织对全市水厂、燃气储备站、数据容灾备份中心等重要经济目标单位进行调研，研究确定无锡市自来水有限公司中桥水厂、江阴市江南水务集团有限公司肖山水厂为重要经济目标防护建设试点单位，确定无锡市信息化和无线电管理局、江阴市民防局负责建设依托人防工程的政府及行业数据容灾备份中心试点任务，确定市市政公用产业集团、市自来水有限公司等单位围绕城市供水系统防空袭问题进行理论研究。市政府制定《无锡市重要经济目标防护建设试点实施方案》。筹划重要经济目标防护视频管理系统建设，完成对容灾数据备份中心口部房改造，江阴容灾数据备份中心建设初见成效。

（彭海东）

【全省人防工程质量监督现场观摩演示】 8月1~4日，省民防局在无锡组织召开全省人防工程质量监督现场会暨工作研讨会，会议邀请国家人防质监站、解放军理工大学、东部战区陆军科研所、浙江省人防办5位专家授课。8月3日，质量监督现场观摩演示在惠山区实地玫瑰庄园三期举行，130余名参会代表到现场参观。省质监站对观摩演示项目施工总承包方中建二局第三工程有限公司在人防工程建设、文明施工管理、质量控制、安全措施和过硬的施工工艺等方面给予高度评价，对无锡市人防工程质量监督工作给予充分肯定。

（彭海东）

国防教育和双拥共建

【国防教育】 2017年，无锡市学习贯彻中共第十九次代表大会精神，着眼新形势，增强全民国防教育。市委、市政府和无锡军分区联合制定《关于完善拥军政策增强军人荣誉感的意见》，抓好支持苏北革命老区“双百双建”活动，推动帮扶项目落地。创新国防教育形式，组织开展“军营开放日”、烈士纪念日公祭和新婚夫妇向革命烈士献花等活动，协调驻无锡部队为全市80所学校军训。

（达 飞）

【加强双拥宣传教育】 2017年，无锡市利用春节、建军节、征兵、国防教育日、公祭日等重要节点，运用广播、电视、报刊等传统媒体和微博微信、显示屏等新兴媒体，宣传双拥工作及各类先进典型。“八一”期间，举办庆祝建军90周年图片展、百名将军书画展、百名部队立功官兵畅游第二故乡、军休系统文艺汇演、退役军人陶艺作品展等10项系列活动。各市（县）、区制作双拥宣传标识牌1000余块。市双拥办发挥《无锡市双拥工作简报》宣传阵地作用，编发12期，录用稿件95篇、照片26张，累计分发2520份；编印发放《无锡市完善拥军政策增强军人荣誉感三十条》18000份。9月8日，《无锡日报》以题为《改一千遍都行，只要你回来》的文章，宣传报道驻无锡31604部队副部队长黄竞因公牺牲的先进事迹和精神。9月11日，中央电视台《军旅人生》栏目以《吴成：传递红色火炬》为题，专题介绍滨湖区独臂英雄吴成先进事迹。

（顾光耀）

【开展拥军优属工作】 2017年，无锡市做好拥军优属工作。春节、建军节期间，省委常委、市委书记李小敏，市长汪泉等市领导分别率8个慰问团深入驻锡部队走访慰问。各市（县）、区四套班子领导分别走访慰问驻锡各部队。组织开展“科技进军营”“图书进军营”“书画进军营”“法律进军营”等拥军活动。继续开展“双拥在基层”活动，利用社区（村）现有公共服务资源和公益服务网络，完善社区（村）拥军优属服务站（工作站）、军人家庭服务网点、优抚（老兵）之家等基层拥军优属服务平台。全市基层拥军优属社会组织76413个，推动志愿者和行业开展拥军优属活动。年内，市和市（县）区两级拨付拥军资金1000余万元。市委、市政府和无锡军分区联合制定《关于完善拥军政策增强军人荣誉感的实施意见》,各市(县)、区完善《优抚抚恤补助标准自然增长机制》。全市接收安置军转干部500余人,80%进入公务员队伍,团职干部按照不少于20%的比例安排实职岗位;三级士官12年以上的24人均严格按政策规定安排到位;安置随军家属180人,其中机关和事业单位工作21人,社区工作60人,享受货币安置99人;驻锡部队28名军人子女享受入学优待。

(顾光耀)

【建军90周年图片展】 2017年,无锡市举办"爱我中华·扬我国威——庆祝中国人民解放军建军90周年图片展"。图片展由"光辉历程""驻军风采"2个部分、300余幅照片组成。其中,"光辉历程"部分由"八一南昌起义""井冈山胜利会师""红军不怕远征难""全民族抗战胜利""延安精神""打倒蒋介石解放全中国""开国大典""抗美援朝保家卫国""向雷锋同志学习""国防科技领域的突破性进展""维护国家领土和主权完整""人民生命财产高于一切""纪念抗日战争胜利70周年""中国梦强军梦"等组成,反映新中国成立后特别是中共第十八次代表大会以来国防和军队建设取得的辉煌成就。"驻军风采"部分由"五个坚持"组成:"坚持政治建军""坚持改革强军""坚持科技兴军""坚持依法治军""坚持军民融合",展示中共第十八次代表大会以来驻锡部队以强军目标为引领,在特色强军之路上迈出的重大步伐。8月1日,省委常委、市委书记李小敏和侯志平、庄晏、高剑刚等驻锡部队首长到无锡博物院参观展览,市领导徐一平、徐劼、黄钦、周英、柳江南、谢晓军、刘霞、王进健、高亚光和驻锡各部队领导一同参观展览。展览从8月1日起,持续至10月7日,期间免费对全社会开放。

(顾光耀)

【"光荣人家"牌首发式】 8月21日,无锡市在锡山区举行"光荣人家"牌首发式。市(县)区领导、锡山区镇(街道)负责人、驻锡山区部队官兵代表、"光荣人家"牌发放对象代表、锡山区当年预征兵员对象及其亲属共300余人参加首发式。锡山区副区长栾海港介绍组织发放"光荣人家"牌的经验做法,市、区领导向军人军属代表颁发"光荣人家"牌,武警消防大队教导员胡育来代表驻锡山区现役军人发言,抗美援越老战士陆耀奎代表退役军人发言,市委常委、无锡军分区政委、市双拥工作领导小组副组长柳江南发表重要讲话。省双拥工作领导小组在全省推广无锡市的经验做法。全市发放"光荣人家"牌145418块。

(顾光耀)

【推进军队改革配套服务】 2017年,无锡市委、市政府支持军队改革,做好军队改革配套服务。2月,无锡联勤保障中心商请市委、市政府帮助解决"廉租用房、随军家属安置和子女入学入托"等问题。市委书记李小敏作出"对联勤保障中心需要特别关心和特事特办"批示,市长汪泉提出"市委、市政府一定全力做好服务保障工作,解决联勤保障中心的实际问题"要求。市委、市政府分管领导现场办公、召开协调会各2次,圆满解决联勤保障中心提出的28户需要过渡用房、25名随军家属需要安置、21名子女需要入学入托等实际问题。5月,市长汪泉现场办公,作出批示保证73676部队顺利移防江阴按时开训。7月10日、9月6日,《中国国防报》在头版头条和显著位置,两次以《军改就是"特事"支持就要"特办"》《新组建部队官兵来自五湖四海无锡市推出拥军优属十项"暖心工程"——急官兵之所急解官兵之所忧》为题报道无锡市当好部队改革攻坚"后援团"的经验做法。

(顾光耀)

【军嫂就业安置"无锡模式"】 2017年,无锡市军嫂就业安置逐步推进。采取对口对等安置,凡是在党政机关、学校和事业单位等体制内上班的随调随军家属,充分尊重个人意愿,均由市人社局统一扎口协调,实行对口对等安置,安置军嫂21人。采取指令性安置,每年由市人社局会同无锡军分区和市双拥办选择公益性岗位和协调进社区人数,由市委、市政府办公室统一发文安置,安置军嫂60人。采取货币化安置,从2017年开始增加货币化安置渠道,根据军嫂个人意愿,由市财政安排预算600万元,已有99人享受货币化安置。采取多渠道安置,市和各市(县)区每年为军嫂举办一次专题招聘会,为军嫂提供就业岗位。

(顾光耀)

【部队支援地方建设】 2017年,驻无锡部队在国防教育、学生军训、抢险救灾、扶贫攻坚、义务献血、军民融合发展等方面,推动第二故乡经济社会发展。驻军科研院所发挥优势,加大军民融合力度,助推无锡经济高质量发展,"神威·太湖之光"超级计算机峰值每秒12.5亿亿次,成为世界首台超10亿亿次高效能计算机,实现全球超算500强榜单四连冠,应用成果再获"戈登·贝尔奖"。驻无锡各部队帮助学校完成学生军训任务,参与脱贫攻坚战,参加市统一组织的"慈善一日捐"活动,开展学雷锋做好事活动,组织部队官兵义务献血。驻无锡某研究所连续第十年开展"同在蓝天下,同为神州娃"爱心助学活动,累计400余人次到学校开展各类助学活动,2000余人次参与献爱心助学捐款,捐助物品及资金30余万元。解放军101医院开展"人人会急救,急救为人人,争当安全小卫士"为主题的少年心肺复苏(BLS阶段)社会实践活动,义务为小学生培训基本急救知识。

(顾光耀)

编辑 徐西平

综述

【强化规划统筹引领作用】 2017年，无锡城乡建设系统着力推进新一轮城市总体规划的编制工作，完成《无锡市城市总体规划（2001~2020年）实施评估》及《修改强制性内容专题论证报告》，并通过专家论证，总体城市设计、产业空间布局、城市开发边界划定等12个专题研究大多已完成初步成果，同步编制的城乡统筹规划、城市综合交通规划和历史文化名城保护规划已完成中间成果。完成《无锡市海绵城市规划（2016~2030）》《无锡市地下综合管廊专项规划》、新一轮镇（涉农街道）总体规划编制工作。同时，开展美丽乡村和特色小镇规划编制工作，抓紧启动历史城区“双修”规划和重要地区城市设计，科学开展控制性详细规划修编和动态更新等，推进城市交通和市政基础设施规划，规划在城乡建设中的统筹引领作用进一步强化。

（市住建局办公室）

【基础设施进一步完善】 2017年，无锡城乡建设系统突出交通基础设施建设重点，苏锡常南部高速公路开工建设，宜长高速公路先导段启动建设，常宜高速公路无锡段以及南沿江城际铁路前期工作基本完成，盐泰锡常宜铁路、锡澄城际轨道S1线前期工作取得阶段性进展，锡澄运河航道整治工程市区段和151铁路桥建设稳步推进，无锡（江阴）港石利港区江阴阿尔法码头改扩建工程加快建设。地铁4号线一期工程推进顺利，大部分站点已开展土建主体施工；地铁3号线一期工程已完成土建施工的45%，16个站点实现主体结构封顶；地铁1号线南延线工程已完成土建施工的62%，3个站点全部实现主体结构封顶。蠡湖大道快速化改造主线（高浪路节点除外）等15个重点道桥项目建成通车，江海西路快速化改造等7个在建项目稳步推进，凤翔路快速化改造等8个新建项目有序启动。海绵城市建设加快推进，历史城区“双修”试点全面启动，广南立交绿地海绵化改造等一批海绵城市建设重点项目有序推进，无锡市成功入选2017年省级海绵城市试点城市。

（市住建局办公室）

【城市综合服务功能增强】 2017年，无锡城乡建设系统推进重大服务设施建设，锡东垃圾焚烧发电厂启动运行，新第五人民医院项目正式运营，新少年宫国际交流厅交付使用，新第四人民医院项目实现主体工程封顶，滨江学院项目实现一期工程封顶（研发楼除外）。苏南（硕放）国际机场完成旅客吞吐量、货邮吞吐量分别比上年增长15%、10%，机场通航点增加至40个；市区新增、更新公交车170辆，新辟及优化调整公交线路19条，并在全市域基本实现江苏交通一卡通互联互通。持续推进老旧自来水管网改造和自来水水表出户改造，城乡区域供水覆盖率达100%，新增天然气用户65733户。加快推进城市避难场所和人防工程建设，市区建成4个中心级应急避难场所，新建人防工程面积71万平方米和鸿山强震台。推进快递业规范有序发展，寄递服务优化升级，邮政企业和规模以上快递服务企业业务总量比上年增长26.77%。

（市住建局办公室）

【人居生态环境改善】 2017年，全市扎实开展“263”专项行动，主要污染物排放量持续削减，污染防治工作取得阶段性成效，无锡成功跻身于首批国家生态文明建设示范市。持续推进棚户区（危旧房、城中村）改造、旧住宅整治，市区完成棚户区改造65万平方米，旧住宅整治217万平方米，完成60个城中村整治改造。全面推进城市环境综合整治，全力开展偷倒垃圾专项整治，集中开展“三乱”（乱张贴、乱涂写、乱刻画）广告整治，加大建成区违法建设清查力度，加快推进环卫收运体系建设，城市市容和环境卫生面貌得到有效提升，无锡市被授予“江苏省优秀管理城市”称号。推进城市绿化建设管理，市区新增绿地205万平方米，新建5个城市游园，市区建成区绿化覆盖率42.98%。推进污水处理工程建设和黑臭水体综合整治，新改建污水管网113.8公里,新扩建6个城镇污水处理项目,流域新增污水处理能力5.5万吨/日,完成10条黑臭水体的整治工作。深入推进大气污染防治,PM2.5平均浓度比上年下降16.5%,空气质量优良天数比例提高1.8个百分点。推进农村生活污水治理,全市村庄生活污水治理覆盖率达60%以上,其中太湖一级、二级保护区内村庄生活污水处理设施运行率达到90%。

(市住建局办公室)

【房地产市场调控与住房保障力度加大】 按照因城施策、分类调控的原则,2017年,全市采取综合性调控措施,对房地产市场进行分区域调控,稳定商品住宅价格,加快商业地产去库存。年内,商品住宅备案均价控制在调控目标价下,商业地产去化周期逐步下降。根据经济社会发展水平,动态调整2017年度市区住房保障标准,扩大住房保障覆盖面。新增审批通过住房保障家庭2000户左右,配售经济适用房1400余户,发放住房保障货币化补贴2500余万元。保障刚性住房需求,全市新增住房公积金缴存单位8716个,新增开户职工24.7万余人,发放住房公积金贷款2.76万户、98.82亿元。试点向大型企业集团特殊群体整体租赁公租房,盘活公租房资源。市区征地拆迁安置房剩余房源激活,11000套拆迁安置剩余房源转性为商品房,提高安置房的使用效益。培育和发展住房租赁市场,鼓励房地产开发企业开展住房租赁业务,无锡市成为江苏省发展住房租赁试点城市。

(市住建局办公室)

【统筹城乡区域发展】 2017年,全市实施新型城镇化和城乡发展一体化战略以及锡澄锡宜一体化战略,制定实施《关于进一步加强城市规划建设管理的实施意见》,锡澄、锡宜一体化重大基础设施建设计划启动实施。制定出台《关于加强和改进农村住房建设管理的意见(试行)》,突破农村住房建设管理的政策瓶颈,促进农房建设品质的提升,实现农村住房建设用地的节约集约利用与农民住房条件改善提升的统一。加快培育特色小镇,江阴市新桥镇、锡山区东港镇、惠山区阳山镇获第二批"全国特色小镇"称号。因地制宜推进美丽乡村建设,宜兴市张阳村被评为全国美丽乡村示范村,江阴市璜土村被评为全国环境整治示范村。年内完成市级环境改善提升村庄25个、长效管理示范村100个,村庄环境全面改善提升。抓紧实施特色田园乡村建设,惠山区阳山镇3个自然村入选全省首批特色田园乡村建设试点,第二批省级试点村庄申报工作及市级试点项目抓紧推进,部分项目已进入实质性建设阶段。

(市住建局办公室)

城市规划

【概况】 2017年,无锡城乡规划工作紧紧围绕市委、市政府的决策部署,瞄准"两聚一高"(聚力创新、聚焦富民,高水平全面建成小康社会)奋斗目标,紧扣全市城市现代化和城乡发展一体化工作主线,突出新一轮城市总体规划编制重点,强化规划统筹引领。推进市政基础设施及综合交通规划编制,提升城市综合承载能力。围绕"产业强市"战略,强化重大规划项目服务,促进规划落地提质增效。全面加强党建工作,深入开展"大走访"活动,着力解决基层和企业关注的难点问题。

新一轮城市总体规划编制取得阶段性成果。总体规划中期成果基本完成,同步编制的城乡统筹规划、城市综合交通规划和历史文化名城保护规划完成中间成果,12个专题研究大多完成初步成果。城乡统筹新农村规划编制加快推进。15个镇(涉农街道)总体规划完成规划成果并获市政府批复,制定《无锡市村庄规划编制导则》,完成第一个试点村庄惠山区阳山镇桃园村的村庄规划。历史城区"双修"(城市修补、生态修复)规划、重要地区城市设计和历史建筑普查工作有序展开。启动运河慢道设计以及古运河、太湖广场等重要节点的城市设计,全面开展历史建筑普查工作,制定《无锡市历史建筑认定标准》,市区范围内历史建筑普查工作完成过半。专项规划编制覆盖面进一步扩展。编制完成《无锡市海绵城市规划》《无锡市地下综合管廊专项规划》,开展阳山生态旅游度假区总体规划编制,完成省级翠屏山旅游度假区总体规划中间成果,各地区、板块编制完成一大批城市基础设施及公共服务设施等专项规划。全力促进重大产业项目建设。贯彻落实"3550"改革要求,配合华虹、中电海康等一批市级重点项目的签约落户,完成SK海力士二期、先导智能装备、新日新能源汽车一期等一大批项目的规划许可,为威孚高科、村田电子等重点企业的一批建设工程"当场办结、送证上门"。完善锡澄、锡宜综合交通体系。启动编制S1、S2城际轨道选线规划,提出锡澄一体化交通基础设施近期建设项目建议;完成苏锡常南部高速公路马山段、锡宜高速改扩建、凤翔北路快速化改建等重大交通建设项目的规划选址、规划方案审查等工作,配合做好宜马快速的总体方案研究。推进市区道路交通和市政公用基础设施建设。结合综合交通规划编制,初步稳定市区轨道线网、快速路网、货运路网方案;完成《重点道桥建设项目库研究及2018年重点道桥建设计划》《轨道4号线沿线交通接驳一体化规划研究》;做好蠡湖大道、江海西路快速化改造以及轨道3号线、1号线南延线、4号线一期等在建地铁线路相关规划审批指导和服务工作。

(伍俊贵)

【加强规划宣传工作】 2017年,城乡规划宣传工作紧贴全市城乡建设发展实际,全年开展规划下基层、规划进社区等活动20多次,报送党政信息近30条,接受媒体采访近10次,《无锡日报》刊发专版2期,编印总体规划专刊10期。市规划局门户网站及微信平台推送规划信息200余条,主动公开政府信息约2500条,办理依申请公开260余件。组织开展"规划邀你同行 引领美好生活"广场宣传活动,走进演播室与市民开展规划咨询互动。举办"无锡2040"规划论坛,国内相关行业10多位专家及学者、全市400多名社会各界人士受邀参加,新闻媒体做出深度报道,有效拓宽市民参与规划的渠道,确保百姓对规划的知情权、参与权和监督权。

(伍俊贵)

【推进《无锡市城市总体规划》编制工作】 无锡是国家批准新一轮城

市总体规划编制的首批6个城市之一。新一轮城市总体规划编制工作开展以来，市总体规划编制工作领导小组按照国家新一轮总体规划编制改革的部署，全面、扎实、有序地推进总体规划编制工作。3月，经国务院批准同意，正式开展新一轮总体规划编制工作。根据新的总体规划编制办法要求，明确此次总体规划编制内容由“1+1+3+12”四大部分组成，即：上版总体规划实施评估报告；总体规划总报告；城乡统筹规划、城市综合交通规划、历史文化名城保护规划3个专项规划；以及总体城市设计、产业空间布局、城市开发边界划定等12个专题研究报告。总体规划纲要初步方案完成后，先后向市四套班子、市人大常委会主任会议、市政协主席会议以及省住建厅领导、总体规划特聘专家顾问等进行汇报，并召开总体规划中期成果专家咨询会，多次征求各部门、板块的意见和建议。落实“开门编规划”要求，先后邀请人大代表、政协委员以及科研院所、高等院校、机关事业、企业乡村、媒体文创等领域和行业的代表分组召开多场次座谈会，听取社会各界对总体规划编制的意见和建议。策划和组织执行公众参与规划的“1+2+2+3”系列活动，举行“无锡2040”规划论坛，邀请国内专家、学者以及无锡各界代表，群策群力，共谋发展。聘请行业内的权威作为总体规划编制顾问组核心专家，建立咨询专家库，为总体规划编制提供“智库”支持。

（高军军）

【开展村庄规划编制工作】 为引导和规范农房建设、助力打造美丽乡村，2017年，全市在镇村布局规划基础上，开展村庄规划的编制工作，制定《无锡市村庄规划编制导则》，对全市的村庄规划编制工作进行规范和引导，并在锡山区、惠山区开展一批试点村庄的规划编制工作，完成全市首个《无锡市阳山镇桃园村村庄规划》。规划遵循因地制宜的原则，编制过程中高度重视村民意见，经过多轮意见征询，明确村民对规划的需求。桃园村规划坚持问题导向，除明确功能定位外，村庄规划还为桃园村的下一步发展理清思路，提出桃园村应走“以水蜜桃种植为主，桃产品商贸、桃园乡村旅游为辅”的产业发展路径，规划形成“乡村旅游商贸服务核、乡村慢生活体验区、生态桃林高效农业区”的产业空间布局，更好引领桃园村第一、第二、第三产业融合发展。在充分尊重村民意愿、体现地方风貌特色的基础上，确定居民点的建设用地空间布局及综合活动中心、健身场地、文化宣传长廊等各类公共基础设施的位置及规模等。同时，为更好改善人居环境，规划还提出农宅建设的原则、要求，为农房建筑风格、材料、户型提供设计引导，更好彰显当地文化特色。

（陆　洲）

【棚户区改造规划】 基于城市更新发展要求，2017年，无锡市编制梁溪区棚户区改造地块规划。以棚户区改造为主导，开展城市基础设施建设、城市修复行动，进一步优化城市环境、配套服务水平，是老城区城市更新、改善市民生活条件的重要民生工程。同时借助棚户区改造工程，实施生态修复工程，打造有活力、有特色的中心城区。梁溪区棚户区约占全市总量的80%以上，计划至2020年完成棚户区改造，共涉及173个区域，约3.26万户，建筑面积约410万平方米，占地468公顷。棚户区改造规划按照低洼地及危旧房优先、重点区域优先、可连片开发优先等原则，共编制85个完整地块和一批零星地块，总用地面积约620公顷，零星地块主要改造用于建设社区配套、市政设施及绿化广场等，完善公共功能，提升城市形象。此外，规划为市政道路、绿化环境等非地块开发的用地约166公顷。

（王　凌）

【开展梁溪区总体规划编制工作】 梁溪区由原崇安、南长、北塘3个区合并而成，在“三区合一”的新格局下，为整合协调各类资源，对全区进行综合部署，落实梁溪“承载城市功能的重要载体、彰显城市文化的重要名片、展示城市形象的重要窗口”的三大定位，无锡市规划局会同梁溪区政府组织编制《无锡市梁溪区总体发展规划》（以下简称《规划》）。6月16日，该《规划》通过专家论证。规划与上位规划、梁溪区“十三五”发展规划、国土部门土地利用规划，有较好衔接，编制依据充分，设计深度符合要求。规划明确梁溪区要紧紧围绕“产业、文化、服务、生态”四大核心，提升老城区“品味、品貌、品质”，落实“创新高地、运河名城、绿色家园、品质城区”四大主要发展目标。规划提出“产业立城、生态先行、文化兴城、服务为本”的四大策略，以及“一核一带一轴，五园五街区”的城市总体空间结构，着重优化商业商务、居住及公共服务、绿地、工业仓储等4类用地布局，同时制定相应的行动计划。

（王义龙）

“无锡2040”规划论坛现场　　（高　凌　供稿）

《无锡市梁溪区总体发展规划》专家论证会现场 （高 凌 供稿）

【编制环城古运河风光带景观设计】 环城古运河拥有“千里运河，独此一环”的独特优势，一直以来无锡十分重视对环城古运河的环境规划和治理。2003年起，整个运河经历清淤截污、驳岸修复、绿化亮化三轮改造和提升，基本实现水环境治理、通行功能、景观功能的目标。基于整个环城运河与城市空间关系，本着城由水生和以人为本的原则，2017年，对11.8公里环城运河风光带的功能和景观进行设计。此次设计从城市“双修”理念出发，以整和修为主要手段，针对环境和功能的提升，重点强调市民的参与性、与历史城区的互动性以及景观旅游资源的整合提升性。通过三圈双线结构，强调和突出步道的多功能健身、休闲景观以及运河生态观光的便利性。采用“环通、节奏、渗透”的手法，设置10个驿站、18个码头，拉近人与河道的距离，无缝对接周边区域旅游资源，形成便捷的环城整体交通网络，打通历史城区节点空间，使运河与城真正融为一体，从而实现环城运河地区城市功能和景观的提升。

（王义龙）

【锡东新城规划建设管理工作】 面对城乡建设新要求，2017年，市规划局围绕创新工作机制、强化规划统领、聚焦重大项目、落实为民服务，高质高效地完成全年各项工作目标任务，充分发挥规划引领新城建设发展的作用。推动新城特色化发展，规划编制水平再上新台阶。配合推进城市总体规划修编，开展总体规划纲要编制，协助推进综合交通、历史文化、城市更新等多个总体规划研究专题与专项规划的调研与编制；全力推进翠屏山旅游度假区总体规划编制与车联网特色小镇概念规划研究，构筑特色城市风貌；及时推进控制性详细规划动态更新，进一步提升地区公共服务能力与功能承载力；全面统筹推进村庄规划编制，做好谈村等试点村的村庄规划编制工作，贯彻落实“乡村振兴”战略。保障新城经济社会发展，规划服务工作不断提质增效。深化落实行政审批制度改革，围绕“3550”工作方案与“不见面审批”制度落实，强化项目预审与主动对接，预控审批节点，创立重点项目督办跟踪机制，持续推进“送证上门”活动。年内，工业项目办理周期全部实现“3550”改革目标要求，全面提升审批服务效率；全面保障重大项目建设进度，全力确保滨江学院建设快速推进和锡山综合环卫中心规划建设，做好民生、产业、服务配套、居住等各类建设项目的规划服务工作。

（高 凌）

【编制翠屏山旅游度假区总体规划】 翠屏山旅游度假区位于锡东新城中北部，2015年经省政府批准成为江苏省省级旅游度假区，总面积约16平方公里。度假区总体规划由北京清华同衡担纲，2017年正式启动编制，规划方案以胶山、翠屏山、吼山、鸭荡圩等山水景观资源为生态背景依托，以水系、田园、村落为条件基底，以商贾文化、宗教文化和吴文化为内涵，以中高端休闲度假客源为市场，以生态美化、文化活化、情景动化为建设理念，通过“一心三屏”的整体空间结构，即以“综合服务中心+交通换乘中心”为服务核心，以三屏（北部农业观光带、中部山体运动体验带、南部商旅度假带）为载体，有效整合与串联，融文化展示、商务度假、康体养生、生态休闲、农业体验、创意产业、生态宜居等多功能于一体，形成观光、体验、度假三大板块。

（车邦军）

【编制锡山区谈村村庄规划】 2017年，锡东新城区贯彻落实“乡村振兴”战略，有序推进谈村等试点村的村庄规划编制。谈村位于无锡市锡山区安镇街道，地处安镇街道与云林街道的交接处，该行政村范围有约60%区域为城镇建设用地，属于典型的城乡接合区域村落。规划重点围绕4个方面展开：在镇村布局规划、街道总体规划基础上，通过村域总体规划统筹村域发展，通过发展村庄规划落实建设蓝图，实现法定城乡规划体系的进一步健全；规划深入研究村庄产业发展趋势与特点，在村内老旧企业搬迁的基础上，通过发展村内生态农业旅游，增设商业发展设施，增加农民增收渠道，为村庄长远经济发展搭建平台，将贯彻“乡村振兴”战略落到实处；围绕镇村布局规划、街道总体规划等上位城乡规划要求，严格落实土地利用总体规划对村庄建设用地、一般农田、基本农田的控制边界，做到城乡规划与国土规划相互融合，实现土地资源与空间资源的统筹配置；始终秉持自下而上的推进方式，深入至每户听取意愿，在各个层面广泛征求意见，充分发挥村民在村庄规划中的能动性，提升规划的科学性，保障规划的可操作性。

（车邦军）

【锡东生态园详细规划】 根据市委、市政府统一部署，锡东电厂加快建设并运营投产，周边环境综合提升。根据已批准的锡东生态园总体规划，2017年，组织编制锡东生态园（锡山片区）详细规划，引导锡东生态园有序建设。此次规划范围东至黄土塘路，南至白家巷、施村，西至杨家住基、陆西巷、旗杆下，北至富贝河，规划面积约2.78平方公里。规划本着生态优先、可持续发展的原则，充分挖掘周边自然、人文、历史等资源，从系统布局、强化生态园建设的可实施性方面入手，规划生态湿地体验区、生态林地区、滨水景观游憩区、科普宣传区、配套区等功能板块，形成3个服务中心、4条水系景观带、多个湿地板块的空间结构。规划对生态园配套服务设施、配套基础设施和其他功能区进行详细规划和设计引导，提出关键性的建设措施，极大地提升生态园功能服务水平。

（何新兵）

【编制惠山工业转型集聚区规划】 惠山工业转型集聚区总规划面积22.1平方公里，由前洲（东区）、玉祁（西区）两个片区组成。此次规划范围为南至沪宁高速，东至新长铁路，西至玉祁、前洲两镇交界，北至北塘河，面积约9.69平方公里。规划以建设布局合理、低碳绿色的生态型产业园区为总体目标，形成“一心六片”的产业空间布局，以及“一核一轴，三廊三区”的空间布局结构。针对海绵城市建设提出规划控制，其编制完成为集聚区合理有序开发建设以及市、区重大产业项目落地推进提供科学的规划支撑。

（厉　琨）

【开展胡埭镇总体规划修编工作】 12月，由无锡市规划设计研究院编制的《无锡市滨湖区胡埭镇总体规划修编（2016~2030）》获得市政府批复。规划以“无锡工业转型发展集聚区、滨湖产城融合区”为总体定位，把胡埭镇建成城乡一体优化发展具有吸引力、生产生活协调发展富有凝聚力、经济持续增长拥有竞争力的实力胡埭、幸福胡埭。规划形成“三区、三轴、两中心”的空间结构。“三区”指北部的产业发展区，中部的居住生活区，南部半环型的郊野生态区；“三轴”分别为直湖港生态景观轴，人民路生活服务轴，钱胡路产业发展轴，“两中心”分别为位于居住生活区的生活服务中心，位于产业发展区的产业商贸中心。规划形成“一轴三园三区”的产业发展空间布局结构。“一轴”指钱胡路产业发展轴；“三园”分别是胡埭工业园、胡埭工业园西区、胡埭工业园东区；“三区”指西部的果品种植区、南部的高效农业示范区、东部的生态休闲观光区。近期建设重点区域主要是工业区和镇区的空置地，近期建设重点项目涉及产业发展、住房建设、公共设施和市政设施、道路交通等方面。

（郭　勇）

【编制马圩地区控制性详细规划】 为细化落实马山国际旅游岛总体规划对马圩地区提出的定位要求，充分发挥苏锡常高速公路南部通道、宜马快通等区域重大交通对马山地区的带动作用，强化马圩地区特色化发展，2017年，无锡市规划设计研究院编制完成《无锡市马圩地区控制性详细规划（修编）》。马圩地区是马山太湖国家旅游度假区的重要组成部分，以多元化旅游度假产品为特色的湖滨生态宜居特色小镇，规划着力建成马山地区重要旅游配套服务基地、国内领先的康体养生基地、技术先进的特色产业园区。规划形成“一心一轴、一带四区”的城镇空间布局结构，“一心”为位于梅梁路与雪云路交叉口处的马山文旅商业中心，“一轴”为梅梁路旅游服务发展轴，“一带”指环形绿带，“四片区”分别指东岸生态住养区、北部科技产业区、老城区、西岸旅游新城区。

（袁韵玲）

【首创定制公交方案】 为破解民办学校周边道路拥堵困局，倡导绿色出行，2017年，由规划部门会同市交警支队、市公交公司，联合金桥双语实验学校和外国语学校，聘请专业技术团队历时大半年的调研，编制完成太湖新城民办学校交通优化规划，采用多种技术手段，搭建多方联动工作机制，在无锡首创并落实定制公交方案，对破解学校周边交通拥堵困局具有重要意义。至年底，已开通18条定制公交专线，每天接送近900人次，金桥学校和外国语学校机动车接送比例分别下降18.1%和16.7%，从接送源头减少交通拥堵，有效缓解学校周边的交通压力。

（严晓骐）

【完成《太湖新城电力专项规划修编》】 为适应太湖新城中区的建设发展要求，使该地区的开发更加科学、合理，为该地区的输配电网规划管理提供技术法规依据，更好地满足该地区的电力发展建设要求，4月，启动新一轮太湖新城电力专项规划的编制工作。在梳理现状输配电网的基础上，总结过去太湖新城电力发展的经验和不足，新的规划为今后太湖新城的电力发展提供合理建议。规划梳理现状高压配电网，合理对高压变电站、线路进行建设及改造规划；摸排现状中压配电网，解决现状电网存在的问题；落实近期建设项目，为近期新上用户提供供电方案，为规划区开发建设提供电力支持；预留规划区开发建设所需的电力通道。规划还创新提出“共建共享”原则，建立多方联动工作机制，提出可实施的管理办法，清晰有效地衔接各部门职责，建立统一的规划体系和有效的协调机制，将电网规划与市政规划相结合，合理利用城市土地资源，协调城市空间布局，电网建设、电力设施建设、道路建设、廊道建设等协调一致，使各项建设按照规划顺利开展，具有较强的规划统一性和与周边环境相协调的适应性。

（严晓骐）

综合开发

【房地产开发企业资质管理】 2017年，市住建行政主管部门共办理219家房地产开发企业资质。其中，市级审批的三级以下资质企业57家，经市级初审后上报省厅审批的暂二级以上资质企业165家，并办理17家房地产开发企业资质有关事项变更。按照市政府对部分行政审批事项的调整要求，配合市行政审批局共同做好三级以下开发资质企业的审批。至年底，市区共有房地产开发资质的企业283家，其中，一级资质企业2家，二级资质（含暂二级）企业216家，三级资质（含暂三级）企业65家。

（综合开发管理处）

【项目开发建设管理】 2017年，市住建部门继续加强商品房开发管理，在新建项目中提出公共服务设施、建筑节能、绿色建筑、绿色施工、可再生能源利用、成品住房以及产业现代化等建设要求。房屋交付前，严格按照建设要求进行公共服务设施核实，确保所有建设按质按量配置到位。全年共办理项目建设条件意见书20项，涉及住宅面积约361.71万平方米，住户33703户，公共服务设施配置面积40.47万平方米；完成公共服务设施核验38项，涉及住宅面积173.7万平方米，户数14497户。

（综合开发管理处）

【商品房交付使用验收】 2017年，无锡市区共完成商品房交付使用竣工验收项目83项，面积约494.19万平方米，34310套。其中，毛坯住宅面积约299.82万平方米，21954套；精装住宅面积约57.78万平方米，4409套；非住宅面积136.59万平方米，7947套。

（市住建局综合开发管理处）

【项目手册发放】 2017年，无锡市住建部门对房地产企业填报的电子项目手册和开发项目信息进行审核。全年共办理电子项目手册的发放及审核85批次，完成商品房“两书”（商品房质量保证书、商品房使用说明书）征订18000套，发放18000套。同时，参与江苏省住建厅组织的新版“两书”修订工作，为“两书”的改版出谋划策。

（综合开发管理处）

【推进适老住区建设】 2017年，市住建部门制定住宅区适老化改造扶持政策，取得省住建厅和市民政、市财政等部门的支持，启动实施老住宅区适老化改造试点。经努力，市区的翠云新村、南苑新村适老化改造项目被列为江苏省既有住区适老化改造示范项目。

（综合开发管理处）

【房屋征收拆迁完成情况】 2017年，无锡市区累计完成房屋征收拆迁面积406.84万平方米，征收拆迁总户数12781户（家）。其中，住宅12068户，与上年相比，面积增长138%，总户数增长141.9%，住宅拆迁户数增长161.1%。

（市征收办 胡文红）

【完善征收拆迁管理制度】 2017年，无锡市房屋征收拆迁管理部门根据国家、省、市有关法律、法规和文件的规定，建立并推行非住宅房屋征收与补偿“八项制度”，对非住宅房屋征收与补偿中的主要流程节点及易产生争议环节建章立制，进一步规范非住宅房屋征收与补偿行为，维护公共利益，保障被征收非住宅房屋所有权人的合法权益，防范腐败风险。

（市征收办 胡文红）

【推进征收补偿规范化】 为进一步规范国有土地上房屋征收与补偿行为，保障被征收人的合法权益，2017年，无锡市房屋征收拆迁管理部门根据相关规定，结合无锡实际，制定《无锡市国有土地上房屋征收与补偿规范化操作手册》，主要就房屋征收条件、房屋调查登记、未经登记建筑认定和处理、房屋征收补偿方案、房屋征收补偿方案论证公布修改、房屋征收补偿方案听证、房地产价格评估机构选定、房屋征收决定、房屋征收补偿决定、申请人民法院强制执行、现场公示等明确相关规定程序和操作要求。

（市征收办 胡文红）

【加强征地拆迁安置房规范化管理】 2017年，无锡市住建部门根据市政府严控安置房建设的总体要求，对各区上报的安置房建设计划进行审核，结合安置房供需实际情况，实地审查锡山区、惠山区、新吴区政府提出的10多个安置房续建项目的必要性、建设规模等，提出具体建议意见上报市政府。为盘活和规范处置安置房剩余存量房资源，牵头制定规范化处置安置房剩余存量房源转性商品房的有关工作意见，提交市政府审议通过后实施。至年底，共审核批准剩余存量安置房转性为商品房13500多套，为城市棚户区改造增加安置用房的供给渠道，并在房地产市场调控中发挥积极作用。

（住房保障管理处）

太湖新城建设

【概况】 2017年，太湖新城建设指挥部办公室、太湖新城发展集团有限公司围绕市委、市政府“产城融合、产业强市”的战略部署，按照“把太湖新城建设成为生态环保示范区、科技创新先导区、现代产业引领区、高端人才集聚区”的目标，以“功能配套完善”和“产业发展”两大主线推动全局工作，建设发展思路更加清晰，经济发展呈现提质增效，公共配套水平明显提升，产业发展格局基本形成，管理服务职能明显加强，党的建设全面扎实推进，为太湖新城第二个“十年目标”建设奠定基础，全面开启新城快速发展的新阶段。

（沈 雷）

【推进无锡中瑞低碳生态城建设】 为进一步贯彻落实市委、市政府关于在“十三五”期间加快中瑞低碳生态城建设步伐的要求，2月22日，太湖新城建设指挥部办公室召开中瑞低碳生态城建设工作推进会。会上，围绕中瑞低碳生态城发展现状以及地铁4号线车辆段项目的入驻事宜，汇报中瑞低碳生态城2.4平方公里区域的初步建设发展规划情况。会议主要对土地用地功能、河道水系、道路交通、能源、城市设计、低碳产业等多项内容进行讨论。太湖新城将通过着力构建和打造低碳生态城核心功能区，规划建设国际会议中心、中瑞企业创新中心、绿色低碳酒店、邻水街区等一批功能性项目，全面提升无锡中瑞低碳生态城的综合水平和社会影响力。

（沈 雷）

【首届书香樱花节开幕】 3月25日，为期一个月的太湖新城首届书香樱花节在金匮公园拉开帷幕。本次樱花节由太湖新城建设指挥部办公室、市全民阅读办公室、市文化广电新闻出版局、共青团无锡市委员会、无锡日报报业集团联合主办，以“樱漫新城，书香无锡”为主题，从3月25日起延续至4月23日。期间，每逢周末举办书香樱花系列活动，市民可以在赏樱的同时，以花会友，以书会友。无锡自古就是阅读高地，文化名人辈出，此次活动体现文脉在无锡的千古流传和无锡人温文尔雅的民风，展现太湖新城“樱花书香”的品牌形象。

（沈 雷）

【召开项目推进会】 为进一步加快实现太湖新城功能配套完善和产城融合目标，4月13日，市政协副主席、太湖新城建设指挥部办公室常务副主任、太湖新城发展集团党委书记、董事局主席丁旭初率集团领导班子成员，各总助、副总师，各部门负责人现场踏勘两个公办小学（和畅小学、信成小学）、国际学校等新城部分公共配套项目建设工地，推进项目进度,并召开项目推进会。丁旭初对各项目的进展情况及推进过程中的难点、节点问题进行逐一梳理和研究，要求新城上下深入贯彻省、市委关于加快项目建设指示精神，认真落实无锡市委书记李小敏提出的“抓全局的重点,抓重点的关键,抓关键的具体”工作要求,围绕“早日建成开工项目、如期开工待建项目、早日开工计划项目”的既定目标,组织好项目实施,发扬好合作精神,群策群力共同推动在建项目、待建项目、计划项目实施进度,一着不让地加快新城配套完善和产业发展,更高标准、更高品位地建设太湖新城，以实实在在的成绩加速实现新城产城融合、宜居宜业目标。新城项目推进会每季度召开一次，以实地踏勘和协调会议的形式，切实推进各重点项目实施进度。

(沈　雷)

【第5届无锡渔具博览会】 4月14~16日,2017第5届无锡（春季）渔具博览会在太湖国际博览中心举办。此届展会由江苏省钓鱼协会、无锡市钓鱼协会及无锡渔具展组委会主办，江苏三角洲国际会展有限公司承办。展会展出面积约1.5万平方米,云集1000多家参展企业。展品范围广、门类全，涵盖各类渔具产品、钓鱼游艇、户外产品、渔具原材料、小配件及制造设备等。来自国内外的渔具行业精英及众多专业买家近4万人到会参观。太湖国际博览中心以专业的态度、健全的设备、精心的服务，为参展嘉宾与展商的交流,搭建良好的桥梁。

(沈　雷)

【中国·无锡大数据产业发展论坛】 4月28日,2017中国·无锡大数据产业发展论坛在太湖新城召开。论坛现场，太湖新城与浪潮集团正式签订项目合作协议，启动“感知中国”大数据产业联盟行动计划。太湖新城和浪潮集团合作在新城核心区成立无锡浪潮大数据产业园，承载“感知中国”大数据交易中心、大数据研究院、“众创空间+孵化器”等主要业务板块，重点引进和培育优质大数据主业项目。8月15日,无锡浪潮大数据产业园正式揭牌运营,这是无锡市政府、太湖新城先后与浪潮集团签署战略合作协议的落地之举，标志着无锡与浪潮集团在大数据领域的合作进入全新阶段。通过3~5年的时间,无锡浪潮大数据产业园形成年产值500亿元、年纳税20亿元的代表性大数据产业园,提供1万人次的就业岗位。

(沈　雷)

【两所小学通过绿色二星标识设计评审】 5月，位于太湖新城东西两侧的信成、和畅两所小学通过江苏省住房和城乡建设厅的绿色评审工作,获得绿色二星标识设计荣誉。作为全市“为民办实事”项目的两所公办小学,从项目立项开始,太湖新城发展集团严格贯彻“绿色、环保、可持续发展”的理念和指导原则,经与各设计院沟通协调，在项目设计实施的各个阶段，认真贯彻节能、节地、节水、节材的新思维和新理念,特别是在建筑节能、勘察设计、工程质监、绿色建筑施工图设计等多个方面严格把关。两所小学绿色二星标识设计荣誉的获得，成为太湖新城在绿色建筑与建筑节能方面取得的又一显著成果。

(沈　雷)

【签订文化产业园项目合作协议】 6月21日，上影传媒2017~2018项目发布会在上海银星皇冠假日酒店举行。市政协副主席、太湖新城发展集团党委书记、董事局主席丁旭初代表太湖新城发展集团与上影集团、上海基强联行正式签订太湖新城文化产业园项目合作协议。由新城集团携手上影传媒和基强联行投资管理公司联合打造的太湖新城文化产业园为2017年无锡市国有企业重点投资项目，该项目旨在通过文化娱乐项目的开发，以及上影集团优势产业和IP资源的导入,形成“产业+基金+基地”模式,提升新城文化、商业品质,打造一个以影视文化为主题的休闲娱乐聚集地。项目建筑面积约16万平方米,总投资10亿元,计划于2020年完成。

(沈　雷)

【世界跆拳道大满贯冠军系列赛落户太湖新城】 7月24日,世界跆拳道联盟主席赵正源在北京宣布,最新创办的世界跆拳道大满贯冠军系列赛永久落户中国无锡太湖新城，第一届比赛于2017年11月举行。世界跆拳道大满贯冠军系列赛在比赛规格上仅次于奥运会跆拳道比赛，它也是中国国内举办的唯一一项奥运会资格选拔赛事。大满贯冠军赛共分男、女8个级别,各级别正赛有12名选手参加,8个级别3年比赛每个重量级别累计积分第一名,直接获得2020年东京奥运会参赛资格。

(沈　雷)

【雪浪小镇启动仪式举行】 8月16日，雪浪小镇启动仪式暨“唤醒计划”发布会在太湖新城君来世尊酒店举行。启动仪式上,无锡市四套班子主要领导与阿里巴巴集团技术委员会主席、阿里云创始人王坚共同按动水晶球，正式启动雪浪小镇建设,江苏省委常委、无锡市委书记李小敏向王坚发放雪浪小镇名誉镇长聘书。雪浪小镇与浙江杭州云栖小镇现场签订战略合作协议，缔结为姊妹小镇,携手发起“唤醒计划”,强强联合,充分调动两地在大数据、云计算和物联网产业领域的创新资源，推动物联网与制造业的深度融合，共促区域计算经济的崛起与繁荣。王坚作关于雪浪小镇战略定位和发起“唤醒计划”的主旨演讲。雪浪小镇规划占地3.5平方公里,东起贡湖大道,西至五湖大道,北起吴都路,南至震泽路,位于无锡物联网核心战略区——太湖新城核心区。

(沈　雷)

【新城初中规划方案确定】 为进一步完善太湖新城教育配套，满足新城学生的入学需求,2017年,太湖新城发展集团积极规划筹备新城初中建设工作。新城初中位于太湖新城中区,南湖大道以东,吴都路以北,和畅路以南，规划总用地面积约6万平方米,总建筑面积约5.8万平方米,规划班级数48班,按每班50人计,建成后可招收学生2400名。

(沈　雷)

【一批亿元以上产业项目申报市重点项目投资计划】 太湖新城围绕市委、市政府部署要求,坚持产业优先、项目为王,11月23日,将无锡浪潮大数据产业园、无锡国际医疗综合体、无锡怡和妇女儿童医院、国际学校、新城初中、和畅睦邻中心等一批亿元以上项目申报列入无锡市2018年重点项目投资计划，全年投资约17亿元,较上年增长130%。太湖新城助推“产业强市”,通过推动大数据产业、医疗产业、教育产业、民生事业等新型产业项目落地建设,为全面提高无锡产业发展水平和综合竞争力提供有力支撑。

(沈　雷)

【组织核心西区城市设计中间成果审查】 为贯彻落实无锡城市现代化和城乡发展一体化工作会议提出的“精心开展城市设计,依山、沿河、环湖、临江构建富有地域文化魅力的特色城市风貌和格局”要求,进一步优化太湖新城城市格局和提升空间品质、特色,2017年,太湖新城启动新城核心西区城市设计工作。本次城市设计范围西起信成道,东至尚贤河湿地,北至吴都路,南至清源路,规划用地面积约3平方公里,该区域是太湖新城重要的功能组团,汇集金融商务、居住、教育、公园等城市功能,对无锡未来城市建设意义重大。11月27日,该项目完成中间成果审查。设计单位从规模容量、城市天际线、特色空间、立体开发、多元功能、文化浸润、绿色出行7个方面汇报设计方案。设计方案进一步优化核心西区的城市空间形态,丰富城市功能构成,下一步,设计单位将进一步明确区域居住人口容量,继续深化规划实施策略,为政府提供政策导向。

(沈　雷)

【一批建设工程通过交工验收】 4月14日,太湖新城建设指挥部办公室组织召开连秤桥河(吴都路—秀水河)、谢家弄浜(五湖大道—信成道)河道绿化景观工程交工验收会,市市政和园林局、市绿化管理中心及各参建单位参加验收会。会议分别听取各参建单位项目执行情况的汇报,对现场开展查验,通过交工验收。

4月27日,太湖新城建设指挥部办公室组织召开观顺河(方庙路—吴都路)、面杖港(华清大道—华谊路)综合治理工程交工验收会。市水利局、滨湖区水利局、太湖新城管委会及各参建单位参加验收会。会议分别听取各参建单位对项目执行情况的汇报,进行现场查验。观顺河综合整治工程主要建设内容包括土方开挖、河道清淤、新建护岸及景观绿化等,面杖港综合治理工程主要建设内容包括新开河道、新建护岸等,建成后的两条河道河岸环境整洁,治理效果显著,河道水系经沟通后也为太湖新城防汛工作提供安全保障。

5月15日,太湖新城建设指挥部办公室组织召开防洪排涝闸站二期工程高墩港北闸站、蠡河北节制闸工程验收会。市水利局及各参建单位参加验收会。会议分别听取各参建单位对项目执行情况的汇报,进行现场查验。高墩港北闸站位于太湖新城高墩港与京杭运河交界处河口,包括1座流量6立方米/秒排涝站和1座8米宽节制闸;蠡河北节制闸位于太湖新城蠡河与梁塘河交界处河口,为1座单孔16米净宽节制闸。这两座闸站在2017年汛期前建成投用,进一步完善太湖新城区域内洪涝防御圈,提高新城的排涝能力。

6月9日,太湖新城建设指挥部办公室组织召开兴溪道、薛古路新建道路工程验收会。市建设局、市市政和园林局、市城建档案馆、滨湖区城管局、市政质检及各参建单位参加验收会。会议分别听取各参建单位项目执行情况的汇报,进行现场查验。兴溪道(薛古路—和风路)北起薛古路(不含南大港桥),南至和风路,道路全长239.96米;薛古路(贡湖大道—南湖大道)西起贡湖大道,东至南湖大道,道路全长571.71米。这两条道路的建成开通,进一步完善太湖新城交通体系,方便周边居民出行。

8月10日,太湖新城建设指挥部办公室组织召开李家浜(高浪路—邹家弄浜)河道综合整治工程交工验收会。市水利局、滨湖区水利局及各参建单位参加验收会。会议听取各参建单位对项目执行情况的汇报,进行现场查验。李家浜河道综合整治工程位于太湖新城高浪路南侧,主要建设内容包括土方开挖、清淤拓浚、新建挡墙等,该河道的建成促进区域内水体流动,改善河水排水现状,有利解决北侧低洼社区逢雨必涝问题,也为新城防汛工作提供安全保障。

11月23日,太湖新城建设指挥部办公室组织召开梁塘河生态湿地恢复工程(贡湖大道—南湖大道段)、邹家弄节制闸东侧景观绿化工程交工验收会。市住建局、市审计局、市规划局、市市政和园林局、市绿化管理中心、滨湖区城管局等单位及各参建单位参加验收会。梁塘河生态湿地恢复工程、邹家弄节制闸东侧景观绿化工程位于贡湖大道以东,南湖大道以西,周新路以北,梁塘河南侧,可施工面积约57100平方米。主要建设内容为水系梳理、水质保护、土地整理、植被恢复、绿化景观及配套公共设施等。会议一致同意推荐该项目申报市优、省优工程。

(沈　雷)

市政建设

【概况】 2017年,无锡市市管道路98条(计860.04万平方米),市管桥梁321座(计280.16万平方米),市管隧道1条(桃花山隧道),雨水管道826.36公里,声屏障11.31公里,泵站18座,场地1块(太湖新城污水处理厂再生水供应站,853.1平方米),人行地下通道1座(五爱广场通道)。

(市政设施管理处)

【做好市政设施大中修及应急项目】 2017年,无锡市市政设施管理处共完成蠡溪路口等20个道口整治(第一批)项目、局部路基整治、车辙整治项目和支座更换项目、吴桥病害维修项目、锡山大桥维修项目、积水点整治项目、增设金城路高架(新联家园处)声屏障项目、蠡湖大桥维修、蓉湖大桥伸缩缝、主塔爬梯、引桥桥墩装饰板维修项目、钱荣路(梅园跨线桥下)积水整治等大中修项目;完成解放西路县前西街交叉口道路抢修项目、蠡湖大道与金城西路交叉口东北侧雨水出水口抢修项目、高浪立交D匝道多处伸缩缝应急维修项目、贡湖大道查报站处道路改造应急项目、道路交通重大安全隐患挂牌督办项目、通惠西路(惠钱路—盛岸路)修复项目等应急项目。

(市政设施管理处)

【市管道路防汛排涝顺利】 9月25日,锡城迎来特大强降雨天气,降雨量达204毫米,超历史最高水平,运河水位一度达5.18米，部分内河水位与路面齐平。受强降雨及高水位影响，部分市管道路出现积水情况。市政设施管理处迅速启动应急响应，市管8家养护单位应急队伍全部出动，对道路状况进行巡查，对积水路段进行应急抢险，共计出动16支应急队伍、450余人，共出动应急泵车9辆、小型抽水泵30余台。其中受运河水位影响，运河东路、春申路、锡澄路等沿运河路段积水难以短时排除，应急队伍对以上各点进行封堵强排，竖立围挡提示行车注意安全；对中山路、县前街等市中心路段打开收水井盖及部分雨水井盖辅助排水，并有专人负责现场安全指挥；对蠡湖大道、隐秀路等部分污水井大量冒水的情况也及时告知排水管理部门，敦促消除隐患。

（市政设施管理处）

【做好市政工程质量监督工作】 2017年，无锡市市政工程质量监督站共受理市政公用质量监督注册工程116项，监督注册工作量100亿元，其中，新注册市政道桥工程30项，公用工程20项，轨道工程5项，室外市政工程60项，大中修工程1项。完成道桥、公用工程竣工验收备案初审43项。共组织市政工程质量大检查6次、专项检查1次，巡查在建重点工程45个。监督抽查420次，监督抽测285次，监督抽检106次，共发出整改通知书377份，整改完成率100%，较好保证质量监督巡查工作的有效性和及时性。

（市政工程质量监督站）

图23　2017年与2016年无锡市主要质监工程项目数量比较

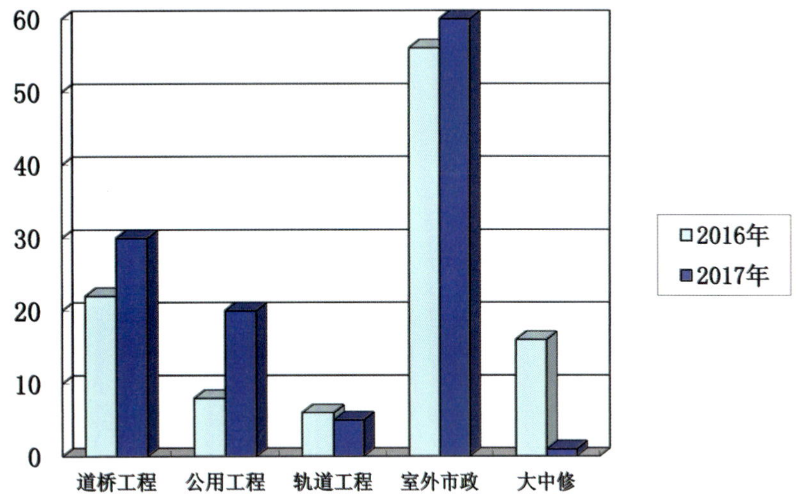

（市政工程质量监督站）

图24　无锡市历年轨道工程质监工程数量比较

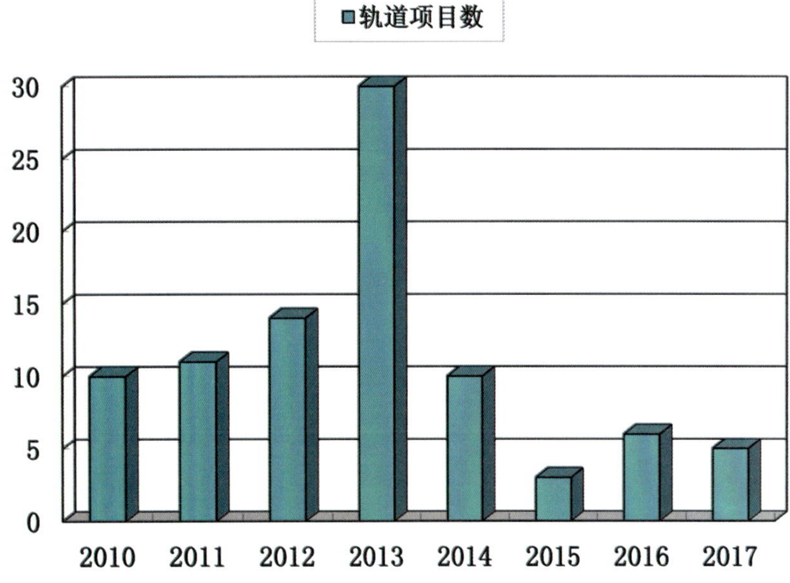

（市政工程质量监督站）

【开展工程质量安全提升行动】 2017年，无锡市市政工程质量监督站强化对建设单位主体责任的监管，严格落实项目负责人责任制。强化个人执业管理，加强对从业人员，特别是项目经理履职情况的动态监管。严格执行工程质量终身责任制、永久性标牌以及质量信息档案等制度，确保各项制度全部落实到位。推进市政工程质量管理标准化体系，监督施工单位执行各项标准。组织有关单位研究质量通病的防治技术，从设计源头及现场实施两方面加强质量通病防治措施的推广应用。全面推广样板引路制度，开展市政工程质量管理标准化示范工程创建活动，组织现场观摩交流会，发挥典型示范的引路作用，全面提升市政工程质量水平。指导工程参建单位开展争创市政优质工程、省“扬子杯”和“鲁班奖”等活动。

全面梳理各类质量风险点、危险源，对各类风险点、危险源进行深入排查、科学评估、分级管控，通过关键节点验收、围护结构及主体结构首件验收等制度降低质量风险，提高工程质量。重点加强对轨道工程原材料的质量管理，禁止使用未经检测或者经检测质量不合格的建筑材料及构配件，全力防范轨道工程质量事故的发生。研究部署BIM（建筑信息模型技术）在市政工程建设中的应用，推进市政工程质量监督信息平台的建设以及平台间的相互数据共享。鼓励施工单位自主创新，申报和创建自主施工技术专利。帮助施工单位编制企业标准，应用新技术，争创省级工法和国家级工法。

注重将关键环节的抽查和随机

巡查有机结合起来,把施工前预控、施工中检查和竣工验收有机结合起来,将质量安全保证体系的建立运行和必要的行政处罚有机结合起来,进一步提高监督工作效能和水平。创新检查方式,对发现有违法违规行为和质量问题多发的项目和单位,加大检查力度和频次。

(市政工程质量监督站)

【开展质量专项整治活动】 为进一步规范市政工程参建单位的质量行为,确保工程质量,2017年,无锡市市政工程质量监督站有针对性地组织对在建工程进行质量专项检查,专项检查的重点是质量责任主体项目负责人的到位情况、施工现场的实体质量情况以及已进场的原材料、预制品及构配件的质量情况等。在检查方式上突出随机性,不提前确定检查对象,不提前通知参建单位。在检查过程中加大抽检力度,对进入工地现场的路面砖、路缘石和排水管材一律进行抽检,对混凝土结构强度采用无损检测技术进行抽测。通过专项检查发现有关项目存在的一些共性问题,将有关情况及时向建设单位进行通报,责令其与设计、施工、监理等单位一起分析和总结问题原因,及时制定整改措施,扎实完成整改事项,保证市政工程的施工质量。针对质量专项整治活动中发现的典型性问题,对有关的施工单位和监理单位法人代表分别进行质量约谈,绷紧质量意识之弦,从思想源头上保障工程质量。

(市政工程质量监督站)

【推动市政企业信用评价工作】 为进一步规范市政公用工程市场秩序,加强对建设各方市场行为和施工现场行为的联动监管,2017年,无锡市市政工程质量监督站参与和推动无锡市市政企业信用评价工作,为《无锡市市政企业信用考核实施细则》的制定提出多项修改建议,并与市住建局有关部门一起,明确信用日常考核的时间节点和考核范围。以企业信用考核工作为契机,加强对施工单位的现场考核,加强事中事后监管,建立健全市政行业诚信体系。

(市政工程质量监督站)

【强化检测能力建设】 2017年,无锡市市政工程质量监督站认真做好日常检测工作,规范检测行为,杜绝虚假检测数据和检测报告,提升检测技术水平和服务能力。全年完成检测工作量3214万元,比上年增长63%。其中,常规检测工作量2247万元,桥梁结构、管道及照明检测等完成检测工作量967万元。检测84581批次,出具检测报告50084份,不合格或异常批次1189个。检测结论准确率100%,其他非数据差错率0.9%;持证上岗率100%;在用设备完好率100%;检测报告及时率95%;服务满意率100%,未接到申诉和投诉。

(市政工程质量监督站)

【市政设施养护】 2017年,无锡市政设施建设工程有限公司负责市区范围内的主次干道107条约784万平方米、292座桥梁、786公里下水道、525米隧道、27座城市高架桥梁和18座公铁立交桥的日常养护维修。年内,完成道路养护10.34万平方米,人行道养护12.98万平方米,侧平石维修8.63万米;完成桥梁养护319座、1387座次;疏通窨井16.02万座、雨水井29.51万座,累计疏通主管和支管1227.03公里;更换雨水井盖1652个、窨井盖629个;养护维修合格率保持100%,城镇道路综合完好率98%以上。全年接处"110"联动117次,投诉处理率为100%。

(张　薇)

图25　无锡市历年市政工程质量检测工作量年度对比

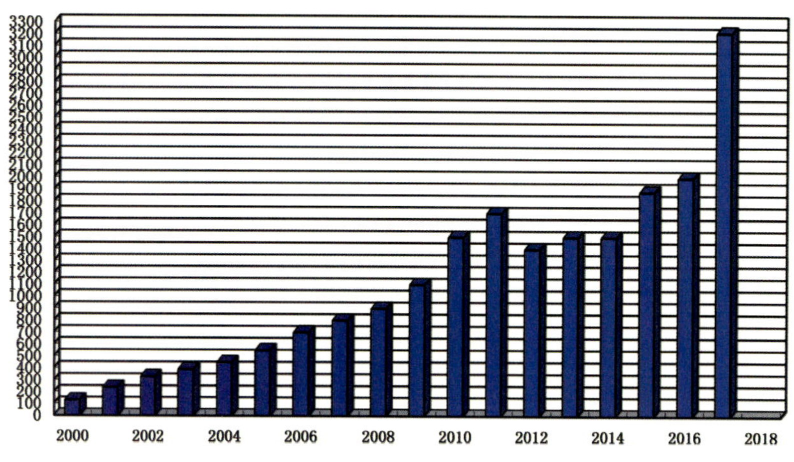

(市政工程质量监督站)

【提升质监队伍素质】 2017年,无锡市市政工程质量监督站继续改进工作作风,服务建设各方,推进监督队伍依法监督能力建设,强化岗位培训、业务轮训、继续教育和实践能力考核,提升工程质量监督人员综合素质。加强队伍素质教育,严格执行工程质量监督机构和人员考核制度,特别是廉政建设制度的执行和考核。重点抓好一线监管人员有关法律法规、技术标准、业务知识和专业技能的培训,提高专业技术水平和服务水平。加强精神文明建设,增强服务意识、责任意识和法制意识,提高依法履职行政能力。注重企业文化建设,开展多种有益的文体活动,努力提升质监队伍综合素质,不断提高市政工程质量监管水平。

【完成一批市政建设重点工程】 蠡湖大道快速化改造工程LHDD13标段起点为南侧主线高架桥头,终点为南泉互通收费站,全长约2公里。该工程实施内容包含图纸范围内的道路、雨水、污水、电力、6座桥梁施工等。道路红线宽度78米,主线道路双向6车道,设计速度80公里/小时;辅道双向4车道,设计速度40公里/小时。该工程施工单位为无锡市市政设施建设工程有限公司,2017年2月开工建设,2018年1月竣工。

广澄路(新锡澄路—凤翔北路)

新建工程位于无锡市梁溪区，工程全长2.1公里，整体呈东西走向，沿线自新锡澄路起与水澄路、石澄路相交，终于凤翔北路。该工程实施内容包含图纸范围内的道路、雨水、污水、电力、3座箱涵、桥梁施工等。道路红线宽度24米，双向两车道，设计速度30公里/小时。该工程施工单位为无锡市市政设施建设工程有限公司，2016年12月开工建设，2017年8月竣工。

无锡桃花山生活垃圾卫生填埋场进场道路大修工程位于桃花山隧道北侧、生活垃圾卫生填埋场进场处。该工程全长794米，全段拆除修复老路面，改建成新混凝土路面。该工程施工单位为无锡市市政设施建设工程有限公司，2016年6月13日开工建设，2016年12月30日竣工。

无锡地铁4号线市政前期管线迁改、道路交通疏解工程03标段位于滨湖区蠡湖新城内，包含望山路站、蠡湖公园站、大剧院站、五湖大道站4个站点的管线迁改及交通疏解。该工程施工单位为无锡市市政设施建设工程有限公司，2017年2月10日开工建设，计划工期为1063天。

（张　薇）

【大中修积水点整治项目】 2017年大中修积水点整治项目主要涉及道路雨水检查井更换改造及望江立交积水改造工程、运河西路雨水直排运河段整治工程和金城西路雨水排放改造工程3个部分内容。运河西路雨水直排运河段整治工程。历年防汛中，京杭大运河附近的运河东路、运河西路部分路段在大、特大暴雨期间会出现不同程度的积水现象，根据路段不同，对运河西路部分雨水管网增设阀门井4座，项目于2017年12月25日开工，计划工期70天。金城西路雨水排放改造工程。在金城西路(五湖大道—蠡踪桥)段北侧道路上开挖直埋一段DN600管194米、检查井6座，直接出水至骂蠡港河道驳岸，项目于2017年12月25日开工，计划工期37天。道路雨水检查井更换改造工程。金城路、江海路等8条道路由于建造时间较长，随着城市快速发展，这些道路往来重车较多，人流量加大导致道路雨水检查井出现不同程度下沉、松动，井周沥青碎裂、缺失等病害，为保障锡城市民的出行安全，对上述道路病害雨水检查井盖进行改造更换，工程于2017年12月25日开工，计划工期45天。

（张　薇）

【三阳广场行人交通系统改造工程】 改造工程主要对中山路与人民路交叉口实施人行地面过街改造，改造面积约800平方米，中山路与人民路交叉口4个转角处现状为绿化，改造压缩部分绿化空间，新建人行道，同步新增过街人行横道线、人行信号灯及行人二次过街等待区。另外，改造范围内迁移或保护大树、路灯、交通标杆等设施。取消沈果巷处行人过街，增加中央隔离护栏，景观工程(景观土建)同步改造。商业大厦象限交叉口处现状缺少雨水收水井，改造时新增雨水收水井，就近接入现状雨水井，更换改造范围内井盖及井圈。该工程施工单位为无锡市市政设施建设工程有限公司，2017年9月4日开工，同年9月30日竣工。

（张　薇）

【道桥科技13项实用新型专利获授权】 2017年，无锡市市政设施建设工程有限公司在完善与深化沥青固废再生项目和“新技术、新材料、新工艺”推广运用上，以道桥科技为依托，加快沥青产品的升级换代，推进路面材料市场开拓。推出新产品高抗车辙性能再生沥青、彩色透水沥青，其中，“高抗车辙性能再生沥青”被认定为江苏省高新技术产品。围绕公司主营业务产品，2017年，道桥科技公司共申请专利7项，其中发明专利2项，至年底，公司共有13项实用新型专利获授权。

（张　薇）

城市建设重点工程

【广澄路新建工程竣工】 广澄路西起新锡澄路，东至凤翔北路，全长2157米，宽24米，双向4车道，为城市支路。该工程建设单位为无锡市公共工程建设中心，设计单位为无锡市政设计研究院有限公司，施工单位为无锡市市政设施建设工程有限公司，监理单位为无锡市市政建设咨询监理有限公司。工程于2016年12月开工，2017年10月竣工。

（刘嘉珺）

【运河西路新建工程竣工】 运河西路新建路段起自会丰路，终于钱皋路，全长1698米，宽35米，双向6车道，为城市主干道。该工程建设单位为无锡市公共工程建设中心，设计单位为苏州市交通设计研究院有限责任公司，施工单位为无锡市第二市政工程有限公司，监理单位为无锡市市政建设咨询监理有限公司。工程于2016年4月开工，2017年7月竣工。

（刘嘉珺）

【广桐路新建工程竣工】 广桐路北起北中路，南至广益路，全长约1600米，宽30米，双向4车道，为城市次干道。该工程建设单位为无锡市公共工程建设中心，设计单位为江苏中设集团股份有限公司，施工单位为无锡大诚建设有限公司，监理单位为江苏中设集团股份有限公司。工程于2016年12月开工，2017年12月竣工。

（刘嘉珺）

【吴桥西路改拓建工程竣工】 吴桥西路起自凤翔路，终于霞美路，全长918米，宽30米，双向4车道，为城市次干道，该工程建设单位为无锡市公共工程建设中心，设计单位为江苏省科佳工程设计有限公司，施工单位为无锡市政建设集团有限公司，监理单位为江苏中设工程咨询集团有限公司。工程于2016年4月开工，2017年7月竣工。

（刘嘉珺）

【惠暨大道新建工程竣工】 惠暨大道(梁溪区段)北起运泾河，南至广石路，全长704米，宽40米，双向6车道，为城市主干道。该工程建设单位为无锡市公共工程建设中心，设计单位为江苏省科佳工程设计有限公司，施工单位为无锡万昌交通工程有限公司，监理单位为无锡太湖明珠建设咨询有限公司。工程于2017年7月开工，2017年12月竣工。

（刘嘉珺）

【南霞路新建工程竣工】 南霞路西起兴梁道，东至南湖大道，全长499米，宽15米，双向2车道，为城市支路。该工程建设单位为无锡市公共工程建设中心，设计单位为无锡市政设计研究院有限公司，施工单位为江阴市港城市政工程有限公司，监理单位为无锡市市政建设咨询监理有限公司。工程于2016年8月开工，2017年12月竣工。

(刘嘉珺)

【锡南道新建工程竣工】 锡南道北起闪溪河，南至观山路，全长481米，宽20米，双向2车道，为城市支路。该工程建设单位为无锡市公共工程建设中心，设计单位为江苏省科佳工程设计有限公司，施工单位为无锡长立市政工程有限公司，监理单位为无锡市市政建设咨询监理有限公司。工程于2017年7月开工，2017年12月竣工。

(刘嘉珺)

【振奋路改拓建工程竣工】 振奋路北起人民东路，南至上马墩路，长约400米，宽20米，双向4车道，为城市支路。该工程建设单位为无锡市公共工程建设中心，设计单位为中国华西工程设计建设有限公司，施工单位为南京第二道路排水工程有限责任公司，监理单位为无锡市新城建设监理有限公司。工程于2017年7月开工，2017年12月竣工。

(刘嘉珺)

【鼎新道新建工程竣工】 鼎新道北起周新东路，南至大通路，全长331米，宽20米，双向2车道，为城市支路。该工程建设单位为无锡市公共工程建设中心，设计单位为无锡市政设计研究院有限公司，施工单位为南京第二道路排水工程有限责任公司，监理单位为无锡市新城建设监理有限公司。工程于2017年7月开工，2017年12月竣工。

(刘嘉珺)

【崇华路新建工程竣工】 崇华路呈L型走向，北起人民东路，东至马巷路，全长230米，宽9米~11米，双向2车道，为城市支路。该工程建设单位为无锡市公共工程建设中心，设计单位为无锡市政设计研究院有限公司，施工单位为南京第二道路排水工程有限责任公司，监理单位为无锡市新城建设监理有限公司。工程于2017年9月开工，2017年12月竣工。

(刘嘉珺)

【和谐道新建工程竣工】 和谐道北起吴都路，南至规划一支路，全长127米，宽14米，双向2车道，为城市支路。该工程建设单位为无锡市公共工程建设中心，设计单位为无锡市规划设计研究院，施工单位为南京第二道路排水工程有限责任公司，监理单位为无锡市新城建设监理有限公司。工程于2017年7月开工，2017年12月竣工。

(刘嘉珺)

公用事业

【完成供水任务】 通过实施市区供水管网优化和乡镇管网改造工程，实现“同城同质、同城同价、同服务”，建立安全可靠的供水体系，供水范围覆盖1622平方公里区域，形成“江湖并举、对置供水、双源互补、安全保障”的供水格局。2017年，市区形成取水能力260万吨/日、供水能力245万吨/日的规模，最高日供水量达143.63万吨。江阴市形成取水能力156万吨/日、供水能力116万吨/日的规模，最高日供水量达88.61万吨。宜兴市采用横山水库、油车水库水源，西氿为应急水源，形成供水能力38万吨/日的规模，最高日供水量达39万吨。

(公用处)

【通过国家节水型城市复查考核】 2017年，无锡市迎接国家节水型城市第二次复查考核。通过全市上下的共同努力，全市各项指标均达到《国家节水型城市考核标准》要求，6月底，无锡市顺利通过住房城乡建设部、省住建厅组织的节水型城市复查考核验收，继续保持“全国节水型城市”称号。同时，进一步建立和完善节水长效管理机制，做好国家节水型城市节水数据统计上报和资料收集汇总整理工作。

(公用处)

【污水治理工作有序推进】 至2017年年底，全市城镇污水处理厂统计数量为52家，分别是市区20家，江阴市21家，宜兴市11家。全市污水处理能力达226.35万吨/天，其中，市区150.1万吨/天，江阴市51.25万砘/天，宜兴市25万吨/天。全市城镇污水处理厂实际处理水量6.37亿吨，其中，市区4.25亿吨，江阴市1.38亿吨，宜兴市0.74亿吨。全市共建设污水主管网119.6公里，其中，市区47.6公里，江阴市21公里，宜兴市51公里。全市污水主管网总长度达8843.85公里，其中，市区5229.14公里，江阴市1888.18公里，宜兴市1726.53公里。城市生活污水集中处理率稳步提高，主城区生活污水集中处理率达98%以上，市区生活污水集中处理率达95%以上，江阴市、宜兴市生活污水集中处理率均达90%以上。

(公用处)

【安全供气有保障】 2017年，无锡市区天然气管网已覆盖所有乡镇，市区实现“西气”“川气”双气源供气。全市天然气年用气量25.82亿立方米，其中，市区全年天然气用量为9.35亿立方米，江阴市全年天然气用量为6.5亿立方米，宜兴市全年天然气用量为5.57亿立方米。全市天然气总用户数167.8万户，其中，市区天然气用户1206568户，江阴市天然气用户279278户，宜兴市天然气用户171036户。年内，市区新增天然气用户68087户，新增CNG加气站16座、C—LNG加气站1座、LNG加气站4座，市区CNG加气站累计销售天然气5635万立方米，LNG加气站累计销售天然气398万立方米。2017年，市区天然气气化率为89.7%，比上年增长3.1%。

(公用处)

【城市照明设施概况】 至2017年年底，无锡市二市(县)五区照明设施总量达895574盏。其中，中心城区市管总灯盏数为313488盏，锡山区104342盏，惠山区53567盏，新吴区170075盏，马山太湖度假区为12131盏；江阴市为115412盏，宜兴市为126559盏。

(照明处)

【城市照明用电概况】 2017年，全市应发生电费约1.97亿元，实际发生电费约1.74亿元，节约电费2333.89万元。其中，中心城区电费6667.55万元，占全市总电费的38.32%；锡山区电费3904.15万元，占22.44%；惠山区电费3122.76万元，占17.95%；新吴区电费3704.91万元，占21.29%。

(照明处)

【单灯控制改造示范区建设】 2017年，无锡照明管理处结合太湖新城

表 31　　2017 年无锡市城市照明灯盏数汇总

区　域	功能照明(盏)	景观照明(盏)	总灯盏数(盏)
中心城区	139572	173916	313488
锡山区	43133	61209	104342
惠山区	42106	11461	53567
新吴区	46479	123596	170075
马山度假区	6477	5654	12131
江阴市	54140	61272	115412
宜兴市	37955	88604	126559
全市共计	369862	525712	895574

(照明处)

表 32　　2017 年无锡市城市照明设施电费使用情况

区　域	电量(万千瓦时)	电费(万元)	比例(%)
中心城区	8102.46	6667.55	38.32%
锡山区	4755.13	3904.15	22.44%
惠山区	3800.63	3122.76	17.95%
新吴区	4502.07	3704.91	21.29%
合　计	21160.29	17399.37	100.00%

(照明处)

单灯控制示范区续建要求，对华清大道、信成道、周新路、梁东路等 6 条道路 820 套路灯实施单灯改造。至年底，全市共 31 条道路 7759 套(13897 盏)路灯实施单灯控制。

(照明处)

【做好城市照明大中修工程】 2017 年，无锡市区第一批功能照明大中修实施项目为金匮桥、广南立交高杆灯、圆通广场、蠡湖景观带(犊山大坝—百米高喷)，涉及 395 套各类路灯及管线，投入资金约 202.48 万元。第二批为刘潭三村改造、老新村改造、新生路、槐树巷等 7 项，涉及 333 套各类路灯及管线，投入资金约 188.41 万元。景观照明设施方面对金城大桥、风翔大桥 2 处亮化设施进行改造，共计改造各类灯具 1933 套，投入资金约 136.7 万元。

(照明处)

【照明设施完好率再提高】 2017 年，无锡中心城区照明设施亮灯率为 99.70%，设施完好率为 98.96%。锡山区亮灯率为 99.21%，设施完好率为 95.95%。惠山区亮灯率为 98.99%，设施完好率为 97.21%。新吴区平均亮灯率为 99.69%，设施完好率为 98.61%。

(照明处)

【申请中央和省财政补助资金】 2017 年，无锡市加快实施《太湖流域水环境综合治理总体方案》和《江苏省太湖流域水环境综合治理实施方案》下达的太湖水污染治理目标任务。市市政公用产业集团全面完成承担的饮用水安全保障项目、城镇污水处理厂及配套管网建设项目、城镇垃圾处置项目等水污染治理重点工程。集团积极申请太湖水环境治理中央、省财政专项资金补助，获得省级财政资金 500 万元。对于财政资金专项补助的使用，集团严格按照省、市各级部门要求，加快实施项目建设，确保项目资金用到实处，起到实效。

(市政公用产业集团)

【发挥融资平台作用】 2017 年，市市政公用产业集团积极做好政府平台融资工作，与各金融机构广泛合作，取得显著成绩。年内，集团各级融资平台共完成融资 16.37 亿元。

(市政公用产业集团)

【优化“12319”热线服务平台】 6 月，市市政公用产业集团正式接手市市政和园林局下属的“12319”社会热线求助工作，力求在原有基础上，打造无锡智慧“12319”热线综合服务平台。融合网站、微博、微信、短信以及其他各种新的沟通渠道，进一步拓展服务方式和服务渠道，最大限度为广大市民提供便捷高效的办事手段，使市民足不出户就能咨询业务和获得满意服务。

(市政公用产业集团)

【供水实现连续十年安全度夏】 按照省、市“两个确保”工作要求，2017 年夏季高峰供水期间，市自来水有限公司全面加强南泉、锡东两个饮用水水源地沿岸的蓝藻和水草打捞工作，加强对各水厂生产工艺流程的质量控制，140 个管网测压点密切监控全市管网压力，100 个水质监测点每月连续进行巡回检测。出厂水 9 项指标综合合格率 100%，水质综合合格率 100%，管网压力合格率 99.6%，全面保障全市饮用水安全，城市供水实现连续十年安全度夏。

(孙　吉)

【开展水厂停产应急演练】 为强化应急防控，进一步提高应急保障能力，5 月 23~24 日、6 月 9~12 日，市自来水有限公司分别组织实施锡东水厂停产应急演练，南泉水源厂、中桥水厂及雪浪水厂停产应急演练，以检验极端情况下公司的供水安全保障能力。两次演练，管网压力与水质基本稳定，供水热线及各分公司均未接到涉及演练供水区域内用户的不良反馈信息。演练结果表明，当太湖某一水源地遭受水质污染，致使部分水厂停产，可有效通过其他水厂的增产，充分利用安全供水高速通道的快速转输能力，合理调度，确保全市优质安全供水要求。

（孙 吉）

【降低企业用水和用气成本】 2017年，全市贯彻落实《无锡市委市政府关于进一步降低实体经济企业成本的实施意见》精神，继续实施水价、气价优惠政策。全年水费优惠政策共惠及工商业用户53746家，特种用户共计35家，优惠总金额为15730.32万元。天然气优惠政策受益企业600多户，减轻工业企业负担8000多万元，有力提升无锡工业企业的市场竞争力。

（孙 吉 吴广敏）

【完成自来水老旧管网改造63.07公里】 2017年，无锡市为民办实事项目计划改造60公里自来水老旧管网。为解决局部地区压力低、吃水难等问题，提高管网水质，降低漏损率，市自来水有限公司对使用年限较长和材质较差的老旧管网进行改造，全年完成玉祁曙光村管网改造和钱桥街道西漳社区给水管网改造等项目共计63.07公里，用户水质、水压得到明显改善。

（孙 吉）

【完成水表出户改造4096户】 2017年，无锡市为民办实事项目计划改造水表出户4000户。为进一步提高服务质量和供水水质，市自来水有限公司全年完成新江南和五里花园等小区水表出户改造4096户，有效解决用户总分表差异的矛盾，改善居民用水水质，进一步提高服务质量和供水水质。

（孙 吉）

【推进二次供水设施建设与改造】 2017年，无锡市二次供水的相关政策全部出台。按照市政府要求，市自来水有限公司积极做好新建二次供水设施建设工作，按照《无锡市市区新建居民住宅二次供水设施管理意见》及物价局相关配套文件，对新建居民住宅供水管网和二次供水设施建设进行统建统管，全年共有38个（含部分改造）项目实行新政。二次供水改造涉及市区近80个小区共977个改造点，改造工作面广量大。市自来水有限公司主动配合各区政府，根据市政府的要求，提前启动南尖小区和白水荡等居民反响比较强烈的老旧小区二次供水设施改造，保障“最后一公里”的水质安全。

（孙 吉）

【污水处理完成年度任务】 2017年，市排水有限公司主城区计划处理污水1.90亿吨。芦村、城北、太湖新城三大污水处理厂共处理污水1.98亿吨，出水稳定达到一级A排放标准，水质排放综合合格率100%。

（赵静静）

【管网覆盖建设全力推进】 2017年，市排水有限公司完成蠡湖大道、轨道4号线大剧院站等污水管网管道敷设共计27.35公里。进一步优化、完善管网布局，缓解片区输送负荷，均衡提高芦村、城北、太湖新城污水处理厂服务范围内的污水收集能力。

（赵静静）

【加大管网设施维护力度】 2017年，市排水有限公司推行管网网格化管理，引进管网管理物联网技术手段及手持式PDA终端等技术，保证清通的质量，进一步提高工作效率。全年完成污水管网巡视共计6.93万多公里，累计完成45.96公里的清通工作。

（赵静静）

【做好黑臭河道整治工作】 2017年，市排水有限公司完成铁树桥浜、诸家桥浜、许溪河、河埒浜等的现场踏勘和情况分析。公司管理范围内污水管网设施运行情况良好，不存在与河道连通现象。通过水质采样分析，初步判断95%的上游接管的二级用户存在雨污合流情况，采取封堵处置，共计封堵29个雨污合流点、3个私接用户点。

（赵静静）

【深化社会服务承诺工作】 2017年，市排水有限公司坚持以实际行动取信于民、服务于民，真正做到“让党和政府放心，使人民群众满意”。进一步完善社会承诺服务工作，接报并及时处理各类社会承诺服务投诉820起，及时率100%，回复率100%。其中，公司管辖范围内的社会承诺服务共计172起，占所有社会承诺服务来电的20.90%，无污水外溢，无有责环境污染事故。

（赵静静）

【科研示范项目获奖】 在9月举办的世界物联网峰会上，市排水有限公司申报的“污水管网—污水处理厂联合运行与调度系统”示范项目，入选“无锡国家传感网创新示范区第5届物联网十大应用案例”。该项目主要是以城市排水管网和污水处理厂的区域运行技术为重点，通过多种物联网技术整合，为污水设施安全、科学运行提供辅助决策与支持，实现无锡市主城区排水系统管网、泵站、污水处理厂人员和车辆的统一管理，提高管理效率，提升管理水平，具有较好示范效应和推广价值。年内，市排水有限公司的“生物池撇渣系统”项目获得专利证书，“设备点检系统”项目获得软件著作权证书。

（赵静静）

【成立无锡梁溪水务有限公司】 8月，无锡市公用水务投资有限公司、无锡市梁溪城市投资发展有限公司、无锡市排水有限公司3家单位合资组建无锡梁溪水务有限公司，注册资本1亿元，主要开展梁溪区老新村改造和城中村整治项目以及水环境治理。公司成立以来，梁溪区老新村改造和城中村整治项目共开展31个区块，敷设管网约6.5公里，雨污水立管9.4公里，新建检查井1100余座、化粪池26座、隔油池3座等，完成产值700余万元。水环境治理方面，公司与中国电建集团成都勘测设计研究院有限公司展开深入合作，签订无锡市梁溪区水环境综合治理EPC项目性委托协议。

（王春雪）

【东亚电力燃气高压管线竣工】 6月5日，无锡华润燃气有限公司与太平洋油气签订东亚电力《天然气管道运输合同》。东亚电力燃气高压管线建设项目是东亚电力（无锡）发电项目的天然气配套工程，该项目投资约1亿元，全长约18公里，管道使用材质为L450M的石油天然气工业输送A级钢管，在华润燃气城镇燃气管道施工建设中尚属首次，在全国城镇燃气管道施工中也属罕见。工程于9月开工，于12月底全线竣工。

(吴广敏)

【城中片区管网成功升压】 3月28日，无锡华润燃气有限公司对城中片区中压B级管网进行升压，升压涉及城中近40公里中压管线、上百个民用及工商业调压器。自此，无锡市区中压管网告别“中压B时代”，迈入“中压A时代”，城中片区管网的天然气输送和供应能力得到全面提高。

(吴广敏)

【高压二环工程竣工投运】 5月26日，无锡高压二环工程成功置换通气。高压二环工程全长约18公里，分5个标段(锡昆高速、惠南路两个标段、S340两个标段)。该工程地理环境复杂，需穿越西气东输、京沪高铁、京杭大运河、地铁一号线等主要地段，还涉及农田、果园、经济作物等绿化赔偿，是一项高难度、高投资的高压管工程。工程建成后，提高无锡市燃气管网的储气调峰能力，保障无锡市区的稳定供气。

(吴广敏)

【马山自然村通上天然气】 12月28日，无锡市太湖国家旅游度假区(马山)朝霞新村300多户居民用上清洁、方便的天然气，标志着太湖国家旅游度假区(马山)自然村的居民们全面告别液化气钢瓶时代，正式迈入天然气时代。马山天然气工程是无锡华润燃气有限公司“美丽乡村”计划之一。

(吴广敏)

【强化安全隐患整改】 2017年，无锡华润燃气有限公司继续强化安全隐患整改。全年共整改民用户一级隐患11000多户，整改率达77%；持续开展全市直排热水器整改，全年共整改50多台；有序推动架空管防腐，全年防腐工程覆盖120多个小区，涉及数万名居民。

(吴广敏)

【支付宝燃气缴费正式上线】 12月，支付宝燃气缴费功能正式上线。用户打开支付宝，进入“生活缴费”，选择“燃气费”，即可进行缴费。这是无锡华润燃气有限公司继微信支付后推出的又一互联网缴费新渠道，不仅方便用户的缴费，同时也大大减轻客户服务柜台的压力。

(吴广敏)

【共建燃气安全“阳光社区”】 4月28日，无锡华润燃气有限公司与滨湖区共建燃气安全“阳光社区”活动仪式在渔港社区举行，这是无锡市第一个燃气安全共建试点小区。6月8日，公司与新吴区签订“阳光社区”政企共建协议书，春城社区成为无锡市第二个燃气安全共建试点社区。“阳光社区”的共建充分整合企业资源和社会资源，构筑政府、企业、社区和用户“四位一体”长效管理机制。

(吴广敏)

【无锡照明成功挂牌“新三板”】 4月5日，无锡照明股份有限公司在全国中小企业股份转让系统成功挂牌，公司证券简称：无锡照明，证券代码：871234。作为无锡市政公用行业首家自主培育登陆国内资本市场的企业，无锡照明将以“新时代之光”全域解决方案定制商为战略导向，瞄准更高目标，进一步做优业绩、完善治理、健全内控、规范运营，打造品牌优势，提升整体实力，助推企业转板上市。

(谭丽莉)

【推进照明工程建设】 2017年，无锡照明股份有限公司重点实施蠡湖大道、江海西路、建筑路等52项道路照明工程，万科信成小区、栖庭小区等15个小区照明工程，厦门筼筜湖片区夜景提升工程、西安高新区夜景亮化提升改造二期工程、西安永阳公园夜景亮化提升改造工程等8项景观照明工程。公司承建的无锡市北中路道路照明工程获评2016年度“全国市政金杯示范工程”，荟峰路二标段、山河路、泉山大道、横二路等4项道路照明工程获2017年度“无锡市市政优质工程”称号。

(谭丽莉)

【完善城市照明维护管理服务体系】 2017年，无锡照明股份有限公司维护市场覆盖率持续扩大，维护业务量比上年增长6%。公司积极开展全覆盖、高效率、快速反应、服务优质的城市照明保障工作，做好节假日和江苏发展大会、世界物联网大会、无锡文博会期间照明设施运行保障。全年累计维修各类路灯34096盏，处理各类线路运行故障3440起，更换或补缺灯具807套，处理撞灯374起，维护区域内照明设施亮灯率、设施完好率、照明质量等指标持续提高，全市照明设施保持安全、稳定运行。

(谭丽莉)

【完成智慧路灯系统研发】 2017年，无锡照明股份有限公司开发具有自主知识产权的智慧路灯管理平台，实施清舒道(无锡太湖国际博览中心段)智慧路灯示范项目、和风路智慧路灯项目建设。项目利用“物联网+”等新技术，对路灯实现智能控制，同时赋予路灯多媒体信息发布、城市气象信息、视频监控、无线网络覆盖、新能源电动车充电等功能，实现路灯由单一功能向综合服务功能的转变，助立无锡智慧城市建设。

(谭丽莉)

【推进新能源充电桩及运营平台建设】 2017年，无锡照明股份有限公司下属子公司无锡市政公用新能源科技有限公司布局全市充电桩建设，打造充电运营服务体系，全年完成61处1009个充电桩建设，年度运营充电量达231.45万千瓦时，累计充电59054次，充电桩运营平台系统注册用户增加至1632户。完善平台技术，新开发充电运营管理平台水位监测报警功能、车位停车监测功能、远程分时段计费等功能，更新APP页面，增加信息投放与客户信息反馈渠道，不断提升服务体验度。

(谭丽莉)

【成立无锡西区售电有限公司】 为响应国家售电改革相关政策，2017年，注册成立无锡西区售电有限公司，在江苏电力交易中心完成注册申报，列入江苏省第3批公示允许开展售电业务的公司，成为市市政公用产业集团下属的首家售电业务企业。注册审核完毕后，全面开展售电业务。

(曹 靖)

【无锡市政公用环境检测研究院有限公司成立】 2016年12月1日，经市市政公用产业集团审议同意，市国资委、市工商行政管理局审核批准，无锡市政公用环境检测研究院有限公司在锡山经济技术开发区注册成立，注册资本3000万元，于2017年1月开始正式独立运行。公司整合原自来水、排水、城市环境科技公司相关资产、业务、人员、资质,组建集水质检测、技术咨询、科技研发等服务功能于一体的综合性科技公司,经营范围为生活饮用水、污水、再生水、污泥、污染气体、渗沥液、工业固(危)废、焚烧产生物等方面的检测监测及相关的技术研发、技术咨询服务。公司成立后,投资近150万元,对水质检测实验室的通风设施、气路系统以及实验操作台等进行改造,为当年水质实验室资质扩项打好基础。12月,市政公用环境检测研究院有限公司下属国家城市供水水质监测网无锡监测站通过国家计量认证评审组扩项资质认定评审。

(李　婧)

村镇建设

【概况】 2017年,无锡市所辖江阴市、宜兴市、锡山区、惠山区的建制镇总数为29个,其中,江阴市10个,宜兴市13个,锡山区4个,惠山区2个。纳入村镇建设统计范围的有29个镇、396个行政村、6451个自然村。全市镇域面积共236389.6公顷,建成区面积22306.44公顷,户籍220063户、659038人。

(市住建局　任余娟　顾小江)

【推进美丽乡村建设】 2017年,无锡市村庄环境整治与长效管理点面共进,长效管理由点示范向面推广,村庄生活污水处理率巩固提升,美丽乡村建设取得新成效。年内,创建113个市级村庄环境长效管理示范村;村庄生活污水治理工程开工建设1288个,主体工程完工655个;有34个村庄进行改善提升,达到美丽村庄、宜居村庄的标准。宜兴市张阳村被评为中国人居环境改善美丽乡村示范村,江阴市璜土村被评为中国人居环境改善环境整洁示范村,示范村数量位列江苏省第一。

(市住建局　任余娟)

【推进小城镇建设】 2017年,无锡市按照新型城镇化建设要求,以规划为引导,择优培育重点中心镇和特色镇,充分发挥市场主体作用,引导小城镇与特色产业发展相结合,与服务"三农"(农村、农业、农民)相结合,推动小城镇集约化发展,增强小城镇的综合发展实力。年内,完成西渚镇、湖㳇镇2个省特色镇保护发展项目,江阴市新桥镇、锡山区东港镇、惠山区阳山镇获第2批"全国特色小镇"称号,惠山区阳山镇获"全国特色景观旅游名镇"称号,宜兴市太华镇获"江苏省特色景观旅游名镇"称号。

(市住建局　任余娟)

【推进传统村落保护工作】 2017年,宜兴市张渚镇祝陵村国山、龙池村丁墅,和桥镇闸口村永定,西渚镇白塔村窑山,丁蜀镇三洞桥村前墅等5个村庄列入江苏省第2批传统村落名录。丁蜀镇三洞桥村前墅被推荐申请列入国家传统村落名录。

(市住建局　任余娟)

【启动特色田园乡村建设】 2017年,无锡市启动实施特色田园乡村建设。市政府制定《无锡市特色田园乡村建设实施方案》,明确特色田园乡村建设的目标任务、实施步骤和保障措施等。到2020年,无锡拟建设30个左右"生态优、村庄美、产业特、农民富、集体强、乡风好"体现无锡特色的田园乡村。按照实施方案要求,年内,抓紧启动实施试点示范工作,惠山区阳山镇桃源村前寺舍、桃园村冯巷、阳山村朱村列入江苏省首批特色田园乡村建设试点村庄。

(市住建局　任余娟)

【建立完善农村住房建设管理新政策】 为加快补齐农村住房建设管理短板,消除安全隐患,全面改善农村居民的居住环境,2017年,无锡市委、市政府制定实施《关于加强和改进农村住房建设管理的意见(试行)》,明确加强和改进农村住房建设管理的指导思想和基本原则,就加强农村住房建设的规划引导、强化农村宅基地管理和用地保障、完善农村居民建房审批管理体制、加强农村住房建设组织保障等提出具体的规定和要求。同时,市住建部门组织编制农村住房建设通用案例图集并免费提供给农户使用,确保新建农村住房的设计彰显乡土建筑的风貌特色和质量安全要求,不断提升农村住房建设的质量品质。《意见》的出台实施,突破农村住房建设管理的政策瓶颈,分类解决镇区、一般村、规划发展村及分户家庭的农房建设难题,实现农村住房建设用地的节约集约利用与农民住房条件改善提升的统一。

(市住建局　任余娟)

【村镇基础设施建设】 2017年,无锡市建制镇建设投资市政公用设施11.35亿元。建成区范围内自来水用水普及率97.25%,燃气普及率93.81%。道路长度2319.46公里。建成区绿地面积5381.90公顷,其中,公园绿地面积606.26公顷,绿化覆盖率32.43%。公共厕所589座,各类环卫机械449辆。共有村镇污水处理厂46个,污水处理能力达9490.18万立方米/年。全市村庄道路长度3175.94公里,集中供水比例100%,对生活垃圾进行无害化处理的行政村比例达100%。

(市住建局　任余娟　顾小江)

建筑施工

【概况】 2017年,无锡市施工项目数953个,在建工程总面积4359万平方米,较上年增长18%;竣工验收面积1950.5万平方米,较上年下降30%。至年底,无锡市具有建筑业企业资质的施工企业共1875家,其中,特级资质企业1家。企业资质共3759个,其中,特级资质1个,一级资质308个,二级资质1378个,三级资质1774个,专业承包不分等级资质210个,劳务资质88个。全市具有监理资质的企业50家,具有检测资质的企业31家。

(质量安全监管处
建筑业管理办公室)

【绿色建筑暨建筑节能】 2017年,无锡市加快推进绿色建筑与建筑节能工作,在省住建厅组织的年度绿色建筑暨建筑节能工作考核中,无锡继续排在全省领先地位。加强规划引导,年内,完成《无锡市"十三五"绿色建筑专项规划(2016~2020年)》的编制与报批工作,推动全市绿色建筑全面和纵深发展。新建民用建筑(居住建筑和公共建筑)全面执行65%及以上的建筑节能标准,节能设计达标率100%,节能施工达标率99%以上,全市完成新建民用建筑1223.24万平方米,其中,可再生能源建筑应用建筑面积511.98万平方米，完成建筑节能16.19万吨标准煤。全市共新增绿色建筑设计标识82个，建筑面积800.4万平方米，其中，新增二星级及以上设计标识建筑面积570.3万平方米，无锡成为全省首个全面执行绿色建筑二星标准的地级市。加快推进合同能源管理，在机关办公建筑中实行能耗限额制度，制定能耗限额指标并开展节能目标考核，年内，共开展建筑节能能效测评项目44栋，完成新增年度能耗统计项目1291项，完成新增年度能源审计项目13项。加快推进江苏省绿色建筑示范城市和既有建筑节能改造示范城市建设，共计确定绿色建筑示范项目28个，建筑面积约301.11万平方米；既有建筑节能改造示范项目27个，建筑面积约120万平方米；技术支撑体系建设项目13个。至年底，全市共有示范市项目3个（国家可再生能源建筑应用示范市、江苏省绿色建筑示范市、江苏省既有建筑改造示范市），示范区项目6个（1个国家级、5个省级），示范总量位居全省第一。

（建筑节能与科研设计处）

【建筑工程质量创优活动】 2017年，全市共评出无锡市“太湖杯”优质工程土建安装工程88项。8项工程入围江苏省建筑业绿色施工示范工程（第一批），20项工程入围江苏省优质工程“扬子杯”（含房屋建筑工程项目18项、鲁班奖和国优奖确认项目2项）。6项参建工程（外地）入围上海市建设工程“白玉兰”奖（市优质工程）。由华仁建设集团有限公司承建的宜兴八佰伴购物中心工程以及无锡耿湾禅意小镇（灵山五期工程）H组团（酒店、会议中心）工程、无锡云蝠大厦工程等3项工程获“国家优质工程奖”，1项参建工程（外地）获“国家优质工程奖”，6项参建工程（外地）获中国建设工程“鲁班奖”（国家优质工程）。

（无锡建筑行业协会 金平青）

【建筑行业评优荐优活动】 2017年，无锡建筑行业有4人入选无锡市百名锡商人物，2人入围江苏省建筑业先进协会工作者，4人入围江苏省建筑业优秀企业经理，3人入围江苏出省建筑施工优秀企业经理，5人入围江苏省建筑业优秀企业家，1人入围江苏省建筑业有突出贡献的企业家（劳动模范）。4家企业入选无锡市民营企业100强，3家社会组织入围江苏省建筑业先进协会，6家企业入围江苏省建筑业优秀企业，4家企业入围江苏出省建筑施工先进企业，3家企业入围江苏省建筑业最具成长性百强企业，4家企业入围江苏省建筑业竞争力百强企业，1家企业入围江苏省创新型企业100强，1家企业入围第13届上海市建筑施工企业综合实力进沪施工企业30强。无锡锡山建筑实业有限公司、无锡市华方建筑工程有限公司、江苏沪宁钢机股份有限公司等3家企业保持全国工程建设企业社会信用评价AAA级信用企业，无锡锡山建筑实业有限公司荣膺“全国工程建设诚信典型企业”称号，江苏宜安建设有限公司荣膺“中国建筑业成长性200强企业”称号，江苏沪宁钢机股份有限公司荣膺“全国优秀施工企业”“中国建筑业竞争力200强企业”称号。

（无锡建筑行业协会 金平青）

【建筑科技创新应用活动】 2017年，无锡地区2项施工工法入围江苏省工程建设省级工法。江苏沪宁钢机股份有限公司参与完成的“超高层建筑若干施工关键新技术”“大跨度大悬挑复杂空间结构关键施工技术研究及应用”2项科技创新成果获中国施工企业管理协会科技创新成果一等奖。

（无锡建筑行业协会 金平青）

【实施创新驱动发展战略】 2017年，无锡地区建筑企业实施创新驱动发展战略，因企制宜，做精建筑业，拉长产业链。无锡锡山三建近年来大力推进科技创新，力求转型实效，涉足跨行业领域，逐步走出一条跨门类、多元化发展路子。10年前就专门成立的江苏速捷模架科技有限公司不断开拓创新，已发展成为集脚手架、系统模板产品研发、生产、销售、设计咨询、租赁、施工、技术服务于一体的高新技术企业，产品销往东南亚、中东、欧洲、美洲、大洋洲的30多个国家和地区，广泛应用于建筑、市政路桥、轨道交通、能源化工、核工业、航空船舶工业、大型文体活动设施等领域，取得显著的经济效益和社会效益，公司产值由2007年的700万元增加到2017年的1.93亿元，成为模架产业的领军企业。江苏宜安建设有限公司在脱手拍卖机电安装业务门类的同时，成立宜安控股有限公司，向污水（泥）处理、上海城市更新（房地产）、苏州BIM（建筑信息模型）技术产地、科技创新、健康产业等5个板块进军。无锡盛达建安公司将业务拓展到旅游商贸服务，开办高尔夫休闲球场。江苏沪宁钢机则从以前单纯的钢结构制作安装走向多元化业务，围绕总承包成立设计院，建立装配式钢结构建筑产业研发基地，在启东购置6.67公顷土地解决超大构件水路运输问题，收购宜兴宇杰钢机，做大做强企业。

（无锡建筑行业协会 金平青）

【加快境内外掘金步伐】 2017年，无锡地区建筑企业纷纷“走出去”，力拓外地及外国区域市场，加快境内外掘金步伐，无锡二建、华仁建设集团、无锡锡建实业、无锡锡山三建、江苏华方建设、江苏富源广建设、江苏沪宁钢机等企业分别走向北京、天津、上海、浙江、广东、福建、四川、安徽、湖南以及江苏各地拓宽市场。锦汇建设集团多地承接项目，一年中先后在宜兴、淮安、泗阳、徐州、山东枣庄、山西太行等地签订工程项目施工合同，建筑面积约130万平方米，合同造价30多亿元，同时还在淮安、无锡等地开发房产约38万平方米。江苏东珠景观确立“立足全江苏，打通京沪线，走向全中国”、从传统单一绿化建设项目转向大型综合性生态湿地项目的市场开拓战略，进军外地市场，已形成覆盖全国多个主要经济地区的跨区域经营格局，公司80%的业务来自湿地工程，成为国内名副其实的湿地打造企业，成为中国湿地协会副会长单位。

（无锡建筑行业协会 金平青）

【实现上市公司历史性突破】 9月1日，江苏东珠景观股份有限公司在上海证券交易所上市，公开发行股票，成为无锡地区建筑行业首家上市公司，实现无锡建筑行业上市公司的历史性突破。江苏东珠景观股份有限公司成立于2001年，工程建设历史将近20年，作为江南园林流派的代表企业之一，公司确立并践行从传统单一绿化建设项目转向大型综合性生态湿地项目的转型升级，从2011年开启上市之路的征程，历时6年5次向资本市场发起冲击，于2017年7月4日IPO(首次公开募股)“叩关”成功。成功上市是衡量建筑企业整体实力和规模的重要指标，更是一个地区建筑业发展水平的重要标志。江苏东珠景观此次成功上市，对推动无锡地区建筑行业的转型发展具有重要的示范作用。

(无锡建筑行业协会　金平青)

【首次现金奖励获评“鲁班奖”企业】“鲁班奖”是中国建筑领域工程质量最高奖，也是证明建筑企业实力的最好名片。根据《市政府办公室印发关于加快建筑业转型发展的意见的通知》精神，为表扬先进，促进无锡地区建筑企业努力创优发展，12月28日，无锡市住房和城乡建设局专门召开表彰发布会，通报表彰无锡地区获2016~2017年度第一批中国建设工程“鲁班奖”(国家优质工程)的企业，并给予工程项目(无锡地铁1号线控制中心及配套工程)参建企业无锡金城幕墙装饰工程有限公司、江苏冠杰建设有限公司各一次性奖励17万元，江苏无锡二建建设集团有限公司一次性奖励16万元。这是无锡首次对获评“鲁班奖”的建筑企业进行表彰奖励，对无锡地区广大建筑施工企业加快转型升级，创优争先，提升施工管理水平，创建品质工程，具有重要的示范推动作用。

(无锡建筑行业协会　金平青)

建设市场管理

【深化行政审批服务制度改革】按照“放管理服”改革要求，2017年，市住建部门承担的“建设工程抗震设计审查”等6项权力事项和相关人员划转到市行政审批局，并根据《国务院关于第三批取消中央指定地方实施行政许可事项的决定》要求，取消物业服务企业三级和暂三级资质的行政许可；下放梁溪区21项新增权力事项，并同步下放滨湖区和新吴区，其中，行政许可1项，行政处罚10项，其他权力10项；全面推进不见面审批(服务)工作，全局33个权力事项(不含行政处罚)对应的48项业务项全部列入不见面审批清单。着力提升审批服务效能，年内，全局行政许可事项共办结549件，办件提速率为52.4%；行政服务类事项共办结59260件，办件提速率为60%以上。全局所有审批服务事项按期办结率均达100%，确保无投诉无超期现象发生。

(行政许可服务处)

【引导推进装配式建筑发展】2017年，无锡市住建局会同相关部门先后制定实施《关于印发〈无锡市推进装配式建筑发展实施细则〉的通知》《关于开展无锡市装配式建筑项目设计阶段技术论证工作的通知》《关于成立无锡市建筑产业现代化专家组的通知》等，要求各市(县)、区结合所辖区域当年土地供应计划等编制装配式建筑年度实施计划方案，并在土地出让条件、装配式项目的认定以及建设工程的各环节落实装配式建筑的相关规定和要求。加强装配式建筑项目设计阶段的技术论证工作，明确相关流程，确保在初步设计、施工图设计及审查等阶段落实装配式建筑的具体指标要求。落实扶持政策，将符合相关规定和要求的装配式建筑纳入建筑节能专项资金补助项目与绿色建筑示范项目，推动装配式建筑的全面发展。成立市建筑产业现代化专家组，为装配式建筑项目的技术方案以及建筑产业现代化发展提供技术指导和相关服务，推动全市建筑产业现代化技术服务保障水平的全面提升。上述举措，为装配式建筑的实施落地制定具体可操作的流程，规范无锡市装配式建筑相关指标。年内，市级已有16个地块(建筑面积约300万平方米)在出让前的建设条件中明确装配式建筑比例要求。

(建筑业管理办公室)

【推进建筑业企业信用体系建设】为进一步健全建筑市场信用体系，维护建筑市场秩序，促进建筑业企业依法诚信经营，2017年，无锡市住建部门制定实施《无锡市建筑业企业信用考核办法》，为建筑施工企业信用考核管理工作提供操作依据。《办法》规定：全市建筑施工企业信用评价实行记分制，信用考核得分由建筑业企业基本信用考核60分、综合考核40分、日常考核扣分3个部分计分机制组成，并根据建筑业企业年度信用评价得分，将企业年度信用等级分为A、B、C、D四类，评定结果在预选承包商评审、资质核查、日常监管、工程保险、专项督察、评先评优等环节对建筑业企业实行差别化管理，并应用于评标工作中。同时，推动建筑业企业信用考核信息化建设，建立“无锡市建筑市场信用管理系统”，进行试考核工作。

(质量安全监管处)

【勘察设计市场资质管理】2017年，无锡市住建部门运用“无锡市建设工程勘察设计管理信息系统”，采集勘察设计企业及人员信息，进一步加强对企业和人员的资质、资格及市场行为的管理，实现勘察设计项目合同备案和资质核验工作网上办理。开展工程勘察设计单位资质增项、资质升级、资质转正(延续)、资质换证、资质变更及新申请资质核定的初审工作，全市有7家单位资质延续、4家单位换证、10家单位新申请、9家单位升级和33家单位变更得到批准。年内，还完成注册建筑师、勘察设计注册工程师初始注册、延续注册、变更注册585人次，办理省外勘察设计企业进市勘察设计资质核验199项，省外在无锡分支机构年度资质核验1项，江苏省勘察设计企业合同备案1563项。

(建筑节能与科研设计处)

【勘察设计业务培训和设计评优】2017年，无锡市住建部门按照江苏省住建厅的有关部署，完成2017年度无锡市注册建筑师、注册结构工程师继续教育集中学习，有69名注册建筑师、180名注册结构工程师和45名注册土木(岩土)工程师参加培训。组织开展无锡市城乡建设系统优秀勘察设计、2017年第4届紫金奖·建筑及环境设计大赛等活动，其中，城乡建设系统优秀勘察设计项目共评选出一等奖36个、二等奖71个、三等奖66个，推荐一等奖、二等奖项目参加江苏省城乡建设系统优秀勘察设计项目评优。

(建筑节能与科研设计处)

【施工图设计审查和抗震设计审查】2017年，无锡市住建部门继续加大施工图审查的工作力度，使房屋建筑工程的施工图审查在全市实现全面覆盖，保质保量完成全市范围房屋建筑和市政基础设施工程及专项工程的施工图审查任务。年内，共接审新建建筑工程施工图设计审查488项、建筑面积2067.18万平方米，查处违反工程强制性条文881条、违反强制性标准15528条；市政工程施工图设计审查153项，总投资额32.67亿元；幕墙专项施工图设计审查59项，建筑面积74.99万平方米。优化审批流程，实施建设工程初步设计、抗震设计与绿色设计“三合一”联合审查，共完成“三合一”联合审查162项、建筑面积1603.81万平方米，完成绿色设计审查332项、建筑面积2182.1万平方米。10月初，进一步简化审批环节，取消建设工程初步设计审查，实施建设工程抗震设计与绿色设计联合审查。至年底，共完成联合审查3项、建筑面积44.85万平方米,完成绿色设计审查15项、建筑面积125.18万平方米。

(建筑节能与科研设计处)

【开展工程质量安全提升行动】 2017年，无锡市住建部门组织开展建筑工程质量安全提升行动，重点任务及主要举措是：严格落实工程参建各方的主体责任，严格落实项目负责人责任，严格落实从业人员责任，严格落实工程质量终身责任制，加大质量责任追究力度，进一步完善工程质量安全管理制度和责任体系；强化工程项目管理，着力提升建筑设计水平和工程质量水平，推进工程质量安全管理标准化体系建设，提升建筑工程安全生产管理水平，提升城市轨道交通工程风险管控水平；加强技术创新，进一步推广应用工程建设领域信息化技术，推广工程建设新技术，推进建筑工业化水平的全面提升；强化政府监管职能，进一步建立完善全过程、全方位、全覆盖的质量安全监管体系，并加强市、区联动和城乡联动，建立完善综合执法机制，进一步提升监管效能；加大建筑市场信用管理系统信息平台建设力度，实现全市建设工程和建筑市场相关信息数据联通共享，统筹推进建筑市场监管与信用管理，进一步提升建筑市场与施工现场联动管理的水平。

(质量安全监管处)

【强化建设工地扬尘管控】 2017年，无锡市住建部门结合全国文明城市复审迎检和省优秀管理城市创建等工作，持续强化建设工地扬尘管控工作，主要举措：强化标准要求，加快推进建设工程文明施工标准化，严格执行扬尘防治标准，进一步落实工地围挡设置、道路硬化、裸土覆盖、车辆冲洗、垃圾清运、物料堆放等扬尘防控措施，确保施工工地出口设置冲洗装置率、施工现场设置全封闭围挡率、施工现场道路进行地面硬化率均达95%以上，进一步提升建筑扬尘防控水平；强化事前监管，实行安全文明开工条件审查制度，严格审查工地现场安全文明施工措施执行情况，并加强现场复核，提升源头治理水平；强化日常检查和督查考核，指导督促各级建设管理部门(单位)建立建筑工地清单和台账，按照建筑工地扬尘防治标准要求，定期对建筑工地进行全面的检查考核，逐项评分，每季度统计汇总进展情况；强化联动机制，完善落实综合检查、专项检查、暗访暗查、重点督查和部门联动等执法检查制度，建立完善群众投诉、举报机制，对扬尘防控不到位的，及时责令整改，对限期内不能整改到位的依法依规严肃查处。

(质量安全监管处)

【建设工程招投标专项整治】 为进一步规范政府投资项目招投标行为，促进无锡市房屋建筑和市政工程招投标市场健康有序发展，5月~12月，无锡市住建局按照全省政府投资房屋建筑和市政工程项目招投标专项整治工作统一部署，在全市范围内集中开展政府投资建设工程项目招投标专项整治活动。整个招投标专项整治工作共分为动员部署、自查互查、重点巡查、总结完善4个阶段。专项整治工作坚持问题导向，深入查找政府投资建设工程项目招投标工作中存在的突出问题，强化督查，抓好整改，深入剖析原因，剖析典型案例，研究解决办法，制订整改提升措施，健全长效管理机制，完善招投标制度，促进全市建设工程招投标市场的健康有序发展。

(建筑市场监管处)

【工程造价管理】 2017年，无锡市建设工程造价管理部门做好建设工程各专业计价定额的管理服务工作，及时转发和制定相关执行文件，提升信息服务质量，每月发布450种常用材料的含税、除税指导价，每半年测算并发布850种园林苗木含税、除税指导价，每半年测算并发布一次人工工资指导价及全市工程造价指数。做好各专业定额的解释、答疑工作，先后调解处理凯发苑四期、保利达广场幕墙工程、崇安寺5号地块、江苏峰影实验小学、速达快递大楼、机电高等职业学校体艺馆、国家集成电路设计中心等一批涉及工程造价问题引发的矛盾纠纷。加强国有投资工程造价管理，全年国有投资项目委托造价咨询比选备案项目共312个。加强工程造价咨询市场监管，年内，全市造价咨询企业完成各类造价咨询项目上报7150个，咨询标的额1134.94亿元，核减金额67.39亿元，核减率15.58%。

(建筑市场监管处)

【政策法规建设】 2017年，无锡市住建部门按照城市现代化和城乡发展一体化工作要求，先后拟定并提请市委、市政府出台《关于加强农村住房建设管理的意见(试行)》《关于进一步加强城市规划建设管理工作的实施意见》。根据房地产行业持续健康发展和房地产调控的要求，出台实施《关于印发〈无锡市存量房买卖网上签约管理办法(试行)〉的通知》。按照深化“放管服”改革要求，对涉及的相关地方性法规、规章和市政府规范性文件进行清理，经梳理，《关于加强经济适用住房、拆迁安置房建设交易管理有关问题的通知》《市政府办公室转发市建设局关于进一步加强我市新建民用建筑节能管理工作的实施意见的通知》因新文件出台被列入清理范畴。同时，还对无锡市市级首批“不见面”和“见一次面”审批(服务)事项清单进行逐条梳理，对相关的减证便民事项、“双随机”事项及公共服务事项进行合法性审查，并坚持以三级四同权力清单、“双随机”事项清单及部门实际办理的公共服务事项为基准，对其事项保留、修改或取消的法律法规依据进行梳理，为依法行政提供有效保障。

（政策法规处）

【工程建设监察】 2017年，无锡市工程建设监察支队根据《无锡市住房建设和农业领域综合行政执法体制改革试点实施方案》，被列为改革试点单位。年内，支队认真履行职责，加大行政执法力度，全年共检查工程项目178个（次），立案处罚23件，现场踏勘工地85个（次），纠正各类违法违规建设行为为65起，受理群众举报投诉11件，执法查处零投诉、零诉讼，复议无败诉。

（市工程建设监察支队）

房地产市场

【概况】 2017年，无锡市认真贯彻中央、省关于稳定房地产市场调控工作的决策部署，加大土地供应，合理引导住房需求，有效缓解市场供求矛盾，确保住房市场价格平稳，进一步稳定市场预期，全市房地产市场运行稳健，风险可控。

（房地产市场监管处）

【开发投资】 2017年，无锡市区房地产开发投资951.12亿元，比上年增长43.28%，其中，住宅开发投资748.93亿元，比上年增长78.62%。江阴市房地产开发投资170.90亿元，比上年下降36%，其中，住宅开发投资129.48亿元，比上年下降36.14%。宜兴市房地产开发投资70.87亿元，比上年下降20.1%，其中，住宅开发投资59.51亿元，比上年下降4.6%。

（房地产市场监管处）

【房地产施工、新开工、竣工】 2017年，无锡市区房地产施工面积3809.32万平方米，比上年下降0.77%，其中，住宅2737.83万平方米，比上年增长1.21%；新开工面积844.55万平方米，比上年增长44.08%，其中，住宅664.06万平方米，比上年增长51.68%；竣工面积为725.48万平方米，比上年下降13.9%，其中，住宅528.88万平方米，比上年下降11.52%。江阴市房地产施工面积为1418.83万平方米，比上年下降7.42%，其中，住宅1041.71万平方米，比上年下降7.41%；新开工面积为139.56万平方米，比上年下降49.6%，其中，住宅122.81万平方米，比上年下降41.49%；房地产竣工面积为244.5万平方米，比上年下降6.34%，其中，住宅215.24万平方米，比上年下降2.29%。宜兴市房地产施工面积为508.36万平方米，比上年下降17.36%，其中，住宅400.79万平方米，比上年下降11.2%；新开工面积为127.42万平方米，比上年增长10.69%，其中，住宅112.48万平方米，比上年增长36.72%；房地产竣工面积为159.92万平方米，比上年下降27.82%，其中，住宅118.19万平方米，比上年下降22.55%。

（房地产市场监管处）

【土地供应与成交】 2017年，无锡市区经营性用地共成交42幅，成交面积305.3公顷，成交金额404.32亿元，有20幅地块溢价成交，总溢价79.42亿元，成交面积、成交金额分别比上年增长53.83%和9.52%，平均容积率1.86。从成交地价看，平均成交楼面地价7133元/平方米，比上年下降13.75%。从区域看，新吴区为成交面积最高区域，占总量的32.17%，但平均成交楼面地价最低，为3819元/平方米。江阴市出让国有建设用地75.5万平方米，比上年增长94.24%；出让金额26.11亿元，比上年增长107.39%。宜兴市出让国有建设用地105.01万平方米，比上年增长94.64%；出让金额51.47亿元，比上年增长277.35%。

（房地产市场监管处）

【商品房新增供应量】 2017年，无锡市区商品房新增供应面积835.02万平方米，比上年增长70.58%，其中，商品住房新增供应面积756.78万平方米，比上年增长77.91%。江阴市商品房新增供应面积146.18万平方米，比上年增长13.05%。宜兴市商品房新增供应面积101.1万平方米，比上年下降18.11%。

（房地产市场监管处）

【市场成交量】 2017年，无锡市区商品房成交面积725.83万平方米，比上年下降28.34%，成交金额726.05亿元，比上年下降21.36%；其中，商品住房成交面积612.54万平方米，比上年下降31.88%，成交金额599.56亿元，比上年下降25.48%。全年二手房成交面积723.81万平方米，比上年增长7.41%，备案金额444.57亿元，比上年增长7.37%；其中，二手住房成交面积为637.62万平方米，比上年增长10.17%，备案金额411.31亿元，比上年增长12.77%。江阴市商品房成交面积为339.38万平方米，比上年增长18.79%，成交金额261.12亿元，比上年增长26.07%；其中，商品住房成交面积294万平方米，比上年增长16.09%，成交金额215.89亿元，比上年增长20%。二手房成交面积143.45万平方米，比上年增长33.83%，备案金额138.92亿元，比上年增长128.79%；其中，二手住房成交面积为80.83万平方米，比上年下降22.38%，备案金额77.98亿元，比上年增长32.94%。宜兴市商品房成交面积为182.38万平方米，比上年增长6.79%，成交金额153.22亿元，比上年增长24.38%；其中商品住房成交面积155.45万平方米，比上年增长5.35%，成交金额129.63亿元，比上年增长24.32%。二手房成交面积143.74万平方米，比上年增长44.23%，备案金额51.1亿元，比上年增长27.94%；其中，二手住房成交面积为119.69万平方米，比上年下降29.9%，备案金额44.53亿元，比上年增长22.23%。

（房地产市场监管处）

【住房价格保持平稳】 2017年，无锡市区商品住房加权均价总体平稳。经测算，一季度均价为9486元/平方米，环比上涨0.83%；二季度均价为9529元/平方米，环比上涨0.45%；三季度均价为9604元/平方米，环比上涨0.79%；四季度均价为9628元/平方米，环比微涨0.25%，涨幅相比前期进一步收窄。

（房地产市场监管处）

【住房贷款发放额下降】 2017年，全市个人住房商业贷款发放528.53亿元，比上年下降27.44%；市区公积金贷款发放64.3亿元，比上年下降6.48%。四季度末无锡市房地产开发贷款余额总计474.36亿元，比上季度末下降0.77%；个人购房贷款余额（商业性）1936.89亿元，比上季度末增长3.94%。

（房地产市场监管处）

住房保障与房地产市场管理

【完成住房保障任务】 2017年,无锡市区保障性安居工程新开工11648套,为省目标任务的116.48%;基本建成11290套,为省目标任务的332%;新增低收入住房保障租赁补贴家庭338户,为省目标任务的338%。按照市政府"为民办实事"工作目标要求,进一步完善住房保障政策,先后出台《无锡市区住房保障中等偏下收入和低收入家庭认定办法》《无锡市市区保障性住房分配实施细则》等,推进住房保障的规范实施。年内,通过实物分配、货币化补贴等方式,市区帮助1786户各类住房保障对象解决住房困难,其中,廉租房实物配租160户,公租房配租45户,经济适用房合同签订1418户,货币补贴实际支付163户,新批准廉租房实物配租192户,廉租房租金补贴92户,公租房实物配租226户。

(住房保障管理处)

【调整住房保障标准】 5月3日,无锡市政府调整2017年度住房保障标准,申请廉租住房保障、享受廉租住房租金补贴的住房困难家庭标准调整为:家庭人均月可支配收入在2026元以下、人均住房建筑面积在18平方米以下的低收入住房困难家庭,其中符合低保(特困)、家庭人均建筑面积在12平方米以下的住房困难家庭可申请廉租房实物配租。申请经济适用住房保障的住房困难家庭标准调整为:家庭人均月可支配收入在3240元以下、人均住房建筑面积在18平方米以下的低收入住房困难家庭;经济适用住房货币补贴标准,仍按每平方米3578元执行。无锡市区城镇中等偏下收入住房困难家庭申请公共租赁住房保障标准调整为:申请人家庭人均月可支配收入3240元以下的无房家庭。同时,为建立货币化住房保障的导向机制,年内,市政府大幅上调廉租住房租金补贴标准,低收入家庭按每平方米13元计算,低保、特困家庭按每平方米16元计算,月租金补贴不足300元的补足300元,对放弃廉租房实物配租的家庭,在原补贴标准基础上增长20%,与原补贴标准相比,上调幅度达到33%。

(住房保障管理处)

【实施公租房整体租赁新举措】 按照住房城乡建设部关于完善公租房配租方式的要求,无锡市住建部门启动实施公租房整体租赁工作。2017年,结合大走访活动中了解到的无锡地铁集团员工住房困难,经实地调研和多次协商沟通,确定由市地铁集团整体租赁公租房用于保障符合政府规定条件的地铁集团员工的解决方案,并于10月上旬,由地铁集团运营分公司与市保障性住房管理办公室签署1000套公租房整体租赁协议。在服务好普通住房保障群体的同时,通过整体租赁公租房,服务和保障好国有大型企业,是无锡住房保障坚持民、企并重的创新举措,为拓宽公租房保障渠道、有效盘活存量房源提供有效的范例。

(住房保障管理处)

【推进棚户区改造】 2017年,省政府下达给无锡市棚户区(危旧房、城中村)改造年度目标任务是新开工1万套、基本建成2300套,其中,市区新开工5000套、基本建成1900套。市政府"为民办实事"任务为市区全年征收改造棚户区(危旧房、城中村)50万平方米。至年底,全市棚户区(危旧房、城中村)改造新开工11574套、基本建成10790套,其中,市区新开工6167套、基本建成5281套;完成棚户区(危旧房、城中村)改造64.65万平方米,涉及5800户家庭,超额完成省、市确定的年度棚户区改造目标任务。

(住宅产业发展处)

【加大中心城区棚户区改造力度】 2017年,梁溪区(中心城区)按照市委、市政府对梁溪区发展的"三大定位"(即承载城市功能的重要载体、彰显城市文化的重要名片、展示城市形象的重要窗口)要求,结合城市更新三年行动计划,加快推进棚户区(危旧房、城中村)改造。年内,对辖区内14个街道进行全面调查摸底,组织专家论证,编制棚户区改造规划。棚户区改造规划按照"低洼地及危旧房优先、重点区域优先、可连片开发优先"等原则,共编制85个完整地块,规划用地面积595公顷,涉及棚改区域135个,约2.79万户,棚户区建筑面积约372万平方米。其中,2017年涉及棚改项目39个,完成棚改征收改造面积50万平方米,涉及家庭5071户。

(住宅产业发展处)

【改善提升旧住宅区环境面貌】 2017年,无锡市继续推进旧住宅区整治改造和长效管理工作。制定实施《关于调整完善旧住宅区整治改造工作机制的通知》《无锡市旧住宅区整治改造项目市级补助资金管理办法》《无锡市旧住宅区长效管理工作考核及以奖代补办法的补充意见》《无锡市旧住宅区整治改造工程验收标准》《无锡市旧住宅区整治改造施工安全质量技术规范》等,进一步完善工作机制和相关制度、规范。加快推进整治项目,对部分小区实施适老化改造、节能改造、海绵化改造、弱电线缆改造等试点工作,市区共完成旧住宅区整治改造217万平方米、城中村整治60个,受益群众4万户、11万人,旧住宅小区的环境面貌和住用功能进一步完善。加快推进旧住宅区长效管理,梁溪区、滨湖区对165个经过改造的旧住宅区建立长效管理机制,实现"保洁、保绿、保安",整治效果得到有效巩固。

(物业管理处)

【加大房地产市场调控力度】 2017年,无锡市按照控房价、稳市场的调控目标,结合市场形势,继续加大房地产市场调控力度,先后出台实施《关于进一步加强商品住房价格管理的意见》《关于进一步加强房地产市场调控通知》《市政府办公室关于加强房地产市场调控的补充意见》等调控政策。通过限购、限售、限贷、增加供应、加强市场监管等一系列扎实措施,综合施策,精准调控,合理引导住房需求,有效缓解供求矛盾,遏制挤压投机炒房空间,保持房地产市场稳定健康发展。

(房地产市场监管处)

【规范房地产市场秩序】 2017年,无锡市进一步规范房地产市场秩序,市有关部门先后印发《关于严格落实房地产调控政策的通知》《无锡市存量房买卖网上签约管理办法(试行)》《关于进一步规范新建商品住房销售明码标价及"一价清"制度的通知》等,通过房源认购信息报送抽查核验、优化存量房网签备案流程、规范商品住房销售价格行为等系列措施,进一步规范房地产市场秩序,推动房地产市场调控政策落实。12月5日,市政府办公室又印发《无锡市存量房交易资金监管办法(试行)》,进一步降低存量房交易风险,保障群众交易资金安全。同时,持续开展房地产市场秩序整顿工作,加大对房地产市场经营行为专项检查力度,不断净化市场环境,保护消费者合法权益。

(房地产市场监管处)

【加强商品房预售资金监管】 为加强商品房预售资金监管,2017年,无锡市区累计签订监管协议123份,累计核实入账金额114.02亿元,累计拨付资金1238笔,累计拨付金额94.38亿元。

(房地产市场监管处)

【物业管理】 2017年,无锡市住建部门以创建物业管理示范项目为引导,进一步提升物业企业的服务水平,年内,共有34个物业管理项目成为市示范项目(平安小区),9个项目获得省级示范项目称号。加大"双随机"检查力度,在全市范围内共随机抽查物业管理项目472个,占全市物业管理项目总数的30%,督促整改问题1619项,进一步推进物业管理全过程中各项制度和措施的有效落实。加快推进诚信管理,全年共受理咨询投诉1804起,按期反馈率达100%,有4家企业被予以诚信记分处理。组织开展以客服沟通、维修服务、保安巡逻、交通指挥展示、应急预案、保洁等为主要内容的物业服务技能竞赛活动,进一步规范行业服务规程,明确行业服务标准,受到市主要媒体的关注,得到百姓的赞同。经无锡市城调队进行的第三方满意度测评,2017年度无锡市物业管理行业社会公众平均满意度为82.84分,保持相对稳定。

(物业管理处)

环境卫生

【概况】 2017年,无锡环境卫生管理处按照市城管局的部署,深入开展行业监管,全力推进环卫基础设施建设,逐步完善垃圾收运体系,顺利完成年度各项重点工作。市管道路综合保洁长度44.91万米,总面积315.59万平方米,机械化扫地里程1584.08公里,机械化洗地里程531.94公里,冲洒水里程375.61公里。区管道路综合保洁长度900万米,总面积1978.01万平方米,机械化扫地里程3270.78公里,机械化洗地里程174.75公里,冲洒水里程283.90公里。背街小巷综合保洁道路38条,总面积305350平方米。通航河道长度84548.6米,总面积3767888.7平方米,非通航河道长度190876.5米,总面积1796345.37平方米。公厕保洁管理723座。加大对市管、区管道路环卫保洁的巡查、检查、抽查与考核力度,精心组织对市管道路每月一次、区级环卫作业每两月一次的明察,对社区背街小巷环卫作业每月一次暗查和每季度一次考评。组织做好创建省优秀管理城市、国家卫生城市复查等重点保障任务,确保环卫工作方面不失分。在抗雪除冰活动中,做到守土有责,为市民出行提供有力保障。

(汤丽娟)

【加强垃圾收运体系监管】 2017年,无锡环境卫生管理处采取奖补方式,完成50辆生活垃圾收集车的更新工作,更新改造生活垃圾转运车,新采购16辆转运车和72个转运箱体。督促锡山区和新吴区做好车辆及箱体更新工作,加装防滴漏设施,确保运往锡东电厂的转运车辆基本做到"滴水不漏"。加强建筑垃圾收运体系监管,根据《无锡市政府办公室关于进一步加强建筑垃圾处置管理的实施意见》,研究起草建筑垃圾源头管理、运输车辆管理、终端处置场所管理等环节的配套方案,启动建筑垃圾信息化监管平台的建设。

(汤丽娟)

【推进生活垃圾分类工作】 2017年,无锡环境卫生管理处实现生活垃圾无害化处置。按照城市生活垃圾减量化、资源化、无害化处置的基本要求,统筹协调各区城管、环卫以及终端处置单位,有效克服终端处置能力严重不足的困难,全年市区共处置生活垃圾158.4万吨(日均4339吨),比上年增长11.2%,其中,填埋85.6万吨,焚烧72.8万吨。推进生活垃圾分类工作,按照《江苏省城乡生活垃圾分类和治理工作实施方案》及"两减六治三提升"专项行动要求,加快建立城乡生活垃圾分类投放、收集、运输和处理体系,对全市生活垃圾分类收集亭棚和箱体设置进行定点排查。全年全市完成垃圾分类小区241个,垃圾分类单位204个,公共区域垃圾分类投放收集容器8627个,全市垃圾分类投放设施覆盖率34.37%。开展垃圾分类宣传工作,配合市城管局开展"垃圾分类知识进学校""我们的地球"环保绘画大赛、幼儿园变废为宝创意大赛等系列活动,取得较好效果。

(汤丽娟)

【推进环卫基础设施建设】 2017年,无锡环境卫生管理处按照年度目标,有序推进《无锡市城乡生活垃圾分类和治理专项规划(2017~2020)》《无锡市区"十三五"环境卫生事业发展规划》《无锡市城市建筑垃圾处理规划(2017~2030年)》《无锡市公共厕所规划纲要》的相关调研和编制起草工作,生活垃圾分类和治理规划、"十三五"环卫规划和建筑垃圾处理规划已通过专家评审。按照"最高标准、最好设备、最优工艺"的要求,全力配合锡东电厂复工投运,协调开展垃圾调度、飞灰处置等相关工作,通过招标方式引入上海环境卫生工程设计院作为第三方对锡东电厂的运行进行专业监管,电厂各项运行排放指标优于欧盟2010标准,有效缓解困扰多年的垃圾处置难题。按照年度改造计划,对大型转运站的卸料大厅地面及卸料槽、推料机、压缩机等相关设备进行改造,进一步提升压缩过程中的渗滤液排放功能。做好环卫公厕新改建工作,主城两区共完成新改建公厕27座(梁溪区21座、滨湖区6座),均通过验收并对外开放。

(汤丽娟)

【飞灰临时填埋场项目投入运行】 飞灰临时填埋场工程项目是无锡市生活垃圾焚烧厂的配套项目,设计库容8万立方米,总投资5000万元,被列为2017年市级重点工程,也是国内首个建立在污泥潭上的飞灰填埋场。无锡市城市环境科技有限公司成立攻关小组，研究解决地基加固、污水导排等技术难题，通过科学安排施工、严把时间节点，确保项目安全有序快速推进。工程自7月正式开工建设，至9月18日飞灰进场，提前12天完成建设任务，有力保障锡东焚烧发电厂的正常运行。

（董夏伟）

【桃花山生活垃圾卫生填埋场工程】2017年上半年，桃花山生活垃圾卫生填埋场扩建工程的附属工程污泥潭整治项目正式完工，通过验收。6月1日，桃花山第三次建设扩建整体工程通过竣工验收，完成竣工结算审计工作。桃花山渗沥液技改项目主体工程是桃花山垃圾填埋场扩建一期工程（第三次建设）配套工程，项目总投资估算为2723万元，主体工程包括800立方米/天纳滤系统、UASB池改造及新建硝化池，于10月开工建设，12月底完成主体工程。桃花山渗沥液扩容项目总投资估算为1500万元，包括新增一套8000立方米/天外置膜生物反应器MBR系统、变电所增容（1250千伏安）及其他相关配套设施设备，扩容工程投入运行后，桃花山渗滤液处理中心具备1400~16000立方米/天的处理规模，可有效缓解雨季填埋场垃圾渗滤液的处理压力。

（董夏伟）

【生活垃圾填埋量和填埋气体发电量创新高】2017年，无锡市生活垃圾进场量创历史新高，全年共处理生活垃圾85.59万吨，7月单月最高达88661吨，100%无害化达标处理。同时，与江南大学合作进行技术攻关，“生活垃圾填埋过程关键菌应用技术研究及产业化”项目获得省级重点研发专项资金40万元。通过加强现场管理、改进工艺技术，天顺电厂发电量再创新高，日发电量突破11万千瓦时，全年发电量总计2975.11万度。11月，填埋气体发电项目获得中国城市环境卫生协会银奖。

（董夏伟）

城市环境管理

【环卫收运体系建设有序推进】针对全市固体废弃物处置设施建设严重滞后、处置能力严重不足的实际情况，2017年，市委、市政府制订出台《无锡市区主要固体废弃物处置设施建设三年计划》。市城管局认真落实“最高标准、最好设备、最优工艺”的要求，全面推进锡东电厂复工建设。10月，1号、2号机组整套并通过“72+24小时”的综合考核，各项排放优于欧盟2010标准，达到国内外同类项目领先水平，成为全国同类项目中原址复工投运的首个成功范例，有效缓解困扰无锡多年的垃圾处置难题，得到市领导和社会各界的高度赞誉。年内，还制订出台《无锡市区环卫专业规划修编（2015~2030）》和《无锡市区餐厨废弃物处理规划（2015~2030）》，启动益多电厂停产改造工程，完成桃花山污泥潭飞灰填埋场改造。市区更新31辆生活垃圾运输车和114个运输箱体，对运输车辆的防漏装置进行技术攻关。市城管行政执法支队会同锡山区城管执法大队设立检查点，对进入锡东电厂运输车辆进行逐辆检查，共向锡东电厂转运生活垃圾25.76万吨、19985车次，发现抛洒滴漏情况明显的仅14车次，垃圾转运过程基本做到“滴水不漏”，此项举措得到行业专家的充分肯定，被认为在国内“绝无仅有”。

（于　健）

【全力保障文明城市创建】2017年，无锡市蝉联“全国文明城市”称号，江阴市、宜兴市创建成全国文明城市。作为文明城市创建的中坚力量，全市城管系统全力以赴，为无锡创建成全国首个文明城市群做出巨大贡献。市城管局组织各区全面开展市容环境整治和背街小巷出新，围绕文明城市创建标准和测评问题反馈，严格落实整改措施，测评成绩明显提升。市公安交通治安分局精确打击偷倒垃圾涉恶团伙2起，对11名涉案人员采取刑事强制措施，保障偷倒垃圾整治工作的开展。锡山区先后组织开展“奋战两个月、市容大提升”综合整治、夏季占道“三项整治”、工程车辆专项整治、“百日会战”等整治行动，有力保障文明城市创建工作。江阴市城管局围绕文明城市创建要求，推进“七整治、三强化、二提升”行动，推行市容秩序“江阴标准”，落实“创建网格”，实施“城警联动”，创建成效显著。宜兴市城管局坚持问题导向，借助文明城市创建大平台，全力攻克“违法停车”和“占道经营”两项文明创建的瓶颈问题。为此，无锡市委、市政府授予市城市管理局集体二等功，江阴市、宜兴市委、市政府分别授予江阴市、宜兴市城管局“突出贡献单位”称号。

（于　健）

【城市环境综合整治行动成效显著】围绕省优秀管理城市创建目标，2017年，全市上下协同作战、令行禁止，以92.3分的高分通过省组织的暗查和调研，特别是在满分为45分的环境卫生和市容改善成效方面，无锡市获得41.9分，成绩高于苏州（38.6分）。8月，无锡市被省政府命名为“江苏省优秀管理城市”，在被命名的城市中排名第一。2013~2017年，在省政府组织的城市环境综合整治行动中，无锡圆满完成省下达的各项整治任务。其间，2市（县）5区共计完成9项整治项目666个、3项规范项目1067个、5项完善项目近1400个，超额完成省下达的5年整治目标任务。5年间，全市共创建成省示范路9条、省示范社区13个。其中，江阴市锡澄高速南北出入口环境综合整治、君巫路城乡环境综合整治，宜兴市城北大栟档疏导点整治、迎宾新村改造工程，梁溪区“百巷崇安”综合整治工程、铁路沿线环境综合整治，锡山区云林路国道下侧综合整治，惠山区长安老街整体改造，滨湖区稻香路大修工程，新吴区春潮商业街道综合整治等项目的完成，解决了一大批“脏、乱、差”顽固性市容问题，惠及民生，造福一方，在改善城市环境面貌的同时，大幅提升了市民群众的满意度。

（于　健）

【数字城管应用水平不断提高】2017年，市级“数字城管”平台进一步优化改进工作流程和软件功能，增加重点区域巡查采集频率，重点问题市容巩固率达73.06%，比上年上升5.45%。制定下发区级“数字城管”系统项目验收标准，滨湖区、梁溪区、新吴区“数字城管”通过市级考核验收。新吴区制定“智慧城管”建设方案，建成鸿山物联网小镇“智慧城管”示范项目5个，完成全区地下管网和地上部件普查及数据整理，地理空间资源平台初步搭建。滨湖区增配260台“数字城管”移动终端设备，在太湖新城重点道路增设16处监控探头，进一步提高“数字城管”的运行效率和监控能力。江阴市建立综合管理服务指挥中心，推行网格化“一长五员”制，共划分17个一级网格、269个二级网格、1961个三级网格，实现三级网格全覆盖。年内，无锡市区共完成15个新建、改建区域户外广告设施的提前规划设计，户外广告拍卖成交金额2512万元，超额完成年度目标的24%。推进停车泊位智能化建设，建成智能化停车场29个，智能停车泊位数累计达4005个。完成停车泊位静态信息采样录入工作，梁溪区智能停车管理系统已和无锡城管微信公众号实现互动。2017年，全市共完成26条主要道路包装出新，119条背街小巷整治。

（于　健）

【强化城管队伍规范化建设】 2017年，市城管局首次制定《城管大、中队长体能训练考核项目及标准》，组织开展集中考核测试。9月底，按住建部统一部署，完成市区城市管理执法制式服装和标志标识统一工作。市区各级城管队伍全年共完成56次重点保障任务，其中滨湖区城管执法大队保障任务最为繁重。市城管局全面优化“互联网+政务服务”工作，实现政务服务事项在线申办率100%，在市级机关中率先实现行政许可网上申办、网上受理零的突破，被评为全市政务服务工作先进单位、无锡市规范执法示范单位和市安全生产目标责任考核优秀单位。在市级机关“喜迎十九大·共筑中国梦”大合唱歌咏比赛活动中，市城管局获得一等奖。在无锡“道德模范”评选活动中，城管队员刘锋和环卫工人吴成芳入选“无锡好人”。市城管行政执法支队努力打造复合型执法力量，在查处违法建设、违法户外广告、保障重大活动和解决热点难点问题等方面成绩突出，获得“执法为民先进单位”、城市建设突出贡献集体三等功、市级机关行政执法案卷评查第一名和“省级青年文明号”等荣誉。宜兴市城管局妥善处置突发事件，变被动为主动，积极争取，补充33名编制人员，充实一线执法管理力量，开展丰富多彩的城管文化活动，队伍向心力得到显著提升。惠山区组织开展“惠山城管大讲坛”活动，每月授课，分享城市管理经验和心得，提升城管骨干的综合能力。

（于　健）

城乡绿化

【概况】 2017年，全市坚持节约资源和保护环境的基本国策，以优化城乡生态环境为目标，以生态文明建设工程为抓手，加快推进“绿色无锡”建设，城乡绿化工作取得明显成效。年内，市区新增城市绿地205万平方米，建成区绿化覆盖率为42.98%，人均公园绿地面积达14.91平方米。全市完成造林绿化面积1065.8公顷，其中成片造林766.52公顷，林木覆盖率超过27%。国土绿化“三化”工作全面展开，建成省级绿化先进示范片3个，省级绿化先进村16个，省级绿化先进单位125个。继续开展市级园林式单位、居住区建设工作，评选出市级园林式单位4个、园林式居住区20个。积极开展全民义务植树活动，完成造林绿化超过66.7公顷。

（统筹处）

【城市游园建设】 2017年，无锡市按照居民出行300米~500米进入公园绿地的要求，结合地块开发、河道整治等项目实施，整合绿地资源，公园绿地持续增加。年内，建成显义桥游园、和风路游园、尤岸游园等13个城市游园，增加公园绿地约25万平方米，提高城市中公园绿地500米服务半径的覆盖率。

（统筹处）

【绿化业务培训】 2017年，全市绿化管理专业培训班在浙江大学举办，各市（县）、区绿委办、各区城管局以及江阴市园林旅游局、宜兴市建设局负责城市绿化管理以及各街道（镇）负责绿化管理人员共150人参加培训学习。培训班由园林绿化资深教授亲自授课，详细讲解园林绿化企业信用化管理与市场融合、城市绿化养护管理行业大数据应用知识、“城市双修”解读、古树名木复壮及立体绿化（屋顶绿化、垂直绿化）发展与运用等内容。

（统筹处）

【植树节大型广场宣传活动】 3月11日，市市政和园林局在梁溪区崇安寺二泉广场开展“广植珍贵树木，共建美丽无锡”2017年全民义务植树月大型广场宣传活动，现场开展园林绿化政策法规咨询、占绿毁绿投诉受理、绿化成果展示、古树名木保护宣传、发放花草种子、种绿护绿知识有奖竞答等活动，并邀请园林绿化专家介绍家庭养花小常识。此外，现场还举行“插花达人”比赛，向市民表演插花艺术，无锡广播电视台FM104经济频率对活动进行现场直播。

（统筹处）

【市民林等义务植树月系列活动】 2017年，市市政和园林局开展以“广植珍贵树木，共建美丽无锡”为主题的全民义务植树系列活动，制定并下发《全民义务植树月系列活动方案》，包括活动主题及宣传口号、系列活动安排、媒体宣传报道等。植树月期间，在惠山区阳山镇开展“市民林”“小记者林”“车友林”“亲子林”等多项纪念林植树活动，共有5000多人种植近2万棵树苗。据统计，全市共举办39场次广场宣传活动，组织现场义务植树活动52场次，参加人数近1.8万人次，共植树近10万株。

（统筹处）

防震减灾

【概况】 2017年，全市防震减灾工作在市委、市政府的正确领导下，坚持“以防为主、防抗救相结合”工作方针和“震情第一”观念，加强队伍建设，提升业务技能，开拓创新，防震减灾各项工作取得新成绩。年内，市地震局被评为全省市县防震减灾工作优秀单位，在地震监测预报工作质量全国统评（市县局与台站节点系列——市县综合评比）中，被评为优秀单位，在全省市县地震监测预报工作效能考核中获评优秀，在全省地震趋势研究报告评比中获评优秀。

（市地震局）

【强化组织保障】 2017年，市地震局及时研究制定年度防震减灾工作目标任务书。发挥防震减灾联席会议作用，全市各地、各有关部门和单位通力协作，齐抓共管，较好地完成全年目标任务。加强制度建设，进一步完善《无锡市地震局行政许可管理岗位职责规定》《无锡市地震局考勤考核制度》《合同（协议）管理制度》等制度，规范管理。召开专题会议，开展专题调研，完善工作方案，推动防震减灾中长期发展规划及防震减灾“十三五”规划顺利实施。

（市地震局）

【强化震情监测和地震趋势会商工作】 2017年，市地震局制定实施《无锡市地震局2017年度震情监视和短临跟踪工作方案》，加强监测、跟踪、分析，及时报送震情。严格执行24小时值班制度，共处置责任区内地震事件5次，网内地震事件12次，网外地震事件39次，网站发布震情共709条，处理市民震情咨询11起，地震信息自动速报平台发送短信11696条。认真编印每月《震情简报》。落实《无锡市地震局关于推进震情会商制度改革的意见》，开展月度会商11次、紧急会商1次、年度会商1次，形成相关会商意见并上报省地震局。制定《无锡市强震动台站管理制度（试行）》，加强地震观测设施规范化管理，组织台站巡查101次、维护51次，台网总运行率95.89%。在年初省地震观测资料评比中，市地震局获2016年度市级测震台网组系统运行与维护系列第三名和资料与产品系列第三名，市峄嶂山前兆观测台的水温、水位和钻孔倾斜3测项分获全省地震观测资料评比优秀奖，渤公岛强震台获运行维护优秀奖。下发《关于进一步落实宏微观异常工作措施的通知》，加强对地震宏观观测情况进行业务检查与指导，每周汇总上报全市宏观异常情况。年内，处置前兆异常1次，编写《前兆异常落实报告》上报省地震局。新建鸿山强震台，完成都山台观测环境与吼山台供电专线改造工作。

（市地震局）

【加强震害防御工作】 2017年，市地震局落实“放管服”要求，最大限度减少审批环节，多措并举完善监管，不断创新优化服务，落实“不见面审批（服务）”事项，“不见面审批”项目网上标注率100%，行政许可办结率100%，年内，市地震局驻行政服务中心窗口3次被评为“表扬窗口”。清理1978年至2010年的规范性文件、规章16件，其中，失效14件，废除1件，继续有效1件。依法做好抗震设防要求的管理和服务工作，贯彻落实《中国地震动参数区划图》。巩固地震安全示范社区和示范企业建设成果，新吴区新洲社区、惠山区惠城社区分别建成省、市地震安全示范社区，无锡市新兴建筑有限公司成功创建市级地震安全示范企业。

（市地震局）

【做好地震应急工作】 2017年，市地震局组织局机关及直属事业单位全员参加的地震专项演练2次，参与市应急办视点名35次，参与省地震局网络视频演练12次。参加“地震应急省市联合通信”演练，顺利完成省地震局下发的各项科目演练。开展市（县）区地震应急预案编制和备案工作，强化应急队伍建设。开展地震应急知识培训9次，加强对各市（县）、区和街道基层社区应急工作演练指导，全市各地组织开展有一定规模的应急演练62场次。有效处置2月5日江阴2.7级地震，震后，及时召开地震趋势会商会，开展震后趋势判定，提出会商意见，向市政府应急办报送《关于应对江阴2.7级地震情况的报告》；指导江阴市地震办开展地震应急工作，确保全市社会秩序稳定。加大地震应急避难场所建设力度，市北高中和旅游商贸高等职业技术学校、新体育中心、太湖广场、金匮公园与尚贤河公园（一期）等4个中心级应急避难场所全部通过竣工验收。

（市地震局）

【组织开展防震减灾宣传活动】 结合安全生产月、纪念唐山地震41周年等活动，2017年，市地震局会同市应急办、市消防支队、市红十字会、市图书馆以及无锡蓝天救援队等，联合多方面力量，广泛宣传防震减灾知识。加强防震减灾社会宣传平台建设，年内，市民防科普教育馆、新吴区梅村实验小学分别被授予“省级防震减灾科普教育基地”“省级防震减灾科普示范学校”称号。市地震局防震减灾科普馆被市委宣传部、市文明办和市教育局联合授予“无锡市行知大学堂”称号，市地震局宣传处被市全民科学素质工作领导小组授予“先进集体”称号。防震减灾科普馆举办学生寒暑假专场，接待团体参观35场次，观众5000余人次。强化“一网”（市地震局网站）、“一刊”（《无锡防灾减灾》）”建设，开展防震减灾长效宣传。5月12日，江苏省暨无锡市2017年防灾减灾宣传周活动在无锡二泉广场启动，共开展各类宣传活动582场次，其中，举行科普讲座79场，推出科普展览1585次（块），发布信息257篇，制作发放宣传品31种、11.5万份，“防震减灾·E起行动”浏览量超过15万人次。

（市地震局）

编辑　顾洪兴

环境·水利

环境质量

【水环境质量】

太湖　2017 年，太湖无锡水域水质符合Ⅳ类水平。定类指标总磷浓度为 0.081 毫克/升，比上年上升 15.7%；化学需氧量浓度为 19 毫克/升，比上年上升 18.8%，符合Ⅲ类标准；氨氮浓度为 0.15 毫克/升，比上年下降 6.3%，符合Ⅰ类标准；高锰酸盐指数浓度为 4.2 毫克/升，比上年上升 2.4%，符合Ⅲ类标准；总氮作为单独评价指标，浓度为 1.68 毫克/升，比上年下降 7.7%，符合Ⅴ类标准；综合营养状态指数 57.3，比上年上升 1.8，水体处于轻度富营养状态。

集中式饮用水源地　无锡市有主要饮用水水源地 7 个，分别为无锡市区的贡湖沙渚水源地、锡东水源地，江阴市的长江小湾水源地、长江肖山湾水源地、长江窑港水源地，宜兴市的横山水库水源地和油车水库水源地。2017 年，7 个集中式饮用水源地水质全部达标。

河流　2017 年，全市 13 条主要出入湖河流中，水质符合Ⅱ～Ⅲ类标准的有 10 条，比上年增加 4 条。10 条河流分别为太滆南运河、官渎港、大浦港、乌溪港、大港河、洪巷港、陈东港、梁溪河、小溪港和望虞河，其中太滆南运河、官渎港、洪巷港、梁溪河、小溪港水质比上年好转 1 个级别，望虞河水质比上年变差 1 个级别，其余 4 条河流水质与上年持平。符合Ⅳ类标准的有 3 条，比上年减少 4 条。3 条河流分别为漕桥河、社渎港、直湖港，水质均与上年持平。

2017 年，全市 14 个国家重点流域考核断面达到或优于Ⅲ类水比例为 64.3%，劣Ⅴ类断面比例为 0，达

图 26　2006~2017 年太湖总氮变化趋势

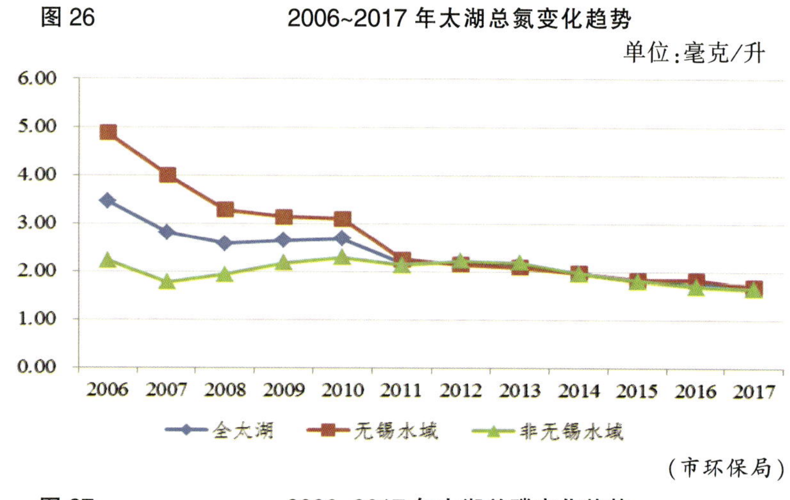

（市环保局）

图 27　2006~2017 年太湖总磷变化趋势

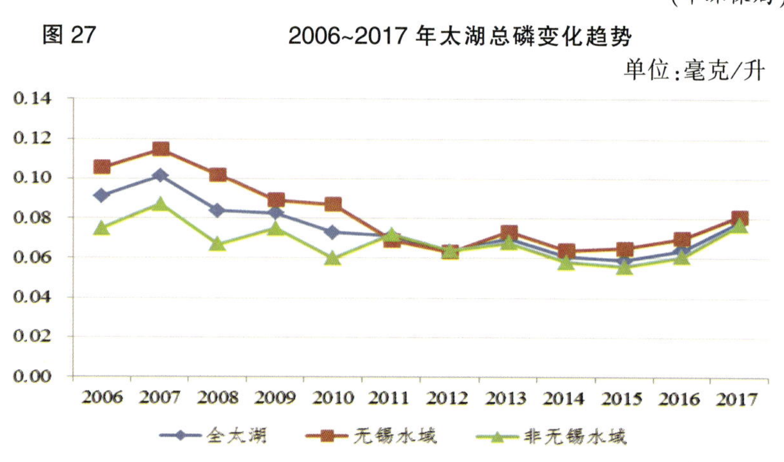

（市环保局）

图 28　　2017 年 饮用水源地水质情况

单位:毫克/升

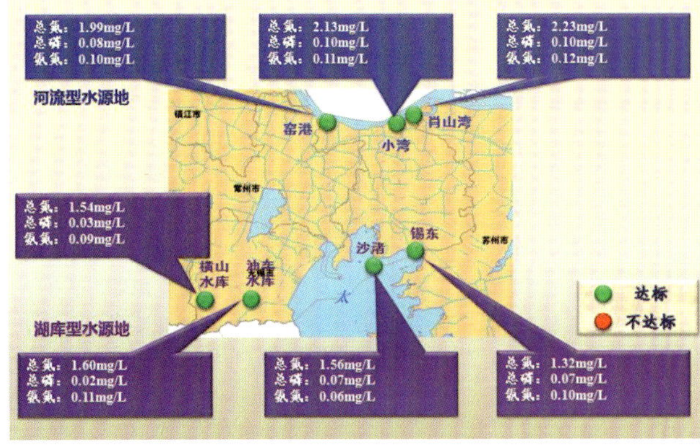

(市环保局)

图 29　　无锡市骨干河道分布情况

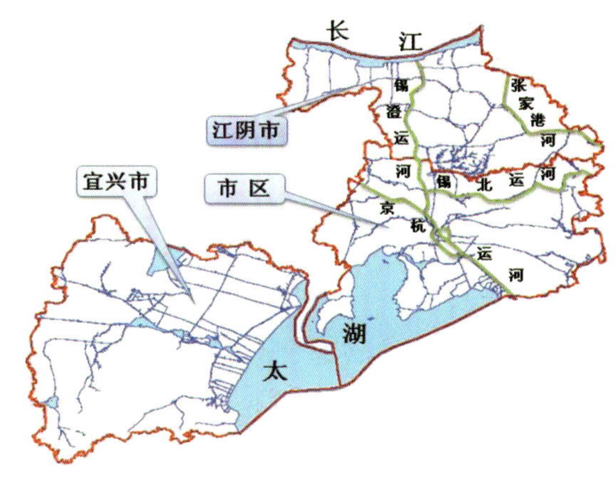

(市环保局)

图 30　　2017 年无锡市区 AQI 指数日变化趋势

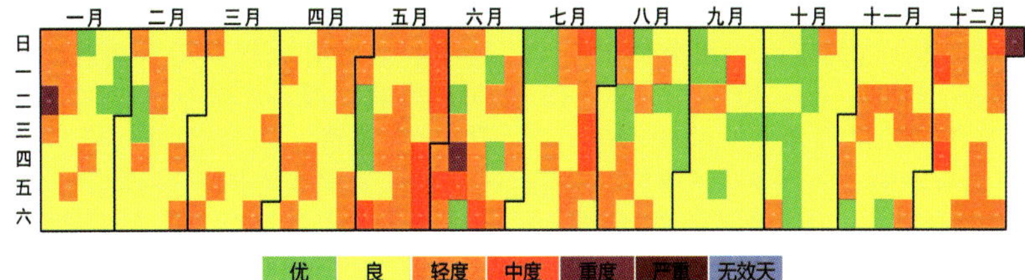

(市环保局)

到年度考核要求，共有 5 个断面水质类别好于年度水质目标一个水质类别。45 个省考断面达到或优于Ⅲ类水比例为 57.8%,劣Ⅴ类断面比例为 0,达到年度考核要求。共有 19 个断面水质类别好于年度水质目标一个水质类别。

(市环保局)

【空气环境质量】 2017 年，无锡市区环境空气达标天数比例 (AQI)为 67.7%,比上年上升 0.8 个百分点。江阴市和宜兴市达标天数比例(AQI)分别为 66.1%和 66.9%。

无锡市区二氧化硫、二氧化氮、可吸入颗粒物、细颗粒物、一氧化碳和臭氧浓度分别为 13 微克/立方米、46 微克/立方米、79 微克/立方米、45 微克/立方米、1.5 毫克/立方米和 184 微克/立方米,与上年相比,分别下降 27.8% 、2.1% 、3.7% 、15.1 、16.7% 和 1.1%。

江阴市二氧化硫、二氧化氮、可吸入颗粒物、细颗粒物、一氧化碳和臭氧浓度分别为 17 微克/立方米、48 微克/立方米、87 微克/立方米、56 微克/立方米、1.4 毫克/立方米和 179 微克/立方米,与上年相比,分别下降 34.6% 、2.0% 、9.4% 、8.2% 和 12.5% ,臭氧浓度上升 15.5%。

宜兴市二氧化硫、二氧化氮、可吸入颗粒物、细颗粒物、一氧化碳和臭氧浓度分别为 16 微克/立方米、39 微克/立方米、62 微克/立方米、44 微克/立方米、1.6 毫克/立方米和 192 微克/立方米，与上年相比，二氧化硫、可吸入颗粒物、细颗粒物、一氧化碳和臭氧浓度分别下降 11.1%、3.1%、2.2%、5.9%、14.3%，二氧化氮浓度上升 14.7%。

2017 年，无锡市酸雨频率为 45.2%,比上年下降 1.6 个百分点,降水 pH 值为 5.06,属于弱酸雨范畴。

(市环保局)

表 33　　2017 年无锡市区环境空气质量统计

统计指标	二氧化硫 (ug/m³)	二氧化氮 (ug/m³)	可吸入颗粒物 (ug/m³)	细颗粒物 (ug/m³)	一氧化碳 (mg/m³)	臭氧日最大 8h(ug/m³)	达标天数 比例 AQI(%)
2016 年	18	47	82	53	1.8	186	66.9
2017 年	13	46	79	45.1	1.5	184	67.7
变化幅度(%)	-27.8	-2.1	-3.7	-14.6	-16.7	-1.1	0.8

(市环保局)

【声环境质量】 2017 年，无锡市区域环境噪声为 56.5 分贝 (A)，质量等级三级，评价水平为一般；比上年上升 0.3 分贝 (A)。55 分贝 (A) 以下较安静区域覆盖面积占比 43.4%；65 分贝 (A) 以上高声级覆盖面积占比6.1%。从区域噪声声源统计分析，生活噪声>交通噪声>工业噪声>施工噪声，生活噪声和交通噪声声源比例总和占比超过八成。

(市环保局)

图 31 2017 年无锡市区域噪声声源构成情况

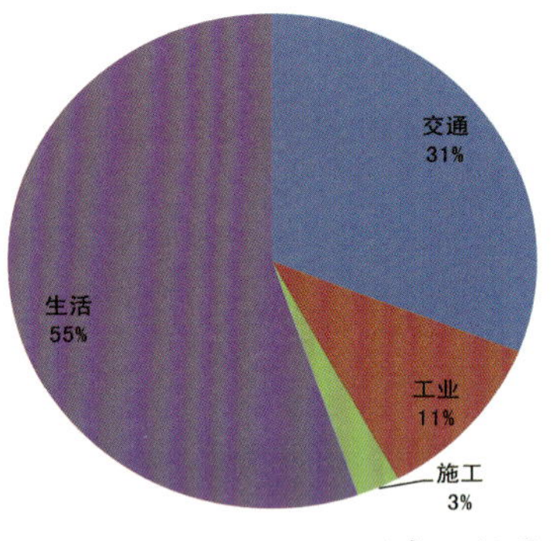

(市环保局)

环境保护

【概况】 2017 年,无锡市环保部门以改善环境质量为核心,制定环保督察整改措施,推进“263”专项行动,集中力量进行生态环境领域突出问题整改,加大生态文明建设和环境保护工作力度,在生态保护、污染防治、环境执法、环境监测监控等方面取得新进展。无锡市获得首批“国家生态文明建设示范市”称号。

(市环保局)

【污染减排】 年内,《无锡市 2017 年水污染防治工作计划》制定出台,至年底,该计划下达的 7 大类 162 个重点工程项目全部完成。安排落实年度减排计划,全年 59 个水污染物减排项目全部完成。市环保局牵头做好环保部通报太湖问题整改工作。制订出台《无锡市 2017 年大气污染防治年度实施计划》,推进 10 大类 267 项重点工程项目全部完成。制定出台《无锡市 VOCs 污染治理专项行动工作方案》和年度工作计划,计划 189 个工程项目,至年底全部完成。全市完成大气减排项目 177 个。加强预报预警,及时启动重污染天气应急管控,保障国家公祭日等重大活动空气良好。制定出台无锡市《燃煤锅炉整治方案 2017~2019》《无锡市餐饮油烟治理方案》和《高污染燃料禁燃区调整方案》。组织开展无锡市大气环境质量限期达标规划和挥发性有机物源清单编制工作。制定出台《无锡市土壤污染防治工作方案》《无锡市 2017 年度土壤污染防治工作计划》。推进农用地土壤污染状况详查工作,完成 4000 多家土壤污染重点行业企业空间位置遥感核实、农用地土壤详查点位布设及核实确认工作,建成农用地土壤详查流转中心,按照省统一部署做好农用地土壤及农产品样品采集各项配合工作,做好详查检测实验室选定工作。对关停搬迁的化工、涉重企业遗留地块开展排查,初步掌握遗留地块分布状况、使用现状和周边环境状况等信息。部署应用全国污染地块土壤环境管理信息系统,推进土壤污染治理与修复工作。

(市环保局)

【太湖治理】 2017 年,太湖无锡水域水体处于轻度富营养状态,连续十年实现安全度夏和“两个确保”目标任务。7 个集中式饮用水源地达国家和省考核要求。45 个国、省考断面水质优良(达到或优于Ⅲ类)比例为 57.8%,比上年上升 20 个百分点。13 条主要出入湖河流水质稳中趋好。

(市环保局)

【大气治理】 2017 年,全市大气环境质量总体保持稳中趋好态势。PM2.5 年均浓度为 45.1 微克/立方米,比 2013 年下降 39.9%,比 2016 年下降 14.6%;优良天数比例为 67.7%,比上年上升 0.8 个百分点,对照国家“气十条”及“十三五”约束性考核目标,均达到考核要求。

(市环保局)

【环境执法】 2017 年,全市环保部门以“绿刃 2017”环保专项行动为载体,以全国环境执法大练兵为契机,严厉打击违法行为。制订下发《无锡市工业污染源全面达标排放计划(2017~2020 年)工作方案》,参与京津冀及周边地区(2+26)大气污染防治强化督查、太湖安全度夏联合交叉执法、秋冬季大气污染防治交叉互查、打击进口废物加工利用行业环境违法行为等交叉执法专项行动。通过随机抽查、专项检查、夜间及假日检查等方式,加大检查频次,持续加大环境执法力度,保持对违法的“零容忍”态度。全市共出动执法人员 89568 人次,检查各类企业 37236 厂次,做出行政处罚 1798 件,比上年增长 32.5%,处罚金额 11870 万元,比上年增长 35.5%。执行新环保法,与司法联动办理环境违法案件 503 起,有效提高对环境违法犯罪行为的震慑力。其中,实施按日计罚案件 12 件,按日处罚金额 902.8 万元;实施查封、扣押案件 234 件;实施限产、停产案件 194 件;移送行政拘留案件 32 件;移送涉嫌环境污染犯罪案件 31 件。

(市环保局)

【创新执法监管方式】 2017 年,无锡市环保部门运用“互联网+大数据”技术,建成智慧环保监管平台,对全市 353 家重点企业在线监控数据进行实时监控。强化环保、公安执

11 月 8 日,市环保局组织开展环境污染应急演练 (市环保局 供稿)

法联动和司法协作，制定出台一系列环境执法联动机制文件，完善市、区两级环境执法联动工作网络。全面使用移动执法系统，提高环境执法工作的规范化和标准化程度。全面实施污染源日常环境监管随机抽查制度，全市有22226家企业纳入双随机信息系统，日常监管企业4349家次，其他监管事项13892家次，发现并查处违法问题1741件。

（市环保局）

【环保宣传】 2017年，无锡推动全民环境教育，多种方式加大环保宣传力度。加强与《中国环境报》、《新华日报》、《无锡日报》、无锡电视台等传统媒体的合作，《中国环境报》发稿10篇以上，各大主流媒体上的新闻报道数量超过220篇，比上年增加近三成。健全新闻发言人制度，召开新闻发布会(集中采访)10次以上。在微博、微信的基础上，相继开通无锡环保的企鹅号、头条号、网易号，进一步拓展新闻客户端的宣传途径，自媒体平台从“双微互动”拓展为“五位一体”，微博关注人数突破12万人，微信关注人数达到1.4万人。举办无锡市第十个“环境月”暨“263”专项行动主体宣传活动。继续组织小额资助环保志愿服务活动，与环保社会组织开展互动交流，建立首批50余人的环境守护者队伍。

（市环保局）

智慧环保平台 （环保局 供稿）

水环境治理

【太湖连续十年安全度夏】 2017年，太湖蓝藻发生时间早，藻草混杂现象突出，且黄梅季节雨量少、气压低、湿度高，蓝藻治理形势十分严峻。无锡水利部门密切关注太湖水情、水质以及天气趋势，科学调度水利工程，增加水体容量，重点加大饮用水源地、贡湖湾沿线、十八湾沿线等重要水域、关键节点和薄弱环节的蓝藻(水草)打捞。通过“引江济太”累计调引长江水13.489亿立方米，其中入贡湖4.543亿立方米。梅梁湖、大渲河泵站累计调水9.75亿立方米，城区河道调水2.5亿立方米。全市累计打捞蓝藻214.8万吨、水草8.9万吨，产出藻泥13万吨，分别是往年平均值的222.88%、143.55%、283.38%。无锡连续十年实现太湖安全度夏。

（曹莉莉）

【全面深化河长制】 年内，无锡在全省率先制定出台全面深化河长制的实施意见，打造河长制升级版。全市5635条河道实现河长全覆盖，市、市(县)区、镇(街道)、村(社区)四级河长全落实。各级河长积极主动履职，从“认河、巡河”到“治河、管河”。全年，市级总河长共开展6次巡河行动，市级河长巡河62次，市(县)区级河长巡河500余次，镇(街道)级河长巡河11000余次。各级河长收到各类河长制工作交办单520份，交办事项落实率100%。全市河湖水质持续向好，重点水功能区水质达标率明显提升，完成中央、省确定的河长制工作目标任务，通过全面建立河长制省级考核验收。贡湖湾湿地、胶山南新河、马山顾家渎等地河长制工作成果在中央电视台播出。中央电视台、《人民日报》、《新华日报》等省级以上主流媒体49次到无锡采访报道河长制工作经验。

（曹莉莉）

【通过全国水生态文明城市建设试点验收】 7月，无锡市通过由水利部和江苏省人民政府组织的全国首批水生态文明城市建设试点市联合验收。无锡是水利部确定的全国首批水生态文明城市建设试点市。经过三年创建，全面完成省政府批复的《无锡市水生态文明城市建设试点实施方案》规定的工作任务，全市水功能区水质显著提高，太湖水环境明显好转，用水效率持续提升，水生态建设创出无锡特色。

（曹莉莉）

【3家入选江苏最美水地标】 2017年，江苏省水利厅、文化厅、旅游局联合开展“江苏最美水地标”评选活动，以期更好地展示“水韵江苏”特色风采，促进水利、文化、旅游产业融合发展，拓展水利风景区空间和内涵。11月28日，省水利厅、文化厅、旅游局共同召开新闻发布会，宣布江苏最美水地标名录，无锡入选3家，分别是蠡湖生态工程(水工程)、长广溪(水景观)、水弄堂(水聚落)，充分展示了无锡的多样化水韵风采。

（曹莉莉）

水利

【明确“136”水利改革发展新思路】 2017年，无锡水利部门以新时期治水方针为根本遵循，抢抓水利发展战略机遇，明确“136”水利改革发展新思路，即“遵循一条主线，扭住三个关键，聚力六个方面新作为”。遵循一条主线，即以习近平总书记新时期治水方针为主线，以“两聚一高”新实践为推动，以河长制为抓手，推进生态河湖行动计划，建设“六大水利”，努力打造水利改革的引领区、水生态文明建设的示范区、水利基本现代化的先行区，在更高水平上构筑区域水利保障体系。扭

【气象科普宣传】 2017年，无锡市气象局在世界气象日、防灾减灾日、科普宣传周等重要时段，组织开展“多彩的云”专题讲座、“无锡的云”摄影比赛、“走进气象”小记者活动日等形式多样、内容丰富的气象科普宣传活动。通过气象科普进学校、进社区、进企业、进广场等活动，发放各类气象科普宣传画册2000多本，广泛宣传气象防灾减灾知识。

(夏 健)

【主要灾害性天气及其影响】

寒潮 2017年，全市有5次寒潮过程，1月19~21日(全市)、29~31日(江阴)、3月5~7日(宜兴)、12~15日(宜兴)、11月17~19日(全市)。其中以1月19~21日过程影响最大，48小时内最低气温降幅分别为11.0℃、10.9℃和12.6℃，21日无锡、江阴、宜兴的最低气温分别为-5.1℃、-5.2℃和-7.3℃。寒潮过后气温持续偏低，特别是宜兴21~23日连续三天的最低气温都在-5℃以下，分别为-7.3℃、-5.0℃和-5.7℃。

连阴雨 2017年，全市连阴雨过程频繁发生，无锡、江阴和宜兴主要的连阴雨过程分别有6次、10次和8次，7天以上的连阴雨天气过程分别有2次、4次和5次。其中9月19日~10月6日，受副高北侧西南急流和低空切变影响，连阴雨持续过程较长，无锡、江阴和宜兴的雨量分别达336.6毫米、316.4毫米和241.8毫米，日照时数分别为13.7小时、31.8小时和14.3小时。持续阴雨寡照天气不利于秋熟作物的生长发育。

强对流 2017年，强对流天气多发生在春夏时节，4月9日凌晨，6月1日傍晚，7月1日、2日、5日晚间，8月4日凌晨，8月5日下午，8月7日傍晚到上半夜和8月25日下午全市大部都出现了短时强降水、雷雨大风等强对流天气。风力最大出现在7月5日20:43无锡太湖仙岛，达到25.1米/秒(10级，南风)。

暴雨 2017年，无锡、江阴和宜兴的暴雨日数(日降水量≥50毫米)分别有4天、7天和4天。其中全市性的暴雨过程有2次，出现在6月10日和9月25日。

受江淮气旋影响，6月10日全市普降暴雨到大暴雨，雨量分布北多南少，江阴和无锡北部24小时雨量在100毫米以上，达到大暴雨量级。最大雨量出现在江阴璜土，达到220.8毫米；风力最大出现在无锡雪浪，达到18.0米/秒。

9月24~25日，受冷暖空气的共同影响，中北部出现连续的暴雨和大暴雨天气过程，无锡和江阴两天的雨量达264.2毫米和220.8毫米，为秋季历史罕见。受强降雨影响，河网水位迅速上涨，老城区局部低洼地段积水，多处居民家中遭淹。

梅雨 2017年6月19日入梅，较常年偏晚3天；7月11日出梅，和常年相同。梅雨期主要以过程性降水为主，没有出现强降水及暴雨天气。无锡、江阴和宜兴的梅雨量仅为常年的3~4成，雨日分别为13天、13天和12天；气温比常年梅雨期偏高，7月7日还出现了1天高温；日照偏少，仅有常年同期的6~7成。

高温 2017年，无锡、江阴和宜兴分别出现了31天、33天和31天高温日(最高气温≥35℃)，其中37℃以上的高温日分别有19天、19天和16天。高温集中出现在7月中旬到8月上旬。7月11日出梅以后，受副热带高压的控制，7月12日~8月7日出现了25~26天的持续性高温。其中7月15日~28日持续了14天37℃以上的高温；7月21~27日连续7天39℃以上，7月22日、24日、25日3天最高气温超过40℃。同时，出梅后，全市大部滴雨未下。高温少雨致使农田土壤水分蒸散量增大，高温伏旱明显。部分灌溉条件较差的旱作物地块受旱，宜兴等地的茶园受灾较重。此次高温过程影响范围广，持续时间长，强度强，仅次于2013年，为历史罕见。

台风 2017年，无锡市仅受到1708号台风“泰利”的外围影响。9月9日20:00，“泰利”在菲律宾东部太平洋洋面上生成，生成后向西偏北方向移动，在浙江东部近海北上。9月14~15日，受“泰利”外围影响，全市出现分散性阵雨天气，有四个站点出现了7级以上大风，最大为太湖仙岛站15.9米/秒。

雾霾 2017年，无锡、江阴和宜兴分别有20天、13天和37天的大雾，共发布了5次大雾黄色或橙色预警信号。无锡、江阴和宜兴分别有82天、70天和109天的霾，共发布4次霾黄色预警信号，主要集中在秋冬两季。

(钱昊钟)

编辑 邵文凯

旅游

【概况】 2017年，无锡旅游积极适应旅游发展新常态，坚持稳中求进、改革创新，突出转型升级、融合发展，全面推进全域旅游建设，全市旅游业保持量质并举、转型提升的良好发展态势。全年共接待国内外游客9228.88万人次，比上年增长6.94%(其中，国内游客9179.34万人次，比上年增长6.9%)，实现旅游总收入1743.66亿元，比上年增长12.1%。其中，旅游外汇收入42482.21万美元，比上年增长9.1%；国内旅游收入1702.64亿元，比上年增长12.1%。旅游业增加值占地区生产总值比重达7.47%。在清华大学国家形象传播研究中心发布的江苏省2017年度满意度综合指数调查结果中，无锡以84.76分的高分位居全年游客满意度综合指数全省第一，且每季度的游客满意度均达80分以上，实现"全维度满意"。

全市有旅游星级饭店41家，其中，五星级饭店13家，四星级饭店11家，三星级饭店17家。全市有绿色旅游饭店73家，其中金叶级3家，银叶级70家。全市有旅行社204家，其中，出境游组团社21家。无锡玉屏国旅顺利通过国家资质认证，晋升为出境组团社。无锡市中旅信程旅游股份公司、江苏康辉国际旅行社、中国国际旅行社等3家旅行社被评为2015~2016年度全国百强旅行社。

全市共有60家国家等级旅游景区，其中，AAAAA级3家，AAAA级27家，AAA级15家，AA级15家，等级景区数量和规模均位居全省前列。全市拥有工业旅游示范区(点)7家，其中，国家级1家，省级6家。省级星级乡村旅游区(点)110家，其中，五星级2家，四星级41家，三星级44家，二星级23家。全市共有国家级生态旅游示范区1个(无锡市蠡湖风景区)，省级生态旅游示范区4个(阳山生态旅游区、鸿山生态旅游区、阳羡生态旅游区、太湖鼋头渚风景区)。

(张咏梅)

【主要荣誉】 2月6日，住房城乡建设部公布全国第四批美丽宜居小镇、美丽宜居村庄示范名单，惠山区阳山镇榜上有名，荣获"全国美丽宜居小镇"称号。

2月20日，江苏省旅游局、工商局、质监局、物价局、放心消费创建活动办公室、社会信用体系建设领导小组办公室联合公布2016年度江苏省诚信旅游示范单位评选结果，无锡市太湖鼋头渚风景区管理处(无锡太湖鼋头渚风景区)、中视传媒股份有限公司无锡影视基地分公司(中央电视台无锡影视基地三国水浒景区)、无锡国际商务中心有限公司日航饭店(无锡日航饭店)、宜兴宾馆、无锡中旅信程旅游股份公司、江苏康辉国际旅行社有限责任公司、江阴市华西旅行社、宜兴市篱笆园农庄等8家单位顺利通过了多部门的检查、验收、审核、公示，被确定为2016年度江苏省诚信旅游示范单位。

2月27日，在江苏省旅游局举办的第三届全国导游大赛江苏选拔赛中，无锡市导游服务中心史可任、无锡灵山景区经营股份有限公司殷滋萍荣获"江苏省优秀导游员"荣誉称号。

4月23日，全省旅游工作暨旅游风情小镇创建推进会在江苏溧阳召开，无锡灵山禅意小镇(拈花湾)、湖㳇茶旅风情小镇、阳山桃源风情小镇成功入选江苏省首批13家旅游风情小镇创建名录。

5月19日，央视网组织的"网民最喜欢的旅游目的地"评选榜单在北京揭晓，无锡成功入选网民最喜欢的十大休闲旅游目的地。

5月26日，全国第四次厕所革命推进大会在浙江义乌召开，无锡市的厕所革命工作受到国家旅游局高度肯定，荣获全国厕所革命综合推进先进单位奖。

8月3日，国家旅游局在陕西西安召开第三届全域旅游推进会，无锡市荣获"中国旅游休闲示范城市"称号。

9月17日，由新华网主办的2017新格局、新业态、新品质暨第五届旅游业融合与创新论坛在海南陵水举行。无锡市以旅游资源丰富、全域旅游创新、休闲指数强劲、配套服务完善和游客满意度高的独特优势,荣登2017最美中国榜,荣获"全国旅游创新发展示范地"称号。

9月20日,2017AHF第10届国际酒店及旅游业投资峰会暨第4届HAMA中国酒店资产管理大会在北京召开,历来被誉为亚洲酒店业"达沃斯"的AHF大会揭晓2017年度亚洲各项大奖获得者。其中,无锡金诚太悦度假酒店夺得"年度亚太地区最具潜力酒店品牌"这一焦点荣誉。

9月30日,江苏省旅游局发布第二批江苏精品休闲度假饭店推选结果,无锡市隐居桃源馆藏度假酒店、太湖饭店、梁鸿湿地丽笙度假酒店、巡塘书香酒店、灵山精舍、宜兴天鸿开元精舍酒店、江阴桃园山庄大酒店等7家旅游饭店,因区位优势独特、休闲元素鲜明、功能服务完好,荣获"第二批江苏精品休闲度假饭店"称号。

10月13日,由澎湃新闻网、长三角投资发展论坛组委会主办的第十届长三角投资发展论坛·长三角慢生活旅游峰会暨首届长三角慢生活旅游目的地联盟峰会在吴江黎里举行,陶都宜兴荣获"长三角最具魅力私家旅游目的地""长三角最具魅力旅游特色小镇群"称号。

11月13日,以"全域旅游、田园城市与休闲发展"为主题的2017中国(国际)休闲发展论坛在杭州启幕,宜兴市荣获本次论坛唯一的2017年度中国全域旅游创新奖。

11月17日,IP为王——2017中国旅游IP高峰论坛暨景域集团(驴妈妈)全球合作伙伴大会在上海举行,无锡影视基地三国城水浒城景区获"年度最佳IP口碑景区"殊荣。

12月1日,由江苏省财政厅和江苏省旅游局共同组织的2017年度全省旅行社综合排名前50强评选结果揭晓,无锡中旅信诚旅游股份公司位列全省第一名。

12月17日,由中国互联网新闻中心主办的2017(第三届)中国美丽乡村建设发展论坛在北京举行,无锡市获"中国最美乡村旅游目的地"称号。

12月17日,"2017中国最美村镇"颁奖大会在上海举行,西渚镇白塔村作为宜兴市唯一一个行政村,荣获中国最美村镇宜居奖。

12月31日,2017年第10届中国会议产业大会、中国会议业星尚之夜、2017年度中国会奖产业"金手指"颁奖典礼在北京举行,无锡灵山小镇·拈花湾荣获"2017年中国最具体验会奖综合体"称号,灵山君来波罗密多酒店荣获"中国最佳城市地标会议中心(酒店)""中国会奖金手指奖·2017年度会议中心(酒店)TOP100""中国会奖产业金手指奖·会议专业组织者(PCO)TOP100"殊荣。

(张咏梅)

【全域旅游建设】 8月21日,国家旅游局正式批复同意将无锡市列为"国家全域旅游示范区"创建单位。市旅游局将全域旅游建设作为旅游发展的重要手段,注重开发和展示当地地域文化,开展集旅游、文化、经贸于一体的活动,通过机制创新、全员参与、产业融合、品牌提升等形式,持续举办各类文旅节庆活动,如鼋头渚国际樱花节、渔家风情节,梅园灯光艺术节,蠡园桃花节、金葵花节,阳山田园国际音乐露营节,锡惠杜鹃花节,江南古运河国际风情夜游节等。国庆长假第一天,"梁溪区全域旅游数据中心""宜兴市假日旅游指挥中心"启用,通过景区监控视频信息和大数据采集与分析服务,有效提升区域内应急指挥水平。推进全域旅游公共服务体系建设,完成全域旅游公共服务中心主站、辅站建设,借助微游无锡、乐游无锡等平台,积极推动线上旅游营销,实现线上线、下联动。

(张咏梅)

【旅游深度融合】 年内,市旅游局加快构建宾主相洽、旅居相宜、产城相融的旅游发展新格局,持续加大"旅游+"产业融合扶持力度,推动培育"旅游+"特色休闲业态,丰富产品供给,评选出江南古运河水上休闲体验之旅、鸣珂里文化民宿等10个"旅游+"特色休闲新业态。推动"体旅融合",承办2017全国体育旅游产业发展大会,蠡湖风景区成为全国首批"国家体育旅游示范基地"创建单位。依托无锡国际马拉松赛事,深化休闲度假旅游营销;推动"文旅融合",提升北仓门文化创意园区、古运河N1955文化产业园区、运河外滩等园区的功能和品牌,通过演艺、会展、自然和文化遗产等载体,加强文化产业的旅游功能;推动"农旅融合",构建由特色小镇、美丽乡村、休闲农庄、乡村度假酒店、现代农业园区和农家乐组成的乡村旅游体系,培育宜兴生态乡村游、江阴文化乡村游、锡山休闲乡村游、惠山田园乡村游、滨湖风情民宿乡村游、新吴养生乡村游等地域品牌;推动"工旅融合",依托海澜集团、红豆集团、玉祁酒业等特色工业企业,开发工业旅游特色产品和线路;推动"影旅融合",用好影视资源优势,加强植入宣传,同时迎合"粉丝"需求包装旅游热点,让"粉丝"的追星行为转化成实实在在的旅游消费力。

(张咏梅)

【旅游重点项目建设】 年内,市旅游局注重项目建设,及时更新梳理无锡旅游重点项目库,海澜国际马术旅游区和梦东方·徐霞客国际旅游度假区被列入江苏省2017重点旅游项目。持续加大旅游项目招引力度,宜兴国际旅游度假区、北京复华未来世界文旅、中国南山车联网小镇、无锡华侨城古运河风情小镇等4个超百亿元重大旅游项目成功引进签约;雅达健康旅游产业园项目、阳山蓝凤凰文化旅游小镇等一批项目已陆续签约;投资额超百亿元的马山太湖人鱼小镇和江阴梦东方·徐霞客国际旅游度假区项目上半年已开工建设;万达文化旅游城、田园东方二期、海澜飞马水城、阳羡度假小镇、巧克力开心乐园、长乔海洋王国等重点项目建设顺利推进。灵山集团继成功投资控股曲阜尼山圣境项目后,年内又与汉中兴汉圣境、南京金陵小镇、峨眉山项目等达成合作协议,通过提供文化创意、规划设计、代建施工、经营管理等服务,实现品牌输出的旅游全产业链覆盖。

(张咏梅)

【旅游扶贫】 年内,市旅游局较好启动与辽宁省盘锦市、青海省海东市的对口扶贫工作。通过深入调研和交流,与两地在全域旅游创建、旅游项目开发、旅游专列开通、旅游市场监管、旅游信息共享、旅游营销协作等方面达成多项可操作、能落地的合作意向。12 月 7~12 日,国家旅游局在无锡举办深度贫困地区旅游扶贫专题培训班,来自云南、四川、新疆、西藏、甘肃、青海等六省区的深度贫困地区近 200 名旅游工作一线的学员参加培训,无锡市乡村旅游发展的一些典型案例得到国家旅游局充分认可,被纳入培训课程,无锡市即将成为国家旅游局设立的首批"全国旅游扶贫培训基地"之一。

(张咏梅)

【旅游度假区】 至 2017 年年底,全市共有省级以上旅游度假区 7 家,其中,国家级 2 家(太湖国家旅游度假区、阳羡生态旅游度假区),省级 5 家(太湖山水城旅游度假区、阳山生态休闲旅游度假区、江南古运河旅游度假区、无锡翠屏山旅游度假区、江阴徐霞客休闲旅游度假区)。度假区不断提升环境质量,丰富度假产品,完善公共设施,推进项目建设,规范综合管理,正成为无锡休闲度假发展的重要空间和载体。宜兴阳羡生态旅游度假区自 2015 年获评江苏省旅游度假区以来,对照国家级旅游度假区的创建标准,始终坚持品牌打造、项目引领、设施完善、旅游富民,进入度假旅游深度发展阶段,年内获评第二批国家级旅游度假区。为推动旅游度假区建设,提高旅游度假区整体发展水平,年内出台《无锡市旅游度假区考核评价办法》,旨在发挥考核评价的导向和激励作用,引导度假区绿色发展、特色发展、集约发展、创新发展。

(张咏梅)

【旅游公共服务】 年内,市旅游局联合公安、交通、城管、规划等部门,制定出台《无锡市旅游交通标志优化管理办法》,有效推进全市旅游交通标志系统化、规范化、一体化进程。开通"乐游无锡"观光专线,完成环蠡湖漫游系统提升工程。加大"厕所革命"推进力度,全年完成旅游厕所新建(改扩建)102 座,新增第三卫生间 25 间,新增母婴室 8 间,基本涵盖全市主要旅游度假区、旅游景区、乡村旅游区等重点区域。全年完成旅游停车场新建(改扩建)21 个,建设面积超过 11 万平方米,较好适应自驾游散客比例逐年增长的旅游新常态。同时,对节假日景区临时停车协调管理机制进行完善,景区周边"停车难"问题得到有效缓解。编制完成《无锡市城乡旅游交通专项规划》,积极探索打通环太湖核心景区涉旅交通"最后一公里"的难题,环湖漫游系统提升工程完工并投入使用。旅游咨询服务体系不断完善,全年新增咨询点 12 个,网点设置经不断调整更为优化科学。

(张咏梅)

【智慧旅游建设】 年内,市旅游局完成与全球最大的社交媒体 Facebook+Twitter 等合作,以"无锡美景""无锡人文历史""无锡新闻""无锡美食介绍""无锡风俗""无锡区域介绍""无锡旅游路线攻略"等为主要宣传内容,形成系列主题,进行广泛宣传。主页"粉丝"已达 40606 人,其中,核心目标市场"粉丝"数占比 96%,覆盖人群 614377 人次。完成与全球最大的旅游评论网站 TripAdvisor 合作,通过精准定向广告投放,吸引美国 IP 近 40 万人次访问无锡旅游目的地页面,提升无锡在北美市场的知名度,增加无锡对国际市场的竞争力和关注度。和全国最大的旅游攻略网站蚂蜂窝合作。顺势推出"无锡自由行——说走就走的旅行"攻略专题,让无锡旅行说走就走。依托新浪网,开展无锡周末旅游产品策划与推广,通过微博、微信等渠道招募网友及网友家庭参加周末休闲游活动。全年共推出 7 条周末旅游线路影院宣传,广告投放期间的总观影人数为 2558755 人次,总覆盖约 300 万人次。

(张咏梅)

【旅游惠民】 年内,市旅游局完善无锡旅游系列宣传品设计制作,全年印制 28 个系列、87 个品种、9 种样式,中文旅游宣传卡片达 270 万张、5 个系列、59 种样式,中文旅游宣传折页达 200 万折。在主要旅游饭店、景区、机场、火车站、咨询中心、居民社区等 68 个资料点免费发放各类旅游宣传品 500 余万份。太湖鼋头渚风景区"鼋管家"导游与"香蕉出行"网约导游服务平台合作,创新升级导游员服务水平及游客体验,为游客提供更加便捷的管家式导游服务。推出"江苏人游江苏"系列城市休闲惠民举措,3 月 17 日,举办首届中国阳山蜜桃音乐节暨 2017 无锡春季旅游产品发布活动,推出"周末游""亲子游"等特色休闲产品,结合各地特色,策划推出田园东方蜜桃村、田园诚品展会、首届多肉文化市集、蜜桃猪的田野乐园、约泡最美桃花泉等兼具文化、亲子、休闲、旅游的多元化产品。3 月 13 日,市工商局、市消协、市旅游局等相关部门,在新吴区宝龙广场组织开展无锡市 2017 年纪念"3·15"国际消费者日广场活动,全市各相关职能部门以及 25 家企业在活动现场为消费者答疑解惑。举办 2017 年无锡好口碑休闲度假饭店和"无锡好味道"名菜、名点、名店等评选活动,通过网络平台吸引众多市民和网友的参与,不断营造休闲旅游消费热点。12 月 16 日,组织市旅游局机关、旅游监察支队、中国国际旅行社部分志愿者到南禅寺广场,开

吴王宫广场旗袍秀 (徐燕玲 供稿)

展文明旅游宣传活动，共同营造文明和谐的旅游环境，共发放宣传资料1万多册。“5·19”中国旅游日无锡城市旅游休闲周活动期间，无锡53个景区、景点开展城市旅游休闲优惠周活动，优惠幅度达50%以上。

（张咏梅）

【市场监管】 年内，市旅游局构建“在线旅游”监管机制，对18家在线旅游企业进行全过程监控网络平台销售各类旅游产品以及与旅游者签订旅游合同等经营行为。市旅游局联合市公安局、市交通局、市工商局、市安监局等部门，开展旅游市场执法检查56次，查处旅游非法运营车辆6辆，查处各类违规车辆56辆，共取缔无证摊贩流动售卖商品、占道经营、拉客揽客、尾随兜售等行为46起，教育驱赶流动摊贩235起，查处违停车辆192辆。集中力量对旅行社涉嫌“不合理低价游”的违法违规行为组织开展专项检查，共检查旅行社、旅行社分公司、旅行社服务网点212家，收缴违规旅游宣传单1000余份，下架涉嫌“不合理低价游”的线路87条，立案调查7起，对4家旅行社作出行政处罚，约谈旅行社、旅行社分公司、旅行社服务网点69家，发出整改通知书57份。通过集中综合整治，全市旅行社涉嫌“不合理低价游”的违法违规势头得到有效遏制，旅游市场安全有序。开展A级景区管理提升年活动，委托第三方专业调查机构就景区常态化管理进行暗访，网上招募志愿游客对全市A级景区进行体验式暗访，全年共有15家景区被通报整改，全市景区整体管理服务水平有效提升。年内，共检查旅游星级饭店22家，检查旅游景区、农家乐餐饮服务单位15家，提出整改意见18家，对116家新办旅游企业（新设立旅行社、分公司、服务网点）的负责人进行约谈，并签订《依法经营、规范管理、优质服务承诺书》。开展各类形式的旅游政策法规和旅行社业务操作培训，参加培训的旅行社从业人员均超过3000人次，建立无锡市旅游纠纷人民调解委员会。12月4日，第四个国家宪法日当天，市旅游局在崇安寺二泉广场开展旅游法治宣传，共接待到访市民500余人，发放法治宣传单2000余份，现场受理法律咨询20人次，提高市民安全旅游、依法维权意识。全年接收市民和游客来电3303个，受理各类旅游投诉63件，旅游求助494件，咨询及其他2386件，均得到及时、妥善处理，结案率100%。

（张咏梅）

【旅游营销】 年内，市旅游局围绕“水韵”主题，积极参与构建“水韵江苏”品牌体系，精心策划举办“5·19中国旅游日”“十里桃花·乐游无锡”中国阳山蜜桃音乐节暨2017无锡春季旅游产品发布活动、第四届敔山湾帐篷音乐节暨2017无锡夏季旅游产品发布活动、2017渔家风情节暨无锡秋季旅游产品发布活动、“冬韵太湖·福满湖湾”第二届无锡民俗祈福旅游节暨无锡冬季旅游产品发布活动、太湖鼋头渚国际樱花节、江南古运河国际风情夜游节、第三届阳山田园国际音乐露营节、锡山首届乡村旅游节等系列活动。加大国内宣传推介力度，策划精品旅游线路，制作无锡旅游宣传片，组织参加国内重要旅游展会、客源地旅游宣传推介，进一步提升无锡旅游的知名度，吸引更多国内游客到无锡观光、度假。组织参加2017南京国际度假休闲及房车展览会、2017中国国际（昆明）旅交会、2017杭州世界休闲博览会。“一路向东下江南、乘着高铁游无锡”赴郑州、西安开展旅游宣传促销活动；“无锡乡村美·休闲快乐行”赴合肥、镇江、常熟、张家港、上海黄埔区5市（区）开展旅游宣传促销活动；组团随省旅游局赴青海、宁夏、北京、天津、广州、深圳开展旅游促销活动，进一步扩大“太湖明珠”品牌影响力，助推“水韵江苏”品牌，拓展无锡市在西北、华北、华南地区的旅游客源市场。10月31日~11月3日，无锡市旅游对口交流团赴盘锦市开展旅游推介交流活动，共商旅游合作事宜，两地共签署《无锡盘锦两地游客互换协议》《“旅游市场监管”合作协议》《旅游战略合作框架协议》3个合作协议。大力拓展入境旅游市场，无锡已在澳大利亚、新西兰、美国、加拿大、日本、泰国等地建立无锡旅游海外推广中心。4月，市长汪泉亲自带队赴日本举办无锡旅情30周年旅游推介会，进一步推动无锡与日本在旅游领域的深度交流与合作。2月，市旅游局与江南大学合作建设的旅游文创产品研发与销售平台“无锡游礼”正式投入运营，在南长街和荡口古镇开设品牌专卖店，推出16类、近400种特色旅游商品。先后在《旅游情报》、上海高铁段《旅伴》、北京《旅行家》、《自游天下》等国内著名旅游媒体展开推广，定期推送无锡旅游精品线路和休闲旅游新动态。

（张咏梅）

【人才培养】 6月27~30日，举办全市旅游行政管理人员培训班，各市（县）、区旅游局分管领导和机关科室负责人，省级及以上旅游度假区管委会负责人，重点旅游镇（村）负责人，市旅游局机关和市旅游监察支队共计42人参加培训。7月19~21日，举办无锡市旅游“互联网+”全媒体营销人员培训班，各市（县）、区旅游管理部门分管负责人，旅行社、旅游景区、旅游星级饭店和新兴业态（乡村旅游点）营销管理人员等83人参加培训。认真开展旅游行业立功劳动竞赛活动，外事二泉汽车客运有限公司获得无锡市“五一劳动奖状”；艾迪花园酒店餐饮部、外事二泉汽车客运公司出租车爱心车队、宜兴绿漪园大酒店餐饮部获得无锡市“工人先锋号”称号；江阴华西旅行社接待部获得无锡市“五一巾帼标兵岗”称号；无锡二泉环境服务有限公司质量监管科科长夏胜宽、市旅游局信息化处主任科员王维平获得无锡市“五一劳动奖章”；无锡中国国际旅行社有限公司领队任新、无锡海外旅游有限公司出境签证部郑美华、无锡灵山文旅集团产品标准中心范红林获得无锡市“五一创新能手”称号；江苏康辉国际旅行社有限责任公司出境中心经理姜虹霞获得无锡市“五一巾帼标兵”称号。另外，由于成绩突出，江阴桃园山庄大酒店餐饮部荣获“江苏省工人先锋号”称号；善卷洞风景区全程导游组、无锡市二泉国际旅行社有限公司业务中心荣获“江苏省巾帼文明岗”称号。11月15日，市旅游工会联合市工人文化宫举办非无锡籍导游员应急救护技能培训班，市区相关旅行社80人参加培训，并获得应急救护合格证书。

（张咏梅）

【旅游安全应急演练】 年内，全国旅游安全与应急管理工作会议在无锡召开。4月26日，无锡市旅游安全应急演练在太湖鼋头渚风景区举行，此次演练设置旅游景区流量控制、旅游大巴道路交通事故、游船突发事件应急演练3个科目。应急演练实战检验《无锡市突发公共事件总体应急预案》《无锡市旅游突发事件应急预案》《无锡市文化旅游发展集团有限公司突发公共事件总体应急预案》等系列预案以及旅行社、旅游景区、旅游客运公司旅游企业应急预案的科学性、有效性和可操作性，演练企业出动人员507人次、车辆30余车次，水警、海事出动船艇26艘次、人员94人次，医疗出动救援直升机1个架次、人员20人次，演练科目之多、涉及领域之广、响应级别之全、动员力量之强在历史上尚属首次。演练期间，获得观摩演练的国家旅游局领导以及参加全国旅游安全工作会议代表的肯定。

（张咏梅）

【旅游区域合作】 4月10日，2017国际吴文化交流惠民月暨泰伯祭祀大典活动在鸿山街道吴文化广场举行，11个国家(地区)的13个海外代表团、国内21个省市和港澳台地区的代表以及慕名而来的游客共计1800余人齐聚吴文化广场，祭奠先祖，共襄盛会。5月8日，“草原钢城·魅力包头”旅游推介活动走进无锡。5月9日，“阳光海岸·活力日照”山东日照夏季旅游产品推介会在无锡举行，推介会上，签订旅游宣传营销合作框架协议及游客互送协议。6月9日，“青山碧水·休闲六安”旅游推介会在无锡举行，签署两地旅游发展合作协议。6月15日，“乘着高铁游丽水”浙江·丽水全域旅游推介活动走进无锡。8月4日，2017京杭大运河城市旅游推广联盟年会在无锡举办，18个大运河沿线城市代表、国家及相关省市旅游局领导、著名运河研究学者、旅游专家围绕“游访美丽运河·活化运河文化”主题开展交流讨论，旨在加强京杭大运河沿线城市地区的合作交流，宣传推广大运河城市旅游整体形象，推动区域旅游经济发展，彰显大运河在全国乃至世界的影响和地位，共同打造京杭大运河世界级精品旅游线。10月10日，“一城山水·千载金华”2017金华旅游推介会在无锡举办。11月9日，广东省惠州与河源两市旅游局在无锡举行主题为“活力广东、精彩惠河，山海湖泉、心悦之旅”的旅游专场推介会，签订《紧密合作框架协议》《互送游客的四方合作协议》。通过区域性交流与合作，促进无锡与各城市间的旅游深度合作，加强客源互送、市场共享，促进旅游产业携手发展，合作共赢。

（张咏梅）

【旅游风情小镇建设】 年内，市旅游局按照情调韵味浓郁、旅游业态鲜明、人文气息浓厚、生态环境优美、宜居宜游宜业休闲集聚区的要求，认真贯彻《省政府办公厅关于印发江苏省旅游风情小镇创建实施方案的通知》《无锡市人民政府关于培育建设特色小镇工作的实施意见》，精心培育旅游风情小镇。年内，灵山拈花湾禅意小镇、宜兴市湖汶茶旅小镇、惠山区阳山桃源小镇入选全省首批13家旅游风情小镇创建名录，惠山古镇、西渚茶禅小镇列入首批市级特色小镇创建名单。无锡市旅游风情小镇建设工作取得明显进展，无论是创建数量还是特色内涵都在省内领先，为深化旅游业供给侧结构性改革、促进全域旅游示范区建设发挥示范引领作用。

（张咏梅）

【乡村旅游】 年内，市旅游局大力推进美丽乡村休闲旅游示范村建设，精心培育一批产业特色鲜明、宜游环境优美、文旅产品集聚、功能设施完善、服务质量优良、营运机制创新的休闲旅游示范村，通过组织创建、规划引领、新增休闲项目示范、项目招引等工作举措，红豆村、华西新市村、双泾村、白塔村、洑西村、南门村、乾元村、山联村、阳山村、和平社区获评全市首批10家美丽乡村休闲旅游示范村，建设项目达194个，完成实际投资107656万元，计划投资80亿元的雅达健康生态产业园项目成功落地宜兴市湖汶镇洑西村，惠山区阳山镇列入国家旅游局公布的中国乡村旅游创客示范基地名录。坚持以《江苏省乡村旅游区评定标准》为引导，扎实开展江苏省等级创建工作，宜兴市篱笆园深氧墅、惠山区田园东方获得江苏省首批五星级乡村旅游区认定，宜兴萬山生态谷、惠山区尚田农业获评江

无锡旅游安全应急演练 （刘芳辉　摄）

苏省四星级乡村旅游区，无锡创建三星、二星乡村旅游区24家。以"美丽乡村，乐游无锡"为主题，制播《周末去哪儿》乡村休闲旅游电视专题片，相继走进合肥、镇江、上海等5个城市开展推广活动，举办"画家眼中的无锡美丽乡村""田园露营节""马山文化民俗节""湖·国际杨梅音乐节""红豆乡村文化旅游节"等一系列具有市场影响力的乡村旅游主题营销活动，2017年全市乡村旅游接待游客2002万人次，直接经营收入13.32亿元。

（张咏梅）

园 林

【概况】 2017年，无锡文旅集团实现总收入10.81亿元，其中，旅游总收入首次突破5亿元。园林一卡通发行量突破40万张，实现电子化升级。成功举办太湖鼋头渚国际樱花节、2017江苏省庭院营造暨新优植物展、寄畅园建园490周年纪念活动、梅园灯光艺术节、动物园夏季狂欢夜等重大活动，积极推进惠山古镇景区创建国家AAAAA级旅游景区，推进鼋头渚"樱花山庄""渔人码头"项目建设，打造蠡湖水上体育项目，集团旅游业务板块核心优势正从花事节庆活动品牌向文化旅游活动品牌发展方向延展。实施"走出去"发展战略，文旅产业转型不断加快，对外拓展淮安漕运城、安徽水东古镇项目，文旅产业进一步做强做优做大。

（袁 方）

【对外项目合作发展】 年内，文旅集团整合各类资源优势，积极实施"走出去"发展战略。年初，文旅集团以园林建设发展有限公司为平台，与安徽宣城市振宣文化旅游发展有限公司共同出资成立宣城市锡州文化旅游建设管理有限公司，全力推进水东古镇项目。5月，在江苏发展大会·无锡乡贤恳谈会召开期间，惠山古镇景区引进中美"惠泉康疗"项目，旨在发展"旅游+健康"产业，为惠山景区"文商旅"特色旅游增添健康旅游体验的新亮点。年底，文旅集团联合市政公用产业集团组成联合体，成功中标淮安市"中国漕运城·板闸遗址公园"PPP项目，迈出"走出去"的重要步伐。

（任景晓 钱立真）

【惠山古镇建设与"申遗"】 年内，惠山古镇二期项目全面启动，基本完成惠山浜祠堂群修复工程，经过多家多轮商务洽谈，逐步形成惠山古镇风貌区开发方案。2月，惠山古镇景区顺利通过国家旅游局AAAAA级旅游景区景观质量评审，正式列入创建国家AAAAA级旅游景区预备名单。按照国家AAAAA级旅游景区创建要求，惠山古镇景区全面推进服务配套设施建设，完成西神广场游客服务中心、秦园街停车场、旅游厕所改建以及智慧景区建设，在古镇一期亮化、水系整治、祠堂文化展陈、商业业态调整等重要环节加以突破，加快推进惠山风景名胜区一体化封闭运营，逐步形成大惠山旅游景区发展格局。推进惠山古镇"申遗"工作，确定惠山古镇加入"江南水乡古镇"联合"申遗"。

（袁 方）

【蠡湖水上体育运动项目】 年内，无锡文旅集团组建成立蠡湖君来公司，积极发展蠡湖体育旅游产业，承办无锡蠡湖全民健身龙舟赛、蠡湖全民健身皮划艇公开赛等赛事，举办皮划艇夏令营等活动，"魅力蠡湖、动感蠡湖"的品牌形象更为彰显。7月，由国家旅游局、国家体育总局联合主办的全国体育旅游产业发展大会暨水韵江苏推介活动在无锡举行，正式授牌蠡湖国家体育旅游示范基地，并确定2018年省运会职工部龙舟赛、青少部OP帆船赛落户蠡湖。在2017江苏体育产业大会上，蠡湖景区被评为江苏省十佳体育公园。

（袁 方）

【旅游品牌宣传】 年内，无锡文旅集团连续第8年参加柏林旅交会，以独立展团形式精心创意策划的特装展台主推"惠山古镇景区"，向世界展示无锡数千年古城历史和文旅集团优质风景资源及丰富文化内涵，逐步打开欧美市场，吸引境外游客，并在秋季举办2017欧洲文化使者跨越欧亚新丝路活动，让德国文化使者深入体验无锡美景。集团组织参加2017南京国际度假休闲及房车展览会、2017宁波国际旅游展、第三届世界休闲博览会，赴日本、郑州、西安、上海开展旅游促销活动，并举办2017文旅集团文化旅游惠民日活动，展示无锡文旅形象，拓展景区客源市场。

（袁 方）

【园艺展会获奖】 年内，鼋头渚风景区江南兰苑代表无锡参加第27届中国（长沙）兰花博览会，获得2枚金牌、3枚铜牌，其中送展的蕙兰"大一品"、春兰"盖荷"获得金奖；代表无锡参加江苏省（常州）蕙兰展，送展的蕙兰"丁小荷"获得金奖，崔梅、端蕙梅获得银奖，蕙兰春兰组合盆栽获得艺术奖。锡惠景区代表无锡参加在湖南省举行的第14届中国杜鹃花展览，制作的大型室外景点"花乡逐梦"以及杜鹃展架均获得金奖，并获得杜鹃花造型1枚金牌、1枚银牌，杜鹃花栽培1枚金牌、1枚银牌；代表无锡参加在南京举办的第七届全国精品菊花展，送展的品种菊获得1枚金牌、1枚银牌的佳绩。梅园景区参加中国花卉协会梅花蜡梅分会组织的纪念陈俊瑜诞辰100周年特别梅展，制作地景、桩景及插花展布置等，荣获3枚金牌、2枚银牌。6月22日~8月30日，2017江苏省庭院营造暨新优植物展在蠡园举办，文旅集团各单位制作景点、展台参展，共获得各类奖项26个，其中，鼋头渚风景区制作的"匠心水境"景点获得庭院营造特等奖。

（姚海丰）

【无锡园林一卡通全新升级】 年内，无锡园林一卡通全面升级为电子芯片卡，从传统简单的园林入园凭证，发展为集旅游、休闲、消费于一体的"智慧旅游一卡通"。升级后的园林一卡通电子卡涵盖鼋头渚、锡惠公园、锡惠名胜景区、蠡园、梅园、吟苑、荡口古镇等7大景区，价格为198元。升级后的园林一卡通可凭实名认证信息进行芯片卡的挂失补办，通过充值方式为芯片卡续费，打破纸质卡每年重复换卡的陈规，实现终身使用的优化，并在原有门票功能上附加金融支付功能。全年园林一卡通发行超40万张。

（袁 方）

【寄畅园建园490周年纪念活动】 10月13~14日，中国名园——无锡寄畅园建园490周年纪念活动在惠山古镇景区举行。活动由市市政和园林局、市文旅集团、《中国园林》杂志社和北京林业大学园林学院共同主办,惠山古镇景区、无锡祠堂文化研究会秦氏分会共同承办。活动邀请中国工程院院士、北京林业大学园林学院教授孟兆祯,中国工程院院士、原军事医学科学院院长秦伯益等特邀嘉宾及专家学者近50位。活动期间,举办中国名园——无锡寄畅园建园490周年纪念活动启动仪式暨中国古典名园研究中心成立仪式,在寄畅园卧云堂内,组织昆曲、锡剧、二胡等表演,解读寄畅园490年以来的人文故事和造园艺术,传播寄畅文化;召开寄畅园研究学术报告会,探讨寄畅园的保护、传承和发展,推进古典历史名园的学术研究。

(强小可　周笑一)

【惠山古镇景区举办系列游园活动】 1月1日(元旦)、1月27日(除夕),惠山古镇开展"惠泉福地"惠山寺撞钟祈福迎新活动。1月28日~2月2日(正月初一至正月初六),推出以"金鸡报晓·雄狮贺岁"为主题的喜乐会活动,首次引进国际一流的"比麟堂"舞狮团,上演梅花桩舞狮。元宵节前后,举办惠山元宵灯会,在保留赏花灯、猜灯谜、古装巡游等传统活动的基础上,加入各项民间绝活及"非遗"项目展示。4月1日~6月1日,举办中国无锡杜鹃花节,活动包括纪念阿炳诞辰124周年活动、第18届无锡市花——杜鹃花节等重要活动,除传统杜鹃花花事活动,还开展茶艺表演及品种茶品鉴活动、"非遗"文化指尖体验活动等。夏季,举办惠山泥人DIY夏令营,参与人数多达4000人次。7月6日~8月31日,举办惠山古镇欢乐嬉水节活动,打造集游园嬉水、文化旅游、休闲度假、消暑饮食等于一体的水上乐园项目。9月27日~11月30日,举办惠山菊会,共展出盆菊5万余盆,各类时花10万余盆,展出菊花品种600余种。其间,举办中国名园——无锡寄畅园建园490周年纪念活动、九九重阳节、百姓歌咏会、2017华东地区雀鸟大赛等活动。9月27日~10月10日,打造"二泉映月"夜庙会游园活动,云集巴渝十大民间艺术之首的"火龙钢花""中华第一鼓"的"晋南威风锣鼓"等"非遗"项目表演。

(周笑一)

【惠山古镇打造廉政文化教育基地】 年内,惠山古镇景区打造惠山祠堂群廉洁文化教育基地,设计以"至德忠诚""清正廉洁""勤励担当"为主题的3条廉洁文化旅游参观线路,以寓教于游的形式向参观者传递清正廉洁的正能量。教育基地凝聚惠山祠堂群廉洁文化精华,挖掘整理出10位清官廉吏行廉守正、忠贞报国的事迹和箴言,集中展示先贤勤廉故事。同时,教育基地还设立交流馆,内设电教室、交流室、接待室,通过举办"尚贤惠廉"廉洁文化讲座,开设专题文化讲堂,让参观者品味先贤清正廉洁的道德力量。

(李继平)

【央视现场直播惠山古镇春祭活动】 4月4日清明节前夕,央视中文国际频道走进惠山古镇,通过《传奇中国节·清明》节目向世界展示惠山古镇和祠堂文化。春祭期间,惠山古镇共服务接待华孝子祠、李忠定公祠、钱王祠、过郡马祠、邹忠定公祠、至德祠、虞薇山祠、徐祠、陆宣公祠、老爷殿、范仲淹祠等祠堂的祭祀活动,参与祭祖的宗亲共1600余人,盛况空前。

(陈　笑)

【梅园景区举办系列活动】 2月9日,梅园景区举行2017中国·无锡梅花节花讯发布会,发布梅花节首期花讯。梅花节期间,举办第二届梅花插花艺术展、海峡两岸梅花有机茶会等活动。4月下旬~5月,对梅园郁金香节推陈出新,举办首届荷兰女王节、第四届虞美人花展。5月18日~6月12日,举办第二届绣球花展,景区种植的绣球花面积约6500平方米,品种有"无尽夏""精灵""梦幻"等。9月15日,2017无锡梅园灯光艺术节暨首届国际小丑嘉年华在梅园景区开幕,将传统灯组与现代光影秀相结合,并引入国际小丑嘉年华表演,打造夜间活动亮点。十一黄金周期间,举办"金秋赏桂行"活动,在原有桂花桩景展示的基础上,增加布置桂花文化内容展示,开展"香约梅园,DIY桂花香牌雅集""花好月圆品茗插花 梅园茶·花会"等活动。12月,举办首届微马圣诞跑、蜡梅茶会等活动。年内,梅园景区积极开拓亲子游项目,推出亲子禅修体验活动、生态亲子采摘游等。

(李　銮)

【蠡园花事活动】 3月18日~5月1日,蠡园以"赏十里桃花,定三世情缘"为主题推出桃花节,打造"十里桃林""骏疾图"等特色景观,同时增植品种桃树,让游客一睹桃花烂漫的美景。6月22日~8月30日,在荷花展期间推出2017江苏省庭院营造暨新优植物展,21家省市单位、园林景区、绿化企业围绕"精致园艺·旅游生活"主题,展出庭院景观16组、展台景点9组、新优植物60余种,插花作品22个。9月16日~10月30日,举办金葵花节,引入"葵花鹦鹉"表演,增强互动性。11月1日~12月31日,推出彩秋节,以蠡园秋天自然变化的色彩为主基调,增加色叶植物,如红枫、五色梅、彩叶草、黄金菊等花草,并以荷塘枯荷为特色,营造秋日美景。

(严　峻)

【蠡园西施庄休闲岛项目】 年内,蠡园对西施庄景观进行梳理,移植长势衰弱的树木,适宜区域种植桃花、荷花,逐步打造桃花岛胜境、观荷休闲区。以范蠡西施的传说典故为依托,推出《烟雨江南西施情》实景演出。结合休闲度假旅游特点,推出西施庄特色休闲美食、陶艺DIY、文创产品集市等,增强游客的旅游体验。

(严　峻)

【蠡湖获"江苏最美水地标"称号】 11月28日,省水利厅、省文化厅和省旅游局联合召开发布会,公布"江苏最美水地标"推选结果,无锡蠡湖生态工程被评为江苏最美水地标——水工程。无锡蠡湖生态工程凭借湿地—湖泊—河流融为一体的景观格局、丰富的水文化内涵以及具有典型意义的水生态自然示范区一举摘牌,成为江苏15个"最美水地标——水工程"之一。

(周宇冰)

【无锡动物园主题活动】 春节期间,无锡动物园举办金鸡报晓迎新春系列活动,打造"百鸡盛宴",营造农历新年氛围。4月1日~5月31日,举办动物狂欢节——武林大会,身高7米的"太极熊猫"参展,并引进细尾獴、耳廓狐、小浣熊等动物。7月21日~9月3日,举办夏季狂欢

蠡园西施庄实景演出 (袁 方 供稿)

夜,引进国际大马戏,带给游客疯狂刺激的感官新体验。国庆、中秋期间,举办秋季主题活动,引进国内顶尖儿童剧团队打造的大型童话剧,倾力打造童年经典回忆,展出树懒等动物明星,并开展彩虹跑、气球嘉年华等活动,营造欢乐氛围。

(王纪芬)

【太湖风景名胜区完成整改】 年内,根据住房城乡建设部《住房城乡建设部关于2015年列入濒危名单国家级风景名胜区整改验收结果的通报》,太湖风景名胜区(无锡片区)达到整改要求,并获验收通过,移出濒危名单,纳入常态化监管。为加强太湖国家级风景名胜区管理,强化规划管控作用,按照国务院批准实施的太湖国家级风景名胜区总体规划,无锡市委托江苏省城市规划设计研究院和无锡市规划设计研究院联合开展太湖国家级风景名胜区(无锡片区)详细规划编制工作。6月,市政府组织市发改委、规划局、市政园林局、国土局等部门分管负责人,宜兴市、梁溪区、滨湖区、新吴区、惠山区分管负责人召开太湖风景名胜区(无锡片区)详细规划编制工作会议,对详细规划编制工作提出具体要求。根据风景名胜区保护和管理的要求,完成太湖国家级风景名胜区锡惠景区、蠡湖景区、梅梁湖景区、马山景区、阳羡景区和泰伯庙、泰伯墓独立景点的国家级风景名胜区标志设立,并开展景区界桩测绘和设立工作。

(园林处)

【举办第18届无锡市花——杜鹃花节】 4月,无锡市政和园林局会同市文明办、市文旅集团举办第18届无锡市花——杜鹃花节。该届市花节围绕"幸福无锡"主题,开展市花小天使评选、市花进社区、市花进校园、市民唱市花等丰富多彩的活动,受到广大市民的积极响应和欢迎。

(园林处)

国家AAAAA级旅游景区

央视无锡影视基地

【概况】 2017年,中央电视台无锡影视基地把握良好的市场发展机遇,坚持和深化"文化+旅游"经营理念,不断强化文化品牌建设,着力打造影视文化旅游的核心IP,以安全、产品、服务、管理为着力点,坚持AAAAA标准常态化,不断提升景区经营管理效益,实现经营收入连续第十四年增长。

央视无锡影视基地继续深入挖掘名著文化,围绕"三国水浒文化"这一IP主线,全年策划推出春节期间"三国水浒古春节"、春季"三国文化旅游节"、夏季"三国风云会"、秋季"水浒故事汇"4次季节性活动,并以此为契机,整合资源,采取多样化宣传营销手段,营造区域市场热点,强化景区品牌建设。此外,景区还策划开展面向学生市场的特色拓展项目,全新推出"汉学天下""宋学风尚"等体验式文化活动,不仅丰富景区服务内容,更提升景区在业内的服务质量和形象。2月21日,由携程主办、携程攻略社区承办的CTF(China Travelers' Forum)中国旅行者大会"2016中国旅行口碑榜"发布,央视无锡影视基地荣获2016中国旅行口碑榜"最具网络人气景区"。11月29日,市旅游局发布《2017年度无锡市A级景区常态化监管报告》,全市59家A级景区综合指数为70.48分,中央电视台无锡影视基地三国水浒景区综合指数83.99分,排名第五,在全市3家国家AAAAA级旅游景区中位列第一。

影视基地全年共接待《那年花开月正圆》《最后的武林》《大运河》《凰权弈天下》《狄仁杰之浮世传奇》《大明皇妃孙若微传》《远东来信》《萌妃嫁到》《特化师》《忽必烈》《审讯者》《上海五虎》等49个剧组。

(徐燕玲)

【春节特色活动】 1月27日~2月2日,央视无锡影视基地策划推出"'鸡'祥如意,全城盛会"古春节特色活动,突出三国水浒和鸡年文化元素,举办"闻鸡起舞""金鸡独立""铁公鸡拔毛"等一系列"鸡元素"互动活动。在全新编排的演出节目"刘备祭天"中,"刘备""孙尚香"一同亮相,邀请游客一起点燃圣火,为华夏祈福。景区内捏泥人、吴桥杂耍、民间绝技等民俗文化表演,为游客打造一个富有古代文化气息的春节,成为区域旅游的一大热点。

(徐燕玲)

【江苏省诚信旅游示范单位评选揭晓】 2月8日,江苏省旅游局、工商局、质监局、物价局、放心消费创建活动办公室、社会信用体系建设领导小组办公室联合公布2016年度江苏省诚信旅游示范单位评选结果,中央电视台无锡影视基地三国水浒景区被评为2016年度江苏省诚信旅游示范单位。

(徐燕玲)

【举办"春风送暖"主题活动】 3月4日,央视无锡影视基地携手云舒文化传播公司，举办以“春风送暖·爱与希望永在”为主题的特色公益活动，活动分“关爱特殊家庭”“旗袍与春天的邂逅”两部分，邀请部分失独、外来务工家庭等100多人观看和参与主题演出，让他们感受到大自然的美好和社会大家庭的温暖。活动中，100多名旗袍文化爱好者，身着款式多样、色彩艳丽的旗袍，在三国城多处景点集体走秀，将东方女性的美与三国古典文化场景、太湖自然山水风景相融合，装扮一道全新的亮丽风景，引得游客纷纷驻足欣赏。

（徐燕玲）

【遇见名著——三国文化旅游节】 4月1日~5月1日，央视无锡影视基地全新策划推出春季活动“遇见名著——三国文化旅游节”。本次活动以“遇见名著”为主题，贯穿“三国故事会”“三英醒狮会”“三国群英会”“三国诗词会”“穿汉服，学汉舞”“遇见樱花”六大活动内容，诗情画意，尽展风采，群英荟萃，惊喜连连。

（徐燕玲）

【推出“三国风云会”夏季活动】 7月1日~8月31日，央视无锡影视基地推出夏季活动“三国风云会——让经典融于景点”。本次活动以“三国经典”为核心元素，包含“三国经典诵”“汉学天下”“我去三国找英雄”“英雄训练营”“经典演出”五大内容，广邀八方来客，共赴“经典”之约。

（徐燕玲）

穿汉服，学汉舞　　（徐燕玲　供稿）

【推出水浒故事汇秋季活动】 9月16日~10月28日，央视无锡影视基地推出秋季活动“遇见名著——水浒故事汇”。此次活动分不同时间段策划多个环节的展示和参与内容，包括“水浒荣耀”“兄弟相会”“青花宋词对答”“宋词擂台赛”“宋学风尚”“高俅蹴鞠”六大内容，精彩演出讲述水浒故事，文武双全展现宋代活力，特色游戏引领全城互动。

（徐燕玲）

【举办三国城水浒城公益秋游活动】 10月27~28日，重阳佳节，央视无锡影视基地与无锡市滨湖区社会福利中心、开原义工团队联合举办“与秋天拥抱，和快乐同行”三国城水浒城公益秋游活动。无锡影视基地分两批组织滨湖区福利中心的老人们，在家属、医护人员、义工的陪同下走进景区，让老人们感受到社会大家庭的温暖。

（徐燕玲）

【举办汉代婚礼】 10月28日，央视无锡影视基地携手朋客传媒，举办一场由100多对新人参加的盛大汉代婚礼。婚礼在一曲《秦汉鼓舞》中拉开帷幕，伴随着钟鼓磬乐之声，新人们在吴王宫广场着汉服、行汉礼、循周制，依次完成“赞者颂辞”“拜天礼”“对拜礼”“沃盥礼”“同牢礼”“结发礼”“行酒礼”“牵手礼”等婚礼流程。整场仪式在古色古香的场景氛围中，显得格外神圣庄重、质朴大气、韵味十足。

（徐燕玲）

【滨湖区旅游行业消防运动会】 11月7日，2017年无锡市滨湖区旅游行业消防运动会在无锡灵山景区举行，央视无锡影视基地、灵山景区、山水城景区管理中心、万达喜来登酒店等24家旅游行业相关单位300多人参加。无锡影视基地选拔出6位选手奋力拼搏，在参赛的4个比赛项目中取得2个一等奖、2个三等奖以及团体二等奖的好成绩，充分展现无锡影视基地良好的安全管理水平和安全操作技能。

（徐燕玲）

【出席中国旅游IP高峰论坛】 11月17日，由景域驴妈妈主办的2017中国旅游IP高峰论坛在上海举行，来自全球旅游业的行业精英、合作伙伴和业内专家齐聚一堂，围绕“IP为王”主题，共同探讨在变革时代中旅游IP发展新思路及中国旅游业发展的新机遇。央视无锡影视基地受邀出席，并荣获“2017年度最佳IP口碑景区”称号。

（徐燕玲）

灵山胜境

【概况】 2017年，无锡灵山文化旅游集团完成合并营业收入11.4亿元，实现合并利润8317万元，灵山胜境及拈花湾景区实现购票入园438万人次，比上年增长6.31%。

（贺遵冬）

【双园景区】 年内，灵山胜境、拈花湾景区以构建大灵山心灵度假目的地为引领，以产品迭代升级为主线，以大营销布局，深化“门票+”概念，打造住宿、餐饮、会务系列产品体系，持续提升服务水平，持续升级商业结构，全面优化固化管理模式，取得显著成效。新增鹿鸣谷、湿地等景点，新开放13家客栈，增加423间客房，使拈花湾客房总数达到1366间，新增设浣月山房、禅食馆、亲子体验馆、生活禅体验馆等，增强旅游目的地产品体系核心竞争力。拈花湾全年入住率超60%，稳居同行业前列。灵山商标荣获江苏省商标战略实施示范企业金帆奖，灵山胜境获评省“旅游百佳”景区，拈花湾以最高分夺得江苏省首批13个风情小镇头筹，成为无锡市第一批市级特色小镇，并获评中国最佳旅游项目奖、2017中国最具体验会奖综合体。

（贺遵冬）

【梵宫修缮完毕对外开放】 年内，按照“原样修复、打造亮点”总体原则，灵山团队在梵宫原参建单位、各路工艺大师等社会各界的大力襄助下，经过一年努力，保质保期完成梵宫修缮工作，并推出“地涌宝塔”情景互动式旅游产品。11月15日，新梵宫正式对外开放。

（贺遵冬）

【举办庆典活动】 2017年是灵山胜境开园暨灵山大佛开光20周年，也是爱国宗教领袖、原全国政协副主席赵朴初居士诞辰110周年。朴老晚年为灵山建设倾注心血和智慧，为缅怀、追忆朴老，灵山胜境举办“弘扬人间佛教思想、建设当代佛教文化”赵朴初居士诞辰110周年纪念大会暨中国佛教文化研究所成立30周年学术研讨会、纪念赵朴初居士诞辰110周年暨中国佛教协会文化研究所成立30周年、灵山大佛开光20周年图片展、明月清风·行愿无尽——赵朴初居士诞辰110周年纪念晚会等活动。

（贺遵冬）

【实施“走出去”战略】 年内，灵山集团与外地合作及接洽的项目达40余个，签约合同金额2.6亿元。其中，兴汉胜境项目加紧推进工程建设及开园筹备，新签订3500万元经营委托合同；与四川乐山市签订战略合作框架协议，拟筹建“峨眉小镇”；与南京江宁区政府洽谈，拟打造“金陵小镇”；贯彻落实“加快锡宜一体化发展”战略，创意策划在宜兴市周铁镇打造文旅融合项目。

（贺遵冬）

鼋头渚景区

【概况】 2017年，鼋头渚景区始终以“AAAAA”标准为准绳，实施精品化建设、精细化管理，围绕“太湖佳绝处，毕竟在鼋头”核心品牌，深入巩固提升“鼋渚春涛”和“江南兰苑”精致园林示范区景观品质，重点实施星级厕所改造、无障碍设施、休息座椅等设施的标准化建设，着力推进樱花山庄、宝界山林消防通道及鼋渚路完善项目、水上游拓展等重点项目，景区品质全面提升。同时，进一步丰富、提练景区文化内涵，精炼、完善旅游服务信息，编辑出版《鼋渚风俗》《鼋渚攻略》等。年内，景区荣获江苏省“诚信旅游示范单位”、江苏“旅游百佳单位”荣誉。

（刘　宇）

【传统花事节庆活动】 年内，鼋头渚景区策划举办新春除夕撞钟祈福活动、春季兰花展、太湖国际樱花节、中日樱花友谊林30周年庆典、花菖蒲节、荷花节、太湖渔家节、中秋烟花晚会、冬季观鸟节等一系列活动。其中，国际樱花节活动品质不断提升，推出鼋渚春涛诗歌会、最美樱花女神评选大赛、国际樱花动漫节、樱花宝贝大赛等活动。3月3日，中央电视台新闻频道在《春天的中国》栏目现场直播鼋头渚早樱盛开的烂漫春光，这是央视第二次聚焦鼋头渚樱花美景。秋季重点推出太湖鼋头渚渔家风情节暨无锡秋季旅游产品发布活动、太湖鼋头渚迎国庆迎中秋水上音乐烟花大会，以太湖渔家风情文化为核心要素，以美丽的自然山水为基础，深度挖掘太湖渔家文化内涵，推出太湖拖网捕鱼体验、太湖船菜厨艺大赛、水码头上书码头、跟着船娘游太湖等活动。

（刘　宇）

【开展无锡国际赏樱周活动】 3月27日~4月2日，2017年无锡国际赏樱周暨中日樱花友谊林建设30周年纪念活动在太湖鼋头渚风景区举行，主要有中日樱花友谊林建设30周年纪念大会、中日樱花友谊林建设30周年纪念石刻揭幕仪式、新栽樱花树仪式、赏樱周开幕式及中日文艺表演等活动。该活动已成为中日民间活动中较有代表性的品牌之一，开展30年来，有日本友人1.6万余人次到无锡参与植樱和各类友好活动。

（姚海丰）

【太湖鼋头渚发展论坛暨中国樱花景区联盟成立】 9月28日，由无锡市太湖鼋头渚风景区管理处主办的太湖鼋头渚发展论坛暨中国樱花景区联盟成立会议在鼋头渚景区“神仙”号游船上举行。江苏省太湖风景名胜区管委会、无锡市市政和园林局、市文旅集团、省城市规划设计研究院、江南大学等单位领导和专家，以及鼋头渚风景区管理处、北京市玉渊潭公园等8家樱花景区联盟单位，长三角旅游景区联盟和东北旅游景区联盟的旅游界同仁齐聚一堂，共同讨论樱花景区品牌打造、樱花主题旅游建设等议题，促进樱花景观营造与樱花文化传播的创新发展与携手共进。

（刘　宇）

编辑　郭　鹏

民航

【概况】 2017年，无锡民航事业持续发展，苏南硕放国际机场连续实现第14个安全飞行年，运输生产大幅上升。全年完成旅客吞吐量668.3万人次，比上年增加112.1万人次，增长20.2%；完成货邮吞吐量107598.1吨，比上年增加11614.4吨，增长12.1%；完成运输起降架次52482架次，增长15.7%。机场驻场飞机总数达到17架，其中，深圳航空有限责任公司无锡分公司7架，中国东方航空江苏有限公司无锡分公司10架。全年共通航城市56个，客货运航线79条，其中，国内航点36个，国际地区航点20个。国际航线方面，主动对接“一带一路”倡议，新开无锡—柬埔寨西哈努克港航线；国内航线方面，加密无锡—成都、无锡—香港、无锡—厦门航班，新增无锡—惠州、无锡—珠海等航线，初步构建起覆盖国内、辐射东北亚、东南亚的航线网络，日均航班量144架次，平均客座率80.2%，平均载运率77.5%。开通全货机航线7条，辐射全国主要枢纽机场。航空公司总数25家，其中，基地航空公司两家：中国东方航空江苏有限公司无锡分公司、深圳航空有限责任公司无锡分公司；其他国内航空公司有：中国南方航空股份有限公司、四川航空股份有限公司、深圳东海航空有限公司、九元航空有限公司、上海吉祥航空有限公司、云南红土航空股份有限公司、顺丰航空有限公司、圆通货运航空有限公司、广东龙浩航空有限公司、台湾华信航空、台湾立荣航空、台湾中华航空、台湾虎航；外籍航空公司有：越南捷星太平洋航空、泰国泰新时代航空、韩国真航空、印尼城市快线航空、新加坡欣丰虎航空、越南越捷航空、越南航空、柬埔寨天空吴哥航空、美国动力航空、马印航空。深圳航空有限责任公司无锡分公司完成飞行4.24万小时，中国东方航空江苏有限公司无锡分公司完成飞行4.3万小时。中国航油无锡供应站保障航班26616架次，加出航油18.4万吨，增长26%，油库油船接收342船次，公路接收345车次，共计18.4万吨，化验589批次，航班正点率、质量合格率、计量准确率均为100%。无锡东航食品有限公司保障航班13361架次，全年航空配餐量194.88万份。顺丰速运无锡中转场完成货邮吞吐量58530.1吨，增长14.3%。亚捷通用航空无锡有限公司完成通用航空生产作业飞行3190小时，增长151.1%；起落3906架次，增长26.4%。无锡华飞通用航空有限公司完成通用航空生产作业飞行115.3小时，增长207.5%；起落467架次，增长340.6%。通用航空企业适航在册航空器总数达到17架，其中，江阴华西通用直升机场2架，亚捷通用航空无锡有限公司13架，无锡华飞通用航空有限公司2架。

（杨　华）

【硕放机场年客运量突破600万人次】 11月24日14点05分，从台北桃园机场起飞的深圳航空ZH9076航班搭载134名旅客平稳降落在苏南硕放国际机场，航班上的朱XX幸运地成为苏南硕放国际机场2017年度第600万名旅客，苏南硕放国际机场年旅客吞吐量突破600万人次。2004年2月，硕放机场开通民航业务，13年来，苏南硕放机场华丽转身、绚丽腾飞，航空口岸实现扩大开放，二期航站楼正式投用，省内首家国际快件中心正式运营，成为全国军民深度融合试点机场。

（杨　华）

【硕放机场货邮吞吐量突破10万吨】 12月17日，苏南硕放机场货邮吞吐量突破10万吨，机场货邮处理能力、安全保障和运输生产水平跨上新台阶。2017年是苏南硕放机场货运系统独立发展的第十年，2007年，无锡空港物流有限公司注册成立。2008年，公司引进第一家货运航空公司——东海航空公司，开通无锡-深圳货运航线。2010年，机场集团与顺丰速运集团正式签署顺丰速运（无锡）快件中心项目合作协议，开通首条国际（地区）货运航线无锡—香港航线以及第二条国内货运航线北京—无锡—泉州航线。

12月17日，苏南硕放国际机场货邮吞吐量破10万吨大关。 （张立伟 摄）

2011年，苏州—无锡—香港陆空联运正式运作。2012年，引进顺丰航空B757全货机，执飞无锡-深圳货运航线，货运能力大大提升，年货邮吞吐量突破8万吨，增幅高达26.9%；同年引进扬子江快运B747大型全货机，开通浦东—无锡—香港货运航线，成为继烟台之后全国第二个4D级机场起降4E级飞机的民航机场。2014年，苏南硕放机场国际快件中心通过南京海关验收，成为江苏省第一个正式运营的国际快件中心。2016年，跨境电商9610模式顺利通关。2017年，机场开通国际邮件全面直航，引进龙浩航空、圆通航空，开通无锡至郑州、泉州、广州、天津等多条全货机航线，全面提升货运保障能力，为货邮吞吐量突破10万吨提供有力支撑。至2017年年底，入驻机场运营的货运航空公司已达3家，开通全货机航线7条，可执飞全货机机型包括波音B737、B747、B757、B767，航班频次达每周82架次，航空货运网已辐射全国主要枢纽机场，为无锡成为长三角地区物流枢纽提供有力保障。

（杨 华）

【第八届中航国际通航发展论坛举行】 10月18~20日，第八届中航国际通航发展论坛暨客户峰会在江苏宜兴丁蜀镇举办。论坛以“新趋势·新战略”为主题，旨在分析通航产业面临的机遇、突破的重点，共谋产业未来发展。国家空中交通管制委员会、交通运输部、中国民航局等国家主管部门以及各地方主管部门，厂商、运营商、服务商等中外通航企业，国家发改委城市与中小城镇发展研究中心等国内外智库的200余名行业人士应邀参加论坛。

（杨 华）

【上海金汇通航纳入市应急救援体系】 年内，为加强应急救援队伍建设，打造“水陆空”全覆盖应急救援体系，无锡市应急管理委员会会同市交通运输局广泛征询通航企业和市级相关部门意见，同意将上海金汇通用航空股份有限公司江苏分公司纳入市应急救援体系，标志着无锡应急救援体系在通航领域开启新篇章。上海金汇通航空股份有限公司是2006年经中国民用航空局批准设立的甲类通用航空公司，在全国拥有直升机57架，在江苏配备2架，其中，在无锡配备1架AW119医疗构型救援直升机。2016年，金汇通航与解放军101医院签订直升机救援项目基地医院业务框架合作协议，并多次执行航空医学救援任务。2017年，金汇通航完成首届无锡阳山半程马拉松比赛、沪宁高速无锡北出口高速公路事故空中救援演练、2017比佛利环蠡湖国际半程马拉松比赛等应急救援保障任务。

（杨 华）

【机场口岸签证业务开通】 12月26日，苏南硕放国际机场举行口岸业务开通仪式，即日起，外国人到无锡可在机场口岸签证处当场办理签证，标志着无锡对外开放又迈出新的步伐。随着社会经济的稳步发展，无锡与国际的交往日益频繁，呈现多领域、多层次、全方位的交流互动态势。由于无锡之前不具备外国人口岸签证条件，外国人到无锡，必须预先在中国驻外使（领）馆办理签证，或者在上海、南京等周边城市办妥口岸签证后才能入境，硕放机场口岸签证业务开通后，可应外国人紧急入境需要，签发乘务、访问、团队旅游、贸易、私人事务等7类口岸签证。2012年6月，苏南机场开通台胞口岸签证业务，此次口岸签证业务是在先期口岸签证业务开通基础上的完善和补充。

（杨 华）

铁 路

【概况】 2017年，铁路无锡站紧扣“强基达标、提质增效”工作主题，突出“找差距、补短板、抓落实”工作要求，加强安全管理，强化运输经营，狠抓标准化建设，积极应对站改施工带来的各种挑战，确保安全持续稳定，业绩稳步提升，各项工作齐头并进。全年共发送旅客2090万人次，比上年增加125万人次，增长6.4%；完成运输收入22.82亿元，比上年增加1.99亿元，增长9.6%；完成其他业务收入1041.7万元。全年完成装车31734车，货物发送82.4万吨，比上年分别增加8161车、15.4万吨。同时完成重点物资运输和军事运输任务。车站全年消灭一切事故，确保春运、暑运、十九大等重点时段的安全稳定，连续实现第六个安全年，获2017年江苏省现场管理"五星级现场"称号，成为上海局集团公司乃至全路第一家获此殊荣的单位。11月19日，上海铁路局完成改制及名称变更，更名为中国铁路上海局集团有限公司。随后，铁路无锡站名称由上海铁路局无锡站变更为中国铁路上海局集团有限公司无锡站，并重新挂牌。

(魏　玉)

【运输安全总体稳定】 年内，铁路无锡站牢固树立安全发展理念，坚持预防为主、标本兼治，全力抓好安全生产工作。加强安全宣传教育，强化"红线"意识和"底线"思维，增强确保高铁和旅客安全"万无一失"的理念。推进"人防、物防、技防"三位一体安全保障体系建设，对全站91个管理岗位、9个职能科室和9个车间(站)的安全管理职责进行重新修订，细化落实安全管理15项基本制度，加强规章管理和专业管理，推广接发列车、调车远程智能分析系统和货场平过道监控预警系统应用，对无锡普速场行车室进行标准化升级改造，增强安全保障能力和水平。深化"三位一体"标准化建设，完善标准化创建考评机制，加强日常检查和定期考评，在无锡北站组织召开现场会，总结推广先进经验，全方位提升车站标准化建设水平。深化安全风险管控和隐患排查治理，开展安全专项整治活动11次，分析梳理安全风险事项90项，发布安全风险预警信息20条。细化落实量化检查制度，规范安全管理新机制运行，全年各级参控人员现场检查11931次，考核安全问题3199件。

(魏　玉)

【服务质量不断提高】 年内，铁路无锡站践行"以人民为中心"的思想，不断改进基本服务，完善重点旅客服务，加大客站环境卫生整治，强化服务基础设施管理，服务质量稳步提升，旅客出行获得感显著增强。深入开展客运服务质量贯标年活动，细化制定48项工作措施，强化岗位学标、工作对标、质量达标，全面提升客运服务标准化水平。配合站改施工，启用临时候车室，制定过渡期客运组织方案，优化旅客进出站流线，最大限度减少对旅客出行的影响。推广移动快捷支付，实现车站自助售票机和人工售票窗口微信、支付宝和银联闪付等电子支付服务全覆盖，进一步改善旅客购票体验。开展京沪高铁标准示范线建设，完善无锡东站母婴候车室设备设施，补强引导标识系统。年内，共为重点旅客服务4004人次，收到锦旗、表扬信117件，受到中央、地方各类媒体报道200余次。

(魏　玉)

【站改施工有序推进】 2017年是车站改造的关键一年，客站改造施工具有施工周期长、影响范围广、相互干扰大、牵涉施工单位人员多、作业区域多点开花、施工机械进出频繁和安全风险大等特点，特别是日常行车组织、客运组织与施工作业同步穿插造成站改工程分阶段实施、多次过渡变换等难点，给站段施工组织和安全管控带来极大考验。车站加强站改施工管理，在确保既有线行车和客运安全的基础上，有序推进站改施工顺利实施，着重抓好计划源头管控。车站成立施工计划审批小组，每月组织施工单位对施工计划、作业内容实行现场排摸、集中审查，提高计划合理性，每周、每日做好计划的细化分解、岗位揭示，坚持问题导向，建立车站、科室、车间、监理、施工单位五级检查整治体系，按周公布检查重点和量化要求，实施问题库管理。施工以来，共停工检查3次，召开专题分析会16次，下发整改通知书26份，纳入问题库481个问题。至2017年年底，站改施工进度中的新建高架站房完成50%，既有站房改造完成95%，旅客地道、行包专用地道完成60%，站台雨棚完成60%，通江大道下穿工程完成70%，通沙路上跨铁路桥3号墩完成80%。

(魏　玉)

【无锡东站获省"五星级现场"称号】 9月，在由江苏省质量管理协会、江苏省总工会、江苏省科学技术协会和江苏省妇女联合会联合主办的江苏省现场管理星级评价评审活动中，无锡东站从全省70个评审现场中脱颖而出，荣获2017年江苏省现场管理"五星级现场"称号，成为集团公司乃至全路第一家获此荣誉的单位。年内，车站坚持高标定位，以"示范引领，走在前列"为目标，通过学习评审标准和铁路服务质量规范、联系参观行业先进单位等方式，找准工作定位。坚持"以人民为中心"的服务理念，完善服务站、母婴候车室等服务设备设施，优化重点旅客接送、地铁联动等特色服务流程。健全服务管理制度体系，学习和转化行业先进做法，狠抓制度落实，切实提升车站服务现场管理水平。

(魏　玉)

【开通"复兴号"列车】 9月21日，无锡火车站新一轮调图启动，无锡站全天开行列车305对，其中，中国标准动车组"复兴号"正式亮相。"复兴号"是从软件到硬件均由中国自主设计、制造或选型，拥有完全自主知识产权，在速度、寿命、安全性、舒适度等方面比"和谐号"更胜一筹，解决了车厢内Wi-Fi全覆盖问题。无锡站扎实细致做好京沪高铁达速运营准备工作和安全服务保障措施落实，确保新旧运行图平稳交替和达速运营绝对安全。7对时速达350公里的"复兴号"正点率保持100%，平均客座率达96.6%。

(魏　玉)

公　路

【概况】 2017年，无锡公路建设完成投资39.6亿元。苏锡常南部高速公路正式开工建设，太湖隧道完成签约；宜兴至长兴高速公路先导段开工；常州至宜兴高速公路正式开工，开创无锡市一年内开工建设3条高速公路的历史新纪录。122省道江阴大道段、229省道江阴段通过竣工验收，340省道无锡段全线建设用地获批,341省道、360省道前期工程加快推进。江阴市、宜兴市、惠山区加快地方连接道路建设,宜兴市范蠡大道建成通车,江阴市芙蓉大道快速化改造开工建设,惠山区中惠大道西延等5个项目基本建设完成。全年新改建农村公路36公里、桥梁16座。

全年普通国、省干线公路技术状况指数(MQI)达93,PCI、RQI(路面行驶质量)优良率均达95%以上,各项路况指标继续处于全省前列。全年实施养护大中修22.9公里,国、省道水毁项目修复率100%;桥梁安全运行,一类、二类桥梁比例达95%以上;全市建成标准化工区4个,锡山基地、宜兴渎边工区完成机械标准化配置。全面落实农村公路建设"七公开"(农村公路建设计划公开、补助政策公开、招投标公开、施工管理公开、质量公开、资金使用公开、工程验收公开)制度,完成96.29公里县道大中修、22.4公里生命安全防护工程;229省道江阴青阳至惠山西漳段项目入选2017年度"江苏交通优质工程"。104国道宜兴段以优良路况通过国家路况检测。推进农村"路站运"一体化建设,江阴市、惠山区通过省级"四好农村路"考核验收,宜兴市列入全国"城乡交通一体化示范县"创建名单。

全年编制完成18项政务服务事项清单和"不见面审批(服务)"清单,调整完善市行权网51项公路行政权力清单和办事指南,向"双公示"平台推送行政许可信息30条、行政处罚信息286条,发布公路执法公告9条,开展"路政宣传月"活动。巡查国、省干线公路59万公里,查纠国、省干线公路涉路事件383起。规范实施安防工程,精心组织230省道、240省道122公里安防工程建设,开展普通国、省道平面交叉口交通环境专项整治工作。更新完善标线15.7万平方米、标志870余块,对20条国、省公路指路标志进行调整优化。组织许可案卷文书检查4次,案卷质量在市法制办组织的评查活动中名列前茅,办结国、省公路涉路许可30件,办理超限运输过境核查4件。

开展智慧公路规划研究,建成公路养护现代化综合决策分析系统。312国道无锡段建成"畅安舒美"绿色公路示范工程。强化科技攻关和成果应用,开展3个课题研究和2个QC小组活动。推进"263"专项行动,年内组织5次现场督查和条线指导,公路部门未发生被上级部门和各级媒体曝光或通报批评事件。

深化安全责任体系落实,年内组织27次重要时段综合督查,圆满完成十九大、全国"两会"、江苏发展大会等重要时期的全市公路安全保畅工作;委托第三方专业机构对全市60个公路管养节点开展全方位安全检查;出台《无锡公路值班制度》,市处设立总值班室统筹公路安全生产、应急指挥、信访维稳等值班值守工作,各路网中心、一线单位加强值班人员配备,实行"零报告"制度。出台《无锡市公路路网分级管理办法》《无锡公路服务热线受理工作职责和办理工作流程规定》,修订《无锡市普通国省干线公路防汛防台应急子预案》;全年新建13个国、省级路网监测点和3个交通量观测站点,编制路网分析报告24期,发布网站信息6500余条,受理社会来电420余个,处置路网突发事件450余起,全市路网运行平稳。认真落实公路收费优惠政策,全年依法减免各类车辆通行费780余万元。

年内,市公路处通过2013~2015年江苏省文明单位复核,被市安委会评为2016年全市"落实企业安全生产主体责任年"先进单位,被省局评为2016年公路工作综合优胜单位。处机关第一党支部被评为全省交通运输厅行业先进基层党支部。"e路畅行"服务班组获得"2016年度无锡市最佳志愿服务组织"荣誉称号。微电影《心路》代表省交通运输厅参加全省青年文明号微电影大赛荣获优秀奖。宜兴公路处和桥养护工区主任张利萍荣获"行进苏路·凡人凡事"2017年度人物,渎边养护工区"江苏好人"宜兴公路周庆联工作室暨宜兴壹加壹爱心公益社揭牌,举办第六届"523无锡公路管养日"主题日活动,无锡首家文化馆公路分馆正式揭牌,沪宁高速公路无锡管理处锡东站获评中国交通企业管理协会2017年度"五星级现场管理"奖。

汽车站场建设完成投资2.5亿元。公路客运加快发展定制客运服务,以硕放机场、无锡高铁东站为中心,开通空巴联运、高铁接驳等定制线路18条,日发班次166个,可辐射周边150公里范围地区,连续18年被评为全省春运工作先进单位。

至年底,无锡市境内公路里程达7748.63公里,公路密度为167.43公里/百平方公里。其中,高速公路273.88公里,一级公路999.16公里,二级公路1703.58公里,三级公路1405.29公里,四级公路3367.74公里。全市完成公路客运量5727万人次,客运周转量68.98亿人次;货运量1.45亿吨,货运周转量164.25亿吨公里。

(丁　悦　堵婷婷)

【完成5条普通国省干线安防工程】 9月,依据安防工程建设相关要求和标准,312国道、259省道、260省道、357省道、443省道无锡段等5条普通国、省干线公路安全生命防护工程全面完工,并通过验收。这5条普通国、省干线公路安防工程项目主要涉及平交道口优化、路侧险要防护、接入道路设施完善、复杂组合及视距不良路段设施优化完善、标志标线更新改造、非机行人路权、中、侧分带封闭、中央分隔带防护。项目建成后,进一步提高公路通行能力、安全保障能力和出行服务水平。

(张文超)

【346国道成为无锡第三条普通国道】 2017年4月,根据2013年至2030年国家公路网规划,346国道成为无锡市第三条普通国道。至此,无锡全市有3条普通国道,分别为104国道、312国道和346国道。104国道为首都放射线,简称京福线,无锡市境内起点为丰台,终点于浙江交界,全长49.52公里,双向四、六车道一级公路,全部在宜兴市境内。312国道为东西横线,简称沪霍线,起点为与苏州交界处望虞河大桥桥尾,终点与常州相接,途经新吴区、锡山区、惠山区,全长47.28公里,六车道一级公路。346国道为东西横线,简称江南沿江,起点为金港镇高峰村,终点与常州交界,全长42.52公里,双向四、六车道一级公路,全部在江阴市境内。104国道和312国道为通道型干线,346国道为服务型干线。

(顾　铁)

【一项工程获评江苏交通优质工程】 11月,江苏省交通运输厅对2017年度"江苏省交通建设优质工程"项目创建和评审结果进行公示,229省道江阴青阳至惠山西漳段新建工程获评2017年度江苏交通优质工程。229省道江阴青阳至惠山西漳段新建工程位于锡澄运河东侧,南至市区接兴昌北路,北至江阴青阳接暨南大道,本次实施起点342省道南匝道,向北下穿锡宜高速公路、中惠路、锡玉路、沪宁高速公路、北惠路,止于北惠路北侧,主线全长约9.26公里,匝道全长4.34公里,道路宽度33~40米。全线采用双向六车道一级公路兼城市主干道标准建设,其中,342省道南匝道—漳鸿路段采用城镇断面,道路宽度为40米,在东侧设置单侧双向人非道,漳鸿路—北惠路段采用公路断面,道路宽度33米。项目于2014年10月10日开工建设,2016年9月30日建成通车,该项目作为一条重要货运通道,承载要求高,同时全线软基占比大,施工地质条件特殊,工程体量大,大型结构物多,工艺复杂,工程质量控制要求高、难度大。在项目建设中,惠山区重点办全力抓好工程质量、安全与进度管理等工作,攻克底基层大面积湿喷桩软基处理、大型桥梁大跨度变截面箱梁悬浇及大跨度预制箱梁安装等施工技术难点,克服连续两年夏天降雨偏多对工程建设带来的不利影响,全力推进工程建设,精心打造精品工程,按预定计划完成工程建设任务。

(卢玉和)

【新一轮乡道公路网及村道公路规划通过省级审核】 年内,无锡市新一轮乡道公路网及村道公路规划通过省级审核。10月,市农村公路管理领导小组办公室组织开展并完成无锡市新一轮乡道公路网及村道公路规划。无锡市新一轮乡道公路网及村道公路规划选取节点2457个,其中,行政类节点2298个,经济类节点92个,交通类节点67个。2020年规划期末乡道净里程为3295.3公里,比2016年底乡道里程(2628.8公里)增长20%;2020年规划期末村道净里程为3992.6公里,比2016年底村道里程(2884.7公里)增长28%。至2020年,乡道公路基本达到四级及以上技术等级,其中,服务镇村公交的乡道基本达到双车道四级及以上技术等级,在全面覆盖乡镇和行政村的基础上,实现乡(镇)行政区域范围内商品生产和集散节点的全面覆盖。

(王 栋)

【张灵慕线获评省首批旅游风景道】 12月,省旅游局、省国土厅、省交通运输厅、省住建厅和省林业局等5部门联合行文,正式命名常州溧阳1号公路旅游风景道、连云港海滨大道旅游风景道等13条道路为"首批江苏省旅游风景道",宜兴张灵慕线荣获省首批旅游风景道。张灵慕线位于宜兴湖汶镇境内,经过张公洞、玉女潭、灵谷洞、阳羡茶场、慕蠡洞,终点为宜兴竹海。其中一段保留古老的行道香樟,参天香樟把公路变成绿荫隧道,阳光透过缝隙照进来,宛如世外桃源。

(丁 悦)

【公路养护现代化综合决策分析系统通过验收】 11月28日,市公路处在指挥中心组织召开"无锡市公路养护现代化综合决策分析系统"项目验收会议,经认真质询和讨论,与会专家一致同意该项目通过验收。无锡市公路养护现代化综合决策分析系统通过对数据的整合融合,建设智能化的路网动态监测预警系统及业务联动协同平台,充分发挥资源聚合效应,实现感知、互联、智能、创新、协同的综合发展,实现业务管理"三个转变":由事后追溯向事前预警转变,由被动管理向主动干预转变,指挥决策从经验决策向数据决策转变。

(邹钢涛)

【一项科研项目通过评审验收】 8月,由市公路处承担的交通科学研究计划项目《无锡市公路网交通碳排放分析及评价体系建立研究》通过江苏省交通运输厅组织的评审验收。项目依托无锡公路网,采用车载尾气排放检测设备采集机动车排放数据,建立公路机动车尾气排放因子模型和微观仿真模型,分析公路设计和管理特征指标与交通碳排放之间的关系,构建基于设计和管理特征的公路交通排放评价体系。该成果对加快无锡市低碳公路网建设,推动无锡市低碳交通运输体系构建具有积极意义。

(邹刚涛)

【率先开展直升机应急救援演练】 9月14日,沪宁高速无锡处牵头高速交警、路政、上海金汇通用航空公司、解放军101医院等单位,在锡北站内广场开展沪宁高速公路无锡段直升机应急救援演练。演练过程中,无锡段一路三方快速联动、密切配合,向外界展现沪宁高速应急救援联勤联动的高效与专业。直升机参与高速公路事故应急救援演练在江苏省内尚属首次,对提升超大流量条件下应急救援和保畅效率具有重要指导意义。

(丁志伟)

【沪宁高速无锡处获评全国用户满意服务明星】 年内,无锡指挥调度分中心和收费员孙寒秋分别荣获中国质量协会"全国用户满意服务明星"班组和个人,控股系统获此荣誉的仅此一家。"全国用户满意服务明星"创建活动由中国质量协会、中华全国总工会、中华全国妇女联合会共同举办,旨在贯彻落实国务院《质量发展纲要2016年行动计划》,全面提升重点领域服务质量。自2015年开始,江苏省在所有窗口岗位率先开展"江苏省用户满意服务明星"创建活动。沪宁高速无锡处严格对照评比标准,完善服务体系,加强服务管理,改进服务方法,促进窗口服务水平整体提升。2016年,指挥调度分中心获评控股系统标杆单位,孙寒秋多次荣获"优质服务标兵"称号。

(许翠玲)

【"速达新材"成功挂牌"新三板"】 7月24日,无锡速达新材料科技股份有限公司在全国中小企业股份转让系统成功挂牌。该公司是无锡客运有限公司下属投资平台无锡大运来投资有限公司发起设立的一期基金——无锡大运源清创业投资企业(有限合伙)所投企业。公司自2003年成立以来,主营金属塑料复合带的生产、研发和销售,建立完善的金属塑料复合带生产运营体系,在产品质量技术和生产工艺的提升方面拥有丰富经验,并致力于不断开拓金属塑料复合带及相关产品生产领域的新技术、新工艺及新产品。公司拥有与主营业务相关专利11项,其中,发明专利4项,实用新型专利7

项。此次成功挂牌“新三板”，标志着速达新材步入资本运作与创新发展双轮驱动的快车道，为公司发展提供更为广阔的平台。

（惠　勤）

【无锡至江阴城际拼车正式上线】 4月28日，无锡客运有限公司控股的江苏长运定制客运服务无锡有限公司开通的无锡至江阴城际拼车正式上线。城际拼车是指依托互联网技术将出行时间、出发地以及目的地相同或相近的旅客合乘至一辆车，通过上门接送方式，实现便捷化门到门的出行目的。此次无锡、江阴两地定制公司联合推出的城际拼车服务，双方共投入8辆上汽大通G10七座豪华商务车，拼车45元/人，包车180元/车，随车附带正规机打客票。旅客只需在巴士管家APP上预约，即可轻松享受门到门的出行服务。8月1日，无锡汽车客运站在火车站南北广场至汽车站间设置接驳车，免费接送旅客前往汽车站转乘，实现公铁无缝对接，接驳车辆采用纯电动环保电瓶车。

（惠　勤）

【“U车e行”APP上线运营】 10月16日，无锡客运有限公司与控股公司江苏大运信息科技股份有限公司联合开发的智能多元APP——“U车e行”正式上线。“U车e行”共分为六大功能板块，包括学车、修车、约车、车游、验车及车险，学车板块分为传统学车、定制驾培、理论模考、服务咨询4部分；修车板块分为上门服务、美容清洁、维护修理、VIP专区4部分；约车板块分为城际专车、机场接送、预约包车3部分；车游板块分为国内游和自驾游两部分；验车板块分为验车业务和验车指南两部分；车险板块提供多种保险，包括住院医疗险、意外险、青少年儿童险等；此外，市民还可在老万年商城里选购精美礼品。“U车e行”可以通过AppStore或安卓应用商店进行下载使用，也可通过无锡汽车客运站等各个宣传点的宣传展架扫码下载。

（惠　勤）

【无锡客运获评省“十佳诚信单位”】 7月12日，无锡客运有限公司获江苏省交通运输厅命名的首届江苏省交通运输行业“十佳诚信单位”。评选经过资格审查、现场汇报、专家评审和网上公示等阶段层层筛选，无锡客运最终成功当选。1月9日，无锡客运有限公司继续获评2013~2015年度无锡市文明单位；3月14日，无锡客运有限公司客车修理厂被无锡市交通运输管理处评为2016年度无锡市机动车维修企业信用等级AAA级；3月17日，无锡客运有限公司获评2017年度全省春运工作先进集体；3月22日，无锡客运有限公司获评2017年全市春运工作先进单位；12月30日，无锡客运有限公司获第二届江苏省交通运输文化优秀成果奖。

（惠　勤）

【危险源管控平台上线运行】 9月26日，由大运科技主导开发的无锡市交通产业集团有限公司“危险源管控平台”正式上线，平台主要由PC端自主录入和手机端扫描查阅两部分组成。该项目自8月24日启动以来，经调研、方案确认、研发、测试与试运行5个阶段，在界面展示、功能设计、数据采集、统计分析等方面均已满足使用要求。危险源管控平台的成功上线，不仅提高无锡市交通产业集团在危险源（点）的日常监督管理和信息统计分析能力，更方便下属各企业对危险源（点）信息的自主录入、更新和智能化查询。首家试运行企业危险源（点）的数据已对接成功。

（惠　勤）

【江苏中设集团深交所上市】 6月20日，江苏中设集团股份有限公司在深圳证券交易所正式挂牌上市（股票简称：中设股份，股票代码：002883），这是无锡市第一家在主板上市的勘察设计企业。江苏中设集团股份有限公司创始于1986年，前身是无锡市交通规划设计研究院。公司现有员工550余人，经历事业单位、改企建制、集团创立、股份制改造、成功上市等重要历史性阶段。新上市的中设股份，首次公开发行人民币普通股（A股）1333.35万股，发行价格每股15.67元，募集资金总额2.08亿元，主要用于科研及相关配套用房建设、智能交通技术研发与应用建设、试验检测中心扩建项目、设计与营销服务网络建设项目等。

（鞠薇薇）

公共交通

【概况】 2017年，无锡城市公交优先发展深入推进，召开首次城市客运联席会议，深入开展公交优先示范城市申报工作，成功入选全省第二批建设试点。年内，全市新辟、优化公交线路35条，新增、更新公交车辆190辆，城市建成区500米公交站点覆盖率99.27%，日均客流量109万人次，市区新能源公交及清洁能源公交车占比达32.6%，比上年增长4.89%，公交出行群众满意度测评达到86.73。探索开通“锡公交”定制公交、城市微循环巴士取得良好反响。无锡市公共交通股份有限公司拥有常规公交线路173条，职工5052人，运营车辆2080辆。至2017年年底，日均客流71.7万人次，单日最大客流100万人次，日均营运班次8819个，日均营运里程33.85万公里。先后获得“无锡市人民满意基层单位”“无锡市文明单位”“无锡市五一劳动奖状”“交通运输节能减排先进企业”“敬老模范单位”等荣誉称号，特别是“公交智能化管理体系建设”荣获江苏省企业管理现代化创新成果一等奖、国家级企业管理现代化创新成果一等奖和江苏省第一届职业经理人创新大赛一等奖。4月，市公交公司52路荣获第二届全国“敬老文明号”称号；5月，公司驾驶员邵坚林、翁源海分别获得第四届(2017)宇通杯全国公交驾驶员节能技术大赛12米手动柴油和10.5米纯电动两个项目组的二等奖。投入城市公共自行车10100辆，新增服务网点353个，全市共享单车总量超过39万辆。出租汽车积极应对网约车新政、共享单车的投放等市场环境变化，全力稳定企业生产经营，交通出租汽车服务质量品牌得到有效维护。市民卡公司继续推进传统业务服务升级，积极推进扫码乘坐公交应用，以“互联网+”为导向，上线惠民金融服务，搭建惠民电商平台，转型发展取得突破。

（徐天南　蒋艳骅）

【新辟公交线路】 年内，无锡市公共交通股份有限公司新辟线路7条，临时开通专线3条，优化线路2条，调整线路236条，调整营运时间线路10条。新辟线路为：6月3日起，新辟公交23路区间，由运河西路公交停车场始发，经运河西路、清源路、新湖路、清晏路、菱湖大道、震泽路、南湖大道、金城路、清扬路、解放南路、中山路、学前街、解放南路至南禅寺后经解放南路至清扬路后循原线返回。新辟公交118路区间，由运河西路公交停车场始发，经运河西路、清源路、菱湖大道、高运路、华清大道、清扬路、解放南路至南禅寺后经学前街、中山路、解放南路至清扬路后循原线返回。11月25日，新辟微巴线5条，分别为：微巴1号线，由公交梅村总站始发，经新锦路、锡义路、新友路至凯利公社。微巴2号线，由大箕山家园始发，经香雪路、环太湖公路、永固路、大箕山路、独月路、雪港路、银湖路、环港路、渔港路、观湖路、环景路、银湖路至渔港家园后循原线行驶。微巴3号线，由金城桥停车场始发，经运河东路、至和路、清扬路、金城路、金钩桥路、动力路、通扬路至金城路后循原线返回。微巴5号线，由毛湾家园始发，经桐华路、柏庄路、二泉路、华夏路、锡沪路至柏庄路后循原线返回。微巴6号线，由南湖家园始发，经梁南路、兴梁道、高运路、南湖大道、大通路、立信大道、新园路、信成道、大通路、南湖大道、高运路至南湖家园。临时开通专线为：3月11日~4月9日期间，逢周六、周日开通扫墓专线，该线由青龙山路梅园小学旁始发，终点至青龙山公墓墓区办事处，专线开行时间：7：00~13：00。3月25日、3月26日、4月2日、4月3日、4月4日，分别开通鼋头渚直达公交三场、鼋头渚直达梅园的夜樱专线，开行时间：19：00~21：00。9月1日起，公交56路通道车临时开通金城桥至锡惠景区的临时区间线。

（蒋艳骅）

【无锡市被列入省公交优先示范城市建设试点城市】 11月9日，省城市客运工作联席会议办公室印发《关于发布江苏省第二批公交优先示范城市建设试点城市的通知》，确定无锡市、徐州市、盐城市、镇江市、泰州市和宿迁市6个城市为江苏省第二批公交优先示范城市建设试点城市。根据通知精神，省级政府也将在政策、项目、技术等方面，对试点城市给予指导，并优先推荐创建国家公交都市。试点城市按期完成创建、达到考核目标后，经省组织验收合格的，授予“江苏省公交优先示范城市”称号。

（李俊生）

【公交服务能力提升】 年内，市公交公司购置投放100辆新能源公交车上线，这款新能源公交车带有发电机，能满足长距离行驶的需求，同时，配有外部充电接口，可利用充电桩充电。与传统燃油公交车辆相比，其排放尾气中颗粒物减少90%，氮氧化物减少75%，二氧化碳减少50%，综合能耗降低35%以上。这款新能源公交车配置中车第四代云智通系统，可通过电脑及手机客户端，全面监控车辆运行过程中动力系统高低压、通信、故障等各种状态，提高车辆的安全性能。

为完善接驳系统、构筑和发展公交微循环系统，公交公司确定无锡城域微循环公交的发展模式和建设重点。11月24日，第一批投入运营的5条微循环线路正式开通，共配置新能源车18辆，线路覆盖周新苑、南湖家园、雪溪苑等小区。积极打造“互联网+公交”模式。9月1日，首批推出的25条“专线定制”和“校园定制”线，引起市民乘客的热烈反响，每天都维持在九成左右的上座率。定制公交线路正常运营36条，其中，校园定制线路30条，企业定制线路6条，线路长度平均达13.35公里，线路覆盖梁溪区、滨湖区、新吴区、锡山区等所辖主要社区街道。11月24日，“定制公交”APP正式上线运行，市民乘客可以通过下载“无锡智慧公交”APP，进入相应板块参与“线路众筹”“信息查询”和“在线购票”等操作，体验“手机在手，车到门口”的快捷、便利用车服务。

（蒋月艳）

【推出首批25条定制公交线路】 9月1日，市公交公司首批25条定制公交线投入试运营，为太湖新城区域内金桥小学、金桥中学、外国语小学、外国语中学、和畅小学和信成小学的师生和送学家长出行提供便利。25条定制公交覆盖梁溪区、滨湖区、新吴区、锡山区，所辖隐秀苑、震泽新村、中联新村、太湖国际社区、长江国际花园、朗诗绿郡、融科玖玖城等数十个社区。上车点的位置选择通过科学的模型计算，方便乘客就近乘车。每辆车上都配备一名管理人员全程护送，驾驶员严格控制车程时间，全程精确把控停靠站时间，安全准点地把每位师生及家长送达目的地。

（蒋月艳）

【新能源公交车投入使用】 7月20日~12月5日，江阴市城市公交累计更新190台混合动力新能源公交车，其中，110台油电混合动力公交车，80台气电混合动力公交车。7月20日，投放52台“宇通”牌油电混合动力公交车，投放线路为：公交26路、28路、21路、7路。9月12日，投放80台“宇通”牌气电混合动力公交车，投放线路为：公交1路、11路、13路、17路、28路。12月5日，投放58台“中通”牌油电混合动力公交车，投放线路为：公交16路、22路、71路、70路、33路，混合动力系统为并联模式，配有AMT变速箱，动力性更强，无级变速，更加安全、可靠。至12月30日，城市公交新能源比例达36.5%。

（赵　菁）

【江阴公共自行车三期建成运行】 12月20日，江阴市公共自行车三期项目投运，该项目是2017年江阴市城乡建设“1310”民生工程之一。建设范围北起长江，南至芙蓉大道—锡澄路—站西路—新长铁路—澄杨路—定山—周庄界，东起长山大道，西至夏港河桥。9月1日开工，投资2000万元。设134个网点，扩建50个网点，新增4500个锁止器，投放3500辆自行车。三期项目建成后，在中心城区实现200~300米的公共自行车服务半径，形成布局合理、运转高效、方便快捷的公共自行车服务网络。

（赵　菁）

【江阴市网约出租车管理细则出台】 3月16日，江阴市出台《江阴市积极稳妥推进出租汽车行业改革的实施意见》和《江阴市网络预约出租汽车经营服务管理实施细则（试行）》，成立江阴市深化出租汽车改革领导小组，明确网约车平台、网约车辆、网约车驾驶员许可等准入条件，规范网约车发展、网约车经营行为、私人小客车合乘及网约车的经营定位、管理服务和经营环境等。《江阴市网络预约出租汽车经营服务管理实施细则(试行)》出台，彻底打破原有出租汽车行业的经营模式，对引导出租车行业有序发展起到积极推动作用。至12月30日，已办理“网络预约出租汽车运输证”10辆。

（袁静菊）

【江阴首批30辆纯电动出租车投运】 6月30日，江阴市首批30辆纯电动出租车投运。此次投运的纯电动出租车车型为比亚迪E5，总投资540万元，从外形上融合SUV与MPV设计特点，车内空间宽敞。充电一次仅需60~70分钟，续航里程可达300公里，与传统油气两用出租车相比，纯电动出租车的百公里能耗为16度电，产生费用只相当于燃气的1/3，每天运营成本下降80元左右。

（袁静菊）

【顾建明班组10年“爱心送考”】 6月5日，无锡大众交通公司顾建明班组“爱心送考”活动正式启动，爱心送考服务为考生提供定人、定时、定点、定车的一站式服务，让考生及家长免除后顾之忧。顾建明班组自2007年9月成立以来，全体成员数年如一日，爱岗敬业、热心公益，自发组织开展多项公益活动，见义勇为、关爱弱势群体、播撒文明，被全国海员建设工会、省交通运输系统先后授予“工人先锋号”，共涌现出全国先进个人4名、省级先进个人7名、市级先进个人21名，成为无锡市客运出租行业文明创建先进代表。2013年获得省交通厅出租汽车行业“十佳品牌”车队，2014年班组荣获“全国工人先锋号”称号。10年来，接送中考、高考学子共156名，接送对象大多为家庭困难，或父母不在身边的学子。

（王建忠）

【两个平台正式上线】 2月28日，无锡市民卡公司“惠民金融”平台正式上线，该平台丰富便民服务内涵，拓展惠民金融服务空间，打造无锡人放心的理财平台。8月6日，“环太湖旅游一卡通”平台上线，该平台以旅游一卡通为载体，围绕旅游相关资源，将旅游巴士、文化旅游景点、酒店住宿、餐饮娱乐等进行有效整合，构建“线上购买、线下取卡、在线客服”的一体化客户服务平台。

（高文芳）

【交通一卡通实现苏州、无锡、常州互惠互通】 3月，市民卡公司根据苏州、无锡、常州三市签署的《江苏省交通一卡通苏锡常三市异地刷卡互通互惠协议》，完成终端机具和清结算系统等的改造工作，使市民在异地使用省交通一卡通时，能享受当地公共交通优惠政策。12月，实现锡澄宜“交通一卡通”互联互通。

（高文芳）

【自助售卡充值机开机运行】 9月13日，无锡市民卡有限公司首批54台自助售卡充值机在无锡地铁1号线和2号线所有站点正式开机运行。自助设备加载有售卡、充值和余额查询等基础功能，支持现金、微信及支付宝3种支付方式，具备凭条打印功能，真正做到消费可查询、充值有记录、售卡有凭证。

（高文芳）

地铁

【概况】 2017年，无锡地铁1号线、2号线全年运送旅客9230万人次，日均客流25.3万人次，比上年增长12%。地铁公共交通分担率从2016年的28.1%提升到28.25%。地铁1号线、2号线运行图兑现率、列车准点率两项关键指标均在99.99%以上，关键设备可靠度在99.5%以上，自开通试运营以来实现连续安全生产无重大事故。推行畅心服务和贴心服务，实施云支付乘车、多功能座椅、便民手纸、手机加油站等26项服务举措。地铁服务乘客满意度从2016年的87.2%提升到87.4%，荣获“江苏省用户满意服务企业”称号。每公里运营成本控制在991万元，地铁运营总成本保持在较优水平。在建的无锡地铁3号线一期工程完成土建施工55%，17个站点主体结构封顶，盾构掘进29公里，16个区间贯通。地铁1号线南延线提前两个月实现全线结构封顶、区间贯通。锡澄城际轨道S1线前期工作取得阶段性进展，完成以地铁4号线二期为内容的第二轮轨道交通建设规划调整，契合城市总体规划，深化城市轨道交通线网修编研究成果。

7月，无锡市委、市政府召开全市城市现代化与城乡发展一体化工作会议，对无锡市2011~2015年度城市建设作出突出贡献的集体和个人进行表彰，无锡地铁集团有限公司获“集体二等功”，无锡市轨道交通规划建设领导小组(指挥部)办公室、无锡地铁集团有限公司建设分公司获“集体嘉奖”，2人获“个人二等功”，12人获“个人嘉奖”。9月，无锡地铁集团纪委在江苏省纪委组织召开的全省纪检监察系统表彰大会上，荣获“全省纪检监察系统先进集体”称号。

（周　明）

【地铁4号线一期工程正式开工】 3月28日，无锡地铁4号线一期工程正式开工，连接惠山新城、蠡湖休闲中心、太湖新城中央商务区等区域，线路全长24.6公里，共设车站18座，全部为地下站，与地铁线网现有其他线路形成换乘枢纽，初步实现网络化运营格局。至年底，地铁4号线一期工程17个新建站点已全部开工。

（周　明）

【江苏省轨道交通联盟第三次峰会】 4月15日，江苏省轨道交通联盟第三次峰会在无锡召开，北京市轨道交通建设管理有限公司和北京市轨道运营管理公司两家单位负责人，南京、苏州、徐州、常州、南通、无锡等6个江苏地铁城市的轨道交通企业董事长到会。此次峰会，在互联网运用、智慧城市建设、地铁安全管理、规划建设运营、物业及资源开发和地铁网络化运营等方面达成共识，为推动轨道交通行业形成合力、整体发展创造良好氛围。

（周　明）

【“码上行”APP开启国内扫码乘地铁先河】 5月17日，经过近3年的筹划研究和多轮论证，无锡地铁便民服务 “码上行”APP正式启动公测，开启国内扫码乘地铁的先河。“码上行”APP是由无锡地铁集团联合八维通共同设计开发的一款生活服务类APP，旨在为广大市民乘坐地铁提供更为方便快捷的无卡化乘车方式。至年底，“码上行”APP注册用户逾40万人，实名用户达25万人，每天扫码用户超过6万人次，约占地铁客流量的30%，用户月增长保持在4.6万人左右。同时启动对机场、楼宇物业等公共资源的整合，为更好地推动智慧城市发展奠定基础。

（周 明）

【公共自行车一期项目启动】 5月31日，无锡市政府2017年为民办实事重点工程——无锡市公共自行车一期项目正式开通试运营，该项目实行日累计1小时内免费租用，不收取押金，超出免费时段每小时收费1元，每日最高租金不超过20元的租车服务。初步构建以地铁车站为中心的“最后一公里”慢行网，与地铁换乘率达40%，切实发挥公共自行车的社会效益。

（周 明）

【高锋获“全国交通技术能手”称号】 6月16日，无锡地铁电客车司机高锋荣获第八届全国交通运输行业轨道列车司机职业技能竞赛“全国交通技术能手”称号，也是唯一获此殊荣的江苏选手。由交通运输部、人力资源社会保障部、中华全国总工会共同举办的中国技能大赛——第八届全国交通运输行业“中车株机·捷安杯”轨道列车司机职业技能竞赛，是轨道交通行业第一次大规模的国家级一类比赛，也是地铁司机岗位首次出现在全国竞赛的大舞台上。

（周 明）

【无锡地铁集团获城市建设突出贡献集体二等奖】 7月7日，无锡市委、市政府召开全市城市现代化与城乡发展一体化工作会议。会议对无锡市2011~2015年度城市建设作出突出贡献的集体和个人进行表彰，无锡地铁集团有限公司获集体二等功，无锡市轨道交通规划建设领导小组(指挥部)办公室、无锡地铁集团有限公司建设分公司获集体嘉奖，梁志恒、尤丹获个人二等功，谢辉、吴赞阳等12人获个人嘉奖。

（周 明）

【公租房整租项目在地铁集团落地】 10月9日，无锡市住建局、地铁集团党建共建暨公租房签约仪式在地铁大厦举行。作为无锡首例公租房整租项目，为深化无锡市为民办实事项目，开创无锡行政部门助力国企发展的新态势，推动无锡地铁“人才强企”战略的实施和现代企业发展提供强大支撑。无锡地铁共有公租房源162套，已实现配租144套。

（周 明）

地体3号线盾构隧道　　（宦 玮 摄）

【中国盾构创新发展国际论坛在无锡举办】 10月27~29日，首届“一带一路”助力中国盾构创新发展国际论坛在无锡举办，会议围绕“一带一路”助力中国盾构创新发展主题，以专题论坛的形式，共同研讨中国盾构产业的产、学、研、用等技术研发、推广应用以及合作交流，探讨和研究盾构设备的设计、制造、应用以及技术创新，有利于促进中国盾构产业发展。

（周 明）

【连城新天地食尚广场开业】 10月28日，无锡地铁2号线上马墩站上盖物业——“连城新天地食尚广场”开业。“连城新天地”是国内仅有的6个“中国城轨交通资源经营示范品牌”中唯一的地铁商业街品牌。该项目位于无锡市梁溪区上马墩路16号，总体量达8000平方米，主出入口共3个，下沉广场与上马墩站站厅相连，乘客可在地铁站内直接搭乘扶梯到地上商业区，进行娱乐购物等休闲活动。

（周 明）

【全国城市轨道交通文创产业发展研究中心落户无锡】 11月17日，“全国城市轨道交通文创产业发展研究中心”在无锡正式成立。该中心是由中国城市轨道交通协会委托资源经营专业委员会管理和指导，专事开展城市轨道交通文创产业领域政策研讨、专业交流和协同发展的专门机构。通过严格审核，协会最终选定将“城市轨道交通文创产业发展研究中心”设于无锡地铁，由无锡地铁集团担任理事长单位。至此，城市轨道交通行业有了独立权威的文创发展研究机构，为规范和促进行业文化发展起到积极作用。

（周 明）

【地铁控制中心获“鲁班奖”】 12月28日，无锡地铁1号线控制中心及配套工程获得2016~2017年度中国建设工程“鲁班奖”。无锡地铁控制中心是无锡地铁的运行中枢，自2011年起桩基施工开始，直至2016年正式交付使用，建设单位无锡地铁集团有限公司、代建单位无锡城市发展集团有限公司、施工总承包单位江苏正方园建设集团有限公司和各参建单位通力合作，克服专业多、体量大、技术难度高等困难，按期完成建设计划。无锡地铁控制中心及配套工程总建筑面积约12万平方米，其中地上28层，地下2层。

（周 明）

【地铁档案管理】 12月，无锡地铁集团被国家档案局和国家发改委确定为全国企业电子文件归档和电子档案管理第一批试点单位，参编的《城市轨道交通工程文件归档要求与档案分类规范》获国家档案局批准，并作为档案行业标准将于2018年1月1日在全国范围内实施。

（周 明）

水　路

【概况】 2017年，无锡航道部门完成投资9.92亿元。锡澄运河航道整治工程稳步推进，151号铁路桥建设全面启动，完成投资2.3亿元。特大桥下部结构完成总工程量的93%，路基段完成总工程量的50%。茶岐桥、先锋桥、沿山大桥和镇澄桥完成交工验收。锡澄运河新夏港船闸工程被评为江苏交通优质工程。锡溧漕河二期宜兴航道段整治完成40%。惠山直湖港段涉及水利节制闸和老船厂段的变更已通过审查，与水利进行对接双方同步施工。锡溧漕河大桥完成招投标工作，老桥拆除方案通过评审。申张线桥梁工程前期启动，完成投资2900万元，为年度计划的58%。征地拆迁工作正在进行。锡北线剩余段航道整治工程全年完成投资5200万元，实施5号桥改建。苏南运河无锡段竣工验收准备基本到位。工程档案专项验收、环保验收顺利通过，工程竣工决算完成，竣工验收申请上报省厅。5个干线航道服务区建设进展顺利，其中锡澄运河新夏港船闸服务区已进入试运行；锡澄运河惠山服务区完成主体结构施工；芜申运河徐舍水上服务区主体工程稳步施工；锡北线水上服务区主体工程建设基本完成；文庄服务区完成方案设计。锡溧漕河护岸钢板桩施工，首次采用新型静压植桩机，减少施工期间对周边企业、居民的影响，节约资源，减少污染。圆满完成专项养护工程和航闸日常养护目标，养护工程全部通过验收，施工质量优良、施工安全和廉政安全符合规范要求，工程质量全面创优。辖区干线航道通航保证率、船闸设备良好率、优良闸次率、航标正常率均达100%。民生服务提升，江阴船闸不断优化服务，全年通过船舶21.5万艘、7154万总吨，分别比上年增长28.4%、41%，创历史新高。实现建成水上服务区岸电设施全覆盖，积极与供电部门合作，先后在苏南运河新安水上服务区和芜申运河宜兴服务区各安装12套24个泊位的船舶岸电接电设施，芜申运河宜兴水上服务区岸电项目获得部级低碳补贴34万元，是57个项目中唯一一个内河航道岸电项目。4月，“感知航道”外场监控延伸工程(一期)项目通过专家组验收。完成无锡市锡山区、惠山区境内的锡十一圩线和锡溧漕河两条省干线共计32公里航道高清监控视频全覆盖，共计23个点位、46路高清视频监控，建成锡山、惠山两个分控中心。信息化建设、科研项目不断深化，紧抓“智慧交通”信息化工程和省航道局实施“船联网”项目的机遇，提升苏南数据中心的分析和应用水平。省航道局委托试点的全省首个军民融合信息化项目“江苏航道桥梁净空高度检测系统”通过验收，船民能够通过全省航道公共信息服务APP，方便及时地获取桥梁净空高度，并据此调节载货量。同时，积极开展网络与信息安全基线标准项目试点建设，完成“错位布置双线船闸闸首结构受力机理及变形控制研究”课题的科技成果鉴定，技术水平达到国内领先，获得2017年度中国水运建设行业协会科学技术奖三等奖。全面开展QC小组活动，完成4项QC成果。江阴航道处航政QC小组的“降低航政巡查油耗”项目获得2016年度全省航道系统优秀QC成果三等奖，市区航道站QC小组被评为2017年度江苏省交通行业优秀质量管理小组。年内，航道安全形势稳定，开展3期全市航道系统安全培训，参培人数达80余人。开展安全检查27次，发现隐患174起，整改率100%。深入贯彻执行《中华人民共和国航道法》，做好配套法规宣传贯彻，积极开展各类法治宣传教育活动，加大新媒体法治宣传力度，打造具有航道特色的法治文化宣传阵地，发放宣传手册和资料450余份，办结航政许可25起，上报省局审批2起，实施航道通航条件影响评价30起，全年累计巡航38422公里，拆除违章搭建3处约680平方米，处理违章50起，处罚6起。市航道处被评为无锡市级行政执法单位2016~2017年度执法为民先进集体。

至年底，无锡航道总里程为1687.16公里，达等级航道里程为481.09公里。其中，三级航道76.83公里，四级航道66.24公里，五级航道117.84公里，六级航道90.57公里，七级航道129.61公里，等外航道1096.88公里。全市航道密度达每百平方公里35.24公里，等级航道密度10.05公里/百平方公里，在全省处于领先水平。

(陈武宁　蒋晓军)

【锡澄运河水上服务区建成运行】 12月30日，锡澄运河水上服务区建成运行。锡澄运河水上服务区配套设施项目位于临港街道新澄杨路南侧、新夏港河西侧，服务区建筑面积5000平方米，于2016年4月10日开工建设，主要功能是为船民提供加油、加水、超市、船舶维修、污水垃圾回收等服务，总投资2500万元。

(蒋晓军)

【锡十一圩线大东港段航道疏浚养护工程通过验收】 12月25日，锡十一圩线大东港段航道疏浚养护工程顺利通过验收，被评为优良工程。锡十一圩线大东港段航道疏浚养护工程系锡山区航道管理处2017年航道日常养护工程，工程按照四级航道标准设计，疏浚长度685米，疏浚土方30012立方米。工程自11月中旬开工，经过一个多月的紧张施工，现场施工作业和内业资料整理于12月20日全部完成。

(蒋晓军)

【干线航道绿化和环境整治】 1月~6月，市航道处根据省、市关于落实交通干线沿线环境综合整治“五项行动”的会议精神，积极行动，制定《无锡市内河干线航道绿化和环境整治专项行动实施方案》，成立领导小组，组织召开无锡内河干线航道环境综合整治工作推进会，明确工作职责，围绕节点细化方案。在此基础上，全面排查全市内河干线航道沿线存在的垃圾、违章建筑、碍航设施等脏、乱、差的环境问题和存在明显缺陷的绿化问题，完成市辖区五级以上省干线航道绿化和环境整治的调查摸底工作。共涉及垃圾50处，违章建筑118处，碍航设施42处，临跨河设施81处，损毁补植47处，同时，紧密结合工程建设在锡澄运河全线设置6个绿化节点，总投入约900万元。完成锡十一圩线惠山段绿化环境整治工程施工图设计，锡澄运河新夏港水上服务区和锡北线水上服务区绿化景观设计；努力打造一批绿化和环境提升的干线航道示范段。8月25日,市航道管理处联合梁溪区综合行政执法局、滨湖区干线航道整治办公室等单位,对苏南运河市区段进行航道巡查,重点对航道内存在的环境问题和绿化问题进行全面排查。

(蒋晓军)

【新安水上服务区新添汽车充电桩】 7月,市航道部门与国联科陆无锡新动力有限公司签订合作协议,致力于方便船民出行,提供更加便捷的汽车充电服务。新安水上服务区完成10个充电停车位充电桩的建设,可同时对10辆电动汽车进行充电,且充电插座接口可接入国内主要电动汽车类型,满足不同品牌电动车的充电需求。电动汽车充电可通过充电卡支付、账户密码支付、扫描二维码支付等3种支付方式进行充电支付。同时,用户可通过登录"无锡充电APP"查询充电站位置。

(陈小丽)

【新夏港船闸通过优质工程现场审查】 7月21日,"江苏交通优质工程"复查专家组对锡澄运河新夏港船闸工程项目进行现场复查。新夏港船闸按Ⅲ级船闸标准建设,设计最大船型为1000顿级船舶,船闸规模为23×180×4米(口门宽×闸室长×最小门槛水深),工程于2012年11月1日开工,2015年12月22日通过交工验收并投入试运行。该项目是全省水运工程标准化建设试点项目,克服建设场地狭小、前期矛盾突出、所在地质复杂、闸位布置困难、安全监管压力巨大等重重困难,采取工程管理创新、设计创新、科技创新等质量创优措施。特别是首次采用"闸首错位布置、三墙两闸、全钢板桩闸室墙"的全新设计,填补国内双线船闸错位布置方式的空白,减少土地占用面积,减少水工结构工程量,节约资金约2000万元,节能环保效益显著。该工程的"提高船闸钢板桩成桩质量"QC小组被表彰为全国交通行业优秀质量管理小组,"内河船闸热轧钢板桩施工工法"被命名为山东省省级工法,"一种错位布置船闸的新型结构缝"于2017年4月5日获国家实用新型专利。新夏港船闸项目交工验收监理评分93.8分,质监机构评分94.0分,该项目质量创优的各项措施与成效,在此次"江苏交通优质工程"复查中得到专家组肯定。新夏港船闸交付通航试运行以来,船闸运转正常,水工建筑物稳定,未发现明显的不均匀位移沉降,满足船闸正常生产生活要求。截至6月30日,该船闸共开放36000闸次,通过船舶216001艘次,船舶通过量1.2亿吨,货物通过量8363万吨,整体运行情况较好。

(朱 瑛)

【江阴船闸船舶通过量创历史新高】 年内,江阴船闸全年船舶通过量达21.5万艘,比上年增长28.4%;总吨位7153.5万吨,比上年增长41%。3月16日,江阴船闸创单日放行船舶数量和通过吨位的历史新高,全天共计放行各类船舶967艘,合307308总吨。自江阴船闸整体搬迁至新夏港河以来,船舶过闸效率明显提高,千吨级船舶可从新船闸直达长江,到上海入海,真正实现江海联运;船舶过闸服务水平日益提升,船舶过闸实现"一站式"便民服务管理,枯水期船舶待闸时间由原来15天缩短至5天左右;船舶过闸流程不断优化,进一步完善"三分管理"模式,充分利用通闸提升船闸运转效能;船舶过闸安全得到保障,新船闸安全运行超过600天,江阴船闸整体安全运行超过5000天。

(黄志宇)

【三个项目通过验收】 4月27日,市航道管理处"感知航道"外场监控延伸工程(一期)项目通过专家组验收。"感知航道"信息系统是无锡市航道管理处在全国范围内率先建成的利用现代传感器技术、图形图像分析技术、无线传感网技术等信息技术,对航道基础信息自动化数据采集、传输和智能化分析的内河航道信息系统。航道视频监控是"感知航道"的基础,"感知航道"外场监控延伸工程(一期)项目旨在进一步拓展现有"感知航道"的监管范围和服务效能,主要对无锡市锡山区、惠山区境内的锡十一圩线和锡溧漕河两条省干线共计32公里航道进行高清监控视频全覆盖,项目于2016年12月开工建设,2017年4月完工。该项目采用高清低照度智能监控系统,在清晰度方面较以往有大幅提升,还可导入电子地图,能够标注监控点位位置。监控系统采用星光级固定枪型网络摄像机和高清网络智能球摄像机,能够在夜间对航道进行监控,解决以往夜间监控难的问题。在提升性能的同时,该项目在共享资源、节约成本方面做出积极尝试,项目全线设置的23个监控点对应的23座铁塔,采用租用和自建相结合的模式,其中,借用移动公司通信铁塔13座、高度为38米,自建铁塔10座、高度为20米,大大降低建设成本。每个监控点设置2个摄像头,整个项目共计46路视频同步全天候实时监控,确保航道智能监控视野广、全覆盖。

6月29日,"江苏航道苏南数据中心安全等级保护一期项目"顺利通过验收,标志着苏南数据中心在全省范围内率先正式启用。

12月26日,"江苏航道桥梁净空高度检测系统项目"通过验收,该项目由中国航空工业集团公司雷华电子技术研究所(607所)承担主要建设任务。607所是一家军工系统科研院所,主要从事军转民用雷达产品的开发和研制。该项目采用低功耗、小体积、高精度雷达测量设备以及云计算、4G通信等技术,实现对无锡境内省干线航道上5座试点桥梁的净空高度直接测量,并通过在桥梁两侧安装LED情报板,实现桥梁净空高度数据的实时发布。此外,系统软件通过获取桥梁的高度数据、桥梁所处航道的最高通航水位以及水文局发布的实时水位信息,间接推算出省干线航道上其他桥梁的净空高度数据。系统投入运行后,通过全省统一的航道公共信息服务APP发布桥梁净空高度数据,使过往船民能够及时根据桥梁净空高度调节载货量,从而达到保障船舶通航安全的目的。"江苏航道桥梁净空高度检测系统项目"是江苏省航道部门采用信息技术实现为民服务的新举措,由无锡处试点建设,将于全省范围内进行推广运用。项目首次采用租赁服务的方式,在项目核心测量设备上,运用607所研制的雷达线性调频连续波等军转民用技术,积极响应国家深入实施军民融合发展战略的要求,开创江苏航道军民融合先例。

(刘辰辰)

【一项科技成果通过省级鉴定】 1月9日,江苏省交通运输厅在南京对由无锡市航道管理处、南京水利科学研究院、中交第二航务工程勘察设计院有限公司共同承担的“错位布置双线船闸闸首结构受力机理及变形控制研究”科研课题进行科技成果鉴定。鉴定委员会由来自中设设计集团、河海大学、南京航空航天大学和省厅质量监督局的水工结构、土木工程、质量鉴定等方面专家组成，在听取报告、质询和讨论后，鉴定委员会一致同意该课题通过科技成果鉴定，认为课题研究成果达到国内领先水平。

该研究课题是无锡航道处依托锡澄运河新夏港船闸建设工程开展的。新夏港船闸在省内首次采用双线错位的新型结构布置方式设计，具有减少工程占地面积，节约土地资源；减少工程量，降低投资成本；提高船舶航行安全性；节省资源，利于环保等优点。但这种新型结构形式的受力特点、变形机理尚未有明确研究，且全国范围内已建错位布置双线船闸较少，缺乏可借鉴经验。为此，该课题针对此新型船闸结构，通过三维有限元分析和原型观测等手段，研究错位布置双线船闸的受力机理，分析两闸首错位布置后相邻闸墩的相互作用的特点及规律、不对称土压力对闸首变形的影响；通过分析不同施工工序对闸首内力、变形的影响，提出错位布置船闸的最优施工工序；并通过原型观测论证分析方法的合理性。该课题的研究成果为今后同类型船闸的建设提供重要理论依据，实用性强，具有推广应用价值。

（刘辰辰）

港口

【**概况**】 2017年，无锡港完成投资1.02亿元。无锡（江阴）港阿尔法石油化工码头改扩建工程开工建设，无锡（内河）港惠山港区中化石油无锡分销油库码头完成主体建设，无锡（内河）港城郊港区新安大桥作业区码头二期工程码头主体完工。港口生产经营稳定，全年完成货物吞吐量2.14亿吨，集装箱吞吐量57.09万标准箱，比上年分别增长13.56%、13.67%。其中，江阴港完成货物吞吐量1.6亿吨，集装箱吞吐量54.07万标准箱，比上年分别增长21.01%、13.48%。内河港完成货物吞吐量0.54亿吨，集装箱吞吐量3.02万标准箱，比上年下降3.94%和增长17.28%。年内，港口行业管理逐步规范，完成岸线普查摸底，规划沿江港口岸线23.4公里，内河港口岸线23.22公里。补办沿江6个码头、11个泊位的港口建设手续，542家码头企业已发放港口经营许可证496张，持证率达92%。结合贯彻新版《中华人民共和国安全生产法》和港口“安全管理年”活动，印发《2017年度无锡港口安全监管计划》《无锡市2017年港口管理工作要点》，落实安全责任，确定主体责任试点，进行安全检查，培训持证上岗人员，62名主要安全管理人员和66名装卸管理人员参加考核。开展港口危险品管理、化工企业“四个一批”（关停一批、转移一批、升级一批、重组一批）、沿江内河非法码头整治等活动，出台《无锡市内河干线航道沿线非法码头整治工作方案》，沿江2个港口非法码头整治任务基本完成，内河38个港口非法码头集中整治加快推进，已完成取缔4个，提升5个。港口粉尘防治、水污染防治和绿化水平等综合环境整治有力推进，江阴港口岸电项目获中央资金奖励。开展长江水上过驳专项整治，出台关于全力推进长江江阴段水上过驳专项整治工作的相关意见，明确江阴港口集团作为江阴临时水上过驳作业区管理主体，初步制定江阴临时水上过驳作业区管理制度体制和设计方案，完成长江江阴段49艘水上过驳浮吊船舶的现场核验和整合工作，接收常州孢子洲分流水上过驳浮吊船舶10艘，临时过驳区正规化管理走在全省前列。

（朱海清）

【**推进港口口岸转型升级**】 年内，江阴港口口岸系统推进港口口岸转型升级，圆满完成各项工作任务。全港完成建设投资1280万元，中石化滨江油库码头改扩建工程、丽天石化码头改扩建工程通过竣工验收，完成申港河航道航标设置工程，启动15号锚地锚界浮修复项目。打造绿色生态港口，最大限度保护长江岸线。通过修编《无锡（江阴）港总体规划》，将部分港口岸线调整为生态保护岸线，压减码头泊位规划数量。出台《无锡（江阴）港港口船舶污染物接收转运和处置设施建设方案（试行）》，沿江码头普遍达到污染物接收处置能力要求，相关设施常态化运行。完成船用岸电设施、港口粉尘综合防治年度任务，开展码头油气回收试点，获批中央和省奖励资金639万元。城区渡口搬迁前期工作基本完成。优化口岸发展环境，通过开展文明共建、行风评议等活动，进一步加强口岸监管相关部门的协作配合。申夏港区港口集团件杂货码头扩建工程对外开放，3个万吨级泊位通过开放预验收。电子口岸二期工程全面建成，年内，电子口岸平台完成审批业务4.1万余票，为企业节省物流费用约500万元。提升安全监管能力，建成港口危险货物应急物资储备库并投入使用。开展“港口安全隐患排查治理年”活动，将排查出的安全隐患全部录入省安全监管信息系统，由专人督促整改到位，实行闭环管理。完成13个危化品项目的安全条件审查和安全评价，提高对危化品码头的检查频次，做到每个季度全覆盖，禁止新增作业货种。推进依法治港，开展“两减六治三提升”、化工企业“四个一批”、交通干线环境整治等专项行动。长江江阴段水上过驳整治工作取得阶段进展，完成浮吊压减整合目标，初步实现规范化管理。改进服务效能，优化审批服务。全年走访52家港口企业，解决实际问题80多个。根据江阴相对集中行政许可权改革部署，港口岸线许可、港口经营许可自10月9日起交由江阴市行政审批局行使。至年末，江阴港沿江拥有千吨级以上生产性泊位125个，舾装泊位8个，生产性泊位中，万吨级以上泊位39个，其中，10万吨级以上泊位5个，对外开放泊位36个。全年完成港口货物吞吐量1.60亿吨（不含靖江园区），集装箱吞吐量54.07万标准箱（外贸5.72万标准箱、内贸48.35万标准箱）。

（吴承彬）

【**完成电子口岸二期工程项目建设**】 11月，江阴外贸统一申报平台通过市信息办验收，标志着电子口岸二期工程项目全面建成。江阴电子口岸二期工程项目自2015年开始启动建设，项目内容包括江阴口岸移动业务平台、江阴开放码头卡口验放管理系统、海关保税仓库出入库网上审核系统、江阴电子口岸微信应用项目、江阴口岸国际航行船舶申报无纸化管理平台、江阴口岸查验协作平台、江阴外贸统一申报平台等7个子项目。电子口岸二期工程各子项目系统具有“小、快、灵”的显著特点，部分子项目在省内乃至全国属于行业内首创，得到上级部门和广大企业用户的一致好评。年内，江阴电子口岸平台注册企业128家，流转各类审批事项4.1万余票，为企业节省物流费用约500万元。电子口岸二期工程项目的全面建成和应用，对提升江阴口岸通关效率，促进外贸便利化作用明显，标志着江阴口岸国际贸易“单一窗口”的框架基本构成，“智慧江阴港”的目标初步实现。

（赵寇兰）

【船舶检疫首创“菜单化”执法系统】 1月，由江阴市口岸办投资、江阴电子口岸公司与江阴出入境检验检疫局(简称“江阴国检局”)联合开发的江阴口岸国际航行船舶申报无纸化管理平台启用，该平台是按照江阴国检局对口岸国际航行船舶的检疫监管需求开发的“菜单化”执法系统。口岸国际航行船舶通过该系统提出业务申请，由系统对照预置的规则对数据来源进行判定，自动生成检疫指令，将查验内容以执法菜单形式直接发送到江阴国检局查验人员的手持移动终端，查验人员按照菜单指令开展船舶检疫查验。该系统还具有点击式输入、证据固定、结果暂存和信息反馈等多项功能，促进船舶检疫工作的精准和规范，实现国际航行船舶申报的无纸化管理，在全国口岸中属于首创。9月，中央电视台新闻频道在《新闻直播间》栏目以《质检总局:船舶检疫监管云平台试点成功》为题进行专门报道，质检总局也拟在全国口岸推广该系统。年内，该系统已累计为口岸国际航行船舶节约通检时间约6500余小时，为江阴口岸推进贸易便利化发挥重要作用。

（赵寇兰）

【港口船舶污染物接收处置设施基本建成】 年内，江阴港船舶污染物接收处置设施基本建成。为贯彻落实国务院《水污染防治行动计划》、交通运输部《船舶与港口污染防治专项行动实施方案（2015~2020年）》，切实做好港口水污染防治，全面推进港口码头、修造船厂和到港船舶的污染物接收、转运和处置设施建设，江阴市政府出台《关于印发〈无锡(江阴)港港口船舶污染物接收转运和处置设施建设方案(试行)〉的通知》，要求江阴港范围内的码头企业、修造船厂和到港船舶等排污单位应按照《港口码头、装卸站和船舶修造、拆解单位船舶污染物接收能力要求》《船舶污染物接收和船舶清舱作业单位接收处置能力要求》《船舶污染物排放标准》《化学工业主要水污染排放标准》，完善污染治理设施建设，规范运行管理，实现达标排放。同时建立港口、海事、环保等相关职能部门参与的联合监管机制，对港口船舶污染物接收、转运、处置作业的全过程实施联单管理制度。年内，沿江码头的生活污水已全部接入市政污水管网，固体废弃物已由所在地环境卫生管理所集中清运处置，码头接收船舶生活污水设施和危险废物贮存仓库已完成建设和修缮，从事化学品装卸作业的码头已全部具备化学品洗舱水接收能力，到港船舶的生活垃圾和含油污水均由第三方有资质单位负责接收转运处置。港口船舶污染物接收处置设施基本建成后，对增强港口水污染防治能力、改善港口水环境质量发挥显著作用。

（夏长发）

【港口危险货物应急物资公共储备库投用】 11月，江阴港口危险货物应急物资公共储备库通过省交通运输厅和无锡市交通运输局专项验收，正式投入使用。为强化港口危险货物安全管理，满足事故状态下实施应急救援和应急指挥的物资需求，江阴港于2016年6月启动建设港口危险货物应急物资公共储备库。2017年7月，位于江阴港石庄、利港、长山3个港区，分别由3个码头企业（江阴华西化工码头有限公司、江苏丽天石化码头有限公司、中石化燃料油江苏江阴滨江油库）提供现有库房，改造为港口应急物资公共储备专用库，建设工程按期完成，防护用品类、生命救助类、污染清理类、动力燃料类等10个种类、共110种应急物资已完成政府采购并入库存放。根据江阴港重大危险源分布情况、码头作业货种的危险性和应急物资公共储备库的应急辐射范围，应急物资在石庄库、利港库、长山库按5:3:2的比例分配储存。港口应急物资公共储备库投用后，有效缓解港口危险货物事故初期处置应急物资匮乏的缺陷，提升江阴港危险货物事故应急救援能力。

（潘勇瑾）

【强化港口管理】 年内，无锡市港口管理站认真贯彻《中华人民共和国港口法》《江苏省港口管理条例》，严格按照《港口经营管理规定》要求办理港口经营许可证。按照港政执法工作计划，做好干线航道沿岸码头的日常巡查、岸线普查，组织开展辖区港口码头经营许可证的到期换发工作。建立和完善辖区内各类管理台账，特别是辖区内港口经营许可登记台账、港口经营许可证发放台账。对3个城区范围内港口企业进行全面摸底走访，特别是对梁溪区与滨湖区和惠山区城郊接合部的港口企业进行摸底排查。制定《2017年港口安全工作责任书》，并于1月与辖区的12家企业签订安全工作责任书。做好辖区港口企业的安全生产大检查、危险化学品专项整治和重大节庆前的危货码头安全大检查，全年共组织安全检查52次。

（倪　健）

【新安大桥作业区通过竣工验收】 6月7日，无锡内河港城郊港区新安大桥作业区码头一期工程通过竣工验收。该作业区位于无锡市新吴区空港产业园，东至沪宁铁路，西至京杭大运河，南至硕放大桥，北至312国道，于2010年3月开工，投资3.71亿元，占地约20公顷，设置500吨级泊位11个，岸线长度629米，年通过能力约408万吨。

（朱冯佳）

【港务公司经济效益稳中趋好】 年内，无锡市港务公司围绕“转型发展、二次创业”总目标，以“三大突破”(主业经营有明显突破，资产征收有明显突破，债务处置有明显突破)为具体任务，坚定扭亏增盈、转型发展的信心，充分调动公司中高级管理人员的主观能动性、积极性和创造性，发挥团队集体智慧和力量，确保各类资产安全运营，妥善处置债务纠纷，及时推进资产收储进程，完成全年各项经济目标。全年完成营业收入1940.16万元，比上年增加99.68万元。其中，装卸主业营业收入484.58万元，比上年减少0.59万元；租赁收入1278.1万元，比上年增加118.99万元；操作量118.67万吨，比上年减少20.57万吨；吞吐量94.24万吨，比上年减少18.37万吨。安全风险控制工作平稳。4月1日，“运港商城”微信平台正式推出，运港商城共上架六大类、近百款商品，至年底，实现销售额20余万元。完成无锡市快立充新能源充电服务有限公司的工商变更及区域划分，公司正式成为无锡市快立充新能源充电服务有限公司的股东，占股比例为34%。至6月28日，国储二期项目完成交付使用场地面积1.65公顷，现与国储签订的所有租赁场地已全部交付，国储公司承租总面积达3.1公顷，年租金收入213.53万元。

(刘晓炎)

联运

【概况】 22017年，无锡市联运公司不断调整经营结构，紧紧围绕公司总体奋斗目标，抓机遇、求发展，各方面工作取得显著成绩。全年完成总营业收入8238万元，运量7.2万吨，周转量771万吨公里，实现利润376万元。年内，公司在“物流物业双轮驱动”战略指导下，努力开拓市场，创新思路，拓展公铁联运、水陆联运等业务。物流板块超额完成生产经营计划，拥有仓库约40000平方米。不断盘活资产存量，将现有两个加油站与交通石化合作经营，先后投入资金500万元，对加油站进行形象改造，增加安全系数，开展免费洗车服务，两个加油站原年利润30多万元，改造后每年利润600万元，效益大幅增加。长期空置的总建筑面积3万平方米的联运大厦，引入上海专家医疗团队，开设无锡国济康复医院，集康复、养老、医疗于一体，设有床位约700张，一期投资约2亿元，二期投资约1亿元，该项目已经列入梁溪区重点项目。同时，将运河码头连同场地交由专业的市政公司经营，增加公司经济效益。

(彭广曦)

交通运输管理

【概况】 2017年，无锡市交通运输管理部门着力促进创新发展，改善从业环境，优化市场秩序，提升治理水平，有效推进全市道路、水路运输行业的转型升级。召开首次城市客运联席会议，开展公交优先示范城市创建工作，成功入选全省第二批公交示范城市建设试点。新辟、优化公交线路35条，新增、更新公交车辆190辆，日均客流量达109万人次，公交出行群众满意度测评达86.73。探索开通“锡公交”定制公交、城市微循环巴士等新模式。新投入城市公共自行车10100辆，新增服务网点353个，引入摩拜、ofo等9种共享单车品牌，全市共享单车总量超过39万辆。优化提升客运服务保障，推出空巴联运、高铁接驳、城际快车、公务(商务)包车、校园快线、城际拼车等定制客运服务。完成春节、五一、国庆等节运工作，三大节运累计安全疏运公路客运旅客790余万人次，连续18年被评为全省春运工作先进单位。完成江苏发展大会、无锡乡贤恳谈会、2017高层次人才创新创业交流大会、世界物联网大会等交通运输保障工作，累计征用社会营运车辆495辆、驾驶员520名，组织调度运输任务2200余次，其中，物联网大会得到市政府通报表扬。网约车发展稳中求好，5家平台公司获得“网络预约出租汽车经营许可证”，通过“无锡运管”公众微信号或“无锡市运输服务网”申请网约车道路运输证共3138条，经审查符合条件核发电子道路运输证的网约车1250辆。网约车驾驶员证申请报名5414名，参加考试3142名，考试合格1757名，合格率达56%。道路货运加快转型升级，调整动力结构，逐步向运输工具大型化、企业规模化发展。全市道路货运经营业户11875家，道路运输货运车辆71659辆，分别比上年增长6.45%和12.37%。厢式货车和甩挂汽车列车组保持平稳，全市厢式货车和专用货车25748辆，占比35.93%，比上年增长8.94%。引导推进企业发展多种形式甩挂运输，众盟物流进一步探索发展“挂车池”挂车租赁互换业务模式，开通无锡到广州等干线甩挂线路20条；无锡速通物流采用“网络型甩挂”模式，开通15条循环甩挂线路，业务覆盖华东、华南、华中、华北，年甩挂运输量达18.6万吨。鼓励培育无锡众盟物流、宝航物流等中小联盟企业抱团发展，众盟物流新建物流联盟共同站场实现联盟作业场站的集约化，吸引加盟专线56家；宝航物流联盟吸引加盟企业100余家，多家联盟企业通过共用信息系统，完成业务的订单、结算统一，逐步突破联盟纵深发展瓶颈。3个省级多式联运示范项目完成投资1亿元，逐步形成公路、铁路、水路联运先发态势。积极推进无车承运人试点工作，试点企业通过平台降低货车空驶率近10%，满载率提高15%，运输及时率提高到96%。内河船舶标准化建设超额完成既定目标，拆解船舶135艘。行业信息化建设迈上新台阶，汽车维修电子档案系统建设加快完善，已有597家一类、二类维修企业实现数据对接，占总数的75%以上。“无锡修车网”提升服务水平，行政办事提供网上一站式服务。“诚信乐驾”新模式广泛推广，全市有59所驾校已经实施“预约培训、先培后付”，占全市驾校总数93.6%，共有6.3万名学员报名新模式，累计培训学员4.5万余人。

水上交通安全形势总体稳定，未发生一般及以上水上交通事故。完成苏南运河无锡段山北大桥拆建、锡澄运河151#铁路桥施工等重点水上交通安全保障工作。年内接处警637起，救助船民127次，救助船舶83艘次，挽回经济损失329.4万余元，人命搜救率100%。出台无锡市地方海事局进一步深化海事船检改革的实施方案和无锡市地方海事局关于印发海事“1+N”执法机制实施方案的通知等文件，推进海事“1+N”执法机制改革，加快构建水上安全监管新格局。“智慧海事”建设取得重大进展，锡澄运河“感知海事”新建33个点位、62个摄像头(包括“263”危险品船舶专用监控)、2座AIS(船舶自动识别系统)基站、1座甚高频基站，完成8艘海巡艇船载视频安装、100套数字对讲终端配备以及各所甚高频系统改造等建设任务。结合AIS和VITS(水上交通安全监测预警系统)系统加强船舶进出港报告和动态监管，全市干线航道新增11个视频监控点并上线使用。安装1939台VITS,超额完成全年指标，完成率269%,其中危化液货船97艘，完成率100%。完成各类专项整治12个，核发五级及以上航道水工许可证37张。制定《无锡市内河港口与船舶污染物接收、转运、处置能力评估及设施建设实施方案》,实施危险货物运输船舶进出港申报1129艘次、船舶防污染检查5582艘次，收集船舶生活垃圾223吨，组织船舶燃油抽检154艘次，完成率192.5%。编制《无锡市防治船舶污染水域能力规划》,各基层单位按规划增添和更新船舶防污染应急设备。在全面实施海事所公共服务规范的基础上，完成《江苏省地方海事基层工作规范指南(草案)》,委托第三方开展明察暗访，实现基层海事执法窗口全覆盖，行业作风持续改进，海事行政服务窗口获无锡市市级机关“为民服务示范窗口”称号。

(李俊杰　杨　蕾)

【春运发送旅客838万人次】 2017年春运40天，无锡累计发送旅客838.65万人次，比上年下降4.04%。其中，公路、铁路、航空发送量分别为589.4万人次、215万人次、34.22万人次，分别比上年下降7.62%、上升2.95%、上升26.22%。春运开始恰逢学校放假，学生客流与务工人员客流叠加，使春运开始就出现一波客流高峰，节前客流高峰有所缓和。春运前5天共发送旅客112.8万人次，比上年上升4.12%。受高铁、民航分流等影响，公路中长途旅客客流持续下降，同时，私家车快速增长与高速公路免费通行政策下，越来越多的私家车主自驾探亲、返乡、休闲旅游出行。从公路客运的热点流向、流量来看，中长途客流除苏北方向外，浙江、安徽方向客流均有所下降，3个方向分别为55万人次、7.66万人次、7.02万人次，分别比上年上升2.63%、下降2.92%和16.92%。高铁运营能力提高，班次间隔短、舒适性强等特点为春运带来高品质的服务体验。京沪高铁、宁杭铁路等方向分别发送旅客34.73万人次和21万人次，分别比上年上升18.8%、23.13%。民航机场日均航班58架次，比上年上升8.15%。市区常规公交日均发送旅客89.1万人次，比上年下降6.71%。地铁1号线、2号线全面运营，日均发送旅客23.79万人次，比上年上升10.05%，最高峰为第38天，共有32万人次。

(李俊杰)

【市机动车维修行业协会获2016年度杰出执行单位】 2017年9月，中国汽车维修行业协会与汽车制造企业售后服务工作委员会在京联合举办中国汽车售后服务客户满意度调查(CAACS,简称卡思调查)表彰大会，会上，无锡市机动车维修行业协会荣获“2016年度杰出执行单位”称号。卡思调查是中国汽车维修行业协会受交通运输部委托，基于“汽车售后服务客户满意度评价体系”,在国内50个主要城市进行的汽车4S体系售后服务客户满意度调查研究活动。

(李俊杰)

【网约车驾驶员系统自动审核】 5月，市公安、交通两部门为简化工作流程，提高工作效率，建立专网连接，实现网约车驾驶员前景审核的自动比对自动审核。根据国家有关规定，从事网约车驾驶人员必须符合相关条件，申请人除向交通运输管理部门申请受理外，另须公安部门对申请人背景进行审核，审核通过方可从事网约车驾驶工作。由于网约车驾驶员资格准入涉及两个部门，过去只能通过人工传递、人工审核的方式进行，加之背景审核涉及公安内部多个系统，需要逐一比对，工作量较大，整个流程办理时间较长。现在交通部门预审合格的网约车驾驶员申请信息能自动传输给公安部门，公安部门通过系统自动进行审核，并将审核结果实时反馈回交通部门，提高了网约车驾驶员背景审查效率。无锡市自2017年网络预约出租汽车新政实施以来，申请网约车驾驶员资格的已达4000余人，并呈不断增长趋势。

(李俊杰)

【江阴环宇驾校获评示范驾培机构】 江阴环宇驾校继2008年后，2017年，再度被中国道路运输协会评为2016年度全国驾培行业“文明诚信、优质服务”示范驾培机构，江苏省共6所驾校获此称号。为进一步加强驾培行业精神文明建设，增强驾培机构优质服务、诚信经营的意识，引导驾培机构转型发展，提高培训和服务质量，树立行业正能量，中国道路运输协会继2008年、2011年和2013年后，第四次在全国驾培机构

中国无锡—柬埔寨西哈努克港航线首航仪式。　(吕　枫　摄)

中开展“文明诚信、优质服务”创建活动，江阴环宇驾校凭借科学的发展理念、不断强化的经营管理、完善的经营模式、规范的经营行为和一流的场地设施，继2008年首次获评全国“文明诚信、优质服务”示范驾培机构之后，再度获评。

(李俊杰)

【锡澄运河协同管理中心试运行】 12月19日，无锡市锡澄运河协同管理中心在无锡市地方海事局投入试运行，该中心将全市现有水上交通信息化资源进行深度整合，集监管、分析、服务等功能于一体，全面开启锡澄运河“智慧海事”协同管理新时代。协同管理中心主要涵盖海事业务协同、视频管理、地图监测、工作管理和海事服务，其中业务协同中囊括所有的海事业务。试运行阶段，无锡地方海事重点完成巡航管理、信息发布、应急处置、电子报港、行政处罚等功能的运用。该中心的运行将全面提高海事监管效率，增强监管力度，提升监管水平，进一步推动海事从粗放监管到科学监管的跨越、从汗水型到智慧型的升级、从全面监管到全方位服务的职能转变。

(朱　蓠)

【水上医疗救援】 3月1日，无锡市地方海事局与解放军第101医院共同签署水上医疗救援战略合作协议。水上医疗救援战略合作协议的签署，是无锡市地方海事局多方筹谋，积极创新保障涉水危情中人民生命、财产安全的新举措，将原有的水—陆救援模式，拓展为“水—陆+空—医院”无缝转运救援模式，在省内率先创新拓展内河水上搜救体系的新模式。为保障水上医疗救援战略合作的有效运转，无锡市地方海事局以水上搜救指挥中心为救援陆基中心，同时配备经过医疗改装的船艇，开辟水上救援训练场地。第101医院整合环太湖直升机救援基地，成立水上救援医疗队，双方共同建立作业规范，细化搜救流程预案，定期组织实战演练。

(吴晴晴)

【多功能船舶污染物接收处置船开工】 12月22日，无锡市地方海事局举行省内首艘多功能船舶污染物接收处置船技术交底会暨开工仪式。多功能船舶污染物接收处置船是2017年省政府“两减六治三提升”专项行动提出的试点任务，投入使用后，该船可以接收生活污水、含油污水和生活垃圾，并承担船舶溢油处置功能。该船预计2018年投入使用。

(朱　蓠)

【全省率先建成辖区“三基”资料库】 年内，无锡市地方海事局经过近半年的排查完善，依托“智慧海事”软件开发，率先建成辖区基本情况、监管对象基本信息和管理工作基本数据“三基”资料库，并通过无锡市水上交通安全预警搜救一体化监管平台上线运行。“三基”资料库修订是无锡市地方海事局推进海事“三化”(革命化、正规化、现代化)建设的一项重要工作，更是实施“1+N”海事执法机制和实现航道流域化管理的重要基础工作。利用“三基”资料库数据，海事部门在行政执法过程中就可精准定位、合理调度、就近出警，高效处理涉及水上交通安全监管的全口径业务。“三基”资料库涵盖全市地方海事组织构架、人员管理、设施设备、航道概况、船厂公司、重点工程、桥梁码头、水上旅游、危化站点、重点航段及行政执法、水上事故、施工监管、通航管理、安全检查、应急处置和船舶防污染等三大类、30项海事基本管理和工作信息，通过定期更新，有效实现海事人人知晓辖区基本情况，人人掌握监管重点，为海事高效管理、优质服务提供又一工作载体。

(吴晴晴)

【新区海事所获评全国先进集体】 年内，无锡新区海事所被交通运输部海事局授予2016年“全国海事系统‘三化’好形象好品牌先进集体”称号，全国共20家单位获得该项荣誉，新区海事所是江苏省唯一获得此荣誉的集体。新区海事所主要承担辖区京杭运河、望虞河、古运河等水域的水上交通安全监管和服务保障职责。辖区内货运码头林立，京杭运河无锡段三分之二水运货场集中于此，有无锡唯一的国家二类口岸集装箱专用码头、国家粮食储备库2家、国家航空煤油战备危险品码头2座、水上加油站点5个、大型混凝土公司10家、大型钢材码头5个，日均段面船舶流量1300艘，年水运货物吞吐量近3000万吨。辖区内旅游资源丰富，有“水弄堂”古运河、千年伯渎河观光游览、荡口、巡塘古镇特色游船、梁鸿国家湿地公园水上休闲等涉水景区5家，管理游船80余艘，年游客达50万人次，是集货物运输、水上旅游安全管理的基层海事所。近两年来，无锡新区海事所率先在无锡地方海事系统全面实施海事“三化”建设，率先试点运行《海事所公共服务规范》。年内，新区海事所为15项重点工程组织78次水上交通管制，抢救遇险船舶21艘、遇险人员51名，挽回经济损失超1000万元。

(吴晴晴)

编辑　郭　鹏

信息业

【概况】 2017年，无锡市以电子政务、智慧城市建设为核心，全面推进信息化工作，信息化建设保持良好发展态势。年内，无锡先后荣获“智慧城市建设20强”(《第七届中国智慧城市发展水平评估报告》，中国社会科学院信息化研究中心、北京国脉互联信息顾问有限公司发布)、“2017中国领军智慧城市”(国家信息中心和国际数据集团IDG评选)等称号，“中国无锡”政府门户网站获“全国地市级政府网站综合排名第一名”(七连冠)，市经信委荣获“2017中国智慧城市创新实践单位”称号。

(胡宁艳)

【信息基础设施建设】 年内，全市推动三大运营商、铁塔公司、江苏有线投资超26亿元，用于信息基础设施建设。发布《无锡市信息基础设施专项规划(2016~2020)》。4G网络覆盖进一步优化，网络质量进一步提升，新建铁塔1230座、新增4G基站(宏站)3152座，光纤宽带接入能力达1000兆，固定宽带平均接入带宽达60兆，城域网出口带宽达4.8太，移动互联网用户数达850万户。全市新建NB-IoT通信基站2600座，实现全市(含江阴市、宜兴市)全覆盖，NB-IoT网络在智能水表、智能停车等领域已有试商用。以光纤宽带为主的“企企通”工程继续推进，推广重点企业高带宽专线服务，组织全市43家企业申报省“企企通”工程试点企业。

(胡宁艳)

【智慧城市建设】 年内，全市智慧城市建设持续推进，在全国智慧城市发展水平评选中继续名列前茅。推进相关领域智慧应用，“智慧无锡”时空信息云平台整合全市地理信息资源，建立多时期影像、矢量、三维、街景、地理实体、跨部门专题数据、国土资源业务数据等在内的时空大数据库，深入开展典型示范应用及其他行业应用。“智慧课堂”全面开展，全市建成9所省级“数字化学习”试点学校、50所市级“智慧课堂”试点学校、34所“智慧课堂”国家级课题参与学校和284所“智慧教育云平台”用户学校，各项指标均在省内排名前列。“互联网+人社”深度应用，推出自助缴费平台，市民可以通过网银、微信、支付宝等支付方式进行自助缴费，拓展“无锡人社”微信服务平台功能，可查询最新政策、办事指南、招聘求职信息以及个人社保信息、人事考试结果等。《智慧养老建设规范》通过江苏省质监局专家组评审，获得省级标准立项。“无锡市社会养老便民地图”发布，市民可直观地查询周边养老服务机构信息，60家养老机构使用全市统一的智慧养老机构信息系统。视频展示手段多样，创新提出“视频云+”架构，整合汇集视频资源，结合“智慧无锡”APP、微信、互联网、惠民发布平台，提供多种“视频+公众服务”展示手段。“智慧交通”项目是在太湖新城核心区域近20个路口建设实施的亮点示范工程，在世界物联网博览会上成功进行示范应用展示。完成市级医疗数据中心建设，市区23家二级以上公立医院以及54家社区卫生服务中心医疗数据全部入库。编制出台《无锡市智慧体育总体发展规划(2017~2020年)》。组织进行2017年度无锡市智慧城市示范项目申报，确定“基于室内定位和全息互动的智慧场馆应用”等5个示范项目并给予资金扶持。组织进行省大数据应用示范项目申报，智慧无锡—— 一中心四平台(一期)项目获得民生类优秀示范项目。此外，深入调研国家智慧城市建设的相关政策要求、典型的地方实践经验和下一步发展趋势，全面分析无锡市智慧城市规划、建设和运营现状，在此基础上，开展《无锡市推进新型智慧城市建设行动计划(2018~2020年)》的编制工作。

(胡宁艳)

【政务信息系统及数据资源统筹管理】 年内，全市不断加强政务信息系统及数据资源统筹管理，取得良好成效。大力促进政务信息资源共享，城市大数据中心接入39家委办局、约5748个数据项，总计超过50

亿条的结构化和非结构化有效数据,建成数据事项485个、数据总量4.2亿条的人口库和数据事项376个、数据总量2.25亿条的法人库,为11家委办局提供多项数据服务。信息资源管理平台已完成全市107家单位、1378个信息资源、6946个数据元、17265个数据项的登记,已为数十家地区和政府部门提供数据服务。积极推动政务数据开放,全市开放的有效数据集达1030个,部门新上报开放数据全部录入无锡市政府数据服务网。无锡市政府数据服务网获贵阳大数据博览会中国地方政府开放数据指数发布会"数开丛生奖"。推动政务信息系统整合,发布《无锡市政务信息系统整合共享工作实施方案》。组织73家单位和部门进行政务信息系统自查工作,对16家重点部门进行政务信息系统审计工作,全面摸清市政府相关部门(单位)政务信息系统和政务信息资源底数,为推动跨部门信息系统联通,促进政务信息系统实现网络通、数据通、应用通做好准备。组织各市(县)、区政府和全市各委办局开展全市政务信息资源目录的编制工作,为建立完善全市政务信息资源目录体系打好基础。

(胡宁艳)

【完善信息安全保障体系】 年内,定期对全市183个政府及公共事业单位网站进行外部监测,出具安全监测报告、风险分析及安全策略建议,及时发现和处理网络安全隐患。组织开展全市重点企业工控系统信息安全检查,全市69家重点工控企业的97个工控系统整体情况良好。顺利完成中共十九大信息安全保障工作。组队参加江苏省第六届信息安全技通竞赛,无锡市代表队荣获党政机关组第一名等多个奖项,无锡市荣获优秀组织奖。法人数字证书一证通工作稳步推进,全年发放证书26.1万张,并在多个部门的近20个应用中,实现法人数字证书一证通用,全市有8个实体网点为全市企业提供数字证书服务。滨湖区山水城科教产业园的信息安全产业园挂牌。

(胡宁艳)

【首席信息主管队伍培训】 年内,按照《无锡市首席信息主管(CIO)管理办法》规定,全市4期CIO和1期信息安全保密主管共计培训856人次。此外,发挥信息化协会的优势,开展以移动办公、大数据、云计算、物联网、信息技术现代学徒制等内容为主题的信息化论坛和沙龙20余场,举办大数据应用创新大赛、信息技术领域创新创业大赛,举办物博会"智能制造与工业物联网"高峰论坛,规模达1200人。

(胡宁艳)

邮 政

【概况】 2017年,无锡邮政行业(包括邮政企业和规模以上快递企业)业务总量完成104.29亿元,比上年增长24.12%,业务总收入(不包括邮政储蓄银行直接营业收入)完成70.3亿元,比上年增长23.64%。其中,全市规模以上快递企业业务量累计完成4.51亿件,比上年增长29.74%;业务收入累计完成55.26亿元,比上年增长23.31%。全年共处理邮政业消费者申诉18220件,并全部妥善处理,为消费者挽回直接经济损失78.6万元,消费者满意率98.3%,较上年增长1.7%。先后出台《关于大力发展电子商务加快培育经济新动力的实施意见》《快递末端公共服务平台服务规范ZDWJ/T 0093-2016》《关于促进快递业持续健康发展培育经济新增长点的实施意见》,并制定《无锡市快递服务警示制度(试行)》,对全市快递企业开始红、橙、黄牌三级警示管理,促进全市快递业持续健康快速发展。邮政快递场所列入无锡市"十三五"基层基本公共服务配置标准。

年内,中国邮政集团公司无锡市分公司与市公安局交通警察支队签署"邮政代办公安交管业务"协议,无锡成为江苏唯一、全国首家"邮政代办交管业务"的试点城市。中国邮政速递物流股份有限公司无锡市分公司与无锡国税合作,开展发票网上申领、邮递业务,实现"足不出户,轻松办税"。

2月,在全市安全生产工作会议上,无锡市邮政管理局被评为2016年无锡市安全生产目标责任考核优秀单位;中国邮政储蓄银行无锡市分行荣获无锡市政府授予的2016年金融工作"年度贡献奖"称号,这是邮储银行无锡市分行成立9年来首次获得该项荣誉。7月,在江苏省邮政管理局召开的庆祝建党96周年暨"两优一先"表彰大会上,中共无锡市邮政管理局机关支部被授予"先进基层党组织"称号,吴振国被授予"优秀共产党员"称号,这是无锡市邮政管理局首次获此殊荣。

(华可贤 沈振威)

【快递企业信用等级评定】 3月29日,2016年度在无锡注册快递企业信用等级评定结果正式发布。此次评定,共有74家注册地在无锡的快递许可企业参加,其中,1家企业入评五星级快递企业,66家企业入评四星级企业,7家企业入评三星级企业。

(华可贤)

【快递行业居消费者满意度调查首位】 5月,无锡市放心消费创建活动办公室、无锡市工商行政管理局联合发布《2016年度无锡市放心消费环境建设白皮书》。根据该白皮书调查样本数据显示,行业服务质量调查中快递服务质量得分第一,为87.05分,远高于平均分71.75分。

(华可贤)

【长三角邮件处理中心投产运营】 1月5日,中国邮政速递物流无锡长三角邮件处理中心正式投产运营,日均最高邮件处理能力达140万件。作为中国邮政最大的集陆运集散、仓配于一体的处理中心,无锡长三角邮件处理中心采用国内最先进的全自动分拣流水线,涵盖总控、现场管理平台、自动化分拣等完善的信息系统、智能化仓储设施及环保新工艺。自项目建成以来,先后经历加载测试、加载试运行以及原南京陆运网和无锡集散中心转场3个阶段,顺利通过2016年"双11"旺季生产的考验,有效解决长三角地区电商快包出口量大、内部处理能力不足的问题。

(华可贤)

【硕放机场开通国际邮件业务】 1月20日,国际邮件业务在苏南硕放国际机场正式开通,省内国际邮件可通过无锡机场国际航线资源中转或直达东南亚、美洲、欧洲等地区,无需再转道上海等地,缩短了时间,提高了效率。开通国际邮件业务，是机场与海关、邮政深化合作取得的新成果，也是“跨境电商‘9610’模式”推动下的新举措。

（华可贤）

【绿色快递进高校】 5月6日，由国家邮政局联合共青团中央共同发起的首届“绿色快递进高校”活动在全国6所高校同步启动，无锡作为唯一的地级市入选，江南大学的分会场活动当日成功举行。此届活动的主题是“以青春的名义共建美丽中国”，倡导在大学生中率先发扬绿色用邮的新风尚，引导和营造良好社会舆论氛围，让更多企业、组织和个人参与到践行绿色环保、共建“美丽中国”的伟大工程之中。

（华可贤）

【阳山水蜜桃“电商+快递”模式】 6月15日，EMS极速鲜无锡阳山水蜜桃寄递行业解决方案发布会在无锡阳山镇举办，无锡EMS与阳山水蜜桃“种植大咖”田园东方集团签订战略合作协议，为无锡阳山水蜜桃提供销售和寄递一揽子全方位解决方案。无锡EMS从资金投入、运输保障、严格标准、客服跟进、分销合作、金融方案、延伸服务等方面，助力“互联网+”模式下的阳山水蜜桃新农合产业链深度转型升级。无锡EMS通过专机运输、专场分拣、优先派送、专人客服、快速理赔等方面，让消费者足不出户即可享受到“舌尖美食、极速到家”的贴心服务。通过“电商+快递+特色农产品”的创新模式，无锡EMS为提升无锡地方特色农产品的影响力做出积极贡献。

（华可贤）

【快递项目被列入市现代服务业培育计划】 年内，市政府办公室出台《无锡市现代服务业提质增效三年(2017~2019年)行动计划》，明确把快递业作为优势产业培育发展，多个快递项目被列入市现代服务业培育计划。该计划强调，优化物流园区功能，加大物流园区整合力；支持苏南硕放机场增加国际货运航线，提升国际航空货运能力和水平；培育壮大本地物流企业，加快向制造服务型企业转型；优化城市配送网络，鼓励统一配送和共同配送。未来三年，无锡将充分发挥综合交通、区域集散、物流园区、航空快递等方面优势，充分引领全市快递企业发展跃上新台阶。中国邮政速递物流股份有限公司无锡市分公司、无锡市顺丰速运有限公司、金南物流有限公司等被列入无锡市现代服务业龙头企业培育计划，无锡中通快递有限公司、江苏佳利达国际物流股份有限公司、无锡市汇吉通快递有限公司、无锡和谐圆通速递有限公司被列入无锡市现代服务业高成长企业培育计划，苏南快递产业园被列入无锡市生产性服务业集聚区培育计划。

（华可贤）

无锡快递业“淡定”应对高峰　　（刘芳辉　摄）

【市邮政管理局处罚涉恐事件】 8月，市邮政管理局执法人员与市公安局治安支队执法人员共同调查，破获一起网络销售并通过宜兴当地汇通网络寄递危险化学品的案件。市邮政管理局依据违法行为的事实、性质、情节与社会危害程度，依照《中华人民共和国反恐怖主义法》第85条的规定，对杭州百世网络技术有限公司无锡分公司处罚款20万元，对企业负责人徐某、网点负责人陈某和直接责任人快递员吴某分别各处罚款1万元。

（华可贤）

【苏南快递产业园】 苏南快递产业园作为省“十三五”规划纲要重大工程项目，至2017年年底，已入驻快递品牌14个，进驻重点大项目13个，正在洽谈项目1个，总占地超66.7公顷，总投资112亿元，已实现投资89亿元。同时，园区积极搭建银企合作“桥梁”，推动金融服务入园。由菜鸟网络投资建设的江苏首个超级机器人旗舰仓正式落户无锡，该项目投运后不仅可依托智能机器人达成单日发货量超百万件，更有望通过物联网、云计算等新技术，实现国内物流无锡发，次日达。11月，优速无锡运转中心正式宣布竣工投产，标志着无锡优速向标准化、品质化及服务型快递企业迈出成功的一步。

（华可贤）

【全方位便民合作与服务】 5月，中国邮政速递物流股份有限公司无锡市分公司和无锡市国税局联合开办网上办税试点项目，项目实现国税办理网上批、快递送、不见面，开通后使用量迅速攀升，位列全省第一。11月，中国邮政集团公司无锡市分公司与无锡市苏宁云商销售有限公司正式签署战略合作框架协议，推动电子商务零售与邮政业务的跨界融合，双方在拓展农村电子商务、建设线下实体渠道、挖掘消费大数据、共享优质客户资源、共享物流配送资源、深化金融领域等方面开展试点合作。年内，无锡邮政改造营业网点23个、投递网点11个，改造总面积19646平方米。邮乐购加盟店建设连续多年纳入“政府为民办实事”项目，除传统的代缴费、票务、分销外，新开办小额纳税、机动车号牌寄递、中药配送、手机配送、彩票销售、包裹自提、抵押权证寄递、档案寄递以及邮政金融积分兑换等服务，进一步丰富便民服务内容。累计建成“邮乐购”加盟店1628个，代办车险保费突破1亿元，新建税邮共建网点6个，代征税款730万元。

(华可贤　沈振威)

【寄递服务平台】　年内，无锡邮政实施全区实物网统一指挥调度，自主研发“同城飞递综合管理系统”(二期)，提升实物网寄递平台运转率。“双十一”10天发运出口快递包裹57.5万件(峰值13万件)，进口快递包裹99.7万件(峰值13.2万件)，比上年增长150%。打造全区一体化的大同城网络，拥有商务专投人员166人、机动车115辆，通过同城商务网与普邮网有机结合，实现全区同城业务联动，形成日配送能力8000件。

(沈振威)

【普惠金融平台】　年内，邮政金融定位于服务中低收入群体和中老年客户，是普惠制金融服务平台，持有银行、保险、证券3张金融牌照，70%的网点分布在农村地区，为广大市民特别是农民提供全功能金融服务。全年实现金融业务收入7.72亿元，比上年增长9.62%。

(沈振威)

【“邮文化”传播平台】　年内，无锡邮政发挥邮票“国家名片”作用，对外借助遍布全国乃至全世界的庞大集邮爱好者群体影响力，积极宣传无锡的城市形象和历史文化，对内打造公益性“邮文化”平台，服务广大市民群众。成立国际性明信片研究协会无锡分会，发挥“集邮+封片”融合优势，服务赛事经济，开发第23届亚洲乒乓球锦标赛系列邮品。强化与影视、动漫的跨界合作，开发的《丁酉大福》Hello kitty生肖贺岁套装，受到青少年集邮爱好者的欢迎。围绕无锡地方题材开发的《惠山古镇》《无锡画家画无锡》等系列邮品，在全国集藏市场倍受欢迎，这些反映无锡历史文化底蕴的集邮产品成为宣传、展示无锡城市形象的新窗口。

(沈振威)

电　信

中国电信股份有限公司无锡分公司

【概况】　2017年，中国电信无锡分公司加快卓越企业建设，扎实推进全光网深度改造，在全国率先达到全网支持1000兆用户接入能力，年底，用户平均带宽达67.9兆，持续保持全省领先。精心优化4G网络，测评质量保持全国第一，率先启动5G部署，持续推进Wi-Fi覆盖，扎实推进国际数据中心三期项目建设，全力支撑产业升级和地方经济转型。成功建成全国首个规模最大覆盖全域的NB-IoT窄带物联网商用网络，创新开发智慧停车、智慧井盖、智能抄表、智慧路灯等应用，积极推广家庭组网、智能家居等智慧家庭信息化服务。积极履行社会责任，服务百姓民生，圆满完成无锡马拉松、物博会等大型会议、活动的通信保障任务。积极推进“互联网+政务”“互联网+医疗”“互联网+教育”发展，推出提速降费具体举措，严格落实实名制要求，扎实做好网络信息安全等工作，联合公安部门全力推进网络防诈骗工作，高效承接公安移车求助社会化服务，得到广泛认可。年内，无锡分公司蝉联“全国文明单位”，获评中国地市十佳运营商、全国通信行业用户满意企业等。

(钱晓静)

【智游宜兴项目】　1月，无锡分公司“智游宜兴”项目被评为2016年度江苏省“互联网+”智慧旅游示范项目。无锡分公司与宜兴旅游园林管理局通力合作，整合宜兴当地优质旅游产品资源，共同打造“智游宜兴”项目，为游客提供一站式便捷服务。自2015年4月运营以来，截至2017年年底，共接待预订旅客5000余人，旅游产品销售额193万元，成为互联网和旅游业融合的标杆，有效促进当地旅游业在宣传推广、产品营销、游客组织和管理服务等方面，向网络化、立体化现代服务业模式的快速转变。

(钱晓静)

【NB-IoT商用网络】　5月18日，无锡市政府宣布：无锡已实现NB-IoT窄带物联网全域覆盖，标志着无锡分公司在全省率先完成NB-IoT全域覆盖建设，无锡成为全国首个规模最大的NB-IoT(800兆)覆盖全域的地级市。新建成的覆盖无锡全域的NB-IoT网络基于800兆超低频建设，投资1.5亿元，共建设通信基站近2000个。网络采用业界最先进的网络通信设备和架构，具有强穿透、广覆盖、低功耗、大连接、低成

9月10日，中国电信无锡分公司与新华三集团共同建立的物联网联合实验室正式启用

(钱晓静　供稿)

本的特点。

（钱晓静）

【亚太区首个双 T4 标准数据中心】 5月18日，由无锡先导集团投资建设，中国电信无锡分公司参与运营的亚太区首个双 T4 标准数据中心——XDC+国际数据中心（一期）正式建成启用。XDC+国际数据中心项目为江苏省2016年重点项目，由无锡先导集团计划投资45亿余元建设。整个项目建成后将成为亚太区首个 Uptime Tier4 双认证（设计认证和建设认证）标准的数据中心。依托强大的网络资源覆盖基础以及多年运营经验，无锡分公司将为该项目提供标准化体系运营服务，并在数据中心基础、网络业务发展规划、企业战略发展规划、项目投资效益评估等方面与先导集团展开深度合作，推动无锡乃至华东地区大数据产业的培育与发展。

（钱晓静）

【国内首台 NB-IoT 智能洗衣机】 5月，由中国电信无锡分公司与无锡小天鹅股份有限公司联合研发的国内首台物联网（NB-IoT）智能洗衣机在无锡正式推出。该洗衣机可以通过手机等终端实现远程控制，检测天气状况自动选择干衣模式，自定义洗衣时间，实时监测运行状态，定期形成耗水耗电量的数据分析，与天翼云盒同步后，洗衣进度还可实时在电视屏幕上显示提醒，简单易用且极具智能化。

（钱晓静）

【推进 IPv6+NB-IoT 应用】 9月10日，无锡分公司与新华三集团共同建立的物联网联合实验室正式启用。联合建立的物联网实验室将积极探索 IPv6 与 NB-IoT 的结合，重点研究应用 IPv6+NB-IoT 的融合解决方案。IPv6+NB-IoT 融合方案可有效解决 IPv4 地址资源枯竭、物联网终端应用受制的状况，有力助推物联网应用的普及。

（钱晓静）

【完成物博会布展及通信保障】 9月10~13日，由工业和信息化部、科学技术部、江苏省人民政府共同主办的2017世界物联网博览会在无锡成功举行，来自世界各地的政府领导、企业领袖、专家学者以及业界精英代表共17.8万人参加，“中国电信物联网开放平台”荣获2017世界物联网博览会金奖。展会现场，中国电信升级物联网云计算融合、生态魔方思维方式，全面展示产业链生态、已经具备商用能力的物联网开放平台、eUICC 平台等平台能力和智慧城市、垂直行业到个人消费领域已经成熟的三大类市场应用，受到广泛关注。作为物博会通信保障单位，无锡分公司圆满完成各项保障任务，受到组委会和参会人员的好评。

（钱晓静）

【全光网络运营】 12月，无锡分公司网络全面达到中国电信江苏公司全光接入指标，提前一年实现全光网运营目标，成为江苏首个较大规模全光运营本地网。无锡分公司自2016年初启动全光网深度改造以来，共完成铜用户迁改78万户，退网机房2432处。

（钱晓静）

中国移动通信集团江苏有限公司无锡分公司

【概况】 2017年，中国移动通信集团江苏有限公司无锡分公司（以下简称“无锡移动分公司”）准确把握数字化时代的连接特征，紧密围绕“致力于移动改变生活，成为数字化创新的全球领军企业”的中长期战略愿景，立足无锡本地实际，不断加大信息基础设施建设力度，加强云计算、大数据、物联网、移动互联网等新一代信息技术能力布局和应用研究，在企业经营发展和助力地方经济社会转型升级上取得一系列成绩。无锡移动分公司全年运营收入增长超10%，创5年来新高，并领先于地方经济增长速度和行业平均增长水平。在4G网络建设方面，全面推广载波聚合“4G+”服务，“4G+”网络峰值下载速率提升至330兆以上。在全光网城市建设方面，全面开展宽带“全光网”升级改造，100%实现各小区具备百兆宽带接入能力，并在万科金域蓝湾小区建成运营全省首个千兆宽带示范小区。在推动以物联网为龙头的新一代信息技术产业方面，成功上线江苏省首个统一开放的物联网公有云 OneNET 平台，率先完成 NB-IoT 网络（窄带物联网）在无锡的全覆盖，积极参与2017世界物联网博览会，承办中国移动开发者大会、鸿山世界物联网技术应用大赛和世界物联网博览会创新创客大赛，倾力搭建物联网产业交流平台，推动物联网业务实现跨越式发展。8月，物联网连接规模在全国率先实现超越手机通信用户规模与本地常住人口用户规模，成为全国第一个实现“双超”的城市。年内，公司获评 “全国文明单位”“江苏省用户满意服务之星企业”“江苏省质量管理小组活动优秀企业”“无锡市政务服务工作先进单位”等荣誉，多个基层单元和班组分别获得“全国优秀质量管理小组”“江苏省文明单位”“江苏省工人先锋号”“江苏省五一劳动奖状”“江苏省质量信得过班组”等荣誉。

（张玲珠）

【市物联网公有云 OneNET 平台发布】 1月19日，无锡移动分公司召开物联网公有云平台发布会，宣布全省首个统一开放的物联网公有云平台 OneNET 在无锡上线。该平台基于中国移动 OneNET “全开放、高扩展、轻应用”的设计架构，为各种物联网应用提供开放便捷的云端接入、存储和数据呈现，从而帮助企业快速进行物联网产品开发，有效降低物联网平台部署成本，大幅提升物联网产品研发效率，促进物联网产业链快速健康发展。

（张玲珠）

【打造锡城首个物联网化社区】 2月27日，无锡移动分公司携手无锡万科在万科“海上传奇”营销中心宣布合作，共同打造2017锡城首个物联网化社区，积极创造物联网化人居生活，共同推进城市智慧化变革。无锡移动分公司为万科“海上传奇”项目提供社区公共区域 Wi-Fi 全覆盖服务，并基于无锡移动的智能家庭组网、“和目”监控、智能音响、智能开关等家庭产品，让小区业主们享受到更加智能、安全、便捷的物联网家居服务。

（张玲珠）

【共建丁蜀物联网小镇】 3月17日，无锡移动分公司与宜兴市丁蜀镇人民政府开启合作，共建丁蜀物联网小镇。小镇围绕“智慧丁蜀”的战略布置，聚焦农业、旅游、交通、政务等，建设独具特色的物联网应用。实现大田物联网建设，不用置身于田间，也能准确掌握田间湿度、温度以及光照是否适合作物生长，精确把握水稻施肥、打药时间。实现水产物联网建设，通过对水产养殖水质及环境信息的智能感知、安全可靠传输、智能信息处理以及对控制设备的智能控制，实现对水质环境信息的实时在线监测、异常报警、水质预警和智能控制，实现渔业生产精准化、自动化、智能化和标准化。实现农业物联网建设、茶叶质量追溯建设，通过设施温室远程监控系统建设，实现温室的最优化控制，结合除霜风扇，将高空相对温暖的空气吹向茶丛，实现随时随地通过网络远程获取温室状态并控制温室各种环境，防止结霜，有效减轻劳动强度，提高劳动生产率。通过物联网技术，精准控制发酵室的温度、湿度，确保生产出最高品质红茶。

（张玲珠）

【与阿斯利康等开启健康物联网领域合作】 3月22日，无锡市人民政府、阿斯利康、江苏移动、爱立信共同签署战略合作备忘录，开启健康物联网领域的深度合作，推广基于物联网技术的诊疗一体化全病程解决方案，向社会各界展示呼吸、心血管、代谢、消化、肿瘤等疾病领域先进的智慧医疗健康方案，打造无锡健康物联网创新应用示范区，推动健康物联网战略在全国落地，让智慧医疗真正造福广大患者。阿斯利康在无锡移动分公司提供的“移动云+物联卡”基础上，构建国内首个“物联网雾化地图”，帮助医院通过数据了解相应科室内每台雾化泵使用情况，全面展现全国各省、市、医院雾化次数趋势分析，用以推测各地区哮喘发病状况及差异。推出的物联网雾化泵已投放无锡儿童医院等多家重要医疗单位。

（张玲珠）

【推出首批千兆宽带暨精品小区示范】 4月18日，无锡移动分公司在万科“金域蓝湾”召开“千兆宽带暨精品小区示范”启动发布会，这是无锡移动分公司继“百万家庭百兆光宽带惠民行动”之后，进一步深化落实无锡市人民政府与江苏移动公司签订“智慧无锡，全光网城市”战略合作协议后的又一重要里程碑事件。无锡移动分公司在万科“金域蓝湾”小区内进行现场实测和体验，非高峰期最高网速达940兆以上，高峰期最高网速达900兆左右，两个数值已完全符合并满足小区居民对千兆带宽需求。无锡移动分公司加快网络提速步伐，依托物联网领域多年的创新研发经验，以及智能家庭组网、“和目”、居家养老系统等成熟家庭产品，打造基于高速宽带网络的家庭信息化和智慧社区应用，让用户享受到更加智能、安全、便捷的服务。

（张玲珠）

4月18日，无锡移动分公司在万科“金域蓝湾”召开“千兆宽带暨精品小区示范”启动发布会

（张玲珠　供稿）

【共推无锡浪潮大数据产业园建设】 4月28日，在2017无锡大数据产业发展论坛上，无锡移动分公司与浪潮集团签署战略协议，双方将基于无锡移动信息化应用、行业信息化拓展及ICT业务优势开展全方位战略合作，聚焦智慧政务、智慧交通、智慧教育、智慧医疗、信息安全等重点行业领域的优秀成熟经验，为产业园入驻企业构建大数据服务平台，通过大数据汇聚、加工、分析和能力封装，提供安全、高效的大数据解决方案产品，促进大数据流通与交易。无锡移动分公司紧抓此次论坛召开及合作项目签订的契机，围绕“智慧无锡”建设战略要求，加速孵化大数据产品研发与应用推广，深化大数据产业合作力度，进一步推动无锡产业结构调整与转型升级，促进无锡大数据产业快速、健康发展，并广泛惠及百姓，为锡城市民的生产生活带来全新面貌。

（张玲珠）

【NB-IoT网络实现市区全覆盖】 5月17日，无锡移动分公司NB-IoT网络实现市区全覆盖。作为省内首批NB-IoT网络试点运营商，无锡移动分公司全面推进中国移动“大连接”战略，积极参与智慧无锡建设，紧抓物联网规模发展的关键窗口期，借助基站规模、网络质量等基础优势，在2016年鸿山物联网小镇建成全省首个NB-IoT商用全覆盖网络基础上，稳步、快速实现NB-IoT网络在无锡市区的全覆盖。NB-IoT网络的全覆盖，对积极构建无锡NB-IoT应用产业链、推进无锡物联网产业快速发展打下坚实的基础。无锡移动分公司充分发挥物联网、大数据、云计算等方面技术优势，打造基于NB-IoT的物联网整体解决方案，依托无锡移动信令、大数据融合平台等行业领先的数据挖掘能力，以及中国移动物联网开放云平台整合物联网产业链技术和资源的能力，加速孵化NB-IoT技术业务应用创新与产品研发，积极构建无锡NB-IoT应用产业链，推进无锡物联网产业快速发展，在各智慧城市、家居医疗、公用事业等领域合作初显成效。

（张玲珠）

【连续十年精准帮扶奉献爱心】 5月31日，市妇联、市政府妇儿工委办公室、无锡移动分公司联合举办“用爱守护，相伴成长”——第10届“社会妈妈助春蕾 移动真情献爱心”活动，针对困境儿童开展精准帮扶。无锡移动分公司在为用户提供优质网络和满意服务的同时，积极履行“优秀企业公民”的社会责任，以实际行动关爱青少年的健康成长。至2017年已经连续举办10年，累计助学困境儿童1000名。无锡移动分公司充分利用行业影响力，广泛宣传、吸引更多爱心企业和个人加入，营造全社会关爱儿童的良好氛围，进一步弘扬社会责任感，为加快建设“四个无锡”贡献更多力量。

（张玲珠）

【物联网用户数率先赶超手机通信用户数】 8月15日，无锡移动分公司物联网连接规模突破585万户，率先赶超本地手机通信用户数，实现“物超人”。无锡移动分公司依托自身科研能力和产业链资源，全面开拓物联网市场，凝心聚力建设窄带物联网(NB-IoT)精品网络，打造政务、安防、环保、交通、医疗、旅游等领域多项应用场景，为百万物联网用户提供多元化的优质应用服务。无锡移动分公司大力发展网络基础设施，积极推动人、物、信息之间的广泛连接，通过物联网、大数据、云计算等新兴信息技术，助力医疗、交通、农业、智能家居等民生相关的物联网产业发展，让锡城百姓享受可视、可触、可感的美好物联生活。

（张玲珠）

【中国移动鸿山物联网体验中心落成】 9月9日，无锡鸿山物联网小镇中国移动鸿山物联网体验中心正式揭牌，标志着中国移动首个以物联网为主题的产品展示和体验中心正式落户鸿山小镇。体验中心设有物联网产品和解决方案展示区，包含物联卡、OneNET、模组、车联网、智能家居、智慧金融、智慧物流等10余个主题展区，每个展区都有最新研发的产品演示和体验。同时，在鸿山物联网小镇中华赏石园内，建成国内首个正式商用的NB-IoT物联网停车系统，实现一站式自助泊车、停车资源调度及停车信息多维度发布等功能。中国移动鸿山物联网体验中心的建设，为产业链上下游提供基础能力支持和运营保障等服务，帮助各类研发单位节约研发周期和成本，助力各类优质物联网产品快速走向市场，实现多赢。

（张玲珠）

【保障物博会顺利举行】 9月10~13日，2017世界物联网博览会在无锡召开。无锡移动分公司做好博览会网络保障工作。成立通信保障指挥中心，多专业联动从网络覆盖、容量、质量、维护、应急等多方面进行提升，对1个物联网展示区、2个景区、3个交通枢纽、16条重要道路及31个重要场馆进行全面网络保障。组织安排52支联合保障团队现场驻点维护，确保物博会举办期间移动网络畅通。在场馆内利用实时大数据平台集中展示物博会目标区域内3层人流聚集防控圈情况、展馆内人流聚集热力分布和共享单车实时停放情况，针对不同层级设置不同的阈值，实现对人流聚集的实时防控，对于超出阈值的情况及时发送预警信息并成功应用于本次物博会现场指挥中心的防控实战中。无锡移动分公司各项保障与支撑表现优异，获无锡市人民政府通报表扬。

（张玲珠）

【助力LTE-V2X车联网首次示范应用】 9月，工业和信息化部、公安部、江苏省人民政府在无锡共同建设国家智能交通综合测试基地，LTE-V2X车联网小范围的应用测试在物博会期间初步亮相。无锡移动分公司在测试范围内优化网络，助力示范应用。LTE-V2X将LTE移动宽带和V2X直连技术融为一体，提供更好的人—车—路—云的协同和更好的用户体验，较以往的技术拥有更广的传播距离、更短时延以及更大通信能力，尤其是高密度场景下多车通信的可靠性得到大幅提升，解决了传统方式多车场景容量受限的问题。LTE-V2X借助优化了的移动宽带网络，随时随地自由连接互联网，实现更多需要大带宽、远距离的价值用例，比如路况监控、远距离告警、信息推送等。

（张玲珠）

【举办2017金融大数据论坛】 11月29日，无锡移动分公司、无锡市人民政府金融工作办公室、中国人民银行无锡市中心支行、中国银行业监督管理委员会无锡监管分局、无锡市保险行业协会共同举办2017金融大数据论坛，银行、保险、证券等多家金融机构共商金融大数据开发大计，探索物联网、大数据、云计算等技术助力金融发展的有效之路，不断创新合作探索，实现优势互补，共促无锡金融业繁荣。无锡移动分公司与无锡各家金融单位在基础通信、金融信息化等领域已开展密切广泛的合作，依托互联网基础信息和通信行为的海量数据资源，对客户关系、上网内容、位置等数据源进行融合分析挖掘，形成客户标签1800个，在金融征信、精确营销、商圈选址布局、旅游客源分析、热点舆情咨询等诸多领域形成成熟的大数据服务方案，树立“和洞察”等大数据服务品牌，助力金融企业业务效率、响应速度、客户满意度的全面提升，促进金融企业降低运营成本和经营风险，为金融行业发展注入新动能。

（张玲珠）

【“平安厨房”建设】 年内，无锡移动分公司与市市场监督管理局合作，共建“平安厨房”项目。项目依托视频管理平台资源，提供视频观看(回放)、食品信息溯源、餐饮人员管理等技能，监管人员坐在办公室即可对食品商户开展从溯源管理到后厨加工的全过程远程监管，成为监管部门的得力助手。“平安厨房”监督商户认真自律做好本职工作，让违背食品安全的不法行为无处遁形。首批合作，已有10多家餐饮连锁店实现“店内晒厨亮灶+管理部门远程监管”的互联网化管理模式，为舌尖上的安全筑牢双重保障。

（张玲珠）

中国联合网络通信有限公司无锡市分公司

【概况】 2017年是中国联合网络通信有限公司正式发布混改方案之年，无锡联通分公司打造新基因、新治理、新运营、新动能、新生态的“五新”联通，遵循以互联网为龙头、制造业为支撑、服务业为翅膀的信息技术产业链的宗旨，全面强化安全生产管理，建立健全安全生产保障体系和监督体系，严格落实安全生产责任制，深入开展“安全生产月”活动，有效防范各类事故的发生，全年安全生产形势继续保持良好态势。年内，无锡联通分公司获2016年无锡市安全生产目标责任考核优秀单位、2016年无锡市安全生产工作先进集体两项荣誉。无锡联通分公司锡山营销中心被无锡市劳动竞赛委员会、无锡市总工会授予“先进班组”称号，徐华被评为优秀班组长，市场营销部邓艳荣获“无锡市五一巾帼标兵”称号。江阴联通分公司被无锡市消费者委员会评为2015~2016年度诚信单位，员工黄树英被江阴市消费者委员会评为2016年度维权先进个人。宜兴联通分公司连续14年获得“宜兴市维权先进集体”荣誉称号。

（赵琬琦）

【服务监督】 年内，无锡联通分公司借助第三方测评视角，直面渠道服务存在的问题，窗口服务质量得到很大改善与提升，为客户营造良好的营业环境。无锡联通分公司拓宽测评触点，将宽带入户安装服务纳入测评项目，通过第三方测评及时发现安装维护人员服务问题。客服部服务监督人员深入一线，梳理安装维护服务的感知环节，与第三方公司讨论测评方式与对接流程，制定《宽带入户安装服务第三方测评实施方案》，方案明确测评以“上门实测+电话回访”形式开展，测评重点依据不同的测评方式加以区别，上门实测以入户服务形象与规范为主，完工后主动测速，讲解上网须知，指导微信充值等。电话回访以用户感知的满意度评分为主，从按时履约、服务形象、主动讲解等维度测评用户感知。测评考核坚持公平、公正、公开原则，自有维护人员与合建团队同一标杆开展测评，奖惩分明，分级考核。

（赵琬琦）

【保障无锡国际马拉松通信工作】 3月19日，2017无锡国际马拉松赛事如期开赛，此届“锡马”参赛和观摩总人数达20万人。无锡联通分公司拥有丰富的应急通信保障经验，在历次保障工作中形成固定流程和成熟模式，针对马拉松这种大型体育活动参与人数多、活动区域大、区域话务高的特点，保障团队提前两周对赛事活动路线和4个起（终）点的网络质量进行细致摸底测试，并进行问题点优化处理，累计调整基站天馈14个，改善弱覆盖区域4处、信号质量差区域6处。通过对起（终）点等人流量集中区域的19个基站进行3/4G网络的紧急扩容应对集中爆发的高流量、高话务，对涉及的基站共扩容4G用户数超1万个，3G基站全部升级至3载波，人流量最集中的起点区安排应急通信车，圆满完成2017无锡国际马拉松赛事的通信保障工作。

（赵琬琦）

【无锡联通分公司放心消费创建喜获佳绩】 5月23日，在通信行业放心消费创建工作会议上，市放心消费创建办公室、通信发展管理办公室、通信行业协会分别对无锡联通分公司2016年放心消费创建工作的成效给予肯定，同时授予无锡联通分公司清扬路营业厅、江阴人民中路营业厅“放心消费示范企业”称号，授予惠山区堰桥网格万达自有营业厅等5家营业厅“放心消费先进企业”称号。无锡联通分公司以第三方视角开展渠道测评工作，及时挖掘渠道服务短板问题并加以整改，以“服务痛点督办”对影响用户感知的服务问题加以监管，以“大服务问题解决与优化”实现解决一个问题、处理一类投诉为目标，以“提升客户满意度”为追求，增强服务意识，优化制度流程，做好客户服务工作，有效提升公司口碑影响力。无锡联通分公司启动“服务专家派驻”工作，让专业线领导既能体验一线投诉压力，又能倾听用户声音，从而发现产品设计或推广中的缺陷，及时优化并在今后的产品设计和推广中加以规避。延伸触点服务测评，在渠道服务监测的基础上开展对安装维护服务的第三方测评，通过考核手段达到提升安装维护服务规范的目的。落实“10010”人工服务向线上引流，既缓解人工服务压力，又减少人工服务触点投诉，更顺应互联网时代的潮流，以线上渠道的成熟服务引导用户使用。

（赵琬琦）

【签署战略合作协议】 8月25日，无锡联通分公司与无锡邮政在国邮大厦签署战略合作框架协议，双方明确建立长期战略合作伙伴关系，结合各自的业务优势，在联通号卡配送、邮政员工专项通信优惠、“邮乐购”加盟店代办联通业务、采购、宣传合作等方面进一步协同创新、合作共赢。

（赵琬琦）

编辑 郭 鹏

发展与改革

【概况】 2017年，无锡市认真学习贯彻党的十九大和习近平总书记系列重要讲话精神，全面落实省第十三次党代会和市委十三届二次、四次全会决策部署，坚持稳中求进工作总基调，积极践行新发展理念，深入实施六大发展战略，全面推进改革发展稳定各项重点工作，全市经济呈现稳中有进、进中提质的良好态势。全市实现地区生产总值10511.80亿元，跻身"万亿俱乐部"，按可比价格计算，比上年增长7.4%；全市一般公共预算收入930.00亿元，比上年增长6.3%；城镇常住居民人均可支配收入52659元，比上年增长8.3%；农村常住居民人均可支配收入28358元，比上年增长8.4%。

（陈景芹）

【加强战略谋划】 年内，市发改委制定实施《关于加快推进国家和省"十三五"规划纲要涉及无锡的重大工程项目和重点任务落实工作实施意见》，明确实施主体责任、加大落实推进力度、强化要素支撑保障、健全监督评价机制4个层次、12个方面，推进落实国家和省规划重大工程项目和重点任务。完成市"十三五"规划纲要实施情况监测评估，已有进度数据的49个指标中，41个达到或完成时序进度，占比83.7%。研究出台《关于建立健全主体功能区建设推进机制的意见》。贯彻落实市委、市政府年度经济工作部署，牵头编制2017年全市国民经济和社会发展综合计划。密切关注宏观形势变化，逐月监测经济运行情况，定期召集部门、地区开展分析研判，及时发现苗头倾向性问题，并向市委、市政府、市人大、市政协作出汇报。认真谋划对接长三角城市群、扬子江城市群、宁杭生态经济带建设，完成《从区域角度看待无锡融入扬子江城市群建设的若干思考》《无锡对接上海战略与路径研究》报告，开展无锡融入扬子江城市群的定位和策略、大运河文化带无锡段基础研究，进行集成电路、光伏产业、新能源汽车和汽车、船舶和海洋工业、石墨烯等产业调查。

（陈景芹）

【推进产业强市】 年内，市发改委牵头制定《加快发展以物联网为龙头的新一代信息技术产业三年行动计划》《无锡市"十三五"战略性新兴产业发展规划》。做好重大产业项目协调服务，积极推进新日新能源汽车、劳尔特种车辆等项目报批工作，完成苏利化工、江苏一环集团、无锡尚德电力、兴澄特钢、远景能源等5个省战略性新兴产业项目竣工验收工作，指导华西村海洋工程项目做好验收准备。申报获批4个省级工程中心和工程实验室；江苏雅克获得省级"双创团队"资助500万元；组织申报2017年省级战略性新兴产业发展专项7个，入围4个，居全省前列；品牌服装先进制造业基地（江阴市）和物联网创新示范先进制造业基地（新吴区）成功入选省"十三五"首批先进制造业基地。制定出台《无锡市现代服务业提质增效三年行动计划》，配套制定《无锡市现代服务业提质增效三年行动计划的若干政策意见》。组织召开全市服务业发展领导小组会议，落实推进三年行动计划，建立工作体系，下达目标任务，出台考核办法。成功举办无锡—香港智能制造和现代服务业合作恳谈会，洽谈签约14个项目，投资总额50亿美元。修订完善《无锡市服务业（综合）资金管理实施细则》，制定《无锡市服务业（综合）资金项目申报指南》《无锡市服务业特色产业集聚区评定奖励办法》，向7个服务业投资补助项目和3个公共服务业平台拨付市级扶持资金634万元。完成2017年省级服务业引导资金项目、互联网平台经济"百千万"工程第二批重点企业、省生产性服务业百企升级引领工程第二批领军企业申报，共有5家企业入围。全市服务业实现增加值比上年增长7.7%左右，服务业增加值占地区生产总值比重达51.5%，较上年提高0.5个百分点。积极开展"供应链变革"基础性调研工作，会同市邮政管理局研究制定促进快递业持续健康发展的实施意见。组织园区、企业参加 2017 中国（昆山）品牌产品进口交易会。会同相关部门制定印发《无锡市“十三五”粮食发展规划纲要》，组织宜兴市鲸塘粮管所 2.16 万吨仓储扩建项目、宜兴市西渚粮管所 1.56 万吨仓储改建工程申报 2017 年中央预算内投资粮食仓储设施项目并获得支持。探索军民融合“无锡路径”。组织编制《无锡市创建国家军民融合创新示范区实施方案》。推动成立市军民融合办，市发改委增设军民融合处。组织开展 7 类 61 大项国民经济（装备）动员潜力数据专项采集工作，完成经济（装备）动员分析评估报告。推荐企业申请建立江苏省装备维修动员中心、物资器材动员中心。

（陈景芹）

【全力招引项目】 年内，市发改委牵头制定《关于深化投融资体制改革促进民间投资健康发展的实施意见》，优化完善加快 PPP 项目建设体制机制。研究审批制度改革后政府投资项目前期研究工作方案，汇总梳理政府投资项目三年行动计划。制定印发全市 2017 年度固定资产投资目标和市级重点项目计划，每季度召开投资工作例会，及时掌握投资计划执行情况。强力推进重大产业项目招商工作，制定实施《关于进一步做好我市重大项目推进工作的实施意见》《关于建立 2017 年度市级重点项目市领导挂钩服务制度的通知》，成立委主要领导任组长的重大集成电路产业项目推进工作小组。制定出台《关于建立无锡市重大项目服务专员工作机制的实施意见》，开发建设重大项目信息管理系统，全面实行挂钩联系、专员服务制度。2016 年下半年以来全市新签约超 10 亿元重大产业项目 62 个，计划总投资约 4800 亿元，其中总投资 10 亿元~100 亿元项目 46 个，总投资 100 亿元~300 亿元项目 12 个，总投资 300 亿元以上项目 4 个。成功引进无锡历史上单体投资规模最大、总投资 100 亿美元以上的华虹无锡集成电路研发和制造基地项目，总投资 86 亿美元的 SK 海力士二工厂，总投资 30 亿美元的无锡中环集成电路用大硅片研发制造项目，重大产业项目引进创历史最好水平。参加 2017 年全省重大项目集中开工仪式的 136 个项目已全部开工建设；100 个市级重点项目有 96 个在建，完成投资 705.8 亿元，投资完成率超过 102.5%；53 个计划新开工项目已开工 49 个，开工率为 92.5%。配合市委办、市政府办组织召开一季度、上半年、三季度全市重大项目现场推进会，对 100 个市级重点项目和 136 个省集中开工项目进行全覆盖走访，协调项目推进过程中的困难和问题。核发首批市级重大产业项目综合奖补资金 2.31 亿元，惠及中芯长电等 7 个项目，完成第二批 5 个申报项目审核。对江苏省宜兴中等专业学校实训基地二期工程、无锡文化艺术学校迁建、无锡宇培电商物流园等 82 个项目进行稽查，发出 20 个项目稽查意见并及时跟踪协调整改落实。深化农村基层工程建设领域专项治理，联合相关部门对锡山区、惠山区、滨湖区相关社区（村）问题项目进行重点检查。

（陈景芹）

【深化供给侧改革】 年内，市发改委先后制定出台《关于进一步降低实体经济企业成本的实施意见》《关于切实减轻企业负担的实施意见》《关于做好我市积极稳妥降低企业杠杆率工作的意见》，进一步落实为企业降成本减负政策。会同市政府督查室组织开展上半年全市降成本工作的跟踪督查，据督查情况看，上半年为实体企业降低各类成本 100 亿元以上，企业水电气要素成本、税费成本、用工成本、融资成本、制度性交易成本进一步降低，全年为企业降低成本、减轻负担 275 亿元左右。积极推进化解过剩产能工作，组织开展“回头看”和专项清理行动，完成钢铁冶炼企业产能核查和钢铁企业情况调查，江阴市 40 万吨、惠山区 50 万吨压减任务均已通过省级验收。顺应企业债券发行审批制度改革要求，突出做好政策指导和向上争取，加大申报力度。全年获国家发改委核准 4 只，核准规模 53.5 亿元，其中 2 只已发行，发行规模 31 亿元；已上报国家发改委审核 3 只，申请发行规模 28 亿元。严格落实偿债动态监管制度，逐月逐只债券进行跟踪，确保不发生系统性风险。全年完成 27 只企业债券本金兑付 51.99 亿元，利息兑付 14.12 亿元。现有存续期企业债券总体运作规范、情况良好。围绕国家发改委陆续推出的专项债券、项目收益债券等创新债券品种，认真做好政策宣传和企业指导，在全省率先申报社会领域产业专项债 1 只、PPP 项目专项债 1 只，努力服务重点领域重点项目建设。市发改委认真履行经济体制改革和社会事业改革小组办公室职能，分解下达 2017 年经济体制改革和社会事业改革重点工作。做好深化脱钩改革后续工作，加强对各市（县）、区行业协会脱钩工作指导服务。优化调整太湖新城管理体制，会同市编办起草制定《优化调整太湖新城管理体制方案（讨论稿）》。积极推进生态补偿提标扩面，接受市人大专题询问，完成生态补偿机制实施情况评估，牵头制定《关于调整完善生态补偿政策的意见》，积极推动生态补偿工作列入立法规划。有序推进简政放权和依法行政工作。对照省发改部门权力清单，修改下放梁溪区权力事项清单，提出市拟下放梁溪区行政权力事项建议。梳理编制权力事项清单和办事指南，实现发改系统“三级四同”（省、市、县三级，名称、类型、依据、编码相统一）。至年底，市发改委保留 11 个行政权力事项，其中，4 个行政许可，1 个行政确认，2 个行政处罚，4 个其他权力，并对社会公开。进一步完善投资项目在线审批工作，积极做好市行政审批局行政审批权力和事项有序转移。大力推进特色小镇建设，积极申报省级特色小镇，获批 3 个省级特色优势产业特色小镇，获批 3 个省级旅游风情特色小镇。按照市领导“市级特色小镇要特而精，不搞多而全”的指示精神，大力推进市级特色小镇建设，制定实施《关于培育建设特色小镇工作的实施意见》，红豆杉健康小镇、广益家艺小镇、祝塘石墨烯小镇、惠山古镇、西渚禅居小镇等 5 个小镇入选无锡市第一批特色小镇。

（陈景芹）

【扩大开放合作】 年内，市发改委为全市企业走出去提供优质高效服务，办理药明康德等22个境外投资项目备案手续，中方投资额3.39亿美元。加快推动境外投资发展和国际产能合作，协调推进红豆集团柬埔寨西哈努克港经济特区、华西集团马来西亚KEMAMAN码头等一批重点项目。积极稳妥推进企业境外发债，服务企业融资需求。组织企业参加江苏省企业境外债券业务研讨暨培训会、中阿（阿联酋）产能合作示范园投资推介会、2017江苏海外投资发展峰会。鼓励支持总部经济发展。调整完善总部经济政策，制定出台《无锡市总部企业认定和管理办法》，进一步明确总部企业认定标准和程序。启动总部企业认定申报工作，全市（不含江阴、宜兴）16家总部企业提出认定申请，16家企业提出复核申请。扎实推进区域经济合作。编制印发《无锡市"十三五"东西部对口帮扶规划》，组织编制《无锡市"十三五"对口帮扶延安市扶贫协作规划》《无锡市"十三五"对口帮扶海东市扶贫协作规划》。根据省对口支援任务调整，无锡市与延安市3个县、海东市6个县（区）、盘锦市建立新一轮对口帮扶关系。完成第八批与第九批援疆干部工作对接。推进南北挂钩工作，组织签订《2017年无锡市与徐州市南北挂钩合作协议》。做好江苏发展大会组织筹备工作，促成5大类、16项合作成果。组织参加2017年丝绸之路国际博览会暨第21届中国东西部合作与投资贸易洽谈会，签约新能源、机械、电子、基础设施建设等类项目12个，总投资约13亿元。组织参加长江三角洲城市经济协调会第17次市长（淮安）联席会议，承办长三角协调会办公室第46次工作会议。

（陈景芹）

【加强城市建设】 年内，市发改委着力推进锡澄宜重大基础设施一体化规划研究，牵头编制下达市级交通基础设施建设项目投资计划、2017年区级道路建设计划。研究起草《无锡市实施长江经济带发展战略三年行动计划（2017~2019年）》，会同相关部门起草《关于加快通用航空产业发展的实施意见》。着力推进轨道交通前期工作，办理地铁4号线初步设计及地铁交通疏解周边环境配套改造工程、地下通道连接线等项目批复，会同相关部门开展锡澄城际轨道S1线研究。协调推进蠡湖大道、江海西路快速化改造、苏锡常南部通道等项目建设，常宜高速一期、宁杭高速宜兴东互通、宜长高速江苏段初步设计、苏南硕放机场老航站楼改造可研获批，无锡港城郊港区新安作业区配套铁路专用线项目获得核准。加快交通道桥项目审批，完成凤翔路快速化改造项目和建筑路改建工程可行性研究报告等17个项目审批。按照省统一安排部署，协同推进各项重点工作，完成《无锡市城市现代化和城乡发展一体化规划（2014~2020）》中期评估。经评估31项具体指标中，城乡统筹规划优化覆盖率、农民工随迁子女接受义务教育比例等11项指标已经达标，约占35%，其余指标稳步推进。

（陈景芹）

【推进生态建设】 年内，市发改委牵头编制完成《无锡市区"十三五"热电联产规划》《无锡市资源综合利用发电规划（2017~2020年）》《无锡市电动汽车充电设施专项规划（2016~2020）》，扎实推进能源规划战略研究。全力以赴落实减煤工作，制定出台《煤炭消费总量削减专项行动方案》，成立全市煤炭消费总量削减专项行动推进小组，按年度净减煤目标的120%分解减煤任务。完成热电行业落后产能淘汰任务，淘汰一家自备煤电厂（天鸿化工自备电厂），完成江阴周北电厂两台煤电机组关停替代前期工作。积极推进光伏发电项目落地。开展油气管道保护相关工作，研究制定《关于贯彻落实国务院、省政府工作要求加快全面推行油气输送管道完整性管理的意见》，会同市相关部门开展全市石油天然气管道安全隐患专项整治活动、夏季百日执法活动，34个管道保护倾向性问题或安全隐患及时发现并整改。研究制定《"十三五"能耗总量控制指标分解方案》，并纳入《无锡市"十三五"能源消耗总量和强度双控考核方案》。积极服务重大项目能评报批，爱克发（无锡）印版有限公司天然气分布式能源、无锡职业技术学院学生公寓建设工程等项目通过能评审查，市级重点项目南京信息工程大学滨江学院无锡校区一期工程通过节能审查。指导全市所有省级及以上开发区（园区）持续深化循环化改造，推进资源综合利用"双百工程"骨干企业、"城市矿产"基地（企业）试点示范、汽车再制造"以旧换再"、省循环经济教育示范基地等示范试点工作，无锡新三洲循环经济产业园获评省"城市矿产示范基地"，江苏中宏环保科技有限公司环保型智能化废橡胶再生成套设备研发制造项目获中央资金补助680万元，江苏海伦石化有限公司等5家企业获评省级节水型企业。从地区、社区、园区、小城镇和企业5个层面推进低碳试点工作，加快推进中瑞低碳生态城国家低碳城（镇）试点建设工作。组织380家重点排放单位开展2016年温室气体排放报告填报工作，配合做好第二批28家拟纳入全国碳排放权交易市场重点单位的碳排放报告核查盘查工作，组织全市水泥、电力2个行业共33家企业参加国家组织的碳配额分配试算会。完成2016年市、区两级温室气体清单填报编制工作，研究起草市"十三五"控制温室气体排放工作方案。举办2017年全国节能宣传周暨全国低碳日主题宣传活动。做好无锡市国家生态保护与建设示范区建设试点工作，会同相关部门完成2015~2016年度试点工作中期评价，推进宜兴市国家农村产业融合发展"百县千乡万村"试点示范工作。牵头编制《无锡市"十三五"重点流域水环境综合治理方案》，通过专家论证并将印发。研究完成《关于进一步做好太湖水环境治理工作的调研报告》。会同宜兴市做好省太湖流域上游水环境综合治理与可持续发展试点前期准备工作。

（陈景芹）

【改善社会民生】 年内，市发改委牵头制定《2017年为民办实事目标任务书》，由市政府印发下达并向社会公布。至12月，10件为民办实事项目基本完成。富民强村工作明显提升，地铁4号线一期工程全线开工，公共自行车一期投放公共自行车10100辆，新辟和优化19条公交线路，新锡澄路（市区段）、兴昌路北延等8条道路建设进展顺利；老旧自来水管网改造完成60.1公里，水表出户改造完成4096户，新增天然气用户80020户，完成目标任务的160%；新少年宫建设基本完成，市第五人民医院项目工程完成并搬迁启用，市新四院建设项目完成投资额2.3亿元，完成34个基层卫生医疗机构中医诊疗区（中医馆）项目建设；许溪河、铁树桥浜等10条河浜全部进场施工。围绕市委提出的“聚焦群众关注热点、打通关键瓶颈制约、促进无锡长远发展”的政府投资项目重点方向，编制并下达2017年社会事业项目市级政府投资计划，总体安排252亿元。统筹平衡2017年社会事业政府投资计划第一批、第二批机动财力计划，专题汇报“十三五”期间医疗卫生政府投资项目初步安排。推进富民增收工作，落实“省富民增收33条政策”，研究起草《无锡市关于聚焦富民持续提高城乡居民收入水平的意见》《无锡市“十三五”基层基本公共服务功能配置标准（试行）》。按照精准扶贫要求，做好新一轮结对扶贫白塔村相关工作。抓好重点项日实施，跟进做好滨江学院、无锡长乔海洋王国主题公园一期、太湖新城初中新建、社会福利中心老年休养区、市公安视频联网、特殊儿童早期干预中心易地新建、太湖新城（和畅路、方庙路）睦邻中心等重大项目论证、审批和服务工作。牵头协调跟进做好与江南大学市校合作共建协议相关工作。

（陈景芹）

国有资产管理

【概况】 2017年，无锡市国资监管和国企改革发展工作以全面深化改革为引领，以实施重大项目为抓手，着力推进市属国企主业做精、规模做大、资产调优、整体调强，企业实现平稳快速发展。深入推进企业改革，成立全面深化市属国资国企改革领导小组，构建“1+N+X”改革文件体系，在省内率先组建国有资本运营公司作为国有资本市场化运作的专业平台，推动城发集团等相关企业间的整合重组，国资布局结构不断优化。努力提升企业发展质量，降低融资杠杆率，企业融资成本平均利率低于5%。经济运行质量效益持续提升，增幅明显，至年末，市属国企资产总额4380亿元，比上年增长6.5%；负债总额2630亿元，比上年增长5.2%；所有者权益1750亿元，比上年增长7.6%；实现营业收入515.5亿元，比上年增长16.63%；利润总额56.6亿元，比上年增长17.89%；净利润46.8亿元，比上年增长19.6%；现价工业总产值218.2亿元，比上年增长26.68%；上交税费35.5亿元，比上年增长4.2%。国有资本收益3.99亿元。产业集团位列中国企业500强第232位，国联集团、交通集团分别位列中国服务业企业500强第279位和第497位。

（王　果）

【发展混合所有制经济】 全年发展混合所有制性质项目36个，投资总额291.42亿元，企业投资44.22亿元，吸引社会资本和非公资本247.2亿元。华光股份反向收购国联环保完成整体上市，中设股份在“中小板”首发上市，照明公司和湖泊公司挂牌“新三板”，国联证券A股上市进入候审发行排队。国联信托被列为全国混合所有制企业改革试点单位，国联环保能源集团入选江苏第一批国有控股混合所有制企业员工持股试点名单，照明公司申报省发改委混合所有制改革试点企业。交通集团发行公交ABS及40亿元非公开发行公司债券；太湖新城集团用低成本融资置换高成本债务30亿元；建发公司成功在境外市场发行3亿美元企业债券，与汇丰银行合作推进一年期可循环使用的2000万美元跨境直贷业务。推进劣势企业和低效投资退出的清理力度，先后完成雅士维传媒、中策机电等13家企业的股权转让退出，清算关闭联安房地产、振恒昌真空设备等5家企业，完成新城供水管网、锡澄水厂等3家企业的吸收合并，减少国有资本隐性流失。

（王　果）

【重大项目建设】 全年完成固定资产投资105亿元、股权投资150亿元，98%集中在基础设施、能源资源、现代服务业、战略性新兴产业等领域。着力推进一批重大项目签约落户，举办无锡市国资系统重大项目签约会，共签约25个项目，总投资527.6亿元。参与引进并投资无锡历史上单体投资规模最大、总投资100亿美元的上海华虹半导体无锡基地项目以及总投资30亿美元的中环晶元级大硅片项目。交通集团参与投资苏锡常南部高速公路项目，总投资18.15亿元，分5年完成，已完成投资7.2亿元。国联产业母基金发起设立10只子基金，总规模65亿元。地铁推进3号线一期和一号线延伸段建设；西区燃气电厂二期和东亚燃气电厂一期建设顺利推进；太湖新城集团引进浪潮集团，在新城核心区成立大数据产业园；积极做好东亚电力燃机发电、轨道交通、锡澄水厂改造等市级重点投资项目的跟踪、服务、协调等工作。

（王　果）

【国资监管】 年内，市国资委推进工作职能转变，制定国有资产出资监管权力清单和责任清单，以及投资管理办法和投资负面清单，将部分职能下放授权给规范的企业董事会。加强监管制度建设，制定无锡市国有企业产权交易管理办法和评估管理办法等规范性文件，首次将企业增资、资产转让和资产租赁行为纳入国有资产交易监管范围，从制度完善和规范角度加强国资监管工作。组织开展全市国家出资企业产权登记检查，完成宜兴利通电子等6家拟上市企业历史沿革问题的审核。加强资产评估审核，完成资产评估项目34个，涉及净资产账面值655023.27万元，评估值973036.61万元，评估增值率48.55%；完成国有产权交易34宗，挂牌金额2.95亿元，成交金额4.18亿元，增值率41.69%；资产转让项目16个，资产评估值3.96亿元，成交金额3.98亿元。年内，对309家企业财务审计数据进行审核，以专职监事为主，对新城、文旅2家集团和12家子企业进行年度财务工作集中检查监督。

（王　果）

审 计

【概况】 2017年，全市审计机关完成审计单位276个，其中审计项目258个，专项审计调查项目18个。查出违规金额22.90亿元，审计发现非金额计量问题625个。出具审计报告和专项审计调查报告372篇。移送司法机关、纪检监察机关和有关部门处理事项56件，移送处理落实事项8件，移送处理人员21人，移送处理金额7.06亿元。审计促进整改落实有关问题金额34.92亿元。核减投资额12.47亿元。审计提出建议617条，被采纳570条；推动被审计单位制定整改措施81项；促进被审计单位制定、完善规章制度21项；提交审计信息146篇，被批示、采用131篇。向社会公告审计结果28篇。无锡市公共工程建设中心主任任期经济责任审计项目获得审计署项目表彰，获江苏省优秀项目。

（伏小军）

【政策执行跟踪审计】 年内，市审计局根据审计署、省审计厅统一部署，围绕供给侧结构性改革和"三去一降一补"（去产能、去库存、去杠杆、降成本、补短板）任务落实，先后对扶贫政策、创新政策、省重点项目推进、政府性债务管理等政策措施落实情况及其效果实施跟踪审计。

（伏小军）

【财政审计】 年内，全市审计机关共完成各级财政预算执行情况审计、税收征管审计、71个部门预算执行审计、32个专项资金审计，推动财税管理不断完善，提高财政资金使用绩效。

（伏小军）

【经济责任审计】 年内，全市共审计领导干部（人员）96名，其中领导干部自然资源资产离任审计项目3个，任中审计41%，查出领导干部负有直接责任和主管责任的违规金额13.46亿元。

（伏小军）

【固定资产投资审计】 年内，全市完成政府投资审计项目93个，核减工程投资12.47亿元。其中，市审计局对轨道交通工程连续跟踪审计7年，累计核减投资额9.45亿元。

（伏小军）

8月23日审计人员在江阴临港实地核查港口业绩。（伏小军　供稿）

【民生审计】 年内，全市审计机关对879个村级"三资"（资金、资产、资源）管理情况进行审计，重点审计83个村，发现问题541个，推进无锡市委办、市政府办出台《关于进一步加强村级资金、资产、资源监管的实施意见》。

（伏小军）

【改革创新】 年内，市委、市政府研究出台《无锡市审计机关人财物管理改革试点实施方案》，市审计局率先将容错纠错理念贯穿领导干部经济责任审计之中，并提请市委、市政府出台《关于在领导干部经济责任审计中建立容错纠错机制的办法》。无锡市审计局将审计发现问题整改销号纳入常态工作，2016年、2017年分别对上两年审计发现的1234个问题进行整改，已整改"销号"1048个，涉及金额122.86亿元，"挂号"186个，实现审计发现问题整改落实全覆盖。

（伏小军）

统 计

【概况】 2017年，无锡市统计局围绕市委、市政府中心工作，积极贯彻国家、省统计改革要求，着眼提升数据质量，着力提高服务能力，统计工作质量、影响力和公信力得到进一步提升，被评为江苏省统计系统先进集体，在省统计局年度综合考核中获得"优秀"等次，全市统计工作取得新进展。

（徐　洁）

【统计服务】 年内，市统计局紧紧围绕无锡产业强市发展战略，制定包括4大类37个产业的《无锡市现代产业统计监测制度》；建立《主要经济指标预警监测制度》，加强对主要指标的预测、经济形势的预判和潜在问题的预警；编印《砥砺奋进的五年》分析集，回顾总结中共十八大以来全市经济社会发展成就；编印《数说无锡新方位》画册，服务市"两会"；设计制作展板并解读，编印统计手册作为参阅材料，做到每次全市重大会议均有统计产品；积极开展统计信息、分析撰写和课题研究，全年共完成521篇统计工作信息、257篇统计经济信息、147篇统计分析、13篇统计课题。

（徐　洁）

【业务建设】 年内，市统计局围绕入户登记、数据处理、质量把控3个环节，高质量完成第三次全国农业普查主体工作。出台《无锡市统计质量全程管理体系》，包含32个制度，突出强调建立各专业统计业务台账，突出强调统计工作业务流程及关注点，突出强调数据发布、分析和归档环节管理制度。开发建立市级

服务市委十三届四次全会 (徐 洁 供稿)

重大项目统计监测平台（“项目通”APP)，对市级重大项目和亿元产业项目进行全方位动态监测。制定出台《联网直报统计年度业务培训工作规范》,规范全市各专业年报和定报工作培训要求,规范企业台账。

(徐 洁)

【法治建设】 年内，市统计局首次与市委组织部联合举办部门、镇(街道）统计工作分管领导统计法治专题培训班。调研起草《关于深化统计管理体制改革提高统计数据真实性的实施方案》,突出机构调整、队伍建设、执纪问责、监测评价等方面的改革事项，着力解决全市统计工作中存在的具体问题。通过“双随机”检查,拓展执法检查内容和范围,全年对237家企业进行统计执法检查,扩大统计执法的覆盖面和影响力。

(徐 洁)

【规范化建设】 年内，市统计局开展村(社区)统计规范化建设示范点创建活动,选取全市9个村(社区)作为典型,通过创建、验收、评比等活动,各创建村(社区)实现统计岗位设置、人员配备、工作职责、办公设备和经费保障“五到位”。通过典型示范,大力推进全市村(社区)统计规范化建设。

(徐 洁)

【队伍建设】 年内，市统计局确立无锡统计人才队伍建设的5个目标,建设好统计执法、统计分析师、部门统计主管、基层统计师、统计培训师5支队伍。出台《无锡市统计系统统计分析师队伍培养行动计划》,建立市、市(县)区两级统计机构统计分析人才库，按季开展统计分析微课堂,建立统计执法队伍名录库,组建部门统计主管队伍网络，开展部门统计主管业务培训，统计人才队伍建设多头并进。

(徐 洁)

价格管理

【概况】 2017年，无锡价格管理部门紧扣价格改革主题，突出转型发展主线,稳增长、推改革、促转型、惠民生。坚持稳控物价导向,落实价格调控责任制,加强价格监测预警,拓展价格宣传引导，推进价格诚信建设,努力保持全市价格总水平稳定。

(朱 浩)

【价格调控监管】 年内，市价格管理部门推进价格改革、强化价格监管、稳控市场物价等目标责任分解落实到各市(县)、区及相关部门。定期召开价格调控联席会议，推进价格调控目标责任制落实。全市价格水平持续向稳，居民消费价格指数累计涨幅为1.9%,位居全省第七位,低于省定3%的调控目标。

(朱 浩)

【环境价格改革】 年内，市价格管理部门充分发挥价格杠杆对大气和水体污染物控减的作用，全面落实总氮、总磷和挥发性有机物排污收费，完善工业危险废物焚烧处置收费政策，分类制定污水处理费收费标准，落实高耗能企业差别电价政策和超能耗企业惩罚性电价措施，会同环保部门对全市2015年度环保信用评价结果等级为黑色、红色的高污染企业实施差别电价，助推节能环保,助力生态文明建设。

(朱 浩)

【医药价格改革】 年内，市价格管理部门完善公立医院医药价格综合改革政策，探索建立以合理成本和收入结构变化为基础、有利于费用控制的医疗服务价格动态调整机制;核定市二院、市五院、市妇幼保健院等4家参改公立医院1000多个床位费;实施药品零差率,全面取消公立医院15%的药品加成，全市公立医院门诊次均医药费用比上年下降4.18%;推进按病种付费方式改革,15家医院按病种付费病种数超过230个；会同市卫计委、市人社局、市财政局联合下发《关于进一步明确家庭医生签约服务工作有关事项的通知》，规范家庭医生签约工作，全市家庭医生签约服务率达35.53%,重点人群签约率达65%。

(朱 浩)

【企业降本减负】 年内，市价格管理部门持续推进清费降本减负,大幅降低企业水、电、气等要素价格,继续压减涉企收费项目。年内,共取消、停征69项行政事业性收费和经营服务性收费,放开11项经营服务性收费,8项资源类、补偿类行政事业性收费转为国有资源(资产)有偿使用收入管理,降低14项行政事业性收费和经营服务性收费，下调市区非居民用天然气销售价格和车用气销售价格0.12元/立方米,每年可为工商业企业减负5.2亿元。

(朱 浩)

【房地产价格备案】 年内，市物价局提请市政府印发《关于进一步加强商品住房价格管理的意见》,与市住建局联合发布《关于进一步加强商品住房备案价格管理的通知》《关于进一步规范新建商品住房销售明码标价及其“一价清”制度的通知》，从5月开始，凡商品房拟备案价高

开展节前价格检查 （朱琳颖 供稿）

于2016年10月所在区域商品住房成交均价的，均要按照初审—监审—会审—定审—终审的程序进行价格备案。全年共对87家市属商品房开发企业87个楼盘销售价格进行备案评估，备案面积为4451242平方米。

（朱 浩）

【价格诚信建设】 年内，市价格管理部门依托社会信用体系，着眼强化企业自管自律意识，规范价费公示，推进价格承诺，大力开展价格诚信创建活动，积极营造诚实定价、明码标价、诚信经营、放心消费的价格氛围。全年全市共评出价格诚信单位90家。

（朱 浩）

【价格监测预警】 年内，市价格管理部门确定100个规范采价点，优选1家公立三等医院、1家药品批发企业和3家连锁零售药店，选择农业、服务业、建筑业、制造业等对经济社会发展影响较大的行业，开展价格监测。全年采集上报日常监测数据6万多条，主副食品价格数据10万多条，常用药品价格数据5000多条，家用电器价格数据3000多条，上报信息80余篇，

（朱 浩）

【监督检查维权】 年内，市价格管理部门先后开展商品房销售明码标价、电力价格、电信领域价格、城市供水供气供暖价格、相对封闭区域商品和服务价格、教育收费、涉企收费等重点督查检查活动。2017年，全市价格系统受理各类价格举报投诉和咨询4411件，办结4353件，办结率98.7%，回复率100%。全市共查处价格违法案件122件，实行经济制裁1490万元。

（朱 浩）

工商行政管理

【概况】 2017年，市工商和市场监管部门推进“放管服”改革，着力营造宽松便捷的准入环境、公平竞争的市场环境和安全放心的消费环境，推动经济社会持续健康发展。商事登记制度改革持续深化，年内，全市新登记内资企业46083户，新登记外商投资企业491户，新登记个体工商户71273户，分别比上年增长21.96%、19.76%、34.92%，市场主体总量突破63万户。推进“多证合一”改革，出台《关于进一步推进“多证合一、一照一码”改革的实施意见》，对21项涉企事项进行整合。推进先照后证改革，167项前置审批改为后置审批。推进企业名称登记改革，发布《无锡市企业名称自主申报登记管理办法（试行）》，全市共成功自主申报企业名称1180个。多方位开展全程电子化登记，发放电子营业执照1.3万份。实施企业简易注销登记，对符合条件的230家企业进行简易注销。深化“3550”改革，全力推进开办企业3个工作日内完成，共办理不见面事项超3万件。惠山区和滨湖区市场监管局获得外商投资企业登记授权，进一步提高外资登记便利化程度。积极做好权力事项的划转及交接工作，确保同行政审批局业务衔接顺畅。

（魏 磊 冯筱岑）

【放管结合】 年内，市工商和市场监管部门全面启动“双随机，一公开”抽查工作，完善“两库一清单”，建立约有27万户企业的检查对象库和11类1250名执法检查人员名录库。对全市10207户各类检查对象，开展7大类17次“双随机”抽查。全年列入经营异常名录并对外公示的企业累计40031户（次），共清理长期停业未经营“僵尸企业”4185户。开展校园周边证照专项督查、中共十九大安全生产隐患排查治理等10多项专项整治，积极参加地方政府组织的整治排查工作，开展联合执法，加强密切配合，形成齐抓共管的工作局面。全年共出动执法人员6852人次，检查市场商场人口密集场所753家（次），检查各类市场主体约1.1万户（次）。锡山区市场监管局成功开展654家无照废旧回收站点的清理。

（魏 磊 冯筱岑）

【优化服务水平】 年内，市工商和市场监管部门全面推进商标品牌战略，发布《“十三五”实施商标品牌战略规划》，先后向工商总局商标局争取商标申请受理与商标质权登记受理窗口的落地，受理商标新申请突破1500件，全市有效注册商标量达11.8万件。指导和服务国家广告产业园区快速发展，集聚广告企业502户，会同广告产业园举办互联网广告暨网络营销论坛，全力打造互联网广告公共服务平台。开展“发现无锡”公益广告创意设计暨定向毅行大赛，展现无锡投资环境良好形象。新发展市AAA级重合同、守信用企业196家，330家企业被公示为省级重合同、守信用企业，共办理动产抵押登记973件，担保主债权达288.5亿元。联合市委组织部开展“小个专”“两聚一高”先锋行动，在专业市场开展党员“三亮”活动，已有16家市场开展“三亮”（亮身份、亮职责、亮承诺）党建活动，涉及党员151

名、党支部12个，有效发挥党建工作在非公经济发展中的引领作用。

（魏　磊　冯筱岑）

【规范市场秩序】　年内，市工商和市场监管部门共查办工商类经济违法案件1298起，案值2.05亿元，罚没5276.16万元，比上年增长36.93%，其中，市局经检支队查处案件40起，罚没入库1858万元，创历史新高。突出行业专项整治，促进提质量降成本。对全市供热、供气、医疗、汽车4S店等行业开展专项检查，查处27家汽车4S店强制交易、消费欺诈等违法行为，罚没1271.2万元，着力解决消费者投诉较多、反映较大的汽车消费领域问题；查处供热、供气行业不正当竞争行为，罚没1222万元，为企业大幅节省生产成本；查处16家房地产评估企业和商业银行联手滥收费用行为，罚没354.83万元，有效促进金融行业规范经营，降低企业融资成本。新吴区市场监管局开展成品油市场专项整治，共抽检油品18个批次，移送公安机关无证经营柴油案件3起。

（魏　磊　冯筱岑）

【强化知识产权保护】　年内，市工商和市场监管部门保持常态化“双打”工作机制，深入推进打假保优“锲石”和打击商标侵权“溯源”专项行动，强化对假冒侵权高发本土品牌的保护和商标侵权全链条的打击。全市共查处假冒侵权违法案件528起，案值1007.5万元，移送司法机关案件15起。加大优质企业竞争优势保护力度，帮助江阴新杰科技赴昆山、扬州等地进行商业秘密保护调查维权，协助“徐家木业”“雅迪”“海澜之家”等无锡市重点品牌赴外地打假，为企业挽回直接经济损失5000余万元。6月，在工商总局和世界知识产权组织举办的中国商标金奖颁奖大会上，无锡市工商局荣获商标保护奖，是江苏省地级市工商系统唯一获此殊荣的单位。9月，省商标战略实施工作领导小组对无锡市的商标战略工作给予高度肯定，授予无锡市政府、江阴市政府“金风奖”，授予海澜之家服饰有限公司、红豆集团有限公司、无锡小天鹅股份有限公司等5家企业“金帆奖”。

（魏　磊　冯筱岑）

【加强重点领域管控】　年内，市工商和市场监管部门加大“互联网+”领域监管力度，全市共查处网络案件277起，比上年增长194.68%，罚没款457.98万元。广告业经营秩序进一步规范，全年共监测各类媒体广告36.5万余条，总违法率比上年下降26.8%，查处广告违法案件213起，罚没607.6万元。保持对传销违法行为的高压严打态势，进一步加强打击网络传销工作，开展以“招聘、介绍工作”为名从事传销活动专项整治工作，依法对异地聚集型传销、网络传销及大学生参与传销活动等社会影响较大、群众反映强烈的大要案件进行严厉查处，全市共查处传销案件6起，罚款135.23万元，捣毁非法传销组织3个。

（魏　磊　冯筱岑）

6月30日上午，由国家工商总局和世界知识产权组织共同举办的“2017年中国商标金奖颁奖大会”在扬州会议中心隆重召开，无锡市工商局荣获商标保护奖　（冯筱岑　供稿）

【加大维权力度】　年内，“12315”中心登记消费者咨询、投诉、举报57092件，共为消费者挽回经济损失1439.52万元。梁溪区市场监管局有效整合“12315”“12365”“12331”热线，打造集消费咨询、业务查询、投诉举报于一体的“12315消费维权直通车”。流通领域商品质量监测突出环保、儿童类商品等民生热点，共抽检51个大类、1682个批次。通过“3·15”直播曝光、发布消费维权白皮书、消费环境指数报告、十大典型消费维权案例等手段，完善多角度、立体化维权机制。

（魏　磊　冯筱岑）

【深化放心消费创建】　年内，市放心消费创建领导小组深入开展“食品放心、旅游舒心、服务温馨”放心消费城市创建，深化电子商务领域、保险行业、珠宝行业、快递行业、保健食品行业的放心消费创建工作。开展“网络中国节·无锡好生活”消费生活网络行主题活动，组织消费体验，加强消费引导，发布消费警示，营造全市各行各业同创放心消费城市的氛围。商家信任度方面，截至年底，全市已有8660家网络经营主体顺利实现亮照经营；评选出34家无锡市保健食品行业放心消费创建先进单位，14个保险行业先进窗口等。无锡市消费者委员会荣获“2016~2017年度全国消协组织先进集体”奖。

（魏　磊　冯筱岑）

【净化市场环境】　年内，市工商和市场监管部门坚持“属地管理、部门联动、市场自律、社会共治”的原则，深入推进市场监管各项工作的落实，健全完善市场规范管理长效机制。对全市120家农贸市场开展环境整治提升行动，共开展8轮专项整治，随机暗访督查154家次，下发督查通报5期。宜兴市场监管局对农贸市场开展百分考核，满意度连续两年保持无锡市第一。认定2016年度无锡市文明诚信市场64家，共有144家市场参与创建2017年度平安市场,努力把人民群众的“菜篮子”管得放心满意。

(魏 磊 冯筱岑)

【强化工商法治建设】 年内,市工商和市场监管部门推进市场监管领域行政处罚行为的规范化、程序化和制度化,开展“放管服”改革涉及的规章、规范性文件专项清理工作,依法行政考核连续三年不失分。制定《普法宣传“七五”规划工作要点》,试点公职律师制度,进一步提高工商和市场监管执法人员的法治理念和法律素养。充分发挥复议纠错作用,累计收到行政复议案件49件,确认违法及撤销6件。

(魏 磊 冯筱岑)

【开展大数据应用试点工作】 年内,市工商和市场监管部门推进江苏省大数据应用试点工作,逐步实现业务工作的大数据展示、分析和应用,为科学决策和精准监管提供有效支撑。对标省局“三大指数”,制定发布无锡市场主体发展、竞争秩序和消费环境情况3个报告,提高指导基层工作的科学性和针对性。在基本实现硬件“三网合一”的基础上,积极推进市(县)、区局“三合一”软件的运用。滨湖区市场监管局加强信息化服务,运用微信公众号提供在线查询,打造方便快捷的“指尖服务”。

(魏 磊 冯筱岑)

【网络交易监管执法】 年内,市工商和市场监管部门深度维护“一中心一平台”,基于现有业务框架,构筑形成市局整体维护、区局检查任务、基层实地勘察的三级数据维护模式,全系统全年维护数据累计161405次,数据准确率达95%。通过省局“红盾云桥”项目,与全国知名网络交易平台开展监管协作,全年共协查案件线索37件、80余次,协查网络经营主体信息41家,网络商品交易记录205898条,网络交易快照202821条,共计立案23起,责令整改3起,结案14起,罚没款41.14万元。网监分局牵头研发“天鹰”网络交易商品质量监测分析系统,通过大数据运用对投诉举报信息、平台商品数据、网上舆情信息等进行科学研判,全面掌握网络交易商品质量情况。

(魏 磊 冯筱岑)

食品药品监督管理

【概况】 2017年,市委、市政府将食品药品安全工作纳入年度重点工作、改革工作要点和政府工作报告,在市(县)区科学发展考核评价综合考核指标体系中,将食品药品安全工作分值提高至4.5分,权重达2.25%,并作为评选先进地区的一票否决项,将市食品安全检验检测中心建设列入2018年为民办实事项目。江阴市、宜兴市被评为首批江苏省食品安全示范市,滨湖区顺利通过第二批省级复核验收,无锡市已实现各市(县)、区参与创建省级食品安全示范城市全覆盖。年内,市、市(县)两级投入食品监管经费7565万元,其中4249万元用于开展食品安全检验检测,共抽检食品3.7万批次,合格率达98.63%;千人食品抽检率达5.69批次/千人,比上年提升13.35%,位居全省前列。全年全市未发生黄色及以上级别药品安全预警以及Ⅳ级以上食品药品安全事故。至年底,全市共有食品(含保健食品)、药品、医疗器械和化妆品生产经营使用主体10.6万户,各市(县)、区市场监管局下辖街道(镇)级分局80个,全市食品药品监管系统共有从事食品药品监管专(兼)职在编人员365名,1229个行政村(社区)设立食品安全工作站,配备食品安全协管员1471名、信息员4926名。

(韩 慧)

【食品药品安全专项治理整顿】 年内,市食药监局联合相关部门开展农村食品安全、养老机构食堂和校园食品安全、“瘦肉精”、水产品、疫苗经营等一系列专项治理行动,保障世界物联网博览会、亚洲乒乓球锦标赛等重大活动41项,承办江苏省第九届规范市场秩序保护知名品牌工作联席会议暨第三届食药打假战略联盟峰会。全市系统查处食品药品行政违法案件982件,破获食品安全刑事案件33起,查获各类假冒伪劣食品2万余件,捣毁窝点100余个,涉案价值近亿元。开展药品安全监督抽样1861批次,医疗器械抽样122批次,化妆品抽样76批次;监测“三品一械”广告6417条次,发现违法广告76条,均及时报送省局处置。“12331”投诉举报系统在全市县区级局覆盖使用。市食药监局共受理投诉举报3258件,总局及省局交办的各类投诉举报工单全部按时办结。

(韩 慧)

【食品生产环节监管】 年内,市食品药品监管系统完成4家乳制品、6家白酒、43家食品添加剂、10家肉制品和5家食用植物油生产企业追溯体系的建立,实现全市乳制品所有品种基本覆盖,白酒和食品添加剂生产企业全覆盖,肉制品、食用植物油生产企业分别覆盖10%、5%的既定目标。全市食品生产企业和已登记食品小作坊共1027家,全部建立食品安全公示栏。市食品药品监管局与市食品安全委员会办公室、市财政局联合开展无锡市食品小作坊示范单位创建工作,对于达到创建标准的小作坊,给予每家3000元的奖励经费,至年底,全市已创建成功食品小作坊示范点59家。

(韩 慧)

【食品流通环节监管】 年内,市食品药品监管局联合市食安办、市财政局联合印发《关于加快做好无锡市农贸市场食品安全快检网络监控系统全覆盖工作的通知》,明确为民办实事项目的实施步骤和保障措施。提请市政府召开推进会和现场会,督促各地加快建设进程。全市258家农贸市场全部设立食品安全快速检测室,配备符合要求的多功能食品快速检测、视频监控等专业设备和配套设施,有条件的已配备食品快检一体化前处理设备,依托现代物联网技术,建立农贸市场上市食品从抽样、检测到不合格处置的全链条监控体系,实现农贸市场食品快速检测设备全覆盖、食品安全网络监控全覆盖“两个全覆盖”的目标。年内,全市累计完成食品检测91.29万批次,较上年增长77.43%,合格率达99.27%;退市销毁不合格食品1.3万余千克。以“示范店增量提质”和“示范街达标创优”为主要内容,指导原71家AA级店创建AAA级示范店,指导原47家AAA级食品安全示范店争创“放心肉菜示范超市”;会同食品流通协会、江南大学、第三方机构,评出食品安全示范店115家、示范街7条。

（韩　慧）

【餐饮服务环节监管】 年内，市食品药品监管局研究制定无锡市农家乐食品经营许可审查工作指南，向各区发放餐饮单位日常监督检查信息公示补助经费，各区累计制作、发放信息公示牌14550块，基本实现餐饮单位信息公示全覆盖。共对21791家餐饮单位开展动态等级评定工作，其中，优秀等级1393户，良好等级16124户，一般等级4274户。组织开展2016年度餐饮服务食品安全监督量化分级管理A级单位评定工作，共评出2016年度A级餐饮单位600家。中考、高考期间为98个考点食堂、集中食宿点进行重点监管，保障近7万名考生的饮食安全。会同市民政局为养老机构食堂领证提供便利措施，会同教育部门、人社部门开展春、秋两季校园食品安全监管工作，对学校食堂和为学校供餐的集体用餐配送单位实现监督检查全覆盖，责令整改250户次，行政约谈28人，行政处罚1家，抽检样品494批次，合格率100%。“视频厨房”建设覆盖30%以上中小学及托幼机构。召开网络订餐第三方平台规范化经营推进会，向美团外卖、饿了么、百度外卖等3家驻锡网络订餐平台负责人送达《网络订餐第三方平台责任义务告知书》；印制2万份《网络餐饮服务提供者食品安全提示书》宣传单页，通过第三方平台送餐骑手发放到各家入网餐饮单位。

（韩　慧）

【保健食品化妆品监管】 年内，市食品药品监管系统在全省范围内率先启动化妆品质量安全规范街区建设工作，建成江阴市人民路步行街、宜兴市宜城街道蛟桥河步行街、梁溪区中山路、锡山区东亭锡州路等4条化妆品质量安全规范街区。市食药监局联合市放心消费办、市工商局评选34家2016年度无锡市保健食品放心消费创建先进单位。年内，完成9家化妆品生产企业的许可证延续和5家生产企业的许可证变更工作，关闭3项不符合要求的高危项目。检查染发化妆品经营单位610家，责令限期整改249家，实施行政处罚1家。全年完成非特殊用途化妆品备案审查3277件次937个品种，累计现场检查率95.5%。全市一级以上设置皮肤科的医院、化妆品生产企业均已纳入不良反应监测体系，全年新增监测哨点69家，累计上报化妆品不良反应495例，比上年增加380例。

（韩　慧）

市食品药品监管局监管人员开展中秋前月饼生产企业督查及专项抽检

（韩　慧　供稿）

【药品生产监管】 年内，市食品药品监管局会同市科技局在全省率先出台仿制药一致性评价补贴政策，对取得一致性评价研究阶段成果的项目补贴100万元。推进无锡市多家拥有药物临床试验资质的医院开展生物等效性试验，全年共开展注册核查12件，其中药品类9件、药包材类3件。完成全市5家医院14个品种的医疗机构制剂标准提高工作。全年共检查药品生产企业155家次，未发生因监管不到位导致的麻精药品和药品类易制毒化学品从合法渠道流失案件。在全省率先制定出台《关于加强药品上市许可持有人制度下药品全生命周期监管的通知》。全市形成药明利康、智康弘仁、曙辉药业、福祈制药等多家有潜力的持有人公司，建成药明生物、药明药业2家国际水平的受托加工企业，阿斯利康、药明康德在无锡设立研发中心。

（韩　慧）

【药品流通监管】 年内，全市累计检查药品、批发连锁企业56家次，基本药物配送企业（17家）23家次，药品批发和零售连锁企业、基本药物配送企业日常监管率均达到100%；检查药品零售企业1541家次，立案查处各类经营企业19家次。对33家互联网药品信息服务企业和6家交易服务企业均进行全覆盖现场检查，责令3家存在不规范行为的网站限期整改。印发《疫苗流通和使用管理专项监督检查通报》，提请市政府印发《关于进一步改革完善药品生产流通使用政策的实施意见》。联合市卫计委在全省率先组织开展全市疫苗流通和使用管理专项监督检查行动，对疫苗生产企业和138家疾病预防控制机构、疫苗接种单位进行全覆盖现场检查，责令存在缺陷的19家单位进行整改。

（韩　慧）

【医疗器械监管】 年内，市食品药品监管系统开展各类监督检查233家次，其中对全部三、四级监管企业开展至少一次全项目的日常监管，二级监管企业覆盖率72.73%，一级监管企业覆盖率31.43%。办理医疗器械经营许可证新开办106份，变更279份，延续13份，注销66份，补证5份；办理医疗器械经营首次备案399份，变更279份，取消18份，补发5份。在医疗器械经营电子监管系统中建立分类分级监管模块，实现每年度全部经营企业的自动分类分级功能，按照监管频次随机产生年度监管对象，全年共检查医疗器械经营企业2105家，全市分类分级监管工作完成率100%。通过开展培训、企业自查、示范检查、交叉检查等方式对全市64家冷藏冷冻经营企业进行全面监管。出台《关于加强医疗器械经营企业注销及标注管理工作的通知》,全年共主动公示注销或取消经营企业11家。无锡市两家医疗机构顺利通过省级联合专项检查,质量管理水平居全省前列。

(韩 慧)

【药品、医疗器械不良反应监测体系建设】 年内,全市上报药品不良反应报告8457份,每百万人口报告数为1328份,其中新的、严重药品不良反应事件报告占报告总数34.68%。企业药品定期安全性更新报告提交率达90%。2家医院首批入选国家药品不良反应监测哨点医院。"基于替格瑞洛安全性研究的药品生产企业重点监测关键技术研究与应用示范"项目入选2017年度无锡市科技发展指导性计划项目。全市7个市(县)、区级行政区域均有上报医疗器械不良事件,覆盖率达100%,辖区全部第二类、第三类医疗器械生产企业均已全部在国家药品不良反应监测系统注册账号。全年上报可疑报表5340份,医疗器械安全预警数字平台实现全省推广运行。无锡市药品不良反应和医疗器械不良事件监测测评成绩位列全省第一。

(韩 慧)

【药品进口口岸建设】 年内,市药品安全检验检测中心完成196台(套)设备合同签订、141台(套)设备安装调试,实验室信息管理系统(LIMS)上线试运行,进口药品留样区装修、计算机房扩建、办公家具等准备招标。组织技术人员赴山东所、苏州所等学习、调研,举办全员综合素质能力培训班,选派129人次参加各类专业技术短期培训,并邀请中检院、省院等教授专家到无锡进行授课。完成第一批39项检验检测能力的资质认定扩项,并且做好第二批剩余35项资质认定和实验室认可扩项的准备工作,届时检测能力将全面覆盖《中国药典》。顺利通过国际权威机构欧洲药品质量管理局、世界卫生组织的3项能力验证,实验室检测能力获得国际认可。开展28个常规检测项目在中、美、欧、日四地药典收载情况的方法比对和实验比对,为打造国内一流的药品口岸法定检测机构奠定基础。

(韩 慧)

【政策法规与科技标准】 年内,市食品药品监管局梳理权力清单、责任清单422大项,议定《关于市食品药品监督管理局划转市行政审批局权力事项的合作框架备忘录》,16项审批事项顺利划转市行政审批局。形成《无锡市食品药品监督管理日常监管"双随机"抽查管理办法(试行)》,建立含60316家检查对象的对象库和由121人组成的检查人员库,稳步开展事中事后监管工作。配合市政府开展两轮规范性文件清理工作。年内办理行政复议案件113件,行政应诉12件,全局无败诉或复议被撤销情况发生。梳理食品药品监管系统科技成果,全市共完成12项科技项目登记。

(韩 慧)

【实行政务公开】 年内,市食品药品监管局主动公开政府信息2428条,回应公众关注热点或重大舆情数8次,参加新闻发布会1次。共收到政府信息公开申请16件,其中通过局门户网站申请4件,通过信函邮寄12件,有2件被申请人主动撤回,其余全部按时办结答复。全年办理药品零售企业许可公示563份。药品零售连锁企业许可、药品零售企业许可、第一类医疗器械产品备案、医疗器械经营许可及备案、一类医疗器械生产备案信息均及时公开。

(韩 慧)

【推进社会共治】 9月7日,无锡市承办全国首次医疗器械突发事件示范性应急演练,在2017年国家示范食品药品安全突发事件应急演练中得分排名全国第二。市食品药品监管局组织开展"食品安全宣传周""安全用药月"等系列宣传活动,以药品安全校园行、广场宣传、互动体验、药盾论坛以及药品安全网络知识竞赛等活动为载体,开展各类宣传咨询60余场、食品安全知识讲座30余场,展出宣传展板130余块,印发各类宣传单页、科普知识手册20余万份,发布刊登各类食品安全宣传报道30余次,接受群众咨询万余人次。市食品药品监管局与江南大学共同组建的食品安全宣传志愿者服务队,先后走进全市148个社区,举行食品安全科普讲座,受到群众欢迎。

(韩 慧)

质量技术监督

【概况】 2017年,市质量技术监督局围绕全市六大发展战略,强化质量安全治理,推进改革惠民工作,打造质监铁军。在省政府质量工作考核中连续3年被评为A级,服务行业公众满意度位列全省第一,荣获"规范执法示范单位""无锡市执法为民先进单位"等称号。根据各市(县)、区板块产业特点,提请市政府分解下达目标任务。修订出台《无锡市市长质量奖评定管理办法》,完善质量激励政策。举办中国质量发展圆桌会议——江阴峰会。阳光集团荣获第三届中国质量奖,实现江苏省中国质量奖零的突破。兴澄特钢再次获得中国质量奖提名奖,法尔胜集团、大东方股份有限公司分获2017年度省长质量奖、质量管理优秀奖。新增江苏省名牌69个、江苏"双百品牌"17个。2017年度市长质量奖申报企业21家,数量再创历史新高。全市新增质量管理体系认证有效证书661张,证书持有量保持全省第二。全年发布质量信息3000余条,《品质白丝——金双鹿》获江苏省网络短片大赛优秀短片奖。

(朱 奇)

【质量监督工作】 年内,市质监局以涉及健康安全、环保节能等强制性标准和新兴、支柱、传统产业为重点,实施产品质量市级监督抽查和风险监测1100批次。部署开展质量安全隐患排查和整治行动,检查企业600余家次,对全市近200家电线电缆获证企业开展全覆盖实地检查,查办电线电缆案件52起。加强许可证获证企业证后监管,加强重点行业、企业监督检查。结合"去产能"要求,开展钢铁和水泥产品生产许可证获证企业监督检查工作,对全市35家水泥产品生产企业和7家钢铁产品生产企业生产状况进行现场检查。开展危险化学品、危险化学品包装物和容器获证企业监督检查,检查全市危险化学品企业127家,危险化学品包装企业198家。全市产品质量国家和省级监督抽查合格率均列全省第一。

(朱 奇)

【标准化工作】 年内，市质监局围绕无锡市现代产业发展方向，实施“标准化+”行动，获批东舟船舶战略性新兴产业等省级标准化试点项目6个，新立项主导和参与制（修）订国家、行业标准85项，新增全国内燃机标准化技术委员会排放测量与后处理分技术委员会、江苏省石墨烯检测标准化技术委员会等标准化技术组织4个，新增采用国际标准和国外先进标准70项。全国增材制造标准化技术委员会测试方法分技术委员会获批进入筹建阶段。推进企业标准自我声明公开，全年共有6313项标准在全国企业产品标准信息公共服务平台自我声明公开，全省排名第三。鼓励企事业单位参与新兴产业标准体系建设，主导和参与起草物联网、传感器等相关国家、行业标准15项。引导新兴产业社会团体开展标准化工作，无锡市智能工业产业协会获批2017年省级团体标准试点，继半导体、物联网后成为无锡市第三个新兴产业领域的团体标准试点项目。国家石墨烯质检中心先后成为国家石墨烯标准化推进工作组表征与测量专业组组长单位、江苏省石墨烯检测标准化技术委员会秘书处单位。

（朱　奇）

【认证认可】 年内，全市质量管理体系认证有效证书新增661张，累计12044张，证书持有量继续保持全省第二。新增能源管理体系认证企业18家，比上年增长21.51%，累计113家，证书持有量全省第一。新增具有独立性、公证性的第三方检验检测机构10家，累计223家。开展资质认定监督检查，全年组织对全市208家检验检测机构和6家认证机构开展检查。组织全市42家环境类和36家建筑类资质认定检验检测机构开展能力验证活动。以“互联网+检验检测认证”为抓手，对全市255家获证检验检测机构数据进行筛选和确认，完善全市检验检测认证数据信息，构建涉及国家、省级资质认定检验检测机构以及国家质检中心、省级质检中心的全市检验检测认证信息共享平台，提供检验检测机构信息查询、分析和风险监测，实现服务高效化和监管信息化。

（朱　奇）

【计量管理】 年内，全市依法设置计量检定技术机构3个，建立在依法设置计量检定机构的社会公用计量标准共586项，建立在部门、企事业单位的最高计量标准共334项，涵盖高新技术、新兴产业、质量安全、资源管理、环境保护、医疗卫生、安全防护等涉及民生、工业等各个领域，提升计量服务经济、服务社会、服务民生的技术支撑能力。全市新增测量管理体系认证企业4家，复查换证3家，另有3家企业进入评审阶段。全年共检查经销企业333家，检查商品2229批次，其中定量包装商品1829批次，标注合格率为97%，净含量检验合格率为99%；商品包装400批次，合格率为96%。

（朱　奇）

【特种设备安全监察】 年内，全市共有特种设备294188台（套），其中，锅炉4321台、压力容器75600台、起重机械109835台、电梯78746台、场内专用机动车辆25608辆、大型游乐设施74台（套）、客运索道4条、注册登记的压力管道117条。全市共有特种设备生产企业735家，其中，压力容器、压力管道设计单位57家，锅炉压力容器及封头制造单位255家，电梯、起重机械制造单位130家，压力管道元件制造单位198家，电梯、起重机械专业维护保养单位95家。在同类城市率先出台《无锡市特种设备安全管理办法》，健全特种设备安全责任体系。针对人机比例不合理的突出矛盾，创新思路和举措，建成投用全市特种设备安全监察信息化平台（一期），实现监察检验共享一个数据、运行一个平台。在“两会”、物博会、中共十九大、节假日期间，加大特种设备安全检查和隐患治理，开展百日执法、涉危特种设备、气瓶、叉车等专项整治行动，全年共出动监察人员12761人次，检查单位5401家，发现一般隐患4109条、严重隐患604条，已全部整改到位，立案查处198起。

（朱　奇）

【执法打假】 年内，全市共出动执法人员10976人次，检查企业3454家，立案查处770起，办理案件数增长8%。查获假冒伪劣产品货值1523.8万元，其中大要案33起，移送公安机关18起。“12365”热线共受理处置投诉举报和诉求2394件，接办“12345”业务156件。着力净化市场环境，组织开展质检利剑、“地条钢”、电子商务等各类专项执法检查，查处某商行销售作弊电子计价秤案，入选质检总局“质检利剑”行动十大典型案例。

（朱　奇）

国家质检总局局长支树平视察无锡市质监局　（倪凌燕　供稿）

【公共检测平台建设】 年内，国家太阳能光伏产品质检中心银川户外实证基地成功并网运行，国家物联网感知装备产业计量测试中心获批筹建，国家高端储能产品质检中心积极申请筹建，国家增材制造产品质检中心筹建工作稳步推进，国家环保设备质检中心、国家石墨烯产品质检中心顺利完成筹建工作，申请国家质检总局验收。至年底，无锡地区已经批准筹建和已经建成运行的国家质检中心和国家检测重点实验室共21个。增材制造、光伏产品、轻型电动车、石墨烯等行业全国性质量提升、创新创业大会在无锡召开。市质检院、市计量院入选全省科技服务业百强机构。

（朱　奇）

【简政放权】 年内，市质监局扎实推进“放管服”改革，优化审批流程，在全省质监系统首家实现“一站式”服务，平均办结时限由法定20个工作日缩短为8个工作日，实际办件提速率60%。全国首张“先证后核”工业产品生产许可证在无锡颁发。取消3项审批权力，实现工商前置审批项目全部“清零”。承接省级下放的行政审批权力3项，向市（县）、区下放4项行政审批权力。积极组织推进政务服务网建设，行政事项在线申办率100%，大力推行不见面审批改革。根据“三级四同”的工作要求，及时调整市级行政权力事项488项，实现行政权力清单动态化管理。全面停征强检计量器具检定费，全年减免费用达2242万元。

（朱　奇）

【服务民生】 年内，市质监局继续实施“健康计量惠民工程”，免费检修家用血压计3500台（件）、检测眼镜33940副，免费检定集贸市场、基层卫生医疗机构的26031台（件）计量器具。建成运行覆盖全市的“96333”电梯应急救援平台，接入6万余台电梯，开展应急救援2682次，解救被困人员4876人，平均到达现场时间为9.8分钟。组织开展室内空气中甲醛含量免费检测惠民活动，为市区100户居民提供家居室内空气（甲醛含量）免费检测服务。积极开展缺陷产品召回相关工作，筹建省缺陷产品管理技术分中心。

（朱　奇）

国土资源管理

【概况】 2017年，市国土资源工作在保护资源、节约集约、维护权益、改革创新等方面取得新突破。节约集约利用综合评价考核得分以90.39分领跑全省，全市2市（县）5区除新设立的梁溪区和新吴区外，全部获评全国、全省节约集约模范市（县、区）。无锡国土“四全”（全流程优化审批、全区域便民服务、全业务网上办理、全节点效能监管）服务窗口建设案例在全国行政服务大厅典型案例展示活动中获评全国“百优”，是全国国土系统唯一获评项目。“不动产登记交易”指标在省创业创新环境评价中位列第一，各市（县）、区和8个省级以上开发区获评先进，不动产登记“放管服”改革成效显著。不动产登记立法工作在全国首开先河，更加突出登记实务和具体操作，《不动产登记条例》草案已经市人大常委会一审通过。在全省系统范围内创新性开展干部队伍“四个提升”（提升业务技能、提升作风效能、提升服务水平、提升工作绩效）行动和国土所“1050工程”标准化建设，受到省国土资源厅充分肯定。与市检察院、市城管局分别创新建立国土资源行政执法与检察司法监督联动机制、土地执法与城管执法联防联查机制，与市中级人民法院强化联合信用惩戒和不动产司法协作等执行联动机制，对国土资源工作依法行政支撑引领作用日益彰显。研发建成的“四全”模式、产业用地绩效管理、“慧眼守土”等改革创新成果应用广泛，成为全省经验。国家试点项目智慧无锡时空信息云平台建设，在共享平台方面实现数字城市到智慧城市的全方位升级和优化，展现广阔应用前景。“天地图·无锡”新开发10个示范应用项目，数据共享合作已扩展至23个部门。年内，市国土资源管理部门获评全国国土资源行政复议应诉工作成绩突出单位、2017中国智慧城市创新实践单位、省国土资源“十二五”科技工作先进集体、全省系统依法行政工作先进单位和第一批全省国土资源系统依法行政示范点等。

（钱　炜）

【“三位一体”保护耕地】 年内，市国土资源管理部门坚持把资源保护摆上更加突出的战略性位置，充分运用“责任+激励”“行政+市场”等各项举措，推动“三位一体”（数量、质量、生态三位一体）保护真正落到实处。全面完成土地利用总体规划调整完善工作，市级、市（县）区级规划均获批准，全市划定永久基本农田9.15万公顷，比保护目标任务多划980.49公顷，在落实用地空间刚性约束的同时，土地利用结构和布局得到进一步优化。全市通过土地整治新增耕地372.32公顷，是2016年的2.1倍，其中耕地占补平衡复垦项目新增耕地331.23公顷，是2014年以来补充耕地最多的一年，建设高标准农田4002公顷，是2016年的2倍，实施建设占用耕地耕作层剥离61.03公顷，覆盖再利用33.62公顷。建立耕地保护补偿激励机制，在生态补偿、土地整治以奖代补方面持续强化激励，明确对划定的永久基本农田按每年每亩100元的标准进行补助，水稻田、种质资源保护区补助标准分别提高50元，市属蔬菜基地、生态公益林补助标准分别提高100元，全市累计补偿基本农田面积10.65万公顷，补偿资金3.53亿元；区级土地整治补偿标准已由最初的2万元~5万元/亩提高至16万元~20万元/亩。《新华日报》专题报道全市耕地保护成效。

（钱　炜）

【“两保一调”服务用地】 年内，市国土资源管理部门紧密围绕市委、市政府“迈上万亿GDP”的目标，以发展为己任，以节地为主线，以调控为手段，服务保障有力有效。实施重点项目全程监管，优化用地计划、占补平衡等土地要素供给，特别是建立与省内其他城市调剂易地补充耕地指标的协商机制，顺利保障苏锡常南部高速公路无锡段、地铁4号线等一批基础设施建设，实现省、市重点项目应保尽保。以规划调整完善为契机，对“十三五”期间拟实施的178个重大项目，通过布设允许建设区或列清单的方式，分类制定保障措施。加大存量挖潜增效力度，全年完成低效用地再开发1467.4公顷，完成率183%；消化批而未供土地867.1公顷，完成率135%；盘活存量用地2601.3公顷，实施绿地工程539.74公顷，市区总供地中存量用地占比高达66%；制定低效用地再开发专项规划和实施计划，建立批而未供用地数据库，划定用地挖潜盘活路线图。全市单位土地面积地区生产总值产出2.27亿元/平方公里,在全国“万亿GDP”城市中位居第4;单位建设用地地区生产总值产出6.98亿元/平方公里,比上年增长7.39%,均位居全省第一。根据原国土资源部公布的2017年度开发区集约用地评价,无锡市高新区综合保税区、高新技术产业开发区、锡山经济技术开发区、宜兴经济技术开发区在全国392个工业主导型国家级开发区中位列前100名,其中,高新区综合保税区位列第一。加强土地市场调控,围绕“去库存”和“稳市场”的双重目标,采取增加住宅供应量、把控出让节奏、实行最高限价、完善竞价方式和土地出让条件等一系列调控举措,推动房地产市场平稳健康发展。全市全年供应土地811宗、面积2270.16公顷。其中,划拨供地840公顷,出让供地1293.74公顷(经营性用地招拍挂出让516.86公顷,工业性用地764.05公顷),其他供地136.42公顷。全市公开出让经营性用地111幅、面积516.86公顷,出让金483.49亿元,其中,市区经营性用地招拍挂出让地块42幅、面积305.3公顷,成交金额404.32亿元。

(钱 炜)

【不动产登记“放管服”改革】 年内,市国土资源管理部门持续开展不动产登记“四全”服务改革,形成具有无锡特色的减负放权多、覆盖范围广、配套服务全的不动产登记服务体系。推动“5个工作日”办结,首次登记、转移登记等6项业务由法定的30个工作日压缩至5个工作日办结,抵押权、地役权登记缩短至3个工作日,65%以上业务实现当场办结;面广量大的收件资料从平均10余项压缩至平均不到4项。实现“一窗受理、集成服务”,市区、江阴市和宜兴市分别开创“全域城乡覆盖、全面网签的一窗受理”“税务乡镇全配套的一窗受理”“全域城乡覆盖、减负放权的一窗受理”3类特色模式,全市开通“一窗受理、集成服务”网点24个、联办窗口51个,加上原有网点,乡镇网点覆盖率92.19%,平均服务半径2.14公里,位列全省第一,市不动产登记中心等4个登记中心获“百佳全国不动产登记便民利民示范窗口”称号。配套服务举措。开设实体经济企业登记专窗,提供容缺预审受理服务和购买不动产继承公证服务,扩展个人住房信息自助查询应用,推进“不见面”查询和登记服务,“四全”服务的内涵得到不断深化。建成“四全”窗口公共服务标准体系。按照国家标准委要求,完成6大类、59项标准规范编制工作并印发实施。“四全”窗口公共服务标准体系的建成,实现国土“四全”服务质量目标化、服务方法规范化、服务过程程序化和服务手段信息化,极大提升国土资源公共服务能力和水平。

(钱 炜)

【国土资源法治建设】 年内,市国土资源管理部门坚持依法行政和科技创新,推动国土资源法治建设,推动不动产登记立法。严格遵循合法性、科学性、可操作性等原则,制定统一的、体现特色、符合地方立法精神和要求的不动产登记条例,在不动产登记程序、复杂疑难和历史遗留问题解决、地下空间和车库位登记原则、信息共享和查询保护机制、违法行为处置管理等方面形成特色,条例草案稿已经市人大常委会一审通过。强化“法治服务集中办公”模式,市局集中专业优势,在统一规范办理行政复议、行政诉讼、行政处罚、依申请信息公开和责令交地等依法行政工作的同时,围绕国有土地使用权出让合同、罚没案件中地上建(构)筑物移交处置等实践中的疑难问题开展课题研究,探索解决方案。全年行政复议、诉讼案件比上年下降2%和41.5%,且诉讼案件无一败诉。实施执法联动和合作共建,从行政公益诉讼的形势出发,与市检察院创新建立国土资源行政执法与检察司法监督联动机制,相关经验在国土资源部和最高检座谈会上进行交流;从基层执法监察的现状出发,与市城管局创新建立土地执法与城管执法联防联查机制,形成市、区、镇(街道)国土城管“三级三联合”的联动机制构架,明晰国土与城管的行政处罚边界,有效破解基层执法难、执行难的问题;与市中级人民法院进一步强化联合信用惩戒和不动产司法协作等执行联动机制。联动机制的建立,有效推动国土资源法治化进程和违法用地查处整改力度。2016年度土地矿产卫片执法监督检查成果一次性通过部、省审核,2017年例行督察发现问题的个数、面积整改到位率分别达92.66%、98.72%。

(钱 炜)

【深化“矿地融合”】 年内,市国土资源管理部门组织实施江阴市稷山滑坡(跨年度工程)和宜兴市云觉路山体滑坡治理工程等市级生态环境保护工程,完成治理面积4.4万平方米、复绿面积3.6万平方米。宜兴市投资2000余万元开展太华襄阳隐患点、张渚牛犊山滑坡、芙蓉山庄地质灾害、大贤岭林场张横公路、丁山服务区G104滑坡和竹海战备公路滑坡等治理工程。开展地下水质量监测网络优化与监测工作,成为全省首家完成地下水质量考核点位替换井新建并通过验收的地级市;建立地裂缝自动化监测站,利用“慧眼守土”视频监控系统,加强对重要崩塌滑坡地质灾害隐患点的实时监控;开展矿山地质环境详细调查和治理规划编制工作,完成《无锡市地质灾害防治规划(2016~2020年)》《无锡市突发地质灾害应急预案》,出台山体资源特殊保护区划定方案。开展城市地质调查,结合苏南现代化示范区综合地质调查,形成《无锡市城市地质调查工作方案》,旨在查明全市城市规划区内地质资源环境和灾害等重大问题,通过建立三维地质结构模型、地质环境监测预警网络以及城市地质信息综合服务平台,引导地质资源环境保护与合理利用,促进国土资源多要素管理的深度融合。配合市相关部门开展土壤污染状况详细调查,有针对性地推进污染地块土壤修复治理试点,完成原造漆厂地块治理项目、造漆厂1号地块土壤修复治理工程,并通过验收。

(钱 炜)

安全生产

【概况】 2017年,无锡市安全生产监督管理部门围绕安全生产领域改革发展的重点目标任务,全面落实“严管严查严办”,突出危险化学品等重点行业领域监管,紧盯重要节点和风险时段,全市安全生产形势持续稳定向好。全年未发生重特大事故,事故起数、死亡人数分别下降1.1%、1.6%,连续第16年实现事故起数、死亡人数"双下降",其中非煤矿山连续13年"零"死亡。全市未发生群体性职业病危害事件,新发职业病例比上年下降6.7%。无锡市在省政府2017年度安全生产考核中连续第6年获得优秀等次。

(王耀山)

【完善责任体系】 年内,市安全生产监督管理部门制定出台《市政府有关部门和单位安全生产工作职责规定》,明确52个部门安全生产职责,强化部门监管职责。各市(县)区、镇(街道)普遍建立生产安全、道路交通、文教、农业等专委会,落实行业领域安全监管责任。突出企业主体责任落实,开展落实企业主体责任三年专项行动。

(王耀山)

【依法治安】 年内,市安全生产监督管理部门率先在全省地级市中完成安全生产地方立法,《无锡市安全生产条例》已经江苏省第十二届人民代表大会常务委员会第三十三次会议批准发布,2018年3月1日起实施。该条例对上位法有关规定作了系统细化,明确安监机构及队伍建设要求,系统规划安全生产宣传教育,推动全市安全生产工作的规范化发展。

(王耀山)

【安全生产执法年行动】 年内,市安全生产监督管理部门围绕事故多发易发的重点行业、重点地区、重点企业,开展"夏季百日执法"等专项行动,加强明察暗访、突击检查,加大事前执法力度,共检查企业18975家,排查各类安全隐患61925个,隐患整改59116个。全市各级共立案1180件,其中,事前立案1086件,是2016年的3.02倍,处罚金额累计4700余万元,事前处罚金额5万元以上的案件数173件,严处重罚的执法氛围基本形成。

(王耀山)

【重点时段监管】 年内,市安全生产监督管理部门突出"两节"、"两会"、中共十九大、世界物博会、全球锡商大会等重要时段节点监管监察,早部署、早检查、早应对,落实防范措施。中共十九大召开前后,启动特殊时段安全监管工作机制,全市安监系统取消休假和休息,市安全生产监督管理部门赴各市(县)区开展驻点督查,每日通报情况、公布动态、研判信息,督促指导各地和各行业领域做好安全生产工作,全年重要时段节点安全形势稳定。

(王耀山)

【基层基础建设】 年内,市安全生产监督管理部门下发《关于进一步加强我市镇(街道)安监机构建设的意见》,明确提出镇(街道)基层安全监管机构的设立和人员、经费、装备配备标准,提出队伍结构、素质、能力、作风提升目标,促进安全生产监管科学化、规范化、制度化,有效提升基层安监机构能力水平。

(王耀山)

【安全生产专项整治】 年内,市安全生产监督管理部门开展危化品、"两客一危"重点车辆、人员密集场所、涉爆粉尘及涉氨制冷液氨使用企业、有限空间作业、冶金企业、建设工程、燃气等行业领域专项整治,落实重大事故隐患挂牌督办与治理销号办法。年内,市安全生产监督管理部门共对27处市级重大事故隐患实行"滚动"挂牌督办,指导市(县)区政府对90余项、镇(街道)对460余项重大事故隐患实行挂牌督办,按期整改率96%。推进粉尘涉爆企业"打非治违",全市共取缔关闭178家,变更工艺23家,责令停产41家,采取强制措施15家。

(王耀山)

【安全生产宣传教育】 年内,市安全生产监督管理部门抓好安全生产公益宣传,组织安全生产月、安全生产常识网上答题、最美基层安全监管监察员评选等活动。开展正面典型宣传和反面案件曝光。大力培育安全文化示范企业,通过分类指导、重点培育的方法,在不同地区、不同行业选拔树立各具特色的示范企业,推动企业安全文化建设规范、有序、健康发展,完成18家市级安全文化示范企业考核验收,完成6家省级安全文化示范企业初核和申报。抓好安全生产培训考试,年内,考核特种作业人员31123人次,培训企业三项人员41162人次。

(王耀山)

【职业健康监管】 年内,市安全生产监督管理部门推进职业病危害企业基础建设达标工作,全年全市申报总数28104家,变更申报企业1828家,摸清职业健康监管工作底数。推动定期检测、健康监护和现状评价,开展职业病危害定期检测企业5665家,职业健康检查企业8340家,现状评价企业520家,各市(县)区均100%完成目标任务,职业健康各项基础工作完成比例名列全省前列。

(王耀山)

无线电管理

【概况】 2017年,全年共指配频率30个,收回频率36个,新增专业台站250部,撤销台站284部,换(核)发电台执照5691张。组织业余无线电操作技术能力验证A类、B类考试各3场次,共有291人参加考试,通过173人,核发业余无线电台操作证书173张、业余无线电台执照112张。完成223~235兆赫兹等12个频段的占用度监测任务,完成监测时间8668小时,其中重点频率监测1536小时,发现不明信号22个,识别合法不明信号3个,查实不明信号5个,查处非法信号14个,查处干扰8起;依法打击"黑广播"等违法行为,先后取缔"黑广播"窝点12处,没收非法设置的无线广播电台16部;受理移动通信屏蔽仪等非法设台投诉5起,查处手机屏蔽仪13部。积极参与国家统一考试防非法无线电作弊工作,完成16次考试保障任务,完成世界物联网博览会、"小天鹅杯"无锡马拉松赛、亚洲乒乓球锦标赛等大型活动和赛事的无线电安全保障工作。至年底,全市在册登记的各类无线电台站总数达到57108部,其中,专业电台55952部,业余无线电台1156部;全年完成无线电频率占用费征缴122万余元。

(丁圣国)

编辑 郭 鹏

综 述

【概况】 2017年,无锡市各级农林部门全面落实中央、省和市委、市政府关于加强"三农"工作决策部署,以"高水平全面建成小康社会,加快建设'强富美高'新无锡"为总体要求,转变农业发展方式,促进农业农民增收,加强深化农村改革,农业农村发展保持稳中有进的良好态势。年内,全市村均集体收入715万元,58个经济薄弱村实现脱困转化,全市农村居民人均可支配收入28358元。

(朱 谣)

【现代农业】 2017年,无锡农林系统以农业供给侧结构性改革为主线,有力推动现代农业迈步向前。锡山现代农业产业园获批创建第二批国家现代农业产业园,江阴华西现代农业产业园、宜兴兴杨现代农业产业园获批创建省级现代农业产业示范园,宜兴市万石镇后洪村(陶都水芹菜)被认定为全国第七批"一村一品"示范村,阳山水蜜桃栽培系统被认定为第四批中国重要农业文化遗产,新增省级"一村一品一点"示范村7个,建设粮食生产全程机械化镇(涉农街道)21个,全市农产品质量安全抽检合格率98%以上,农业"三品"产量比重48%。年内,全市国家现代农业示范区综合得分83.81分,在全国参评的地市级以上示范区中排名第一;全市农业基本现代化综合得分91.3分,在全省13个设区市中首次排名第一;全市农业综合机械化水平达90%以上,保持全省第一。

(朱 谣)

【农村改革】 2017年,无锡市在农村土地制度改革、集体产权制度改革、管理体系改革方面取得重要进展。年内,全市农村土地承包经营权确权登记颁证工作基本完成并通过省级检查,全市宅基地、集体建设用地确权登记实现应发尽发;在惠山区试点开展的农村土地经营权抵押贷款改革项目,贷款总额列全省第一;在宜兴市试点开展的经营性建设用地土地流转累计14宗公开挂牌。农村集体产权制度改革在江阴市启动试点,全市农村产权交易服务体系市(县)区和镇级平台全面建成。年内,宜兴市官林镇、锡山区东港镇、惠山区阳山镇获批列入全省经济发达镇行政管理体制改革名单。

(朱 谣)

【农村生态文明建设】 2017年,无锡市围绕城乡发展一体化建设美丽乡村,开展生态环境治理,全市农村整体发展水平明显提高,环境面貌普遍改善。5月,市委、市政府印发《关于加强和改进农村住房建设管理的意见(试行)》,农村住宅翻建工程试点启动。12月,市委、市政府印发《关于调整完善生态补偿政策的意见》,将永久基本农田、全市实际种植的水稻田、红豆杉国家林木种质资源库存、清水通道维护区、重要水源涵养区等生态重点区域纳入生态补偿范围。开展农业"263"专项行动,全市规模养殖场治理率达到70%,宜兴市被评为全国森林旅游示范县、锡山宛山荡湿地公园被评为省级湿地公园,全市林木覆盖率和自然湿地保护率分别达27%和51%以上。无锡市成为首批国家生态文明建设示范市。

(朱 谣)

【示范镇村建设】 2017年,无锡市以建制镇为单位,启动新一轮城乡发展一体化示范镇建设,江阴市新桥镇等12个镇列入新一轮示范镇培育名单,示范镇开建项目262个、投资规模146亿元。推进实施阳山"田园综合体"综合改革议案,阳山镇桃源村冯巷、阳山镇桃源村前寺舍、阳山镇阳山村郭庄入选省特色田园乡村建设首批试点。开展美丽乡村建设行动,全市建设首批市级美丽乡村示范村25个、市级美丽乡村休闲旅游示范村10个,其中江阴红豆村、宜兴张阳村入选"中国美丽休闲乡村"推介名单,江阴璜土村被评为"全国改善农村人居环境示范村"。

(朱 谣)

【强村富民】 2017年,无锡市加快全市农村村级经济发展。全年全市村均集体净资产5431万元,村均收入715万元,保持全省前列,全市新增58个经济薄弱村实现脱困转化。构建农民增收长效机制，推动农民致富增收。开展扶贫帮困工作，全市“阳光扶贫”监管系统全面建成并投入运行。年内，市区居民基础养老金每月405元，被征地农民政府保养金到龄(男60岁、女50岁及以上)和未到龄人员(男60岁、女50岁以下)分别为每月830元和720元。全年全市农村居民可支配收入28358元，比上年增长8.4%，城乡居民收入比缩小至1.86:1。

(朱 瑶)

城乡发展一体化

【概况】 2017年，全市各级农林系统按照中央、省、市农村工作会议要求，以推进农业供给侧结构性改革为主线，以促进农民增收为中心任务，科学统筹各项改革发展任务，全面落实强农惠农富农政策，保质保量完成“三农”工作各项任务，有力推动全市农业农村发展保持稳中有进的良好态势。

(朱 瑶)

【全市“三农”综合性意见】 2017年3月20日，市委、市政府印发《关于深化农业供给侧结构性改革大力培育农民增收农村发展新动能的意见》。意见八大类33条，提出以新发展理念为引领，以农业供给侧结构性改革为主线，以促进农民增收为中心任务，以改革创新为动力，全面落实强农惠农富农各项政策，大力实施新型城镇化和城乡发展一体化战略，着力提升农业现代化水平，着力改善农村民生，着力推动一、二、三产业深度融合，促进农业增效、农民增收、农村增绿。意见明确：通过优化农业产业结构，促进农业提质增效；通过推行绿色生产方式，提升农业可持续发展水平；通过壮大新产业新业态，拓展农业产业链价值链；通过强化科技创新驱动，引领农业转型升级；通过聚焦农民增收致富，健全完善促进收入稳定增长的长效机制；通过深化农村综合改革，激发农村发展动力活力；通过开展美丽乡村建设，建设生态优美的宜居家园。

(朱 瑶)

【全市城乡发展一体化综合性意见】 2017年6月22日，市委、市政府印发《关于实施“三增三改三提升”重点任务深入推进城乡发展一体化的意见》。意见要求全市上下重点实施“三增三改三提升”(农业提质增效、农民持续增收、村级实力稳步增强，深化农村土地“三权分置”改革、农村集体产权制度改革、要素投入制度改革，提升城乡发展一体化示范镇建设水平、美丽乡村建设水平、城乡公共服务均等化水平)任务，加快推进城乡“六个一体化”进程，补齐拉长农业农村发展短板，不断缩小城乡发展差距，加快建设“强富美高”新农村。意见明确：到2020年，全市农业基本现代化水平位居全省前列；农村居民人均可支配收入比2010年翻一番，城乡居民收入比控制在1.85:1以内，农民收入水平位居全省前列；建成美丽乡村示范村100个，并以点带面、连线成片、整体覆盖，展现美丽乡村的独特魅力和崭新风貌；农民素质和农村社会文明程度显著提升，农村社会安定有序、文明和谐、充满活力；城乡发展一体化体制机制基本完善，城乡发展一体化与城市现代化相互协调、相得益彰，城乡发展一体化水平走在全省全国前列。

(朱 瑶)

【脱困攻坚】 2017年12月6日，市委、市政府印发《关于建立“阳光扶贫”系统推进精准帮扶精准脱困的实施意见》。意见有6项主要任务，21条具体要求。建设以“三层、四库、一端”(三层：公众层、管理层、监督层；四库：帮扶对象、帮扶资金、帮扶项目、帮扶力量数据库；一端：“阳光扶贫”手机APP客户端)为核心的“阳光扶贫”监管系统，为全市梳理48条资金线(一期开发23条)，核实2.1万建档立卡户，排查98个经济薄弱村的帮扶项目，“阳光扶贫”系统于12月15日正式上线运行。做好薄弱村脱困转化工作，实施“一村一策”，下达市级帮扶经济薄弱村发展专项资金3000万元，与人保财险无锡市分公司共同开展“两保两贷一投”(脱贫小康保、增收致富保，农业保险贷、人保惠农贷，引进集团投资)保险扶贫合作，开展经济薄弱村建档立卡工作。年内58个市级重点帮扶村实现脱困转化。

(朱 瑶)

【启动新一轮示范镇建设】 2017年，无锡市启动新一轮城乡发展一体化示范镇建设。3月26日，市委、市政府印发《关于深入推进城乡发展一体化示范镇建设的实施意见》。意见分为总体要求、建设程序、建设类型、组织保障。经申报、推荐，确定12个示范镇为培育建设名单，其中丁蜀、新桥、东港、阳山分别列入国

12月1日，江苏现代农业科技大会在南京举行，省长吴政隆视察无锡展区 (市农委 供稿)

家第一批和第二批特色小镇，包揽全市国家级特色小镇入围名单；新桥时裳小镇、鸿山物联网小镇、阳山桃源风情小镇、湖㳇茶旅风情小镇列入省第一批特色小镇培育名单，占全市入围数的2/3；徐霞客、丁蜀、阳山、东港、官林先后列入全省经济发达镇行政管理体制改革名单。年内，组织编制新一轮示范镇建设规划，设立专项资金，扶持36个重点项目建设，带动投资规模12亿元。围绕运用金融创新方式推动示范镇建设，开展调研和咨询服务，举办金融创新知识培训班，积极探索以PPP模式推动示范镇建设。

(朱　瑶)

【美丽乡村示范村建设】 2017年1月26日，市委办印发《关于无锡市深入推进美丽乡村建设的实施意见》及附件《无锡市美丽乡村示范村建设考评指标体系》。意见提出以城乡发展一体化为主线，以农村产业发展为基础，以提升乡村人居环境和生活质量为核心，以深化农村改革为动力，以培育特色优势为着力点，努力打造"布局形态美、绿色产业美、富民生活美、宜居生态美、乡风和谐美"的乡村。意见明确美丽乡村示范村建设要强化全域规划，塑造乡村形态；聚焦特色产业，增创产业优势；开拓致富新路，增加民生福祉；改善生态环境，提升人居品质；弘扬文明新风，促进社会和谐。2月17日，无锡市推进城乡发展一体化办公室下发《无锡市美丽乡村示范村建设考核评价办法》，建立无锡市美丽乡村示范村评审专家库，经专家评审，确定华士镇华西新市村、周庄镇山泉村、临港街道长江村等25个村为首批市级美丽乡村示范村。

(朱　瑶)

【农村土地制度改革】 2017年，无锡市393个村完成登记颁证、361个村完成县级验收，分别占应确权村数的98%和90%，其中，江阴市、锡山区和惠山区的应确权村全部完成登记颁证和县级验收。年内，市农委指导市(县)区规范开展农村土地承包调解工作，建立一整套完善的矛盾纠纷调处体系，完善农村土地承包经营权信息应用平台，推动省、市、市(县)区平台数据对接和互联互通。有序推进农村土地承包经营权确权登记颁证成果应用，引导承包土地经营权在农村产权交易市场内规范有序流转。

(朱　瑶)

【农村产权制度改革】 2017年，无锡市农委加快农村产权交易市场建设，根据《关于推进农村产权流转交易市场建设的实施意见》《无锡市镇级农村产权流转交易市场建设考评办法》，按照"统一编码规则、统一流程步骤、统一清查报表、统一账务处理、统一数据平台"要求规范产权交易程序，开展人员培训。全年市(县)区、镇农村产权交易服务中心实现全覆盖，锡山区、惠山区的市(县)区级平台在全省农村产权交易市场建设年度考核中名列前茅。深化农村集体资产股份制改革，扩大改制覆盖面，加大对改制工作相对滞后镇村的推进力度，指导江阴市做好全国农村集体资产股份合作制改革试点工作，加快建设镇级合作联社。年内，新完成17个村的改制任务，全市597个村(社区)组建614家社区股份合作社，折股量化经营性资产200.6亿元，近70%的村完成社区股份合作制改革工作，累计成立31家股份合作联合社。

(朱　瑶)

【新增家庭农场74家】 2017年，无锡市做好家庭农场认定登记工作，新增家庭农场74家，累计866家，新增省级示范家庭农场14家、市级示范家庭农场47家，市农办首次组织家庭农场主代表赴南京农业大学专题培训，组织优秀家庭农场产品展销，在《无锡日报》刊发家庭农场宣传专版。年内，全市3位家庭农场主被评为全省首批乡土人才"三带"(带领技艺传承、带强产业发展、带动群众致富)能手培养对象、18位家庭农场主被评为"三带"新秀。按照"公开公正、优胜劣汰、动态管理、有进有退"的原则，推动合作社发展，全市436家合作社进入2017年政府优先扶持的合作社名录，占合作社总数的15.68%，全市农民合作社年度报告公示率73.3%。继宜兴市之后，增报江阴市进入全省合作社规范化建设整体推进市(县)行动序列，稳妥推进宜兴市开展合作社内部信用合作试点。扩大"惠农贷"风险补偿担保基金规模，与无锡市农村商业银行合作，为全市符合条件的家庭农场及农民专业合作社提供无抵押信用贷款，"惠农贷"被评为全市"一行一品"金融创新项目。至年底，"惠农贷"累计发放贷款121笔，贷款额3330万元。与人民银行合作建设全市农村信用信息平台，为农业经营主体提供金融服务。

(朱　瑶)

【累计发放抵押贷款7.28亿元】 2015年，惠山区获批国家级农村承包土地经营权抵押贷款试点县。2015年8月12日，惠山区政府办印发《关于开展农村土地经营权抵押贷款试点工作的实施意见(试行)》。同时，惠山区委农办印发《惠山区农村土地经营权抵押贷款试点工作方案》，方案专项设立规模为2000万元的风险补偿资金，通过创新信贷产品、灵活确定放贷方式、建立经营权价值估价体系等做法，扩大推广农村承包土地经营权抵押贷款。2016年，累计发放农村土地经营权抵押贷款8350万元。至2017年年底，累计发放农村土地经营权抵押贷款7.28亿元，位列全省第一。

(朱　瑶)

现代农业

【概况】 2017年，无锡市实施创新驱动核心战略和产业强市主导战略，推进农业供给侧结构性改革，调整优化农业结构，加快农业绿色发展，强化农业科技创新，培育农业新产业新业态，全市现代农业建设取得明显成效。据初步统计，无锡市实现农业产值249.9亿元，比上年增长0.7%，实现农业增加值154.9亿元，比上年增长0.8%，全市农村居民可支配收入28358元，比上年增长8.4%。

(徐　业)

【现代农业示范区建设】 2017年，无锡市国家现代农业示范区建设，坚持"突出发展和富民主题，高举发展和富民旗帜"的理念，牢固树立"农民朋友至上"的服务意识，以推进农业供给侧结构性改革为主线，提优产业结构，提升产品品质，提高产出效益，在国家现代农业示范区建设水平监测评价中，综合得分

84.27 分，保持全国、全省前列。年内，无锡国家农业示范区实现总投入 5000 多万元、旅游人数超 60 余万人次，接待旅游团队 1000 余批次，其中政务接待 170 余批次，人数超 3500 人。

（徐 业）

【国家现代农业产业园创建】 2017 年 4 月，农业部和财政部组织国家现代农业产业园创建工作。无锡市推荐江苏省锡山现代农业产业园申报创建。该园区把种子种苗产业作为主导产业，提出建成全国种子种苗集聚度高、科技孵化能力强、设施装备先进、生产方式绿色、辐射带动有力的现代农业产业园，成为全国种子种苗产业的领军园的创建目标。在经历市级酝酿、省级推荐、方案编制、现场答辩、实地核查等多个环节后，最终在激烈竞争中创建为国家现代农业产业园，获得国家财政补助资金 1 亿元。

（徐 业）

【省级现代农业产业示范园创建】 2017 年 7 月，省农委、省海洋与渔业局和省财政厅联合组织现代农业产业示范园创建和申报工作。无锡市抓住机遇，推荐“江阴（华西）现代农业产业示范园”“宜兴（兴杨）现代农业产业示范园”申报创建。经过县（市）级推荐、市级筛选、方案编制、现场答辩、实地核查、材料多次修改完善等多个环节后，两家园区凭借创建实力和水平园区，获得省级现代农业产业示范园的创建资格，当年各获得 2000 万元的奖补资金。两家产业示范园正围绕各自主导产业，按照省有关创建要求，对照创建方案和资金使用方案开展创建工作，努力把园区建成产业特色鲜明、要素高效聚集、功能更加健全、产业链完整、设施装备先进、生产方式绿色、经济效益显著、与农民利益联结紧密、辐射带动有力的在全省乃至全国领先的现代农业产业示范园。

（徐 业）

【农业产业化龙头企业发展】 2017 年，无锡市发挥农业龙头企业在农村振兴战略中的重要作用，引领农村一、二、三产业融合发展，补齐农业现代化短板。培育新型经营主体，根据省农委有关精神和无锡市实际情况，修订《无锡市农业产业化市级龙头企业认定和运行监测管理暂行办法》，对龙头企业分类管理，修订部分认定指标，使其符合无锡农业龙头企业发展实际。年内，新增省级农业龙头企业 5 家、市级农业龙头企业 24 家，全市市级以上龙头企业累计 147 家。宜兴市万石镇后洪村被认定为国家级“一村一品”专业示范村镇。按照“基在农业、利在农民、惠在农村”的基本思路，探索各种融合模式，构建现代产业融合体系。按照产业链完整、带动性强的标准挖掘和培育产业融合示范点。通过树立典型，鼓励深耕农业、创新发展的优秀企业家起好带头作用。全年认定优秀农业企业家 10 人，认定农村产业融合示范点 9 个。

（徐 业）

【职业农民培训】 2017 年，市农委实施农业科技入户工程，将省农业科技入户工程与基层农技推广体系改革与建设项目相融合，实行“一村一名农技指导员”制度，推动农业科技“入场入社”，全市培育新型农业科技示范户 5260 户。围绕全市现代农业产业发展和农民需求，按照省、市关于新型职业农民培育的总体部署和要求，坚持把科教兴农、人才强农、新型职业农民固农作为重大战略，以提高农民、扶持农民、富裕农民为方向，培育有文化、懂技术、会经营、善管理、能创业的新型职业农民和现代农业经营者。全年培训职业农民 7623 人，培训创新创业类专业大户、家庭农场主、合作社带头人、大学生村干部等 135 人，培训全市农业干部 110 人。据市农委统计，全市新型职业农民培育程度 52.1%。

（徐 业）

【超额完成益农信息社建设】 2017 年，无锡市和各市（县）区均成立由政府分管领导任组长的信息进村入户整市（区）推进领导小组，制定实施方案，指导推进工作。按照省农委、省财政厅相关文件精神，市农委与市财政局沟通，对锡山区、惠山区、滨湖区、新吴区分别下拨资金，要求实际建设不足部分由各区财政补齐。根据前期建设进度和整体项目任务数，确定宜兴市为信息进村入户示范县，额外给予省补资金 50 万元。分别组织对初选的 580 余名信息员进行 939 人次的培训，最终 552 名信息员通过考核。协助各市（县）区与邮政快递业务、中国银行、江苏有线、电信等服务商接洽，引导企业合作和投入，提升信息社可持续运营能力。至 2017 年年底，全市建设 552 个益农信息社，完成率 100.36%，覆盖全市所有涉农行政村，其中江阴市益农信息社 230 个、宜兴市 210 个、锡山区 53 个、惠山区 48 个、滨湖区 7 个、新吴区 4 个。此外，江阴市、宜兴市县级信息中心站均建成，惠山区县级中心站正在建设中。

（徐 业）

【新建成农业物联网应用点 11 个】 2017 年，无锡市把农业物联网应用示范建设作为助推现代农业发展的紧要任务加以实施，形成水产、畜禽、园艺、粮食、林业生产管理等多领域发展格局。全市农业物联网建设进程明显加快，新建成物联网应用点 11 个，如锡山区欧姆龙智能农业产业园总投资额 5000 万元，园区占地约 10.67 公顷，一期建设完毕，引进日本屋顶型薄膜温室 1 栋，3 栋中式拱顶薄膜温室，引入欧姆龙温室复合环境控制系统—Harmony 2 套；新吴区吴文化博览园公司打造科研温室和物联网农业试验区，举办首届鸿山世界物联网技术应用大赛；宜兴市推进杨巷镇、丁蜀镇农业物联网小镇建设，丁蜀镇制定农业物联网特色小镇发展规划，并成为江苏省第一个建设的农业物联网小镇。

（徐 业）

种植业

【概况】 2017 年，无锡市围绕“粮食增产、园艺增效、产业安全、农村和谐”的目标，加快调整产业布局，指导和帮助农民增收，实现种植业提质增效。据初步统计，全年全市粮食种植面积 86590 公顷，亩产 424.6 公斤，总产 55.15 万吨。夏粮面积 39800 公顷，亩产 281.2 公斤，总产 16.79 万吨，其中小麦种植面积 38720 公顷，比上年减少 6673 公顷；亩产 284.3 公斤，比上年减少 6.2 公斤；总产 16.51 万吨，比上年减少 3.27 万吨。油菜种植面积 2997 公顷，比上年增 47 公顷；亩产 150.37

公斤,比上年增4.14公斤;总产0.68万吨,比上年增0.03万吨。全市秋粮面积46790公顷,平均亩产546.6公斤,总产38.36万吨,其中水稻种植面积42020公顷,比上年减少240公顷;亩产581.7公斤,比上年减少5公斤;总产36.66万吨,比上年减少0.53万吨。依托政策优势、资源优势,重点对蔬菜、果品、茶叶、花卉等特色产业合理开发和标准化培管,全市菜地累计播种面积45753公顷,花卉种植面积10360公顷,茶叶种植面积5667公顷,果品15533公顷。

(徐　业)

【新品种试验推广】 2017年,全市主要粮食作物主推品种小麦以宁麦13号、苏麦8号等为主,水稻以武运粳31号、南粳5055等为主。筛选出苏隆128、宁粳8号等综合性状较好的新品种。同时在所有种粮市(县)、区进行水稻优新品种展示,引进示范优新水稻品种(组合)22个;在全市2个大市(县)开展小麦品种展示试验、示范,引进优新小麦品种10个。承担省杂交晚粳稻区域试验、生产试验各1个。通过主要农作物品种展示示范,带动全市大面积优质高产品种的推广。

(徐　业)

【补充耕地96.83公顷】 2017年,无锡市全面贯彻中共中央总书记习近平“依法依规做好耕地占补平衡,像保护大熊猫一样保护耕地”指示精神,切实加强耕地质量监管,实行最严格的耕地保护制度,全面推进耕地占补平衡项目补充耕地质量评定。市农委组织专家对全市54个耕地占补平衡项目的104.67公顷补充耕地质量评定。结果,合格项目49个,确认符合农业生产基本条件的补充耕地96.83公顷。

(徐　业)

【开展化肥减量行动】 2017年,无锡市加强耕地质量建设,以推进有机质资源利用、推广科学施肥技术等措施,实现化肥施用减量化。累计推广应用商品有机肥15875.3吨,有机无机复混肥2225吨,种植绿肥963.33公顷,引导农户秸秆还田施用农家肥225190吨,测土配方施肥技术覆盖率90%以上,配方肥应用面积111.36万亩次。

(徐　业)

【新增绿色防控示范区9个】 2017年,无锡市推广应用高效、低毒、低残留农药和生物农药,在小麦、油菜等主要农作物上推广使用多酮、咪鲜甲硫灵、井冈霉素、吡蚜酮等药剂,并在水稻、蔬菜、果树等作物示范应用昆虫信息素、黄板、杀虫灯、防虫网等成熟的绿色防控技术,建立粮食、蔬菜、果树病虫绿色防控示范区9个,示范区核心面积1160.2公顷,辐射面积12566公顷。

(徐　业)

【产地检疫和调运检疫】 2017年,全市植检系统开展产地检疫和调运检疫,按照检疫操作规程实施检疫,确保种苗和植物产品安全,实施水稻制种产地检疫13.3公顷,检疫合格种子数量10万公斤,实施小麦制种产地检疫110公顷,检疫合格种子数量45.8万公斤,实施马铃薯制种产地检疫5.3公顷,检疫合格种子数量2.4万公斤,实施蔬菜制种产地检疫8公顷,检疫合格种子数量1.2万公斤,实施花卉、蔬菜种子、水稻种子和草坪调运检疫分别为33140株、2374公斤、9万公斤和2.39万平方米。

(徐　业)

【划定蔬菜基地4550.47公顷】 2017年,全市划定蔬菜基地4550.47公顷,其中锡山区832.93公顷,惠山区1103.93公顷,滨湖区35.8公顷,新吴区67.93公顷,宜兴市1157.07公顷,江阴市1352.8公顷,完成市政府下达的4333.33公顷蔬菜基地划定任务。蔬菜基地的划定确保全市蔬菜基地面积的长期稳定。

(徐　业)

【首届“无锡好米”品鉴活动】 2017年12月16日,无锡市农业技术推广总站、无锡市农学会举办首届“无锡好米”品鉴活动。各市(县)、区农林局分管领导、推广站(中心)负责人、农学会会员代表、企业代表等参加活动。参加此次品鉴活动的稻米在企业和生产单位自愿报名基础上,经各市(县)、区推荐产生,19个参与品鉴的品牌均是当地种植、加工的稻米品牌,加上市品种展示点的1个展示品种作为对照品种共20个样参加品鉴。参与品鉴的大米样被随机编号,各市(县)、区推广部门及农学会会员代表组成品鉴委员会专家组,由专家组对参评稻米先从透明度、粒型等方面对20个大米“外观评鉴”,再通过品味米饭的香气、味道、黏度以及口感等方面现场品鉴和打分,全程盲评推选出2017年“无锡好米”品鉴活动金奖、银奖。最后无锡从心农业科技有限公司的“吴之天川”等10个品牌大米获金奖,鹅湖金星家庭农场的“秋香花”等9个品牌大米获银奖。

(徐　业)

【园艺产业成绩显著】 2017年,在参加第十二届“中茶杯”全国名优茶评比中,无锡市7个绿茶茶样和10个红茶茶样获得特等奖;9个绿茶茶样和4个红茶茶样获得一等奖。在第九届中国花卉博览会上,无锡市锡山区先锋家庭农场选送的凤梨、红掌和仙客来类九个品种获银奖2项,铜奖3项,优秀奖2项。无锡市农业委员会获“组织工作先进单位银奖”称号。在第九届“神园杯”江苏优质水果评比活动中,无锡市9家单位选送的12个参评果品取得好成绩,获金奖7项和银奖5项,其中金奖获得者是:无锡世外园生态农庄的冠玉枇杷、宜兴市大东杨梅专业合作社的荸荠种杨梅、宜兴市颖丰生态农业有限公司的金手指葡萄、宜兴市周铁镇分水林场的黄金梨、宜兴市龙欣生态果园专业合作社的锦绣桃、宜兴市周铁镇分水林场的黄金蜜桃和宜兴市银湖汉生态果品有限公司的红心火龙果。银奖获得者是:无锡世外园生态农庄的白玉枇杷、宜兴市金山生态农业有限公司的东魁杨梅、宜兴市颖丰生态农业有限公司的夏黑葡萄、宜兴市哈咪土特产专业合作社的夏黑葡萄和宜兴市满园春生态种养家庭农场的翠冠梨。

(徐　业)

【农业面源污染治理】 2017年,无锡市农委落实市委、市政府关于开展“两减六治三提升”专项行动的部署,出台《无锡市畜禽养殖污染及农业面源污染治理专项行动实施方案》和《无锡市农委“两减六治三提升”专项行动2017年工作计划》,成立市农委“两减六治三提升”专项行动领导小组,开展全市农业方面“263”专项行动。年内,全市关闭禁养区养殖场117家,重点小型养殖场、社会畜禽散养户692家。化肥使用量折纯较 2015 年削减 3201.1949 吨，削减比例为 6.05%。农药使用量较 2015 年削减 127.3475 吨，削减比例为 5.18%。拆除宜兴下裴塘网围养殖 35.67 公顷。建成省级湿地公园 1 个、湿地保护小区 5 个，完成造林绿化 713.33 公顷，林木覆盖率 27.28%。

（徐 业）

【秸秆综合利用】 2017 年，全市夏熟、秋熟种植面积 88493.33 公顷，产生秸秆量 46.63 万吨，秸秆综合利用量 45.05 万吨，秸秆综合利用率 96.61%，其中，机械化还田率 56.67%，多种形式利用率 39.94%，

（徐 业）

养殖业

【概况】 2017 年，无锡市水产工作保持平稳发展态势。据初步统计，全市水产养殖面积 16702 公顷，比上年减少 2383 公顷，其中，池塘养殖面积 16315 公顷，河沟养殖面积 387 公顷，另有稻田养殖 633 公顷。全年放养鱼种 1.65 万吨，水产品产量 13.6 万吨，其中，淡水养殖产量 12.2 万吨，淡水捕捞产量 1.35 万吨。全市生猪大中型规模比重 73%。年末生猪存栏 16 万头，比上年下降 63.6%，全年出栏生猪 52.9 万头，比上年下降 19.5%；年末家禽存栏 247.2 万羽，比上年下降38%，出栏家禽 798.8 万羽，比上年下降 37%；年末奶牛存栏 3655 头，比上年下降 28%。

（徐 业）

【水产科技取得新进步】 2014 年 3 月~2016 年 12 月，江苏省苏微微生物研究有限公司和无锡市水产技术推广站联合有关单位，承担 2014 年度省水产三新工程“功能微生物修复技术在池塘养殖中的研究与应用”试验项目。试验地点在锡山区鹅湖镇松芝村，试验品种为青鱼和河蟹，主要检测指标包括水质（透明度、水温、pH、氨氮、亚硝氮、磷酸盐、总氮、总磷、COD 等）和微生物菌群（总菌数、芽孢数、弧菌数、气单胞菌数、氨化细菌、亚硝化细菌、反硝化细菌、硫还原细菌等），通过两年时间的实施，开发枯草芽孢杆菌、凝结芽孢杆菌和地衣芽孢杆菌 3 个微生物饲料添加剂产品，以及 W 生物活性物、生物底改剂 2 个新型水产微生物制剂；建立一套新型功能微生物拮抗水产致病菌修复养殖水体的生态健康养殖模式，并在无锡市锡山区鹅湖镇的 67.06 公顷生态健康养殖基地示范与推广，其中主养青鱼 33.4 公顷、河蟹青虾混养 33.66 公顷；获得微生物制剂产品生产许可证 1 项、产品证书 3 件，发表论文 3 篇，申请发明专利 2 件。项目总体水产处于国内先进，省内领先。

（徐 业）

【两种健康生态养殖技术和模式推广】 2017 年，无锡市主要推广池塘工业化生态养殖、“稻渔”综合种养健康生态养殖技术和模式，全市新增池塘工业化生态养殖面积 1876 平方米，累计池塘工业化生态养殖推广面积 7261 平方米；新增“稻渔”综合种养面积 41.9 公顷，全市“稻渔”综合种养合计推广面积 160 多公顷。

（徐 业）

【水生动物疫病防控工作】 2017 年，无锡市开展水产养殖病害测报，19 个病害测报点，测报区域涵盖各地大型养殖场和水产苗种场，监测品种为各地主养品种，监测疾病以农业部发布的《一、二、三类动物疫病病种名录》中的 36 种水生动物疫病为主，兼顾其他易发、多发疾病。监测时间为4~10 月养殖旺盛季节，全年累计测报 9 次；同时，市农委开展重大水生动物疫病监测。对鲤春病毒血症（SVC）、虾类白斑病毒病（WSS）、草鱼出血病（GCR）和异育银鲫疱疹病毒病（CYH）等水生动物重大疫病专项监测，监测样品 20 个（其中省级和高级监测任务各 10 个），经省水生动物疫病预防控制中心检测，所有样品均呈阴性，全市连续两年未发生一起重大水生动物疫病。

（徐 业）

8 月 31 日，2017 滨湖区渔业捕捞开捕仪式（市农委 供稿）

春节前渔业安全生产检查　　（市农委　供稿）

【优化水产养殖结构】 2017年,在养殖设施上,无锡市农委推广高效设施渔业建设。全年全市新增高效设施渔业面积436.67公顷,累计5773.33公顷,设施渔业面积比例达30.3%。在养殖模式上,推广工厂化养殖、池塘工业化生态养殖技术和稻渔综合种养等生态养殖模式,全年新建养殖流水槽11条,面积1446平方米,池塘面积3.09公顷;推广稻渔综合种养面积181.07公顷。全年全市淡水养殖放养面积约16666.67公顷,其中河蟹、青虾等特种水产放养面积近11333.33公顷,特种水产养殖面积比重达68%。

（徐　业）

【开展长江渔业增殖放流活动】 2017年9月7日和12月20日,无锡市在江阴海事搜救中心码头举行长江渔业增殖放流活动,放流平均规格为4.05cm暗纹东方豚186.888万尾、平均规格为7.00cm的暗纹东方豚1.0988万尾;规格为6~8尾/公斤的花白鲢24.6066万尾、41011公斤。12月20日长江南京以下深水航道水生生物增殖放流规格为100~150克/条的鳙鱼鱼种7.4936万尾、规格为100~150克/条的鲢鱼鱼种6.2503万尾。全年江阴长江放流各种规格的鱼苗、鱼种226.3373万尾,共计176.5万元。12月21日,在太湖无锡水域放流螺蚬63.462吨,贡湖、梅梁湖无锡水域以渔控藻、以渔净水成效明显。

（徐　业）

林　业

【概况】 2017年,无锡市坚持把推进绿色无锡建设摆在重要位置,以优化城乡生态环境为目标,以生态文明建设工程为抓手,加快推进绿色无锡建设,城乡绿化工作取得明显成效。全市完成造林绿化面积1013.33公顷,其中成片造林713.33公顷,林木覆盖率达27%;完成省级村庄绿化示范村建设36个;通过义务植树活动,完成造林绿化面积超过66.67公顷,完成"四旁"植树150多万株。年内,无锡市林业局被人力资源和社会保障部、国家林业局表彰为"全国林业系统先进集体"。

（徐　业）

【创建"三化"先进示范点】 2017年,无锡市创建新锡澄路林带等3个"三化"(彩色化、珍贵化、效益化)先进示范片;创建江阴市南闸街道高家村等16个"三化"先进村;创建滨湖区无锡太湖国家旅游度假区污水处理中心等125个"三化"先进单位。

（徐　业）

【新增5个湿地保护小区】 2017年,无锡市自然湿地保护率达51.1%。锡山区宛山荡省级湿地公园通过验收,获省林业局批复。建成滨湖区马山耿湾、江阴市长跃湖、宜兴丁蜀镇太湖、惠山福山、惠山张村湿地保护小区。完成省林业局下达无锡市湿地恢复266.67公顷目标。

（徐　业）

【完善生态补偿机制】 2017年,无锡市农委按照市委、市政府《关于建立生态补偿机制的意见（试行）》要求,对市区基本农田、生态公益林、重要湿地全面摸底调查和材料审核。对市区5666.67公顷基本农田、12000公顷生态公益林、13个湿地公园及湿地保护小区补偿资金2823.6万元。主要用于生态环境保护修复、环境基础设施建设、发展镇村社会公益事业和村级经济等,促进生态补偿地区经济发展、民生改善和生态建设协调共进。

（徐　业）

【爱鸟周活动】 2017年,无锡市爱鸟周活动于4月22~28日举行,活动由无锡市林业局主办,无锡市野生动物保护协会、无锡市动物园承办。4月22日,在无锡市动物园举办启动仪式。此次活动通过多种形式向广大市民尤其是青少年儿童宣传普及鸟类知识和爱鸟意识。活动展台摆放秃鹫、火烈鸟、蓑羽鹤等鸟类标本并配讲解员讲解,使参观者对鸟类有近距离感官认识;通过有奖竞猜鸟名方式寓教于乐,增进青少年对鸟类的兴趣;通过科普展板丰富广大市民鸟类知识;活动现场发放鸟类宣传画册、资料1000余份。无锡市相关新闻媒体全程采访报道。近年来,无锡市随着生态环境的改善,公众生态保护和野生动物保护意识逐步加强,无锡市鸟类的种类呈上升发展态势。

（徐　业）

【野生动物救护】 2017年,无锡市野生动物救护中心接收动物44批,105只,物种涵盖哺乳类、鸟类和爬行类,其中当地鸟类占大多数,爬行类和兽类多为外来物种,其中不乏原产国外的珍稀和外来入侵物种。年内,江阴市和宜兴市救护站运行良好,救护资质和能力得到提升,逐步完善相关机构、规章、人员、设备等建设。

（徐　业）

【森林防火】 2017年,无锡市各级对森林防火高度重视,工作扎实,森

4 月 24 日，无锡市 2017'爱鸟周活动启动仪式在动物园举行

（市农委　供稿）

林防火工作呈现良好发展态势，取得明显成效。全年全市发生森林火灾 7 起，过火面积 1.798 公顷，受害面积 0.541 公顷，林火当日扑灭率为 100%；火灾次数、过火面积、受害面积较往年同期大幅下降，未发生大的森林火灾和人员伤亡事故。全市森林消防专业队 5 支 170 人和半专业森林消防队 20 支 792 人，其中森林消防专业队做到生活集体化、管理规范化，行动军事化，确保快速反应。年内，全市投入 1500 余万元用于装备建设，新建林火视频系统 4 个、护林员巡护管理系统 2 个、数字化通信系统 2 套，扑火新装备“高扬程森林消防泵”15 台，全市森林防火装备水平跃上新台阶。全市投入 4000 余万元用于森林防火基础设施建设，新建防火通道 15 公里、生物防火林带 12 公里、工程阻隔网 21 公里，火情瞭望塔 6 座、护林防火(检查)站 25 个、物资储备库 16 个、防火蓄水池和泵房 265 个、引水上山管道 2 万多米、消防栓 63 个。开展“无锡市森林防火宣传月”活动，全市制作印发通告 1.2 万份、宣传标语 1.5 万条、大型宣传牌 180 个；添置立杆式语音播报器 26 个，新建太阳能宣传语音提示器 15 套；设立高音喇叭 7 组，制作森林防火宣传板 18 套。

（徐　业）

农业资源开发

【农业综合开发】 2017 年，无锡市完成农业综合开发项目 11 个，投资 5399 万元，其中，财政投入 5255 万元，建设面积 2457.33 公顷。其中国家农业综合开发土地治理项目 3 个，建设面积 1333.33 公顷，投资 3060 万元，财政投入 3000 万元；国家农业综合开发产业化经营财政补贴项目 2 个，投资 164 万元，财政投入 80 万元；省级丘陵山区项目 6 个，建设面积 1124 公顷，投资 2175 万元，全部为财政投入。建设排灌站 31 座；输变电线路 1 公里；衬砌渠道 68.16 公里；埋设管道 0.63 公里；渠系建筑物 6082 座；木桩护岸 919 米；防护林 6.67 公顷；水泥路 13.04 公里。建设产业化经营财政补助项目 2 个，全部由家庭农场实施，建设 3 米宽水泥路 1.56 公里，砂石路 3.516 公里，蓄水池 1 座，排水沟 2.479 公里，涵管 13 座。年内，全市建成省级丘陵山区农业综合开发项目 6 个，全部由镇村实施，建设衬砌渠道 22.8622 公里、修建库塘 5 座、涵洞 65 座、机耕桥 2 座、护坡挡墙 3093.3 米、水泥路 26.0536 公里、砂石路 2.253 公里、沥青路 1.5 公里、会车点 14 个。

（徐　业）

【第十二届无锡现代农业博览会】 9 月 8~10 日，由无锡市政府主办，市农委承办的第十二届无锡现代农业博览会在市体育中心会展馆举行。本届农博会以“聚力绿色发展、聚焦农民增收”为主题，设立无锡绿色农业政产学研合作成果展区，绿色农产品展区，生物农业企业展区，无锡市“最美新型青年农民”展区等 7 个中心特装展区和 178 个标准展位，除无锡本地特色优质农产品外，还有陕西、青海、新疆、安徽、湖南、重庆、广西、辽宁，以及台湾等地的名特优农产品，累计 2000 余种。11.29 万人次参观选购，累计成交 1378 万元。展会期间，还举行“市内外”资本投资涉农项目签约仪式、“无锡最美新型农民”发布会、“十佳绿色家庭农场”发布、科技与农业洽谈及展示等活动，取得丰硕成果。

（徐　业）

【开放型农业】 2017 年，无锡市按照省农委的总体部署，以促进农业增效、农民增收为任务，以落实国家“一带一路”倡议为契机，以争创国家级现代农业示范区为主线，坚持农业“引进来、走出去”战略，以农产品出口示范基地建设为基础，加大农产品出口力度，以农业展示展销和经贸洽谈为载体，全面宣传和提升农业质量品牌和经贸合作，鼓励支持农业“走出去”，推动和促进农业国内和国际农业合作，切实推进农业招商引技引资、农产品出口、农业园区等工作，全市开放型农业迈上新台阶。9 月 21~24 日，第十五届中国国际农产品交易会在北京全国农业展览馆举行，无锡市农委组织无锡华顺民生食品有限公司、江苏乾元茶业有限公司、江苏华西米业有限公司、无锡从心农业科技发展有限公司等 6 家优秀农业企业参加农交会，无锡华顺民生食品有限公司生产的红糖馒头被农交会组委会评为“第十五届中国国际农产品交易会参展农产品金奖产品”。9 月 22~24 日，第十九届(2017)江苏农业国际合作洽谈会在连云港举行，无锡市农委组织宜兴市粮油集团大米有限公司、江苏同人生物科技有限公司、江苏华西都市农业科技发展有限公司、无锡市长安阿三豆制品加工场等16家优秀农业企业参加展示展销活动。11月17~19日，由江苏名特优农产品交易会组委会主办，江苏省农业委员会等省有关部门及13个省辖市政府联合承办、协办的第十五届江苏名特优农产品(上海)交易会在上海国际农展中心举行。无锡市组织宜兴珍香生态茶业专业合作社、无锡市德仓农业生物科技专业合作社、无锡华顺民生食品有限公司、无锡从心农业科技发展有限公司等23家当地农业企业，200余种名特优农产品参加展销会。

(徐 业)

【登记“走出去”企业5家】 2017年，无锡市在省农委登记的“走出去”企业5家，具体是：在尼日利亚投资可可加工的江苏无锡太湖可可食品有限公司、在澳大利亚投资葡萄酒的江苏澳利华国际贸易有限公司、在厄瓜多尔投资海产品加工的无锡农大国际贸易有限公司、在柬埔寨投资木薯种植加工的无锡永丰淀粉工程有限公司、在西班牙投资谷物种植加工的宜兴市海瑞斯特生态农业科技有限公司。

(徐 业)

【对口支援扶贫工作】 2017年，为落实对口帮扶延安市、海东市扶贫协作工作，无锡市农委制定方案。方案以第十二届无锡现代农业博览会为平台，帮助延安市、海东市打赢脱贫攻坚战。在农博会期间，特设对口支援及友好城市展区，设6个延安特色农产品展位，展示展销延安苹果等特色农产品。其中：洛川县以苹果、果品精深加工产品为主；甘泉县以豆制品为主的；延川、延长、宜川、宝塔县区以苹果、红枣、核桃、小杂粮等系列优质农产品为主。同时特设置10个海东特色展位，展示展销海东市特色农产品。其间，举办延安特色农产品(苹果)推介会，推介会由市政府分管领导介绍延安苹果，滚动播放《产业扶贫看延安》宣传片，并发放延安苹果、红枣、核桃、小杂粮及其加工品尝和企业宣传资料等。同时，组织企业与无锡市的农产品营销企业、大型超市、主要批发市场开展农产品贸易、产业扶贫等方面的合作洽谈，实现互利共赢。

(徐 业)

美丽乡村

【概况】 2017年，无锡市创意休闲农业工作紧紧围绕江苏创意休闲农业强省建设目标和“强富美高”新无锡建设目标，充分利用旅游资源丰富、农业经济发达的有利条件，以创意休闲农业建设为抓手，做大产业品牌、打造产业亮点、提升产业效益，推进农业供给侧结构性改革，促进一、二、三产融合发展。至年底，全市休闲观光农业生产经营单位916家，年主要农事节庆活动143个，年接待游客1497.8万人次，经营收入26.53亿元，从业人员1.9万人，带动农户2.9万户。

(徐 业)

【首批休闲观光农业示范点8家】 1月，市政府办公室印发《关于加快推进无锡休闲观光农业建设的意见》。意见明确“十三五”期间休闲农业发展目标，到2020年，培育美丽乡村休闲旅游示范村30个、休闲观光农业示范点(园区、企业)30个，休闲农业精品线路10条，全市休闲农业与乡村旅游接待游客人数和营业收入分别年增长10%以上，力争使休闲观光农业成为农业供给侧结构调整的重要产业，休闲观光农业产业规模和综合效益在全省领先。年内，全市评选出江阴市南闸镇狮子山生态园艺有限公司、宜兴市湖㳇镇花果山开心农场、宜兴市芳桥街道碧园春果业专业合作社、锡山区安镇许许开心家庭农场、惠山区阳山镇田园东方农业发展有限公司、惠山区玉祁街道建勤家庭农场、滨湖区马山街道风谷山庄等首批休闲观光农业示范点(园区、企业)8家。

(徐 业)

【创意休闲农业品牌创建】 2017年，无锡市加大创意休闲农业推进力度，各项创建工作成果在全省领先。阳山水蜜桃栽培系统列入第四批中国重要农业文化遗产名单，江阴市红豆村、宜兴市张阳村被评为“中国美丽休闲乡村”，江阴市华西都市农业园、宜兴市华东百畅、乾元山庄被评为“全国休闲农业与乡村旅游四星级示范企业”，江阴市南闸街道观西村等8个村被评为“江苏省休闲观光农业示范村”，宜兴市莲花荡主题创意农园等6家单位被评为“江苏省首批主题创意农园”。

(徐 业)

【获首届江苏省创意休闲农业设计大赛奖项】 10月12~14日，首届江苏省创意休闲农业设计大赛精品展示活动在江苏国际农业展览馆举办。无锡市获优秀组织奖，其中彩蚕

11月5日上午，市农委举办的“风吹稻香垄上行”——2017年秋收亲子体验活动在锡山国家现代农业产业团举行，22组家庭参与其中

(市农委 供稿)

7月5日，无锡渔政救援遇险渔民赠送锦旗　　（市农委　供稿）

工艺品系列获产品与包装类作品金奖，红豆村百花园等4件作品获银奖，米宝宝造型及田间稻田景观等6件作品获铜奖，大地春系列农产品包装等8件作品获优秀奖。

（徐　业）

【无锡市'2017“回味乡愁乡村行”】 4月15日，由无锡市农业委员会主办，江阴市农林局、江阴市华士镇人民政府、江阴市华西新市村承办的走在乡间的小路上——无锡市'2017“回味乡愁乡村行”农业休闲旅游系列活动在江阴市华士镇华西村启动。启动仪式结合农产品展示展销、乡村文艺表演等活动，重点向社会推介华西都市农业一日游、绿缘春色满园二日游、锡山茶色生香二日游、阳山蜜桃采摘二日游、马山禅意江南二日游、梁鸿农耕体验一日游等全市农业休闲旅游精品线路10条，陆续推出江阴璜土葡萄节、湖㳇杨梅音乐节、阳山桃花节、滨湖水果采摘节等农事节庆活动22个。

（徐　业）

农产品质量建设

【概况】 2017年，无锡市按照省农委和市政府的年度工作目标，贯彻实施《中华人民共和国农产品质量安全法》《中华人民共和国食品安全法》《江苏省农产品质量安全条例》，认真执行省农委农产品质量安全年度工作指导意见，以确保不发生重大农产品质量安全事故为底线，加强监管队伍建设，强化监管责任意识，扎实推进农产品质量安全重点工作，强化信息化和网格化监管，加强风险监控和监测成果应用，农产品质量安全形势稳中有升，全年无农产品质量安全事件。

（徐　业）

【“三品一标”建设】 2017年，无锡市把“三品一标”（无公害农产品、绿色食品、有机农产品，农产品地理标志）作为政府主导推进安全优质农产品公共品牌建设重要抓手，在人力、物力和财力上推动“三品一标”的建设与发展。至年底，全市“三品一标”数量1154个，其中无公害农产品938个、绿色食品157个、有机农产品57个、地理标志产品2个。认证速度每年以10%的比例在提升，产量比达50%以上，为推进农业标准化生产、提升农产品质量安全奠定基础。

（徐　业）

【农产品质量监测】 2017年，无锡市农委印发《关于2017年无锡市农产品质量安全例行监测实施方案的通知》。无锡市农产品质量监测中心认真编制采样检测实施方案，按时序进度，扎实开展地产农产品质量安全例行监测工作，保障地产农产品质量安全。充分利用省级例行监测信息系统，将市级例行监测任务纳入信息管理系统，采样人员直达采样基地，利用采样终端现场定位、拍照、信息录入，确保样品来源可靠，信息准确，具有代表性。扩展监测参数。蔬菜例行监测参数66个，覆盖有机磷类、菊酯类、氨基甲酸酯类、杀菌剂等各种常用农药；加强水果、小麦、稻谷等样品的重金属检测，对生长期较长的农产品重金属含量监控。畜禽类产品也适当增加检测参数，与省级例行监测参数相对应。全年无锡市农产品质量监测中心完成市级例行监测样品1495批次，检测参数44060项次，其中，种植业产品889批次，检测参数39810项次，养殖业产品596批次，检测参数4250项次。发挥无锡市农产品质量监测中心公益服务功能，为有需要的基层农业管理单位、农业企业、农业合作组织、种养大户和城乡居民无偿做好农产品检测服务，完成农畜水产品社会委托样品检测56批次，检测参数1491项次。

（徐　业）

【水产品质量安全检查】 2017年，无锡市农委落实监管源头把控，提高水产品质量安全水平。全年开展水产品质量安全专项检查57次，对全市414家水产养殖场、苗种场和无公害水产品生产基地的持证情况、用药记录、生产记录、销售记录和水产品质量安全监管制度专项检查。完成部级水产品质量安全抽检样品90个，省级水产品质量安全抽检样品136个，市级水产品质量安全抽检39个，产地水产品抽检合格率100%。做好重大水生动物疫病监控工作。全年全市采集病患样本80个，设病害测报点19个，测报种类13个，测报面积631.01公顷，各病害测报点每月定期对监测养殖品种病害测报，减少养殖户的经济损失。完善苗种产地检疫工作。成立水生动物卫生监督机构、开展官方兽医认定工作，全市21人通过官方兽医的认定，明确苗种产地检疫申报点和申报电话，并培训17家苗种生产企业的负责人和具体管理人员，让他们了解苗种产地检疫的新要求。开展水产品药物残留快速检测。全市2市（县）、3个区（锡山、惠山、滨湖区）建成快速检测实验室21个，试验仪器、设备配置齐全,负责抽样和检测专(兼)职人员安排到位,完成对人员的技术培训。全年各快速检测室对水产品批发交易市场、有关乡镇水产品产地开展水产品抽样和药物残留快速检测工作,共抽检样品1300份,检测项目为呋喃唑酮代谢物和孔雀石绿,经检测,1300份样品全部合格,样品中呋喃唑酮代谢物和孔雀石绿均未检出,药物残留整体合格率100%。

(徐 业)

【农林综合执法】 2017年,全市农林执法工作围绕农产品质量安全、农业生产安全和农林生态安全开展。加大农业领域专项整治力度、加强农资产品质量抽检、处置农林领域各类投诉举报、严厉打击农林领域各类违法行为,成效较好。组织开展种子种苗、林业和野生动物、农药和化肥、兽药和饲料、农(畜)产品质量安全等方面的专项整治行动9次,农药企业安全生产检查1次。完成农资产品质量监督抽检任务240批次,其中农药130批次,肥料40批次,种子30批次,兽药20批次,饲料20批次。完成农(畜)产品质量监督抽检任务121批次,其中禽肉10批次、禽蛋11批次、蔬菜100批次。受理并妥善处置涉农林类投诉举报31起。市级农林部门下发《查案通知》27件,督办各类案件39起,涉及27家经营户,39批次品种,其中兽药4批次、农药27批次、肥料3批次、鸡蛋1批次、蔬菜4批次。全市各级农林行政执法机构办理各类农林违法一般案件33起,其中农药25起、兽药7起、种子1起。市农林执法支队办理农林违法一般案件14起,其中农药9起、肥料2起、饲料2起、兽药1起。

(徐 业)

【渔政执法】 2017年,无锡市结合"中国渔政亮剑2017"专项行动,加强湖区的管理巡查力度,重点打击外来渔船非法入湖生产、电力捕鱼和违法张设地笼网、丝网等现象,严厉打击渔业违法行为。据统计,全年处理"12345"电话举报118件,出动渔政执法船艇582航次,出动人员1799人次,查处各类违规网具案件109起,没收电捕工具66台(套),收缴各类违规网具1769件,移交司法机关案件16起,追究26人刑事责任。通过有效的渔政管理,维护正常的渔业生产秩序,杜绝渔簖、虾浮、地笼网等定置渔具回潮,保护梅梁湖、贡湖的生态环境和渔业资源。年内,无锡市农委渔政监督支队被农业部评为"'亮剑2017'系列渔政专项执法行动工作成绩突出集体"。

(徐 业)

【畜禽屠宰管理】 2017年,无锡市以维护市民食肉安全为目标,深化生猪屠宰行业清理整顿,切实加强监管体系建设,严格依法管理,优化产业布局,淘汰落后产能。至年底,全市获证生猪定点屠宰企业11个,其中江阴市3个、宜兴市4个、锡山区2个、惠山区1个、梁溪区1个。全年屠宰生猪180.2万头,检出病害猪及其产品6390.2头,无害化处理7107.2头(多出来717头是运输途中死的),无害化处理率100%,有效保障上市猪肉产品的质量安全。年内,关闭不合格屠宰点5个,全市生猪屠宰行业清理整顿完成,并全部通过省级验收。

(徐 业)

【"瘦肉精"专项整治】 年初,市农委下发《关于开展生猪养殖、屠宰、运输环节"瘦肉精"监测工作的通知》。通知明确官方兽医在开展产地检疫工作时,对养殖场出售的生猪、肉牛、肉羊按不少于2个样品抽检;家畜屠宰场实行批批检,对生猪按不低于5%的比例抽检,肉牛、肉羊按10%的比例抽检;动物卫生监督检查站监测比例生猪为检查数量的1%,肉牛、肉羊为检查数量的2%。共快速检测"瘦肉精"样品130981份,其中屠宰环节抽检样品120071份,养殖环节抽检样品10910份,市本级完成生猪屠宰抽检样品20025份,完成牛屠宰抽检样品10385份,检测结果全部合格。

(徐 业)

【畜禽水产品专项整治】 2017年4月17日,无锡市食品安全委员会办公室联合市农委等6家单位印发《无锡市畜禽水产品专项整治工作方案》《无锡市农委清源行动方案》。市农委检查兽药生产企业7家,兽药经营企业96家,动物诊疗机构51个,养殖场(户)1098个,兽药生产企业网站6个、畜禽屠宰场15家。与监管对象签订安全使用兽药责任状1500份,发放《规范使用兽药告知书》《兽药使用问答》各3000份。加强监督抽检,其中完成省级畜产品药物残留抽样341份、省级兽药质量抽样35份、省级饲料质量抽样39份,完成市级畜禽屠宰环节抽样67171份,养殖场畜禽产品抽样146份,水产品生产环节抽样291份、畜禽水产品销售环节抽样1515份。其中,养殖场畜禽产品抽样发现兽药残留阳性样品鸡蛋1份,没收相关产品130公斤,并移送公安机关。对检查中发现的各类问题提出整改要求,限期整改;对检查中发现的违法违规问题,依法严肃查处,严厉打击;涉嫌犯罪的,依法及时移送公安机关。年内,发现4家兽药经营企业涉嫌销售假兽药,农林执法大队已立案查处,查扣假劣兽药520.4公斤。

(徐 业)

农业机械

【概况】 2017年,无锡市农机总动力96.91万千瓦,比上年减少2.3万千瓦。农机保有量15.81万台(套),减少1.57万台(套)。由于近年农作物种植面积减少,农机总动力和保有量总体呈下降趋势。其中,大中型拖拉机、联合收割机、乘座式插秧机处于更新期,新增大中型拖拉机136台,保有量增加14台;购置联合收割机89台,保有量减少249台;购置插秧机197台,总保有量减少32台,乘坐式插秧机增加169台。步进式插秧机、农用运输车、低速载货汽车、手扶变型运输机、机动脱粒机等机具处于淘汰期,其中机动脱粒机减少1258台。受政策引导和天气影响,谷物烘干机保持较快增长势头,新增谷物烘干机274台,增幅36.05%,保有量1034台。

(蔡宏雷)

【农机化作业】 2017年,无锡市机耕面积88260公顷、机播面积75610公顷、机植保面积87970公顷、机收面积83920公顷;节水灌溉面积14650公顷;机械化秸秆还田面积60740公顷,增幅4.96%;农机运输作业量6392吨·公里,农田基本建

10月25日,在宜兴进行施肥播种一体机作业试验　　(市农机局　供稿)

设作业量20485立方米；机械烘干粮食数量34.82万吨,增幅11.27%。全市农机化水平保持在90%以上,其中五项高效农业机械化指标平均值51.2%,比上年增加2.2个百分点。

(蔡宏雷)

【农机化投入】 2017年，无锡市农机化投入16867万元，比上年增加3517万元,其中,江阴3744万元、宜兴6043万元、锡山3945万元、惠山1200万元、滨湖528万元、新吴240万元、市直1166万元。锡山区比上年增加2795万元,增幅243%。全市农机购置资金投入8480万元。全年农机化收入40633万元，比上年增加264万元；实现利润额1.6亿元,增加173万元。

(蔡宏雷)

【农机惠农政策】 2017年，无锡市农机购置投入8480.75万元，增幅36%，其中中央和省级补贴资金1805.89万元。购置补贴农机1647台套,受益农户1120户。实施政策性农机保险，全年参保农机4631台、参保农机驾驶操作人员4217人,其中农机综合险895台(人)；保险金额11.98亿元,保费总额245.99万元，其中各级财政保费补贴184.15万元,占比75%。江阴、宜兴市通过农机报废更新补贴，促进农机化发展。

(蔡宏雷)

【粮食生产全程机械化】 2017年，无锡市按照粮食生产全程机械化创建工作“三年创建、两年提升”(粮食生产全程机械化创建规划2016年~2020年，前三年完成全程化创建任务,后两年提升农机化水平)总体部署，在建立领导小组、出台政策文件、树立考评体系、明确奖补标准、推进示范创建的基础上,全面推进2个县市、34个示范镇、47个育插秧中心、66个烘干中心的全程化创建。市、县(市、区)两级落实创建保障资金5600多万元,其中市级财政预算1600万元，年内下达1000万元,用于对通过验收的示范镇（街道)和“两中心”(育插秧中心、烘干中心)落实奖补；江阴市财政拨款900万元、宜兴市2350万元、锡山区800万元，专门用于全程机械化创建工作。年底,全市完成21个示范镇(江阴市11个、宜兴市5个、锡山区3个、惠山区2个)、72个“两中心”(育插秧中心23个、烘干中心49个)创建工作。江阴市创建为“全国率先基本实现主要农作物生产全程机械化示范县”,宜兴市完成“省级示范县”创建中期检查。

(蔡宏雷)

【高效设施农机化全覆盖】 2017年，无锡市传统粮食生产机械更新换代加速,发展乘坐式插秧机、植保机、大中拖、烘干机等高性能农机具近千台套。高效设施农业机械推广应用广泛,设施园艺机械、高效植保机、蔬菜种植机械等增势良好,茶叶、水产、蔬果生产机械向高端物联网监控与管理设备延伸,挖藕机、芋头种植机等新型装备试验示范效果良好。实施先进适用技术装备引进试验示范项目，示范推广叶菜类全程机械化、废弃物肥料化装备和茶叶生产全程机械化、蔬菜防渍墒情机械化；实施高效设施农业机械化项目,推广应用净菜加工包装、蔬菜初加工流水线、生猪和水产生态养殖、茶叶生产机械化新技术新机具；实施省农机“三新工程”(农机化新机具、新技术、新模式)项目,探索“土壤杀菌灭虫及连作障碍处理机械”“废弃物机械化处理与利用”等绿色环保机械推广应用模式。全年新增各类高效设施农业机械5000多台套,构建研发及推广平台3个,实施农机化项目12个,其中“茶园生产机械化作业技术与装备项目”被评为“第八届江苏省农业技术推广奖二等奖”。

(蔡宏雷)

【农机合作社】 2017年，无锡市投入农机合作社建设资金1400多万元，其中落实省级项目扶持资金150万元，扶持15家农机专业合作机库建设和维修网点建设；市级农机服务体系建设专项资金204万元，重点对合作社机库建设、机插秧作业、小麦机械化条播作业、植保能力建设、示范社创建、“七个能力”（农机专业合作社机耕、机插、植保、机收、粮食烘干、粮食加工、机械维修）综合试点建设及农忙农机具抢修服务实施以奖代补。至年底，全市农机合作社225家，机具原值2.68亿元，年度作业面积8.418万公顷，占全市农机作业量的71.7%，作业收入1.43亿元。全市合作社流转土地面积7066.67公顷，拥有大中型拖拉机974台，联合收割机486台，高速插秧机508台，粮食烘干机308台。机具原值200万元以上的合作社33家，500万元以上的2家；机库面积1000平方米以上的28家，年度作业服务面积666.67公顷以上的31家、1333.33公顷以上的6家；年度收入200万元以上的12家；年度利润50万元以上的14家。年内创建国家级农机合作社示范社2家（累计3家）、省级8家、市级23家。

（蔡宏雷）

【农机安全监管】 2017年，无锡市开展安全生产宣传教育与隐患排查活动。市农机系统组织安全生产大检查，强化农机安全隐患排查治理体系，规范网上自查自报系统运行，全年开展各类执法检查167次，出动检查人员957人次，检查农业机械2700多台套，排除一般安全隐患169起，整改169起，整改率100%。落实变型拖拉机专项整治行动，联合公安交警部门开展路检路查，规范管理，加快变拖报废步伐，全年检验拖拉机5745台次，其中变型拖拉机2562台次。与市安监局联合下发《关于“十三五”继续深化“平安农机”创建工作的通知》，全面开展新一轮“平安农机”创建工作，积极争创首批全国“平安农机”示范市。年内，惠山区创建为“全国平安农机示范县（区）”。全年发生各类农机事故33起，死亡12人，其中道路外农机事故1起，死亡1人；未发生较大以上等级农机安全生产责任事故。

（蔡宏雷）

【农机管理与服务】 2017年，无锡农机系统坚持服务宗旨，提高履责效能，全方位、多举措开展农机管理与社会化服务。实施农机作业用油“三优一免”（优惠供应、优先加油、优质服务，免费办卡）服务；完善“平安农机通”平台，为全市5000多户农机手发送机收进度、作业市场供需、安全生产知识、天气预报等服务信息。农忙期间，开展“优质服务月”活动，建立60多个跨区作业接待服务站，为外来机手免费提供作业市场、维修、油料、收费等保障。年内，组织700多人次，走访农机合作社、企业和农户500多家，完成工单70个，梳理解决问题80多个。

（蔡宏雷）

【智能无人植保机作业试验】 3月2日，无锡市在江阴市青阳镇南北绛农业专业合作社的连片麦田里，开展智能无人植保机作业试验，天域航空AT-3N智能农用无人直升机和多旋翼MG-1S农用植保机分别进行农药喷洒田间作业试验。

天域航空智能农用无人直升机是一款军转民产品，动力为350CC水冷汽油机，续航时间1小时以上，抗风等级6级，飞控精度高，喷洒均匀，带药量30升，多种喷头能喷洒水剂、乳剂、400目以上粉剂、颗粒，可有效解决农药残留及土壤水源污染问题。作业时，人员通过地面遥控或GPS飞控操作，可远离农药，安全安心。

（蔡宏雷）

【研制试验芋头种植机】 5月7日，由无锡市农机推广站、如东华康机械有限公司、滨湖马山立兴农机合作社共同研发的液压复式芋头种植机，通过作业试验。

芋头种植机配套70马力以上轮式拖拉机，配合施肥装置、大直径旋耕刀盘及成型装置，完成对芋头苗的施肥、碎土疏松和成型等作业。机具作业速度快、效率高和准确率

11月10日，在江阴鹏程农业科技发展有限公司蔬菜大棚里，举办设施蔬菜（叶菜）关键环节机械化技术演示会

（市农机局　供稿）

5月7日，在马山立兴农机合作社进行芋头种植机作业试验

（市农机局　供稿）

高，最高作业面积11.7亩/小时，是传统人工作业的180倍，作业行距0.75米，作业宽度为2.25米，采用大直径旋耕刀盘作业，对生长的芋头苗不会造成伤害。2015年始，无锡市开展芋头种植、收获机械的自行研制，经过反复研制、试验，芋头种植机、收获机获得初步成功。

（蔡宏雷）

【水稻穴直播机试验】 5月10日，无锡市在江阴市南闸街道观西村的试验田里开展水稻穴直播机作业试验。泰州樱田农机的8行水稻精量穴直播机、浙江博源农机的10行水稻精量穴直播机分别下田试验。

据厂家资料显示，水稻穴直播机在替换原来的机插秧装置后，不仅可以减去育秧环节所需的场地和人工成本，同时在作业质量达标的基础上，产量比机插秧可增加每亩25千克~50千克。年内，江阴市农机化发展补贴政策新增条款："新增12行以上复式条播机及8行以上水稻穴播机，完成作业面积20公顷以上，按5000元/台的标准补贴。"

（蔡宏雷）

【农机推广田间日活动】 8月17日，无锡市高效设施农业机械推广田间日活动在宜兴市周铁镇举办。活动围绕省农机局"一项行动、两大工程"(粮食生产全程机械化全省推进行动、设施农业"机器换人"工程、绿色环保农机装备与技术示范应用工程)要求，以"高效设施农业机械化全覆盖工程现场演示"为主题，通过机具展示、作业演示、田间互动等，现场演示叶菜类、茄果类设施蔬菜生产全程机械化作业技术路线，重点突出撒肥、旋耕、起垄、播种、喷灌、植保、收获等先进适用农机化技术示范推广，集中展示耕、种、管、收等生产环节可复制、可推广的全程机械化解决方案与关键装备。活动期间，15家农机产销企业十大类近50多台(套)新型高效农机具参展。

农机推广田间日活动是农业部农机推广总站创设的农机化技术推广新模式。自2016年举办首次活动以来，以其创新的组织形式、直接的体验方式深受农户和农机系统好评。据统计，年内开展"农机推广田间日"活动7次，覆盖江阴神宇、宜兴益健与红岭、锡山金蕊、惠山南阳湖等地，涉及蔬菜、茶叶、水产、林果等多个领域。

（蔡宏雷）

【农机援疆】 9月18~21日，无锡市农机局根据市政府领导指示，针对新疆沙棘产业提质增效、机械化采收的急切需求，责成市农机推广站技术人员和无锡华源凯马发动机有限公司新品开发部的专家组成前期援疆小组，赴新疆开展实地调研，致力于提高沙棘采摘机械化水平。

在库兰萨日克乡万亩沙棘园，通过实地调研，调研组掌握新疆沙棘果脱柄力大、果柄短不能自然脱落、种植管理模式粗放等情况，发现目前所采用的沙棘震动摇果杆（钩果式)效果不佳，易伤树枝、破损高。结合新疆现有采摘机械作业情况，两地技术人员提出在无锡枸杞采摘机的基础上，通过技术攻关和改进，解决机械化采摘普遍存在的难连续、易伤果、易采漏等问题。同时，通过沙棘栽培与机械化采收的农机农艺融合，突破采摘关键环节技术壁垒，力争实现沙棘高效、精准、低损机械化生产模式，提高沙棘采摘效率，降低人工成本，促进节本增效，助推新疆克州地区在"一带一路"建设中获得实实在在的发展。

（蔡宏雷）

【生物质颗粒热风炉烘干项目试验】 为加快推进粮食烘干机清洁热源改造，年内，宜兴市农业机械技术推广站在徐舍镇潘家坝村的永平农机服务专业合作社，开展生物质颗粒热风炉试验项目，试验产品的地区适应性、使用可靠性和经济性。通过生物质颗粒热风炉热源和柴油热源烘干对比试验，采集记录烘干机试验运行数据，对水稻烘干成本对比分析。结果显示，生物质颗粒热风炉操作简单、热风温度可以智能控制、省心省力、节能环保，适合本地水稻的烘干。相同条件下，每烘干一斤水稻，生物质颗粒热风炉热源比柴油热源烘干水稻降低0.05元。

（蔡宏雷）

【农业废弃物机械化处理及利用推广】 12月12日，无锡市农机局在宜兴市力博家庭农场举办农业废弃物机械化处理及利用推广田间日活动。力博家庭农场位于丁蜀镇定溪村，东濒太湖，有蔬菜、园艺种植基地24.67公顷，钢架大棚2.67公顷。农场利用自身资源参与研发的秸秆制肥机设备，把回收的各类秸秆加工成营养土，变废为宝，极具推广价值。活动现场演示秸秆从粉碎，到通过秸秆制肥机将粉碎后的秸秆配料、杀菌、发酵、扩繁的制肥过程；同时展示抓草机、秸秆打捆机、自走式搬运机、粉碎机、多功能施肥机、翻抛机、搅拌机等专用机械，体现秸秆机械化处理高效、安全、绿色的优势。

（蔡宏雷）

表 34

2017年无锡市农机化基本情况

序号	项　　目	单位	合计	江阴	宜兴	锡山	惠山	滨湖	新吴
1	一、农业机械原值	万元	105311	27715	52238	7720	11760	3200	2678
2	二、农业机械净值	万元	74066	19161	35898	5815	8760	2680	1752
3	三、农机总动力	万千瓦	96.91	26.19	48.99	10.25	8.32	1.87	1.33
4	四、拖拉机	台	6264	1892	3318	499	272	107	176
5	1. 大中型拖拉机	台	2174	696	1008	335	85	9	41
6	2. 小型拖拉机	台	4090	1196	2310	164	187	98	135
7	五、拖拉机配套农机具	部	16127	3461	10314	1373	536	86	357
8	1. 大中型拖拉机配套农具	部	9742	2881	4890	1183	348	57	353
9	2. 小型拖拉机配套农具	部	6385	580	5424	190	158	29	4
10	六、种植业机械	*	–	*	*	*	*	*	*
11	1. 耕整机（田园管理机）	台	3509	837	1658	294	436	230	54
12	2. 旋耕机	台	5394	1126	3162	757	210	13	126
13	3. 水稻直播机	台	305	7	244	44	–	2	8
14	4. 水稻插秧机	台	3172	586	1914	586	67	7	12
15	其中：乘坐式	台	1014	334	441	160	66	4	9
16	七、排灌动力机械	台	13915	3377	7567	912	1414	402	243
17	八、节水灌溉类机械	套	3789	2258	306	300	351	131	443
18	九、田间管理机	*	–	*	*	*	*	*	*
19	1. 机动喷雾（粉）机	台	14255	4738	5763	1862	951	505	472
20	2. 茶叶修剪机	台	1733	29	1002	219	37	435	11
21	十、收获机械	*	–	*	*	*	*	*	*
22	1. 稻麦联合收割机	台	1214	329	685	147	28	7	18
23	其中：自走式	台	1200	315	685	147	28	7	18
24	半喂入式	台	529	129	327	36	25	6	6
25	2. 其他收获机械	台	3691	776	1991	409	350	80	85
26	其中：油菜籽收获机	台	42	9	21	12	–	–	–
27	茶叶采摘机	台	823	10	431	76	241	65	
28	秸秆粉碎还田机	台	2716	751	1468	297	103	12	85
29	十一、收获后处理机械	*	–	*	*	*	*	*	*
30	1. 机动脱粒机	台	6505	4541	1409	510	–	–	45
31	2. 谷物烘干机	台	1034	286	538	157	38	3	12
32	3. 保鲜储藏设备	台	1305	279	620	263	75	43	25
33	十二、农产品初加工作业机械	台	6103	1120	3776	661	185	249	112
34	1. 粮食加工机械	台	3139	938	1522	436	147	28	68
35	2. 油料加工机械	台	202	69	92	31	–	–	10
36	3. 果蔬加工机械	台	77	2	26	12	3	–	34
37	4. 茶叶加工机械	台	2584	15	2136	182	35	216	–
38	十三、畜牧养殖机械	套	3134	672	812	1342	230	74	4
39	十四、渔业机械	台	42482	5905	29632	3162	2149	1460	174
40	其中：增氧机	台	22849	3553	15684	1877	1056	641	38
41	投饵机	台	16285	2280	10906	1285	1093	585	136
42	十五、林果业机械	台	2151	492	901	69	252	356	81
43	其中：果树修剪机	台	2109	491	877	69	252	356	64

续表 34

序号	项　　目	单位	合计	江阴	宜兴	锡山	惠山	滨湖	新吴
44	十六、运输机械	*	–	*	*	*	*	*	*
45	其中:手扶变型运输机	台	2710	259	1281	605	450	46	69
46	十七、农机化作业总体情况	*	*	*	*	*	*	*	*
47	1. 机耕面积	公顷	88265	20220	56797	6958	2560	603	1127
48	2. 机播面积	公顷	75608	18037	47851	6952	1446	240	1082
49	3. 机电灌溉面积	公顷	46464	9900	27200	3556	4790	430	588
50	4. 机械植保面积	公顷	87966	18632	53051	7084	6247	1851	1101
51	5. 机收面积	公顷	83921	19510	54565	7084	1560	207	1095
52	6. 小麦机耕面积	公顷	41226	9310	26933	3456	800	87	640
53	7. 小麦机播面积	公顷	36532	8547	23028	3456	800	87	614
54	8. 小麦机收面积	公顷	41102	9310	26664	3584	800	120	624
55	9. 水稻机耕面积	公顷	41827	9900	27253	3340	760	87	487
56	10、水稻机械种植面积	公顷	37452	9120	23802	3334	646	82	468
57	其中:水稻机播面积	公顷	3126	713	2000	344	–	2	67
58	水稻机插面积	公顷	34326	8407	21802	2990	646	80	401
59	11. 水稻机收面积	公顷	41539	9900	26981	3340	760	87	471
60	12. 油菜机耕面积	公顷	2122	940	1020	162	–	–	–
61	13. 油菜机播面积	公顷	1482	300	1020	162	–	–	–
62	14. 油菜机收面积	公顷	1280	300	820	160	–	–	–
63	15. 农田机械化节水灌溉面积	公顷	14651	7520	2600	800	3060	542	129
64	16. 机械化秸秆还田面积	公顷	60738	17321	36600	4387	1168	180	1082
65	17. 机械化脱粒粮食数量	吨	655102	122011	462150	43994	16843	2000	8104
66	18. 机械化烘干粮食数量	吨	348247	119751	192681	21500	5064	500	8750
67	19. 机械初加工农产品数量	吨	655272	123942	480500	46658	250	3922	–
68	其中:(1)加工粮食数量	吨	593994	122011	425000	43994	239	2750	–
69	(2)加工油料数量	吨	24680	1927	21000	1650	–	103	–
70	(3)加工果蔬数量	吨	20746	–	19000	880	6	860	–
71	(4)加工茶叶数量	吨	15825	4	15500	134	5	182	
72	20. 农机跨区作业面积	公顷	41720	3533	34000	3000	500	–	687
73	其中:(1)跨区机耕面积	公顷	0	–	–	–	–	–	–
74	(2)跨区机播面积	公顷	0	–	0	–	–	–	–
75	(3)跨区机收面积	公顷	39950	3533	34000	1230	500	–	687
76	其中:跨区机收小麦	公顷	18256	2000	15000	680	267	–	309
77	跨区机收水稻	公顷	21694	1533	19000	550	233	–	378
78	十八、农机化作业服务组织	个	403	116	195	67	15	7	3
79	其中:农机专业合作社	个	312	92	183	21	10	3	3
80	十九、农机化培训	人次	9924	1966	5910	775	525	86	202
81	二十、农机化总投入	万元	16867	3745	6043	3945	1200	528	240
82	其中:农机购置	万元	8928	2089	4843	1390	250	245	111
83	二十一、农机化总收入	万元	40633	11193	18850	6270	1880	1130	1310

(市农机局)

编辑　罗秋云

综 述

【概况】 2017年，面对复杂严峻的宏观经济形势，全市工业条线以高质量发展为导向，聚焦实体经济，强化创新驱动，推动转型升级，统筹做好稳增长、促改革、调结构、深融合、优服务等各项工作，对接“中国制造2025”和“江苏行动纲要”，积极创建“中国制造2025”扬子江城市群国家示范区。无锡作为全省唯一的“促进工业稳增长和转型升级成效明显市”，获国务院办公厅通报表扬激励；江阴、宜兴分列全国工业百强县(市)第一和第八位；诞生历史上首家千亿元级企业——海澜集团，首家“独角兽”企业——华云数据；12家企业入围中国企业500强，24家企业入围中国制造业500强，均连续11年位居全省第一；“神威·太湖之光”超级计算机实现全球超算500强四连冠，应用成果获“戈登·贝尔”奖。全年新增国内外上市公司18家，创历年之最，数量位居全省第一，其中，制造业企业16家，占总数的88.9%。至年底，全市累计上市企业数129家，位列全国地级市前列；高新技术产业产值占规模以上工业产值比重达42.3%。

(张伟峰)

【主要工业指标增速创新高】 年内，全市工业经济保持较为强劲的发展态势，走出低谷，主要指标增速省内排位创近年来新高。全市规模以上工业产值完成15861.2亿元，比上年增长15.8%，总量列全省第二，增速创近6年来新高；规模以上工业增加值完成3382.2亿元，比上年增长8.6%，总量列全省第二，增速列苏南第一、全省第四，创近13年来省内最高排名，近7年来首次超过全市GDP增速。工业增加值总量占GDP的比重达43.3%，较上年上升0.13个百分点，扭转多年来工业占GDP比重持续下降的趋势，为无锡GDP过万亿元的历史性突破做出较大贡献。规模以上工业增加值率达21.17%，比上年提高0.3个百分点。全市出口交货值首超3000亿元大关，达3074.4亿元，创历史新高，比上年增长13.5%，增速比上年同期提高11.4个百分点。全市工业用电524.7亿千瓦时，比上年增长6.3%，增速创近7年新高。质量效益不断提升，全市规模以上工业利润超过千亿元，达1040.4亿元，比上年增长13.7%，规模以上工业企业亏损面为17.2%，比上年收窄3.1个百分点。制造业全口径实现税收766.9亿元，比上年增长16.3%，高于全市平均10.5个百分点。

(张伟峰)

【五大支柱行业全面增长】 年内，全市五大支柱行业产值均实现两位数增长。机械行业实现规模工业产值6112.2亿元，比上年增长15.7%。其中，通用设备制造业、仪器仪表制造业受市场需求上升拉动，产值分别增长24.8%、22.1%，汽车制造业产值比上年增长18.3%，发动机、电站锅炉、滚动轴承产量分别增长33.9%、25.1%、20.7%；电气机械和器材制造业、金属制品业、专用设备制造业增长10%以上，家用洗衣机产量同比增长9.2%；铁路、船舶、航空航天和其他运输设备制造业产值微增1.8%，民用钢质船舶产量增长1.7%。冶金行业受益于产品价格的大幅上涨，实现规模工业产值2312.1亿元，增长32.5%。其中，黑色金属冶炼和压延加工业产值增长43.2%，增速创年内新高，全市钢材、粗钢产量分别增长7.4%和4.9%，主要产品中螺纹钢价格上涨56.8%，线材、板材价格上涨40%以上；有色金属冶炼和压延加工业产值增长23.4%，铜材产量增长12.6%，铜价格上涨14.9%。电子行业实现规模工业产值2118.7亿元，增长18.1%，夏普、绿点、捷普等外销型企业受出口快速增长的拉动，产值出现较快增长，数码相机产量增长22.3%，硬盘存储器、集成电路、电子元件产量分别增长17.2%、13.9%和13.5%。纺织行业实现规模工业产值2048.6亿元，增长10%。其中，纺织服装、服饰业受需求提振，产值增长15.9%，化纤制造业回暖明显，产值增长13.3%；纺织业平稳增长，增速为3.4%。石化行业实现规模工业产值

1996.4亿元，增长12.7%。其中，化学原料和化学制品制造业增长较快，增幅为13.7%，精对苯二甲酸价格上涨13.2%；石油加工、炼焦和核燃料加工业、橡胶和塑料制品业分别增长12.5%和8.7%，四季度以来原油价格上涨较快，累计涨幅超过16%。

（张伟峰）

【大型企业支撑有力】 年内，全市129家大型工业企业合计完成产值7153.3亿元，占全市规模工业的45.1%，增长19.1%，增速高于全市平均2.3个百分点。大型企业合计完成出口交货值2061.8亿元，占全市工业出口的67.1%，增长14.6%，增速高于全市平均1.1个百分点。大型企业合计实现利润507.3亿元，占全部规模工业的48.8%，增长19.1%，增速高于全市平均5.4个百分点，企业亏损面为4.7%，低于全市平均12.5个百分点。全市12家企业入围中国企业500强、24家企业入围中国制造业500强，占全省半数以上，均连续十一年位居全省第一。全市超百亿元工业企业（集团）累计达28家，比上年增加1家，合计实现营业收入达9046.8亿元。

（张伟峰）

【特色产业快速发展】 年内，全市制造业领域战略性新兴产业快速发展。以物联网为龙头的新一代信息技术产业增长较快，实现营业收入3300亿元左右，增长15%。其中，物联网产业实现营业收入2437亿元，增长19.2%，物联网企业总数超过2000家，远景能源、美新半导体、感知集团、和晶科技、信捷电气、识凌科技、朗新科技等细分领域龙头企业迅速成长。集成电路产业实现营业收入892.7亿元，增长11%。其中，IC设计实现营业收入72.8亿元，增长16.9%；IC制造实现营业收入190亿元，增长11.4%；封装测试实现营业收入317.6亿元，增长18.2%；配套支撑实现营业收入312.3亿元，增长16.5%。软件与信息服务产业总体运行态势良好，软件业务收入达1170亿元，增长16%，增速超过全国和全省平均水平。其中，大数据（云计算）产业全市近400家企业共实现营业收入190亿元，比上年增长20%以上。新能源产业实现营业收入530亿元左右，增长3%左右。其中，风电产业增长较快，远景能源实现销售收入170亿元，全球累计风电装机容量超过12吉瓦，多年保持两位数增长，稳居中国风机设备企业前三名。光伏产业行业竞争加剧，增产不增效，重点监控的17家企业中，销售收入上升的仅有7家。高端装备产业实现营业收入340亿元，增长30%，整体态势稳中向好，特别是在“两机”及智能成套装备方面均有重大突破。派克新材料获得国家工信部智能制造标准化与新模式应用项目支持，隆达航材高温合金项目获得国家“两机”专项支持，一汽锡柴、透平叶片牵头的04专项课题先后通过验收，先导智能、派克新材料中标江苏省高端装备赶超工程项目。新材料产业实现营业收入1000亿元，增长15%，各领域龙头企业在业内具有较高影响力。特钢领域的兴澄特钢实现销售收入331.5亿元，增长35%，实现利润18.7亿元，增长8.9%，继续保持全国行业第一，人均产钢、人均创利、弹簧钢、轴承钢、洗衣机及车用钢产量、特钢出口量、冶炼电耗等10多项经济指标均在全国特钢行业名列第一。高分子材料领域的兴达泡塑年产60万吨聚苯乙烯泡沫，排名世界前三、中国第一；三房巷集团是国内大规模的聚酯供应商之一；雅克科技是国内最大、全球第二的有机磷系阻燃剂生产和出口商；三木化工是全国涂料树脂行业生产规模最大、品种最全的企业；洪汇新材是国内氯醋共聚树脂规模最大、品种最全的专业生产厂家；阿科力是国际第三、国内最大的聚醚胺供应商，同时也是国内最大的IBOMA（甲基丙烯酸异冰片酯）生产企业。电子化学品领域的江化微电子、广信感光、润玛电子3家企业入选2017年中国电子化工材料十强企业。石墨烯领域有从事石墨烯应用和制备的企业20多家，2017年石墨烯核心产业年销售1亿元左右，后道延伸产业产出近10亿元。烯晶碳能是全球首家超级电容器覆盖全产业链技术研发制造的企业，同时也是国内首家掌握干法电极产业化技术的公司。格菲电子拥有自主核心发明专利60多项，是全球最大的CVD石墨烯量产公司之一。同创石墨烯是全球首款石墨烯远红外电热膜的制造商。节能环保产业实现营业收入490亿元，增长15%。双良集团的溴化锂吸收式冷（热）水机组国内排名第一，市场占有率40%左右；华光锅炉收入增长29%，热电联产燃煤锅炉国内市场占有率第一，燃气-蒸汽联合循环余热发电锅炉和生物质发电锅炉等产品国内市场综合占有率均在30%以上；威孚力达收入增长13%，SCR系统、DPF系统国内市场占有率达45%左右，汽车排气系统在同内占有率35%左右。高端纺织服装产业实现营业收入490亿元，增长8%。海澜、阳光、红豆等龙头企业继续引领行业发展，海澜集团销售突破1100亿元，成为无锡首家千亿元级企业；阳光集团获第三届中国质量奖，为省内唯一获选企业。汽车及零部件产业实现营业收入850亿元，增长21%。一汽锡柴连续第五年登上“动力先锋榜”，获2017年无锡市腾飞奖；威孚高科技高压共轨泵体获国际铸造博览会金奖。生物医药产业实现营业收入330亿元，增长14%。阿斯利康加快商业创新，全面推进健康物联网布局，打造基于物联网技术的诊疗一体化全病程解决方案。新能源汽车产业累计生产新能源汽车4153辆，销售4129辆，实现销售额9.81亿元。其中，上汽大通无锡分公司生产新能源汽车3871辆，销售3853辆，实现销售额7.77亿元；常隆客车生产新能源汽车282辆，销售276辆，实现销售额2.04亿元。

（张伟峰）

【绿色制造步伐加快】 年内，全市加快推进淘汰过剩、落后产能步伐，各部门积极开展自查自纠、“回头看”专项督查和考核验收，全面排查中频炉、工频炉使用情况，严防“地条钢”死灰复燃，全年压降钢铁产能90万吨。实施“263”减化行动，全年关停化工生产企业275家，完成省下达目标的139%；整治燃煤工业窑炉187座，完成目标计划的184.8%；淘汰低效电机14.9万千瓦，淘汰、停用落后变压器645台。强化节能降耗力度，大力实施能源消费总量控制，强化节能指标跟踪分析及预警调控，扎实开展能源消费预算管理和节能应急调控，全市规模以上工业增加值单位能耗下降5.4%；狠抓工业能耗在线监测,260家企业完成一级能耗在线监控;积极开展节能量交易,累计实施节能量交易项目7个、交易量3.7万吨标准煤;深入开展合同能源管理,全年新增合同能源管理项目63个,投资额超2亿元,年节能量超4万吨标准煤。加快推动绿色生产,实施绿色制造工程,新增国家首批绿色工厂示范企业3家,国家首批绿色产品设计示范企业1家,入选省绿色制造示范创建计划名单4家,新增循环经济试点单位11家,构建循环经济产业链15条。

(张伟峰)

【绩效评价全面启动】 年内,初步建成以"亩产论英雄"为发展导向的评价体系。出台《关于开展工业企业资源利用绩效评价工作的实施意见》《无锡市工业企业资源利用绩效管理评价办法》。建立包括5大系统模块,集12个部门、7万多家工业企业、200多万条数据,兼具评价和分析功能的绩效管理大数据平台。启动占地0.2公顷以上规模以上工业企业的试评价工作,随着差别化政策的进一步出台,倒逼落后和过剩产能退出、低效企业转型,推动企业走低能耗、低用地、高科技、高产出的集约发展之路。

(张伟峰)

【创新能力显著增强】 推动企业技术中心和制造业创新中心建设,重点推进华进半导体江苏省先进封装与系统集成制造业创新中心建设,累计建成国家级企业技术中心15家、省级企业技术中心217家,省级制造业创新中心1家。实施首台(套)重大装备示范应用工程,76家企业产品通过"省首台(套)重大装备及关键部件"认定、5家企业被评为省首台(套)示范应用项目。实施专精特新"小巨人"企业培育计划,累计3家企业被认定为国家制造业单项冠军示范企业(产品),45家企业被认定为省专精特新产品,22家企业被认定为科技"小巨人"企业。大力实施工业强基工程,累计13个项目列入国家强基工程,数量全省第一。大力实施品牌工程,无锡一棉等4家企业获"2017年江苏省质量标杆"称号,获奖总数位居全省第一,阳光集团成为全省首家荣获"中国质量奖"的企业,兴澄特钢获中国质量提名奖,法尔胜泓昇集团获"2017年江苏省省长质量奖"。

(张伟峰)

【智能制造快速推进】 年内,出台《无锡市智能制造三年(2017~2019年)行动计划》,围绕智能制造技术装备突破、制造水平提升、试点示范效应、经济质量效益等4个方面,实施智能制造五大工程。全市实施智能制造项目270个,完成投资228.76亿元;建成国家级智能制造试点示范和应用项目3个;新增省级示范智能车间17家,累计达省示范智能车间68个。制造业与互联网融合进一步深化,全年新增省级以上"两化"融合管理体系贯标试点企业20家,其中国家级4家、省级16家。推动企业互联网化提升,重点推进30个制造业与互联网融合创新重点项目,新增省级互联网与工业融合创新示范试点企业48家,其中示范企业7家,试点企业41家,示范试点企业总数居全省第二。物联网共有云平台ONENET正式上线,成为全省首个统一开放的物联网公有云平台。无锡市成为全省第二个列入"国家级'两化'深度融合实验区"的城市。

(张伟峰)

【信用体系逐步完善】 年内,市经信委认真贯彻落实《无锡市公共信用信息条例》,加快公共信用信息服务平台建设,全市共有56个单位和部门常态化提供信用信息,共归集入库法人组织73.6万家、信息1.7亿余条。积极推动信用信息应用,在申报资金、招投标等44个行政事项中为2592家企业出具信用基准评价报告,为各类评先评优核查信用5356家次。创新提出"诚信阿福分",建成全市公共信用联动惩戒系统,全年共发布红名单200余个、黑名单133个。

(张伟峰)

【发展环境进一步优化】 年内,市经信委完善现代产业发展政策意见,出台新一代信息技术产业、集成电路产业发展意见,工业条线共兑现市级扶持资金近4亿元,支持项目558个,对上争取省级以上资金9.57亿元。企业服务体系不断完善,年内新增星级中小企业公共服务平台37家;实施小微企业成长培育计划,新增规模以上企业100家;加强创新创业服务,新增省级以上小微企业"双创"基地5家;加强人才培训,全年培训各层次企业人才2500余人次。降本减负不断落实,全面贯彻国家和省、市简政、减税、降费的各项政策,在降低实体经济制度性交易成本、税负成本和要素成本上协同发展。抓好融资保障,全市各级转贷应急资金平台使用资金337.16亿元。其中,市级转贷平台共为1052家中小企业办理1655笔转贷业务,续贷金额117.83亿元,为中小企业减负1.6亿元。创新设立中小微企业普惠融资平台——锡信贷,发放免抵押信用贷款92笔、2.4亿元,切实降低中小微企业贷款门槛;积极推动大用户直购电,全市364家企业年交易电量158亿千瓦时,降低企业用电成本3亿多元。市场开拓全面开展,组织企业参加中国中部投资贸易博览会、中国电子展、中国半导体封测年会、中国国际半导体博览会、中国(连云港)丝绸之路国际物流博览会等各类展会,参加新疆、广西和宁夏等经贸合作活动,举办汽车、环保等产业协作配套对接会,受到企业的普遍欢迎。

(张伟峰)

无锡产业发展集团有限公司

【概况】 2017年,无锡产业发展集团有限公司发展稳步向质量效益型转变,呈现稳中有进、稳中提质、稳中趋优的良好态势。全年集团全资、控股企业完成营业收入242.85亿元,利润总额32.07亿元,分别是成立初的5.6倍和10.3倍,较上年分别增长41%、46%,创集团历史新高。集团总资产558.13亿元,净资产248.56亿元,注册资本37.21亿元,分别是成立初的5.5倍、4.3倍和1.5倍。连续九年蝉联中国企业500强,2017年列第232位,在全省营业收入超百亿元工业企业(集团)中,列全省第11位。培育太极实业成为无锡第一家单体营业收入超百亿元的国有企业,树立无锡市国资国企改革发展史上新的里程碑。

(张明飞)

【企业运行】 年内，威孚高科抢抓重卡发展机遇，多措并举保障高位生产，全力拓展产品市场份额，促进公司业绩高速增长，所属事业部和子公司全部实现盈利，自营利润实现大幅提高，营业收入和利润总额均创创业成立以来最好水平，荣获市最佳上市公司奖、税收贡献奖和投资者回报奖等5个奖项。建设完善燃喷系统柔性制造体系，生产效率提升13.52%，汽车燃油系统产品稳居国内领军者地位，共轨泵销量突破200万台；尾气后处理产品自主品牌市场占有率达40%以上；进气系统产品稳固保持市场地位。太极实业加速构建总部职能体系，多元业务协同融合发展，增强资本市场影响力。半导体材料后工序业务开创新局面，海太半导体封测、模组月产量不断刷新历史纪录，封测单位成本下降超15%，继续保持海力士体系领先水平，太极半导体年度经营性现金流流入1660万元。化纤业务运行质量实现新提高，江苏太极利润较上年增长280%。高科技设计工程和新能源业务充分依托十一科技平台，综合实力稳居行业前列，获取华力微电子、长江存储科技等重大项目设计总包订单超220亿元，持有电站发电量突破3亿千瓦时。宏源科技实现恢复性增长，主导产品高速弹力丝机国内市场占有率28%，保持第一。南大环保成为省内三家拥有环境污染损害鉴定资质单位之一。

（张明飞）

【项目推进】 年内，集团全力参与全市重大产业项目建设，发挥产业引领功能。在市委、市政府统一部署下，充分发挥平台纽带作用，积极参与无锡历史上单体投资规模最大、总投资100亿美元的上海华虹无锡基地项目，总投资30亿美元天津中环大硅片研发生产项目的招引落地工作，主导引进总投资10亿美元韩国SK海力士M8项目，把握国家产业发展趋势，为无锡构建集成电路全产业链、增强产业集聚效应、重振国家微电子产业南方基地雄风做出重要贡献，获市委、市政府集体二等功。积极支持新设公司发展，培育新的经济增长点。集团列入市政府集中签约的3个重点项目全部完成公司注册、实质化运作。南大绿色材料技术研究院公司正式揭牌，签署5000吨PLA项目工程设计合同，开展工艺流程设计、核心设备调研等前期工作。荷兰福内克斯公司股权投资项目顺利完成，成立思密得科技（无锡）有限公司，建设集组装、销售、服务于一体的光伏设备综合供应商中国总部，提升无锡光伏装备制造业水平。无锡国开金属资源公司开业运行，完成自贸区公司收购，推进境外子公司设立，搭建业务团队，稳健开展贸易服务，完成年销售15亿元，实现当年投入、当年盈利。此外，苏南物流公司获批全市唯一公益性农产品批发市场建设试点单位，争取到省财政专项补贴3200万元。计划与感知集团联合投资的无锡医药物联网项目已获核准批复，正办理公司工商注册，通过整合双方优势资源，搭建第三方医药物联网供应链服务管理业务平台。

（张明飞）

【改革创新】 年内，集团设立运作产业基金，发挥“主业+基金+投行”模式效应。强化产融互动发展理念，新设的投行部正式运营，提升集团资本运作专业能力和本部盈利水平。规范运作首期规模20亿元的新能源产业基金，完成长丰电站和蓓翔电站等项目投资，助力新能源产业规模化发展。注册设立首期规模55亿元的新汽车产业基金，完成安徽力高、北科天绘、孚能科技等项目累计10.8亿元投资，挖掘新能源汽车产业链投资机会。合作成立总规模10.6亿元的迪维单项目基金，定向投资上海凯赛生物技术公司，推动现代生物工程技术产业化，持续拓展新材料发展空间。创新完善科技金融体系，增强平台服务功能。推动商业模式创新，成立无锡金控商业保理公司，持续优化科技金融服务体系。支持创投集团发展，增资创投集团至10亿元，打造无锡市注册资本规模最大的国资创投平台。至2017年底，累计参与投资基金24家，基金总规模突破55亿元，所投项目中已有43家企业登陆资本市场。科发担保首次获得省经信委A级监管评价，入围无锡首批“锡信贷”名录。金控租赁全年投放项目18个，新增投放金额约15亿元。北创科技园一期大楼出租率提升至88%，沃谷众创空间建成“省级众创空间”。锡东产业园在租面积近18000平方米。有序推进重点领域改革，取得系列突破进展。全面完成太极实业重大资产重组，项目案例入围全市2017年15个典型改革案例之一。完成太平针织混合所有制改造，有效调动员工积极性和创造性，企业年接单量超60万件，利润增长40%。认真梳理9家全民所有制企业情况，稳妥开展改制、清理工作。完成商业大厦、中船重工、羊毛衫厂等股权退出转让，稳步推进辐导微电子、TCL关闭清算，推动国有资本有序进退。探索实施人才中长期激励约束机制，试点推行委派董事、监事、财务负责人（财务人员）兼岗薪酬办法，继续在国开金属、金控保理等8家有条件的企业实施职业经理人制度，契约化选聘高层次、高素质经营管理人才和高水平技能人才。

（张明飞）

【经营管理】 年内，集团持续优化融资结构，集团资产负债率55.28%，较上年减少3.08个百分点。继续创新直接融资渠道，有序启动境外发行3.3亿美元债券工作；年内注册完成中期票据30亿元、超短期融资券50亿元，发行超短融、中期票据、可续期公司债共计90亿元，直接融资占比达78.38%。规范“集团资金池”营运，修订资金管理暂行办法，提高资金使用效率。持续强化资产经营管理，加快存量资产处置，推进省船厂、丝印厂、工艺路等地块出让工作；坚持应租尽租、应收尽收原则，有效推进房产土地出租，年内续签、新签合同65份，实现租金收入超2500万元；加强对股权分红收益管理，全年实现分红收益近2.75亿元；按照有进有退、资本向优势企业集聚原则，实现股权退出收入2.3亿元。持续深化法务风险管控体系，完善集团商业事务法律保障制度，制定配套风控规则，初步建立风控程序制度体系，形成涵盖商事谈判、缔约、合同履行全过程风险节点的动态预警机制。完善外聘律师代理绩效审核机制，出台聘用执业律师管理试行办法。集团公司律师事务部获省、市司法部门批准设立。持续细化安全稳定工作，全力推进安全生产责任制贯彻落实，以“全国安全月”“全国质量月”活动开展为载体，狠抓安全生产教育培训；坚决执行月度安全检查、季节性重危时期针对检查等制度，全年组织安全专项督查16次，共查处整改安全隐患678余项。稳妥处置历史遗留问题，细致做好托管人员的日常服务管理，主动做好信访接待处置，稳妥化解不稳定因素，创造和谐稳定的发展氛围。

（张明飞）

纺织工业

【概况】 2017年，无锡纺织工业虽然遇到国内外经济发展错综复杂的不确定因素和国内环保要求提高、原辅材料价格上涨、成本压力增加、消费品市场要求多变等诸多不利因素，但是随着国家“一带一路”倡议的深入推进，国际经济的缓慢复苏，纺织品内需的平衡增长，广大纺织企业抓住机遇，强化创新驱动，深入推进结构调整、产业转型升级，坚持质效优先，努力奋斗、扎实工作，实现各项经济总量指标再创历史新高、利润二位数增长、各子行业齐头并进、经济运行质量显著提升的良好业绩。其中，现价工业总产值、主营业务收入、出口交货值分别达2102.78亿元、2108.28亿元、373.54亿元，比上年分别增长10.25%、6.42%、6.17%；实现利润113.29亿元、利税总额168.61亿元，比上年分别增长13.92%、10.38%；销售利润率5.37%，比上年增长0.35个百分点，超出全国纺织行业同期平均水平0.11个百分点；人均创利润5.39万元，比上年增长14.68%。

4个子行业全年发展平衡，呈现齐头并进全面增长的新态势。其中，纺织业运行稳中有进，运行质量显著提高，全年利润增长超过现价工业总产值和主营业务收入增长的2%，企业亏损面和亏损企业亏损额分别比上年下降3.15%和14.53%，资产负债率为近年来最低水平，仅为54.45%，比上年下降1.6个百分点；服装业仍是全行业利润增长的主要来源，全年销售利润率达到9.39%，利润总额64.43亿元，比上年增长7.93%；化纤业和纺机纺器业由于上年现价工业总产值、主营业务收入、实现利润等均是负增长，基数低，加上在创新驱动、结构调整、开发新品、转变生产经营模式、开拓国际市场等方面努力的成果开始显现，因此，全年各项经济指标增幅十分明显，其中，化纤业现价工业总产值、主营业务收入、实现利润分别比上年增长13.31%、12.55%、92.96%；而纺机纺器业增幅更显著，3项指标分别比上年增长20.83%、28.35%、84.56%。

（陈正明）

表35　2017年无锡市纺织工业各项主要经济指标完成情况

序号	指标名称	计量单位	实绩	比上年±%
1	现价工业总产值	亿元	2102.78	10.25
2	主营业务收入	亿元	2108.28	6.42
3	实现利润	亿元	113.29	13.92
4	利税总额	亿元	168.61	10.38
5	出口交货值	亿元	373.54	6.17
6	企业个数	个	759.00	-1.68
7	亏损企业个数	个	120.00	-10.45
8	亏损企业亏损额	亿元	4.39	-23.23
9	企业亏损面	%	15.81	-1.84
10	应收账款	亿元	210.24	4.81
11	产成品存货	亿元	131.40	-1.20
12	产销率	%	97.86	-0.51
13	职工总数	万人	21.02	-0.47
14	资产总额	亿元	1837.50	9.03
15	资产负债率	%	57.22	-0.35

（陈正明）

表 36　　2017 年无锡市纺织工业主要产品产量完成情况

序号	产品名称		计量单位	实绩	比上年 ±%
1	纱		吨	535486.54	-2.45
2	布	总计	万米	69960.73	4.50
		其中:色织布	万米	15197.80	10.96
3	印染布		万米	131362.96	7.24
4	呢绒		万米	11045.03	-2.82
5	化学纤维		吨	4407170.35	8.86
6	服装	总计	万件	60803.02	7.53
		其中:梭织服装	万件	21798.97	6.35
		针织服装	万件	39004.05	8.20
7	无纺布		吨	59037.20	25.93

（陈正明）

【4 家企业入围中国企业 500 强】 年内,在中国企业家联合会、中国企业家协会发布的“2017 中国企业 500 强”名单中,无锡市纺织行业的海澜集团、红豆集团、江苏三房巷集团、江苏华西集团等 4 家企业入围“2017 中国企业 500 强”，占全市入围 10 家企业的 40%。

（陈正明）

【6 家企业入围中国制造业企业 500 强】 年内，在中国企业家联合会、中国企业家协会发布的“2017 年中国制造业企业 500 强”榜单中,无锡市纺织行业的海澜集团、红豆集团、江苏三房巷集团、江苏华西集团、江苏阳光集团、江苏倪家巷集团等 6 家企业入围“2017 中国制造业企业 500 强”,占全市入围 22 家企业的 27.27%。

（陈正明）

【纺织品服装外贸增幅高于全国平均值】 年内,据江苏省检验检疫局分析，全年无锡纺织品服装外贸出口实现恢复性增长，出口额各季逐步放大，至四季度末累计出口额触底反弹，全年纺织品服装出口呈现量增质稳的良好局面，累计出口 63.17 亿美元,比上年增长 2.9%。其中，纺织纱线、织物及制品出口 33.07 亿美元，比上年增长 3.3%;服装及衣着附件出口 26.88 亿美元,比上年增长 1.1%，增幅均高于全国平均水平。

（陈正明）

【纺织工业海外拓展】 年内，无锡市纺织企业在积极响应中共中央“一带一路”倡议中,继红豆集团在柬埔寨建立西港特区,被誉为“一带一路”上的合作共赢样板园区,受到国务院总理李克强和柬埔寨首相洪森的高度肯定,获得“一带一路”建设成就奖外，全年又有 3 家企业进入非洲埃塞俄比亚投资建厂。其中,无锡金茂对外贸易公司在埃塞俄比亚阿瓦萨工业园区投资建设的年产 2000 万米色织布的全能工厂，第一期年产 1000 万米的生产能力已于 6 月份全面投产，采用世界上最先进的设备,污水、废气做到零排放,带动国内纺织机械、原辅材料 1800 多万美元的出口，已安排当地 547 人就业,埃塞俄比亚总理海尔马亚姆·德萨莱尼参观该工厂后,称赞“这是园区的一颗明珠，也是埃塞俄比亚工业的一颗明珠，为埃塞俄比亚培养了未来纺织工业发展的先行者和主干力量。”阳光集团计划投资 9.8 亿美元在阿达玛工业园区建设一个纺织服装厂生产基地，第一期年产 1000 万米精纺呢绒的精毛纺织厂已经开工建设。无锡一棉集团计划投资 2.2 亿美元在埃塞俄比亚新建一家 30 万锭规模的纺织厂,11 月 2 日已与埃塞俄比亚政府签约,2018 年 1 月开工奠基。无锡红豆集团、江苏云蝠服饰有限公司、江阴红柳被单厂有限公司等 3 家企业被中国纺织工业联合会在中国纺织工业“走出去”交流大会上命名为“中国纺织行业国际布局示范企业”。这些突破对无锡纺织工业在今后扩大外贸出口、全面走向国际化、获得更大更快的发展做出新贡献。

（陈正明）

【全国首个纺织生态平台落户无锡】 7 月 18 日,由江苏新瑞贝、浙江富丽达、山东如意等全国纺织行业前 20 强企业联手发起的全国首个纺织产业链生态建设服务平台落户无锡市惠山区，该平台与中国环境科学研究院、德国汉高等研究机构以及知名企业合作，采用国际前沿的新技术、新工艺、新设备、新材料,通过物资供应、技术服务、研发中心、纺织接单、工艺定制、资源配置、管理顾问、产业基金等 8 大功能模块,从印染、染整环节实现绿色生产,推动中国纺织印染行业向“绿色、循环、低碳”方向转型升级。平台预计在 2020 年实现营业收入超百亿元，未来将按照 500 亿元~1000 亿元的规模发展,形成行业航母集群。

（陈正明）

【江阴两镇被评为国家级纺织名镇】 9 月,中国纺织工业联合会在江苏省第 19 届国际服装节上,向江阴新桥镇颁发“中国纺织服装名镇”,向江阴长泾镇颁发“中国粗纺呢绒名镇”奖牌。新桥镇是全球最大的毛纺产业基地,域内企业江苏阳光集团和海澜集团位列世界毛纺业 10 强，拥有一个世界名牌（“阳光”牌呢绒),3 家境内上市公司(江苏阳光、四环生物、海澜之家),4 个中国名牌(“阳光”牌呢绒、“圣凯诺”牌精纺呢绒、“海澜之家”牌夹克衫、“圣凯诺”牌衬衫)。长泾镇粗纺呢绒产业不断发展创新，保持健康良性的发展态势，上年粗纺呢绒总量占全国 20%以上,占江苏省 38%,产业特色明显，纺织服装印染占全镇经济总量的 40%以上,是长泾镇的传统主导产业。

（陈正明）

【海澜集团年营业总收入超千亿元】 年内,海澜集团依靠品牌优势,线上线下同时发力,截至 9 月底,海澜之家线下门店数量达 5608 家,并在马来西亚、吉隆坡等海外市场开设门

表 37　2017 年无锡市纺织各子行业主要经济指标完成情况

序号	指标名称	计量单位	纺织业		服装业		化纤业		纺机纺器业	
			实绩	比上年±%	实绩	比上年±%	实绩	比上年±%	实绩	比上年±%
1	现价工业总产值	亿元	806.49	3.39	701.85	15.88	540.27	13.31	54.17	20.83
2	主营业务收入	亿元	834.23	3.64	686.13	4.02	534.71	12.55	53.21	28.35
3	实现利润	亿元	33.31	5.47	64.43	7.93	11.63	92.96	2.13	84.56
4	利税总额	亿元	55.32	9.36	92.08	3.75	15.72	57.62	5.49	58.47
5	出口交货值	亿元	132.43	2.18	103.54	-3.40	131.50	20.04	6.07	10.68
6	企业单位个数	个	380	-1.30	238	平	88	-8.33	53	平
7	亏损企业数	个	59	-16.90	32	6.67	24	-4.00	5	-37.50
8	亏损企业亏损额	亿元	1.80	-14.53	0.69	-37.78	0.77	-15.71	0.11	-60.59
9	亏损企业面	%	15.53	-3.15	13.45	0.84	27.27	-1.14	9.43	-5.66
10	应收账款	亿元	125.39	8.81	44.78	-3.95	26.68	6.78	13.39	-2.50
11	产成品存货	亿元	46.85	-1.31	61.98	-11.28	17.67	64.99	4.90	-0.98
12	产销率	%	96.51	-0.23	99.32	-1.00	98.04	-0.74	97.30	1.05
13	职工人数	万人	9.25	-1.35	8.96	-1.37	2.07	5.18	0.74	4.53
14	资产总计	亿元	601.34	1.68	808.64	17.53	359.12	5.35	68.40	5.27
15	资产负债率	%	54.45	-1.60	57.00	1.45	61.62	-2.78	61.18	4.20

(陈正明)

店。与腾讯、阿里巴巴合作,融入全新商业理念,开展线上服务、线下体验及现代物流深度融合的新零售模式,建立完善的快速反应供应链和深度挖掘会员营销销售两大体系,“双十一”当天,“天猫”网上销售额达 4.08 亿元,夺得“天猫”网男装全国冠军。全新的商业理念和营销模式、突出的品牌知名度、优质适销的产品使海澜集团年营业总收入成为无锡市第一家突破千亿元大关的制造业企业。

(陈正明)

【无锡一棉集团实施智能化改造】 年内,无锡一棉集团投资 1.3 亿元,在长江精密纺车间完成 6 万锭规模的智能化生产线主体工程技术改造。改造后生产效率提高 20%,万锭用工由原来的平均 25 人减为 13 人,实现利润 8320 万元,比上年增长 8.05%。

(陈正明)

【阳光集团获评“国家技术创新示范企业”】 年内,阳光集团坚持利用高新技术改造传统产业,以产品创新、技术创新、管理创新为指导,结合新技术、新工艺的应用,建立和完善技术评估系统,打造以创新机制、创新平台、创新人才为核心的技术创新体系。工业和信息化部、财政部联合开展对阳光集团从创新投入、人才激励、创新合作、创新队伍建设、创新条件建设、技术积累储备、技术创新产出、技术创新效益等方面进行全面系统的评价,认定阳光集团已达到“国家技术创新示范企业”标准要求,是无锡市唯一一家获此殊荣的企业。国家技术创新示范企业是指工业主要产业中技术创新能力强、创新业绩显著、具有重要示范和导向作用的企业,由工业和信息化部、财政部每年联合认定,2017 年,全国共认定 70 家此类企业。

(陈正明)

冶金工业

【概况】 2017年，无锡冶金工业增速明显，主要指标均实现2位数增长。全行业现价工业总产值2657.6亿元，比上年增长12.8%；主营业务收入2624.5亿元，增长27.9%；实现利润121.3亿元，增长27.4%。在全国性的钢铁限产形势下，无锡钢铁主要品种产量没有大的增长。全年生铁产量933万吨，比上年增加4万吨；粗钢产量1096万吨，增加51万吨；钢材产量1664万吨，增长7%。生铁和粗钢由少数钢厂生产，其中，兴澄产铁493万吨、粗钢587万吨，华西集团产铁132万吨、粗钢139万吨，长强钢铁产铁138万吨、粗钢156万吨。

年内，无锡钢铁工业景气度明显上升。黑色金属业全年现价工业总产值1154亿元，比上年增长43.2%；主营收入1187亿元，增长39.5%；实现利润64.2亿元，增长37.37%。全行业经济效益显著提高，主要产品中螺纹钢、线材价格上涨50%以上，板材价格上涨40%以上；铜价格上涨23%。全市冶金行业规模以上企业近550个，其中亏损的有89个，亏损面为16%，亏损面比上年下降4个百分点。无锡有色金属业现价工业总产值1158亿元，增长23%；主营收入1107亿元，增长24%；利润44亿元，增长25%；生产铜材133万吨，增产12%。

无锡是传统的钢管生产大市，长期以来钢管产量居江苏之首，全年无锡钢管产量227万吨，增长33%。其中，无缝管107万吨，增长33%；焊管120万吨，增长32%。在其余钢材品种当中，中小型钢、棒材、钢筋与线材、中厚板增产4%~17%；镀层板(带)、冷轧窄钢带、冷轧薄板减产1%~11%。全年全市冶金行业主营业务收入10亿元以上的企业52个，其中，江阴兴澄特种钢铁有限公司228亿元，华西集团公司201亿元，法尔胜泓昇集团198亿元，江润铜业有限公司159亿元。

(陈 健)

【高强高韧低密度钢工业化制备】 年内，由江阴兴澄特种钢铁有限公司与北方材料科学与工程研究院国家“千人计划”团队合作，对高强高韧低密度钢的工业化生产技术进行攻关，解决一系列关键技术难题，实现高强高韧低密度钢产品的工业化制备。12月，成功轧制不同规格的钢板，板型良好，无损探伤高于工业1级水平，这一重大突破，使中国低密度钢的工业化生产技术处于国际领先水平，具有重大战略意义。鉴于能源短缺与高安全性要求，钢铁材料的高强韧化与低密度化成为国际研发热点，兴澄特钢联合攻关组进行多方面的研究与攻关，先后解决材料结构、热处理、生产工艺等技术难题，所生产的高强高韧低密度钢具备良好的强韧性，可与钛合金媲美，综合制造成本仅与普通不锈钢相当。

(尹 莉)

【兴澄特钢再获全国质量奖】 11月，全国质量奖评审活动领导小组办公室向兴澄特钢颁发“全国质量奖”三年后确认证书，兴澄特钢是2014年第14届全国质量奖获得者。根据《全国质量奖评审管理办法》相关规定，为确保企业获奖后继续实践《卓越绩效评价准则》，2017年对兴澄特钢公司进行获奖三年后的再确认。确认评审过程中，兴澄特钢在持续改进、创新管理、管理特色、绩效结果及发展趋势等方面均得到专家评委的高度认可与赞扬。

(尹 莉)

【法尔胜泓昇集团获江苏省质量奖】 年内，在江苏省人民政府公布的“江苏省质量奖”2017年获得者10家企业名单上，法尔胜泓昇集团再次上榜，这是法尔胜继获无锡市“市长质量奖”“中国出口质量安全示范企业”后，再次跃上新的质量高峰。江苏省质量奖是江苏省人民政府设立的最高质量奖项，依据《卓越绩效评价准则》对企业生产经营管理质量、产品质量、对客户的服务质量、社会责任履行方面进行全面考核评审，体现一个企业卓越的综合经营管理水平。法尔胜泓昇集团经过层层考核，以优异的成绩脱颖而出，评审专家组肯定法尔胜卓越的管理、创新驱动、社会责任等方面的优势。

(徐傅林)

【泓昇集团通过“两化融合”评定】 9月，法尔胜泓昇集团通过工业和信息化部“两化融合”服务联盟和中国船级社“两化融合”管理体系评定。集团于2016年入围工业和信息化部信息化、工业化“两化融合”管理体系贯标试点企业，先后完成前期调研、贯标启动会、高层访谈、评估与诊断、分析与策划、体系文件编写及发布、体系试运行、内部审核、管理评审等工作，集团信息中心、集团各管理部及不锈钢公司相关人员重点围绕“不锈钢精线和不锈钢钢丝绳精细化生产管控新型能力”进行建设。根据《信息化和工业化融合管理体系评定管理办法》相关要求，年内通过贯标现场评定机构中国船级社两个阶段的现场评定，8月，通过工业和信息化部“两化融合”联盟专家委员会复核及公示。此次贯标工作的开展，规范集团内部“两化融合”管理流程，成功将现有的信息化成果固化，也为集团的信息化发展、智能工厂建设打下坚实基础及制度保障。

(钱中谊)

【国内首套核电蒸汽发生器U形管】 12月，“华龙一号”防城港核电厂二期3号机组蒸汽发生器用690U形管SG1管束，在宜兴宝银特种钢管有限公司首发运出。核电蒸汽发生器U形传热管是压水堆核电站防止放射性裂变产物外泄的主要屏障，产品技术和质量要求极为苛刻。宝银兴建国内第一条核电蒸汽发生器用690合金U传热形管专业生产线，先后攻克真空冶炼、电渣重熔、锻造、热挤压和弯管成型等一系列工艺技术难题。“华龙一号”作为中国核电出口的主要堆型之一，肩负着实现中国核电“走出去”的历史重任。宝银公司作为蒸汽发生器关键材料690U型管国产化基地，同样承担着重要国家战略的实施任务。

(胡 波)

【宝银获军民两用技术创新金奖】 9月，第二届中国军民两用技术创新应用大赛决赛在成都举行，宝银特种钢管有限公司获得本届大赛金奖。大赛由工业和信息化部、财政部、国防科工局、中央军委装备发展部、军委训练管理部、全国工商联联合主办，宝银特种钢管有限公司“军用核动力蒸汽发生器690 TT传热管的研制及工程化应用”项目，以其世界领先且原创性的核心技术、突破性的研发成果，打破国外核电企业长达50年的技术封锁与垄断，实现军民两用核心部件关键材料的国产化，保障中国国防建设及国家战略安全，得到国内顶尖专家评委的高度认可，从800多个参赛项目中脱颖而出，最终摘得金奖。

（刘华良）

【国内第一条ESP精品轧辊生产线】 6月，江苏共昌轧辊股份有限公司ESP精品轧辊成功浇铸，标志着国内第一条ESP精品轧辊生产线项目一期工程顺利投产，该条生产线的技术、装备、工艺等均达到国际领先水平，实现ESP精品轧辊规模化、专业化生产。该项目总投资3.5亿元，达产后年产ESP精品轧辊2万吨，产品主要以高端的超耐磨高速钢轧辊、超级高镍铬无限冷硬轧辊为主。该项目所选用离心机采用国际领先的大型立式离心浇注控制系统，采用行业领先的轧辊制造装备及成套控制系统，使过程控制的自动化、智能化程度得到极大提高。

（庄　严）

机械工业

【概况】 2017年，无锡机械工业主动适应发展新常态，推动供给侧结构改革，效益改善，出口增加。企业家市场信心逐步回升，科技创新、转型升级步伐加快，企业管理、产品质量都有显著进步。全年工业总产值突破6000亿元大关，达6112.2亿元；新产品产值977.4亿元，为工业总产值的16%。截至12月31日，全市共有规模以上机械企业2237家，就业职工46万余人。在机械工业有数据统计的7个大行业中，通用机械制造、汽车和工业仪器仪表3个行业拉动作用较大，工业总产值增速分别达24%、18%、22%，主要经济指标的增长均好于预期。全年无锡机械工业实现主营业务收入6013.3亿元，比上年增长16.1%，高于上年同期11.9个百分点；实现利润总额437亿元，比上年增长13.6%，高于上年同期0.82个百分点；投资收益62亿元，比上年增长103%；实现出口交货值613.7亿元，比上年增长4.9%，环比增长23.1%，高于上年同期12.5个百分点，结束连续20多个月的负增长局面。

机械工业子行业发展全面向好。与上年同期通用设备制造、专用机械设备制造、非道路交通动力设备制造3个子行业负增长不同，全年机械工业各分行业均表现出正增长向好的发展态势，除铁路、船舶与航空航天等非道路制造业外，金属制造、通用设备、专用设备、汽车制造、电气制造、仪器仪表工业主营业务收入均实现两位数的增长。其中，通用设备制造业比上年增长26.6%，汽车行业比上年增长19.6%；通用机械制造业利润总额比上年增长44.8%，汽车行业利润总额比上年增长29.7%，金属制品制造业比上年增长26.9%；受智能化、信息化新兴产业拉动，仪器仪表行业增长35.3%；而受电力电缆产能严重过剩的影响，电工电器行业利润总额比上年下降26.7%，呈现出增产不增收的局面。

（姜鲁宁）

【主要产品产量实现增长】 年内，全市机械工业重点监测的119种主要产品中，实现增长的产品88种，占比73.94%，其中28种产品由上年同比下降转为同比增长；产量同比下降的产品仅31种，占比26%。主要产品产量增长有如下特征：与消费市场关系密切的产品产量均实现较快增长，其中，汽车零部件增长18.3%，电动自行车增长10.3%，数码相机增长22.3%，还有其他与消费产品加工相关的塑料加工专用设备、农产品加工机械、停车设备等；与环境保护以及工程动力制造有关的产品产量高速增长，其中，电站锅炉增长25.1%，滚动轴承增长20.7%，发动机增长33.9%；与智能制造产业转型升级相关的工业自动仪表、控制系统、试验机等增长势头良好；与基础设施建设相关的工程机械类产品明显增长；国家重点工程拉动相关产品产量保持增长，输变电通道建设项目以及新一轮农村电网改造升级工程带动输变电相关的产品产量实现较快增长。全年电气机械与器材制造增长14.8%。

（姜鲁宁）

【行业内部分化持续加大】 年内，无锡机械行业发展势头良好，是最近5年来各项经济指标最好的一年。全年主营业务收入为全国机械总量的2.65%，江苏省的约16%，同比增长高于全国机械行业6.6个百分点，利润总额同比增长高于全国机械行业2.97个百分点。但从行业内部来看，发展不平衡、不充分的问题十分突出。从规模上看，大型企业实现工业总产值增速平均在19%，高于机械行业平均3.3个百分点；中型企业为12.5%，低于平均增速3.2个百分点；小型企业为16%，高于平均增速0.3个百分点。从产品上看，发动机、电站锅炉、滚动轴承产量分别增长25.1%、33.9%和20.7%；而民

图33　无锡市机械工业子行业工业总产值2016年与2017年增长比较

单位：%

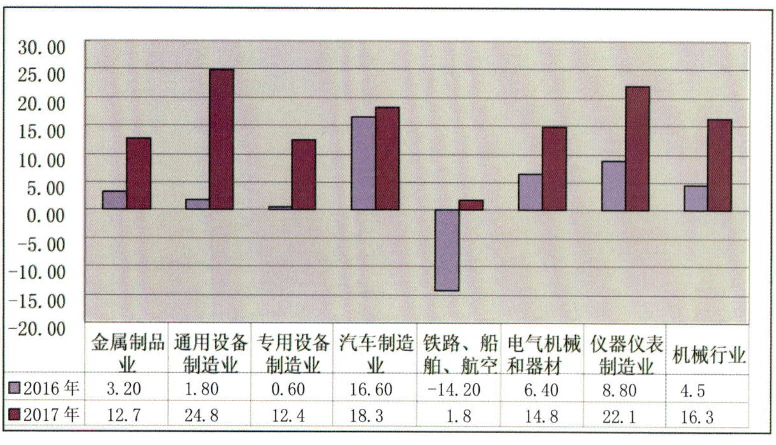

（姜鲁宁）

表 38 2017 年无锡市机械分行业产值、利润增幅情况

指标名称	工业总产值(现价)		利润总额	
	全年(万元)	比上年增幅(%)	全年(万元)	比上年增幅(%)
金属制品业	8044291.74	3.20	337538.00	-1.64
通用设备制造业	8857669.11	1.80	904342.00	9.99
专用设备制造业	6471070.79	0.60	553508.00	14.57
汽车制造业	6992193.50	16.60	661410.00	43.20
铁路、船舶、航空航天和其他运输设备制造	2671331.31	-14.20	299902.00	-7.49
电气机械和器材制造业	22880033.23	6.40	1188258.00	9.81
仪器仪表制造业	1105986.82	8.80	137326.00	33.63
机械行业合计	57022576.50	4.50	4082284.00	12.80

(姜鲁宁)

用钢质船舶仅增长 1.7%，太阳能电池(光伏电池)增长 1.8%,电力电缆同比下降 16.5%。从固定资产投资来看,不同行业间存在很大差距。全年机械行业固定资产投资总额为 1032.8 亿元，其中，金属制品行业 142.1 亿元,比上年下降 4.5%;通用设备制造业 245.3 亿元,比上年下降 18.1%;专用设备制造业 162.3 亿元,比上年下降 29.8%；汽车制造业 146.4 亿元，比上年增长 44.1%;铁路、船舶、航空航天等非道路交通制造业 55.3 亿元,比上年增长 84%;电气机械及器材制造业 239.4 亿元,比上年增长25.2%;仪器仪表制造业 42 亿元,比上年增长 25.2%。

(姜鲁宁)

【技术创新步伐加快】 年内，无锡机械行业实现新产品产值 977.4 亿元,比上年增长 29%。通过中外交流合作、加大产学研力度,大力吸引高端技术人才,增强自主研发能力,研发、制造出一批科技新品。一汽无锡油泵油嘴研究所的“基于燃料多样化的压燃发动机关键技术及应用”项目荣获国家科技发明二等奖;远东智慧能源股份有限公司下属控股子公司安徽电缆股份有限公司、中国核电工程有限公司“华龙一号 1E 级严酷环境下电缆研制”项目获中国核能行业协会科学技术奖二等奖；无锡威孚集团威孚环保催化剂有限公司“满足国Ⅴ排放标准的汽油车尾气催化剂及产业化”项目获评 2016 年度江苏省科学技术奖二等奖，该项目多项技术填补国内空白，打破国外公司在该领域的垄断地位；无锡威孚高科技集团股份有限公司“先进电控高压共轨泵的研发与升级制造”项目获 2016 年度无锡市腾飞奖；新远东电缆有限公司生产制造的±210 千伏柔性直流高压海、陆缆,与长园电力技术有限公司生产的附件组成直流系统回路,通过国家级鉴定试验，该项技术指标达到国际领先水平；无锡统力电工股份有限公司“耐热自粘换位导线研发及产业化”项目荣获中国机械工业科学技术奖二等奖；双良集团承建的武汉国际博览中心分布式能源站项目获 2017 年度中国分布式能源优秀项目特等奖；无锡压缩机股份公司申报的“高转速活塞式天然气压缩机”,被认定为江苏省高新技术产品；江苏四达动力机械集团有限公司生产配套的中兴汽车领主柴油皮卡升级国五通过工信部过审;由天津大学、无锡威孚环保催化剂有限公司、无锡威孚力达催化净化器有限责任公司共同完成的“高性能稀土汽车催化剂/器制备及应用”项目通过成果鉴定,该项目整体达到国际先进水平，部分关键技术达到国际领先水平。

(姜鲁宁)

【开拓海外市场】 年内，无锡机械行业以科技创新、高端制造为依托,积极响应“一带一路”战略,奋力开拓海外市场，不断加大对外合作力度。全年实现出口交货值 613.7 亿元,比上年提升 12.5 个百分点,结束连续 20 多个月的负增长局面。其中,金属制品增长 36%,专用机械增长 19.1%，汽车及汽车零部件增长 20.3%。无锡华光锅炉股份公司华光电站为塞内加尔建成抽凝式汽轮发电机组等项目，塞内加尔总统萨勒出席项目落成典礼；该公司设计制造的“一带一路”越南海阳 2×600 兆瓦燃煤电厂工程项目 5 台机组安全吊装成功；该公司与中设股份成功签订伊拉克巴士拉 650 兆瓦燃机联合循环电站扩建项目 10 台 9E 级余热锅炉设备采购合同，合同金额达 4.2 亿元。无锡威孚集团国际贸易公司国际进出口业务提前两个月完成全年指标任务,出口同比增长 22%,进口同比增长 30%。双良集团实施“一带一路”倡议,800 多台溴化锂机组已落户巴基斯坦、土耳其、俄罗斯等 20 多个国家。一汽解放无锡柴油机厂 4DW 系列轻型柴油发动机亮相 2017 年第 17 届中东地区国际工业展览会暨 TIIE 展，成为首个在该地区推出满足欧五排放标准，并采

用DPF技术的柴油机品牌。一汽解放发动机事业部奥威CA6DL-280发动机的11辆解放CA5250型混凝土搅拌运输车，如期交付中国中铁印尼雅万高铁项目经理部；该事业部开拓越南、韩国、美国等市场，一季度实现单机出口1800余台，占出口总销量55%，比上年增长13%；六缸机出口1000余台，占出口总销量31%，比上年增长8%，其中，事业部拳头产品奥威发动机出口量比上年提升7个百分点。双良节能国际事业部携美国代理Enrgistx公司前往波士顿，与新子代Carbone Associates共同参加当地举办的Ashrae制冷设备展。波士顿是美国马萨诸塞州的首府和最大城市，是双良集团进军美国市场的重点目标市场之一，此次双良集团与美国有关方面强强联手，进一步拓展公司在美国东、西海岸建立完整的销售网络。

(姜鲁宁)

【机械工业转型升级】 年内，无锡机械行业加快"两化融合"步伐，积极布局新兴产业，通过战略合作、参股并购等方式，努力向智能化、信息化、绿色生产转型，取得显著成果。1月9日，由中车株洲所和华中科技大学无锡研究院共同成立的机器人与智能制造装备联合研发中心正式揭牌。5月，历时8年技术攻关，一汽无锡柴油机厂成功研制出首个安装颗粒捕集器(DPF)并实现商品化的国产柴油发动机，代表国产柴油机环保最高水平。6月，由双良节能EPC总承包的世界首个钢结构塔"烟塔合一"间接空冷系统项目，在陕西能源麟北发电有限公司2×350兆瓦低热值煤发电项目施工现场举行钢结构塔体吊装仪式，标志着这项钢结构塔"烟塔合一"间接空冷新技术在国内火电行业率先得到实际工程应用。远东控股集团有限公司与底特律电动汽车公司、宜兴环科园共同营建的总投资达18亿美元的帝特律新能源汽车项目，正式投入实施。7月10日，无锡华光锅炉股份有限公司与中国科学院工程热物理研究所产学研合作完成的"超低排放热电联产高效循环流化床锅炉研究及产业化"项目，被列为2017年度江苏省科技成果转化专项资金项目。7月28日，远东控股集团有限公司与清华控股有限公司签约，联合打造智慧能源和智慧城市科技创新孵化平台等。8月，无锡威孚高科技集团承担的省科技成果转化专项资金项目"车用柴油机共轨系统高压变量泵的研发及产业化"通过验收；无锡威孚集团汽车柴油机系统公司共轨泵20万台产能建设投资项目正式启动；无锡威孚力达催化净化器公司正式启用环保二期项目，建设国际领先的催化剂生产线、催化剂技术中心。9月16日，远东福斯特新能源江苏有限公司举行12GWh锂电池项目开工奠基仪式，项目完成后，可达到月产20万台的指标。江苏四达动力集团公司4V车间被评为江苏省柴油发动机智能生产车间，车间生产国五、国六以上的4D28和4V25两大系列柴油机，具备单班年产5万台柴油机能力。

(姜鲁宁)

【高端制造发展加速】 年内，无锡机械行业产业升级步伐加快，在航空航天、绿色制造、高温超导、智能汽车、高端精密设备以及核电设备制造上，有新的突破，全年高端装备制造工业总产值达1105亿元。3月30日，无锡市机器人与智能制造协会签约2017年会员单位，与无锡企业合作的智能合作项目投资额计1.86亿元，与无锡市外单位合作的投资额计8.43亿元。江苏永瀚特种合金技术公司研发的涡轮叶片，获"第五届(2017)中国能源装备十大卓越性能产品"称号。无锡航亚科技股份有限公司与法国赛峰、英国罗

图34 2017年无锡市机械行业连续四个季度主要经济指标增长趋势

单位：亿元

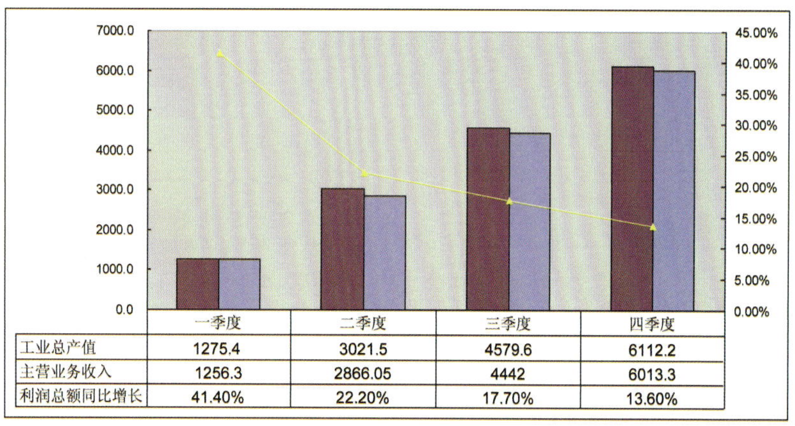

	一季度	二季度	三季度	四季度
工业总产值	1275.4	3021.5	4579.6	6112.2
主营业务收入	1256.3	2866.05	4442	6013.3
利润总额同比增长	41.40%	22.20%	17.70%	13.60%

(姜鲁宁)

图35 2016年与2017年无锡市机械行业固定资产投资比较

单位：亿元

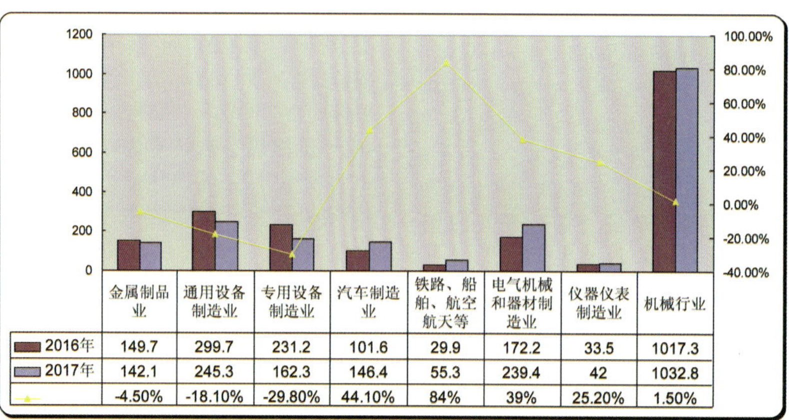

	金属制品业	通用设备制造业	专用设备制造业	汽车制造业	铁路、船舶、航空航天等	电气机械和器材制造业	仪器仪表制造业	机械行业
2016年	149.7	299.7	231.2	101.6	29.9	172.2	33.5	1017.3
2017年	142.1	245.3	162.3	146.4	55.3	239.4	42	1032.8
	-4.50%	-18.10%	-29.80%	44.10%	84%	39%	25.20%	1.50%

(姜鲁宁)

罗、美国GE等大型航空业跨国公司达成合作关系，精密医疗器械项目开工启动。3月31日，无锡华光锅炉股份有限公司设计制造的单机容量最大天然气发电机组2台47.5万千瓦燃机项目1号机组通过试运行，在扬州电厂投入生产。4月，无锡统力电工股份有限公司被吸收为国内“实用化高温超导材料产学研合作组”正式成员。4月17日，无锡机床股份有限公司MK1050/1机床与无锡油泵油嘴研究所共同研发的国家项目WX2017和WX6013机床，参加第15届中国国际机床展，吸引众多厂商关注。5月，搭载锡柴奥威发动机的2辆一汽解放无人驾驶智能卡车，成功实行国内整个商用车行业的第一次智能驾驶的实车演示。6月，无锡威孚高科技集团威孚长安公司CPN2.2高压共轨泵体，在第15届中国国际铸造博览会参评中，获评优质铸件金奖。双良集团烟气热水型溴化锂吸收式冷热水机组服务于上海迪士尼乐园的“能源站”，获中国分布式能源优秀项目特等奖。无锡透平叶片有限公司制造的首台核电成品大叶片Road Map step-1，顺利通过该项目共检验收及发货。9月，无锡透平叶片有限公司承制的世界最长级别74英寸（1880毫米）核电汽轮机末级动叶在日本动调频试验成功。

（姜鲁宁）

【供给侧改革见成效】 年内，无锡机械行业积极推动供给侧结构改革，努力使要素实现最优配置，提升经济增长的质量和数量。扩大有效供给，提高供给结构对需求变化的适应性和灵活性，用增量改革促存量调整，取得显著成效。库存减少，销售和订货量增加。全年机械行业固定资产投资总额达1032.8亿元，实现工业销售产值6050.6亿元，比上年增长16.6%。远东控股集团对外投资屡创佳绩，总投资企业数量达330家，累计实现上市86家（其中“新三板”上市28家），业绩整体表现优异。无锡统力电工股份有限公司“新三板”挂牌。一汽解放无锡柴油机厂在第六届我信赖的商用车动力评选中，奥威CA6DM2-46E51发动机以高票夺得“金牌发动机”大奖。发动机销量比上年增长6%，其中，重型发动机奥威6DM系列增幅达65%以上，居重型柴油机行业前茅，其发动机海外销量快速增长，发动机出口月销量突破1800台，环比增幅12.5%。无锡宏源科技有限公司销售高速弹机116台，实现高速弹机国内市场占有率第一目标。江苏求精集团入围2017钢贸企业百强榜。无锡华光锅炉股份有限公司成功入选2016国家知识产权优势企业。法尔胜泓昇集团有限公司和无锡透平叶片有限公司被授予全国首批制造业单项冠军示范企业。无锡透平叶片有限公司荣膺罗罗公司2017年度最佳新供应商奖，成为中国第一家获此殊荣的供应商。无锡威孚力达催化净化器有限责任公司荣获“2016年无锡市环保产业诚信企业”和“2016年无锡市环保产业科技创新企业”称号。无锡求和不锈钢公司获评2016年度中国钢材销售五十强企业、2016年度中国钢材加工十强企业。在2017~2019年度江苏省重点培育和发展的国际知名品牌评选活动中，无锡开普动力有限公司、无锡江南电缆有限公司、远东电缆有限公司、无锡华洋滚动轴承有限公司、无锡锡洲机械有限公司、无锡新宏泰电器科技股份有限公司等13家企业的产品品牌被评为省重点培育和发展的国际知名品牌，江苏吉鑫风能科技股份有限公司、双良节能系统股份有限公司被评为省重点培育和发展的国际知名品牌领军企业。

（姜鲁宁）

电子工业

【概况】 2017年，无锡电子信息产业规模以上现价工业总产值完成4147.6亿元，比上年增长20.5%，高于全市工业16.8%的增长速度；实现利润170.9亿元，比上年增长17.3%，高于全市工业利润增幅4.6个百分点。至年末，全行业规模以上企业583家，比上年末减少7家。其中，计算机、通信和其他电子设备制造业完成现价工业总产值2258亿元，比上年增长18.1%；实现利润117.3亿元，比上年增长23.9%；主营业务收入2103.8亿元，比上年增长15.7%；亏损企业亏损额4.07亿元，比上年下降56.3%；应收账款净额443亿元，比上年上升17.9%；产成品存货108亿元，比上年减少2个百分点；全部从业人员平均人数19.36万人，比上年下降2%；规模以上企业261家，比上年增加4家。

全年全行业全员劳动生产率为116万元/人，比上年提高12.3个百分点。全行业规模（电子、计算机和其他电子设备）工业出口交货值完成1477亿元，比上年增长12.6%；外销率达65.4%，比上年上升5.2个百分点。

（任国伟）

【全行业增速超6.5%】 年内，无锡电子信息制造业完成现价工业总产值4147亿元，比全市工业增速高出3.7个百分点。全行业12个分支产业全部实现增长6.5%以上的发展速度，电子器件、电子元件、视听设备、其他电子设备、电机、电光缆、电池、通用仪器仪表、专用仪器仪表增速超过15%，电子器件与电子元件增速分别达22.4%和20.3%。

（任国伟）

【经济效益较好增长】 年内，全行业实现利润达到170.9亿元，比上年增长17.3%，比全市工业利润增速高出4.6个百分点，实现反超。电子器件和电子元件实现利润82.9亿元，占全行业利润的48.5%。

（任国伟）

【半导体、集成电路生产】 年内，全市半导体、集成电路行业生产、销售收入和盈利整体趋稳。生产增长12.3%，除华润微电子下降8.1%外，海太半导体、海力士生产分别增长24.5%、6.7%；从盈利情况看，该行业盈利下降47%，海太和海力士分别下降6.5%和16.8%，而华润微电子和新潮科技分别增长79.7%和95.5%；从市场需求和企业自身发展看，该行业的国内高端产品市场需求十分巨大，大多数企业发展有较大空间，进入“十三五”后已经呈现较快发展速度。

（任国伟）

【光伏产业】 年内，全市主要光伏制造业企业仍然呈现产、利相背离状况。一方面，由于国内需求增加和并网政策的实施，产量呈现较快增长；另一方面，行业继续受欧美征收

表 39 2017 年无锡电子信息产业分行业完成情况

分支行业	现价产值(万元)		实现利润(万元)	
	2016 年	比上年±%	2016 年	比上年±%
计算机制造	615098	9.5	12591	11.4
通信设备制造	1160527	6.6	78459	42.4
广播电视设备制造	1122152	6.9	67769	-12.2
视听设备制造	4568627	15.7	111822	3.2
电子器件制造	8489399	22.4	464310	52.9
电子元件制造	4196320	20.3	365534	7.3
其他电子设备制造	1035367	19.1	72966	45.3
电机制造	3357032	15.7	240890	-13.3
电光缆制造	9945219	17.0	270195	-11.4
电池制造	691053	30.1	24267	78.4
通用仪器仪表制造	754059	27.8	129168	39.4
专用仪器仪表制造	635533	17.6	66779	26.7
合计(万元)	41476245	20.5	1708803	17.3

(任国伟)

表 40 2017 年无锡市主要电子产品产量

主要产品名称	单位	全年完成数	比上年±%
半导体分立器件	亿个	1228.91	9.6
锂离子电池	万个	46171.25	11.5
集成电路	亿块	333.26	13.9
数码照相机	万台	304.53	22.3
硬盘存储器	万台	7956.60	17.2
微型计算机设备	万台	74.86	-25.9
电子元件	亿个	151.18	13.5
电光缆	万千米	1742.02	-15.8
印制线路板	万平方米	1118.05	5.7

(任国伟)

反倾销税影响,利润大幅下降。无锡尚德产、销分别比上年增长 34%和 34.3%,实现利润却下降 60.4%;江阴海润产、销分别比上年增长 14%和 -1.9%,实现利润继续大幅下降,亏损 5.01 亿元;行业恢复性增长存在很大不确定性。

(任国伟)

【19 家企业跻身全市工业经济总量前 50 强】 年内,电子行业跻身全市现价工业总产值前 50 强的 19 家企业为:远东控股、无锡夏普、法尔胜泓昇、希捷国际、远景能源、SK 海力士、绿点科技、捷普电子、健鼎电子、江苏新潮、江苏海达、高佳太阳能、昱辉阳光、同方计算机、江南电缆、海润光伏、江阴海润、村田电子、索尼电子(无锡),前 50 强中第 50 位进线年产值为 44 亿元。海润光伏作为中国最大的晶硅太阳能电池生产企业,入围"全球新能源企业 500 强"。

(任国伟)

【10 家企业跻身全市工业效益前 50 强】 年内,电子行业跻身全市工业效益前 50 强的 10 家企业为:远景能源、江南电缆、新潮科技、sk 海力士、捷普电子、先导智能、法尔胜泓昇、村田电子、希捷国际、健鼎电子,前 50 强中第 50 位进线年利润为 4.12 亿元。

(任国伟)

【500 强企业】 年内,全市电子行业 2 家企业入围中国企业 500 强:远东控股、法尔胜泓昇。4 家企业入围中国制造业企业 500 强:远东控股、法尔胜泓昇、新潮科技、海达集团。3 家企业入围中国民营企业 500 强:远东控股、法尔胜泓昇、新潮科技。

(任国伟)

【设立集成电路投资基金】 年内,无锡集成电路产业发展获 200 亿元政策支持,市政府出台《无锡市加快集成电路产业发展的政策意见》,在"十三五"期间设立总规模 200 亿元的产业投资基金,重点聚焦、培育若干个国内外知名的集成电路龙头企业，扶持一批中小型集成电路企业，力争全市集成电路产业年产值突破1000亿元。这是无锡市首次对集成电路产业设立的专项基金。

（任国伟）

【SK海力士启动第二工厂建设】 年内，SK海力士在无锡启动第二工厂建设，总投资达86亿美元。SK海力士半导体主营12英寸超大规模内存集成电路晶圆，SK海力士半导体（中国）有限公司自2005年在无锡设立以来，历经5期重大投资建设，累计投资额达105亿美元，是国内半导体投资规模最大、技术最先进的项目，也是江苏省单体投资规模最大的外商投资项目。

（任国伟）

【东方环晟高效叠瓦太阳能电池组件项目签约】 年内，东方环晟高效叠瓦太阳能电池组件项目在宜兴正式签约，总投资50亿元。东方环晟光伏（江苏）有限公司是由中国东方电气集团、天津中环半导体、美国晟博迩公司共同出资设立的光伏产品制造企业，主要从事太阳能电池片的研发、制造、销售与相关服务。一期建设8条高效背钝化电池片生产线，于2016年9月实现量产，二期扩产项目于2017年8月实现量产。此次项目总投资约50亿元，将形成5GW高效叠瓦太阳能组件产能。

（任国伟）

【三星集团偏光板项目竣工】 2月24日，三星（无锡）电子材料有限公司偏光板项目举行竣工仪式，无锡与韩国三星集团携手合作取得重大成果。2015年无锡高新区与三星SDI签约偏光板项目，2016年10月实现量产。2017年4月，三星SDI又增资1.2亿美元扩大产能。

（任国伟）

【新能源智能超薄光伏玻璃生产线投产】 3月，中建材（宜兴）新能源有限公司智能超薄光伏玻璃生产线投产。2016年6月，在宜兴产业扶持资金的撬动下，远东光电与中建材凯盛科技集团、保利协鑫集团正式启动战略重组，当年10月成立中建材（宜兴）新能源有限公司。此次公司投产的智能超薄光伏玻璃生产线项目，总投资5.5亿元，技术上达到世界先进水平。

（任国伟）

【欧司朗增资建设无锡基地二期项目】 4月19日，欧司朗无锡工厂二期项目签约。欧司朗总部设于德国慕尼黑，是拥有约百年历史的全球领先照明制造商，欧司朗无锡基地一期项目是欧司朗在中国的首个LED封装基地，此次扩建旨在扩大现有无锡LED工厂的后段制程产能。该增资扩产项目计划引进高度自动化新生产线，新建22000平方米洁净厂房，新增封装测试设备投资1.95亿欧元，新增销售收入2.1亿欧元，新增就业岗位2000多个。

（任国伟）

【天津中环晶硅切片项目签约】 4月26日，天津中环10GW晶硅切片项目在宜兴市签约。天津中环连续多年稳居中国企业500强，特别是旗下的半导体公司，单晶硅材料的研发实力、产销规模位居全球前列。此次新上的“10GW晶硅切片”项目，配套设立20亿元的投资基金，仅装备投入就达12亿元，年产销规模有望超过100亿元。这一项目的成功建设，既是天津中环加快完善光伏产业链布局的战略之举，也是宜兴新能源产业的又一增长极。

（任国伟）

【先导智能联手微导发布高性能新产品】 年内，无锡先导智能装备股份有限公司联合江苏微导纳米装备科技有限公司，在2017SNEC上海国际光伏展现场召开的新品发布会上，推出代表光伏行业最高技术水准的新产品。此次先导智能推出的LDTS4000电池片高速串焊机，半片生产效率达4000片/小时，整片生产效率达3200片/小时，能以更小的占地面积做出更多的组件。先导智能还在国内首创红外焊接多栅电池片工艺设备，集成电池串两端的汇流条焊接，一套机器上拥有20多项专利技术。

（任国伟）

【华虹无锡集成电路研发和制造基地项目签约】 8月2日，无锡市政府与上海华虹（集团）有限公司签署战略合作协议，总投资超100亿美元的华虹集团集成电路研发和制造基地项目正式落户无锡高新区。此举标志着无锡市与华虹集团战略合作征程的全面开启，标志着继国家“908”工程后，双方合作共同推动国家“910”工程再次落户无锡，标志着无锡“国家南方微电子工业基地中心”的地位得到巩固提升，无锡产业强市主导战略迈出更大步伐。作为中国集成电路产业的龙头企业，上海华虹集团此次投资100亿美元在无锡建立集成电路研发和制造基地，将有力推动无锡市乃至江苏省整个集成电路产业再上新台阶，为江苏打造具有国际竞争力的先进制造业基地做出积极贡献。

（任国伟）

【“神威·太湖之光”四连冠】 年内，在ISC2017国际高性能计算大会上，由国家并行计算机工程技术研

8月2日，无锡市政府与上海华虹（集团）有限公司签署战略合作协议，省委常委、市委书记李小敏会见华虹集团董事长张素心并出席签约仪式。

（张立伟　摄）

究中心研制、国家超级计算无锡中心运营，基于国产众核处理器的“神威·太湖之光”超级计算机以每秒12.5亿亿次的峰值计算能力以及每秒9.3亿亿次的持续计算能力，再次斩获世界超级计算机排名榜单TOP500第一名。此次夺冠实现中国国产超算系统在世界超级计算机冠军宝座的首次四连冠。

（任国伟）

【物联网产业发展态势】 年内，《2016~2017年中国物联网发展年度报告》为无锡打出“高分”：无锡率先在国内建成全免费Wi-Fi城市、率先成为省内首个全光网城市、基本建成城市大数据中心和四大平台、实现NB-IoT窄带物联网全域覆盖，成为全国首个物联网全域覆盖的地级市。截至2016年年底，无锡物联网企业达到2000家，营业收入达2100亿元，增幅连续七年超过20%。数据显示，2016年沪、深板块重点36家物联网上市企业以及智慧医疗、智能家居、智慧交通3个细分领域重点上市企业营业收入总额为2775.40亿元。在2016年底全省物联网产业4610亿元业务收入总量中，无锡所占份额已达45%。

（任国伟）

【集成电路全产业链格局】 2017年是无锡集成电路产业发展历程上极为重要的节点。8月2日，签约引进无锡历史上单体投资规模最大、总投资100亿美元的上海华虹无锡基地项目；10月12日，签约引进建设全国最大规模、总投资30亿美元的天津中环集成电路用大硅片研发生产项目，还有SK海力士半导体（中国）有限公司的重磅加入。至年底，全市共有各类集成电路企业200余家，产业涉及电路设计、晶圆制造、封装测试、配套设备与材料等多个领域，不仅已形成IC产业集群、拥有近5万名从业人员，还集聚一批半导体设备工程、特殊气体等配套企业。

（任国伟）

【电子元器件年度盛会首次在无锡举行】 12月7日，中国电子元器件授权分销商领袖峰会暨人工智能、工业物联网与供应链创新峰会在无锡举行，国家“千人计划”人才、微电子等行业专家，GTI、华为等领军企业负责人和无锡新能源、物联网企业代表等500多人汇聚一堂，共同探讨电子信息产业在“人工智能+物联网”时代的创新发展之路。峰会被雄厚的“物联网高地”实力吸引，首次在无锡举办。无锡有中国最早的集成电路基地和物联网基地，近两年无锡又以物博会为契机，吸引总投资超100亿美元的华虹集团集成电路研发和制造基地、中环10GW晶硅切片等多个重大项目落户，具备从硅材料到大硅片等一系列完善、高端的集成电路产业链，相关应用蓬勃发展。峰会带来近60家业界领先的半导体原厂、方案平台和授权分销商，与无锡企业供需对接，为无锡物联网和新能源等支柱产业提供供应链增值服务，帮助无锡集成电路生产厂家通过授权分销的模式，将产品销往全球。无锡有超200家电子元器件生产和配套企业，峰会为无锡集成电路产业对接授权渠道，提供解决方案，扩展市场，对无锡相关产业的发展具有重要意义。

（任国伟）

【统力电工研发高温超导材料】 2月，无锡统力电工股份有限公司被中科院高能物理研究所牵头的“实用化高温超导材料产学研合作组”纳为正式成员，成为该合作组唯一的超导电缆制造企业，大型粒子对撞机高温超导材料进入研发阶段。无锡统力电工股份有限公司作为承担国家“十三五”电线电缆行业发展规划编订的知名绕组线专业制造商，一直在谋求转型发展，从以往生产变压器配件，到现在积极投入国家重大科学工程，加快传统企业的华丽转身。统力电工生产的超导绕组线广泛应用于无锡乃至全国的高压输变电装备、先进轨道交通装备、医疗设备、新能源汽车等领域，在国内同行业中具有一定引领作用。

（任国伟）

石化工业

【概况】 2017年，无锡石油和化工行业认真贯彻落实江苏省和无锡市政府《关于深化推进化工行业转型发展的实施意见》，坚持“创新、协调、绿色、开放和共享”的发展理念，负重奋进，克服种种困难，不断解决环保、安全和转型发展的根本性问题，促进化工行业的健康发展。全年规模以上化工企业完成工业总产值1586.12亿元，累计增长16.8%；主营业收入1575.36亿元，累计增长15.8%；利润总额104.04亿元，累计增长13.7%；工业销售收入1567.37亿元，累计增长16.9%；全行业平均用工人数11.53万人，累计下降1%。年内，江阴澄星实业集团有限公司入围中国企业500强，江阴澄星实业集团有限公司、无锡三木集团有限公司和无锡兴达投资集团有限公司入围中国制造业企业500强，灵谷化工有限公司连续五年获得中国石化行业能耗领跑者标杆企业称号，江苏怡达化学股份有限公司的股票从“新三板”转向深交所正式挂牌上市。年内，全市化工生产企业1000多家，分布在各工业园区，具有规模以上化工企业600余家，其中，具有百亿元以上主营业收入企业3家：江阴澄星实业集团有限公司、江苏三木集团有限公司和无锡兴达投资集团有限公司。

（彭淑明）

【江阴澄星实业集团有限公司】 江阴澄星实业集团有限公司是无锡市大型化工企业，全年实现营业收入723.78亿元，比上年增长24.48%；实现利税总额28.35亿元，比上年增长22.94%；上缴各种税费总额14.03亿元，比上年增长49.89%；实现利润14.32亿元，比上年增长4.52%；全年实现外贸进出口总额12.41亿元，比上年增长39.20%，其中出口1.7亿元，进口10.71亿元。集团公司连续16年进入中国500强企业，2017年被列为中国企业500强第262位、中国制造业500强第118位、中国民营企业500强第72位、中国石油和化工企业第18位、中国民营化工百强企业第3位，公司被中国出入境检验检疫协会授予“中国质量诚信企业”称号，公司总裁李兴被中国石油和化学联合会评为2017年中国石油和化工行业影响力人物。年内，集团公司注重创新、绿色和可持续发展，高纯度电子级磷酸、食品级磷酸盐、复合磷酸盐的开发和市场拓展已有良好开端，公司被列入无锡市循环经济试点单位，并被评为

"绿色工厂"，公司下属企业云南弥勒磷电被评为"能效领跑者标杆企业"、汉邦石化成功申报第一批省级优秀示范智能车间。公司加强管理，全年利旧增效474万元，处置废旧物资增收1199万元，减少大小工程决算金额1.42亿元。汉邦石化220万吨PTA二期技改扩能项目完成性能指标测试，澄高包装120万吨PET项目及其配套公用工程建设基本结束，广西钦州5万吨级泊位码头水工部分基本竣工，澄星广场综合体建设取得阶段性成果。集团公司注重为社会做贡献，倡导文明，向江阴市慈善会继续捐赠100万元，与江阴一中高中部续签10年霞星奖学金协议，与江阴一中初中部新设立为期10年的教育奖励基金，继续为"澄星杯"锡剧大奖赛赞助5年，捐赠250万元。

（彭淑明）

【江苏三木集团有限公司】 江苏三木集团有限公司是国家级高新技术企业、无锡化工百亿元企业之一，是专业从事涂料及塑料行业用树脂（溶剂）研发、生产与销售的大型化工企业，在行业中享有"涂料用树脂王国"之称。全年集团公司完成化工销售总额135亿元，比上年增长37%；实现综合效益13亿元，入库税收近3亿元，是宜兴市纳税大户，排名第6位。年内，集团公司被评为中国制造业500强第266位、中国民营企业500强第244强、中国民营企业制造业500强第133位、江苏省民营企业收入超百亿元的125家工业企业（集团）第46位、江苏省营业收入百强民营企业（集团）第37位，企业经济保持平稳快速发展。

（彭淑明）

【无锡兴达投资集团有限公司】 无锡兴达投资集团有限公司是无锡市化工行业百亿元企业之一，全年完成主营业收入101.26亿元，比上年增长30.65%；利税总额7.24亿元，比上年增长25.23%；利润总额4.36亿元，比上年增长25.14%。集团公司连续多年保持中国制造业500强企业称号，产品畅销国内和全球60多个国家和地区。年内，集团公司投资建设的惠州公司二期项目竣工。

（彭淑明）

【灵谷化工有限公司】 灵谷化工有限公司是全国氮肥行业的明星企业，公司主动适应宏观环境变化，全年供、产、销平衡，产销率、货款回收率继续保持百分之一百，经营业绩创历史最好水平，公司全年实现主营业收入28.97亿元，比上年增长20.7%；实现利润3.23亿元，比上年增长46.7%；上缴税金（增值税、所得税等）1.61亿元，比上年增长58%。公司主动调整产品结构，适应国内外市场的需求，固体车用尿素开发成功，逐步打开市场，工业气体产量稳步提升，收入大幅度增长，取得灵活调整市场的主动权，提高企业的经济效益。公司坚持技措技改、节能降耗，实现吨氨消耗下降50公斤的目标，进一步巩固和提高企业安全生产、环境保护的水平，为企业持续、绿色和快速发展提供可靠保证。年内，企业荣获中国氮肥协会"2017年合成氨产量、尿素产量、企业利润20强"、中国石化联合会"中国石油和化工民营百强企业""江苏省重点培育和发展的国际知名品牌""江苏省能源计量示范单位""宜兴市后劲投入先进企业"等荣誉称号，连续五年获得石化行业能耗领跑者标杆企业称号。

（彭淑明）

【江苏怡达化学股份有限公司】 江苏怡达化学股份有限公司是跨越长江、珠江、松花江流域的大型化工集团公司，全年公司实现销售收入6.88亿元，比上年增长31%；利税总额8638.43万元，利润总额8355.31万元，各项经济指标与上年相比均有较大幅度的增长。公司不断增强企业发展后劲，经过不懈努力，"怡达股份"在深交所挂牌上市，进入资本市场。公司PO项目被列入"十三五"国家重点研发计划项目，并通过阶段性成果评审，获得218万元政府补贴。公司在泰兴投资建设的年产15万吨环氧丙烷产业化项目被江苏省科技厅列为科技成果转化项目，获得江苏省财政厅专项补贴600万元。公司完成YD-11、丙酸正丙酯、醋酸异辛酯、新型硼酸酯等新产品的实验室开发，其中YD-11及新型硼酸酯中试已经取得成功，并推向市场。年内，公司获授权专利3项，其中，发明专利2项，实用新型专利1项。通过高新技术企业再认定，参与制定国家标准1项，参与修订行业标准1项，完成江苏省名牌产品证书再认定工作。公司荣获"国家知识产权优势企业""江苏省守合同重信用企业""无锡市文明单位""江阴市文明单位""江阴市重点骨干企业""江阴市十佳科技创新企业""江阴市安全生产先进单位"等称号。

（彭淑明）

【无锡二橡胶股份有限公司】 无锡二橡胶股份有限公司是无锡益鹏集团有限公司的核心企业，专业生产纺织和印染、汽车和冶金行业所需要的橡胶制品，多年来，企业保持"国家高新技术企业"称号，保持同行业中的领先地位。全年公司完成工业总产值4.52亿元，比上年增长14.14%；产品销售收入4.56亿元，比上年增长10.14%；利税总额8627万元，实现利润5018万元，分别比上年下降13.7%和16.3%。年内，企业全体员工克服用工紧、交货急、成本高等诸多不利因素，加大新产品开发，完成大小汽车用橡胶制品项目20个，项目基本覆盖"大众""上汽"的水管和涡轮增压管以及二次配套。纺织项目S系列胶圈和TH胶辊，已逐步在市场推广应用，取得良好的市场效应。公司生产布局调整获得成功，技改项目得以实施，汽橡5#线、2#线，炼胶55寸密炼机与自动喂料，胶辊后加工设备试运行成功。企业加大销售力度，年开票销售5.45亿元，比上年增长11.7%，销售回笼资金5.45亿元，比上年增长11.58%，资金回笼率达99.92%。

（彭淑明）

【无锡宝通科技股份有限公司】 无锡宝通科技股份有限公司是专业从事橡胶运输带研发、生产和销售的高新技术企业，全年企业主营业收入4.64亿元，比上年增长31.18%；全年利税总额4495.32万元，比上年下降20.40%；利润总额2757.11万元，比上年同期下降22.46%。年内，公司新产品开发取得成效，自主研发的"防粘附输送带制备技术及应用"通过中国石油和化学工业联合会科技成果鉴定，项目总体技术达到国际先进水平；"矿用芳纶织物芯阻燃胶带长距离带式输送系统关键计划研发与应用"通过中国煤炭工业协会科技成果鉴定,是世界首例,项目整体达到国际先进水平;“耐切割防撕裂输送带”列入江苏省2017年度企业重点技术创新导向计划“新产品研发类”;“碳纤维输送带”列入江苏省2017年度企业重点技术创新导向计划“核心技术突破类”。公司参与研发的“煤矿大功率智能永磁直驱芳纶胶带输送系统研究与应用”,通过中国煤炭工业协会科技成果鉴定,项目成果达到国际先进水平。公司“BOTON宝通”品牌被评为2017~2019年度江苏省重点培育和发展的国际知名品牌,公司被评为2016~2017年度中国橡胶工业协会胶管胶带分会“输送带、胶管、V带十强企业”,公司“帆布芯耐热输送带”“普通用途织物芯输送带”“普通用途钢丝绳芯输送带”“煤矿用阻燃钢丝绳芯输送带”“一般用途织物芯阻燃输送带”“煤矿用织物叠层阻燃输送带”等6项产品,获得中国橡胶工业协会橡胶产品质量授信证书。

(彭淑明)

【无锡市高润杰化学有限公司】 无锡市高润杰化学有限公司是专业生产润滑酯、润滑油、特种专用油、汽车制动液、金属加工液的化工企业。全年公司实现销售收入5.58亿元,比上年增加0.87亿元;利税总额3553万元,比上年增加2098万元;实现利润237万元,比上年减少439万元。年内,公司积极开发金属加工液后劲产品,通过项目建设大力拓展市场和研发新品,研发冷轧钢轧制油、铝冷轧添加剂、静电喷涂防锈油、磨削液、淬火油等15个新产品,开拓唐山东海特钢、太原重工轨道交通设备有限公司、云南铝业浩鑫铝箔有限公司、新疆八一钢铁公司和辽沈工业集团等16个新客户,增加金属加工液销量700多吨。公司创新营销模式,实现酯液销量快速增长,建立以市场为核心的价格体系,准确测算成本,满足客户需要,将“管家式”服务理念贯穿于售前、售中和售后全过程,年内实现增量2500吨,客户满意度不断提高。

(彭淑明)

【无锡市造漆厂有限公司】 无锡市造漆厂有限公司是生产涂料的源头企业,全年企业生产油漆涂料8529吨,比上年增长10.28%,扭转多年的下滑趋势;生产重防腐涂料879吨,增长13.29%,创建厂以来新纪录;生产水溶性工业漆涂料260吨,增长28.07%。全年实现销售收入1.12亿元,增长5.22%,利税总额1972万元,下降4.78%。年内,企业以市场为导向,强化管理,创新营销政策,做到产品物流和资金回收安全运行,达到企业和用户双满意效果。企业注重科技人才引进和科研开发,增添小型搅拌设备、检测设备、生产用蓝磨、高速粉碎设备近20台(套),积极开发新品,全年新增水性工业漆系列新品12个,为企业新品转型打下良好基础。

(彭淑明)

电力工业

【概况】 2017年,无锡供电公司完成各类投资34.41亿元,投产主变容量125.2万千伏安,线路长度83.62公里。全年全社会用电量686.67亿千瓦时,比上年增长7.52%;社会最高负荷1230万千瓦,比上年增长9.13%,创历史新高。囊括省公司同业对标“综合标杆”“业绩标杆”“管理标杆”荣誉,获得8项“专业标杆”称号。

(吴 昊)

【安全生产】 年内,市供电公司落实“电力建设工程施工安全年”活动要求,开展作业现场反违章专项行动,整治各类违章153起。强化特高压直流满送运维保障,完成23条500千伏涉保线路通道特巡任务,通过国网输电通道属地化工作达标验收。加强设备运维管理,完成带电检测5923项,消除缺陷132处。开展安全督察8237次,查纠违章及不规范行为340起。率先完成应急能力建设评估,组织防汛、防台等各类应急演练18场。配合市政府召开平安电力建设会议,完善组织网络,提升防外破合力。高度重视信息安全和保密管理,深化舆情监测管控,企业保持和谐稳定。

(吴 昊)

【电网建设】 年内,市供电公司超前开展2019年项目可研评审和2020年项目选所选线,加快推进500千伏锡南变前期工作。如期投运220千伏曙光变扩建等重点项目,完成国网模块化智能变电站示范项目110千伏黄台变建设。实施74个年度电网迎峰度夏项目。顺利投运锡东垃圾电厂送出工程。率先完成110千伏堆龙变等西藏帮扶项目建设任务。实施1108条配电线路自动化改造,城网配电自动化覆盖率达96%。新增改造配变1138台,线路465条,长度555公里。完成31个2017年小城镇(中心村)项目。低压用户电压合格率全省领先。公司获国网公司输变电工程设计竞赛一等奖,110千伏棠下变线路工程获省公司

构建最宽隧道,安置最大电缆 (刘芳辉 摄)

流动红旗评比第一名。

（吴　昊）

【优质服务】　年内，市供电公司开展“绿色苏电 智联万家”优质服务主题活动，深入政府、园区进行“大走访、大交流”，落实4大类12项服务举措。对接全市110个重点项目，实施“定项、定时、定人”服务。严格执行电价调整政策，参与直购电交易企业482家，减少企业电费支出11.59亿元。全年实施电能替代项目220个，建成内河航道水上服务区岸电互联互通示范项目。并网分布式光伏发电项目1958个、容量348.5兆瓦。累计建成2233个充电桩，年充电量达612万千瓦时。建设“多表合一”5.4万户。引导客户线上交费率达50%。完成物博会等重大活动保电任务，组织9名人员赴京参与中共十九大现场保电任务。公司再次获评全国实施用户满意工程先进单位。

（吴　昊）

【企业管理】　年内，市供电公司扎实推进问题清单梳理，整改问题64项，列入整改计划27项。主动配合完成巡视巡察，建立整改销号制度，对发现问题立行立改、举一反三。开展“三基”（抓基层、抓基础、抓基本功）管理专项提升行动，组织集体企业、农电管理专项调研，查找整改薄弱环节。开展法治企业成熟度评价，检查通用制度执行情况，提升法治水平。落实任期审计、专项审计意见，深化审计成果应用。规范集体企业经营平台法人治理结构，搭建平台企业“三会一层”（董事会、股东会、监事会、高级管理层）。清理预算项目，规范项目执行。应用国网绩效管理系统，深化全员绩效管理。研究现代班组评价模式，规范星级班组评定。

（吴　昊）

【改革创新】　年内，市供电公司组织开展“改革攻坚年”活动，落实68项重点项目实施计划。深入践行产业强市战略，与太湖新城、锡山经济技术开发区签署战略合作协议。优化中低压抢修模式，建成74个分布式抢修网点，迎峰度夏期间受理抢修工单数量比上年同期下降19%，服务投诉比上年同期下降42%。试点开展变检等专业融合，培养“金种子”营销专业、配电专业复合型人才，筹建园区供电服务中心。全面建成市（县）综合能源服务中心，签订服务协议176户，监测客户用能221户。试点建成投运“五化”（标准化、规范化、互动化、信息化、自动化）仓库，仓储能力提升23.5%。完善创新机制，跨界招募创新团队，首获国网科学技术进步一等奖，公司获评全国实施卓越绩效模式先进企业。

（吴　昊）

粮油工业

【概况】　2017年，全市粮食工业经济完成销售收入超70亿元，实现利润4.9亿元，比上年分别增长8%和108%。龙头企业的产能和规模继续扩大，部分民营企业产品附加值提升幅度较大。无锡布勒机械制造有限公司完成销售收入和实现利润均创历史新高。市委主要领导于9月份访问瑞士布勒总部，进一步加强无锡市与布勒集团未来在智能制造等领域的合作关系。江苏永友粮油经营集团长三角粮油精品产业园总投资9亿元，已完成投入6亿元，33万吨仓储项目建设已完成，其中22.3万吨项目正式投用。日处理能力超600吨非转基因高端粮油生产线和年产5000吨蛋白粉项目已全面投产。

（崔丽爽）

【产业强粮】　通过加强与外方的合作，年内，全力办好无锡布勒机械制造有限公司等合资企业，无锡布勒已成为瑞士布勒集团海外最大的生产基地。江苏无锡太湖可可食品有限公司主动对接国家“一带一路”发展战略，在尼日利亚合资建办可可制品生产加工企业，在科特迪瓦投资建办农产品收购基地。伽力森主食企业（无锡）股份有限公司、惠山区无锡华顺民生食品有限公司已在“新三板”上市，江苏无锡太湖可可食品有限公司、中粮工程科技的上市工作正在推进之中。江苏无锡太湖可可食品有限公司与江南大学共同创办江南大学—江苏无锡太湖可可食品有限公司可可食品创新研究院，致力于可可食品的创新研发。同时，市粮食局以江苏无锡新安国家粮食储备库为基地，与广东高新兴公司合作，大力培育粮食仓储机器人产业，使之扎根无锡，辐射江苏，走向全国。

（崔丽爽）

【无锡布勒销售收入超7亿元】　年内，无锡布勒机械制造有限公司在布勒全球销售策略的指引下，通过优化生产体系，优化管理，降本增效，加速新品导入，增强产能弹性和

9月6日，江苏无锡新安国家粮食储备库与广州高新兴机器人有限公司合作研发的全国首个粮食仓储智能机器人“华粮壹号”，通过清华大学无锡技术应用研究院科技创新部专家组验收。　（崔丽爽　供稿）

应变能力,实现产、销两旺。全年完成销售收入7.74亿元,实现净利润7000万元,劳动生产效率提高8.4%,员工工资增长7%,业绩骄人。按照《省政府办公厅关于大力发展粮食产业经济加快建设粮食产业强省的实施意见》,该公司已被列入全省粮机制造产业群。

(崔丽爽)

【“华粮壹号”通过专家组验收】 9月6日,江苏无锡新安国家粮食储备库与广州高新兴机器人有限公司(原广州尚云在线科技有限公司)合作研发的全国首个粮食仓储智能机器人“华粮壹号”,通过清华大学无锡技术应用研究院科技创新部专家组验收。专家组一致认为该成果集人工智能、多传感器融合、激光导航定位等技术,自主研发SLAM导航、红外热成像人脸识别、轮式底盘运动装置等关键技术,实现粮食仓储的熏蒸监管、自主巡逻、定点值守、安全管控等功能,并与智慧粮库管理系统进行无缝对接,技术先进,可有效避免熏蒸可能引起的伤亡事故及收购纠纷,可替代人工2~3人,异常告警准确率达95%以上。

(崔丽爽)

【全谷物主食】 年内,无锡市苏惠米业有限公司与江南大学、惠山区粮食局合作研发的“全谷物加工共性关键技术研究与重大产品创制”项目(简称“全谷物主食”项目)被列入“十三五”国家重点研发计划课题。该项目解决全谷物难煮、难吃、难贮存三大难题,使全谷物成为好吃、易煮、品质稳定的商品。其全谷物表面微缝等5项技术获得国家发明专利授权,有关装备也获得发明专利和实用新型专利授权。

(崔丽爽)

交通工业

【无锡船厂多艘船舶下水签约】 2017年,无锡船厂造船形势稳中求好,多艘船舶顺利下水和签约。3月8日,为南京扬子化工实业有限责任公司建造的130米趸船于苏洋公司顺利下水,该船主尺度为130米×18米×3.75米×1.25米(型长×型宽×型深×吃水),设二层甲板室,主要用于靠泊、卸货,该船为公司迄今为止建造的最长船舶。5月25日,120米化学品趸船下水。6月2日,为上海客轮公司建造的22车客渡船下水,该船主要适应崇明、长沙、横沙3岛车客运输需要,为全钢制、焊接结构船体,由两台船用柴油机驱动,配有双定桨、双舵、非对称双尾鳍船型,总长63.5米,总宽13.2米,垂线间长59米,型宽12.7米,型深4.6米,设计吃水2.6米,最大航速为15节。7月6日,为智利船东建造的16米小艇1号、2号、3号船下水。9月29日、30日,两艘40米海工船顺利下水。3月15日,无锡船厂与江苏省对外经贸股份有限公司于南京签订2+2艘40米多功能支持船,该船总长40米,型宽11米,型深3.8米,设计吃水3米,主机2×1200马力,航速12节,主要用于海事工程辅助作业,入美国ABS船级社。8月18日,与扬中签订两艘65车渡快速车客渡船,上海崇明客轮公司船东一行参加该签约仪式,该船总长71.1米,型宽15.2米,型深3.8米,主机为洋马12AYM-WET。12月20日,常州圩塘轮渡公司“武渡三号”52米车客渡船于扬中签约。

(吴志红)

【科研项目获国际发明展最高奖】 年内,华中科技大学电气学院副教授黄江团队与无锡爱邦辐射技术公司博士张宇蔚团队联合研制的“辐照加速器非能动电子束扩散装置”获得由国际知识产权组织和瑞士联邦政府联合主办的第44届日内瓦国际发明展最高奖——评审团特别嘉许金奖,该奖必须通过评审团成员一致认可,方可授予,技术要求及获奖难度很高。工业用电子加速器普遍采用电磁铁扫描扩散电子束的方式,这种方式存在“尾扫现象”,如果处理不当,不仅会烧毁钛膜,更会影响辐照均匀度。在国家自然科学基金、校企合作等多个项目的支持下,黄江和张宇蔚领导的两个技术团队创新性地提出采用永久磁铁构建特殊位形的多极磁场,直接对电子束进行扩散的方法,完美解决加速器传统电扫描扩散方法存在的上述问题。作为辐照加速器核心部位,扩散装置完全不消耗电能,增加辐射有效面积和辐照均匀度,提升产品质量,延长钛窗寿命,是对传统的电子束扫描装置的颠覆性创新。非能动电子束扩散装置在无锡爱邦辐射技术公司的加速器上应用,经中国计量科学研究院测试,辐照不均匀度达±2.9%,高于国家标准±5%,产品质量经国家电线电缆检测中心检测,辐射产品质量好于国家UL758标准要求。该装置可推广应用到各种不同能量、不同辐照尺寸所要求的辐照加工领域。非能动电子束扩散装置具有完全自主知识产权,获授权国际发明专利2项,国内发明专利10余项。

(孙　政)

编辑　郭　鹏

综述

【概况】 2017年，无锡市将培育和发展战略性新兴产业作为推进产业转型升级的重大举措，出台《无锡市“十三五”战略性新兴产业发展规划》，明确新一代信息技术产业、高端装备制造产业、新材料产业、新能源产业、生物技术和新医药产业、节能环保产业、新能源汽车产业、数字创意产业等战略性新兴产业发展的重点方向。以发展具有比较优势的战略性新兴产业为优先选项，制定出台《无锡市加快发展以物联网为龙头的新一代信息技术产业三年(2017~2019年)行动计划》。年内，无锡华虹集成电路研发和制造基地项目为代表的一批集成电路重大项目相继落地，奠定无锡在国内微电子产业领域的领先地位，重振无锡“国家南方微电子工业基地”雄风。

(尤鸣翔)

新一代信息技术

【概况】 2017年，无锡物联网工作围绕无锡国家传感网创新示范区发展目标，抓住“中国制造2025”“工业互联网”“智能制造”等战略机遇，统筹推进物联网应用示范、产业发展、技术创新、环境建设等各项工作。无锡示范区内国家部委立项的重大应用示范工程已达17个，涉及交通、医疗、安防、环保、电力等多个行业。全市物联网企业超过2000家，物联网营业收入2437亿元，建立物联网产业联盟(协会)13个，无锡物联网产业获批全国产业集群区域品牌建设试点，智能传感系统产业集群被认定为全国首批创新型产业集群。

无锡微电子产业集群建设成效显著，呈现产业链各环节联动发展的良好局面，产业产值892.7亿元，比上年增长11%。其中高性能集成电路设计业产值72.8亿元，排名全国第四；晶圆制造业产值190亿元，排名全国第三；封装测试业产值317.6亿元，排名全国第二；配套支撑业产值312.3亿元。企业中增长幅度较大的企业有江苏新潮增幅23%，新洁能增幅19%，华润上华增幅81%。SK海力士半导体(中国)有限公司、华润微电子有限公司位列国内制造第三、第四位。新潮集团、海太半导体位列国内封测第一、第七位。

无锡市软件和信息服务产业营业收入突破1000亿元大关，达到1170亿元，比上年增长16%。大数据、云计算等新兴经济增长快速，增幅均超过20%。全年全市新注册软件和信息服务企业1089户，总注册资本38.39亿元。

(缪　晟、徐凡乔、吴浩涵)

【推进重点企业合作项目】 年内，中电海康无锡基地正式运营，中电海康无锡研究院、江苏海康瑞德物联网科技有限公司揭牌成立，慧海湾感智小镇项目启动建设，阿斯利康中国商业创新中心正式启用，阿里巴巴集团物联网双创中心投入运营，鸿山物联网基础平台（飞凤平台）和雪浪小镇相继启动建设，华为—中软鸿山物联网生态使能中心正式落地，赛伯乐产业基金正式成立并与27家无锡企业签署合作意向书。

(缪　晟)

【实施重大应用示范项目】 年内，无锡物联网以应用带产业、以示范拓市场、以模式促推广，加快形成物联网产业发展新动能。组织实施“智慧交通”“汽车电子标识”等一批重大应用示范项目。其中，“汽车电子标识”项目已安装读写设备262套，累计安装汽车电子标识4.5万枚；“气象物联网”项目已设置运行37台(套)气象观测仪器，气象预报服务平台和网络数据中心也启动运行；“电梯安全监管物联网”项目已完成2000多台电梯监控设备安装，监管平台搭建完成；开展“LTE-V助力智能出行，安全高效新体验”示范体验，首次实现中国城市开放道路上的车路协同技术测试应用、公安交通管控实施开放接口，在业内引起广泛关注。

(缪　晟)

第十四届中国（无锡）国际设计博览会上展出的磁悬浮积木智力玩具作品 （张立伟　摄）

【筹办2017世界物联网博览会】 9月10~13日，2017世界物联网博览会在江苏无锡太湖国际博览中心举办，本届物博会参会企业达到5310家，比上年翻了一番，参会嘉宾9520人，比上年增长25.26%。吸引了众多专家学者和行业大咖踊跃参会，其中国内外院士39名，比上年增加14人；世界500强企业42家，比上年增加10家。4天累计观展人数达到17.3万人，比上年增长50.4%。集中发布《中国区块链与物联网融合创新应用蓝皮书》《将江苏打造成为全球物联网发展战略高地》调研报告等一批成果。构筑国家智能交通综合测试基地和智慧体育产业园等系列新平台，包括雪浪小镇、慧海湾感智小镇等在内的一批重大物联网项目签约落地无锡，签约金额超过180亿元。物博会影响力明显增强，平台效应更加凸显。

（缪　晟）

【集成电路产业发展政策扶持】 年内，围绕《无锡市人民政府关于加快集成电路产业发展的政策意见》的贯彻落实，全年共扶持项目24个，其中，无锡芯朋微电子股份有限公司等8家企业获得优秀项目资助，无锡钜芯集成电路技术有限公司等10家企业获得税收排名奖励，无锡微奥科技有限公司等5家企业获得掩模流片补助，中电科58所获得IP购买补贴。全年兑付政策资金共计1719.7万元。此外，华润上华科技有限公司“8英寸BCD工艺技术升级与产业化项目”获得中央预算内投资计划5000万元，无锡天芯互联科技有限公司等7家企业（含江阴市）获得省级专项资助共1050万元。

（徐凡乔）

【重大项目】 8月2日，无锡市政府与上海华虹（集团）有限公司签署战略合作协议，总投资超100亿美元的华虹集团集成电路研发和制造基地项目正式落户无锡高新区，华虹项目（一期）将建设一条月产能约4万片的12英寸生产线以及相关配套设施。10月12日，无锡市政府与天津中环、浙江晶盛签署集成电路用大硅片研发生产制造项目战略合作协议，总投资约30亿美元，共同建设全国最大规模的集成电路用大直径硅片生产平台，携手打造中国半导体材料研发制造基地，三方将在宜兴市启动建设集成电路用大硅片研发、生产与制造项目，一期投资约15亿美元。10月29日，无锡市政府与SK海力士就SK海力士第二工厂项目签约，总投资86亿美元，项目投产后将形成月产能20万片10纳米制程等级的晶圆生产基地，年销售金额由19亿美元增加至33亿美元。

（徐凡乔）

【江阴高新区获“国家集成电路封测高新技术产业化基地”】 6月，科技部正式发文，授予江阴高新区“国家集成电路封测高新技术产业化基地”称号。江阴高新区拥有集成电路封测骨干企业9家、科技型中小企业50余家，基本形成从电子化学品、集成电路引线框架到集成电路封测的产业链，区内建有高密度集成电路国家工程实验室1家、国家企业技术中心1家、省级工程研究中心5家。基地内拥有各类集成电路封测相关技术、设备等国内专利近2000项。通过技术和人才积累，江阴高新区集成电路封测产业的整体毛利率达23%，已经接近台湾地区封测产业25.5%的水平。

（徐凡乔）

【设立集成电路投资基金】 年内，根据市政府出台的《无锡市加快集成电路产业发展的政策意见》，“十三五”期间无锡市设立总规模200亿元的产业投资基金，重点聚焦、培育若干个国内外知名的集成电路龙头企业，扶持一批中小型集成电路企业，力争全市集成电路产业年产值突破1000亿元。这是无锡市首次对集成电路产业设立专项基金。

（徐凡乔）

【开展重点招商】 为深入推进以物联网为龙头的新一代信息技术产业发展，结合无锡市产业特色和实际，在国内重点城市开展一系列招商活动。10月，联合惠山区在成都开展2017无锡—成都“双城联动”投资项目恳谈会，宣传推介无锡市新一代信息技术产业政策和发展环境，加强与投融资机构的对接，考察苏河汇（成都）、国家技术转移西南中心、海特高新技术股份有限公司、腾讯成都分公司及腾讯众创空间等机构和企业。12月上旬，联合新吴区举办2017无锡（北京）新一代信息技术产业合作交流会，与意向落户和已经落户无锡的近100家企业进行深度沟通和对接，同期对接中冶建筑研究总院、奇虎360、百度、NANO科技等一批重点企业，推进双方合作不断深化。12月中旬，举办2017无锡（深圳）新一代信息技术产业合作交流会，受到深圳当地企业和各方的高度关注，到会的深圳当地企业达到150余家，包括华为、腾讯、中兴、研祥等业界重量级企业，参会代表160余人。无锡、深圳两地20个合作项目在活动现场进行签约，项目投资总额37亿元。其间，对华为、腾讯、研祥、优博讯、可立克科技等业界知名企业进行走访调研，围绕物联网、大数据、人工智能、智慧城市等领域，与企业高层开展沟通对接，以寻求无锡与深圳在新一代信息技术产业中开展更深层次、更广泛合作。

（吴浩涵）

【落实产业政策】 为贯彻落实市委、市政府《关于深化现代产业发展政策的意见》，深入推动产业转型升级，年内，市经信委制定《无锡市信息产业（软件和云计算）扶持资金管理实施细则》，调整完善软件和云计算资金使用方式。全年共扶持12个重点项目建设，奖励优秀软件产品"飞凤奖"和相关资质18个，兑现资金1200万元。18家企业共获省级专项资金支持1770万元。

（吴浩涵）

【营造创新产业氛围】 为不断激发互联网创新创业的热情，发掘基于互联网的新技术、新产品和创新创业人才，有效增强互联网创新创业氛围，年内，市经信委成功举办第二届"ipark杯"暨第三届"i创杯"互联网创新创业大赛，吸引路演项目超过150个，观摩人员近2000人次。3年来，无锡市在"i创杯"活动中广泛发动各板块和园区，组织企业和项目参赛，配套组织多场路演活动，在省决赛中共获得一等奖5项，二等奖5项，三等奖7项，组织奖6个，获奖项目获得省级专项资金支持640万元。通过大赛发掘一批优质的互联网创新创业项目，发现一批富有潜力的互联网创业者，加速孵化了观为监测、曲速教育、微茗科技等一批知名互联网企业。同时，为进一步推动无锡IT产业健康发展，在全市甚至更大范围内形成关注、关心IT产业发展的环境氛围，加强与无锡日报社合作，在《锡商周刊》及"无锡观察""无锡软件"微信公众号同步刊载宣传12位无锡优秀IT企业家的创业故事。

（吴浩涵）

高端装备制造

【概况】 2017年，无锡市结合国家产业政策扶持重点和全市装备制造业的实际情况，重新梳理调整高端装备企业库。在库企业共有527家。其中，"两机"（航空发动机、燃气轮机）产业企业8家，实现产值20亿元，比上年增长26.2%；智能装备企业364家，实现产值500亿元，比上年增长18.3%；新型电力装备企业107家，实现产值482亿元，比上年增长12.1%；增材制造企业9家，实现产值0.98亿元，比上年增长19.5%；高端船舶和海工装备企业39家，实现产值102亿元，比上年增长10.3%。

（朱 宇）

【智能制造】 年内，无锡市先后出台《无锡市智能制造三年（2017~2019年）行动计划》《无锡市智能制造三年（2017~2019年）行动计划2017年实施方案》，围绕智能制造技术装备突破、制造水平提升、试点示范效应、经济质量效益等4个方面明确具体目标，提出5项具体举措。全年全市重点开展270个智能制造项目建设，新增国家智能制造综合标准化与新模式应用项目1个，全市国家级试点示范和应用项目累计3个；新增省示范智能车间17个（累计59个）；新增省级互联网与工业融合创新示范企业7家（累计9家）、试点企业41家（累计45家），新增省"两化"（工业化、信息化）融合管理体系贯标试点企业12家、国家试点企业4家，通过国家级"两化"融合贯标企业3家（累计10家），居全省领先地位。

（朱 宇）

【政府扶持项目】 年内，无锡派克新材料科技股份有限公司"航空发动机及燃气轮机关键部件智能化生产"项目获得国家工信部智能制造标准化与新模式应用项目支持；远景能源（江苏）有限公司"海上风力发电机组Envision/En-136/4.2"、江苏新扬子造船有限公司的"10000TEU集装箱船"获得国家首台（套）重大技术装备保险补偿；无锡奥特维智能装备有限公司等14家企业的产品通过2017年度江苏省首台（套）重大装备认定（累计90家）；无锡微研精微机械技术有限公司等5家企业的项目被认定为2017年度江苏省首台（套）重大装备及关键部件示范应用项目（累计26家）；无锡先导智能装备股份有限公司等2家企业中标江苏省高端装备研制赶超工程项目（累计3家）；无锡透平叶片有限公司牵头承担的国家科技重大专项"透平机械叶片制造应用国产高档数控机床示范工程"课题顺利通过验收。

（朱 宇）

【创新能力提升】 年内，中船重工七〇二所牵头的"蛟龙"号载人潜水器研发与应用，获得国家科学技术进步奖一等奖；宝银特种钢管有限公司"军用核动力蒸汽发生器690 TT传热管的研制及工程化应用"项目荣获第二届中国军民两用技术创新应用大赛金奖；双良节能系统股份有限公司的溴化锂吸收式冷/热水机组荣获工信部第二批制造业单项冠军产品；江苏永瀚特种合金技术有限公司的涡轮叶片产品入选"第五届（2017）中国能源装备十大卓越性能产品"；无锡气动技术研究所有限公司参与的"气动元件关键共性检测技术及标准体系"项目荣获国家科技进步二等奖；无锡睿思凯科技有限公司的"无线电遥测控制系统的研发与产业化"项目在第六届中国创新创业大赛电子信息行业赛中获得成长企业组一等奖；无锡市产品质量监督检验院承担的国家增材制造产品质量监督检验中心正式取得国家认监委颁发的资质认定证书和授权证书。

（朱 宇）

【参与重大项目】 年内，飞而康快速制造科技有限责任公司为C919提供3D打印钛合金零件；中航雷华柯林斯（无锡）航空电子设备有限公司在C919的研制过程中，为其专业生产中国商飞C919项目相关的航空综合监视产品提供C919航空电子解决方案以及配套服务等；远东电缆有限公司在港珠澳大桥的建设中提供的智能交通电缆，全面应用于港珠澳大桥主体工程交通工程的照明、供配电以及收费通信综合中心的相关设施；"中国天眼"的钢结构工程由无锡企业、位于宜兴张渚镇的江苏沪宁钢机股份有限公司承揽建设；万米级"深海勇士"号载人潜水器的核心构件载人球舱由无锡市前洲西塘锻压有限公司提供；江阴法尔胜集团参与建造国内一批大跨度、高难度的世界级桥梁，创造多项桥梁建设的世界之最；"复兴号"

增强全市光伏产业的发展后劲。

（张 勇）

【光伏产业集聚效应明显】 2017年，全市光伏产业已经形成以无锡高新技术产业开发区、江阴市、宜兴市、惠山区四大光伏产业集聚区为主，锡山区、滨湖区、南长区为辅的光伏产业格局，在产业分工、要素集聚、集成服务等方面具有较大优势，产业链涵盖硅提纯、硅锭（棒）/硅片生产、电池制作、组件封装、应用系统研发、检测等各个环节，并已拥有专用设备制造、切割钢丝、硅微粉、银铝浆、超净高纯试剂、铝合金边框、太阳能支架、跟踪设备、逆变器、太阳能背板和EVA膜等配套产业。国家太阳能光伏产品质量监督检验中心、中科院太阳能光伏发电系统质量检测中心华东中心等有影响力的平台服务机构落户无锡，成为无锡光伏产业的新名片。

（张 勇）

【风电产业规模不断扩大】 无锡风电产业起步较晚，但发展速度极快。2003年仅有1家企业率先涉足风电领域，截至2017年，全市已有规模以上风力发电装备及应用企业近40家。近5年来，无锡风电产业保持高速增长，总体呈现产业规模不断扩大、产业链条日趋完善、产业集聚稳步推进、技术创新能力持续提升、行业领先地位不断巩固的趋势。预计到2020年产值将达400亿元。

（张 勇）

【风电产业链日趋完善】 全市风电企业研发和生产的风电设备零部件种类齐全，至2017年，已基本形成风电成套机组、风电特钢、轮毂、塔座、主轴、塔筒、法兰、齿轴、轴承座、变桨轴承、机舱罩、特种涂料等关键零部件相互配套发展的风电装备产业格局。风电零部件配套本地配套率超过50%，形成较为完善的风电产业链。

（张 勇）

【风电产业集聚稳步推进】 2017年，全市已形成以江阴、惠山、宜兴3个重点地区为代表的风电集聚区。江阴市风电装备企业生产的风电用大型铸件、大型法兰、大型齿轮、塔筒等关键零部件的制造装备和检测设备，以及风电零部件专用特钢的冶炼、铸件、铸锻与热处理技术普遍处于行业领先地位。惠山区无锡风电科技产业园是全市重点筹建和推进的风电产业集群，被国家科技部认定为“国家火炬计划惠山风电关键零部件特色产业基地”。宜兴市注重发挥现有企业已有技术优势，带动风电装备产业化发展，以国电联合动力宜兴公司为主导，引进、带动相关配套产业，推动产业标准化、系列化，形成较为完整的风电产业体系。

（张 勇）

【龙头企业加快成长】 年内，一批具有自主知识产权和品牌的骨干龙头企业不断涌现。远景能源重点发展以智能控制技术为核心的智能风机制造和智慧风场运营，已发展成为全球最大智慧能源管理公司、全球领先智能风机和海上风电技术公司，2017年实现销售收入150亿元，全球累计风电装机容量超过12吉瓦，多年保持两位数增长，稳居中国风机设备企业前三名。吉鑫风能是行业内唯一可以批量生产3兆瓦以上风机轮毂铸件的企业，全球市场占有率达到30%~40%。国电联合动力宜兴公司是国内唯一一家拥有两项世界顶尖技术的风力发电机制造研发企业。

（张 勇）

节能环保

【概况】 2017年，无锡市节能环保产业发展态势良好。全年全市节能环保产业总产值825亿元，比上年增长15%左右。建立亿元以上重点节能环保企业统计监测体系，及时了解重点企业运行情况。加强节能环保企业与科研机构的互动和对接，累计与全国300多家大专院校、科研院所建立良好的合作关系。重点项目持续推进，全市节能环保产业重点投资项目84个，总投资197.74亿元（2017年当年投资78.05亿元），项目完成后预计实现销售收入226.13亿元。

（孙恒友）

【特色基地建设】 年内，无锡市把特色基地作为承载节能环保项目、转型升级的重要抓手，完善功能形态，提升园区内涵。宜兴环科园形成“一园三区”（城市功能区、环保产业示范区、环保装备制造区）的发展新格局，全年技工贸总收入超过600亿元，比上年增长12%以上。

（孙恒友）

【循环经济发展】 年内，全市加大钢铁、水泥、化工等重点行业清洁生产技术推行力度，举办清洁生产审核工作培训，139家企业通过清洁生产审核验收。循环经济不断发展，新增11家循环经济试点单位，累计建成循环经济试点企业175家、试点园区17家，构建循环经济产业链15条。资源综合利用持续深化，全市资源综合利用企业110家，年产值达60亿元，减少使用原生矿资源669万吨，节约能源19.53万吨标准煤，减排二氧化碳48.6万吨、二氧化硫312.48吨，综合利用废渣、废水2930万吨。企业绿色制造工作深入推进，无锡江南电缆有限公司、上能电气股份有限公司、江阴兴澄特种钢铁有限公司3家企业入选国家首批绿色工厂示范企业，无锡小天鹅股份有限公司入选国家首批绿色产品设计示范企业。

（肖俊英）

新能源汽车

【概况】 2017年，无锡市新能源汽车产业也得到长足发展。全市有新能源汽车整车生产企业4家，分别是常隆客车、上汽大通无锡公司、一汽客车及华策汽车，主要生产纯电动城市公交车、纯电动商务车、纯电动特种车等车型。在新能源汽车零部件生产方面有东恒科技、格林美、众联能创等企业。惠山区铠龙东方纯电动乘用车项目进入设备安装调试阶段，一汽客车和株洲中车的合作已完成股份制改造，上汽大通无锡公司二期项目、常隆客车二期项目等重点汽车产业项目在建，新能源汽车产业增长迅速。2015年以来，全市新能源汽车产业基础配套设施建设方面，新增无锡聚能、博耳电力等2家充电桩整机生产厂商。2017年，全市新能源汽车产业完成工业总产值14.4亿元，比上年增长20%，总体运行态势持续快速增长。全年全市生产新能源汽车4153辆，销售4129辆，产值9.31亿元，销售额

9.81 亿元。其中,常隆客车生产新能源汽车 282 辆,销售 276 辆,产值 2.15 亿元,销售额 2.04 亿元;上汽大通无锡分公司生产新能源汽车 3871 辆,销售 3853 辆,产值 7.16 亿元,销售额 7.77 亿元。

(毛云栋)

【新能源汽车推广应用】 年内,无锡市共支持推广应用新能源汽车 3626 辆,折合标准车 8742.5 辆,超额完成省政府下达的 8500 辆标准车的目标任务;备案建设充电站 300 座、充电桩 4550 个,市本级拨付扶持资金 5000 万元。2015 年,无锡市被列入国家新能源汽车推广应用试点区域,至 2017 年年底,全市共推广各类新能源汽车 5520 辆(折合标准车 25718 辆),建设充电场站(桩群)489 个,布设充电桩 6272 个,其中,直流充电桩 1155 个,交流充电桩 5117 个。

(毛云栋)

数字创意

【支持无锡国家数字电影产业园发展】 年初,市政府推出《市政府关于支持无锡国家数字电影产业园建设发展若干意见(2016~2020 年)》最新扶持政策,全力支持园区发展,确立园区的发展目标。未来 5 年,无锡将继续支持园区加快产业建设,实现集聚企业超 800 家,年出品影片 100 部,年产值超 100 亿元,努力将园区建成中国最大的影视产业集聚区、国际知名的电影拍摄制作基地、国家级的影视交易中心以及中国影视科技体验城,带动全市影视文化产业领衔中国电影产业发展,努力将无锡建成"中国首批科技影视之都"。

(刘海荣)

【修订落实产业政策】 3 月,无锡市修订出台《无锡市文化产业发展扶持资金管理实施细则(修订版)》,进一步扩大政策扶持对象的范围,降低商业演出扶持门槛。市级引导资金分两批次共入围 47 个项目,提供扶持资金 3700 万元。中央专项资金奖励 1415 万元,省级专项补助 740 万元。出台实体书店扶持办法,促进、引导实体书店健康发展。灵山耿湾等 4 个项目获得中央专项资金奖励 1415 万元,9 个项目获得省级现代服务业(新闻出版广播影视)发展专项资金补助 740 万元,7 个项目获得省级现代服务业(文化)发展专项资金补助 670 万元。江阴市、梁溪区、惠山区等地相继出台、完善相应文化产业扶持政策,对板块内文化企业和优质文化项目予以资金扶持。

(刘海荣)

【国家文化出口重点企业、重点项目】 年内,商务部公布 2017~2018 年度国家文化出口重点企业、重点项目名单。无锡九久动画制作有限公司、无锡倍视文化发展有限公司、无锡慈文传媒有限公司、无锡旭阳动画制作有限公司入选 2017~2018 年度国家文化出口重点企业;无锡凤凰画材有限公司"东埔寨建立美术用品生产基地"项目入选 2017~2018 年度国家文化出口重点项目。智慧无锡文化创意产业园省级重点文化产业园区中,5 家企业入围重点文化科技企业名单。

(刘海荣)

【影视文化发展保持良好态势】 年内,无锡国家数字电影产业园累计实现产值 50 亿元,完成税收 4.45 亿元,引进文化类企业 350 余家,立项影视剧 170 余部,电影《西游记之女儿国》《心理罪》以及电视剧《那年花开月正圆》等多部影响力较大的影视剧在园区完成拍摄制作。2017 年,全市影视文化贸易出口超过 1200 万美元。

(刘海荣)

【无锡动漫企业亮相国际动漫博览会】 4 月 26 日~5 月 1 日,第 13 届中国国际动漫节产业博览会在杭州举办,无锡国家动画产业基地应邀参加,并组织江苏雪豹十月数码动画制作有限公司和无锡广新影视动画技术有限公司等参加此次展览,围绕动画原创及其衍生、数字影音内容应用、文化创意与新兴媒体融合等主题,通过现场展示、项目创投等形式开展卓有成效的宣传活动。无锡广新影视携原创二维动画《成长不烦恼》参展,该片从上千部参展作品中突围,顺利通过 2017 年"金猴奖"初评,作为全国 88 部优秀动漫画作品之一,入围动画系列片奖项,并于 2 月在央视少儿频道播出。雪豹十月公司携其首部原创三维动画电影《花森林》参加此届动漫节动画电影创投单元,成为现场 13 个创投项目中获投资商意向投资额最大的项目。

(刘海荣)

【太湖影视小镇入选省首批特色小镇】 5 月,江苏省发改委公布 25 家全省第一批特色小镇创建名单,无锡太湖影视小镇成功入选。太湖影视小镇项目位于无锡市滨湖区山水城片区,北临江南大学,南靠太湖,西临央视影视基地,风景优美,交通便利,资源丰富,是全省唯一的电影特色小镇。

(刘海荣)

【重大项目建设】 年内,万达文旅城项目万达茂商业街封顶,二次结构、内部装饰、室内乐园主体施工,部分已封顶,主题乐园完成立项。5 月,太湖人鱼小镇项目举行奠基仪式,项目总投资 200 亿元,占地面积约 86.71 公顷,将建成高科技休闲娱乐旅游小镇。北京复华未来世界文旅项目总投资 250 亿元,打造室内主题娱乐、亲子体验、特色商业为主的未来世界主题乐园。巧克力开心乐园上半年开建,占地 3.34 公顷,位于地铁 2 号线沿线,包含巧克力乐园、海洋水族馆、动漫游乐馆等。无锡国家数字电影产业园二期项目 D1、D4 区摄影棚已竣工投用,D2、D3 区摄影棚部分地下室、部分主体已进行施工。启动实施阖闾城遗址本体保护与展示工程(二期),龙山石城墙保护展示项目列入 2018 年度全国重点文物保护单位保护项目计划。

(刘海荣)

【青年文化创意人才奖评选】 2 月,市文广新局启动青年文化创意人才奖申报评选工作,参评对象包括全市文化创意企业(单位、项目)中的青年业务骨干,以及在文化创意产业专门领域中接受过相关专业教育和实践锻炼,具有较强创新能力、较大发展潜力和较高培养价值的青年人才。经企业申报、专家评审,市委统战部、市文广新局联合会审,最终,无锡美驰娱乐体验广告有限公司朱成、央视国际网络无锡有限公司何京京等 10 名青年文化创意人才入围第五届无锡市唐鹤千卓越青年文化创意人才奖。

(刘海荣)

【文化金融加快融合】 年内,市文广新局深入推进"无锡市文化旅游小微创业贷”等信保基金相关扶持政策落实,累计有30多家企业成功申报入库,15家企业获批贷款额度5000多万元。无锡高新区被评为首批省级文化金融合作试验区,无锡影视文化金融服务中心被评为首批省级文化金融服务中心,无锡市科虹标牌有限公司等5家企业被评为省级重点文化科技企业,江苏银行无锡朝阳支行被评为2017年江苏省文化金融特色支行。

(刘海荣)

【第三届无锡市文化创意设计大赛】 年内,市委宣传部、市文广新局、市工商局、市住建局4部门共同举办第三届无锡市文化创意设计大赛,无缝对接同期举办的江苏省第四届“紫金奖”文化创意设计大赛。本届大赛在赛事设置上更加注重优秀作品落地孵化及上市量产,内容主要设置生活类创意设计、文旅商品创意设计、“非遗+”传统工艺创意设计、公益传播设计、建筑及环境设计以及企业定制设计等门类。此外,还结合无锡本地特色,同期举办“发现无锡”2017公益海报创意设计暨全城定向毅行大赛和“新吴杯”文化创客大赛两项专项赛事。大赛5月启动,7月底完成作品征集,8月~10月进行参赛作品初选和版权登记,10月~11月举行优秀作品展和作品复评、终评等系列活动。大赛共收到参赛作品739件,评出获奖作品107件,其中,金奖5件,银奖10件,铜奖19件,优秀奖73件。

(刘海荣)

【第七届中国(无锡)国际文化艺术产业博览交易会】 10月12~16日,第七届中国(无锡)国际文化艺术产业博览交易会在无锡太湖国际博览中心举办。5天的文博会共吸引观展人数13.45万人次,与上届相比增长15%,现场交易金额达6.68亿元,与上届相比增长26%。开幕式上首个无锡文博会文创基地签约落户无锡技师学院,有效推动校企产学研互动、促进专业和产业行业的“零距离”对接、优化资源配置。本届文博会,共吸引海内外参展商855家,涉及15个国家和地区、20个外省、265名国家级、省级工艺美术大师和无锡当地的非物质文化遗产大师携作品参展。“江苏省工艺美术大师精品汇报展”汇集200多位2017年新晋级的省级大师精品。全国中青年“艺匠”永久性技术晋级评奖的“艺博杯”大赛,经江苏省工艺美术行业协会授权,长期落户无锡文博会,成为全国及全省非物质文化遗产及工美艺术品特级平台。文博会还为各类无锡乡土人才和文化搭建起良好平台,推进乡土人才创新创造成果与市场对接,如“风行江南之江南艺术家眼中的无锡美”作品展集中组织江南一带60多位书画大师100余件馆藏佳作齐聚。“梁溪印象,风行天下”主题展——无锡古运河 & 老字号文化展携数十个本土老字号齐聚,将老字号与旅游项目交融。“城市文旅·特色文化小镇”板块,以“太湖影视小镇”“灵山·拈花湾禅意小镇”“凤凰传媒书香之旅”等地方特色文化为纽带,将文化与旅游相结合,展示特色无锡元素旅游文化。第三届无锡市文化创意设计大赛优秀作品展通过文博会这一平台,传播无锡设计理念,搭建产品与市场、设计师与企业之间交通沟通的平台,展区现场多家商家、企业咨询设计作品合作事宜。

(刘海荣)

【中传媒实习基地落户太湖影视小镇】 7月初,中国传媒大学艺术学部教学科研实习基地落户签约仪式在太湖影视小镇核心产业区无锡国家数字电影产业园举行。双方加强相互合作,为在校大学生创造实训场所,共同培育优秀影视人才;通过共享优质资源,开展科研课题研究以及组织影视主题活动,实现共同发展。此次共建教学科研实习基地,是太湖影视小镇实施人才战略的重要一步。

(刘海荣)

【央视国际网络无锡有限公司获奖】 在5月结束的第二届中国(杭州)传媒创新合作项目交流大会暨2017传媒创新TOP100颁奖典礼上,由央视国际网络无锡有限公司报送的“审核中心团队”和“全媒体舆情服务平台”2个项目荣获大奖,其中,“全媒体舆情服务平台”获得本届大会最高奖项——2017传媒创新合作项目TOP3大奖。全媒体舆情服务平台应用分布式采集等大数据技术实时采集监测互联网数万个媒体平台,已采集覆盖3500万个账号/公众号,每天采集点超过70万个,采集和分析处理数据超过5000万条/日,规模位于行业前列。同时,依托央视新媒体庞大资源,创新研发并提供“视频舆情”及“境外舆情”等新形态舆情服务,在舆情大数据领域树立自身独特的竞争优势和行业地位。

(刘海荣)

【两大项目签约落户太湖影视小镇】 5月11日,宝通文娱产业基金落户签约,该基金由无锡国家数字电影产业园与无锡宝通科技股份有限公司共同设立,基金规模10亿元,未来投资主要面向影视、文化、娱乐产业。5月13日,钱窑文化创意中心落地签约,该中心位于无锡国家数字电影产业园A区,总面积约1.5万平方米,计划投资2亿元,由钱窑文化艺术公司设计建造,是集文化创意、产品研发、艺术体验、产品展示于一体的文化中心。

(刘海荣)

【梅村二胡文化展亮相浦东国际机场】 6月8日,由无锡市新吴区委宣传部、梅村街道联合主办的“中国二胡之乡”无锡梅村二胡文化展,在上海浦东国际机场T2航站楼国际出发区域“乡愁小栈”文化展馆举行开展仪式,特制中胡、工艺小二胡、阿炳曾用二胡复制品等一批精品二胡亮相,“梅村二胡”商标及LOGO揭幕。梅村街道文化站青年二胡演奏家陈莎莎现场演奏二胡名曲《赛马》《忆江南》等,吸引众多机场中外旅客驻足围观。展厅约40平方米,以“中国二胡之乡·无锡梅村”为主题,分为梅里·吴文化源头、匠心·二胡制作工艺和二胡名家、名曲、制作大师等多个板块,用图文、视频等多种方式全面、立体推介无锡梅村的二胡文化产业和历史文化资源。展览持续至8月31日,全天免费对外开放,以浦东国际机场平台为依托,助推二胡文化更好地走出国门,走向世界。

(刘海荣)

编辑 郭鹏

综 述

【概况】 2017年，无锡市实现社会消费品零售总额3458.04亿元，比上年增长10.9%，增幅列全省第五，十年来首次超过全省平均水平。其中限上社会消费品零售总额1223.48亿元，比上年增长9.6%，高于上年水平7个百分点。18大类商品中16个有所增长，增长面88.9%，其中增长最快的是中西药品类、饮料类、烟酒类、化妆品类等，分别比上年增长35.4%、31.2%、18.5%、16.0%。批发和零售业完成社会消费品零售总额3193.32亿元，比上年增长10.8%，占全市比重92.3%，仍是消费市场的主力，住宿和餐饮业完成社会消费品零售总额264.72亿元，比上年增长10.9%，占全市比重7.7%。从城乡看，城镇增长仍快于乡村，其中城镇实现社会消费品零售总额2962.88亿元，比上年增长10.9%；乡村实现社会消费品零售总额495.16亿元，比上年增长10.6%。与百姓生活息息相关的衣食住行类需求稳中有升，吃穿类商品中，粮油、食品类增长5.5%，服装、鞋帽、针纺织品类增长5.6%。住行类商品中，家电类增长5.2%，建筑及装潢材料类增长6.7%，汽车类增长6.4%，石油及制品类增长13.8%。

(张永新)

物流业

【概况】 2017年，无锡市物流业坚持贯彻新发展理念，整体规模进一步扩大，物流智慧化程度进一步增强，物流效率进一步提升，环境进一步改善，实现了持续平稳健康发展。全市全年货物运输量17379余万吨，比上年增长9.83%，其中，公路运输14511万吨，水路运输2769万吨，铁路运输99.64万吨，分别比上年增长9.72%、9.84%、26.6%。航空货邮吞吐量10.75万吨，港口吞吐量21366余万吨，比上年增长13.56%，集装箱吞吐量570899标箱，比上年增长13.67%。货运量总体呈现上升态势。

(叶 军)

【重点企业发展】 2017年，无锡市获评省级重点物流企业(基地)4家，累计获评省级重点物流企业(基地)45家。江苏物云通物流科技有限公司、无锡恰途网络科技有限公司、无锡远迈信息技术有限公司等3家企业入选为交通部无车承运人备案试点企业，3家企业年度考核结果在全省试点企业排名靠前。

(叶 军)

【重点园区发展】 2017年，苏南快递产业园航空快件集聚功能不断完善，园内拥有顺丰、中通、圆通、优速等快递品牌企业一级分拨中心15家。顺丰电商产业园项目主体建设完成；菜鸟网络一期工程已竣工运作，二期进入调试阶段，仓储采用智慧模式，启动机器人代工，智慧化程度不断提升。

(叶 军)

【推进物流标准化】 2017年，无锡市物流标准化试点工作为降低物流成本提供支撑，全市物流标准化托盘保有量和应用率大幅提升。全市物流标准化试点企业租赁或购置标准托盘(箱)15.5万个，周转箱3万个，试点企业标准化托盘使用率40.5%，物流企业带托运输率达到45.5%。全市标准托盘相关的仓库改造面积14.6万平方米，新增标准库房面积8万平方米，在建标准商贸物流仓储15万平方米，围绕标准托盘应用购置的货架、叉车、月台改造和堆垛机等设备改造投入2.5亿元，带动社会在建项目总投资合计8.1亿元。通过物流标准化推进，部分物流企业物流效率提升明显。其中，明佳物流货损率降低45%，装卸工时效率提高50%；迅杰物流货损率由5%降低到0.2%，装卸工搬运单位成本由30元/吨降至25元/吨；快消品生产企业与物流企业联动带托配送，降低成本和耗损。

(叶 军)

【发挥行业组织作用】 2017年，无锡市依托多个物流协会的力量，挖掘资源优势，开展服务企业活动。组织无锡物流与采购联合会、无锡市物流与仓储协会、无锡市供应链管理协会赴宜兴开展与制造业对接交流活动，寻求合作空间，以此推进“两业”融合发展。协调协会间聚力合作,提升协会的影响力、凝聚力和带动力。无锡物流与采购联合会、无锡市货运物流行业协会、无锡市物流与仓储协会、无锡市供应链管理协会4家协会联合举办 “深入贯彻中共十九大精神，共同描绘物流业美好蓝图”年会,扩大物流行业协会的影响，提振物流企业发展壮大的信心和决心。在无锡物流与采购联合会协助下,组织11家物流企业参加第四届中国(连云港)丝绸之路国际物流博览会，宣传展示了无锡市物流企业风采。

(叶　军)

电子商务

【概况】 2017年，全市实现网络零售额591亿元，比上年增长近31.3%。全市新增省级电子商务示范基地8家，新增省级电子商务示范企业19家，省级电商示范社区创建试点3个。宜兴市和阳山镇获评江苏省2016年度农村电子商务十强县(镇、村)，惠山区阳山镇安阳山村、宜兴市和桥镇湖滨村获评第五批江苏省农村电子商务示范村，湖㳇镇获评省农村电商示范镇。

(郭桂荣)

【推进跨境电商公共服务平台建设】 2017年，无锡市加快建设跨境电商公共服务平台，多次召开财政、商务、海关、国检、国税等部门参加的专题协调会议、平台用户企业需求对接会等，明确跨境电子商务公共服务平台各部门后期工作计划和方案，做好平台直邮进口业务模块开通前期准备。至年底,跨境贸易电子商务“9610”出口在苏南机场通关运营一年,跨境电商“9610”模式完成出口33843单,出口额近700万元。

(郭桂荣)

【参与义乌电商博览会】 4月11~13日,2017中国国际电子商务博览会在浙江省义乌国际博览中心召开,32个国家和地区的198个组团13.9万人次参加，近100家媒体进行了现场报道。同期举办的2017世界电商大会,包含34场主题演讲及6场高峰对话，参会人数达7146人次。无锡市有10家园区、企业参加博览会,经过3天的布展,部分企业实现现场签约。

(郭桂荣)

【参与杭州电商博览会】 10月27~30日,2017中国(杭州)国际电子商务博览会召开。此次博览会举办11场论坛,设有六大展馆和六大活动,展馆现场有7万余人次参观、参会,有逾200万人次线上参与电博会活动。无锡市组织10家园区、企业参展,现场与阿里巴巴、网易、京东等领军企业以及100余家金融、投资机构沟通洽谈。

(郭桂荣)

【参加江苏电子商务大会】 11月30日,2017江苏电子商务大会召开。会场设在南京国际展览中心,分为电商平台展区、电商示范展区、农村电商展区、跨境电商展区、网络科技展区、品牌电商展区、电商服务展区、精品网货展区、微商展区、互动直播区等10大展区。无锡山水城电子商务产业园组织园区内相关企业参展，在全省范围内宣传推广企业特色和优势。

(郭桂荣)

商品市场

【概况】 2017年，全市商品交易市场总体运行稳中有升,钢材、金属材料类市场量价有所上升,建材、汽车类市场小幅上扬,食品、日用品类市场略有增长。市区农产品市场规划布点进一步优化,朝阳、天鹏等大型农副产品批发市场进一步加强产销衔接，全年成交总额分别达到85.1亿元、143.0亿元，分别比上年增长10.2%和16.0%，发挥农产品保供稳价的主渠道作用。推进商品市场转型升级,发挥其引导生产、扩大消费、促进增长、助力供给侧结构性改革的作用,全市商品交易市场总体呈现转型升级、管理规范和服务提升的趋势。

(华尔斐)

【市场建设管理】 2017年，市区论证设立鑫秦农贸市场、万新农贸市场、长安农贸市场、古运五爱苑农贸市场、无锡健凯汽车市场等5家市场。滨湖区北桥水产市场关闭,搬迁至太湖新城苏南水产城并投入运营。南方不锈钢市场被中国市场协会评为全国转型升级示范市场。国联金属、华东石化等17家商品交易市场被列入省50强亿元重点市场。继续推进市区农贸市场改造提升工作,全年完成改造6家农贸市场、新建1家、关闭1家,改造(新建)面积2.5万平方米，带动社会投入4000余万元,受益群众23万人。继续实施对市区100家农贸市场的综合环境整治。开展农贸市场公益性改革试点工作,全年有16家农贸市场参与公益性试点建设。规范二手车市场经营秩序，在全市二手车市场推广使用无锡市二手车交易信息管理系统信息平台，促进二手车便利交易,活跃二手车市场,全市二手车成交量14.65万辆，成交额118.1亿元,分别比上年增长13%和27%。

(华尔斐)

供销合作商业

【概况】 2017年,无锡市供销合作社系统实现商品销售总额1100亿元,连锁销售额143亿元,农副产品收购额302亿元,农副产品市场交易额268亿元,农副产品电子商务销售额8.5亿元，农资销售额20.8亿元，营业总收入39.33亿元，报表利润2.53亿元,经济指标稳中有进,稳中提质。参办、领办农民专业合作社21家(其中联合社9家),建办市级现代农业综合服务中心3家,建设农民综合性合作社3家，创建“三体两强”(具有自主经营主体、农民社员主体、合作经济联合体和综合实力强、为农服务能力强)示范基层社3家,改造薄弱基层社7家,发展一、二、三产业融合体10个，建成农资现代流通服务网点10个,建设任务全面完成。无锡市供销合作总社被表彰为“全国供销合作社系统先进集体”。

(周　毅)

【供销合作社综合改革】 2017年，无锡市供销合作社以“有组织、有人员、有资产、有服务、有平台”为主要抓手，深入推进供销合作社综合改革,改革工作进展顺利。10月,滨湖区委、区政府率先出台《关于深化供销合作社综合改革的实施方案》,12

月，江阴市委、市政府出台《关于深化供销合作社综合改革的实施意见》。江阴市供销社以承担全省综合改革专项试点为推动，形成《规范建立社有资产管理委员会专项试点实施方案》，通过建立社有资产管理委员会，制定《“组建江苏澄供资产经营管理有限公司”筹建预案》。江阴市社、宜兴市社作为省总社落实健全联合社“三会”(社员代表大会、理事会、监事会)制度试点单位，形成工作方案，试点工作有计划、有步骤顺利推进。推动经济实力较强、管理运营良好、为农服务功能完善的基层供销社创办农民综合性合作社，发展生产、供销、信用等合作，开展生产、生活综合服务，江阴华士供销社、宜兴周铁和张渚供销社完成创建任务，为全市基层供销社创办农民综合性合作社积累宝贵经验。

(周 毅)

【推进农业社会化服务体系建设】 2017年，根据省供销总社《关于供销合作社系统推进农业社会化服务体系建设的指导意见》，结合无锡实际，市供销合作社总结《关于开展现代农业综合服务中心建设的意见》和《标准》推行实践，在全省率先制定《关于全市供销合作社系统推进农业社会化服务的指导意见》，引领推动全市供销社系统开展农业社会化服务走向深入。宜兴市供销社推动基层供销社与新型农业经营主体、农业龙头企业等合作，高标准打造现代农业综合服务中心。江阴市供销社以担负全市农业社会化服务现场会任务为动力，积极寻求合作伙伴，采取投资参股方式，参建领建现代农业综合服务中心，实现服务平台新突破，为全市农业社会化服务现场会提供有益探索和学习借鉴。至年底，全市具有供销社属性的农业综合服务平台“大田托管”面积6970.15公顷。推动新型基层社的统筹创建和相对薄弱基层社改造提升，开展领办、参办农民专业合作社，以创建活动为载体，提升基层组织服务水平。年内，宜兴华谊山羊养殖销售专业合作联社、锡山新悦农副产品专业合作联社、滨湖惠农马山杨梅专业合作社3家农民专业合作社被评为“全国供销合作社系统农民合作社示范社”。

(周 毅)

【推广农村电子商务】 2017年，无锡市供销合作社全面推广农村电子商务。加强与全国总社“供销e家”、省总社“地平线”平台业务对接，做好“中国农品网”，宜兴宜网电子商务平台县级运行中心、乡镇服务所、村级服务店和江阴村级“网上双代店”建设工作。滨湖区供销社与“食行生鲜”电商平台合作，开展网上生鲜农产品销售，惠山区商务局开展水蜜桃电商销售活动。推进农资物联网应用。配合国家农资局做好农资物联网防伪和溯源关键技术、装备的研发工作和推广示范应用，在无锡组织召开“全国农资质量防伪溯源公共服务平台建设”技术研讨会，在农资质量追溯、农资知识服务、企业智能管理等方面取得阶段性成果。

(周 毅)

【加强农民技能培训】 2017年，无锡市供销合作社系统注重加强农民技能培训。全年举办农产品经纪人中高级培训6期、227人；天信基层“农民讲堂”举办农民技术培训18期、1500人；宜兴电商课堂举办农民电商培训12期、515人。无锡市社和江阴市社获得“2017年度全国供销合作社行业职业能力建设工作先进单位”称号；无锡市社在全国“遵义绿杯”手工绿茶制作技能大赛获优秀团体奖。

(周 毅)

【农村合作金融发展】 2017年，无锡农村合作金融发展良好。中合华惠小额贷款有限公司发放贷款1.2亿元；宜兴市华惠三农贷款担保公司提供基准利率贷款担保3175万元；无锡市供销合作社配合市委农办、市农村商业银行免费担保，以基准利率发放“惠农贷”1607.9万元。

(周 毅)

【推动企业转型升级】 2017年上半年，无锡供销集团有限公司组建成立，并按照“放活社企、管好社资”的要求，整合厘清企业相互关系，搭建管理层框架，合理调配人员，全面做好资产调查摸底，完成法人治理结构和投资主体承接。7月，市供销合作社出资建设的无锡苏南农副产品物流配送中心暨城北市场完成奠基。无锡益家康生态农业有限公司总投资960万元的产销对接项目完成建设。三阳百盛广场有限公司预购三阳银辉摩天360一至五层约1.2万平方米的商用房产基础性工作稳步推进。至年底，供销集团运作正常有序，所属企业能够正面应对经济形势和市场变化，科学调整营销策略，企业资产效益和规范管理呈现平稳向好态势。

(周 毅)

粮油购销

【粮食收购保供】 2017年，无锡市各级粮食部门全面落实粮食安全责任制，做好粮食收购保供工作。全市

9月8日，江苏省委常委、无锡市委书记李小敏参观第十二届无锡农博会

(市农委 供稿)

累计收购小麦41.8万吨，其中最低价收购小麦13.9万吨。全市入库秋粮41.3万吨，比上年增加8.1万吨，其中最低价收购8.4万吨。推进优质优价收购，引导农民根据市场需求种植优质粮食。突出应急保供。对承担市级成品粮油应急储备任务的16家企业开展三次专项检查，动态储备大米和油脂分别为计划数的180%和667%，运行情况良好。

（崔丽爽）

【加强地储粮管理】 2017年，市粮食局制定《关于进一步加强和完善地方储备粮油收（采）购入库工作的通知》，要求承储企业做到“三个必须”，即必须依法依规、必须严格手续、必须规范管理，进一步规范地方储备粮采购入库管理工作。加强市级地储粮采购入库机制创新。市政府出台《调整市级地储稻谷采购入库价格协调会议纪要》，明确地储粮采购以网上公开竞价采购为主，并与企业自主采购相结合的方式，进一步理顺采购机制、规范采购流程、提升采购效率、降低廉政风险。市粮食局印发《关于进一步完善市级地方储备粮油轮换定价机制的通知》，成立市级地储粮轮换定价机制小组，制定定价规则，明确工作要求。至12月21日，2017年度40648吨市级地方储备稻谷轮换入库完成网上竞价采购任务。加强地储粮轮换减亏。充分利用“无锡粮油批发价格指数”，仔细分析市场粮情，合理设置交易底价，为储备粮轮换销售赢得最佳时机。2017年市级地储粮轮出价差亏损544万元，比年初预算节约2086万元。

（崔丽爽）

【推广“满意苏粮”APP应用】 2017年，按照省粮食局统一部署，市粮食系统着力推广“满意苏粮”APP应用。该应用是通过信息化方式宣传粮食收购政策、服务种粮农民的重要手段，包括政策信息、库点分布、质价标准、价格测算、在线预约等功能模块。至年底，已完成63个库点、417个种粮大户信息资料录入。

（崔丽爽）

【《无锡市超标粮食处置管理办法》出台】 7月1日起，《无锡市超标粮食处置管理办法》（以下简称《办法》）经市政府第7次常务会议通过后正式施行。该《办法》以政府规范性文件的形式出台，在省内尚属首例。《办法》共6章24条，呈现目的性强、监管性强、操作性强的特点。《办法》旨在妥善解决地产粮食受污染后出现的“卖粮难”问题，切实保护农民种粮积极性。妥善处置地产的超标粮食，切实维护人民群众身体健康；强调全市各级政府为粮食安全的责任主体，要求建立相应的超标粮食处置工作协调小组，《办法》明确了相关行政主管部门的监管职责。对超标粮食的风险监测、收购储存、销售转化等各环节管理活动进行了逐一细化，通过源头严防、过程严管、风险严控，切实加强超标粮食管控，防止受污染粮食流入口粮市场。

（崔丽爽）

【“杨巷大米”实现多方共赢】 自2014年起，宜兴市粮食、农业部门依托杨巷镇农服中心、杨巷镇大米产销技术协会等主体，在杨巷镇开展一、二、三产业融合试点实践。全面推行全产业链经营，通过尝试土地流转、优品种植、集中育秧、统防统治、烘干仓储、精深加工、品牌营销等融合发展，打破制约稻米产业做大做强的瓶颈。至2017年年底，全镇有粮田面积2260公顷，农业权重在宜兴18个镇（街道）中居于前列，该镇9家大米加工企业产能达86万吨/年，实际生产和销售大米25万吨，完成销售收入12亿元。

（崔丽爽）

烟草专卖

【概况】 2017年，市烟草公司销售卷烟23.08万箱，与上年持平；单箱销售结构4.08万元（163.24元/条），比上年增长3.53%；全年实现税利总额28.85亿元，比上年增长5.01%。

（许　婷）

【专卖管理】 2017年，市烟草系统切实发挥好专卖管理维护国家利益和消费者利益的作用，共查获涉烟违法案件2578起，查获5万元以上大要案件375起，破获网络案件11起；查获涉案卷烟5860件，其中假烟1630余件。破获符合国标的网络案件11起，确认6起，查获公安部挂牌督办案件1起，获省烟草局嘉奖18次；协助司法机关拘留、逮捕、判刑不法烟贩分别为9人、6人、16人。依法取缔违法经营大户20户，位居全省第一位，占全省取缔大户数的26.67%。

（许　婷）

【创新服务】 2017年，市烟草专卖局设立41个吸烟点，卷烟消费环境改善成效位居全省前列。实施物流运维管理创新，维保费用年均下降66万余元，并打破外商技术和价格的垄断。推进跨行结算及配套银行卡工作，启动与交通银行“烟草易付”跨行结算支付项目，开展贷记卡应用工作，以增值服务响应零售客户需求。

（许　婷）

盐　业

【概况】 2017年，无锡市盐务管理局暨江苏省苏盐连锁有限公司无锡分公司（以下简称市盐务局）应对盐业体制改革，以服务经营工作为主线，维护全市盐业市场秩序，保障食盐消费安全。全年无锡地区碘盐批发合格率100%，碘盐覆盖率、居民户碘盐抽检合格率、合格碘盐食用率等食盐安全指标全面达到省食盐放心消费创建标准。全年销售盐产品83289吨（其中：小包装食盐30459吨，大包装食盐22371吨，工业盐30459吨）。对发运至无锡的420个批次食盐进行严格检验，检测结果全部合格并上报市食安办。

（孙从树）

【推进食盐放心消费追溯体系建设】 2017年，市盐务局推进食盐放心消费追溯体系建设。建立食盐产品物流信息管理系统，逐步建成食盐放心消费销售业务基础数据库。公众不仅可以通过网站查询所购食盐产品信息，还可以通过电话和手机短信方式查询，也可扫描二维码关注微信公众号“江苏盐业产品追溯”进行防伪查询或物流查询。

（孙从树）

【开展“全民减盐行动”】 2017年，市盐务局深入开展“全民减盐行动”。继续向市民推广食用低钠盐，引导市民食用低钠盐的消费观念，减少钠盐摄入量，开展食盐安全知识广场宣传50余次，提升市民对食盐安全和科学用盐的认知度。

（孙从树）

【保障食盐市场安全】 2017年，市盐务局联合市食药监局、公安部门先后组织开展“锡盐利剑”系列专项行动、“助力高考净化食盐安全”、“规范第三方物流企业配送食盐行为”等专项行动，打击制贩假盐违法行为。借助主流媒体，及时发布盐改政策；颁发盐改过渡期加强食盐安全管理的通告，编写、印发宣传资料，引导各类食盐经营主体依法合规经营；利用“5·15”消除碘缺乏病宣传日、全市食品安全宣传周，引导食盐安全消费，确保盐改过渡期食盐市场的安全与稳定。按照《无锡市食盐市场突发事件应急预案》要求，做好各项应急处置准备工作，加强对食盐批发企业库存食盐检查。

（孙从树）

生活服务业

【生活服务业职业技能大赛】 2017年9~12月，无锡市连续第五次开展生活服务业职业技能大赛。大赛包含家政服务业技能大赛、美容美发业技能大赛、家电维修业技能大赛，全市有从业人员500余人参赛，比赛内容包括理论知识和技能操作两大部分。大赛推动了生活服务行业服务质量提升，增强了全市生活服务行业人才队伍的专业技能水平。赛后，市商务局联合人力资源和社会保障局、市总工会、共青团、妇女联合会，对获得无锡市家政服务技能大赛（育婴师、养老护理员）、无锡市家电维修服务技能大赛（空调安装维修、彩电维修）、美发美容服务技能大赛（美发、美容）各工种第一名的梅建军等6名同志，授予“金牌服务能手”，并由市人力资源和社会保障局、市总工会分别授予“无锡市技术能手”“无锡市五一创新能手”荣誉称号；对缪韦韦等4名同志授予“无锡市青年岗位能手”；对李慧等3名同志授予“无锡市巾帼建功标兵”；各工种前六名的汪问林等27人获得“服务明星”称号。授予无锡市锦东空调工程服务有限公司等6家单位“无锡市生活服务业职业技能大赛金奖单位”；授予无锡梅园护理院有限公司等6家单位“无锡市生活服务业职业技能大赛银奖单位”；授予梁溪区剪帝美发工作室等5家单位“无锡市生活服务业职业技能大赛铜奖单位”；授予裘红梅等107人“无锡市生活服务业职业技能大赛优秀奖”；授予无锡飘渺坊美容美发等45家单位“优秀组织单位”。

（王力行）

住宿餐饮业

【“真正无锡味”——吴地江南美食评选活动】 2017年，无锡市开展“吴地江南特色美食评选”活动。活动旨在挖掘、创新和展评吴地特色美食，命名一批“真正无锡味·吴地江南名菜（名点心、名小吃）”。本届“真正无锡味”——吴地江南美食评选活动吸引无锡上百家相关餐饮单位参加，通过层层筛选，最终有52家餐饮企业、120余道美食进入最终评选环节。各参赛单位用其独有的表现方式，在江南发源地梅里古都中华德城广场，为现场来宾呈上了一席丰盛的吴地江南美食盛宴。

（王力行）

【承办第三届“江苏厨师节”暨第三届“江苏当家菜”大赛】 4月25日，由江苏省烹饪协会主办，无锡市烹饪餐饮行业协会和无锡市滨湖区餐饮协会承办，全省各地市烹饪餐饮行业协会协办的第三届“江苏厨师节”暨第三届“江苏当家菜”大赛与“京海申”杯团餐烹饪比赛举办。大赛同时举办非遗传承人作品展、总厨联盟俱乐部创新菜厨艺交流、特色食材展示等活动。“江苏厨师节”每两年举办一次，由江苏各市轮流申办。“江苏当家菜”大赛是一项全省烹饪赛事活动，旨在挖掘、保护、传承江苏美食文化、展示地方特色名菜的独特魅力，推动江苏地方特色菜创新发展。此次“当家菜”大赛有300多名全省各地厨师参加，最终评出“江苏当家菜”60道、“当家点心”30道。

（王力行）

【举办中外面点美食嘉年华活动】 9月24日，“爱在无锡 食在中秋”外国友人至爱的无锡面点评选嘉年华活动举行，200多名在无锡工作、学习和生活的外国友人、留学生报名参加。活动围绕“中秋团圆”的主题，让在无锡的外国友人通过美食文化更多了解和融入无锡；以“面点嘉年华”为串接线，将小笼包、红糖馒头、银丝面等无锡传统面点与进入无锡的意大利比萨、印度芝士馕等国际面食在网络上一同参与评选。经过网友投票，评选出锡城百姓至爱的异国餐厅3个和外国友人至爱的无锡十大面点。

（王力行）

【无锡年菜名店·年菜名品展评】 11月，2017年”真正无锡味”年菜美食节——“寻味我心中的无锡年菜”评选活动启动。活动包含“无锡经典年菜”评选和“真正无锡味·无锡年夜饭名店”评选以及最佳“我的无锡年菜记忆”作品评选活动。

（王力行）

编辑　邵文凯

对外及对港澳台经济贸易·口岸管理

综述

【对外贸易稳定增长】 2017年,无锡市外贸进出口首次迈上800亿美元台阶,达812.5亿美元,比上年增长16.4%。其中出口495.2亿美元,比上年增长15.4%,进口317.3亿美元,比上年增长18%。重点开拓"一带一路"沿线市场,向"一带一路"沿线国家出口128.5亿美元,比上年增长15.9%,占全市出口比重达到25.9%。组织近千家外贸企业共4000人参加广交会、大阪展等境内外重点展会,展位数达1500多个。有79家企业入选江苏国际知名品牌,占全省总数的22%,其中9家企业被评为"领军企业",省品牌和领军企业数均列全省第一。

(楼利锋)

【利用外资规模提升】 2017年,无锡市完成到位注册外资36.75亿美元,超出目标任务1.75亿美元,比上年增长7.7%。全年完成制造业到位外资24.1亿美元,占全市比重65.57%,比上年增长6.4%。完成服务业到位外资12.65亿美元,比上年增长10.2%。推动利用外资新模式,全年引进外资融资租赁企业3家,新增省级外资总部1家、市级外资功能性机构7家。全年新引进重大外资项目55个,超目标任务10个,平均投资规模2.36亿美元,比上年增长27.8%。全市新增协议注册外资68.03亿美元,比上年增长37.96%。

(楼利锋)

【境外合作质量提升】 2017年,全市完成境外投资中方协议投资额12亿美元,比上年有所下降,但项目质量得到提升。全年备案28个收购境外高科技成果和先进制造业项目,中方协议投资额6.8亿美元,分别占全市总量的33.3%和56.3%,比上年分别增长75%和174%,其中,有2个超亿美元技术并购项目顺利获批。备案"一带一路"沿线境外投资项目16个,中方协议投资额3.1亿美元,分别占全市总量的20%和26%,投资额比上年增长21.5%。这些境外投资对推动无锡制造业吸收国际先进技术、促进产业升级、抢抓"一带一路"建设机遇起到积极作用。建立无锡"走出去"服务暨预警平台,至年底,平台入驻企业725家,发布文库信息2883条。

(楼利锋)

利用外资及港澳台资

【概况】 2017年,无锡市实现到位注册外资36.75亿美元,位列全省第三位,比上年增长7.7%,增幅高于苏南地区平均增幅6.3个百分点,高于全省平均增幅5个百分点。全年累计新批外资项目408个,协议注册外资68.03亿美元(不含减资金额),比上年增长37.96%。为进一步提升全市利用外资质量和水平,促进外资产业结构提档升级,全年完成制造业到位外资24.1亿美元,占全市比重65.57%,其中代表全市七大先进制造业领域项目实际利用外资22.63亿美元,占制造业比重达93.88%,高端装备制造、生物医药、节能环保等行业比上年增幅均超30%以上。全市完成服务业到位外资12.65亿美元,占全市比重34.43%,其中代表全市现代服务业领域项目实际利用外资6.57亿美元,占服务业比重达51.95%。从资金来源地区和国别分析,主要来源地中国香港、韩国、日本到位资金分别为22.34亿美元、3.45亿美元和9807万美元,其中中国香港、韩国在无锡投资保持增长态势,比上年增长6.04%和49.2%,日本在无锡投资出现下滑趋势,比上年下降22.07%,占全市比重较上年减少1.02个百分点,而亚洲地区的中国台湾、新加坡在无锡投资呈现增长态势,分别比上年增长96.66%和25.69。另外,来自欧洲、大洋洲、北美洲等地区的投资均出现下滑。

(吴　栋)

【总部经济集聚效应明显】 2017年,无锡市有一家外资企业荣获省商务厅认定的江苏省第八批跨国公司地区总部,为江苏大明金属制品有限公司。至年底,全市累计省级跨国公司地区总部15家,跨国公司功能性机构 14 个。至年底,全市累计有 100 家世界 500 强跨国公司在无锡投资设立了 192 家企业。

(吴　栋)

【重大外资项目提质增效】 2017 年，全市新批协议注册外资超 3000 万美元以上的重大外资项目共 55 个,比上年增加 10 个;完成协议注册外资 57.18 亿美元，比上年增长 58.43%,占全市比重达 84.06%;完成投资总额 129.95 亿美元，比上年增长 56.24%，项目平均投资规模为 2.36 亿美元,比上年增长 27.83%,其中总投资超亿美元项目 29 个,累计投资总额 116.29 亿美元，超 3 亿美元重大项目 13 个，如总投资 18 亿美元帝特律电动汽车有限公司、总投资 5 亿美元村田新能源(无锡)有限公司、总投资 4 亿美元迪哲（江苏)医药有限公司等。

(吴　栋)

【经济发展贡献持续增长】 2017 年，全市外资企业进出口总额达 516.9 亿美元,比上年增长 17.6%,占全市进出口总额的 63.6%。全市外资企业缴纳涉外税收 453.4 亿元,位列全省第二位,比上年增长 11.18%,高于苏南地区增幅 0.24 个百分点,占全市税收比重 31.12%，较去年同期比重提升了 1.98 个百分点。

(吴　栋)

对外及对港澳台贸易

【概况】 2017 年，无锡市外贸累计进出口实现 812.5 亿美元,比上年增长 16.4%,其中,出口及对港澳台输出 495.2 亿美元，比上年增长 15.4%；进口及港澳台输入 317.3 亿美元,比上年增长 18.0%。高新技术产品、机电产品出口分别为 221.8 亿美元和 326.0 亿美元,比上年分别增长 22.0%和 18.8%,占全市出口比重分别为 44.8%和 65.8%。

2017 年，全市一般贸易进出口 398.9 亿美元,比上年增长 10.0%,占全市进出口总额的 49.1%;加工贸易进出口 335.7 亿美元，比上年增长 15.1%,占全市进出口总额的 41.3%。全市有进出口实绩的企业 8799 家。全市外资企业进出口、出口分别为 516.9 亿美元和 274.7 亿美元，比上年分别增长 17.6%和 12.8%。民营企业进出口、出口分别为 222.6 亿美元和 157.4 亿美元，比上年分别增长 5.9%和 7.4%。全市出口超亿美元企业有 60 家,共出口 241.1 亿美元,占全市出口总额的 48.7%。

2017 年,全市对欧盟、美国、日本、韩国分别出口 73.7 亿美元、76.6 亿美元、41.6 亿美元和 41.5 亿美元,比上年分别增长 11.3%、16.7%、4.6%和 23.5%。全市对新兴市场出口增长较快,对拉丁美洲、大洋洲分别出口 27.0 亿美元和 16.5 亿美元，比上年分别增长 14.7%和 21.4%;对“一带一路”沿线国家出口 128.5 亿美元,比上年增长 15.9%,其中,对俄罗斯、东盟和非洲出口比上年分别增长 19.7%、16.2%和 21.2%。

(余衍思)

【进口商品交易中心运行良好】 2017 年，无锡市进口交易中心运行良好。省级进口商品交易中心试点江阴化工品进口交易中心全年双边交易额 3524 亿元,双边交易量 4786 万吨,营业收入 5398 万元。

(余衍思)

【支持企业开拓国际市场】 2017 年,无锡市加大市场开拓力度,拓展外贸增长空间。充分发挥展会的主渠道作用，利用中国进出口商品交易会(广交会)、中国华东进出口商品交易会(华交会)、中国江苏出口商品交易会(日本大阪展)等优质展会平台帮助企业争订单、促成交。根据年度境内外市场拓展计划，挖掘传统市场专业化展会项目，拓展新兴市场和新兴产业展会项目，推动更多的企业参加广交会等境内外展博会。组织千余家企业参加了第 27 届华交会、121 届、122 届广交会、第 21 届大阪展、第 16 届中国国际日用消费品博览会（消博会)、2017 年俄罗斯品牌展、2017 年美国芝加哥展、2017 年澳大利亚中国纺织服装展、2017 年中东迪拜五大行业展等 70 多个重点境内外展会，帮助企业巩固传统市场、拓展新兴市场。坚持“优进劣汰,竞争择优”原则,加大广交会参展企业遴选和更新力度,提高组展水平和交易成效，无锡分团两次被江苏省交易团评为优秀分团。在组展过程中,通过全程公示展位分配、参展企业分类管理、积极向上争取展位数量等服务举措，全市参展企业特装展位、品牌展位数量继续增加，进一步支持参展企业利用交易平台开拓国际市场。

(余衍思)

【外贸综合服务平台发展】 2017 年，无锡世贸通供应链服务有限公司和无锡一达通企业服务有限公司两家省级外贸综合服务试点企业，通过整合外贸服务资源，为中小企业提供综合性服务平台，降低中小外贸企业运行成本，提升中小企业国际市场竞争力。两家企业累计服务中小微企业 1860 家,进出口 2.11 亿美元,其中出口 1.97 亿美元。

(余衍思)

【跨境电商发展】 2017 年，全市累计超过 4000 家企业开展了跨境电商 B2B 业务,通过网络接单超过 50 亿美元。通过无锡邮政渠道出口的跨境电商包裹突破 1500 万件,跨境电商零售 B2C 出口额约 3 亿美元。

(余衍思)

【提升出口信保工作】 2017 年,全市出口信用保险累计支持全市出口贸易 104 亿美元，首次跨上一百亿美元台阶,比上年增长 5.4%,服务企业 1918 家,比上年增长 11.4%,对一般贸易的渗透率达到 41.2%,促进了一般贸易出口比重的持续提升。全年累计服务全市年出口 300 万美元以下小微企业 1135 家,比上年增长 25.1%,小微企业的承保覆盖面达到 43.2%。年内，进一步优化中小企业平台统保政策，主动将承保费率下浮 16.7%,使得承保规模扩大至 23.4 亿美元,比上年增长 11.4%。政府统保平台规模继续保持全国和全省前列，促进了中小外贸企业的健康发展。

(余衍思)

对外及对港澳台经济合作

【概况】 2017 年，无锡市对外及对港澳台经济合作呈现稳健的发展态势,全年新批境外企业(机构)84 个，投资领域新增马耳他 1 个国家,累计 89 个国家(地区)。中方协议投资额12亿美元,其中民营企业对外投资55个，中方协议投资额5.6亿美元，项目数和投资额分别占总量的64.5%和46.8%。全年,对外工程承包和劳务合作方面完成外经营业额2948万美元,外经合同额5820万美元,新派劳务人员161人,至年底,无锡在外劳务947人。在对外援助方面，无锡市具有国家援外资格的机构,以其专业领先优势,继续承担和发挥在渔业养殖和寄生虫防治方面的培训基地作用。

(陆　方)

【西港特区发展稳定】 2017年,无锡商业职业技术学院与柬埔寨西港特区有限公司合资，在柬埔寨成立柬埔寨西港教育发展有限公司,该公司将投资建设西哈努克大学,为西港特区的发展提供人才保障。6月7日,举办全市150余家企业参加的“西哈努克省商务旅游(无锡)推介会”。6月25日,“无锡—西港”实现直航，加速无锡及周边地区与西哈努克市的经贸旅游往来，突显西港特区区域优势。继续完善西港特区基础设施建设，积极申报西港热电厂项目。至年底,区内已累计引入包括工业、服务行业在内的企业(机构)118家，行业主要分布于纺织服装、箱包皮具、五金机械电子、包装用品、木地板等,已生产经营的企业达到98家,区内从业人员2.1万名。

(陆　方)

【境外投资质量提升】 2017年,全市共备案28个并购境外高科技成果和先进制造业项目，中方协议投资额6.8亿美元,分别占全市总量的33.3%和56.3%，比上年分别增长75%和174%,其中,有2个超亿美元技术并购项目获批。备案“一带一路”沿线境外投资项目16个,中方协议投资额3.1亿美元,分别占全市总量的20%和26%，投资额比上年增长21.5%。

(陆　方)

【对外工程劳务发展】 2017年,商务部取消对外承包工程资格审批，市商务主管部门对一般项目实行备案管理，企业风险备用金缴存标准提高到300万元。年内,无锡市华仁建设集团有限公司备案了老挝能投国际综合楼项目。

(陆　方)

贸促(会展)工作

【概况】 2017年，全市贸促会系统有地市级支会1家,县(市、区)级支会2家,全市会员企业2031家。各级贸促会主要在国际联络、展览会议、涉外商事法律、信息资讯、经贸培训及外经贸行政事务等方面提供专业服务。年内,无锡市贸促会组织逾1169家外贸企业参加44个国际大型展(博)览会,接待境外政府、经贸促进机构、商协会及企业代表团33批次计305人次,拜访西班牙、保加利亚、印度、日本、泰国和菲律宾等驻沪总领馆和海外商协会机构30余家。组织举办“富国银行海外投融资论坛”“江苏光伏企业开拓海外市场研讨会”“2017中国(无锡)国际瑜伽节”等各类经贸活动12场。落实阿斯塔纳世博会“创新变革、绿色低碳”江苏活动周组织工作,主办或参与举办第九届中国(无锡)国际新能源大会暨展览会、2017中国太湖国际装备制造业博览会、2017中国无锡渔具及户外休闲用品展览会等5个展(博)览会,展览总面积达15万平方米。办理各类涉外经贸法律文书、单证及行政审批事项7.5万件。加强无锡国际商会会员服务，自办和组织会员企业参加各类培训15场、逾千人次。

(过叙军)

【第九届中国(无锡)国际新能源大会暨展览会】 11月2~4日,由国家能源局、中国国际贸易促进委员会、中国能源研究会、江苏省人民政府等单位主办的“第九届中国(无锡)国际新能源大会暨展览会(CREC2017)”在无锡举办。本届展会主题为“新城镇 新能源 新生活”,举办了主题展览会及中国分布式光伏大会、国际智慧能源大会、绿色建筑论坛中国分布式光伏大会、国际智慧能源大会、绿色建筑论坛等10场分论坛,4万平方米专业展览,“光伏树”文艺晚会等30多项配套活动。展会期间,评选并发布了“CREC中国十大户用光伏品牌”。此次展会,吸引200余位演讲嘉宾、2500余位听众参加论坛，美国、德国等20多个国家和地区的400余家企业、近4万人次参与,100余家新闻媒体报道。

(过叙军)

【涉外商事法律服务】 2017年,无锡市贸促会服务“一带一路”和自贸区战略，推进原产地证书电子化和自贸区原产地证书签发工作，不断促进贸易便利化。全年,签发出口货物一般原产地证书5.4万份、自贸区优惠原产地证书1.4万份,出具国际商事证明书5274份,代办使领馆认证1694份，签发暂准进出口货物ATA单证册20份。为30多家企业提供涉外商事法律服务，处理各类商事纠纷10起,受理并代办国际商标注册申请14件。编印《无锡国际商会信息》11期,累计投送会员企业16000份,微信公众号编发国别贸易预警、国际市场需求、国际合作需求等信息85期、431条。联合外汇管理局、海关、商检和中信保、世贸通、华商联等单位举办6期国际商务沙龙。

(过叙军)

【会展业稳步发展】 2017年，无锡会展产业持续增长，全市共举办各类会展活动130个，比上年增长13%,展览总面积逾90万平方米。以产业强市为重心，引导新兴产业会展项目和会展产业做大做强。物联网、新能源和高端机械装备等本土品牌展会活动的规模和影响力得到显著提升。市会展办重新调整《无锡市服务业(节会)资金管理实施细则》,优化会展扶持补贴政策,全年为符合政策条件的7家企业的10个会展项目兑现市重点展会扶持资金计143.17万元。先后引进ACS世界大学生超级计算机竞赛、中国食品科学技术学会第十四届年会、中国(无锡)国际肉类贸易发展大会、2017中国“物联网+”高峰论坛暨赛伯乐投资集团年会等重大会展活动。年内,无锡被中国会展经济研究会、会展财富杂志社、中国会议产业大会等知名会展机构评为“2017年度中国最具竞争力会展城市”“中国十佳品牌会展城市”“最具品牌会展(会奖)目的地”等。

(过叙军)

【2017中国(无锡)国际瑜伽节举办】 2017年,在第3个联合国国际瑜伽日来临之际,由无锡市贸促会、

无锡市体育局、印度驻沪总领馆共同主办，以“融胜境·舒身心”为主题的“2017 中国(无锡)国际瑜伽节”于 6 月 21~25 日在无锡灵山举行，近万名瑜伽爱好者在十位印度瑜伽大师带领下集体练习瑜伽。此次活动被印度驻沪总领馆授予“组织中国规模最大的第三届国际瑜伽日庆典活动”奖牌，并获得“我要上全运”全民健身网络竞赛二等奖。

(过叙军)

口岸

【概况】 2017 年，无锡市口岸货物吞吐量 1.61 亿吨，比上年增长 20.9%；其中，外贸货物吞吐量 3479.15 万吨，比上年增长 43.24%。全市口岸集装箱吞吐量 65.73 万标箱，比上年增长 14.17%，其中，外贸集装箱 11.66 万标箱，比上年增长 22.83%。无锡空港旅客吞吐量 668.54 万人次，比上年增长 20.2%。其中，出入境旅客吞吐量 85.43 万人次，比上年增长 32%；货邮吞吐量 10.76 万吨，比上年增长 12.1%。全市口岸运行保持平稳增长态势。

(张　艳)

【进口肉类指定口岸开通运行】 3 月，无锡市进口肉类指定口岸通过国家级验收。5 月，中国国际肉类产业商之桥暨中国(无锡)国际肉类贸易发展大会在无锡召开，全球 22 个国家的企业参与此次大会。10 月，首批进境肉类货物运抵无锡市肉类口岸顺利通关。

(张　艳)

【航空口岸发展】 2017 年，无锡市航空口岸引进无锡—暹粒定期航线；无锡—芽庄、无锡—巴厘岛、无锡—曼谷、无锡—普吉等多条包机航线转为定期运营航线。春运及暑运期间开通塞班、沙巴、富国岛、岘港、宿务等季节性旅游包机航线。加密大阪、澳门航班至每天一班。西港航线于 6 月 25 日实现首航。完成首班“无锡—大阪”B767 全货机航班的运营。国际(地区)客运航线持续增加，累计达 21 条。1 月，苏南硕放国际机场通过公安部验收，公安出入境管理部门按要求完成经办人员业务培训并配备开展业务相关设备后，于 12 月 26 日正式开展外国人口岸签证业务。

(张　艳)

海关

【概况】 2017 年，无锡海关征收税款 64.5 亿元，比上年增长 21.7%。监管货运量 59.7 万吨，监管货物总值 259.9 亿美元；监管集装箱量 69056 箱，比上年增长 9.3%。加工贸易实际进出口值 266.36 亿美元，比上年增长 14.7%。实有注册企业数 12446 家，AEO 高级认证企业 16 家；审批减免税货物货值 4.53 亿美元、减免税额 3.16 亿元，分别比上年增长 96.7%和 75.5%。稽查补税 6205 万元，比上年增长 94%。立案侦办走私刑事案件 9 起，案值 5.8 亿元，1 起案件被海关总署缉私局公布为一级挂牌督办案件。2017 年，无锡海关荣获全国文明单位，江苏制造突出贡献奖先进单位，连续 6 年蝉联“无锡市为民服务”窗口。

(邵元飞)

【创新工作模式】 2017 年，无锡海关有序推进“全国海关通关一体化”改革，现场接单比例下降至 1/3，全面推进税收征管制度改革，“自报自缴”报关单月均 1 万票，位居全省前列。在全省首批开展“以企业为单元”的加工贸易监管模式改革，主动向上争取开展“以研发设计企业为龙头的全产业链保税监管模式”改革项目。恢复区内企业“委内加工”政策适用，启动无锡与成都、重庆综保区间货物流转，推进仓储货物按状态分类监管、工单式核销、“一次备案、多次使用”等自贸试验区创新监管制度落地，推进“赋予海关特殊监管区域企业增值税一般纳税人资格”试点落户无锡高新区综合保税区。

(邵元飞)

【服务开放升级】 2017 年，无锡海关辖区进、出口通关时间分别为 10.91 小时和 1.61 小时，分别比上年压缩 4.89 小时和 1.51 小时。拓展口岸功能，支持开通无锡—柬埔寨西港“一带一路”航线和“无锡—广州—曼谷”国际航班，与北京、上海、郑州、昆明 4 地发展“空空联程”“卡车航班”业务，扩大机场辐射能力。加强对生鲜货物及水产品空运通关保障，不断拓展空运口岸功能。建设跨境、快件、邮件三位一体发展平台，全年监管跨境出口 2.5 万票、监管进出境快件 10 万票，利用省内邮件小包机场直发业务监管出口邮件 223 吨。

(邵元飞)

【优化营商环境】 2017 年，无锡海关落实《南京海关关于支持江苏开放型经济发展的措施》，对接无锡市产业强市主导战略提出 15 项措施，召开面向全市重点进出口企业的宣讲会解读政策。开展税则调研，申报调整建议获批，为辖区企业节约成本 3000 万元/年；落实查验无问题相

11 月 8 日，无锡海关召开海关支持无锡开放型经济发展政策宣讲会

(邵元飞　供稿)

7月19日,无锡海关在进出口快件渠道首次查获禁止出境文物"东汉陶砖"

(邵元飞 供稿)

关费用财政支付政策,全年节省企业费用25万元,惠及企业40余家。协调推进商事制度改革,以认证为核心提供专业化指导,辅导5家AEO高级认证企业全部通过重新认证。

(邵元飞)

【监管提质增效】 2017年,无锡海关强化执法评估监测,综合执法管理质量指标体系得分位列全省第二,自行开发3个分析模型开展大数据分析。强化实际监管,H986机检设备通过验收,开展非侵入式查验提升查验效率;探索全领域"双随机"监管模式,查验随机比例达到94%,常规稽查、保税核查"双随机"全面推广。协调推进落实地方打私综治基础性作用,推进"智慧缉私",搭建移动警务通3.0系统,构建"三网合一"情报模式。开展打击走私"国门利剑2017"专项行动,开展扫黄打非查获淫秽及非法印刷品、音像制品1226件。

(邵元飞)

出入境检验检疫

【概况】 2017年,无锡出入境检验检疫局(以下简称无锡检验检疫局)实施出入境货物检验检疫3.7万批、货值23.43亿美元,比上年分别下降6.98%和10.47%。签发各类优惠原产地证书67000多份,检疫交通工具(飞机)5635架次,检疫集装箱1.62万标箱。发现动植物疫情193种,530种次。在出入境旅客中发现有症状人员1091例,其中确诊传染病265例。完成法定目录外进出口商品监督抽查51批次,其中发现不合格商品15批次。年内,无锡检验检疫局第四次被全国精神文明建设指导委员会表彰为"全国文明单位"。

(丁一忠)

【加强精准监管】 2017年,无锡检验检疫局加强宏观质量管理,推进工业品质量安全风险信息采集、分析及结果应用。强化对危险化学品、旧机电、医疗器械等重点商品的检验监管工作,落实对危化品及包装企业的监管责任。加强对协议国家出口商品的装运前检验,做好政策宣传、标准确定、质量检验、现场监装等工作。11月2日,锡山区出口摩托车、电动车质量安全示范区通过国家质检总局复评。深化出口企业质量竞争力指数研究,为政府制定相关政策提供参考依据。加强信息化创新应用,为检验检疫工作提供信息化支撑,推进"空港进出境快件检验检疫管理系统"、"互联网+政务服务"项目和"进口机动车辆质量监管系统"建设。

(丁一忠)

【完善国门防控体系】 2017年,无锡检验检疫局加强口岸卫生检疫基础设施、人才队伍建设,完善口岸联防联控、监督管理和应急处置机制。开展口岸饮用水中毒应急处置、预防接种过敏反应快速处理及口岸核生化应急处置等演练工作。加强国门生物安全防御体系建设,促进口岸动植检规范化,提高动植物疫情疫病检出率。探索完善出口食品监督抽检制度,督促做好对境外生产企业和出口商的审核制度,落实进口食品合格证明制度、进口商备案和销售记录制度,建立健全进口食品化妆品溯源和不合格产品召回机制。推进空港口岸检疫处理中心、植检实验室能力建设;完善虫媒和消化道传染病常见病原体的检测技术,推进特殊物品实验室建设。

(丁一忠)

7月20日,全国质检系统法治质检建设工作经验交流会在无锡召开

(丁一忠 供稿)

【国检惠贸服务】 2017年，无锡检验检疫局围绕“一带一路”倡议和省、市有关要求，创新实施国检惠贸服务举措。开展“联企强市、连心富民”“两微两大”“心桥2017”走访活动，调研企业情况和社会民众需求，落实精准帮扶措施。推进审单放行业务改革，全面推进全程无纸化工作。推进“单一窗口”建设，提升检验检疫服务贸易便利化水平。推进“互联网+政务服务”建设，打造“一站式”政务服务综合样板获得法治无锡实事工程优胜奖。按照“外网申报、内网审批、数据交换、电子签收”的思路，创新“一站式审批”线上+线下新模式，企业通过上网查询、二维码扫码等方式进行实时办理。

（丁一忠）

【科技推动检测事业发展】 2017年，无锡检验检疫局推进国家检验检测认证公共服务平台示范区建设，参与全国示范区建设研讨。推进“苏南检验检测高技术服务集聚区(无锡)”申报工作。联合市发改委、科技局向市人大提交“加快检验检测高技术服务业发展”的议案。推进无锡进出口公共技术服务平台、无锡中小微企业质量服务平台建设，“江苏省军民融合检测公共服务平台”等4个公共技术平台被省经信委授予“江苏省中小企业技术服务示范平台”。推进检测技术机构技术能力建设，加快技术开发、技术储备、资质拓展。参与省局“E检易测”互联网检测服务平台建设工作，完成10类商品检测业务上线。推进科普基地建设，建成“江苏省科普教育基地”。开展科普活动20余次，参观人员超5000人次，科普微动漫《绿色保卫战》获质检总局一等奖。

（丁一忠）

【获得进口肉类指定口岸资质】 3月2日，国家质检总局验收组对无锡进口肉类指定口岸进行现场验收，无锡高新区综保区正式获得国家质检总局进口肉类指定口岸资格。无锡高新区综保区进口肉类指定口岸位于无锡高新区综保区内，查验场地面积超过3000平方米，储存冷库2间，总面积478平方米，库容520余吨，设置5个装卸口，能够同时满足对5辆集装箱卡车实施查验。无锡进口肉类指定口岸成为省内第二家内陆型进口肉类指定口岸，年查验肉类产品能力为5万多吨。

（丁一忠）

9月26日，无锡检验检疫局和无锡市总工会等部门共同举办首届“高新杯”质量知识大赛 （丁一忠 供稿）

【食品安全周活动举行】 7月11日，无锡检验检疫局在无锡麦德龙商场举行2017年食品安全周“尚德守法共治共享食品安全”主题宣传活动。活动现场，重点介绍了进出口食品安全监管工作，“三同”(同线同标同质)工程推进情况；企业代表宣读了食品安全倡议书。活动旨在引导社会各界参与食品安全宣传和科学知识普及，共同加强社会监督和维权工作，营造食品安全社会共治良好氛围。

（丁一忠）

【“高新杯”质量知识大赛】 9月26日，无锡市总工会、共青团无锡市委员会、无锡高新区管委会、无锡检验检疫局共同举办首届“高新杯”质量知识大赛决赛。透平叶片、红豆集团、村田电子、博世汽柴油、尚德太阳能等12家企业的代表以情景剧、小品、朗诵等节目形式参加了比赛。参赛企业围绕质量管理经验做法、传承质量精神为主题，以通俗易懂、喜闻乐见的形式创作参赛节目，传播质量文化。初赛阶段，无锡检验检疫局还组织了多次质量讲座等活动；组织58家企业200多名质量管理人员进行了法律法规、产品认证体系认证、质量检测和可靠性试验等内容的笔试。

（丁一忠）

【公共服务新闻发布会】 11月3日，江苏检验检疫局科技处、无锡检验检疫局联合举办“公共技术服务平台建设成效及中小微企业服务举措新闻发布会”。无锡进出口企业代表、新闻媒体代表等30余人出席新闻发布会。会上，无锡检验检疫局推出针对中小微企业8条新服务举措，介绍无锡公共技术服务平台建设情况和服务成效。无锡检验检疫局人员还现场解答媒体和企业代表的提问。

（丁一忠）

编辑 邵文凯

综 述

【概况】 2017年，无锡省级以上开发区贯彻新发展理念，实施六大发展战略，开发区经济带动作用、开放引领作用不断增强，推动全市经济社会持续健康发展。全市14个省级以上开发区累计完成规模以上工业总产值11742.6亿元，占全市比重74.0%，占比提升6.6个百分点，比上年增长21.4%，增速高于全市4.6个百分点。规模以上工业总产值超千亿元的开发区6个，比上年增加1个。一般公共预算收入509.5亿元，占全市比重54.8%，占比提升1.8个百分点，比上年增长9.8%，增速高于全市3.5个百分点。固定资产投资3328.3亿元，占全市比重67.0%，占比提升4.2个百分点，比上年增长10.4%，增速高于全市平均值5.7个百分点。

（朱祎敏）

【创新资源集聚】 2017年，开发区集聚全市73.4%的高新技术企业，达1222家，高新技术产业产值占全市比重70.6%。新设市级以上孵化器、众创空间24家，省级以上研发机构和技术中心累计达到583家，比上年增长6.6%。新增或培育太湖人才计划高层次人才98名、省级以上重点人才计划入选数45名，分别占全市比重64.6%和60.0%。无锡高新技术产业开发区、锡山经济技术开发区通过国家知识产权示范园区验收，江阴临港经济开发区、宜兴陶瓷产业园区通过省知识产权试点园区验收，无锡国家工业设计园等5家园区成功获批“苏南国家自主创新示范区优秀科技园区”，惠山芒种众创空间、宜兴环保黑马营等8家单位被认定为“苏南国家自主创新示范区优秀众创空间”。

（朱祎敏）

【开放主体优势明显】 2017年，全市开发区完成到位注册外资34.1亿美元，比上年增长23.4%，高于全市平均增速15.8个百分点，占全市比重92.8%，占比提升11.9个百分点。其中，国家级开发区全部超额完成全年目标任务，无锡高新技术产业开发区完成到位外资列全省开发区第一。开发区全年完成进出口总额686.8亿美元，比上年增长19.1%，增速高于全市平均值2.7个百分点，占全市比重84.5%；出口额392.3亿美元，比上年增长19.1%，增速高于全市平均值3.7个百分点。承接离岸服务外包合同执行金额57.3亿美元，占全市比重76.5%。新批境外投资企业73家，占全市比重86.9%。江阴高新技术产业开发区新建诺奖得主研究院2家、宜兴环保科技工业园中德专利技术产业园项目签约、惠山经济开发区麦德华创新药研究院成功落户，有力促进全球最新科技成果在开发区内转化运用。

（朱祎敏）

【集约绿色发展】 2017年，全市开发区以产业发展为主线，着力打造特色创新集群。无锡高新区智能传感系统产业集群被认定为全国首批、江苏唯一的创新型产业集群，宜兴军民融合产业园通过验收，全市省级特色产业园区增至18个。严格执行土地出让制度和建设用地标准，推动存量建设用地盘活利用，开发区单位面积地区生产总值、单位面积累计固定资产投资总额、单位面积项目投资额稳步提升。深入实施“263”专项行动，综合能耗、水耗进一步下降，化学需氧量、二氧化硫等主要污染物排放量削减超额完成考核任务。

（朱祎敏）

【完善营商环境】 2017年，全市开发区推进“放管服”改革，开展相对集中行政许可权改革试点，有效落实“一枚印章管审批”和“3550”改革目标，与行政区统筹推进“不见面审批”服务模式，普遍建立代办制度，推行大项目代办制、一般项目网上办理。围绕开发区主导产业发展需求，石墨烯应用技术研发检测平台等一批重点实验室、企业技术中心、工程技术（研究）中心相继投入运营；阿里巴巴、腾讯、阿斯利康等行业龙头纷纷设立创新中心，创新促进服务体系日臻完善；丰富招商引资方式，提高招商人员素质。

（朱祎敏）

无锡国家高新技术产业开发区

参见第461页“新吴区”内容。

中国宜兴环保科技工业园

【概况】 2017年，中国宜兴环保科技工业园(以下简称“环科园”)围绕“千亿级产业，千亿级园区”目标要求，坚持产业强市主导战略，以重大项目建设为龙头，以产业转型为主线，全力扩大开放合作，推动资源整合，强化企业服务，提升发展动能，稳增长、调结构、惠民生、促和谐等工作稳步向前，在全省48个高新区中的排名提升2位，位列第22名。至年底，园区区域面积212平方千米，全社会固定资产投入174.2亿元，比上年增长12.2%，其中，基础设施建设投入18.8亿元，比上年增长12.1%；规模以上企业工业增加值223.2亿元，比上年增长9.6%；一般公共预算收入32.2亿元，比上年增长13.4%。

（陆　蓥）

【重点项目建设】 年内，环科园在建重点项目16个，总投资约69亿元。帝特律电动汽车、协鑫厢式物流车、远东福斯特电池等重大项目签约入驻，实现了在新能源新兴产业上的重大突破。双盾环境脱除PM2.5雾霾环保装备、沪宁钢机箱型钢板剪力墙装配式建筑产业基地、鹰普机械大马力发动机缸体制造等项目建成，中建材(宜兴)新能源有限公司智能超薄光伏玻璃、中信产业园等项目启动报批程序并进入项目前期建设。9月，帝特律电动汽车项目实现一次性外资到账2.4亿美元，成为宜兴历史上最大规模的到位外资项目。

（陆　蓥）

【提升承载能级】 年内，环科园围绕基础设施和实事工程建设总投资1.8亿多元，完成续建项目4个、新建项目21个。实施归径老街、岳南路、新街中学体育馆、创新创业园一期、堂前人家三期等建设工程，西花园、新城苑、丰泽园等老旧小区改造整治。以文明城市创建为契机，开展沿街店铺经营秩序、菜场环境、犬类管理等专项整治行动，推动“净化、美化社区行动”，显著改善园区环境面貌，增强群众幸福感。围绕环科新城建设，在高塍区块完成拆迁12.8万平方米；进一步完善环保大道、科技大道等路网建设，西氿大桥、便利中心、湿地公园等宜兴市定重大项目及配套工程推进顺利。

（陆　蓥）

【深度拓展开放合作】 年内，环科园坚持国际化、高端化取向，坚持大节能、大环保主线，赴日本、韩国、芬兰、英国等国家开展专题招商，组织参加上海环博会、国际环保新技术大会等国际性展会，联合举办中韩、中芬等节能环保技术交流会，达成一批新的合作项目。中国东盟环保示范基地、3iPET（环境保护部环保技术国际智汇平台)建设有序推进。联合国际水协会、西安建筑科技大学等合作共建“国合基地”(国际科技合作环保高端装备基地)，着力建设清洁技术产业集群。新引进“双高”(高级经营管理人才与高级专业技术人才）人才45名、留学人员44名。中国工程院院士、“亚洲电动车之父”陈清泉，美国工程院院士霍夫曼，新南威尔士大学常务副校长布莱恩等人相继加盟。举办中国江苏大院大所合作对接会绿色分论坛、全国第十三届非均相分离学术交流会、第五届环保产业发展推进会暨物联网大会智慧环保分论坛、中国东盟“一带一路”产业合作研讨会等重大活动，签署一批产学研合作项目，集聚了一批新资源。连续三年举办的环保创新创业大赛，吸引500多个创新创业项目和团队，扶持12个项目，成为国内环保创投领域最具影响力的赛事。

（陆　蓥）

【创新能力增强】 年内，环科园新申报高新技术企业6家，省级高新技术产品52项。组织园区21家企业申报“苏科贷”项目，获得科技贷款1750万元。鹏鹞环保创业板上市，成为宜兴市首家A股上市环保企业。江华集团获得国家技术发明二等奖。碧诺环保荣获“第六届中国创新创业大赛总决赛优秀企业奖”。南京大学宜兴环保研究院院长任洪强团队的“高风险污染物环境健康危害的组学识别及防控应用基础研究”，获得2016年度国家自然科学二等奖。江苏省环保装备产业技术创新中心完成硬件建设，中信环境、中国瑞林等一批科研机构和知名企业入驻，发布环保产业前沿关键技术项目37项，制定环保技术与装备标准10项。国合基地创新合作模式，形成了“在一中心转化、在一基地生产、在环境医院模式下推向市场”一条龙服务体系，已与12家外方企业签约合作，其中，韩国恩百康斯污泥资源化利用等5个项目入驻。环保黑马营被评为苏南国家自主创新示范区优秀众创空间、国家级众创空间。宜兴留创

环科园国际环保展示中心俯瞰　　（陆　蓥　供稿）

10月25日,第三届环保创新创业大赛总决赛在北京举行

(陆 鋆 供稿)

园获“省创新创业示范基地”称号。久力缘众创空间获批第五批省级众创空间。省人才创新创业促进会宜兴代表处落户。成功申报2017科技部创新型水产业集群试点。

(陆 鋆)

【国家环保设备质量监督检验中心通过验收】 11月,国家环保设备质量监督检验中心(江苏),获得由国家认证认可监督管理委员会、中国合格评定国家认可委员会颁发的资质认定、授权以及实验室认可“三合一”认证证书(以下简称“三合一”证书)。自2012年1月质检总局正式发文批准设立国家环保设备质量监督检验中心至今,该中心致力于建设成为服务华东地区乃至全国环保产业的集检验检测、技术咨询、科技研发等多项功能于一体的公共服务平台。中心配备了各类检验检测仪器设备700多台(套),拥有机械、电气、材料、化学分析、微生物、噪声及振动等多个专业检测实验室和特色检测平台,能够出具国家级证书的检测范围涉及机械、轻工、金属材料、声学、水质、化学助剂等多个领域。此次获得国家级“三合一”证书,标志着该中心具备按国际认可准则开展检测服务的技术能力,其检测结果能够被美国、英国、德国等与CNAS(中国合格评定国家认可委员会)签署互认协议的国家和地区互认。

(陆 鋆)

【第五届中国环保技术与产业发展推进会召开】 9月11日,第五届中国环保技术与产业发展推进会暨2017世界物联网博览会智慧环保高峰论坛在宜兴国际环保展示中心开幕。会议以“物联世界、智慧环保”为主题。各级领导、专家学者,以及中国电信、诺基亚、上海新华三等企业负责人和专家代表约350人齐聚宜兴,共同探讨如何运用“物联网+”思维发展环保产业,合力推动宜兴环科园建设成为国内一流的环保产业技术创新中心和具有显著竞争力的环保产业基地。会议设置了“智慧水务和物联网”“智慧监测与监管”“物联网技术应用与安全”三个主题研讨会,举办“智慧环保成果展”。同时,还举行了智慧环保物联网产业园、国内首家创新型生态智慧工厂、宜兴—荷兰园艺装备小镇等物联网技术与环保产业深度融合项目的签约仪式。

(陆 鋆)

【举办第三届环保创新创业大赛】 10月25日,2017环保创新年度峰会暨(第三届)环保创新创业大赛总决赛在北京举行。大赛由环科园和创业黑马(北京)科技股份有限公司联合举办,5月正式启动,以“寻找环保细分领域的黑独角”为主题,致力于在环保细分领域挖掘产业活力。大赛延续前两届“导师+专家+投资机构”评委阵容,20个海内外环保界优质企业,从上百个报名项目中脱颖而出,成功入围总决赛。经过激烈角逐,9个项目分获冠军、亚军、季军,环科园企业江苏裕隆环保、宜兴艾科森公司同列季军。

(陆 鋆)

【帝特律电动汽车项目签约】 2月,帝特律电动汽车公司与江苏远东智慧能源公司、宜兴环科园合作三方正式签约,总投资18亿美元、注册资金6亿美元的帝特律电动汽车整车制造项目落户宜兴。这是2017年江苏省政府新批的最大外资制造业项目。3月,帝特律电动汽车有限公司取得营业执照;5月,该项目首期外资500万美元到账;10月,2.4亿美元无形资产评估及审定获商务部确认并顺利到账。帝特律电动汽车公司是国际知名的电动汽车开发制造企业,在电动汽车核心系统及整车研发上,拥有先进成果和成功经验,研制的电动汽车累积行驶里程超过300万千米。

(陆 鋆)

无锡太湖国家旅游度假区

【概况】 2017年,无锡太湖国家旅游度假区坚持以建设国内一流的旅游度假区为总目标,以打造“旅游度假胜地、特色产业高地、湖岛生态绿地、和谐宜居福地”为具体要求,落实经济社会发展新三年行动计划,系统化、项目化统筹推进旅游提能、产业提质、招商提效、财力提增、环境提标、惠民提速、党建提优等重点工作,较好地完成了全年各项目标任务。全年完成公共财政一般预算收入7.5亿元,比上年增长15.2%;规模以上工业总产值113亿元,比上年增长18%;全社会固定资产投资64亿元,实现年度目标103.2%;限额以上社会消费品零售额8.26亿元,比上年增长23%;商务部确认到位注册外资10653万美元,比上年增长77.55%;接待入园游客1038万人次。

(吴彧翎)

【招商引企】 2017年,度假区继续注重招商促发展。全年新招引注册资本1000万元以上企业42家。总投资200亿元的特色小镇“太湖人鱼小镇”项目奠基开工，一期23公顷商业街区完成转让。总投资50亿元的药明康德生命科技园项目和投资4亿元的药明康德国际交流会议中心及干部管理学院项目落户。总投资2000万美元的贝勒医疗项目完成公司注册。

(吴彧翎)

【文化旅游发展】 2017年，度假区总投资约1.3亿元的灵山景区修缮及梵宫修复项目竣工，新梵宫于11月15日重新对外开放。拈花湾成为江苏省首批特色旅游小镇创建单位，荣膺“2016~2017年度中国最具魅力会议目的地”奖。投资9000万元的拈花湾二期客栈项目竣工。和平“318大院”、古竹“大隐山居”精品客栈项目建成迎客。西村“云居西村”、嶂青“山居一聚”等特色民宿客栈项目进入收尾阶段。总投资8000万元的金诚太悦明日之星项目完成原婚纱基地以及酒店内部改造。和平慕湾果园和群丰月半湾农庄创建成为省三星级乡村旅游点；和平社区创建成为省四星级乡村旅游区和无锡市美丽乡村休闲旅游示范村。举办灵山大佛开光20周年庆典、首届中国无锡马山长江两岸机车文化节、第二届太湖国际帐篷旅游节暨铁人三项赛、第二届马山户外旅游节、第八届无锡太湖国际旅游钓鱼节、乐跑马山赛等活动。

(吴彧翎)

【生物医药发展】 2017年，度假区生命健康产业规模企业产出58.47亿元，实现税收11.77亿元。全面启动健康小镇策划，加速马圩地区产城融合。总投资1.5亿美元的药明生物新生产基地全面建成投运，成为全球最大使用一次性反应器的生物医药cGMP生产基地。6月，药明生物在香港上市。

(吴彧翎)

【先进制造业发展】 2017年，度假区先进制造企稳回升。成立工业基地管理办公室，完成整治地块16幅142.13公顷，盘活存量厂房3万平方米。宏盛、焊特科技等企业技改扩能项目有序推进。换热器行业回升势头良好，全年规模企业产出14.66亿元，比上年增长40.42%。换热器配套铝业完成4.35亿元，比上年增长58.18%。鑫盛换热器科技股份有限公司、飞云球业股份有限公司实现新三板挂牌。

(吴彧翎)

无锡太湖国家旅游度假区拈花湾特色旅游小镇全景 (吴彧翎 供稿)

【科技创新】 2017年，辖区企业累计获得各类资金奖励1146.485万元。其中，企业上市奖励610万元，包括市级110万元，区级500万元。科技类项目14个，引导资金430.1万元，含省级项目3个，引导资金200万元；市级项目7个，引导资金110.1万元；区级项目4个，引导资金120万元。企业知识产权建设方面获得106.385万元资金资助。出台度假区产业发展扶持政策，协助企业做好项目内容、投资总额的包装策划工作，为后期争取政策打好基础。完成各类专利申请218件，发明专利授权21件。

(吴彧翎)

【城乡建设】 2017年，度假区完成马圩控规修编方案。完成自然村生活设施及环境改善提升项目工程方案设计。启动对紫云路、梅梁路、峰影路等10千伏电力线路维修改造。启动环山东路拓宽改造工程前期手续办理。完成霞光路新建交通设施工程、霞光路延伸段交通设施工程、紫竹路交通设施工程、启帆路交通设施工程。完成霞光路延伸段工程(峰影路—水产路)竣工验收工作。完成马山智能交通二期项目招投标工作及施工。完成交警指挥大厅及食堂改造工程施工。完成群丰社区庙西自然村环境整治项目的拆迁补偿工作，涉拆集土住宅20户。全面启动南部高速沿线国土房屋征收拆迁工作，完成20户住宅和11户非住宅拆迁补偿协议签订，完成开源集团、曙光技校两家企业拆迁协议签订。全年签约涉拆面积共计约13万平方米。完成湖山湾家园193套转性安置房销售，启动剩余189套安置房转性工作。完成履丰苑、栖云苑608套剩余安置房转性并根据相关程序正式启动上市工作。

(吴彧翎)

【社会事业发展】 2017年，度假区加快推进为民办实事项目建设。推进天然气入户工程，完成3455户居民的管道安装任务，首批324户居民正式点火启用。峰影老新村12.7万平方米改造工程竣工。峰影小学新校区正式使用，三校合并平稳推进。马山中心幼儿园通过“省优质园”评估。人力资源服务中心建成启用，马山仲裁庭、市社保中心马山窗口成为全市区级以下层面唯一授权独立办理窗口。全年新增就业1820人，实现城镇失业再就业856人，援助就业困难人员再就业130人，创业培训215人，重点扶持自主创业人数199人，实现带动就业再就业710人。推进人民调解工作，全年调解各类纠纷118起。加强法律服务，全年提供法律援助20件次。

(吴彧翎)

【生态建设】 2017年，度假区持续推动“两减六治三提升”专项行动，深入推进生态环境建设。新启动15个排水达标区建设。实施栖云苑经济适用房、朝霞新村生活垃圾分类收集试点，启动10吨/天餐厨垃圾处置场建设。完成孟湾堆场生态环境修复工程。峰影河、顾家渎创建成为区样板河道。关停3家化工企业。累计打捞蓝藻60万吨、水草及垃圾2.47万吨，处理污水657万吨。

（吴彧翎）

江阴高新技术产业开发区

【概况】 2017年，江阴高新技术产业开发区（以下简称“江阴高新区”）着力做好稳增长、抓创新、调结构、促转型、强招商、攻项目、优环境、惠民生等各项工作，推进苏南国家自主创新示范区核心区建设。全年完成地区生产总值851.6亿元，比上年增长（下同）13.4%，其中服务业增加值389.4亿元，增长14.3%；规模以上工业产值1295.2亿元，增长22.4%；一般公共财政预算收入75.2亿元，增长6.5%；全社会固定资产投资394亿元，增长13.3%，其中工业投入156.2亿元，增长16.1%。完成进出口总额76.3亿美元，增长18.2%；到位注册外资6.03亿美元。年内，江阴高新区获批国家级出口高性能特钢及制品质量安全示范区、国家集成电路封测高新技术产业化基地。在2016年度科技部火炬中心对147个国家高新区考核排名中列第55位。

（朱亚丽）

【推进苏南国家自主创新示范区核心区建设】 2017年，根据《江苏省人民政府关于加快推进产业科技创新中心和创新型省份建设的若干政策措施》和《中共江阴市委、市人民政府关于实施创新驱动战略加快建设特色产业强市和创新型城市的若干意见》文件精神，江阴高新区制定《关于聚力创新加快推进苏南国家自主创新示范区核心区建设的若干政策措施》，重点在提升自主创新能力、培育特色创新产业集群、加快建设科技创新载体平台、促进科技金融合作、鼓励知识产权创造、营造创新生态六个方面扶持企业科技创新。启动江阴高新区苏南国家自主创新示范区一站式服务中心建设，建立科技型企业数据库，开通科技服务微信公众号和“江小科”客服在线答疑，实现互联互通、线上线下、统筹集成的一站式服务。开展苏南国家自主创新示范区政策专题培训。完成2016年度高新区创新型产业集群发展专项资金政策兑付，惠及企业193家。7月，在全省开发区改革创新大会上，江阴高新区获得“苏南国家自主创新示范区核心区”授牌。8月，获得江苏省财政厅、科技厅下达的2017年度苏南国家自主创新示范建设奖励补助专项资金2340万元。11月，在由江苏省苏南国家自主创新示范区建设促进服务中心开展的苏南国家自主创新示范区创新载体评估中，获评优秀园区2个、瞪羚企业6个、优秀众创空间1个。

（朱亚丽）

【获批国家级出口高性能特钢及制品质量安全示范区】 1月10日，经国家级出口高性能特钢及制品质量安全示范区创建验收组检查验收，江阴高新区获批成为国家级出口高性能特钢及制品质量安全示范区。江阴高新区自2013年启动出口高性能特钢及制品质量安全示范区创建工作以来，制定《江阴出口金属制品国家级质量安全示范区建设实施意见》，编制《江阴国家高新技术产业开发区产业发展规划》《江阴高新区金属新材料产业园发展规划》《江阴出口高性能特钢及制品质量安全示范区三年发展规划（2016~2018）》，规划5平方千米的高性能特钢及制品科技产业园，依托兴澄特钢、法尔胜、贝卡尔特等龙头企业，打造千亿级高性能特钢及制品产业集群。举办多次质量管理论坛、首席质量官培训和放射性检测技术培训讲座；组建江阴出口高性能特钢及制品质量技术促进委员会，引导鼓励区内企业参与科研制标活动；健全技术服务、三创载体、产学研合作、科技服务中介、金融服务和检验检测等六种公共服务平台，并给予检测费用50%的补助；建成国家金属线材制品工程技术研究中心和国家特钢工程技术研究中心、兴澄特钢研究院，打造一批具有自主知识产权和国际领先水平的创新载体。先后出台《江阴高新区创新型产业集群发展专项资金管理办法》《江阴高新区创新型产业发展引导基金管理办法》《关于推动江阴出口产品质量安全示范区若干政策的意见》《关于外贸稳增长的扶持意见》等文件，其中，为培育高性能特钢及制品产业发展，专门设立了每年1亿元的专项发展资金，重点支持科技创新、人才引进及培养、质量标准品牌等。至2017年，示范区拥有中国名牌产品2个、省名牌产品20个，省重点名牌2个、无锡市名牌17个，中国驰名商标2个、江苏省著名商标8个、无锡市知名商标5个；拥有国际标准化组织钢丝绳技术委员会秘书处1家，承担全国标准化专业技术委员会分会秘书处2家，全国钢标委海洋环境腐蚀性能试验方法标准工作组1家，高性能特钢及制品企业主持制修订国家标准、行业标准64个。区内65家特钢及制品企业中，有质量信用A级企业21家、AA级企业2家、AAA级企业2家，全国质量管理先进企业1家，无锡市市长质量奖2家、江苏省卓越质量管理奖1家、江苏省卓越绩效孵化基地1家，兴澄特钢先后获得全球卓越绩效奖、中国质量提名奖、无锡地区首家“江苏省质量奖”，法尔胜获得中国工业大奖、中国出口免验品牌和省长质量奖。

（朱亚丽）

【获批国家集成电路封测高新技术产业化基地】 1月，江阴高新区被科技部授予“国家集成电路封测高新技术产业基地”称号。年内，高新区集成电路封测产业实现产值280亿元，拥有重点骨干企业9家、各类科技型中小企业50余家；建有高密度集成电路封装技术国家工程实验室1家、国家企业技术中心1家，江苏省电力电子高端器件用封装工程技术研究中心、江苏省新型集成电路封装测试工程技术研究中心等各类省级工程研究中心5家。依托长电科技等龙头骨干企业，在新加坡设立APS前沿IC封装技术研发中心、在韩国设立SCK研发中心等5家海外研发中心。拥有国家重大科技“02专项”项目40多项，各类集成电路封测相关技术、设备等国内专利近2000项，其中发明专利423项；与中科院微电子研究所、清华大学、东南大学、复旦大学等国内一流高校院所展开产学研合作，累计获得包括“按压式指纹识别传感器系统封装模块的研发及产业化”“硅基圆片级LED封装技术研发及产业化”等江苏省重大科技成果转化项目5项。集聚高端人才1600人、高层次人才300人，展开合作的院士、教授等各类专家30多名，国家千人计划专家8人，从台湾、美国硅谷等地区引进人才50多名。与浙江银杏谷资本设立产业引导基金，主要面对集成电路、工业云等项目。11月，与台湾常鸿新科技公司签订集成电路检测设备生产基地项目，总投资1亿美元，进一步补充与完善集成电路产业链。

（朱亚丽）

【青阳工业园区建设】 2017年，江阴高新区青阳工业园区推进拆迁清障、基础设施、项目招引、资金融通等各项工作，加快建设11.8平方千米（一期）启动区。至年底，累计拆迁农户2300户，企业拆迁签约94家，对树木、河池、猪舍等附着物清障404.67公顷。累计投入基础设施建设资金3.8亿元，建成园区道路12千米，铺设管线35千米，完成绿化5.5万平方米。总投资1500万元的光明路水电气管道完成铺设，总投资3000万元的振阳路西延段、第二过江通道（横一路—光明路）段基本完工，总投资2900万元的豆腐浜闸站和桥梁工程有序推进。园区先后引进和签约项目11个，其中在建项目2个，在批项目1个。在签重大项目3个，总投资18亿元的万纬智慧物流产业园项目、总投资8亿元的苏达汇诚锂电池用铝塑模项目和总投资7.5亿元的必得科技轨道机车零部件项目，进入土地报批阶段。9月，与圣意公司签署合作招商协议，在园区设立“江阴中欧汽车产业园”，首期重点引进欧洲新能源汽车及其配套企业。

（朱亚丽）

【招商引项】 2017年，江阴高新区以重大项目为主线，完成到位注册外资6.03亿美元，均为制造业利用外资，创历史新高。全年引进壬庚国际贸易、泰富兴澄特殊钢、天江药业二期等协议外资超3000万美元的重大外资项目4个，签约江阴外国语学校、毅达产业基金、阳光医卫新材料、中国贸促会中华老字号、宜华高端养老、御匾纳豆激酶、常鸿新集成电路检测设备等项目25个，英迈新能源、普莱医药产业基地、和庆兴投资公司、独角兽工业智能科技、新兴致远科技、未来大脑教育产业基金、SF芯片设计、斯坦姆精准医疗健康平台等15个项目完成注册。瀚宇博德科技（江阴）有限公司被省商务厅认定为省级跨国公司地区总部和功能性机构。坚持“招商为要、项目为王、服务为先”理念，举办“2017江阴国家高新区投资发展恳谈会”，先后赴北京、上海、台湾、香港等地开展多次专题招商活动，聘请“高新区发展咨询高级顾问”26名，与安永会计师事务所、世邦魏理仕、德国柏林亚太论坛、比利时国家基金、意大利FGI、上海美国商会等达成招商合作，形成“四个一批”项目115个。其中，兴澄特种钢材深加工、星科金朋半导体封测、普莱医药产业基地等在建项目18个，江阴外国语学校、天江药业二期、神宇通信电子材料产业基地等待批待建项目10个，台湾矽格半导体科技、新能源汽车、台湾信邦智能装备、台湾新杰科技、中德柏林亚太智造园、深绿能源等重点在谈项目24个，新能源材料、航空航天3D打印工厂、新松机器人等意向跟踪项目63个。年内，贝卡尔特异形钢丝扩能、博汇机械船用设备等项目竣工，星科金朋半导体（江阴）有限公司投产，当年开票销售额达10亿元。天江药业年产6000吨中药配方颗粒技改扩能项目在办理手续；普莱医药抗菌制剂扩能项目进入厂房主体结构施工阶段，创新药抗菌肽PL-5上市销售；天津御匾国健纳豆激酶制品项目计划成立生产基地和销售总部，年底实现部分产出。

（朱亚丽）

【产业集群发展】 2017年，江阴高新区充分发挥兴澄特钢、法尔胜、长电科技、贝卡尔特、天江药业、中南重工等龙头企业的行业领军作用，加快推进“1555”产业集群，即特钢及金属制品产业一个千亿级和微电子集成电路、生物医药、机械智能制造（高端装备制造）三个500亿级产业发展集群。特钢及金属制品产业围绕打造特钢材料—高端制品—延伸制造产业链条，形成以兴澄特钢制品为龙头，以法尔胜高端线材制品、贝卡尔特钢帘线制品为核心，以中南重工特钢管件制品等为配套的特色产业集群，至年底，开票销售占工业开票的57.6%，获“省级特钢及金属制品新型工业化产业示范基地”称号。微电子集成电路产业以《国家集成电路产业发展推进纲要》《江苏省政府关于加快全省集成电路产业发展的意见》等政策文件为引领，初步形成集成电路设计—芯片制造—封装及测试产业链。总投资12亿美元的中芯长电项目、30亿元的长电先进项目等一批重点重大项目加快推进。生物医药产业按照“引种子、建苗圃、育森林”的发展路径，依托百桥生物产业园和生物医药加速器等平台载体，累计建立诺贝尔奖得主研究院6家，吸引海归高层次创业创新人才260多名，建立国内和海外院士工作站9家，培育一批生物医药研发生产企业，其中高新技术企业22家。机械智能制造产业采用改造和招引并举，鼓励企业加大智能化改造力度，兴澄特钢、新树工程、中芯长电等11个智能化项目加快实施，天江药业通过省级示范智能车间验收。加快腾笼换凤计划，利用低产出的启新纺织地块，打造高新区启星智造产业园，招引高端智能装备生产企业入驻。年内，完成工业投入156.2亿元，增长16.1%，电子信息、智能装备、生物医药、新材料等高新产业的技改投入占工业投入的73%以上。新批工业企业技改项目59个，总投资115亿元，超亿元技改项目9个，其中，长电先进通讯与物联网集成电路中道封装产业化项目、长电科技通信用高密度集成电路及模块封装项目、兴澄特钢特殊钢线材深加工项目，总投资分别是25亿元、18亿元、10亿元。实施技改项目投入78.5亿，占工业投入的57.9%，其中，新顺微电子的半导体芯片项目、新树工程的EPS项目、兴澄特钢的高品质特殊钢品种升级及延伸加工项目进展顺利，总投资25亿的通讯与物联网集成电路中道封装技术产业化一期项目和总投资10亿的特殊钢线材深加工项目等43个技改项目竣工投产。

（朱亚丽）

【服务业发展】 2017年，江阴高新区完成服务业投入237.8亿元，实现服务业增加值389.4亿元。引进海贝思总部电商、悦享购平台电商、互联家平台电商、银昊平行进口汽车、海得汇金二期、阿里合伙人项目、健康食品平台等电商平台项目10个，完成江阴新鼎鑫达投资管理企业（有限合伙）、江阴融瑞植广投资管理企业（有限合伙）等金融类企业的注册和变更，金融投资企业年纳税近8亿元。天安电商产业园累计引进电商企业40多家，包括8个独立电商平台以及残疾人创业基地、朋创电子等配套电商项目，被评为“江苏省2017~2018年度电子商务示范基地”，并当选为中国电子商务产业园发展联盟副理事长单位。恒天东方广场新增注册企业36家，累计引进企业324家，实现开票销售超百亿元，应征税金超3000万元。海澜财富中心引进东北证券、东吴证券、财富大酒店等多家企业。

（朱亚丽）

【科技创新】 2017年，江阴高新区坚持“人才引领、创新驱动”战略，推进招商引资与招才引智相结合的“双招双引”工作，加快人才集聚，加速产业转型。全区完成高新技术产业产值742亿元，占规模以上工业产值的48.6%，全社会研发经费投入36亿元。新增省高新技术企业22家、省民营科技企业13家，新认定省高新技术产品43个。新建企业研发机构19家，其中省级工程技术研究中心1家，无锡市工程技术研究中心1家，江阴市院士工作站3家，江阴市工程技术研究中心14家。引进诺贝尔奖得主2人，新增各类人才1485人，其中国家“千人计划”专家2人，省“双创人才”2人、省“三带”人才4人、省“双创团队”1个；引进海外智力项目14个，其中省级以上3个。推进国家知识产权试点园区和省知识产权示范园区建设，开展知识产权培训6次，组织企业申报省、市各级科技进步奖、专利奖20多项，新增专利授权数1091件，有效发明专利拥有量1010件、PCT申请量19件。组织申报国家、省级各类科技计划项目50多项，其中江苏普莱医药生物技术有限公司获批国家重大科技新药创制专项2项，江阴力博医药生物技术有限公司、神宇通信科技股份公司获得省重大科技成果转化项目立项，江苏长电科技股份有限公司、法尔胜泓昇集团有限公司、江苏华西村海洋工程服务有限公司、鼎天科技获批省重点研发计划项目。对上争取科技经费1.05亿元，江阴高新区科技服务区域试点项目获得中央引导地方科技发展专项资金立项支持。与省高投及毅达资本成立毅达产业发展基金，与无锡金投成立天使种子基金，与中昂基金成立中江股权投资基金，与中普金融成立江阴市中小企业转贷基金，11家企业获得银行科技贷款3600万元，17家企业获风险补偿贷款3000万元。江苏风和医疗器材股份有限公司在“新三板”挂牌上市，累计挂牌企业达6家，推荐“新三板”后备企业24家。加强与科技发达国家的创新合作，建立中瑞、中美国际科技创新平台，支持江阴贝瑞森生化技术有限公司在瑞典设立海外创新孵化器，引进优质海外孵化项目到江阴实现成果转化。江阴高新技术创业园实现开票销售164.5亿元，增长36.8%，上缴入库税金3.5亿元；培育超亿元企业11家、超5000万元企业10家、超1000万元企业30家，引进各类项目82个、高层次人才162名；获得各类扶持资金1340万元、科贷风投9750万元，被评为“江苏省巾帼创业创新孵化示范基地”。服务外包产业园获批省级科技产业园，现代中药及生物医药科技产业园荣获“苏南国家自主创新示范区优秀科技园区”称号。

（朱亚丽）

【园区建设】 2017年，江阴高新区坚持绿色发展理念，推进环境保护与保增长、调结构、惠民生的有机结合。与浙江规划院、长城企业战略研究所、安永咨询公司开展战略合作，完成高新区总体规划评估，调整优化产业发展、城市建设等规划。全年拆除面积6.9万平方米，其中拆除农户144户、企业及小作坊22家，安置面积3.15万平方米。带钢路新建工程和芙蓉路、银河路、香山路南段、长山大道北段道路改造工程全面完工。延陵路延伸段、东盛东路新建工程加快推进，萧山路、秦望山路改造工程开工建设。蟠龙山环境整治工作、稷山香山等山体生态修复工程进展顺利，蟠龙山公园完成设计招标。文明创建各项任务圆满完成，荣获江阴市委市政府全国文明城市创建“突出贡献奖”。先后投入2亿多元，完成楼道刷白亮化150万平方米，新装楼道灯3000个，修补小区道路9100平方米，改造社区围墙1480米。拆除违法建设73起4280平方米，清理乱堆放210处、“三乱”11200余处、僵尸车105辆，处理流动摊点512余起，整治卫生盲点136处、废品回收站46家，清理积存垃圾、废品7300吨；整治背街小巷28条，硬化集镇区场地5500 平方米，整治及绿化道路39500 平方米。按照江阴市“263”环保专项整治行动要求，11家可列为征收拆迁对象的畜禽养殖场完成签约，7家企业VOC治理工程全面完成，园区石化行业泄漏检测与修复管理系统建成试运行。强化“河长制”管理，推进高新区水环境综合整治三年行动计划，2家污水处理厂投入2940万元进行一级A排放提标改造，清理白屈港河和东横河两侧鱼板网77处，总长4.4千米的5条污水主管网建成投运。关停“三高两低”企业2家，减煤5.75万吨，减排化学需氧量（COD）258.26吨、氨氮33.39吨。国家生态工业示范园区通过环保、商务、科技三部委复查。

（朱亚丽）

【民生实事】 2017年，江阴高新区牢固树立民生为重、富民优先理念，加快推进民生事业建设，完成渡江河、江虹河和大寨河清淤治理，完成白沙河西段（胜利河）开挖清淤，推进寿山截洪沟二期工程。新修洪流、香山、山源等村地下暗渠2千米，整修电灌站2座。完成芙蓉路、银河路、香山路南段及东定路长电科技停车场改造工程，完成双牌、锦隆等11个社区的老旧小区停车位修建、道路修补、活动场地翻新等基础设施改造，实施滨江三村老小区改造和长山贸易街改造。山观二中一期改扩建工程竣工投用，长山中心幼儿园新建教学楼交付使用。全年提供就业岗位5159个，解决本地劳动力就业1635人，扶持自主创业160人，普通高校毕业生就业率超92%，困难家庭就业率100%。完成高技能、职业技能、网络创业等培训1375人。做好朝阳、洪流、寿山、香山4个行政村1297人即征即保工作，新增城保扩面4766人，企业劳动保障书面审查450

家，培育诚信企业5家。发放拆迁户保养金1510万元、被征地农民保障金6910万元，办理就业困难人员认定424人、社保补贴494人。强化对新市民子女入学权益保护，接受新市民子女入学980人，占比38%。关停无证托儿所9家，引导扶持2家民办幼儿园取得办园资质。山观二中被评为“全国青少年校园足球特色学校”和“江苏省科技教育先进学校”，长山中学被评为“江苏省绿色学校”，第二实验小学被评为“江苏省小学特色文化建设项目学校”，长山中心小学被评为“全国足球特色学校”，第二实验幼儿园被评为“无锡市平安校园示范校”。完成金山、金童等5家社区卫生服务站提档升级工作，2家企事业单位被评为省级健康单位。是年，新农合医疗保险参合率100%，为2.12万35周岁以上农保参保人员、高血压、糖尿病患者和65周岁以上老年人进行免费体检。调查审核低保家庭266户，发放低保补助金197万元，助学、助困、助残、助老各类补助700余万元，各类抚恤补助645万元，残疾人两项补贴332.62万元。养老服务中心实现公建民营，杨市、山源、蟠龙等3个社区居家养老中心由第三方机构开展服务。出台《城东街道安置住宅小区物业考核办法》，拨付物业管理费2785万元，电梯维保费221.6万元。

（朱亚丽）

锡山经济技术开发区

【概况】 2017年，锡山经济技术开发区（以下简称锡山开发区）围绕“全国一流、全省十强、全市前列”奋斗目标，以创新为主题，创优环境、服务企业为根本，各项工作取得新成效。全年完成规模以上工业总产值1016.3亿元；公共财政预算收入57.2亿元，比上年增长9.1%；全社会固定资产投资481亿元，比上年增长12.5%，其中工业投入223亿元，比上年增长10.9%；到位外资3.79亿美元，比上年增长18.7%；进出口总额36.1亿美元，比上年增长16.4%，其中出口25.9亿美元，比上年增长10.8%。在2016年度全省经济开发区科学发展综合考核评价中，锡山开发区位列全省110家国家级、省级开发区第十位，成功跻身全省十强之列。

（陆金艳）

【项目建设】 2017年，锡山开发区在“抓项目、扩投资、育产业、强服务”上下功夫，强化要素保障，简化审批流程，创新企业服务，项目建设取得明显成效。全年新开工超亿元项目15个，主要为有信制造、顶锋日嘉、通威生物科技等。项目服务进一步细化，排出主体封顶、竣工、设备安装、试生产等各时间节点，全盛安仁、琪瑜光电等13个项目主体工程封顶；竣工投产项目7个。审批效率不断提升，推进服务从快、限时办结、超时问责、全程跟踪等服务，全年开发区投资促进中心共受理各类办件3308件，办结3308件，办结率100 %；授权的发改、经信、商务窗口共受理审批事项435件，办结435件，办结率100%。强化品牌建设，组织瑞昌哥尔德、金利达、超科食品等20多家企业申报省市著名、知名商标及名牌产品。推动企业上市，协调鑫宏业特塑线缆、国宏工具等企业上市挂牌过程中遇到的各类问题，国宏、德林防务完成股改，鑫宏业与三大中介机构签订上市协议。

（陆金艳）

【招商引资】 2017年，锡山开发区牢固树立产业强区、项目为王理念，整合招商资源，拓展项目渠道，创新招商方式，不断提高利用外资水平。全年完成到位外资3.79亿美元，比上年增长18.7%，其中制造业到位资金占比近七成。全年新落户外资项目26个，欧美高质量项目和行业领先企业明显增多，先后引进注册资本3亿美元的皓运通建投、注册资本2400万美元的世界500强项目积水映甫、注册资本1500万美元的世界500强项目思凯汀生物科技等一批重大项目。由世界500强LG集团投资的陆金新能源、美国500强德事隆集团投资的德事隆特种车辆、窍普智能、龙友光学等一大批优质项目也相继签约落户。推进精准招商，挖掘外资企业增资潜力，增资项目与新落户项目齐头并进，主要有安普瑞斯增资5000万美元、美能增资5000万美元、鼎固增资3000万美元、芝兰雅增资1800万美元、新麦增资1500万美元、科瑞莱增资1000万美元等。累计接待国内外到访客商和考察团200余次，洽谈项目信息100多个。

（陆金艳）

【科技创新】 2017年，锡山开发区强化企业主体地位，集聚高端创新要素资源，推进科技与产业深度融合，核心竞争力不断增强。全年完成高新技术产业产值比上年增长5%，占规模以上工业总产值的比重达45%。培育引导罗斯设备、中科微至等33家企业申报省高新技术企业，高新技术企业累计有88家。培育申报生物医药、新能源等多个领域省

锡山经济技术开发区德事隆特种车辆有限公司建成投产

（陆金艳　供稿）

高新技术产品82个。全年累计申报省级各类科技计划项目7项,其中新广联"LED芯片的研发及产业化"获省科技成果转化专项资金项目立项,扶持资金1000万元。累计申报市级各类科技计划项目38项。全年专利申请总量2000余件,发明专利申请1500余件,专利授权总量1500余件,开发区万人发明专利拥有量135件,位居无锡市第一。新增忻润汽车等8家省知识产权贯标创建企业,累计38家;通过国家知识产权试点园区复核验收,成为全市第一家通过验收的经济开发区。随着高端平台建设的不断夯实,吉兴汽车声学部件技术研究院研发生产布局拓展至美国,超科粉末油脂技术研究院建成华东地区唯一、国内一流的植脂末研究开发测试中心,福祈制药免疫抑制剂药物研究院省级博士后科研工作站建设加快;新增乐星电子等3家市级工程中心、健鼎电子等2家省级工程中心。深化政产学研合作,福祈制药与中科院长春应化所,万迪动力等3家企业与中科院沈阳金属所,富瑞德、新广联等企业与麻省理工学院开展紧密合作。科创园全年引进易知自动化、其诺电气、比洛德汽车部件等高科技企业29家;预计完成开票收入7.2亿元,上缴税金4000万元,比上年增长14%;培育年销售超千万元企业20家,领军型企业呈现快速成长势头。

(陆金艳)

【园区建设】 2017年,锡山开发区坚持"以产兴城,以城促产"理念,大力推进形态开发、功能开发,进一步完善商务、生活、交通、休闲等公共配套,宜居宜业的产城互动新格局初步形成。把握项目优先原则,合理界定、加强清点,加快推进基础设施、产业项目等涉及地块的拆迁工作。以民生工程建设为抓手,完成厚桥实验小学改扩建工程、厚桥幼儿园土建安装工程;启动厚桥养老服务中心、春雷幼儿园、云林广场等社会事业工程建设。以服务招商为中心,精密机械产业园全面启动建设;集智广场、赛维拉商业广场及科创园、中科微至办公楼等提升改造工程有序推进。以生态园区建设为引领,认真开展"263"专项行动,实施环保治理项目35项,总投资3.4亿元;完成污水处理厂一期和二期总氮升级改造工程,污水处理厂分厂建设加快,土建工程主体完工,配套管网建设同步推进;完成能达热电超低排放工程建设;宛山荡获批省级湿地公园;开发区通过ISO14001环境管理体系监督审核。

(陆金艳)

【一批项目竣工开业】 2月24日,恩欧凯水处理技术有限公司、恩欧凯防震橡胶有限公司铸造工厂同日竣工开业。恩欧凯水处理注册资本1000万美元,总投资2500万美元。恩欧凯防振橡胶扩建年生产能力4万吨铸件的铸造工厂项目,总投资2971万美元,新建铸造车间9800平方米。8月9日,恩福油封有限公司增资1.03亿元建设的工厂竣工投产。该工厂主要生产O形密封圈,设计规模为年产4亿个。9月14日,德事隆特种车辆亚太生产基地开业投产。该项目总投资2亿元,作为全新的亚太区研发与生产总部基地,主要研发与生产全球最高端的E-Z-GO高尔夫球车、机场牵引车等,产品广泛应用于高尔夫球场、机场、景区度假村和高级酒店等。10月18日,美国慕斯汽车后视镜系统有限公司开业投用,该公司主要服务于中国和亚洲地区的客户。12月15日,映甫高新材料有限公司举行开工仪式,项目占地面积3.69公顷,分二期实施,首期注册资本2400万美元,总投资5300万美元。

(陆金艳)

【重大项目落户】 3月9日,有信制造有限公司举行奠基仪式,项目占地面积5公顷,新增注册资本3000万美元,总投资1亿美元。3月25日,罗斯(无锡)设备有限公司举行新工厂落成,项目投资2000万美元。6月16日,百发动力有限公司举行新基地落成暨成立25周年庆典。该公司注册资本3000万美元,占地6万多平方米,建筑面积4万多平方米,主要经营机械设备、发电机及发电机组、工业自动控制系统装置的制造等。12月1日,荷兰泰高国际集团进驻开发区,总投资4500万美元,注册资本1500万美元,主营业务为水产饲料的生产和销售。

(陆金艳)

宜兴经济技术开发区

【概况】 2017年,宜兴经济技术开发区紧扣"产业投资增速翻倍、重大项目数量翻倍、财税收入增速翻倍"目标,深入实施"项目立区、产业强区、科创兴区"战略,全力推进项目建设、产业培育、改革创新等工作,保持了经济社会平稳发展、各项事业协调并进的良好态势。全年地区生产总值161.6亿元,比上年增长11.4%。应税销售收入676亿元,比上年增长17.9%,其中工业515亿元、流通161亿元。财政总收入27.12亿元,全社会固定资产投资138.2亿元。协议注册外资3亿美元,到位注册外资1.5亿美元。进出口总额14.1亿美元。全年企业授权发明专利达59件,引进国家"千人计划"专家1人、"双创"计划(江苏省高层次创新创业人才引进计划)人才4人、"双高"(高学历、高职称)人才72人,开发区成功获批省级科技企业加速器。

(梅　玲)

【园区建设】 2017年,开发区全面启动生态园区创建,全年完成湛渎港及沿线支河清淤,总长达26千米;关停畜禽养殖场14个,全面完成宜兴市下达目标任务。开展"两减六治三提升"(减少煤炭消费总量、减少落后化工产能,治理太湖水环境、治理生活垃圾、治理黑臭水体、治理畜禽养殖污染、治理挥发性有机物污染、治理环境隐患,提升生态保护水平、提升环境经济政策调控水平、提升环境监管执行水平)专项行动,关停化工企业59个(包括芳桥街道20个),市定两年任务一年完成。推进破产企业处置,与市人民法院配合,在资产评估、分割、挂拍等方面创新举措,为市场主体重组破产企业提供高效服务。全年处置破产企业8个,盘活土地54.67公顷。2017中国陶都(宜兴)金秋经贸洽谈会期间集中启动的11个工业项目,仅2个项目新征土地4公顷,其余都是盘活闲置资产。

(梅　玲)

【项目建设】 2017年,开发区实施无锡市重点项目4个、总投资102亿元,宜兴市重大项目16个、总投资超

200亿元。3个产出超100亿元的项目推进顺利,总投资50亿元的东方环晟光伏(江苏)有限公司5吉瓦高效叠瓦太阳能电池组件项目,部分生产线建成投产;总投资30亿元的无锡中环应用材料有限公司10吉瓦晶硅切片项目,安装切片设备50台;总投资30亿美元的中环领先大硅片项目,12月开工。西门子燃气轮机部件(江苏)有限公司燃气轮机叶片、江苏宜兴德融科技有限公司砷化镓薄膜太阳能电池、宜兴硅谷电子科技有限公司PCB载板等优质项目投产。宜兴国际数据中心一期建成启用,清华科技园宜兴分园、恒大地产、朗诗集团高端住宅等项目推进顺利。

(梅　玲)

【资源整合】 2017年,开发区持续深化战略合作,天津中环半导体股份有限公司重组国电光伏(江苏)有限公司、浙江盾安集团重组国电联合动力技术(宜兴)有限公司、江苏雅克科技股份有限公司并购四川成都科美特特种气体有限公司。举办2017动力产业(宜兴)峰会,整合资源、集聚要素的能力不断增强。无锡帝科电子材料科技有限公司获中国专利优秀奖,人均产出达900万元,成为国内太阳能电池用正面银浆行业领军企业。宝银特种钢管有限公司获第二届中国军民两用技术创新应用大赛金奖。

(梅　玲)

【宜兴国际数据中心落成启用】 4月,宜兴国际数据中心在开发区落成启用。该数据中心位于开发区华东光电子创新基地,由中国电信无锡分公司与园区合作共建,按国际Tier3+、国内四星级标准建设,建筑面积3342平方米,投资1.2亿元,是全省县(市)中等级最高的数据中心。数据中心面向政府、企业、客户等提供专业的服务器托管、机房资源租赁、数据存储与灾备、安全监测与防护、运维管理服务等基础IDC(互联网数据中心)业务,既可以为政府信息化资源整合提供云技术支撑和保障,也将极大提升开发区的投资环境。至年底,腾讯、爱奇艺等互联网公司达成进驻数据中心的合作意向。

(梅　玲)

【军民融合产业园开园】 7月,省商务厅批准在开发区设立江苏宜兴军民融合产业园。产业园南起庆源大道,北至湛渎港,东沿宜漕路,西至新长铁路,规划面积约4平方千米。按照"一核二区二中心"的格局规划建设:"一核" 即由3000平方米展示馆、1.8万平方米综合大楼、12万平方米标准厂房组成的核心加速器,集规划展示、研发制造、信息交流、技术转移、人员培训、办公会议等功能于一体;"二区" 是整个产业园以杏里路为界分为南北两个区域,南块1.8平方千米为产业示范区,北块2.2平方千米为产业集聚区;"二中心"即军民融合科技人才创新中心和国防文化展示中心。产业园开园后,将为各类"军转民、民参军"企业提供资源平台、产业扶持及配套服务等。8月,开发区通过依法破产三得利集团,收购其土地和厂房,启动军民融合产业加速器建设。11月,举行开园仪式,签约入驻项目10个,并举办了中国·宜兴军民融合产业高峰论坛。

(梅　玲)

【集成电路用大硅片研制项目落户】 10月,无锡市政府与中环半导体股份有限公司、晶盛机电股份有限公司签署战略合作协议,共同在开发区启动建设集成电路用大硅片研发生产制造项目。该项目总投资约30亿美元,其中一期投资约15亿美元,于年底开工。天津中环半导体股份有限公司是全国半导体行业的龙头企业,浙江晶盛机电股份有限公司是专业从事半导体、光伏设备研发及制造的创业板上市企业,其研发能力与加工检测水平处于行业领先地位。该项目填补了国内在大尺寸集成电路用硅片领域的空白,将形成完整的集成电路产业链、产业生态。

(梅　玲)

【相对集中行政许可权改革试点工作】 9月,根据《关于印发南京经济技术开发区等19家省级以上开发区相对集中行政许可权改革试点方案的通知》的精神,宜兴市编制管理委员会制定《关于明确宜兴市经济技术开发区行政审批局机构编制等有关事项的通知》。按照机构"撤一建一" 的原则,组建开发区内设机构——行政审批局(挂"经济技术开发区政务服务中心"牌子),主要承担涉及开发区内市场准入、建设投资和复杂的民生服务办证等领域的行政许可事项的审批,并以开发区管委会名义行使相关行政审批职能;增设开发区下属事业单位——公用事业管理服务中心,主要承担区域内城容、秩序等综合管理工作,负责区域内绿化管护、环卫、广告、市场等管理工作。

(梅　玲)

江苏省无锡蠡园经济开发区

【概况】 2017年,蠡园开发区(街道)全面优化发展思路和举措,统筹做好经济社会和党的建设各项工作。全年完成财税总收入15.44亿元,比上年增长17.5%;公共财政预算收入8.1亿元,比上年增长13.1%;限额以上社会消费品零售总额17亿元,比上年增长15.4%;到位注册外资579万美元;自营进出口总额56.5亿元,比上年增长16.4%;全社会固定资产投资48.9亿元,其中,工业投入10.6亿元。大部分指标优于滨湖区平均水平,其中自营进出口总额等指标名列全区第一。创新人才持续集聚,全年引进各类人才1280人,其中高层次人才56人,海外留学人员20人。开发区获得"国家知识产权示范园区""苏南国家自主创新示范区优秀园区"等荣誉称号。

(计　静　朱敏宇)

【经济发展】 2017年,开发区整体经济运行稳健,规上工业企业实现产值73亿元,比上年增长15.1%,其中,盛邦电子、华星东方等企业产值比上年增长超50%。规上服务业企业完成销售81.8亿元,比上年增长6.6%,其中,国动网络等研发设计企业增幅超70%。特色产业亮点频出,402家新兴产业企业实现税收3.56亿元,比上年增长15%。集成电路产业新星卓胜微电子全年实现利润1.9亿元,"神威·太湖之光"四次蝉联全球超算第一名。金融创投产业累计引进企业近300家,完成实缴资本42.97亿元。随着贝斯特等企业成功上市,开发区上市企业数达到4家,跃居滨湖区首位。渔港地块在超过最高限价后，被北京首开地产以31.91亿元拍得，有效缓解开发区资金压力。加大对重大项目、骨干税源、产业集群的培育投入，稳步推进楼宇税收归队、低效企业清理、欠租欠款催缴、一次性税源跟踪协调等协税护税工作，联创大厦、现代国际大厦等2幢楼宇经济税收增幅明显，全力冲刺“亿元楼”。资产管理向集约化、规范化、精细化发展，全年新增租售面积7万平方米，租金收入超8000万元，比上年增长28%。多措并举做好资金平衡，全年债务压降10.9亿元。持续整合升级AA级平台，产业集团融资能力得到增强。

（计 静 朱敏宇）

蠡园经济开发区无锡国家集成电路设计中心外景　（朱敏宇 供稿）

【招商引资】 2017年，开发区引进企业569家，累计注册资本59.6亿元，其中注册资金1000万元以上企业152家，外资企业3家，源江集团、神威云数据科技、苏民投等重点税源企业相继入驻。超5000万元的10个新开工项目和5个结转项目推进稳健，其中紫金地块完成土地回购，规划调整到位；信捷电气、久景科技办理规划许可证手续；太湖智谷城市产业综合体一期项目结顶；宇辰新能源项目完成厂房基础建设；路通视信、贝斯特四期等技改项目均竣工投产。

（计 静 朱敏宇）

【园区建设】 2017年，开发区“五大提升”工程有力实施，建筑路、梁湖路交界处的西大门形象节点完成改造，22万伏高压线拆塔入地。创业园、汇光园等老园区基础设施整修工程、背街小巷街景改造工作持续推进，完成建筑路、基康路、银湖路等道路改造工程。新增城镇公共绿地3.25万平方米，公共停车泊位100个。金源大厦、渔港商业大厦、创投集聚区办公区等项目均已建设完工。“263”专项行动深入开展，排水达标区建设、河道清淤工作和水体修复工程全面开展。蓝藻打捞、防汛及水利建设、护林防火、食品安全等工作开展有序。开发区获得“省级生态工业园区”“无锡市城市管理优胜街道”荣誉称号。开发区劳动人事争议调解中心获评江苏省首批“劳动人事争议优秀基层调解组织”，湖景社区获得滨湖区社区协商民主试点一等奖，大箕山社区“守护平安边际”项目荣获区政法综治创新项目三等奖。开发区内省级“民主法治示范社区”达到4个。开发区连续三年获得“无锡市安全生产先进单位”称号。

（计 静 朱敏宇）

【民生保障】 2017年，开发区社保扩围不断提速，全民参保登记率100%。重点扶持自主创业人数123人，实现带动就业人数561人，蠡园街道获批首批省级创业型街道，人社所被省人社厅认定为“标准化创建示范点”。民生工程提档升级，文教惠民、幸福宜居等惠民实事项目顺利推进。无锡蠡园百禾怡养院建成运营，“独居老人居家养老”“贫困子女教育援助”等项目首次入围市级公益创投。无锡蠡园实验幼儿园获得全国啦啦操冠军，省级居民学校创建率100%。隐秀苑社区获江苏省“健康社区”称号，便民服务中心获无锡市“政务服务先进单位”称号。

（计 静 朱敏宇）

【贝斯特精机深交所上市】 1月11日，开发区企业无锡贝斯特精机股份有限公司在深圳证券交易所创业板正式挂牌上市，市、区领导参加开盘仪式。无锡贝斯特精机股份有限公司是江苏省高新技术企业，公司主营业务为研发、生产及销售各类精密零部件及工装夹具产品，在中国工装夹具制造业领域具有龙头核心地位。公司先后获得“江苏省高新技术企业”“江苏省信息化与工业化融合示范企业”等荣誉称号；公司产品获“国家重点新产品”及“无锡市科学技术进步奖”。

（计 静 朱敏宇）

【重大项目集中开工】 2月12日，“2017年全省重大项目集中开工现场推进会滨湖区分会场暨太湖智谷城市产业综合体等项目开工活动”在开发区举行。太湖智谷科技园项目由无锡太湖智谷科技有限公司打造，以扶持、培育中小制造型企业为核心，为入驻企业提供总部独栋、商务平层等多形式商务空间的科技园区，同时推出的都市厂房也能满足高端制造行业企业的生产研发需求。

（计 静 朱敏宇）

【国际大数据与E级计算研讨会开幕】 3月9日，首次在国内举办的“2017年国际大数据与E级计算研讨会”(BDEC研讨会)在开发区国家超级计算无锡中心开幕。这是中国首次在高性能计算领域举办的顶级专业研讨会，可推动“神威·太湖之光”计算机系统在大数据领域取得更好应用成果。50余名业内顶尖学者及大数据领域知名专家齐聚开发区，在高性能计算领域开展研讨。

（计 静 朱敏宇）

夕阳映照下蠡园经济开发区一角 （朱敏宇 供稿）

【第四届太湖论坛——“超级计算机并行应用大会”召开】 3月31日，“第四届太湖论坛超级计算机并行应用大会”在开发区召开，大会由无锡市科技局指导，中国计算机学会主办。全国各地专家、学者及相关领域的高校、研究机构人员及企业代表等300余人参加大会。

（计 静 朱敏宇）

【超级计算与先进制造论坛开幕】 4月26日，第247场“中国工程科技论坛——超级计算与先进制造论坛”在开发区开幕。国内高性能计算软硬件领域及制造领域的数百名专家、包括多名两院院士，以主题报告和讲座的形式，充分探讨了基于超算平台的相关问题。

（计 静 朱敏宇）

【ASC17世界大学生超级计算机竞赛总决赛落幕】 4月，ASC17世界大学生超级计算机竞赛总决赛暨颁奖典礼在国家超级计算无锡中心落幕。世界各地的20支决赛队伍进行了为期4天的激烈比拼，最终清华大学队表现出色，夺得总冠军和e-Prize计算挑战奖，潍坊学院创造新的世界纪录。

（计 静 朱敏宇）

【“江苏中设”登陆深交所】 6月21日，开发区江苏中设集团股份有限公司在深圳证券交易所挂牌上市，成为无锡市第一家上市的勘察设计企业。公司前身为无锡市交通规划设计研究院，是国家高新技术企业，是国内首家提出为“宜居城市”建设提供多专业、全过程、集成式的技术智力服务的工程咨询集团。

（计 静 朱敏宇）

【第十四届中国（无锡）国际设计博览会开幕】 9月21日，由科技部、江苏省人民政府联合主办，中国工业设计协会、江苏省知识产权局、无锡市人民政府、江苏省无锡蠡园经济开发区等共同承办第十四届中国（无锡）国际设计博览会在太湖博览中心开幕。省委常委、市委书记李小敏为博览会启幕并参观展览，国家知识产权局副局长贺化、科技部高新司副司长曹国英、中国工业设计协会副会长赵卫国，法国色彩学会主席、欧洲色彩学会名誉主席伊夫·撒赫内分别在开幕式上致辞。园区众多设计行业领军企业参展，主要包括超级计算、集成电路、工业设计以及智能制造四大板块。

（计 静 朱敏宇）

【“神威·太湖之光”超级计算机实现四连冠】 11月15日，在美国丹佛召开的SC2017国际高性能计算大会上，由国家并行计算机工程技术研究中心研制，由位于蠡园开发区的国家超级计算无锡中心运营，基于国产众核处理器的“神威·太湖之光”超级计算机以每秒12.5亿亿次的峰值计算能力以及每秒9.3亿亿次的持续计算能力，再次斩获世界超级计算机排名榜单TOP500第一名。此次夺冠实现了“神威·太湖之光”超级计算机的四连冠，也是中国在世界超级计算机冠军宝座的十连冠。

（计 静 朱敏宇）

【无锡（国家）工业设计园获批国家知识产权示范园区称号】 12月26日，国家知识产权局确定无锡（国家）工业设计园为国家知识产权示范园区，示范工作周期为2018年1月至2020年12月。

（计 静 朱敏宇）

江苏省无锡惠山经济开发区

【概况】 2017年，惠山经济开发区围绕“打造千亿级开发区”的目标，圆满完成各项年度任务，在全市省级开发区科学发展综合考评中排名第一。全年完成一般公共预算收入18.64亿元，比上年增长2.4%；工业总产值350亿元，比上年增长27%；规模以上工业总产值320亿元，比上年增长28%；全社会固定资产投资140亿元，比上年增长2.4%；工业投入53亿元，比上年增长12%；服务业投入87亿元；到位注册外资2.1亿美元，比上年增长15%；外贸进出口7.25亿美元，比上年增长5%；出口贸易6.09亿美元，比上年增长5%。开发区各项主要经济指标对惠山区贡献份额不断提升，外资到位占惠山区总量的七成以上，规模以上工业产值、一般公共预算收入、工业投入、服务业投入、进出口总额均占惠山区总量的四分之一。

（叶晓雯）

【重点企业发展】 2017年，惠山开发区实施主导产业建链、补链、强链工程，形成以上汽大通、一汽锡柴惠山工厂、威孚力达等龙头企业为引领，威埃姆、嘉科密封件、强谊汽配、富卓汽车零部件等外资企业发力，煤矿机械、晔佳服饰、德新钢管等传统企业回升，上能电气、时代天使、安飞陆等科技型企业贡献份额逐年提升的良好局面。其中，上汽大通在汽车整车市场持续下滑的宏观形势下，逆势而上，继续保持51%的增幅，全年实现产值75亿元；一汽锡柴惠山工厂实现产值87亿元，比上年增长50%。开发区96家规模以上工业企业累计完成工业产值320亿元，占开发区工业总产值的91.4%，比上年增长28%；40家超亿元企业完成工业产值295亿元，占开发区规模以上工业总产值的92.2%，比上年增长32%。其中，时代天使、东宇东庵、盛力达、强谊汽配等近20家规模以上工业企业产值比上年增长超50%。

(叶晓雯)

【招商引项】 2017年，开发区着力推动四新项目(新签约、新开工、新竣工、新投产项目)，在重大项目招引上继续保持强劲势头，新签约总投资16亿元的华瀚新能源、总投资12亿元的云内混合动力、注册资本3300万美元的嘉科密封件、总投资2亿元的无锡创新药研究院、总投资1亿元的药明康德基因载体工程生产基地，以及中信绿洲集团总部、金润汽车总部等一批优质项目。在第五届“金秋招商月”活动中，总投资超150亿元的82个项目成功签约落户，进一步增强了开发区发展后劲。新开工总投资31.71亿元的嘉科密封件二期、大联洋食品、一源液压机械等12个项目。新竣工总投资69亿元的云内动力、金佰利、蓝力重工、上汽配套区二期等9个项目。新投产总投资8.74亿元的极科智能、迪普机械、拓普斯泰、众联能创动力、石油化工起重机等7个项目。同时，开发区淘汰落后产能盘活存量，强化闲置资源专项普查和按区域排查更新工作，完成对金惠路2号门地块、长宏集团地块等重点地块的排查梳理，共梳理出涉及土地闲置及低效用地的企业20多家，可整合利用的土地约293.48公顷 。推动中车时代电动与一汽锡客战略重组，有效激活一汽锡客地块37.49公顷用地，为建设国内一流的中大型新能源客车研制生产基地储备。

(叶晓雯)

【智能制造建设】 2017年，开发区通过制定出台“智能制造三年行动计划”、设立智能制造产业发展专项基金、配齐建强智能制造专业平台，率先在惠山区形成特色鲜明、体系完整、融“研发孵化—中试加速—产业化”于一体的智能制造推广应用体系。透平叶片、威孚力达、万斯集团被工信部分别认定为制造业单项冠军示范企业、制造业单项冠军培育企业和国家两化融合管理体系贯标试点示范单位。微研中佳“航天精密部件智能生产车间”等3个车间被评为省级智能示范车间。锡能锅炉、力马化工等3家企业获2017年度省两化融合贯标试点企业。时代天使、透平叶片被评为省两化融合创新示范试点企业。赛晶电力、威孚力达等6家企业获评为无锡市智能车间。锡能锅炉、恰途网络、物云通物流、一汽铸造等企业通过嫁接物联网技术，进一步提升企业智能化水平。此外，新田鼎力“汽车配件及电子器件生产技术改造”、威孚力达“机动车尾气排放后处理催化还原系统封装生产线技术改造”、锡安达“YBX3系列隔爆三相异步电动机生产线技术改造”等13个超千万元技改项目完成技改并投产。

(叶晓雯)

【科技园区发展】 2017年，开发区软件园获评为国家小型微型创新创业示范基地、江苏省科技企业加速器，芒种众创空间获评为国家级众创空间、苏南国家自主创新示范区优秀众创空间，共享办公超级独角兽优客工场落户营运。数字园获评江苏省四星级中小企业公共服务平台、国家级A类孵化器，梦享城综合体项目顺利开业。生命园获评为江苏省五星级公共服务平台、江苏省科技产业园、省级创业示范基地，并蝉联优秀国家级科技企业孵化器，英美加三国院士麦德华教授领衔的无锡创新药研究院项目团队成功落户；全球领先的生物医药研发服务外包公司药明康德集团基因工程载体研发生产项目成功落户。风电园内世界500强金佰利开业，尚航华东云基地项目落户，南京大学双创国际孵化中心开园。创业中心诺贝尔物理学奖得主康斯坦丁工作室、徐建中院士工作站落户。惠山光电园开园，并获评为无锡市仅有的两家江苏省首批拟备案试点众创社区之一。

(叶晓雯)

惠山经济开发区科技园区俯瞰　　(叶晓雯　供稿)

【科技与产业深度融合】 2017年，为适应以新技术、新产业、新业态、新商业模式为特征的新经济，开发区树立“创新是引领发展的第一动力”发展理念,加强科技与产业深度融合,推动汽车及核心零部件、智能制造、石墨烯应用、生物医药、光电科技、新一代信息技术和节能环保等新兴产业快速发展。石墨烯应用技术研发和试验检测中心平台、惠山机器人与智能制造平台、华科智能制造产业园投入运营,惠山智能制造加速器启动建设,周孝信院士工作站、英国格拉斯哥大学工作站、无锡创新药研究院均成功落户。软件园优客工场、风电园南大双创惠山国际孵化中心、南大K-SPACE创客学堂正式投运。新辉龙与南京航空航天大学的“智能布线系统”、博伊特与南京航空航天大学的“智能控制联合实验室”、精利模塑与江苏信息技术学院的“成套自动注塑装备”、旭利与上海交通大学的“电机系统性能台架试验”、新瑞贝与清华长三院的“生物酶联合研发实验室”等一批产学研项目已展开深度合作。

(叶晓雯)

【完善科技金融体系】 2017年,开发区多元化、多层次、多渠道的科技投融资体系得到进一步完善,形成“投、贷、保”联动的金融生态圈。惠山科技金融中心累计入驻无锡金投、江苏股交、金茂资本等50多家金融机构和基金,引进基金总规模已超百亿元,全省首家10亿元规模的省政府主导并购基金落户中心,企业的“研发孵化—中试加速—产业化—上市”全过程都能得到高效的金融服务支持。至年底,科技金融中心已累计为金润汽车、新瑞贝、黎曼机器人、高峰医疗等50多家企业提供金融支持,有力保障了园区科技企业的快速发展。

(叶晓雯)

【新城建设】 2017年,开发区新城功能不断优化。惠景路南延、行知路、兴隆南路、南街路等6条道路顺利竣工通车;春惠路、中惠路完成道路改造;亿仁医院西侧地块完成招拍挂,成功引入龙湖地产项目。完成长安街道总体规划的编制报批工作以及惠山新城慢行系统、公共艺术及电力的规划工作;麻歧濮庄里地块、惠巷地块、风电园地块等15个重点地块完成拆迁清零。生态治理持续加力,落实减煤、减化目标任务,重点实施惠联热电、一汽铸造节能改造提升项目,并对新锦聚合、精拓胶粘剂2家化工企业分别作搬迁、关闭处理,实现开发区范围内化工企业清零。深化“河长制”管理工作,实现12条区级河道、31条村级河道“河长制”管理全覆盖。打通刘仓河与堰桥港两大水系,完成杨泗坝头浜、刘仓河、长宁五期东河等7条河道的清淤工作,总清淤量6.45万立方米。

(叶晓雯)

【民生实事】 2017年,开发区教育设施提升工程、道路交通便民工程、特殊群体帮扶工程等十大类为民办实事项目顺利推进。全年完成民房拆迁签约154户,面积约2.96万平方米,完成非住宅拆迁签约72家,面积约12.7万平方米。结转建设安置房15.5万平方米,新建17.2万平方米。省锡中实验学校第二小学主体封顶,长安中学体育馆完成建设并投入使用。完成社区教育中心校改造提升、省锡中实验学校第一小学部分设施改造提升。启动中医院二期工程建设。推进古庄生态园项目建设,完成民居民宿基础建设,光伏大棚加快建设中。完成成片造林11.34公顷,古庄省级湿地公园编制完成规划文本,张村省级湿地小区完成草案。投入300多万元,完成金惠社区服务中心平改坡工程、长宁苑一期广场改造、中央公园应急避难场所改造、长安中学体育馆、金惠文体中心、惠南社区服务中心、派出所监控中心以及堰新家园、长宁苑、长乐苑小区智能道闸安装工程等重点民生工程。提升安置房小区物业管理水平,物业市场化管理实现全覆盖。完善公共服务平台,建成无锡市首家商贸与文化融合的街道图书馆,为新城居民打造了借还便捷、环境优美的免费阅读空间。开展民族大舞台文艺会演、百姓大舞台广场精品文艺节目展演、徒步马拉松、“工会杯”足球赛等文体活动100余场次,丰富了群众文化生活。组织“连心富民、联企强区”大走访活动,累计共走访社区居民户23448户、各类企业534家,实现了走访全覆盖、无遗漏,全年梳理、办结各类问题3541条,办结率100%。制定“精准帮困”和“人才引进”两个微政策,做好人才建设及干部培育工作,全年共兑现科技人才扶持资金521万元。引进人才2100人,其中,高层次人才162人;新培养高技能人才25人。城镇净增就业2430人,社保净增1967人,自由职业参保4715人,到龄居民养老金发放覆盖率达100%,适龄居民养老金参保率不低于99%,居民医疗保险覆盖率不低于99%。开发区成功创建为“省级和谐劳动关系示范园区”,并在惠山区人社系统年度综合考评中继续名列第一。针对六类贫困对象,开发区在惠山区率先出台并实施《关于对困难家庭精准帮扶的实施意见》,为167户179人提供精准帮扶,全年累计发放救助补贴22.39万元。募集社会公益资金36.58万元,开发13个社区公益岗位,为符合条件的精准帮扶对象提供工作岗位。创新居家养老养残服务,启用金惠社区、长宁社区2家老年人助餐中心、1家老年人日间照料中心及1家残疾

惠山经济开发区新城景象 (叶晓雯 供稿)

人之家,提升社会化养老养残服务水平。

(叶晓雯)

【社区建设各具特色】 2017年,开发区内各社区拓展了各具特色的为民服务功能。新惠社区依托“人大代表工作站”完善“左邻右里”工作室服务功能,架起社区与居民之间的沟通桥梁,被列入无锡市首批“雁阵计划”创建对象。金惠社区建立“5+X”模式的议事人才库,实现民主协商主体多元化。长宁社区完成新乐园工业地块35家企业拆迁清零工作,获评全国“创建无邪教示范社区”,并列入无锡市首批“雁阵计划”创建对象,列入无锡市首批五个“无锡市示范性居民学校”创建对象之一,连续三年被评为“无锡市最美志愿服务社区”。堰新社区获得“国家级充分就业社区”称号,成为全区首个获此表彰的社区。惠城社区推进“书香社区”品牌建设,完成30个书香楼道试点建设;在嘉洲花园洋房小区试点成立小区居民自治委员会,建成了市级法制文化公园。惠南社区依托紫荆花志愿服务站,成立由50多个机构和志愿团队组成的爱心联盟,获评无锡市最美志愿服务社区。长乐社区获评江苏省创业型社区、江苏省健康社区、江苏省校外教育工作优秀辅导站等荣誉。

(叶晓雯)

【无锡首个医疗器械创新联盟成立】 1月18日,无锡首个医疗器械创新联盟——无锡市太湖医疗器械创新发展中心在开发区成立。该中心作为一个合作共享平台,由贝迪生物、锐奇基因、申瑞生物等企业筹划而成,初期有无锡市贝迪生物工程股份有限公司、无锡市申瑞生物制品有限公司、无锡时代天使医疗器械科技有限公司、无锡市生命关怀协会等7家成员单位,拥有科研成果转化、创新要素融合、应用技术推广、专业技术服务、人才技能培训、推进产品应用六大职能。

(叶晓雯)

【石墨烯产业发展示范区建设】 2月16日,“2017石墨烯国家标准提案立项研讨会”在开发区内无锡石墨烯产业发展示范区召开,全国石墨烯领域内近60名专家、学者,就石墨烯检测与表征、通用基础、安全、产品等46项标准立项提案进行深入探讨。此次会议,标志着石墨烯行业迈入标准化时代,也是无锡石墨烯产业发展和标准化工作的又一个重大突破。3月13日,英国格拉斯哥大学与无锡石墨烯产业发展示范区缔结全面战略合作伙伴关系,在惠山区举行签约仪式,双方在石墨烯领域开展国际前沿技术引入、专业学术交流合作、最新研发成果发布、顶尖团队技术支持、项目孵化及产业化等五个方面展开合作。格拉斯哥大学团队专家成为示范区特聘外籍顾问,为示范区石墨烯研发及产业化发展方向提供指导和技术支撑。3月16日,国家发改委产业司人员组成的调研团,对无锡石墨烯产业发展示范区进行实地考察调研。无锡石墨烯产业发展示范区成立于2013年。2015年,示范区获批国家火炬无锡惠山石墨烯新材料特色产业基地。2016年3月,示范区与江苏省特检院无锡分院合作共建的石墨烯检测中心被认定为“国家石墨烯产品质量监督检验中心”。示范区在超电储能、导热薄膜、导热发热材料、复合材料、电子元器件五大产业化应用领域方向培育孵化企业,打造公共技术服务、检验检测认证、应用推广展示、人才培训、政策保障、金融支撑以及一站式配套的七大公共平台。至年底,示范区已集聚40多家国内石墨烯应用行业领军企业,成为全球石墨烯新材料应用领域企业和团队入驻数最多的园区。

(叶晓雯)

【惠山软件园获评国家小微型企业创业创新示范基地】 7月4日,工业和信息化部发布第三批国家小型微型企业创业创新示范基地名单,惠山软件园成功入选,获评“无锡惠山软件园小型微型企业创业创新示范基地”。江苏仅4家入选,惠山软件园是无锡唯一入选单位。

(叶晓雯)

【上能电气获评工信部首批绿色制造示范工厂】 8月,工业和信息化部公布2017年第一批绿色制造示范名单,上能电气股份有限公司被评为绿色工厂,成为惠山区首个获评此项殊荣的企业。

(叶晓雯)

【石墨烯研发平台升级为第三方检测机构】 2017年,无锡石墨烯产业发展示范区研发平台——无锡市石墨烯技术及应用研发公共服务平台拥有的实验室通过中国合格评定国家认可委员会国家实验室认证。至此,示范区研发平台与检测平台均已通过CNAS国家实验室认证,具备第三方检测机构资质。无锡市石墨烯技术及应用研发公共服务平台于2014年由惠山经济开发区牵头,总投资5000万元,委托无锡市惠诚石墨烯技术应用有限公司运营。研发平台集测试、研发与技术服务为一体,为企业和研发团队提供研发过程系统解决方案,致力于石墨烯产业链的形成。研发平台拥有近千平方米的实验室,重点打造石墨烯二维材料实验室、功能材料实验室以及产业设备技术实验室等服务体系,并成立质量控制实验室。至年底,平台已累计服务中小型企业100余家,其中包括比亚迪汽车、新奥科技、第六元素、无锡日川化工等多家上市公司,服务本地企业30余家;平台申请专利6件,协助园区企业申请专利5件。

(叶晓雯)

【芒种众创空间被评为“苏南国家自主创新示范优秀众创空间”】 11月6日,苏南国家自主创新示范区创新载体评估结果发布,软件外包园的芒种众创空间被评为“苏南国家自主创新示范优秀众创空间”。园区企业无锡赛晶电力电容器有限公司、无锡安真通科技有限公司被评为“苏南国家自主创新示范区瞪羚企业”。

(叶晓雯)

【创业中心获评省级科技创业孵化链条试点单位】 11月20日,江苏省科学技术厅公布第四批省级科技创业孵化链条试点名单,无锡惠山高新技术创业服务中心(申报主体:无锡惠创科技创业发展有限公司)名列其中,全省仅7家单位获批为第四批省孵化链条试点,创业中心为此次获批单位中无锡市唯一一家。由此,创业中心形成了国家级众创空间→国家级孵化器→江苏省加速器(最高级),江苏省科技创业孵化链条(试点)的全要素创新创业孵化发展模式。

(叶晓雯)

无锡山水城

【概况】 2017年，无锡山水城行政管辖面积72平方千米，常住人口12万人。全年财政总收入18.5亿元，一般公共预算收入9.2亿元，均位列滨湖区第一。规模以上工业总产值39.44亿元，比上年增长21.8%，位列滨湖区第一；全社会固定资产投资172.33亿元，滨湖区总量第一、占全区近三分之一；限额以上社会消费品零售总额4.09亿元，比上年增长19%，位列滨湖区第三；到位注册外资1.39亿美金，实现年度目标的278%；进出口总额1.95亿美元；服务外包四项指标增幅均超8%。

（杨 阳）

【招商引资】 2017年，山水城引进各类项目1148个，位居滨湖区新增实体注册企业数量第一，新增注册资本55.89亿元，新增税收超1亿元。在2017年滨湖区金秋经贸签约大会上，山水城签约项目11个，总投资超161亿元，其中，投资超亿元项目9个，项目数量、投资总额均居全区前列。睿思凯科技、上机数控获评省瞪羚企业。中卓科技、云计算、中科新瑞3家企业挂牌“新三板”。完成金华屹圆、雄宇重工等5个项目土地出让签约，胡埭工业园南泉压力容器、恒通动力等拆迁企业开工投产，科技工业中心和胡埭工业园累计集聚工业企业超170家。

（杨 阳）

【科技与人才培育】 2017年，山水城获批高新技术企业12家，高新技术产值占规模以上工业产值比重49.3%，万人发明专利拥有量174件。引进各类人才1200人，其中，引进高层次人才45人，引进海外留学人才15人。培养高技能人才172人，扶持自主创业137人，带动就业630人。协助做好园区企业高层人才服务工作，百互科技、耐克赛尔、华飞航空等9家企业高层次人才获得购房补贴54万元。协助园区高层次人才牟永安、薛峰、梁文青等11人办理高层次人才退税10余万元。

（杨 阳）

【园区建设】 2017年，山水城完成雪浪街道总体规划修编和科教产业园、南泉、雪浪等地区控规更新，实施太湖影视小镇、山水城科技工业中心等城市设计，编制山水城地区全域旅游发展规划。加快拆迁征收，顺利保障轨道交通1号线南延、环太湖南部高速启动区、万达文旅城等项目征地拆迁，完成无锡国家数字电影产业园二期、仙河苑五期、长广溪湿地二期等拆迁灭点，完成拆迁45.54万平方米。加强生态治理，推进国家生态文明示范区建设，扎实开展“263”行动，全面深化“河长制”，抓好省环保苏南督查中心交办问题整改清单，区域环境质量持续好转。建成瑞雪家园、仙河苑、方泉苑等安置房小区63.6万平方米、4478套；塘绛路、安南路延伸段、许舍路等道路相继建成通车，大通路西段、南湖北路、鹤语路、鹤溪路、鹤鸣路等加快建设；推进尧歌里、钱家湾等5个自然村环境改造工作，城市形象和功能进一步提升。完成滨湖中心小学新泥路、南泉未名路背街小巷改造。山水城雪浪幼儿园内部装修工程完工并投用，石塘小学、雪浪中心小学改扩建工程已进场施工；滨湖中学完成各项前期手续；南泉派出所重建完成并投入使用；雪浪工商所完成整体搬迁；南泉敬老院完成修缮，南泉居家养老服务中心通过市、区验收，雪浪养老中心获“无锡市敬老模范单位”荣誉称号。全年化解信访积案6件；立足维护安全稳定，组建10个安全专委会，成立无锡影都专职消防队，加强安全生产行业管理。

（杨 阳）

【景区管理】 2017年，山水城加快全域旅游创建。根据滨湖区实施方案，成立山水城全域旅游创建工作小组。万达文旅城商业街、水乐园主体结构封顶，娱雪乐园完成外围主体施工，屋面钢结构及内部主体结构施工，海洋乐园进行桩基施工。主题乐园飞翼过山车安装50%。五星、六星酒店完成地下室结构。举办三月三庙会、雪浪山薰衣草观花节和第二届大浮醉李文化节，吸引大批游客。全年接待游园人数1345万人次。

（杨 阳）

无锡国家数字电影产业园全景 （刘春长 摄）

【国家数字电影产业园发展】 2017年，无锡国家数字电影产业园有注册企业437家、实现产值超50亿元、实现税收4.75亿元，新增纳税100万元以上企业21家。举办2017中国·江苏太湖影视文化产业投资峰会。太湖影视小镇被列入首批省级特色小镇创建名单。中国电影名镇项目成功签约。二期项目D1、D4区摄影棚竣工投用，D2影棚提前交付剧组入场置景，D3摄影棚进行内部装修。

（杨 阳）

【科教产业园建设】 2017年，山水城科教园二期所涉旭通数字产业园一期封顶，二期开工建设。江苏中设集团科研用房和君合总部办公大楼进场施工，融晟研发中心项目完成立项、方案报批、规划许可证办理及招投标工作，办理施工图审查。交研所智能交通基地完成立项、方案报批，办理规划许可证及施工图审查。2017年超5000万元新开工计划项目15个，实际开工14个，开工率93%。

（杨 阳）

江苏无锡经济开发区

【概况】 2017年，江苏无锡经济开发区（胡埭镇）聚焦产业转型升级，推动先进制造业深化发展，加强结构调优和后劲积累，经济社会呈现良好发展态势。全年完成工商两业纳税销售1090.8亿元，其中工业纳税销售658亿元；完成税收28.7亿元；一般公共预算收入14.8亿元。集聚中航614所、江苏永瀚、振华轿车等企业1600余家，职工总数约4.1万人。

（邱晓东 周晓刚）

【产业发展】 2017年，开发区坚持发展先进制造业。拥有制造业高新技术企业23家，产值比重逐年增加，占规上工业总产值45%以上。江苏永瀚、派克新材料等一批企业率先取得行业标准制定参与权。企业研发投入全年完成3.1亿元。全年新增高新技术企业4家，发明专利申请量100件。推进振华轿车、派克新材料等企业上市进程。全年新建超5000万元以上重大工业项目17个，派克新材料、威博钟山等4个超亿元项目按时序推进，特丽亮、绍纺机械等技改项目竣工投产。在滨湖区金秋经贸洽谈会期间签约6个项目，落实美斯泰科、恒泰航空等重点项目；汉默柯等外资企业增资到位。汽车城项目持续领跑，全年实现纳税销售19.4亿元，实现税收5789万元，比上年增长19%，奔驰、雷克萨斯亩均税收超100万元，保时捷、沃尔沃等项目的合作意向进一步明确，林肯4S店完成注册。以商业街为核心，上影国际等一批中高端项目陆续推出，生活性服务业日趋繁华。以港池为代表，辉泰仓储、佳材钢贸等企业稳步发展，生产性服务业布局加快。农业融合式发展扎实推进，重点依托花彩小镇项目，打造都市化、融合式发展的特色农业品牌，四季花园、龙湾花圃和花卉酒店等子项目加快建设，筹划花朝节等系列项目。

（邱晓东 周晓刚）

【城乡建设】 2017年，胡埭镇总体规划修编完成、胡埭镇土地利用总体规划调整完善，修订胡埭镇生态文明建设规划，推动胡埭镇镇村布局规划修编。完成西溪路、红枫路等3条道路延伸建设，棕榈路新建工程加快建设，陆藕路改造方案加紧对接。完成富安桥拓宽改造工程，推进西环线节点景观改造工程，加快实施主要道路智能化交通设施建设，努力提供更加高效的通行条件。全年完成基础设施工程投入5373万元。引进中海、新力地产项目。新胡埭中学完成建设并启用，文体中心开放部分功能。新卫生院主楼竣工，设施设备到位。残疾人服务中心完成提档升级。张舍农贸市场完成改造。部署建设餐厨垃圾消纳、建筑垃圾中转和装潢垃圾资源化利用项目。积极策应乡村振兴战略，完成张野、中湾等首批5个重点村改造，天然气进户、自来水改造、雨污分流、景观改造、绿化提升、村道修复等系列工作统筹推进。

（邱晓东 周晓刚）

无锡经济开发区无锡市振华汽车部件股份有限公司机器人车间

（周晓刚 供稿）

【生态园区建设】 2017年，开发区完成煤炭消减总量198吨，超额完成滨湖区目标任务。完成化工企业“四个一批”整治13家，通过区级验收11家，超额完成区目标任务，切实解决了化工助剂厂、正茂化工厂等一批环境影响重点问题。落实省环保督察反馈问题整改，抓好企业环保规范管理。排水达标区复查整治系统实施。完成沪宜路剩余7.5公里污水主管网建设，新建村级污水管网23公里。完成2个污水提升泵站建设。11个农村点源处理系统主体建设完成，中湾试点完成验收。污水厂淤泥二期改造、进水在线监测系统等完成建设。全面完成畜禽养殖整治任务。完成34条河道的清淤疏浚，总长度26.8公里。完成立新河、猫桥河等4条直湖港一级支浜的护岸整治。洋溪河一级支浜（下沿浜）护岸工程全面完成，主河道护岸工程完成80%。深入实施“河长制”，有效整治沿岸乱养殖、乱垦种、乱搭建等问题。江苏省生态文明示范乡镇创建取得新进展。全年“263”行动投入2.5亿元。

（邱晓东 周晓刚）

【民生事业保障】 2017年，开发区全力支持地区学校发展，重点服务新胡埭中学启用，全年落实学校教学装备更新和配备20项，支持学校特色课程开发和教学品质提升。支持公共卫生事业发展，推动“医联体”建设以及“三甲”医院专科共建，扶助“全科医生”人才队伍建设。全年救助各类困难对象1030人次，发放各类救助金110余万元，完成慈善解缴188万元,完成脱贫13户。开展“阳光扶贫”,重点结对帮扶低保户、医疗救助对象等48户。持续做好居民社保扩面工作,全年社保扩面4444人,新增参保1479人。举行就业招聘会15场,新增城镇就业3126人。重点做好残疾人服务中心提档升级、马鞍村防汛排涝工程、张舍农贸市场改造、张舍中路背街小巷整治、新建农村污水点源处理系统等7件为民办实事项目。

(邱晓东　周晓刚)

【社会治理】 2017年,开发区处置各类城镇管理问题2209件,重点做好交通干线沿线环境、垃圾偷倒、乱设摊、僵尸车等专项整治,解决了广厦市场周边乱停车、夜宵摊集中治理等问题。率先在全市完成生活垃圾分类全域全覆盖。全年拆违4696平方米。深入实施“四治联动”,马鞍村完成“全国流动人口社会融合示范社区”创建,鸿翔村完成“全国综合减灾示范社区”创建,全年落实区级公益创投项目3个。完成安置房小区物业管理体制优化调整。深入做好村庄物业市场化试点工作。深化落实属地责任,加强安全生产监管,全年排查整改隐患4688处。完成企业安全生产标准化创建274家,超额完成区级目标。部署社会治理大数据平台建设,系统做好消防应急、金融风险等预案,做好道路交通、建筑施工等重点领域安全监管,统筹做好防汛防台、护林防火等工作。开展群众性综合宣传教育活动,建设特色文化团队66个,开展各类文体活动60多次,举办大型主题晚会6场,“爱立方”系列项目、水环境主题宣传等一批亮点凸显。优化领导信访接待日制度,持续抓好综治稳定工作,全年无进省、进京上访发生。开展“连心富民、联企强镇”大走访,共走访11506户家庭,767家企业,办结合理建议610条。

(邱晓东　周晓刚)

江苏无锡空港经济开发区

【概况】 无锡空港经济开发区前身为2007年成立的无锡空港产业园区。2017年5月,经省编办、无锡市委市政府批准同意,更名为无锡空港经济开发区,与无锡市新吴区硕放街道党工委、办事处实行“区政合一”的管理体制。经济开发区(街道)下辖25个村(社区)居委会,常住人口约13万人(其中户籍人口5万人)。规划面积55.88平方千米,实际管辖面积为26.21平方千米。2017年,在全市纳入开发区管理序列的省级开发区中,无锡空港经济开发区位列第三,与上年相比排名再次提升两位。

(唐钰倩)

【经济发展】 2017年,空港经济开发区围绕打造“千亿空港”目标,突出发展“现代物流服务业、航空先进制造业、生命科技医药”三大主导产业,经济发展取得明显成效。全年完成技工贸总收入835.6亿元,比上年增长22.7%,其中工业销售收入335.6亿元,比上年增长23.8%;三产营业收入500亿元,比上年增长22%。规模以上工业总产值完成291.8亿元,比上年增长22.7%。固定资产投资完成88.9亿元,其中工业性投资54亿元,比上年增长1.3%。全年财政总收入20.1亿元,其中,公共财政预算收入11.1亿元,税收占比约为95%。在省级开发区考核中,完成到位外资1.23亿美元;在无锡高新区考核中,完成到位外资7073万美元。重点物流业成效凸显并成为新的增长点,24家物流公司2017年实现营业收入21亿元,比上年增长20%。百联奥特莱斯、哥伦布、瑞港等商业广场产出持续增长,百联奥特莱斯经营业绩持续保持两位数以上增长。传统不锈钢产业创新不断,其中不锈钢电子交易平台全年实现营业收入124.9亿元,成为开发区首个销售破百亿元的企业。

(唐钰倩)

【项目建设】 2017年,空港经济开发区努力打造智能化、绿色化、服务化、高端化为核心内涵的现代产业新高地,为区域产业发展注入新动能。签约引进力特半导体二期、复星国药、江松科技、会通新材料、华东重机等30个符合开发区主导产业的重大项目,其中超5亿元项目2 个(力特二期、复兴国药)。全年完成土地挂拍6起共19.23公顷,会通新材料、昶生科技、新林五金等8.67公顷土地完成前期手续并上网挂拍。民生电商项目开工建设,金南物流、友和道通、建昌科技、丰泰电商等重点在建项目进展顺利。格林美完成增资1.7亿元。新和源、优速物流、菜鸟网络一期(西地块)竣工投产,菜鸟网络二期智慧物流项目全面进入设备安装阶段。先进制造业增势强劲。深南电路、力特半导体、格林美、航亚科技等重点项目发展迅猛,高端集聚优势愈加明显。

(唐钰倩)

【科技创新】 2017年,空港经济开发区坚持研发型企业培育,企业深植科技创新引领的理念,整合各项科技服务资源,并联高校、科研院所组建创新团队,促进一大批科技成果加速转化。年内,认定高新技术企业4家、省级技术中心2家、市级技术中心3家、市级工程中心3家,申报高新技术产品17项、省重点研发计划1项、新兴产业技术研发项目2个,申报专利1720件。支持企业上市,沪东麦斯特、铝泰金属实现“新三板”挂牌,祥生医疗推进IPO上市已进入辅导期,金城幕墙完成美国纳斯达克上市的报会工作。全面落实“太湖人才计划”升级版相关政策,坚持招才引智,“筑巢引凤”,打造具有竞争力的人才软环境,紧盯千人计划、双创人才、333工程培育人才等,加大重大创新突破和引领作用的顶尖人才引进,为开发区的创新发展奠定人才基础。年内,引进市“太湖人才计划”领军人才4人,其中,产业升级创新领军人才2人、企业经营管理领军人才2人;引进“省双创博士”1人。

(唐钰倩)

【园区建设】 2017年,空港经济开发区按照新吴区建设硕放航空小镇的部署,推动空港(硕放)新型城镇化建设,实现城镇化由注重速度向注重品质的提升转变。年内,启动特色小镇规划编制工作,并于年底完成规划成果。推进里夫泾浜沿线热力管改迁及景观方案优化设计,配合上级部门完成《新区硕放总体规划》编制和《硕放控制性详细规划》的修编工作。完成珠江路(雪梅路~长江南路)延伸工程建设,并于10月协调组织相关单位进行项目验收,同时协调办理移交接管各项手续与决算审计事宜。启动华友中路东侧堆土区休闲绿地景观工程建设。物流仓储C地块项目五栋厂房主体已完工;推进华友中路DEF地块基础施工;东安路二期厂房9号房竣工,并进行项目验收申报。完成空港(硕放)消防站土建工程,室内装修完成招投标工作。

(唐钰倩)

【环境保护】 2017年,空港经济开发区持续推进"263"专项行动,全面推动十个小流域整治及庙下浜黑臭河道整治工作。十个小流域分成114个小街区,17%已完成施工,40%已完成施工招投标,43%处在排查中,庙下浜黑臭河道整治工作有序推进。对120家存在雨污水混流的企业进行沟通协调,要求其进行管网整改工作。对100家废品收购站点开展清理整治,累计整治95家;处理生猪1114头猪、羊150只、家禽1318羽。扎实开展化工企业"四个一批"专项整治,辖区内有化工企业27家,其中7家位于太湖一级保护区范围,已列入2017年关停计划,至年底,5家企业已经关停。妥善处理城东船厂、大墙门钱家桥废旧回收、六通集团废布造粒等环境污染问题。加强日常环境检查力度,每月监察不少于30家企业。在省第二环境保护督察组进驻无锡期间,坚持以问题为导向,从快从严从细从实抓好信访问题整治工作,开展自查自纠,对存在环境违法违规问题的企业上报新吴区环境监察大队,进行行政处罚。

(唐钰倩)

【安全生产】 2017年,空港经济开发区严格落实"党政同责、一岗双责、齐抓共管、失职追责"的安全生产责任要求,构建由开发区主要领导为第一责任人,分管领导为分管负责人,各局(部、办)部门领导为具体责任人,安委会各成员单位和部门负责人为各分管行业、领域的安全生产责任人,各村居(社区)负责人为各村居(社区)安全生产属地管理负责人的安全生产责任体系。签订各类安全生产责任书15份,安全生产告知承诺书586份。制定《无锡空港产业园区(硕放街道)标本兼治防范遏制重特大事故工作方案》,严格按照市、区有关行业事故隐患排查标准开展安全风险分级管控和事故隐患排查治理的要求,针对辖区内重点行业领域、重点部位和重点环节结合安全大检查活动开展风险排查和辨识。年内,有8家重点企业单位和92家一般企业单位参与危险源辨识及风险管控工作,5月、7月,开发区安监办邀请专家先后对462家单位进行危险源辨识和管控进行辅导。试点单位无锡进源科技有限公司已基本完成。开展"园中园""厂中厂"安全隐患排查工作,排查65家企业。开展木制家具企业、粉尘涉爆企业专项整治,对不具备安全生产条件的责令关闭停产。对有限空间企业进行专项检查,17家有限空间危险作业的企业全部完成安全生产检查。推进职业危害专项整治工作,对涉及职业危害的10家重点企业逐一开展专项检查,排查隐患35条,均已整改完毕。开展安全生产大检查。全年检查企业单位109家,关闭4家企业,责令停产1家。排查隐患482处,整改隐患238处,查出重大隐患5处,均已整改完毕。开展燃气安全专项整治,组织燃气安全员检查辖区内餐饮用户320余户,发放燃气安全使用告知书和供气站点名录330余份,发放居家安全常识2万余份。推进燃气瓶改造工作,67户餐饮店有意愿接受瓶改管项目,9户餐饮店整改完工。居民用户瓶改管工作在墙裕村、老居委、墙联村等有序推进。

(唐钰倩)

【社会事业发展】 2017年,空港经济开发区(硕放街道)围绕"聚焦富民",推进以创业带动就业,落实各种优惠政策措施,重点扶持高校毕业生、残疾人和被征地农民等特殊就业困难人员创业就业工作,实现零就业家庭就业援助率和动态清零率两个100%。推进房权换股权工作,全年发放分红约9500万元。加快安置房建设,年内,交付丽景佳苑三期28.8万平方米、2143户安居房,安居房在建面积18.29万平方米。健全社会保障,构建以最低生活保障为基础,各类专项救助和临时救助为补充,社会力量共同参与的社会救助综合体系。全年发放低保金65万元,残疾人两项补贴41万元,发放助学金14.1万元,落实各类帮扶资金150余万元。推动解决教育、医疗、养老等实际问题,完成吉祥幼儿园改扩建工程;推进丽景佳苑幼儿园建设;推进丽景佳苑小学地块拆迁工作;启动硕放卫生服务中心异地新建的规划设计工作;依托颐养园,成立硕放街道社区居家养老服务中心,将社区居家养老服务站打造成嵌入式养老服务机构,确保养老和医疗资源辐射到更多的居家老年人。提升社区管理,加强和完善社区"微自

12月17日,无锡空港经济开发区举行航空小镇启动仪式

(唐钰倩 供稿)

治”工作，推动丽景佳苑一社区“我的楼道我的家”平安银行社区共建项目落地。开展“连心富民、联企强市”大走访活动，解决人民群众日常生活和企业发展问题478个，问题解决率达96%。开展涉及普通国省道、高速公路、铁路、航道、港口码头的整治工作，组织人员及机械清理各类堆放(垃圾)1450吨。加强违法建设整治，全年拆除各类违建69起，拆除面积6145平方米。深入推进城市环境综合整治，做好朱家浜、重点市容监控道路及农贸市场周边环境、辖区市容环卫责任制道路和工地、渣土的日常监管工作，配合新吴区执法大队设卡严查工程车辆的违规运输，组织人员连夜蹲点夜间垃圾偷倒严重地段。开展辖区内市容难点热点区域集中整治，对硕放商城四周、朱家浜地段、振发路商业街、瑞港商业街、哥伦布广场、南星苑钢达农贸市场、香楠佳苑、丽景佳苑、中南房产地块物业公司旁、辖区学校周边等重要节点集中管理和整治。联合交警对主要道路两侧、占用道板及停车场的“僵尸车”进行整治，清理“僵尸车”70余辆。取缔并规范管理占道经营、无证经营摊点735个，清理各类店外乱设广告牌、撑牌近300块。

(唐钰倩)

江苏江阴临港经济开发区

【概况】 2017年，江阴临港经济开发区围绕“建设竞争力一流的国际化开放园区”总目标，引领高质量发展，推进“二次创业”，经济社会持续健康发展。全年完成地区生产总值721.66亿元，比上年增长8%；全社会固定资产投资330.5亿元，比上年增长12.2%，其中工业投入202.8亿元，服务业投入127.7亿元，分别比上年增长16.5%和6.0%；公共财政预算收入44.0亿元，比上年增长8.3%；规模以上工业产值1080.8亿元，比上年增长19.3%；限上单位销售额1144.8亿元，比上年增长18.5%；工商登记注册外资4.62亿美元、到位外资1.29亿美元；经济总量在全省省级开发区中实现“六连冠”。年内，江阴临港经济开发区被江苏省经济和信息化委员会评为江苏省两化融合示范试验区，江阴综保区通过省级预验收，长江港口综合物流园区建成全市首个千亿级园区，新能源产业园获批国家火炬无锡江阴智慧能源特色产业基地，临港国际物流园被评为“省重点物流基地”。

(陈喜凤)

【产业发展】 2017年，江阴临港经济开发区依托中信、远景智慧能源、双良节能及光催化、港口物流、综保区、建滔电子新材料、法尔胜金属制品、LNG清洁能源、申达安姆科软包装、哈工智能、中建材三新、新能源汽车十二大产业集群，关注龙头项目、招引产业链关键环节的项目、跟进产业链的延链强链拓链补链工程，加快打造智能智慧、高端高新的产业格局，全年实施重点重大项目23项、总投资129.82亿元，竣工重点重大项目25项、总投资38.55亿元。一批体量大、分量重、质量高的项目相继落地，累计签约重点项目超百项、产业集群项目64项，远景风电、中向土壤调理剂、光催化、冷链物流等一批千亿级产业集群加快形成。2月22日，总投资超60亿元的11个重大项目举行集中开工仪式，总投资1.5亿美元的宝湾物流、总投资20亿元的中能LNG集散基地、总投资10.6亿元的申达安姆科包装基地、总投资5亿元的西城年产100万吨废钢资源回收再利用、总投资5000万美元的华新丽华不锈钢冷晶棒、总投资4310万美元的普洛斯二期、总投资3000万美元的蒙特亚太基地等项目集中开工。6月27日，总投资1亿美元的润泰环保工业固废处置示范基地项目签约落户。9月20日，由江阴临港经济开发区、江苏利电能源集团和凤凰传媒股份有限公司三方合作开发建设的总投资50亿元的凤凰大数据中心产业园签约落户。9月23日，总投资3亿美元的中向土壤修复项目签约落户并正式开工。年内，江阴临港经济开发区依托基金平台，成立光控海银、合能海欣等十多个风投和产业基金。

(陈喜凤)

【招商引资】 2017年，江阴临港经济开发区围绕12大产业集群，推进招商体制改革，通过《招商服务公司运营管理办法(试行)》《招商服务公司个人积分制考核办法》《金牌招商能手评选办法》等，建立奖惩激励机制。着眼产业集群项目招引，推动远景智慧能源产业集群项目、双良节能及光催化产业集群项目、中信产业集群项目、城市功能产业集群项目等洽谈，赴中国香港、台湾和美国、瑞典、挪威等地参加多场招商活动。组织2017年度江阴临港经济开发区经贸洽谈会，会上签约33个项目，总投资315亿元。全年共签约65个项目，总投资近千亿元，有意向在谈项目119个，在批拟建项目67个，开工在建项目27个。

(陈喜凤)

【科技创新】 2017年，江阴临港经济开发区加大创新激励力度，完善修订《临港开发区关于加快产业强区建设若干政策》，兑现扶持奖励资金2605万元。全年新增江苏省高新技术企业19家，申报高企技术产品43个，申报省民营科技企业25家，获批省两化融合试点企业5家。获批省级工程中心1家、企业技术中心2家。申报国家金卡工程金蚂蚁奖1个，获评中国专利奖优秀奖1项，获批省重点成果转化项目1个，获评江苏省科学技术奖1项。全年完成申请专利1169件，授权934件，申请国际专利11件。4家企业列入省名牌产品培育计划，邦特科技入围省品牌名单。引导企业修订、制订标准，全年新增发布国标3个，新增发布行标5个。11月3日，江阴市智慧能源产业技术研究院在远景能源揭牌成立，为打造远景千亿产业集群注入新动能。年内，双良集团获评江苏制造突出贡献奖优秀企业；远景能源跻身首批江苏省外国专家工作室，成立江阴市智慧能源产业技术研究院；新长江集团入选“中国循环经济年度最佳实践”；江苏圣澜服饰创意有限公司入围江阴市市长质量奖。

(陈喜凤)

【园区建设】 2017年，江阴临港经济开发区把握“规划、拆迁、建设、文化、绿化”等重点，开辟城乡一体发展新路径。按照“芙蓉大道以南生态区、过江通道以西生产区、河豚路以东生活区”规划，调整优化总规详规。推进36个地块的拆迁工作，完成24家企业、614户农户、22.24万平方米拆迁任务；建成龙港路北段等7条道路；分别建成交付、分配安置房2344套、2294套，开工在建安置房1342套；西横河、北塘河、璜塘圩等44项水利工程全面完工；推进污水管网建设，完成石庄花港西路、盘龙工业园、启港苑一期控源截污、小湖安置区雨污分流等8项工程；完成小湖港、新夏港河等8条河道的相关治理工作，关停“五小企业”6家、关停畜禽养殖场480家。南京理工大学江阴校区签约落户，夏港实验小学改扩建工程建成投用，15万平方米的海岸城商业综合体开业，悦丰睦邻中心、迪卡侬、恒大地产等一批功能项目加快推进。

（陈喜凤）

【社会事业发展】 2017年，江阴临港经济开发区集中70%以上的财力投入民生建设。通过举办大型招聘会、技能培训班、职业技能比赛，全面消除“零就业”家庭，就业率稳定在96%以上。富民进程不断加快，实施经济薄弱村脱困致富工程、“阳光扶贫”行动，各项社会保障标准稳步提升，新农合、被征地农民基本生活保障覆盖率均为100%。全面完成背街小巷、农贸市场、老旧小区等“三大改造”，新增绿化面积8.67公顷，整治河道40余条、畜禽养殖户97个，累计拆除违章建筑7108.6平方米，受益居民21800户。璜土村创建成为全国文明村。璜土和夏港农贸市场、利港和申港敬老院竣工投运；行政审批加快“一站式”“一窗式”服务，全年办结服务事项10万件，办结率100%。

（陈喜凤）

【“江阴—广州”内贸直航航线开通】 2月19日，江阴临港经济开发区开通“江阴—广州”内贸直航航线，连接起长三角和珠三角两大经济区，实现了江阴港的长江T字型航线布局。该航线初期投入两条6000吨的内贸海船双向对开，结束过去需从上海、太仓等地转运的历史，为货代、物流企业节省大量时间和经济成本，加强了江阴港内贸综合服务实力。

（陈喜凤）

江苏江阴—靖江工业园区

【概况】 2017年，江苏江阴—靖江工业园区把握“加快联动开发、加速融合发展”目标定位，践行“产业强区”主导战略和“创新驱动”核心战略，统筹推进稳增长、促转型、建项目、优载体、惠民生等各项任务，经济社会保持健康稳定的发展态势。全年完成规模以上工业产值181.50亿元，比上年增长24.5%；地区生产总值99.48亿元，比上年增长10.7%；一般公共预算收入8.46亿元，比上年增长31.0%；固定资产投资16.75亿元，比上年增长10.9%，其中工业投入9.6亿元，比上年增长15.2%，限上零售额4.64亿元，比上年增长13.8%；到账外资5002万美元，比上年增长451.8%；港口货物吞吐量1764.5万吨，比上年增长12%。

（毛　璧）

【招商引项】 2017年，江阴—靖江工业园区加大招商选资力度，密切跟踪产业发展趋势和企业投资意向，招引一批与园区产业发展契合度高、带动性强、经济效益好的龙头产业项目，引进一批产业链高端环节项目。总投资1.5亿美元的大明金属科技车间完成主体工程建设和设备调试并投入生产；总投资3300万美元的东方能源润滑油仓储已完成主体工程建设，进入设备安装调试和试生产阶段。总投资9900万美元的光汉科技项目、总投资5.5亿元的双江能源综合项目和总投资2500万美元的中力机械开工建设。9月22日，举办江苏江阴—靖江工业园区产业发展恳谈会，签约项目9项，总投资超63亿元。年内，累计引进“三个一批”项目（在建一批、拟建一批、重点意向一批）27项，总投资167.4亿元，其中在建项目4个，总投资约15.7亿元，分别为总投资2500万美元的中力机械项目、总投资2亿元的电子交易平台项目、总投资9900万美元的光汉科技项目和总投资55亿元的双江能源综合项目；拟建项目13项，分别为总投资50亿元高端金属材料精密加工项目，总投资4.8亿元的下六圩港项目，总投资3000万美元的进口食品交易中心项目，总投资8.3亿元的球墨铸管搬迁项目，总投资3.68亿元的PC构件项目，总投资2亿元的电磁阀项目，总投资3300万美元的润滑油仓储配套项目，总投资5亿元的中建钢构新型建筑钢结构项目，总投资1.5亿元的中建钢构国家级检测中心项目，总投资5000万美元的高精管件深加工项目，总投资10亿元的大明港务项目，总投资10亿元的压力容器项目和总投资8.1亿元的桥梁民用钢结构项目；重点意向项目10个，总投资约41亿元。

（毛　璧）

【主导产业发展】 2017年，江阴—靖江工业园区坚持江阴市、靖江市产业政策落地，推进企业转型提升，鼓励企业加大技术改造投入，加大人才引进力度，产业结构进一步优化。年内，江苏扬子江集团有限公司新接订单、手持订单及完工船三大重点指标增幅均超20%，生产任务已排到2020年6月；钢铁行业景气指数攀升，长强钢铁完成技术改造后，产销两旺，主要经济指标接近翻番增长；中建钢构江苏有限公司承揽全球第二大、国内第一大的深圳国际会展中心（一期）项目；大明重工凭借其全国领先的“一站式”碳钢、不锈钢深加工业务，成功跻身江苏省民营企业百强第60位；东方能源年产15万吨润滑油项目竣工投产，将实现产值大幅增长；海鹏特种车抓住国家轿运车整改给予，获得中置轴改装资质，占取市场份额，订单量翻番。

（毛　璧）

【社会事业发展】 2017年，江阴—靖江工业园区坚持精美规划、精心建设、精细管理，主动融入扬子江城市群建设，全域推进城乡融合发展，不断完善园区基础设施，提升园区功能配套能力。园区控制性详规的修编初步完成，港口控制性详规编制完成并顺利通过专家评审。开展新安置区建设前期工作。实施联心路道路改造、溢馨苑四期安置房、莲沁苑雨污分流等多项基建工程。实施四圩村8~12组、六圩村新安置区、永益绿色产业园、东方能源扫尾等拆迁工程共计286户；溢馨苑安置小区累计安置186户191套安置房。实施房票政策后，签订协议277套，全部开具房票。

（毛　璧）

江苏宜兴陶瓷产业园区

江苏宜兴陶瓷产业园区　（张　俊　供稿）

【概况】 2017年，宜兴陶瓷产业园区实现工业应税销售收入181亿元，其中规模以上企业149亿元。流通应税销售收入41.5亿元。到位注册外资1580.4万美元。自营出口创汇4.16亿美元，比上年增长6.28%。工业后劲投入32.15亿元，比上年增长3.7%。至年底，入园企业累计500多家，其中年销售收入超20亿元企业2家、超10亿元3家、超1亿元23家。年内，举办国家"千人计划"专家丁蜀行活动，签约产学研项目4个。举办第八届中国宜兴工业陶瓷产业发展高峰论坛，推动工业陶瓷产业升级与转型。组织园区企业参加国内外展览，加快企业走出去步伐，促进贸易合作和市场开发。5月，中国陶瓷工业协会工业陶瓷分会把秘书处设在园区，为园区企业与国内其他陶瓷产区间的交流合作创造便捷条件。园区基础设施不断完善，完成蠡河路、通蠡路、西施路、川埠路改造提升工程。

（张　俊）

【支柱产业发展】 年内，机电、冶金、陶瓷三大园区支柱产业应税销售收入占比78%。骨干企业支撑有力，江苏亨鑫科技有限公司位列宜兴市工业前50强；无锡市宇超电气科技有限公司、中耐控股集团有限公司、江苏三恒高技术窑具有限公司、宜兴市瑞弘耐火材料有限公司、宜兴市灵谷塑料设备有限公司、江苏源翔合金材料科技有限公司、江苏省陶瓷研究所有限公司应税销售收入增幅均超30%；宜兴市蓝天玻陶材料有限公司、江苏拜富科技有限公司、无锡市瑞尔精密机械股份有限公司、宜兴市科兴合金材料有限公司、江苏省宜兴非金属化工机械厂有限公司、宜兴市丁山耐火器材有限公司、江苏省宜兴电子器件总厂有限公司、宜兴汉光高新石化有限公司、宜兴摩根热陶瓷有限公司、宜兴诺伏电工材料有限公司应税销售收入增幅均超10%。成长型企业运行良好，江苏蓝星环保科技有限公司、市隆昌耐火材料有限公司、台宜陶瓷（宜兴）有限公司、无锡国威陶瓷电器有限公司应税销售收入增幅均超50%；宜兴市青龙水泥有限责任公司、信亿（宜兴）陶瓷有限公司、宜兴市海德电子有限公司应税销售收入增幅均超30%。外贸出口持续增长，江苏亨鑫科技有限公司、宜兴维多利亚家具有限公司年出口额均超3000万美元。5月，山东国瓷功能材料股份有限公司用6.88亿元现金收购宜兴王子制陶有限公司100%股权，王子制陶公司成为国瓷材料公司的全资子公司。

（张　俊）

【第八届工业陶瓷产业发展高峰论坛】 5月19日，由宜兴市丁蜀镇政府、陶瓷产业园区联合主办的第八届中国宜兴工业陶瓷产业发展高峰论坛暨2017丁蜀科技人才周在丁蜀镇开幕，国内外50多所高校、科研院所的专家教授和业内人士及丁蜀镇相关企业经营者开展研讨交流。论坛通过举办讲座、专家企业自由对接等系列活动，为产学研各方搭建交流互动的平台，助力各方洽谈协商、寻找合作共赢的机会，促进丁蜀镇工业陶瓷企业加快完善产业链、增强创新能力、提升核心竞争力。开幕式上，中国陶瓷工业协会工业陶瓷分会、宜兴市陶瓷产业发展研究会、丁蜀镇企业发展服务中心和宜兴陶瓷智能装备孵化器揭牌成立。武汉理工大学与江苏宜兴陶瓷产业园区全面合作协议、辽宁科技大学与丁蜀镇政府全面合作协议、英属哥伦比亚大学与江苏金石研磨有限公司联合建立矿物超细加工工程中心等12个合作项目签约。

（张　俊）

【陶瓷智能装备孵化器设立】 5月，在第八届中国宜兴工业陶瓷产业发展高峰论坛上，宜兴陶瓷智能装备孵化器揭牌成立。该孵化器是为陶瓷智能装备产业创新创业服务而设立的载体平台，以无锡市瑞尔精密机械有限公司为运行主体，以宜兴市海创工业技术研究院有限公司为服务中心，标准厂房面积约3.5万平方米，拥有智能数控设备、仪器100多台（套）及专业生产线多条，建有江苏省工程技术研究中心、智能化冶金装备实验室、博士后科研创新实践基地、"千人计划"专家工作站等技术平台，对入驻企业提供咨询、研发、检测等技术服务和中试条件，孵化其快速成长为科技型企业，降低创业风险和成本。

（张　俊）

编辑　邵文凯

财政

【概况】 2017年，无锡市财政局聚焦“两聚一高”和产业强市目标，加快落实稳增长、促改革、调结构、惠民生、优生态、防风险各项工作，推动落实三大类42项重点工作，为全市经济总量实现跨越万亿元的历史性突破、城市新一轮建设和人民生活持续改善做出积极贡献。财政收入超额完成目标。全市完成一般公共预算收入930亿元，比上年增长6.3%，其中税收收入752.40亿元，比上年增长6.6%，税收收入占一般公共预算收入的比重为80.9%，超额完成市“两会”确定的5%左右的预期目标。财政支出进度显著加快，全市一般公共预算支出987.66亿元，增幅达14.1%，其中80%左右投入民生领域，低保、救助等阳光扶贫资金拨付到位，生态环境、城市建设重点领域保障加强。年内，无锡市财政局获“财政促进金融业创新发展专项资金管理全省第一”“江苏省国企财务信息管理先进单位”“江苏省巾帼文明岗”“城市建设突出贡献集体”“全市政务服务先进单位”等荣誉。

（杨亦婧）

【财政运行质效提升】 2017年，全市财税收入含金量持续提高，税收收入增幅、税收占比分别较上年提高0.9、0.2个百分点。税收结构继续优化，制造业税收比上年增长16.3%，带动工业税收增长；百强企业纳税额占比近三成，增幅为全市平均增幅的两倍。支出效益全面提高，开展预算支出进度考核通报，实现各季度财政支出进度高于序时进度。在省内率先出台《财政支出绩效指标框架体系》，率先试点政策绩效论证和评价工作，进一步提高财政预算绩效管理水平，专家绩效论证淘汰调整项目213个、优化资金安排7亿多元。全口径四本预算按照规范程序经人大审查批准。政府债务防风险体系构建完善，先后研究制定无锡市政府性债务风险应急处置预案、预警暂行办法等制度、方案8项，积极稳妥防范化解地方政府性债务风险，确保“存量不出险，增量不违规”。

（杨亦婧）

【财税政策助推产业强市】 2017年，市财政系统聚焦产业强市，用好用足财政政策工具。加强对科技创新、人才强市、重大项目等重点领域的财政投入。市本级投入2.33亿元支持创新研发等近280个科技项目实施，投入2亿元支持太湖人才计划升级版，兑现重大项目奖补资金2.6亿元，推动实施中芯长电、环晟光伏等重点项目12个、带动社会投资近353亿元。信保基金以4.78亿元财政资金投入撬动起累计140多亿元信贷规模，有效解决小微企业融资难、融资贵问题。股权投资三大基金集群9个子基金累计投资各类项目50个，投资金额15亿元，放大倍数达到15倍。应急转贷基金共为1052家中小企业办理1655笔转贷应急资金业务，续贷总金额达117多亿元。开发“产业资金申报和服务管理平台系统”，实现阳光申报、精准扶持，获得国家计算机软件著作权证书。落实小微企业、高新企业等税收优惠政策，当年取消、减征3项政府性基金、72项行政事业性收费、4项经营服务性收费，降低社保缴费基数和比例，兑现企业用水降价补贴。落实供给侧结构性改革减税降费各项举措，全年合计再为实体经济减负近270亿元。

（杨亦婧）

【创新机制推进城市建设】 2017年，市财政系统创新财政体制机制，抢抓机遇推进新一轮城市建设。保障重大基础设施项目建设，年内累计盘活各类资金近33亿元，累计入省库PPP项目10个，累计落地9个。建立城市建设创新发展基金，探索研究推进重大基础设施共建共担共享机制，为全市重大基础设施和重点民生工程的投建运营提供资金保障。助推生态优先绿色发展，统筹安排5.5亿元用于支持太湖水治理，两年兑付6448万元淘汰黄标车超过10000辆，拨付14.5亿元支持锡东生态园建设破解“垃圾围城”困局。建立财政环境经济政策机制，建立与污染物排放总量挂钩的财政政策。实施绿色采购机制,全市政府采购节能环保产品7亿多元，节能节水、环保产品采购占比达93.9%和88.8%。

(杨亦婧)

【扩大富民惠民投入】 2017年,市财政系统民生投入继续扩围，努力增强富民惠民获得感。年内,市本级预算安排4.86亿元推动现代农业发展和城乡一体化建设。安排4000万元助力企业登陆资本市场。市区投入近1500万元,落实创业、开业、带动就业各项补贴资助政策。安排就业补助资金8亿多元，拨付稳岗补贴2.5亿元。全市一般公共预算教育投入超过156亿元，开工改扩新建幼儿园、小学、初中88所,生均公用经费、校舍维修资金实行与省定标准浮动挂钩、动态保障。市区居民医疗财政补助标准统一提高到520元,慢性病(重症)患者门诊医疗费用救助标准、大病保险起付线和救助比例持续提高。企业退休人员基本养老金、居民基础养老金继续提高,居家养老、社会办养老机构的补贴力度持续加大。市本级下达资金1.2亿元支持旧住宅区整治改造,廉租房、公租房补贴标准上调8%~10%,经济适用房货币补贴标准由每平方米2920元调整为3760元。市本级安排3000万元,进一步支持98个重点帮扶经济薄弱村脱贫攻坚。

(杨亦婧)

【构建现代财政治理体系】 2017年，市财政局继续深化财税体制改革，加快构建符合无锡实际的现代财政治理体系。加大财力下倾力度,出台市对区财政体制调整意见,建立镇街基本财力奖补机制，促进各地区财力协调、区域均衡。深化预算管理改革，在四本预算的基础上探索同步编制政府投资预算，清理以收定支和预算挂钩事项。制定预算管理质量考核办法,从编报、审核、执行、监督四个方面提升预算规范管理水平。深化绩效改革,省内率先试点组织了4项政策绩效论证和人才引育政策绩效评价工作。严格政府采购监管，以采购人内控制度建设和建立协同惩戒机制为重点,建立包括识别、防堵、追溯和惩戒等在内的风险防范体系,严厉打击围标、串标行为。加强国有资产管理,理清市区政府资产报告、行政事业单位资产报告、地方政府性债务投资项目资产清查登记、国有企业财务会计决算4项资产报告，盘活行政事业单位存量房产、清理收缴事业单位对外投资收益等共上缴1亿多元。改革创新事业单位经费保障机制,探索以政府购买服务方式,实行以事定费、分类定价的保障机制。优化财政会计服务，指导8家企业创建管理会计示范点，主动探索函校业务转型，发挥注册会计师事务所专业服务优势,推荐98家企业作为太湖产业基金储备项目。构建完善厉行节约机制,严格执行中央“八项规定”,出台市级党政机关会议定点饭店管理办法,明确差旅住宿费、会议费和培训费开支标准。不断深化财政“大监督”机制,日常监督与专项监督紧密衔接，全市全年共检查542家部门单位,及时对违纪违规资金处理追缴。

(杨亦婧)

国家税务

【概况】 2017年，无锡市国税系统坚持依法征收，以大局意识统筹施策促增收,精准预测提质效,推动税收与经济高质量协调增长。全年国税收入首破千亿元大关，达到1047.73亿元;一般公共预算收入再破400亿元大关,达到462.52亿元,比上年增长38%，国税收入对地方财力的贡献度进一步提升至49.7%,有力助推无锡成功迈入“GDP超万亿俱乐部”。策应产业强市主导战略,制造业国税增幅创近三年新高。增强所得税挖潜增收，入库企业所得税251.49亿元,汇缴净入库43.01亿元。加强营改增试点行业后续管理,入库营改增收入168.19亿元,比上年增长74.23%。推行风险全流程管理，实现风险应对成效25.45亿元。抓好非居民企业源头管理,全市非居民收入29.19亿元，居全省第三。以欠税追征社会化协作为突破口，追征入库1.74亿元，居全省第一。坚持以查促收，稽查查补入库3.3亿元,增幅达52%。

(陈　敏)

【落实税收优惠】 2017年，无锡市国税系统发挥营改增降本增效、扩大税基、拉长产业链的综合效应,全年营改增整体减税96.79亿元,试点纳税人增至13万户，是2015年底的2.7倍。以国务院六项减税新政为重点，落实各项税收优惠和结构性减税政策,围绕实施“一带一路”、长江经济带、苏南自主创新示范区等国家战略，落实各项税收扶持配套政策,助推无锡发展,全年落实各类结构性减税120余亿元,其中,落实小微企业税收优惠8.2亿元,增值税即征即退14.71亿元,减免车辆购置

4月27日,无锡国地税开通全国首个中国风“税务文化主题”地铁

(周　阳　摄)

6月19日,全省首个集“线上线下、人工自助、国税地税”于一体的新型集成办税服务厅在无锡投入运行

(董晓婷 摄)

税4.18亿元；汇缴兑现研发费加计扣除优惠34.02亿元，比上年增长39.48%。加快退税速度,优化退税服务,支持和促进外贸发展,全年审核审批出口退(免)税368.90亿元,比上年增长13.66%。

(陈 敏)

【推进综合治税】 2017年，无锡市国税系统围绕打造国地税合作“新标杆”,创建全国百佳国地税合作市级示范区，率先试点并全面推开联办窗口“一人一窗一机”双系统,省内首创国税、地税、工商联三方共建纳税人之家“1+7”新模式。建立大企业国地税“3+”联合服务团队,成立国地税稽查联合办案中心，联合风险应对和欠税追征取得实质性进展。通过与纳税人联合签订委托划款协议,全年累计代征地方税费8.3亿元。建立纳税人涉税信息采集国地税共用清单，优化信用联合评定及奖惩措施，在服务融合、执法整合、信息聚合上取得新突破。推进风险管理专业化办公区域建设，创新电子查账、网上约谈模式并在全省推广。围绕深化税收协同共治,参与制定全市税收征管保障及税收遵从引导实施办法，通过深化跨部门信息共享和关联应用，成功补征税款4.72亿元。推进建筑业和房地产业多部门综合治税，全市施工项目预缴面从不足80%上升至94.48%。深化银税互动,推进“退税贷”融资征信平台扩围增量，累计为10931户守信企业提供信用贷款62.99亿元,授信额居全省第二，为全市101家出口企业提供授信额度4.44亿元,为出口企业提供了融资便利和资金支持。与市中级人民法院建立执行联动工作机制,与市教育局建立“税收进校园”活动长效机制,与市公安局建立派驻联络常态化机制等,打开税收协同共治新局面。

(陈 敏)

【便民办税】 2017年，无锡市国税系统持续推进行政审批制度改革和商事制度改革，累计清理非行政许可审批事项70项,“三证合一”换证面已近90%。加强事中事后管理,落实科学的抽查制度,切实做到“无需求不打扰,无风险不应对”,在下户检查持续下降的同时，风险应对成效反而比上年提升124.2%。推进便民办税春风行动，大力推广网上办税、移动办税、电话办税、邮递办税和自助办税“五位一体”非接触式服务，九成以上涉税事项实现“不见面”办理。省内率先推行“新办企业综合套餐”对接“3550”改革要求,企业新办准期办结率达99.9%。率先成功试点支付宝、微信缴税,先行先试的“网上申领、邮政专递”发票O2O服务覆盖面达84%。6月19日,全省首个集“线上线下、人工自助、国税地税”于一体的新型集成办税服务厅正式投入运行，纳税人往返实体办税厅次数总体下降70%。

(陈 敏)

【依法治税】 2017年，无锡市国税系统全面落实《“十三五”时期税务系统全面推进依法治税工作规划》和省局法治型国税建设要求，以规范统一的6大类46项创建指标和评价标准，推动全系统法治税务建设。推进“三项制度”试点工作,严格落实省局税收执法基础权责清单和权力运行流程图，规范国地税统一行政处罚裁量权执行，推行重大税务案件分级审理，探索税务行政执法案例指导制度，推进风险应对部门内控机制建设试点，保障税收执法规范化。组建税收法律人才库和税收政策专家团队，成立全系统公职律师办公室，联合地税部门制定《推进公职律师工作实施意见》,推动公职律师团队化运作。以争创全国税收普法教育示范基地为契机，落实“谁执法谁普法”的普法责任制,并在全省率先推行“首违不罚”,切实提升纳税人税法遵从。加强增值税发票后续管理，开展打虚打骗专项行动,遏制虚开骗税势头。全年查处各类涉票案件690件，查补收入 1.26 亿元，定案处理"空壳"虚开案件 151 件，价税合计 79.61 亿元。

（陈 敏）

【微视频全国大赛获奖】 12 月，在由司法部、全国普法办主办的"我与宪法"优秀微视频作品征集活动中，无锡市国税局市区一分局创作的微视频作品《宪法的颜色》，在全国各地报送的 12000 余件作品中脱颖而出，获得一等奖。该作品以宪法的"颜色"为切入点，以音诗画的形式，把税务人对宪法的感悟具象化为家国的情怀、税收的使命、为人的本色，体现税务人依法履职助力实现中华民族伟大复兴中国梦的实践行动。

（陈 敏）

地方税务

【概况】 2017 年，无锡地税系统收入总量 848.2 亿元，同口径（扣除营改增因素，下同）增长 9%。其中，地方税收 410.7 亿元，同口径增长 14.5%，高于全省平均增幅 4.4 个百分点；一般公共预算收入 290.1 亿元，同口径增长 18.2%。税收收入、一般公共预算收入同口径增幅均居全省第二。

（朱 凯）

【推进税种统筹管理】 2017 年，无锡地税系统完成财产性税源管理平台一期项目。"以地控税"核查查补税款 1.3 亿元；制定《无锡市旧房转让土地增值税征收规范》，完成土地增值税清算项目 27 个。作为全省环保税开征牵头单位，制定《无锡市贯彻落实环境保护税法工作方案》，做好排污费基础资料移交，为新税种开征奠定扎实基础。抓好对股权转让、重点行业和领域高净值群体的个税征管，2017 年个人所得税征收总量 118 亿元。围绕重点行业、重点税源、重点税目开展企业所得税汇缴及后续管理，全年入库 73.1 亿元，比上年增长 30.1%。

（朱 凯）

【加强基金费管理】 2017 年，无锡地税系统实施基金费征收与税收征管一体化管理和绩效评价，自主研发"社会保险费并联管理服务系统"，在全省率先实现大市范围全覆盖、社保费征收主体功能全覆盖，缴费人参保登记平均时间缩短 50%。该系统被省人社厅、省地税局联合发文向全省推广。2017 年累计征缴社保费 380 亿元，比上年增长 3%。

（朱 凯）

【优化税收营商环境】 2017 年，无锡地税系统制定《优化税收营商环境工作方案》，落实各项税收优惠 131 亿元，比上年增长 21.3%。其中，为 1.1 万户企业减免小型微利企业所得税 1.4 亿元，为 297 户高新技术企业落实税收优惠 7.9 亿元，办理股权激励、技术入股等个税递延 1.5 亿元。为企业社保费减负 11.1 亿元，残疾人保障金、工会经费等减负近 8 亿元。发布 53 项"不见面"服务事项和 6 项"见一次面"服务事项清单，公开实施部门、事项名称、办件类别、办理方式和承诺时限。推进税务稽查"双随机一公开"制度，全年查补入库税款及滞纳金 6 亿元。组建税务公职律师团队，加强税收法督察和责任追究。

（朱 凯）

【落实"3550"改革要求】 2017 年，无锡地税系统推行房地产交易、税收、登记"一窗受理、集成服务"，业务流程压缩至 3 个环节，最多 5 个工作日办结。推进电子税务局升级应用，推行二维码一次性告知，推广智慧地税掌上 APP 办税服务；开设现代化办税服务体验区，设置"24 小时联合自助办税区"。纳税人之家形成"1+7"维权组织格局和"三方共建、一体两翼"运作模式，开展维权活动 65 次。

（朱 凯）

【加强国税地税合作】 2017 年，无锡市按照全国百佳国税、地税合作市级示范区建设要求，建成集"线上线下、人工智能、国税地税"功能于一体的新型集成办税服务厅，"一窗一人一机"的业务集成试点工作在全省推广。地税系统与国税部门联合构建对纳税主体从成立到消亡的"全周期"管理，联合新办企业 3.9 万户，委托代征个体工商户 16.6 万户，认定非正常户 4954 户，核定 2.2 万户纳税人定期定额；联合开展稽查 157 户，清缴欠税 408 万元。国税地税共建稽查办案中心，在全省首创国税地税联合风险应对规程。

（朱 凯）

【推进大数据治税工程建设】 2017 年，无锡地税系统优化涉税数据中心功能，创建 6 大类 177 个标签，应用大数据为纳税人贴标画像。推送风险任务 5472 户次，实现绩效 34.8 亿元，比上年增长 19.3%，应对贡献率 8.6%；其中大企业风险应对税款 16.2 亿元。创新"互联网+税收风险监控"模式，实现绩效 3.9 亿元。

（朱 凯）

【加强税收共治】 2017 年，无锡地税系统全面开展"双动态"管理体系和再取消一批涉税事项、报送资料的改革试点。贯彻落实《税收征管保障及税收遵从引导实施办法》，完成税收共治系统一期开发。全年采集 43 个部门、1300 万条数据，实现绩效 7.1 亿元。通过司法拍卖入库税款 2.2 亿元，对 50 户破产欠税（费）企业依法申报债权 4127 万元；经法院协助强制执行清理企业欠税 592.1 万元，清缴社保欠费 712.9 万元。牵头制定《无锡市税收信用信息应用管理办法》，与市信用办联合制定《税收信用修复管理办法》，在信用无锡网站公示处罚信息 320 条，向无锡市基准信用评价系统入库欠税信息 7110 户次。通过"税添富""税源通"等税银合作项目累计发放贷款 30 亿元。

（朱 凯）

编辑 邵文凯

综 述

【概况】 2017年，无锡市新增社会融资规模达1657.7亿元，比上年增长11.5%，比上年同期提高2.2个百分点。至年末，全市金融机构本外币存款余额15141亿元，比上年增加529.3亿元，增长3.62%；各项贷款余额11232.6亿元，比上年增加714.9亿元，增长6.8%。全市制造业贷款余额2940.63亿元，制造业贷款连续10个月回升增长，比上年增长5.32%，占行业贷款比重为27.77%，全省第一，实现制造业贷款增长目标。直接融资发生额945亿元，比上年增加244亿元，非金融企业债券发行额继续保持全省领先。新增上市公司18家，累计129家，新增上市公司数、上市公司总数均列全省首位。新增"新三板"企业50家，累计259家，企业上市各项指标居全省前列。全年实现保费收入407.4亿元，比上年增长28.7%，保险深度为3.92%，保险密度8367元/每人。保费规模位居全省第三。年内，全市直接融资发生额945亿元，比上年增加244亿元。其中，银行间债务融资471亿元，IPO首发融资102亿元，交易所发行债券217.3亿元，上市公司定向增发完成217.2亿元，其他融资62.5亿元。

（周桂良）

【加强金融风险防范】 年内，无锡市完善防范和处置非法集资工作机制，加强非法集资风险源头防范，配合国家、省相关部门对大案要案处置工作。多措并举协调化解个别大型企业债务风险和部分地区担保圈互保链风险，加大银行不良资产处置力度。全年累计处置不良贷款109亿元，不良贷款连续四年"双降"，全市银行业不良贷款余额134.4亿元，比上年减少29.2亿元，不良率1.2%，比上年下降0.36个百分点。不良贷款余额占全省比例由峰值时的34%降至10.34%，不良率首次降至全省平均水平以下，且低于全省平均水平0.05个百分点，排名由全省最高降至第十。稳妥有序推进互联网金融风险专项整治、各类交易场所"回头看"等风险隐患较大领域的清理整顿工作，确保机构不增、业务不增、总量逐步下降、风险日益缓释，全市金融风险总体可控。

（周桂良）

【推动金融改革创新】 年内，全市金融业增加值779亿元，增长6.3%，占地区生产总值7.4%，比上年提升0.16个百分点。无锡高新技术产业开发区申报入围全省首批文化金融结合试验区。无锡国家数字电影产业园成功建立影视文化金融服务综合平台。无锡中行设立全市第三家科技支行。长江商业银行无锡分行开业，韩国光州银行在无锡设立代表处。无锡金投公司设立金融控股公司，率先开展国有企业混合所有制改革。太湖基金开始实质性运作，完成超过15亿元的股权投资。江苏资产管理公司实现业务省内全覆盖。"苏民投"聚合民企资源，打造"投、产、融"一体化平台初见成效，投资20个项目，设立11家分支机构，筹备3只百亿元基金，筹建"江苏在港上市企业联盟"。"开鑫金服"在加强风险管控的前提下，多项创新产品上线，业务量实现大幅增长。锡商银行的设立申报工作进展顺利，省政府向银监会出具民营锡商银行推荐函。

（周桂良）

【提升金融服务地方能力】 年内，无锡市举办"资本推动物联网发展、金融促进产业升级"专题物联网金融峰会。搭建"信保基金+金融机构"的银行信贷模式，深化"人才贷"及"外贸贷"等相关金融政策。搭建"无锡太湖人才科技金融"路演平台，汇聚各类金融资源到无锡。开启"全省平台+全市平台"的线上服务模式，提升综合金融服务能力。开展"创投无锡，挑战1000万"系列活动，运用"线上路演+线下走访"的企业服务模式，帮助各类企业获得投融资，全年有30余个项目获得200万元到1亿元不等的资金，总计10亿元。实施保险业"联办共保"农业保险，"两保两贷一投"保险助力经济薄弱村脱贫等模式创新，保险保障能力不断提升。

（周桂良）

银 行

【概况】 2017年，无锡市新增社会融资规模1657.7亿元，比上年增长178.22亿元，增幅12.1%；全市各项贷款余额11232.63亿元，比上年增长6.8%，其中外币贷款扭转连续四年下跌局面，呈现小幅增加的态势。深化产融合作对接，推动全市银企授信合作意向1601亿元，涉及企业和项目1886家(次)；走进区县开展“点对点”融资对接，达成银企合作意向138.5亿元。全市制造业贷款实现连续10个月回升增长，至年末，全市制造业贷款余额2940.63亿元，比上年增长5.32%，占行业贷款比重为27.77%，行业占比全省第一。组织开展“制造业金融服务提质增效”劳动竞赛，金融支持制造业转型升级的“无锡样本”被《金融时报》头版头条全文刊载。全年发放支农支小再贷款15.4亿元，为近三年来最高；成功办理全省首笔上海票据交易所模式下的电子化纸质票据再贴现，全年发放再贴现金额68.57亿元，比上年增长28%；积极推进信贷资产质押试点，实现支农支小再贷款、常备借贷工具全覆盖和农商行、村镇银行机构全覆盖。通过小微企业金融服务平台发布227种金融产品，达成融资32.91亿元；开展应收账款融资专项行动，实现融资339亿元；开展金融支持特色村镇建设、“美丽乡村·信用宜兴”银政合作活动，31家银行与40个特色村镇结对扶持；发放创业担保贷款6295万元，比上年增长81%。

(杨 月)

【人行无锡市中心支行推进金融改革】 年内，人民银行无锡市中心支行推动物联网金融改革创新，推进“物联网+动产融资”先行先试，促推江苏银行等扩大物联网金融批量应用。人民银行南京分行行长郭新明到无锡调研指导物联网金融工作，相关调研材料得到总分行领导批示肯定。形成三种放贷模式，推动惠山区政府设立2000万元的支农贷款风险补偿资金池。全年累计发放农地抵押贷款3.26亿元，在全省农地试点地区中位居前列。推动3家农村商业银行发行同业存单416.7亿元、大额存单36.49亿元。推动宜兴阳羡村镇银行、江阴浦发村镇银行、民泰村镇银行取得自律机制观察员资格。组织全市银行机构开展“一行一品”特色金融服务项目评选活动，从40余项申报项目中评选出税易融、锡科贷、惠农贷等10个示范项目，推动全市金融创新品牌建设。开展文化金融合作试验区创建活动，指导无锡农商行太湖文化支行成功创建全省首批文化金融特色机构，推动无锡高新技术产业开发区获批全省首批文化金融合作试验区，推动无锡国家数字电影产业园成为全省两家影视文化金融服务中心之一。

(杨 月)

【人行无锡市中心支行优化金融服务】 年内，人民银行无锡市中心支行开通全省首列“普惠金融”主题地铁专列，开展“银发讲堂”系列活动。江阴市支行利用微信平台开展金融知识竞答，广泛宣传金融消费者权益保护知识。组织开展电信网络诈骗、“微盘”类交易平台、违规交易场所、非银支付机构等风险整治行动，全市银行机构成功干预、防范诈骗案件160余起，避免群众损失3813万元。全面落实“3550”各项要求，进驻行政审批中心为新设企业开户开通绿色通道，精简优化账户服务流程。完成政务服务大厅改造工程，全面推进“互联网+政务服务”工作。推进国库集中支付电子化改革，全市税收收入电子缴库比例99.3%，实现全覆盖。推进地铁商圈金融IC卡移动支付业务，扩大苏芯卡使用范围。推进人民币冠字号码双流试点工作增点扩面，创新制定普通纪念币鉴定、兑换及交存管理办法。推动银联二维码支付在无锡地铁使用，突破每日4万余笔。全市322个农村金融服务站业务量不断增加。企业征信系统全年新增各类非银信息25万条，评定农村青年信用示范户1610户，个人信用报告代理查询网点增至15家，金融服务更加便民。

(杨 月)

【人行无锡市中心支行防范金融风险】 年内，人民银行无锡市中心支行建立银行机构资产质量、大中型企业出险状况、过剩行业风险等九大板块的监测体系。建立市县联动机制，加强对法人银行机构的突出风险监测。牵头开发江苏省金融突发事件应急管理系统，完善重大事项报告季度通报机制和重大风险持续报告制度。全市债务融资市场实现“零违约”，不良贷款额与不良贷款率继续保持“双降”。开展存款保险评级及重检，对锡山建信等3家村镇银行开展存款保险现场核查，稳步推进存保核查三年全覆盖计划。做好存款保险标识启用各项准备工作。组织开展县域金融生态环境评估及二市(县)五区金融生态环境评价，指导金融机构落实差异化的金融扶持政策。对31家银行机构开展综合评价，评出10家A类行、21家B类行。开展打击利用离岸公司和地下钱庄转移赃款专项行动，1份监测线索已经定罪，成为无锡判决的首例地下钱庄案件。全年组织对监管对象开展执法检查59次，实施行政处罚35次，罚没金额388万元。

(杨 月)

【人行无锡市中心支行提升外汇服务】 年内，人民银行无锡市中心支行制定指导意见，引导企业利用境外低成本资金。全市企业获得国外贷款15.7亿美元，比上年增长63.30%；引导企业运用外币贷款结汇便利政策，全市发放出口贸易项下外汇贷款近2亿美元；鼓励外贸企业使用人民币结算，无锡市跨境人民币结算总量居全省第二。全年累计帮助外贸企业降低外汇业务成本2.8亿元。跨国公司外汇资金池企业集团14家，惠及境内外成员企业182家，累计发生资金收支123.38亿美元；跨境人民币资金池业务企业集团19家，惠及境内外成员企业1625家，累计发生资金收支114.45亿元。资金池业务为企业节约资金成本8000万余元。全力支持“一带一路”建设，向上争取并形成九项外汇服务措施重点支持柬埔寨西哈努克港特区建设。帮助境外项目境外融资2.89亿美元，办理内保外贷3.38亿美元，对境外投资企业境内母公司提供贷款18.89亿元，全口径宏观审慎跨境融资额10.59亿美元。发挥自律机制作用，成功举办第一届银行业外汇业务和跨境人民币业务知识竞赛，指导制定《无锡市银行出口项下国内外汇贷款结汇业务操作规范》并在全省推广。

(杨 月)

表 41　2017年年末无锡市金融机构存贷款情况

项目 单位	人民币存款			其中:住户存款			人民币贷款			外币存款			外币贷款		
	余额（亿元）	比上年增加（亿元）	比上年增幅（%）	余额（亿元）	比上年增加（亿元）	比上年增幅（%）	余额（亿元）	比上年增加（亿元）	比上年增幅（%）	余额（万美元）	比上年增加（万美元）	比上年增幅（%）	余额（万美元）	比上年增加（万美元）	比上年增幅（%）
全市合计	14606.93	505.53	3.58	5055.54	187.93	3.86	11098.51	715.58	6.89	817797	81734	11.10	205254	10902	5.61
中资大型	6157.79	198.91	3.34	3058.67	46.64	1.55	4972.11	301.69	6.46	447887	19235	4.49	114504	-17386	-13.18
工商银行	929.84	64.22	7.42	392.80	-8.44	-2.10	933.86	31.04	3.44	47536	-11046	-18.86	15590	-9720	-38.40
农业银行	1695.60	80.29	4.97	984.32	27.44	2.87	1080.57	53.65	5.22	68827	-3019	-4.20	18368	9823	114.96
中国银行	1129.55	-26.60	-2.30	554.60	-5.11	-0.91	982.13	61.30	6.66	176542	2697	1.55	23132	-12395	-34.89
建设银行	1077.12	9.34	0.87	484.07	-7.14	-1.45	1009.60	84.20	9.10	88936	20407	29.78	28339	-25913	-47.76
交通银行	835.10	40.17	5.05	212.86	10.04	4.95	710.87	9.93	1.42	38678	-3028	-7.26	11975	5582	87.32
邮储银行	490.58	31.50	6.86	430.02	29.85	7.46	255.08	61.57	31.82	27368	13225	93.51	17100	15237	817.84
中资中型	4636.88	-7.29	-0.16	838.91	68.84	8.94	3729.24	235.17	6.73	213973	71289	49.96	46308	14647	46.26
农发银行	42.22	-1.58	-3.60	0.00	0.00	–	143.45	23.02	19.11	1021	-336	-24.76	0	0	–
中信银行	395.70	7.95	2.05	37.67	-4.61	-10.90	347.05	51.26	17.33	64938	25699	65.50	5448	3028	125.07
光大银行	557.51	46.36	9.07	27.70	-2.97	-9.68	467.90	55.26	13.39	11274	8447	298.81	2966	-1669	-36.01
华夏银行	339.67	-0.37	-0.11	36.08	-2.63	-6.79	334.86	15.10	4.72	6508	1159	21.68	3499	1985	131.17
广发银行	81.35	-16.00	-16.44	8.17	-0.84	-9.32	74.20	-31.33	-29.69	1107	-677	-37.95	0	-2121	-100.00
平安银行	122.05	-19.85	-13.99	10.93	1.94	21.58	133.55	6.94	5.48	3839	-1310	-25.44	2114	547	34.94
招商银行	288.72	11.72	4.23	70.25	11.60	19.78	309.31	44.18	16.66	22512	-5548	-19.77	1636	-184	-10.11
无锡浦发	196.02	10.81	5.83	20.51	4.61	28.99	159.89	5.57	3.61	7527	2585	52.31	734	390	113.37
江阴浦发	411.69	6.98	1.72	48.32	25.83	114.85	184.34	-1.96	-1.05	12856	3669	39.94	6971	658	10.42
兴业银行	333.25	17.11	5.41	22.40	4.46	24.86	249.96	29.07	13.16	15424	10255	198.44	3518	182	5.46
民生银行	318.15	-68.32	-17.68	37.16	-5.26	-12.40	200.99	12.92	6.87	30616	19390	172.73	0	0	–
北京银行	40.63	12.51	44.49	0.85	-0.26	-23.42	76.18	29.31	62.54	0	0	–	0	0	–
上海银行	55.35	-7.50	-11.93	2.29	-0.80	-25.89	83.24	-28.83	-25.72	186	75	67.57	0	0	–
江苏银行	1454.56	-7.12	-0.49	516.58	37.77	7.89	964.33	24.64	2.62	36165	7879	27.85	19422	11831	155.86
中资小型	3478.07	312.92	9.89	1155.29	72.40	6.69	2204.54	160.07	7.83	101665	13832	15.75	14298	4719	49.26
恒丰银行	159.36	-1.13	-0.71	8.26	-0.61	-6.87	121.24	-0.68	-0.55	21608	21014	3533.64	634	424	202.41
浙商银行	120.75	5.60	4.87	4.14	2.81	211.30	53.06	0.14	0.26	8764	-5652	-39.21	15	-2844	-99.47
渤海银行	48.52	-7.57	-13.50	0.91	-0.52	-36.47	41.33	-7.68	-15.66	25	11	82.06	0	0	–
南京银行	487.71	60.87	14.26	60.84	9.72	19.01	241.77	28.82	13.54	15121	-23443	-60.79	512	164	47.13

续表 41

项目 单位	人民币存款			其中:住户存款			人民币贷款			外币存款			外币贷款		
	余额（亿元）	比上年增加（亿元）	比上年增幅（%）	余额（亿元）	比上年增加（亿元）	比上年增幅（%）	余额（亿元）	比上年增加（亿元）	比上年增幅（%）	余额（万美元）	比上年增加（万美元）	比上年增幅（%）	余额（万美元）	比上年增加（万美元）	比上年增幅（%）
宁波银行	316.80	39.23	14.14	19.07	2.52	15.23	201.89	36.17	21.82	34763	20407	142.15	3113	1938	164.94
无锡农商	1023.34	91.01	9.76	409.44	10.65	2.67	572.38	7.42	1.31	3674	-1691	-31.52	3427	3168	1218.72
苏州银行	31.82	13.54	74.09	1.82	0.64	54.74	32.32	8.39	35.06	0	0	-	0	0	-
江阴农商	720.24	40.20	5.91	357.21	18.59	5.49	481.90	17.68	3.81	12935	-333	-2.51	6269	1685	36.76
常熟农商	20.03	9.32	87.07	0.56	0.22	62.05	32.19	12.04	59.75	0	0	-	0	0	-
张家港农商	28.54	17.24	152.71	0.78	0.66	518.00	26.13	19.41	288.52	0	0	-	0	0	-
江南银行	14.04	2.56	22.27	1.91	0.48	33.74	12.51	5.30	73.40	1850	1766	2110.52	298	298	-
宜兴农商	441.88	32.18	7.85	275.50	23.16	9.18	326.71	23.56	7.77	2924	1753	149.69	30	-113	-79.06
民泰村镇	9.34	0.19	2.02	2.08	0.22	11.75	6.62	-0.29	-4.20	0	0	-	0	0	-
建信村镇	1.29	0.29	28.62	0.48	0.08	20.16	2.30	-0.02	-1.07	0	0	-	0	0	-
常农商村镇	3.83	1.20	45.92	0.70	0.18	35.20	5.10	2.09	69.38	0	0	-	0	0	-
浦发村镇	16.19	2.05	14.50	3.10	1.57	102.13	16.16	2.11	15.00	0	0	-	0	0	-
阳羡村镇	32.05	3.78	13.38	8.47	2.02	31.42	28.47	3.17	12.52	0	0	-	0	0	-
财务公司	104.83	8.01	8.27	-	-	-	79.51	6.15	8.38	20	19	1682.88	0	0	-
国联财务	51.94	2.94	6.00	-	-	-	29.14	4.27	17.17	0	0	-	0	0	-
红豆财务	30.36	8.93	41.66	-	-	-	19.50	0.01	0.06	20	19	1682.88	0	0	-
华西财务	14.77	-3.57	-19.47	-	-	-	19.37	2.52	14.96	0	0	-	0	0	-
三房巷财务	7.76	-0.28	-3.53	-	-	-	11.50	-0.65	-5.35	0	0	-	0	0	-
外资银行	129.15	17.96	16.16	2.32	-0.26	-10.08	111.11	7.85	7.61	54252	-22642	-29.45	30144	8922	42.04
汇丰银行	13.79	0.47	3.52	0.75	0.22	41.51	6.55	-1.70	-20.63	5951	1541	34.93	2542	48	1.93
东亚银行	18.36	8.33	83.12	0.06	-0.11	-64.71	11.14	2.94	35.82	14	-3093	-99.54	0	0	-
花旗银行	1.91	-0.50	-20.91	0.76	-0.16	-17.39	0.00	-0.10	-100.00	3714	-175	-4.49	0	0	-
瑞穗银行	19.75	-5.18	-20.78	-	-	-	20.72	1.20	6.16	16611	967	6.18	5589	-1	-0.03
三菱银行	21.77	6.04	38.43	-	-	-	30.48	-0.01	-0.02	23221	-21049	-47.55	6481	937	16.90
新韩银行	12.81	-4.03	-23.91	0.19	-0.04	-17.29	11.14	-0.55	-4.68	1267	-1579	-55.48	600	-605	-50.19
南洋银行	40.76	12.83	45.94	0.56	-0.17	-23.29	31.10	6.07	24.25	3473	746	27.35	14933	8543	133.71
国联信托	0.00	0.00	-	-	-	-	2.00	1.65	471.43	0	0	-	-	-	-

（吴　嵘）

【无锡银监分局助推产业强市】 2017年，无锡银监分局修订完善《无锡银行业服务实体经济监管评价办法》，加大对制造业贷款投放的考核力度；督促辖内银行做好违规政府融资的整改，将贷款收回腾出的规模优先向制造业投放。至年末，无锡银行业制造业贷款余额2940.63亿元，比上年增加71.29亿元；制造业贷款占比27.77%，高于全省平均水平11.69个百分点，继续位列全省首位。自2014年后，辖内制造业贷款余额重新实现年度正增长，扭转连续多年下跌的颓势。无锡银监分局因工作成效显著，被省政府表彰为“江苏制造突出贡献奖先进单位”。

（魏心茹）

【无锡银监分局助力供给侧结构性改革】 年内，无锡银监分局组织开展宜兴官林镇和无锡高新技术产业开发区小微企业融资项目对接签约会，连续4年完成小微贷款“三个不低于”目标，小微金融服务工作继续保持全省前列。制定“阳光信贷”工程指导意见，制定专项考核办法。完成农户建档147298户，“阳光信贷”工作取得阶段性成效。制定《关于进一步规范和加强校园金融服务的工作意见》，指导辖内大型银行分支机构全面设立普惠金融事业部制，普惠金融服务工作成效得到银监会普惠金融部督导组肯定。制定降低实体企业融资成本指导意见，细化统计监测，无锡银行业全年主动降低企业融资成本约5亿元。

（魏心茹）

【无锡银监分局推进信用风险处置化解】 年内，无锡银监分局持续完善债委会工作机制，将组建标准扩大到“敞口余额3亿元且债权银行3家以上”的企业，共组建单一客户债委会306户、集团债委会23户，分别比上年增加100户、7户，涉及贷款占全市银行业各项贷款比例由上年的22%上升至30%。组织召开各类风险协调会50余次，对符合条件的企业，引导各债权银行同进同退，通过组建存量银团、建立联合授信等方式，帮助企业渡过难关，保全银行债权。在无锡银监分局的积极推动下，全市银行业顺利实现不良贷款“双降”，年末不良贷款率为1.20%，为近五年来首次降至全省平均水平线以下，低于全省平均水平0.05个百分点，成功稳定10余户重点企业存量授信，有效维护区域金融稳定。

（魏心茹）

【无锡银监分局推进金融改革发展】 年内，无锡银监分局推动法人银行、非银机构修订公司章程，将加强党的领导融入公司治理，以加强党建促进依法合规经营。指导辖内上市农商行持续拓宽外源性资本补充渠道，无锡农商行、江阴农商行A股可转债顺利获批，无锡农商行二级资本债成功发行。江苏长江商业银行无锡分行顺利开业，韩国光州银行在无锡设立代表处。至年末，无锡辖内各类银行业金融机构达50家。

（魏心茹）

【无锡银监分局加强金融知识宣传教育】 年内，无锡银监分局组织全市银行机构开展“金融知识进万家”宣传服务月活动。会同无锡市银行业协会、无锡广播电视台和8家银行在江南大学，开展“正确使用金融服务，依法维护自身权益”主题宣传活动，向1300余名新生宣传金融知识。开展进校园、进社区、进商圈等各类现场活动1285次，发放宣传材料23.37万份，覆盖受众30万余人。通过报纸、电视、网站等媒体报道宣传106次，覆盖受众174万人；运用社交网络平台发布系列宣教信息30余次，转发信息10万余条，得到社会各界的广泛关注和好评。

（魏心茹）

【无锡银监分局推动建立银行业人民调解委员会】 年内，无锡银监分局推动成立无锡银行业人民调解委员会，发挥第三方调解的优势，开展金融消费纠纷调处工作。该调解委员会选聘熟悉银行业务和法律法规知识的义务调解员44人，制定《无锡银行业人民调解委员会工作办法》等10项制度，按照平等、自愿、免费的原则，为全市银行业消费者与银行机构之间的不涉及违法违规的纠纷事项提供调解服务。

（魏心茹）

【无锡银监分局助推脱贫攻坚】 年内，无锡银监分局践行党中央关于打赢脱贫攻坚战的战略部署。开展文明结对帮扶活动，赴徐州市南许村开展“城乡结对、文明共建”活动，签订3年共建协议，4次开展结对活动。推进党员大走访活动，分局党员全覆盖走访宜兴芳桥村1733户农户，办结11起大走访工单，帮扶4户困难家庭1.2万元。扩大扶贫攻坚工作成效，推进与宜兴市政府、宜兴农商行联动，督促宜兴农商行加深与宜兴芳桥惠农担保公司合作。推动成立宜兴周铁惠农担保公司，缓解农户担保难、贷款难问题。

（魏心茹）

【工行无锡分行服务地方经济发展】 2017年，工商银行无锡分行加大对地方经济的支持力度，主动融入地方经济发展，强基础、扩规模、抓创新、严管理、提效能、控风险，把握供给侧改革总基调，全力服务地方经济。调整信贷结构，加大对传统产业改造升级、战略性新兴产业以及先进制造业、现代服务业等优势产业的信贷投入。加快拓展制造业优质客户的流动资金贷款。全年全行制造业贷款余额307.43亿元，制造业客户数770户，比上年增加104户，在同业和省行系统内均排在前列。制造业“千户工程”贷款余额185.03亿元，比上年增加37.59亿元，增量位居全省工行第一。

（钟林峰）

【工行无锡分行创新开拓国际业务】 年内，工商银行无锡分行成功办理全国首笔大宗商品铜期权业务、首批人民币外汇卖出期权业务，全省首笔“增收宝”业务、首笔棉花ICE业务、首笔大宗商品铜远期业务、首笔交叉货币利率掉期业务及人民币利率掉期业务。国际业务的创新工作成为无锡工行转型发展的突破口和增长点。

（钟林峰）

【工行无锡分行打造“小微创业贷”品牌】 年内，工商银行无锡分行创新推出小微企业创业创新发展贷款。在上年实现有效投放的基础上，再次与市财政局签订新一轮30亿元的合作协议，有效缓解本地小微企业融资难、融资贵问题。至年末，累计支持1253户企业，投放贷款2910笔，累计贷款金额71.94亿元，实现无锡两市五区全覆盖，工作成效在全省处于领先地位。无锡工行“小微创业贷”产品在市人民银行组织的“一行一品”评比中获得表彰。

（钟林峰）

【农行无锡分行服务实体经济发展】 2017年，农业银行无锡分行加快信贷投放回归本源、回归实体步伐，把服务实体经济作为一切工作的出发点和落脚点，紧跟无锡“产业强市”主战略，在服务实体经济中实现自身的发展。至年末，信贷投放总规模1093亿元，其中实体贷款余额1081亿元，比上年增加109亿元。把支持制造业转型升级作为信贷投放优先级，对辖内制造业客户开展全方位的市场细分和客户分类，在此基础上，建立精准的“目标客户”服务清单，依托市分行、支行、网点三级联动营销平台，逐个量身定制营销方案。至年末，制造业法人实体贷款余额284.5亿元，比上年增加19.2亿元，增速7.24%，高于全行各项贷款增速1.5个百分点。

（吴广涵）

【农行无锡分行服务小微企业创品牌】 年内，农业银行无锡分行把支持小微企业发展作为金融支持实体经济的重点，打造服务小微企业品牌。至年末，小微企业贷款余额239.8亿元，比上年增加23.6亿元；小微企业贷款增速10.9%，高于各项贷款增速5.1个百分点；申贷获得率94%，高于上年5个百分点；小微信贷业务网点开办率100%。在用好“锡科贷”“金科通”“科创贷”和知识产权质押贷等一系列小微企业专属产品基础上，4月，与无锡财政部门加强合作，通过设立信保子基金的方式，创新推出服务无锡市小微企业的“锡微贷”产品，累计投放贷款6.5亿元，惠及小微企业客户195家。

（吴广涵）

【农行无锡分行抓好安全管理】 年内，农业银行无锡分行牢固树立“安全第一”的理念，推进安全生产落实到位，未发生刑事案件和重大安全生产事故，在无锡市2016~2017年度银行业金融机构安全评估中得分居五大行第一。始终重视并抓好案件防控工作，督促全行网点通过柜面提醒、大堂巡查、远程监控等多种方式阻止诈骗行为，全年成功堵截各类案件及风险事件144起，涉及金额581.12万元，发现并化解各类风险隐患695起，通过语音对讲处理客户求助7528起，辖内宜兴张渚支行成功堵截“五行币”传销案件，3月31日被江苏公共新闻电视台宣传报道。驻点在市公安局反通信网络诈骗中心的该行员工积极协助司法机关工作，全年协助司法查询675起，查询各类账户1653户。

（吴广涵）

【农行无锡分行颁发“金钥匙”奖学金】 8月24日，农业银行无锡分行第九届“金钥匙”奖学金颁奖仪式举行，来自全市的50名大学生获得资助。“金钥匙”奖学金由农行无锡分行、市教育局、市教育系统关工委于2009年8月联合发起成立，每年资助50名在无锡市参加高考，并被本一、本二正式录取的家庭暂时困难的学生，金额为每人3000元。9年来，农行无锡分行累计发放奖学金135万元、惠及450名大学生，同时向获奖者优先提供就业的机会，在每年的新员工招聘中对其中专业对口的优秀毕业生予以优先录用，已有以往获奖学生进入农行工作。

（吴广涵）

【中行无锡分行支持制造业发展】 2017年，中国银行无锡分行本外币各项贷款余额997.24亿元，比上年增加51.77亿元。依托无锡打造产业新高地、建设产业强市的战略规划，调整信贷结构，利用有限资源，提升对制造业的支持力度。全年对大公司贷款投放203亿元，其中制造业投放金额89.61亿元，比上年增长约51%，占所有大公司贷款投放比例44.14%。至年末，制造业企业的信贷余额为287.93亿元，比上年增加25.82亿元，制造业授信占所有公司授信比例47.04%。

（殷国勇　李　允）

【中行无锡分行发挥跨境联动优势】 年内，中国银行无锡分行立足跨境联动优势，发挥国际化和多元化程度高的特点，打通国际、国内两个市场服务通道，为企业量体裁衣，全力打造个性化定制服务方案，助力企业参与全球竞争，实现长远发展战略。新乐祺外币协议融资、国药控股应付账款融资及无追索权银保保理、银邦外币订单融资、威孚线上融易达、经常及收益转移项下外币协议付款等产品成功落地。新扬子造船、模塑科技、金桥化工和远景能源等重点客户多笔大额外币保函成功叙做，其中新扬子造船累计叙做船舶预付款保函13861.1万美元。细化衍生产品推动工作，注重帮助企业在满足“展业三原则”的基础上规避汇率风险。全年叙做远期结售汇105亿元，人民币期权81亿元。通过合理运用衍生品，企业有机会获得较合同成本更优的价格，资金运作效益得以提升。

（殷国勇　李　允）

【中行无锡分行加快渠道转型】 年内，中国银行无锡分行提升客户体验，加快推进渠道建设与转型步伐，促进渠道产能提升。全年建成52家总行标准的全功能网点，新增8家全功能网点；探索网点管理新模式，在辖属滨湖支行两家网店试点网点片区化管理，打造“1+N”卫星网点创新管理模式，增强网点维护客户能力，持续改善客户体验。加快推进智能柜台建设，全年累计完成辖内118家机构、125台智能柜台、63台复用设备的投产工作，网点覆盖率95.93%。全年智能柜台累计办理各类业务62.4万笔，柜面业务迁移率67%以上，有效缩短客户办理业务等候时间，提高了客户满意度。

（殷国勇　李　允）

【中行无锡分行提升风险管理水平】 年内，中国银行无锡分行建立全面风险管理机制，创新风控模式，推进数据运用共享，自主建设“授信客户负面清单预警信息库”，利用科技手段实现跨条线信息的整合、查询、共享及应用，达到识别高风险客户、强化风险预警、促进不良清收的目的。至年末，表内不良资产总额8.77亿元，比上年减少4.14亿元，不良率0.88%，比上年下降0.48个百分点。同时，贯彻监管机构和上级行“案例警示教育年”各项活动、“员工行为整治提升年”活动、“三违反、三套利、四不当”专项治理以及银行业乱象整治活动，开展常规排查与专项整治相结合，有效甄别各类风险事件苗头，加强行为管控，落实案防机制，实现全年无案件、无重大违规违纪事件、无重大声誉风险的平安经营目标。

（殷国勇　李　允）

【中行无锡分行开展金融服务活动】 年内，中国银行无锡分行为搭建全行性的跨境金融服务平台,推出“首届跨境金融服务季”系列活动、独家冠名“2017年长三角国际教育博览会”,强化分行出国金融品牌优势。响应外管局牵头开展的“外汇服务产业强市”大走访活动,围绕实施方案的具体要求,制定周密的走访计划,在大力宣传外汇政策的同时,深入了解企业经营面临的困难,解决企业外汇业务的迫切需求。全面提升大走访活动的客户覆盖面,走访客户961家,累计收集和解决客户问题428个。加强企业对外汇管理政策的深入了解,消除政策盲点,启动重点乡镇企业外汇政策循环培训活动,对企业信贷报告、境外投资、国际收支申报等企业最为困惑、最易出错的方面,作较为细致的解读。活动期间,在江阴、宜兴、锡山、惠山四个区域对249家企业开展专项培训9次,深受客户好评。

(殷国勇　李　允)

【建行无锡分行服务实体经济】 2017年,建设银行无锡分行坚持回归金融服务实体经济本源,主动对接无锡全局性发展规划,在产业强市建设中践行大行担当,激活“建设”属性,为地方经济社会发展提供有力支持。至年末,各项贷款余额1028亿元,比上年增加65亿元,四大行占比32.5%。全年投放对公贷款362亿元,其中制造业贷款投放108亿元,新增75亿元,四大行占比32.4%,各项贷款新增、人民币对公非贴贷款新增和制造业贷款新增均列同业第一位,经营重心向实体经济倾斜。年内,继续被评为无锡市政府金融工作“年度贡献奖”,是2017年度全市唯一一家被市总工会授予“五一劳动奖状”的商业银行。

(陈文寅)

【建行无锡分行维护金融安全】 年内,建设银行无锡分行贯彻“金融稳则经济稳”的新时代金融发展理念,防控金融风险,努力平衡实体经济发展诉求与金融机构风险管控的关系,为地方经济稳增长、调结构、促转型,构建和谐稳定的金融生态。全面落实风险管理职责进党委,完善全面风险管理责任体系,对信贷资产实行“分类施策、有保有压、精准发力”的精细化管理,提高维护金融安全的主动性,增强及时消除风险隐患和主动化解潜在风险的能力。关注产业转型升级过程中部分客户和项目风险加速显化的问题,综合运用联合授信、追加资产抵押、风险贷款平移等手段,化解多个重大潜在风险项目,有效盘活沉淀在“僵尸企业”和低效领域的信贷资源。推进授信业务中心、贷款管理中心“两个中心”的建设和运营,配置专业的押品管理团队,加强信贷风险过程把控。资产质量持续优化,年末不良贷款比上年减少3.96亿元;不良贷款率1.29%,比上年下降0.5个百分点。

(陈文寅)

【建行无锡分行加强金融监管】 年内,建设银行无锡分行按照监管部门的统一部署,组织开展员工行为整治、反洗钱、防范非法集资等工作,有效提升全行内控管理水平,系统内控合规考核排名较上年大幅度提升,连续两年在监管部门外汇管理考核中获评A类行,统计、现金管理等工作受到监管部门表彰。分行强化责任导向,畅通监管信息沟通渠道,明确专人负责外部监管部门工作对接,通过组织召开协调会、通报会等形式,全面提升监管响应能力和效率。科学运用微警示、微学堂、微测试等五项合规监督履职工具,开展合规标兵评选活动,营造合规氛围。高度重视屡查屡犯问题防范和治理,实现审计检查发现问题数和操作风险损失金额“双降”。加强消费者权益保护,网点服务效率和水平显著提升,当年客户平均等候时间、点均环境问题数、点均服务投诉量均为系统内最低,监管机构投诉量在同业五大行最少。

(陈文寅)

【建行无锡分行发展普惠金融】 建设银行无锡分行在创新转型上先行先试,在服务民生上率先发力,以优势属性连接新时代国家转型升级对金融服务的新要求。坚持问题导向,直击深化改革痛点问题,从解决小微企业融资难、融资贵问题的角度出发,发展普惠金融,运用数据化、智能化、网络化的“小微快贷”产品,为小微企业提供金融服务。至年末,全行普惠金融贷款余额24.06亿元,比上年新增13.27亿元,仅四季度就实现新增9.37亿元,被建行总部授予普惠金融先进二级分支行。关注民生热点和难点,成功上线住房租赁监管平台,为百姓实现住有所居美好生活提供切实有效的住房租赁综合解决方案,在同业中率先推出存量房资金监管服务,用金融力量推动购租并举,改善住房市场基础运营环境,推动房地产市场回归理性。

(陈文寅)

【农发行无锡市分行助推棚户区改造】 2017年,农业发展银行无锡市分行会同市住建部门召开全市棚改贷款推进工作会,支持棚户区改造。至年末,全行共审批棚改贷款4笔,审批金额33亿元,已投放22.5亿元。

(陈福和)

【农发行无锡市分行创新风险担保方式】 年内,农业发展银行无锡市分行准确把握农村土地承包经营权抵押试点机遇,创新采用以农村土地承包经营权抵押和国有独资公司保证担保的组合担保方式,为企业融资提供担保。成功办理安阳山产业发展有限公司名下76公顷土地承包经营权抵押担保手续,取得土地承包经营权他项权利证书,此次抵押的76公顷土地有效覆盖债权1.9亿元。

(陈福和)

【农发行无锡市分行率先使用绿色债券资金】 年内,农业发展银行无锡市分行借力绿色金融债券,支持生态林业建设,加强与宜兴市环科园、高塍镇政府沟通对接,成功投放高塍中央湿地公园项目2.5亿元林业资源开发与保护中长期贷款,该笔贷款是农发行绿色金融债券发行后全国第二批试点省份发放的首笔贷款。

(陈福和)

【交行无锡分行助力小微企业】 2017年,交通银行无锡分行贯彻落实关于支持小微企业的政策精神,持续加大支持力度,建立健全小微业务服务机制,全方位多角度为小微企业打造金融产品。把小微企业金融服务作为支持实体经济的重点战略性业务,根据小微企业的实际需求,推出“银税贷”、小微快捷抵押贷等创新产品,为小微企业提供优质快捷的融资渠道,形成小微业务差异化的产品体系。针对小微企业的群体特性,坚持从培育客户入手,坚持新客户拓展和老客户挖潜“双管齐下”,拓宽合作渠道,提高客户服务效率。针对贷款到期客户,进行风险评估,逐户梳排授信政策,及时做到到期续贷工作,挖掘存量授信客户潜力,梳理授信未提款客户清单,逐户分析原因,激活睡眠户。至年末,交通银行无锡分行“三个不低于”指标全面完成,小微企业贷款余额383亿元,比上年增加38亿元;贷款客户2954户,比上年增加48户;小微企业申贷获得率94.43%,比上年增长4.6个百分点。

(李玉骥)

【交行无锡分行支持实体经济】 年内,交通银行无锡分行优化信贷结构,准确把握信贷投向,支持地方经济发展。至年末,贷款余额比上年增加10亿元。制造业贷款占比40.67%,在五大国有银行中排名第一。贯彻国家产业政策和经济发展方略,结合无锡产业强市的理念,持续加大对无锡优势产业的支持力度,提升信贷结构与经济转型发展的契合度,对新一代信息技术、节能环保、科技创新、现代服务业等新兴行业进行信贷政策倾斜。加强中小微企业金融服务,拓宽融资渠道,优化贷款审批流程,有效满足中小微企业的金融需求。推动传统产业的改造升级,以绿色信贷为核心,严把新增贷款行业投向关,严格控制重点监测行业授信余额,逐步压降“两高一剩”贷款余额,腾挪有限的信贷资源,投向创新型、科技型小微企业。支持消费金融,响应国家政策,加大消费信贷投放力度,着重支持居民首套房、教育、文化、旅游等消费信贷需求。

(李玉骥)

【交行无锡分行推进普惠金融业务】 年内,交通银行无锡分行致力于普惠金融业务发展,持续完善社区自助通功能服务。至年末,该行全辖投放交银自助通613台,分布于全市各主要街道社区,其中包含96个行政村。免去客户穿梭于各缴费点“排长队”的麻烦,成为不少居民缴纳公共事业费用的首选渠道。该行致力于普及金融知识,营造和谐金融环境,开展“金融知识普及月”“金融知识万里行”“金融知识进万家”“金融知识进校园”等宣传活动,组织工作人员进学校、进社区、进工厂,有效宣传金融知识,提高广大群众切身利益。全年开展652次消费者权益保护宣传教育活动,覆盖群体15.6万人。年内,被无锡银监分局评为“无锡银行业2017年‘金融知识进万家’宣传服务月活动先进单位”。

(李玉骥)

【中信银行无锡分行助推实体经济发展】 2017年,中信银行无锡分行运用传统商行、综合融资、资源整合三种服务,加大对新一代信息技术、高端装备制造、节能环保、生物医药、新能源和新能源汽车、新材料和高端纺织及服装等企业的信贷支持。至年末,表内外授信余额495.8亿元,比上年增加63.5亿元,增幅14.7%。其中,贷款余额折人民币351亿元,比上年增加53亿元,增幅18%。新增人民币对公贷款45亿元,增量在南京分行全辖排名第一。加强与集团各子公司的交流与协作,发挥“融资、融产、融智”协同优势。撮合集团各子公司与无锡市各级政府、国资平台、开发园区、优质企事业单位广泛接触,在金融扶持产业发展、高端制造项目投入、城市环境治理、PPP咨询、项目投资落地等方面取得实质性进展。依托集团优势产业及金融资源,在物联网、高新技术、智能制造、现代服务业、现代农业、PPP项目、特色小镇、海绵城市、国企混改、军民融合、旅游资源整合、城市轨道交通、大消费、大健康等领域深化合作,支持无锡经济建设,深度参与产业强市战略推进。年内,获2017年度无锡市金融改革与创新奖。

(瞿峥屹)

【华夏银行无锡分行助推实体经济发展】 2017年,华夏银行无锡分行服务地方实体经济,搭建合作平台,加强渠道建设,做好普惠金融,助推小微企业成长,以实际行动助力“强、富、美、高”新无锡建设,连续三年获无锡市“金融贡献奖”。至年末,各项贷款余额337.14亿元,比上年增长9.35亿元;一般性存款日均332.85亿元,比上年增长8.98亿元;小微企业贷款余额154.26亿元,在无锡地区股份制银行中排名第一位。硕放支行、宜兴城东小微支行和永乐路社区支行相继成立,持续完善覆盖无锡(含江阴、宜兴)区域的金融服务网络。

(苏 泽)

【广发银行无锡分行启动移动支付便民示范工程】 2017年,广发银行无锡分行落实人民银行关于移动支付便民示范工程相关工作要求,推进符合银联标准的移动支付业务发展,推动移动支付在便民支付领域广泛应用,提升移动支付的便民服务水平,11月,启动移动支付便民示范工程。作为收单机构,按照时间节点完成商户具备银联标准的手机PAY和二维码支付受理功能改造及“双免”业务的开通,借助中国银联的收银员服务平台,投入资源建立持续的收银员培训机制,提升收银员受理移动支付的技能和积极性。9月,在中国人民银行无锡市中心支行举办的关于消费者权益保护微视频竞赛中,广发银行无锡分行制作并报送的《预防金融诈骗,安享晚年生活》微视频作品获一等奖。

(周子良)

【招商银行无锡分行经营成效持续提升】 2017年,招商银行无锡分行实现营业净收入12.72亿元,经济利润3.47亿元,增幅218.3%;至年末,风险调整资本收益率为27%,比上年增加10.33个百分点。其中,储蓄存款和零售贷款在无锡市场份额均列股份制银行第一。年内,获评招商银行系统“2017年零售服务管理优秀分行”“2017年零售信贷优秀分行”“小企业业务优胜分行”荣誉称号。

(葛 曦)

【招商银行无锡分行支持实体经济发展】 年内,招商银行无锡分行全年对公贷款新增26.23亿元,投放增幅位居全市银行业第四,为推动无锡实体经济发展作出贡献。落实市委、市政府关于推进普惠金融发展的要求,全力支持小微企业发展,有效达成小企业贷款“三个不低于”目标,至年末,小微贷款余额15.88亿元,全年净增4.29亿元。

(葛 曦)

【招商银行无锡分行获市金融改革与创新奖】 年内,招商银行无锡分行凭借体系化的信贷流程优化,提升信贷效率,在风险控制方面取得成效。至年末,分行不良贷款余额4.69亿元,比上年减少400万元;不良贷款率1.51%,比上年下降0.27

个百分点,持续保持“双降”趋势。连续第二年获无锡市政府金融改革与创新奖。

(葛　曦)

【浦发银行无锡分行各项业务持续发展】 2017年,浦发银行无锡分行始终坚持服务客户,致力提升服务水平,各项工作保持稳中向好发展态势。至年末,总资产212.3亿元,各项存款余额199.2亿元,增幅3%;各项存款日均206.6亿元,增幅3%;各项贷款余额160.3亿元,增幅4%;各项贷款日均154.3亿元,增幅2%。全年实现营业净收入5.4亿元,账面利润3亿元。至年末,不良贷款余额1.84亿元,不良率1.15%,后四类贷款余额3.52亿元,占比2.2%,均低于系统内异地平均水平,风险指标可控。浦发银行无锡分行力推的全国同业同股同权业务先例——百亿太湖浦发股权投资母基金,进入实质投资运作阶段,响应无锡市创新驱动核心战略和产业强市主导战略。年内,获“2017年度中国银行业文明规范服务百佳示范单位”“江苏省级健康单位”等荣誉称号。

(张　磊)

【兴业银行无锡分行各项业务持续发展】 2017年,兴业银行无锡分行业务规模稳步提升。本外币各项存款余额338.19亿元,比上年增加22.32亿元,增长7.07%;本外币各项贷款余额252.26亿元,比上年增加29.06亿元,增长13.02%。小微企业贷款实现“三个不低于”目标。资产质量总体趋稳,不良贷款余额及不良贷款率实现持续“双降”。至年末,不良贷款余额1.25亿元,比上年减少0.89亿元,不良贷款率0.5%,比上年下降0.47个百分点。

(岳国峰)

【兴业银行无锡分行支持绿色经济】 年内,兴业银行无锡分行发挥绿色金融领域的先发优势,加大对新能源和可再生能源开发利用的低碳经济、太湖水环境治理等生态经济、固体废弃物循环利用等循环经济各领域的支持力度,努力建设“绿水青山”。先后支持双良集团节能系统及低碳领域、梁溪区城市防洪及河道水生态综合整治工程项目、滨湖区胡埭镇农村污水管网项目、锡北运河水系东港区域河道整治项目等一系列无锡市重点项目。至年末,兴业银行无锡分行绿色金融融资余额首破100亿元。

(岳国峰)

【兴业银行无锡分行创设金融农产品】 年内,兴业银行无锡分行针对小微企业面广量大的特点,践行集群式拓展的思路,构建“银政保”区域合作平台、担保机构平台、核心企业供应链平台等数个平台。率先与江苏省信用再担保集团有限公司、江苏省农业信贷担保有限责任公司合作建立银担合作模式,通过“平台+产品”的业务模式,创设金融服务产品“保兴贷”“兴农贷”支农产品,扶持现代农业、旅游业等宜兴地区规划性重点产业。至年末,国标小微贷款余额67.21亿元,比上年增加8.32亿元,贷款户374户,并实现“三个不低于”监管目标。

(岳国峰)

【兴业银行无锡分行打造智慧金融】 年内,兴业银行无锡分行顺应互联网金融趋势,依托总行在大数据和人工智能技术应用方面的持续探索,助力无锡社会生产生活的物联化。助力“特色小镇”发展,紧扣无锡市特色小镇建设规划,与无锡鸿山物联网小镇签订融资协议。推进“智慧农贸”建设,与无锡“菜篮子”工程重点单位朝阳农贸市场合作上线“智慧农贸系统”,成为无锡市打造互联网背景下新业态先行先试的典范。其中“智能电子秤”实现移动支付模块和溯源平台的无缝对接,开启物联网零售新时代。推进“智慧”系列普及工作,依托于互联网信息技术,完善“智慧物业”“智慧客运”“智慧旅游”等涉及百姓衣、食、住、行等日常化商户支付环境,优化消费者服务体验。

(岳国峰)

【江苏银行无锡分行助力小微企业发展】 2017年,江苏银行无锡分行完善客户培育机制,建立健全小微企业金融服务库,利用“税e融”等重点小微金融产品,以全方位、综合化的服务,助推小微企业增长。在人民银行无锡市中心支行、市金融办、无锡银监分局联合举办的无锡市银行机构“一行一品”金融服务创新项目新闻发布会上,江苏银行“税e融”产品荣获金融服务创新项目奖。该行当年共发放“税e融”贷款52亿元,成功支持小微企业4800余家。全年实现小微贷款“三个不低于”监管目标,累计服务小微企业贷款客户4252户、年末贷款余额386.82亿元,市场份额全市第二,其中,单户授信总额500万元以下的小微企业贷款余额51.05亿元,市场份额21.86%,位列全市第一。该行是无锡地区唯一一家连续9年荣获小微企业金融服务工作先进单位的银行。

(于浒莹)

【江苏银行无锡分行开拓金融科技创新】 年内,江苏银行无锡分行在物联网金融领域进行探索和实践,与感知集团开展物联网金融创新合作,成为全国首个物联网金融示范工程项目,完成首笔物联网动产质押贷款投放,实现融资全流程“不落地”,应用互联网大数据,构建“商行+投行”“线上+线下”“境内+境外”综合服务体系,在互联网金融、小微企业、科技金融、绿色金融、跨境金融等方面形成鲜明特色。

(于浒莹)

【无锡农商行提升服务质效】 2017年,无锡农村商业银行坚守战略定位,服务实体经济,支持地方经济发展。主动对接无锡市产业强市战略,持续加大有效信贷投入,用足用优核定信贷额度,助推制造业转型升级。至年末,制造业贷款余额197.15亿元。紧跟“智慧无锡”建设进程,加快“智慧银行”建设,推广移动金融、物联网金融、智能柜台等新型服务渠道,为市民提供更加便捷高效的金融服务,“智慧医疗”项目合作医院达14家。践行普惠金融理念,“阳光信贷”涉农户建档面达到100%,“锡信贷”“确权贷”“惠农贷”等产品助力解决小微金融融资需求,“惠农贷”被评为2017年无锡市“一行一品”金融服务创新项目。年内,在江苏省银行业协会“普惠金融网点”评选中,玉祁支行被评为“五星级网点”,港下支行被评为“四星级网点”。

(张婷婷)

【无锡农商行推广物联网金融服务】 年内,无锡农村商业银行围绕市政府“产业强市”战略部署,结合地方新兴产业特别是物联网产业发展规划,探索物联网技术与金融的深度融合，尝试推出物联网动产质押贷款。至年末，物联网动产质押贷款新增授信6户，授信金额2050万元。推进鸿山物联网小镇支行建设，尝试构建一个功能更强大、效率更高、操作更安全、投入成本更低、客户体验更佳的物联网银行。

（张婷婷）

【邮储银行无锡市分行支持地方经济发展】 2017年，邮储银行无锡市分行加大对无锡地方经济发展及民生需求各个领域的信贷支持力度，全年各项贷款新增71.63亿元，在全市金融机构中位列第一，连续两年获市政府颁发的金融工作“年度贡献奖”。探索普惠金融助农扶贫新道路，陆续开发“富农贷”、农民专业合作社贷款、家庭农场贷款、“公司+农户”贷款、“农业保险贷”等多项“三农”金融创新产品，有效对接现代农业需求。助力“小微”企业发展，推出“信用贷”“税贷通”“增信贷”“快捷贷”“转期贷”等创新产品，坚持“阳光信贷”“透明流程”，建设小微企业绿色服务通道。主动贴近地方优质上市公司及区域行业龙头民营企业，支持企业重点项目建设和生产运营，为地方实体经济发展注入新的活力。

（缪晓静）

保 险

【概况】 2017年，无锡市实现保费收入412.54亿元，保费规模位居全省第三，比上年增长30.73%。其中，财产险保费收入91.14亿元，比上年增长8.75%；人身险保费收入321.4亿元，比上年增长38.68%。全行业赔款和给付92.25亿元，比上年增长14.88%。其中，财产险赔款支出50.24亿元，比上年增长3.28%；人身险赔款和给付42.01亿元，比上年增长32.7%。按无锡市2017年地区生产总值10511.80亿元计算，无锡保险深度3.92%，比上年增长14.29%。按照无锡市户籍人口493.05万人计算，无锡保险密度8367元，比上年增加1877元。

至年末，无锡市商业保险主体发展至77家。其中，产险公司29家（含出口信用保险），寿险公司48家。其中总公司1家，外资公司17家。保险专业中介机构16家。其中，经纪公司1家、代理公司12家、公估公司3家。全行业从业人员7.04万人。

（刘 高）

【农业保险】 年内，全市水稻、小麦等主要种植业承保覆盖面实现100%；生猪、奶牛等主要养殖业实现“应保尽保”，高效设施农业实现农户“愿保尽保”。全市的农险赔付率连续三年维持在80%以上，年受惠农户达4万余户次。

（刘 高）

【环境污染责任保险】 年内，全市有参保企业1075家，比上年增长5.2%，承担责任限额8.9亿元，保费1191.1万元；理赔结案12件，赔付86万元，比上年增长31%；出具评估报告695份，汇总14大类、118小类问题，帮助企业排查出较大环境污染安全隐患2200余个，发现问题5800余个，提出环境安全相关建议6500余条。

（刘 高）

【适时创新险种】 年内，开拓信用险业务市场，为企业的稳健经营提供重要保障。至年末，累计办理18笔信用险业务，保费收入2254.6万元，承担27.05亿元的风险保障。推出小额贷款保证保险，为化解中小企业融资难提供尝试。

（刘 高）

【工程保险】 年内，为全市地铁建设项目、苏锡常南部高速公路常州至无锡段高速隧道等民生工程提供保险保障，推出个性化的增值服务和风险管控措施。

（刘 高）

【“慈福”民生系列保险】 年内，在全省率先推出无锡市居家养老机构综合责任保险、市社会困境未成年人监护责任保险及医疗健康保险。这三款民生系列保险，均不用个人掏钱，通过采取政府购买服务方式，由政府、保险公司、慈善公益组织、居家养老机构等多方联动。8月，新一轮全市城乡常住居民住房财产保险全面实施，保障对象实现大市范围城乡常住居民的全覆盖，将特定家庭范围，由户籍居民中的城乡重点优抚对象家庭、低保家庭以及分散供养的城市“三无”、农村“五保”对象等四类特定家庭，扩展到失独家庭及市级以上劳模两类人群，增设因遭遇保险责任范围内的事故而导致常住居民房屋出租金损失的救助慰问，从而形成“9+3”的保险模式。至年末，全市处理各类理赔案件累计近2.5万起，支付救助慰问金（理赔款）4460余万元，2.51万户（人）直接受益。

（刘 高）

【城乡居民大病保险】 年内，全市城乡居民大病保险项目覆盖整个市区，实施三年多来，平均每年有1万多人享受到该项民生政策的补偿。全年该险种参保人数314.46万人，人均保费30元，总保费规模9433.95万元。市社保中心共划拨大病全年保费合计9314.19万元，市区参保人数314.46万人，其中有4.06万人次、1.17万人实时享受大病保险补助待遇，受益金额为7370.7万元（含儿童统筹人次及金额）。

（刘 高）

【退休人员住院医疗互助保险】 年内，互助保险普惠补助实现出院划卡实时结算，打造市区基本医保、大病保险、互助保险一站式服务的结算模式。全年互助保险参保人数44.78万人，有23.64万人次、11.23万人实时享受互助保险普惠补助，受益比例25.08%，受益金额5822.07万元。互助保险达到特惠补助的有1475人，支付金额686.8万元，最高支付个人9.6万余元。

（刘 高）

【关爱保险】 年内，为防范和化解全市“关爱·圆梦”工程学子们在实践过程中可能遇到的各类风险，推出“关爱圆梦”险种，通过引导企业为青年学生购买安全保险、雇员责任险等形式，有效规避相关风险。以相对低廉的保费为每名学生提供工伤意外身故80万元、工伤意外伤残80万元、工伤意外医疗4万元、住院津贴200元/天的保障。全年为全市近500个困难家庭的职工子女和青年学生提供风险保障。

（刘 高）

【优化理赔服务】 年内，保险公司进驻高速公路交通事故快速理赔处理点。全市事故车维修正式进入直赔模式。交道事故发生后，当事人选择到保险公司推荐的“直赔定点”汽修企业修理的，无须自行垫付，直接由保险公司与维修企业进行结算，提供智能化理赔服务。借助金融科技推出微信理赔、理赔 APP 等便民措施。

（刘　高）

【反保险欺诈工作】 年内，市公安部门破案 31 件车险欺诈，金额 1500 余万元，抓获犯罪嫌疑人 60 余人，破获犯罪团伙 8 个。人身险欺诈破获案值高达 803 万元、“杜高夫妻”合谋的专业技术型重疾险骗保案。与经侦、交警、派出所等部门合作，推出“双线移送、属地侦办”的片区办案模式，既缩短办案链条，又调动基层办案单位的积极性和主动性。会同公安经侦等部门制作《告交通事故伤者书》，将相关知识告知当事人，通过反欺诈提示形成强有力的震慑效果。建立风险警示信息平台，及时向各会员单位推送业内外高风险人员的相关信息。

（刘　高）

【人保财险无锡市分公司业务稳定增长】 2017 年，人保财险无锡市分公司履行企业社会责任，发挥无锡财险市场“排头兵”的引领示范作用，为无锡经济社会发展作出贡献。全年实现全险种保费收入 33.42 亿元，比上年增长 12.84%。其中，车险保费 26.03 亿元，比上年增长 11.99%；非车非农险保费 7.13 亿元，比上年增长 16.36%；农业保险保费 2590 万元，比上年增长 5.47%。全险种市场份额 35.61%，比上年提升 1.26 个百分点。累计承担市场风险2.93 万亿元，累计支付赔款 17.96 亿元，交纳增值税 1.17 亿元，交纳各类税款 1863 万元，代扣代缴车船税及个人所得税款 2.3 亿元。人保财险无锡市分公司连续 8 年被市委、市政府授予金融工作“年度贡献奖”。

（孙梦誉）

【人保财险无锡市分公司拓展民生保险】 年内，人保财险无锡市分公司融入无锡加大民生建设、加快经

表 42　　2017 年无锡市主要保险业务指标

单位：万元

指标项目	保费收入	增幅	赔款支出			
			产险赔款	赔付率	寿险给付	产险、寿险合计
无锡地区商业保险	4125383.25	30.73%				922468.68
产险公司	911357.12	8.75%	502370.67	55.12%		
企财险	52663.35	-0.81%	19030.22	36.14%		
家财险	4658.13	-1.90%	2464.82	52.91%		
工程险	6509.79	35.86%	675.66	10.38%		
商业车辆险	594392.89	6.88%	301878.42	50.79%		
交强险（汽车）	147205.14	9.01%	131597.69	89.40%		
交强险（摩托车）	1004.05	6.44%	1648.74	164.21%		
交强险（拖拉机）	606.67	-28.71%	1000.77	164.96%		
运输险	8778.53	3.49%	3886.59	44.27%		
船舶险	3408.98	8.26%	1931.34	56.65%		
责任险	39401.35	196.64%	17539.14	44.51%		
保证险	17346.37	11.30%	4437.96	25.58%		
人意险	15066.25	31.47%	6670.40	44.27%		
健康险	12257.69	-10.73%	8040.63	65.60%		
信用险	2694.86	18.59%	301.79	11.20%		
农险	2578.08	6.13%	805.83	31.26%		
其他险	2784.99	839.45%	460.67	16.54%		
寿险公司	3214026.13	38.68%			420098.01	
其中：健康险	420462.29	-10.75%			31528.31	
意外险	70636.73	9.79%			21394.47	
寿险	2722927.11	52.79%			367175.23	
其中：一般寿险	1775874.66	92.16%			115396.51	
分红类寿险	813715.77	38.88%			247968.18	
万能寿险	131567.88	-51.58%			3231.00	
投连险	1768.80	437.84%			579.54	

（陆　萍）

表43　　2017年无锡地区各产险、寿险公司业绩

单位：万元

序号	产险公司名称	保费收入	增幅	市场占比	序号	寿险公司名称	保费收入	增幅	市场占比
1	人保公司	327515.81	13.50%	35.94%	1	中国人寿	623863.36	23.52%	19.41%
2	太保公司	166013.51	7.87%	18.22%	2	太保人寿	322691.66	32.12%	10.04%
3	平保公司	196972.86	14.18%	21.61%	3	平安人寿	291637.26	40.01%	9.07%
4	天安公司	17047.66	32.35%	1.87%	4	新华人寿	34760.69	-15.30%	1.08%
5	中华联合	21477.95	-20.31%	2.36%	5	泰康人寿	84623.95	37.52%	2.63%
6	永安公司	3365.55	-33.44%	0.37%	6	太平人寿	90934.08	7.54%	2.83%
7	大地公司	14989.01	51.11%	1.64%	7	民生人寿	9655.27	12.63%	0.30%
8	华安公司	6117.09	-9.41%	0.67%	8	富德生命	46146.53	19.83%	1.44%
9	安邦公司	6275.41	311.93%	0.69%	9	同方全球	12290.44	45.55%	0.38%
10	阳光公司	16376.04	16.67%	1.80%	10	合众人寿	7111.20	37.98%	0.22%
11	华泰公司	4473.31	10.92%	0.49%	11	信诚人寿	2516.68	-12.71%	0.08%
12	太平保险	14741.74	-17.29%	1.62%	12	中宏人寿	35707.04	41.28%	1.11%
13	都邦保险	4246.17	-13.29%	0.47%	13	北大方正	3953.76	23.16%	0.12%
14	人寿财险	49432.92	-4.77%	5.42%	14	中意人寿	43333.35	15.89%	1.35%
15	亚太保险	168.37	-93.59%	0.02%	15	陆家嘴国泰	2254.47	36.27%	0.07%
16	渤海保险	2511.31	80.36%	0.28%	16	农银人寿	16868.17	290.69%	0.52%
17	中银保险	3648.94	6.62%	0.40%	17	恒安标准	3130.01	29.79%	0.10%
18	天平汽车	15547.42	-6.76%	1.71%	18	友邦保险	33709.11	73.57%	1.05%
19	安诚保险	3507.70	-26.01%	0.38%	19	瑞泰人寿	136.70	168.59%	0.00%
20	长安责任	7913.70	9.45%	0.87%	20	人保健康	11591.86	-62.11%	0.36%
21	紫金保险	10337.79	-15.12%	1.13%	21	光大永明	1554.52	-14.52%	0.05%
22	三井住友	8124.12	11.59%	0.89%	22	平安养老	-	-	-
23	英大财险	5372.09	0.43%	0.59%	23	华泰人寿	19307.52	43.04%	0.60%
24	信达财险	3131.22	-12.51%	0.34%	24	和谐健康	134377.38	-43.10%	4.18%
25	浙商财险	1191.66	-40.99%	0.13%	25	长城人寿	5608.56	-84.88%	0.17%
26	永诚财险	462.40	-3.02%	0.05%	26	英大人寿	1475.08	78.88%	0.05%
27	安信农险	26.07	-18.83%	0.00%	27	华夏人寿	114907.08	69.84%	3.58%
28	泰山财产	369.30	61.46%	0.04%	28	工银安盛	33580.74	37.21%	1.04%
	产险合计	911357.12	8.75%	100.00%	29	联泰大都会	12645.93	37.57%	0.39%
					30	阳光人寿	31886.51	-50.32%	0.99%
					31	君康人寿	173616.96	5786.42%	5.40%
					32	人民人寿	41814.46	-18.87%	1.30%
					33	信泰人寿	6462.63	-87.98%	0.20%
					34	国华人寿	35850.44	2100.24%	1.12%
					35	中英人寿	2086.03	70.13%	0.06%
					36	幸福人寿	19362.53	-41.66%	0.60%
					37	中德安联	829.62	78.01%	0.03%
					38	利安人寿	47609.28	-40.33%	1.48%
					39	招商信诺	13082.54	-9.63%	0.41%
					40	交银康联	26349.23	180.18%	0.82%
					41	东吴人寿	9182.36	-71.11%	0.29%
					42	建信人寿	18533.03	-32.60%	0.58%
					43	国联人寿	42997.66	-53.81%	1.34%
					44	太平养老	5587.68	23.85%	0.17%
					45	安邦人寿	659950.02	428.72%	20.53%
					46	前海人寿	53289.32	-	1.66%
					47	百年人寿	25163.43	-	0.78%
					48	天安人寿	-	-	0.00%
						寿险合计	3214026.13	38.68%	100.00%

（陆　萍）

济转型的新进程，致力于民生保险拓展，开展公益性、政策性保险服务。完善以自然灾害公众责任险、低保老人和低保家庭人员人身意外伤害险、养老机构综合责任险、城乡户籍居民住房财产险等内容的“五位一体”综合保险新模式，发挥保险补偿功能，辅助政府做好社会管理工作。全年自然灾害公众责任险承保652.9万人，赔款190.71万元；城乡户籍居民住房财产险承保268万户家庭，赔款761.85万元；和谐家园综合险承保近6.49万户家庭，赔款1284.71万元；养老机构综合责任险承保137家养老机构及1.56万入住老人，赔款88.96万元。年内，启动无锡市液化石油气用户责任保险（燃气责任保险），为瓶装液化石油气用户用气安全提供保障。这是人保财险无锡市分公司按照安全生产责任保险精细化、专业化发展要求特别新增的险种，也是市政府服务民生，利用经济杠杆和保险产品化解民事责任纠纷又一新举措。

（孙梦誉）

【人保财险无锡市分公司开创保险扶贫新模式】 9月，与中共无锡市委农村工作办公室签订保险扶贫战略合作协议，将保险扶危济困的本质与扶贫开发工作融合，以全市98个市级经济薄弱村为主要对象，开展“两保（脱贫小康保和增收致富保）两贷（农业保险贷、人保惠农贷）一投（引进集团投资）”扶贫特惠保险及金融服务，开创无锡市保险扶贫的新模式。

（孙梦誉）

【人保财险无锡市分公司创新保险供给】 年内，人保财险无锡市分公司坚持推动经济转型升级，创新观念，主动作为，为无锡经济发展提供保险服务。在政府相关部门支持下，推进环境污染责任保险，完善运行模式，为企业提供专业化、便利化的服务，形成“政府政策引导，企业积极响应，事先预防为主，事后补救为辅”多方共赢的良性体系。年内，全市投保企业由2009年的17家发展到1107家，覆盖冶金、制药、造纸、火力发电等24个行业。环境污染责任保险“无锡模式”为环责险在全国范围内推广提供宝贵经验。为配合政府职能部门开展“连心富民、联企强市”大走访，人保财险无锡市分公司拿出50万元引导资金，配合和支持广大企业抓好风险整改。抓好科技保险创新试点工作，为高新企业可能遭遇的风险提供“避风港”。做好首台套、出口信用保险、电梯责任险等10多个“创新保险”产品。全年累计承保电梯38628台，支付赔款近300万元。

（孙梦誉）

【人保财险无锡市分公司创新农业保险模式】 年内，人保财险无锡市分公司坚持创新农业保险模式，分散和转移农业风险，提高农业抗风险能力，稳定农业生产，保护农民利益。以服务农业现代化为核心，为广大农户提供高效、贴心的服务，支农惠农富农，给农民带来幸福感。年内，农业保险保费收入比上年增长5.47%。值新一轮政策性农业保险招标，人保财险无锡市分公司获宜兴市、江阴市、锡山区、惠山区、滨湖区、新吴区三年政策性农险独家经营权。

（孙梦誉）

【人保财险无锡市分公司加强网点建设】 年内，人保财险无锡市分公司优化布局，加大农村网点建设和队伍建设力度，通过资源整合，加强各平台及技术的支撑作用，延展保险承保、理赔功能。在全市6个涉农区域中心乡镇，建立55个“三农”保险服务站；在村级建立230个“三农保险服务点”，形成“部、站、点”三级农险服务网络格局，实现全市行政区域全覆盖，零距离对接乡镇市场，提高服务“三农”的质量与效率。推出人保财险微信公众服务账号，为客户提供快捷、便利、高效服务。开通“绿色通道”，对涉及民生方面的理赔优先保障，第一时间办理。加大民生项目理赔的社会公开程度，以邀请政府、媒体、市民代表参加赔款兑付现场活动等方式，加大各类典型理赔案例宣传力度，扩大民生项目的影响力，提高政府在群众心目中的满意度。在全市首家开通无人机查勘、直升机救援等服务项目，引领全市保险行业服务升级。

（孙梦誉）

【人保财险无锡市分公司中标市粮油流通安全保险项目】 12月29日，人保财险无锡市分公司中标“无锡市粮油流通安全保险项目”，成为该项目的独家保险人。无锡人保财险将为无锡市（含江阴市、宜兴市）36家粮食储备库（所）提供含财产一切险、公众责任险及雇主责任险在内的保障服务，承担各类风险总额约13亿元。该项目承保日期自2018年1月1日至2019年12月31日，将促进无锡市粮食流通产业发展，为创新粮油流通监管方式、提升粮油流通安全保障水平保驾护航。

（孙梦誉）

【人保财险无锡市分公司签发首批悬赏执行保单】 12月20日，人保财险无锡市分公司签发首批10份悬赏执行保单，标志着悬赏执行保险在无锡地区落地，使无锡保险行业在法律救助类保险市场的拓展方面迈上新台阶。基于国家司法救助有严格的适用条件，人民法院在民事执行中，常常会陷入“执行不能”、无法完全覆盖申请执行人请求的局面。人保财险无锡市分公司结合现有险种参与社会治理实践，推出悬赏执行救助保险，发挥保险在推动国家司法救助制度中的积极作用。

（孙梦誉）

【人保财险无锡市分公司完成年度追偿目标】 年内，人保财险无锡市分公司实现非车险和车险代位追偿净收入1063.3万元。某非车险诉讼追偿大案历经4年余，于年内成功追回款项925万元，提前实现880万元的年度追偿起始目标。在追偿案源总体分散且标的较小的情况下，人保财险无锡市分公司把握“颗粒归仓”的原则，不放过任何一笔追偿收入，最终实现追偿收入超过1000万元。

（孙梦誉）

【人保财险无锡市分公司中标失独特助对象住院护工保险】 年内，人保财险无锡市分公司独家中标，由无锡市计划生育协会发起的部分计划生育特别扶助对象住院护工服务保险项目，两年保费共140万元。这是该公司自2015年起，连续第三年中标该险种。关爱“失独家庭”，深入了解计生特殊家庭需求；建立服务团队，制作《住院护工服务保险告知书》，将理赔内容及理赔所需的资料明确告知受保的“失独家庭”；按区域指定专人负责，指定人员上门收取理赔资料；开设咨询热线、理赔专线电话，方便扶助对象来电咨询。人保财险无锡市分公司不定期组织工作人员上门拜访，为计生特殊家庭送去关爱和温暖。

（孙梦誉）

【中国人寿无锡市分公司总保费突破60亿元】 2017年，中国人寿无锡市分公司围绕“加快发展、转型升级、防控风险”三大任务，取得稳中提质、稳中趋优的成绩。全年实现总保费61.39亿元，成为无锡市第一家也是唯一一家保费突破60亿元的保险企业。及时妥善处理各类理赔案件，赔付金额45677.47万元，处理赔付案件94807起，履行保险行业央企职责，被市政府授予“2017年度金融工作年度贡献奖”。

（汪旻敏）

【中国人寿无锡市分公司助力社会事业发展】 3月22日，无锡市城乡居民大病保险项目开标，中国人寿无锡市分公司以总分第一，再次成功中标第二轮无锡市城乡居民大病保险（2017~2019年）项目首席承保人。年内，无锡市区城乡居民大病保险参保人数314.46万人，人均保费30元，总保费规模9433.95万元。5月28日，举办“为爱健走、将爱传递”第三届中国人寿万人公益健走无锡站活动，3000余名健走爱好者参加，奥运冠军陈玘担任爱心大使。健走活动为爱好健走的客户搭建了运动平台，促使更多人关注公益，关心贫困地区，关爱留守儿童。6月29日，会同中国老龄事业发展基金会在陕西省延安市直罗镇举办“孤老救助大行动”公益项目捐赠活动，为延安市富县、志丹县、洛川县、延川县、吴起县等贫困县区1.5万名孤老及贫困老人捐赠意外伤害救助公益保险，保障总额4.5亿元。10月24日，与无锡市保险协会联合举办无锡市保险业首届运动会“中国人寿杯”乒乓球比赛，彰显保险行业良好的精神面貌与强大的团队凝聚力。12月24日，举办“快乐迎新春 走出新气象”徒步健走活动，以“感恩、专注、激情、跨越”为主题，培养员工团结互助的精神和坚韧不拔的毅力。

（汪旻敏）

【太平洋产险无锡分公司探索战略转型】 2017年，太平洋产险无锡分公司围绕总公司“固化成果、深化转型、迎接挑战”工作思路，贯彻落实“发展速度优于行业平均，综合成本率优于行业平均”目标，坚持稳健发展和可持续价值增长理念不动摇，落实结构调整，推进有品质的发展策略，开展品质管控，激发创新活力，探索战略转型。全年实现保费收入169397万元，比上年增长7.24%；全年支出赔款84683万元，主要成本类指标优于同业和主要竞争对手。

（胡　洁）

【太平洋产险无锡分公司打造数字化平台】 年内，太平洋产险无锡分公司以技术创新为驱动，客户满意为目标，全面洞察客户需求，持续改善客户体验，着力让消费者享受更加人性化、专业化的保险服务。打造数字化平台，积极推进移动端数字化平台应用，增强中后台对前台销售的有力支持，提升一线展业便捷性；生态圈扩容，全力打造“客户的家园，业务的伙伴”的生态体系，助力业务发展；服务增值扩展，整合服务资源，改善服务界面，优化服务供给，提升客户的满意度与黏合度。

（胡　洁）

【太平洋产险无锡分公司首推交通人伤理赔“绿色通道”】 年内，太平洋产险无锡分公司为解决交通事故人伤案件中关于医疗费用的争议，在业内首推人伤理赔“绿色通道”服务模式，与定点医院合作，以垫付商业险医疗费的形式，帮助投保人解决人伤事故中的医疗资金困难。在无锡市中医医院、无锡市第三人民医院、江阴市中医院、宜兴市第四人民医院等10家定点医院开设绿色通道。秉承理赔服务品牌“太好赔”的服务理念，按照“人伤无忧”服务要求，简化理赔手续，缩短理赔时效，与伤者家属、律师及法院沟通，促使伤者得到及时合理的补偿。

（胡　洁）

【太平洋寿险无锡分公司业务持续发展】 2017年，太平洋寿险无锡分公司围绕集团转型战略，坚持以客户需求为导向，以“月达成、季增长、年对标”为目标，坚持两个聚焦，深化双轮驱动，着力打造业务优、管理优、员工优的精品分公司。全年实现规模保费31.7亿元，比上年增长30.4%，列市场第三位。其中个人业务实现新保10.1亿元，比上年增长30.91%。全年处理理赔案例16841件，赔付金额1.57亿元。呈现个人业务发展创新高，法人业务发展平稳，市场地位稳固的新局面。

（唐俞旻　陈美霞）

【太平洋寿险无锡分公司创新医保业务】 8月，太平洋寿险无锡分公司江阴“新农合”划归江阴市人社局，更名为江阴市医疗保险业务管理中心，居民医保经办实现平稳过渡。推动“医疗保险业务”经办管理工作创新，开拓“居民医保”衍生业务，开发居民医保按疾病诊断相关分组（DRGs）付费方案，实现“一站式”费用结报流程。年内，居民医保基金规模4.78亿元，服务人群54.02万人。全年累计服务288.76万人次，结报金额46181.06万元。其中，住院结报10.02万人次，结报金额38701.71万元；门诊结报278.74万人次，结报金额7479.35万元。大病救助20149人次，结报金额5175.22万元。

（唐俞旻　陈美霞）

【太平洋寿险无锡分公司承保市“两会”】 年内，太平洋寿险无锡分公司被指定为无锡市“两会”期间代表意外伤害保险的承保单位。为每位与会代表承保保额为2万元意外伤害和2000元意外医疗的人身意外伤害保险，承保服务“两会”代表1000余人次，累计承保保额2200余万元。分公司连续20年为市“两会”的顺利召开保驾护航。

（唐俞旻　陈美霞）

【太平洋寿险无锡分公司完成跨境快速理赔】 8月，太平洋寿险无锡分公司接到报案，客户许某某携家人在澳门旅游期间，受“天鸽”台风影响，不幸遭重型车辆碾压身故。获悉情况后，分公司联合太平洋寿险广东珠海中心支公司前往事故现场进行调查，经核实确认后，按合同约定向客户家属支付210万元人身意外险赔款，仅用15分钟便快速完成跨境赔付，成为系统内跨境赔付最快的理赔案例。

（唐俞旻　陈美霞）

【太平洋寿险无锡分公司开展社会公益活动】 年内，太平洋寿险无锡分公司向市“红十字人道万人捐”、市“送温暖、献爱心”慈善捐赠活动分别捐款13490元、28300元。组织

102名营销人员在无锡市红十字中心血站参加无偿献血活动，献血量累计31800毫升，成为年内无锡市保险业乃至金融系统，参与献血人数最多、献血量最多的单位。连续第五年开展“情系珍珠·大爱无疆”活动，每年为沂蒙山革命老区贫困留守儿童捐款20万元，已累计捐款100万元。

(唐俞旻　陈美霞)

【平安产险无锡分公司经营业绩稳步增长】 2017年，中国平安财产保险股份有限公司无锡分公司实现总保费收入200987万元，比上年增长13.5%。其中，企财险保费4929万元，比上年减少3.1%；车险保费186328万元，比上年增长13.1%；货物运输险保费956万元，比上年减少0.7%；责任保险保费3417万元，比上年增长14.6%；工程险保费1323万元，比上年增长245.9%；信用保证保险保费67万元，比上年减少25.3%；短期健康险保费990万元，比上年增长15.1%；意外伤害险保费2977万元，比上年增长24.8%。

(严若愚)

【平安产险无锡分公司服务经济社会】 年内，中国平安财产保险股份有限公司无锡分公司围绕“简单、安心、温暖”的服务宗旨，开展“510城市急速现场查勘”、“一键包办”、好车主APP、电子发票推广、服务年、急速理赔等一系列活动。树立行业最具人性化的车险理赔品牌，实施425起停车关爱服务、3258起非事故道路救援服务，包括车辆故障施救、交通指引、救援帮扶、行人关爱、人伤救助、非平安事故处理及理赔指引等。

(严若愚)

【平安人寿无锡中心支公司经营业绩增长】 2017年，中国平安人寿保险股份有限公司无锡中心支公司实现总保费收入28.6亿元，比上年增长38.2%；至年末，个险销售人力12186人，比上年增长11.7%。全年理赔、生存满期给付34600.63万元。全年个险考核FYP首次突破9亿元大关，实现系统化、平台化的经营模式。年内，新契约承保156197件，比上年增长32.23%；承保规模保费9.97亿元，比上年增长13.94%。承保人身险保额50万元及以上高额件12930件，规模保费1.26亿元。理赔案件量21137件，比上年增长64.6%；赔付金额12657万元，比上年增长30.11%。在推广安e赔的基础上，实施闪赔项目促使理赔服务。通过闪赔申请的客户，时效最快的仅用2分钟就完成理赔并收到理赔款。

(王乐天)

【天安财险无锡中心支公司开展创新项目】 2017年，天安财产保险股份有限公司无锡中心支公司实现保费收入17389万元，比上年增长31.5%。其中，车险保费收入15083万元，比上年增加62.7%；非车险保费收入2306万元。开展非车险创新项目，与物联网集团进行对接，开发物联网保险条款，致力于成为物联网保险的标杆，是全国第一家成立从事物联网保险创新型支公司的保险机构。5月，开出物联网保险业务首单，为化解中小企业融资难课题首开先例。年内，获“无锡市金融改革与创新奖”“2016年度无锡市保险业放心消费创建示范单位”等荣誉称号。

(杨晓静　赵　坚)

【泰康人寿无锡支公司业绩持续增长】 2017年，泰康人寿保险无锡中心支公司累计承保各类保费8.3亿元，其中个险营销业务累计承保保费7.2亿元。续收保费业务强劲增长，全年续收收入保费4.6亿元。银行保险业务全年累计承保规模保费9854万元。利用微信理赔方式高效完成理赔服务，全年完成理赔赔付829万元。

(张　艳)

信托

国联信托

【国联信托业绩持续增长】 2017年，国联信托股份有限公司推进增资工作，推行机制改革，发展创新业务，加强合规风险管控。全年实现营业收入23249万元，利润总额32996万元。至年末，信托资产规模858.6亿元，比上年增长89.06%。全年累计新增发行信托项目49个，规模186.03亿余元，新增项目中，42.36%为主动管理信托，规模78.8亿元。自营资产规模54.68亿元，比上年减少2.46亿元，下降4.31%。

(张　雯)

【调整股权结构】 年内，国联信托股份有限公司调整股权结构，无锡市交通产业集团将持有的国联信托8.13%股权中的4.065%股权转让给无锡市国联发展(集团)有限公司，将另4.065%股权转让给无锡市地方电力公司。国联信托股权结构变更如下：无锡市国联发展(集团)有限公司出资金额8.6亿元，持股比例69.919%；无锡市地方电力公司出资金额1.5亿元，持股比例12.195%；无锡华光锅炉股份有限公司出资金额1.2亿元，持股比例9.756%；无锡商业大厦大东方股份有限公司出资金额1亿元，持股比例8.13%。

(张　雯)

【增加注册资本】 年内，国联信托股份有限公司引进战略投资者，加强战略布局，保持投资者权益。信托行业进入转型期，风险资本金的计提、行业评级、信托保障基金等对信托公司的资本实力提出新的要求。国联信托适应信托行业转型要求，提升资本实力，提高风险抵御能力。12月，将部分资本公积及未分配利润用于转增注册资本，将注册资本由12.3亿元增至30亿元，增资计划获无锡银监分局审批通过并完成工商变更。

(张　雯)

【拓展创新业务】 年内，国联信托股份有限公司加强与银行、证券、保险等金融机构合作的深度和广度，拓宽项目信息来源，信托业务规模有明显增长。依托无锡大型国企的融资便利及其充裕的现金流，与无锡地铁集团、无锡威孚集团、无锡交通产业集团等开展合作，为其提供现金管理服务。根据金融市场变化动态调整投资方向标的，开展首单家族财富信托业务。与国联人寿共同研究开展创新业务保险金信托业务。做好无锡国联和晶并购投资基金、南通联泰精华大健康产业投资基金两支围绕上市公司开展业务的并购基金投资管理。与无锡金投控股有限公司、天奇自动化工程股份有限公司合作，设立总规模7亿元的循环经济并购基金，并发行总规模3.5亿元的信托计划，作为优先级有限合伙人加入该基金。与民生银行南京分行合作开展债权转让业务试点工作，将正常债权转让和不良债权转让作为新的业务发展渠道进行推广。

（张 雯）

【组建标准化信托产品】 年内，国联信托股份有限公司组建以标准化债券产品为投资标的的信托计划，通过在公开市场购买符合标准的平台债，拓宽项目资源与渠道，以“交易差价+票面利率”增加项目收益。至年底，投资标的大部分为省内平台债及少部分符合公司标准的、外省优质平台债，风险相对可控，收益较为客观，在合规性、风险性、收益性上均具有较大优势。

（张 雯）

【开展综合金融协同】 年内，国联信托股份有限公司贯彻落实国联集团综合金融发展战略，推动综合金融项目协同与产品交叉销售，配合加强综合金融运营中心管理。在产品发行上，直销规模全部实现综合金融信息系统线上预约销售，交叉销售全部实现线上接单，直销和交叉销售100%实现综合金融信息系统线上销售。在项目开拓中，加强与兄弟单位联动，以金融协同促进项目开拓。

（张 雯）

证券·期货

【概况】 2017年，无锡证券期货行业围绕增强金融服务实体经济能力、促进多层次资本市场健康发展和守住不发生系统性金融风险的底线等要求，突出主业、稳健经营、夯实基础、严控风险，加强投资者教育，实现稳定健康发展。至年末，全市有证券、期货公司法人机构3家。其中，证券公司2家，期货公司1家，证券咨询公司1家；证券分公司及营业部148家，期货营业部38家。新增证券营业部16家。全市证券投资者开户数146.14万户，新增5.13万户；期货投资者开户数4.92万余户。全市证券营业部托管市值2643.22亿元，比上年减少289.98亿元，下降9.89%；交易金额31727.53亿元，比上年减少22872.47亿元，下降41.89%；营业收入7.16332亿元，比上年减少3.129918亿元，下降30.41%；上缴税款2829.54万元，比上年减少2096.25万元，下降42.56%；税后利润4.059087亿元，比上年减少2.124522亿元，下降34.36%。全市期货公司及营业部交易金额21386.63亿元，比上年下降62.48%。

年内，以国联证券、华英证券和国联期货为主体与安徽省宿松县、四川省平昌县、贵州省赫章县、湖南省汝城县等4个国家级贫困县签订帮扶协作协议，确立“一司一县”长期结对帮扶关系。

（陆 瑾）

表44　　2017年无锡证券营业部经营情况统计

指标名称	全辖	市区		江阴市		宜兴市		梁溪区	惠山区	新吴区	滨湖区
		累计	占比	累计	占比	累计	占比	累计	累计	累计	累计
现有开户数(户)	1461445	1114171	76.24%	212792	14.56%	134482	9.20%	892240	38633	31473	151825
托管市值(亿元)	2643.22	1793.94	–	624.37	–	206.91	–	1575.81	58.59	17.93	141.61
交易额(亿元)	31727.53	27303.59	86.06%	1706.30	5.38%	2717.64	8.57%	23463.76	730.91	394.68	2687.24
营业收入(万元)	71633.20	57266.61	79.94%	5235.88	7.31%	9170.71	12.80%	43129.39	2168.59	1563.59	10364.68
上缴税款(万元)	2829.54	2286.58	80.81%	166.96	5.90%	375.998	13.29%	2075.50	103.07	14.56	93.45
税后利润(万元)	40590.87	30527.84	75.21%	3657.16	9.01%	6045.87	14.89%	22527.03	784.20	797.45	6419.16

（陆 瑾）

表45　　2017年无锡期货营业部经纪业务经营情况统计

指标名称	全 辖	市 区		江阴市		宜兴市	
		累计	占比	累计	占比	累计	占比
开户数(户)	49224	45586	92.61%	1779	3.61%	1859	3.78%
交易额(亿元)	21386.63	20886.32	97.66%	500.31	2.34%	–	–
营业收入(万元)	168480.75	168407.06	99.96%	73.69	0.04%	–	–
上缴税款(万元)	2602.96	2598.94	99.85%	4.02	0.15%	–	–
税后利润(万元)	4661.05	4668.32	100.16%	–39.96	–0.86%	–	–

（陆 瑾）

表 46　　2017 年无锡市上市公司情况统计

单位:个

指标名称	全辖	市区	江阴市	宜兴市	梁溪区	锡山区	惠山区	滨湖区	新吴区
上市公司家数	129	58	46	25	4	11	8	15	20
其中:境内 A 股	77	37	32	8	3	7	3	10	14
境外上市	52	21	14	17	1	4	5	5	6
年内新增上市公司	18	12	5	1	1	3	0	3	5
其中:境内 A 股	16	12	5	1	1	3	0	2	4
境外上市	2	2	0	0	0	0	0	1	1

说明:1. 该表中“境内”“境外”采用海关口径。即“境内 A 股”指在上海、深圳证券交易所上市 A 股;非 A 股上市公司均称“境外上市”,包括在其他国家和中国香港、中国台湾等地区上市的企业。2. 77 家境内 A 股上市公司中,上海证券交易所上市 32 家,深圳证券交易所上市 45 家;52 家境外上市公司中,新加坡证券交易所 15 家,中国香港联合证券交易所 24 家,其他国家和地区交易所 13 家。3.“市区”37 家境内 A 股上市公司中,上海证券交易所上市 16 家,深圳证券交易所上市 21 家;21 家境外上市公司中,新加坡证券交易所 2 家,中国香港联合证券交易所 11 家,纽约证券交易所 4 家,纳斯达克、多伦多、中国台湾、伦敦证券交易所各 1 家

(陆　瑾)

【国联证券收购华英证券】 2017 年,国联证券股份有限公司全面收购投行业务子公司华英证券,以现金收购苏格兰皇家银行持有的华英证券 33.3%的股权。华英证券成为国联证券全资附属公司后,制定实施做大基础业务、深耕根据地业务和协同发展三大战略,全年实现营业收入 1.95 亿元,利润总额 3969.37 万元。华光股份吸收合并母公司并募集配套资金项目创江苏省内整体上市国有企业员工持股计划第一单。

(徐　旎)

【国联证券发展综合财富管理业务】 年内,国联证券股份有限公司全力为客户提供专业高效的综合性财富管理服务。财富管理业务全年实现营业收入 12.11 亿元。公司以客户需求为导向打造产品销售体系,全年金融产品销售量 324.04 亿元。推动港股通、期权等创新业务发展,至年末,深港通业务产生交易量 10.98 亿港元,沪港通业务产生交易量 18.66 亿港元,全年期权业务实现佣金收入 228.42 万元,比上年增长 43.81%。

(徐　旎)

【国联证券资产管理多元化发展】 国联证券股份有限公司持续推进资本市场、债券投资、结构融资业务战略部署,在固收业务、量化业务、私募 FOF 基金、融资类业务等方面取得良好业绩,满足客户多元化需求,为客户带来具有市场竞争力的投资回报。至年末,公司受托资产管理规模 260.86 亿元,比上年增长 12.24%。公司管理的资产管理产品共计 94 个,其中集合资产管理计划 37 个,定向资产管理计划 56 个,专项资产管理计划 1 个。

(徐　旎)

【国联证券发展场外市场业务】 年内,全国“新三板”市场进入深度调整期,国联证券股份有限公司始终以助力企业发展、服务实体经济为宗旨,逆势奋进,为中小企业提供“新三板”挂牌及后续投融资服务,场外市场业务平稳增长。全年完成“新三板”挂牌企业 19 家;协助 25 家企业完成股票定向发行工作,发行规模 9.91 亿元;完成 2 单并购重组业务;累计为 81 家企业提供做市商服务;累计为 122 家企业提供持续督导服务。

(徐　旎)

【华泰证券发展投资顾问业务】 2017 年,华泰证券股份有限公司无锡分公司发展投资顾问业务,推动财富管理转型;通过增值业务吸引专业投资者,加强机构业务开发力度,推动私募 PB 业务;每周常态举办培训会,为客户讲解相关业务知识,并设立实战演练室,方便客户实际操作。至年底,高资产客户归集率提升明显,新增客户数 26489 户,新开有效客户 3093 户;融资融券比上年增长 8.3%;基础市场份额 1.892‰。

(朱丹青)

【国联期货经营保持稳中有进】 2017 年,国联期货股份有限公司努力开拓市场,服务实体经济,开展精准扶贫,经营上保持稳中有进,业务上以经纪业务为主业,创新中拓展风险管理、期权业务,在期货业的分类评级中,被评为 BBB 级。全年客户保证金日均权益 22.54 亿元,比上年增长 13.55%。全年完成营业收入 166849.43 万元(含子公司),资产总额 27.15 亿元,净资产 7.26 亿元,净资本 5.13 亿元。年内,获第五届“中

金所杯”全国大学生知识大赛优秀组织三等奖。在《期货日报》和《证券时报》联合举办的“第十届中国最佳期货经营机构评选”中被评为最受欢迎的期货公众号。

（吴人杰）

【国联期货发展业务新模式】 年内，国联期货股份有限公司贯彻国联集团关于金融协同发展理念，发挥股东金融背景优势，探索业务发展的新模式，逐步形成“期货+”的业务模式。风险管理子公司（国联期货全资子公司）持续推进仓单业务、合作套保、基差贸易、场外期权等业务，在国联集团的支持下，超额完成各项经济指标，全年营业收入比上年增长738%。响应中央扶贫工作精神和中国证监会、中国期货业协会号召，履行社会责任，与全国贫困地区湖南省汝城县签订帮扶协议。发挥期货行业专业优势，开展鸡蛋扶贫项目，通过“保险+期货”的创新模式，实现农户、期货公司、保险公司三方共赢，保障农户的销售收入，为期货公司服务“三农”探索新途径。

（吴人杰）

典当·拍卖·担保

【典当行业概况】 2017年，无锡市实现典当总额18.28亿元，比上年上升6.28%。其中，动产典当10.39亿元，比上年上升41.94%；房地产典当6.49亿元，比上年下降16.37%；财产权利典当1.40亿元，比上年下降33.01%。全年典当余额11.62亿元，比上年下降4.28%。至年末，全市有典当企业83家，全部为协会会员单位，其中法人企业53家，分支机构30家，注册资本17.13亿元。有典当从业人员372人，比上年下降17.7%。

（王力行）

【拍卖行业概况】 2017年，无锡市新设立拍卖公司5家。至年末，全市共有正常经营的拍卖企业40家，从业资格人员300余人，其中国家注册拍卖师95人。全年拍卖成交场次为369次，拍卖成交金额34亿元，比上年减少9亿元；佣金收入9488万元，比上年减少20%。

（滕志刚）

【融资担保行业概况】 2017年，全市融资性担保行业运行保持健康、稳定的发展态势。全市在册融资性担保机构总数18家，其中法人机构14家，分支机构4家。全市在册融资性担保机构注册资本金总额31.4亿元，全年新增融资担保总计128.17亿元。至年末，在保总额101.55亿元，比上年有所增长；全市融资担保行业新增担保代偿1.68亿元，比上年下降约0.4亿元；全行业营业收入2.66亿元，净利润0.99亿元，行业盈利能力保持在较低水平。

（周永超）

其他金融机构

国联集团

【概况】 2017年，无锡市国联发展（集团）有限公司（简称“国联集团”）实施市场化、证券化、国际化、走出去战略，保持良好发展态势。全年完成营业收入156亿元，实现利润21亿元，上缴各项税收12亿元。至年末，国联集团总资产771亿元，净资产294亿元。年内，国联集团在“2017年中国服务业企业500强”中排名279位。

（宛严超）

【深化企业改革】 年内，国联集团重点围绕完善现代企业制度、发展混合所有制、创新内部机制等方面，探索推进企业改革。学习借鉴央企和地方国企的经验做法，加强国有资本投资运营公司改革试点的研究探索。完善公司治理结构，将党建工作内容写入公司章程，实现加强党的领导和完善公司治理有机统一。推动联合担保增资扩股至7亿元，提前完成“十三五”计划增资任务。探索“职业经理人”改革试点，推进子企业经营负责人的市场化选聘。加强机制创新，实施员工管理和技术序列职业成长“双通道”制度，探索完善投资业务市场化绩效考核制度，建立长效激励约束机制。

（宛严超）

【提高资产证券化水平】 年内，国联集团重点推动子企业上市，提高国有资本控制力和影响力。推动华光股份完成重大资产重组，实现国联集团环保能源业务的整体上市，华光股份总股本由2.56亿股增至5.59亿股，并在重组中实施员工持股，华光股份成为江苏省内首家既实现整体上市又实施员工持股计划的国有控股上市公司。加快国联证券A股上市进程，在等待证监会发审委审核中。至年末，国联集团资产证券化率44.53%。

（宛严超）

【加快综合金融发展】 年内，国联集团推进实施综合金融发展战略，提升国联金融整体竞争力。完善综合金融管理机制，实施综合金融积分制管理，建立综合金融运营中心主任负责制和金融子企业综合金融管理岗工作机制，推进综合金融各项工作要求有效落实。加强综合金融信息系统应用，全年通过平台发布金融产品152.8亿元、实现金融产品交叉销售4.99亿元和项目协作41个，提升企业协同发展意识。探索综合金融运行机制，加快综合金融运营中心建设布局，武汉中心建成投用，推进无锡第三中心、上海中心和南京中心新址建设。加强统一宣传策划，组织开展徒步活动，策划地铁报站宣传和机场、高铁站等交通枢纽的广告投放，上线运行“国联综合金融+”和“国联通”两款APP，有效提升“国联金融”品牌影响力。国联集团综合金融管理创新实践获第23届全国企业管理现代化创新成果一等奖。

（宛严超）

【加大并购投资力度】 年内，国联集团贯彻落实市委、市政府产业强市战略部署，发挥金融服务优势，寻求机会，推动战略性并购重组取得突破。并购厦门开发晶照明有限公司，成为其第一大股东、实际控制人，成功拓展LED产业领域。优化调整国联产业母基金运作方案，联合市财政引导资金发起设立50亿元规模的无锡产业升级基金，加大对无锡企业的投资力度。牵头推进无锡平台公司组建和后续合作对接，配合百亿规模华虹集成电路项目落地，服务无锡产业转型升级。

（宛严超）

【推动实业转型升级】 年内,国联集团围绕智能化、绿色化、服务化、高端化和提质、增量、增效的要求,优化产业布局,推动实业转型升级。华光锅炉股份有限公司会同世界500强企业江森自控等,合作拓展建筑节能市场。无锡一棉投资有限公司加快智能化、信息化改造升级,投资1亿元完成长江车间主体6万纱锭智能化改造,提升装备水平;响应国家“一带一路”倡议,积极“走出去”,在埃塞俄比亚投资2.2亿美元设立纺织生产基地,推进产能扩大和转移提升。国联物资投资有限公司加强国际合作,与世界500强企业普洛斯股份有限公司合作,投资2.4亿元共建物流园,开发建设以食品、药品等冷链物流为主的城市配送基地,12月18日,项目开工奠基。中设国联无锡新能源发展有限公司稳步推进分布式光伏电站建设,全年完成光伏电站建设规模142兆瓦,并网115兆瓦。国联科陆无锡新动力有限公司开拓新能源汽车运营市场,至年末,在无锡市区投入运营新能源汽车134辆,建设充电桩632台,实现无锡城区全覆盖。做好中民无锡养老服务中心项目前期工作,开拓健康养老产业。

(宛严超)

【服务地方经济社会发展】 年内,国联集团发挥平台功能和作用,提升对无锡经济社会发展的贡献度。做好综合金融服务,国联证券股份有限公司深入开展“走进上市公司”活动,有效对接企业需求,完成无锡地区项目合计14单,帮助企业募集资金45亿余元,并服务3家无锡企业“新三板”挂牌,签约无锡地区6个IPO辅导项目。江苏资产管理有限公司发挥专业优势,全年化解不良资产165亿元;联合中小企业担保有限公司新增对无锡科技中小微企业担保21.35亿元,全力拓展“锡信贷”等普惠金融业务,“锡信贷”发放金额和笔数均位居全市首位。无锡产权交易所继续实施服务费优惠,累计让利1200万元。国联人寿保险股份有限公司与无锡第八人民医院合作上线医疗直付项目,在行业内首个实现完全线上理赔的快捷功能,服务社会民生。履行国企社会责任,保障下属热电企业、垃圾电厂运行,全年供蒸汽572万吨、处置生活垃圾53万吨;做好相关固废处置项目建设,助力“魅力无锡”建设。

(宛严超)

【提升党建工作成效】 年内,国联集团履行全面从严治党责任,发挥党的领导核心和政治核心作用,从严从实抓好党的政治、思想、组织、作风、纪律建设,提升集团党建工作水平。提高政治站位,常态化制度化推进“两学一做”学习教育,把“喜迎十九大、学习十九大精神”作为做好全年党建工作的首要政治任务,用十九大精神和习近平新时代中国特色社会主义思想武装头脑并指引集团各项工作开展。落实党风廉洁自律责任制,开展“连心富民、联企强市”大走访,推动集团各级党员干部改进工作作风,更加紧密联系职工群众。完善制度体系,注重廉洁教育,严肃执纪问责,建立整改挂号销号制度,推进问题整改,构筑保障集团改革创新发展的制度体系和廉洁防线。建立集团和子企业两级爱心基金帮扶体系和领导干部挂钩联系困难职工家庭机制,实现集团与子企业全覆盖,扩大帮扶范围,提高帮扶标准。按照“数字化、立体化、融合化”要求,打造集团数字报、微信公众号和网站等数字宣传媒体群,加强对外宣传和信息报送,提升集团对外品牌影响力。

(宛严超)

【创新提升内部管理】 年内,国联集团加强人才队伍建设,编制2018~2020年人才规划,重点打造财务、法务、风控、审计和人力资源等五条线的高素质专业化人才队伍,增强国联集团人才竞争优势。加强投资工作统筹管理和有效协同,更新产业投资导向,优化完善投资评审流程,加强项目立项环节审核和评审管理,做好项目投后跟踪与管理,提高投资管理成效。加强风险管控,控制子企业负债规模,推动子企业应收账款清收,有效降杠杆,完善风控委工作机制,统筹推动风险项目处置,提高风险应对处置能力。修订完善采购招标管理制度,上线招投标管理信息系统,加强项目信息发布和招标代理机构选聘管理,提升招投标管理能力和工作效率。完成国联集团法律中介服务机构重新选聘,完善法务工作体系,提升法务工作水平。加强安全生产管理,加强安全检查和隐患排查,确保集团安全稳定运行。提高基础管理标准化、规范化水平,集团档案工作顺利通过江苏省四星级规范化评测,财务管理获全国国有企业财务管理创新成果一等奖。

(宛严超)

编辑 胡 慧

综 述

【概况】 2017年，无锡市精神文明建设工作全面贯彻中共十八届五中、六中全会和中共十九大精神，深入落实全省、全市宣传部部长会议部署，坚持以培育和践行社会主义核心价值观为根本，着力加强思想道德建设，深化群众性精神文明创建活动，推进未成年人教育实践和志愿服务活动，提高市民文明素质和社会文明程度，为建设“强富美高”新无锡和全国文明城市群凝聚强大精神力量。年内，无锡市文明办被评为2016年度全省精神文明建设信息工作先进单位。

（彭炳乾）

【开展文明行为立法工作】 2017年，全市精神文明建设工作贯彻市委常委会部署要求，专门成立《无锡市文明行为促进条例》立法工作领导小组，主持推进立法工作。专题召开立法部署会，明确立法要求、方向和标准。赴厦门、杭州等地进行专题调研，学习、了解其他城市立法经验、立法历程和立法思路。会同市人大法工委、教科文卫工委、市法制办等部门起草《无锡市文明行为促进条例（草稿）》，并先后5次召开讨论会，广泛听取和征求意见，7次修改草稿。12月5日，无锡市第十六届人大常委会第五次会议将《无锡市文明行为促进条例》列入《无锡市人大常委会2018年度立法计划（草案）》。此项工作在全省领先。

（彭炳乾）

【首创成功全国文明城市群】 围绕无锡市第13次党代会提出的“建成全国文明城市群”目标，2017年，全市坚持全域创建，统筹调度，协调市、市（县）二级联创，加大对提名城市江阴市、宜兴市的创建指导力度，在组织架构搭建、测评体系分解、创建举措细化、创建成效预评等方面进行具体指导，实现城乡文明的共建共享。经过全市上下共同努力，年内，无锡市蝉联“全国文明城市”称号，江阴市、宜兴市双双创建成为全国文明城市，无锡创建成功首个全国文明城市群，实现全市文明城市创建工作的重大突破。充分发挥宣传阵地作用，全市报纸刊载公益广告1000多个整版，电台（电视台）播放近15000分钟，短信发送超500万条，建筑工地围挡刊登18万平方米文明创建宣传标语，以浓厚的宣传氛围提升群众知晓率、社会参与度和创建影响力。常态化实施城区文明指数季度测评，建立健全创建工作“五大函告”通报机制，强力推进市容环境整治、交通秩序规范、文化环境净化等十大攻坚专项行动。在江苏省精神文明建设指导委员会（简称“文明委”）组织的2016年度全省社会文明程度指数测评中，无锡市以90.66分的高分位列各设区市第一。

（彭炳乾）

【群众性精神文明建设成果丰硕】 2017年，全市持续做好文明旅游工作，加强文明旅游的宣传引导，大力整治旅游市场秩序，游客对无锡的满意度在全省名列前茅。持续开展“传家训、立家规、扬家风”主题活动，广泛开展“我们的节日”主题活动。结合全年各节点组织“笑语欢歌进社区”大型公益活动15场，参与群众超过3万人次，切实以优秀传统文化和文明宣传教育践行社会主义核心价值观。大力推进文明家庭建设，以家庭的“小气候”温润社会的“大气候”，推动形成社会主义家庭文明新风尚。积极组织、层层选拔优秀队伍参加“江苏邮政杯”全省广场舞大赛，无锡市获得大赛优秀组织奖。深化诚信制度化建设，不断加大建设力度，发挥好诚信“红黑榜”发布制度作用，“诚信文化”意识深入人心。

（彭炳乾）

【志愿服务活动成效彰显】 无锡市持续开展志愿服务活动，志愿服务品牌彰显出多元化。至2017年，已连续三年开展“崇德乐善”一月一主题公益活动，累计开展各类志愿服务活动达1.2万场次，参与志愿者达30余万人次，受益市民超100万人次。连续四年开展“传递无锡爱 情暖回乡路”关爱外来务工人员志愿服务活动。连续七年开展每月一次志愿者学雷锋志愿服务广场活动，年受益人群近2万人次。

（彭炳乾）

【网站信息工作争先进位】 围绕培育和践行社会主义核心价值观，立足建设社会文明程度高的新无锡和更高水平的全国文明城市，2017年，市文明办深入开展调查研究，扎实做好信息报送工作。《江苏无锡：大力开展“一月一主题”公益活动》在中宣部部刊《宣传工作》刊发。江苏省文明办简报《江苏精神文明建设简报》共刊发《无锡市发挥模范引领作用 构筑道德能量场》《无锡市五措并举推进精神文明建设》《无锡市扎实推进文明礼仪养成教育》等经验材料15篇，数量位居全省第一。围绕文明城市创建、公民道德建设等重点工作，“无锡文明网”全年编发《宣传工作提示》20期，制作专题15个，发布信息3200余篇，组织原创评论64篇，向“中国文明网”推荐并录用稿件300条（其中，首页录用38条）。加强“江苏文明网”无锡频道发稿工作，全年编发图文信息7000余条，发稿、用稿量列全省第二。“文明无锡”微信公众号全年制作220余期专刊，集中宣传全市创建工作重点信息，点击阅读量达80余万次。做好每季度“无锡好人”事迹宣传展示、投票评选工作。结合《无锡市文明行为促进条例》立法工作，通过“文明无锡”微信公众号、官方微博、电子邮箱、信件等，开展文明城市创建“金点子”征集活动，共收到各类“金点子”500多个。

（彭炳乾）

创建工作

【基础创建活动蓬勃开展】 2017年，无锡市建立省级文明单位社会责任报告发布制度，全市260多家省级文明单位完成社会责任报告初审和评价。年内，市公安局、中船重工702所、海澜集团、无锡海关等8家单位获评全国文明单位，宜兴市和桥镇、江阴市璜土镇璜土村、锡山区东港镇山联村等6个镇、村获评全国文明村镇，惠山区阳山村、江阴市山泉村、宜兴市美栖村3个乡村当选江苏省“最美乡村”。深化文明家庭创建，注重将家庭建设与家风传承结合起来，编印《无锡惠山祠堂姓氏家训》，广泛开展“传家训、立家规、扬家风”“最美家庭”评选等活动，全市有11个家庭当选全国、全省文明家庭。深化文明校园创建，深入贯彻全国、全省高校思想政治工作会议精神，推动创建工作向各级院校全面覆盖，无锡连元街小学获评全国文明校园。

（彭炳乾）

【10个家庭获评省文明家庭】 1月18日，江苏省文明委表彰首届江苏省文明家庭100个，无锡市王华芳、华楚忠、刘秋成、苏大伟、苏南英、吴协恩、吴成、张纪清、周海江、顾万春10个家庭被评为首届江苏省文明家庭。

（彭炳乾）

【召开文明创建培训会】 7月7日，全市窗口行业“喜迎十九大 助力文明城”文明创建培训会召开，会议通报文明城市实地考察测评情况，就做好窗口迎接检查的氛围部署、窗口秩序、服务水准等工作作说明。市公安局、市交通局等窗口行业，各大公园景区、文博场馆、医院、大型商场超市、三星级以上宾馆、旅行社、各驻锡银行等单位160余人参加培训会。

（彭炳乾）

【开展“金点子”征集活动】 9月~10月，市文明办联合无锡日报社开展“文明城市我献计”征集活动。通过“文明无锡”微信公众号、官方微博、电子邮箱、信件等，征集到各类“金点子”500多个。经评选，评出“十佳金点子”10个、“金点子”10个。

（彭炳乾）

【举行广场舞决赛】 9月19日，2017“喜迎十九大，幸福舞起来”“江苏邮政杯”社区广场舞大赛无锡市决赛举行，在全市500多支团队中选拔出15支广场舞团队参赛，无锡市歌舞剧院艺术培训中心圆梦艺术团获得金奖。10月10~12日，无锡市组织代表队参加江苏省“喜迎十九大，幸福舞起来”广场舞决赛，无锡市获得优秀组织奖，无锡市歌舞剧院艺术培训中心圆梦艺术团、无锡市广场健身舞运动协会广场舞代表队分别获得二等奖、三等奖。

（彭炳乾）

【开展文明城市创建十大攻坚专项行动】 4月开始，全市30多个部门、单位联动开展文明城市创建十大攻坚专项行动，涵盖市容环境整治、基础设施完善、交通秩序规范、文化环境净化、集贸市场改造、食品安全保障、文明旅游促进、背街小巷出新、窗口服务提升、社区文明建设等十大方面，聚焦文明创建工作中的突出问题和工作短板，做到文明创建工作全覆盖。6月，市创建办进一步推进文明城市创建十大攻坚专项行动的开展。7月18日，组织“文明创建十大攻坚专项行动进行时”全媒体直播，无锡广电集团10名主播深入城市各个创建专项第一线，进行10小时现场报道、全景直播，吸引75万人次线上围观。

（彭炳乾）

【开展文明创建系列主题活动】 1月15日，市文明办在滨湖区太湖街道天鹅湖社区开展“我们的节日·春节”活动。1月，市文明办、市宗教局在全市四星级、五星级宗教活动场所，首次开展文明宗教活动场所认定工作，确定祥符禅寺等14家宗教活动场所为第一批文明宗教活动场所。2月11日，市文明办在梁溪区南长街开展“我们的节日·元宵节”活动。2月14日，市文明办组织召开“文明无锡”网络宣传推进会，各区文明办分管领导，部分市级以上文明单位分管负责人，市各有关部门（单位）负责人、信息员，无锡新传媒网、太湖明珠网、二泉网有关负责人参加会议。2月21日，市文明办、市工商局联合开展2016年度无锡市“文明诚信市场”评审。3月7日，市文明办会同市信用办及各相关成员单位对《无锡市税收信用管理办法（草案）》进行商讨，推动形成针对守信、失信行为的联合奖励惩戒机制。4月，市文明办启动第一季度城市文明程度指数测评工作。5月26日，市文明办在梁溪区山北街道仁和社区开展“我们的节日·端午节”活动。6月26日，召开“喜迎十九大，共建文明城”全国文明城市创建工作深化推进会，贯彻落实市委常委会有关精神，全面部署深化文明城市创建任务，通报2016年文明城市省级测评、2017年一季度社会文明程度指数测评以及第5届全国文明城市复查评选有关情况。7月,组织全市各相关文明单位前往徐州各结对村开展省文明委部署的和苏北贫困村"城乡结对 文明共建"活动,无锡近20家文明单位完成和徐州市结对村签约,开展首次结对共建活动。8月7日,召开文明城市创建工作督查点评会,对全市文明城市创建工作进行再动员、再部署。8月27日,市文明办在梁溪区清名桥堍举办"我们的节日·七夕"主题活动,突出情景交融、情境交互和情怀升华,赋予"七夕"节日新内涵。9月15日,市文明办、市公安局、市城管局等部门组织召开"三乱"(乱搭建、乱张贴、乱牵挂)专项整治会议。10月,开展"礼让斑马线,文明在锡城"文明交通活动。12月20~26日,开展第四季度城市文明程度指数测评。

(彭炳乾)

公民道德建设

【选拔树立典型】 2017年,全市公民道德建设坚持把握标准、把握节奏、把握方法,积极选送全国、全省道德模范,共有5人获评全国、全省道德模范。其中,周海江获第6届全国道德模范提名奖,吴协恩、蔡定峰获评第6届江苏省道德模范,姜达敖、朱寿康获省第6届道德模范提名奖。加大"江苏好人""中国好人"选拔、树立、推送力度,全年共有9人(次)获评"中国好人",22人(次)获评"江苏好人",125人(次)获评"无锡好人"。

(彭炳乾)

【关爱礼遇道德模范】 2017年,无锡市文明委专门出台《无锡市帮扶礼遇道德模范实施办法》(以下简称《办法》),明确市级以上道德模范和提名奖获得者、"身边好人"(含"中国好人""江苏好人""无锡好人")、"优秀志愿者"荣誉获得者和"美德少年",作为帮扶礼遇对象,进一步明确帮扶礼遇道德模范、身边好人的实际行动、政策措施和长效机制。《办法》规定,对生活困难、身患重病的道德模范,提供资金、就医、就业等方面帮扶。礼遇方面,邀请道德模范、身边好人、优秀志愿者参与全市性的重大政治活动等。年初,将7位道德模范、身边好人、优秀志愿者和美德少年代表纳入市领导重点走访、慰问对象。组织30名道德模范、身边好人代表在市第二人民医院进行免费体检,着力在全社会树立"为奉献者奉献"和"好人有好报"的价值导向。

(彭炳乾)

【加强道德阵地建设】 2017年,无锡市文明委制定下发《无锡市道德讲堂规范流程》,分类指导社区、村镇、单位、行业等道德讲堂建设,全市建成规范化道德讲堂近1000家。结合省、市精品课程和创新案例评选,市文明办开展为期一年的优秀道德讲堂征集活动,精选75个精品课程和创新案例在江苏省文明网"E德堂"栏目集中宣传展示,数量位居全省第二。与江苏有线无锡分公司合作,在全省第一个打造高清互动云媒体专属频道——"无锡文明频道",开设"文明新闻""志愿服务""道德讲堂""基础创建""美德少年""无锡好人""民声连线""公益广告"等8个板块,全天候播出公民道德教育节目。"中国文明网"总编辑董青等领导分别调研"无锡文明频道"建设工作,并给予充分肯定。

(彭炳乾)

【开展主题宣传活动】 1月20日,市文明办召开2017年全市道德模范、身边好人迎新春座谈会,向省道德模范赠送慰问金,吕顺芳、范跃宁、盛群、陈革新等代表道德模范、身边好人作交流发言。2月7~14日,组织市、县两级主流媒体集中宣传报道姜达敖先进事迹。3月4日,市文明办组织赴宜兴市丁蜀镇曹婉芬家庭,开展以"全国文明家庭的一天"为主题的网络宣传。3月5日,由市委宣传部、市文明办、市文广新局、市文联策划,市锡剧戏迷协会创作、演出的现代家庭文明风尚题材锡剧《柳暗花明》在无锡市人民大会堂首演。4月23日,市市政和园林局、市文明办、市文旅集团主办,市少年宫和锡惠公园承办的第18届无锡市花——杜鹃花节典礼暨"市花小天使"文艺展演在锡惠公园广场举行。7月25日,庆祝建军90周年将军名人书画展开幕式在市图书馆举办,市文明办向市图书馆、"无锡好人"、优秀志愿者代表赠送书法作品。7月26日,市文明办、市交通运输局在市图书馆举办"文明行车、我的责任"道德讲堂活动。9月11日,"无锡文明频道"开播仪式在江苏有线网络公司无锡分公司举办。

(彭炳乾)

志愿者活动

【概况】 2017年,市文明办组织中共十九大会议精神宣讲志愿者专场活动,深入惠泉山社区、无锡光华汽车部件集团有限公司等8个社区、企业进行十九大精神宣讲。召开学习贯彻《志愿服务条例》座谈会,推进学雷锋志愿服务工作制度化、常态化。至年底,全市注册志愿者总数达1624618人,占城镇常住人口的32.9%,位居全省第二;有志愿组织4112个,志愿服务活动21016个;全市有全国志愿典型11个,总数连续两年位居全省第一,实现志愿服务"时时可为、处处可为"目标。

(彭炳乾)

【关爱外来务工人员志愿服务活动】 1月13日,无锡市"传递无锡爱 情暖回乡路"关爱外来务工人员志愿服务活动启动。整个活动为期40天,包括春风行动解民忧、应急救援保平安、文明巡访促和谐、热水姜茶献温暖、春联喜帖送祝福、网络购票享便利等志愿服务内容。

(彭炳乾)

【提升志愿服务专业化水平】 2017年9月中旬,世界物联网博览会在无锡举办期间,全市700名志愿者累计服务4万余小时,服务嘉宾8万余人次,赢得海内外嘉宾的纷纷点赞。江苏发展大会无锡乡贤恳谈会期间,无锡志愿者身着统一的"小流苏"服装,通过优质、高效、文明的服务,让200余名返乡嘉宾宾至如归。第二届江苏志愿服务展示交流会期间,无锡突出"4项规定+8项创新"活动贯通全场,线下设立主题展馆,线上建立网上展厅,形成"2天展示交流、363天网上对接"的格局,共刊发、转载稿件200余篇,超过110万名网民在线观看网络直播;无锡市6个项目分别获得金奖、银奖、铜奖,获奖总数居全省之首,得到中央文明办充分肯定。

（彭炳乾）

【志愿服务项目省内领先】 2月28日，中宣部、中央文明办召开全国学雷锋志愿服务工作座谈会，揭晓全国志愿服务“四个100”先进典型，无锡市革命历史宣讲志愿者吴成、锡山地税局“蓝翼”志愿服务队、惠山区洛社镇六龙社区分别获得全国“最美志愿者”“最佳志愿服务组织”和“最美志愿服务社区”称号，入选数居全省第一。3月6日，在中宣部宣教局召开的调研会上，无锡市“环太湖生态文明志愿服务大行动”获邀作交流发言，得到中宣部宣教局高度赞誉，无锡市入选全国“四个100”先进典型数连续两年居全省第一。“四个100”是由中央宣传部、中央文明办等11个部门组织开展的宣传推选学雷锋志愿服务先进典型活动，宣传推选出100个最美志愿者、100个最佳志愿服务组织、100个最佳志愿服务项目和100个最美志愿服务社区。2012年，无锡市率先倡导“环太湖生态文明志愿服务大行动”，是由江苏省无锡市、苏州市、常州市，浙江省湖州市两省四市共同参与的一项环保志愿活动，经过5年的坚持打造，已发展成为全社会参与、跨区域联动，以志愿服务建设生态文明，用全民公益弘扬核心价值的响亮品牌。2017年4月22日，启动环太湖生态文明志愿服务大行动之“放养生态鱼 洁净太湖水”公益活动，无锡、苏州、常州、湖州志愿者和社会各界爱心人士共250余人参加。该项活动主要从志愿服务培育生态文明理念、实践活动构建生态文明家园、机制建设弘扬全民公益风尚3个方面着力开展志愿服务活动，引导广大市民群众关心生活环境，参与志愿服务，开展环境保护，崇尚低碳生活，以实际行动关爱自然，共享生态文明。

（彭炳乾）

【第2届江苏志愿服务展示交流会】 9月23~24日，第2届江苏志愿服务展示交流会在无锡市新体育中心举办。该届志愿服务展示交流会以“志愿服务，美好你我他”为主题，历时2天，围绕宣传展示、资源对接、体验互动、交流分享、典型表彰等内容，共设14个展区，有451个项目参展，全面展示江苏省及无锡市志愿服务工作的成果。

（彭炳乾）

【开展志愿服务系列活动】 7月6日，由国家旅游局、国家体育总局联合主办的全国体育旅游产业发展大会暨水韵江苏推介活动在无锡举办。市文明办、团市委等部门组织无锡地税、金融系统和无锡职业技术学院、江苏信息职业技术学院的80名志愿者参加大会服务活动。8月26~27日，由市委、市政府主办，国家“千人计划”专家联谊会协办的2017高层次人才创新创业无锡交流大会召开，全市81名志愿者参与大会服务保障活动。9月10~13日，市文明办组织700名志愿者参与2017世界物联网博览会志愿服务活动，服务时间4万余小时。11月30日，市文明办举办中共十九大精神志愿者专场宣讲，市委讲师团副团长孟菲对十九大精神作全面深入解读。12月20日，市文明办举办“构筑志愿公益高地、汇聚崇德向善力量”志愿主题摄影展，以“崇德乐善”一月一主题公益活动为主线，围绕关爱他人、关爱社会、关爱自然、邻里守望等主题，展现12个月主题公益活动成果。12月23日，市文明办联合市级机关工委、团市委、无锡日报社以及无锡字里行间书店举行关爱礼遇先进典型活动。

（彭炳乾）

未成年人思想道德建设

【推进主题实践活动】 2017年，市文明办组织开展“缤纷的冬日”寒假系列活动，举办冬令营启动仪式，公布寒假分项活动1000余项，涵盖主题教育、文明礼仪、社会实践、关爱帮扶、文体艺术、节日民俗等内容，吸引全市80余万名未成年人参与。广泛开展“开学第一课”活动，引入元宵佳节、文明礼仪、学习雷锋等主题元素，促进未成年人崇德向善、健康成长。清明节祭英烈实施网上缅怀和网下实践同步进行，将祭扫凭吊、志愿服务、家风家训主题教育等相结合，传承中华传统美德，培育美好心灵。组织开展第4届无锡市美德少年评选，评选出100名市级“美德少年”、10名“美德少年标兵”，其中，8名学生获江苏省“百名美德少年”称号，1名学生获江苏省“十大美德少年标兵”称号。围绕“放飞心灵 点亮风采”主题，举办第8届无锡市未成年人心理健康服务月，组织亲子朗诵、未成年人心理健康服务培训班等特色活动，积极开展学习和争做美德少年、童心向党歌咏、向国旗敬礼活动。举办“童真里的色彩”儿童画创作大赛，得到广大未成年人、家长、教师、社会各界的积极响应和踊跃参与，至12月，共收到全市208所中小学、幼儿园书画爱好者提交的参赛作品5397件，1377件绘画作品获奖。无锡市报送的儿童画作品在江苏儿童画创作大赛中，获得特等奖1个，一等奖3个，二等奖7个，三等奖11个，优秀奖若干个，无锡市获优秀组织奖。

（彭炳乾）

【做好文明礼仪养成工作】 2017年，市文明办举办无锡市第5届“文明风尚好少年”全媒体选拔大赛，利用广播、电视、报纸、网络、新媒体等全媒体融合方式进行评选活动宣传和全程报道，评出无锡市“文明风尚好少年”10名。在青山高级中学举办江苏省青少年“四仪”(7岁入学仪式、10岁成长仪式、14岁青春仪式、18岁成人仪式）服饰展示暨无锡市中学生18岁成人仪式示范观摩活动，通过观看成长相册与主题视频、教师家长寄语与祝福、成人宣誓、赠送成长礼物、穿越成人门等环节，让学生们懂得关爱与感恩，理解责任与担当，树立目标与志向。组织未成年人文明礼仪养成教育“四仪”创新案例征集评选活动，推荐8个优秀案例参加省级评选。在镇江建设江苏省文明礼仪养成教育成果展无锡展示馆，通过图片展示、视频播放以及现场互动项目等方式，全面展示近年来无锡市“八礼四仪”(八礼：仪表之礼、餐饮之礼、言谈之礼、待人之礼、行走之礼、观赏之礼、游览之礼、仪式之礼）养成教育成果。通过不断优化提升东林书院“明礼堂”、少儿悦读e站等校外文明礼仪实践阵地，弘扬传承中华优秀传统文化，引导未成年人崇德向善、崇尚文明。

（彭炳乾）

【营造良好社会文化环境】 2017年，市文明办命名并授牌92家基地为无锡市“行知大学堂”——中小学生社会实践基地，制作发放“行知大学堂”手绘电子地图1万余册，新增5所省级专项彩票公益金资助乡村学校少年宫项目。召开净化舆论环境专项整治工作座谈会。联合市关工委举办全市基层关工委干部培训班，召开市关工委成立25周年纪念大会，营造全社会共同关心、关爱未成年人的良好风尚。围绕“快乐成长 放飞梦想”主题，举办无锡市第7届少儿文化艺术节，组织10项生动活泼、孩子们乐于参与的文艺演出展示和主题实践活动。举办无锡市青少年弘扬社会主义核心价值观情景剧大赛，推选优秀作品参加全省青少年弘扬社会主义核心价值观情景剧总决赛，无锡代表队获得一等奖1个、二等奖1个。开展童心向党“童声里的中国·成长的歌谣”创作大赛暨无锡市优秀童谣和校园歌曲征集活动，共收到1700多首参赛作品，无锡推送参加江苏省少儿歌谣大赛的作品获得二等奖1个，三等奖1个，优秀奖5个。

（彭炳乾）

【第8届未成年人心理健康服务月】 5月13日，无锡市第8届未成年人心理健康服务月启动仪式在万象城举行。此次活动由市委宣传部、市文明办、市文广新局、市教育局、团市委等部门联合开展，以“传承经典、爱润心灵”为主题，设有亲子朗诵微视频比赛、未成年人心理健康服务培训班、团体辅导、专题讲座、心理健康沙龙、公益咨询等活动。启动仪式上，进行亲子诵读微视频比赛获奖家庭代表颁奖和“太阳花开”心理辅导站硕放实验小学、万象亲子俱乐部分站授牌活动。亲子诵读微视频比赛共收到1000余组家庭投稿，共计10万余名网民参与投票评选。“太阳花开”心理辅导站分站从成立之初的13个增加到28个，成为未成年人心理健康服务网络的支撑点。

（彭炳乾）

第6届无锡市少儿锡剧邀请赛比赛现场　（彭炳乾　供稿）

【第7届无锡市少儿文化艺术节】 12月15日，第7届无锡市少儿文化艺术节闭幕式暨第6届无锡市“小小红梅奖”少儿锡剧邀请赛在无锡广电音乐厅举行。该届艺术节以“快乐成长 放飞梦想”为主题，策划举办丰富多彩的才艺表演、比赛展览和主题实践活动。在历时8个月的时间里，3万多名小朋友用甜美的歌声、欢快的舞蹈、有趣的表演和彩色的画笔，彰显无锡市青少年学生的精神风貌与艺术风采。为让更多的观众了解锡剧、走近锡剧，少儿锡剧邀请赛比赛现场采用“智慧无锡APP”进行全程新媒体直播，并邀请锡剧艺术爱好者与无锡市锡剧院副院长蔡瑜全程主持、点评，与场外观众互动，热爱锡剧的网民约96000人通过“智慧无锡APP”网络视频观看比赛，参与互动。32支参赛队伍的300多名选手参与少儿锡剧邀请赛演出，最终，江阴利港实验小学《沙家浜》选段“奔袭”、无锡市甘露学校《军民鱼水情》等10个节目获金奖，无锡市第一女子中学《双珠凤·枝头鸟儿》、宜兴市徐舍小学《沙家浜》选段“祖国的好山河寸土不让”等10个节目获银奖，无锡市羊尖实验小学《对花枪》、无锡市雪浪中心幼儿园《玉蜻蜓·看龙船》等12个节目获铜奖，大赛还评出最佳演唱奖、最佳表演奖、新人奖和创作奖若干个。

（彭炳乾）

编辑　胡　慧

科学技术

综述

【概况】 2017年，全市科技系统实施创新驱动核心战略，着力抓好创新政策供给、创新主体培育、平台载体建设、科技成果转化等关键环节，不断增强科技创新对经济社会发展的支撑和引领作用，为推动全市地区生产总值成功突破万亿元、加快建设“强富美高”新无锡贡献科技力量。全市科技进步贡献率达63.8%，连续三年位居全省第一；全社会研发费用占地区生产总值比重达2.83%，位居全省第二；获2017年国家科技奖励10项、第19届中国专利奖8项，位居国内同类城市第一方阵；万人发明专利拥有量达35.1件；“神威·太湖之光”实现全球超级计算机500强榜单四连冠，其应用成果蝉联“戈登·贝尔奖”。

(吕华伟)

【强化科技创新政策供给】 2017年，无锡市制定出台《关于加快实施创新驱动核心战略的若干政策措施》《关于加快知识产权强市建设的若干政策措施》《关于深化“太湖人才计划”的若干意见》等一系列政策文件，激发和调动全市创新创业活力。紧扣全市科技创新发展中的薄弱环节和瓶颈制约，出台的创新政策“30条”，力度大，亮点多，含金量高，为推动科技创新与制度创新、协同发挥作用奠定坚实基础。联合相关部门做好企业研发费用加计扣除、高新技术企业所得税优惠等各项扶持政策的落实工作，全市3219家企业享受科技税收减免，减免额54.34亿元，分别比上年增长20.9%、21.6%。

(吕华伟)

【培育创新型企业集群】 2017年，无锡市深入实施创新型企业培育计划和科技企业“小升高”计划，打造以创新型领军企业、高新技术企业、民营科技企业为骨干的创新梯队。全年组织申报高新技术企业736家，获认定530家，全市有效期内高新技术企业达1665家，300家企业进入省高新技术企业培育库。获认定省民营科技企业459家、省高新技术产品1165项，17家企业列入2017省科技企业上市培育计划后备库，12家企业入选2017江苏省创新型企业100强。

(吕华伟)

【苏南国家自主创新示范区建设稳步推进】 《无锡2017年苏南国家自主创新示范区工作要点》发布，对列入国家苏南自主创新示范区规划的28个特色园区，按照“一区一战略产业”的定位扎实推进。无锡高新区、江阴高新区在全国高新区评价中实现进位，分列第34、55名。省高新区创新发展综合评价结果公布，无锡高新区、江阴高新区、宜兴环科园分列第5、10、22位，获奖励补助资金6780万元。无锡高新区成功引进中电海康物联网产业基地、英飞凌无锡能力创新中心以及华勤通讯无锡研发中心等重大项目，集成电路重要产业基地的地位得到巩固和提升。江阴高新区打造“1555”产业集群并取得明显进展，初步形成特钢及金属制品、微电子集成电路、机械智能制造、现代生物医药四大主导产业。宜兴环科园聚集1700多家环保设备生产企业、3000多家配套企业和上万名环保技术研发人员，形成全国最大的环保产业集群。

(叶利群)

【加快知识产权强市建设】 2017年，全市专利申请量和授权量分别达52252件和28927件，发明专利申请量和授权量分别达20122件和4826件，万人有效发明专利拥有量达35.1件。专利创造质量稳步提升，2个项目获省专利金奖，7个项目获省专利优秀奖，评出第10届市专利奖20项。无锡(国家)工业设计园入选2017年国家知识产权示范园区，成为全省唯一认定园区。企业专利创造能力进一步提升，全市企业专利申请量和授权量分别占全市专利申请量和授权量的78.60%、79.32%，分别比上年提高1.02个百分点和9.05个百分点。

(吴　琪)

【优化科技计划项目管理】 2017

年，市科技局修订完善《无锡市科技发展资金管理实施细则》《无锡市科技计划项目（奖项）公示办法（试行）》等相关规定，进一步优化科技计划项目评审、公示程序，探索引入第三方强化对科技计划项目及资金的内部监督，实现权力制约与过程管控，推动科技项目管理向规范化、制度化、透明化发展，真正发挥好财政资金“四两拨千斤”的作用。

（吕华伟）

科技计划实施

【向上争取资金 4.53 亿元】 2017 年，无锡市共争取省级以上科技项目 253 项，获国家、省科技经费 4.53 亿元，比上年下降 29.79%。其中，获国家科技经费 0.18 亿元，获省科技经费 4.34 亿元。获省级科技计划经费主要有开发费用奖励资金和省科技成果转化专项资金。

（朱 宏）

【列入省重点研发计划项目 37 项】 2017 年，全市列入江苏省重点研发计划（产业前瞻与共性关键技术）项目 22 项，共获省拨经费 4390 万元。全市列入省重点研发计划（社会发展）项目 15 项，共获省拨经费 1830 万元。其中，无锡高科物联网科技发展有限公司、江阴市公安局、南京大学宜兴环保研究院 3 家单位各承担的 1 个项目（共计 3 项），属获得资助额度为 300 万元的重大科技示范项目；无锡妇幼保健院、江苏艾尔康生物医药科技有限公司各承担的 1 个项目（共计 2 项），属获得资助额度为 200 万元的临床前沿技术项目。

（张秋平 赵雪倩）

【列入省自然科学基金项目 83 项】 2017 年，全市列入江苏省自然科学基金项目 83 项，共获省拨经费 1489 万元。

（赵雪倩）

【两家研究院获省立项支持】 2017 年，惠山区哈尔滨工业大学无锡新材料研究院和南京航空航天大学无锡研究院获省科技厅 1000 万元立项支持。集聚专业特色。研究院建设凸显一镇（街道）一院一产业品牌特色，哈工大无锡研究院与玉祁街道共建，围绕新材料产业发展，在材料

2017 年，无锡市产学研合作科技成果洽谈会签约现场 （市科技局 供稿）

表界面、特种胶接与密封材料等方面开展研究攻关；南航无锡研究院与洛社镇合作，围绕精密制造产业发展，在精密与超精密加工、微纳米加工等方面开展技术研发攻关。开展国际交流合作。哈工大无锡研究院与俄罗斯科学院元素有机所签订合作协议，与波兰西海岸大学建立联合实验室，主办第 3 届中国聚酯薄膜产业技术与市场研讨会、第 4 届全国压敏胶及制品技术交流会；南航无锡研究院与无锡斯达新能源科技股份有限公司共建精密超精密制造联合实验室，与上能电气股份有限公司组建新能源电力电子变换技术联合实验室。服务地方企业发展。研究院建立创新人才课外培育基地，为省市企业培养科技人才，已累计服务省、市企业近 100 多家，与企业签订横向科研合同达 1245 万元。哈工大无锡研究院已孵化科技企业 5 家，南航无锡研究院正在筹建集工作、网络、社交、资源共享于一体的星运家创客空间。

（石秀臣）

【组织实施市级科技专项 286 项】 2017 年，新上市级科技项目 286 项（市本级新上 286 项、匹配新上 0 项）。文件下达 8 批计划项目，其中，新上项目 1 批 286 项，分年度项目 4 批 103 项，匹配项目 1 批 1 项，专利资助项目 2 批，全年安排科技发展专项资金 1.64 亿元。

（朱 宏）

【组织实施市科技发展项目 82 项】 2017 年，全市组织实施市科技发展（产业前瞻性与共性技术）项目 32 项，市拨经费 1600 万元，当年度拨付 960 万元，带动企业投入 2.43 亿元。项目的实施，有效引导企业在物联网、集成电路、智能制造、新材料等重点产业和新兴产业领域加大科技投入，获取自主知识产权，提升核心竞争力，取得良好效益。全市组织实施市科技发展（科技型中小企业创新基金）项目 50 项，市拨经费 1000 万元。

（叶利群 白二飞）

【组织实施市成果转化产业化贷款贴息项目 31 项】 2017 年，全市组织实施市成果转化产业化贷款贴息项目 31 项，项目通过市级贴息 4888.2 万元，带动项目企业自有资金总投入 41599.11 万元，拉动银行项目贷款 107214 万元，带动比达 1:30。开发形成 52 项新产品，申请 101 件发明专利、146 件实用新型专利，新增制定 10 项企业标准、47 项新工艺。新增销售收入 304065 万元，新增利税 64029.6 万元，为全市提升产业核心竞争力、优化产业结构、转变经济增长方式提供重要支撑。

（王春耕）

高新技术产业

【认定高新技术企业 530 家】 2017 年，全市认定高新技术企业 3 批，共

530家。至2017年年底，全市有效期内高新技术企业达1665家。

（虞健勇）

【高新技术产业稳步发展】 2017年，全市实现高新技术产业产值6716.35亿元，比上年增长17.29%，占规模以上工业产值的比重为42.34%。

（朱华章）

【获批国家级特色产业基地达到3个】 2017年，全市新增江阴临港开发区新能源产业园、江阴高新区国家集成电路封测高新技术产业化基地、惠山智能制造物联装备特色产业基地3个国家级特色产业基地。至年底，全市累计获批国家级特色产业基地达24个。

（朱华章）

【生物医药与新医药产业快速发展】 2017年，全市生物医药产业产值610.2亿元，比上年增长12.9%，保持稳定增长势头。一批重大项目顺利开工建设，其中总产能达3万升的药明生物无锡生产基地正式投产，是全球最大的使用一次性反应器的生物药cGMP生产基地，也是国内规模最大的生物制药生产工厂。一批创新企业加快融入资本市场步伐，药明生物在港股上市，阳生生物、迈健生物、贝迪生物等12家企业在“新三板”挂牌，中德美联、博雅干细胞、希瑞生命等3家企业与上市公司资产整合并购金额超过22亿元。海斯凯尔、博慧斯生物、顶点医疗等5家企业分别获得国家与省级创新大赛一等奖，时代天使以第一完成单位获2017年江苏省科学技术奖。

（赵雪倩）

东方硅谷创新创业人才计划

【科技创业领军人才企业发展态势良好】 2017年，全市科技创业领军人才企业实现销售收入414.6亿元，比上年增长59.0%；缴纳税收总额23.6亿元，比上年增长50.3%，累计缴纳税收总额68.3亿元；科技创业领军人才企业中正式挂牌“新三板”的企业共30家。8月1日，朗新科技股份有限公司在深圳证券交易所创业板上市交易，成为无锡市首家上市的科技创业领军人才企业。全年年销售收入超亿元的科技创业领军人才企业有29家，比上年增加6家。其中，年销售收入10亿元以上的企业有5家，比上年增加2家；2000万元以上的企业有130家，比上年增加24家；超过1000万元的企业有192家，比上年增加21家。

（倪皎云）

【深入推进“太湖人才计划”】 2017年，全市实施“太湖人才计划”及其升级版，积极组织赴上海、北京等地招才引智。先后开展两批次新兴产业创业领军人才申报工作，全年认定科技创业领军人才项目56个。

（倪皎云）

知识产权

【制定加快知识产权强市建设政策】 9月，市政府正式出台《关于加快知识产权强市建设的若干政策措施》，主要在激发创造、促进运用、强化保护、提升服务和完善管理等方面精准施策。政策措施的出台，有助于推进知识产权强市建设，为加快创新型城市建设和“强富美高”新无锡建设提供有力支撑。

（吴　琪）

【专利创造取得新成绩】 2017年，全市专利申请结构继续优化，发明专利申请量、授权量和企业专利申请量、授权量占比不断提升。全市专利申请量和授权量分别达5.22万件和2.89万件，其中发明专利申请量和发明专利授权量分别达28927件、20122件，分别占总申请量和授权量的39%和17%；万人有效发明专利拥有量达35.10件，比上年增长11.68%，PCT(专利合作协定)申请量376件，比上年增长1.35%；全市企业专利申请量和专利授权量分别占全市专利申请量和授权量的78.60%和79.32%，分别比上年增长1.31%、12.88%。

（吴　琪）

【一批专利项目获奖】 2017年，第19届中国专利奖评选结果揭晓，无锡市法尔胜、江南大学、帝科电子、小天鹅、双良锅炉5家单位的6件专利获得国家发明专利优秀奖，小天鹅、新日电动车2家单位的外观专利获得国家外观设计优秀奖。在江苏省第10届专利奖评选中，无锡市有9件专利获金奖，7件专利获优秀奖，获金奖数居全省第二。组织开展第10届无锡市专利奖评选，评选出5项专利金奖和15项专利优秀奖。这些专利奖对于增强自主创新能力、提升企业自主知识产权的质量和结构起到重要的示范和导向作用。

（吴　琪）

【推进专利质押贷款和保险业务】 2017年，全市积极推动知识产权质押融资工作，有效解决全市中小型科技企业融资难的问题。根据《无锡专利质押贴息实施办法》，继续实施专利质押贷款贴息，通过专利质押贷款企业申报，组织专家评审，共有20个专利权质押贷款贴息项目立项，获财政支持108.32万元。继续开展专利保险工作，为高新技术企业、科技型企业核心专利提供更好的专利保护，通过与中国人财保险公司的多年合作，选择重点企业的核心专利进行保险，办理专利执行险50单，保单保费10万元，保障金额200万元。

（吴　琪）

【无锡工业设计园获批国家知识产权示范园区】 2017年，国家知识产权局确定北京经济技术开发区等8个园区为国家知识产权示范园区，无锡(国家)工业设计园获批国家知识产权示范园区，成为江苏省内唯一一个入选园区。

（吴　琪）

【江南大学知识产权工作成效明显】 2017年，江南大学知识产权各项工作成效突出，呈现三大特点。数量多。至11月，江南大学累计申请专利23600多件，其中发明专利申请11200多件；累计取得专利授权12715件，其中发明专利3800多件；累计申请国际专利300多件，国际专利授权65件。质量高。江南大学累计获得中国专利金奖2项、优秀奖8项，获省专利金奖2项、优秀奖2项，获省发明奖1项。江南大学发明专利总申请数、总授权数分列全省高校前3位，全国高校前20位；在2016年中国高校专利奖排行榜100强中，江南大学排名第17位。转化快。2017年许可、转让专利177件，合同金额达1073万元，专利技术的转化实施率为16.1%，专利转让的经费额度平均为6.06万元/件。

2008~2015年,江南大学的专利技术转让许可合同备案量连续多年综合排名为全国高校第四位。

(吴 琪)

【加强知识产权执法工作】 2017年,全市知识产权执法维权“护航”专项执法检查54次,其中联合执法10次,检查流通领域卖场101家次,检查商品7000余件。假冒专利立案量784件,结案率达100%,行政处罚6件。全市专利侵权纠纷案立案50件,比上年增长61.3%,结案51件,结案率100%。开展针对电商平台的“闪电”行动执法检查29次,检查商品超过200批次,涉及小家电、五金电工、日用品、健身器材等,查获涉嫌假冒专利商品种类39个,立案查处24个。

(吴伟新)

【扩大“正版正货”工作覆盖面】 2017年,全市共有35家商贸流通领域单位先后列入无锡市级“正版正货”推进计划培育,12家单位列入省级“正版正货”示范创建街区(商城),230家企业获批成为省“正版正货”承诺企业,承诺企业数量列全省第一。无锡苏宁云商销售有限公司被批准为第4批国家级知识产权保护规范化市场培育单位,无锡广益家居城获批第2批国家级知识产权保护规范化市场。至年底,全市共有3家市场被确定为国家知识产权保护规范化培育市场,居全省前列。

(吴伟新)

【加强知识产权人才队伍建设】 2017年,全市举办知识产权工程师培训班,414人参加网络学习,400人参加面授培训,培训合格384人。至2017年年底,累计参加知识产权工程师培训的人数达到3801人,其中培训合格3563人,培训人数和合格人数列全省第一。举办无锡外向型企业海外知识产权风险防控专题培训,近150位来自生物医药领域相关企业、在锡高校及科研院所,有境外专利布局的高新技术企业、上市(培育)企业的代表参加培训。分别围绕生物医药领域企业专利布局和专利挖掘以及电动车产业的设计创新等知识产权保护主题,开展知识产权沙龙活动,近30家企业负责人参加交流探讨。2017年,新评定知识产权中级职称13人,高级职称6人,累计评定知识产权初级职称86人,中级职称77人,高级职称20人。

(吴伟新)

科技管理

【国家级众创空间达15家】 2017年,全市共有创客联盟团、宜兴麦客加、芒种、恒客、源清聚力、希沃咖啡、云蝠、NPLUS等8家众创空间,这些企业模式新颖、服务专业、运营良好,被科技部评为国家级众创空间。至年底,全市共有认定的众创空间市级36家、省级36家、国家级15家,惠山智能精密制造众创社区和高新区物联网众创社区成为首批江苏省众创社区备案试点单位。

(万 磊)

【工程技术研究中心突破1200家】 2017年,全市新认定市级工程技术研究中心66家;获省科技厅新认定省级工程技术研究中心22家,新认定数仅次于苏州,列全省第二。至年底,无锡市市级以上工程技术研究中心累计达1244家,其中,省级工程技术研究中心520家,国家级工程技术研究中心6家。

(万 磊)

【江南大学科技园获批首家国家专业化众创空间】 2017年,江南大学科技园的健康食品专业化众创空间入围第2批国家专业化众创空间示范名单,成为全国健康食品产业领域唯一的国家专业化众创空间,也是江苏省首批获此荣誉的5家单位之一。健康食品专业化众创空间依托江南大学在食品科学与工程、轻工技术与工程方面的优势资源,强化战略合作与协同创新,构建基于“成果储备—产品开发—企业孵化—品牌运营—市场推广”全产业链的“双创”支撑体系,为健康食品产业领域初创企业提供精准化的“双创”服务。

(石秀臣)

【科技企业孵化器绩效评价结果优秀】 2017年,科技部火炬中心公布2016年度863家国家级科技企业孵化器考核结果,无锡市20家国家级科技企业孵化器通过网上申报、专家评审、科学计算等程序参加科技部火炬中心的考核评价。其中,无锡软件产业发展有限公司、无锡惠山新城生命科技产业发展有限公司、无锡留学人员创业园发展有限公司、无锡力合科技孵化器有限公司、无锡高新科技创业发展有限公司5家单位被评为优秀(A类);无锡惠山高新技术创业服务中心、无锡惠山软件产业发展有限公司、江阴百桥国际生物科技孵化园有限公司等9家单位被评为良好(B类)。江苏省科技厅公布2016年度430家省级以上科技企业孵化器和22家自愿参评省级以上大学科技园的考核结果,无锡市46家省级以上科技企业孵化器和2家大学科技园通过网上填报、形式审查、专家评审、数据计算等严格程序参加考核评价。其中,无锡惠山高新技术创业服务中心、宜兴留学人员创业园有限公司、无锡软件产业发展有限公司、无锡惠山新城生命科技产业发展有限公司、无锡锡山科技创业园有限公司、江阴百桥国际生物科技孵化园有限公司6家单位被评为优秀(A类);无锡市北创科技创业园有限公司、江南大学国家大学科技园等18家单位被评为良好(B类)。2017年,全市新增省科技企业孵化器1家,省科技企业加速器2家,省“苗圃—孵化器—加速器”科技创业孵化链条建设试点单位1家。

(朱 莹)

【省重点实验室创新能力提升】 在2017年江苏省重点实验室绩效评估中,无锡市有1家单位被评为优秀,6家单位被评为良好。3年来,无锡市省重点实验室在科研产出、人才培养和引进、承担国家科研任务等方面为全市创新发展提供新动能。获得省部级以上科技奖项55项,发表高质量论文276篇,其中被SCI(科学引文索引)收录27篇、被EI(工程索引)收录25篇,获得发明专利和实用新型专利授权近200件。新增“千人计划”“国家百千万人才工程”专家各1名,培养“青年千人”“省双创人才”、省杰出青年各1名。承担国家、省(部)级科研项目54项,702所省绿色船舶技术重点实验室系列化水动力节能装置成果达到国际先进水平,江南大学省食品先进制造装备技术重点实验室提升了中国食品装备技术的国际竞争力。

(石秀臣)

科技服务

【科技服务助力企业创新创造】 2017年，全市完成549项市级科技发展资金项目、305家高新技术企业、531个省高新技术产品、330家高新技术企业培育入库、224项市科技进步奖和腾飞奖项目的受理、审核、推荐等相关工作。做好对559项上年度在研项目和493项本年度在研项目的跟踪检查，围绕科技政策宣传和咨询，服务企业近千家，助力企业科技创新创造。

(姚　刚)

【科技金融助推企业发展】 2017年，全市做好科技型中小企业风险补偿贷款备案入库企业的申报、受理和组织评审等工作，累计入库企业达821家。开展科技金融服务，审核、确认"锡科贷"项目444项，合计贷款金额为13.56亿元。受理审核"苏科贷"项目88项，批准备案62项，备案金额为3.89亿元。

(姚　刚)

【做好知识产权服务工作】 2017年，全市受理并审核市级专利资助25888件。做好维权援助与举报投诉等日常工作，全年共接到举报投诉案件108件，立案108件。开展知识产权宣传，提高社会公众的知识产权保护意识。加强对维权援助中心分支机构的业务指导和培训，不断提高分支机构知识产权服务能力和服务意识。

(姚　刚)

【技术市场平稳健康发展】 2017年，全市认定技术合同成交额约16.32亿元，成交项数1214项，比上年增长13.14%，保持平稳健康发展态势。电子信息领域技术交易遥遥领先于其他各类技术领域，技术合同成交额达7.68亿元，成交项目530项，约占全市技术合同成交额的47%。据统计分析，研发类项目中增长较快的技术领域有生物医药类成交额约3.27亿元，比上年增长28.94%；光机电一体化类成交额约1.02亿元，比上年增长65.42%；航空航天技术类成交额0.18亿元，比上年增长47.75%。

(刘雅梅)

第14届中国(无锡)国际设计博览会开幕式现场　(市科技局　供稿)

科技活动

【第14届中国(无锡)国际设计博览会】 9月21~24日，由国家知识产权局、科技部、江苏省人民政府联合主办，中国工业设计协会、江苏省科学技术厅、江苏省知识产权局和无锡市人民政府等共同承办的第14届中国(无锡)国际设计博览会在无锡举办。该届博览会沿用"创新改变生活，设计成就未来"的经典主题。9月21日举行开幕式，开幕式由无锡市副市长高亚光主持，国家相关部委、部分省市科技和知识产权系统以及设计协会的领导，海内外国际设计领域的专家学者、企业、高校、设计界人士，无锡市各市(县)、区和相关部门负责人以及中央、省、市新闻媒体人员参加开幕式。本届博览会设三大主题展馆，总展出面积达23400平方米，全面展示设计产业与经济社会各个领域深度融合的创新成果。共有200多家院校、企业、设计机构亮相，其中海外参展机构近30家，参展作品超过1万件，集中体现"设计与科技、设计与产业、设计与生活"交融发展的新潮流。9月22日，举办第6届"太湖奖"颁奖暨设计之夜活动，经过预审、初评、复评等多个环节评选，长虹C5F系列100吋激光电视获设计大赛产品组特等奖，由上海视觉艺术学院学生团队设计的ZEEN电古筝获创意组特等奖，另有85件作品分别获得一等奖、二等奖、三等奖，奖金总额累计155万元。同时，举办2017国际人工智能与工业设计趋势论坛，相关专家充分探讨人工智能等前沿科技给设计业带来的改变以及此次变革中政府在促进科技与设计产业融合发展方面的思考。

(倪程赟)

【产学研合作科技成果洽谈会】 8月27日，由市政府主办、市科技局承办的无锡市产学研合作科技成果对接洽谈会召开，省、市有关领导以及相关高校、科研院所、企业负责人应邀出席，市人才领导小组成员单位负责人、各市(县)区政府负责人、市科技局和各市(县)区科技部门负责人、在锡科研院所负责人、无锡产学研研发机构主要负责人、创新型企业代表等300余人参加会议。会上，中国科学院院士徐建中、江南大学校长陈坚、东南大学副校长吴刚、中船702所所长何春荣、清华大学无锡应用技术研究院院长郑永平、江苏法尔胜泓昇集团有限公司副总裁刘礼华、江苏俊知光电通信有限公司首席技术官刘湘荣7位嘉宾作了主题演讲。会上，还举行省级"南京航空航天大学无锡研究院"和"哈尔滨工业大学无锡新材料研究院"，以及"海洋装备及船舶设计数字仿真应用研发中心"和"航空发动机数控系统联合仿真实验室"揭牌仪式，在前期对接洽谈和推荐筛选的基础上，组织41项产学研合作项目进行集中签约，签约资金达1.28亿元。

(王爱芬)

【无锡创客大会】 12月12日,“创新·变革·驱动力”——2017无锡年度创客大会暨苏南全球创客大赛在无锡君来世尊酒店举行。创客大会由江苏省科技厅、无锡市人民政府指导,由无锡市科技局、无锡国家高新技术产业开发区管理委员会主办,由无锡众创空间协会、无锡高新区科技创业促进中心承办。国内一线嘉宾、百余位投资人和近800位创投界人士汇聚一堂。高峰论坛聚焦产业升级与科技创新议题,分别有北京大学汇丰商学院院长海闻分享“新时代的产业机遇”,飞马旅联席董事长杨振宇分享“天使投资与早期孵化的一体化战略”,松禾资本董事长兼总经理罗飞分享“产业创新与中美协调”,海邦人才基金创始合伙人梁刚分享“技术创新的国际视野和全球眼光”。创客大赛入围项目体现苏南的创新力和科技水平,有“卡睿尔”智慧物流、视觉引导机器人、工业装备物联网整体解决方案、线缆外观检测技术、东富达表面缺陷检测等互联网/物联网+智能制造项目,有智伴机器人、C端AR设备等“人工智能+大数据”项目,有石墨烯在润滑油方面的应用、LCD生产用光刻胶及产业化、高效厌氧技术环保应用、污泥/淤泥原位固化、太阳能自循环生态厕所等新材料、环保项目。在消费升级领域有运动场馆生态体系、荦君肉干铺、戴可思婴儿护理、邂逅·熟醉蟹等,在生物医药领域有抗癌新药EGFR抑制剂研发,在互联网和企业服务领域有基于国家电网的供应链服务、移动互联网企业信息化管理系统、共享房屋、设计类考研教育服务平台、晟能售电综合能源服务等项目。此外,还有量具中的“潜水艇”“坐响”3D打印艺术品牌、传统食品工业粉—保鲜米粉等创新项目。经过14位评委打分和80位投资人投票评选,智伴机器人、第三代抗癌新药EGFR抑制剂项目的研发和量具中的“潜水艇”3个项目获得苏南全球创客大赛前三名。

(石秀臣)

【参加国家、省创业大赛】 2017年,全市共有超过300个项目报名参加第5届江苏科技创业大赛,其中252个项目通过参赛资格确认,参赛项目比上年增长56.52%。共有33个团队、54家初创型企业和165家成长型企业的创新创业项目参加电子信息、互联网和移动互联网、生物医药、先进制造、新材料、新能源及节能环保等6个行业的无锡地方赛。全市21个优秀项目成功晋级第5届江苏科技创业大赛行业赛,其中,无锡睿思凯科技股份有限公司夺得成长企业组一等奖,江苏博砚电子科技有限公司获得成长企业组二等奖,江苏曲速教育科技有限公司和江苏沛尔膜业股份有限公司获得成长企业组三等奖,无锡源晟动力科技有限公司获得初创企业组三等奖,市科技局获第5届江苏科技创业大赛“优秀组织单位”称号。经省赛选拔,无锡共有11个项目推荐参加第6届国家创新创业大赛,其中,无锡睿思凯科技股份有限公司在电子信息行业赛总决赛中凭借“无线电遥测控制系统”项目获得冠军,无锡源晟动力科技有限公司、江苏碧诺环保科技有限公司、无锡嘉加科技有限公司、江苏博砚电子科技有限公司、无锡斯考尔自动控制设备有限公司、江苏曲速教育科技有限公司6家企业获评优秀企业。

(吉 林)

科技成果

【产学研合作成效明显】 2017年,全市新建“校企联盟”58个,累计“校企联盟”总数达910个。17名专家、教授被认定为2017年江苏省“双创计划”科技副总,有效推进高校院所科技创新资源加速向集聚、向现实生产力转化。

(李海宁)

【获国家科学技术奖10项】 2017年,无锡市共有7个项目列入国家科技进步奖,3个项目列入国家技术发明奖。获奖项目和单位情况见表47。

(李 雯)

【获省科学技术奖20项】 2017年,无锡市共有20个项目获得江苏省科学技术奖。其中,二等奖4项,三等奖16项。获奖项目和单位情况见表48。

(李 雯)

表47　　2017年无锡市获国家科学技术奖情况

奖项	等级	序号	项目名称	完成单位
国家科技进步奖	一等奖	1	“蛟龙”号载人潜水器研发与应用	中船重工七〇二所
	二等奖	1	高速公路警情监测预警与公安交通安全执法关键技术及应用	公安部交通管理科学研究所
		2	两百种重要危害因子单克隆抗体制备及食品安全快速检测技术与应用	江南大学
		3	大型智能化饲料加工装备的创制及产业化	江南大学
		4	提高轻油收率的深度延迟焦化技术	江苏焱鑫科技股份有限公司
		5	压水堆核电站核岛主设备材料技术研究与应用	宝银特种钢管有限公司
		6	气动元件关键共性检测技术及标准体系	无锡气动技术研究所有限公司

续表 47

奖项	等级	序号	项目名称	完成单位
国家技术发明奖	二等奖	1	黄酒绿色酿造关键技术与智能化装备的创制及应用	江南大学
		2	基于高能效纳晶薄膜电极的工业废水电催化深度处理技术及应用	江苏江华水处理设备有限公司
		3	基于微流场反应技术的生物基无毒增塑剂及其衍生物连续绿色制造	江苏雷蒙化工科技有限公司、江苏向阳科技有限公司

（李　雯）

表 48　　2017 年无锡市获省科学技术奖情况

奖项	等级	序号	项目名称	完成单位
省科技进步奖	二等奖	1	新一代自主可控云计算大数据一体机	无锡江南计算技术研究所
		2	特种光纤系列产品集成创新及产业化	法尔胜泓昇集团有限公司、江苏法尔胜光子有限公司、江苏法尔胜光电科技有限公司
		3	基于视觉感知的高速公路行车安全监测预警与执法关键技术及应用	公安部交通管理科学研究所
		4	有机溶剂溴丙烷中毒综合防治体系关键技术的创建及应用	无锡市第八人民医院
省科技进步奖	三等奖	1	基于 MIMO 技术的新一代移动通信天线研发与产业化	江苏亨鑫科技有限公司
		2	基于物联网的环境污染源在线监测与智能管理关键技术及工程应用	江南大学、无锡大禹科技有限公司
		3	无托槽隐形牙颌畸形矫治器	无锡时代天使医疗器械科技有限公司
		4	基于物联网技术的能源计量与监管设备及系统的研发及产业化	无锡市恒通电器有限公司、江南大学、无锡锐泰节能系统科技有限公司
		5	耐腐蚀高温多层复合除尘滤料的加工关键技术与产业化应用	江南大学
		6	节能环保型超临界 CO_2 釜式发泡聚丙烯珠粒的开发	无锡会通轻质材料股份有限公司、江南大学
		7	风电用 Φ600mm 以上超大直径特殊钢连铸圆坯的技术开发及产业化	江阴新澄特种钢铁有限公司
		8	航空航天用高强度均质铝合金巨型环锻件制造技术	无锡派克新材料科技股份有限公司
		9	多种功能高档毛纺面料制备关键技术	江苏阳光股份有限公司、江苏阳光集团有限公司、江苏阳光控股集团有限公司
		10	针织提花装备关键技术研究与产业化	江南大学
		11	多虑采样数据系统辨识理论与方法	江南大学
		12	薄宽带钢高效精密热连轧用高性能轧辊	无锡共昌轧辊股份有限公司
		13	CA6DM 重型柴油机冷试工艺研究及批产应用	一汽解放汽车有限公司无锡柴油机厂

续表 48

奖项	等级	序号	项目名称	完成单位
省科技进步奖	三等奖	14	克氏原螯虾产业化关键技术集成创新与应用	中国水产科学研究院淡水渔业研究中心
		15	酸性敏感受体在骨与关节损伤中的预防和治疗作用及其分子机制研究	无锡市第三人民医院
		16	谷氨酰胺合成酶在胶质活化和胶质瘤发生发展中的作用及机制	无锡市人民医院

（李　雯）

表 49　　2017 年无锡市科技进步奖一等奖、二等奖项目情况

等级	序号	项目名称	完成单位
一等奖	1	高光功率密度 LED 紫光模组研发及在光盘复制中的固化应用	江苏新广联科技股份有限公司、江苏新广联半导体有限公司
	2	大型先进压水堆核电汽轮机 70 英寸等级长叶片制造技术研发及应用	无锡透平叶片有限公司
	3	特深孔地质岩心高效高强钻探机具	无锡钻探工具厂有限公司、中国地质大学（武汉）
	4	肿瘤新生血管 PET 成像关键技术的研究及应用	江苏省原子医学研究所、江南大学附属医院（无锡市第四人民医院）
二等奖	1	风电用 Φ600 毫米以上超大直径特殊钢连铸圆坯的技术开发及产业化	江阴兴澄特种钢铁有限公司、东南大学、南京信息工程大学
	2	新型高品质特种合成纳米级云母制品	江阴市友佳珠光云母有限公司
	3	高光镜面长寿命车灯用精密模具	江苏星科精密模具有限公司
	4	水煤浆（燃烧浆）专用成套设备的研发与应用	江苏秋林特能装备股份有限公司
	5	面向汽车安全的智能轮胎监测器的研发及产业化	江阴市创新气门嘴有限公司、江南大学、江苏博锐格电子科技有限公司
	6	超薄宽带钢热连轧用高性能轧辊关键技术研发与产业化	江苏共昌轧辊股份有限公司、南京工程学院
	7	35 千伏及以下石墨烯复合高半导电屏蔽交联聚乙烯绝缘电力电缆	江苏中超控股股份有限公司
	8	新型高速节能造纸设备	无锡裕力机械有限公司
	9	QC 硅铁烟气能量回收余热锅炉	江苏太湖锅炉股份有限公司
	10	复杂性手外伤患者序贯康复护理模式的构建及临床应用研究	无锡市第九人民医院
	11	跨领域和多任务数据驱动的智能模糊建模技术及其在医疗辅助诊断中的应用	江南大学、无锡职业技术学院
	12	团头鲂绿色高效配合饲料研发与示范推广	中国水产科学研究院淡水渔业研究中心、无锡通威生物科技有限公司、宜兴市水产畜牧站
	13	空调两器自动生产装备	无锡国盛精密模具有限公司、华中科技大学
	14	重型柴油机生产线刀具多维、全周期信息融合与管控技术研究及应用	一汽解放汽车有限公司无锡柴油机厂

续表 49

等级	序号	项目名称	完成单位
二等奖	15	高性能 LED 电源管理驱动集成电路的研发与产业化	无锡矽瑞微电子股份有限公司、江南大学
	16	高性能超临界 CO_2 釜式发泡聚丙烯珠粒的开发	无锡会通轻质材料股份有限公司
	17	大气颗粒物监测激光雷达的研发及产业化	无锡中科光电技术有限公司
	18	下肢静脉曲张复合微创精准诊疗的临床应用	无锡市第三人民医院
	19	B7 家族负性共刺激分子与肿瘤发生、发展及其调控机制	江南大学附属医院(无锡市第四人民医院)
	20	分子探针在肿瘤诊治评价中的应用研究	无锡市人民医院、江苏省原子医学研究所
	21	临床免疫学检验系列新型检测技术的研制及临床转化应用	无锡市儿童医院、江苏省原子医学研究所、无锡市人民医院

(李　雯)

表 50　2017 年无锡市腾飞奖项目情况

序号	项目名称	完成单位
1	推进卓越绩效模式 提升企业核心竞争力	江阴兴澄特种钢铁有限公司
2	科技接力爱心,实力守护真情 ——“爱心联盟”15 年坚守断指(肢)救治传递社会正能量	无锡市第九人民医院(手外科医院),省、市爱心车队,无锡市公安局交警支队(高速公路二大队、滨湖交警大队)
3	前列腺癌早期诊断与精准治疗新技术的临床应用	无锡市第二人民医院
4	茶茗陶都,韵美紫玉——首批中国特色小镇宜兴丁蜀	宜兴市丁蜀镇人民政府
5	CA6DM2 重型柴油机的研发与产业化	一汽解放汽车有限公司无锡柴油机厂

(李　雯)

【80 个项目获市科技进步奖】 2017 年,全市共有 80 个项目获得无锡市科技进步奖。其中,一等奖 4 项,二等奖 21 项,三等奖 55 项。获一等奖、二等奖的项目和单位情况见表 49。

(李　雯)

【5 个项目获市腾飞奖】 2017 年,全市共有 5 个项目获得无锡市腾飞奖。具体项目见表 50。

(李　雯)

国际科技合作

【外籍专家获省国际科学技术合作奖】 2017 年,无锡市外籍合作专家获江苏省国际科学技术合作奖 2 项,占全省获奖总数的三分之一。获奖专家分别是:与江苏普莱医药生物技术有限公司合作的德国籍专家哈特穆特·米歇尔,与江南大学合作的英国籍专家阿真·拿巴德。江苏普莱医药生物技术有限公司是唯一一个与获得本年度省国际科学技术合作奖得主合作的企业。

(倪皎云)

【无锡与 MIT 签署第三轮合作协议】 12 月 8 日,无锡—MIT(美国麻省理工学院)第三轮合作签约仪式在美国麻省理工学院举办,第三轮合作双方的主体分别由无锡市科技局、MIT·ILP 升格为无锡市人民政府、麻省理工学院校方,再次在全国开启国内城市与 MIT 合作的新高度。同时,锡山区与 MIT·CHIEF、江阴高新技术创业园与 MIT·ILP 分别签署人才交流和建立智能制造创新中心的合作协议,形成无锡市与 MIT 合作“一体两翼”的工作格局。

(倪皎云)

【开展国际合作交流活动】 2017 年,无锡市开展俄以、英西、美古、柬越、美加等赴外科技交流活动。成功举办德国青年创新创业合作项目对接会、中韩智能制造技术对接交流会。全年接待加拿大滑铁卢大学、美国佐治亚大学、英国剑桥大学、澳大利亚新南威尔士大学、新西兰驻沪总领馆、达尼丁市、全球化创新创业联盟等全球各地城市、高校和组织的代表。

(倪皎云)

无锡市与美国麻省理工学院签署第三轮合作协议 (市科技局 供稿)

科学普及

【举办科技创新学术交流系列活动】 2017年,全市围绕"产业强市""工业物联网""智能制造"与"大数据、超算技术""全民营养周"等无锡经济社会发展重点、民生关注热点和学科发展前沿,举办"科技沙龙""学术报告会"等学术交流活动和科技论坛,全年举办各类学术活动108场。组织开展学术活动月,征集到68项学术活动。学会软课题研究突出"无锡智能制造业发展研究"等22个课题方向,共征集到研究课题145项。8月23日,举办中国(无锡)"科技创新、智能制造"科技论坛,中科院院士姚建铨、国家超算济南中心研究员张云泉作主题报告,近400人参加论坛活动。

(范富军)

【举办幼儿组机器人竞赛】 5月6日,由市科协、市教育局主办的无锡市幼儿组机器人竞赛在万象城举行。全市近50支参赛队伍300余名幼儿参加比赛。最终评出第一名、第二名、第三名及各单项奖。无锡市幼儿组机器人比赛已连续举办4届,成为全市一项深受青少年儿童喜爱的科技创新品牌活动。

(科普部)

【征集优秀建议和调研成果】 2017年,市科协围绕市委、市政府智能制造三年行动计划等主题开展建言献策调研,形成《无锡市智能制造三年(2017~2019年)科普行动计划》《市科协关于开展科技富民工作的意见》。惠山区科技工作者44条建议被区、镇(街道)企业采纳,锡山区4条建议得到区委主要领导批转有关部门办理,《关于进一步优化江阴创新创业生态系统的调研报告》入选江阴市政协优秀调研报告。

(范富军)

【举办全国科技活动周】 5月20日,2017年全国科技活动周暨无锡市第29届科普宣传周活动在无锡博物院拉开帷幕,千余名师生代表、医疗卫生代表、社会代表和科普志愿者参加开幕式主场活动。开幕式上,对2017年命名的市级科普基地、"无锡科普小记者团"进行授牌、授旗。举行19项重点活动,中国科学院科技创新年度巡展、核科学技术专题展、青少年机器人嘉年华、"虚幻世界"展示会、"产业科普"专线游、百名科学使者进校园(社区)、科学表演秀等在开幕式上亮相。此次科普周突出"科技强国·创新圆梦"主题,围绕科技创新创业、产业转型升级、生态环境保护、节约资源能源等公众关注的社会热点问题,营造创新文化氛围,开展特色科普活动,开放优质科技资源,倡导科学生活方式。科普宣传周期间,引进的两个国家级展览等158项活动,吸引近百万名市民参与。

(科普部)

【举办"全国科技工作者日"活动】 5月30日,市科协组织举办"关爱科技人才,助推产业创新"系列活动,邀请"蛟龙"号团队畅谈创新攀登精神。"蛟龙"号总设计师、中国工程院院士徐芑南作"蛟龙探海——浅谈我国深海工程的大好形势"专题讲座,150多位科技工作者、学生代表聆听讲座。深入基层一线,开展文体健身、讲座、参观、座谈、走访等形式多样活动,看望慰问基层科技工作者代表、优秀科技工作者代表和生活困难的科技工作者,发动全市广大科技工作者奋力创新争先,推进科技知识和科学精神的传播。

(范富军)

【举办中小学创客大赛】 5月20日,由无锡市科协、市教育局主办的2017年无锡校园创客节暨第2届无锡市中小学创客大赛在无锡市第一中学举行,全市80多所学校近800多名学生参加比赛。大赛共收到3D打印、创意智造参评作品200多件,机器人挑战赛、物联网创新设计赛超过600多名学生参赛,新增的"优秀校园创客空间评选"有13个单位报名参评。大赛共设有优秀校园创客空间、创意智造赛项、3D打印赛项、物联网创新设计赛项(小学、初中、高中组)、机器人挑战赛项(小学、初中、高中、中职组)等项目。除根据评分分组产生一等奖、二等奖、三等奖外,优秀校园创客空间、创意智造赛项、3D打印赛项3个项目还根据现场观众的投票,产生校园创客节"我最喜爱的创客作品"奖。

(科普部)

【举办青少年机器人竞赛】 4月22日,由市科协、市教育局主办的2017年无锡市青少年机器人竞赛暨物联网传感创意设计大赛在宜兴市青少年活动中心开赛。大赛分小学、初中、高中3个组别。此次大赛共有82家单位、570余名选手参赛,设FLL机器人挑战赛、WER工程创新赛、VEX机器人工程挑战赛、人型机器人全能挑战赛、物联网创意赛、从太湖到香江轨迹赛等11个比赛项目。

(科普部)

【举办青少年科技模型竞赛】 5月28日,由市科协、市教育局、共青团无锡市委员会共同主办的江苏省第24届青少年科技模型竞赛（无锡分赛区）暨无锡市第33届中小学生科技模型竞赛在新吴区江溪小学举行。大赛设电子百拼、木质电动明轮船、遥控四轴旋翼机、遥控汽车、橡筋杆身机、创意电子焊接等多个比赛项目，来自江苏省内无锡市、江阴市、宜兴市、苏州市、常熟市等地区70多个代表队，近1600名中小学生参加激烈角逐。

（科普部）

【推进“互联网+服务”工作】 2017年，市科协依托无锡市自然科学学会服务平台，百余家学会运用网站和互联网技术搭建服务平台，升级信息化平台。市科技工作者“网上之家”增设科技智库平台，开通线上申报和专家在线评审系统。“企会协作协同创新计划”“兴农富民”“软课题研究”“重点学术活动”“学术活动月”等平台各子项目流程简洁、高效，科技人员使用更加快捷便利。在105家学会中，网站基本信息齐全的有85家，使用并维护网站的学会有51家。

（范富军）

【举办儿童青少年计算机表演赛】 6月24日，第26届中国儿童青少年计算机表演赛无锡分赛区决赛在无锡市青山高级中学举行。此次比赛由无锡市科协、市教育局主办，无锡市少年宫承办，无锡市青山高级中学协办。全市200多所学校的近500名选手从11万名参加初赛的选手中脱颖而出晋级决赛，其中，400多名选手参加线上网络基础赛，近50名选手参加线下创客挑战赛。除传统的网络基础赛之外，增设创客挑战赛，吸引江苏省锡山高级中学、无锡市天一实验学校、宜兴新芳小学等10多所学校的15支创客队伍参加。

（科普部）

【实施“企会协作协同创新计划”】 2017年，无锡市科协发挥学会专家工作站作用，引导科协系统创新资源向中小企业集聚，突出企业为主体，协作项目引领，协商决定权益，协同协作服务，重点支持先进制造业等4个方向，以企业与学会建立科技服务站为抓手，通过推荐申报、专家评审、组织实施、检查评估4个阶段实施，完成优秀企会协作项目15个。各市（县）、区和市级学会共完成“金桥工程”项目63项，实现利税37400万元，节约资金16370万元。

（范富军）

【举办青少年科普夏令营】 7月4日，由市科协、市教育局举办的2017年无锡市青少年“我爱绿色生活”科普夏令营在无锡市少年宫开营，全市20多所学校、50名学生和10余名教师参加此次活动。此次夏令营从衣食住行方面进行绿色生活方式调查，填写调查表，提交到全国活动组委会，引导青少年学习、调查、体验、了解身边的绿色生活情况，形成青少年绿色生活理念，培养绿色生活方式。夏令营的科技活动及主题拓展活动，激发青少年科学兴趣，培养生态文明意识，践行绿色生活理念，增强科学探究的能力。

（科普部）

【百名科技专家兴农富民工程】 2017年，市科协出台《关于开展科技富民工作的意见》，组织学会及专家深入农村，开展现代农业实用技术的培训和推广，指导江阴市、宜兴市、锡山区、惠山区、滨湖区创建和实施农业科技示范基地及项目。全年建立14个农业科技（科普）示范基地，做到一基地一项目。

（范富军）

【举办流动科技馆进机关活动】 8月13日，无锡市科协、市文广新局在市民中心图书馆举办“流动科技馆进机关”巡展活动。活动为期1周，主要是为丰富广大学生的暑期生活，拓展儿童青少年的视野，增强他们的创新思维能力。流动科技馆提供近30件互动展品，有电磁探秘、运动旋律、声光体验、数学魅力等展品。

（科普部）

【促进学会管理创新】 2017年，无锡市科协优化提升学会服务能力，通过“自然科学社会组织孵化基地”平台加强指导与协助，学会换届、学会法人治理结构和管理制度、学会专职人员队伍和学会办事机构能力建设得到提升，全市80多个学会的秘书长、理事长、财务人员年内参加轮训。推动综合示范学会扩面提质，争创示范学会20家，其中，综合示范学会10个，特色示范学会10个。

（范富军）

【推动科普惠民行动】 2017年，无锡市科协推进基层科普行动更多惠及民众。全市推荐6个社区和3个农村科普示范基地申报省“基层科普行动计划”。新建41个市级科普示范社区，命名100个无锡市科普示范家庭，出资10万元在江阴市祝塘镇建立科普活动室。加强科普志愿者队伍建设，全年新增500多名科普志愿者，在省科普志愿者网站注册超7万人，注册重点活动100多项，3人获省“优秀科普志愿者”称号，2个项目被评为省优秀科普志愿活动项目。组织参加江苏省首届公民科学素养大赛并取得优秀成绩，全市共有20多万人参加比赛，参赛总人数名列全省第一，获省优秀组织奖，推荐参评中国科协先进组织单位奖。

（范富军）

【19所学校入选省STEM教育项目试点学校】 2017年，无锡市19所学校入选为江苏省STEM（科学、技术、工程、数学）教育项目试点学校，其中，幼儿园3所，小学10所，初中3所，高中3所。此次评选由省科协、省教育厅组织评审专家组根据学校软硬件基础、师资力量、发展规划、经费投入等方面的标准，从各市科协、教育局推荐的学校中遴选。STEM作为一项人才培养模式，教育过程不是将科学、技术、工程和数学知识进行简单叠加，而是强调将原本分散的4门学科内容融合形成整体，把学生学习的零碎知识变成互相联系的统一整体。无锡市入选的试点学校将发挥好示范辐射引领作用，做到学、做、研、悟、用一体，知行合一，超越学科之间鸿沟，以真实问题解决为对象，强调合作、探究、创新，提升青少年的科学文化与技术水平。

（科普部）

【举办全国科普日活动】 9月19日，无锡市科协举办2017年无锡市全国科普日系列活动。活动以“科技创新，智造强市”为主题，组织开展一系列内容丰富、形式多样的活动，包括全国科普日联合行动、参加江苏省首届公民科学素养大赛、百名科技专家进学校、社区、农村、智能制造科普行、智能制造科普小记者采风、学会科普宣传、科研院所开放日、科普节目展播、心理健康大讲堂、环保科普咨询等137项重点科普活动，在全市营造浓厚的科普氛围，达到提高公众科学文化素质的目的。

(科普部)

【开展海外专家企业行活动】 2017年,市科协利用“无锡市科协海智资源服务系统”平台,动态管理无锡企业技术需求库、人才库和海外项目库，不定期通过平台和电子邮件等方式将22项海智人才、技术、项目资源发送给相关企业和园区,实现精准对接，将征集的到本市企业技术和项目需求18项发往海外对接。组织协同各市（县）、区科协开展短、平、快多样化的专题性技术项目视频对接活动，邀请比利时皇家科学院院士、前根特大学建筑系主任卢克教授到宜兴进行考察和技术项目洽谈,签订合作协议。德国卡尔斯鲁厄理工学院提供的“废水处理中磷回收技术”项目落户宜兴,用40万欧元启动该项目前期合作阶段工作。全年共接待25人次海外高层次人士到无锡考察投资环境和洽谈项目。

(范富军)

【命名省科学教育综合示范学校3所】 2017年,无锡市有3所学校被命名为江苏省科学教育综合示范学校,分别是:江阴市华士实验中学、无锡市广益中心小学、无锡市太湖格致中学。

(科普部)

【举办首届青少年科普剧创作会演】 11月24日，以“体验科技 感受快乐”为主题的无锡市首届青少年科普剧创作会演在无锡外国语学校举行。此次活动由无锡市科协、市教育局主办，无锡市少年宫承办，各市(县)、区科协、教育局相关负责人及学生代表约200人参加活动。演出的剧目题材新颖、内容广泛,涉及节约能源、保护环境、健康生活等方面科学知识。由无锡市第一女子中学“自然之友社团”演出的科普剧《减肥风波》和无锡市南泉中心幼儿园演出的科普剧《下雨了》展现出较高的艺术表演水平，最终获得青少年科普剧创作会演一等奖。

(科普部)

【举办中小学生金钥匙科技竞赛】 11月25日,第5届市中小学生金钥匙科技竞赛团体赛在无锡市教育电视台举办。全市共有8支队伍参赛,覆盖市属学校及各市(县)、区所属学校。大赛由无锡市科协、市教育局主办,无锡教育电视台承办。大赛设置必答题、抢答题、综合实践题、演示观察题4个环节,囊括生活常识、社会热点、量子通信、新能源材料等方面的科学知识。经过激烈角逐,最终惠山区代表队夺得团体赛一等奖,宜兴市、新吴区代表队获得团体赛二等奖,3支代表队获得省金钥匙团体赛入围资格。新吴区的周瑜、锡山区的刘世航、惠山区的顾子锋分别获评小学组、初中组、高中组最佳选手。

(科普部)

【11家单位被评为省科普教育基地】 2017年,无锡市有11家单位被江苏省科协、省科技厅、省教育厅评为新一批省科普教育基地（2017~2021年)。此次被命名的省科普教育基地包括:宜兴市科技馆、何振梁与奥林匹克陈列馆、无锡市玉祁酒业有限公司（玉祁酒业体验馆)、无锡东方文旅投资有限公司（阳山田园东方)、无锡市疾病预防控制中心（病媒生物标本展示馆)、“遨天一号”太空科技体验馆暨太空影视基地、无锡市鹅湖玫瑰园艺文化有限公司(鹅湖玫瑰文化园)、江苏省锡山高级中学实验学校、无锡市惠山区前洲街道社区卫生服务中心、无锡惠山金桥实验学校(科教馆)、无锡市天一实验小学。

(科普部)

【拓展与国际科技社团合作交流】 2017年，瞄准国际上发达国家和地区的先进制造业、节能环保、新能源、新材料和物联网等产业,无锡市与海外大学、科研机构、科技社团和科技园区加强交往与合作，深化促进合作共赢双向对接合作关系。市科协与法国海外留学人员专业联合会续签合作协议，宜兴市科协与法国海外留学人员专业联合会首次签约合作。至2017年年底,无锡与海外科技机构建立签约合作关系已达50余家。对已建海外引才工作站开展定期会商对接工作，发挥引进海外技术、项目和人才方面的“酵母”作用。推出品牌活动“国际大咖秀”。首场“智能制造与科技创新”主题活动，邀请美国奥巴马政府时期科技顾问、斯坦福国际研究院前执行长卡尔森博士与无锡市的企业家和科技工作者进行交流。

(范富军)

【表彰“讲理想、比贡献”活动优秀项目】 根据《关于做好2017年无锡市“讲理想、比贡献”活动优秀项目评选工作的通知》要求，经基层推荐、专家评审并向社会公示,2017年,共评出“讲理想、比贡献”活动优秀项目一等奖6项、二等奖10项、三等奖14项，评出优秀组织单位3个。获优秀项目一等奖的是:商用车欧六封装基础研发平台搭建（完成人:陈增响)、造船工法研究与应用(完成人:吴泰峰)、大型先进压水堆核电汽轮机末级长叶片研发及产业化(完成人:匡逸强)、750吨/日高效高可靠性的新型垃圾焚烧锅炉(完成人:丁虹)、CA6DM3柴油发动机成批制造工艺研究及产业化（完成人:李建刚)、车用柴油机氮氧化物和颗粒物后处理关键技术及应用（完成人:臧志成)。优秀组织单位是:江阴市科协、惠山区科协、滨湖区科协。

(办公室)

【推动科协工作深化改革】 10月，市委、市政府出台《无锡市科协系统深化改革实施方案》,市科协拟定并开展《方案》的任务分解和组织实施工作,推动和指导市(县)、区科协改革方案制定和实施;加强政治引领,加强学会党建，开展学会党支部书记培训,市级学会32人被评为优秀党员、10个支部被评为优秀党支部。深入基层开展工作调研，党组班子带头走进乡村、社区、学校、企业,提供政策服务，及时宣传解读科技创新的决策部署，包括“太湖人才计划”升级版和市智能制造三年行动计划、市深化现代产业发展政策等。推动市(县)、区基层科协组织创新能力提升计划的实施,全面提升基层科协组织的引领力、凝聚力、服务力和创新力。梁溪区、新吴区新建科协配备工作人员,正式挂牌对外工作。

(范富军)

【举荐优秀科技人员典型】 2017年，无锡市科协选拔树立科技工作者先进榜样，激励广大科技工作者创新争先。会同市人力资源和社会保障局、市科技局、市国资委共同开展全国和江苏省创新争先奖推荐评选工作,推荐的“蛟龙号创新团队”和无锡物联网产业研究院科研带头人、二级研究员刘海涛,江南大学食品科学与技术国家重点实验室主任、无锡市科协主席金征宇分别获省“创新争先奖”团队奖、省“创新争先奖”奖章。由科协组织和院士共同推荐的江南大学校长陈坚当选为中国工程院院士。

(范富军)

【命名科普惠农服务站6个】 根据江苏省科协《关于命名2017年江苏省科普惠农服务站的通知》,经省科协评定,2017年,无锡市科协命名科普惠农服务站6个。分别是:无锡市锡山区鹅湖玫瑰园艺文化有限公司科普惠农服务站、无锡市惠山区玉祁街道农机服务技术协会科普惠农服务站、无锡市滨湖区江苏十八湾茶业科技发展有限公司科普惠农服务站、江阴市倍斯特农业专业合作社科普惠农服务站、江阴市卓远农庄有限公司科普惠农服务站、宜兴市阳溪生态蔬果种植专业合作社科普惠农服务站。其中,江阴市倍斯特农业专业合作社科普惠农服务站、无锡市滨湖区江苏十八湾茶业科技发展有限公司科普惠农服务站被评为江苏省优秀科普惠农服务站。

(办公室)

【命名市级优秀科普教育基地8个】 为进一步加强科普教育基地建设,鼓励社会各界积极参与科普工作,经组织推荐申报和严格审核评议,2017年,市科协命名无锡市优秀科普教育基地8个。分别是:国家超级计算无锡中心、无锡国家数字电影产业园、无锡华检质量技术服务中心、无锡市鹅湖玫瑰园艺文化有限公司、江阴市红十字血站、宜兴市科技馆、江苏省血吸虫病防治研究所、中国船舶重工集团公司第七〇二研究所。

(办公室)

【承办省青年会员创新创业大赛】 10月11日,第2届江苏省科协青年会员创新创业大赛信息技术领域决赛在无锡君来世尊酒店举办。大赛以“激发热情、创新争先”为主题,连接全省各地“双创”平台资源,引导、鼓励、支持全省广大青年科技工作者,走出围墙、争当“创客”,有条件的领军创业,有技术的参与创业,推动科技成果转化和科技型企业孵化,推进“互联网+”与传统创业载体融合,形成培训实训、评估评价、创投风投、孵化转化的全链条服务平台。全省有近百个入围决赛的信息技术领域项目,分创业组、创新组两大类,最后两组各决出一等奖项目1个,二等奖项目2个,三等奖项目3个,优秀项目4个。

(学会部)

社会科学

【概况】 2017年,无锡市哲学社会科学界联合会(以下简称“市社科联”)深入学习中共十九大精神,深刻领会习近平新时代中国特色社会主义思想,围绕“四个全面”战略布局和高水平全面建成小康社会的重大实践,提升社科事业发展水平,促进社科事业进一步繁荣发展。年内,市社科联获得省社科联系统“工作创新奖”和“决策咨询奖”。

以习近平新时代中国特色社会主义思想引领社科工作新实践。中共十九大召开后,市社科联及时进行部署,掀起学习宣传贯彻十九大精神的热潮,引导广大社科工作者进一步统一思想、凝聚共识,努力把十九大精神转化为繁荣发展哲学社会科学的强劲动力。制定《学习宣传贯彻党的十九大精神方案》,明确开展学习活动的指导思想、主要活动安排和要求。组织举办全市社科界十九大精神专题学习会,邀请市委党校专家围绕习近平新时代中国特色社会主义思想进行详细解读。做好媒体宣传工作,组织社科专家参加《无锡日报》举办的十九大精神宣传阐释和学习交流,市翻译协会、市经济学会、市品牌学会等接受媒体采访,市新产业研究会联合市委党校,以“学习十九大精神,推动产业创新发展”为主题,举办专题研讨会。

做好重大课题研究工作。以构建社科智库为抓手,着力深化对“聚力创新、聚焦富民”一系列重大课题的研究。整合资源构建社科智库,面向全市各有关单位,组织开展“推荐无锡社科智库专家”工作。深入开展调查研究,了解拟入智库专家的研究领域、研究方向、研究重点和最新成果,构建领域宽广、专业清晰、重点突出、全面翔实的社科智库。打造智库职能发挥的有效平台,以“产业强市与无锡‘两聚一高’新实践”为主题,举办无锡市第8届社科学术大会,颁发无锡市第13届哲学社会科学优秀成果奖,做好“上海大都市圈合作研究网络”专家推荐工作及参会专家组织协调工作。做好重大课题研究工作,围绕全市经济社会发展重点,突出“无锡高水平全面建成小康社会”“无锡产业强市”等研究方向,开展2017年哲学社会科学课题招标工作,立项完成重点课题15项、精品课题85项。有序推进江苏地方文化史“无锡卷”编撰工作。承接省社科联智库委托课题《无锡市保护传承利用大运河文化研究》,课题获立项并顺利推进。

增强社科学会发展活力。以规范化建设为导向,坚持政治性、先进性、群众性要求,进一步加强社科学会建设,增强学会发展活力和影响力。制订管理制度,召开学会工作座谈会,收集意见建议,制订实施《无锡市社科联学会管理暂行办法(试行)》。完善基础信息,广泛开展学会走访调研活动,收集整理社科学会基础信息,进一步完善学会资料数据库。加强学会管理,举办2017年度学会秘书长培训班,提升学会管理人员工作能力和服务水平。联合民政部门进行社科学会情况调查摸底,对10家常年不开展活动的学会提出撤销建议。推动学会(研究会)发挥智库功能,组织学会和专家参加各类学术交流,开展各类研讨咨询座谈,承接政府购买服务活动。

拓展社科普及影响力。深入贯彻《江苏省社会科学普及促进条例》(以下简称《条例》),改进方式方法,激发工作活力,拓展社科普及影响力。做好《条例》精神的贯彻落实,向市政府提出贯彻落实《条例》、推进全市社科普及工作的若干建议,拟订《建立无锡市社科普及联席会议制度的方案》,根据无锡社科普及工作发展的实际需要,与市财政部门联系，建议在经费预算中设立社会科学普及专项。做好社科普及示范基地建设，11 家基地通过江苏省社科普及示范基地创建、复评，制定实施《无锡市社科普及示范基地管理办法》《无锡市社科普及信息联络制度》，举办社科普及示范基地工作交流活动，加强基地工作的互动合作。组织开展各类社科普及活动，举办第 14 届社科普及宣传周活动，策划举办社科普及工作成就图片展；各基地、学会举办有影响力的社科普及活动达 100 多项，其中有 9 个项目获得省级社科普及活动专项资助；组织 23000 多人次参加省社科普及知识竞赛并获优秀组织奖。开展科普品牌建设。推荐科普作品《千秋家国梦》参评省、市"五个一工程"，推荐江阴暨阳论坛参评省社科优秀人文讲坛。探索建立社科普及社区平台建设机制，以滨湖区水秀社区为试点，强化社科普及进社区工作。

夯实社科理论阵地建设。重点办好《江南论坛》理论期刊，在理论研究和理论宣传方面坚持以应用性研究为主和突出区域人文特色的办刊方针，聚焦现代化建设的重大理论问题和现实课题，进一步巩固江南和"长三角"地区社科成果交流的品牌性平台和窗口作用。先后围绕"长三角城市群建设""打造现代产业新高地""调优农业结构""传承发展优秀传统文化""特色小镇建设""'一带一路'建设""物联网建设"等专题，组织刊发一批有较大影响的文章，形成理论宣传和研究的声势。

（徐柯柯）

社科活动

【哲学社会科学课题招标结项】 5 月 12 日，市社科联印发《关于发布 2017 年度无锡市哲学社会科学招标课题的通知》，确定年度无锡市哲学社会科学招标课题并公开招标。6 月 16 日，市社科联印发《关于公布 2017 年度无锡市哲学社会科学课题立项的通知》，确定年度无锡市哲学社会科学重点课题立项 15 项，精品课题立项 85 项，其中，立项资助课题 30 项，立项不资助课题 55 项。11 月，2017 年度无锡市哲学社会科学招标课题结项评审工作完成。

（徐柯柯）

【召开无锡市社科优秀成果表彰大会】 7 月 19 日，市社科联组织召开无锡市社科优秀成果表彰大会暨社科联六届五次理事（扩大）会议。副市长刘霞到会并讲话，要求全市社科理论工作者在思想认识上始终与中央及省委、市委保持高度一致，牢牢把握哲学社会科学事业大繁荣大发展的新机遇，以经济社会发展重大课题为研究方向，切实发挥好思想库智囊团作用。大会选举许麟秋为市社科联主席，许麟秋代表市社科联在会上作六届五次理事会工作报告。会议对获得江苏省第 14 届哲学社会科学优秀成果奖和无锡市第 13 届哲学社会科学优秀成果奖的作者进行表彰。

（徐柯柯）

【举办市第 14 届社科普及周】 9 月 16 日，无锡市第 14 届社科普及宣传周活动在崇安寺二泉映月广场启动。活动以"服务'两聚一高'新实践，建设'强富美高'新无锡"为主题，从 9 月 16 日开始到 9 月 22 日结束。活动内容主要包括：大型广场咨询活动、社科普及条例宣传、"爱我中华·扬我国威"图片展、无锡社科成果图片展、无锡地方人文讲座、东林文化讲坛、暨阳大讲坛、社科系列讲座进学校与社区、流动图书馆送书活动、社科普及宣传周主题知识有奖竞答，以及社科书市、书画展览等。

（徐柯柯）

【举办社科学会秘书长培训班】 10 月 13 日，市社科联举办全市社科学会秘书长培训班。市委宣传部副部长商波涛对学习掌握十八大以来党的理论与实践创新作全面系统的专题辅导；市委党校市情研究中心副主任蒋佳林作主题为"无锡实施产业强市战略的成效、瓶颈和突破路径"的学术报告；市社会组织发展促进会秘书长魏希喜围绕社会组织评估工作，对新时期如何加强社科学会的规范化建设，全力推进社科学会健康有序发展作深入详细的学习指导；市翻译协会等 6 家学会代表结合自身工作特色进行经验交流。

（徐柯柯）

【举办市第 8 届社科学术大会】 12 月 26 日，无锡市第 8 届社科学术大会在无锡城市职业技术学院图书信息中心举行。该届学术大会以"产业强市与无锡'两聚一高'新实践"为主题，全市各高校、党校科研处负责人，各科研机构及社科学会负责人和有关课题负责人参加会议。学术大会共收到征文 197 篇，会上，对 70 篇优秀论文予以表彰，其中，一等奖10 篇，二等奖 20 篇，优秀奖 40 篇，另有 15 篇优秀论文分别推荐参加江苏省哲学社会科学界第 11 届学术大会苏南区域专场和学会专场。

（徐柯柯）

社科成果

【评出市哲学社会科学优秀成果奖 114 项】 根据锡政发〔2017〕157 号文件精神，决定对无锡市第 13 届哲学社会科学优秀成果进行表彰，授予《我国"公司+农户"型农产品供应链理论模型和运作研究》等 114 个项目为无锡市第 13 届哲学社会科学优秀成果奖。其中，一等奖 7 项，二等奖 32 项，三等奖 75 项。

（徐柯柯）

【市社科联获评全国先进社科组织】 3 月 22 日，在广西柳州召开的全国大中城市社科联第 28 次工作会议上，无锡市社科联获得"全国先进社科组织"称号，市统计学会、市翻译协会同时被评为全国先进社科组织，无锡有 3 人获得"全国社科工作先进个人"称号。

（徐柯柯）

【社科普及成果】 9 月 7 日，市社科联推荐的 11 家社科普及示范基地被列入省级基地（2017~2019 年）名录。其中，无锡中国泥人博物馆、无锡市百草园书店、无锡吴都阖闾城遗址博物馆、无锡市档案馆、无锡市公花园 5 家单位是首次进入名录的基地，无锡市百草园书店也是无锡市首家进入江苏省社科普及示范基地名录的民营文化单位。9 月 7 日，市社科联推荐的 9 项社科普及活动获得省社科联专项资助。

（徐柯柯）

表 51　　无锡市第 13 届哲学社会科学优秀成果一等奖、二等奖情况

奖项	序号	成果名称	成果形式	申报人	申报人单位
一等奖	1	我国“公司＋农户”型农产品供应链理论模型和运作研究	著作	浦徐进	江南大学
	2	联合投资、控制权治理与创业企业成长绩效——基于不完全契约视角的分析	著作	王　雷	江南大学
	3	中国复式教学史	著作	李光伯	无锡高等师范学校、无锡市教育学会
	4	影响企业社会责任的路径——基于高层管理者的研究	著作	冯　臻	无锡职业技术学院
	5	如何做好“文化＋”，助力经济转型升级，促进经济社会发展	研究报告	谭　军	中共无锡市委党校
	6	数学方法论在我国大学数学教学中的应用	论文	徐沥泉	无锡市教育科学研究院
	7	江苏社区全民健身公共服务体系研究报告	研究报告	戴　平	江南大学
二等奖	1	创新动机对民营企业创新绩效的作用及机制研究：自我决定理论的调节中介模型	论文	于海云	江南大学
	2	江苏国内旅游流的空间分布研究	论文	潘　云	无锡太湖学院
	3	物流企业与供应链成员多边合作价值创造机理研究	论文	戴建平	无锡开放大学
	4	提高我国税收社会化管理水平的对策研究	论文	李　青	无锡市惠山地税局
	5	马克思误解了黑格尔的辩证法吗？	论文	陈永杰	江南大学
	6	食品安全的反思与重构：企业、政府与第三方社会共治	论文	马淑芳	无锡商业职业技术学院
	7	逆化意境与中国油画艺术	著作	李春艳	江南大学
	8	对规范性文件的司法审查	论文	曾祥华	江南大学
	9	锡剧韵辙研究	论文	黄明明	无锡市语言学会
	10	家庭教育是什么？——一位校长给家长的建议	著作	沈茂德	江苏省天一中学
	11	民族声乐技法理论与实践研究	著作	王　芳	江南大学
	12	略论荣德生的工业化思想	论文	汤可可	无锡市档案局
	13	现代化建设中的无锡人口发展战略研究	著作	瞿立新	无锡城市职业技术学院
	14	农业生产者农药施用行为选择与农产品安全	论文	王建华	江南大学

续表 51

奖项	序号	成果名称	成果形式	申报人	申报人单位
二等奖	15	高校人力资本的价值管理研究	著作	黄海燕	无锡科技职业学院
	16	“十二五”期间无锡经济发展与国内主要城市对比研究	研究报告	吴红星	无锡市统计局
	17	大学生安全教育指南	普及成果	方正泉	江南大学
	18	无锡近现代名人	普及成果	无锡市史志办公室	无锡市史志办公室
	19	无锡惠山祠堂群家训集萃	普及成果	商 明	中共无锡市委宣传部
	20	我市汽车行业税收征管状况调研报告	研究报告	高圣华	无锡市财政局
	21	新常态下无锡产业结构调整的路径研究	研究报告	李仲贵	无锡市发展和改革委员会
	22	“十二五”江苏省产业结构调整与高等教育发展方式转变的实证研究	研究报告	王育红	江南大学
	23	基于微信的统计服务:现状与模式的思考	论文	杨晋超	无锡市统计学会
	24	社会治理视阈下老年人的社会保障与社会服务研究	著作	王金元	江南大学
	25	农民不动产“权益”交易的法律问题研究	论文	潘云华	江南大学
	26	“一带一路”战略背景下无锡开放型经济发展研究	研究报告	韩 宁	中共无锡市委研究室
	27	全面深化改革背景下无锡区域现代化推进路径研究	论文	蒋佳林	中共无锡市委党校
	28	无锡制造业优势再造研究——基于世界新工业革命视角	研究报告	苗春阳	无锡市经济和信息化委员会
	29	学校教育变革中的家庭参与问题研究	著作	杨启光	江南大学
	30	高校青年教师发展研究	著作	周 萍	江南大学
	31	廉政新常态下派驻纪检组织架构与职能创新研究	论文	赵建聪	无锡市中级人民法院
	32	当代孩子行为问题家校沟通研究	著作	严育洪	无锡市锡山教师进修学校

(徐柯柯)

【获省社科学术大会优秀论文奖】 12月，在江苏省哲学社会科学界第11届学术大会上，无锡市共有15篇论文获奖。其中，在苏南区域专场获得一等奖2篇、二等奖4篇、三等奖6篇，获一等奖的论文是:《聚力创新添动能，唱响产业强市“新篇章”》(作者:中共无锡市委党校课题组)、《江苏“众创空间”发展路径与成长机制研究》(作者:唐德森)，获二等奖的论文是:《基于灰色矩阵相似关联聚类的省域高技术产业创新能力评估研究》(作者:刘勇、周婷、赵焕焕)、《创新战略对知识搜索策略的影响——基于市场环境的调节作用》(作者:瞿孙平、石宏伟)、《供给侧改革中地方政府公共政策供给创新研究》(作者: 王华华)、《无锡旅游公共行政服务体系改革的对策研究》(作者:瞿立新)。在学会专场获得一等奖1篇、二等奖2篇，获一等奖的论文是:《税收助力战略性新兴产业的实证研究》(作者:丁源)，获二等奖的论文是:《无锡市“一带一路”公共服务平台研究》(作者:吴兴、张玉)、《建设现代产业新高地与富民增收的关系研究》(作者:吴红星、朱玲燕)。

(徐柯柯)

编辑 顾洪兴

综述

【概况】 2017年，全市教育系统紧紧围绕教育现代化建设目标，着力抓短板强优势，抓公平促普惠，抓内涵提质量，抓改革激活力，抓党建强保证，教育改革发展各项工作有序推进，取得新的成绩。年内，侨谊中学、江阴一中、市六高中、惠山中专4名学生获评全国最美中学生（标兵）、最美中职生，市教育妇工委获评“全国巾帼建功先进集体”。

(刘红生)

【教育资源布局建设全面提速】 适应区域生源增加、基本公共教育服务均等化的形势和要求，2017年，出台《市政府关于统筹城乡义务教育一体化促进优质均衡发展的实施意见》，召开全市城乡义务教育优质均衡发展推进会，部署推进义务教育改革发展重点工作。修编区域义务教育学校“十三五”布局规划和学前教育布局规划，新建、改扩建中小学、幼儿园，项目开工79个，扩大教育资源供给。推进义务教育学校薄弱改造工作，年内投入13.6亿元(累计投入39.35亿元)，用于校园校舍建设、设施设备购置，进一步改善学校办学条件。加快实施第二期学前教育五年行动计划，全面实施幼儿园服务区制度，江阴市、梁溪区、锡山区、惠山区、滨湖区公办幼儿园独立法人地位落实取得重大进展，全市新增省、市优质幼儿园27所。优化0~3岁婴幼儿早期教养服务体系，组织开展两次公益性早教指导活动，4.8万人次家长、婴幼儿接受早教指导服务。巩固星级高中创建成果，6所高中通过省星级高中复审，宜兴二中晋升为省四星级高中，全市四星级高中增至30所。发展校外教育，市少年宫新宫建成。提高教育装备建设管理应用水平，滨湖区顺利接受省首批基础教育装备示范县(区)评估。

(刘红生)

【深入推进德育工作】 2017年，全市教育系统加强中小学德育工作，广泛开展“我们的节日”“向国旗敬礼”等社会主义核心价值观教育实践活动，深化“小小百家讲坛”“寻访红色足迹”“心头上的乡韵”等中华优秀传统文化教育活动，通过故事比赛、论文征集、编印优秀案例等方式推进德育研究实践，培育学生品格提升省级项目5个、市级项目20个，评选新一批市“十佳小公民”“美德少年”和“美德少年标兵”。抓好德育队伍建设，举办首届中小学主题班会视频展评，开展骨干班主任沙龙、技能培训、技能大赛活动，新增一批德育先进工作者、德育名师工作室、德育工作能手和优秀班主任。加强心理健康教育，开展“未成年人心理健康服务月”系列活动，开展校园心理危机干预培训，推进心理辅导室规范化建设，成功创建5所省心理健康教育特色示范校，江阴市云亭中学被评为全国中小学心理健康教育特色学校。出台全市家庭教育工作“十三五”规划，推进家长学校总校建设，建立市属学校“爱心书苑”家庭教育工作站，评选100所中小学优秀和示范家长学校，征集推广一批家庭教育工作优秀案例，构建完善现代家庭教育公益讲座与“家庭教育微课堂”“家教有道”等线下线上相结合的家庭教育指导服务体系。全市教育系统关心下一代工作持续推进，涌现出一批创新成果和先进集体、先进个人。无锡德育工作被评为全国中小学德育工作优秀案例，“让非遗传承在校园生根发芽”获评全市宣传思想文化工作创新项目，无锡市未成年人文明礼仪养成教育成果在全省展示。

(刘红生)

【强化素质教育】 2017年，无锡市教育系统切实回应群众关切，严格规范义务教育入学招生管理工作，集中力量开展专项治理，切实管好公办学校，对民办学校实行统一公布招生计划、统一规定招生时间、统一通过面谈方式录取学生、统一规范学籍管理，对违规招生的学校给予约谈、严肃批评和削减招生计划等处理，有效遏制违规招生问题。严格规范办学行为，开展规范学校管理减轻学生课业负担专项行动、幼儿园规范办园行为专项督查、教育培训市场专项整治，严肃处理各类违规行为，督促问题整改，维护教育发展秩序。强化学生体质健康监测，举办中小学生棒球、啦啦操、田径、篮球、乒乓球等比赛，新增全国青少年校园足球特色学校57所，挂牌市首批"青年自主参与型"健康教育实践基地学校7所，开展学校卫生专项检查，做到全覆盖，创建省级健康促进学校42所，有效促进学生体质健康。广丰中学女子足球队获全省青少年校园足球锦标赛和"省长杯"联赛"双冠王"，江阴高中夺得全国第13届学生运动会中学男子足球比赛冠军。出台《无锡市初中学生艺术素质测评工作方案》，举办中小学生百灵鸟艺术展演、绘画书法比赛、优秀少儿合唱团音乐会、合唱指挥大师班培训等活动，推进校园艺术团建设，提高学生艺术素养。加强语言文字工作，深入推进中华经典诵、写、讲行动，举办全市中小学生汉字听写大赛、经典诗文诵读比赛、"最美乡音"童谣传唱比赛等活动，全市通用语言文字普及率达96%。加强各类专题教育，开展法治、垃圾分类知识、税收知识、国家版图意识宣传教育进校园活动，举办全市青少年机器人竞赛、科技模型竞赛、科技创新大赛等活动，促进学生综合素质提升。

（刘红生）

【教育内涵质量水平持续提升】 2017年，市教育局出台《实施学校高品质工程全面推进高品质学校建设工作意见》，深化基础课程教学改革，培育新增省、市前瞻性教学改革实验项目16个、省普通高中课程基地建设项目5个、省幼儿园课程游戏化项目3个、省小学特色文化建设项目3个。基础教育质量优势持续扩大，高中教学质量及高考成绩引起媒体关注，《中国教育报》推出3个系列，连续在头版头条报道无锡市高品质高中建设经验。实施职业教育质量提升工程，培育6个省重点专业群、5个省现代化实训基地、4个省职业教育名师工作室，新增6个全国示范专业，无锡市代表队在全国职业学校班主任基本功比赛中获得冠军，参加全省职业学校创业能力大赛获团体总分第一，参加全国职业学校文明风采大赛获奖总数位列全省第一，参加全国职业院校技能大赛获20枚金牌、12枚银牌、1枚铜牌，在32个比赛项目中6个项目的成绩为全国第一。在无锡的高校加快内涵提升，6个项目入选省高校服务外包类专业嵌入式人才培养项目，29个专业入选省高水平骨干专业建设项目。市政府出台《无锡市教学成果奖励办法》，全市各级各类学校80个项目获得江苏省教学成果奖，其中，特等奖11个，一等奖24个。

（刘红生）

【推进教育领域综合改革】 2017年，全市加快教育现代化进程，启动苏南教育现代化示范区建设，根据省监测结果，无锡2016年综合得分90.1分，继续位居全省前列。推进教育"放管服"改革，梳理认定市、县（区、市）两级教育行政权力事项51项，实现行政权力事项全部网上办理，教师资格认定工作全部规范到市（县）、区办理。研究制定关于推行中小学校长职级制改革的意见，深入推进中小学校《章程》建设，评选一批市依法治校示范校，顺利完成教育"管办评"分离改革试点阶段性任务，市教育局、滨湖区教育局入选省推进依法治教改革试点区，无锡校长职级制改革、梁溪区集团化办学被确定为省教育厅重点改革项目。加强教育督导，印发《2016年度无锡市县级政府教育工作督导考核报告》，出台《对县级人民政府履行教育职责的考评办法（试行）及考评指标（2017年）》《县域中等职业教育专项督导细则》《无锡市特殊教育综合督导方案》，聘任260名市义务教育综合督导课堂教学评估专家，加强对各级政府和各级各类学校的综合督导，江阴市、梁溪区、锡山区、惠山区建成第2批全国中小学校责任督学挂牌督导创新县。做好新修订的《中华人民共和国民办教育促进法》贯彻实施工作，新批设立2所高中阶段民办学校，对市区108所民办学校（幼儿园）开展规范性评估考核，开展民办培训机构诚信办学承诺和倡议活动，落实民办教育奖补资金近300万元，扶持民办教育健康规范发展。

（刘红生）

【优化教育发展基础保障】 2017年，全市教育系统健全教育经费保障机制，建立健全生均公用经费和校舍维修改造资金基准定额标准动态调整机制。争取和落实财政教育拨款，全市财政教育支出达150亿元，比上年增长10.2%。加强教育经费支出管理，制定完善专项资金、集中采购内控管理、基本建设工程项目等管理办法，全面推进直属单位内部控制体系建设，开展中小学校财务管理专项检查、专项资金绩效第三方评价，教育资金使用效益进一步提高。加大学生资助力度，健全学生资助体系，设立市企业家协会"苏顺奖学金"，年内落实政府资助资金1.14亿元，惠及学生约10.7万人次。加强教育宣传工作，打造集电视、网络、广播、微信微博、报刊等于一体的无锡教育"融媒体平台"，加强重大新闻发布和报道，健全舆情监测、通报和协调处理机制，组建学校舆情信息员和网络评论员队伍1575名，"无锡教育"政务微信粉丝量实现翻番，省级以上媒体刊发无锡教育报道近400篇，《新华日报》头版头条报道无锡市教育援疆工作，《光明日报》《中国青年报》《中国教师报》等重大媒体专题报道无锡教育改革发展成就。加强学校安全工作，成立市校园安全工作专家指导委员会，全面推进校园安全云管理服务平台、校园门口硬质防冲撞设施建设，针对消防、校车、危险化物品、防溺水、有害游戏等重点环节，开展安全工作大检查、大排查、大整治，表彰一批市平安校园示范校，市教育局被评为2013~2016年度综治工作先进集体并受到市委、市政府嘉奖。做好文明创建各项工作，连元街小学获评全国首批文明校园，市教育局被推荐市委、市政府记集体三等功。

（刘红生）

【扩大教育对外开放】 2017年，组建无锡—东盟国家教育交流群，举办无锡—台东中小学校长教育交流会，开展"一带一路"学生知识竞赛，启动直属学校与境外友好学校网上课堂项目，汽车工程学校、技师学院成功引进德国职业资格证书课程。全市新增境外友好学校20所，验收和立项国际理解教育特色品牌项目40个，直属学校基本实现"校校有外教"。指导国王学院外籍人员子女学

表 52 2017 年无锡市教育事业概况

	学校数	班数	毕业生数	招生数	在校学生数	毕业班学生数	教职工数(人)	
	(所)	(个)	(人)	(人)	(人)	(人)	计	其中:专任教师
1. 普通高等学校	12		33893	34784	112689	35457	9108	6189
2. 中等专业学校	21		13564	14948	44950	14561	4856	4097
3. 职业高中	2		1332	1074	3509	1313	158	143
4. 普通中学	186	5132	67957	79313	223101	68702	22671	20370
高中	45	1561	21064	23662	68367	21831		7061
初中	141	3571	46893	55651	154734	46871		13309
5. 小学	202	8537	56251	67933	374871	55620	21652	20941
6. 特殊教育学校	7	100	134	146	1199	281	343	294
7. 幼儿园	403	5614	60812	67460	190741	67372	21749	11973
8. 成人高等学校			8955	10830	23287	12397		
9. 成人中等职业学校			662	331	416	396		
10. 成人技术培训学校	989	11068	882896		655125		3824	2573
11. 技工学校	15		4725	7622	18470		2534	2060

(萧 晶 周小青)

表 53 2017 年无锡市教育经费收入情况

单位:万元

项目	全市		江阴市		宜兴市		市区	
	金额	占全市教育总经费的比例	金额	占该市教育总经费的比例	金额	占该市教育总经费的比例	金额	占市区教育总经费的比例
1. 国家财政性教育经费	1582526	87.30%	401308	94.33%	272975	90.33%	908243	83.70%
2. 事业收入	203730	11.24%	23061	5.42%	24891	8.24%	155778	14.36%
其中:学杂费收入	174623	9.63%	18040	4.24%	18890	6.25%	137693	12.69%
3. 捐赠收入	1414	0.08%	235	0.06%	422	0.14%	757	0.07%
4. 民办学校中举办者投入	4726	0.26%	139	0.03%	3825	1.27%	762	0.07%
5. 其他教育经费	20366	1.12%	665	0.16%	80	0.02%	19621	1.80%
6. 合 计	1812762	100.00%	425408	100.00%	302193	100.00%	1085161	100.00%

(过煜明)

校办学筹备，支持梁溪区实施提升教育开放度行动计划，新吴区完成波士顿外籍人员子女学校异地办学。编印《在锡高校海外招生手册》，无锡商业职业技术学院挂牌“柬埔寨留学生教育基地”,无锡科技职业学院招收首批“一带一路”项目短期留学生。

(刘红生)

【加快教育信息化建设】 2017 年，全市中小学百兆以上宽带接入率达80%,遴选第 2 批市级“智慧课堂”试点学校 30 所，建立 6 个市级“智慧课堂”实验展示室、30 所物联网感知教育基地学校，组建市级创客教育实验研发中心，组织 3 万多人次教师信息技术应用能力培训、15 万人次学生各类竞赛活动,开发启用中考志愿填报分析、教育督导评估系统、学生综合素质评价、体质监测等教育信息化管理平台(系统),承办 2017 世界物联网博览会智慧教育峰会,“一师一优课、一课一名师”上课 35149 节,无锡市“人人通”项目建设经验入选全国教育信息化优秀区域案例。

(刘红生)

【2016 无锡教育年度人物】 经社会各界推荐、专家组评审、事迹展示和网上投票环节,2017 年,“奠基未来·感动无锡”2016 无锡教育年度人物评选揭晓。他们分别是:在特教岗位上静听花开，演绎别样美好的宋振芳;心怀大爱,举全家之力援建新疆的江南大学食品学院副院长陶谦;勇攀科技高峰,践行创新之路的小发明家江苏省南菁高级中学学生凌一洲;倾情付出,帮助孩子们描绘未来蓝图的江苏省天一中学教师王明德;高墙内播洒阳光、传递正能量的市公安局监管支队第一看守所民警陈殿;坚守教育理想,引领锡山教育迈向高峰的锡山区教育局副局长

孟晓东;探索在线教育领域,永不言弃的无锡技师学院学生张敬敬;创造生命奇迹,悉心呵护学生健康的新吴区第一实验学校体育教师顾青松;热心公益,连续八年设立发放“金钥匙”奖学金的中国农业银行无锡分行党委书记、行长陈杏梅;情系苗乡,10年助学的金星中学退休教师王培。

(刘红生)

【第3届“未来大使”】 5月6日,由市教育局和市外事办公室主办的第3届无锡市“未来大使”决赛在无锡教育电视台举行。此次决赛分为“大使印象”创意表演和辩论赛两个比赛环节,20位选手展开精彩角逐。在创意表演环节,选手们紧扣“我是大使,我在瑞典南泰利耶”“我是大使,我在丹麦拜瑟克伦”主题,充分发挥想象力,用生动、新颖、具有创造力的形式进行表演,不拘一格地展现自身形象。在分组辩论环节,初中、高中组分别围绕“养儿防老是否合时宜?”“难民,接纳还是拒绝?”两个主题展开激烈辩论。最终,10位选手脱颖而出,成为第3届无锡市“未来大使”,并在暑假期间代表无锡出访瑞典、丹麦,开展友好交流活动。

(刘红生)

【设立苏顺教学金】 9月3日,无锡市企业家协会举行“扶困助贫”捐赠仪式,无锡苏顺投资集团有限公司向无锡太湖教育发展基金会捐赠50万元,专门奖励品学兼优的家庭经济困难学生。市教育局局长唐加俊表示,市教育局将坚持公开、公平、公正的原则,把苏顺集团的关怀送到每一个需要的学生手中,积极开拓资助渠道,大力宣传社会各界捐资助学的感人事迹和优秀典型,加强学生励志教育、诚信教育、社会责任感教育,把全社会对教育的关心支持转化为育人成效。

(刘红生)

高等教育

【滨江学院新校区建设项目开工】 3月28日,南京信息工程大学滨江学院新校区开工建设现场会举行,省委常委、市委书记李小敏宣布南京信息工程大学滨江学院新校区建设项目正式开工,市长汪泉、省教育厅副厅长王成斌、南京信息工程大学党委书记李廉水分别致辞。滨江学院新校区建设项目位于锡东新城高铁商务区新韵路以东、锡东大道以西、京沪高铁以南、锡山大道以北,建设用地61.16公顷,另外预留远期用地13.34公顷,项目按照近期在校生1万人、远期15000人的办学规模进行规划建设,总建筑面积305500平方米,工程投资估算24.5亿元。项目建设工期为3年,分两期进行施工建设。其中,一期工程建筑面积164600平方米,二期工程建筑面积140900平方米。项目区位优势明显,交通便利,生态良好,将为滨江学院最终建成特色鲜明、全国一流的应用型本科大学奠定坚实基础。

(刘红生)

【市政府与江南大学签署合作共建协议】 4月1日,市政府和江南大学“十三五”市校合作共建协议签约仪式举行。省委常委、市委书记李小敏,市长汪泉,市领导周英、黄钦、刘霞、高亚光,江南大学党委书记朱拓、校长陈坚出席活动,市发改委、市教育局等相关部门负责人和江南大学相关领导等出席签约仪式。会上,李小敏对市校双方再次签署合作共建协议表示祝贺,并要求市校双方全面推动协议落地,切实加强组织领导,不断拓展合作的高度、深度和广度,全面谱写合作共建、发展共赢的新篇章。朱拓表示学校将继续服务无锡经济社会发展,为建设“强富美高”新无锡当好人才库、动力源和助推器。会上,签署《无锡市人民政府、江南大学“十三五”市校合作共建协议》《关于“十三五”期间人才引进干部培养智库共建合作协议》《关于“十三五”期间江南大学无锡医学院合作共建协议》《关于“十三五”期间共同推进智能制造及产业创新发展合作协议》。根据协议,市政府将把江南大学的发展建设列入无锡市“十三五”整体发展规划,并安排2.5亿元专项资金,用于支持智能制造协同中心、江南智库等建设以及高层次人才及团队引进培育、高质量科技成果转化应用、高水平国家大学科技园建设与创新创业教育等方面。

(刘红生)

江南大学

【思想政治工作开创新局面】 2017年,江南大学深入贯彻落实全国高校思想政治工作会议和中央31号文件精神,召开全校思想政治工作会议,全面部署和落实学校思想政治工作。推进思想政治理论课建设与改革,加强听课巡课制度建设,举办形势政策课“焦点论坛”,遴选“课程思政”优秀案例,不断提高“思政课程”与“课程思政”质量。推进教师思想政治工作,选拔树立先进典型,开展主题教育活动,加强理想信念教育。加大对热点舆论的正面引导,应时而建中共十九大、校庆专题网站等。年内,在国家级媒体发表(刊登)报道334篇。

(钱 锋)

【加强领导班子和干部队伍建设】 2017年,学校严格遵循组织程序,顺利完成各级干部的换届聘任,做好后备干部推选工作。分类立体推进干部教育培训,组织中层正职赴省委党校参加专题培训,开展干部任职培训和任职谈话。获评“全国高校干部网络培训工作优秀组织单位”。扎实推进党风廉洁建设,制定党委、纪委两个责任清单。深入开展落实中央“八项规定”精神专项检查,积极迎接并配合教育部党组的巡视。巡视意见反馈后,制定整改方案和台账清单,分层分类分阶段推动整改。学校集中整改工作全面完成,2项部门整改工作稳步推进。制定基层党组织建设、发展党员工作、党费收缴使用和管理等制度文件。制定新一轮党建与思政工作考核体系。全面完成基层党组织换届工作。创设书记工作室11个,教师党支部书记“双带头人”比例达93.3%;获全国高校“两学一做”支部风采展示表彰3项,获江苏高校党建工作创新奖1项,获全省“微党课”视频一等奖、二等奖各1项。

(钱 锋)

【深化改革发展】 2017年,学校切实推进现代大学制度建设,完善学校治理体系。制定《关于坚持和完善党委领导下的校长负责制实施办法》,修订完善全委会、常委会、校务会议事规则,进一步完善民主集中制和“三重一大”决策制度。全面梳理调整各类委员会和领导小组组织架构和议事规则，开展学校规章制度清理工作，筹建现行规章制度文件库。持续推进综合改革，启动综合改革总结自评工作。现代大学制度建设、附属医院管理体制等综合改革重点、难点项目取得实质性突破。积极推动宜兴研究生院、江南博物馆、无锡智能制造协同创新中心三大项目建设工作。完成第六轮任期目标责任制实施工作。健全师德建设委员会及党委教师工作部等组织架构，不断完善宣传教育、监督反馈、师德考核等工作机制。稳妥推进基于人才队伍建设的人事分配制度改革，有序开展新一轮聘期岗位聘用工作，积极推进养老保险制度改革，稳步提高教职工福利待遇。建立健全基于风险防范的内部控制体系建设，开展年度风险评估，强化预算项目经费运转监管。成立采购与招标管理办公室，健全采购与招标工作管理体制机制。调整完善学校所属企业法人治理结构，首次开展业务层面内控审计工作。

（钱　锋）

【启动“双一流”学科建设方案】 2017年，教育部、财政部、国家发展改革委印发《关于公布世界一流大学和一流学科建设高校及建设学科名单的通知》，江南大学入选一流学科建设高校名单，轻工技术与工程、食品科学与工程两个学科入选“双一流”建设学科名单。学校围绕国家创新驱动发展战略，以科学问题为载体，服务经济社会发展为导向，科学制定一流学科建设方案并全面启动。聚力推进优势学科建设，在第四轮一级学科评估中，轻工技术与工程、食品科学与工程位列最高档A+，设计学位列A-；材料科学首次进入该学科ESI（基本科学指标数据库）全球排名前1%的行列，农学、工程学、化学、生物学与生物化学4个学科保持ESI前1%，其中农学已进入0.5‰。

（钱　锋）

【推进教育教学改革】 2017年，学校深入推进教育教学改革，全面贯彻落实新版人才培养方案，完善修读辅修专业、学籍管理等工作。加强课程建设和研究性教学，增设“至善课程奖”。立项全国教育科学规划课题10项；获江苏省教学成果10项，其中特等奖2项，一等奖、二等奖各4项。本科专业建设持续加强，4个专业接受工程教育专业认证现场考查，2个专业通过学士学位授予权评审。合理设置大类招生，生源质量稳步提升。强化就业创业师资培训，获评全国创新创业典型经验高校、深化创新创业教育改革示范高校。毕业生就业质量指数以及毕业生对学校学生管理工作的满意度均位列省内重点高校之首。深化研究生教育教学改革，获省优秀研究生工作站6个，入选省优秀博士论文4篇，学士、硕士论文抽检合格率100%。

（钱　锋）

【提升创新水平和科技服务能力】 2017年，学校食品科学与技术国家重点实验室等3个国家级平台顺利通过考核验收。获国家重点研发计划牵头项目6项、国家基金项目138项，全校到账科研经费首次突破5亿元，发表SCIE（科学引文索引扩展版）论文1498篇，其中IF≥6.0论文92篇，同比增幅65.5%，获国家科技奖励3项，何梁何利科技创新奖1项。与无锡市签订“十三五”市校合作共建协议，与亳州等8个市、县签订产学研合作协议。加大成果转移转化力度，获中国专利奖优秀奖2项，江苏省专利奖金奖1项。教育部人文社科项目立项数位居全省第一、全国第十。

（钱　锋）

【加大领军人才引培力度】 2017年，学校入选中国工程院院士等国家级领军人才9人次，引进国家杰出青年基金获得者1人。完善“至善人才支持计划”体系，实施“至善责任教授”计划，加强博士后队伍建设管理，构建人才梯队建设新格局。优化职称评审、教学科研奖励、津补贴分档发放等。

（钱　锋）

【提升对外合作交流水平】 2017年，学校“纺织生态加工关键技术学科创新引智基地”入选“111”引智基地项目，获批国家高端外国专家项目9项、江苏省“外专百人计划”项目1项。拓展中外合作办学渠道，筹建“一带一路”食品高校教育科技联盟。推进5个全英文专业建设。

（钱　锋）

【开展文明校园创建工作】 2017年，学校重点打造“艺术课堂”等文化育人精品项目，开展江南大讲堂、“高雅艺术进校园”等形式多样、健康向上、格调高雅的校园文化活动。获“礼敬中华优秀传统文化”系列活动特色展示项目和全国高校校园文化建设优秀成果二等奖。全面启动江南大学60周年校庆筹备工作。加强校友会、董事会、基金会工作的交叉融合，创新“天下江南人”线下线上宣传阵地建设，邀请秦含章、季克良等校友返校，薪火传递“江大精神”。举办“崇廉尚行”廉政教育活动、“校园廉洁文化月”等，开展领导干部警示教育、毕业生廉洁教育，营造风清气正的廉洁文化氛围。

（钱　锋）

【推进平安校园建设】 2017年，学校推进平安校园建设，确保校园安全稳定。聚焦重大活动、节假日等重要节点，密切关注重点群体思想动态，严防校园涉恐、涉暴事件苗头。强化实验室安全标准，落实安全责任追究制度，加大危险源管控，举办“实验室安全月”系列活动。修编校园总体规划，挖掘公共服务和资源配置潜力，持续改善图书馆、教学楼、食堂、公寓等学习生活环境。毕业生对学校生活服务满意度位列省内重点高校之首。

（钱　锋）

基础教育

【“智慧课堂”试点建设】 5月17日，全市“智慧课堂”试点工作推进会暨国家级课题“智慧学习环境的构建与应用”课题工作会议在蠡园中学举行。活动现场，蠡园中学的师生们以语文观摩课《沙漠里的奇怪现象》和数学观摩课《二次方根》为例，展示在智能化信息环境下课前预习、课内学习互动和课外作业的新型教学模式。活动邀请华东师范大学教授祝智庭作“智慧课堂”课题专家报告，并进行全国教育科学规划国家级课题“智慧学习环境的构建与应用”课题学校工作与成果交流会。活动还为试点学校发放“智慧课堂”实验器材，为个性化学习提供特色资源服务。年内，市教育局遴选确定第2批30所市级“智慧课堂”试点学校，省、市级试点学校增至59所。

（刘红生）

【中学生18岁成人仪式】 5月18日，江苏省青少年“四仪”服饰展示暨无锡市中学生18岁成人仪式活动在市青山高级中学举行。此次18岁成人仪式活动以“责任、关爱、立志”为主题，仪式上，同学们手书一封信，感恩对父母的养育之情；献上一束美丽的鲜花，表达对老师和对社会的感谢；校长、老师、家长的深情寄语给予孩子们学习和成长美好祝福和期许；青山中学老校友、国家一级美术师刘铁平则以一幅“爱敬诚善”为内容的书法作品，激励同学们争做社会主义核心价值观的践行者。省、市领导等还向学生代表赠送《中华人民共和国宪法》、成人徽章和成人纪念卡等礼物。

（刘红生）

【第37届中小学生“百灵鸟”艺术展演】 5月26日，由市教育局主办、市少年宫承办的无锡市第37届中小学生“百灵鸟”艺术展演颁奖仪式暨优秀节目会演在无锡市工人文化宫举行。“百灵鸟”艺术展演两市（县）五区分赛场及市属院校专场共举行36场，规模为历届之最，共有2万多名学生参与演出。经过各区比赛选拔，共有75所学校、4223名学生参加市级合唱决赛。经评选，共有36所学校获得市级金奖。活动现场，为获奖学校颁发奖状，对此次活动的优秀组织单位进行表彰。

（刘红生）

【参加全国NOC决赛获佳绩】 7月10~17日，第15届“全国中小学信息技术创新与实践活动”（NOC）决赛在青岛大学举行，全国各省、市包括澳门在内的近8000名代表参加现场决赛，规模为历届之最。无锡派出37所学校的120名选手参加角逐。在学生组物联网创新设计赛项中，无锡代表队获得团体赛一等奖，个人赛一等奖16个、二等奖44个、三等奖16个；在机器人迷宫越野赛项中，无锡代表队分获小学组二等奖和高中组三等奖；在教师组教学实践评优赛项中，无锡选手获得二等奖；此外，江苏省天一中学学生倪书楷获得大赛最高奖——教育信息化发明创新奖。

（刘红生）

积极德育拓展育人“经纬度” （丁 燕 摄）

【新优质学校建设】 7月27~28日，无锡市新优质学校“教育技术素养——学校成长故事（视频制作）”专题培训正式开班，全市25所“新优质学校”培育建设项目单位教师通过讲座、集体授课、分组参观、集体交流、分组讨论等形式，直观地了解教育技术和媒体发展的现状与前沿，学会掌握教育视频制作的技术，记录并讲述好教育发展故事。培训邀请省、市教育专家分别作《整体规划科学培育，加快新优质学校建设步伐》《价值、话语、路径：学校文化建设的若干思考》主题讲座，并安排《脚本撰写及典型视频解析》《教育新媒体的素养与表达》《摄像器材与工具的使用》《摄像与后期制作》《视频制作流程介绍》《成形作品评析》等主题教学，帮助学校学会宣传推介，把学校的优势品牌、项目宣传推介出去，讲述好学校的成长故事。

（刘红生）

【全市城乡义务教育优质均衡发展推进会】 8月16日，市政府召开全市城乡义务教育优质均衡发展推进会。副市长刘霞，市教育局、市政府教育督导室、市发改委、市财政局、市体育局、团市委等单位负责人，各市（县）、区政府分管负责人和教育局主要负责人、分管负责人出席会议。刘霞在讲话中肯定全市推进义务教育优质均衡发展所取得的成绩，要求全市教育系统进一步增强责任感、紧迫感和使命感，紧抓义务教育资源布局优化工程、义务教育学校标准化达标工程、高素质校长教师培育工程、素质教育质量提升工程，通过成立一个领导小组、制订一份实施规划、制订一个学校建设计划、推进一批重点工作、形成一个机制，为义务教育发展创造良好环境，推动城乡义务教育优质均衡发展迈出更加坚实的步伐。会上，市教育局局长唐加俊作工作报告，市政府向各市（县）、区下发《统筹推进城乡义务教育一体化促进优质均衡发展责任书（2017~2020年）》，宜兴市人民政府、梁溪区人民政府、惠山区人民政府、市人社局、市规划局分别作交流发言。

（刘红生）

【6件作品入围创新创客大赛决赛】 9月11日，由市经信委、市教育局指导，江南大学、中国移动江苏公司、中移物联网有限公司主办的2017世界物联网博览会在无锡开幕。其间，举行青少年组创新创客大赛决赛，大赛以物联网技术在智能家居、智能工农业、医疗、个人健康、安全管理、环境保护等领域的应用为背景，提出新颖、可实现的创意，并形成包含创意内容、实现方案、应用前景等内容的设计报告或设计、制作一个具有一定功能和应用价值的物联网应用原型系统。大赛自7月份启动，共收到来自全国的71件作

品，经过初审，共评选出40件作品入围决赛。决赛采用专家逐一对作品进行评审的方式评比，最终评选出一等奖8个，无锡有6件作品入围。

（刘红生）

【首届青少年科普剧创作会演】 11月24日，由市科协、市教育局主办，市少年宫承办的无锡市首届青少年科普剧创作会演举行，全市15家演出单位共16个优秀剧目围绕“体验科技、感受快乐”主题，从节约能源、保护环境、健康生活等方面展示风格多样的科普剧表演。无锡市第一女子中学“自然之友社团”的科普剧《减肥风波》、无锡市南泉中心幼儿园的科普剧《下雨了》展现出较高的艺术表演水平，最终获得该届青少年科普剧创作会演一等奖。活动旨在创新科普工作的传播模式，谋求科普与教育、文化的融合发展，通过科普剧独特的表现形式，普及科学知识和科学理念，让青少年们在观剧中接受科学知识，感受科学精神，激发广大青少年学习科学知识的浓厚兴趣。

（刘红生）

【中小学德育工作现场观摩会】 12月14日，第4届无锡市中小学积极德育研讨会暨全国中小学德育工作现场观摩会在太湖格致中学举行。会议以“贯彻德育指南，实施积极德育，锤炼师生品格”为主题，来自全国中小学校400多名德育工作者齐聚锡城，共同研讨新时代下中小学德育创新实践的新经验和新思路。会上，与会人员观看讲述无锡中小学德育工作探索实践的专题片《立德树人 固根铸魂》，无锡市教育局作《走向积极的学校德育——无锡积极德育的实践探索之路》经验介绍。华东师范大学心理与认知科学学院副教授席居哲作《积极教育与德育：机遇、融合与创新》的专家报告，无锡市滨湖区教育局、无锡市梨庄实验小学等分享德育工作的实践与经验。研讨会还进行主题班会课、学生社团、教师沙龙等系列展示活动，共同研究探讨，进一步推进中小学德育工作的创新与实践。

（刘红生）

【减轻中小学生课业负担】 11月23日，市教育局召开规范学校管理切实减轻中小学生课业负担部署推进会。市教育局、市政府教育督导室相关职能处室负责人，各市（县）、区教育局、政府教育督导室相关负责人，各有关直属院校、事业单位、市属民办学校相关负责人出席会议。会上发布《无锡市规范学校管理减轻中小学生课业负担专项行动方案》，专项行动分自查自纠、市级督查、督查总结3个阶段，市教育行政部门针对群众反映强烈的中小学执行课程方案不严、家庭作业时间过长、学校节假日违规补课、校外培训机构违规办学、作息时间安排不科学等问题进行全面督查，进一步规范中小学办学行为，切实减轻学生过重课业负担，更好地营造深入实施素质教育的良好环境。会议要求，各地各校要把开展规范学校管理减轻中小学生课业负担专项行动摆上重要位置，确保思想认识到位、工作责任到位、措施落实到位；要坚持开门整改，及时向家长委员会、学校理事会进行通报，让社会和家长充分知情，同时通过行风监督、民主评议、民意调查等方式，主动接受社会和家长监督。

（刘红生）

职业教育

【职业教育活动周】 5月7日，由市教育局、市发改委、市经信委、市财政局、市人社局、团市委等8个部门联合主办的2017年无锡市职业教育活动周正式启动。此次职业教育活动周围绕“共筑职教梦，喜迎十九大”主题，各职业院校开放校园、开放赛场、开放企业、走进社区，充分展示职业院校办学水平、服务经济社会发展的能力和职业院校师生良好的职业素养。此次活动还在二泉广场开设第二现场，全市各职业院校开展舞龙表演、武术表演、乐器独奏、歌唱、舞蹈、礼仪展示等文艺演出，并在现场设立摊位提供西点制作、家电维修、艺术插花、美容美甲等便民服务项目，吸引市民的广泛关注。

（刘红生）

【57项作品在全国中职学校大赛中获奖】 5月10日，第13届全国中等职业学校“文明风采”竞赛总结表彰会在青岛举行。在此次大赛中，无锡职业学校选送的学生作品共有57项获奖，其中，一等奖10个，二等奖13个，三等奖14个，优秀奖20个。无锡技师学院徐歆玥《一份保单的背后》、无锡汽车工程中等专业学校吴越东《炼技修心，筑梦成匠》获得征文比赛一等奖，江阴中等专业学校张蕾《拒绝平庸，追求极致》、马其盛《我爱你中国共产党》、无锡技师学院王雪婷《工匠的背后》获得演讲比赛一等奖，无锡文化艺术学校吴琳祎《传承》、江阴中等专业学校胡彬琰《跳动的音符》获得摄影比赛一等奖，无锡技师学院《下一站梦想》获得微视频比赛一等奖，无锡文化艺术学校《首演前夜》、江阴中等专业学校《狮舞青春》获得舞蹈比赛一等奖。同时，无锡技师学院王芳等15名教师获得优秀指导教师奖，无锡技师学院（立信中专）、无锡文化艺术学校、江阴中等专业学校、无锡机电高等职业技术学校获得优秀组织奖。

（刘红生）

【“大国工匠进校园”活动】 6月16日，由教育部关心下一代工作委员会、中华全国总工会宣教部联合主办的“大国工匠进校园”活动总结部署会在无锡机电高等职业技术学校举行。全国各省、自治区、直辖市教育厅（教委）关工委负责人、江苏省各设区市教育关工委负责人、无锡市所辖市（县）区教育局关工委常务副主任、在锡职业院校负责人等400人参加活动。活动现场，来自中国船舶重工集团702研究所水下工程研究开发部职工、“蛟龙”号首载人潜水器首席装配钳工技师顾秋亮，中航工业西飞公司首席技能专家、高级技师李世锋现场展示精湛技艺，与师生进行面对面互动交流，传授做人学艺的经验和体会，激励学生爱岗敬业、精益求精、报国奉献。

（刘红生）

【首次发布职业教育质量报告】 8月，市教育局发布《无锡市2016年度职业教育质量报告》，集中展示现代职业教育创新发展的总体情况，这是无锡发布的第一份关于职业教育的质量报告。报告简要回顾全市职业教育的发展历程，从基本情况、党建引领、学生发展、教育教学、产教融合、国际合作、服务贡献、政府履责、面临挑战等方面，对 2016 年度职业教育的发展情况与院校特色进行总结。报告显示，全市现有高职院校（包括开放大学）11 所、五年制高职校和中职校 24 所、技工院校 15 所、职业技能鉴定机构 38 个。在 2016 年中国高职高专院校竞争力排行榜中，无锡职业技术学院列全国第 6 名、江苏省第 1 名。在 2016 年度江苏高职院校人才竞争力 30 强中，无锡职业技术学院列第 2 名，无锡商业职业技术学院列第 11 名，江苏信息职业技术学院列第 25 名。同时，无锡机电高等职业技术学校、江苏省无锡汽车工程中等专业学校、无锡旅游商贸高等职业技术学校、无锡卫生高等职业技术学校、江苏省无锡交通高等职业技术学校、江苏省惠山中等专业学校 6 所学校获评江苏省高水平现代化职业学校。

（刘红生）

特殊教育与校外教育

【特殊教育学校综合督导】 3 月，市政府教育督导室制定出台《无锡市特殊教育学校综合督导方案》。特殊教育学校综合督导按每 3~5 学年为一轮，督导对象为全市聋哑、培智等各类特殊教育学校，旨在督促政府和教育行政部门依法履行职责，切实保障残疾人受教育权利，促进特殊教育事业持续健康发展；督促、指导学校依法办学，遵循教育规律，深化特殊教育课程教学改革，优化学校管理，加强特殊教育教师队伍建设，全面提高办学水平和教育质量；引导社会、家长用科学的标准评价学校的办学水平，关心和支持学校工作。5 月 15 日，市政府教育督导室专家小组对无锡特殊学校开展为期 3 天的素质教育督导工作，通过查阅台账、查看现场、分组检测、师生问卷、个别访谈等多种形式，对特殊学校近五年的发展进行全面、具体、细致的督导评估，并向学校反馈评估意见。

（刘红生）

【家庭教育专家报告会】 3 月 25 日，由市教育系统关心下一代工作委员会主办的无锡市家庭教育专家报告会在江苏省天一中学举行，无锡市区、南京、苏州、镇江、常州、太仓、宜兴等地的共 500 位家长代表参加报告会。会上，天一中学校长沈茂德作题为“共同的话题 如何帮助孩子们发展得更好”的专家报告，分享 30 年的教育实践经验和体会，让父母用生活的言行为孩子树立一个标杆，在家庭生活的许多细节中优化孩子的性格与习惯。报告会还对无锡市教育系统关工委、无锡市妇女理论与家庭教育研究会评选出的首批优秀家庭教育专著及优秀家庭教育校本课程教材的获奖单位及作者进行颁奖。

（刘红生）

【梁溪区特殊教育工作获教育部肯定】 4 月 6 日，教育部基础教育二司巡视员李天顺、基础教育二司特教处处长黄伟，江苏省特殊教育专业委员会理事长丁勇一行到访梁溪区，考察残疾儿童少年就读工作情况。在兰亭小学，李天顺察看随班就读资源教室、书法陈列展览中心，观摩资源教师“小课堂”辅导。在梁溪区特殊教育学校，李天顺参观水治疗室、美术室、音乐室、康教结合理疗室等，对梁溪区特殊学校取得的成绩给予充分肯定。在听取梁溪区教育局工作情况汇报后，李天顺指出：梁溪区特殊教育工作高点定位，理念先进，领导重视，建设规范，工作严谨细致，成效明显，特别是“一人一案、一人一表”保障了残疾儿童少年入学全覆盖，梁溪区特殊教育工作是全国的标杆。

（刘红生）

【唐翔千事迹陈列室开馆】 4 月 22 日，唐翔千事迹陈列室开馆暨画册首发式在无锡机电高等职业技术学校举行。全国政协常委、上海唐君远教育基金会理事长唐英年，唐翔千夫人、上海交通大学名誉博士唐尤淑圻，基金会副理事长唐庆年，基金会会长、原复旦大学校长王生洪，基金会理事、无锡联络处主任、原无锡市政协副主席、原统战部部长雷焕文，无锡市委常委、统战部部长陈德荣等领导出席活动。上海唐君远教育基金会理事及学校师生代表 200 余人参加活动。唐翔千事迹陈列室设在无锡机电高等职业技术学校“君远模具楼”，以翔实的文字、图片、实物以及多媒体音响资料等展示唐翔千爱国、创业、重教的事迹，被无锡市委宣传部命名为无锡市爱国主义教育基地。活动现场，唐英年、唐尤淑圻、陈德荣及雷焕文共同为唐翔千事迹陈列室揭幕，唐英年向单位代表赠送唐翔千画册。

（刘红生）

【市属院校关工委领导（骨干）培训班】 5 月 27 日，市属院校关工委领导（骨干）培训班在中国企业管理培训中心举行，市属院校关工委的在职分管领导、关工委常务副主任及关工委秘书长近 70 人参加培训。参加培训人员认真学习习近平总书记关于做好关心下一代工作的重要指示精神，切实增强使命感、责任感；坚持服务青少年的正确方向，帮助青少年成长成才成人；发挥老同志的作用，推动关心下一代事业健康发展。培训班上，市教育系统关工委主任张志新作关工委工作报告，无锡市辅仁中学、无锡师范学校附属小学、运河高中、退休教师代表等分别介绍各自关工委工作的经验做法。

（刘红生）

【家庭教育工作专题培训】 10 月 13 日，由市教育局、市妇联联合组织的 2017 年无锡市家庭教育工作专题培训班举行，全市 100 所优秀家长学校的负责人参加培训。培训班邀请专家以讲座形式，就家庭教育的内容和着力点、家庭教育面临的问题等方面进行剖析和引导，帮助学员了解家庭教育指导服务模式，拓展家庭教育服务指导视野，深入开展家庭教育工作。开班仪式还对江阴市南闸实验学校养正家长学校等 30 所示范家长学校、无锡市沁园小学和美家长学校等 70 所优秀家长学校进行表彰。年内，市妇联、市教育局、市关工委等 8 个部门联合出台《无锡市家庭教育工作“十三五”规划》，明确全市教育工作紧紧围绕立德树人根本任务，以培育和践行社会主义核心价值观、加强儿童思想道德教育为核心，以强化家长家庭教育主体责任、提高家长家庭教育水平、培养儿童优良品质和健康人格为目标，以文明家庭创建活动及家庭教育宣传活动为载体，着力推动中华优秀传统文化、家庭美德以及科学的儿童发展观宣传教育，建立健全家庭教育指导服务体系。

（刘红生）

【教育培训市场专项整治】 9月25日，市教育局、市工商行政管理局、市民政局、市公安局、市物价局联合发布《关于开展全市教育培训市场专项整治行动的通知》，明确于12月中旬前完成专项整治工作。此次整治行动由各市（县）、区教育部门牵头，市场监督、民政、公安、物价等部门配合，重点排查整治面向中小学、幼儿园学生校外培训的民办培训机构有无经营资质、有无超许可范围经营、有无校舍安全隐患、有无乱收费行为、有无聘用在职教师任教、有无广告违法等办学行为。对无证经营、超许可范围经营的，若符合申办条件，限期办理审批手续；对拒不补办手续或不符合准入条件的，坚决依法取缔。整治行动分为3个阶段，9月中旬至10月中旬为摸底排查阶段，10月中旬至12月中旬为整治行动阶段，12月为检查验收阶段。年内，全市共完成排查教育培训机构1184家。

（刘红生）

幼儿教育

【公益性早期教养指导活动】 3月27日，全市开展公益性0~3岁婴幼儿早期教养指导活动。此次活动由各地教育行政部门组织实施，卫生计生、妇联等部门共同参与，协同配合。全市304所幼儿园和早教机构作为0~3岁婴幼儿早期教养指导服务点，开展公益性0~3岁婴幼儿早期教养指导活动，指导内容涵盖亲子游戏、育儿咨询、专家讲座、户外体育活动等，26229名0~3岁婴幼儿及其家长在活动中接受优质的早教指导服务。此次公益性早教服务指导点比上年增加90个，受益人数比上年增加5697人。10月26日，全市还开展第二次0~3岁婴幼儿及其家长公益性免费指导活动。

（刘红生）

【无锡与贵州毕节结对共建幼儿园】 5月17日，江苏省无锡市幼儿园与贵州省毕节市陶研项目幼儿园结对共建行动签约仪式在无锡实验幼儿园举行，贵州省陶行知教育思想研究会、毕节市教育局、无锡市教育局以及无锡市陶行知教育思想研究会相关代表参加活动。活动中，毕节市18所幼儿园和无锡市18所幼儿园就结对共建进行签约，在为期3年的时间中，36所幼儿园将在教育研究、课程改革、园务管理等方面进行相互交流，在共建行动实施中实现共同成长。双方结对共建行动，旨在更好地践行陶行知教育思想，深化学前教育改革，增进毕节市和无锡市幼儿园之间的友谊，形成常态化的互动交流机制，促进两地幼儿园园长管理能力和教师专业素养的提升。

（刘红生）

【“变废为宝”幼儿创意大赛】 6月13日，市教育局、市环保局、市城管局联合主办的第7届“变废为宝——敲敲打打 嗨翻天”创意大赛在无锡市五爱实验幼儿园举行，江南艺术幼儿园、侨谊幼儿园、胡埭中心幼儿园等17所幼儿园师生代表参加活动。比赛中有中国风、街头风、原始部落等元素，通过奇妙构思，不同材质的废旧物品在师生们的手中变成有价值的存在。活动旨在推进幼儿园课程游戏化建设，鼓励广大教师和幼儿挖掘生活中各种废旧材料，制作适宜幼儿进行打击乐游戏的器材，培养幼儿合作和创作能力；同时，通过活动加强幼儿生态文明教育，增强节约意识、环保意识，体验环保乐趣，养成节约资源和保护环境的意识。

（刘红生）

【课程游戏化项目建设研讨】 11月14日，无锡市课程游戏化项目建设现场研讨会在侨谊幼儿园金科分园、古运河实验幼儿园以及玲兰实验幼儿园同步展开，全市数百位幼儿园园长、教师参与现场观摩与研讨。此次研讨以提升课程适宜性为重点，积极建构“儿童本位”的活动环境，顺应幼儿的兴趣与需要，关注幼儿学习与发展的整体性，帮助教师在课程的审议和改造中得到专业滋养和发展，让幼儿在课程中成为活动的主人，在灵动的课程中自然地学习成长。侨谊金科园分会场以“灵动的课程，倾听自然生长的声音”为活动主题，从现代科技、动植物世界和日常生活为切入点，开展“神奇的二维码”“能干的机器人”“奇妙的光影”等多种有趣的游戏，该园教师还以“微课程”故事分享、园长课程游戏化实施专题报告等形式，展示幼儿园课程变革的成果。本次活动还借助无锡校园直播聚合平台，使得未到现场的教师们在线收看3个场地的活动直播，扩大了师资培训的受众范围。

（刘红生）

【幼儿园规范办园行为专项督导检查】 11月29日起，根据教育部、省教育厅部署要求，全市开展幼儿园规范办园行为的专项督导检查工作。此次幼儿园规范办园行为专项督导主要包括检查落实幼儿教育准入机制、完善安全风险防控机制、优化办园质量监测机制、构建师德师风长效建设机制、建立幼儿园管理随机抽查机制等。通过督查，建立幼儿园办园行为常态监测机制，及时了解幼儿园办园行为和基本运行情况；加强对幼儿园工作的业务指导，督促幼儿园充分尊重幼儿身心发展规律，合理安排幼儿一日生活作息，坚决杜绝简单粗暴命令式管理；加强园（所）与家长监护人之间的有效沟通，共同做好幼儿保育和教育工作；对幼儿园伤害幼儿等恶性事件，发现一起，查处一起，坚决防止幼儿园伤害幼儿事件的发生，切实保障幼儿安全健康。

（刘红生）

教 师

【特级教师后备人才高级研修班】 4月13日，无锡市第6期特级教师后备人才高级研修班在无锡市凤翔实验学校举行，60名具有发展潜力、年龄50周岁以下的各学科优秀教师参加培训，强化基于教学现场、走进真实课堂的培训。本期培训开设10节课，涵盖小学、初中阶段语文、数学、英语、科学、物理等课程，培训师资由高校专家、教研员以及一线特级教师、正高级教师组成。其间，10名参训学员代表围绕“教育行动研究与智慧课堂建构”这一主题现场开课展示，通过互动交流、教学研讨、教学观摩、现场诊断等形式，用先进的理念反思课堂教学，研究课改背景下课堂教学改革的发展趋势与方向，学习优秀教师的教学艺术，进行“智慧课堂”建构的实践。专家、特级教师给出及时有效的点评与建议，促进参加培训教师们提高教学研究和教学实践的能力和水平，聚焦课堂，通过课堂教学研讨、观摩交流及与优秀教师对话等方式，在创新学科教学中形成个性化的教学风格，提升教学智慧，成长为智慧型教师。

（刘红生）

【中学班主任心理健康教育培训】 4月22日，全市中学班主任心理健康教育主题培训班开班。培训采用理论学习、操作训练、案例分析和实践锻炼等方式，对全市120名中学班主任开展心理健康教育培训。培训班邀请中国科学院心理研究所、华东师范大学、南京师范大学、梅村高级中学、羊尖中学等学校和机构的知名专家、学者，从学校心理健康教育之现实依据和指导思想、理论基础、有效指导方法、实用技能等课程模块开展培训，并针对家庭教育、学生群体以及班主任本身的情绪状况进行个别分析，对班主任的心理学专业技能进行培训。培训分为现场授课和网络授课两部分，现场培训安排在4月22日~12月15日期间，除暑假之外每月两次，共计12次课程；网络学习从4月23日~6月23日为期两个月，学员完成网络学习及相应的习题测试。培训结束后，还对学员进行相关考核，考核通过者方可结业。

（刘红生）

【暑期领导干部专题研修班】 7月5~7日，市委教育工委举办的2017年度暑期领导干部专题研修班在江南大学举办，市委教育工委中层以上干部，直属院校、事业单位全体领导班子成员，市属民办院校党政主要负责人参加培训。市委教育工委书记、市教育局局长唐加俊以“旗帜鲜明讲政治”为主题，给研修班成员上开班第一堂党课，要求广大党员干部深刻认识旗帜鲜明讲政治的重大意义，坚定笃行旗帜鲜明讲政治的原则要求，切实增强旗帜鲜明讲政治的内在自觉。此次培训以“教育改革发展新常态与新思路”为研修主题，通过专家讲座引领、互动交流讨论、管理经验分享等形式，学习教育管理前沿理论与理念，旨在进一步拓展教育管理者视野，提高管理能力，增强对教育管理的专业理解与认识、专业知识与方法、专业能力与行为，推动教育管理工作从“经验”走向“专业”。

（刘红生）

【无锡教育代表团赴阿合奇县慰问考察】 7月1日，无锡教育代表团一行10人赴无锡对口支援的新疆阿合奇县进行慰问考察。代表团出席在同心中学举行的2016~2017学年无锡援疆教师表彰大会，阿合奇县县委副书记、教育工委书记买买提·艾力，县委副书记、无锡市前方工作组组长吴伟君，无锡市教育局副局长吴洵如出席会议。会上，优秀援疆教师代表黄力凡、王以宣、白献萍交流分享援疆工作情况和感想。梁溪区、惠山区、锡山区、滨湖区教育局为阿合奇县新建的4所幼儿园进行财力捐赠，新吴区教育局、无锡教育电视台、无锡市教育信息化管理服务中心为同心中学教学发展进行捐赠。无锡教育代表团还实地考察同心中学、职业高中、华能托河小学、第三幼儿园、团结小学，并与当地教育局领导和学校校长进行座谈，研究探讨更好推进教育援疆工作。

（刘红生）

【第16届教师技能大赛】 9月6日，无锡市第16届教师技能大赛电视总决赛举行。该届教师技能大赛从5月开始，吸引各市（县）、区教师的广泛参与，选手们通过新学期教师寄语、微型课展示、板书设计、专长展示、成果展示等项目比试，历经分区预赛、全市复赛、上镜面试、半决赛等多个环节的层层角逐，展现广大教师精湛的业务能力和卓越的教学风采。决赛现场，6位选手分为小学组和中学组，分别参加素质考核、微课展示和特长展示3个项目的比赛，经过现场专家评审团的评审和打分，最终，无锡惠山小学丁铭亚和无锡市洛社高级中学叶涛分别获得大赛小学组和中学组特等奖，其余入围半决赛的13位选手荣获大赛一等奖。

（刘红生）

【出台《太湖教育人才计划实施办法》】 12月25日，市人才办、市财政局、市人社局、市教育局联合出台《太湖教育人才计划实施办法》（以下简称《办法》），在全市重点支持对外引进、自主培育5类教育人才：教育名家人才、教育专家人才、教育杰出人才、教育优秀人才、教育青年人才。《办法》明确，面向无锡市外引进一批代表国内教育教学先进水平、创新实践能力卓越的高端教育人才；同时，立足本土培养造就一批育人成绩显著、社会广泛认可、在市内外具有较大影响力的杰出人才。《办法》适用于无锡市中小学、幼儿园、特殊教育学校、职业院校（含市属高校）和其他教育机构（包括教育教学研究机构、教师发展机构、校外教育机构、教育信息化机构等）。《办法》为人才提供较为丰厚的政策待遇，包括安家补贴、租房补贴、一次性奖励和人才津补贴等，各项奖补标准无论从地域角度或行业角度，都具有一定的竞争力。《办法》在为教育人才提供较大力度扶持政策、倾力搭建平台的同时，将进一步加强对人才的考核管理，强化绩效考核和动态管理，充分发挥教育人才的引领、示范和辐射作用。

（刘红生）

编辑　顾洪兴

综 述

【概况】 2017年,全市文化广电新闻出版系统认真学习宣传贯彻中共十九大精神,紧密围绕市委、市政府实现"强富美高"新无锡的工作部署及要求,不断坚定文化自信,全力完善现代公共文化服务体系,努力提升文化遗产保护水平,不断壮大文化产业规模,加快推进新闻出版广电行业发展,积极引导文化市场繁荣有序发展,全市文化建设取得显著成效。全年组织各类公益性演出3764场,送戏下基层2083场,送电影下基层11912场。

(刘海荣)

【打造文化惠民工程】 2017年,两项政府为民办实事项目成功落地,基层多功能综合性文化服务中心建设数量达320余个,比上年增长45%;另一项"吴韵书香"城市阅读联盟建设,城区50个阅读联盟点年内完成挂牌验收。群众特色文化团队小额资助首创星级评定,分梯次扶持505支团队,鼓励争先创优。新创建省五星级示范"农家书屋"4家,总数继续保持全省第一。文化信息化建设创新突破,市图书馆全面完成流通图书RFID改造,开通市民卡图书借阅功能,创新"信用+阅读"网上借阅和手机电子证扫码借阅模式。无锡博物院"电视博物馆"项目建设完成。吴歌、无锡评曲、玉祁双套酿造技艺3个"非遗"项目完成抢救性数字化记录。全市公共文化场所普遍建立智能门禁计数系统。

(刘海荣)

【文化活动精彩纷呈】 2017年,全市文化系统"激情周末"广场文艺展演活动全年献演260场,创历年新高。第19届中国上海国际艺术节无锡分会场成为历年来举办时间最长、剧目数量最多、国外团队最多的一届。第8届中国京剧艺术节无锡分会场和第3届中国歌剧节无锡分会场精彩剧目在无锡上演,满足群众多样性文化需求。2017无锡市"喜迎十九大·幸福舞起来"社区广场舞大赛吸引两市五区500多支团队参与,展现出全市范围内向上向善、邻里守望的社会风尚。首届少儿艺术大赛吸引全市1378位小朋友报名参加,呈现少年儿童艺术普及的蓬勃业态和丰硕成果。2017无锡阅读盛季、首届书香樱花季系列活动月、"全民阅读手拉手·春风行动"等全民阅读活动掀起全城"悦读"风潮。2016年全市居民综合阅读率达93.97%,实现全省领先。

(刘海荣)

【争创文艺精品力作】 民族歌剧《二泉》入选文化部2017"中国民族歌剧传承发展工程"重点扶持剧目,作为第3届精彩江苏艺术展演月闭幕演出剧目和中国歌剧节参演剧目精彩亮相。民族舞剧《画女情怀》入选国家艺术基金2017年度资助项目。社会主义核心价值观主题滑稽戏《屋檐下的蓝天》完成首演。锡剧《徐霞客》等12个项目获得江苏艺术基金立项资助。小戏《今天老师来家访》入选2017年全国基层院团戏曲会演。锡剧《珍珠塔》选段"前园会"亮相全国新年戏曲晚会,舞剧《英雄玛纳斯》、电影《西游记之三打白骨精》等5部作品获得省第10届精神文明建设"五个一工程奖"。歌曲《山水家园》、油画《遗失的水乡》分获第3届江苏省文华表演奖和文华美术奖。国家艺术基金资助项目《珍珠塔》在全国15个省、22个城市开展巡演。舞剧《聊斋·竹青》赴南京作为开幕式剧目参加2017"春之舞"中荷舞蹈节,并赴常州、重庆等地巡演。"山河颂·无锡画家万里采风作品展"在河北美术馆成功举办。

(刘海荣)

【推进文化体制机制改革】 2017年,全市深入推进文化市场综合执法改革,《无锡市关于进一步深化文化市场综合执法改革的实施方案》经市委讨论通过。围绕建立同城一支执法队伍的改革要求,归并市、区执法职能,合理制定"三定"方案,协调解决机构人员编制、办公用房和执法车辆保障配备,推进改革工作走向深入。进一步深化行政审批改革,承接省级下放权力事项15项。政务服务体系初步建立,政务服务事项基本具备在线申办功能。

（刘海荣）

【加强文化遗产保护】 2017年，全市文化系统推进惠山古镇加入江南水乡古镇联合“申遗”，第一次全国可移动文物普查收官，基本摸清全市可移动文物底细。完成华蘅芳故居等一批国保、省保单位的修缮工程。有效落实文物安全动态管理，全市开展文物安全执法巡查2300余次。推进“非遗”保护活态传承，弘扬优秀传统文化，第5批市级“非遗”代表性项目、代表性传承人和第2批市级“非遗”传承示范基地和生产性保护示范基地推荐评选工作启动。“非遗”进学校、“非遗”进社区等系列活动常态化开展。

（刘海荣）

【公共文化服务群众满意度与知晓率测评】 2017年，无锡市公共文化服务总体满意度为84.38分，比上年提高0.44分，其中，宜兴市、江阴市得分超过全市平均水平。按分值排序为：宜兴市91.34分，江阴市89.20分，新吴区83.94分，惠山区82.16分，锡山区81.41分，滨湖区81.04分，梁溪区80.37分。

（刘海荣）

【文化援建新疆阿合奇县】 7月，由无锡市文广新局、市书画院、市广电集团、报业集团组成的文化援疆小组赴新疆克州阿合奇县开展文化援疆，向阿合奇县同心中学（无锡援建、初中）捐赠国学、社科类等文化书籍1000册，为“吴韵书香”阿合奇县读书联盟揭牌，向阿合奇县文工团捐赠两台数码相机。在阿合奇县期间，援疆小组还协助当地共同策划无锡援建阿合奇县10周年晚会、论坛等相关活动，同时对当地的游牧民及援疆干部、医生、教师等开展新闻采编，在电视、报刊等媒体上开展广泛宣传，展示援疆干部风采、阿合奇县经济社会事业发展成就及文化旅游资源等。市书画院的画家则通过艺术采风，用画笔记下阿合奇县秀美的自然风土人情。

（刘海荣）

【开展“文艺进万家”文化惠民活动】 1月20日，无锡市文联、市书法家协会组织30余位书法家，分成3组，走进梁溪区惠山街道盛岸一村等3个社区，为社区居民写春联送祝福，受到当地居民的欢迎。元旦、春节期间，市文联组织“文艺进万家”文化惠民系列活动，其中写春联活动就有30多场，书法家们深入社区、乡村、军营、警营、企业送福送春联。市民间文艺家协会和文艺类社团还举行各类展览、展示、展演活动30余场，包括新春音乐会、“非遗”展示进庙会、美术作品展、艺术讲座交流等，免费向市民开放。

（孙必勇）

【开展“非遗”展示系列活动】 1月22日~2月2日，由无锡市民间文艺家协会等举办的“约荟中国年”活动精彩纷呈，近20项各种“非遗”展示项目轮番展演，各显风采，有惠山泥人、锡绣、竹刻、糖画、九连环、玉祁老酒、草编、面塑、胡琴等，吸引众多的市民观众。2月5日（正月初九），市民间文艺家协会又在梅村的泰伯故里江南地区的第一场庙会上举办“非遗”展示活动，近20项无锡非物质文化遗产传承人，在泰伯广场上集中展示“非遗”项目。正月十五元宵节前后，市民间文艺家协会灯谜专业委员会与相关部门分别在荡口古镇圆通寺、市文化馆、无锡百草园书店和江阴图书馆举办灯谜竞猜活动，数千条有奖竞猜的灯谜吸引大量的灯谜爱好者，为元宵节增添浓厚的文化气息。

（孙必勇）

【市文联召开十届二次全委（扩大）会议】 3月23日，无锡市文联十届二次全委（扩大）会议召开。会议的主要任务是落实省文联全委会和全市宣传部长会议精神，谋划文艺发展大计，共商新一年文联工作。市文联十届委员会委员，各协会主席、副主席、秘书长，文艺社团代表，以及文联机关全体人员近百人参加大会。无锡市委常委、宣传部部长王国中在会上讲话，为新一年文艺工作的开展进一步明确方向。市文联主席金元兴在会上作题为《坚定文化自信 坚持服务人民 自觉担当繁荣无锡文艺事业的历史使命》工作报告，回顾总结2016年工作，并对2017年度工作作出全面部署。会上宣读《市文联关于完善会议、活动履职情况统计工作的通知》，对《无锡市文联会议制度》进行说明。市摄影家协会、市音乐家协会、市曲艺家协会、市检察院文联、市锡剧戏迷协会先后进行交流发言。无锡市委宣传部副部长、市文联党组书记陆惠玲作总结讲话。

（孙必勇）

【无锡监狱举行文联揭牌仪式】 9月13日，无锡监狱文联揭牌仪式举行，无锡市政协副主席、市文联主席金元兴，无锡监狱党委书记、监狱长戴国牛共同为无锡监狱文联揭牌。无锡市文联秘书长毛建安首先宣读无锡市文学艺术界联合会《关于同意成立“无锡监狱文学艺术联合会”的批复》，并表决通过《无锡监狱文学艺术联合会章程》和无锡监狱文联理事会建议名单。

（孙必勇）

【无锡首个村级文联成立】 9月16日，无锡市第一个村级文联——江阴市华西村文学艺术界联合会宣告成立，中国作家协会副主席何建明担任名誉主席。江苏省文联书记处书记、党组成员徐昕，无锡市政协副主席、市文联主席金元兴，江阴市委常委、宣传部部长程政等领导出席成立大会。江苏省文联主席、党组书记章剑华专门发来贺信，他在贺信中表示，将农村文联工作落到实处，对于建设社会主义新农村有着十分重要的意义，文联入驻农村势在必行；成立村级文联，正是华西村一个很好的尝试，也为今后文联的工作提供了更宽阔的思路。华西村文联下设文学协会、书画协会、戏剧曲艺协会、音乐舞蹈协会、摄影协会等5个专业文艺协会，共有会员160名，全部都是村企各个岗位的文艺骨干及文艺爱好者。

（孙必勇）

文学

【《东林文化丛书》首发】 1月5日，《东林文化丛书》首发式在东林书院举行，此次首发的为《东林文化丛书》第一辑，共3本，分别为《东林先贤励志故事选》《东林诗词选注》《中国优秀传统文化治国理政语录》。《东林先贤励志故事选》收录27位有代表性的东林先贤爱国敬业、诚信友善等方面有代表性、青少年喜闻乐见的故事，增加青少年对优秀传统文化的认识。《东林诗词选注》选录东林学人诗词共90首,为古代东林书院的师友、学子和东林党人所吟诵、撰作、唱和的诗词,及后人考察瞻仰东林书院旧址,凭吊、纪念东林党人有感而作的名篇。《中国优秀传统文化治国理政语录》在摘录东林先贤讲学过程中大量运用的有关治国理政、修己安民的孔孟语录的基础上,从30余种古代典籍(先秦为主)中,摘选部分代表性语录,共计300条,分类编列,据意诠释,注明出处。

(刘海荣)

【举办无锡网络文学作家沙龙】 3月4日,由咪咕数媒与无锡网络作家协会联合发起的"无锡网络文学作家沙龙"在南长街199D咖啡书店举办。该活动作为"咪咕万里行"作者寻源计划系列活动的首站,汇集20余家中央及地方级媒体共同报道,媒体总曝光量超过千万次。近40位网络文学作者应邀参加活动,著名网络文学作者"无罪""傲无常""缘分0"等就网络文学创作、IP改编及粉丝运营等话题发表看法,分享他们的创作经验。著名编剧张险峰结合自身丰富的创作经验,详细解读文学创作与影视改编的艺术区别,深入分析编剧在小说影视化过程中的作用。随后,咪咕数媒原创内容业务部主编介绍"咪咕阅读作家福利体系"。

(孙必勇)

【市民文学季系列活动启动】 4月23日,无锡市首届市民文学季经典作品朗诵会在无锡音乐厅举办。这次朗诵会是全市"爱阅之城,诗意无锡"——2017无锡阅读盛季活动的开篇章,朗诵会分"旧影""新韵""恋故""钟情""尾声"5个部分,10多篇经典散文、诗歌、话剧、词曲作品,由数十位作家、学生代表、市民代表倾情诵读,让广大听众享受文学之美。阅读盛季启动仪式后,举行颁奖仪式,为获得无锡市第4届"十大书香家庭"奖(及入围奖)和"优秀组织奖"的家庭和单位进行表彰。

(孙必勇)

【汤祥龙获中国寓言文学"金骆驼奖"铜奖】 11月4日,中国寓言文学研究会第6届"金骆驼奖"创作奖在西施故里浙江省诸暨市揭晓并颁奖,中国作家协会会员、无锡作家汤祥龙的寓言专著《一千零一篇黄金寓言》获得中国寓言文学"金骆驼奖"创作奖铜奖。

(孙必勇)

影剧

【电影票房收入突破6亿元】 2017年,无锡电影票房收入6.09亿元,比上年增长11.1%,列全国城市票房收入第18位,江苏省内第3位,位居苏州、南京之后。无锡全年观影人数达1920万人次,比上年增长13%,相当于每个无锡人年均观影3次。2017年无锡新增电影院11家,影院总数达89家,银幕总数达573块。

(刘海荣)

【启动文明观影绿色行动】 1月18日,由无锡市文明办、无锡市文广新局、无锡市电影放映行业协会共同倡议发起的"2017文明观影绿色行动——我的垃圾我带走!"主题活动在无锡和平电影院启动。倡议活动得到锡城近60家影院到场响应,共同参与改善不文明观影行为,制作的文明观影公益宣传短片陆续走进全市各大影院,开展"十大不文明观影行为——我最鄙视的观影坏习惯"观众评议活动等。活动贯穿整个贺岁档期,至4月30日结束。

(刘海荣)

【中国·江苏太湖影视文化产业投资峰会】 8月31日,由国家新闻出版广电总局电影局、省新闻出版广电局、无锡市政府主办的2017中国·江苏太湖影视文化产业投资峰会在无锡举行。这次峰会以"贯彻电影产业促进法,弘扬核心价值观,提高影视产品质量,推动中国影视产业供给侧改革"为主题,设有开幕式、项目签约、主题论坛以及无锡·电影之夜等环节,邀请全国200多家优秀影视企业、300多位影视精英、40多家媒体以及50多位行业专家,对新形势下影视行业发展、资本运作、衍生产品开发以及影视工业化发展等进行深入分析和探讨。开幕式上,国家新闻出版广电总局电影局、省新闻出版广电局和无锡市政府共同签署《推动"中国电影名镇"战略发展联合倡议书》,无锡市政府、滨湖区政府、中国电影名镇控股集团和无锡国家数字电影产业园共同签署"中国电影名镇"合作框架协议,总投资额达70亿元的2家影视基金和16家规模影视企业同步签约落

太湖影视文化产业投资峰会现场签署"中国电影名镇"合作框架协议

(刘海荣 供稿)

户无锡国家数字电影产业园。《西游记：女儿国》《捉妖记2》《那年花开月正圆》等14部在无锡国家数字电影产业园立项或拍摄的影视作品在“电影之夜”晚会现场发布。

（刘海荣）

【宜兴首部当地抗战电影上映】 8月5日，以宜兴太华山区革命烈士汤松林母亲汤大娘为原型的电影《亲娘》在宜兴人民剧院举行首映式，这是宜兴出品的首部当地抗战电影。影片时长100分钟，以抗战时期苏南太华一个普通山村家庭为缩影，讲述太华村民汤大娘、陈盘金一家为保护新四军女干部的后代，毅然将自己的亲生女儿送人，宁愿全家吃野菜、咽观音土，也要把宝贵的粮食留给革命后代的故事。该片由宜兴市委宣传部、宜兴市太华镇联合摄制，周建担任总导演，刘琳等担任主演。

（刘海荣）

【第6届无锡微电影节】 8月，第6届无锡微电影节启动，陆续收到各地投稿的参赛短片超百部，微电影节点击量超158万次，有效投票数量超10万次，通过网络投票、专业评审等多种形式，为全国电影爱好者奉上一场精彩纷呈的光影盛宴。最终，评选出最佳影片奖《推拿》、最佳公益微电影奖《传承》、最佳导演奖《吉祥》、最佳编剧奖《花香满屋》、最佳男演员奖《推拿》、最佳女演员奖《可能是爱情吧》、最佳短视频奖《我是谁》、最受关注微电影奖《全家福》和最佳网络人气奖《暗角》。

（刘海荣）

【锡剧《珍珠塔》开启全国巡演】 2017年3月中旬至5月上旬，无锡市锡剧院经典剧目《珍珠塔》启动全国巡演，在南京、合肥、天津、昆明等22个大中城市巡回演出，为探索地方戏曲走出地域局限，扩大影响力，提升知名度，繁荣戏曲艺术发挥积极作用。该剧是2016年度国家艺术基金传播交流推广项目，此次全国巡演不仅是剧院首次也是锡剧界的第一次。

（刘海荣）

民族歌剧《二泉》剧照 （刘海荣 供稿）

【民族歌剧《二泉》成功首演】 民族歌剧《二泉》由江苏省文化厅、无锡市人民政府联合出品，是江苏20多年来的首部民族歌剧，入选文化部2017“中国民族歌剧传承发展工程”重点扶持剧目，全国共有9部入选。经过两年多的创作打磨，10月9日，民族歌剧《二泉》作为第3届精彩江苏艺术展演月闭幕演出剧目成功首演。《二泉》全剧共6幕，全景式的将华彦钧（瞎子阿炳）从苦难中力求超脱、在黑暗中向往光明的一生展现在观众面前。民族歌剧《二泉》以无锡市歌舞剧院为演出班底，由《复兴之路》文学总执笔、国家一级编剧任卫新担任编剧，国家一级导演、中国人民解放军总政治部歌剧团团长黄定山担任总导演，国家一级作曲、广州军区政治部战士文工团团长杜鸣担任作曲，歌唱家王宏伟担任主唱饰演“从18岁到去世”的阿炳。

（刘海荣）

【锡剧进校园活动】 2017年，第7届无锡市少儿文化艺术节闭幕式暨第6届无锡市“小小红梅奖”少儿锡剧邀请赛在无锡广电音乐厅举行。少儿锡剧邀请赛吸引全市30所学校、少年宫和幼儿园的300余名学生（幼儿）参加，表演的32个剧目有《珍珠塔》《摘石榴》《智斗》等传统选段，也有原创作品《新无锡景》《戏趣》等融入本地校园、地域特色的新作，参赛队伍的规模和作品质量较往年均有大幅提升。

（刘海荣）

【现代锡剧《柳暗花明》成功首演】 1月10日，由无锡市锡剧戏迷协会编排的家庭家风题材现代锡剧《柳暗花明》成功上演。全剧主题鲜明，矛盾冲突激烈，情节得体明快，体现较高的创作水准，演出受到观众好评。

（孙必勇）

【音画评弹《徐霞客》专家咨询论证会】 2月20日，由中共无锡市委宣传部、中国曲协《曲艺》杂志社、无锡市文联主办，无锡市曲艺家协会承办的大型原创音画评弹《徐霞客》专家咨询论证会在无锡市图书馆召开，与会专家学者对大型原创音画评弹《徐霞客》的文本基础给予充分肯定，对音画评弹的样式创新给予高度评价，同时也对文本的修改提出许多意见。音画评弹《徐霞客》的创作领悟历史的气息、生活的气息、艺术的气息、当代的气息和历史名人的气息，整个创作融思想性与观赏性、艺术真实与历史真实于一体，注重内容与形式、传承与创新、创作机制与市场运作相结合，以期实现社会效益和经济效益的双赢。

（孙必勇）

【首届青年锡剧演员大赛】 10月20日，由无锡市文广新局、无锡市文联主办，无锡市戏剧家协会组织承办的无锡市首届“太湖梅花奖”青年锡剧演员大赛在无锡大剧院举行，大赛初赛、复赛、决赛的评委分别由省内外不同剧种的表演艺术家担任。经过初赛、复赛的层层筛选，无锡市锡剧院、江阴市锡剧团、宜兴市锡剧团的15位优秀青年演员进入决赛。决赛选段既有经典的《珍珠塔》《二泉映月》锡剧名段的继承展示，也有借鉴京剧、昆剧《跪地》《失子惊疯》《昭君出塞》等名段的移植学习，充分展现年轻的后继者对传统的敬畏和海纳百川的胸怀，最终，无锡市锡剧院的屈晔哲获得金奖，无锡市锡剧院的李梦恒和江阴市锡剧团的孔熙获得银奖，无锡市锡剧院的黄云茜、宜兴市锡剧团的徐勇和赵静获得铜奖，赵静还获得由江苏有线无锡分公司提供的“最佳人气奖”。

（孙必勇）

音乐·舞蹈

【原创舞剧《九色鹿》成功首演】 2月19~20日，由无锡歌舞剧院青年舞蹈家张娅姝出品并担任主演的原创舞剧《九色鹿》在无锡大剧院首演，该剧取材于敦煌第257窟壁画《九色鹿经图》，汇集国内优秀的青年主创团队共同协力打造，通过舞蹈肢体语言，带领观众进入“丝绸之路”敦煌世界，诉说九色鹿的传说，传递人性之美正能量。该剧入选2016年中国文联青年艺术创作扶持项目。

（刘海荣）

【纪念阿炳124周年诞辰】 4月3日，为纪念民间音乐家阿炳124周年诞辰，弘扬振兴民族音乐，无锡锡惠景区举办“百人同弦　二泉映月”纪念活动及天下第二泉文化惠民音乐专场。无锡籍著名二胡演奏家邓建栋现场演奏阿炳创作的名曲《二泉映月》。除演奏《太湖美》《苏南小曲》《大浪淘沙》《听松》《光明行》《赛马》等百姓耳熟能详的经典曲目外，由邓建栋二胡艺术学校、无锡市梅村实验小学、雅音女子国乐坊、音乐爱好者代表等组成的300余人团队身着统一服装，二胡大合奏《光明行》和《赛马》带来前所未有的视听冲击，将民乐盛宴推向高潮。

（刘海荣）

【器乐作品《清韵》获“茉莉花奖”】 在2017江苏音乐“茉莉花奖”评奖活动中，由无锡市文化馆艺术创作部彭莉茜作曲的新民族器乐曲《清韵》获器乐作品优秀奖，这也是本次赛事无锡市获得的唯一奖项。

（刘海荣）

【音诗画舞台剧《太湖传奇》公演】 5月26日，音诗画舞台剧《太湖传奇》在无锡江南影视艺术职业学院举行首演式。该剧既是学校服务地方文化产业发展的新尝试，也是文化元素植入打造旅游名片的新突破。《太湖传奇》是江南影视艺术职业学院联合北京舞蹈学院、中央音乐学院、国家大剧院等艺术院校及单位资深专家，历时两年，联合编创的一台带有神话色彩的大型音诗画舞台穿越剧。该剧采用阿福穿越古代讲述太湖历史故事的形式，寻根太湖历史脉络，阐述太湖由来、吴文化起源、工商业兴起、今日梁溪盛世等发展历程。该剧在5月底6月初对外试演，8月正式公开演出。

（刘海荣）

【民族舞剧《画女情怀》上演】 12月5日，由无锡歌舞剧院创作排练的民族舞剧《画女情怀》在市人民大会堂首演。该剧以真实历史人物画家潘玉良的人生际遇、艺术生涯为蓝本，用舞剧的方式展现其人生经历。该剧入围国家艺术基金2017年度资助项目、江苏艺术基金2016年度资助项目。

（刘海荣）

【第5届“太湖杯”国标舞城市公开赛】 4月22日，由无锡市国标舞协会举办的2017第5届“太湖杯”国标舞全国城市公开赛在无锡体育公园体育馆举行，全国57支城市代表队约1800对选手参赛，角逐摩登舞、拉丁舞等各组别的奖项。为增强比赛的观赏性和艺术性，协会还邀请吴柳福、杜玉军等两对世界级赛事冠军登台助阵，他们精湛的舞技博得全场热烈掌声。

（孙必勇）

【举办4场音乐会】 10月26日~11月13日，在第19届中国上海国际艺术节无锡分会场期间，无锡市音乐家协会组织并主办4场音乐会。无锡市歌舞剧院的青年歌唱演员张菁菁开启音乐专场的序幕，从中国五四时期的经典作品《玫瑰三愿》开始，到最后外国经典歌剧《托斯卡》的著名唱段《为艺术为爱情》结束，她以深情真挚的歌声，倾吐着自己多年来与歌唱相伴相知的“深情守候”。无锡市太湖高级中学声乐教师杨丽辉，在音乐会上展现自己对民族唱法的追寻与感悟，用歌声表达对古诗词《紫菱洲歌》、民族音乐秧歌剧《一对对毛眼眼照哥哥》、现代民族音乐《线装女儿心》《我们的中国梦》的热爱与思考。陶思佳对钢琴诗人肖邦作品的演绎，随后柔情似水的中国音乐《彩云追月》、活泼轻松的《春舞》、舒伯特的《A大调第十三钢琴奏鸣曲》，展现她作为一个钢琴演奏者深厚的音乐素养。吕淼在独唱音乐会中，演唱了《思乡曲》《被阻止的爱》《海恋》等6首中国作品、7首外国作品。

（孙必勇）

美术·书法·摄影

【无锡画家“山河颂”万里采风作品展】 1月1~18日，由无锡市文广新局、无锡美术馆主办的“迎新年·无锡画家‘山河颂’万里采风作品展”在无锡美术馆展出，共展出52幅大尺幅精品画作。万里采风活动是无锡美术史上历时最长、行程最广、影响最大的采风写生活动，活动开展以来的3年时间里，无锡美术馆（无锡市书画院）组织20余位优秀中青年画家跨越10个省采风，总行程两万里，精心创作300余幅优秀作品。展览3月份还在河北省美术馆展出，共展出无锡市书画院的105件书画作品。

（刘海荣）

伊凡·比利宾科向无锡美术馆捐赠作品《春满喀尔巴阡山》

（刘海荣 供稿）

【梁元中国画作品展】 1月24日，由江苏省文化厅主办的“江苏省优秀美术家系列展——山林·园林梁元中国画作品展”在江阴市展览馆开幕。梁元，无锡市书画院原副院长、无锡市美术家协会主席。江苏省优秀美术家系列展是江苏省文化厅推出的推动江苏文化艺术“高原出高峰”的重要举措，经层层筛选，最终有8位艺术家入选，梁元位列其中，展览展出梁元充满诗意的中国画作品120余件。

（刘海荣）

【庆祝建军90周年系列文化活动】 为纪念建军90周年，无锡各地文化单位举办多项文化活动。8月1日，由无锡市委宣传部、市军分区政治工作处、市史志办、市文广新局、市双拥办联合主办的“爱我中华·扬我国威——庆祝中国人民解放军建军90周年图片展”在无锡博物院举办。7月28日，由无锡军分区政治工作处、市文广新局、市民政局联合主办的“强军征程——驻锡军队离退休老干部纪念中国人民解放军建军90周年书画展”在程及美术馆开幕，共展出50多位离退休老干部、老同志的书画作品100多幅。当天，江阴市庆祝建军90周年专题书画展在江阴市图书馆远望分馆举行，远望分馆是江阴市图书馆首个部队分馆。7月30日，由宜兴市文物管理委员会办公室、宜兴市文学艺术界联合会等单位联合举办的退役军人书画陶艺展在宜兴太平天国王府拉开帷幕，共展出一批退役军人的书法、国画、陶艺等作品100余件。八一前夕，由锡山区文体局主办的庆祝中国人民解放军建军90周年暨香港回归20周年书法小品展在区图书馆展出，共展示书法小品54幅 。新四军六师师部旧址纪念馆发扬红色革命教育基地职能，开展“不忘初心跟党走”主题活动。惠山区文体局组织区书法家协会、区美术家协会的书画艺术家走进驻无锡部队，和军队里的书画爱好者一起交流探讨。

（刘海荣）

【乌克兰油画家伊凡·比利宾科油画展】 9月13~26日，“淡中见美丽——乌克兰艺术家伊凡·比利宾科油画展”在无锡美术馆展出。画展由乌克兰驻上海总领事馆、乌克兰中央美院和无锡市文广新局共同主办，共展出伊凡·比利宾科油画作品30件。伊凡·比利宾科是乌克兰国立美术与建筑艺术学院油画系教授、乌克兰美协会员、基辅美协油画分会主席、乌克兰“功勋画家”，他善于用独特的眼光观察世界，其画作色调明亮，风格典雅，充满想象。开幕式上，比利宾科向无锡美术馆捐赠其作品《春满喀尔巴阡山》。

（刘海荣）

【无锡青年画家中国画作品展】 9月28日，由无锡市文广新局主办、无锡美术馆承办的“传承与创新——2017无锡青年画家中国画作品展”在无锡美术馆开展。此次展览共展出52件大尺幅作品，包括12件优秀奖作品，35件入选作品，5件评委作品。《传承与创新——2017无锡青年画家中国画作品集》同时首发。该活动从7月份面向全社会公开征稿，全市范围内50周岁以下美术爱好者积极投稿，经省内专家评审，共评选出吴文鸿《昨日风光》、黄文珺《园游恣幽赏》、沈子淳《惬意时光》等获奖作品12件，入选作品35件。此次12位优秀奖获奖画家中，年龄最大的48岁，最小的25岁。

（刘海荣）

【无锡市法治楹联书画作品巡展】 11月，“美好生活·德法相伴”无锡市法治楹联书画作品巡展在无锡市文化馆西水当代艺术中心开展。巡回展共展出法治楹联书画作品70余件，书法作品都是由无锡市诗词协会、无锡市楹联学会创作的优秀法治楹联诗词作品，并邀请无锡市书法家协会的书法家书写成楹联作品，同时集结出版《无锡市法治楹联书画作品集》。

（刘海荣）

【“中国摄影小镇”落户荡口古镇】 3月30日，“中国摄影小镇（鹅湖）”授牌暨全国摄影大展启动仪式在锡山区荡口古镇举行，这是荡口古镇继2016年获得“中国摄影创作基地”称号后，再次成为无锡首个国家级摄影基地。这是中国摄影家协会命名的中国第4个摄影小镇，也是江苏省内首个中国摄影小镇。

（刘海荣）

【空中看无锡大型摄影图片展】 11月13日，由无锡市委宣传部、江苏省摄影家协会、市文广新局、市文联等主办的“迈进新时代 开启新征程——空中看无锡大型摄影图片展”在市图书馆开幕。展览从2000多幅报名摄影作品中精选出100幅力作，均由拍摄者采用航拍、高楼取景等方式完成，从高空全景的角度将锡城美景展现在观众面前。

（刘海荣）

【第一届中国（无锡）国际华裔女子美术作品展】 11月18~24日，由中国女子书画会、江苏省花鸟画研究会、无锡市美术家协会主办的第一届中国（无锡）国际华裔女子美术作品展在无锡图书馆举办，展览展出彭月芳《秋艳》、傅云芳《湖山胜景》等23位女书画家的30幅优秀作品。作品涉及书法、国画、油画等艺术门类，展示了较高的艺术功底和精神境界，观展者达到1000多人次。中国女子书画会1934年4月成立于上海，是中国第一个女子美术社团，拥有会员200余人，何香凝、李秋君、陆小曼、潘玉良等都曾为该会活跃人士，1949年停止活动。2015年11月该会恢复重建，旨在提高当代华裔女性书画家的艺术修养和知名度，推动民族艺术的发展与繁荣，著名画家陈佩秋出任该会名誉会长。此次展览是该会重建后的首次国内展。

（杨冠英　巫浣素）

【举办"问道江南·古韵雅集"活动】 4月16日，无锡市文联举办"问道江南·古韵雅集"活动，翟万益、王伟林、王建源3位书法名家对话"问道江南"，古琴演奏《醉鱼唱晚》、诗词朗诵《过太湖》《出月》、评弹《竹海赋》、二胡独奏《二泉映月》、昆曲清口《好春》等精彩节目纷纷助阵上演，将雅集活动推向高潮。中国书法家协会副主席翟万益、无锡市有关领导、《书法家园》总编辑孙大权等出席"问道江南·古韵雅集"活动。

（孙必勇）

【兰州·无锡书画交流展】 6月2~7日，"黄河风·太湖情——兰州·无锡书画交流展"在无锡博物院展出，无锡军分区政委柳江南，无锡市领导刘霞、金元兴等出席开幕式。展览汇集兰州、无锡两地共124位书画名家的精品佳作。兰州的80件书画作品厚实质朴、苍茫大气，具有简约疏放之美，彰显西北重镇雄强、拙厚的宏大气度；无锡的44件书画作品沉稳典雅、灵动秀逸，呈现出江南名城精美雅致的气质。

（孙必勇）

【无锡优秀摄影作品研讨会】 6月15日，无锡市优秀摄影作品研讨会在市摄影家协会"会员之家"举行，省、市摄影家协会领导和无锡市摄影十佳作者及部分摄影创作骨干50多人参加研讨会。研讨会上，5位无锡作者介绍了自己的作品以及拍摄理念。谢松的《湿版摄影》作品系列、周叶的《创意摄影》作品系列、袁徐庆的《广厦—周山浜地区人居环境变迁影像档案》作品、钱海峰的《绿皮火车》专题、荣毅清的《摄影作品的拍摄与后期》都是近年来在全国展和省展频频获奖作品，无锡市摄影家协会常务副主席唐浩武对作品进行解读，各位专家分别对作品进行点评。

（孙必勇）

【无锡画家画无锡美术作品展】 10月12日，由市文联等主办的"风行天下"——无锡画家画无锡美术作品展在太湖国际博览中心举办，市有关领导和画展入展画家、部分无锡画家代表等100余人参加活动。此次展览的89件作品，围绕反映无锡人文历史和山水风光的48处标志性地点进行创作，既有国画、油画，也有版画、水彩和雕塑，风格上更注重写实。开幕式现场，32幅入展精品捐赠给无锡博物院收藏，无锡广电集团"智慧无锡"推出的无锡画家推荐平台正式上线，为全方位宣传无锡画家、宣传无锡城市形象提供有力支持。

（孙必勇）

【无锡美术书法摄影作品邀请展】 10月14日，由市文联等主办的"喜迎十九大，共筑中国梦"——无锡美术书法摄影作品邀请展在无锡博物院开幕，市有关领导和应邀参展的作者及广大市民200余人参加开幕式。此次展览是一次综合性展览，共展出美术、书法、摄影作品近200幅，这些作品主题鲜明、内容丰富、重点突出，以艺术的形式生动地展示中共十八大以来全市政治、经济、文化、社会和党的建设等方面取得的辉煌成就，讴歌中国共产党的丰功伟绩，体现出较高的艺术水准。

（孙必勇）

【太湖画派优秀作品展】 11月27日，由江苏省文联、无锡市人民政府主办，江苏省美术家协会、省现代美术馆和无锡市文联等单位承办的太湖画派优秀作品展在江苏省现代美术馆开幕，省、市有关领导和无锡市宣传文化部门负责人、参展作者、书画爱好者、媒体记者等300多人参加开幕式。开幕式上，无锡市文联副主席、市美术家协会主席、无锡太湖画派研究会副会长梁元代表太湖画派向省文联捐赠中国画《故园》，并由省现代美术馆收藏。本次展览共展出国画作品100余幅，展示无锡的自然、人文风景和经济社会发展成就，讴歌党和人民，赞美家乡，体现无锡太湖画派画家们深入生活、扎根人民的情怀，展示他们对传统绘画语言的传承和创新。

（孙必勇）

群众文化

【无锡市群众文化学会成立】 2月20日，无锡市群众文化学会成立大会在市文化馆召开。会议审议并通过学会章程草案，选举通过第一届理事会、监事会成员及理事会领导机构。该学会致力于促进本地群众文化事业的改革、建设和发展，进一步在理论研究、馆站建设、人才培养、信息交流、创新工作等方面发挥积极作用。同时，学会为无锡地区各类群众文化单位、机构、场馆架起一座交流和合作的桥梁，借助学会力量，整合资源，突破局限，发挥规模效应，不断提高行业整体水平。

（刘海荣）

【开设全民艺术普及公益培训班】 2017"全民艺术普及公益培训班"春季班和秋季班开设音乐、舞蹈、美术、书法、器乐、语言、摄影等10多个深受百姓欢迎的门类，共计招收101个班、1534名学员。纯公益艺术培训受到市民群众欢迎和媒体关注，通过阵地办班、区馆联合办班、街道办班、沙龙活动的形式，形成市、区、街道艺术普及三级联动。每期培训结束后，安排专场教学成果汇报。

（刘海荣）

【“激情周末”广场文艺展演全年260场】 “激情周末”是无锡市品牌群众文化活动,2017年是连续举办的第13年,活动围绕“文化惠民,服务群众”原则,把舞台搭建到人民群众中去,通过整合文化资源,加强区域联动,不断提高演出质量。2017年,面向全社会招募34支团队参与全年演出,提高群众参与度,结合“连心富民 联企强市”大走访、迎接中共十九大召开等活动,深入乡镇(街道)送戏下乡,全年共献演260场,演出场次创历年最高。同时与市摄影家协会组织开展即时摄影比赛,开展主题歌征集活动,社会影响力进一步攀升。

(刘海荣)

“激情周末”广场文艺展演走进宜兴市新建镇路庄村 (刘海荣 供稿)

【无锡市社区广场舞大赛】 2017无锡市“喜迎十九大·幸福舞起来”社区广场舞大赛自3月份启动,历经3个月的初赛、复赛和半决赛,共有500多支广场舞团队1万多名广场舞爱好者参加。最终,无锡市歌舞剧院艺术培训中心圆梦艺术团获得此次赛事的唯一一个金奖。大赛采用新颖的“现场评分+微信投票+电视投票”的评分形式,全市累计共有近15万人次参与投票。决赛现场依托“智慧无锡”平台,进行全程视频直播,共有64007名市民观看视频直播。

(刘海荣)

【首家文化馆分馆挂牌】 5月23日,由无锡市公路管理处和无锡市文化馆共同主办的第6届“523无锡公路管养日活动——工匠精神、文化传承”在滨湖区石埠山胡埭养护工区启动。启动仪式上,无锡市公路管理处与无锡市文化馆共建签约,并揭牌启用市文化馆公路分馆,这是市公路管理处与文化系统首次合作、推进公路文化建设的全新举措,开启市文化馆以总分馆模式把优质公共文化服务送进基层的新尝试。双方本着“优势互补、资源共享、合作共赢”的原则,充分发挥文化共建的平台功能,从群众文化活动组织、职工特色文化团队建设、文化品牌建设等方面加强深入交流与合作。

(刘海荣)

【无锡市首届少儿艺术大赛】 无锡市首届少儿艺术大赛自3月份拉开序幕,全市共有1378位小选手报名参加声乐、绘画、舞蹈、故事大王4个门类的比赛。经过海选、复赛3个月的时间,共有80名优秀选手入围决赛,分别获得4个项目的最佳表演(作品)奖和优秀表演(作品)奖。

(刘海荣)

【第8届未成年人心理健康服务月】 5月13日,第8届无锡市未成年人心理健康服务月启动仪式在无锡万象城举行。启动仪式上,为“传承经典 爱润心灵”亲子诵读微视频比赛获奖家庭代表颁奖,为“太阳花开”心理辅导站硕放实验小学、万象亲子俱乐部分站授牌。服务月期间,无锡市两级指导中心组织开展心理健康服务培训、团体辅导、现场咨询会、心理健康沙龙、公益咨询等活动项目,用丰富多彩的心理健康活动引导社会各界关注未成年人心理健康问题,促进全市未成年人健康成长。

(刘海荣)

【梁溪区举办“品质梁溪·文化畅享季”活动】 4~6月,为期56天的2017“品质梁溪·文化畅享季”活动成为梁溪区具有广泛影响力的文化品牌项目。畅享季以“书适春光·愉韵绕梁”为主题,围绕“书”与“戏”两大主题元素进行打造,延伸出书展、戏曲、诗会、沙龙、“非遗”、展览、演出、旅游、民俗与商贸等十大主题、八大系列活动。精心遴选推出的180场活动融合成一个整体,促进了梁溪区文化、商业、旅游产业的融合与提升。活动期内,平均每天3场活动,其中演出36场,讲座23场,沙龙34场,展出4场,电影49场,“非遗”5场,阅读推广12场,参与群众近50000人次。

(刘海荣)

【首届无锡市文华奖·艺术展演月】 8月~12月,首届无锡市文华奖·艺术展演月活动举行。市文华奖与全国、省专业艺术政府最高奖“文华奖”相对应,每两年举办一届。首届活动共评选出舞台艺术类大型剧目特别奖1个、优秀剧目奖8个,美术书法作品共评选出文华美术(书法)奖8个。活动期间,举办首届青年锡剧演员大赛,评选出金奖、银奖、铜奖等奖项15个。活动集中展示由无锡本土艺术院团近两年创作上演的舞台精品剧目,原创现代滑稽戏《屋檐下的蓝天》、大型原创音诗画评弹《徐霞客》、大型原创锡剧《锡商》等众多原创优秀剧(节)目集中亮相。

(刘海荣)

【第19届中国上海国际艺术节无锡分会场】 10月18日~11月20日,第19届中国上海国际艺术节无锡分会场举行,共举办120场文艺活动,现代京剧《青衣》献演闭幕式演出。艺术节对整个城市的文化品位和艺术素养提升起到有力的引领作用,38台精品舞台剧目优中选优,做到天天有演出,交响乐、现代舞、戏剧等高雅艺术频频出现。本届无锡分会场活动不断深化公共文化服务,盘活本地演出场馆资源,凤凰艺都美术馆、冯其庸学术馆、阖闾城遗址博物馆等具有代表性的16家民营文化场馆组团办展,为市民提供文物展览、书画展示等多种文化服务,为期一个

“品质梁溪·文化畅享季”首届梁溪书展开幕式 (刘海荣 供稿)

月的公益性活动深受好评。

(刘海荣)

【第3届中国歌剧节无锡分会场】 12月16日,由文化部、江苏省人民政府主办的第3届中国歌剧节在南京主会场开幕,并在无锡、常州、徐州设3个分会场,全国各地的23台优秀剧目参演歌剧节。由无锡歌舞剧院创作排练的民族歌剧《二泉》,会同空政文工团的《江姐》、南充市的《张思德》、沈阳市的《星星之火》、上海市的《阿依达》、浙江省的《青春之歌》,分别在无锡市大会堂、无锡大剧院和宜兴保利大剧院上演。此次无锡分会场活动,除举办优秀剧目展演外,还开展“一剧一评”、歌剧艺术讲座、下基层惠民演出等系列活动。演出遵循“低票价”的惠民原则,最高票价不超过120元,最低票价20元,60元以下低价票不少于60%,切实体现文化惠民。歌剧节无锡分会场期间,还组织在校学生、驻锡部队、基层文化工作者、文化志愿者等观看演出,让更多市民走进剧场,欣赏歌剧艺术。

(刘海荣)

全民阅读

【居民综合阅读率跃居全省第一】 江苏省全民阅读活动领导小组办公室发布的全省居民阅读状况调查结果显示,2017年,无锡市居民综合阅读率为94.79%,高出全省平均水平6个百分点。其中,无锡市年人均纸质图书阅读量为7.21本,位居全省第一;各市(县)、区居民综合阅读率排序为:新吴区96%,惠山区95.6%,梁溪区95.43%,江阴市94.5%,宜兴市94.44%,锡山区94.00%,滨湖区94.00%。

(吴昌应)

【梁溪区开展“百千万大阅读工程”】 1月3日,“书润梁溪·心向未来——百千万大阅读暨新教育社区建设活动”在无锡市凤翔实验学校与梁溪区图书馆民丰馆举行。“百千万大阅读工程”是梁锡区推进全民阅读、建设“书香梁溪”的一项重要举措,以无锡市凤翔实验学校为中心,发动百名教师、千名学生、万名家长共同参与阅读推广活动。活动现场还举行“文渊廊”揭幕仪式。

(刘海荣)

【农家书屋获全国“双服务”先进集体】 2月,在中宣部、文化部、国家新闻出版广电总局联合开展的第6届全国服务农民、服务基层文化建设先进集体评选活动中,无锡市惠山区洛社镇杨市社区农家书屋榜上有名。该农家书屋面积400平方米,馆藏图书1.5万册,有报刊杂志30多种、音像制品200余盘,是无锡市范围内唯一获得这一荣誉的农家书屋。

(刘海荣)

【全民阅读手拉手·春风行动】 2017年春节前夕,无锡在全市范围内集中组织开展“全民阅读手拉手·春风行动”,各地阅读办走进车站、企业、园区、工地、农家书屋,开展赠书、送祝福等系列活动,为节日增添一份书香。梁溪区把外来务工人员请到图书馆,向民工们赠送《农民工权益维护手册》《农民工就业指导手册》等书籍,并组织公益观影活动。锡山区组织印刷企业走进农家书屋,开展阅读关爱活动,为农家书屋捐赠图书。惠山区在地铁一号线锡北运河站开展向旅客赠书活动。新吴区走进辖区企业,为回家过年的外地职员赠送书籍,送去关怀。

(刘海荣)

【首届书香樱花节系列活动】 3月25日,太湖新城首届书香樱花节在金匮公园拉开帷幕,活动以“樱漫新城,书香无锡”为主题,持续至4月23日。书香樱花节期间,太湖新城每个周末都举办书香樱花季系列活动,万和书院的樱花名人文化讲堂、金匮公园花溪茶室的锡城青年思享会、巡塘老街的书香星空诗会、尚贤河汽车影城乐活小镇的书香交友节等,以绚烂樱花为背景,以满园书香为底蕴,点燃全民阅读热情。

(刘海荣)

【“世界读书日”阅读季系列活动】 4月23日是第22个“世界读书日”,“爱阅之城 诗意无锡”2017无锡阅读盛季启动仪式在无锡音乐厅举行。启动式上,开展为无锡市第4届“十大书香家庭”、入围奖以及优秀组织单位颁奖,对无锡市全民阅读工作先进个人代表及全民阅读手拉手·春风行动先进个人代表进行表彰等多项活动。阅读季期间,全市157项活动、83项重点阅读活动涵盖阅读精品培育、阅读分众服务、阅读推广参与、阅读宣传展示等多个板块,彰显特色。“梦享杯”全民朗读大赛、“传承经典 爱润心灵”亲子诵读微视频比赛、无锡市汉字听写大赛、第4届“故事家族·故事大王”亲子讲故事比赛等相继展开。“吴韵书香”50个城市阅读联盟以及市民卡开通图书馆借阅功能也同步启动建设,阅读推广公益行动“扫码看书,全城共读”、21天线上阅读分享正式上线,构筑起城市阅读丰富多彩的格局。FM91.4无锡汽车音乐广播对启动式进行全程音频直播,“智慧无锡”APP全程视频直播,《无锡日报》

等传统媒体、“无锡观察”等新兴媒体现场跟踪报道，无锡广电全程录播，并于4月30日20:15在IPTV(无锡精品122频道)实况播出，实现无锡全媒体报道。

(刘海荣)

【扶持实体书店发展】 为加大对无锡市优秀实体书店的扶持力度，引导、促进实体书店健康有序发展，推进“书香无锡”建设，2017年，市文广新局联合市财政局出台《关于无锡市实体书店扶持办法》(以下简称《办法》)。《办法》对实体书店的阅读推广活动、创新发展理念等多方面通过资助、补贴、奖励等方式进行扶持，单个实体书店的资助、奖励、补贴等扶持资金总额每年不超过3万元。在对书店进行评审时主要考量运营能力、社会形象以及阅读推广等方面，其中阅读推广所占分值比重最高。

(刘海荣)

【推出“信用+阅读”网上借阅新模式】 2017年，无锡市图书馆将海量藏书与线上选书借阅、线下快递送书的服务相结合，让读者足不出户就能选书、借书、还书，更便捷地享受阅读。未办理过图书馆借阅证的市民，芝麻信用分在600分及以上，无需交纳押金，在支付宝直接开通信用借阅证，即为电子证；已拥有借阅证的读者可通过支付宝或“无锡市图书馆”微信订阅号，绑定原有借阅证，生成电子证。持电子证的读者，进入手机支付宝或“无锡市图书馆”微信订阅号中网借服务首页，挑选图书，选择取书方式及地点。如选择“送书上门”，支付相应邮费，图书投递到家(或其他指定地点)；如选择自助点智能投递柜取书，收到取书短信后可前往选定的取书点免费自助取书。

(刘海荣)

【示范农家书屋数量保持全省第一】 在2017年公布的2016~2017年全省五星级示范农家书屋认定名录中，无锡市五星级示范农家书屋再添4家，总数达22家，继续保持全省第一 。新添4家省五星级示范农家书屋分别是：江阴市周庄镇山泉村、宜兴市万石镇万石村、宜兴市万石镇南漕村、无锡市惠山区长安街道堰新社区。

(刘海荣)

【完成城市阅读联盟50个城区阅读点建设】 12月20日，由无锡市委宣传部、市文广新局主办的“吴韵书香”城市阅读联盟启动仪式在清名桥广场举行。为进一步加快“书香无锡”建设，打通阅读服务的“最后一公里”，年初，无锡启动“吴韵书香”城市阅读联盟建设，将其列入政府为民办实事项目，全年共建成无锡市区50个阅读点，另有柬埔寨西港特区、新疆阿合奇县各1个阅读点。市区阅读点包括生活服务类25个、特定人群类13个、公益组织类3个、众创空间类4个、规模企业类5个，90%的阅读点由社会力量承接建设和运营管理。

(刘海荣)

民间艺术

【“三月三”传统民俗庙会】 3月30日(农历三月初三)，无锡市惠山区玉祁街道第6届凤阜民俗文化节、堰桥街道“三月三”庙会同日登场。凤阜民俗文化节以“魅力民俗、文化盛宴”为主题，通过为期三周的民俗文化展示、群众文化展演等方式，展现惠山区西北部小镇——玉祁凤阜文明的独特魅力，演绎传统民俗文化的多姿多彩。堰桥街道“三月三”庙会将“吴风堰韵 国色添香”首届民俗庙会和“飞凤牡丹园”开园仪式结合，花车巡游、戏曲表演、特色小吃以及民俗文化产品等12个系列活动，既传承传统文化，又彰显现代气息。庙会当天，“飞凤牡丹园”举办开园仪式。该园总投资2.3亿元，以牡丹文化为设计主题，内设牡丹亭、荷花池、樱花大道等多个功能区域，与吴文化公园、崇福寺、灵妙观连成一片，成为特色文化休闲旅游基地。

(刘海荣)

【《龙凤呈祥》获省民间艺术表演奖】 11月10日，在江苏省文联主办的江苏民间文艺“迎春花奖”民间艺术表演奖评审活动中，由无锡市民间文艺家协会推荐的“凤羽龙”《龙凤呈祥》获得江苏民间文艺“迎春花奖”民间艺术表演奖。

(孙必勇)

【无锡市旗袍文化研究会成立】 8月6日，无锡市旗袍文化研究会第一次会员大会召开，市人大常委会副主任滕兰英、市政协副主席金元兴参加会议，无锡市旗袍文化研究会宣告成立。全市各行各业的近80位旗袍爱好者聚集一起，竞相展示自信优雅、美丽大方的女性风采。

(孙必勇)

文物、博物馆

【概况】 至2017年年底，全市拥有国家重点文物保护单位31处、省级文物保护单位66处、市级文物保护单位335处，有文物遗迹控制保护单位117处，在全国第3次文物普查中新发现文物点1304处。有1处世界文化遗产(大运河无锡段)、2个国家考古遗址公园(鸿山遗址、阖闾城遗址)、2条中国历史文化名街(清名桥、惠山古镇)、4座中国历史文化名镇名村(荡口古镇、长泾镇、周铁镇、礼舍村)、4项“全国十大考古新发现”(高城墩遗址、骆驼墩遗址、鸿山墓群、阖闾城遗址)。共有备案在册各类博物馆、纪念馆、名人故居陈列馆58家，其中，无锡博物院和江阴博物馆为国家二级馆，大部分博物馆面向公众免费开放。在全国第一次可移动文物普查中，无锡有可移动文物近4.5万件。

(刘海荣)

【考古发掘】 2017年，全市完成太湖国家旅游度假区高压燃气管道接入工程、锡南高速等用地的考古调查勘探，完成地铁4号线具区路车辆段、宜兴市人民医院新址、桃花水库工程的考古发掘工作，启动环太湖大堤剩余工程、物联网永久会址项目、长乔海洋馆项目等用地和阳山镇庙墩遗址的文物调查勘探工作。全年共完成发掘面积14000余平方米，勘探面积近60万平方米，调查面积100余平方公里，发掘出土各类文物标本1000余件。开展水文化遗产摸底调查工作，初步掌握水文化遗产262处，完成无锡境内的水文化遗产工程建筑类调查工作。

(刘海荣)

【加强文物保护和修复】 2017年，全市完成梅园诵豳堂、振新纱厂旧址、小娄巷等6处省级以上文物保护单位修缮工程，周忱祠异地保护工程通过省专家组竣工验收。启动钱锺书故居修缮，襄义庄、华衡芳故居、阖闾城遗址本体保护，安阳书院、黄山炮台旧址修缮等一批文物保护单位的修缮保护工程。完成西漳蚕种场旧址等9处市级文物保护单位的保护修复，顺利通过竣工验收。开展第8批省级文物保护单位申报工作，遴选推荐申报单位26处。启动惠山寺庙园林等9个省级文物保护单位保护规划编制，完成所有市级文物保护单位和文物遗迹控制保护单位的保护范围和建设控制地带的勘测划定工作。加强红色遗产、名人故居有效保护和科学展示，荡口华氏建筑群(襄义庄)修缮工程、钱锺书故居修缮工程获江苏省2017年红色遗产、名人故居维修保护和展示提升工程立项。全国第一次可移动文物普查工作圆满收官，经认定采集录入收藏单位60家，上报可移动文物44931件(套)，基本摸清无锡地区的可移动文物底细，对每件可移动文物都进行数据和图像信息采集，建立文物数据库。

(刘海荣)

【无锡博物院概况】 2017年，无锡博物院接待观众71万人次、团队432批次，讲解3387场次。自办、引进展览49个，重点做深“从远古走来”“走近大师”“太湖画派近现代名家”三大品牌系列展。开展各类主题特色教育活动近300场次,首次与江苏有线联合打造的高清互动云媒体专属频道“电视博物馆”，将无锡博物院的文物展览、文保知识等通过电视媒介传送到千家万户，全年共计有超过8万多台高清互动机顶盒点播收看，累计点播高达12万多次。志愿者团队服务时间超过3000小时，获评2016年度全国科普示范教育基地，获首批“江苏省公共文化设施学雷锋志愿服务示范单位”和“无锡市十大最佳志愿服务组织”等多项荣誉。征集到张大千、秦古柳、刘铁平书画作品，“两弹一星”功臣姚桐斌文物，当代中青年艺术家紫砂作品，接收考古研究所考古出土文物和原“二清”办公室文物档案资料等总计2592件(套)。编辑出版《无锡市第一次可移动文物普查成果图录》《徐风艺术作品集》《徐风艺术文献集》《无锡博物院捐赠系列——蔡光甫》《无锡博物院捐赠系列——王木东》《太湖画派近现代名家之秦古柳》等图录6册。获批为江苏省首批文化文物单位文创产品开发试点单位，推动无锡文创设计研发与交流中心落地。树立文创品牌意识，重视版权保护，强化与社会资源开发合作，首批研发6个系列、25款富有创意性和实用性的文创产品，《鳜鱼形茶器套装》《纸上如意水晶纸镇》2件文创产品入选第3届无锡市文化创意设计大赛优秀奖。

(刘海荣)

【东林书院概况】 2017年，东林书院参观人数23.4万人次，讲解251场次。坚持开展经典诵读活动，全年共举办201场次，9800余人次参加。深入挖掘书院廉洁文化资源，在市纪委指导下，东林书院与无锡地铁、江南大学设计传播公司共同策划“东林声声”廉洁文化教育基地项目，整理编写16位东林先贤的廉洁小故事，整理出39条东林先贤廉洁名言警句。江苏廉洁文化周期间，书院特邀10位无锡书法名家参加“东林先贤廉洁名言”笔会，现场挥毫书写。10月29日，东林书院举办“喜迎十九大，书我清廉风”——东林先贤廉洁名言书法展，将这10位书法家捐赠的30余件精心之作公开展出。

(刘海荣)

【钱锺书故居概况】 3月23日，钱锺书、杨绛夫妇藏书捐赠仪式在钱锺书故居举行。民盟盟员、钱锺书侄女钱静汝向故居无偿捐赠钱锺书、杨绛夫妇收藏的两本外文书籍——英文版《THE WATER GIPSIES》、法文版《诺迪埃短篇奇幻故事》。这两本藏书上，均有钱锺书夫妇手书的批注，填补故居展品的原物原件空白。

(刘海荣)

【蔡光甫书画捐赠展】 1月25日，由无锡博物院、无锡市书画院、无锡市美术家协会共同举办的“纪念蔡光甫100周年诞辰蔡光甫书画捐赠展”在无锡博物院开幕。展览遴选出蔡光甫重要的代表作、迟浩田的题字和信件以及蔡光甫儿女的作品各一件，共计65件(套)作品。展览持续至3月5日。蔡耀基(1917~2012)，字光甫，号愉金龟老人，生于无锡市北塘蔡家弄，从艺70多年，其作品多次在全国、省美术展览上展出，并多次在全国、省级花布设计作品评比中获奖，部分作品被国内外文博单位收藏。

(刘海荣)

【周怀民捐赠无锡博物院书画展】 5月12~20日，“艺术长存 湖山生色——周怀民捐赠无锡博物院书画展”巡展在国家博物馆展出。本次在国家博物馆举办的巡展是周怀民捐赠书画首次进京公开展出，集中展出周怀民捐赠的历代书画精品及个人作品60余件(套)，让更多人近距离感受周怀民的崇高精神、艺术风采和人格魅力。

(刘海荣)

市民参观第一次全国可移动文物普查成果展 (刘海荣 供稿)

【杨氏家族后裔捐赠珍贵文物】 9月24日，无锡博物院举行捐赠仪式。80岁的杨长茂从美国远道回到无锡，代表无锡杨仁山家族后裔，向家乡无偿捐赠张大千《三贤图》、清代李瑞清《花卉图》等珍贵文物11件(套)，包括杨仁山的遗著、手稿、信件、老照片等重要史料。此前，无锡杨氏家族还曾将爱国女书画家杨令茀的作品、云薖园旧藏等文物捐赠给家乡。

(刘海荣)

【第一次全国可移动文物普查成果展】 5月18日是第41个国际博物馆日，第一次全国可移动文物普查成果展在无锡博物院举行，展览持续到6月11日。此次展览共展出石器、玉器、青铜器、金器、陶器、瓷器、木器等10多个品类的140余件文物，是无锡市第一次全国可移动文物普查成果的一次全方位展示。

(刘海荣)

【甘肃省博物馆藏丝绸之路文物展】 6月9日~9月9日，由甘肃省博物馆、无锡博物院联合主办的“丝路传说”——甘肃省博物馆藏丝绸之路文物展在无锡博物院开展，此次展览共遴选出甘肃省博物馆藏“丝绸之路”文物近150件(套)，系在无锡地区首次集中展示甘肃丰厚的文化底蕴和陇原大地多彩的文化遗存，揭示古代“丝绸之路”的历史变迁与文化贸易交流的辉煌成就。

(刘海荣)

【紫砂艺术精品首次在宁夏展览】 7月25日，“紫玉凝香”——无锡博物院藏紫砂艺术精品暨宁夏博物馆藏当代捐赠紫砂艺术品联展在银川市揭幕，这是宁夏回族自治区博物馆首次举行紫砂文化专题展览。开幕式上，宁夏回族自治区博物馆分别向当代中国陶瓷艺术大师储集泉、陈建平及江苏省工艺美术大师许成权颁发作品收藏证书。

(刘海荣)

【新疆伊犁草原文物与民族风情展】 9月24日，由伊犁哈萨克自治州博物馆与无锡博物院联合主办的“奔腾岁月”——新疆伊犁草原文物与民族风情展在无锡博物院开展，展出130余件(套)藏品，向无锡观众展现伊犁不同时期的草原文化和民族风情，也让更多的无锡人民了解新疆、了解伊犁。开幕式还特地邀请无锡青山高级中学新疆班的学生及学校领导参加，进一步促进新疆与江苏两地文化交流。

(刘海荣)

【深圳博物馆藏历代陶瓷器展】 12月23日，由无锡博物院、深圳博物馆主办的“寻陶问瓷”——深圳博物馆藏历代陶瓷器展在无锡博物院开幕。展览共遴选深圳博物馆馆藏中具有代表性的陶瓷器80件(套)，涵盖新石器时代到明、清的各个阶段，堪称一部微缩的中国陶瓷文化发展史。展览共分6个单元，分别为：璀璨神秘——彩陶的世界，原始瓷的时代——商周秦汉的陶瓷，青瓷独秀——两晋南北朝的陶瓷，大唐气象——隋唐时期的陶瓷，百窑竞艳——辽宋金的陶瓷，青花独秀——元明清的陶瓷。展出的深圳博物馆藏黑陶嵌铜泡钉双耳壶、青釉贴塑龙凤纹盘口壶、三彩结带纹穿带扁壶、三彩双龙瓶、三彩白马、彩绘仕女陶俑、建窑黑釉兔毫展、青花折枝花卉纹六方瓶等，都是难得一见的精品。

(刘海荣)

【江苏省博物馆学会会员代表大会】 12月2日，江苏省博物馆学会2017年度会员代表大会暨论文研讨会在无锡博物院召开，全省各地的学会理事、会员代表等近180人参加会议，开幕式对第一届江苏省博物馆“十佳保管员”和“金牌库房”进行颁奖。近年来，无锡不断加大文化建设力度，全市已建成58家特色鲜明的博物馆，形成规模较大的博物馆群落，在全国范围内享有一定的声誉。

(刘海荣)

非物质文化遗产

【概况】 至2017年年底，无锡拥有国家级非物质文化遗产项目11项，分别为梁祝传说、吴歌、无锡道教音乐、锡剧、无锡留青竹刻、惠山泥人、无锡精微绣、宜兴紫砂陶制作技艺、致和堂膏滋药制作技艺、宜兴均陶制作技艺、泰伯庙会。有省级“非遗”项目51项、市级“非遗”项目133项。现存国家级“非遗”项目代表性传承人7名，省级“非遗”项目代表性传承人28名，市级“非遗”项目代表性传承人263名。

(刘海荣)

【国家级“非遗”项目泰伯庙会】 2月5日(农历正月初九)，无锡国家级非物质文化遗产名录、江南地区新年开春后第一场庙会——泰伯庙会在无锡新吴区梅村正式开锣。恢复民俗巡游成为泰伯庙会的一大亮点，500多人组成的18支民俗表演巡游队伍纷纷亮相，庙会当天，吸引15万名游客。展示非物质文化遗产魅力是泰伯庙会的又一大亮点，在泰伯庙附近活动场馆里，二胡艺术、小阿姨甜酒酿、蔡阿水羊肉、钱氏古法酿酒等“非遗”项目也得以生动展示。庙会期间，还举办迎春书画展、锡剧专场演出、灯谜会等文化活动和商贸赶集活动。

(刘海荣)

【文化和自然遗产日活动】 6月11日，由无锡市文广新局主办的2017无锡市“文化和自然遗产日”主会场活动在崇安寺二泉映月广场和阿炳故居精彩亮相。活动以“非遗保护——传承发展的生动实践”为主题，涵盖“激情周末”广场文艺展演“非遗”专场演出、“非遗”项目进校园成果展示、道教音乐会及无锡道教符箓文化展等多项内容。近20个无锡代表性“非遗”项目、9所“非遗”传承学校、各地的道教音乐“非遗”传承人分别进行展演和展示。遗产日期间，“吴风锡韵·多彩锡山”“非遗”展演、首届宜兴“非遗”传承人陶瓷作品展等近30项分会场“非遗”展示活动在全市同步开展。

(刘海荣)

对外文化交流

【中澳歌者锡城联袂献唱】 3月13日，无锡友城澳大利亚弗兰克斯顿市的威尔士男声合唱团一行43人到无锡访问，并在无锡运河公园音乐厅举办中国无锡—澳大利亚弗兰克斯顿合唱音乐会。音乐会上，澳方合唱团与无锡山禾合唱团同台献艺，奉上精彩演出。在无锡期间，澳方威尔士男声合唱团一行参观了无锡城市规划馆、无锡博物院等文化场所，推动两市在文化等领域进一步开展友好交流和深度合作。

(刘海荣)

泰伯庙会首日现场

（刘海荣　供稿）

【文化援柬助力西港特区发展】　为响应国家"一带一路"倡议，全力支持柬埔寨西哈努克港经济特区发展，2017年，由无锡市文广新局牵头援建的西港特区3个文化援建项目基本完成。8月12日，由市文广新局联合江苏有线无锡分公司援建的有线数字电视前端系统在西港特区行政楼开通试运行，该系统可为特区提供40套中国境内电视节目，真正实现在国外同步收看国内节目，这也是江苏省内首次将有线电视这项公共服务延伸到国外。"吴韵书香"城市阅读联盟——柬埔寨西港特区阅读点投入使用，阅读点依托特区行政楼大厅空间，重点打造集图书借阅、人文景观、文化交流、便民服务等多种功能于一体的阅读空间，配备传统文化图书、无锡当地图书、柬埔寨图书等1500余册，同时可用手机扫码借阅图书。捐赠两台数字流动电影放映机，满足更多人的观影需求。

（刘海荣）

【无锡与相模原市开展文化交流】　4月20日，无锡友城日本相模原市相鉴舍社长桥本钦至向无锡市书画院无偿捐赠相模原市著名画家吉川启示的36幅画作《富士三十六景》，为两地文化交流再谱新章。9月9日，无锡美术馆（市书画院）一行6人赴日本相模原市参加第29届相模原市艺术家协会展暨相模原市·无锡市美术作品交流展，无锡市书画家赖辉、耿敏霞、吴国平、陶缀、郭瑞卿、王梦晗带去各自的代表作参展。

（刘海荣）

【无锡文化艺术展走进美国】　11月16日，"美丽中国"无锡文化艺术展暨钱窑（卡梅尔）文化艺术中心揭牌仪式在美国"艺术之都"加州卡梅尔开幕，70余件手绘艺术瓷以及书画作品面向美国观众，开始为期3天的展览。作品以江南古典元素为底本，通过古典写意笔墨和创新窑变技术，呈现中国瓷器和江南绘画的相映成趣。此次"美丽中国"无锡文化艺术展是无锡艺术家的作品首次登陆卡梅尔，美国国会议员吉米·帕内塔和卡梅尔市政府工作人员以及100多位艺术家、商会会员和艺术协会代表参加开幕式。

（刘海荣）

文化市场管理

【文化市场监管有力】　为严格规范市场秩序，2017年，全市开展"平安文化"、暑期文化市场专项整治、迎接十九大文化市场专项保障行动等活动。各级文化市场执法管理机构共出动执法人员1.34万余人次，检查文化市场经营单位近5000家次，责令整改43家，立案查处案件127起。

（刘海荣）

【无锡市文化娱乐行业协会成立】　8月11日，无锡市文化娱乐行业协会成立大会在无锡金陵饭店召开，会议通过协会章程，选举产生第一届监事会、理事会以及会长、副会长单位。无锡市文化娱乐行业协会通过开展文化娱乐业产业结构、组织结构、经营管理等方面的调查研究，制定、推广行业技术服务标准与规范等，加强政府与行业（企业）之间的沟通和协调，维护行业整体利益和消费者利益，进一步规范文化娱乐市场秩序，促进市场健康平稳发展。成立大会结束后，协会组织了第一场行业转型升级培训会，主要针对文化娱乐行业在文化产业政策、音像版权争议等方面的问题进行专题辅导培训，为众多企业在转型升级过程中提供政策和法律方面的指导和支持。

（刘海荣）

编辑　顾洪兴

无锡日报报业集团

【概况】 2017年，无锡日报报业集团(以下简称“报业集团”)在市委、市政府的正确领导下，在市委宣传部的直接指导下，团结带领广大员工同心同德、苦干实干，着力提升舆论引导力和科学发展力，各项工作稳步推进，在新闻宣传、产业经营等方面取得一定成效，较好地完成年度各项工作目标。报业集团总体保持平稳发展的良好势头。

(报业集团)

【注重主题宣传报道】 2017年，报业集团各媒体按照无锡市委“紧贴中心工作，紧贴基层实际，紧贴群众意愿”以及“将新闻媒体监督和社会监督聚焦在群众关心的问题上、聚焦在党委政府重点工作上”等要求，为无锡经济社会发展大局提供坚强舆论支持。在中共十九大、省市“两会”、市委全会、江苏发展大会、“联心富民，联企强市”大走访、“263”专项行动、世界物联网博览会等多次重大主题宣传报道中，策划推出一系列集成式融合报道，得到各级领导的肯定和社会各界的好评。

(报业集团)

【推进媒体融合发展】 2017年，报业集团围绕内容建设，聚焦融合、聚力创新，形成重大主题和突发事件的融媒体报道模式。对于重要会议活动报道和重大主题宣传，集团各媒体实行策、采、编、发一体化运行，在呈现方式上融文字报道、观点生产、视觉图片、话语创新和传播集成于一体，推出“无锡公安英烈家庭全家福”等一批现象级“爆款”产品。在体制机制创新上，整合“无锡观察”、无锡新传媒网和集团技术中心，成立集团数字出版运营中心。集团还整合教育新闻资源，成立集团教育融媒中心，在建设垂直类融媒体方面进行探索和尝试。在软硬件建设上，集团签约入驻《人民日报》公共平台。集团在媒体融合方面的尝试和做法得到上级部门和国内同行的认可，年内，先后获得多个奖项和荣誉：中国报业协会颁发的“融合发展创新单位”、2017中国(南京)传媒移动优先峰会媒体融合创新项目一等奖、中国传媒大会“金长城传媒奖——2017中国传媒融合发展十大地市党报”。

(报业集团)

【加强队伍建设】 2017年，报业集团在队伍建设上创新机制，启动首届“三名”工程，从全体采编人员中评选出16名“名记者”“名编辑”“名评论员”，以此激励全体采编人员争做深耕主业、开拓创新和媒体融合的能手。加强党报驻市(县)、区记者力量。通过鼓励融媒体中心负责人竞争上岗，推进建设干部选拔“赛马”机制，提高创造优秀业绩员工的相关待遇，增强员工的凝聚力和归属感。

(报业集团)

无锡日报

【概况】《无锡日报》致力于提供更高品质的内容产品和新媒体产品，办一张精致而有深度的党报，满足人民群众对美好精神生活的追求。2017年，《无锡日报》把握时代特色、实践要求和传播规律，聚焦精品，聚力创新，推出一系列立意深远、深达人心的新闻产品，体现党报引领舆论的高度和深度，彰显主流媒体的责任和担当，多篇报道得到市委主要领导批示表扬。围绕中心、服务大局的能力不断提升，观点生产、集成报道的能力不断增强，精准策划、融合传播的能力不断提档，为无锡经济社会发展营造良好的舆论氛围。

(无锡日报社)

【报纸发行量达20万份】 继2017年《无锡日报》发行量突破17万份后，2018年该报的发行量达到20万份，这在无锡报业史上具有里程碑意义。难能可贵的是，这20万份发行量是在强化“无锡观察”客户端作为无锡舆论场第一移动入口取得积极成效的基础上实现的。《无锡日报》发行量的“扩容”，使党报在无锡市场实现更大范围的人群覆盖，传播力、影响力和竞争力进一步提升。

(无锡日报社)

【精准策划营造舆论氛围】 2017年，在中共十九大以及市委全会、全国省市"两会"、江苏发展大会、世界物联网博览会、全市城市现代化与城乡一体化工作会议、"连心富民，联企强市"大走访等重要会议、活动的宣传报道中，《无锡日报》推出一系列站位全局、紧扣主题的报道。围绕学习宣传贯彻中共十九大精神这一主题，先后开设"喜迎十九大 建设'强富美高'新无锡""喜迎十九大 争做'两聚一高'先锋""喜迎十九大 说说我的获得感""向十九大献礼（图片）""砥砺奋进的五年 来自'走转改'现场的报道""学习贯彻十九大精神 谱写无锡实践新篇章""拥抱新时代 推动新发展""十九大代表在基层""新时代 新气象 新作为"等10多个专栏，进行报道。围绕"喜迎十九大，深入学习习近平总书记'7·23'讲话精神"主题，共编发4期理论专版，编发12期"学习贯彻十九大精神"的相关理论专版，不仅在纸质媒体上刊出，而且同步在"无锡观察"APP上以专栏的形式刊发。市委十三届四次全会召开时，正值"产业强市"主导战略实施两周年，重磅推出"产业强市两年间全媒体新闻调查报告"系列报道，从内容深度和形式创新上均有突破。年底市委十三届五次会议召开前，策划一组8篇全媒体年终特别报道，通过一个个生动的"无锡故事"，和读者共同感受无锡转型发展蕴含的强劲动力，一起辨认产业强市和创新驱动给无锡带来的深刻变革。在全市城市现代化与城乡一体化工作会议召开之前，一组深度剖析加快锡澄、锡宜一体化的"从全域发展视野看锡澄锡宜一体化提速调查报告"与会议互为呼应，并迅速在线上、线下形成热议。100多篇对"大走访"活动的全过程跟踪报道，为"强富美高"新无锡建设注入不竭动力。同时，还通过系列评论、重点评论的方式，对市委、市政府的中心工作进行解读、阐发，全面宣传和解读市委、市政府的重大工作，其中，围绕深入推进产业强市、持续发力生态建设等主题撰写的两篇重点评论，获得省委常委、市委书记李小敏的批示点赞。

（无锡日报社）

【彰显舆论引导力】 2017年，《无锡日报》围绕无锡经济社会发展过程中面临的一些重点、难点、堵点以及市民关注的热点创新策划、精准策划，新闻报道从更宽的视野、更大的格局上进行思考和引领。围绕产业强市、富民惠民、生态保护等主题，开设"开启'两聚一高'新征程 建设'强富美高'新无锡""发力重大项目 推进产业强市""深入推进产业强市·见力见行抓好重大项目""项目推进进行时""代言中国实业 打造无锡实力"等专栏，进行深度报道。夏季蓝藻来势凶猛，河道整治成为百姓最为关注的话题，《无锡日报》策划采写的"治河进行时：攻坚犹须再加力——暗访五条挂牌河道"，受到市委主要领导的批示表扬。将新闻媒体监督和社会监督聚焦在群众关心的问题上，聚焦在党委、政府重点工作上，精心采写的"完善交通骨架，城市能级再提升"深度报道，收到读者良好反响，社会关注度高、搁置10多年的全省单体投资规模最大公路基础设施建设项目苏锡常南部高速公路建设终于破土动工。全市旅游发展大会暨国家全域旅游示范区创建工作动员大会召开后，开设"建设全域旅游示范区 打造一流旅游目的地"专栏，分析全市发展全域旅游的优势和短板，探讨全域旅游"抓什么""怎么抓"等一系列问题，推动无锡奋力实现旅游发展的新突破。在2017年江苏省新闻工作者协会组织的评选中，《无锡日报》1件作品获第20届江苏新闻奖，5件作品分获江苏省报纸优秀作品奖和省优秀新闻论文一等奖。

（无锡日报社）

【立体传播同频共振】 2017年，《无锡日报》通过优化涵盖文字记者、新媒体编辑、摄影记者和美编人员等多部门人员柔性组合的政务融媒体采访组，不断提高在重大主题报道中集中作战、无缝对接、快速传播的响应速度和传播质量。在全市全局性一系列重大会议、重大活动、重大事件的宣传报道中，以丰富的呈现形式推出一批融合报道精品，显现出良好融合传播效果。在省、市党代会，全国、省、市"两会"以及市委全会的报道中，纸质端、移动端、PC端三大平台相互糅合，同频共振，放大党报"二次传播"效应。在产业强市两周年的系列报道中，充分运用文字、摄影、视频等多个元素，以新媒体的选题内容、表现形式、行文方式改造纸质媒体，跳出常规化的平面报道模式，实现向立体化、多模态报道模式的转型，增强报道的传播力、影响力。在全国、省、市"两会"期间，提炼对全市发展大局具有针对性的选题，重磅推出融媒体专版报道，聚焦产业强市、智能制造、创新驱动、实体经济、城乡一体化、生态环保、增收富民等热点话题，记者们与人大代表、政协委员对话交流，在探讨分析中凝聚共识，在深入理解中深度报道，为读者奉上一道道精美"大餐"。与此同时，开展融媒体系列专题访谈，邀请人大代表、政协委员畅所欲言建言献策。系列专题访谈视频和详细内容先由新媒体平台发布，再由纸质端编辑刊发。在报道江苏发展大会时，《无锡日报》整合采编资源，综合运用现场报道、系列报道，专栏报道、专版报道、融合报道等各种手法；消息、通讯、评论、图片、图文直播、H5页面等各种报道体裁和形式，让受众如临其境感受群贤毕至、少长咸集的精彩和盛况，向世界级"朋友圈"展示无锡"两聚一高"新成就和城市新貌，全方位传递海内外无锡人乡情乡愁。在纸质端和移动端、PC端设置无锡旅游宣传语征集议题，一批融媒体报道吸引从当地市民到在外乡贤的广泛参与，使无锡旅游的社会关注度达到新高度。

（无锡日报社）

【新闻报道接地气】 作为一个重要的基层新闻板块，《无锡日报》"社区新闻"版更多关注基层民生，反映社情民意，致力将版面打造成为社区工作者之家、社区百姓之园。2017年，报社领导在带领记者与街道、社区工作人员座谈社区建设情况时，当场提出开辟"听社区书记讲故事"专栏，请社区书记讲述工作中的酸甜苦辣，把最基层的新鲜故事呈现给广大读者，让更多的人理解和支持社区工作，受到基层工作者的好评。"社区新闻"版还开设融媒体专栏"筹选题、说新闻"，征集基层工作和百姓生活中的热门话题，并在有基层通讯员参加的社区新闻QQ群里组织开展讨论，形成话题性极强的专题新闻，同时在报纸和"无锡观察"上发布。"问吧"是在"无锡观察"版面上开设的一个与市民群众面对面沟通交流，直面问题、解决问题的栏目，2017年共刊发市民群众各类咨询、投诉超过500次，经记者向有关部门反映，他们的提问基本都得到回应，其中一些"老大难"问题得到解决。依托金融周刊、锡商周刊、教育周刊等周刊集群，《无锡日报》不断拓展垂直"朋友圈"，提升党报对企业、高校等特定群体宣传报道的针对性和服务性。

（无锡日报社）

【拓展优质内容传播途径】 "天下无锡人"是《无锡日报》的品牌专栏，2017年，在首届江苏发展大会前后，《无锡日报》特别策划"天下无锡人"报道，报道一批经济学家、学者、院士等人士的事迹。在这一品牌栏目的基础上，精心策划出版全民阅读乡土读本《天下无锡人》，该书作为无锡展示城市形象的对外宣传作品以及广大无锡中小学生进行爱国爱家乡教育的校本教材，为报纸新闻作品价值延伸探索出一条有效途径。无锡日报社联合大众书局等共建无锡地区首个"书店+媒体"O2O全民阅读品牌"无锡日报·城市书房"，《无锡日报》在书店内设立锡报书单主题书架，放置《无锡日报·太湖周刊》近年来推荐的优质书单及无锡当地作家的书籍等，进行优秀书单甄选和推荐，为各类群体提供阅读服务。

（无锡日报社）

江南晚报

【加强政务报道】 为迎接中共十九大胜利召开，2017年，《江南晚报》开展"砥砺奋进的五年·宜居无锡的幸福印记""砥砺奋进的五年·大国重器上的无锡印记"融媒体采访行动，推出10余篇重磅整版报道，会后又推出贯彻落实十九大精神的相关报道，获得各界好评。江苏发展大会召开前后，《江南晚报》开设"共叙乡情同筑梦想""约在无锡""天下无锡人"等专栏，推出30多个专版。第2届世界物联网博览会期间，晚报共计推出65个专版。

（江南晚报社）

【注重内容策划】 2017年，《江南晚报》先后推出"两会"特刊、"三·一五"特刊、清明特刊、物博会特刊、晚报25周年报庆特刊等。特刊注重民生视角，策划有新意，不仅进一步丰富晚报的内容，也通过原创的精品化内容生产形成固定的内容品牌。在推出系列特刊的同时，还通过图文、视频、H5等新媒体手段传播、丰富新闻产品。

（江南晚报社）

【深入开展"走转改"活动】 2017年，《江南晚报》实施"星火计划"，从2月下旬开始，走访20多个乡镇（街道）、10余家企业，采写60多篇稿件，并挂以"社区巡礼——晚报记者走转改"报花形式刊发。针对大走访活动，全年开辟专栏专版，对基层好的做法及时总结刊发。报社党员干部多次深入锡惠里社区等基层单位，对群众反映强烈的社区负担重、开证明难等问题深入剖析并提出解决建议，刊发多篇有影响与分量的报道与内参。

（江南晚报社）

【做深原创发布】 2017年，《江南晚报》各新媒体平台加强当地原创内容发布的数量和质量。对于当地的重要事件和重要活动，通过事先策划、准备，精心采集、制作内容。对于当地的突发事件，记者采访传回图文后，江南晚报网、首发无锡APP、江南晚报微博、江南晚报头条号第一时间发布。对于当地重要消息与重大突发事件，"江南晚报"微信公众号也相应地进行抢发。

（江南晚报社）

【试点融媒体报道】 3月，作为《江南晚报》媒体融合发展的先行试验业务部门——融车间正式启动运行。先行采取虚拟部门运作制度，改造突发事件和城市建设的报道模式。加快新闻发布速度，加强新媒体发布当地、原创新闻的数量和质量，强化当地新闻特色和品牌。

（江南晚报社）

【增加新媒体用户总量】 2017年，《江南晚报》在通过优质内容吸引用户的基础上，通过多种形式的线上、线下活动，增加新媒体的用户数量，增强用户黏性，培育用户的忠诚度，日活跃用户达到10%以上。1月开始，在江南晚报微博，继续保持较高频次的内容更新，开展线上直播和"粉丝"抽奖活动，微博"粉丝"量稳定增长，一段时间保持每天增长1万人次的速度。至年底，江南晚报微博的"粉丝"数达550万人次，微信公众号"粉丝"数超22万人次，江南晚报头条号用户达4万人。

（江南晚报社）

【改造采编流程】 2017年，在新媒体加快发布本地原创稿件的过程中，《江南晚报》"融车间"按要求探索从新媒体已发稿中，直接"沉淀"生成版面内容，加快采编流程，探索采编流程的再造。9月起，实行"选题报料"制度，鼓励员工人人参与报题，拓宽新闻线索的获取渠道，并加强新媒体编发人员与一线记者、报纸编辑的联系和沟通，努力实践"移动优先、深度融合"。

（江南晚报社）

华东旅游报

【概况】 2017年，《华东旅游报》坚持正确舆论导向，突出旅游行业的特点和重点，围绕"两个度"，即：推进媒体融合探索力度，加快新品市场覆盖速度，创造性地开展工作，在业界取得较好反响。

针对旅游行业的新变化，聚焦国内与当地旅游行业重大事件，参与其中，注重原创，推出一批有特色、有影响的报道，如《跟着垃圾去旅游》《红豆工业之旅：让文化在旅游开发中放异彩》《禅意小镇拈花湾：开创心灵度假的休闲旅游新模式》《无锡山联村三步激活乡村旅游发展动力》《宜兴张阳村的强村富民之路》《发现乾潭》系列等，获得读者认可和行业好评，采编队伍对于新闻业务方面的综合业务能力得到提升。

在注重报道行业变化、增强原创新闻报道质量的同时，积极探索自主研发的融媒体技术在日常报道中的运用，尤其是在中共十九大召开前夕，开展以"践行'两山'理论、实现生态富民"为主题的新闻宣传活动，通过与江西省旅游协会合作，推出"走进江西"系列5个整版的报道，进一步激励和动员华东旅游业界再立新功、再创辉煌。报社选送的《践行"两山"理论 实现生态富民——江西系列报道智图上线》被中国报业协会评为中国报业十九大融合传播优秀作品。融媒体作品《鲜活“江苏旅游智图”》获得国家旅游局颁发的全国优秀旅游新闻作品一等奖。

(华东旅游报社)

江南保健报

【概况】 2017年,《江南保健报》积极探索专业报的媒体融合之路,普及健康知识,提高精准服务,当好读者的健康顾问。

加大新媒体投入。立足专业报的角度,加强媒体融合的原创策划,加强纸质媒体与新媒体的强强互动。转变理念,从“要我融合”到“我要融合”,主动加入到媒体融合的行列之中。专门成立新媒体小组,抽调相对固定人员从事新媒体的日常采编工作,实现新媒体平台发稿的“三固定”:人员固定,推送时间固定,推送条数固定。突出权威性、服务性、实用性,主打稿件定期策划,记者原创。同时细分受众人群,提供精细化的健康服务。根据读者的反馈,年内,新设“网络健闻”版、“境外健闻”版、“天时节气”版。

调整经营模式。报社在经营上积极拓宽思路,注重维持常规经营,着力构筑新的经营模式,实施“项目带动+活动辅助”的方式,从单一的依靠广告维持经营的模式向“广告+项目+活动”的模式调整。报社严格控制医药、医疗器械、保健食品等大保健类的广告,对无锡本地的医疗服务类广告进行强化,争取广告的刊发量;对大保健类广告,立足做深度服务;同时还涉猎一些以前未尝试的领域和项目,如购物的线上线下互动、合作运行电商平台、举办老年人书画征文比赛、举办首届万人万步行活动等,收到较好的社会效益和经济效益。

(江南保健报社)

广播·电视

【概况】 2017年,无锡广播电视集团(台)牢牢把握“党委宣传的主阵地,党的工作的主阵地”定位,依靠广大干部职工齐心协力、负重拼搏,完成市委、市政府交付的各项宣传任务。产业经营在严峻的形势下稳住大盘,改革发展各项重点目标任务取得新进展,集团各项工作保持稳中有进、健康向上的良好态势。

围绕中心服务大局,全力做好主流宣传。始终把做好市委重大决策部署和中心工作的宣传引导作为第一职责要务,以打造“新闻头条”工程为代表,先后组织省市“两会”、产业强市、世界物联网博览会、全球锡商大会等20多项重大主题宣传活动,推出260多组头条组合报道,以融媒体复合传播,形成宣传强势。强化完善时政要闻组织构架,对标央视及省台,完善主题宣传策划常态化、长效化机制,全力保障重大主题宣传跟紧节奏、落地见效。主动承接全市重要对外宣传平台建设,江苏发展大会无锡分会场、世界物联网博览会官方发布云平台、“吾锡网”等正式上线,体现无锡广电集团作为主流媒体应有的责任担当。

把握媒体发展大势,积极实施“移动优先”。聚合优势资源组建新媒体中心,全面规划运营广电新媒体资源;“东林论坛”手机APP上线运行,“智慧无锡”慧直播、广播“网红”集群、电视“短视频”试水、电视高清制播系统等都有新进展、新成效。新媒体传播使重大活动和主题报道呈现放大效应,“10万+”新媒体作品数量较上年增长50%。

注重品牌建设,努力提升广电内容生产水平。以市场受众需求动态优化全媒体改版,广电节目收听、收视份额分别继续保持在80%和40%以上的高位;完成《筑梦中国行》《为中国实业代言》等对外宣传节目视频制作;创新节目生产机制,通过台内竞聘确定“无锡小春晚”总导演及制作团队,节目质量再上新台阶;广播剧《命若琴弦》和动漫片《成长不烦恼》获江苏省第10届精神文明建设“五个一工程”优秀作品奖,48件作品获省级政府奖,其中一等奖7件,位居省内城市台前三名;向上对外发稿继续保持在全省城市台的领先地位,其中向中央和省级新媒体发稿比上年增长50%以上。无锡广播电视台分别获评TV地标年度最具实力城市台和“时代之声”年度最具成长性市级广播电台。

拓展多元产业格局,推动经营模式转型。多措并举稳住传统广告大盘,持续探索广告经营直接介入终端营销,打通广告营销的“最后一公里”;打造规模化、专业化展会品牌,全年举办“车博会”等大型展会20场,参展人数近70万人次,交易总额近40亿元,创收额比上年增长20%;提升新媒体矩阵创收水平,智慧商城、“淘最无锡”等新媒体通过培育“粉丝”实现受众向用户的转换升级;围绕“内容生产”业务,“宣传片、商业片制作”“融媒体线下活动”以及“节目内容定制”3类对外业务并驾齐驱,实现对外创收2000万元,比上年增长60%。移动电视宣传和营销业务、无锡大饭店和运河大酒店的经营稳中向好。“智慧无锡”文化创意产业园入住率超90%,入选省级重点文化产业园区。东亭、高浪路项目建设调整管理体系,重新迈上建设快车道。

(章　蔚)

【展会获国家级会展业大奖】 2017年,在中国会展高峰论坛组委会、全国会展产业评选办公室联合举办的会展评选中,无锡广电集团具体运作执行的中国(无锡)国际汽车博览会荣膺“2016~2017年度中国品牌展会金奖”第14届中国会展之星年度大奖,无锡广电集团举办的春季住文化节荣膺“2016~2017年度中国十佳品牌节庆”第14届中国会展之星年度大奖。无锡广电集团旗下的展会凭借广泛的知晓度、良好的经济效益、成功的策展运作模式,再度获得国家级会展业内的认可与肯定。另外,无锡市政府研究室《参阅》第48期专刊刊登题为《发挥媒体资源优势 助推全市会展产业》调研文章,介绍集团会展工作经验成绩。

(章　蔚)

【广通传媒公司获“省重点文化科技企业”称号】 无锡广电集团下属广通传媒公司近年来坚持创新发展,将地面无线数字电视前沿技术与移动电视产业发展相结合,形成以延时传播系统为代表的一大批独创成果。公司响应国家发展文化产业政策,用主观努力克服客观困难,综合效益一直保持全国同业领先地位,2017年,公司获得“江苏省重点文化科技企业”称号。

(章 蔚)

【3部作品入围中国纪录片“奥斯卡”】 2017年，在被称为中国纪录片“奥斯卡”的第6届“光影纪年——中国纪录片学院奖”评比中，由无锡广电集团下属广新影视公司制作的《张氏一门三杰》《玛纳斯归来》《锡剧班》3部纪录片从全国各地报送的作品中脱颖而出，最终入围。

另外，由广新影视动画技术有限公司策划并拍摄制作完成的10集普法栏目剧《秀豆花》在中央电视台社会与法频道《普法栏目剧》播出。自开播当天起，就获得高度关注，观众的热烈反应直接衍生为节目收视率的节节攀升，全国网内收视率达到0.56，贴吧、微博也掀起讨论热潮，并为剧中演员创建主题“粉丝群”等。

(章 蔚)

【迎春特别节目精彩上演】 1月25日，“和你在一起”无锡广电2017迎春特别节目在无锡广电传媒中心精彩上演。作为无锡人自己的春晚，这是无锡广电集团连续第五年打造的精彩视听盛宴，与广大市民共度新春佳节。迎春特别节目通过舞台表演和视频相结合的呈现方式，充分展示在市委、市政府的领导下，无锡城市建设、经济和社会发展取得的令人瞩目的成就，体现无锡广电近年来的快速发展、喜人变化，展现市民欢度中国年的地域文化“无锡味道”。晚会专设三大直播窗口；增设“实时回看”入口，开辟五大新颖互动形式，融合传播。同时，对外推广至包括凤凰新闻等新闻平台及斗鱼、熊猫、火猫、虎牙、优酷等视频平台。

(章 蔚)

【完成江苏发展大会宣传报道工作】 为进一步加强和提升首届江苏发展大会的影响力和关注度，营造良好舆论氛围，4月，由无锡广电集团负责的“江苏发展大会·约在无锡”云平台正式升级上线。平台通过视频、图片、音频、新媒体互动等多种形式，展现“强富美高”新无锡的建设成就，累计上稿1300多篇，成为集成和传播江苏发展大会无锡元素的主要载体。为扩大影响，无锡广播电视台充分运用广播、电视、新媒体对平台内容进行深度传播，围绕“共叙乡情 同筑梦想”主题，设置专栏、专题进行充分报道。无锡广电集团在新媒体上发布的有关江苏发展大会的内容阅读量累计达1000万人次。集团专门组建全媒体直播指挥部，圆满完成“江苏发展大会无锡乡贤恳谈会”直播任务。将近3个小时的直播，通过新闻频率、新闻综合频道、“智慧无锡”客户端、太湖明珠网站播出，收到良好反响，3万多名受众通过移动客户端第一时间收看到大会盛况。

(章 蔚)

【签约18家海外华文媒体】 5月22日，“文化中国——2017海外华文媒体江苏行”采访团抵达无锡广电集团参观交流。美国中文电视、加拿大七天传媒、欧洲中谊文化传媒集团等18家海外媒体与无锡广电集团签订友好合作备忘录。此次签约合作，旨在推动华文媒体资源共享，在世界各地更多更广更深地宣传推介无锡，让无锡声音传遍世界五大洲。

(章 蔚)

【世界物联网博览会云平台上线】 8月8日，由无锡广电集团旗下热线传媒网络有限公司建设和运营的2017物博会官方发布平台——世界物联网博览会云平台正式上线，“走进物联高地，聚焦智慧产业——中央省级媒体看无锡”集中采访活动同时启动。物博会云平台是展示2017世界物联网博览会的主渠道、主阵地，是传播智慧无锡“物联世界、创新未来”的窗口，是向世界推介无锡的城市新名片。它集资讯、服务、交流、互动于一体，由PC端网站、移动端微网站、官方微博和微信公众号组成“四位一体”的新媒体矩阵。

(章 蔚)

【评选无锡广播十佳主持人和十佳“网红”主播】 为进一步提升整体节目质量，焕发广播主持人新活力，9月，无锡广播电视台启动2017无锡广播十佳主持人、十佳“网红”主播评选活动。经过两个多月的评选，通过听众投票、业务技能展示、节目收听表现及专家评审等多个环节，20位广播主持人分别被评为2017无锡广播十佳主持人、十佳“网红”主播。11月24日，颁奖典礼在苏宁广场举行。

(章 蔚)

【获“最具综合实力城市台”称号】 12月5日，在国家新闻出版广电总局主管的《中国广播影视》杂志社主办的TV地标(2017)中国电视媒体综合实力大型调研成果发布会上，无锡广播电视台再次获得“年度最具综合实力城市台”殊荣。“TV地标”是国内传媒界最权威、最具代表性的大型专业调研活动。

(章 蔚)

【获“最具成长性市级广播电台”称号】 12月22日，“时代之声”全国广播业综合实力大型调研成果发布会在北京召开，会上，无锡广播电视台(广播)被评为“年度最具成长性市级广播电台”，无锡交通广播被评为“年度最具成长性市级广播频率”。全国广播业综合实力大型调研活动是国内传媒界最权威、最具代表性的大型专业调研活动。

(章 蔚)

【东林论坛移动客户端上线】 12月13日，由无锡市委宣传部、市委网络安全和信息化领导小组办公室主办，无锡广电集团(台)、锡山区委宣传部承办的东林论坛APP(应用程序)上线仪式举行。东林论坛是无锡地区人气度高、网民互动活跃、集中反映社情民意的平台，无锡广电集团对东林论坛在舆情管控、网络安全、移动优先上加大投入力度，精心组织团队研究并实施对东林论坛的升级改版和移动化改造，重点培育打造一个有实情、发实言、出实效的网上互动社区，成为无锡地区网上舆情的主阵地。

(章 蔚)

出版

【概况】 2017年，凤凰出版社无锡分社出版单本图书和丛书共30本，发行总数4万余册。

就图书的内容亮点来看，大致可分为文化类重点图书，主要有：由国家级非物质文化遗产项目传承人乔锦洪和乔瑜父女俩编著的《中国竹刻艺术丛谈》，在中国传统雕刻艺术中，竹刻艺术属于小宗项目，因而历史上很少有专门的史论著作。这部书稿的显著特点，就是由两名竹刻艺人撰写，站在竹刻艺人的视角

江苏省版权贸易博览会无锡展区现场 （刘海荣 供稿）

阐述、剖析竹刻历史、竹刻家和竹刻艺术，注重从历史、经济、文学、绘画、书法、金石篆刻、工艺雕镌等多种角度对一种艺术现象进行综合性的剖析和评述。该书在竹刻艺术领域和“非遗”保护与传承方面收获良好的社会反响。《天下无锡人》(第一卷)是无锡全民阅读乡土读本，选取冯其庸、钱绍武等40位无锡籍人士，进行图文并茂式的展现，是一本关于成长、成才、成功的书，也是一本关于游子之心、故土情怀的书，更是共叙乡情、同筑梦想的书。特别是作为从党报优秀栏目“天下无锡人”延伸策划出的该书，进一步扩大阅读范围，赢得读者广泛赞誉。《梁溪记忆》由梁溪区委宣传部主编，作为向全区中小学生发放的文化读本，该书重点介绍梁溪区丰富的人文古迹和历史文化，展现梁溪区的文化特色和文化面貌。全书分为六大篇章，包括无锡繁华在梁溪、梁溪工商业群英荟萃、俊彦辈出、根植梁溪的传统文化技艺、民俗与美食等。

社会生活类图书，主要有：《侬伲无锡》一书，主要反映无锡风景人文、美食购物、休闲旅游等方面内容，行文采用游历式的感性记录方式，以短小精悍的文章为主，编排构思新颖、视角独特。《明明可以 媛来如此》一书，两位研究心理学的妈妈在生活中用心良苦，记录父母如何与孩子对话，如何思考亲子关系，见证父母和孩子共同成长的过程，不仅体现场景感、体验感、动态感，更体现亲子陪伴的过程。

史志记忆类图书，主要有：《梁溪年鉴(2017)》准确记录无锡原三城区合并成梁溪区后，政治、经济、文化、社会、生态等各方面的发展状况和最新成就，全面展示全区的各项工作，为存史修志保存珍贵资料。《随时代前行——严公然口述自传》是一本口述体自传，由无锡市档案局启动口述档案工作，着眼于抢救历史资料，重点采访对象是共和国初期的建设者。该书的口述历史，生动地反映了中华人民共和国成立初期无锡数家大型国有企业的建设历程，具有珍贵的史料价值。

此外，由无锡环保基金会编辑的《环保知识ABC》，获得由省科学技术协会、省文明办、省新闻出版广电局、省科技厅等组织的2017年江苏省优秀科普作品评选图书类三等奖。教育类的图书有《田野报告——一个校长的教育记录》《为女生的幸福人生奠基》《高品质：区域教育科研机制变革行动》等。年内，共有《亲历无锡城变迁》《杜鹃花》等6本图书，获得凤凰出版社优秀图书奖。

（锡 书）

【十九大重要文件出版物无锡首发式举行】 10月30日，十九大重要文件出版物无锡首发式在无锡新华书店图书中心举行，市委常委、市委宣传部部长袁飞出席活动并为首发式揭幕。为确保无锡的广大群众和党员干部能第一时间获得十九大重要文件，尽早学习中共十九大精神，自10月30日起，全市14家新华书店网点设立“十九大学习读物”专柜，以满足市民购书和学习需要。首发式邀请市委组织部、市委党校、市委讲师团的专家来到现场，就十九大报告中的经济、民生以及党的建设等老百姓关心的话题与现场读者、网上观众开展互动交流，气氛热烈。活动现场，新华书店准备100本十九大报告单行本和100本新党章，免费供市民申领。

（刘海荣）

【组织参加省版权贸易博览会】 9月15~17日，2017江苏(南京)版权贸易博览会在南京国展中心举办，无锡组织央视国际网络无锡有限公司等7家单位参展博览会。无锡展区集中展示可对版权监测和跟踪的中文在线视频数据库、拥有自主知识产权的办公软件等现代科技版权保护技术和作品，紫砂、锡绣、青瓷等极具无锡特色的“非遗”原创产品和现代工艺品原创设计等，传播版权保护意识理念，给观众呈现出传统和现代相结合的无锡地方文化。

（刘海荣）

【无锡市企业获中国出版政府奖】 2017年，国家新闻出版广电总公司第4届中国出版政府奖名单揭晓，无锡市的复制企业江苏新广联股份有限公司入选，该企业光盘复制(DVD5)作品《长城——中国的故事》获得复制类最高奖——中国出版政府奖印刷复制奖，这是新闻出版政府奖奖项中的最高奖。江苏新广联股份有限公司是全国最大的只读类光盘复制企业，其研发水平与生产技术多年领跑全国复制行业。

（刘海荣）

编辑 顾洪兴

综 述

【概况】 2017年，全市卫生计生系统坚持将深化医改贯穿于卫生计生事业发展各个环节，着力完善医疗卫生服务体系，提升服务质量和水平，推进“健康无锡”建设，各项目标任务全面完成。年内，市卫生计生委被人社部、国家卫生计生委和国家中医药管理局评为“全国卫生计生系统先进集体”。

（办公室）

【综合医改试点持续深化】 2017年，市卫计委发挥牵头作用，推进医改各项工作，年度目标任务全面完成。公立医院综合改革步伐加快。深化市属公立医院改革，现代医院管理制度推进建设，继续开展法人治理结构试点，重新核定公立医院床位，核定备案制人员总额8677名，启动薪酬制度改革，起草制订院长绩效年薪制、骨干人才协议工资制等配套规定，制定总会计师制度实施办法，加强内外部监管及绩效考评，激发运行活力。优化整合市二院、市五院资源，实行托管帮扶，普仁医疗集团平稳运行。加快构建分级诊疗制度。出台紧密型“医联体”建设政策意见，在梁溪区、江阴市试点，实行“八个合一”的资源共享机制，进一步促进三级医院优质医疗资源下沉基层。全市基层诊疗量占比达62%，江阴市、宜兴市域内就诊率超过95%。与葛均波、宁光、李兆申等多名院士、专家合作，开展糖尿病、高血压、脑卒中、胸痛中心、慢性伤口、肿瘤防治等方面的合作，建立分级诊疗体系，造福群众健康，努力构建慢病防控无锡模式。“三医”联动改革有新进展。开展医用耗材及试剂集中采购，入围价格较报价整体下降37%，较产品上限价下降16.96%，实施药品价格谈判和急救妇儿非专利药品采购“两票制”，进一步压降药品、耗材采购价格。会同人社部门落实医保支付改革举措，确定首批51类病种按病种付费，形成疾病诊断相关组(DRGs)医保支付改革工作方案。公立医院补偿得到改善。全面落实公立医院六大投入政策，全市卫生计生财政投入比上年增长19.17%，协调形成公立医院债务化解意见，全市落实公立医院取消药品加成补偿资金1.75亿元、化债资金5000万元，完善医保费用结算政策，弥补公立医院收支亏损。落实医改目标，实施改善医疗服务行动计划，控制医疗费用不合理增长。全年药占比比上年下降1.39个百分点，门诊均次费用下降4.18%，住院均次费用增幅控制在5%目标值以下，个人卫生支出占卫生总费用比例降至30%以下。社会办医加快发展。全市社会办医疗机构数、床位数分别占全市总数的44.07%和22.97%。

（办公室）

【“健康无锡”建设稳步推进】 2017年，市委、市政府出台《“健康无锡2030”规划纲要》。确立大健康理念，建立健全“健康融入所有政策”的工作体系。新一轮健康城市行动计划全面实施。落实全国健康城市试点市各项工作，全市53个健康社区、53个健康村、64个健康单位通过省级验收，江阴市通过国家健康促进县（区）项目考评验收，无锡经验在威海全国卫生城镇暨健康城市工作会议上作交流，居民健康素养水平达21.65%。爱国卫生工作持续推进，宜兴市通过国家卫生城市复审暗访和病媒生物防制先进城市复查，全市10个国家卫生镇、170个省卫生村全部通过国家和省级年度复审暗访。

（办公室）

【医疗卫生服务体系不断健全】 2017年，全市卫生计生系统医疗服务能力有新提升。制定实施儿童、精神、传染病、康复等薄弱专科发展规划，梳理出亟待解决的项目，就新四院建设、新五院搬迁启用、卫校发展、精神卫生中心二期项目、儿童医院建设发展、卫生资源优化、社会医疗机构设置等开展调研，多方协调，推进发展。新五院顺利搬迁启用，收到预期成效，新四院主体工程封顶。全年新增医疗机构45家、病床2419张、卫技人员2852名，新增省级临床重点专科12个、市级临床重点专科26个。制定完善“市（县）区现代医疗卫生发展水平主要评价指标”

和“基层医疗基础设施投入水平主要指标”,列入市委、市政府考核内容。27家社区卫生服务机构完成提档升级，惠山区被评为省基层卫生十强区。56家妇幼保健与计划生育技术服务机构完成资源整合。医疗卫生服务质量、水平改善提升。全年诊疗5467.36万人次，比上年增长6.94%,住院总床日821.6万日,出院87.81万人次，分别比上年增长3.89%和6.72%。推进改善医疗服务行动，抓实预约诊疗服务、日间手术、临床路径管理等40项改善医疗服务具体目标任务，完成日间手术10860例,全市二级、三级公立综合医院出院患者平均住院日分别为8.78天、8.61天,比上年下降0.17天和0.25天。完善质量控制组织体系，强化急诊、药事、医院感染、血液安全等专项工作,深化“平安医院”创建活动,全面推行医疗责任保险,完善医患纠纷第三方调解机制，缓解医患矛盾。群众关注的改善就医环境、实施优质服务、降低医疗费用等年度15项惠民措施全面落实见效。家庭医生签约服务模式创新。出台签约服务政策，对患有慢性疾病的重点人群，在强化基本公共卫生服务基础上,实施专项收费服务包,强化考核,接受签约患者的监督,家庭医生签约服务率达38.1%,重点人群签约服务率达60.58%；基层医疗机构运行新机制和家庭医生签约服务经验在全国社区卫生服务管理能力培训班和全国基层卫生大会上作为典型案例交流。

(办公室)

【公共卫生服务效能持续提升】 2017年，全市公共卫生服务水平有新提升。实施基本和重大公共卫生服务项目,锡山区、江阴市项目管理分别获得2016年度省级绩效考核第1名和第4名。及时处置各类传染病疫情,以市(县)、区为单位达到消除血吸虫病标准。再生育全程服务行动积极实施。健全市(县)、区孕产妇及新生儿危重症救治、产前筛查诊断网络体系,应对高龄怀孕、高危妊娠,保障母婴安全。宜兴市被评为国家和省级妇幼健康优质服务示范市。卫生应急能力持续提升。梁溪区被命名为省级卫生应急工作规范区，全市医疗机构人员自救互救培训率累计达41%,全市报告81起突发公共卫生事件均得到及时有效处置。

(办公室)

【中医药服务能力不断提升】 2017年，全市中医药服务网络进一步完善。完成33个省级“中医馆”建设项目,市中医医院等4家中医院、中西医结合医院通过三级中医(中西医结合)医院复核评审。中医药服务内涵持续提升。9个国家级中医重点专科及建设项目通过考核评审，新增市级中医(中西医结合)重点专科10个。创建中医药高层次学术交流平台“金匮讲坛”,开讲3次。中医药传承创新成效显著。成功主办世界中医药联合会五运六气专业委员会成立大会，龙砂医学流派得到进一步传承弘扬；无锡市中医医院赵景芳工作室通过全国名老中医药专家传承工作室建设项目验收；宜兴市中医医院余方中传承工作室被确认为国家级基层名老中医传承工作室建设项目。顾植山、陆曙入选国家第6批中医药专家学术思想传承老师。

(办公室)

表54　　2017年无锡市卫生计生事业基本情况

	数量	与上年比增长数	与上年比增长率(%)		数量	与上年比增长数	与上年比增长率(%)
卫生机构(个)	2350	42	1.82	卫生人员(人)	62680	4246	7.27
医　　院(个)	166	7	4.4	卫生技术人员(人)	51015	3466	7.29
社区卫生服务中心(卫生院)(个)	102	13	14.61	执业(助理)医师(人)	19610	1503	8.3
医疗床位(张)	43195	3463	8.72	注册护士(人)	22489	1966	9.58
平均每千人口医疗床位(张)	8.76(户籍)	0.79	9.02	均每千人口卫生技术人员(人)	10.35(户籍)	0.57	5.83
	6.59(常住)	0.5	8.21		7.78(常住)	0.5	6.87

人口	总数(万人)	493.05(户籍) 655.3(常住)	卫生费用	卫生事业费(万元)(统计范围调整为大市)	337188.72
	出生率(‰)	10.1		卫生事业费与上年比增长率(%)	19.17
	死亡率(‰)	7.97		卫生事业费占财政支出百分率(%)	3.41
	自然增长率(‰)	2.13		卫生系统资产(万元)	2173915.53
医疗服务	诊疗总人次(万人)	5467.36		卫生系统基建投资(万元)(统计范围调整为大市)	47858.10
	出院总人次(万人)	123.94			
	出院者占用总床日(万日)	1147.32		平均每门诊人次医疗费用(元)	192.8
	住院病人手术人次(万人)	34.2		平均每一出院病人医疗费用(元)	10003.9

(信息处　规财处)

【科教人才建设成果丰硕】 2017年,全市"科教强卫工程"全面推进。2个学科、4个创新团队和2名杰出人才、4名重点人才、82名青年人才纳入省级建设序列，遴选建设市级临床医学中心、重点学科等团队项目44个、高层次人才171名,市级财政投入年度建设资金5000万元。科技成果丰硕。全年获中华医学奖2项、省科技进步奖3项、省医学新技术奖48项,获市腾飞奖和科技进步奖22项,36项课题获国家和省科学基金(重大专项)立项。人才选拔培育不断加强。印发《无锡市"十三五"卫生计生人才发展规划》,设立1500万元人才引育专项资金，重点支持引进和培育顶尖、菁英、高端、知名、青苗、紧缺等6类卫生计生人才;1人入选无锡市优秀人才贡献奖,市人民医院入选无锡市引进人才工作奖，吕国忠被推荐为中华医学会烧伤专业委员会候任主委。各直属单位全年引进高端和紧缺人才157名,自主培养博士30名。人才基础进一步夯实。新增国家住培基地1个，遴选建设市级全科示范社区实践基地9个，培育第二批骨干师资103名,住院医师和专科医师规范化培训临床理论结业考试通过率居全省首位。新增规范化培训和全科转岗培训合格全科医生119人，农村订单定向免费培养医学生77人。

(办公室)

【卫生计生信息化跨越发展】 2017年，全市卫生计生系统信息化支撑作用加强。启动"智慧健康提升工程",市民健康信息平台扩建工程全面展开，宜兴市通过省健康信息平台互联互通成熟度3级测评，全面推进大型医院信息化平台建设,市区23家二级以上公立医院和54家社区卫生服务中心的诊疗信息全部入库。信息化助推医改作用凸显。推进分级诊疗管理信息系统建设,以县为单位远程医疗系统实现全覆盖;推进"互联网+医疗健康"工作，全市统一建设"无锡智医"服务平台，参与国家卫生计生委居民电子健康卡试点；市属医院全面升级便捷支付途径,全面推进"实名制"挂号。医疗健康大数据和物联网应用加强。建立覆盖全市的基于物联网技术的居民健康智能管理平台,获评国家卫生计生委"全国基层卫生信息化十大优秀案例";开展医疗健康物联网研究，成功承办第2届世界物联网智慧健康高峰论坛，在无锡发起"中国医疗物联网政产学研创新战略联盟"。

(办公室)

【依法行政水平不断提升】 2017年，全市卫生计生法治建设持续推进。启动《无锡市献血管理办法》立法调研和《无锡市性病防治管理办法》规章修订工作。审批改革得到深化。加强权力事项清单动态管理,建设许可网上申报系统，落实"一张网"和"不见面"审批新举措。综合监管切实加强。推进"三项制度"试点,强化事中事后监管,落实"双随机一公开"制度,做好医疗服务、生活饮用水、学校、公共场所等卫生监督工作，完善卫生计生领域信用体系建设,严厉打击违法行为。

(办公室)

综合医改

【完善综合医改保障机制】 2017年,市医改领导小组充实调整成员,强化组织推动和顶层设计，明确医改年度工作任务与分工。围绕国家、省各项医改政策在无锡全面落地，出台各项配套政策46项,为医改向纵深推进夯实基础。

(体改处)

【推进公立医院综合改革】 2017年，全市探索构建现代医院管理制度，进一步深化完善市属公立医院外部治理体系和内部管理机制。健全完善投入补偿机制，各级财政调整支出结构，全面落实公立医院六大投入政策，新增财力向医疗卫生倾斜。深化医疗服务价格改革,开展城市公立医院医药价格综合改革监测，为进一步完善医疗服务价格政策和政府补偿提供决策依据，保障公立医院可持续运行。推进薪酬制度改革，加快探索建立完善符合医疗行业特点的薪酬制度。坚守公立医院公益底线，公立医院在全面取消药品加成的基础上，加强"三合理"规范,推进医学检验检查结果互认,促进二级、三级公立医院优先使用基本药物，医疗费用不合理增长有效控制,收支结构趋于合理,个人卫生支出在卫生总费用中所占比重持续降低。

(体改处)

医政管理

【推进区域医联体建设】 2017年，全市在城区组建以市级三级综合医院为龙头，联合城区二级医院及辖区社区卫生服务中心的医疗集团6个，在县级市组建乡村一体化医共体4个。全市共建成医联体18家，覆盖医疗机构总数164家，其中紧密型医联体2家，实现公立医院全参与、社会医疗机构部分参加、区域全覆盖。

(医政处)

【推进建立分级诊疗制度】 2017年,市卫计委制定《关于发挥龙头作用进一步促进医联体健康发展的实施意见》和《关于进一步开展紧密型医联体试点建设的指导意见》,2个紧密型医联体完成签约并正式运行。完善分级诊疗运行机制,进一步推进基层转诊预约工作，全年实现上转病人812101人次、下转病人36255人次,分别比上年增长1.51%和81.16%。

(医政处)

【推进康复医疗服务体系建设】 2017年，全市共有康复专科医疗机构9家，设立康复专科的综合医院41家、疗养院6家,提供康复医疗服务的社区卫生服务中心(卫生院)76家、社区卫生服务站531家,康复床位2476张。全市康复医疗服务网络涵盖二级、三级综合医院、康复专科医院和基层医疗卫生服务机构,实现全覆盖。

(医政处)

【推进急救体系建设】 2017年,按照《市政府办公室转发市卫生局等5部门关于加快全市涉农地区院前急救网点建设意见的通知》要求,加快建设全市涉农地区急救医疗服务网点,完善城乡急救服务体系。建成并启用梅村、洛社分站,恢复胡埭分站运行。全年完成"110"联动12391次,较上年上升19.27%;处置突发事件15124次,比上年增长14.25%;成功处置重点突发事故4起，救治病人55人次。

(医政处)

【开展优质护理服务系列活动】 2017年，全市卫生计生系统召开庆祝“5·12”国际护士节105周年大会，表彰30年护龄护士156名、优秀护士100名。印发《无锡市市级护理临床重点专科管理办法》《无锡市专科护士培训基地管理办法》两个规范性文件，出台《无锡市“十三五”护理事业发展规划》。

(医政处)

【加强等级医院创建管理】 2017年，全市组织开展医院评审、复核评价和定级工作。其中，开展二级医院调研初评11家、现场评审10家，复核评价5家，定级2家，开展三级医院定级初评1家，接受省卫生计生委三级医院评审1家。

(医政处)

【统筹规划临床重点专科建设】 2017年，全市卫生计生系统组织开展市级临床医学重点专科复评工作，落实重点专科奖补政策，出台《无锡市级医学重点专科补助资金分配暂行办法》，规范重点专科专项资金的分配、使用及管理，促进重点专科发展。以薄弱专科为重点，制定儿童、精神、传染、康复等专科医疗事业发展规划。全市新增省级临床重点专科12个、建设单位2家、市级临床重点专科26个。

(医政处)

疾病预防控制

【推进重大传染病防控】 2017年，全市甲、乙类传染病发病率为110.64/10万，传染病疫情总体保持平稳。全市预防接种门诊规范化建设达标率达100%。联合市教育局在6所高中、职校实施“青年自主参与型”艾滋病健康教育实践基地项目，组织首届青年学生“防艾同伴教育”主持人大赛，16所学校21支团队参赛。全市以市(县)、区为单位全部达到消除血吸虫病标准。

(疾控处)

【深化慢病工作内涵】 2017年，市卫计委开展慢病示范区建设管理办法和指标体系培训，组织示范区建设进展情况督导，帮助各地科学有序开展慢病示范区建设，落实长效动态管理，梁溪区、宜兴市分别通过国家级慢病示范区复评和创建评审，全市建成国家级慢病示范区6个，覆盖率达85.7%。进一步强化基层医疗机构培训督导，协调公安、民政等部门完善数据信息收集，高质量完成全市死因监测分析、慢性病发病状况评估、肿瘤登记分析报告等工作，无锡市肿瘤监测数据被世界卫生组织录用，市疾控中心被授予全国肿瘤登记特别贡献奖。继续推广实施慢性病“社区—志愿者—患者一体化管理”干预模式，全市全年招募志愿者748名，组建慢性病自我管理小组628个，社区覆盖率达57.62%，“社区—志愿者—患者一体化管理”干预模式案例获评全国慢性病防控示范区优秀案例。鼓励和引导各地围绕示范区建设，结合本地实际探索实施特色慢病防控措施。梁溪区开展社区糖尿病足筛查公益行活动，为全区16个街道的5000多名糖尿病患者提供面对面筛查与健康教育服务，江阴市为4个镇(街道)22个社区1200余例高血压患者提供远程血压监测管理服务，新吴区在6个社区开展胃癌早筛早诊项目，共完成筛查6712人，宜兴市实施联合国儿童基金会伤害项目。

(疾控处)

【提升精神预防工作质量】 2017年，市卫计委强化卫生部门牵头，综治办、公安、民政、人社、残联等成员单位共同参与的精神卫生工作机制，定期召开联席会议，实现部门间信息互通共享。市精神疾病控制中心全面加强对全市三级严重精神障碍管理治疗网络的业务管理，建立“每天巡诊、每月指导、每季质控”的工作机制，社区患者随访管理服务质量有效提升。组织对基层精神预防人员、社区民警和残联干事开展集中培训、脱产轮训、临床实践等多层次、多形式的培训活动，举办首届全市严重精神障碍社区随访管理综合技能竞赛。继续推进“医院—社区—家庭协同管理”的社区精神康复治疗模式试点，在2016年各市(县)、区开展“心灵家园”试点基础上，新吴区6个街道全部建立“心灵家园”社区精神康复机构，接管社区重点管理对象，开展患者关爱帮扶小组工作。

(疾控处)

卫生应急与救援

【提升卫生应急处置能力】 2017年，市卫计委健全卫生应急体系，落实《全国医疗机构卫生应急工作规范》《全国疾病预防控制机构卫生应急工作规范》。开展培训演练，举办“传染病疫情防控与处置”“无锡市突发公共事件现场医疗救援”等应急知识培训班。针对不同时期的防控重点、不同任务的防控要求，相继开展模拟应对中东呼吸综合征疫情的突发公共卫生事件应急处置、急性职业中毒应急处置、无锡市突发饮用水污染事件卫生应急处置、无锡市地铁治安事件医疗救援等演练，达到检验预案、锻炼队伍、磨合机制和提升应急反应能力的目标。

(应急办)

【推进卫生应急工作规范化建设】 2017年，市卫计委按照国家《关于加强卫生应急工作规范化建设指导意见》《江苏省卫生应急工作规范化建设指导意见》《江苏省卫生应急工作规范化县(市、区)建设标准》要求，召开工作推进会，全面落实各项措施，组织学习调研，开展指导督查。年内，梁溪区卫生应急工作规范化建设通过省级现场评估，被省卫计委命名为省级卫生应急规范区;江阴市、滨湖区卫生应急工作规范化建设通过省级复评，被确认为省级卫生应急工作示范县(市、区)。

(应急办)

【强化公共卫生事件监测预警】 2017年，市卫计委加强“非典”、鼠疫、人感染禽流感、中东呼吸综合征等突发急性传染病的监测、检测工作，开展突发急性传染病、生活饮用水、中毒、核辐射等公共卫生风险评估，定期开展发病趋势预警预测工作，建立健全监测预警研判机制和异常信息快速反应处置机制，提高风险监测、识别和管理水平。全年印发《无锡市突发公共卫生事件风险月度评估报告》12期。

(应急办)

【开展“全民自救互救素养提升工程”】 2017年，市卫计委与市红十字会等部门协作开展“全民自救互救素养提升工程”,结合“12320”宣传日、“5·12”防灾减灾宣传周和世界急救日,依托电视、广播电台、“12320”网站、广场活动、社区宣传栏等载体,宣传卫生应急知识,提高公众自我防护意识。开展卫生应急“进社区、进企业、进机关、进学校、进农村、进家庭”活动,与省卫计委应急办、无锡地铁集团公司联合举行“卫生应急进企业”——无锡专场活动。开展自救互救知识与技能培训,全市医疗机构人员自救互救培训率累计达41%。

(应急办)

卫生执法与监督

【加大综合监督执法力度】 2017年,市卫计委全面开展公共卫生、医疗卫生和计划生育综合监督执法及双随机抽查工作,组织开展医疗机构依法执业、打击非法医疗美容、人类辅助生殖技术等专项监督检查及整治行动。全年监督检查各类单位2.6万余户次,查处违法案件490起,取缔135户,移送相关案件9起。1件案例入围全国优秀案例,2件案例分别获得省级二等奖、三等奖,4篇微课作品在国家卫生计生委监督中心卫生计生执法监督微课大赛获奖。举办全市卫生计生系统监督员培训班2期,卫生监督协管员培训率超过95%。健全行政执法和刑事司法衔接机制,实现行政处罚和刑事处罚无缝对接。全面深化爱国卫生监督年工作。重点开展疾控中心、采供血机构、一级及以上医疗机构传染病防治分类监督全覆盖评价,确定优秀单位25家、合格单位300家、重点监督单位6家。综合评定集中式供水单位A级8家、B级4家,抽检出厂水合格率达100%,二次供水合格率达96.45%,建成末梢水监测点10个,二次供水监测点2个,水质在线监测平稳运行。对全市171所健康促进金奖、银奖学校开展综合评价,评定优秀学校82所、合格学校89所。住宿场所、美容美发场所、游泳场所、沐浴场所建档率、量化分级实施率达100%。持续推进“放心餐具”专项行动,餐饮具集中消毒单位量化分级管理实施率达100%,消毒餐具合格率达98%。结合“连心富民、联企强市”大走访活动,开展送法进社区、进校园活动,全市开展宣传活动103次,开展监管相对人培训37次,培训人员3000余人,发放宣传资料4万余份。

(综合监督处)

【推行行政执法全过程记录试点工作】 2017年,市卫计委成立无锡市推行行政执法全过程记录制度等三项制度试点工作领导小组及办公室,召开试点工作推进会,制定工作方案,明确工作目标。健全工作机制,完善操作流程,开展全员培训,统一思想认识,确保试点工作有章可循。加强公众宣传,扩大三项制度知晓率,强化社会监督和舆论监督。宜兴市率先全面完成执法全过程记录各项工作。

(综合监督处)

【推进卫生计生社会信用体系建设】 2017年,成立无锡市卫计委社会信用体系建设领导小组及办公室,印发《无锡市卫计委社会信用体系建设重点任务及工作分工》,制定《无锡市医疗机构执业信用等级管理办法(试行)》《无锡市医疗机构执业失信“黑名单”管理制度(试行)》,推行信用承诺、信用报告、信用审查制度,形成跨部门、跨地区、跨行业的失信行为联合惩戒机制。推广卫生计生监督行政执法的说理式教育、劝导示范、行政指导、行政奖励等措施,规范行政执法行为。完善“双随机一公开”“双公示”等事中事后监管制度,充分发挥信用管理在事中事后监管中的作用。

(综合监督处)

【启动计划生育监督执法】 2017年,市卫计委梳理医疗机构开展母婴保健与计划生育服务内容,确认辖区内监管对象146家。对全市93家医疗机构和1家计划生育技术服务机构进行抽查,开展母婴保健与计划生育技术人员情况摸底,建立监管档案,完善信息监管系统平台。梳理常见违法行为,明确职责范围和监督检查要点,开展执法监督人员业务培训,提高执法监督水平。有序开展计划生育和母婴保健技术服务监管工作,共计查处计划生育与母婴保健违法案件4起,罚没款5万余元。

(综合监督处)

政策法规与行政许可

【卫生计生许可服务提速】 2017年,市卫计委持续推进办件提速服务、网络化许可服务、精准咨询服务、图形化告知服务、减证便民服务、容缺容错服务、预约延时服务等7项优质许可服务。在全省首创开发“无锡市卫生计生行政许可网上申报系统”,推进医疗机构、医师、护士电子化注册改革,累计办理行政审批事项4786件,办件提速率达33%。

(法规与许可处)

【蝉联“无锡市规范执法示范单位”】 2017年,市卫计委加强制度建设,对全市涉及卫生计生的5个规章全部完成后评估,实现全覆盖。推进简政放权,推进行政权力清单标准化建设,做好行政审批事项的承接、取消和下放,办件提速率达33%。实行医师执业注册事项即办制,推行医疗机构准入等重大事项委托第三方技术审核模式。强化执法监督,深入开展卫生计生执法领域整治损害群众利益不正之风专项行动,建立执法全过程记录制度,加强事中事后监管,建立“双随机”抽查机制,严格案卷审查和典型案例评查制度。创新法制宣教模式,推进“法律六进”,开展“法制学习月”活动,市卫计委连续四年获评“无锡市规范执法示范单位”。

(法规与许可处)

【“卫生计生行政许可网上申报系统”运行】 10月30日,“无锡市卫生计生行政许可网上申报审批系统”正式上线运行,属省内首创。该系统可实现市级卫生计生行政许可11个事项在线网上申报和审批功能融合,并与省、市政务服务网等网站线上线下、前台后端进行深度对接。

(法规与许可处)

【启动医疗机构等电子化注册工作】 2017年,市卫计委全面启动全市医疗机构、医师、护士电子化注册工作。至年底,全市完成账户端激活的医疗机构2076家、医师18365名、护士20561名,分别占全市医疗机构、医师、护士总数的84%、82%、88%。

(法规与许可处)

【推进卫生计生工作立法立规】 2017年,市卫计委推动卫生计生重点领域立法,组织开展《无锡市献血条例》立法调研和《无锡市性病防治管理办法》立法修订。强化规范性文件审查程序,完成3份规范性文件的合法性审查及制定备案。建立公平竞争审查制度,对《无锡市公立医疗机构执行药品采购"两票制"实施方案(试行)》实施公平竞争审查。开展规章及规范性文件清理,经清理继续有效的规范性文件138件,废止或失效的规范性文件107件。

(法规与许可处)

基层卫生与妇幼保健

【巩固基层医疗机构运行新机制】 2017年,市卫计委会同市人社局、财政局、物价局等部门印发《关于进一步推进基层医疗卫生机构运行机制改革的通知》《关于进一步推进家庭医生签约服务试点工作的通知》《关于进一步明确家庭医生签约服务工作有关事项的通知》等文件,明确签约服务费可提取一定比例不纳入绩效工资总额,在绩效工资总额外给予奖励。基层医疗机构运行新机制和家庭医生签约服务经验在全国社区卫生服务管理能力培训班和全国第6届基层卫生大会上作为典型案例得到推广。加强基本公共卫生服务项目管理,全市人均基本公共卫生服务经费达73.42元。

(基层卫生处)

【实施社区卫生服务提升工程】 2017年,全市建成全国百强社区卫生服务中心2家、全国优质服务示范社区卫生服务中心4家,新增全国群众满意的乡镇卫生院4家、省级示范乡镇卫生院1家、省级示范村卫生室18家、省级基层医疗卫生机构特色科室4个。惠山区获评江苏省基层卫生十强区。完成一批基层医疗卫生机构提档升级并投入使用。组织开展基层卫生康复岗位练兵和技能竞赛活动,无锡市团队获得全省总决赛团体二等奖,2名康复治疗师分获全省个人赛一等奖、二等奖。

(基层卫生处)

【创新家庭医生签约服务模式】 2017年,市卫计委出台签约服务政策,对患有慢性疾病的重点人群,在强化基本公共卫生服务基础上,实施专项收费服务包,强化考核,接受签约患者监督,家庭医生签约服务率达38.1%,重点人群签约服务率达60.58%。"完善绩效工资政策促进签约服务可持续"做法获评"江苏省家庭医生签约服务十大创新举措",全市4家社区卫生服务中心被推荐为省级家庭医生服务模式创新建设单位。

(基层卫生处)

【强化妇幼健康体系建设】 2017年,市卫计委推进县、区级妇幼健康服务机构建设,全市市(县)、区独立建制的政府办妇幼健康服务机构建成率达100%。继续开展市级产科标准化建设,年内新增达标单位6家,全市产科标准化建设完成率达70%。新增爱婴医院3家。加强孕产妇(新生儿)危急重症救治中心建设,实现市、县全覆盖。启动医疗机构哺乳室建设,市区17家医疗机构通过哺乳室现场评估。推进省级妇幼健康规范化门诊创建工作,锡山区羊尖镇、惠山区玉祁街道社区卫生服务中心被确认为首批省级示范规范化妇儿保门诊。

(妇幼健康处)

【加强妇幼健康服务队伍建设】 2017年,市卫计委出台无锡市《关于加强助产士队伍能力建设的意见》,实施基层助产士分类培训,建立产房护士长短期进修和联席会议制度,开展助产技术服务新技术新项目推广,提升助产技术服务水平。加强妇产科医师、儿科医师和助产士等紧缺人员的配备与培养,全年新增母婴保健专项技术人员234名,各级妇幼健康服务机构共引进招录各类卫技人员119名。开展新生儿复苏技能全员培训,覆盖1365人,开展各级妇幼健康服务管理和技术骨干培训,覆盖4611人次。组织生殖健康咨询师国家职业技能鉴定考试,21人通过考试获得证书。

(妇幼健康处)

【实施妇幼公共卫生服务项目】 2017年,全市完成住院分娩补助17480人,做到应补尽补。完成叶酸增补61139人,增补率达96.20%。完成乳腺癌、宫颈癌筛查24万余人,确诊乳腺癌129人、宫颈癌68人,宫颈癌前病变812人。有效实施母婴阻断,为2575名新生儿免费接种免疫球蛋白。

(妇幼健康处)

【出生医学证明档案化管理】 2017年,市卫计委制定印发无锡市出生医学证明管理制度和考核办法,会同市档案局出台《关于将出生医学证明签发类档案集中统一管理的通知》,将全市各级各类医疗机构出生医学证明签发类档案资料按照属地原则统一移交档案管理部门集中管理,逐步实现电子检索,实现出生医学证明档案资料规范化管理。

(妇幼健康处)

【强化托幼机构卫生保健监督管理】 2017年,市卫计委联合市教育局、市食品药品监管局出台《关于进一步强化托幼机构卫生保健管理工作的通知》,修订托幼机构卫生保健评估标准,启动托幼机构卫生保健片区化管理服务模式,成立托幼机构卫生保健片区化管理指导中心85家。全市托幼机构卫生站建成率达42.1%,锡山区、惠山区建成率达85%以上,托幼机构保健水平明显提升。

(妇幼健康处)

中医中药

【健全中医医疗服务体系】 2017年,市卫计委联合市发改委、市财政局、市人社局、市食药监局,启动实施基层中医药服务能力提升工程,印发《无锡市基层中医药服务能力提升工程"十三五"行动计划实施方案》,加大全市基层医疗卫生机构中医综合诊疗服务区(中医馆)的建设力度。在全市二级及以上综合医院中深入推进中医药工作,推动中医科标准化建设。江阴市人民医院被确认为全国综合医院中医药工作示范单位,惠山区人民医院申报国家级综合医院中医药工作先进单位,市五院完成国家级专科医院中医药工作先进单位复核评价工作。加强等级中医医院建设,市中医医院、市中西医结合医院、宜兴市中医医院、江阴市中医院通过三级中医(中西

市民参加中医药文化体验活动　（市卫计委　供稿）

医结合）医院复核评审，市中医健康管理中心在市中医医院挂牌。

（中医处）

【提升中医医疗服务能力】 2017年，全市不断强化中医专科建设，全面完成9个国家级中医重点专科及建设项目的建设任务，遴选申报区域中医（专科）诊疗中心，遴选省级扶持专科10个。修订全市中医（中西医结合）重点专科评审标准，组织新一轮重点专科评审，7个专科被新确认为市级中医（中西医结合）重点专科，9个专科经复核被确认为市级中医（中西医结合）重点专科，3个专科被确认为市级中医重点专科建设单位。选拔中医骨干人才参加全国、省中医优秀人才评选和第2批增补省级中医领军人才评选，2名专家入选国家第6批老中医药专家学术思想传承老师，4人被确认为传承人。完成国家、省级人才6个类别8个项目建设任务。注重中医类别医师规范化培训和师承教育，两个基地通过省级基地建设考核评估。招录2017级中医类别规范化培训学员77人，全市中医类别住院医师、专科医师省级理论结业考核合格率均达100%。首创中医药高层次学术交流平台“金匮讲坛”，国医大师刘敏如、国医名师余瀛鳌、龙砂医学流派研究所所长顾植山等知名中医专家应邀授课。面向全市征集评审89项中医药科研项目，从中择优推荐15项申报省级中医药科研课题。

（中医处）

【推进中医药传承创新】 2017年，市卫计委开展名老中医药专家传承工作，市中医医院赵景芳工作室通过全国名老中医药专家传承工作室建设项目验收，江阴市中医院袁士良工作室、江阴市中医肝胆医院邹逸天工作室按期完成年度建设任务，宜兴市中医医院余方中传承工作室被确认为国家级名老中医传承工作室建设项目，填补宜兴市空白。龙砂医学、黄氏喉科两个全国中医学术流派传承工作室建设项目顺利通过建设终期验收。成功主办世界中医药联合会五运六气专业委员会成立大会暨五运六气临床运用首届学术年会，世界中医药联合会五运六气专业委员会在无锡成立。督导市第二中医医院探索启动许淑微学术思想研究及文化发掘保护工作。

（中医处）

【注重中医药文化建设】 2017年，市卫计委举办全市第7届“中医药就在你身边”中医药文化科普巡讲活动。开展中医药文化科普巡讲活动126场次，其中市级巡讲8场，参与活动中医药专家109人次，听讲群众10526人次，发放中医药科普资料12714份，展出展板398块。通过开展中医药文化节、建设中医药文化科普展示馆、举办义诊宣讲等多种形式的活动，在全市有效推进中医药进社区、进单位、进家庭，营造中医药事业发展的良好舆论氛围和文化环境。创新中医药文化推广形式，开展“当中医遇上艺术”中医药感知体验活动、中医药感知体验活动进广电等专场活动，通过中草药手绘、小儿推拿讲堂、神秘中药器具展览讲解、中药材辨识、药膳推荐等形式，提高中医药在市民群众中的影响力和感知度。

（中医处）

医学科研与教育

【推进“科教强卫工程”】 2017年，市卫计委制定实施方案、项目管理办法和资金分配办法，落实资金，搭建平台，优化政策，遴选建设市级临床医学中心6个（含共建1个）、重点学科15个（含共建3个）、发展学科8个（含共建1个）、重点实验室3个、创新团队13个（含共建6个），培育市级杰出人才9名（含共建6名）、重点人才60名（含共建20名）、青年人才100名。

（科教处）

【巩固科技创新成果】 2017年，市卫计委召开全市卫生与健康科技创新大会，联合市科协举办全市卫生与健康科技科普周活动和首届优秀科普作品评选活动，组织系列院士讲坛，营造卫生与健康科技创新良好氛围。市属单位获得中华医学奖2项，获省科技进步奖3项（其中，二等奖1项、三等奖2项），获省医学新技术奖48项（其中，一等奖9项、二等奖39项），获市腾飞奖和科技进步奖22项，获发明专利11项，发表SCI（科学引文索引）收录论文305篇，获国家和省科学基金（重大专项）项目36项。评审确认该级科研项目164项、科技成果和适宜技术推广项目68项，53项科研项目、20项科技成果和适宜技术推广项目通过结题验收。联合市科协评选首届无锡市优秀科普作品，评选产生5部优秀科普作品。加强实验室生物安全管理，新增一级和二级生物安全实验室备案单位25家。

（科教处）

【夯实基础人才培养】 2017年，全市新增国家级住院医师规范化培训

幼儿动手研磨中药材　（市卫计委　供稿）

基地1个、协同医院1个，遴选建设市级全科示范社区实践基地9个。强化师资队伍和管理队伍建设，培养第2批市级骨干师资103名，培训骨干管理人员120名，选送10名骨干师资和管理人员赴英国、中国香港学习。推进培训基地同质化教学管理，住院医师规范化培训理论结业考核和临床技能考核合格率均名列全省第一。全年招收住院医师规范化培训学员418人。全市举办国家级继续医学教育项目45个、省级项目53个、市级项目159个，送教下乡项目13个。新增规范化培训和全科转岗培训合格全科医生119人，农村订单定向免费培养医学生77人，组织培训乡村医生、基层管理人员134人。

（科教处）

爱国卫生与健康城市建设

【高标准推进健康城市建设】 2017年，市卫计委牵头起草并提请市委、市政府印发《“健康无锡2030”规划纲要》。江阴市通过国家健康促进县（区）项目考评验收。全市建成省健康镇5个、省健康村53个、省健康社区53个、省健康单位64个，数量居全省前列。建成健康主题公园5个、健康步道15条、健康小屋6个。7月，无锡市副市长陆志坚在国家卫计委组织召开的全国卫生城镇暨健康城市工作经验总结交流大会上作交流发言。

（市爱卫办）

【开展爱国卫生运动】 2017年，全市做好病媒生物预防控制工作，全年开展知识宣传385次，清除孳生地22330处，投放药物629次，完善防制设施540处，发动群众参与“清洁家园、除害防病”活动16720人次。市、区两级卫生监督所共开展病媒生物防制执法检查129次，抽查单位562家。宜兴市通过国家卫生城市复审，纳入年度复审的10个国家卫生镇、170个省卫生村全部通过复查。无锡市卫计委、锡山区羊尖镇政府获评省爱国卫生先进集体，全市8人获评省爱国卫生先进个人。

（市爱卫办）

【开展健康教育与健康促进活动】 2017年，市卫计委开展重点人群健康教育活动，与市教育电视台合作拍摄并面向中小学生播出“健康公开课”。全市8家医院被命名为2016~2017年度省健康促进医院，市二院、市疾控中心病媒生物标本展示馆被中国健康促进与教育协会命名为“健康促进与教育优秀实践基地”。围绕各类卫生主题日举办形式多样的健康知识宣传，锡山区、惠山区等地举行“全民健康生活方式日”广场宣传服务活动。持续开展“健康教育社区行”活动，全市开展健康教育讲座4124场，发放健康宣传和干预材料544万份，健康教育宣传作品获得省爱卫办新媒体类一等奖。开展居民健康素养监测工作，居民健康素养水平达21.65%。全市参加居民健康素养评估学习40.03万人次，网络评估居民健康知识知晓率达76.37%，行为正确率达85.83%。

（市爱卫办）

【加强禁烟控烟工作】 2017年，市卫计委开展第30个世界无烟日活动，在二泉广场举办现场宣传活动，在市中医医院举行国家级试点戒烟门诊授牌仪式。全市开展咨询义诊227场、讲座62场，制作控烟展板160块、横幅180条，发放宣传品8.6万份，受教育群众达11.2万人次。开展公共场所控烟专项监督检查活动，共计出动检查员8753人次，检查单位8074家，下达整改意见书940份。开展无烟单位创建活动，市、区党政机关、四星级以上酒店创建成无烟单位42家。巩固卫生计生系统控烟成效，邀请市民巡访团对全市195家医疗卫生单位开展控烟工作暗访，达标率为91.79%，满分单位63家，占暗访单位总数的32.31%。

（市爱卫办）

编辑　顾洪兴

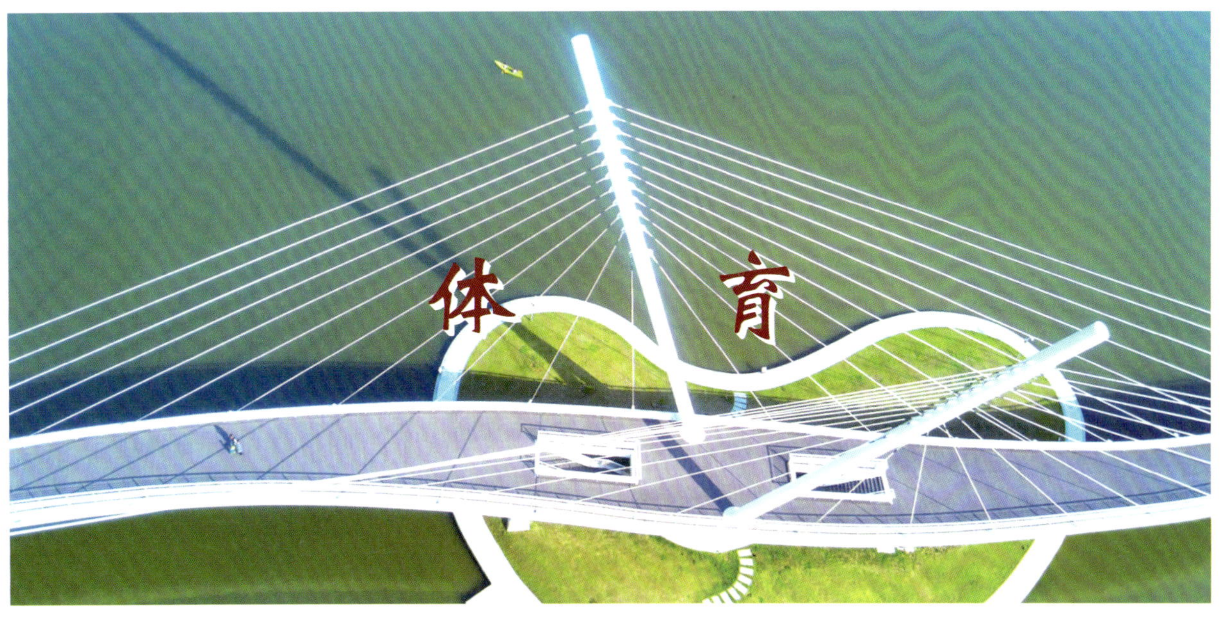

综 述

【概况】 2017年，全市体育工作紧紧围绕全民健身国家战略和健康中国战略，以满足民生需要为目标，不断提升体育工作服务大局、服务民生、服务经济建设的能力和水平，各项工作取得新进展。无锡被评为江苏省唯一的“中国体育旅游十佳目的地”，列中国体育城市全民健身竞争力排名榜第八位，无锡市体育局被国家体育总局评为“全国群众体育先进集体”。

（袁利兵）

【政策引领体育强市建设】 2017年，无锡市坚持新发展理念，紧扣全民健身国家战略和“健康无锡”“产业强市”城市战略，推动出台《无锡市政府办公室关于加快发展体育产业促进体育消费的实施意见》《无锡市政府办公室关于加快发展健身休闲产业的实施意见》，与市旅游局联合制定《关于大力发展体育旅游的实施意见》，编制《无锡市智慧体育总体发展规划(2017~2020)》，明确智慧体育发展的无锡路径，为新时期体育强市建设提供更为广阔的空间。

（袁利兵）

【两“会”一“论坛”圆满成功】 2017年，无锡市成功承办首届全国体育旅游产业发展大会，这是首次以发展体育旅游为主题、以体育行业为核心的全国产业性大会，在国家层面形成体育旅游发展共识和有关规划构想。无锡市作为唯一地方政府代表作大会经验介绍，将创建全国首个体育旅游示范城市和运动健康城市，太湖新城将创建国家级运动健康产业园，展示体育旅游发展成果，扩大全国影响力，赢得融合发展先机。成功主办2017物联网博览会智慧体育高峰论坛，国内外IT、虚拟VR、体育产业等行业专家参会，20多家体育企业参展，进一步形成智慧体育概念，指明体育企业科技化转型方向和路径。国家体育总局体育科学研究所智慧体育创新中心落户无锡，国内首个智慧体育众创空间揭牌，为无锡在全国率先推进健身物联网标准建设、运动大数据技术研发、智慧体育专项软硬件开发、智慧化场馆建设管理研究等提供智力、技术和人才支撑，提升无锡在智慧体育领域的话语权和引领力。成功举办第12届市运会，倡导全民参与、共享健康，设比赛29项、64项次、近600场次，共270余支代表队，12000名运动员、教练员、裁判员参加，项目数、参与人数均创新高，全市90家群众体育先进集体、135位群众体育先进个人受到表彰，对发展全民健身运动起到积极推动和促进作用。

（袁利兵）

【全民健身工作焕发活力】 2017年，无锡市公共体育设施进一步完善。市体育中心体育馆立项改造，金匮公园健身步道软化及功能提升工程顺利推进，惠山区全民健身中心投入使用，两市五区累计投入1400万元更新配建公共室外健身器材，建成健身路径642套、篮球架197副、乒乓球台196张、5人制足球场3片、多功能运动场地13片。全民健身活动广泛开展，持续打造网民公益体育大会、“文明风尚·科学健身”系列活动、周末体育嘉年华等健身活动品牌，两市五区形成体育公益健身大会、太湖风筝节、环蠡湖半程马拉松、中国围棋棋王争霸赛、国际象棋女子名人赛、中国(马山)国际垂钓节、海峡两岸青少年棒球交流赛、环古运河徒步走等区域特色品牌。社团建设迸发活力，市属体育社会组织和条线单位承接全民健身活动49项、2000多场次，较上年翻番。全市新增市属体育社会组织16家，年检率较上年提升14%，依规撤销6家不符合要求的体育社会组织。推行政府购买公共体育服务，落实《无锡市政府购买公共体育服务实施办法》，向社会力量购买大众赛事、群体活动、科学健身等服务32项、343万元，惠及市民逾10万人次。加快推进全国科学健身示范区建设，“E动锡城”智慧健身馆开展体质测试2万余人次，健康大讲堂服务市民1.6万人，全市社会体育指导员万人拥有数增至31名，健身活动站点万人拥有数增至6个。据2017年第13届大河财富中国论坛发布的《中国体育城市竞争力指数报告》,无锡市列中国体育城市全民健身竞争力排名榜第八位。

(袁利兵)

【竞技体育成绩回升】 2017年,全市认真做好省运会备战、全运会参战工作。向省优秀运动队输送运动员26名,在全国及以上比赛中共获得冠军50个。其中,乒乓球运动员石洵瑶获得乒乓球世青赛双打、团体双料冠军。全面完成19届省运会133名参赛教练员、1851名运动员的注册以及23个参赛大项的金牌任务签约工作,无锡市体育学校、宜兴市少年体校分别被命名为国家重点高水平体育后备人才基地和国家高水平体育后备人才基地。在年度省级青少年锦标赛上,无锡市金牌、奖牌、总分排名均列第三,创近年来最好成绩。承办第13届全运会象棋、足球、棒球、马术、武术套路等5项预赛,118名无锡运动员代表江苏省参加23个大项的决赛,获9枚金牌、6枚银牌、15枚铜牌。发挥109所市级体育传统项目学校的平台作用,开展乒乓球、篮球等项目的校园比赛,组织乒乓球优秀苗子冬令营、夏令营集训活动,举办"一带一路"校园足球教练员培训班。全市新创建成省级青少年体育俱乐部4家,申报的21所省级体育传统项目学校全部通过省级评审。无锡市体育局被江苏省体育局授予竞技体育突出贡献奖、体育后备人才输送奖。

(袁利兵)

【体育产业释放潜力】 2017年,宜兴市被正式命名为国家级体育产业示范基地,无锡市实现国家级体育产业基地县域全覆盖。市体育产业集团加快建立现代企业制度,理顺董事会和经理层运作机制,制定2017~2020四年发展纲要,组建星御动体育旅游和观今朝体育文化传媒两家全资子公司,成立无锡市天健水上运动俱乐部,对外输出管理服务增至15家。无锡智慧体育产业园实现国家体育总局、江苏省体育局和无锡市政府三方共建,园区入驻企业达38家。体育彩票销售保持领先,全年销量29.06亿元,增幅11.37%,总量继续位居全省第二,市场份额继续占优。江阴新桥镇稳步推进体育旅游特色小镇建设,海澜马术表演项目被评为国家体育产业示范项目。滨湖区蠡湖景区入围首批"国家体育旅游示范基地",马山街道围绕马山国际旅游岛总体规划,集中打造垂钓基地、高尔夫球场、户外运动中心、康复医疗中心等一批体育健康产业。无锡市在国家体育总局主办的2017全国体育文化、体育旅游博览会上,被评为江苏省唯一的中国体育旅游十佳目的地,江阴海澜马文化主题旅游景区成为江苏省唯一的3次以上获评中国体育旅游十佳精品项目单位。组织开展体育产业统计,建立体育企业名录库,全市1700家法人单位入库,建立体育产业统计动态监测体系。积极对上争取,全市13个项目获省级体育产业专项资金830万元,列全省第三。推行"放管服"改革,行政审批事项提前实现100%"不见面审批",出台《关于实施高危险性体育项目经营主体信用承诺制度的意见》《关于建立经营高危险性体育项目企业诚信"红黑名单"制度的实施意见》等文件,建立经营高危险性体育项目企业诚信"红黑名单"制度,加快体育市场主体信用体系建设。2017年全市体育产业总产出近500亿元,增加值占国内生产总值比重1.3%左右。

(袁利兵)

【大型赛事综合效益提升】 2017年,无锡市举办第23届亚洲乒乓球锦标赛、第8届环太湖国际公路自行车赛、2017斯诺克世界杯、无锡国际马拉松、中国围棋棋王争霸赛等全国及以上大型赛事,亚乒赛、环太湖国际公路自行车赛、斯诺克世界杯、无锡马拉松等4项大赛实现国际、国内直播,电视信号最多覆盖100多个国家和地区,央视转播累计超70个小时,有力宣传推介了无锡城市形象。赛事溢出效应明显,亚乒赛创下100余家国内外媒体现场采访、总冠名费250万元、总票房503万元、直接盈利200万元等多项办赛新纪录,吸引2000余名外地乒乓球迷在无锡消费,亚乒联盟为无锡市颁发荣誉奖盘,授予市体育局特别贡献奖。无锡马拉松吸引3万人参赛、28万人现场观赛,产生旅游、住宿等直接经济效益1.43亿元,较上届增长20.2%,获评"国家体育旅游精品赛事",连续三年入选中国田径协会"金牌赛事",被国际马拉松公路跑协会(AIMS)认证为国内第8个正式成员。市运会实行市场化运作,获SK海力士冠名,近30家企业赞助,总额近300万元,节约财政资金100多万元,实现社会效益和经济效益双赢。

(袁利兵)

竞技体育

【马胜虎获中国健美健身公开赛冠军】 4月20日,在2017年"康比特杯"中国健美健身公开赛上,无锡市健身健美(操)协会代表队运动员马胜虎,在传统健美75公斤级的比赛中获得全国冠军,这是他获得的第12个全国冠军。

(袁利兵)

【全国马术三项赛锦标赛】 5月12~14日,2017年全国马术三项赛锦标赛暨2017年第13届全运会马术项目三项赛资格赛(第一站)在江苏海澜国际马术俱乐部举行。江苏马术队在外教Peter带领下,取得团体第三和个人第三的成绩,三项赛及盛装舞步(个人、团体)获得全运会马术决赛的入场券。除了观看表演外,马场还向周边群众免费开放,让更多的人了解马文化。

(袁利兵)

【全国武术套路锦标赛】 5月13日,第13届全国运动会武术套路预赛暨2017年全国武术套路锦标赛在无锡市体育中心举行。此次大赛为期6天,全国28个代表队、近600名运动员参赛。武术套路是有技击和攻防含义的动作组合,包含长拳、太极拳、枪、棍、南棍、刀、剑、南刀、对练等竞赛项目,对抗过程中蕴含着攻守进退、动静疾徐、刚柔虚实等矛盾变化,比赛充满悬念,观赏性较强。赛事期间,无锡移动直播、无锡慧直播和企鹅直播全程"4G+网络"直播,首日比赛就吸引8万名网民在线观看。

(袁利兵)

【全国青年棒球锦标赛】 6月2~7日,2017年"居然之家杯"全国青年棒球锦标赛在北京丰台体育中心举行。江苏省棒球队以小组第二名进入淘汰赛,但在冠亚军决赛中以3:9负于美国大联盟中国棒球发展中心(MLB)队,获得亚军。

(袁利兵)

【海峡两岸棒球交流赛】 6月23日,2017年"新吴杯"海峡两岸棒球交流赛在无锡棒球运动训练基地开幕。比赛设成人组和少年组两个组别,分别在无锡棒球运动训练基地和无锡市梅村实验小学举行。在为期5天的赛程里,来自台湾地区的台北兴富发、桃园航空城、富邦公牛、台中运动家等4支成人队和台北市福林小学、新北市新埔小学、台中市力行小学、台中大仁小学等4支少年队,与2016年全国棒球锦标赛前四名上海队、江苏队、广东队、四川队以及无锡市中小学校棒垒球赛前四名柏庄实验小学、厚桥实验小学、华庄中心小学、梅村实验小学展开40场交流比赛。最终,桃园航空城、江苏队、台北兴富发分获成年组的前三名,无锡市梅村实验小学、台北市福林小学、新北市新埔小学分获少年组的前三名。

(袁利兵)

【江苏队获全国棒球冠军赛冠军】 7月3日,2017年全国棒球冠军赛在山东威海开赛,此次冠军赛共有来自江苏、北京、天津、四川、大连等地的8支球队参加。江苏省棒球队以全胜战绩进入决赛,并以3:0击败北京队,获得冠军。

(袁利兵)

【省青少年射击冠军赛】 7月7~11日,2017年江苏省青少年射击(飞碟)冠军赛在徐州市山鹰俱乐部举行。7月13~16日,2017江苏省青少年射击(步手枪)冠军赛在江苏省方山体育训练基地举行。两项比赛共设30枚金牌、90枚奖牌,无锡市体育运动学校射击运动员发挥出色,一举获得10枚金牌、26枚奖牌,创无锡在省射击单项冠军赛上历史最好成绩。

(袁利兵)

【省青少年田径锦标赛】 7月10~16日,2017年江苏省青少年田径锦标赛在常州奥体中心体育场举行,全省共有13个市1600名运动员、教练员参加本次比赛。无锡市田径队在此次比赛中共获得22枚金牌、

3月19日,2017"小天鹅杯"无锡马拉松赛鸣枪开跑 (袁利兵 供稿)

14枚银牌、12枚铜牌,金牌数排名全省第二。无锡市短跑运动员陆伟一以10.43秒的成绩获得男子组100米金牌,同时创造该项目无锡历史最好成绩。

(袁利兵)

【省青少年柔道锦标赛】 7月10~14日,2017年江苏省青少年柔道锦标赛在宝应县实验初级中学体育馆举行,无锡市体校运动员共获得4枚金牌、3枚银牌、6枚铜牌的好成绩。缪俊在男子乙组66公斤级决赛中拔得头筹,是晓芸夺得女子乙组78公斤级冠军,杨成鹏获得男子丙组50公斤级冠军,陆静艺获得女子丙组+80公斤级冠军。姚雨虹、吴佳成、张钦宇3名运动员在决赛中大比分领先情况下,因缺乏比赛经验,获得亚军。

(袁利兵)

【无锡市垒球队获省青少年锦标赛冠军】 7月11~16日,2017年江苏省青少年垒球锦标赛在南京市江宁区体育中心举行。经过6天的激烈角逐,无锡市垒球队发挥出色,在甲组、乙组的比赛中双双获得冠军。

(袁利兵)

【全国少年体操比赛】 7月16日,2017年全国少年体操比赛在成都举行,无锡体操运动员张良友、周玉瑛代表江苏队出战,分别摘得男子9岁组全能冠军、女子10岁组全能冠军,张良友还与队友一起夺得男子9岁年龄组的团体冠军。

(袁利兵)

【全国陆地冰球无锡分站赛】 7月27~30日,2017"莱茵杯"全国陆地冰球首届(无锡)分站赛在市体育公园体育馆举行。本次赛事由中国陆地冰球联盟和莱茵国际体育控股管理有限公司共同主办,无锡市轮滑协会和东奥晟星体育发展江苏有限公司承办,来自全国各地12支青少年队参赛。

(袁利兵)

【锡山体校垒球队获全国少年锦标赛冠军】 7月31日~8月7日,由国家体育总局手曲棒垒球运动管理中心、中国垒球协会主办,安居区委、区政府承办的2017年全国少年U16垒球锦标赛暨全国垒球青少年训练营在安居育才中学举行。经过5天的激烈角逐,锡山体校垒球队在参赛的14支队伍中技压群雄,以不败战绩夺得冠军。除团队冠军外,锡山体校垒球队还获得多个个人奖项:孙悦获得优秀投手奖,张静获得最佳安打奖,孙悦、许佳瑶、过梦冰、熊琳鑫获得最佳防守阵容奖,教练员李雯获得最佳教练员奖。

(袁利兵)

【省青少年篮球锦标赛】 8月1~7日,2017年江苏省青少年篮球锦标赛(U12)在无锡举办。本次比赛分男子、女子组,最终,男子测试和女子测试第一名均由徐州获得,男子比

赛和男子综合第一名均由常州摘得，女子比赛和女子综合第一名均由苏州摘得。

（袁利兵）

【全国青年赛艇锦标赛】 8月14~21日，2017年全国青年赛艇锦标赛在浙江省温州市泰顺国家水上运动训练基地举行。此次比赛设U18、U16两个组别，作为全国规格最高的青年赛艇赛事，共有广东、江苏、安徽等地的61支队伍，近700多名体育健儿参赛。无锡队共派出30余名运动员参赛，经过7天角逐，最终获得2枚金牌、2枚银牌、5枚铜牌，团体总分47分，位列全国第二名，并获得“体育道德风尚运动队”称号，实现运动成绩和精神文明双丰收。其中，管郝获得U16女子4000米单人双桨金牌，史新力、褚俊希、胡轩轩、濮伟杰获得U18男子4人双桨金牌。

（袁利兵）

【第13届全运会获好成绩】 8月27日，第13届全国运动会在天津开幕，在江苏省代表团740多名运动员中，共有118名无锡运动员代表江苏省参加23个大项的决赛，无锡运动员占江苏代表团参赛总人数的16%，为历届参赛人数之最。省队市办的项目棒球、马术、足球(U18)组、击剑(重剑)均满额取得全运会决赛资格，乒乓球、田径竞走两支省三线队有3名小运动员入选决赛阵容，最终无锡运动员获得9枚金牌、6枚银牌、15枚铜牌的优异成绩。20岁的跆拳道小将吴瑞东终结近两届全运会无锡运动员无个人金牌的历史。竞技项目取得突破的同时，群众体育比赛也表现抢眼，群体项目首次进入全运会，无锡就夺得2枚金牌、1枚银牌的好成绩。

（袁利兵）

【江阴高级中学获中学生足球全国冠军】 9月14日，在全国第13届学生运动会中学组足球决赛上，江阴高级中学足球队以3:0战胜四川队，夺得江苏历史上第一个学生足球全国冠军。

（袁利兵）

【保龄球国际赛获佳绩】 9月19~27日，第5届亚洲室内与武道运动会在土库曼斯坦首都阿什哈巴德举行。这次保龄球赛共有来自中国、日本、韩国、菲律宾和中国香港等8个国家和地区的运动员100多人参加，其中女运动员40人，杨莉艳作为无锡市保龄球项目第一个随国家队参加国际比赛的运动员，与队友配合默契，获得女子团体第三名。

（袁利兵）

【中国与洪都拉斯男足友谊赛】 10月7日，中国U22男子足球与洪都拉斯U22男子足球友谊赛在江阴市体育中心体育场揭幕，中国队在两球落后的情况下顽强反抗，由韦世豪和张玉宁分别主罚点球命中，最终以2:2战平对手。著名足球教练里皮专程来到江阴观赛。

（袁利兵）

【省第3届青少年足球精英联赛总决赛】 10月27~29日，2017年江苏省第3届青少年足球精英联赛总决赛(无锡赛区U12男子组)在无锡市体育中心举行。来自无锡、泰州、徐州、南通、苏州、宿迁的6支足球队参加本次比赛，通过3天15场激烈角逐，最终泰州队获得冠军，南通队获得亚军，无锡队获得季军。

（袁利兵）

【全国保龄球锦标赛】 11月24日，2017全国保龄球锦标赛总决赛在广州落下帷幕。在5天的比赛中，来自全国20个省、市、自治区的33支运动队围绕11个项目的15个奖项进行激烈角逐。无锡市保龄球运动员巫燕勤、杨莉艳代表省队参加比赛，巫燕勤获得女子个人赛第二名，杨莉艳获得女子双人赛第二名，江苏今世缘国源一队获得女子团体季军。

（袁利兵）

【无锡队获省青少年足球技能大赛一等奖】 11月24~26日，2017年江苏青少年足球教练员技能交流活动在徐州市奥体中心举行，全省共130名优秀教练员参加。在5~25米折返跑(无球)等8个项目的基本测试中，无锡队以领先第二名8分的好成绩获得全省第一。由“市队校办”足球队教练员组成的无锡代表队在五人制足球赛中以小组第一进入四强，先后击败常州、南通，获得技能大赛一等奖。

（袁利兵）

【石洵瑶获国际乒联世青赛双冠军】 12月3日，2017年第15届国际乒联世青赛在意大利加尔达湖落下帷幕，时隔两年，中国队再一次囊括所有7项冠军。作为此届世青赛女单卫冕冠军石洵瑶，代表国家队出征本届世青赛，在女子团体比赛中，石洵瑶携队友以总比分3:1战胜日本队夺冠；在女子双打决赛中，石洵瑶与队友孙颖莎协作以4:3击败另外一对中国组合王曼昱/钱天一登顶，收获本届比赛个人第二个冠军。

（袁利兵）

群众体育

【江苏省老年人体育节】 4月7日，2017年江苏省老年人体育节无锡市分会场启动式、无锡市第12届运动会老年部暨无锡市老年人快乐健身系列活动、全国老年人健步走大联动、手杖健身操展示比赛在无锡市体育公园门球场举行。全市500多名老年人体育骨干参加此次启动式展示交流活动。经过手杖健身操第一、第二套的展示比赛，江阴市代表队获得第一名，锡山区代表队获得第二名，宜兴市代表队获得第三名，第四到第六名依次为滨湖区代表队、新吴区代表队和梁溪区代表队。

（袁利兵）

【广场健身舞运动协会获最佳组织奖】 4月16日，无锡市广场健身舞运动协会27个团队结束应邀赴中国香港参加“健康世界 舞动香港”庆祝香港回归20年大庆暨海峡两岸文化交流大赛。经专家严格评审，太湖灵秀艺术团获冠军，湖之星舞蹈队和长安舞韵舞蹈队获亚军，范范塔影文化社鼓舞队、康馨艺术团和前村俏夕阳艺术团获季军，无锡市广场健身舞运动协会获最佳组织奖。无锡市广场健身舞协会成立于2017年2月18日，有舞蹈团队200多个，正式会员3000多人，舞蹈爱好者近12万人，会员团队中二级以上社会体育指导员485人。

（袁利兵）

【门球球王争霸赛】 4月25日，首届无锡市门球球王争霸赛在市体育公园门球场举行。此次球王争霸赛为单打赛，各市(县)、区、行业门球协会推荐本地(系统)16名优秀选手参赛。比赛分为分组循环赛和淘汰加附加赛两个阶段，聘请25名裁判，裁判长由国家一级裁判范元栋担任。经过9轮36场的角逐，第一名至第八名分别为冯云飞（授予球王称号）、沈兴泉、梅福兴、王斌琦、邵更进、朱有炎、顾其坤、曹园园。

（袁利兵）

【网民公益体育大会】 5月7日，2017年无锡市第5届网络文化季开幕式暨网民公益体育大会“邮储银行杯”环太湖徒步大会，在太湖国际博览中心广场拉开帷幕。广大网友们从太湖国际博览中心广场出发，沿着和风路、尚贤道，健步走在尚贤河湿地公园内。此届网络文化季活动以“E路有你 聚力无锡”为主题，开展“微分享”“微传承”“微公益”“微阅读”“微平安”共41项系列主体活动，展现网民风貌、传递梦想能量，形成线上线下互动，网上网下共通的网络活动大格局。年内，网民公益体育大会还陆续开展篮球、乒乓球、龙舟、皮划艇、网球、炫跑、游泳、武术、足球、羽毛球等主流化、大众化活动，引领健康的网络生活方式新风尚。

（袁利兵）

【开展主题健步走活动】 5月14日，2017年无锡市“文明风尚 科学健身”首场健步走活动在无锡长广溪湿地公园开跑，从吉宝·澜岸铭邸出发，途经长广溪湿地公园、水明居、石塘桥、水晶亭、山水舫、宝界公园、花园大酒店、水上舞台，再回到吉宝·澜岸铭邸，全程约8.8公里，3500多人参与其中。该活动共分春夏秋冬四季，以“文明、孝心、读书、低碳、健康、快乐”“让母亲更健康”“读一本好书”等为主题，弘扬社会正能量的春季趣味跑是这项活动的开篇之作。在候场的间隙，850多名表演者还为市民们进行瑜伽、太极拳、石锁、轮滑等10多项表演。

（袁利兵）

【“长江经济带”全民健身大联动】 6月11日，江苏省第12届“长江经济带”全民健身大联动主会场活动在无锡市太湖国际博览中心广场拉开帷幕，全国百城千村健身气功交流展示系列活动无锡市大赛和“文明风尚·科学健身”系列活动夏季趣味健步走活动同时启动，近5000名无锡市民参与其中。此届全民健身大联动主会场设在无锡，围绕“我要上全运，健康中国人”主题，省、市、县三级联动，整个活动直接参与群众超过8万人。在无锡主会场开幕式上，组织开展太极拳、柔力球、瑜伽、抖空竹、广场舞、石锁等27个项目的健身展示活动。全国百城千村健身气功交流展示系列活动已连续九年在无锡举办，1500人健身气功交流方队集中展示国家体育总局推广的9种健身气功功法、4种竞赛功法、气舞，场面宏大，蔚为壮观。

（袁利兵）

【国际瑜伽节】 6月21~25日，以“融胜境·舒身心”为主题的“2017中国(无锡)国际瑜伽节”万人瑜伽盛会在无锡灵山胜境举行。本届国际瑜伽节内容精彩纷呈，包括中国(无锡)国际瑜伽盛典暨瑜伽大课堂、瑜伽精品课程、文化交流、展览展示、瑜伽论坛等多个环节。来自澳大利亚、印度、日本、新加坡等国和中国港澳台地区以及北京、上海、安徽、浙江等省、市的近万名瑜伽爱好者报名参加。瑜伽起源于印度，是东方最古老的健身术之一，此届瑜伽节在灵山胜境举办，体现身心与瑜伽文化的深度融合。

（袁利兵）

【江苏省武术交流赛】 8月4~6日，2017年江苏省传统武术·太极拳(剑)交流比赛在徐州沛县举行，共有9个城市的15支代表队191人参加本次比赛，比赛设传统武术和各式太极拳(剑)二大类，分男、女个人项目及集体项目。经过激烈角逐，无锡市乐德健身中心教练莫国良带领的无锡市代表队以9.40分最高分夺得桂冠，在太极拳和太极剑个人项目中取得7枚金牌、10枚银牌、7枚铜牌的优异成绩，无锡市代表队还获得体育道德风尚(集体)奖，诸海燕获得体育道德风尚(个人)奖。

（袁利兵）

【全民健身日启动】 8月6日，以“健身每一天，喜迎十九大”为主题的“中国人寿”2017年江苏省“全民健身日”无锡分会场启动式暨“智体宝”——无锡智慧健身公共服务平台上线仪式在市体育公园体育馆举行，此次“全民健身日”活动采用主会场和分会场的形式，省、市、县三级联动。启动式上，无锡市全民健身指导工作委员会对年度5名“健身达人”、24名“健身明星”进行了表彰，近2000名健身爱好者现场展示空竹、武术、健身、柔力球、石锁等群众喜闻乐见的运动项目。据不完全统计，全市共有10万人次参加全民健身日的各类活动。

（袁利兵）

【全国群众体育先进单位】 8月27日，第13届全运会期间，国家体育总局在天津召开全国群众体育先进及体育系统先进表彰大会，无锡市体育局被评为2013~2016年度全国群众体育先进单位，无锡市体育总会秘书长王春华作为全国群众体育先进个人代表，受到习近平总书记接见。

（袁利兵）

【中国国际健身气功博览会】 9月4~7日，第3届中国国际健身气功博览会暨2017年国际健身气功五禽戏交流比赛在安徽省亳州市恒大城体育中心举行，共有国内组25支代表队、国际组21支代表队参加。根据比赛规程，设项为健身气功4种老功法的集体赛和个人赛，每支代表队限报2个集体赛项目，每个集体项目需4名队员同时上场。由获得健身气功站点联赛(南部)第一名的锡山区运动员组成的无锡队代表江苏省参赛。最终，无锡代表队获得健身气功、八段锦集体赛二等奖和健身气功、五禽戏集体赛二等奖。

（袁利兵）

【世界徒步日活动】 9月29日，2017“健身走江苏”暨无锡市“文明风尚 科学健身”系列活动秋季吉祥健步走活动在无锡市“蠡湖之光”举行。此次活动以“徒步走健康行动促低碳”为主题，通过低碳的健身跑步活动倡导环保节能理念，营造文明健康的生活方式。作为无锡市广受欢迎的跑步嘉年华活动，得到广大市民的响应，1000余名市民沿着西蠡湖，绕湖一圈徒步5.5公里完成活动。

（袁利兵）

【无锡获省健身气功站点联赛总决赛团体冠军】 10月19日，2017年“青龙杯”江苏省健身气功站点联赛总决赛开幕式在龙锦小学体育馆举行。共有无锡市、南京市、泰州市、徐州市、连云港等城市22支代表队100多名运动员参加此次比赛。比赛设集体赛和个人赛两个奖项，项目为国家体育总局推广的4套功法。通过易筋经、五禽戏、六字诀、八段锦4种健身气功功法的角逐，无锡市代表队一队（惠山区西漳站点）获得团体总分第一名，健身气功、五禽戏集体赛获得一等奖；个人赛项目王瑛获得健身气功、五禽戏第一名；王雅获得健身气功、八段锦第一名。

（袁利兵）

【全国石锁邀请赛】 11月5日，2017江苏省“资海能源杯”全国石锁邀请赛在扬州市开幕，来自全国的22支代表队774名石锁高手齐聚瘦西湖湖畔，在石锁集体表演、石锁上拳、霸王举鼎、推轮、花样、技巧等7个项目上一决高下。无锡市代表队表演的“精忠报国”获得一等奖，周文伟、唐霖分别获得—65公斤级别石锁上拳冠军、亚军，邓富强、华明分别获得—75公斤级别石锁上拳第一、第三名，唐剑炯、刘阳、言政轩3人包揽+75公斤级别石锁上拳前三名，周林、刘阳在±75公斤级别霸王举鼎决赛中获得第三名，无锡市代表队在金牌和奖牌总数上均名列榜首。

（袁利兵）

【省第5届广场舞交流比赛】 11月11~13日，江苏省第5届广场舞（健身操）交流比赛在淮安市体育馆举办。全省17支优秀团队参与比赛。经过激烈竞争，无锡市广场健身舞运动协会代表队的16名队员创造佳绩：“幸福舞起来”项目获全省广场舞规定套路二等奖，“太湖春韵”项目获广场舞自选套路二等奖，无锡市获得团体总分二等奖，并获得体育道德风尚奖。

（袁利兵）

【省健身气功管理方式改革试点推进会】 12月7日，江苏省健身气功管理方式改革试点工作交流推进会在无锡市惠山区举办，江苏省体育局副局长颜争鸣一行参观无锡市反“邪教”主题公园暨健身气功推广基地、区级健身气功协会和站点服务中心。在交流推进会上，颜争鸣对无锡市体育局健身气功试点模式给予充分肯定，对区级健身协会与健身气功站点服务中心的具体做法给予高度肯定，要求全省各市以此次推进会为契机，向无锡学习，加快推进健身气功试点工作。

（袁利兵）

重大体育活动

【无锡马拉松】 3月19日，2017“小天鹅杯”无锡马拉松鸣枪开跑，3万名国内外选手再次在中国“最美赛道”上赛跑。无锡马拉松正式成为国际马拉松及长跑协会（AIMS）成员，成功跻身最具影响力、最具权威性的国际马拉松及路跑组织，成为第8个加入该组织的中国马拉松赛事。2017年，无锡马拉松将目标定位于冲击国际田联“铜标赛事”，竞赛组织专业化程度更高，服务保障也更具人性关怀；赛事直播仍由欧洲国际顶级电视转播公司拉加代尔担纲，向全球100多个国家和地区全视角展现无锡城市风貌。迷你、半程和全程3条比赛线路犹如风景画卷一般徐徐舒展，沿途湖景与花海交相辉映，鼋头渚十里芳径、蠡湖百米高喷、长广溪、尚贤河、金融街、大剧院、吴都路、摩天轮等尽收眼底，充分彰显“国内最美马拉松赛道”的独特魅力。比赛结果，巴林选手Khalid Kamal Khalid YASEEN、埃塞俄比亚选手Ayelu Abebe HORDOFA分别摘得全程马拉松男子、女子组冠军。

（袁利兵）

2017年环太湖国际公路自行车赛无锡滨湖绕圈赛 （袁利兵 供稿）

【省内首个乡村半程马拉松】 3月26日，2017阳山半程马拉松在惠山区阳山桃文化广场开跑，3000余名选手和近2万名来自不同国家和地区的人们共同见证首次“桃花马”，这是江苏省内首次列入中国田径协会注册的“乡村半程马拉松”赛事。来自肯尼亚的埃里奇以1小时07分35秒的成绩夺得男子组冠军，张勇博以1小时19分15秒的成绩夺得女子组冠军。

（袁利兵）

【亚洲乒乓球锦标赛】 4月8~16日，第23届亚洲乒乓球锦标赛在无锡举行，这是无锡有史以来承办的最高水平的乒乓球大赛，作为2017年世乒赛的资格赛，此次比赛共有亚洲29个国家和地区的近600名运动员、裁判员、赛事官员参赛。比赛共分为男女团体、男女单打、男女双打以及男女混双7个大项。中国队派出包括张继科、马龙、许昕、丁宁、刘诗雯等奥运冠军、世界冠军在内的最强阵容出战。在8天的赛事角逐中，中国队获得除女子单打以外的其他6个项目金牌。

（袁利兵）

【第6届国际象棋女子名人赛】 5月26日、5月27日~6月4日，“东北塘诚毅杯”中国（锡山）第6届国际象棋女子名人赛暨“天一中学杯”2017年国际象棋明星混双对抗赛分别在无锡市绿羊温泉农场有限公司和江苏省天一中学举行。参加本次女子名人赛的比赛棋手为世界团体锦标赛参赛人员、国家队等级分2400以上队员、国家二队选拔一人、东道主一人，中国5位女子世界冠军同台竞技，尚属首次，给比赛增添更多的精彩。

（袁利兵）

【中泰搏击对抗赛】 6月18日，2017“琥鸣杯”第一届中泰搏击对抗赛在东方琥鸣职业搏击馆开赛，来自中国和泰国的10名选手参加搏击比赛。此次比赛是专业搏击赛事第一次在锡城亮相，最终，5场比赛中中方选手胜2场，泰方选手胜3场。

（袁利兵）

【斯诺克世界杯】 7月3~9日，2017斯诺克世界杯在无锡市体育公园体育馆举行，来自23个国家和地区的24支球队云集“斯诺克之城”，争夺世界杯冠军。此次世界杯赛事奖金高达80万美元，采取小组循环赛与淘汰赛相结合的形式，小组赛采取五局制单循环赛，小组前两名晋级淘汰赛。此次高规格的赛事宣传力度大，维度全，央视体育频道进行不低于20小时直（录）播，欧广联也依托其辐射80多个国家的覆盖率以增强赛事在全国乃至全球的影响力。最终，由丁俊晖和梁文博组成的中国A队在无锡举行的2017斯诺克世界杯决赛中以4比3击败特鲁姆普和霍金斯组成的英格兰队，成功夺冠。

（袁利兵）

【世界跆拳道大满贯冠军系列赛落户无锡】 7月24日，2017年WT大满贯冠军系列赛新闻发布会在北京召开。世界跆拳道联盟主席赵正源宣布，该赛事落户中国无锡，第一届比赛在2017年11月举行。这项赛事是世界跆拳道联盟推出的最具创新意义的改革，比赛规格上仅次于奥运会跆拳道比赛，也是中国国内举办的唯一一项奥运会资格选拔赛事。世界跆拳道大满贯冠军系列赛落地江苏无锡，有利于中国、江苏省跆拳道项目的普及与提高，助力国家奥运金牌战略，同时也有利于提升江苏省体育赛事效能和影响力，提升无锡的知名度，促进无锡当地的经济社会发展。

（袁利兵）

【国际大学生击剑精英巅峰赛】 8月9日，2017年“艾鲁特杯”国际大学生击剑精英巅峰赛在无锡市体育公园体育馆拉开帷幕。本次赛事吸引来自清华大学、哈佛大学、早稻田大学、韩国国际大学等中、美、日、韩30多所大学的击剑代表队参赛。国际剑联副主席、美国剑协主席安东尼表示：“本项赛事是一个国际高校学生击剑运动提升交流的平台，将会增进世界青年之间的了解与友谊，促进多国文化交流，推动击剑运动的流行与发展。”

（袁利兵）

【环太湖国际公路自行车赛】 10月10~17日，2017年环太湖国际公路自行车赛在江苏、浙江两省举行，是江苏、浙江两省共同打造的自主IP赛事，也是中国四大职业公路自行车赛之一，赛事级别为UCI2.1，共邀请世界五大洲30个国家和地区的24支车队144名运动员参赛，其中有8支洲际职业队和16支洲际队，洲际职业队数量居全国同级别环赛之首，奖金总额为30万美元，全程共设8个赛段，赛事总赛程870.4公里。美国IMG、欧洲体育、福克斯体育等覆盖五大州国际体育频道及自行车专业频道对赛事全程直播与新闻播报，覆盖全球100多个国家及地区；央视体育频道、旅游卫视、新浪、腾讯、搜狐体育、爱奇艺等对赛事全程进行国内直播与新闻播报。作为环湖赛的首站赛，无锡滨湖绕圈赛全长112公里。经过2个多小时的角逐，意大利日波—维尼凡蒂尼洲际职业队的尼古拉斯·马里尼、加拿大H&R布洛克洲际队的莱恩·马卡内利和意大利威廉洲际职业队的雅各布·马雷斯科3位车手分列本赛段前三名。

（袁利兵）

【无锡市第12届运动会】 10月14日，“SK海力士杯”无锡市第12届运动会在市体育中心体育馆开幕。此届市运会是全民健身上升为国家战略后无锡市举办的第一次全民运动会，各项比赛分批分期在4月~10月间举行，设青少年部、职工部、老年部、残疾人部4个部，比赛设29项、64项次，270余支参赛队、12000名运动员和裁判员参赛，参与大会的志愿者达3000人次。无锡市委书记李小敏宣布开幕，开幕式上，分“水韵无锡 魅力无锡”“全民健身 全民健康”“喜迎十九大 献礼祖国”3个篇章进行全民健身文体展演，精彩演绎全市体育运动深入开展、经济社会又好又快发展的生动局面。

10月31日，无锡市群众体育先进集体和先进个人代表大会暨第12届运动会闭幕式举行。省委常委、市委书记李小敏出席会议并讲话，市长汪泉宣布市运会闭幕。此届运动会展示了全市人民“共享运动魅力、同创幸福无锡”的精神风貌和体育事业发展的丰硕成果，是一届公正、拼搏、精彩、进步的体育盛会，经过7个月近600场激烈角逐，共产生金牌2187枚。会议对一批先进集体和先进个人进行表彰：江阴市新桥镇等90个单位获2013~2016年度“无锡市群众体育先进集体”称号，马忠良等135人获2013~2016年度“无锡市群众体育工作先进个人”称号，新吴区教育文体局、江阴市总工会等12个单位获“优秀组织奖”，宜兴市、无锡市市级机关等9个代表团获“体育道德风尚奖”；在运动会上获得优异成绩的新吴区、江阴市等46个单位获“综合金牌奖”和“团体总分奖”。

（袁利兵）

【环蠡湖国际半程马拉松】 11月19日，2017“比佛利”环蠡湖国际半程马拉松在蠡湖之畔鸣枪开跑，途经蠡湖公园、蠡湖之光、鼋头渚等知名旅游景区，最后到达江南大学体育场，1万多名马拉松爱好者奔跑在“最美赛道”，包括美国、英国、法国、德国、澳大利亚、日本、马来西亚等35个国家的近200名外籍选手。为了让更多的体育爱好者有机会参与大型马拉松赛事，本届环蠡湖国际半程马拉松新增“迷你马拉松”项目，最终，中国选手包揽男子、女子组前三名，纪奕鑫以1小时12分12秒的成绩获得男子组冠军，郝晓帆以1小时22分42秒的成绩获得女子组冠军。

（袁利兵）

体育教育、科研

【省国民体质监测技术骨干培训】 8月3~5日，2017年江苏省国民体质监测技术骨干培训班在无锡市木棉花酒店举办。此次培训由江苏省体育局主办，江苏省体育科研所承办，无锡市体育科研所协办，来自苏南5个城市的体育部门相关负责人以及国民体质监测人员共计 109 人参加培训班。省体育科研所李森、许浩、叶碧璇、顾洪 4 位专家老师，系统地讲解多个方面的理论知识以及实践操作。江苏省国民体质监测工作从原来的 5 年一次变为 2 年一次，此次全省国民体质监测采用最新的"大数据采集系统"。

（袁利兵）

【中国乒乓球学院与无锡教育考试院签约合作】 10 月 14 日，中国乒乓球学院与无锡市教育考试院合作签约仪式在无锡市花园实验小学举行。致力于推广中国乒乓球学院科研创新成果——青少年乒乓球运动技能等级标准，优化学生综合评价模式，推进学校体育课程改革，从而推动全市青少年体育工作发展。签约揭牌仪式后，举行无锡市"青少年乒乓球运动技能等级标准测试"首发仪式，花园实验小学"振华"乒乓训练队的 20 位乒乓小将全部通过测试，体现了学校特色办学的成果。

（袁利兵）

体育产业

【全国高校电子竞技联赛】 6 月 8 日，2017~2018 年全国高校电子竞技联赛（CUEL）江苏赛区的启动仪式在无锡举行。此次 CUEL 江苏赛区分秋季赛、春季赛以及年终总决赛 3 个阶段，共有无锡赛区、南京赛区、苏州赛区和扬州赛区，包含 Dota2、英雄联盟、FIFA、炉石传说和守望先锋等 5 个项目，赛事计划组织江苏省内近百所高校的上万名高校学生参赛。通过举办校园线上线下赛事，弘扬电子竞技正能量，为大学生提供一个以电子竞技为核心的交流平台，提供与电子竞技赛事组织、管理、解说相关联的社会实践与就业机会，开创数字娱乐新体验，组织开展多样化的宣传交流，将 CUEL 搭建成为赛事交流、电子竞技产业展示的平台。

（袁利兵）

【全国体育旅游产业发展大会】 7 月 6~7 日，全国体育旅游产业发展大会暨水韵江苏推介活动在无锡举行，500 多名专业人士共聚一堂，探讨体育与旅游产业融合升级之路。会上，国家体育总局、国家旅游局联合发布首批"国家体育旅游示范基地"创建单位名单、首批"国家体育旅游精品赛事"名单以及《"一带一路"体育旅游发展行动方案》，并联合多部门共同推出《汽车自驾运动营地发展规划》，分别与国家开发银行、中国农业发展银行签署战略合作协议，为首批 15 家"国家航空飞行营地示范单位"授牌。会议期间，与会人员还前往江阴、宜兴、蠡湖等地实地观摩，全面了解无锡体育旅游产业发展情况。

（袁利兵）

【无锡成为超级大乐透"百强地市"】 7 月 11~13 日，超级大乐透十周年回顾与展望培训会在北京召开，无锡市获得超级大乐透上市十周年"百强地市"殊荣，受到国家体育总局体育彩票管理中心表彰。10 年来，无锡体彩注重强化基础，坚持改革创新，不断提升"大乐透"品牌影响力。"大乐透"彩票已为无锡彩民送出百万元以上大奖 59 个，无锡彩民还创造出 2 元一注彩票中取 2056 万元大奖的全国单注最高奖金纪录。

（袁利兵）

【省优秀退役运动员就业创业孵化基地揭牌】 7 月 27 日，江苏省优秀退役运动员就业创业孵化基地在无锡市国家软件园举行揭牌仪式。孵化基地设立在无锡海韵体育发展有限公司，旨在为江苏省优秀退役运动员搭建就业实习、就业指导、就业招聘、就业推荐、创业扶持等平台，为他们提供服务和帮助，助力尽快实现就业创业梦想。

（袁利兵）

【首届智慧体育高峰论坛】 9 月 10 日，2017 智慧体育高峰论坛在无锡新湖铂尔曼大酒店举行。此届智慧体育高峰论坛以"智慧引领体育 科技促进健康"为主题，共吸引近 500 位专业人士参加，探讨智慧体育的发展之路。

（袁利兵）

【智慧体育场馆数字化运营平台上线】 9 月 10 日，无锡体育产业发展集团智慧体育场馆数字化运营平台正式上线试运行，场馆数字化运营服务平台以"互联网+"、移动终端、智能设备为载体，集市场营销、场馆运营、大型活动、客户支付、微信服务、财务管理于一体，将场馆核心运行能力通过规范流程在数字化运营平台层面加以体现。通过"线上线下"相融合、健身人群和场馆服务方相互动，不断推进全民健身消费的发展。无锡体育公园作为首批试运行场馆，让市民充分享受到科技进步带来的便利化、个性化智慧体育健身体验。

（袁利兵）

【中国体育旅游博览会】 9 月 23 日，2017 中国体育文化、体育旅游博览会在内蒙古包头市举行。在各类体育旅游精品项目评选授牌仪式上，无锡共有 5 个项目入选全国精品项目，分别是：无锡市成功入选 2017 中国体育旅游十佳目的地（江苏省内唯一）；江阴海澜马文化主题旅游景区连续三年入选中国体育旅游十佳精品景区，自动升级十佳；宜兴龙池山自行车公园获评中国体育旅游精品景区；环太湖国际公路自行车赛、无锡国际马拉松赛获评中国体育旅游精品赛事；宜兴市获评中国体育旅游精品目的地。

（袁利兵）

体育设施、管理

【公共服务水平稳步提升】 2017 年，全市体育设施建设进一步完善。无锡市体育中心体育馆立项改造，金匮公园健身步道软化及功能提升工程顺利推进，惠山区全民健身中心投入使用。两市五区累计投入 1400 万元更新配建公共室外健身器材，建成健身路径器材 642 套、篮球架 197 副、乒乓球台 196 张、5 人制足球场 3 片、多功能运动场地 13 片。

（袁利兵）

【科学健身氛围浓厚】 2017 年，无锡市加快全国科学健身示范区建设。"E 动锡城"智慧健身馆开展体质测试 2 万余人次，健康大讲堂服务市民 1.6 万人次，全市社会体育指导员万人拥有数增至 31 名，健身活动站点万人拥有数增至 6 个。

（袁利兵）

编辑 顾洪兴

综　述

【概况】 2017年，无锡市人力资源和社会保障系统围绕产业强市目标，坚持民生为本、人才优先工作主线，各项工作均取得显著成效。全市城镇新增就业15.37万人，城镇登记失业率1.82%，继续保持全省前列。扶持自主创业13176人，其中，引领大学生创业2271人。基本养老、医疗、失业、工伤和生育保险分别扩面7.47万人、7万人、5.91万人、3.9万人、3.9万人，职工养老保险净增缴费10.18万人。引进各类人才约7.5万人，其中新增高层次人才6800人，新增高技能人才1.81万人。

(卢迎安　方贵跃)

【市属事业单位养老保险制度改革参保登记部署会召开】 3月6日，无锡市召开市属事业单位养老保险制度改革参保登记部署会，各市属事业单位人事部门负责人和工作人员近600人参加会议。会议明确，机关事业单位参保登记及人员核定工作根据“统一部署、试点推广”的总体思路，按照“集中登记、不重不漏”的登记原则，采取“信息支撑、上下联动”的运行模式，各环节要保质保量，按序时进度合理推进，要统筹落实各单位进展情况，履职尽责，确保在规定时间内完成集中参保登记工作。

(卢迎安　方贵跃)

【《创客群英汇》开播】 7月28日，由无锡市人力资源和社会保障局策划的首档创业专题节目《创客群英汇——我的创业故事》在无锡电视台举行开播仪式。《创客群英汇》栏目是一档展示创业人物故事、展现创业独到思维的创业分享类节目。栏目聚焦创业富民，每周有人物，每月有主题，深挖创客背后的致富故事，弘扬创客身上的创业精神，宣传无锡良好的创业环境，激励更多的人投身创业热潮。首期节目是两位转业军人与主持人互动交流，分享他们的创业心得和转业不转志的精神。

(卢迎安　方贵跃)

【举办CCTV“榜样到身边走进无锡”创业峰会】 11月10日，第八届CCTV“三农”创业致富榜样推介活动三场地方峰会的收官之作——“榜样到身边走进无锡”创业峰会在无锡举行。江苏、浙江、上海、安徽、山东等地的中小企业代表、无锡创业者代表、高校大学生代表等1000余人参加活动。此次“榜样到身边走进无锡”创业峰会是经中宣部、国家新闻出版广电总局批准，由中国农业电影电视中心、省人社厅、无锡市政府主办，中央电视台《致富经》栏目、无锡市人社局承办的全国性大型电视公益活动。旨在通过盘点、推广年度创业榜样，分享创业榜样成功经验，进一步弘扬奋发有为的创业精神。峰会现场，刘会平、杜树文、赵亮、杨舒春、吴锦明5位创业榜样讲述了自己的创业故事，和现场观众深入互动，分享了他们的创业经验。刘会平从一间包子铺做起，如今他的巴比馒头一年销售19亿个；杜树文从小连海都没见过，却用三年时间成为大连海参行业的黑马；赵亮不懂外语，却把甘肃礼县的花牛苹果出口到13个国家；无锡创业者杨舒春放弃外交官的工作回到家乡，创立互联网安全食材销售的“北大杨哥”品牌，而后站上联合国讲台介绍自己的创业经验；吴锦明是地道无锡农民，他先后干过瓦工、卖过建材、开过饭店，在搭建物流企业集成化共享平台后，带动3800多人就业，年营业收入11.93亿元。

(卢迎安　方贵跃)

【2017“智汇无锡”大学生创业大赛】 11月8日，2017“智汇无锡”大学生创业大赛典礼在江南大学文浩科学馆举办。此次活动延续“创业新生代、发展新动能”的主题，旨在有效传承无锡城市创新创业品格，营造鼓励创业、崇尚创新的良好氛围，集聚大学生创业项目，整合社会各方资源，帮助大学生创业项目与投资人、孵化载体和企业互联。此次大赛作为2017年“智汇无锡”大学生创业活动收官之作，着力推进资本和项目对接，推进企业家和创业者对接，处处体现创新创业元素。活动特邀飞马旅集团CEO&飞马资本合伙人钱倩，万马堂广告集团董事长、遨

7月28日下午,无锡市举行《创客群英汇——我的创业故事》开播仪式
(方贵跃 供稿)

睿投资创始人沈毅分别作《天使投资人对优秀大学生创业项目的价值判断》《初创企业如何快速成长》演讲，与现场的大学生创业者们分享创业经验,探讨初创企业发展之路。现场有飞马基金、遨睿投资、苏民投等8家创投机构联袂助阵，为优秀大学生创业者提供资源对接机会。经过前期5场2017"智汇无锡"大学生创业行业专场比赛和决赛的激烈角逐,"线缆表面缺陷在线检测智能装备"和"IP67防水数显卡尺"两个项目获得大赛一等奖。典礼现场为决赛获奖项目进行颁奖，并对2017年度优秀大学生创业辅导员、优秀创业导师进行表彰。活动现场还设立了大学生创业集市,分设"智能制造""消费升级""文化创意""健康食品"4个区域,吸引24家大学生创业企业参展，一系列兼具科技性与趣味性的产品和项目展示了锡城大学生创业的成果与风采，推进了项目交流和资源对接。

(卢迎安 方贵跃)

【人社所公共服务标准化国家试点项目通过验收】 12月22日，国家标准化委员会组织上海市质监局,江苏省质监局、省发改委、省编办、省人社厅就业管理中心，常州市质监局的多位专家组成考评小组,对"无锡市街道(镇)人力资源和社会保障服务标准化"项目开展现场评估验收，最终以95.5的高分通过验收。该项目2014年被列入全国首批社会管理和公共服务综合标准化试点。经过四年努力,创新建设了一套标准服务、一个平台实训、一窗式受理、一卡通办事、一体机自助的"五个一"服务模式;构建了以服务提供标准体系为核心，以服务基础标准体系和服务保障标准体系为支撑的标准体系,建立街道(镇)人社所管理和服务标准103项，其中采用国家标准29项、行业标准1项,编制地方标准2项,自有标准71项。连续五年开展标准化培训，建立考核机制；每年结合标准化工作优化业务流程,减少申请材料,人社所主办的原49项业务优化再造为38项,减少业务环节21个，减少各类申报材料115份,22个项目确定为即时办理,10个项目可进行同城通办，复印件基本取消。为全市361个街道(镇)人社服务窗口全部配备高拍仪、读卡器、双屏显示器等信息化设备,一窗式服务率70%以上;群众对人社所的满意率由试点前的83%提高至97.2%。

(卢迎安 方贵跃)

【第三届无锡技能精英大赛】 12月23日，第三届无锡技能精英大赛开幕式在无锡技师学院举行。大赛经层层选拔,有71个代表队605名选手参加18个竞赛项目的决赛,总决赛从12月23日持续到26日。开幕式当天，举行18个竞赛项目的决赛,同时举办"乡土人才成果展"和"机器人与智能制造项目展"。

(卢迎安 方贵跃)

就业创业

【加大创业支持力度】 2017年,市人力资源和社会保障局出台全民创业行动计划,以八类群体为重点,实施创业政策拓展、创业能力提升、创业载体建设、创业服务优化、创业氛围营造等五项行动。建立市场化创业担保贷款机制，累计发放创业担保贷款9521万元，小微企业贷款2.5亿元。有效落实各项创业优惠政策，发放各类创业补贴1223万元。积极参加"创响江苏"系列评选活动

11月10日,第八届CCTV"三农"创业致富榜样推介活动"榜样到身边 走进无锡"创业峰会举行
(方贵跃 供稿)

1月19日，由市人社局、市总工会共同主办的街道(镇)人社所公共服务标准化技能大赛决赛在市工人文化宫落幕　　(方贵跃　供稿)

并取得优异成绩，3人入选省十佳金牌五星创业培训讲师。构筑具有无锡特色的创业示范载体，15家创业孵化示范基地和6家大学生创业园被认定为省级创业示范基地。以创业活动需求为导向，组织实施10个创业培训项目，累计培训1.26万人。

(卢迎安　方贵跃)

【重点群体就业】 2017年，市人力资源和社会保障局着力促进高校毕业生就业，在当地高校建立大学生就业创业工作指导站，开展离校未就业高校毕业生实名制登记调查及服务活动，有针对性开展就业指导、就业介绍、就业见习、技能培训等服务。落实大学生租房补贴政策，累计发放补贴4780万元。组织2232名毕业生参加就业见习活动，发放就业见习补贴394万元。持续优化就业援助实名制系统，开展“一对一”就业援助精准服务，通过公益性岗位安置就业困难人员538人，援助就业困难人员再就业2.35万人。

(卢迎安　方贵跃)

【职业岗位技能提升培训】 2017年，市人力资源和社会保障局开展职业岗位技能提升培训，培训鉴定7774人。贯彻落实国家有关职业资格制度改革要求，采用多元化评价方式，为各类人群提供技能评价服务7.5万人次。开展职业培训需求调查，推动培训项目精准化。开发规范化的培训内容，由专家评审确定28个具有实效性的培训项目。实施市场化培训运行机制，通过政府购买培训成果的方式，确定18家中标培训单位，帮助企业培训新型生产线员工7031人。

(卢迎安　方贵跃)

社会保障

【社会保险征缴扩面】 2017年，市人力资源和社会保障局通过构建全民参保登记长效机制、推进“五证合一”登记、创新缴费基数核定方式、实施劳务派遣(外包)企业二级代码管理、推行“同舟计划”等方式，超额完成社保扩面任务。制定就业困难人员政府贴息借款缴纳养老保险费办法。建立全省领先的社保并联征缴系统，累计清欠社保费4765万元。社保基金综合实力持续加强，五大保险基金累计结余530亿元。

(卢迎安　方贵跃)

【社会保险待遇提高】 2017年，市人力资源和社会保障局统一机关事业单位和企业退休人员养老金调整办法，分别提高4.45%和6.57%。企业退休人员基本养老金实现“十三连增”，市区企业退休人员养老金提高到人均2650元/月。被征地农民政府保养金和居民养老基础养老金每人每月分别增长60元和35元。完成市区居民养老保险待遇调整补发工作，基础养老金调整到405元。健全工伤保险待遇调整机制，待遇增幅6.9%。启动新一轮大病保险，大病保险资金的起付线由2.1万元下调至1.8万元，2.72万人次实时享受大病保险待遇，受益金额5182.96万元。城镇职工和居民基本医疗保险政策范围内住院医疗费用基金支付比例分别达到85%和74%，在全省处于前列。实施退休人员住院医疗互助保险，普惠和特惠补助待遇分别达4482.78万元和489.93万元。正式执行2017年版国家药品目录，心脑血管、肿瘤等患者所需的36种谈判药品纳入医保支付范围，基本医疗保险保障水平持续提升。

(卢迎安　方贵跃)

【完善社会保险制度】 2017年，市人力资源和社会保障局全面实施机关事业单位养老保险制度改革。出台企业人才参加企业年金集合计划试行办法，进一步完善多层次养老保障体系。贯彻落实省政府93号令，发放被征地农民社会保障资金2862.48万元。出台社会医疗保险监督管理办法和社会医疗保险就医管理办法。推动全市城乡居民医保整合，实现城乡居民公平享有基本医疗保险权益。制定补充工伤保险制度和多单位就业职工参加工伤保险办法，建立多层次工伤保障体系。推进实施工伤预防项目和工伤康复制度，完善“三位一体”工伤保险体系。

(卢迎安　方贵跃)

【医疗保险管理】 2017年，市人力资源和社会保障局启动中长期医保付费方式改革，实施51种单病种结算，优化医保支付办法。加强医保经办管理基础要素建设，阳光医保“四类五项”基础数据上传规范准确。全面开展医保“三目录”规范化改造，药品目录和诊疗目录库正式上线运行。医保异地就医实现联网直接结算。

(卢迎安　方贵跃)

机关事业单位人事管理

【人事制度改革】 2017年，市人力资源和社会保障局严格规范公务员职位管理，做好事业单位参公管理登记入轨运行工作。全面实施县以下机关公务员职务职级并行制度常态化管理，6471人晋升职级并兑现待遇。参与行政职能事业单位改革，做好人员分流指导服务工作。开展事业单位人员登记，推进事业单位岗位管理，做好涉改单位人员分流工作。事业单位基本实现全员聘用的目标。创新公务员培训内容及方式，探索开展科级领导职务公务员能力提升轮训。完善机关事业单位工资制度，规范公务员绩效奖励，改革事业单位绩效工资核定办法，探索公立医院、高校、科研院所薪酬制度改革。进一步夯实人事管理信息系统基础性建设。

(卢迎安 方贵跃)

【机关事业单位公开招聘】 2017年，市人力资源和社会保障局通过向社会发布长期招聘公告、简化招聘程序，进一步发挥事业单位对高端、紧缺性人才的招聘自主权。同时，完成各项人事考试任务，确保招录过程的公开公平公正和考试安全，全年考录机关公务员及参公人员676人，事业单位公开招聘3118人。

(卢迎安 方贵跃)

【军转干部安置工作】 2017年，市人力资源和社会保障局实施营职以下及专业技术部队干部面试提前双选进入公安系统的安置模式，为40位有志从警的军转干部开通绿色通道。探索军转干部进高校培训制度，有17名军转干部进入江南大学开展为期一年的带薪脱产教育培训。做好企业军转干部解困和稳定工作，基本形成驻锡部队随军家属多层次安置的无锡模式。

(卢迎安 方贵跃)

高层次和高技能人才

【人才集聚发展环境优化】 2017年，市人力资源和社会保障局制定“太湖人才计划”升级版实施细则，创新实施“凤还巢”、本土杰出人才和乡土人才等人才引育计划。实施重点引才企业联系服务制度，新增35名产业升级创新领军人才，引才数量比上年提升7倍。开展外国专家引进工作，建成10家“省外国专家工作室”和20家“市外国专家工作室”。完成外国专家证和外国人就业证的“两证整合”，确保外国人工作许可顺利衔接。组织开展高层次人才经济研究班和创新创业企业人才培训，提升人才培训服务的精准度。开展“无锡市优秀人才贡献奖”等人才奖项评选，营造尊重人才、重视人才的良好氛围。

(卢迎安 方贵跃)

【人才服务平台建设】 2017年，市人力资源和社会保障局推进“无锡人才云”信息平台建设，21名留学归国人才通过平台精准对接，成功人职。打造人力资源服务平台，倡导成立人力资源服务行业协会，协调智联招聘等10余家猎头机构组建“招才引智”猎头联盟，促进人力资源行业从分散走向集中，提升产业综合实力，全市新增23家人力资源服务机构，产业规模逾280亿元。持续加强人才载体建设，创建2家省示范博士后科研工作站和8家省博士后创新实践基地，宜兴留学人员创业园入选省留学回国人员创新创业示范基地。充分发挥高技能人才培养载体功能，新增国家级高技能人才培训基地和省高技能人才专项公共实训基地各1个、省级技能大师工作室2个；在公共实训基地创新构建“实训+引才”模式，通过对省外高职院校1218名学生开展就业前技能实训，帮助企业引进技能人才950人。参加省首届乡土人才传统技艺技能大赛，获一等奖2个、二等奖5个、三等奖11个。

(卢迎安 方贵跃)

【人才交流引进】 2017年，市人力资源和社会保障局举办高层次人才创新创业交流大会，打造高规格的高层次人才集聚平台。开展人才精准招聘活动，组织重点国有企业赴美国波士顿和旧金山开展招才引智活动，现场收到简历310份，达成求职意向141人次，项目合作意向22个。承办“圆梦中国2017海外精英无锡行”活动及“创赢无锡”海外高层次人才项目路演对接会，石墨烯载体材料开发、物联网在线位移检测系统等10个海外项目现场签约。与13个市重点招商项目和5家重点产业项目开展人力资源战略合作，彰显公共人力资源市场引才主渠道作用。开展“百企千才高校行”活动和“智汇无锡”校园行活动，吸引集聚一流高校毕业生的效应逐步显现。

(卢迎安 方贵跃)

11月8日，2017“智汇无锡”大学生创业大赛典礼在江南大学文浩科学馆举办

(方贵跃 供稿)

劳动关系

【和谐劳动关系建设】 2017年，市人力资源和社会保障局推进劳动关系和谐企业和工业园区建设五年行动计划，创建省级和谐劳动关系综合试验区1家、省级和谐劳动关系示范园区2家。推进乡镇(街道)、工业园区协调劳动关系三方机制建设，协调劳动关系三方委员会建制率100%。培育劳动保障诚信企业100家和省级劳动人事争议优秀基层调解组织7家，实施违法行为公布制度，强化诚信体系建设，落实“双公示”制度，定期对外公布失信企业“黑名单”。

(卢迎安　方贵跃)

【规范用工指导服务】 2017年，市人力资源和社会保障局依法规范企业劳动用工管理，率先在全省开展规范劳务外包管理行动，有效遏制违法违规用工行为。订立有效劳动合同和备案企业比上年增长5.87%和11.52%。完成年度劳务派遣核验299家，涉及用工单位3671家、员工11.2万人。在全省率先发布无锡市2017年度企业工资指导线，推进区域和行业工资集体协商，已建工会集体合同签订率98.9%。推动市管企业负责人薪酬制度改革落地见效，改革工作走在全省前列。

(卢迎安　方贵跃)

【劳动保障监察执法】 2017年，市人力资源和社会保障局提前介入，稳妥化解重点企业的群体性纠纷，确保全市劳动关系稳定。全市排查用人单位3724户，涉及欠薪职工2.6万人，向社会公布10起欠薪典型案件，向公安机关移送恶意欠薪案件15件。

(卢迎安　方贵跃)

8月26日，“2017中国无锡制造业人力资源创新服务高峰论坛”开幕

(方贵跃　供稿)

【劳动争议调解仲裁】 2017年，市人力资源和社会保障局建立劳动人事争议仲裁员和调解员“成长+”平台，组队参加全省业务技能竞赛，获奖人数居全省首位。完善调解工作标准体系，推动全市基层调解工作的专业化和规范化。创新设立“特约评议员”制度，对仲裁工作进行监督评议，提升劳动人事仲裁的公信力，有效预防和处理争议纠纷。

(卢迎安　方贵跃)

公共服务

【行政审批制度改革】 2017年，市人力资源和社会保障局贯彻“放管服”改革要求，推动简政放权，全面梳理执法依据中与人社部门相关的行政权力、行政审批、行政责任、检查项目、公共服务等目录，形成统一规范的“大目录”。开展执法案卷评查活动，提升依法行政水平。全面简化优化公共服务流程，打造“互联网+政务服务”，减少经办环节56个、申请材料105份，提高服务便利性。

(卢迎安　方贵跃)

【信息化建设】 2017年，市人力资源和社会保障局加强信息化建设，启动“数字人社”新三年计划，推进个人和企业基础信息资源库建设，延伸网上经办业务，推广自助服务，运用人脸识别技术实现手机端异地生存认证，省内首创实现退休办理网上预约，减少群众排队等候时间和往返次数。实施微信平台服务功能升级，实现微信咨询智能服务。

(卢迎安　方贵跃)

编辑　邵文凯

人口和计划生育

【概况】 2017年年末，无锡市户籍总人口493.05万人，比上年增加6.85万人，增长1.4%。其中，市区259.23万人，比上年增加6.18万人，增长2.4%；江阴市125.49万人，比上年增加0.69万人，增长0.6%；宜兴市108.33万人，比上年减少0.01万人，减少0.009%。

在全市户籍总人口中，男性243.04万人，女性250.01万人，性别比（以女性为100）97.2。2017年，全市户籍总人口中出生49809人，出生率10.17‰；死亡39277人，死亡率8.02‰；人口自然增长率2.15‰。全市户籍总人口中迁入7.85万人，其中，省外迁入3.62万人，占迁入人口46.1%；迁出1.91万人，其中迁往省外0.85万人，占迁出人口44.5%。全市户籍出生人口政策符合率99%以上，户籍出生人口性别比105.98，免费孕前优生健康检查覆盖率97.09%。

（曹　芳）

【依法实施"全面两孩"政策】 年内，无锡市贯彻落实中共中央、国务院《关于实施全面两孩政策改革完善计划生育服务管理的决定》精神，推进生育登记和再生育审批工作，召开生育登记服务工作研讨会，明确细化工作要求。以全市生育登记服务工作服务态度、登记方式、证件提供和服务需求等为主要内容，开展生育登记服务情况网站调查。全年全市共办理生育登记49535件，办理再生育审批1064件。

（基层指导处）

【完成生育状况抽样调查】 年内，无锡市组织开展全国生育状况抽样调查，调查涉及全市7个县（市、区）、22个镇（街道）、44个村（居）的15至60周岁女性，调查内容包括个人及家庭信息、生育行为、生育养育、生育意愿和影响因素等。全市完成个人问卷880份和村居问卷44份。无锡市卫生和计划生育委员会被国家卫计委评为全国生育状况抽样调查优秀单位。

（基层指导处）

【流动人口卫生计生服务管理】 年内，无锡市推进流动人口基本公共卫生计生服务均等化，指导各地打造流动人口基本公共卫生计生服务平台，实现流动人口基本公共卫生计生服务全覆盖。落实流动人口基本公共卫生计生服务项目，开展提高流动人口社会融合试点，6个社区入选国家卫计委流动人口社会融合示范社区。做好流动人口健康教育和健康促进工作，培育打造示范项目，无锡市流动人口健康促进典型案例成为全国仅有的两个市级案例之一。全市2家企业、2所学校入选2016~2017年全国流动人口健康促进单位，4家单位被评为省级流动人口健康促进示范单位，23户流动人口家庭被评为省级流动人口健康家庭，位列全省第一。高标准完成2017年全国流动人口动态监测工作，完成样本点96个，调查录入家庭户1920个。

（流动人口处）

【流动人口宣传服务】 年内，无锡市拍摄全市流动人口基本公共卫生计生服务宣传片《同享一片蓝天，共推全民健康》，围绕2017年婚育新风进万家活动宣传主题"人口流动与健康同行"，开展婚育新风进流动人口家庭活动。市卫计委会同锡山区举办世界防治结核病日暨无锡新市民健康惠民宣传服务活动，会同惠山区开展"关注新生代农民工职业病防治"宣传服务活动，会同新吴区举办"有爱有健康"企业员工健康生活服务项目启动仪式，印发《无锡市新市民健康手册》2万份，制作"人口流动健康同行"主题展板巡回宣传，取得良好社会反响。开展流动人口关怀关爱专项行动，在流动人口集聚的火车站、汽车站、广场、工地等开展集中宣传服务，提供政策咨询、科普知识、办事指南等服务，发放宣传资料200余万份。

（流动人口处）

【落实计划生育奖励优惠政策】 年内，无锡市落实各项计划生育家庭奖励优惠政策。兑现农村奖扶13.03万人，支付奖扶资金11840万元。向1.1万名计划生育特扶对象支付特别扶助金7634万元。印发《关于进一步完善持独生子女父母光荣证退休的企业职工一次性奖励金发放办法的通知》，明确自2018年起，持独生子女父母光荣证退休的企业人员一次性奖励资金渠道由各级政府承担，发放方式由每年发放改为按月发放，独生子女父母奖励按政策全部兑现，计划生育家庭权益得到维护。2017年全市各级财政（含江阴、宜兴）支付一次性奖励资金9999万元。

（家庭发展处）

【计划生育特殊家庭帮扶活动】 年内，无锡市构建计划生育特殊家庭健康服务体系，在全市8家公立医疗机构开通绿色就医通道，实现计划生育特别扶助对象就医服务“五优先”。推进计生特殊家庭联系人制度，将特扶家庭纳入家庭医生签约服务重点人群，保障其优先开展家庭医生签约服务。开展失独老年人眼病筛查项目，为全市200余名70周岁以上失独家庭老年人进行全眼健康检查，为筛查出的白内障患者开展免费手术治疗。举办城区计划生育特殊家庭中医养生讲座，传授中医梳肝理气、夏季养生保健知识。开展计生特殊家庭心理疏导项目，滨湖区合心公益服务社被评为省特殊家庭心理疏导项目点。

（家庭发展处）

【出生人口性别比综合治理】 年内，无锡市创新宣传载体，拓展宣传渠道，开展形式多样的关爱女孩宣传活动。制作“两禁止”（禁止非医学需要的胎儿性别鉴定、禁止非医学需要选择性别的人工终止妊娠）及性别平等宣传动画，在地铁、公交移动媒体上滚动播放，受众2000余万人次。加强性别比综合治理理论研究，开展《生育政策调整对出生人口性别比变动趋势的影响》课题研究。

新春期间，锡惠景区雄狮贺岁闹新春 （刘芳辉 摄）

各级卫生监督所加强源头管理，加大监管力度，发挥“两非”案件信息管理系统作用，加强区域协作，形成“一盘棋”治理格局。

（家庭发展处）

【开展幸福家庭建设活动】 年内，无锡市开展弘扬婚育新风、共创健康幸福家庭生活宣传活动。以“生育关怀·幸福万家”为主题，推动家庭人口文化建设，整合宣传倡导、生育关怀、优质服务、利益导向、村民自治“五位一体”综合功能，突出以家庭为主体，以家庭建设为着力点，把统筹解决人口问题、提高家庭发展能力、促进家庭和谐幸福作为出发点和落脚点。滨湖区开展“最美家庭”创建活动，宣传优秀家庭文化，传播良好家风家训，通过江苏省第四批幸福家庭建设项目评审。

（家庭发展处）

人民生活

【城镇居民生活】 2017年，无锡市城镇常住居民收支稳步增长。据国家统计局无锡调查队城乡一体化住户调查数据显示，无锡城镇常住居民人均可支配收入52659元，比上年增长8.3%；人均生活消费支出32972元，比上年增长4.9%。

城镇常住居民人均可支配收入稳定增长，增速呈上扬态势。工资性收入保持刚性增长，仍占4项收入之首，城镇居民人均工资性收入35861元，比上年增长7.7%，拉动收入增长5.3个百分点。经营净收入增速提高，城镇居民人均经营净收入4950元，比上年增长10.5%，增速比上年提高3.7个百分点，拉动收入增

表55　　2017年无锡市城镇常住居民家庭人均收入情况

指标	收入值(元)	增幅(%)	占比(%)	贡献率(%)
可支配收入	52659	8.3	100.0	100.0
1. 工资性收入	35861	7.7	68.1	63.4
2. 经营净收入	4950	10.5	9.4	11.7
3. 财产净收入	4634	12.8	8.8	13.0
4. 转移净收入	7214	7.1	13.7	11.9

（张　睿）

表 56　　2017 年无锡市城镇常住居民家庭人均消费支出情况

指标	支出值(元)	增幅(%)
生活消费支出	32972	4.9
1. 食品烟酒	9081	3.0
2. 衣着	2770	1.5
3. 居住	6891	4.8
4. 生活用品及服务	1866	6.8
5. 交通通信	5078	6.7
6. 教育文化娱乐	4220	7.6
7. 医疗保健	2011	6.6
8. 其他用品和服务	1055	5.5

（张　睿）

表 57　　2017 年无锡市农村常住居民家庭人均收入情况

指标	收入值(元)	增幅(%)	占比(%)
可支配收入	28358	8.4	100.0
1. 工资性收入	17922	7.8	63.2
2. 经营净收入	4821	7.3	17.0
3. 财产净收入	2524	12.3	8.9
4. 转移净收入	3091	10.4	10.9

（王　俊）

图 36　　2017 年无锡市农村常住居民收入结构

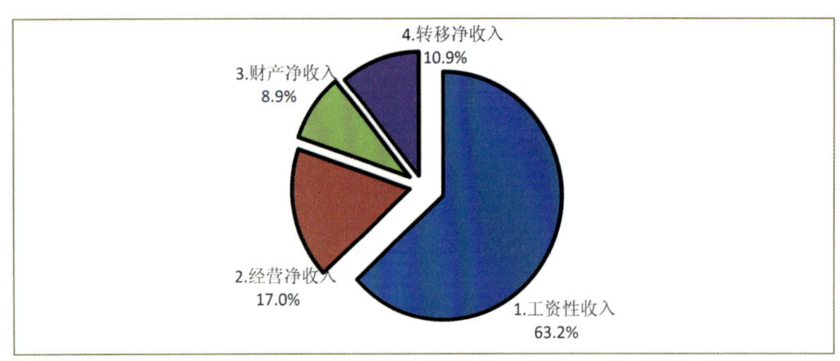

（王　俊）

长 1 个百分点，拉动效用比上年提高 0.4 个百分点。财产净收入快速增长，城镇居民人均财产性收入 4634 元，比上年增长 12.8%，增幅继续领先其他 3 项收入，拉动收入增长 1.1 个百分点。转移净收入增长放缓，城镇居民转移净收入 7214 元，比上年增长 7.1%，增幅比上年下降 0.5 个百分点。

城镇常住居民人均生活消费逐年提升。城镇居民生活消费支出 32972 元，比上年增长 4.9%。教育文化娱乐支出增幅最快，城镇常住居民人均教育文化娱乐支出 4220 元，比上年增长 7.6%，涨幅居八大类消费支出之首。恩格尔系数连续五年下降，城镇常住居民人均食品烟酒支出 9081 元，比上年增长 3.0%，恩格尔系数 27.5%，比上年下降 0.5 个百分点。随着收入的增加，城镇居民保健意识不断增强，购买交通工具及交通工具用燃料支出不断增长，以及人们对生活品质的要求不断提高，城镇常住居民人均医疗保健支出、交通通信支出、生活用品及服务支出持续增长，分别支出 2011 元、5078 元、1866 元，分别比上年增长 6.6%、6.7% 和 6.8%。在国家及地方的政策调控下，无锡市商品房价格得以控制，居住类消费平稳增长，居住类人均消费 6891 元，比上年增长 4.8%。

（张　睿）

【农村居民生活】 2017 年，无锡市农村常住居民收支持续增长。据国家统计局无锡调查队城乡一体化住户调查数据显示，无锡市农村常住居民人均可支配收入 28358 元，比上年增长 8.4%；人均生活消费支出 19998 元，比上年增长 8.3%。

农村常住居民人均可支配收入稳中加快，增速回落态势得以扭转。与上年相比，全年农村常住居民人均可支配收入绝对值增加 2200 元，增速高于上年 0.1 个百分点。与城镇相比，全年农村居民人均可支配收入增速高于城镇居民人均可支配收入增速 0.1 个百分点，城乡收入比为 1.86∶1，与上年持平。收入结构优化，4 项收入全面增长。从收入来源看，工资性收入、经营净收入、财产净收入和转移净收入比重分别是 63.2%、17%、8.9% 与 10.9%。工资性收入依然占主导地位，农村常住居民人均工资性收入 17922 元，比上年增长 7.8%，拉动可支配收入增长 5 个百分点，对可支配收入增长的贡献率 59.3%。经营净收入保持增长态势，农村居民人均经营净收入 4821 元，比上年增长 7.3%，拉动可支配收入增长 1.3 个百分点，贡献率 14.8%。财产净收入增速强劲，农村居民人均财产净收入 2524 元，比上年增长 12.3%，增速比上年提高 6.2 个百分点，拉动可支配收入增长 1.1 个百分点，对可支配收入增长的贡献率 12.6%。其中，利息收入保持快速增长，出租房屋净收入、红利收入、转

表 58　2017 年无锡市农村常住居民家庭人均消费情况

指标	支出值(元)	增幅(%)
生活消费支出	19998	8.3
1. 食品烟酒	5901	7.3
2. 衣着	1740	4.7
3. 居住	4177	8.8
4. 生活用品及服务	1040	9.6
5. 交通通信	3020	8.7
6. 教育文化娱乐	2020	10.4
7. 医疗保健	1440	11.3
8. 其他用品和服务	660	8.7

(王　俊)

让承包土地经营权租金净收入等均实现不同程度增长。转移净收入继续增长，农村居民人均转移净收入 3091 元，比上年增长 10.4%，增速比上年提高 3.1 个百分点，拉动可支配收入增长 1.1 个百分点。

农村常住居民人均生活消费持续增长，但增速回落。农村常住居民人均生活消费支出 19998 元，比上年增长 8.3%，比上年增速回落 3.8 个百分点。从消费结构看，食品烟酒、居住、交通通信支出位居前三位，比重分别为 29.5%、20.9% 和 15.1%，恩格尔系数比上年下降 0.3 个百分点，八大类消费支出均有所增长。食品烟酒消费支出依然占主导地位，农村常住居民人均食品烟酒消费支出 5901 元，比上年增长 7.3%，拉动农村居民消费支出增长 2.2 个百分点，对消费支出的贡献率 26.0%，占比、拉动力及贡献率均居八大类消费支出之首。居住消费增速下降明显，农村常住居民人均居住消费支出为 4177 元，比上年增长 8.8%，增速下降 7 个百分点，拉动消费支出增长 1.8 个百分点，对消费支出的贡献率 22%，占比、拉动力和贡献率均仅次于食品烟酒消费。交通通信消费不断增长，农村常住居民人均交通通信消费支出为 3020 元，比上年增长 8.7%，拉动消费支出增长 1.3 个百分点，对消费支出的贡献率 15.7%。文化娱乐消费持续攀升，农村常住居民人均教育文化娱乐消费支出 2020 元，比上年增长 10.4%，拉动消费支出增长1 个百分点，对消费支出的贡献率12.4%。医疗保健类消费增长迅猛，农村常住居民人均医疗保健类消费 1440 元，比上年增长 11.3%，增幅位居八大类消费支出之首，拉动消费支出增长 0.8 个百分点，对消费支出的贡献率 9.5%。

(王　俊)

民　政

【概况】 2017 年，无锡市民政系统为民服务各项工作取得进展。无锡市被评为 2017 年全省民政工作综合评估优秀市。推进救助帮困工作，重点聚焦“五类群体”(城乡低保人员、城市“三无”人员、农村“五保”户、大病对象、困境未成年人)，率先在全省制定《无锡市市区特困家庭深度救助实施意见(试行)》，填补深度救助政策盲区，被评为省现代民政“十大创新成果”；打造“10+3”慈福民生保险品牌。加码保障力度，无锡市各类民政服务对象保障标准总体水平居全省前三，其中临时救助标准、孤残儿童养育标准位列全省第一。无锡市连续四届被评为全国慈善指数“七星级”城市，成为全国地级市中唯一市、市(县)两级同时获此殊荣的城市，市民政局获民政部、中华慈善联合会“治理创新推动者”奖。推进养老服务业综合改革试点，提高居家和社区养老服务水平，制定《关于进一步做好居家养老服务工作的意见》，全市建有街道老年人日间照料机构 28 家、区域性老年人助餐中心 24 家、社区老年人助餐点 540 余个、适老住区 4 个；推进高龄、贫困、失能、独居、空巢等 8 类特定老年人居家养老援助服务，上门服务 4 万余户；开展省标准化居家养老机构达标创建工作，城乡社区居家养老机构标准化率分别超 45%、20%。

(陈莺歌)

【优抚安置】 年内，无锡市有序推进优抚安置工作，制定《市政府办公室关于转发省政府办公厅关于切实做好优抚安置工作的通知》《关于落实优抚安置对象有关政策待遇的通知》《关于进一步加强退役士兵就业创业和社会保障等有关工作的通知》《无锡市优抚对象免费乘坐市内公共交通工具实施办法》《关于调整部分优抚对象抚恤补助优待标准的通知》5 项政策文件。调整在乡残疾军人等 5 类重点优抚对象的抚恤补助标准，各类对象抚恤补助优待标准比上年增长 9.6%，重点优抚对象有线电视、网络宽带和水、电、气 5 项补贴发放 17964 人，每人每月补助 65 元，累计发放 820 余万元。开展纪念建军 90 周年系列活动，举行“胸怀强军梦，永远跟党走”庆祝建军 90 周年文艺会演活动，举办“思党责，保本色”主题书画摄影展，征集全市军队离(退)休干部书画摄影作品 86 件；选送 66 幅作品参与民政部书画摄影比赛，其中，钱巷军休所邓华的油画《三钱论道》获一等奖；举办“铭党恩，促发展”征文比赛，收集征文 48 篇，在《老年生活周报》刊登 15 篇。完成全国第四个烈士纪念日公祭活动和无锡市首届新婚夫妇向烈士敬献花篮活动，参与人数分别有 400 人、200 人。

(高　风)

【完善社会救助机制】 年内，无锡市完善社会救助机制，制定《无锡市社会救助办法》《无锡市市区特困家庭深度救助实施意见(试行)》等系列政策文件，全面涵盖“五类群体”，为救助工作提供刚性支撑。制定《关于促进低保家庭劳动脱贫的通知》，扣减低保对象必要就业成本，提升造血能力，推进劳动脱贫，受益 547 人。市民政局会同市住建局制定《无锡市住房保障城市低收入及中等偏

梁溪区黄巷街道梨庄社区第二届金婚庆庆典（吕　枫　摄）

下收入家庭认定办法》，放宽申请主体资格，扩大政策受惠面，市区1860户家庭获得住房救助。制定《关于调整市区临时救助标准的通知》，市级标准提高至6200元，区级标准提高至3800元，加大因灾、因病、因祸困难家庭的救助力度。解决"重大病致贫返贫"问题，制定《关于调整市区深度救助条件和标准的通知》，扩大救助病种范围，提高救助标准，释放深度救助政策利好，提升"支出型"特困家庭保障水平。

（杨国兴）

【提高社会救助能力】 年内，无锡市调整居民最低生活保障，从7月1日起，城乡低保标准按上年度人均可支配收入的20%，市区提高至820元，比上年增长7.89%；江阴市提高至840元，比上年增长10.52%；宜兴市提高至700元，比上年增长16.67%，确保低保家庭收入与城镇居民可支配收入同步增长。对重病人员按低保标准的120%发放，对老年人、未成年人、独身居民按低保标准增发10%~20%保障金。至年底，全市有低保对象25099人，发放低保金16196.3万元。加强医疗救助，对门诊患者医疗费按普通病种、12种慢性病种、门特病种分别给予500元、2000元、1万元救助，对住院患者医疗费个人自理部分给予70%救助，取消医疗救助封顶线。其中，门特病种患者给予85%救助。全年救助各类对象31.49万人次，支出医疗救助金8978.39万元。对低保对象、低收入对象深度救助标准调整为按收支差额的50%~60%救助，对其他对象调整为按收支差额的40%~50%救助。对遭遇突发性事件、医疗费用过重、失能人员护理，以及子女上学、廉租房安置、残疾人康复等原因导致基本生活困难家庭，给予分层、分类救助，增强"支出型"救助功能。全年救助各类家庭2866户，发放救助金2305.63万元。对因病、因灾和突发困难导致基本生活困难的家庭，由市、区两级给予临时救助，并将救助范围扩大到常住居民。全年救助各类人员33889人次，发放救助金4235.72万元。春节期间，对低收入重大病患者家庭等15类困难家庭按不低于800元的标准发放节日补助1.61亿元。落实各类保障标准自然增长机制，在省定标准线基础上，结合无锡市经济发展实际，提升困难群体基本保障和福利标准，城镇"三无"对象供养标准为1240元/人·月，农村"五保"对象供养标准为920元/人·月，机构孤儿和社会散居孤儿保障标准分别为1890元/人·月、1300元/人·月。市民政局会同市财政局、市残联联合制定《关于做好困难残疾人生活补贴和重度残疾人护理补贴发放管理工作的通知》，低保内重度残疾人、非重度残疾人生活补贴由低保标准的20%分别提高至低保标准的38%、25%；低保家庭外无固定收入的精神、智力非重度残疾人补贴标准由每月80元提高至低保标准的20%；将听力言语残疾人纳入低保内残疾人生活补贴保障范围；建立重度残疾人护理补贴制度，将护理补贴分为两类：低保家庭内护理补贴全市城乡统一200元/人·月、低保家庭外护理补贴全市城乡统一120元/人·月，低保家庭内重残护理补贴和农村重残护理补贴标准分别超省定标准80元/人/月和40元/人/月。全年发放生活补贴1.5亿元，惠及残疾人27184人，发放护理补贴7200万元，惠及残疾人26536人。

（杨国兴）

【《村务公开规范》发布】 12月15日，无锡市《村务公开规范》（以下简称"规范"）发布。这是全国首个地市级关于村务公开的指导性技术文件，规范要求党务、财务、政务、事务、服务"五务"公开，结合无锡市实际，将20余张财务公开表格简化为12张，便于基层操作。规范发布前，市民政局会同市委组织部、市委农办、市质监局标准化研究所选取江阴市璜土镇璜土村等6个村，开展村务公开规范调研工作，并最终制定该规范。

（龚竹林）

【文明办丧和节地生态安葬减免】 7月3日，市民政局会同市财政局制定《无锡市市区文明办丧和节地生态安葬减免奖补办法（试行）》，新政惠民力度在全省乃至全国处于前列。新政惠及范围由户籍人口扩大至常住人口，惠及人群650余万人；增加文明办丧和回民墓区节地生态葬等减免项目，实现从殡到葬全民全覆盖普惠；提高户籍居民实施海葬和可降解骨灰盒葬等生态葬法的奖补标准，奖补标准提高至2000元。

（吉晨阳）

【地名命名、更名】 2017年，无锡市区命名、更名地名219个。其中，命名居民区40个、建筑物10个（其中大厦2个、广场1个、中心2个、其他建筑物5个）、道路91个（其中地下人行通道3个、其他道路88个）、桥梁50个（其中立交桥4个、人行天桥14个、其他桥梁32个）、地铁站24个，更名4个。另外，地名属性调整15个。

（韩科峰）

表 59　　2017 年无锡市地名命名、更名一览

序号	类别	标准地名	隶属辖区	地理位置
居民地				
1	居民区	融耀悦府	梁溪区	位于广益街道管理区域内，东沿江海东路，南临大寨河，西为规划道路，北至广丰二村
2	居民区	崇悦府	梁溪区	位于广益街道管理区域内，东沿广和路，南临河道，西邻第六空间国际家居馆，北至广吉路
3	居民区	溪悦华府	梁溪区	位于广益街道管理区域内，东沿桐桥港路，南为新塘河北路（规划名称），西至广南路，北沿锡虞西路
4	居民区	运河上府	梁溪区	位于清名桥街道管理区域内，东沿兴源中路，南为金城路，西至塘南路，北沿铁南路（规划名称）
5	居民区	悦禧家园	梁溪区	位于扬名街道管理区域内，东沿运河西路，南至芦村路，西为南湖大道，北沿金城路
6	居民区	悦珑府	梁溪区	位于北大街街道管理区域内，东沿丽新路，南为吴桥东塊，西至吴桥西路，北沿凤翔路
7	居民区	天渝尊园	梁溪区	位于山北街道管理区域内，东沿会岸路，南为江海西路，西至金山北路，北临大庄河
8	居民区	大塘锦园	梁溪区	位于黄巷街道管理区域内，东和南均为规划道路，西沿全丰路，北至广石西路
	居民区	大塘锦园二区	梁溪区	位于黄巷街道管理区域内，东为规划道路，南至北滨路，西沿全丰路，北邻大塘锦园
9	居民区	天邑华府	锡山区	位于东亭街道管理区域内，东沿柏庄街，南为锡沪路东亭西段，西至聚江路和红星紫郡，北沿锡州路延伸段
10	居民区	瑚畔名筑	锡山区	位于东北塘街道管理区域内，东沿东亭北路，南至芙蓉五路，西至承塘路，北沿芙蓉四路
11	居民区	景湖美苑	锡山区	位于安镇街道管理区域内，东沿先锋东路，南为山河路，西至弘业东路，北至和祥路
12	居民区	山河雅园	锡山区	位于安镇街道管理区域内，东沿润锡路，南为文景路，西临新华浜，北至山河路
13	居民区	知澜园	锡山区	位于云林街道管理区域内，东沿云竹路，南为二泉东路，西至竹园浜，北临九里河
14	居民区	江润福邸南区	锡山区	位于云林街道管理区域内，东为坊和路，南至锡山大道，西邻红星美凯龙，北沿东安路
	居民区	江润福邸北区	锡山区	位于云林街道管理区域内，东为坊达路，南至东安路，西沿云竹路，北至先锋西路
15	居民区	熙悦府	锡山区	位于云林街道管理区域内，东、北临九里河，南为二泉东路，西邻金光纸业
16	居民区	花溪樾院	锡山区	位于鹅湖镇管辖区域内，东至尚义路，南为蘅芳路，西至锡甘路，北沿新园路
17	居民区	甘露商贸新村	锡山区	位于鹅湖镇管辖区域内，东临甘露市河，南为旺巷桥自然村，西至朝阳路，北沿南河头路
18	居民区	悦山名邸	锡山区	位于锡北镇管辖区域内，东临政丰河，南至泾声路，西临罗巷浜，北至 S228 省道
19	居民区	新湖南苑	锡山区	位于东港镇管辖区域内，东至金港大道，南为唐巷路，西沿怀仁路，北至锦湖路并与新湖东苑相邻

续表 59

序号	类别	标准地名	隶属辖区	地理位置
20	居民区	汇竹华府	惠山区	位于堰桥街道管理区域内,东为农田,南至天丰路,西沿惠山大道,北为农田
21	居民区	凤天美庭	惠山区	位于堰桥街道管理区域内,东沿凤池路,南至天新路,西临河道,北为天昌路
22	居民区	柏翠春居	惠山区	位于堰桥街道管理区域内,东沿凤池路,南至天昌路,西临河道,北为天石路与西漳公园相邻
23	居民区	天辰原筑	惠山区	位于长安街道管理区域内,东为惠源路,南临河道,西至吴韵路向北延伸段,北邻悦湖花园
24	居民区	锡溪名邸	惠山区	位于钱桥街道管理区域内,东沿九龙公交总站,南为上伟路,西至香缇路,北至陆马公路(S342 省道)
25	居民区	丁香名园	惠山区	位于前洲街道管理区域内,东沿洛洲路,南为中惠大道,西至曙光南路(规划名称),北沿站北路(规划名称)
26	居民区	惠洲苑	惠山区	位于前洲街道管理区域内,东沿锦绣路,南邻斜桥村和市印染设备厂,西至樱花路,北为堰玉西路
27	居民区	铭悦府	惠山区	位于前洲街道管理区域内,东沿孝思路,南至中惠大道,西为从商路,北临谢印河
28	居民区	润洲家园	惠山区	位于前洲街道管理区域内,东沿塘黄路,南为塘村北路,西为惠洲大道,北至沪蓉高速
29	居民区	雅锦西园	惠山区	位于洛社镇管辖区域内,东至育苗路与雅锦园相邻,南为河坊路,西至新雅路,北沿雅中路
30	居民区	天茂雅苑	滨湖区	位于蠡湖街道管理区域内,东沿金水路,南为金城西路,西邻蠡湖苑,北沿隐秀路
31	居民区	太湖如院	滨湖区	位于蠡园街道管理区域内,东沿观湖路与太湖锦园相邻,南邻太湖锦绣园,西为规划用地,北至渔港路
32	居民区	星元名邸	滨湖区	位于华庄街道管理区域内,东临河道,南为规划地块,西至贡湖大道,北沿塘铁桥路
33	居民区	风起和苑	滨湖区	位于太湖街道管理区域内,东沿立信大道,南至和风路,西为观顺道,北为规划道路
34	居民区	香馨苑	滨湖区	位于雪浪街道管理区域内,东沿平湖路(规划名称),南为具区路,西至蠡湖大道,北为清源路
35	居民区	海泰雅苑	滨湖区	位于胡埭镇管辖区域内,东沿胡山路,南为胡埭人民东路,西邻滨湖区社会福利中心,北至安泰路
36	居民区	万和郦园	新吴区	位于新安街道管理区域内,东为规划道路,南至秀景路(规划名称),西沿净慧东道,北至具区路
37	居民区	海雅锦园一区	新吴区	位于江溪街道管理区域内,东沿春阳路,南至金城东路,西与海雅锦园二区相邻,北至春合路与观澜华府相邻
	居民区	海雅锦园二区	新吴区	位于江溪街道管理区域内,东与海雅锦园一区相邻,南至金城东路,西至春华路,北至春合路与海雅锦园三区相邻
	居民区	海雅锦园三区	新吴区	位于江溪街道管理区域内,东邻观澜华府,南至春合路,西至春华路,北沿太湖东大道
38	居民区	君诚悦府	新吴区	位于硕放街道管理区域内,东沿通祥路,南为规划道路,西至裕丰路,北沿环太湖高速

续表 59

序号	类别	标准地名	隶属辖区	地理位置
39	居民区	吴樾花园	新吴区	位于梅村街道管理区域内,东至梅东河,南为规划道路,西邻清枫华景园,北至金城东路
40	居民区	至德理想名筑	新吴区	位于鸿山街道管理区域内,东至美伯路,南为彭祖路,西沿至德大道,北为至宾路
建筑物				
1	大厦	俊汇大厦	惠山区	位于堰桥街道管理区域内,东沿惠山大道,南至天河路,西邻地铁 1 号线刘潭站,北为林新路
2	大厦	和风大厦	滨湖区	位于太湖街道管理区域内,东至立德道,南为和风路,西沿立信大道,北为金融八街
3	广场	瑞意商业广场	锡山区	位于安镇街道管理区域内,东沿一心路,南为规划用地,西至秦水渠路,北沿东安路
4	中心	蠡湖商务中心	滨湖区	位于蠡湖街道管理区域内,东为尚美路,南邻无锡市建筑工程技术学校,西沿蠡湖大道,北至望山路
5	中心	天佑城市商业中心	新吴区	位于新安街道管理区域内,东沿菱湖大道,南为和风路,西至净慧东道,北邻软件园
6	建筑物(群)	周山浜文化创意街区	梁溪区	位于通江街道管理区域内,东沿惠勤路,南至锡沪西路,西临北新河,北为惠勤桥
7	建筑物(群)	桐华产业园	梁溪区	位于广益街道管理区域内,东临崇锡河,南沿九里河,西临毛岸河支流,北至桐华路向东延伸段
8	建筑物(群)	华清创新园	惠山区	位于长安街道管理区域内,东沿荷塘路,南为力合路,西至清研路,北沿研园路
9	建筑物(群)	华智科技园	惠山区	位于长安街道管理区域内,东沿行云路,南至龙越路,西为智慧路,北至龙智路
10	建筑物(群)	宝汇城	滨湖区	位于太湖街道及华庄街道管理区域内,东至丰润道,南为金融六街,西至立信大道,北沿吴都路
道　路				
1	道路	广融路	梁溪区	位于广瑞路街道管理区域内,穿过丁村、广瑞二村、广瑞三村、广瑞实验小学,东西走向,东起永宁寺,西至广瑞路,长 598 米,宽 12 米
2	道路	崇华路	梁溪区	位于广益街道管理区域内,南侧为瑞江花园,西侧为崇文大厦,北侧为光华时代广场,L 型走向,东起振奋路,向西折向北至人民东路,长 230 米,宽 11 米
3	道路	银辉路	梁溪区	位于迎龙桥街道管理区域内,北起健康路,往南折向西至康运路,长 612 米,宽 14 米
4	道路	致学路	梁溪区	位于南禅寺街道管理区域内,东西走向,东起绿塔路,西至解放东路,长 200 米,宽 8 米
5	道路	风建巷	梁溪区	位于北大街街道管理区域内,在凤凰城和建设新村之间,南北走向,南起中山路,北至惠工桥,长 700 米,宽 8 米
6	道路	融运路	梁溪区	位于清名桥街道管理区域内,在通吴路东侧,南北走向,南起金城路,北至融府路,长 275 米,宽 18 米
7	道路	通吴路	梁溪区	位于清名桥街道管理区域内,在通泊路东侧,南北走向,南起金城路,北至融府路,长 325 米,宽 18 米
8	道路	通泊路	梁溪区	位于清名桥街道管理区域内,在通吴路西侧,南北走向,南起金城路,北至融府路,长 370 米,宽 35 米

续表 59

序号	类别	标准地名	隶属辖区	地理位置
9	道路	枕河路	梁溪区	位于清名桥街道管理区域内，在通泊路西侧，南起金城路，向北折向西至塘南路，长 340 米，宽 18 米
10	道路	融府路	梁溪区	位于清名桥街道管理区域内，在金城路北侧，东西走向，东起融运路，西至塘南路，长 630 米，宽 14 米
11	道路	建新路	梁溪区	位于山北街道管理区域内，在惠龙新村北侧，东西走向，东起石门路，西至黄巷自然村，长 900 米，宽 5.3 米
12	道路	广澄路	梁溪区	位于黄巷街道管理区域内，在广石路北（锡龙路与林新路之间），与石澄路、水澄路相交，东起凤翔北路，西至新锡澄路（规划名称），长 2157 米，宽 24 米
13	道路	凤锦路	梁溪区	位于黄巷街道管理区域内，东侧为凤翔锦府，西侧为黄巷上，南北走向，南起中山路，北至兴源北路，长 368 米，宽 14 米
14	道路	万联路	梁溪区	位于黄巷街道庄前社区，东西走向，东起凤宾路，西至全丰路，长 512 米，宽 14 米
15	道路	万荣路	梁溪区	位于黄巷街道庄前社区，南北走向，南起北滨路，北至广石西路，长 334 米，宽 14 米
16	道路	惠暨大道	梁溪区 惠山区	跨越梁溪区黄巷街道、惠山区堰桥街道、长安街道，沿锡澄运河东侧而建，南北走向，南起青石西路，北至北惠路（江阴界），与暨南大道对接，长 12.65 千米，宽 40 米
17	道路	柏木桥路	锡山区	位于东亭街道柏木桥港附近，南北走向，南起新明中路，北至桐桥港，长 454 米，宽 13.5 米
18	道路	春潮东路	锡山区	位于东亭街道管理区域内，为春潮路向东延伸段，东西走向，东起通云南路，西至春潮路，长 320 米，宽 8.5 米
19	道路	翠峰路	锡山区	位于安镇街道翠屏山旅游度假区内，东西走向，东起青川路，西至泉山路，长 1700 米，宽 9 米
20	道路	青川路	锡山区	位于安镇街道管理区域内，东面为农博园，西面为长青园，南北走向，南起翠峰路，北至锡虞路，长 600 米，宽 11.3 米
21	道路	锡宛路	锡山区	位于羊尖镇管辖区域内，南北走向，南起新廊路，北至锡沪路羊尖西段，长 450 米，宽 8 米
22	道路	新廊路	锡山区	位于羊尖镇管辖区域内，东西走向，东起前市桥自然村，西至廊宛路，长 500 米，宽 8 米
23	道路	金振路	锡山区	位于锡北镇管辖区域内，南北走向，南起金桥路，北至八士振新路，长 230 米，宽 5 米
24	道路	立学路	锡山区	位于锡北镇管辖区域内，东西走向，东起八士中学，西至八士影剧院，长 300 米，宽 8 米
25	道路	斗东路	锡山区	位于锡北镇管辖区域内，为斗东村主干道，东西走向，东起翠竹路，西至茶新路，长 2200 米，宽 5 米
26	道路	联谊路	锡山区	位于东港镇管辖区域内，南北走向，南起 S228 省道，北至无锡市锡东能源环保有限公司，长 2300 米，宽 12 米
27	道路	堰荣路	惠山区	位于堰桥配套工业园区内，东西走向，东起厂房，西至堰杰路，长 150 米，宽 9 米
28	道路	志扬路	惠山区	位于长安街道惠山开发区生命园区内，东西走向，东起惠山大道，西至致远路，长 281 米，宽 12 米
29	道路	正茂路	惠山区	位于长安街道惠山开发区生命园区内，东西走向，东起惠山大道，西至致远路，长 400 米，宽 12 米

续表 59

序号	类别	标准地名	隶属辖区	地理位置
30	道路	众成路	惠山区	位于长安街道惠山开发区生命园区内，南北走向，南起启航路，北至志扬路，长 140 米，宽 12 米
31	道路	众望路	惠山区	位于长安街道惠山开发区生命园区内，南北走向，南起志扬路，北至堰裕路，长 326 米，宽 12 米
32	道路	龙智路	惠山区	位于长安街道管理区域内，与龙越路平行，位于龙越路北侧，东西走向，东起行云路，西至姑亭庙港，长 356 米，宽 6 米
33	道路	行云路	惠山区	位于长安街道管理区域内，与智慧路平行，位于智慧路东侧，南北走向，南起探索路，北至堰新路，长 465 米，宽 6 米
34	道路	惠怡路	惠山区	位于长安街道管理区域内，南北走向，南起恒惠路，北至政和大道，长 140 米，宽 14 米
35	道路	恒惠路	惠山区	位于长安街道管理区域内，东西走向，东起锡澄路，西至欣惠路，长 560 米，宽 15 米
36	道路	惠力路	惠山区	位于长安街道管理区域内，南北走向，南起金惠路，北至政和大道，长 760 米，宽 12 米
37	道路	高惠路	惠山区	位于长安街道管理区域内，东西走向，东起惠力路，西至惠源路，长 400 米，宽 8 米
38	道路	惠开路	惠山区	位于长安街道管理区域内，东北起堰新路，西南至金惠路，长 460 米，宽 12 米
39	道路	惠润路	惠山区	位于前洲街道管理区域内，南侧为惠丰苑，东西走向，东起惠洲大道，西至蒋巷路，长 1600 米，宽 18 米
40	道路	文洲路	惠山区	位于前洲街道塘村范围内，南北走向，南起崇文路，北至水塘桥路，长 750 米，宽 15 米
41	道路	水塘桥路	惠山区	位于前洲街道塘村范围内，东西走向，东起惠洲大道，西至文洲路，长 900 米，宽 32 米
42	道路	玉洲路	惠山区	位于前洲街道管理区域内，在中惠大道北侧，东起惠洲大道，西折向北至堰玉西路，长 4521 米，宽 37 米
43	道路	新印路	惠山区	位于前洲街道管理区域内，在洛洲路西侧新印桥村，南北走向，南起中惠大道，北至堰玉西路，长 1293 米，宽 30 米
44	道路	方雁路	惠山区	位于前洲街道管理区域内，在洛洲路东侧印桥村方巷及雁宕尖自然村，南北走向，南起中惠大道，北至前进路（规划名称），长 911 米，宽 20 米
45	道路	孝思路	惠山区	位于前洲街道管理区域内，在中惠大道以北，东起惠洲大道，向西折向南至中惠大道，长 1508 米，宽 20 米
46	道路	谢印路	惠山区	位于前洲街道管理区域内，在孝思路以北，沿谢印河而建，东西走向，东起玉洲路，西至从商路，长 1156 米，宽 16 米
47	道路	从商路	惠山区	位于前洲街道管理区域内，在达德路西侧，南北走向，南起站南路（规划名称），北至前进路（规划名称），长 1615 米，宽 30 米
48	道路	万花路	惠山区	位于前洲街道管理区域内，在永泰路东侧，南北走向，南起站南路（规划名称），北至前进路（规划名称），长 2002 米，宽 30 米
49	道路	保宁路	惠山区	位于前洲街道管理区域内，在中惠大道以南，东起惇叙路，西折向北至中惠大道，长 1783 米，宽 20 米
50	道路	惇叙路	惠山区	位于前洲街道管理区域内，在惠洲大道西侧，南北走向，南起站南路（规划名称），北至中惠大道，长 561 米，宽 20 米

续表 59

序号	类别	标准地名	隶属辖区	地理位置
51	道路	达德路	惠山区	位于前洲街道管理区域内,在从商路东侧,南北走向,南起站南路(规划名称),北至中惠大道,长561米,宽24米
52	道路	鸿绪路	惠山区	位于前洲街道管理区域内,在万花路西侧,南北走向,南起站南路(规划名称),北至中惠大道,长561米,宽24米
53	道路	星火路	惠山区	位于前洲街道杨家圩村原星火自然村,南北走向,南起万寿路,向北750米后折向东150米至惠澄大道,宽20米
54	道路	河坊路	惠山区	位于洛社镇管辖区域内,东西走向,东起育苗路,西至新雅路,长299米,宽12米
55	道路	育苗路	惠山区	位于洛社镇管辖区域内,南北走向,南起星河路,北至雅中路,长334米,宽12米
56	道路	深蓝路	滨湖区	位于荣巷街道管理区域内,南北走向,南起钱胡路,北至勤新路,长275米,宽12米
57	道路	印象路	滨湖区	位于蠡湖街道管理区域内,为印象湖滨家园小区的主出入道路,东西走向,东起马蠡港,西至五湖大道,长190米,宽14米
58	道路	景丽路	滨湖区	位于蠡湖街道管理区域内,在景丽东苑南大门口,南起望山路,向北120米后折向西至蠡湖大道,长320米,宽10米
59	道路	鸿秀路	滨湖区	位于蠡园街道湖滨苑社区,在隐秀路西侧,鸿雁路东侧,南北走向,南起滴翠路,北至建筑西路,长525米,宽12.14米
60	道路	港湾路	滨湖区	位于太湖街道管理区域内,呈圆弧形,东北起五湖大道,南至周新西路,长509米,宽10米
61	道路	鼎新道	滨湖区	位于太湖街道管理区域内,南北走向,南起梁南苑B区西南角,北至周新东路,长930米,宽20米
62	道路	谈旺道	滨湖区	位于太湖街道管理区域内,在融科玖玖世家东侧,南北走向,南起观山路,北至高浪西路,长600米,宽15米
63	道路	万乐路	滨湖区	位于雪浪街道管理区域内,北侧为万达乐园,南侧为万达茂,东西走向,东起缘溪道,西至南湖北路(规划名称),长980米,宽14米
64	道路	万锡路	滨湖区	位于雪浪街道管理区域内,与万乐路平行,位于万乐路南,北侧为万达茂,南侧为酒店群,东西走向,东起缘溪道,西至南湖北路(规划名称),长980米,宽14米
65	道路	前杨道	滨湖区	位于雪浪街道管理区域内,在蠡湖大道东侧,南北走向,南起震泽路,北至吴都路,长850米,宽24米
66	道路	金通路	滨湖区	位于雪浪街道管理区域内,在蠡湖香槟苑与神州嘉苑之间,南起大通路,向北550米后折向西至金石西路,长677.8米,宽12米
67	道路	福源路	滨湖区	位于胡埭镇龙延村潘贵庄以南、后巷塔以北,东西走向,东起故城河故城桥(与常州市雪堰镇交界处),西至钱胡路,长550米,宽9米
68	道路	桃韵路	滨湖区	位于胡埭镇管辖区域内,东侧为周官塘自然村,西侧为夏渎村,南北走向,南起蚂蚁浜自然村,北至S342省道,长700米,宽6米
69	道路	胡陆路	滨湖区	位于胡埭镇管辖区域内,东西走向,东起胡阳路,西至大河绛路,长781米,宽30米
70	道路	雪梅路	新吴区	位于硕放街道管理区域内,东西走向,东起雪梅立交桥,西至具区路,长7300米,宽30.5米
71	道路	新科路	新吴区	位于江溪街道管理区域内,为米兰花园内部道路,南北走向,南起江溪路,北至金城东路,长253米,宽20米

续表 59

序号	类别	标准地名	隶属辖区	地理位置
72	道路	坊泰路	新吴区	位于江溪街道管理区域内,在春丰路以北,为泰山小学出入主干道,东西走向,东起春明路,西至锡兴路,长1200米,宽20米
73	道路	张公路	新吴区	位于梅村街道张公桥村,南北走向,南起泰伯大道,北至锡群路,长2800米,宽24米
74	道路	锡群路	新吴区	位于梅村街道群力村,东西走向,东起新华路,西至新锡路,长1550米,宽20米
75	道路	协丰路	新吴区	位于梅村街道协丰村,东西走向,东起新洲路,西至新锡路,长600米,宽24米
76	道路	梅苑路	新吴区	位于梅村街道管理区域内,在梅苑新村附近,东西走向,东起新华路,西至新洲路,长850米,宽24米
77	道路	群兴路	新吴区	位于梅村街道群力村,东西走向,东起新韵北路,西至新阳路,长4200米,宽18米
78	道路	锡鸿路	新吴区	位于梅村街道管理区域内,东西走向,东起新华路,西至新阳路,长4200米,宽18米
79	道路	丰一路	新吴区	位于梅村街道原协丰自然村,南北走向,南起泰伯大道,北至锡贤路,长810米,宽14米
80	道路	丰二路	新吴区	位于梅村街道管理区域内,在丰一路东侧,与丰一路平行,南北走向,南起泰伯大道,北至金城东路,长1300米,宽20米
81	道路	丰坡路	新吴区	位于梅村街道坡塘桥自然村,南北走向,南起泰伯大道,北至向东河,长600米,宽12米
82	道路	西蠡桥路	新吴区	位于梅村街道管理区域内,在西蠡桥附近,东西走向,东起无锡市曹氏红木家具园,西至梅西路,长650米,宽10米
83	道路	大踏渡路	新吴区	位于梅村街道大踏渡自然村,东西走向,东起梅东河,西至梅西河,长1300米,宽14米
84	道路	堰下路	新吴区	位于梅村街道堰下自然村,东西走向,东起梅东河,西至梅西河,长600米,宽10米
85	道路	新蠡路	新吴区	位于梅村街道管理区域内,在夹蠡河附近,南北走向,南起西蠡桥路,北至金城东路,长270米,宽24米
86	道路	梅村中路	新吴区	位于梅村街道管理区域内,在梅村老街中轴线,南北走向,南起梅育路,北至河南街,长730米,宽16米
87	道路	协俞路	新吴区	位于梅村街道俞上巷自然村,东西走向,东起新锡路,西至丰一路,长350米,宽12米
88	道路	协惠路	新吴区	位于梅村街道惠更上自然村,东西走向,东起新锡路,西至丰一路,长350米,宽12米
89	地下人行通道	东蠡地下人行通道	滨湖区	位于太湖街道管理区域内,在金石路与周新路之间,下穿五湖大道,长51米,宽6米
90	地下人行通道	王祥巷地下人行通道	滨湖区	位于太湖街道管理区域内,在大通路与高浪西路之间,下穿五湖大道,长51米,宽6米
91	地下人行通道	万思桥地下人行通道	滨湖区	位于太湖街道管理区域内,在高浪西路与观山路之间,下穿五湖大道,长51.5米,宽6米
桥　梁				
1	桥梁	广桐大桥	梁溪区	位于广益街道管理区域内,坐落在广桐路上,长130.12米,宽30米,跨径124米
2	桥梁	新三里桥	梁溪区	位于北大街街道管理区域内,坐落在吴桥东路上,上跨内塘河,长24.1米,宽30.2米,最大跨径17.5米

续表 59

序号	类别	标准地名	隶属辖区	地理位置
3	桥梁	会西桥	梁溪区	位于山北街道管理区域内，坐落在运河西路（惠澄路－钱皋路）上，上跨会西河，长 47.04 米，宽 35.5 米，最大跨径 40 米
4	桥梁	西泾浜桥	梁溪区	位于山北街道管理区域内，为江海西路（洛社新开河－凤翔立交）上自西向东第三座桥，上跨西泾河，主桥长 18.4 米，宽 39 米，跨径 13 米
5	桥梁	东泾浜桥	梁溪区	位于山北街道管理区域内，为江海西路（洛社新开河－凤翔立交）上自西向东第四座桥，上跨东泾河，长 22 米，北辅道宽 18.7 米，南辅道宽 17.7 米，跨径 13 米
6	桥梁	新社岗桥	梁溪区	位于山北街道管理区域内，坐落在江海西路上，上跨会西河，在花岸桥以东、西泾桥以西，长 21.74 米，宽 31 米，跨径 13 米
7	桥梁	冯巷桥	梁溪区	位于黄巷街道管理区域内，为江海西路（洛社新开河－凤翔立交）上自西向东第五座桥，上跨内塘河，长 36.8 米，北辅道宽 25.5 米，南辅道宽 20 米，跨径 30 米
8	桥梁	四河桥	梁溪区	位于黄巷街道管理区域内，为江海西路（洛社新开河－凤翔立交）上自西向东第六座桥，上跨苏屑河，主线桥长 28 米，宽 27.4 米，跨径 20 米
9	桥梁	西汀桥	梁溪区	位于黄巷街道管理区域内，为江海西路（洛社新开河－凤翔立交）上自西向东第七座桥，上跨西汀河，长 20 米，宽 22 米，跨径 12 米
10	桥梁	八卦桥	梁溪区	位于黄巷街道管理区域内，为江海西路（洛社新开河－凤翔立交）上自西向东第八座桥，上跨东塘河，长 25 米，宽 21.22 米，跨径 16 米
11	桥梁	凤鸣桥	梁溪区	位于黄巷街道管理区域内，为江海西路（洛社新开河－凤翔立交）上自西向东第九座桥，上跨杨刘河，长 8 米，宽 45 米，跨径 8 米
12	桥梁	山北大桥	梁溪区	跨越黄巷街道、山北街道，为江海西路（洛社新开河－凤翔立交）上自西向东第十座桥，上跨京杭运河，主线桥长 200 米，宽 25.1 米，跨径 200 米
13	桥梁	凤加桥	梁溪区	位于黄巷街道管理区域内，为原凤加桥和黄巷立交桥拆除后合并新建桥梁，坐落在江海西路上，上跨东塘河，在冯巷桥以东、西河桥以西，长 310 米，宽 31.5 米，跨径 25 米
14	桥梁	平安新桥	梁溪区	位于黄巷街道管理区域内，为惠暨大道（江海西路－运泾河）上自南向北第一座桥梁，上跨内塘河，长 37 米，宽 17.4 米，最大跨径 30 米
15	桥梁	瓦屑坝桥	梁溪区	位于黄巷街道管理区域内，为惠暨大道（江海西路－运泾河）上自南向北第二座桥梁，上跨苏屑河，长 39.04 米，宽 40.5 米，最大跨径 33 米
16	桥梁	龙塘岸桥	梁溪区	位于黄巷街道管理区域内，为惠暨大道（江海西路－运泾河）上自南向北第三座桥梁，上跨新西河，长 47.04 米，宽 40.5 米，最大跨径 40 米
17	桥梁	梁惠桥	梁溪区	位于黄巷街道管理区域内，为惠暨大道（江海西路－运泾河）上自南向北第四座桥梁，上跨运泾河，长 87.08 米，宽 40.5 米，最大跨径 80 米
18	桥梁	广澄桥	梁溪区	位于黄巷街道管理区域内，坐落在广澄路上，上跨东塘河，长 86.88 米，宽 22.5 米，最大跨径 80 米
19	桥梁	庄塘桥	锡山区	位于厚桥街道中东村的庄基上自然村和塘子头自然村之间，坐落在锡太公路上，上跨徐冲桥港，长 40 米，宽 60 米，最大跨径 30 米
20	桥梁	西河桥	锡山区	位于鹅湖镇圆通村四五房自然村旁，坐落在延祥路上，简支梁结构，长 16 米，宽 20 米，最大跨径 16 米
21	桥梁	老巷上桥	锡山区	位于鹅湖镇圆通村老巷上自然村旁，坐落在延祥路上，简支梁结构，长 13 米，宽 20 米，最大跨径 13 米

续表 59

序号	类别	标准地名	隶属辖区	地理位置
22	桥梁	祝家湾桥	锡山区	位于鹅湖镇圆通村祝家湾自然村旁,坐落在延祥路上,简支梁结构,长6米,宽20米,最大跨径6米
23	桥梁	小珠桥	锡山区	位于鹅湖镇新桥村小珠桥自然村旁,坐落在新杨路上,简支梁结构,长16米,宽31米,最大跨径16米
24	桥梁	曹家巷桥	锡山区	位于东港镇曹家巷自然村,坐落在黄土塘路上,长20米,宽14米,最大跨径30米
25	桥梁	寒家浜桥	锡山区	位于东港镇管辖区域内,坐落在黄土塘路上,上跨寒家浜河,长20米,宽14米,最大跨径20米
26	桥梁	花岸桥	惠山区	位于钱桥街道管理区域内,为江海西路(洛社新开河－凤翔立交)上自西向东第二座桥,上跨西漳河,主桥长35米,宽42.25米,跨径26米
27	桥梁	汤家桥	惠山区	位于洛社镇管辖区域内,为江海西路(洛社新开河－凤翔立交)上自西向东第一座桥,上跨江胜河,长39米,宽48.75米,跨径30米
28	桥梁	塘铁桥	滨湖区	位于华庄街道管理区域内,坐落在南场道(郁花港－塘铁桥路)上,上跨郁花港,长28.84米,宽15米
29	桥梁	李家桥	滨湖区	位于华庄街道管理区域内,坐落在南霞路(兴梁道－南湖大道)上,上跨李家浜,长25.87米,宽15米
30	桥梁	江溪桥	新吴区	位于江溪街道管理区域内,坐落在江溪路上,位于卫溪桥东侧,上跨江溪港,长62米,宽24米
31	桥梁	卫溪桥	新吴区	位于江溪街道管理区域内,坐落在江溪路上,位于机场路东边,上跨富巷浜,长9米,宽27.5米
32	桥梁	大桥角新桥	新吴区	坐落在后港公路上,上跨望虞河,桥南为苏州市相城区黄埭镇,桥北为新吴区鸿山街道,全长521米,宽24.5米
33	立交桥	广通立交	梁溪区	位于通江街道管理区域内,为通江大道下穿广益路的立交桥,长536米,宽20.9米
34	立交桥	周新立交	滨湖区	跨越太湖街道、雪浪街道,由蠡湖大道与周新路地面平交口和蠡湖大道主线下穿周新路组成,长610米,宽28.5米
35	立交桥	雪浪立交	滨湖区	位于雪浪街道管理区域内,由蠡湖大道与具区路交叉口和蠡湖大道由南往西左转至具区路匝道组成,长591米,宽12米
36	立交桥	南泉立交	滨湖区	位于雪浪街道管理区域内,由南湖中路下穿蠡湖大道和4个沟通蠡湖大道与南湖中路的匝道组成,长395米,宽33.5米
37	人行天桥	江海路人行天桥	梁溪区	位于江海街道管理区域内,坐落在永乐东路南侧,上跨江海南路,长63米,宽4.5米,跨径60米
38	人行天桥	五星家园人行天桥	梁溪区	位于清名桥街道和金匮街道管理区域内,坐落在清扬路西侧,上跨金城路,长67米,宽6米,跨径59米
39	人行天桥	金城路跨铁路人行天桥	梁溪区 新吴区	位于清名桥街道和江溪街道管理区域内,坐落在金城路南侧,上跨京沪铁路和沪宁城际铁路,长1092.49米,宽8米~10米,跨径1079.61米
40	人行天桥	熙春人行天桥	梁溪区	位于通江街道管理区域内,坐落在解放东路东侧,上跨人民东路,长62.8米,宽4.5米,跨径59.08米
41	人行天桥	金星人行天桥	梁溪区	位于金星街道管理区域内,坐落在红星路东侧,上跨太湖西大道,长68.5米,宽4.5米,跨径65米
42	人行天桥	望江立交东人行天桥	锡山区	位于东北塘街道管理区域内,坐落在望江立交桥东侧,上跨北环路,长84.9米,宽3.9米,跨径72.5米

续表 59

序号	类别	标准地名	隶属辖区	地理位置
43	人行天桥	望江立交西人行天桥	锡山区	位于东北塘街道管理区域内，坐落在望江立交桥西侧，上跨北环路，长77.81米，宽3.9米，跨径65.91米
44	人行天桥	山水湖滨人行天桥	滨湖区	位于蠡湖街道管理区域内，坐落在五湖大道东侧，上跨金城西路，长61.5米，宽3米，跨径58.5米
45	人行天桥	梅园人行天桥	滨湖区	位于荣巷街道管理区域内，坐落在梅园南侧，上跨梁溪路，长73.64米，宽5.5米，跨径66.66米
46	人行天桥	水秀人行天桥	滨湖区	位于河埒街道和蠡湖街道管理区域内，坐落在青祁路东侧，上跨太湖西大道，长82.94米，宽5.2米，跨径50.92米
47	人行天桥	震泽新村人行天桥	滨湖区	位于河埒街道和蠡湖街道管理区域内，坐落在湖滨路西侧，上跨太湖西大道，长53米，宽5米，跨径48.4米
48	人行天桥	双龙人行天桥	滨湖区	位于河埒街道管理区域内，坐落在梁清路南侧，上跨湖滨路，长47.7米，宽4米，跨径30米
49	人行天桥	夏家边人行天桥	滨湖区	位于蠡湖街道管理区域内，坐落在望山路北侧，上跨蠡湖大道，长79.25米，宽6米，跨径71.25米
50	人行天桥	东风人行天桥	新吴区	位于江溪街道管理区域内，坐落在长江北路东侧，上跨太湖东大道，长76.83米，宽6米，跨径68.45米
车　站				
1	地铁站	苏庙站	惠山区	地铁3号线一期站名，位于钱桥街道苏庙社区，在钱藕路和新业路交叉路口
2	地铁站	钱桥站	惠山区	地铁3号线一期站名，位于钱桥街道钱桥社区，坐落在钱藕路上
3	地铁站	龙山梢站	惠山区	地铁3号线一期站名，位于钱桥街道龙山西尾，坐落在惠钱路上
4	地铁站	石门路站	梁溪区	地铁3号线一期站名，位于山北街道管理区域内，在盛岸东路和石门路交叉路口
5	地铁站	盛岸站	梁溪区	地铁3号线一期站名，位于惠山街道管理区域内，在盛岸东路和凤翔南路交叉路口
6	地铁站	吴桥站	梁溪区	地铁3号线一期站名，位于北大街街道和黄巷街道管理区域内，在中山路和凤宾路交叉路口
7	地铁站	北栅口三院站	梁溪区	地铁3号线一期站名，位于北大街街道管理区域内，在兴源北路和春申路交叉路口
8	地铁站	无锡火车站	梁溪区	地铁3号线一期站名，位于通江街道管理区域内，坐落在兴昌南路上
9	地铁站	广瑞站	梁溪区	地铁3号线一期站名，位于广瑞路街道和上马墩街道管理区域内，坐落在锡沪中路上
10	地铁站	靖海站	梁溪区	地铁3号线一期站名，位于上马墩街道管理区域内，坐落在上马墩路上
11	地铁站	东风站	新吴区	地铁3号线一期站名，位于江溪街道东风社区，坐落在永乐东路上
12	地铁站	叙丰站	新吴区	地铁3号线一期站名，位于江溪街道管理区域内，在长江北路和宏源路交叉路口

续表 59

序号	类别	标准地名	隶属辖区	地理位置
13	地铁站	太湖花园站	新吴区	地铁 3 号线一期站名,位于江溪街道管理区域内,在长江北路和金城路交叉路口
14	地铁站	新光路站	新吴区	地铁 3 号线一期站名,位于旺庄街道管理区域内,在长江北路和新光路交叉路口
15	地铁站	旺庄路站	新吴区	地铁 3 号线一期站名,位于旺庄街道管理区域内,在长江北路和旺庄路交叉路口
16	地铁站	黄山路站	新吴区	地铁 3 号线一期站名,位于旺庄街道管理区域内,在长江路和黄山路交叉路口
17	地铁站	高浪东路站	新吴区	地铁 3 号线一期站名,位于旺庄街道管理区域内,在长江路和高浪东路交叉路口
18	地铁站	周泾巷站	新吴区	地铁 3 号线一期站名,位于旺庄街道管理区域内,在长江南路和新锡路交叉路口
19	地铁站	无锡新区站	新吴区	地铁 3 号线一期站名,位于旺庄街道管理区域内,坐落在珠江路上
20	地铁站	长江南路站	新吴区	地铁 3 号线一期站名,位于旺庄街道管理区域内,在长江南路和新梅路交叉路口
21	地铁站	硕放机场站	新吴区	地铁 3 号线一期站名,位于硕放街道管理区域内,坐落在苏南硕放国际机场
22	地铁站	雪浪站	滨湖区	地铁 1 号线南延段站名,位于雪浪街道管理区域内,在蠡湖大道和清源路交叉路口东南
23	地铁站	葛埭万达城站	滨湖区	地铁 1 号线南延段站名,位于雪浪街道管理区域内,在具区路和缘溪道交叉路口
24	地铁站	南方泉站	滨湖区	地铁 1 号线南延段站名,位于雪浪街道管理区域内,在南湖路和兴隆路交叉路口
地名更名				
1	桥梁	高泾桥	梁溪区	原名"福昌桥"。位于黄巷街道高泾社区,坐落在江海西路通向兴昌路的北匝道上,上跨苏屑河,长 21 米,宽 25 米
2	桥梁	八卦桥	梁溪区	原名"卜卦桥"。位于黄巷街道高泾社区,坐落在江海西路通向兴昌路的西匝道上,上跨东塘河,长 39 米,宽 21 米
3	桥梁	小巷上桥	滨湖区	原名"典基上桥"。位于华庄街道太湖社区原太湖村,坐落在干城路(蠡湖大道－华谊路)上,长 9 米,宽 31.5 米
4	桥梁	兴隆新桥	滨湖区	原名"旺相桥"。位于华庄街道桑南社居委,坐落在清源路上与贡湖大道交叉口东侧,长 9 米,宽 42 米
地名属性调整				
1	居民区(范围)	新湖苑	锡山区	位于东港镇管辖区域内,东至怀仁路并与新湖东苑相邻,南为锦湖路,西至东升路,北沿东港路
2	居民区(范围)	新湖东苑	锡山区	位于东港镇管辖区域内,东至金港大道,南为锦湖路并与新湖南苑相邻,西至怀仁路,北为东港路并与怀仁中学相邻
3	居民区(范围)	水韵园	惠山区	位于洛社镇雅西村,东至洛城东路,南沿花园路,西为洛城大道,北至新顺路
4	建筑物(范围)	港下红豆财富广场	锡山区	位于东港镇管辖区域内,东至港下健康路,南为锡港西路,西邻香山禅寺和东头巷自然村,北为港下公园

续表 59

序号	类别	标准地名	隶属辖区	地理位置
5	道路（起止点）	振奋路	梁溪区	位于上马墩街道管理区域内，南起学前东路，北至锡沪中路，长 1020 米，宽 20 米
6	道路（起止点）	惠盛路	梁溪区	位于惠山街道管理区域内，南起惠钱路，北至惠山街道社区卫生服务中心，长 800 米，宽 8 米
7	道路（起止点）	锡虞西路	梁溪区 锡山区	位于广益街道和东亭街道管理区域内，东起锡虞立交（规划名称为东亭立交），西至第五人民医院南侧与广瑞路对接，长 3100 米，宽 40 米
8	道路（起止点）	广益路	梁溪区 锡山区	跨越东亭街道、广益街道、广瑞路街道、通江街道、北大街街道，东起广安桥，西至锡澄路，长 4275 米，宽 30 米～40 米
9	道路（起止点）	广博路	梁溪区 锡山区	位于广益街道和东亭街道管理区域内，东起桐桥港，西至江海东路，长 1700 米，宽 14 米～15 米
10	道路（起止点）	通云南路	锡山区	位于东亭街道和云林街道管理区域内，南起春潮东路，北至芙蓉四路，长 6646 米，宽 30 米
11	道路（起止点）	安泰二路	锡山区	位于羊尖镇管辖区域内，东起厚新路，西至走马塘东路，长 3200 米，宽 15 米
12	道路（起止点）	安泰三路	锡山区	位于羊尖镇管辖区域内，东起厚新路，西至走马塘东路，长 3200 米，宽 15 米
13	道路（起止点）	永泰路	惠山区	位于前洲街道管理区域内，南起中惠大道，北至崇文西路，长 2350 米，宽 32 米
14	道路（起止点）	蠡太路	滨湖区	位于蠡湖街道管理区域内，南起隐秀路，北至太湖西大道，长 1415 米，宽 13 米
15	道路（起止点）	锡勤路	新吴区	位于硕放街道管理区域内，东起新鸿路，西至新锦路，长 3192 米，宽 24 米

（韩科峰）

社区建设

【推进“和谐社区建设示范单位”创建】 2017 年，无锡市开展城乡和谐社区建设示范单位创建活动，发挥典型引路、辐射带动作用。按照《江苏省和谐社区建设（城市、农村）社区评估标准》，开展“江苏省和谐社区建设示范单位”申报创建活动。全市有 5 个镇、2 个街道被评为江苏省和谐社区建设示范镇（街道），36 个社区、20 个村被评为江苏省和谐社区建设示范社区（村）。江阴市周庄镇山泉村申报全国首批农村社区建设示范单位，通过民政部实地验收。

（龚竹林）

【开展社区治理效果测评调查】 7～9 月，市民政局委托国家统计局无锡调查队，开展无锡市社区治理效果测评调查。通过问卷设计、现场测评、数据处理等方式，对江阴市、宜兴市、梁溪区、锡山区、惠山区、滨湖区、新吴区所辖 90 个社区的部分社区工作者和居民家庭进行测评调查。测评结果显示，社区居民对社区治理效果平均满意度为 85.59 分，达到“满意”级别。

（龚竹林）

【健全“三社联动”工作机制】 年内，无锡市制定《关于深化“三社联动”创新基层社区治理的实施意见》，完善以社区为平台、社会组织为载体、社会工作专业人才为支撑的“三社联动”机制。从推进社区公共服务方式多元化、完善社会组织孵化机制、培育社区社会工作专业人才、深化社区自治和民主协商、搭建社区服务供需对接平台等方面入手，强化“三社联动”机制建设，提升社区治理和服务精细化水平。开展深化“三社联动”创新项目征集评选工作，选拔树立优秀典型，发挥示范引领作用，征集项目65 个。启动优秀村规民约征集活动，挖掘、展示和推广优秀村规民约、社区公约，推进移风易俗，树立文明新风，推动基层群众自治。征集村规民约 35 篇，遴选出优秀村规民约 12 篇。制定《关于开展村务公开和民主管理工作督查的通知》，在全市范围内重点就“四个民主”建设情况特别是村务公开和民主管理工作开展自查、专项督查和整改工作，促进农村基层民主政治建设，维护农民群众合法权益。

（龚竹林）

社会组织

【社会组织等级评定】 2 月 22 日，市民政局召开全市社会组织评估工作领导小组会议，市民政局、市发改委、市教育局、市人社局、市工商联、市社科联、市科协、市文联等社会组织业务主管单位及社会组织发展促进会相关负责人参加会议。会议向评估工作领导小组报告2016年度社会组织评估情况，介绍拟评为AAA级及以上等级的27家市级社会组织情况，通报各市(县)、区初评为AAAA级的7家社会组织情况。建立社会组织评估专家库，邀请高校专家学者、税务师事务所等参与评估，申报、培训、参评流程规范，评估效果逐步显现。无锡市等级社会组织比重超70%，AAA级及以上高等级社会组织逐年增加并发挥积极作用。4月19日，对22家AAAA级社会组织及7家AAA级社会组织进行授牌。

(沙　澂)

【公益创投项目评估】 7月10~13日，无锡市开展2017年度公益创投106个项目中期评估。此次评估由无锡市乐助公益发展中心和无锡市梁嫣红社工服务工作室组织实施。市民政局社会组织管理处、相应区民政部门参加评估，邀请香港资深社工吴汉燊等担任评委。106个公益创投项目中，为老类32个，助残类14个，济困类49个，社会组织发展支持类11个，项目总资金820余万元。

(沙　澂)

慈善事业

【概况】 2017年，全市慈善系统募集慈善资金2.05亿元，市本级募集慈善资金4417.32万元。其中，结合慈善助学活动、百岁老人尊老金、慈善超市爱心卡、“无锡励志包”活动等救助项目募集慈善捐款230.37万元，通过开设慈善热线、设立定点募捐箱、开展义卖义拍活动、根据捐赠者意愿进行定向救助等募集日常性捐款212.66万元，冠名认捐单位捐款870.48万元，慈善“一日捐”捐款收入1031.57万元，慈善资金理财利息收入1546.25万元，慈善分会捐款收入525.99万元。江阴市慈善总会募集慈善捐款3853万元，宜兴市慈善会募集慈善捐款5334.24万元，市区5区各慈善会(分会)募集慈善捐款6895.44万元。年内，全市慈善系统共支出1.64亿元。其中，市本级支出慈善资金4632.87万元，发放各类慈善物资3.37万件(袋)，惠及困难群众10万余人次。

(顾维仪)

【开展常规救助活动】 年内，市慈善总会开展元旦和春节送温暖、发放慈善生活救助卡、开设慈善病区、重病救助、慈善助学、支持医院开展公益活动、援助结对帮扶城市慈善项目等常规救助活动，持续化、规范化建设慈善救助项目平台。深入开展慈善结对助学，普惠贫困学子。逐步扩大慈善赠药类别，扩展至“特罗凯”“安维汀”等6个品种，救助患者11066人次，发放救助药品价值2.31亿元。

(顾维仪)

【开展合作救助项目】 年内，市慈善总会与新闻媒体、政府部门、社会机构加强合作对接，提高慈善救助的精准化服务水平。发挥慈善救助资金最大效用，与无锡电视台新闻综合频道《第一看点》栏目合作开展慈善关爱基金项目，与市残联联合开展慈善康复工程，与市第八人民医院联合开展亮睛行动，与天惠超市合作开展慈善超市项目，与多家保险公司联合开发“慈福”民生系列保险，与无锡农村商业银行合作开发百岁老人尊老金，与社区联合开展“与爱同行”进社区项目。

(顾维仪)

【开展慈善义工活动】 年内，市慈善总会继续开展“无锡励志包”“温暖衣冬”慈善义工活动。创新性开展第四年“无锡励志包”活动，改变传统单一的广场募集模式，引入义工跳蚤集市募捐，提高活动的趣味性，激发义工的参与热情和活动知晓度。依托各市(县)、区慈善分会的社会义工，开展系列义工活动。

(顾维仪)

【做好“阳光扶贫”工作】 年内，市慈善总会完成无锡“阳光扶贫”监管系统中关于慈善总会工作的模块建设。梳理出慈善重病临时救助项目、慈善困难临时救助项目、慈善助学项目、百岁老人尊老金补助项目以及元旦春节送温暖项目5条资金线并开展数据梳理核查，将每一条资金线的收入与支出落实到每个区，具体到每个走访负责人，确保每一条资金线数据采集工作准确到位。11月22日，将“阳光扶贫”项目数据准确上报导入。

(顾维仪)

消费者权益保护

【概况】 2017年，全市各级消费者权益保护组织共登记消费者咨询、投诉、举报57092件，为消费者挽回经济损失1439.52万元。查处侵害消费者权益案件205起，案值169万元，罚没539.31万元。

(吴　娜)

【召开“3·15”新闻发布会】 年内，市消费者委员会(以下简称“市消委会”)召开“3·15”新闻发布会，市委宣传部、市工商局、市放心消费创建活动领导小组办公室(以下简称“市放心办”)等成员单位代表和主流新闻媒体记者共60余人参加会议。发布会上，首次播放纪念无锡市消委会成立30年的公益宣传片《风雨兼程维权路》。市消委会会同市工商局向媒体单位通报2016年消费者权益保护工作情况及2017年消费维权工作安排，发布2016年度无锡市侵害消费者权益典型案例。市消委会发布“2015~2016年度诚信单位”名单并向企业颁发荣誉铜牌和证书，市放心办发布《无锡市消费环境白皮书》。市委宣传部发布由市委宣传部、市委网信办、市消委会、市放心办、市工商局联合开展的“网络中国节、无锡好生活”2017无锡消费生活网络活动行方案。

(吴　娜)

【举办“3·15”广场活动】 年内，市消委会会同相关行政部门、诚信活动成员企业共40余家单位在新吴区宝龙广场举行“3·15”国际消费者权益日广场咨询服务活动。新吴区30余家电子商务企业自发成立“新吴区电商企业诚信联盟”，在“3·15”活动现场举行成立仪式并向消费者作诚信倡议。

(吴　娜)

【开展主题消费教育引导活动】 年内，市消委会围绕端午、夏至、七夕、中秋、重阳传统节日或节气，开展5场主题消费教育引导活动。开展端午“与你粽有缘”活动,邀请无锡老字号企业走进江南大学外教学院,与200余名中外友人一起体验中华民俗包粽子活动,弘扬本土优秀品牌企业,组织网络直播引导互动,点击量达2.5万人次。开展夏至“食品安全周”宣传专场活动,组织20余名消费者代表和媒体代表,参与餐饮消费体验活动,走进知名餐饮连锁店中央厨房和后厨探视,体验食品制作全流程的安全保障,活动网络直播,点击量达2.6万人次。开展七夕“我爱水蜜桃”消费体验活动,通过网络招募40余名消费者,组成消费体验团前往阳山镇,在惠山区水蜜桃桃农协会的指导下,了解阳山水蜜桃消费常识,参观阳山水蜜桃相关衍生产桃核微雕手工艺工厂,2.2万余名网友观看活动直播并参与互动。开展中秋“越开越好”鲜肉月饼大测评活动,选取市内10个知名品牌的鲜肉月饼,就购买价格、现场销售状况、消费者投诉电话公布情况、是否出具购物发票以及个别理化指标进行比对,向消费者发布中秋节购买月饼消费警示,网络点击阅读量达2.5万人次。开展重阳“爱在夕阳红”消费主张活动,发布一批老年消费纠纷典型案例,引导老年消费群体安全、理性、文明消费,宣传正确消费理念,指导有效维权路径,以案说法增强自我保护意识。

(吴　娜)

【开展消费体验活动】 年内,市消委会组织26名消费维权志愿者对全市60家AA级以上景区进行体验式消费调查活动,形成有效问卷63份,收到网络专题板块消费者建议192条,在“消费指引”官方微信、“无锡发布”微博、《江南晚报》新媒体矩阵发布系列报道5篇,累积阅读量超30万人。会同市旅游局、市文旅集团、市旅游行业协会等部门召开旅游景点消费调查情况通报座谈会,形成《2017无锡市旅游景点消费体验报告》,向监管部门提出相关建议,向消费者发出旅游消费警示。配合省消费者协会等对全市12家市政公共服务企业、大型商场、银行、交通客运站无障碍设施开展调查体验活动。

(吴　娜)

残疾人工作

【概况】 2017年,无锡市残疾人联合会(以下简称“市残联”)服务民生、服务社会、服务发展,兜底线、织密网、建机制,多渠道促进残疾人就业增收,完善残疾人精准康复体系,提升为残疾人服务水平。年内,制定《关于加快推进残疾人小康进程的实施意见》《“残疾人之家”建设实施意见》,推进残疾人小康进程。“星特赛尔”中国—以色列合作孤独症康复项目落户无锡,国家级“衣恋集善融合教育项目”取得阶段性成果和突破。全国残疾人康复机构有关工作调研座谈会和全国康复机构管理高峰论坛在无锡召开。承办第二届“阿炳杯”全国盲人器乐独奏大赛决赛。刘文清、马伟忠入选无锡市十大创业榜样。制定《无锡市残联关于政府购买助残服务实施办法》,让政府助残服务资金使用有标准。制定《无锡市残疾人联合会财务内控制度》,规范项目申请立项、签字报销流程、评估实施标准等,防范财务风险有措施。无锡市残联被评为江苏省按比例就业先进单位。

(潘　俊)

【成立特殊需要儿童公益服务站】 4月2日,为迎接第十个“国际孤独症日”,无锡市成立特殊需要儿童公益服务站。服务站由市特殊需要儿童早期干预中心提供专业、非营利、公益性服务,主要服务于无锡地区0~14岁各类发展障碍儿童(包括语言、认知、运动、社交沟通、情绪和行为等障碍)及其家长,有融合教育康复专业指导需求的普通幼儿园、小学以及社区。

(潘　俊)

【成立助残就业联盟】 5月25日,由市残联、市人社局、市教育局和市商务局联合发起的助残就业联盟成立。市人力资源市场、市特殊教育学校、市电子商务发展中心、伙伴人力资源、华润微电子、夏普元器件等40家社会各类单位成为联盟第一批成员单位。联盟立足搭建助残就业平台,将各环节社会力量和社会资源整合起来,通过定期互动联动,为全市残疾人就业创造良好环境,缓解残疾人就业困难。

(潘　俊)

【举办残疾人职业技能竞赛】 7月12~14日,第五届无锡市残疾人职业技能大赛在无锡瑞港国际酒店举行。比赛由市残疾人联合会、市人力资源和社会保障局联合主办,市博凡企业管理咨询有限公司承办。全市7个代表队125名选手参加角逐,竞赛覆盖计算机类、工艺美术类、服装类、其他类共14个项目。

(潘　俊)

【举办残疾人运动会】 8月1~4日,市残疾人联合会、市体育局在天一中学体育馆联合主办无锡市第12届运动会残疾人部比赛。406名残疾人运动员参加田径、游泳、羽毛球、乒乓球4个大项187个小项的角逐。

(潘　俊)

【启动残疾人康复机构信息发布试点】 6月12日,无锡市被确定为全国残疾人康复机构信息发布试点城市。8月28日,无锡市召开全市残疾人康复机构信息发布试点工作推进会,残联、民政、卫生计生、教育、人力资源和社会保障、工商等部门作为康复机构信息发布工作重点部门参加会议。各部门对《无锡市残疾人康复机构信息发布试点工作实施方案(征求意见稿)》进行讨论,提出修改意见和建议。

(潘　俊)

【开展“全国残疾预防日”宣传活动】 8月22日,首个“全国残疾预防日”宣传活动暨“上海九院—无锡青少年脊柱侧凸防治专家工作室”“复旦大学中国残疾问题研究中心研究实践基地”揭牌仪式在无锡市康复医院运河分院举行。活动由梁溪区政府、市残疾人联合会主办,梁溪区卫生和计划生育局、梁溪区残疾人联合会、无锡市康复医院承办。揭牌仪式后,举行名医“面对面”活动,戴尅戎院士团队进行康复指导和义诊,针对每一位患者病情,给予个性化、人性化的康复治疗建议。

(潘　俊)

【举办残疾人工作者培训班】 10月9~11日,2017年残疾人工作者培训班在市委党校举办。全市有145名残疾人工作者参加,培训涉及小康进程中的残疾人事业发展、“残疾人之家”建设、残疾人社区整合服务、社会组织建设和管理、残疾预防和残疾人康复服务、加强廉政建设、预防职务犯罪等方面内容。

(潘　俊)

【**无锡获得江苏省残疾人事业好新闻奖**】 年内，省残疾人联合会、省新闻工作者协会共同举办2016年度“江苏省残疾人事业好新闻奖”评选活动。经严格评审，评出一等奖作品12件、二等奖作品24件、三等奖作品47件、优秀组织奖6个，突出贡献奖3个。无锡市有9篇作品获奖，其中，《无锡日报》刊载的《江西“袖珍女孩”考上无锡公务员》、无锡广播电视集团播出的电视专题《轮椅上的芭蕾》、无锡广播电视集团“梁溪之声”播出的广播专题《一场特殊的钢琴音乐会》分别获报刊类、电视类、广播类一等奖，无锡市残疾人联合会获优秀组织奖，无锡广播电视总台(集团)获突出贡献奖。

(潘　俊)

【**举办残疾人朗诵比赛**】 11月28日，市残联在市特殊教育学校小礼堂举办全市残疾人诗歌、散文朗诵比赛。比赛分诗歌和散文两个组别，经过各市(县)、区层层选拔，有31名残疾人表演者参加角逐。比赛分诗歌和散文二个组别，新吴区选送的《相信未来》和梁溪区选送的《致橡树》获诗歌组一等奖，梁溪区的《等我们老的时候》《秋天的怀念》获散文组一等奖。此次残疾人诗歌、散文朗诵比赛，旨在提高残疾人的文学素养、欣赏能力与表达能力，展现市残疾人风采和青春风貌，增强残疾人自强、自立、自信、自豪的意识。

(潘　俊)

红十字会工作

【**概况**】 2017年，全市各级红十字会贯彻落实省、市党代会部署要求，以实施省为民办实事项目为重点，以夯实红十字核心业务为主线，做好各项工作。应急救护培训和养老照护志愿服务两项重点工作获省红十字会通报表扬。全市红十字系统利用新媒体完善捐赠系统，接收人道善款2004.7万元。其中，市本级894.4万元。个人自愿捐款超过1000元的有90余人次，多人以“惠山老人”等匿名方式常年捐赠。无锡市“人道万人捐”项目获全国红十字系统人道资源动员工作“好项目好活动奖”。惠山区、江阴市红十字会建立冠名基金，开展项目服务广大群众。优化“衣物捐赠公益项目”运作方式，会同市文明办、市级机关工委开展衣物捐赠活动，130余家市级机关和企事业单位积极响应，收到各类衣物23398件。其中，向无锡地铁集团民工、市政工程建设者、无锡市困难群众和贵州省毕节市大方县牛场乡等贫困地区捐助21412件，受益10148人，实现规范运作与社会效益“双赢”。壮大志愿者队伍。组织江南大学志愿者组队代表无锡市参加全省首届“博爱杯”红十字文艺汇演，其排练的小品《承诺》获大赛创意奖。靖海护理院加入市红十字团体会员单位，与浦发银行无锡分行成立红十字志愿队和红十字爱心驿站，在市体育健身教练队伍中成立“无锡市红十字健身救护志愿队”。在市文明办“四个100”(100个最美志愿者、100个最佳志愿服务组织、100个最佳志愿服务项目、100个最美志愿服务社区)志愿服务先进典型推荐活动中，6个集体(个人)获奖。制定《关于进一步加强学校红十字会工作的意见》，10所学校争创成功省红十字示范校，太湖学院红十字会成立。开展“博爱青春”暑期志愿服务活动等8个项目，其中，江南大学“点亮微光，用责任与奉献让生命延续”项目被评为全省十佳优秀项目。

(华锡明)

【**提高“三献”社会参与率**】 年内，市红十字会推动提高“三献”(无偿献血、造血干细胞捐献、遗体器官捐献)社会参与率，涉外造血干细胞捐献成功，实现零突破。完成造血干细胞捐献新增采样入库1280人(份)，完成全年任务的128%，累计实现无锡市中华骨髓库14090名志愿者入库，江阴市、梁溪区、惠山区、滨湖区、新吴区11名志愿者成功实现造血干细胞捐献。会同市卫计委、市公安局制定《关于道路交通事故受害人死亡捐献人体器官的若干意见》，规范和畅通道路交通事故受害人死亡后捐献人体器官工作流程。全年成功捐献器官21例，71人获得新生，24人重获光明。新增遗体捐献报名登记志愿者153人，角膜捐献报名登记志愿者37人，实现遗体捐献31人，实现角膜捐献13人。

(华锡明)

【**开展公益性应急救护**】 年内，市红十字会推进省为民办实事项目之“公益性应急救护百万培训”，以“提质扩面”为原则，以机关干部、教师、公安干警为培训重点对象，项目推进逐步纳入规范化、标准化、信息化轨道。举办培训1000余期，其中进机关公益培训36期，惠及98个部门、单位3000余人，为机关干部在服务社会、发挥表率上提供保障。开展应急救护培训初级救护员10319人，完成任务书的147%；普及培训82777人，完成任务书的145%。在机场、行政审批中心等设置AED(自动体外除颤器)，提升城市公共服务能力。推动应急救护培训基地建设。惠山区红十字应急救护培训基地通过中国红十字会总会验收，接待非洲贝宁红十字会和中国红十字会总会等到无锡调研考察，指导江阴市红十字服务中心建设省级基地。

(华锡明)

【**应急救援队伍建设**】 年内，市红十字会组织指导全市红十字应急救援队伍建设。无锡市红十字心理救援队升格为江苏省红十字心理救援队，开展应急救援队伍常态化训练，13名主力队员参加省赈济救援集训和纪念盐城阜宁“7·25风灾”一周年的苏沪红十字应急救援队联合演练。开展防灾减灾、应急救护宣传活动，做好救灾物资储备工作，储备救灾物资价值7.2万元的家庭急救箱200个。

(华锡明)

【**推进“博爱家园”工作**】 年内，市红十字会贯彻省红十字会《关于深入开展“博爱家园”工作的通知》精神，选取14个社区开展助老、助困、志愿服务、应急救护、心理健康促进及人道传播等“博爱家园”工作。惠山区实现全区7个街道“博爱家园”全覆盖，其中钱桥街道晴山蓝城社区被列为省级“博爱家园”项目试点之一，其运行模式被省红十字会在全省推广。江阴市君山社区“博爱家园”建设得到省红十字会高度肯定并予以经费支持。

(华锡明)

【开展养老照护志愿服务】 年内，市红十字会开展养老照护志愿服务，按照省红十字会《关于开展红十字养老照护志愿服务的通知》精神，指导各市(县)、区分别组建养老照护志愿服务队，招募志愿者82人。宜兴市、锡山区、梁溪区、滨湖区、新吴区红十字会组织志愿者深入社区、养老机构等，传授老年人饮食照护、身体护理、心灵慰藉、应急救护及常见急症处理等技能。全市开展养老照护培训3794人，服务老年人家庭1269户，服务人数2076人，超额完成省下达的目标任务。

(华锡明)

【提升红十字精准救助透明度】 年内，市红十字会建立“救急难”工作机制，扩大受助群体，细化救助标准，公开透明实施精准救助。发放救助款物价值748.18万元，受益5万余人，应急、专项、定向3类救助13个人道公益项目。全年募集资金和困难救助使用情况全部纳入市纪委“阳光扶贫”监管系统，在该监管系统上公示542笔人道募集资金4673577.06元，1142笔使用资金2218471元，公开透明实施精准救助。

(华锡明)

【建立捐赠人回访反馈机制】 年内，市红十字会建立捐赠人回访反馈机制，对捐赠个人或单位出具捐赠票据675份，对170名捐赠者发放捐赠荣誉证书，对165个部门、1002名个人捐赠情况及时反馈。年中，向无锡市党代表、人大代表、政协委员和市级机关各部门发出意见征求感谢信，就市红十字会业务工作、经济活动情况征求意见。重视社会各界普遍关注的募捐信息公开工作，对594人实施人道救助，在市红十字会门户网站上公示捐赠接收信息512条和捐赠使用信息明细594条。在市红十字会网站、市红十字会微信公众号、9月7日《无锡日报》上将红十字“人道万人捐”接收和使用情况点对点进行公示。

(华锡明)

【新红十字会法系列宣传】 年内，市红十字会举办世界红十字博爱周系列活动。印刷新修订的《中华人民共和国红十字会法》宣传折页5000册，在二泉广场集中发放宣传；在《江南晚报》连续三天刊登专版，介绍无锡市红十字事业发展情况，传播红十字知识；借助电视台游动字幕滚动播放方式向全社会宣传新红十字法；利用市红十字会网站、微信公众号、《红十字工作简报》等传播平台，宣传普及新红十字法。开展捐献骨髓专题宣传，制作展板向市民宣传无锡市39位造血干细胞捐献爱心使者的感人事迹。会同江阴市联合拍摄造血干细胞捐献公益宣传片，营造社会参与良好氛围。开展人体器官捐献宣传季活动，制作人体器官捐献宣传公益视频广告，在无锡电视台6个频道同时播放1个月。通过微信平台开展“金秋十月·爱在身边”人体器官捐献知识有奖竞答活动，引导社会广泛了解、支持、参与器官捐献。

(华锡明)

老年人工作

【概况】 至2017年年底，无锡市60周岁以上户籍老年人1279865人，占户籍总人口25.96%。其中，80周岁以上户籍老年人175115人，占老年人口总数13.68%；百岁以上老人410人。年内，无锡老年人养老医疗保障水平提升，全市城镇职工退休人员每月人均养老金2431元，城乡居民基础养老金每月人均405元，市区老年居民医疗保险年筹资人均920元，其中财政补贴人均520元。居民最低生活保障标准增长至820元。养老服务事业加快推进，全市养老机构139家，养老床位总数5万张，其中社会办养老床位数超过2.74万张，每1000名老人拥有养老床位数41张。全市居家养老服务中心(站)1130家，日间照料中心28家，助餐点540个，政府购买居家养老援助服务老人家庭3.9万户。实施养老服务岗位补贴政策和养老服务人员入职奖励政策，对从事养老服务工作并有技师执业资格的5类人员分别给予500元~1万元一次性岗位补贴，对从事养老服务工作5年以上并持有中专及以上学历人员分别给予3.6万元~6万元奖励性入职补贴。

(陈建忠　王　伟)

【宣传“孝亲敬老”先进典型】 年内，市老龄委组织开展“孝亲敬老”先进典型宣传活动。通过推荐、评审，评选出“孝亲敬老之星”96人、“最美老人”106人、“孝亲敬老家庭”91个和“敬老模范单位”100个。市政府召开表彰大会，为393名先进典型颁奖，并在先进典型中组织开展四个“十佳”(十佳孝亲敬老之星、十佳最美老人、十佳孝亲敬老家庭、十佳敬老模范单位)评选。制作“无锡市孝亲敬老先进典型风采录”画册、展板和宣传片进行宣传，营造敬老爱老助老的良好氛围。

(陈建忠　王　伟)

【建立心理调适和矛盾调解工作站】 年内，市老龄委在梁溪区、锡山区、惠山区、滨湖区和新吴区部分社区、村进行试点，新建12个老年人心理调适和涉老矛盾调解(以下简称“双调”)工作站。主要对社区老年人心理认知、情绪、意志、意向等心理活动进行调整，维持老年人的心理平衡，消除心理问题；以法律法规为前提，发挥传统伦理道德作用，进行涉老矛盾调解，维护老年人合法权益。“双调”工作站设有专职或兼职工作人员2人以上，为辖区老年人提供“双调”服务。

(陈建忠　王　伟)

【丰富老年人文化生活】 年内，无锡市推动老年教育、活动设施改造，开展市级扶持项目30个，补贴资金110万元，各级投入2100余万元。扶持老年文体特色团队59个，投入资金29.5万元。丰富基层老年人文化娱乐生活，以购买服务的方式，通过市老年体育协会等老年社会团体开展体育健身、书画创作、摄影展览、科普宣传等系列文体活动。举办第三届“老年春晚”，1万余名老人参与海选，40支老年团队、800余名演员参加演出。全市开展走访慰问、敬老助老活动225项，慰问老年人18.2万人，投入资金1131万元。

(陈建忠　王　伟)

【推进住院医疗互助保险】 年内，无锡市市区退休人员住院医疗互助保险项目运营平稳，为退休人员在医疗保险、大病保险的双重防护网基础上，新增第三道防护网。办理参保手续44.78万人，比上年增加1.83万人。保证理赔到位，市区退休人员中90970人、233697人次实时享受互助保险普惠补助待遇，受益金额4482.78万元，人均理赔金额492.78元。享受互助保险特惠补助待遇1101人，比上年增长19.16%，累计支付金额489.93万元，比上年增长8.92%，人均支付4449.88元，个人支付最高额为86529.49元。

（邓月华）

【走访慰问企业退休人员】 年内，无锡市制定《市区企业退休人员帮困慰问工作的试行办法》，明确和规范困难企业退休人员帮困慰问对象、范围及补助标准。各级退管组织走访慰问困难企业退休人员9.73万余人，发放各项帮困慰问补助资金1405万元。开展春节送温暖活动，对已转入社区的2.2万余名特困企业退休人员进行慰问和困难补助，发放帮困金550万元；市政府专项拨款75万元，用于对尚未转入社区管理的2200余人进行困难补助。推进日常帮困工作，对已转入社区管理的6.95万余名生活困难以及生重病住院的退休人员进行困难补助和走访慰问，发放帮困金747.65万元。加强夏季高温走访慰问，对5800余名特困退休人员进行走访慰问，发放慰问金100万元。关心支援内地建设回无锡定居的退休人员，在春节、劳动节、重阳节期间，对997名支援内地建设回无锡定居的退休人员，发放送温暖资金100余万元，对患重大疾病、家庭特别困难的481人，发放专项特困补助金18万元。

（邓月华）

【企业退休人员健康体检】 年内，无锡市持续开展企业退休人员健康体检工作。会同市财政局、市卫计委等部门制定《关于市区纳入社区管理的企业退休人员第五轮健康体检工作的意见》。会同市卫计委、市社保中心等部门对50家定点健康体检机构进行抽查考核，从退休人员健康体检的组织管理、服务质量、信息管理、有效投诉以及满意度测评等方面对健康体检机构进行考核。至年底，市区退休人员参加健康体检报送人数22万余人，完成全年目标任务的124%。

（邓月华）

【开展文体娱乐活动】 年内，市各级退管机构组织企业退休人员开展形式多样的文体娱乐活动。4月，组织2675名转入社区管理的企业退休人员到常熟尚湖、虞山一日游；4~5月，举办社区退休人员文艺骨干培训班，30个街道的480名社区退休人员文艺骨干和舞蹈爱好者参加培训；9月，组织开展无锡市老年人健身钓鱼比赛暨第14届无锡市社区退休人员钓鱼比赛；10月，组织2636名企业退休人员和100名劳模代表到泰州秦潼古镇、溱湖湿地一日游；10月，组织开展无锡市企业退休人员文艺骨干培训成果汇报演出，12支特色团队、188名退休人员参加演出，560余名企业退休人员代表观看演出；11月，组织开展无锡市退休企业人员国际形势报告会。发挥基层组织作用，推动退管组织上下联动，统筹推进。惠山区举办“桑榆景美退管情深”退休人员春季徒步运动会，新吴区组织“引领生活艺术从容快乐人生”企业退休人员瑜伽舞蹈比赛，梁溪区举办“真情颂祖国、喜迎十九大”企业退休人员文艺汇演，滨湖区举办“夕阳红 退管情”系列文化活动，江阴市举办“江阴退管十周年纪念——书画、摄影优秀作品展，宜兴市举办首届企业退休人员文艺汇演。

（邓月华）

【开展“敬老月”系列活动】 2017年“敬老月”期间，全市退管机构组织丰富多彩的节日庆祝活动。各级退管机构结合重阳节、国庆节等庆祝活动，组织形式多样、内容丰富、健康有益老年文化体育活动，文艺演出活动100余场，参加人数2万余人次。走访慰问高龄老人、孤寡特困老年群体5000余人次，走访慰问贫困、高龄、百岁老人1000余人，发放慰问金、慰问品100余万元。

（邓月华）

关心下一代工作

【概况】 2017年，市关心下一代工作委员会(以下简称“市关工委”)组织开展“学史立志、崇德向善”主题教育活动，深化青少年党史国史教育和社会主义核心价值观教育。各级关工委组织3131名“五老”(老干部、老战士、老教师、老专家、老模范)编写宣讲材料1971篇，开展宣讲报告4358场次，听讲青少年147万余人次；开展图片展览、征文演讲、道德实践等活动900余次，参加活动的青少年137.6万余人次。推进未成年人“零犯罪”社区(村)创建活动，全市组织3163名法治教育报告员作普法宣讲报告2432场次，听讲青少年119万余人次；组织6278名“五老”结对帮教帮扶4713名失足、后进青少年；组织2424名“五老”对网吧、电子游戏室进行义务监督；发动社会力量资助贫困学生1.3万余人次。至年底，全市未成年人“零犯罪”社区(村)创建达标率97%。加强校外教育辅导站建设，全市有各类辅导站(点)4102个，社区(村)中心辅导站电子阅览室881个，配置电脑8407台；参加辅导站工作的“五老”15284人，在职教师13605人，大学生村官902人，其他志愿者4451人，全年辅导学生89.2万余人次，到电子阅览室活动的学生42.2万余人次。创新发展民营企业关工委工作，全市有民营企业关工委5176家，其中上市公司、大型骨干企业集团和大型商场关工委215家，规模型民营企业、专业市场关工委组建率90%。

（华治平）

【纪念市关工委成立25周年】 9月19日，市关工委和市文明办联合召开市关工委成立25周年纪念大会。省委常委、市委书记李小敏和省关工委主任曹鸿鸣到会讲话，市委副书记、市长汪泉主持会议，省关工委副主任郭兴华、市政协主席周敏炜、市人大常委会副主任赵志新等出席会议。市关工委主任缪根宝作工作报告。会上，112个先进集体、331名先进工作者和22名突出贡献奖获得者被通报表扬。

（华治平）

【完善党建带动关工委建设机制】 4月10日，市委常委会专题研究“党建带动关工委建设”问题。5月16日，经市委同意，市委办公室印发《关于健全完善“党建带动关工委建设”工作机制的意见》，明确健全完善工作机制的内容和要求，将关工委工作纳入党政工作重要议事日程，将关工委建设纳入基层党建目标责任制考核体系，由党委组织部门牵头实施。至年底，全市有各级关工委组织6917个，参加关心下一代工作的“五老”志愿者5.3万余人。

（华治平）

【推进建立网络工作平台】 3月1日，市关工委开通“无锡关工委”微信公众号。12月1日，市关工委印发《关于推进实施“互联网+关工”、建立网上关工委的工作意见》，提出开展这项工作的主要内容和具体要求。各市（县）、区，市直属单位关工委分别采取创建微信公众号、指导基层建立微信群、QQ群和制作电子工作台账等措施，积极搭建关心下一代工作网络新平台。

（华治平）

【举办学生法治知识竞赛】 5~11月，市关工委会同市委政法委、市文明办、市教育局、市公安局、市司法局、市人社局、市禁毒办，联合组织全市46所大中专和技工院校学生开展“法伴青春·法护成长”法治知识竞赛。通过网上练习、在线初赛，有7所学校派代表队参加决赛，经现场角逐，江阴中等专业学校获得第一名，无锡太湖学院、江苏信息职业技术学院获得第二名，无锡商业职业技术学院、无锡技师学院、无锡宏源技师学院、江苏省宜兴中等专业学校获得第三名。

（华治平）

民族

【概 况】 2017年，无锡市组织开展“民族团结进步宣传深化年”活动。指导青山高级中学等学校开展爱国主义和民族团结教育，整理汇编《民族团结一家亲——无锡市民族团结进步先进典型事迹选编》，在《无锡商报》刊登民族团结进步先进集体和个人的典型事迹。深入推进民族团结进步创建活动，在古运苑社区、惠南社区设立民族团结工作进社区示范点；在江南大学成立少数民族传统体育项目训练基地，指导江南大学组建民族健身操队等5支队伍，参加江苏省“红石榴杯”少数民族传统体育项目运动会，获二等奖2个、三等奖3个；承办第二届江苏省少数民族优秀舞蹈展演，获优秀组织奖；指导江阴市、梁溪区、惠山区等举办民族团结进步主题文艺汇演。创新服务管理工作，制定《关于进一步完善少数民族群众服务体系的意见》，开展以“做学法守法用法的新市民”为主题的少数民族法律法规宣传教育；会同相关部门对全市公共服务行业和窗口单位贯彻落实民族政策的情况进行检查督查；继续开展少数民族困难家庭新春送温暖活动；推动清真食品补贴政策落到实处；开展清真饮食创优扶持工作；指导市民族团结促进会（以下简称“市民促会”）开展少数民族优秀贫困大学生捐资助学活动；组织参加江苏省民族风味拉面技能比赛，获三等奖2个。

（王庆伟）

【民族团结工作进社区示范点建设】 8月24日，无锡市首家“民族团结工作进社区示范点”揭牌仪式暨“民族教育发展基金”助学活动在梁溪区古运苑社区举行。市、区两级民促会分别与古运苑社区签订“民族团结工作进社区”结对共建协议，为21名少数民族困难家庭大学生发放民族教育助学资金，为社区少数民族困难家庭发放困难补助。古运苑社区通过创新工作方法，优化工作环境，将社区建成一个民族团结、邻里和谐、共建共享的民族团结示范社区。10月26日，惠山区惠南社区举行“少数民族之家”挂牌和无锡市“民族团结工作进社区示范点”授牌仪式。惠南社区以“民族融合·同心筑梦”为主线，坚持大团结、大融合、大发展民族和谐理念，开展民族大讲堂、民族大舞台、民族百家宴等活动，推动社区民族工作，凝聚少数民族群众人心，促进民族团结融合。

（王庆伟）

【少数民族传统体育项目训练基地成立】 10月19日，无锡市少数民族传统体育项目训练基地在江南大学体育部挂牌成立。这是江苏省首家由市级民族宗教部门和体育部门联合命名的少数民族传统体育项目训练基地，将推动无锡市少数民族传统体育项目广泛开展，发掘运动人才和后备力量。

（王庆伟）

【参加省少数民族传统体育运动会】 10月27~29日，2017年江苏省“红石榴杯”少数民族传统体育项目运动会在南京工程学院举行。江南大学体育部组建民族健身操队、蹴球男女队、毽球男女队等5支运动队代表无锡征战运动会，共获得二等奖2个、三等奖3个，其中民族健身操队获第二名，女子蹴球队获第三名。无锡代表队以优异表现获“体育道德风尚奖”。

（王庆伟）

【承办江苏省少数民族优秀舞蹈展演】 6月3日，由省民委、省文化厅主办，市民宗局、市文广新局、市歌舞剧院（省民族舞剧院）联合承办的第二届江苏省少数民族优秀舞蹈展演在江南大学文浩馆举行。展演旨在搭建全省各民族文艺工作者交流交往的平台，弘扬少数民族优秀传统文化，推动全省少数民族优秀舞蹈作品创作。此届舞蹈展演从全省13个设区市报送的28个舞蹈作品中，经专家遴选出15个作品参加展演。由市歌舞剧院（省民族舞剧院）创作排练的藏族双人舞《心之寻》、彝族群舞《老兵》代表无锡市参加展演。

（王庆伟）

【开展落实民族平等政策检查】 国庆节、中秋节前夕，市民族宗教工作领导小组办公室组织市教育局、市

表60　　2017年无锡市少数民族基本情况

单位：个、人

少数民族总数	总人口	苗族	土家族	回族	布依族	壮族	其他
53	50114	12546	11742	4172	3914	3184	14556

说明：该数据为第六次全国人口普查统计结果，其中人口数字为常住人口数

（王庆伟）

人社局、市卫计委、市旅游局、市工商局、市民宗局等部门开展贯彻落实党和国家民族政策情况联合大检查,全市7个市(县)、区同步开展联合检查。检查以学校、医院、星级饭店、职业中介机构、清真副食品补贴发放以及清真食品供应点为重点。检查组在听取受检单位汇报基础上,采取看、问、查等方法,详细检查各单位贯彻落实党和国家民族政策的执行情况、少数民族权益保障和少数民族服务管理等情况,对贯彻落实党和国家民族政策、真心实意为少数民族群众提供各项便利等方面提出具体要求,并向受检单位发放《民族政策宣传手册》。

(王庆伟)

【新春送温暖活动】 春节前,市民宗局主要领导走访慰问部分少数民族困难家庭,向全市少数民族困难群众送去党和政府的关怀与温暖。全市7个市(县)、区同步开展少数民族困难家庭新春送温暖活动。此次活动筹集困难救助款20万元,救助少数民族困难家庭120户。

(王庆伟)

无锡少数民族人士相聚庆祝新春 (刘芳辉 摄)

宗教

【概况】 2017年,无锡市贯彻落实全国宗教工作会议精神和省委、市委关于宗教工作的决策部署,引导宗教界人士和信教群众为高水平全面建成小康社会、建设"强富美高"新无锡贡献力量,市民宗局被评为全国宗教工作系统先进集体。制定《无锡市民宗系统安全生产工作责任清单》《无锡市宗教活动场所安全技术防范系统建设与应用分类标准实施方案(暂行)》,下发《关于倡导宗教活动场所购买财产保险的通知》,落实省宗教局《宗教活动场所安全隐患排查"50看"》精神,开展宗教活动场所"房屋安全质量推进年"活动,确保全市宗教领域安全稳定。引导宗教界服务中心大局,开展"慈善品牌深化年""宗教慈善周"活动,成立无锡惠缘慈善基金会、梁溪区汉慈永兴嗣慈善基金会,支持和引导宗教界参与贵州省三都县帮扶活动。坚持宗教中国化方向。市佛教协会、祥符禅寺建立新中国成立以来无锡市第一所宗教院校——慈恩学院,市佛教协会创刊《无锡佛教》,祥符禅寺承办纪念赵朴初居士110周年诞辰暨中国佛教文化研究所成立30周年系列活动和首届江苏佛教素食文化博览会。市道教协会出版《无锡道教音乐记事》,市天主堂启动建设天主教渔民文化陈列馆工程,江阴市成立江南书院国学研究院,宜兴市举办第四届中国宜兴国际素食文化暨绿色生活名品博览会。在全市宗教界部署开展以"坚持宗教中国化方向"为主题的讲经论道活动。市佛教协会、祥符寺承办以"慈悲、圆融、宏博"为主题的2017中国佛教讲经交流会,市伊斯兰教协会承办东部地区伊斯兰教中国化解经研讨会,市基督教"两会"(基督教三自爱国运动委员会和基督教协会)举办基督教"中国化"神学思想研讨会,江阴市举办第五届"君山论道"学术研讨会,锡山区开展基督教"中国化"讲经比赛。依法管理宗教事务,提请市委、市政府制定《无锡市关于加强和改进新形势下民族宗教工作的实施意见》,召开全国、全省

表61 2017年无锡市宗教基本情况

内容 教派	登记场所(个)	团体(个)	教职人员(人)	信徒人数(万人)	教职人员占信众比例
佛教	179	7	561	29.00	0.2%
道教	22	6	59	1.00	0.6%
伊斯兰教	1	1	2	0.30	0.1%
天主教	14	3	21	5.00	0.02%
基督教	57	6	155	5.40	0.3%
合 计	273	23	798	40.70	–

(王庆伟)

宗教工作会议精神专题学习会,举办宗教"中国化"巡回讲座。指导民宗团体制定学习贯彻中共十九大精神和新修订《宗教事务条例》年度计划,制定《无锡市市级民宗团体集体活动考勤办法》。建立市级民宗团体联席会议制度,举办团体季度集中学习会,举办团体新春联谊会。向市财政争取团体工作经费补助,制定下发《市级民宗团体财政补贴经费管理办法(暂行)》。常态化做好宗教教职人员备案工作,推进宗教活动场所统一社会信用代码赋码和宗教活动场所登记证换发工作,完善《无锡市星级宗教活动场所认定考核评分细则》,推进星级宗教活动场所认定工作,制定下发《宗教活动场所危旧房屋改造维修专项经费使用管理办法(暂行)》,组织开展民间信仰工作调研。

(王庆伟)

【赵朴初居士110周年诞辰纪念大会】 11月15日,由中国佛教协会主办、无锡市承办的赵朴初居士110周年诞辰纪念大会暨中国佛教文化研究所成立30周年学术研讨会召开。全国政协教科文卫体委员会副主任张连珍,国家宗教事务局副局长蒋坚永,省政协主席蒋定之,省委常委、无锡市委书记李小敏,省政协副主席许津荣,中国佛教协会会长学诚法师,市领导汪泉、徐一平、周敏炜、陈德荣、谢晓军、刘霞,中国佛教文化研究所所长楼宇烈等,与来自全国各地的1000余名高僧大德、专家学者以及佛教界四众弟子参加开幕式。开幕式由中国佛教协会副会长宗性法师主持,蒋坚永、蒋定之、学诚、楼宇烈分别致辞。举行纪念赵朴初居士110周年诞辰暨中国佛教文化研究所成立30周年图片展揭幕式及《三时文库》首发仪式。

(王庆伟)

【首届江苏佛教素食文化博览会】 10月8日,首届江苏佛教素食文化博览会在无锡祥符禅寺开幕。博览会由省佛教协会主办,市民宗局、市佛教协会协办,无锡祥符禅寺、无锡灵山文化旅游集团公司具体承办,省宗教事务局、省食品药品监督管理局担任指导单位。此次博览会主题为"弘扬素食文化,倡导健康生活,培养素雅品味,实现五福人生",设置厨艺比赛、素食展示、书籍展销等展区,举办素食与健康讲座、素食论坛等多项活动。南京栖霞寺、无锡祥符禅寺、常州天宁寺、苏州寒山寺、镇江金山寺等多家寺院及枣子树等餐饮企业共20余家单位参加厨艺比赛和素食展示。

(王庆伟)

【国际素食文化暨绿色生活名品博览会】 4月27日~5月1日,2017中国宜兴国际素食文化暨绿色生活名品博览会在宜兴大觉寺召开。博览会继续秉承"传播素食文化,倡导绿色生活"理念,设五大展区、378个展位,吸引海内外20余万人到寺内参观旅游。素博会期间,举办摄影大赛、素食产业高峰论坛、陶式生活体验、禅乐艺术节等文化和生态旅游活动,使得宜兴优美的自然生态、深厚的人文底蕴和绿色健康的素食文化相互融合、相得益彰。

(王庆伟)

【佛教讲经交流会】 4月25日,由中国佛教协会主办,省佛教协会和无锡市佛教协会协办,无锡市祥符禅寺和无锡灵山文旅集团承办的以"慈悲、圆融、宏博"为主题的2017中国佛教讲经交流会,在祥符禅寺三圣殿举行。中国佛教协会、省佛教协会、市佛教协会、市民宗局等单位代表以及无锡、苏州、上海等地法师、信众1400余人聆听巡讲团法师对佛教经典契理契机的宣讲解读。巡讲团由中国佛教协会驻会副会长演觉法师、中国佛教协会副秘书长、中国佛教讲经交流基地主任光泉法师带队,无锡站为此次巡讲活动的最后一站。

(王庆伟)

【东部地区伊斯兰教"中国化"解经研讨会】 9月25~26日,由中国伊斯兰教协会指导、江苏省伊斯兰教协会主办、无锡市伊斯兰教协会承办的"同心、同路、同梦"东部地区伊斯兰教"中国化"解经工作研讨会在无锡召开。来自江苏、浙江、安徽、福建、江西、山东和上海六省一市的宗教工作部门和伊斯兰教协会相关负责人、专家学者100余人参加研讨会。会上,专家学者就"正确认识伊斯兰教及其中国化""都市化背景下伊斯兰问题的思考"等问题作主题授课。各省、市代表结合各自推进伊斯兰教"中国化"作交流发言,并围绕"坚持中国化方向是我国伊斯兰教发展的必由之路"主题开展分组讨论。

(王庆伟)

【民宗界帮扶贵州三都】 7月24~27日,市民宗局组织市级六大民宗团体,赴贵州省三都县实地考察调研,推进帮扶工作。考察组一行参观三都县水族非物质文化遗产、水族文化博物馆,考察三都县中和镇三洞马尾绣协会传承基地、马尾绣工匠培训基地培训情况以及民族文化进校园活动开展情况等,走访三都县三合街道传统民族村落拉揽排烧村的贫困户,参加"水族马尾绣帮扶项目"捐赠仪式。市民促会、市佛教协会、市道教协会、市伊斯兰教协会、市天主教爱国会、市基督教"两会"共同捐资70万元,用于三都县水族马尾绣产业培训项目。

(王庆伟)

编辑　徐西平

江阴市

【概况】 江阴市北枕长江，南近太湖，东接常熟、张家港，西连常州。交通便捷，是大江南北的重要交通枢纽和江海联运、江河换装的天然良港。江阴市总面积986.97平方千米，陆地面积829.66平方千米，水域面积157.31平方千米，其中长江水面56.7平方千米。沿江深水岸线35千米。城市建成区面积125平方千米。至2017年年末，江阴市10个镇、7个街道，197个村民委员会，57个社区居民委员会，46个村居合一社区。常住人口165万人，户籍人口125.5万人；人口出生率9.76‰、死亡率7.23‰，自然增长率2.53‰。人均预期寿命81.5岁。江阴市人民政府设在澄江中路9号。2017年，江阴市实现地区生产总值3488.3亿元，比上年增长7.2%。全年实现第一产业增加值41.6亿元，比上年下降7%；第二产业增加值1897.8亿元，比上年增长6.7%；第三产业增加值1548.8亿元，比上年增长8.2%。三次产业比例调整为1.2∶54.4∶44.4，三产增加值占地区生产总值比重较上年提高0.7个百分点。按常住人口计算，人均地区生产总值21.2万元。全年实现一般公共预算收入235.2亿元，比上年增长2.3%，其中，税收收入195.9亿元，比上年增长2.4%；政府性基金预算收入33.7亿元，比上年增长98.6%。实现一般公共预算支出227.3亿元，比上年增长0.5%，其中，政府性基金预算支出44.2亿元，比上年增长59.2%；国有资本经营预算支出1.3亿元。年内，江阴市被评为全国文明城市、中国工业百强县第一，获中国全面小康十大示范县(市)“十连冠”，获“全国象棋之乡”称号，被评为2013~2016年度全国群众体育先进单位、2017中国最具幸福感城市等。

(李银花)

【农业】 2017年，江阴市农业实现总产值80.8亿元。粮食总产量12.6万吨，比上年下降13.1%，其中，谷物总产量12.2万吨，比上年下降12.2%；油料总产量2242吨，比上年下降15.5%。全年粮食种植面积2.03万公顷，比上年减少0.24万公顷；油料种植面积0.11万公顷，与上年持平；蔬菜种植面积1.27万公顷，比上年减少500公顷；水果种植面积0.31万公顷，比上年减少100公顷。主要畜产品中，肉类总产量3.2万吨，比上年下降20%，其中，猪牛羊肉2.6万吨，比上年下降7.1%。奶牛存栏0.3万头，比上年下降25%。全年水产品产量2.7万吨，与上年持平。

(李银花)

【工业】 2017年，江阴市规模以上工业企业实现产值5822.7亿元，比上年增长15.1%。规模以上工业中，轻工业实现产值1805.3亿元，比上年增长10.5%；重工业实现产值4017.4亿元，比上年增长17.3%。在全市跟踪统计的15种重点产品中，11种产品的产量实现增长。全年工业用电量228.2亿千瓦时，比上年增长6.4%。全市规模以上工业实现主营业务收入5846.7亿元，比上年增长13.1%；产品销售率98.6%，比上年提升0.1个百分点；利润总额359.5亿元，比上年增长8.9%；规模以上工业企业亏损面14.5%，比上年减少1.6个百分点；亏损额28.2亿元，比上年增加12.7亿元。海澜集团有限公司开票销售超1000亿元，成为全市首家开票销售超千亿元的企业集团；中信泰富特钢集团(兴澄特钢)、江阴澄星实业集团有限公司、江苏三房巷集团有限公司集团开票销售均超500亿元；江苏华西集团有限公司开票销售超300亿元。全市工业百强企业全年实现产品销售收入3921亿元，实现利润278.9亿元，分别占全市规模以上工业企业的67.1%和77.6%。

(李银花)

【建筑业】 2017年，江阴市实现建筑业总产值83.5亿元，比上年下降15%。年内，获无锡市“太湖杯”优质工程奖14个，无锡市政优质工程4个，无锡市优质结构工程16个，无锡市优秀物业管理项目4项。

(李银花)

【房地产业】 2017年，江阴市实现房地产开发投资179.9亿元，比上年下降36%;商品房施工面积1418.8万平方米,比上年下降7.4%;商品房销售面积318.2万平方米,比上年增长36.6%;商品房销售成交额256.6亿元,比上年增长51.6%。

(李银花)

【金融业】 2017年,江阴市年末金融机构各项本外币存款余额3663亿元,其中住户存款本外币余额1168.7亿元。各项本外币贷款余额2965.6亿元,住户贷款中人民币中长期贷款318亿元。年末证券交易开户数30万户,证券机构交易金额6593.3亿元。全年实现保费收入71.6亿元,比上年增长17.3%。其中,财产险收入22.3亿元,比上年增长5.7%;人寿险收入49.3亿元,比上年增长23.2%。

(李银花)

【企业上市】 2017年,江阴市47家上市公司,包括境外上市15家,境内上市32家,其中主板19家,中小板7家,创业板6家。"新三板"挂牌企业52家。江阴A股上市及"新三板"挂牌企业直接融资募集资金81.7亿元,其中39.97亿元投入地为江阴,比例约为49%。

(李银花)

【国内贸易】 2017年,江阴市实现社会消费品零售总额863.4亿元,比上年增长11.3%;批发和零售业零售额814亿元,比上年增长11.4%;住宿和餐饮业零售额49.4亿元,比上年增长8.3%。在限额以上批发和零售业零售额中,家用电器和音像器材类比上年增长31.7%,化妆品类比上年增长26.6%,家具类比上年增长20.5%,粮油及食品类比上年增长16.6%。

(李银花)

【交通运输业】 2017年,江阴市实现客运量6727.8万人次,比上年下降2.8%;实现货运量4520.9万吨,比上年增长9.8%。港口货物吞吐量15970.5万吨,比上年增长21%。年末全社会拥有车辆50.1万辆,其中汽车45.2万辆,比上年增长10.5%。私人汽车快速发展,年末39.3万辆,比上年增长10.4%。

(李银花)

【邮电通信业】 2017年,江阴市邮电业务总量41亿元。城乡固定电话用户32.6万户,比上年减少3.5万户;移动电话用户203.6万户。

(李银花)

【外向型经济】 2017年,江阴市实现进出口总额211.03亿美元,其中出口额122.18亿美元,进口额88.85亿美元。全市实现到位注册外资9.5亿美元,到位外资数位居全省县级市第一。全市新批外资项目43个,增资项目20个,协议外资超3000万美元项目14个,总投资超1亿美元项目5个。全年服务外包业务合同额21.1亿美元,执行额18亿美元。离岸业务合同额9.9亿美元,执行额8.3亿美元。全市新批境外投资项目34个,中方协议投资额7.27亿美元;中方协议投资额位居全省县级市第一。对"一带一路"国家投资项目11个,中方协议投资额1.32亿美元。

(李银花)

【固定资产投资】 2017年,江阴市实现固定资产投资1153亿元,比上年增长1.8%。按产业投向分,第一产业投资6.7亿元,比上年增长78.5%;第二产业投资562.9亿元,比上年增长13.6%;第三产业投资583.4亿元,比上年下降7.7%。按投资主体分,国有投资306.2亿元,比上年增长33.2%;民间投资749.6亿元,比上年下降0.5%;外商及港澳台商投资97.2亿元,比上年下降35.1%。

(李银花)

【旅游】 2017年,江阴市接待国内旅游人数1686.3万人次,比上年增长3.6%;接待入境过夜旅游人数2.3万人次,比上年增长5.5%。旅游收入290.8亿元,比上年增长12%。拥有国家A级景区8个,星级饭店11家,旅行社43家。拥有省级以上工农业旅游示范点16个,省级旅游度假区1个,无锡市美丽乡村休闲旅游示范村3个。

(李银花)

【科技】 2017年,江阴市协助企业承担实施无锡市级以上各类科技计划项目332项,争取科技扶持资金13011.95万元。全年获批省工程技术研究中心6个、省研究生工作站3个、无锡市工程技术研究中心12个,企业新建院士工作站6个、江阴市工程技术研究中心102个。高新技术产业产值(新口径)2088.8亿元,占规模以上工业产值比重35.9%;全社会研发投入占地区生产总值的比重3%。新认定省高新技术企业93家、省民营科技企业133家,获批省高新技术产品238项。全年获评国家级科学技术奖2项、省级科技进步奖5项、省级国际科学技术合作奖1项。全市专利申请量7644件,专利授权4221件,其中发明专利申请3019件,发明专利授权量676件,万人有效发明专利拥有量19.57件。获评中国专利优秀奖企业2个。

(李银花)

【教育】 至2017年年底,江阴市各类学校教职员工16893人,各类学校在校学生168378人。幼儿园在园幼儿44357人,小学和初中普及率均为100%,初中毕业生升学率98.3%。全市公办特殊教育学校1所,资源教室6个,在校学生241人,其中送教上门学生64人,专任教师62人。江阴市被评为江苏省促进义务教育均衡发展先进集体,教育现代化监测综合指标总得分91.32分,位居全省前列。

(李银花)

【文化】 2017年,江阴市建成133个村(社区)综合文化服务中心,公益性文化设施达标率100%。全面开放全民阅读公益点100个,"三味书咖"城市阅读联盟点增至9个。高城墩遗址等6处文化保护单位被列入第八批省级文物保护单位申报名单。

(李银花)

【卫生】 2017年,江阴市拥有各类医疗卫生机构580个,其中医院、卫生院48个,社区卫生服务中心8个,开放床位8199张,年末有卫生技术人员9945人。

(李银花)

【体育】 2017年,江阴市人均公共体育设施场地面积2.74平方米。累计承办省级以上体育竞赛8项、15次,举办各级各类群众体育赛事活动530余项。拥有社会体育指导员5486人。全年体育彩票销量7.1亿元,位列全国县级市销量第一名。

(李银花)

【社会保障】 2017年,江阴市企业职工基本养老保险扩面新增6.4万人,净增2.6万人;养老、医疗、工伤、失业、生育保险缴费人数分别为

56.1万人、58.4万人、47.3万人、46.7万人、47.3万人,居民养老保险和居民医疗保险参保人数分别为4万人、54万人。居民养老保险基础养老金、被征地农民第四年龄段人员保养金标准分别提高至310元/月、760元/月;全市企业退休职工人均养老金标准2024元/月。全市各类福利机构拥有床位13315张。城乡居民最低生活保障对象7373人,其中市区1981人;发放低保金4944.7万元,其中城镇低保1476.1万元。实施城乡医疗救助19659人次,支付救助金2307.3万元;实施临时救助5255户次,发放救助金981.9万元。重点优抚对象5675人。慈善组织累计募集善款(含冠名基金)3853万元。

(李银花)

【居民收入】 2017年,江阴市居民人均可支配收入50379元,比上年增长8.7%。其中,城镇居民人均可支配收入59165元,比上年增长8.3%;农村居民人均可支配收入30532元,比上年增长8.3%,农民收入连续第18年列全省同类城市第一。城镇居民家庭恩格尔系数29%,农村居民家庭恩格尔系数29.8%。城镇居民人均消费性支出30148元,比上年增长4.8%;农村居民人均消费性支出20372元,比上年增长8.4%。

(李银花)

【就业创业】 2017年,江阴市提供就业岗位5.7万个,当地劳动力实现就业4.7万人,城镇新增就业2.5万人,城镇困难人员再就业1850人,城镇登记失业率2.26%。扶持自主创业2788人,带动就业1.45万人,发放各类创业补贴455.9万元,发放创业担保贷款7400万元。

(李银花)

【基础设施建设】 2017年,江阴市滨江西路桥、镇澄路桥建成通车,新桥镇西环路及南环路改建工程竣工,S308省道中修工程完工,锡澄运河水上服务区建成运行。新建公交电子站牌170个,公共自行车租用网点150个,新投放公共自行车3500辆。调整公交线路26条,城市更新公交车190辆,城镇新购50辆纯电动公交车,实现省公交一卡通、省内公交互联互通、苏锡常公交互通互惠,清洁能源公交车辆占比69%。开行公交线路84条,拥有公交车1013辆,日均发车3770班次,日均行驶里程13万千米,日均运送乘客22.5万人次,年累计运送乘客超8212万人次。完成公交新华站停车场扩建工程及外滩首末站主体建设。

(李银花)

【公用事业】 2017年,江阴市补装各类路灯137盏,光源318个,亮灯率和设施完好率分别为99%、98%。全社会用电量、供电量和售电量分别为261.55亿千瓦时、238.71亿千瓦时和233.91亿千瓦时。全年供水量27398.2万立方米,日均供水量75.06万立方米,水质、水压达标率100%。新建天然气管网205.04千米,新增天然气居民用户3.7万户,全年供应天然气6.57亿立方米,液化石油气2.7万吨。全市21个城镇综合污水处理厂平稳运行,处理污水1.38亿吨。全年无害化处理生活垃圾47.2万吨,日均处理1294吨,总发电量17578万度;生活垃圾无害化处理率和全量焚烧率均100%。

(李银花)

【环境保护与治理】 2017年,江阴市启动"两减六治三提升"专项行动。全市PM2.5(细颗粒物)年均浓度比上年下降6.6%。环境空气质量优良天数66.9%,集中式饮用水源地水质达标率100%,全市功能区昼间和夜间噪声达标率均100%。全市主要污染物减排(化学需氧量、氨氮、总氮、总磷、二氧化硫、氮氧化物)超额完成年度任务,分别比上年下降3.39%、3.37%、3.61%、4.14%、5.55%、5.55%。

(李银花)

【造林绿化】 2017年,江阴市城市建成区绿化覆盖面积5380公顷,绿地面积4968.75公顷,公园绿地面积554.97公顷。建成区绿化覆盖率43.04%,人均公园绿地面积15.96平方米。

(李银花)

【江阴市被评为全国文明城市】 1999年,江阴市提出创建全国文明城市目标。2014年年底,江阴市获得全国文明城市提名。2015年,启动新一轮全国文明城市创建工作以来,江阴市委、市政府站在建设"强富美高"新江阴的战略高度,围绕建设"崇德向善、文化厚重、和谐宜居"文明城市的目标,坚持"创建为民、创建靠民、创建育民、创建惠民、创建利民"的理念,以创成全国文明城市目标为指引,突出问题导向、突出长效机制、突出全民参与、突出精准发力,综合施策、倒排时间,开展小区管理、背街小巷、城郊接合部、城乡河道、建筑工地、公共场所、社会秩序、市政设施、美丽乡村、文明素养提升行动。树立"志愿者之乡"品牌,广泛开展志愿者服务活动,设置志愿者服务站(岗)488个,网上注册志愿者35万余人。邀请一批全国、省级重要媒体到江阴采访,从"城市啄木鸟"、书香城市、慈善之乡、志愿者团队等多个角度,开展主题鲜明、声势浩大的宣传报道,提升江阴城市的知名度和美誉度。充分运用各类媒体,依托网站、微信、"啄木鸟"APP(应用程序)、"12345"热线等载体,营造"大力弘扬江阴精神、创成全国文明城市"创建声势,拓宽群众参与创建渠道,激发汇聚齐抓共管的强大合力。2017年11月,江阴市被评为第五届全国文明城市。

(李银花)

【江阴市位列中国工业百强县第一名】 江阴市坚持产业强市、实业兴市的发展战略,激发各板块发展活力,形成良性竞争下的发展合力。2017年,江阴市完成规模以上工业总产值5822.7亿元,比上年增长15.1%。拥有上市公司47家,包括境内上市32家,境外上市15家,境内上市中主板19家、中小板7家、创业板6家;"新三板"挂牌企业52家;9家企业位列中国500强,12家企业入围中国民营企业500强,16家企业入围中国制造业500强。12月14日,工业和信息化部直属科研机构中国信息通信研究院发布《中国工业百强县(市)、百强区发展报告》,江阴市被评为中国工业百强县(市)第一名。

(李银花)

【江阴市位列全国县域经济与县域综合发展第一名】 2017年,江阴市一般公共预算收入235.2亿元,比上年增长2.3%;固定资产投资1153亿元,比上年增长1.8%。全市规模以上工业企业实现产值5822.7亿元,比上年增长15.1%。规模以上工业中,轻工业实现产值1805.3亿元,比上年增长10.5%;重工业实现产值

4017.4亿元,比上年增长17.3%。江阴市符合“全国县域经济与县域综合发展前100名”评价标准和条件:县域经济基本竞争力、县域经济发展动态增长,县域相对民富指数A级以上(其中东部A+级)和县域相对天蓝指数非B级。12月16日,全国县域经济专业研究机构中郡经济发展研究所在北京发布《2017县域经济与县域发展监测评价报告》,在全国县域经济与县域综合发展榜单中,江阴市位列榜首。

(李银花)

【江阴市实现中国全面小康十大示范县(市)“十连冠”】 2017年,江阴市以县级集成改革试点为契机,围绕“当好全省全国县域发展排头兵”的目标定位,紧盯县域治理中普遍存在的群众企业办事难、基层一线治理难、扶贫脱困攻坚难、生活服务便利难现实问题,主动探索、大胆实践,通过构建便捷高效的政务服务体系、沉底到边的基层治理体系、精准有力的社会救助体系和温馨周到的生活服务体系,让广大群众的获得感、幸福感、安全感充实、保障、可持续,初步探索出县域治理体系现代化的新路。12月16日,在北京举行的第12届中国全面小康论坛颁奖典礼上,江阴市被评为2017年度中国全面小康十大示范县(市)第一名,实现“十连冠”。

(李银花)

【江阴市被评为全国群众体育先进单位】 2013~2016年,江阴市委、市政府以“为城市发展添光彩,为百姓健康谋福利”为指导,树立“体育服务民生”理念,支持体育发展,利用群众体育优势,发挥体育健身引导力,培育社会正能量。2013年,举办江阴市第六届运动会,创建苏南(县域)国家体育产业基地。2014年,江阴市被评为全国游泳之乡、全国首个“足球·啦啦操”进校园实验区。2015年,创建首批江苏省公共体育服务体系示范区和全国青少年校园足球试点县(市)。2016年,江阴市体育中心被评为江苏省“十佳”人气场馆。全市每年举办各级各类比赛活动500余项次,举办、承办月城中华龙舟大赛、四国男篮巅峰争霸赛、全国游泳俱乐部锦标赛、中国足协U23男子足球锦标赛、全国象棋业余棋王赛等国家级以上比赛40余项,以高水平品牌赛事引领江阴特色体育项目普及与提高。至2016年年末,全市89所中小学校体育设施向社会开放,占96.74%;人均公共体育设施面积2.74平方米,体育人口占52%以上;社会体育指导员5486人,实现每万人拥有社会体育指导员32人;市级单项体育协会42个,市级体育俱乐部67个。2017年8月14日,江阴市被国家体育总局评为2013~2016年度全国群众体育先进单位。

(李银花)

【江阴市获评全国象棋之乡】 1986年起,江阴县体育局设立乡镇象棋比赛,坚持每年一届,成为悠久的地方品牌赛事。近年来,江阴市委、市政府高度重视象棋项目的普及推广,不断强化对项目普及推广工作的组织领导,收到显著成效。全市有国家级象棋特色学校4个,国家级象棋特色幼儿园1个。承办全国象棋甲级联赛会制比赛、连续3届“金顾山杯”全国象棋大师混双赛、全国象棋儿童赛等比赛,有100余名学生在全国象棋儿童赛和江苏省少年儿童象棋锦标赛上获奖,月城镇黄芳被授予“中国象棋国家大师”称号。2017年,江苏海特棋牌俱乐部与江苏省棋牌运动管理中心、江阴市体育局、江阴市云亭街道办事处、江阴初级中学签约,实现五方试点联办江苏省男子象棋队,在全国率先推动象棋职业化改革。7月31日,中国象棋协会授予江阴市“全国象棋之乡”称号。

(李银花)

【江阴市被评为中国最具幸福感城市】 “中国最具幸福感城市”调查推选活动由新华社《瞭望东方周刊》、瞭望智库共同主办,已连续举办11年,累计9.86亿人次参与公众调查和抽样调查,是中国极具影响力和公信力的城市调查推选活动。2017年度调查推选活动以“砥砺奋进·城市中国”为主题,突出展示中共十八大以来,中国城市在综合实力、公共服务能力、社会事业发展、居民生活质量等领域取得的突出成就。自6月活动启动以来,累计1395万余人次参加公众调查、抽样调查和大数据采集。12月8日,“2017中国最具幸福感城市”榜单发布,江阴市入选2017中国最具幸福感城市(县级)。

(李银花)

【江阴市成为全省唯一县级集成改革试点县(市)】 5月15日,在省委举办的第五期县委书记工作讲坛上,省委书记李强首次明确提出,省委考虑在江阴等县市进行集成改革试点。7月13日,省委办公厅、省政府办公厅联合下发《江阴市县级集成改革试点总体方案》,标志着江阴正式成为全省唯一的县级集成改革试点县(市)。自此,江阴全市围绕集成改革试点总体方案的既定时间表、路线图、任务书,推进集成改革试点工作。8月底,各镇(街道)“三大平台”(政务服务中心、综合执法局、管理服务指挥中心)建成并运行,全面完成复制推广徐霞客镇改革经验工作,基层行政管理体制改革取得阶段性成效。10月初,市级层面“三局三中心”(行政审批局、城市综合管理局、综合行政执法局,政务服务中心、综合管理服务指挥中心、大数据中心)全部组建到位;市社会救助中心成立,建立社会救助工作“一门受理、协同办理”服务新模式。至年末,江阴集成改革试点的品牌效应初步显现。省内外各级党政代表团、对口部门到江阴学习考察集成改革试点情况,累计接待学习调研团队300余批次。江苏代表团媒体开放日、国内外媒体联合采访对江阴集成改革情况予以高度关注。11月23日,《人民日报》《光明日报》和中央电视台等近30个媒体到江阴,对集成改革试点集中采访和报道。

(李银花)

组织机构和负责人名单

中共江阴市委员会

书　记　陈金虎
副书记　蔡叶明
　　　　崔荣国
　　　　袁秋中
常　委　陈金虎
　　　　蔡叶明
　　　　崔荣国
　　　　袁秋中
　　　　计　军

冯爱东(至3月)
吴　芳(女)
陈兴华
费　平
余银龙
程　政
尹　平
仲　剑(挂职,11月任)

江阴市人大常委会

主　任　孙小虎(1月任)
代主任　郑　元(至1月)
副主任　倪颖伟(至1月)
　　　　郑　元(至1月)
　　　　唐仲贤(1月任)
　　　　龚振东(1月任)
　　　　朱　敏
　　　　黄耀清

江阴市人民政府

市　长　蔡叶明
副市长　吴　芳(女,至1月)
　　　　费　平
　　　　龚振东(至1月)
　　　　唐仲贤(至1月)
　　　　虞卫才
　　　　韩　民(至1月)
　　　　赵　强
　　　　郁秋皓(1月任)
　　　　张国兴(赴陕西延川挂职)
　　　　张韶峰(1月任)
　　　　许　晨(女,1月任)
　　　　陈文斌(4月任,赴新疆工作)
　　　　余新泉(挂职,至8月)
　　　　徐　成(挂职,4月任)
　　　　吴虹娟(女,挂职,5月任)
　　　　赵亮亮(挂职,7月任)
　　　　杨　云(挂职,8月任)
　　　　于　政(挂职,12月任)
　　　　仲　剑(挂职,11月任)

政协江阴市委员会

主　席　徐冬青
副主席　须振宇(至1月)
　　　　黄丽泰(女,兼,至1月)
　　　　韩　民(1月任)
　　　　张英毅
　　　　喻伟力
　　　　陈兴初
　　　　张晓东(1月任)

中共江阴市纪律检查委员会

书　记　余银龙

(李银花)

宜兴市

【**概况**】 宜兴市地处江苏省西南端、沪宁杭三角中心,东朝太湖并与苏州太湖水面相连,东南临浙江省长兴县,西南界安徽省广德县,西接常州市溧阳市,西北毗连常州市金坛市,北与常州市武进区相傍。滆湖镶嵌宜兴和武进之间,三氿(东氿、团氿、西氿)相伴市区。宜兴市地势南高北低,西南部为低山丘陵,最高峰为黄塔顶,海拔611.5米;东部为太湖渎区,适宜种植各种蔬菜;北部和西部分别为平原区和低洼圩区,是宜兴粮油主要产地。宜兴市总面积1996.6平方千米(其中太湖水面242.29平方千米),城市化水平65.21%。至2017年年末,宜兴市有中国宜兴环保科技工业园、宜兴经济技术开发区2个国家级开发区,江苏宜兴陶瓷产业园区1个省级开发区,13个镇、5个街道,214个行政村、97个社区。户籍总人口108.2万人,与上年基本持平,其中城镇人口62.13万人。户籍数37.54万户,全年出生10347人,出生率9.55‰;死亡人口9091人,死亡率8.39‰;人口自然增长率1.16‰。宜兴市人民政府设在宜城街道陶都路8号。2017年,宜兴市实现地区生产总值1558.25亿元,比上年增长7.1%。全社会固定资产投资563.91亿元,比上年增长5%。宜兴市首次跻身中国工业百强县(市)十强。

(吴　艳)

【**农业**】 2017年,宜兴市农作物播种面积减少,全年农作物播种面积82.88万公顷,比上年下降4.9%。粮食作物播种面积5.56万公顷,比上年下降6.7%。经济作物播种面积2.06万公顷,比上年增长0.4%。其中,油料作物播种面积0.23万公顷,比上年下降2.8%;其他农作物播种面积0.04万公顷,比上年下降5.8%。粮食生产夏粮下降秋粮增产。全年粮食总产量35.81万吨,比上年下降3.3%。其中,夏粮总产量10.92万吨,比上年下降18.9%;秋粮总产量24.89万吨,比上年增长5.5%。油料总产量5261吨,水果总产量2.38万吨,干果产量2798吨,分别比上年增长4.1%、11.3%、15.7%;茶叶总产量6029吨,比上年下降1.5%。林业、牧业总体下降,渔业生产增长较快。全年造林面积0.02万公顷,比上年下降16.7%。全年猪肉产量1.5万吨,禽肉产量0.65万吨,猪年末存栏数8.87万头,肉猪出栏数19.93万头,分别比上年下降11.8%、12.5%、20.7%、11.8%。全年水产品产量9.17万吨,比上年增长12%。

(吴　艳)

【**工业**】 2017年,宜兴市实现工业总产值3901.52亿元,比上年增长11.1%。869家规模以上工业企业实现产值2981.6亿元,比上年增长16%;完成主营业务收入2828.18亿元,比上年增长16.8%;实现利润总额133.29亿元,比上年增长3.1%。全市工业产值超1亿元企业343家,比上年增加32家,其中超10亿元43家、超100亿元3家。全年规模工业实现综合能耗495.84万吨标准煤,比上年增长0.1%。万元产值能耗0.17吨标准煤,比上年下降13.7%。六大高耗能行业(化学原料和化学制品制造业、非金属矿物制品业、电力热力生产和供应业、化学纤维制造业、纺织业和黑色金属冶炼和压延加工业)综合能耗446.22万吨标准煤,比上年下降0.1%,占全市规模工业总能耗的90%。

(吴　艳)

【**建筑业**】 2017年,宜兴市建筑业稳定发展,全年建筑业实现增加值113.22亿元,比上年增长5.6%;实现建筑业总产值234.55亿元,比上年增长19.2%。房屋建筑施工面积1443.2万平方米,比上年增长14.8%。建筑工程获国家"鲁班奖"5项,"国家优质工程奖"1项,江苏省"扬子杯奖"12项。

(吴　艳)

【**房地产业**】 2017年,宜兴市房地产业健康发展。全年房地产业实现增加值95.43亿元,比上年增长7.9%。完成房地产开发投资70.87亿元,比上年下降20.1%;房屋施工面积508.36万平方米,比上年下降17.4%;房屋竣工面积159.92万平方

第九届陶艺节开幕式

（丁焕新 摄）

米，比上年下降27.8%。全年商品房销售面积145.67万平方米，比上年增长7.8%；商品房销售额137.53亿元，比上年增长31.7%。

（吴 艳）

【金融保险】 2017年，宜兴市金融信贷规模扩大。至年末，金融机构各项本外币存款余额1982.37亿元，比上年增长3%；各项本外币贷款余额1526.42亿元，比上年增长8.9%。存款中，住户存款余额1003.82亿元，比上年增长3.8%；非金融企业存款余额706.38亿元，比上年下降3.6%。贷款中，短期贷款余额48.37亿元，比上年增长20.5%；非金融企业及机关团体贷款余额1255亿元，比上年增长7.7%。保险行业增长较快。全年实现保费收入53.43亿元，比上年增长11.9%。其中，财产险收入12.78亿元，比上年增长4.6%；人寿险收入40.65亿元，比上年增长14.5%。保险赔款支出及给付19.2亿元，比上年增长9.6%。其中财产保险赔款支出及给付7.65亿元，比上年下降4.4%；人寿保险赔款支出及给付11.54亿元，比上年增长21.5%。

（吴 艳）

【商贸流通】 2017年，宜兴市消费品市场增势稳定。全年实现社会消费品零售总额612.84亿元，比上年增长10.2%。其中，批发和零售业零售额584.68亿元，比上年增长10.1%；住宿和餐饮业零售额28.16亿元，比上年增长10.4%。按经营地统计，城镇社会消费品零售总额408.78亿元，比上年增长10.1%；乡村社会消费品零售总额204.06亿元，比上年增长10.3%。全年限额以上社会消费品零售总额181.89亿元，比上年增长8.9%。其中，批发和零售业零售额171.02亿元，比上年增长9.3%；住宿和餐饮业零售额10.87亿元，比上年增长3.2%。在限额以上批发和零售业零售额中，汽车类零售额比上年增长3.1%，粮油、食品类零售额比上年增长7.3%，石油及制品类零售额比上年增长21.3%，服装、鞋帽、针纺织品类零售额比上年增长7.9%，日用品类增长17.0%，饮料类零售额比上年增长35.9%，家用电器和音像器材类零售额比上年增长3.4%。

（吴 艳）

【开放型经济】 2017年，宜兴市利用外资快速增长。全年新设外资项目27个，增资转股项目13个。到位注册外资4.72亿美元，比上年增长198.6%。对外贸易保持较快增长，完成进出口总额41.01亿美元，比上年增长10.5%。其中，完成出口总额33.77亿美元，比上年增长11.5%；完成进口总额7.24亿美元，比上年增长6.1%。全年外贸进出口总额34.98亿美元，比上年增长23.4%，占全部进出口总额的85.8%。其中，出口总额29.43亿美元，比上年增长27.3%；加工贸易进出口总额5.76亿美元，比上年下降5.4%，占全部进出口总额的14.1%。服务外包平稳发展。全年新增服务外包企业22个，完成服务外包业务合同总额12.7亿美元，比上年增长4.8%。执行金额11.7亿美元，比上年增长20.5%。离岸外包合同金额9.1亿美元，执行金额8.8亿美元，分别比上年增长5.4%、28.8%。境外投资出现下降。全年核准境外投资项目10个，比上年减少5个。中方投资额累计3791万美元，比上年下降90.9%。

（吴 艳）

【交通运输】 2017年，宜兴市交通运输基本平稳。宁杭高速宜兴东互通主体建成，宜长高速、常宜高速动工，对外交通格局持续优化。陶都路、宜浦路、宜北路改造有序推进，顶上桥、城西路网综合改造如期完工。环科大道南延段、善龙路、洑湖路基本贯通，S360省道西张段、潘西线等工程全面开工，新西氿大桥顺利合龙，和闸线、周万线等8条县道改造竣工；150千米农村道路、25座农桥提档升级。至年末，宜兴市公路通车里程2485千米，比上年增加9千米，增长0.4%。内河航道里程614千米，与上年持平。货运量稳定增长，客运量增速小幅回落。全年各种运输方式完成货运量3933万吨，比上年增长3.2%；货运周转量31.81亿吨千米，比上年增长3.3%。完成客运量 7040 万人次，比上年下降 0.7%；客运周转量 92686 万人千米，比上年增长 39.8%。

(吴　艳)

【邮政电信】 2017 年，宜兴市邮政通信增势平稳。全年实现邮政业务收入 2.89 亿元，比上年增长 15.1%；电信业务收入 15.45 亿元，比上年增长 5.5%。互联网用户 45.6 万户，比上年增长 10.7%。宜兴市固定普通话机用户 29.75 万户，比上年下降 10.8%。移动电话 155.4 万部，比上年增长 2.4%。公用电话 0.74 万部，比上年下降 38.8%。

(吴　艳)

【旅游】 2017 年，宜兴市旅游市场较快发展。阳羡生态旅游度假区成功创建国家级旅游度假区，国家全域旅游示范区、国家 AAAAA 级旅游景区"双创"工作有序推进，国际素食文化暨绿色生活名品博览会、目连节、梁祝爱情文化节等各级各类节庆活动成功举办，宜兴旅游品牌持续打响。宜兴市被评为全国森林旅游示范市。全年接待国内游客 2358.31 万人次，比上年增长 7%；接待旅游、参观、访问及从事各项活动的入境过夜旅游者 11.17 万人次，比上年增长 12.2%。旅游收入 248.32 亿元，比上年增长 10.4%，其中国内旅游收入 248.01 亿元，国际旅游收入 0.31 亿元。至年末，宜兴市星级宾馆 9 个，其中五星级宾馆 3 个、四星级宾馆 2 个。旅行社 37 个，旅行社营业收入 0.87 亿元，比上年增长 7.3%。

(吴　艳)

【科学技术】 2017 年，宜兴市科技人才数量增加。至年末，有各类专业技术人员 11.95 万人，比上年增长 4.3%。其中，高级职称 7136 人，中级职称 2.86 万人，初级职称 8.37 万人，分别比上年增长 4.1%、6.1%、3.7%。科技创新能力稳步提升。组织实施市级以上各类科技项目 310 项，其中国家级 1 项、省级 272 项、宜兴市级 37 项。受理专利申请总量 6037 件，比上年下降 17.9%，累计专利申请总量 5.33 万件，比上年增长 12.8%；当年专利授权总量 3576 件，比上年增长 8.2%，累计专利授权总量 3.2 万件，比上年增长 12.6%。万人发明专利拥有量 18.5 件。高新技术产业产值占规模以上工业总产值的 40%，研发经费支出占地区生产总值比重 3.05%。每 1 万名劳动力中研发人员数 110 人。高新技术企业 291 个，新增高新技术产品数 253 项，组织实施产学研及国际合作项目 158 项。

(吴　艳)

【教育】 2017 年，宜兴市教育事业全面发展。普通高中、普通初中、小学、幼儿园分别为 8 所、34 所、56 所、92 所，分别招生 4447 人、9895 人、1.07 万人、1.1 万人，在校学生分别为 1.32 万人、2.81 万人、6.08 万人、3.05 万人。中等技术学校 4 所，特殊教育学校 1 所，分别招生 2552 人、31 人，在校学生分别为 7892 人、222 人。宜兴市 4588 人参加高考，本科录取 3301 人，本科录取率 71.9%。

(吴　艳)

【文化】 2017 年，宜兴市公共文化服务水平不断提升。全年送电影下乡 3008 场，送戏下乡 105 场，文化馆小剧场奉献不同剧种演出 300 余场。至年末，市级艺术表演团体 1 个，文化站(馆)19 个；市级公共图书馆 1 个，藏书 107.52 万册；电影放映单位 15 个，放映场次 12 万次，票房收入 9500 万元。市文化中心全年到馆 174 万人次。市妇女儿童活动中心成立。城乡一体化公共阅读体系持续向镇村延伸。高水平举办第九届中国宜兴国际陶瓷文化艺术节，加强与境内外主要陶瓷产区互动交流，中国陶都影响力扩大。

(吴　艳)

【卫生】 2017 年，宜兴市卫生事业健康发展。医疗卫生机构 495 个，编制床位数 5296 张。卫生技术人员 10031 人，其中，执业医师 3332 人，执业助理医师 434 人，注册护士 4064 人。市人民医院新院区完成开工前期准备，医疗联合体建设实现市域全覆盖。宜兴市创建成为国家慢性病综合防控示范区。

(吴　艳)

【体育】 2017 年，宜兴市体育事业稳定发展。体育场 5 个，体育馆 16 个，游泳池 50 个。全年举办群众体育活动和赛事 44 次，其中市级及以上 16 次、县(市)级 28 次，参加竞赛活动人数 1.45 万人次。在各种赛事中，获国内外金牌 28 枚。举办国际越野行走公开赛、国际风筝邀请赛等高规格赛事。体育彩票销售 5.93 亿元，比上年增长 15.4%。宜兴市被评为 2017 中国体育旅游精品目的地。

(吴　艳)

【人民生活】 2017 年，宜兴市居民收入持续提高。居民人均可支配收入 40526 元，比上年增长 8.6%。按常住地分，城镇居民、农村居民人均可支配收入分别为 49826 元、25654 元，分别比上年增长 8.1%、8.2%。居民人均生活消费支出 25568 元，比上年增长 6.7%。按常住地分，城镇居民、农村居民人均生活消费支出分别为30199 元、18161 元，分别比上年增长 5%、8.3%。居住条件改善，城镇居民、农村居民人均住房建筑面积分别为 47.1 平方米、70.6 平方米。社会保障统筹实施，至年末，宜兴市 34.76 万人参加基本养老保险，比上年增长 1.6%；27.81 万人参加失业保险，比上年增长 1.1%；48.75 万人参加企业职工基本医疗保险，比上年增长 1%；55.69 万人参加城乡居民医疗保险，比上年增长 0.2%。

(吴　艳)

【社会福利】 2017 年，宜兴市福利事业扎实推进。至年末，有城镇社区服务中心 18 个。国家抚恤、补助各类优抚对象 6605 人。销售福利彩票 3.69 亿元。慈善机构接收捐赠款 5334.24 万元，其中，"慈善一日捐" 740.25 万元，定向捐款 1829.37 万元，企业认捐到账 1792 万元。市慈善会救助困难群众、学生 5.94 万人次，救助支出 3921.83 万元。

(吴　艳)

【环境保护】 2017 年，宜兴市环境保护有力推进。实施燃煤工业窑炉整治三年行动计划，落实水泥、建材等重点行业去产能要求，实施重点治太工程 59 项，完成太湖湖体 80 万立方米应急清淤，推进 19 条重点河道综合整治，7 条主要入湖河道水质达到或优于 III 类水标准。编制生态保护引领区建设方案及规划。探索重点河道精准治理模式，制定市镇重点河道"一河一策"，实现全市各类水域"河长制"管理全覆盖。严格执行环境执法"双随机"抽查制度。

(吴　艳)

【安全生产】 2017 年，宜兴市安全生产形势总体平稳。开展安全生产执法年活动，推进高危工艺、粉尘涉爆、租赁厂房、高层建筑消防安全等专项整治。平安宜兴建设扎实开展。“社区+”平台助推公共服务深入基层,社区协商自治试点有序推开。志愿服务蔚然成风,全年参与人数超1.7万人次。

(吴　艳)

【宜兴市成功创建全国文明城市】 2015年1月,宜兴市入围全国文明城市提名城市后,坚持以创新创城机制为抓手,攻克一批城市运行管理的重点难点问题,城区交通秩序明显改善,道路通畅,市容市貌、环境秩序得到新提升;改造提升老旧小区74个,通过“小手拉大手、共创文明城”活动带动10万余个家庭参与文明创建,4万余名党员走访家庭34.9万户并收集各类民生问题1.25万条,解决一批群众反映强烈的突出问题。2017年11月17日,宜兴市被评为全国文明城市。

(吴　艳)

【重大产业项目】 2017年,宜兴市引进总投资超10亿元以上项目8个,其中总投资超50亿元项目5个。引进总投资210亿元的宜兴国际旅游度假区和雅达健康生态产业园、总投资30亿美元的中环领先集成电路大直径硅片、总投资50亿元的东方环晟高效叠瓦太阳能电池组件等重量级项目,壮大宜兴的产业规模,优化宜兴的产业结构,对宜兴产业发展产生深远影响。

(吴　艳)

【开展“二减六治三提升”专项行动】 1月,宜兴市召开“二减六治三提升”(以下简称“263”)专项行动动员会议。会后,宜兴市迅速成立专项行动领导小组和实体化运作办公室,制定“263”专项行动总体方案,编制专项行动工作方案(含11个“子方案”)和2017年工作计划。在报纸、电视台设立《“263”宜兴在行动》专栏,公布投诉电话,各级开展自查自纠、明察暗访、问题曝光和整改落实等工作,在全社会营造浓厚专项行动氛围。突出“减少落后化工产能”和“治理太湖水环境、黑臭水体”重点,科学制定关停方案和专项政策,累计关停化工企业170个;全面实施“控源截污”两年行动,总投资50亿元的城乡污水管网、农村污水治理项目全面启动;沿太湖3千米缓冲带水产养殖污染治理实质性启动,完成太湖治理、河道整治、禁养区畜禽养殖场关闭等年度任务;深化“河长制”工作,为全市河道水质及面貌改善提供制度保障,太湖连续第十年安全度夏。

(吴　艳)

组织机构和负责人名单

中共宜兴市委员会

书　记　沈　建
副书记　张立军
　　　　周中平
　　　　李　煜(挂职,6月任,至8月)
常　委　沈　建
　　　　张立军
　　　　周中平
　　　　朱旭峰
　　　　朱晓晔
　　　　沈晓红(女)
　　　　孙海东(至3月)
　　　　何晓进
　　　　李　平
　　　　裴焕良
　　　　余俊慧(女,3月任)
　　　　张凡明

宜兴市人大常委会

主　任　刘亚民
副主任　王华良(至1月)
　　　　周　斌
　　　　赵菊明
　　　　徐志军
　　　　朱保强

宜兴市人民政府

市　长　张立军
副市长　何晓进
　　　　周　斌
　　　　吴青峰
　　　　储红飙
　　　　卢　敏(女)
　　　　马　钟
　　　　谢海华
　　　　戈林兴(挂职,至9月)
　　　　何江平(挂职,4月任)
　　　　唐　剑(挂职,4月任)
　　　　李秋宇(挂职,5月任)
　　　　张京宁(挂职,8月任)
　　　　李　艳(女,挂职,9月任)

政协宜兴市委员会

主　席　梅中华
副主席　庄建明(至1月)
　　　　莫克明
　　　　洪　雅(女)
　　　　芮俊燕(女,兼)
　　　　钱伟兴(兼)
　　　　温秀芳(女,兼)

中共宜兴市纪律检查委员会

书　记　李　平

(吴　艳)

梁溪区

【概况】 梁溪区位于无锡市区中部,总面积71.5平方千米。因无锡城西梁溪而得名,旧为无锡别称。至2017年年末,全区辖崇安寺、广益、广瑞路、上马墩、江海、通江、迎龙桥、南禅寺、清名桥、金匮、金星、扬名、北大街、五河、惠山、黄巷、山北17个街道,156个社区。常住人口95.62万人,户籍人口77.88万人。区人民政府设在解放南路688号。2017年,全区实现地区生产总值1165.05亿元,比上年增长7.1%;完成一般公共预算收入45.5亿元,比上年增长7.2%;固定资产投资225.6亿元,比上年增长14.2%;规模以上工业总产值281.9亿元,比上年增长20.8%;社会消费品零售总额999.58亿元,比上年增长10.6%;城镇常住居民人均可支配收入50550元,比上年增长8.4%。社会保险参保人数313389人,城镇基本社会保险覆盖率99%。

(陈建初)

【项目建设】 2017年,梁溪区落实重大项目推进例会制度,举办两次重大项目集中签约,赴香港等地开展招商推介活动,签约重大项目52个,引进投资1400亿元。109个区级重大项目完成投资183.7亿元,占全区投资比重81.5%,比上年提高35.5个百分点。孔雀城二期、白金汉爵二期等20个项目竣工,融创运河壹号府、恒大悦珑湾、恒隆广场A座、富力运河十号等28个项目开工建设，11个超1亿元项目成功落地，总投资3亿美元的新里程粒子放疗项目和投资超20亿元的居然之家华东区域总部项目启动建设。

(陈建初)

【产业升级】 2017年，梁溪区加快推进物联网为龙头的新一代信息技术产业、智能制造业发展。物联网产业营业收入比上年增长10%，举办2017世界物联网博览会新技术新产品成果发布会。完成都市工业技术改造项目31个，华洋滚动智能车间主体完工。修订完善现代产业发展政策，开展“金融助力、产业强区”系列活动，召开企业上市工作推进会，全年兑现区级扶持资金8654.7万元，审核拨付省、市各类扶持资金3836.1万元，区中小微企业融资担保基金投放贷款1350万元，新增主板上市企业1家、“新三板”挂牌企业3家。实施创新驱动核心战略，突出创新动能培育，全年新创国家级和省级众创空间各1家，新增政、产、学、研合作平台10个，万人有效发明专利数量首次突破10件，达10.3件。实施“梁溪英才计划”升级版，成功启动“基业长青”三年培训工程，与江南大学共推梁溪发展研究院10个合作项目，市新兴产业创业领军人才和市产业升级创新领军人才实现有效突破，首批省“乡土人才”名人获评数占全市1/4，引进市高级经营管理人才数量位列全市第一。

(陈建初)

【服务业】 2017年，梁溪区项目化推进省级商贸流通创新发展示范区、国家全域旅游示范区创建工作，接待游客人数比上年增长18.1%，旅游总收入比上年增长13%。国网智慧广场、红豆万花城等存量盘活项目全新开业，盘活闲置载体51万平方米。食品科技园建设提速推进，江南大厨房一期、二期开工建设，18-1号和35号地块实现出让，北兴塘河湿地公园环境改造项目启动征收，举办首届中国餐饮供应链博览会，中国饭店协会高端峰会永久性会址落户园区。广益家艺小镇列入省特色小镇备选名单，整体规划与专项设计工作全面启动。扬名传感信息园入围苏南国家自主创新示范区创新载体，引进必创传感产业园项目，成立全国首个环保物联网产业园。无锡(黄巷)创智天地产业设计全面完成，总部商务园二期进展顺利，朝阳市场二期开工建设。启迪无锡科技园加快发展，启迪众创工社成立运营，二期A、B块成功出让，普洛斯(无锡)国联物流园开工建设。推进清名桥景区建设，鸭子滩、中萃南地块中式园林大宅项目开工建设，第二加油站地块完成出让，古窑艺术村、南长街三段项目有序推进，景区风貌得以提升。江南古运河旅游度假区获批，整体规划形成中期成果。举办“江南古运河国际风情夜游节”等特色品牌节庆活动，无锡水弄堂被评为“江苏最美水地标”，梁溪区被评为中国商旅文产业发展示范区。崇安寺街区一期、二期业态加快转型升级，三期地块征收进入收尾阶段。小娄巷街区建筑设计调整方案经过专家论证，运营招商工作全面展开，16组文物保护建筑通过省文保验收。

(陈建初)

【城区改造】 2017年，梁溪区把棚户区改造作为重大民生工程和发展工程，结合城市更新发展要求，编制梁溪区棚户区改造地块规划，对86个住房设施老旧、安全隐患较多、群众期盼迫切的片区，逐一明确地块功能和实施计划，推进棚户区改造，涉及住宅3.2万户、410万平方米。规范化推进房屋征收，统一完善全区国有土地、集体土地房屋征收补偿办法，在全市率先实行100%货币化结算，创新实施律师、审计队伍全程参与的征收模式，形成公平公开、完善高效的征收推进体系。全年启动项目拆迁69个，完成征收、拆迁161.7万平方米，其中住宅83.7万平方米，非住宅78万平方米，实现项目清点59个，提供建设用地150.39公顷。调度使用各类房源6922套，推进扬名花园六期、黄泥头三期安置房和太极二分厂、振达钢管厂西侧定销商品房建设，在下甸桥、小天鹅地块试点配建限价商品房。

(陈建初)

【城市建设】 2017年，梁溪区抓好道桥路网工程建设，新民北路、广澄路、广益路西延(民丰苑-惠勤路)和桐桥港路(北中路-广益路)建成通车，江海西路快速化改造全线开工，钱皋路、运河西路工程进度超70%，塘泾路、广运路春节前具备通车条件。对群众反映强烈的5个低洼易涝点进行全面整治，新建芦村河闸站，提标移建高桥泵站，重建吴桥西路防洪挡墙，增强防洪抗涝能力。

(陈建初)

【城市管理】 2017年，梁溪区全面完成埝埭港、严埭港等26条河道综合整治，基本消除民丰河、潘步桥河等10条河道黑臭现象，启动前进河、赵家浜等17条河道水质提升试点和生态修复，新创排水达标区12块，复查整改383块。完成48个小区、196.75万平方米旧住宅区整治改造，7.1万人受益。完成23个自然村、32.5万平方米城中村综合整治，全区城中村全面整治到位。完成永丰路、芦庄南路等6条道路大修，“百巷梁溪”背街小巷提质改造工程完成概念性方案设计，修复社区破损道路85条，新增公共停车泊位1000个。建成2座餐厨垃圾处置设施，在7.2万户居民中推行生活垃圾分类收集，改扩建公厕15座。全民义务植树7.3万株，修剪大树2万株，新建游园5个，提升游园品质47个，新增绿地35.7万平方米。

(陈建初)

【生态环境整治】 2017年，梁溪区开展“两减六治三提升”专项行动，推进中央、省环保督察反馈问题整改，关停13家电镀和印染企业，实现全区重污染企业清零。推进大气污染防治，全面建成高污染燃料禁燃区，提前完成消减任务。加大水污染防治，推进河道和黑臭水体整治工作，全面落实“河长制”长效管理。有序推进土壤污染防治，全年完成土壤污染场地调查11个，完成修复2个。

(陈建初)

【文化事业】 2017年，梁溪区文化事业健康发展，完成48个社区综合性文化服务中心达标建设，开展各类文化活动323场次，建立梁溪区非物质文化遗产传承基地。档案史志工作扎实有效，首部《梁溪年鉴(2017)》创办发行。教育布局优化，新增幼儿园6所，新开河小学投入使用，梨庄实验小学扩建竣工，古运河实验小学主体封顶，省级标准化社区教育中心实现街道全覆盖；教育质量提升，各教育集团学业水平测试成绩大幅提高，社会对教育的满意度93.2%，位列全市第一。推进"健康梁溪"建设，制定实施社区卫生服务中心基础设施三年改造计划，通过国家慢性病综合防控示范区、省卫生应急规范化建设评估验收，新增和更新健身路径67套，市第八人民医院获省科学技术二等奖1项。

（陈建初）

【社会治理】 2017年，梁溪区社区治理稳步加强，广瑞二村、长街、南苑等12个社区完成办公服务用房升级改造，9名优秀社区干部选任为事业单位负责人，110个市公益创投项目和区"七彩工程"项目落地见效，金宁、五爱、广石家园等10个社区被评为梁溪区首批"幸福和谐社区"。1人被评为"中国好人"，2人被评为"江苏好人"，13人被评为"无锡好人"，梁溪区被评为省现代民政示范区。

（陈建初）

【法治建设】 2017年，梁溪区治安形势持续向好，"智慧警务"系统优化升级，违法犯罪警情比上年下降11.6%，群众安全感指数98.9%。技防城二期工程竣工投用。"法治梁溪"建设呈现新亮点，梁溪区人民检察院被评为"守望正义——群众最满意的基层检察院"全国十佳单位，法治建设满意度99.5%，位列全市第一。"七五"普法工作全面启动，公共法律服务体系不断健全，法律顾问和公职律师制度稳步推进，京师律师大厦投入使用。安全生产形势稳定，全区未发生较大以上和造成社会影响的安全生产事故。

（陈建初）

【民生建设】 2017年，梁溪区加快推动创业富民、就业富民、保障富民，全年扶持自主创业2549人，城镇新增就业3.6万人。开展精准扶贫，对3461户、4755名低保对象发放低保金3853万元，对1050人次困难群众提供临时救助345万元，对320户家庭实施"授渔计划"促进就业增收，为2248户低收入家庭提供住房保障，开展"支出型"贫困家庭深度救助，开通困难群众医疗救助"直通车"，全区相对贫困人口比上年下降20%。做好对口青海省循化县扶贫协作工作，确定5大类、16个帮扶项目。

（陈建初）

【自身建设】 2017年，梁溪区开展学习贯彻中共十九大精神和习近平新时代中国特色社会主义思想专题活动，不折不扣落实中央"八项规定"、国务院"约法三章"和省、市委"十项规定"，严格规范因公出国计划管理，"三公经费"支出逐年下降。开展"连心富民、联企强区"大走访活动，走访居民33.4万户、企业1.9万家，5229件问题工单全部办结。启动"阳光扶贫"监管系统建设，第一批13条资金线纳入监管平台，完成入户走访核查3592户。

（陈建初）

【举办新技术新产品成果发布会】 2017年世界物联网博览会期间，梁溪区举办世界物联网博览会新技术新产品成果发布会，参会嘉宾包括国内外院士3人、国内专家学者、国内外企业家及企业高管300余人，参会企业超500家，分别来自感知器件、网络通信、关键共性平台等领域，涵盖物联网全生态产业链。活动征集项目1000余项，征集项目数量比上年增长300%，申报项目企业涵盖阿斯利康、爱立信、华为、中兴、中国电信、中国移动、中国联通等世界500强企业及各通信巨头，摩拜、小天鹅、苏宁、高德等多个领域1000余家企业，征集项目涉及智慧城市、智慧农业、智能家居等多个领域，涵盖智能终端、智能硬件、智能应用、物联网开发平台以及物联网通信等多类新产品与新技术。活动邀请中国互联网协会理事长、中国工程院院士邬贺铨，中国联通科技委主任、中国工程院院士刘韵洁为首的专家组成评审团队，最终评选出金奖12项、银奖24项、优胜奖36项。

（陈建初）

组织机构和负责人名单

中共梁溪区委员会

书　记　徐　劼

副书记　秦咏薪

　　　　邹士辉

　　　　陈锡明

常　委　徐　劼

　　　　秦咏薪

　　　　邹士辉

　　　　陈锡明

　　　　朱　雄（10月赴青海省循化县挂职）

　　　　张　莉（女）

　　　　陈红升

　　　　唐斌彪

　　　　周皖红（女）

　　　　许　岗

　　　　蔡　昌

　　　　孙林祥（12月任）

　　　　唐明刚（11月任）

　　　　章树军（至9月）

梁溪区人大常委会

主　任　邹士辉

副主任　童耀明

　　　　曹海燕（女）

　　　　徐　越

　　　　周克刚

　　　　任震宇

　　　　姚　凯

梁溪区人民政府

区　长　秦咏薪

副区长　陈红升

　　　　李　涛

　　　　朱　刚

　　　　张　琦

　　　　夏　琰（女）

　　　　赵雪松

　　　　周　军

　　　　李振云（10月任）

　　　　许秋瑾（女，挂职）

　　　　笪学荣（挂职，6月任）

　　　　王　嵩（挂职，8月任）

　　　　金卓青（女，至4月）

　　　　顾　伟（至8月）

政协梁溪区委员会

主　席　陈锡明

副主席　陈国忠

　　　　钱丽忠（女）

　　　　李　波（女）

　　　　季　铮（女）

　　　　唐　红（女）

　　　　祝志明

　　　　秦惠芬（女）

黄梅华(女)
龚备英(女,至7月)

中共梁溪区纪律检查委员会

书　记　孙林祥(12月任)
章树军(至9月)

(陈建初)

锡山区

【概况】 锡山区位于无锡市区东北部，总面积399.11平方千米。至2017年年末，全区辖国家级锡山经济技术开发区、无锡锡东新城商务区,羊尖、鹅湖、锡北、东港4个镇和东亭、安镇、东北塘、云林、厚桥5个街道,47个城镇社区、75个农村社区(行政村)。户籍人口45.51万人，人口自然增长率比上年增长2.7%，是近10年来锡山区户籍人口增长最快的一年。区人民政府设在锡州中路1号。2017年,锡山区实现地区生产总值809.27亿元，比上年增长7.4%;完成一般公共预算收入78.79亿元,比上年增长9.07%,其中税收收入68.13亿元,比上年增长6.4%。城镇居民人均可支配收入50137元,农村居民人均可支配收入28568元,分别比上年增长8.3%、8.5%。

(印宏绯)

【农业】 2017年，锡山区农业生产平稳有序，小麦种植面积3587公顷、水稻种植面积3654公顷、水产养殖面积977公顷，新增高标准农田面积64.42公顷。推进农业园区提档升级，锡山现代农业产业园被评为国家级园区，欧姆龙智能农业产业园落户厚桥街道，农业园区化面积比重56.2%。农业科技取得新成效，益农信息社建设实现涉农行政村全覆盖。农业生态可持续发展,推进“两减六治三提升”专项行动,超额完成畜禽养殖场(户)关闭计划。加快农机转型发展，农业生产综合机械化水平90%。

(印宏绯)

【工业】 2017年，锡山区经济运行保持平稳,完成工业总产值1286.06亿元，其中规模以上工业总产值1121.4亿元，分别比上年增长14.4%、13.4%。完成工业投资360.8亿元，全区工业用电比上年增长8.3%。组织实施“千企技改”行动,完成技术改造项目投资244.8亿元,占全部工业投资67.9%。强化企业创新主体地位,实施“两化”(工业化、信息化)融合重点项目69项,新增无锡市“两化”融合示范企业22家,获评省级制造业与互联网融合创新示范试点企业16家。健鼎(无锡)电子有限公司、无锡恒诚硅业有限公司和恩欧凯(无锡)防振橡胶有限公司创建省级智能化示范车间。推进工业绿色化,开展燃煤工业窑炉和化工企业专项整治行动,关停燃煤工业窑炉21台、化工企业19家,完成工业企业挥发性有机物污染整治18家。

(印宏绯)

【产业发展】 2017年，锡山区制定深化现代产业发展、加快发展新一代信息技术及智能制造、推进服务业提质增效等政策措施，加大产业强区政策扶持力度，打造高水平产业园区，锡山经济技术开发区跻身全省经济开发区十强，锡东跨境电商产业园被评为省电子商务示范基地。推动产业招商和项目建设,总投资超100亿元的海尔国际创智谷、车联网小镇项目和投资超10亿元的尚品宅配等14个投资项目签约落户锡山区。至年底,到位注册外资3.92亿美元，在建超1亿元产业项目97个。完成进出口总额48.94亿美元,其中出口额36.3亿美元,分别比上年增长13.9%、8.1%。盘活存量土地320公顷，被评为全省高标准厂房建设与使用先进地区、全省国土资源节约集约利用模范区。

(印宏绯)

【改革创新】 2017年，锡山区制定深化行政审批制度改革、推进“3550”(开办企业3个工作日内完成、不动产登记5个工作日内完成、工业建设项目施工许可50个工作日内完成)改革系列配套制度细则,取消行政事业性收费7项，停征政府性基金1项，推行企业“多证合一、一照一码”登记模式和个体工商户“两证合一”。完成政务服务事项清单、区级部门标准化权力清单编制,公布“不见面”审批(服务)事项195项、“见一次面”审批(服务)事项586项。东港镇入选全省新一轮经济发达镇行政管理体制改革方阵。江苏新日电动车股份有限公司、东珠景观股份有限公司、无锡阿科力股份有限公司实现主板上市，无锡大德重工有限公司等5家企业登陆“新三板”，全区上市企业累计11家,“新三板”挂牌企业累计34家。探索开展基层医疗机构财政定额补助试点，以锡山人民医院（集团医院）为中心的紧密型医联体全面构建。新增各类企业研发机构31家，获省重大成果转化项目1项，新认定“专精特新”产品15个。制定聚力创新“锡山英才计划”及14个配套实施细则，与美国麻省理工学院达成第三轮合作协议，全年新入围国家“千人计划”人才1人、省“双创计划”项目10个。实施质量和知识产权战略,红豆集团荣获“江苏省质量奖”、品牌江苏建设“金帆奖”和“省商标战略实施示范企业”称号。

(印宏绯)

【城乡建设】 2017年，锡山区有序推进村庄规划修编,制定首批15个村庄试点方案。东港镇入选全国第二批特色小镇。新锡山人民医院建成,东亭中学新校区、东湖塘实验小学、怀仁幼儿园等16项学校建设工程全面推进，其中东湖塘中学教学楼等5项工程顺利完工,东城一品、东方天郡配套幼儿园按期投用。新辟和优化城乡公交线路8条，新锡路北延启动建设,东升路改建、锡甘路大修等工程开工在建，黄土塘南路、新杨路建成通车,S228省道大修完工。推进市容环境综合整治、村庄环境长效管理等工作,查桥、八士、甘露、东湖塘4个老镇区主要街巷改造全面实施。深化文明城市创建,城区文明程度指数在市级测评中持续位居第一，锡山地方税务局被评为全国文明单位，东港镇山联村被评为全国文明村。

(印宏绯)

【生态文明】 2017年，锡山区围绕“截污全覆盖、污水不入河”目标,实施“两减六治三提升”专项行动,推动环境保护和生态建设。排水达标区复查整改、村庄截污和码头污染整治实现全覆盖，东亭污水处理厂一期、二期工程完成提标改造,安镇、鹅湖污水处理厂二期扩容工程加快建设。“河长制”管理持续推进,河道整治各项工作提速推进，宛山荡湿地公园水环境改善工程启动开建,完成望虞河、九里河等9条列入市级考核河道综合整治,钓渚大桥等重点断面水质保持稳定达标。大气治理工程扎实推进,PM2.5年均浓度比上年下降10.9%。制定实施土壤污染防治工作方案,完成18个重点地块土壤污染状况调查评估。新增造林绿化面积153.33公顷,宛山荡湿地公园被评为省级生态湿地公园。加大环保问题曝光和督查问责,配合省环保督察,逐一核查整改督察组交办的环境投诉问题。

(印宏绯)

【民生保障】 2017年,锡山区社会民生事业持续改善,新增城镇就业1.82万人,扶持自主创业1268人,落实经济薄弱村"一村一策"脱贫项目15个,城乡居民人均可支配收入分别比上年增长8.3%、8.5%。净增企业职工社会保险缴费1.14万人,新增断保被征地农民接续缴费4682人,居民养老、居民医疗"两项保险"参保覆盖率继续保持高水平。向特困帮扶基金增资2亿元,发放深度贫困家庭救助金1405.8万元。制定教育设施三年建设计划,入园入学平稳有序,教育教学质量得到新提升。开展省健康促进区和"十三五"规划人口协调发展先进区创建,"国家基本公共卫生服务项目"省级绩效考核全省第一。开展各类群众文化活动和全民健身运动,青少年业余体校被评为全国群众体育先进单位。厚桥街道养老服务中心启动新建,安镇街道养老服务中心公办民营试点推进,专业化、社会化居家养老服务完善。推进"七五"普法,化解各类社会矛盾纠纷。开展安全生产大检查,推进重点行业领域安全隐患专项整治,生产安全事故起数和死亡人数连续六年实现"双下降"。推动食品安全基层责任网络建设,食品安全快速检测室实现全覆盖。深化"平安锡山"建设,社会治安形势持续稳定。

(印宏绯)

【中铁城轨装备有限公司落户无锡】 5月22日,无锡中铁城轨装备有限公司暨中铁一局城轨公司掘进设备技术中心落户锡山区。无锡中铁城轨装备有限公司以中铁一局城轨公司掘进设备技术中心为依托,由中铁装备提供盾构机研发技术,打造国内一流、世界先进的隧道掘进机制造和地下空间投资开发基地。该基地设计年产能盾构机20台,将推动锡山区高端制造业快速发展。

(印宏绯)

【中感物联网产业基金启动】 9月12日,国内首支100亿元级物联网产业投资基金——中感物联网产业基金在锡山区启动。中感物联网产业基金由感知控股集团、红豆集团、远东控股集团、海融资本等企业联合发起,专注于物联网相关产业投资,将开启物联网金融服务实体经济、产业和金融深度融合的投资及经济发展新模式。基金募集规模目标100亿元,覆盖物联网产业从感知端核心技术、芯片、模块、平台到应用的全产业链,同时覆盖适用于物联网改造的传统行业。

(印宏绯)

【阿科力由"新三板"转"主板"】 10月25日,无锡阿科力科技股份有限公司首次公开发行的A股股票在上海证券交易所主板挂牌上市,成为无锡市第一家"新三板"挂牌后成功转板的企业。公司发行A股2170万股,募集资金2.44亿元,主要用于年产2万吨脂肪胺扩产项目和年产1万吨高透光材料新建项目的建设。企业将对现有业务优化整合和深度拓展,提高核心竞争力,巩固企业在行业内的领先地位。

(印宏绯)

【重大项目集中签约】 10月31日,2017年锡山区重大项目集中签约仪式举行。北京复华未来世界、中国南山车联网小镇、海尔国际创智谷、安普瑞斯锂电池、尚品宅配等34个重大项目签约。项目涵盖智能装备、精密零部件、新能源核心部件、总部经济和文化旅游等多个领域,拟投资总额973亿元,其中单体投资超100亿元的项目4个,单体投资额、计划总投资额均创锡山区历史纪录。

(印宏绯)

组织机构和负责人名单

中共锡山区委员会

书　记　陆志坚(至12月)
　　　　顾中明(12月任)
副书记　顾中明(至12月)
　　　　言国强
常　委　陆志坚(至12月)
　　　　顾中明
　　　　言国强
　　　　李　江
　　　　张映雪(女)
　　　　窦　虹(女)
　　　　周柏平(至9月)
　　　　朱洪元
　　　　谢　军
　　　　徐　悦
　　　　陈秋峰
　　　　王颐然(11月任)
　　　　张永宏(挂职,1月至8月)

锡山区人大常委会

主　任　蒋　群
副主任　陈建清(1月任)
　　　　辛谊忠(1月任)
　　　　郑永君
　　　　毛　晨
　　　　黄懿斌(1月任)

锡山区人民政府

区　长　顾中明
副区长　李　江
　　　　包　鸣(至5月)
　　　　赵　鞠(女,5月任)
　　　　陈　奕(女)
　　　　李佩东
　　　　周建伟
　　　　陶　波
　　　　吴伟君(3月任)
　　　　周　刚(挂职,至1月)
　　　　徐为民(挂职)
　　　　张永宏(挂职,3月至9月)
　　　　栾海港(挂职,5月任)
　　　　徐雪高(挂职,7月任)

政协锡山区委员会

主　席　章红新
副主席　章建新
　　　　石国洪
　　　　朱卓君
　　　　孙军伟(1月任)
　　　　史锡联(1月任)

中共锡山区纪律检查委员会

书　记　谢　军

（牟　晟）

惠山区

【概况】 惠山区位于无锡市区西北部，总面积325.12平方千米。至2017年年末，全区辖1个省级无锡市惠山区经济开发区，洛社、阳山2个镇，堰桥、长安、钱桥、前洲、玉祁5个街道，86个城镇社区、29个农村社区。户籍人口48.18万人，常住人口71.12万人，人口自然增长率2.96‰。区政府设在惠山新城文惠路8号。2017年，惠山区实现地区生产总值830.53亿元，比上年增长7.5%；一般公共财政预算收入85.49亿元，比上年增长5.0%；全社会固定资产投资669.31亿元，比上年增长1.9%；完成现价工业总产值1612.81亿元，比上年增长20.9%，其中，规模以上工业总产值1264.62亿元，比上年增长21.1%；完成现价农林牧渔业总产值30.62亿元，比上年增长2.1%，其中，农业20.46亿元，比上年增长3.5%；实现社会消费品零售总额195.47亿元，比上年增长10.9%。全区工业企业8113家，比上年减少86家；全区规模工业企业810家，和上年相同。2017年，惠山智能制造物联装备产业基地获批国家火炬特色产业基地；惠山区被评为全国计划生育优质服务先进单位、2013~2016年度全国群众体育先进单位、2016年度全省基层党员冬训工作示范县（市、区）、2012~2016年度平安铁路示范县（市、区）、2016年度全省综治工作（平安建设）先进县（市、区）、省级卫生应急工作规范县（市、区）、省现代民政建设示范区、2016年度省土地执法模范县（市、区）等。

（章淑君）

【农业】 2017年，惠山区实现农业总产值30.62亿元，比上年增加19.63亿元。配合开展“两减六治三提升”专项行动，加强农业生产安全监管。推广绿色防控面积666.67公顷，减少农药施用量9.18吨；推广商品有机肥4548吨，减少化肥施用量251.3吨。完成造林面积140公顷，新增各类城镇绿地102万平方米，完成湿地保护面积40公顷，全区林木覆盖率提高到23.62%。全年关闭生猪养殖场（户）64家，整改2家，减少生猪饲养2.2万头。全年免疫注射各类畜禽55.28万头（羽）次，应免密度100%；完成生猪产地检疫2.64万头，屠宰检疫检验11.34万头，检出病猪472头，均无害化处理。加强植物保护工作，监测预报美国白蛾、松材线虫和一枝黄花等有害生物，布置防控和综合防除，保障生态系统安全。接受省、市农产品例行抽检，合格率98%，新增无公害农产品、绿色食品、有机食品的产品21个。生产的无公害大米在市农委举办的“全市好米”品鉴活动中获金奖1枚和银奖1枚。推进水蜜桃品质提升工程，水蜜桃参加“新沂杯”全国赛桃会获8枚金牌、15枚银牌。全年举办职业农民培训班33期，培训3164人次，新型职业农民持证率提高到60.1%，比上年增加4.7个百分点。按照惠山区提升防洪排涝能力三年行动计划，年内完成投资4.14亿元。完成锡北运河堤防工程、印桥港（万里段）挡墙工程、北塘河挡墙工程等堤防整治工程40.34千米；新（改）建排涝站48座、排涝闸站9座。全面开展水环境保护工程，综合整治刘仓河、九里河、杨家圩中心河、长浜新河等，全年完成河道整治123条，97.74千米，新建护岸30.94千米，清淤土方115.91万立方米。全年购置高速插秧机、联合收割机、复式小麦播种机、机动植保机、田园管理机等，投入资金66万余元，稻麦生产机械化水平超过96%；全年增添各类高效设施农业机械100台（套），高效设施农业机械化水平超过52%，区农业机械化综合水平超过85%。

（安静伦）

【工业】 2017年，惠山区完成工业总产值1612.8亿元，比上年增长20.9%；完成开票销售收入1732.8亿元，比上年增长27.7%；完成工业投资259亿元，比上年增长9.3%，其中技改投入160.5亿元，占全部工业投资比重的62%。完成区级重点工业

9月11日，中国智能制造评估公共服务平台上线　　（《惠山新闻》 供稿）

项目128项，年度计划完成投资155.2亿元，实际完成投资118亿元，全区重点工业项目开工率91.7%。大力建设“工业云平台”，9家企业完成基础软件架构建设。修订智能制造扶持政策，实施智能制造示范企业培育工程，搜集智能制造项目，征集智能车间11个、智能化改造重点项目51个、智能装备产业重点项目9个、互联网化提升重点项目2个及物联网应用示范重点项目3个。万元地区生产总值能耗比上年下降4%，全区关停化工企业41家，变更工商执照29家，签订承诺书2018年执照到位12家。建立区级智能用电管理平台，接入平台的直购电企业113家，签约参与直购电量27亿千瓦时，为企业降低用电成本9450万元。完成清洁生产审核企业15家，被工业和信息化部评定绿色工厂1家（无锡2家），建立节能与循环经济项目58个，实施并申报省、市重点节能与循环经济项目46个。全年重点用能企业节能4.5万吨标准煤，整治燃煤工业窑炉30台。工业配套园区完成工业销售收入830.5亿元，每公顷销售收入3975万元；整治低效用地企业110家，引进重大项目39个，其中产值超1亿元项目18个。创新存量用地管理机制，至年底，盘活存量用地90公顷，完成高效利用土地26公顷。无锡惠山软件产业园被认定为第三批国家小型微型企业创业创新示范基地。省级以上工业经济扶持资金9322.6万元，列全市第三。协调转贷应急资金使用，至年底累计使用转贷资金33.5亿元，续贷金额使用36.9亿元，两者均位居全市前列。全区拥有国家级智能制造示范试点项目1个、国家级“两化”融合贯标试点企业3家、国家级企业技术中心2家、省级智能示范车间7个、省级服务型制造企业3家、省级“两化”深度融合创新（互联网与工业融合创新）示范试点企业8家、省级“两化”融合管理体系贯标试点企业8家、省级“两化”融合示范试点企业45家、省级重大装备首台（套）17台、省级“专精特新”产品5个、省级科技“小巨人企业”4家。

（陈正清）

【服务业】 2017年，惠山区实现社会消费品零售总额195.47亿元，比上年增长10.9%，其中，批发和零售业零售额151.63亿元，比上年增长11.6%；住宿和餐饮业零售额43.84亿元，比上年增长8.2%。服务业投入410.26亿元，比上年下降2.2%；服务业纳税营业收入1754.87亿元，比上年增长7.6%；服务业税收47.6亿元，比上年增长8.8%。重点服务业项目52个，其中新建项目15个、续建项目37个，计划总投资509.69亿元，计划年内投资111.77亿元，实施完成113.38亿元，投资完成率101.4%；新建项目开工9个，开工率60%。改造农贸市场7个，其中鑫秦农贸市场通过市级验收。加强农贸市场经营管理，推进星级市场评比，评出星级农贸市场18个，发放奖补资金128万元。进行商业综合体转型，堰桥街道无锡阳光里街区众创短租空间项目和钱桥街道长三角二手车交易市场，均引进新业态，盘活存量资产；惠山城铁奥凯广场与美凯龙签约。物流园区、物流企业向物流标准化方向发展。无锡传化物流基地有限公司、宝航物流股份有限公司等10家企业入围全市物流标准化企业，开展标准化托盘、智慧物流平台建设。年内全区完成旅游投入12.2亿元，比上年增长15.5%；实现旅游收入7.9亿元，比上年增长11.8%；全年旅游人数292万人次，比上年增长10.3%。阳山桃源风情小镇进入江苏省首批13家旅游风情小镇创建名单，田园东方综合体项目被评为省首批五星级乡村旅游区，尚田生态岛被评为省四星级乡村旅游区，前洲锦绣园被评为国家AAA级景区。在“无锡市旅游+特色休闲业态”评选活动中，玉祁酒业、鸣珂里文化民宿获二等奖。小筑沐野、鸣珂里、花间堂分别被评为2017无锡市最美乡村民宿。阳山村被评为“十三五”规划期间无锡市首批10家提档升级的美丽乡村休闲旅游示范村。阳山镇被国家旅游局评为第三批中国乡村旅游创客基地。

（安静伦）

【开放型经济】 2017年，惠山区完成对外及对中国港澳台贸易进出口总额30.04亿美元，比上年增长10.4%，其中，出口总额26.02亿美元，比上年增长11.1%；进口总额4.02亿美元，比上年增长9.3%。全年到位注册外资3.01亿美元，完成目标进度的100.18%，其中制造业到位外资1.40亿美元，占比46.51%。完成境外投资项目6个，中方投资额2560万美元。全年完成服务外包执行金额11.95亿美元，完成离岸外包执行金额8.51亿美元。新批外商及中国港澳台商投资企业项目60个，实现协议注册外资5.42亿美元，其中新设项目42个，实现协议外资3.11亿美元；增资项目18个，实现协议外资2.31亿美元。

（安静伦）

【科技创新】 2017年，惠山区高新技术产业产值398.3亿元，比上年增长14.4%，全社会研发投入占地区生产总值比重3.24%。承担省、市各类科技计划项目67项，向上争取科研资金6603万元。全区科技型中小企业107家，获省、市科技风险补偿贷款5.78亿元。全区224家企业研发费用加计扣除备案，加计扣除金额4.98亿元，121家企业享受税收优惠2.6亿元。年内新认定高新技术企业85家，备案入库企业40家，新认定高新技术产品126个，新增省民营科技企业69家。列入江苏省重点研发计划项目3项、省创新能力建设计划项目5项，列入无锡市国际科技合作计划项目3项，列入无锡市科技成果产业化贷款贴息项目4项，新增省级以上科技载体8家。全年举办较大规模联盟活动11次，邀请行业专家100余人，对接区内企业300余家（次）。举办无锡惠山政、产、学、研合作洽谈会，全区新增产学研合作项目107项。6大产业研究院共衍生孵化高科技企业16家。新增国家级众创空间2家、省级众创空间2家、省科技创新创业孵化链条1个、省科技企业加速器1个。无锡智能精密制造众创社区成为全省首批众创社区备案试点单位。全年新增省级企业工程技术研究中心3家、省级企业研究生工作站4家、院士工作站3家。南京航空航天大学无锡研究院和哈尔滨工业大学无锡新材料研究院获批省新型研发机构。无锡市基因检测科技公共服务平台获批市科技公共服务平台。无锡惠山智能制造物联装备特色产业基地被认定为国家火炬特色产业基地。无锡(惠山)生命科技产业园获批省级科技产业园。无锡尚田农业科技发展有限公司的尚田六次产业示范园被认定为省级星创天地。江苏毅合捷汽车科技股份有限公司、上能电气股份有限公司被列入江苏省科技企业上市培育入库企业。通过国家知识产权管理体系认证企业10家,获第十届江苏省专利优秀奖2项,获无锡市专利优秀奖2项,获无锡市科技进步奖6项。年内,全区申请专利8087件,其中发明专利3447件;专利授权3942件,其中发明专利462件;万人发明专利拥有量31.73件。

(何宝龙)

【城镇建设和管理】 2017年,惠山区编制全区镇(街道)总体规划,确保城镇发展空间。完成工业转型集聚区(东区)控制性规划编制,完成阳山镇桃园村村庄规划编制和惠山区燃气、供热规划论证,开展阳山生态休闲旅游度假区等重点片区规划编制。新一轮"八纵五横八联"县道网规划通过省级审核。基础设施持续优化,凤翔路快速化改造启动;江海西路快速化改造,钱皋路、钱胡路延伸,惠洲大道、中兴路北延等工程顺利推进;中惠大道西延、运河西路、惠西大道前洲段、新锡澄路南段及西石辅道、新长铁路道口平改立、惠山大道慢行系统等工程基本完成。完成县道大中修3条,农村公路提档升级24.8千米,农村危桥改造10座。完成拆迁70万平方米、地块清零及重点征收项目23个,完成县属企业家舍改造16万平方米。办理安置房初始登记16871套。完成老城镇改造项目40个、村庄提档升级36个和城中村整治6个。继续实施全面提升防洪排涝能力三年行动计划,新沟河主体工程基本建成。年内实施堤防工程40.3千米,建设护岸33.7千米,整治河道123条,新(翻、改)建排涝泵站48座、闸9座。继续推进专项整治,拆除违法建设14万平方米,查处违规运输车辆162辆,取缔废品回收站500余家,整治出租屋3423户,建成停车泊位1400余个、便民停车场7个、停车示范管理路7条。推进飞灰填埋场、渣土消纳场、餐厨垃圾、酸洗污泥等固废处置设施建设,完成小型餐厨垃圾处置设施4座,新改建镇级垃圾中转站4座、村级垃圾收集站18座,建成区生活垃圾分类覆盖率25%,村级生活垃圾机械化收集率、垃圾集中收集站覆盖率、环卫保洁市场化率分别达98%、73%和86%。

(安静伦)

【生态环境保护】 2017年,惠山区修编并实施生态文明规划,全面开展"两减六治三提升"整治。全区648条河道"河长制"管理全覆盖。完成太湖治理项目539个,整治黑臭水体55条,新建排水达标区39个、复查192个,新建污水管网60千米、排查272千米,完成农村生活污水点源治理村庄73个,关闭畜禽养殖场(户)60家,23条市级重点整治河道III类以上水体达到考核要求。落实年度总量减排重点工程33项,完成大气污染治理工程177个。淘汰燃煤设施95台(套),减煤9万吨,关停落后化工企业41家,完成工业窑炉清洁能源改造71家,治理挥发性有机物污染企业62家,万元地区生产总值能耗下降4%。4项主要污染物排放完成市下达减排任务,PM2.5平均浓度比上年下降14.7%,区域空气质量优良天数比为65.2%。试行水环境区域补偿,完成排污权交易试点2个,核定国家级排污许可证企业43家,核发市级排污许可证450张。完成清洁生产审核企业15家,被工信部评定绿色工厂1家。完成环境风险等级评估企业67家。全区造林140公顷,林木覆盖率提高到23.6%。创建省级"三化"(彩色化、珍贵化、效益化)示范村2个、省级绿化示范村4个。严格环保执法,中央环保督察组交办的信访案件33件均整改到位,省环保督察组交办的信访案件225件按期办结。实施"绿刃2017"专项行动,组织太湖安全度夏等交叉执法检查7111厂次,作出处罚285件。

(安静伦)

【教育】 2017年,惠山区实施教育工程17项,其中改扩建工程8项,年内竣工启用5项;新建工程9项,年内启用2项。高分通过省政府的教育督导考核,继续实施责任督学挂牌督导工作,做好国家级责任督学挂牌督导创新县(市、区)创建准备,完成省义务教育学校标准化建设监测;启动全区民办教育机构专项整治,关停违规办学的民办教育培训机构60家。实施惠山区未成年人德性成长行动计划,深化中小学"一校一品"德育品牌建设。深化课堂教学改革,开展高效课堂研究与实践,江苏省锡山高级中学、洛社中心小学4项成果分获江苏省基础教育类成果奖特等奖1个和一等奖3个,江苏省锡山高级中学省级课程基地受到省教育厅、教育部基础教育司高度肯定。2017年高考,江苏省锡山高级中学本一进线率90.59%,是全市唯一一所本一率超90%的高中;在2017年对口高考中惠山中等专业学校,本科达线率63.7%,在2017年省职业技能大赛中,获6枚金牌、5枚银牌、4枚铜牌。年内惠山区招聘教师3次,共招录新教师315人;加强教育系统干部队伍建设、骨干教师队伍建设和师德师风建设,教育系统新增"中国好人"1人、市教育名家培养对象2人、区"先锋英才计划"事业英才(教育名家)6人、市教学新秀54人、区教学新秀190人,推荐4人参加新中国教育名家大师、国家"万人计划"教学名师评选。整合资源、强化职能,构建教科研训一体化的教师发展服务平台,成立惠山区教师发展中心。

(陈正清 何宝龙)

【文化】 2017年,惠山区建设公共阅读点10个,投放图书35782册,开展各类阅读活动85次,参与人数1500余人次,图书借还率保持80%左右。区图书馆完成第六次全国等级评估,保留国家一级馆称号。举办第五届社区文化节,开展惠山区百姓大舞台惠民巡演120场,承办上海国际艺术节无锡分会场交流演出3场。开设文艺公益课程5项、48班次,参加培训群众1.5万余人次。大型原创现代锡剧《好人俞亦斌》获无锡市"五个一工程"奖。在各级文学期刊、报纸等发表文学作品220余篇(版)。举办基层文艺骨干、群众文艺辅导员培训班26期,申报特色团队群众文艺团队小额资助项目84个,获扶持资金29.3万元。完成文化产业投入11.14亿元,产出36.64亿元,分别比上年增长10.52%、12.05%。新增年营业收入超2000万元的规模文化企业6家,新增认缴资本超500万元文化企业11家,新增投资额超5000万元项目4个、超1亿元项目6个,文化产业增加值占地区生产总值比重2.86%。兑现2016年区级文化产业扶持资金91.25万元,惠及17家企业。组织申报省、市级文化产业引导资金项目3个。开展文化市场"扫黄打非"专项整治20次,出动执法人员158人次,检查相关经营单位311家次,查处违法违规经营单位9家,取缔黑网吧2家,实施行政处罚9起。建成2016年度江苏省"绿色网吧"2家;申报江苏省歌舞娱乐转型升级示范场所1家、江苏省"绿色网吧"7家、江苏省"双优诚信"印刷企业2家。拥有国家级历史文化名村1家、省级文物保护单位5家、市级文物保护单位28家、市级工业遗产和乡土建筑6家、市级文物控制保护单位20家。拥有非物质文化遗产项目17项,其中,省级项目3项、市级项目14项;"非遗"传承人14人,其中,省级"非遗"传承人2人、市级"非遗"传承人12人。

(陈正清 何宝龙)

【体育】 2017年,惠山区举办篮球、足球、羽毛球、乒乓球、老年人门球等各级各类比赛活动200余次,承办全国性围棋赛事4场;组织1000余名运动员参加无锡市第12届运动会,获体育道德风尚奖,区老年部获团体总分第二名;区健身气功团队获江苏省健身气功站点联赛一等奖。申报省级体育产业引导资金项目5个。全年完成体育彩票销售2.84亿元,比上年增长22.58%,在全省65个县(市、区)中位居第十位。总投资2.3亿元的惠山区全民健身中心占地面积5.3万平方米,建筑面积约3.1万平方米,年内投入试运行,期间举办国家、省、市级各类比赛活动20余场,接待健身市民7万余人次。免费健身体验3.6万人次,完成样本量测试800余人。体质测定和科学健身指导站获上级扶持资金66万元。全区更新更换健身路径器材60套、篮球架30副、乒乓球台50张,建设高标准的多功能运动场6个。

(陈正清 何宝龙)

【卫生】 2017年,惠山区深化国家基本药物制度改革,采购基本药物1.76亿元,采购10万元以上医用设备93台,采购金额6325万元,节省采购资金1111万元。惠山区第三人民医院搬迁启用,区康复医院新病房大楼和阳山镇卫生院病房综合楼竣工启用。惠山区中医医院成为南京中医药大学教学医院。玉祁社区卫生服务中心、阳山镇卫生院被省中医药管理局列为2017年中医馆建设单位,石塘湾卫生院通过省示范中医科验收。区人民医院被评为全国综合医院中医药工作示范单位。石塘湾卫生院被国家卫计委命名为2016~2017年度群众满意的乡镇卫生院,堰桥、前洲街道社区卫生服务中心被国家卫计委授予"全国优质社区卫生服务中心"称号,被中国社区卫生协会授予"全国200强社区卫生服务中心"称号。开展基层医疗卫生服务能力提升年活动,惠山区被评为江苏省基层卫生十强县(市、区),洛社镇万马村卫生室、阳山镇住基村卫生室创建成省级村卫生室,前洲街道社区卫生服务中心康复医学科被省卫计委确认为第二批江苏省基层医疗卫生机构特色科室。全区全年无偿献血3424人次。钱桥街道社区卫生服务中心护士章丽被评为江苏省优秀护士。全面实施国家14类、55项基本公共卫生服务项目,65岁以上老年人体检完成率76.44%,中医药健康管理服务率44.7%。0~3岁儿童中医药健康管理率97.71%。严重精神障碍患者检出率4.24‰,管理率92.14%;高血压病人健康管理率43.80%;糖尿病人健康管理率37.74%。报告甲、乙类传染病11种、1079例,报告丙类传染病6种、1991例。管理艾滋病病毒感染者(HIV)、艾滋病人(AIDS)234例。其中,HIV感染者144例,AIDS患者90?例。筛查肺结核可疑症状者3213例,报告疑似病人506例,管理活动性肺结核病人199?例。人均期望寿命82.37岁,较上年上升1.03岁。全年受理各类卫生举报投诉33起,立案查处7起,移送公安机关2起。查处无证行医案件14起,法院强制执行11起,移送司法机关2起。全年免费服务0~6岁儿童112389人次、孕产妇18678人次;宫颈癌筛查37288人次,乳腺癌筛查37498人次,分别完成全年任务的149.15%、149.96%;接受艾滋病、梅毒和乙肝检测的孕妇4666例,检测率100%,新发现梅毒阳性孕产妇19例,乙肝表面抗原阳性产妇99例,及时为新生儿免费接种乙肝免疫球蛋白100支,注射率100%。玉祁社区卫生服务中心通过省级规范化妇幼健康服务门诊创建验收,阳山卫生院和玉祁社区卫生服务中心通过市产科标准化建设验收。受理生育登记5820例,全区户籍人口出生4172人,计划生育政策符合率99.95%。审核计划生育"一票否决"84人次。惠山区被国家卫计委命名为2014~2016年全国计划生育优质服务先进单位。全年发放农村部分计划生育家庭奖励扶助10575人、989.91万元;发放计划生育家庭特别扶助765人、491.19万元;发放计划生育公益金298户、138.5万元。2016年持独生子女父母光荣证的企业退休职工一次性奖励登记审核1103人、397.08万元。开展以环境清理为主的病媒生物防制活动,清除卫生死角383处,清理垃圾1100余吨,清理绿化带6000平方米,投放溴鼠灵5600千克;开展病媒生物防制专项消杀活动3次,完成70%封闭式小区毒鼠站规范化建设,毒鼠站投药情况抽检达标率100%。全区农村生态改厕150座,生活饮用水监测覆盖率、合格率均为100%。

(陈正清 何宝龙)

【社会保障】 2017年7月1日起,惠山区城乡低保标准由每人每月760元提高至820元。至年底,全区城乡最低生活保障对象667户、1282人,全年累计发放低保金802.89万元。区级临时救助302户次、78.6万元,镇(街道)级临时救助5182户、656万元;落实支出型困难家庭帮扶救助811户(人)次、223.68万元。重点实施支出型困难家庭医疗救助及突发灾情家庭救助40户,发放救助金129.96万元。落实贫困学生就学527人,发放助学金211.16万元。开展对因失独、重病、养老等导致生活困难的区管退休干部和镇管村(社区)退职干部的慈善助困,落实慈善助困总金额19.2万元。为2255户低保及边缘户家庭办理民生保障保险,落实慈善资金33.83万元。慈善资金收入653.18万元,支出633.59万元,慈善资金总余额为10116.22万元。新成立社会组织49家,注销17家,共有核准登记的社会组织453家。年内共申报公益创投项目73个,申请到省级资金25万元、市级资金39.54万元、区级资金159.98万元。接收退役士兵,发放自谋职业一次性经济补助金1127.5万元,为义务兵家庭发放优待金643.36万元。推进居家养老社会化运作,引进、培育如意公益、九色公益等17个社会组织和为老服务企业,接收全区31个社区居家养老服务站。全区评出四星级养老机构4家、三星级养老机构4家。全区享受尊老金的老年人13439人,全年发放尊老金906万元。

(陈正清　何宝龙)

【社会管理】 2017年,惠山区推进平安惠山、法治惠山和政法队伍建设。全区群众安全感、法治建设满意度分别提升至99.25%和97.5%。推进“平安慧眼”技防围合工程建设,新增高清摄像线路2045路,安装推广摄录一体机2400台、动态人脸识别系统38套。全面排查和整治社会矛盾和安全隐患,滚动排查各类不稳定因素146起,实施社会稳定风险评估事项263件。集中整治出租房屋安全隐患,摸排登记出租房屋9.8万户,登记出租房屋内流动人口40.95万人,督促整改存在安全、消防等隐患出租房屋3423户。挂牌督办治安问题突出的地区(部位)15个,管控全区易肇事肇祸精神病患者60人。全年实施法治惠民实事工程12件,“法治县(市、区)”创建通过省检查考核。落实行政机关负责人出庭应诉制度,出庭应诉率100%。推进“七五”普法工作,开展“桃娃春播”公共法律服务行动。建成综合性区级法治文化公园,升级改造全区法治宣传教育中心,镇(街道)、村(社区)共建法治文化阵地118个。开展“驻一线、听民声、解民忧”活动,开展“连心富民、联企强区”大走访活动,组织政法系统党员干部走访村(社区)农户、科技人才2000户(人),走访重点企业30家,发放宣传品9万余份。

(何宝龙)

【人民生活】 2017年,惠山区城镇居民人均可支配收入51121元,比上年增长8.3%;人均生活消费支出26838元,比上年增长5.1%。农村居民人均可支配收入28624元,比上年增长8.7%;人均生活消费支出14995元,比上年增长8.7%。企业退休人员养老金、基础养老金和城乡低保标准分别提高至每人每月2649元、405元和820元。累计投入20亿元,优质完成10件为民办实事项目。落实就业帮扶资金2.18亿元,重点扶持自主创业2143人,扶持困难人员再就业3434人,带动就业和再就业8421人,净增城镇就业15669人。区籍应届大学生就业率97%,离校未就业高校毕业生实名制登记率100%。堰新社区被评为国家级充分就业社区。社保净增缴费人数1.2万人,完成断保接续1.5万人。发放低收入失地农民社保补贴378万元,发放被征地农民基本生活保障金119万元。推进精准救助,挂钩结对低收入户1027户,完成低保对象脱贫428户、747人;制定实施支出型贫困家庭帮扶救助意见,精准救助771人次、230万元;发放临时救助金735万元。以帮助困难学生“助学、助业、助志”为主要内容的“关爱·圆梦”品牌被央视报道。培育“惠爱”红十字助困帮扶基金。开展初级救护员培训584人次,普及救护培训8673人次。

(安静伦)

【工业项目建设】 2017年,惠山区16个省、市重大项目全部开工建设,完成投资83.7亿元;128个区级重点工业项目,完成投资118亿元。72个区级新建重点项目中,开工建设66个,新建项目开工率91.7%。重点项目竣工投产44个。全年召开重大项目推进会2次、观摩重大项目14个,协调解决项目推进中的问题和困难。定期编制“一表一图”(计划表、进度图),内容涵盖项目开工、项目推进和项目达产等情况,实时掌握128个区级重点工业项目的建设进度。大联洋食品(无锡)有限公司、云内动力股份有限公司、井上华光汽车部件有限公司、江苏无锡欧派集成家居有限公司、无锡京运通科技有限公司、新开博发展(无锡)有限公司等项目稳步推进;上汽大通汽车有限公司无锡分公司二期、无锡精科汽车配件有限公司、京威汽车零部件股份有限公司、无锡华精新材股份有限公司等重点项目陆续投产;无锡戴卡凯斯曼汽车轻量化部件一期项目开工;星亿智能科技有限公司、无锡透平叶片有限公司、无锡万斯家居用品有限公司等智能制造项目加快建设。

(陈正清)

【人才集聚】 2017年,惠山区围绕产业链构建人才链,集聚一批适合惠山区产业发展的领军型人才。参加“百企千才高校行”、第15届中国国际人才交流大会(深圳)、无锡市高端人才招聘会等引才引智活动,引进各类人才6335人,其中高层次人才278人、“海归”人才69人,高校毕业生3205人。申报“太湖人才计划”产业升级创新领军人才7人,申报“柔性引智”项目7项。推进“先锋英才计划”,评选惠山区“创业先锋”20人、“创新先锋”9人、“管理先锋”21人、“事业先锋”15人。华中科技大学无锡研究院入选江苏省首批外国专家工作室,南京航空航天大学无锡研究院和哈尔滨工业大学无锡新材料研究院获批省新型研发机构。江苏慧眼数据科技股份有限公司吕楠获“留学回国人员创业奖”,无锡商业职业学院龚文资获“高技能人才成就奖”,惠山创业中心获评“引进人才工作奖”。为3个持有“省高层次人才居住证”的人才申报个税奖励,全年发放高级工程师、高级技师、博士、硕士等人才补贴136.83万元。江苏智联天地科技有限公司、无锡市中惠橡胶科技有限公司被批准设立江苏省博士后创新实践基地。

(陈正清)

【城市阅读联盟】 2017年,惠山区制定《惠山区城市阅读联盟创建指南(试行)》,推进“天上书阁·惠山区城市阅读联盟”体系建设。采取政府扶持指导、商家投入运营模式,在全区部分机关、文化活动中心、体育健身中心、教育培训中心、商场、商店建设公共阅读点。完成公共阅读点建设10个,投放图书35782册,通过微信公众号数据库功能实现各个点之间的通借通还。每个公共阅读点每月由商家负责策划、组织阅读活动。全年10个阅读点举办阅读活动85次,参与人数1500余人次,图书借还率保持在80%左右。城市阅读联盟实现阅读主题生活化、阅读方式便捷化、阅读环境优美化、阅读借还电子化、工作支撑志愿化功能，与公共图书馆系统的阅读方式形成互补，成为独具特色的惠山区全民阅读新平台和“民间图书馆”。区城市阅读联盟纳入无锡城市阅读联盟总体框架，成为无锡市2017年为民办实事工程之一。

（何宝龙）

组织机构和负责人名单

中共惠山区委员会

书　记　吴仲林
副书记　李秋峰
　　　　计佳萍（女）
常　委　吴仲林
　　　　李秋峰
　　　　计佳萍（女）
　　　　杨建平
　　　　岳中云
　　　　俞　刚
　　　　邓加红（女）
　　　　吴建明
　　　　吴立刚
　　　　袁漪韬（女）
　　　　郝朝勇
　　　　赵庆芳（挂职，1月任）

惠山区人大常委会

主　任　顾智杰
副主任　徐金瑞（至1月）
　　　　方　瑛（1月任）
　　　　陈金良（1月任）
　　　　陈　纯
　　　　陆栋梁（至1月）
　　　　秦志宏

惠山区人民政府

区　长　李秋峰
副区长　杨建平
　　　　曹文彬
　　　　吴　燕
　　　　刘俊伟
　　　　范　良
　　　　赵　磊
　　　　赵树生（挂职，至8月）
　　　　才项仁增（挂职，至1月）
　　　　许慧慧（女，挂职，至6月）
　　　　赵庆芳（挂职，1月任）
　　　　高伟宏（挂职，4月任）
　　　　俞政业（挂职，5月任）
　　　　袁　强（挂职，8月任）

政协惠山区委员会

主　席　陈　燕
副主席　陆　益（1月任）
　　　　唐江澎（兼）
　　　　耿国平（1月任）
　　　　陈晓松
　　　　黄　明

中共惠山区纪律检查委员会

书　记　吴建明

（安静伦）

滨湖区

【概况】 滨湖区位于无锡市区西南部，总面积628.15平方千米，其中陆地面积257.89平方千米。至2017年年末，全区辖胡埭镇和马山、华庄、雪浪、蠡园、太湖、河埒、荣巷、蠡湖8个街道，有国家级旅游度假区、国家级工业设计园、国家级数字电影产业园、国家级传感网创新示范区、国家级智能交通产业园各1个和无锡太湖城、无锡山水城、蠡园经济开发区、无锡经济开发区4个省级开发区，有112个村（社区）。全区常住人口83.09万人，城镇人口51.27万人，城市化率61.7%。全区人口自然增长率5.28‰，出生人口政策符合率99.97%。区人民政府设在金城西路500号。2017年，全区实现地区生产总值954.9亿元，比上年增长7.6%；一般公共预算收入96.1亿元，比上年增长3.5%；规模以上工业总产值534亿元，比上年增长16.3%；社会消费品零售总额291.2亿元，比上年增长12.1%；固定资产投资636.6亿元，比上年增长6%；居民人均可支配收入47094元，比上年增长8.7%。

（朱　越）

【农业】 2017年，滨湖区完成农业总产值8.1亿元，现代农业园区化比重54.3%；农业园区营销收入1.5亿元，接待游客200余万人次。“花彩小镇”农业综合体加快建设，“魅力厨房”新米粥项目投产上市，“世外源”智慧农业、“凤谷山庄”生物农业引领农业产业新发展。休闲农业助力“美丽乡村”建设，“蜂巢农庄”“慕湾果园”“踏青农庄”等乡村特色农庄亮点纷呈。

（朱　越）

【工业】 2017年，滨湖区规模以上工业企业完成产值534亿元，比上年增长16.3%；完成工业投入55.2亿元，其中技改投入34.4亿元。主导产业支撑有力，装备制造、电子电气、医药制造、金属加工等支柱产业产值占工业总产值比重超80%。骨干企业发展良好，华瑞制药、振华轿车等排名前十位工业企业实现产值108.5亿元，占规模以上企业总产值的20.3%。企业上市稳步推进，全年全区新增上市企业3家、“新三板”挂牌企业9家。金融促进体系建设、重大项目联审会办等进展有序。苏民投产业基金落户蠡园开发区。区级偿债准备金、中小企业金融防风险转贷应急资金运行良好。

（朱　越）

【服务业】 2017年，滨湖区完成社会消费品零售总额291.2亿元，比上年增长12.1%，其中限额以上社会消费品零售额119.7亿元，比上年增长15.4%。全区服务业占地区生产总值比重55.5%，万达主题公园及酒店群、河埒金融商务港等一批项目启动建设，人鱼小镇、花彩小镇等一批服务业重大项目进展良好。省级服务业综合改革试点工作持续推进。小桃园、张舍、落霞3家农贸市场改造提升实施到位，全年完成餐饮单位“瓶改管”175家。品牌质量有效推进，费森尤斯华瑞制药有限公司获2016年“市长质量奖”，灵山文旅集团获江苏省品牌建设“金帆奖”。

（朱　越）

【旅游业】 2017年，滨湖区接待游园人数4291.1万人次，比上年增长15.4%；接待旅游总人数2231.4万人，比上年增长16.3%；旅游总收入235.6亿元，比上年增长15.3%。启动国家全域旅游示范区创建，全域旅游服务（指挥）中心加快建设。推进旅游“1+3”（旅游局+旅游警察、旅游巡回法庭、旅游市场监管分局）综合执法体系改革。灵山禅意小镇、太湖影视小镇入选全省首批特色小镇培育计划。太湖山水文化旅游节、第二届太湖影视文化产业投资峰会等成功举办。

(朱 越)

【开放型经济】 2017年，滨湖区完成到位外资2.51亿美元，完成进出口总额169.6亿元，比上年增长11.1%,其中出口123.8亿元,比上年增长9.6%;服务外包合同总金额、业务执行额、离岸合同金额、离岸执行额比上年增长均超20%。引进注册资本超1000万元企业756家,比上年增长55%，新批药明康德生物技术、久信置业等外资项目30个,其中3000万美元以上重大项目5个，超1亿美元重大项目3个，全年新增协议外资6亿美元，举办金秋经贸签约大会、“百日招商季”等活动，签约推进复华度假世界、中国电影名镇、华润智慧能源等一批重大项目。响应“一带一路”倡议,鼓励和引导企业“走出去”,全年获批境外投资项目15个、协议投资额1.9亿美元。区对外友好协会成立。

(朱 越)

【新兴产业】 2017年，滨湖区生物医药、影视文化等新兴产业稳步增长。1300余家纳入区级统计库企业全年税收比上年增长11%。其中,药明康德实现税收6.3亿元，投资额15亿元的三期新药项目投产；数字电影产业园实现税收4.8亿元;星纪元、星皓影业等一批极具成长性和行业影响力的明星企业成长良好；卓胜微电子全年税收3500万元,比上年增长超500%。

(朱 越)

【科技创新】 2017年，滨湖区研发经费支出占地区生产总值比重3.1%,高新技术企业226家,高新技术产业产值占规模以上工业产值比重49.9%。新增省级工程技术中心、企业技术中心6家，万人发明专利拥有量44.5件。道路交通集成优化与安全分析技术国家工程实验室、国家智能交通测试基地成功落户。“神威·太湖之光”连续四年位列全球超级计算机500强榜首、应用成果再获“戈登·贝尔奖”,中船重工七〇二所、公安部交通管理科学研究所分别获国家科技进步奖一等奖、二等奖。工业设计园、无锡影都成为苏南国家自主创新示范优秀园区，清华“源清聚力”、希沃创业咖啡成为国家级众创空间，路通视信等3家企业被评为江苏省“瞪羚企业”。启动实施“滨湖之光”人才引育计划,新入选国家“万人计划”人才2人、省“双创”及博士等人才4人。举办无锡世界物联网博览会“智能交通与车联网产业发展”“物联网信息安全”高峰论坛。

(朱 越)

【城乡建设】 2017年，滨湖区完成拆迁“清点”扫尾项目12个，依法启动新开征项目18个。完成征收签约34.3万平方米、拆除32.6万平方米，竣工交付安置房61万平方米,办理初始登记2万余套，棚户区改造新开工3315套、基本建成2303套,完成危旧房改造5万平方米、旧住宅区改造18.8万平方米、“城中村”环境综合整治15个、自然村环境改善20个。完成新(改)建农村公路3条、农村桥梁5座，推进交通干线沿线环境综合整治五项行动。完成背街小巷整治9条、街景改造8处,建成生活垃圾分类收集试点小区16个，新改建公厕13座,新增公共停车泊位733个、城镇公共绿地94.1万平方米,拆除违建2万平方米,胡埭镇生活垃圾分类实现全域全覆盖,全区生活垃圾分类设置覆盖率25%,雪浪和胡埭2处建筑装修垃圾消纳场所、荣巷餐厨垃圾处置设施建成投用。

(朱 越)

【生态治理】 2017年，滨湖区加快实施环境治理“两减六治三提升”专项行动。16条主要河道及支浜综合整治有序开展,深化“河长制”“断面长制”,创建排水达标区32个、复查524个，完成农村污水点源处理12

药明生物生产基地正式投产

(滨湖区政府办供稿)

个,清淤河道 118 条,整治黑臭水体 2 条,打造样板河道 11 条,蠡桥、小溪港等 4 个国家考核、省级考核断面全面达标,市级重点考核河道达标率全市第一。完成治太重点工程 21 个,连续 10 年实现太湖安全度夏。开展大气污染防治,抓好节能减排,20 家化工企业、120 个燃煤工业窑炉关停到位,华润微电子等挥发性有机物治理改造完毕,4 家企业完成强制性清洁生产审核,环境网格化管理体系基本建成,土壤污染环境风险基本管控,重污染天气预测预警和应急管控持续加强。"国家生态文明建设示范区"创建有序推进,行政区内镇(街道)生态文明建设规划编制全覆盖,创建国家级生态文明镇村 2 个。美湖社区被评为江苏人居环境范例奖。

(朱　越)

【社会事业】 2017 年,滨湖区教育现代化水平全面提高。峰影小学、江大附中、胡埭中学等建成投用,渔港中学、石塘小学等启动建设,育英融创小学、水秀实验幼儿园总园等完成加固改造,通过"江苏省基础教育装备示范区"创建验收、义务教育学校改薄市级督导和四星高中素质教育综合督导,中考总均分位列全市公办类第一,高考本科进线率大幅提高。健康滨湖建设全面提档,完成胡埭镇卫生院新院建设和太湖社区卫生服务中心改造升级,市第九人民医院被评为全省首家三级骨科医院,雪浪社区卫生服务中心被评为全国优质服务示范中心,胡埭镇富安村卫生室建成省示范村卫生室,血吸虫病消除、流动人口基本公共卫生计生服务均等化、计生幸福家庭建设和"失独"家庭帮扶项目通过省级评估验收。文体发展品质全面提升,区图书馆通过国家一级图书馆评估验收,完成 2 个全民阅读点和 22 个基层公共文化服务中心建设,完成荣毅仁纪念馆、大公图书馆等省级保护建筑升级改造,城南村考古项目通过省文物局验收。组织"法治滨湖、文化滨湖、幸福滨湖"、百姓大舞台、阿福进社区系列活动,举办无锡国际铁人三项嘉年华、环太湖国际公路自行车赛、环蠡湖国际半程马拉松赛、"为爱行走"大型徒步公益活动等品牌赛事。

(朱　越)

【综合治理】 2017 年,滨湖区开展精神文明和民主法制建设,完成全国文明城市复检任务,开展"法润滨湖·送法进万家"等活动,办理法律援助案件 530 件。实施"平安滨湖"建设,完成老小区技防改造 60 万平方米,重大事项社会稳定风险评估 312 件,确保重大会议活动期间社会稳定。推进信访积案化解专项行动,落实领导包案制度,坚持化解处置法制化,探索第三方化解机制,化解信访积案 25 件,信访积案"三无"(无进京访、无到省到市集体访和重复访、无因信访问题引发的极端恶性事件和舆论负面炒作事件)村(社区)创建达标率超 70%。加强安全生产网格化监管、专委会机制,加大食品药品安全、打非治违等工作,滨湖区被评为省食品安全示范区、省电子商务质量安全示范区、省农民工工资支付监控和保障机制示范区,全区安全形势总体平稳。

(朱　越)

【人民生活】 2017 年,滨湖区就业创业稳步发展,"1+N"招聘服务、"智汇滨湖"等活动有序开展。城镇新增就业 1.9 万人,援助就业困难人员就业 3824 人,扶持自主创业 1417 人,企业职工养老保险净增缴费完成率、断保人员压降率均居全市第一。"大救助"综合体系加速构建,临时救助、深度救助、最低生活保障政策提标扩面,落实公益性岗位和社保"两项补贴"8500 余万元,发放各类救抚、优抚资金 1.2 亿元,募集慈善资金近 2000 万元。服务功能日益完善,新增养老床位 535 张,千名老人养老总床位、医保定点床位数均居全市第一,居家养老服务中心实现社区全覆盖,创办全省首家区级残疾人创业就业培训基地,8 个"残疾人之家"建成开放,持证残疾人商业保险和残疾人精准就业康复实现全覆盖。为 32 万户户籍家庭购买城乡居民住房财产保险,为 2.1 万名特定老年对象购买"安康关爱"保险,为 8968 户特定老年家庭购买居家援助实体服务,为 2000 余名有特定需求的居家老年人提供"幸福餐桌"。15 项为民办实事项目全面完成。

(朱　越)

【构建全要素产业发展促进体系】 11 月 23 日,滨湖区召开为企服务"一政策六平台六基金"(以下简称"166")发布会,在全市首推全要素产业发展促进体系。"166"产业发展促进体系由《关于加快推进滨湖区现代产业发展的政策意见》,以及政府性招商基金、中小企业信用担保基金、中小科技企业成长基金、企业投资发展基金、企业并购重组基金、中小企业金融防风险转贷应急基金 6 个基金和企业服务窗、军民融合中心、企业金融港、上市直通车、科技大超市、创业梦工场 6 个服务平台组成,将政府各部门相对碎片化的产业扶持政策和分散式的为企服务措施,系统整合在一起。政策面向滨湖区各类型企业和企业成长全生命周期,适用对象广、覆盖面大。在产业政策、金融促进体系、为企服务平台等方面,实现为企服务"全链条、无盲区"。

(朱　越)

组织机构和负责人名单

中共滨湖区委员会

书　记　袁　飞(至 8 月)
　　　　许　峰(8 月任)
副书记　陈锡伦
　　　　赵虹路(女)
常　委　袁　飞(至 8 月)
　　　　许　峰(8 月任)
　　　　陈锡伦
　　　　赵虹路(女)
　　　　蒋群联(女)
　　　　邵文松
　　　　宋　晓
　　　　殷　毅
　　　　陈烈蓉(女)
　　　　彭红宇
　　　　苏建良
　　　　吴瑜君
　　　　朱丽菁(女,挂职)

滨湖区人大常委会

主　任　许新宇
副主任　林　忆(女)
　　　　韩　平
　　　　徐勇强
　　　　唐国良

滨湖区人民政府

区　长　陈锡伦
副区长　殷　毅
　　　　朱丽菁(女,挂职)
　　　　倪守红
　　　　毛加弘(女)
　　　　吕　军
　　　　范校军
　　　　张爱军
　　　　蔡雨亭(挂职,至8月)
　　　　蒋勤芳(女,挂职,5月任)
　　　　吴　伟(挂职,7月任)
　　　　常成宝(挂职,9月任)

政协滨湖区委员会

主　席　刘洪兴
副主席　过伟忠
　　　　程　红(女)
　　　　吴国平(兼)
　　　　李明东
　　　　李雪花(女)

中共滨湖区纪律检查委员会

书记　陈烈蓉(女)

(朱　越)

新吴区

【概况】 新吴区位于无锡市区东南部,总面积220平方千米。至2017年年末,全区辖无锡国家高新技术产业开发区、无锡空港经济开发区、星洲工业园、综合保税区4个园区和旺庄、硕放、江溪、梅村、鸿山、新安6个街道,有79个社区、9个自然村、35个村居合一社居委。户籍总户数127436户,比上年增长3.7%;户籍总人口36.46万人,比上年增长2.9%;常住人口56.49万人,比上年增长0.3%;流动人口54万人,比上年增长5.6%,境外人口6082人;比上年增长7.9%。区人民政府设在新安街道和风路28号。2017年,全区实现地区生产总值1550亿元,比上年增长8%;完成公共财政预算收入176.1亿元,比上年增长9.7%,其中税收收入162.7亿元,比上年增长13.1%。全年城镇居民和农村居民人均可支配收入均比上年增长8%,实现社会消费品零售总额311亿元。

(邢鹏云)

【工业】 2017年,新吴区完成规模以上工业总产值3855.02亿元,比上年增长19.4%;全社会固定资产投资898.87亿元,其中工业投入501.22亿元,比上年增长5.7%;进出口总额420亿美元,比上年增长21.4%,其中出口225亿美元,比上年增长21.7%,两项指标增速均位居全市第一;到位外资12.66亿美元,位居全省县(市、区)和开发区第一;主要污染物化学需氧量、二氧化硫、氨氮和氮氧化物减排完成市下达目标。新吴区以占全市6.1%的工业能耗实现占全市24.3%的规模以上工业产值、28.6%的规模以上工业增加值、33%的工业企业利润,在首次发布的中国工业百强区排名中位列全国第八位、江苏第三位。

(邢鹏云)

【项目建设】 2017年,新吴区实施外资、国资、民资、公众资本"四轮驱动"战略,引进华虹超大规模集成电路研发和制造、SK海力士二工厂、中电海康无锡基地等超100亿元项目3个;海力士M8、村田新能源锂电池新工厂、欧司朗光电半导体二期、迪哲医药等超1亿元项目71个,总投资1600亿余元,创造项目签约额新纪录。构建"线上+线下"全方位项目建设服务推进机制,106个列入年度计划的重大项目投资290亿元,联合汽车电子变压直喷、旭友偏光板、美航科技高铁专用复合材料等33个超1亿元项目竣工。

(邢鹏云)

【转型升级】 2017年,新吴区以"智能化、绿色化、服务化、高端化"为引领,实施"产业唤醒计划",成立精益制造联盟,完成智能化改造项目18个、高新技术产业扩能项目48个、传统产业升级项目9个,获批省级示范智能车间6个。推进国家级电能替代示范区建设,规模工业万元产值能耗比上年下降10%。推进40家企业实现"工厂总部化",新增销售收入210亿元、税收收入8.7亿元。规模以上服务业营业收入220亿元,比上年增长11.5%,其中软件信息、交通运输等行业分别比上年增长15%、20%,现代服务业增加值占地区生产总值比重35.5%。承办世界物联网博览会系列活动,物联网创新示范先进制造业基地被认定为"十三五"规划首批省级先进制造业基地,智能传感系统产业集群被认定为全国首批、全省唯一的创新型产业集群,物联网产业产值1350亿元,比上年增长17.4%。集成电路、生物医药及医疗器械产值分别为650亿元、260亿元,分别比上年增长20.9%、10.6%。新增主板上市企业4家;新增"新三板"挂牌企业11家,总数73家;新增江苏股权交易所挂牌企业91家,夯实多层次资本市场基础。省级现代农业产业园区特色农业取得新发展,壹家美食荟、元祖食品、益健生态等省、市级农业龙头企业快速发展。

(邢鹏云)

【营商环境】 2017年,新吴区推进特色小镇建设,鸿山物联网小镇入选省首批特色小镇创建名单,慧海湾小镇、梦溪小镇、旺庄智能装备小镇、硕放航空小镇、梅里文化小镇发布启动。供给侧结构性改革全面推进,商品房库存减少12.7万平方米。优化政府性存量债务结构,生产要素价格、税费负担、制度性交易成本持续下降,创新融资手段协助企业获银行授信24.71亿元,盘活供而未用、用而不足土地40块166.67余公顷。实施"金巢工程",建成工业标房13万平方米,盘活闲置载体15.4万平方米。创新海关监管模式,省内率先全面推广卡口扫码"掌上物流"快速通关试点,进口肉类指定口岸建成投运。

(邢鹏云)

【科技创新】 2017年,新吴区启动江苏物联网产业技术创新中心、华为—中软国际生态使能中心、西门子工业物联网创新中心建设,引进阿斯利康商业创新中心、英飞凌无锡能力创新中心等跨国公司研发机构,新建市级工程技术研究中心12家,规模以上高新技术企业实现研发机构全覆盖。全社会研发费用占地区生产总值比重3.75%。全区高新技术企业363家,新认定省级民营科技企业66家、省级科技型中心企业66家、高新技术产品141个。新增发明授权专利1157件,万人发明专利拥有量109.36件,申报省著名

LG HAUSYS 中国区总部项目签约　　(新吴区史志办供稿)

商标、市知名商标158件,通过国家知识产权示范园区复核验收。新认定"瞪羚企业"22家,位居全省第二。高新技术企业产值2441.3亿元。引进华为、腾讯、华勤通信等各类高科技企业项目350个。实施"太湖人才计划"升级版,建设全球物联网人才地图,人才总量25.42万人,新增科技部"创新人才推进计划"人才3人,省"双创计划"人才6人、团队2个、博士5人,市"太湖人才计划"领军人才25人。建设"互联网+产学研"众创空间在线平台,接入专家2010人,发布技术成果3885项,线上线下促成技术转移及产学研合作项目100个。打造科技创业广场,中航联创创新中心、阿里巴巴创新中心、创业邦、微视界等众创空间投入运营。建设"飞凤平台",50家科技企业组建"飞凤联盟",21个应用示范项目运行。实施精准扶持,制定促进企业引育人才、领军人才创业项目、科研用房转让等多项细分领域的具体实施办法,对600家科技企业进行孵化期、加速期、成熟期精准扶持。建设动态管理综合信息平台,上市管理、创新型融资管理、"云海计划"等20个领域实现"节点管理、流程规范、限期办结、留痕操作"。支持中小微科技企业成长发展,147个科技项目获市风险补偿贷款4.38亿元,19个科技项目获省"苏科贷"5050万元,5个创业人才项目获种子基金1331万元。

(邢鹏云)

【深化改革】 2017年,新吴区推进行政许可权改革,完成24大项30小项审批事项划转承接,"一枚印章管审批"全新审批模式试点运行,成为全省首批改革试点地区。政务服务窗口各类办件28万余件,市公共资源交易中心新吴分中心挂牌成立。公布"不见面"和"见一次面"审批(服务)事项384个。深化科技体制改革和管理机制创新,配套制定科技企业全过程服务、产学研协作创新、培育科技"小巨人"企业等实施意见。推进义务教育体制调整、发展扶持民办教育、学前教育分类管理、学校配套建设规范管理、教育人才全面引育等工作。制定开展紧密型医联体试点建设、促进健康服务业发展、物联网大健康体系建设等12项改革配套文件。调整国有企业经营业绩考核目标体系及考核要求,健全国有企业法人治理结构,推进3家国有企业探索混合所有制改革,形成定位明确、业务清晰、主业突出、运转高效、监管科学、保障有力的国资国企格局。加强对村级集体资产审计工作,推进农村集体资产产权流转交易市场建设。调研村级集体资产产权改革,稳妥推进清产核资、资产分类处置、股份制改革工作。

(邢鹏云)

【产城融合】 2017年,新吴区优化城市布局,完成梅村、鸿山、硕放3个街道总体规划和商贸区控制性规划更新报批,推进太湖科技园片区整体功能策划和概念方案设计,优化街道交界地区、鸿山物联网小镇的路网体系。启动全域旅游城市创建工作,推进长乔海洋王国、泗洲寺禅修中心等重点项目建设,鸿山旅游度假区规划获市政府批复。有序推进地铁3号线配套工程、西气东输改线工程等重大基础设施项目,开工建设飞凤路、泰伯大道等重要交通干道延续工程,打通净慧西道、浪新路等一批"断头路",完善龙山路、春富路等支路网体系。完成房屋征收拆迁项目29个,拆迁总量95万平方米。加强城市管理,查处各类显见性市容问题4520个,拆除违法户外广告设施1.2万平方米,拆除违法建设340处,取缔废旧物资回收站206家。建设小型厨余垃圾处置设施2处。整治新丰新村等城中村4个、城郊接合部3处,改造背街小巷2条。启动"两减六治三提升"专项行动,关停、转产化工企业17家,原煤消耗比上年下降35%。全区308条村级以上河道实现"河长制"管理全覆盖，统筹推进河岸整治、调水引流、控源截污、生态修复等工程，加高加固堤岸 20 千米，新建闸站 6 座，新建改造污水管网 6 千米，生活污水集中处理率 90%以上，国考、省考断面Ⅲ类水达标率分别为 50%、100%，打捞和处理蓝藻 18.7 万吨，锡东饮用水源地水质保持稳定。完成挥发性有机污染物企业污染防治 59 家。启动固废处置项目，取缔、关闭畜禽养殖点 253 个。开展农业面源污染防治，农药化肥施用量比上年下降 3%。新增绿地 18.8 万平方米、临时绿地 184 万平方米，造林 1.78 公顷，新建慢行绿道 2 千米、游园 2 处，完成海绵城市示范工程 5 项，自然湿地保护率 64%。

（邢鹏云）

【民生事业】 2017 年，新吴区城镇失业人员再就业、援助就业困难人员再就业 1.2 万余人，扶持自主创业 1037 人，居民房屋类资产性收入超 15 亿元。推进“精准脱贫”“阳光扶贫”，对 1006 户困难群众建档立卡实施精准帮扶，3 个经济薄弱村全部脱贫，城镇居民和农村居民人均可支配收入分别为 51146 元、25863 元。加强民生保障，推进社保扩面和断保压降，企业职工养老保险缴费净增 1.3 万余人，本地户籍断保接续 9627 人。推进各项救助制度无缝对接，办理临时救助 1146 人次、住房救助 125 户、医疗救助 842 人，发放低保金 543.53 万元。为 25.3 万户居民购买住房财产保险。协调发展社会事业，泰山路小学、鸿山实验小学一期、梅里中学一期交付使用，新吴实验中学、无锡波士顿外籍人员子女学校开办，富力城配套幼儿园交付使用，和风家园、丽景佳苑配套幼儿园主体工程完工，东风家园幼儿园、后宅中心幼儿园分园开工建设。无锡凯宜医院、新吴华卫医院开工建设，区疾病预防控制中心、区卫生监督所、区妇幼保健所 3 个公共卫生服务机构组建运营，区中医药文化展示馆揭牌开馆，“120”急救网络梅村分站建成运行，4 个省级中医馆建成使用。建立电子健康档案 49 万余份，高血压、糖尿病患者健康管理率分别为 92.7%、51.6%，早期胃癌筛查 3 万余人次。推进严重精神障碍患者康复管理工作，6 个街道全部组建“心灵家园”。全区 6 家公办养老服务机构社会化运营率 83%，老年人安康关爱保险覆盖率 70%。关爱保护未成年人，为 245 名困境儿童落实保障政策。推进“白玉兰”群众文化幸福工程，举办吴文化惠民月、泰伯庙会等活动，建成 27 个社区综合文化服务中心，全区公共文化设施实现“全年无休免费开放”，入选省级文化金融合作试验区。体育事业蓬勃发展，举办首届“新吴杯”海峡两岸棒球交流赛，国家智慧体育(无锡)创新中心落地。围绕补齐民生工作短板和弱项，持续加大民生投入，投入 12 亿元兴办 10 大类、52 个民生实事项目，新开 776、780、762 公交线路，为 1000 名残疾人提供免费体检，投入 46 万余元为全区持证残疾人购买人身意外伤害险，免费为符合条件的弱势人群办理法律援助 500 件。推动民生实事全部落实，效果测评总体满意度84.16%。

（邢鹏云）

【综合治理】 2017 年，新吴区实施“七五”普法规划，群众安全感和法治建设满意度分别为 97%、98.5%，均位居全市前列。强化社区自治功能，全面开展社区微自治，推动社区协商民主广泛多层制度化发展。被列为省创新网格化社会治理机制试点。加强社会组织规范化发展，全区社会组织 255 个，万人拥有登记社会组织数量 7.2 个。整治风险隐患，整改危化品安全隐患 85 处，推动 1260 家企业完成安全生产标准化建设。加强安全监管，食品生产监督检查 5270 家次。有效应对夏季台风、暴雨汛情。

（邢鹏云）

【LG HAUSYS 中国区总部项目签约】 1 月 12 日，LG HAUSYS 中国区总部项目签约落户新吴区。LG 集团是韩国三大财团之一，成立于 1947 年，是领导世界产业发展的国际性企业集团，2016 年全球销售额超过 1500 亿美元。乐金华奥斯(无锡)有限公司为 LG HAUSYS(株)投资的子公司，总投资 6700 万美元，注册资本 2750 万美元，主要生产新型节能环保建筑材料、车用内装饰材料和汽车零部件。此次落户的乐金华奥斯中国区总部是乐金华奥斯在中国设立的首个区域性总部，也是世界 500 强企业 2017 年在无锡高新区投资的第一个项目。该中国区总部包括投资管理总部和销售贸易总部，公司还计划追加投资固定资产约 3000 万美元进行汽车部件项目建设。

（邢鹏云）

【美国力特电子晶圆片项目签约】 1 月 20 日，美国力特半导体电子晶圆片 9000 万美元项目签约落户新吴区。美国力特公司于 2007 年在无锡新建晶圆片厂，并将美国、墨西哥、中国台湾等工厂的重要生产线转移到无锡，无锡公司成为力特集团旗下最大半导体生产基地，拥有行业领先的工艺流程和一流的管理体系，公司主要产品为电子器件晶圆片(5 寸晶圆)。力特集团总部计划两年内在无锡公司电子器件晶圆片项目完成 9000 万美元的投资，达产后无锡公司销售收入 10 亿元，纳税超 1 亿元。

（邢鹏云）

【中国电科海康集团战略合作协议签约】 2 月 28 日，无锡市政府与中国电科海康集团战略合作协议签约。该项目以中电海康为主体，与无锡市政府及新吴区开展全方位战略性合作，共同打造物联网产业基地，合作推进以传感产业为核心的物联网产业集群发展，共同构建物联网产业发展生态，形成以产业基地为核心的物联网产业特色小镇，引领全国物联网产业发展。在无锡设立物联网研究院和“智慧城市”基础设施全国运营中心，合作运营物联网产业资本平台以及江苏省物联网产业技术创新中心，共同推进物联网产业快速发展。

（邢鹏云）

【健康物联网项目签约落户】 3 月 22 日，新吴区、阿斯利康、江苏移动、瑞典爱立信健康物联网战略合作备忘录签约。四方将共同打造并推广基于物联网技术的诊疗一体化全病程解决方案，向社会各界展示呼吸、心血管、代谢、消化、肿瘤等疾病领域先进的智慧医疗健康方案，推动健康物联网战略在全国落地；促进健康物联网大数据的广泛应用与发展，为公共卫生政策制定提供有力数据支持。

（邢鹏云）

【智康弘仁—药明康德战略合作协议签约】 3月31日,智康弘仁新药开发有限公司揭牌暨智康弘仁—药明康德战略合作协议签约仪式在新吴区举行。无锡智康弘仁新药开发有限公司,由江苏信孚药业有限公司创业人及江苏宝利国际投资股份有限公司董事长等4位自然人联合发起成立,注册资本1亿元。双方在未来5年合作开发不低于10个国际一类新药项目,并规定智康弘仁拥有全部全球知识产权和商业权益,同时由药明康德提供全球生产服务。至年底,确认3个国际一类新药在2~3年时间内同步获得欧美、中国的临床试验申请。

(邢鹏云)

【慧海湾小镇启动暨重大项目签约】 9月9日,无锡慧海湾小镇启动仪式暨重大项目签约揭牌仪式在无锡国家高新区举行。无锡高新区携手中电海康集团,双方开展优势互补、双赢合作,以慧海湾小镇为载体平台,打造中电海康第二总部基地,构建物联网产业生态集群,带动无锡物联网产业发展水平的升级迭代和产业规模的提升。慧海湾小镇规划总面积3.75平方千米,位于无锡高新技术产业开发区(新吴区)新安片区,小镇西起华谊路,东至运河西路,北起高浪东路,南至清晏路。小镇位于无锡国家传感网创新示范区核心区,依托深厚的产业基础和创新氛围,以行业领军企业为引领,建设以关键传感元器件为核心,聚焦智能硬件相关技术和产品,以应用为牵引,构建多维融合的智慧城市基础设施,形成以智能传感为核心的千亿元级产业群。

(邢鹏云)

【海天集团智能化生产基地项目签约】 12月21日,海天集团中大型注塑机智能化生产基地项目签约新吴区。海天塑机集团有限公司是全球最大的注塑机生产商,国内市场占有率超60%,年销售额81亿元。2004年,海天集团在无锡投资设立无锡海天机械有限公司,开启集团在无锡研发生产注塑机的全新历程。此次落地梅村街道的中大型注塑机智能制造基地项目引进最新智能制造管理系统,以智能机器人辅助组装、报工、质控、物流等全信息化运作,实现传统制造向智能制造全新转型。该项目新增投资10亿元,新增注册资金6.6亿元(其中外资4900万美元),预计年产值20亿元,税收2亿元。

(邢鹏云)

组织机构和负责人名单

中共新吴区委员会

书　记　魏　多(至12月)
　　　　王进健(12月任)
副书记　封晓春
　　　　李建秋
常　委　魏　多(至12月)
　　　　王进健(12月任)
　　　　封晓春
　　　　李建秋
　　　　洪延炜
　　　　匡　辉
　　　　戴　泉
　　　　焦夕莲(女)
　　　　吴胜荣
　　　　刘　霞(女)
　　　　褚　建(11月任)
　　　　朱卫东(3月任)

新吴区人大常委会

主　任　张明烈
副主任　刘　骁
　　　　何雪清
　　　　黄家传

新吴区人民政府

区　长　封晓春
副区长　洪延炜
　　　　朱卫东(3月任)
　　　　朱晓红
　　　　胡　逸
　　　　李伟敏(女)
　　　　祝君乔
　　　　钱　前(1月任)
　　　　樊晓华
　　　　石松哲(6月任)
　　　　顾　瑾(女,8月任)

政协新吴区委员会

主　席　刘蓓红(女)
副主席　沈雪芳
　　　　施庆伟
　　　　肖伟民

中共新吴区纪律检查委员会

书　记　焦夕莲(女)

(邢鹏云)

编辑　徐西平

新任中共无锡市委领导人

黄 钦

黄钦，男，汉族，1962年10月生，江苏昆山人。1985年1月参加工作，1986年12月入党，中共中央党校研究生学历。1979年7月昆山县兵希有机化工厂工作；1983年1月历任昆山市染化助剂厂供销员、副厂长；1987年5月任昆山市兵希镇外经协作办主任、明达对外贸易公司经理、科协科技助理；1989年12月任昆山市兵希镇工业公司党支部书记、经理；1990年7月任昆山市兵希镇党委委员、工业公司经理、农工商总公司副总经理；1992年11月任昆山市兵希镇党委委员、农工商总公司总经理、副董事长；1994年1月任昆山市兵希镇党委书记、农工商总公司董事长（其间：1993年3月~1995年12月上海工程技术大学经营管理专业自学考试学习）；1997年4月任昆山市副市长；1997年5月任昆山市副市长兼市经委党委书记、主任；1998年2月任昆山市副市长兼市经委党委书记（其间：1996年9月~1998年12月中共中央党校函授学院法学理论专业大学学习）；2001年5月任苏州市经委主任、党组书记、市工业联合发展（集团）有限公司董事长、市工业发展有限公司执行董事；2001年6月任苏州市经贸委主任、党组书记兼市乡镇企业管理局局长、市工业联合发展（集团）有限公司董事长、市工业发展有限公司执行董事，市工业投资发展有限公司董事长、党委书记；2002年3月任苏州市经贸委主任、党组书记兼乡镇企业管理局局长、市工业投资发展有限公司董事长、党委书记；2002年11月任苏州市经贸委主任、党组书记兼市工业投资发展有限公司董事长、党委书记；2004年4月任苏州市经贸委主任、党组书记；2005年3月任苏州市发改委主任、党组书记兼市政府副秘书长、市信息化办公室主任；2005年12月任张家港市委书记、张家港保税区党工委书记（其间：2006年9月~2009年7月中央党校法学理论专业在职研究生学习）；2010年10月任苏州市政府副市长、党组成员；2012年5月任无锡市委常委；2012年6月任无锡市委常委，市政府副市长、党组副书记；2018年2月任无锡市委副书记，市政府代市长、党组书记。

（宋承珂）

袁 飞

袁飞，男，汉族，1963年7月生，江苏启东人。1983年8月参加工作，1984年5月入党，大学学历。1979年9月厦门大学物理系物理学专业学习；1983年8月南京炮兵学院军事指挥专业学习；1984年7月历任步兵第181师炮兵团排长、司令部参谋、连长、炮兵科参谋、副科长、科长；1996年10月任武警181师炮兵科科长；1999年8月任无锡市计划委员会科技处副主任科员（其间：1998年9月~2000年6月南京大学国际贸易专业研究生课程进修班学习）；2000年8月任无锡市计划委员会电子办副主任科员；2001年12月任无锡市发展计划委员会综合处处长；2004年5月任无锡市发展计划委员会副主任；2005年6月任无锡市发展和改革委员会副主任、党组成员；2006年1月任无锡市滨湖区委常委，无锡太湖国家旅游度假区党工委副书记、管委会主任（正处职）；2008年12月任无锡市滨湖区委副书记、代区长、区长，无锡太湖国家旅游度假区党工委副书记、管委会主任（正处职）；2010年10月任无锡市滨湖区委副书记、区长，无锡太湖国家旅游度假区党工委副书记、管委会主任（正处职），无锡山水城党工委书记（兼）；2011年7月任无锡市滨湖区委副书记、区长，无锡太湖国家旅游度假区党工委副书记、管委会主任，无锡山水城党工委书记（兼）；2013年2月任无锡市滨湖区委书记、区长，无锡太湖国家旅游度假区党工委副书记、管委会主任，无锡山水城党工委书记（兼）；2013年11月任无锡市滨湖区委书记，无锡太湖国家旅游度假区党工委书记，无锡山水城党工委书记（兼）（其间：2014年1月~2015年12月任滨湖区人大常委会主任）；2017年2月任无锡市人大常委会副主任，滨湖区委书记，无锡太湖国家旅游度假区党工委书记，无锡山水城党工委书记（兼）；2017年3月任无锡市人大常委会副主任、党组成员，滨湖区委书记，无锡太湖国家旅游度假区党工委书记，无锡山水城党工委书记（兼）；2017年7月任无锡市委常委，市人大常委会副主任、党组成员，无锡山水城党工委书记（兼）；2017年8月任无锡市委常委、宣传部部长。

（宋承珂）

新任无锡市人大常委会领导人

魏　多

魏多，男，汉族，1961年11月生，四川仁寿人。1983年8月参加工作，1990年6月入党，大学学历。1979年9月中央财政金融学院财政系财政专业学习；1983年8月任江苏省财政厅人事教育处干部；1985年4月任无锡市计委财政金融科科员；1993年1月任无锡市计委财政金融处副处长；1995年3月任无锡市计委财政金融处副处长、市投资管理公司经理；1996年9月任无锡市计委财政金融处处长、市投资管理公司经理；1997年3月任无锡市计委主任助理、党组成员、财政金融处处长；1997年11月任锡山市副市长；2001年2月任无锡市财政局副局长、党组成员；2001年4月任无锡新区党工委委员、管委会副主任，无锡高新技术产业开发区管委会副主任，经发集团副总经理（其间：2001年5月~2003年2月兼任无锡新区财政局局长，2003年12月明确正处级）；2004年5月任无锡市政府副秘书长（正处级）；2008年1月任无锡市财政局局长、党组副书记；2008年11月任无锡市财政局局长、党组书记；2014年2月任无锡高新技术产业开发区管委会主任，市财政局局长、党组书记；2014年3月任无锡新区党工委副书记、管委会主任，无锡高新技术产业开发区党工委副书记、管委会主任；2015年12月任无锡市新吴区委书记，无锡高新技术产业开发区党工委书记、管委会主任；2018年1月任无锡市人大常委会副主任、党组成员。

（宋承珂）

新任无锡市人民政府领导人

黄　钦

黄钦（代市长，见第465页“新任中共无锡市委领导人”）

（宋承珂）

蒋　敏

蒋敏，女，汉族，1978年2月生，江苏徐州人。1998年8月参加工作，1996年5月入党，研究生学历。1994年9月吉林工业大学工程机械系流体传动及控制专业学习；1998年8月任丹徒县科学技术委员会办公室干部；1999年11月任丹徒县科学技术委员会办公室副主任；2000年5月任丹徒县委办公室秘书；2001年11月任共青团丹徒县委副书记；2002年11月任镇江市委组织部县（市）区干部处副科级组织员；2003年7月任镇江市委组织部知识分子工作处副处长；2004年3月任镇江市京口区象山乡党委副书记；2004年7月任镇江市京口区象山乡党委副书记、乡长；2006年3月任镇江市京口区象山乡党委书记；2007年9月任共青团镇江市委副书记、党组成员（其间：2008年9月~2011年6月江苏大学工商管理专业在职研究生学习，获工商管理硕士学位）；2011年8月任共青团镇江市委书记、党组书记；2012年8月任共青团镇江市委书记、党组书记，镇江市金山焦山北固山国家风景名胜区管委会主任、党工委副书记；2012年12月任镇江市金山焦山北固山国家风景名胜区管委会主任、党工委副书记；2013年2月任共青团江苏省委副书记、党组成员；2018年5月任无锡市政府副市长、党组成员。

（宋承珂）

新当选中国工程院院士

陈　坚

陈坚，男，汉族，1962年5月生，江苏无锡人，中共党员，教授，博士生导师。1984年获清华大学环境工程专业学士学位；1986年，获无锡轻工业学院发酵工程专业硕士学位；1990年，获无锡轻工业学院发酵工程专业博士学位；2005年起，担任江南大学校长、党委常委；2017年始，担任江南大学校长、党委副书记。兼任国务院学位委员会轻工评议组召集人，教育部科学技术委员会农林学部副主任，Food Bioscience主编、中国轻工联合会第四届理事会副会长。

陈坚长期从事发酵工程、食品生物技术领域的研究和教学工作。以第一完成人获国家技术发明奖二等奖2项、国家科技进步奖二等奖1项，部省级（教育部、江苏省、中国石油与化学工业协会、中国轻工业联合会）自然科学、技术发明、科技进步一等奖6项，何梁何利基金科学与科技创新奖，中国专利奖金奖；国家“973”项目首席科学家、国家杰出青年基金获得者、国家“万人计划”百千万工程领军人才；全国优秀教师、全国百篇优秀博士学位论文指导教师；2017年，当选为中国工程院院士。

（史　志）

唐　立

唐立，男，1965年12月生，江苏无锡人。毕业于北京航空航天大学空气动力学专业，中国工程物理研究院北京应用物理与计算数学研究

所副所长,研究员。中国人民解放军原总装备部某试验技术专业组成员。

唐立从事核武器初级物理研究、设计与核试验工作27年,是国家核武器物理领域的优秀学术带头人,研究成果大幅提高国家的战略威慑能力,为增强国家国防安全和提升国防科技发展作出重要贡献。先后参加多个初级系列核试验装置物理研究与设计,负责多个核武器型号物理设计、数次"国家重大实验物理研究与装置设计"及"新型号预先研究"等国防重大科研任务。先后获国家科技进步奖一等奖3项、军队及国防科工委科技进步奖一等奖6项、二等奖5项。2014年,被表彰为"全国杰出专业技术人才",获2016年度"何梁何利基金科学与技术进步奖"称号。2017年,当选为中国工程院院士。

(史 志)

2016年国务院政府特殊津贴专家

惠建明

惠建明,男,汉族,1965年生,中共党员,研究员级高工,上海理工大学硕士研究生导师,科技部专家库专家。无锡亿恩科技股份有限公司董事长、总经理。

惠建明秉着强烈的社会责任感,多年如一日从事节能环保技术的开发与市场推广。其早期承担国家"十五"重大引进项目《干熄焦技术装备引进消化吸收"一条龙"》项目的干熄焦专用余热锅炉的设计研究子项目和《高温高压自然循环干熄焦余热锅炉研制》国家(863计划)项目,获得成功。2011年,创建无锡亿恩科技股份有限公司。2014年,主持科技部科技型中小企业技术创新项目1项;2015年,主持江苏省重点研发计划(产业前瞻与共性关键技术)1项。发明专利8项,实用新型专利14项,论文4篇。惠建明高度重视创新成果转化及其工程化应用,以他为首承担的"清洁高效梯级筛分内置热流化床煤调湿工艺技术及装备成套"课题项目,在柳州钢铁焦化厂建有示范工程并稳定高效运行,经济和社会效益十分显著,2016年1月21日,通过由中国工程院院士殷瑞钰主持的中国金属学会科技成果评价,结果为综合技术达到国际领先水平。同年12月,获得中国焦化协会创新科技成果一等奖。该项目的研发成功是中国焦化行业节能减排的一次重大发明创造,它有效解决一直困扰焦化行业的传统煤调湿技术的高能耗、高粉尘、低安全等关键性的技术难题,填补国内外焦化行业的煤调湿技术的空白,为国家的节能减排事业作出贡献。

惠建明是江苏省"333高层次人才培养工程""六大高峰人才"培养对象。2010年,江苏省突出贡献中青年专家。获得国家科技进步二等奖(2009年)、中国冶金科学技术奖一等奖、江苏省科学技术进步奖三等奖、江阴市十大科技之星、江阴市"三创"人才,由于其科学技术上的贡献,2016年,被评为"享受国务院政府特殊津贴专家"。

(方贵跃)

李志军

李志军,男,汉族,1971年10月生,1992年7月参加工作,九三学社社员,汽车维修高级技师。无锡市正原大昌修车有限公司技术总监。

李志军是省、市汽车维修行业的高技能领军人才,坚持扎根生产一线,组织并参与汽车维修与检测技术攻关,解决无锡市汽车维修行业技术难题,被无锡市修车网,无锡交通台,无锡电视台聘为"车大夫"顾问,2012年领衔建立"技能大师工作室",形成创新团队,通过大师工作室发挥传、帮、带作用,开展汽车维修技术学习交流,有一百五十多人得到职业资格晋升,提升企业及行业的创新能力和竞争力。他多次参与机动车维修从业人考核,主编技能大师工作室系列实训教材,编审汽车专业教材,如"十三五"职业教育汽车类创新应用型教材,新能源汽车运用与维修专业规划教材《混合动力汽车构造与维修》《汽车电控发动机构造与维修》《汽车电气设备故障诊断与排除》《汽车电气构造与维修》《桑塔纳系轿车修理技能训练》《汽车修理工教材(中高级)》高训中心实训系列教材等,并被数家高职院校聘为汽车专业建设专家委员、兼职教授。在《汽车维护与修理》《汽车维修与保养》等杂志报刊发表多篇修车的实践论文。拥有发明专利8项。2017年10月,被聘入江苏省职业技能鉴定中心的专家并参与命题工作并被聘邀参与交通运输行业《汽车故障电脑诊断仪》的标准化的审定工作。先后获"江苏省技术能手""江苏工匠""江苏省企业首席技师""江苏省交通行业技术能手""2017年度全省道路、水路运输行业'十佳感动人物'""无锡市高技能人才成就奖""无锡市有突出贡献的中青年专家"等称号。2016年,被评为"享受国务院政府特殊津贴专家"。

(方贵跃)

潘 龙

潘龙,男,汉族,1970年12月生,中共党员。东南大学校外硕士生导师,研究员级高级工程师,中国建筑学会BIM技术学术委员会常务理事。江苏龙腾工程设计股份有限公司(以下简称"龙腾设计")董事长、总经理。

潘龙作为龙腾设计领航人,一直以来响应国家、江苏省关于促进建筑业健康发展的转型升级、全面推进建筑产业现代化发展的政策号召,积极探索和实践,努力打造和实现策划先行→设计主导→全过程工程咨询服务→EPC(工程总承包)的建筑产业现代化可持续发展模式。龙腾设计通过不断创新发展,具有建筑、市政行业设计甲级资质,全过程工程咨询(工程咨询、勘察、设计、监理、项目管理甲级资质)和EPC(工程总承包)资格,同时还拥有电力行业设计资质(送电工程乙级、变电工程乙级以及新能源发电乙级)。龙腾设计结合江苏"十三五"规划方案中关于规划、建筑、市政、生态环境等核心战略目标,发挥预制装配式建筑设计在全国处于领先地位的优势,强化"4+2"业务板块,即建筑设计、市政设计、水生态设计、电力设计四大设计板块,全过程工程咨询、(EPC)工程总承包两大建造组织模式板块,预制混凝土装配式建筑技术、水生态治理技术、数字建造技术三大核心技术同步推进;同时,搭建"资本、资源、客户、员工"四位一体的平台,整合产业技术生态链。

多年来,潘龙带领团队为实现"人居环境设计集成引领者,全过程工程咨询卓越服务商,EPC(工程总承包示范企业)"而共同奋斗,通过不断提速科技创新,整合科技研发资源,开展产、学、研合作,利用科技创新和设计一体化的综合优势,全面提升企业核心竞争力,参与设计项目获省、市优秀设计奖多项,拥有专利多项,在绿色建筑、装配式建筑、建筑产业现代化等领域取得较好成绩,主要标杆设计作品有EPC(工程总承包)项目——禄口街道肖家山及省道340拆迁安置房(经济适用房)项目、"宜兴竹海国际会议中心""禄口中学易址新建项目群""江苏大学京江校区图文信息中心""高淳螃蟹博物馆""九如城研究中心"等,其中,EPC(工程总承包)项目——禄口街道肖家山及省道340拆迁安置房(经济适用房)项目是江苏省首个由设计院签订的EPC(工程总承包)的预制装配式建筑工程项目,建筑三星,国家级装配式建筑科技示范工程,"十三五"国家重点研发计划绿色建筑及建筑工业化重点专项示范工程、BIM应用示范工程。同时,潘龙主持多项国家、省市级科研课题,担任"国家装配式建筑科技示范工程项目负责人"、"六大人才高峰"资助项目负责人,主编《百年住宅建筑设计与评价标准》,指导龙腾设计参编国家《装配式混凝土工程总承包管理标准》《江苏省民用建筑信息模型设计应用标准》《江苏省工程建设企业技术标准》。潘龙还是多项专利第一发明人,其中发明专利10余项,实用新型专利30余项,获"江苏省有突出贡献中青年专家""南京市行业技术学科带头人""无锡市有突出贡献中青年专家""宜兴市学术技术带头人"称号。2016年,被评为"享受国务院政府特殊津贴专家"。

(方贵跃)

钱阳辉

钱阳辉,男,汉族,1966年12月生,中共党员。江苏省无锡师范学校附属小学校长。

钱阳辉热爱小学教育事业,有浓厚的教育情结。他学习刻苦、知识面广、教育理论功底扎实,能积极投身小学数学领域的教育研究,并站在一定高度看待数学教育实践中的热点、难点和关键问题,在"问题解决教学""自主创新性学习""数学教学空间与图形"等多个领域都有自己的认识和研究,特别对"数学思维"和"数学头脑"的研究有自己独到的见解,并能把理论与实践结合起来,融会贯通,用以指导小学数学教材的编写和数学教学实践,在国标本苏教版教材新课程数学教材建设中作出贡献。

钱阳辉学术研究成果显著。他参与主持的"十五""十一五"课题研究,均受到部级、省级以上科研部门肯定。其中《乐学教育深化研究》获江苏省首届教学成果二等奖,《浸润于儿童文化的课程开发》获2013年江苏省教学成果一等奖。《"乐学"教学体系的实践建构》获2017年江苏省教学成果特等奖。他致力于小学教育的研究,先后撰写教育专题总结、论文百余篇,其中在省市和全国刊物上登载30篇。出版专著《学会数学地思维》《聚焦课程开发》和《乐在其中——儿童文化视野下的乐学教育》。

2000年,钱阳辉被评为江苏省特级教师,2001年,获"江苏省教育科研先进个人"称号,2003年,"江苏省五一劳动奖章"获得者,2006年,被评为"无锡市十大杰出青年",2009年,"全国五一劳动奖章"获得者,2011年,获"江苏省先进工作者"称号。2015年,获"江苏省有突出贡献中青年专家"称号。2016年,被评为"享受国务院政府特殊津贴专家"。

(方贵跃)

苏 巍

苏巍,男,汉族,1963年5月生,中共党员。无锡华润上华科技有限公司党委书记、副总经理、无锡华润微电子研发中心副总经理。兼任东南大学产业教授、研究生导师,中国科学院大学微电子学院博士生导师,无锡市科学技术协会常委,中国半导体行业协会集成电路制造分会副秘书长,江苏省半导体行业协会副秘书长。

1984年,苏巍毕业于华中工学院(今华中科技大学)半导体物理与器件专业,获东南大学集成电路专业硕士学位。苏巍长期工作在半导体专业科技前沿,先后担任电子部24所无锡分所第一研究室线长,中国华晶电子集团公司MOS工厂副厂长、总工程师,华润上华科技有限公司研发总监、副总经理。参与承担国家"六五""七五""908"重点工程,组织承担国家02科技重大专项4项,参与国家第一块超大规模集成电路64KDRAM IC的攻关并集体获国家科技进步二等奖;主导开发公司3~0.5微米CMOS逻辑工艺、数模混合工艺、高压BCD/SOI工、MOSFET、MEMS传感器等十多个集成电路制造工艺平台,带领公司研发人员突破多项技术难点,累计申请发明专利20项(10项国际专利),其中,获授权3项(1项为国际专利),在SCI、IEEE等国内外期刊上累计发表论文10篇。获"七五"重点工程"特等功臣"称号及电子工业部"优秀科技青年"称号,获国家技术发明二等奖一项,江苏省科技进步一等奖一项。2010年,获“江苏省有突出贡献中青年专家”称号。2016年,被评为“享受国务院政府特殊津贴专家”。

(方贵跃)

杨承健

杨承健,男,汉族,1961年8月生,中共党员,教授,主任医师二级岗,硕士生导师,江苏省无锡市第二人民医院党委书记、副院长。中国医师协会心力衰竭专业委员会第一届委员会委员,江苏省医学会心血管专业委员会常委、第一届心电生理与起博分会委员会委员,中国心力衰竭学会中国心电信息学分会第六届委员会全国委员,无锡市医学会心血管内科专业委员名誉主任委员,无锡市脑心同治专业委员会主任委员,无锡心血管内科质控组组长。为江苏省有突出贡献中青年专家,江苏省卫生系统优秀共产党员,江苏省先进工作者,无锡市劳动模范,无锡市五一劳动奖章获得者,无锡市有突出贡献中青年专家;江苏省“333高层次人才培养工程”中青年科学技术带头人,江苏省“六大人才高峰”人才。2016年,被评为“享受国务院政府特殊津贴专家”。

1983年,杨承健参加临床工作,1986年始,从事心血管内科工作。三十年来,他一直坚持奋战在临床第一线,在抢救危重及疑难病人方面积累丰富的临床经验,2001年,在新加坡国家心脏中心进修,师从国际著名的心血管专家、教授林延龄。回国后与同事一起在无锡市率先开展冠状动脉内金属支架术,单极标测法射频消融治疗阵发性室上性心动过速、骨髓干细胞移植治疗冠心病心肌梗死及心力衰竭。填补多项省市空白。独立开展心脏介入1万余例,无一例死亡及并发症,为无锡市心脏介入工作的发展、为心血管疾病的诊治作出了贡献。同时,杨承健是无锡市唯一同时具有心脏介入技术、冠脉内支架术、射频消融术、起搏术及先心介入治疗四项准入资格的专家。2013年,通过选拔竞聘为市心血管专业首席专家。成功申报心内科院士工作站。带领的科室保持国家级青年文明号、省重点临床专科。

由其牵头组建的无锡二院胸痛中心是国家级认证单位,也是无锡市首批通过的医院;同时与120急救中心一起组建无锡市急性心肌梗死防治网,建立无锡市胸痛中心网。胸痛中心的成立为病人开辟救治绿色通道,有效缩短救治时间,提高救治率,推动无锡地区急性心肌梗死的救治发展。担任领导岗位以来,承担市内重大抢救协调领导工作及医疗保健等工作。

近几年,杨承健主持或参加省部级科研6项,获省厅市科技进步及新技术引进奖8项,获国家实用新型专利5项,发表省级以上论文30余篇,其中SCI、中华及核心期刊20余篇。杨承健坚持专家门诊和参与科内前沿、高难度心脏介入手术相结合。他主持的“新型标记物micro-RNA系列在急性心肌梗死早期诊断及转化应用”课题获得省重大专项资助,建立1000多例急性心梗标本库,明确急性心梗早期新型诊断标记物,此研究为急性心梗的早期诊断奠定基础。

(方贵跃)

全国五一劳动奖章获得者

顾中平

顾中平,男,汉族,1968年11月生,中共党员,大学本科学历,现任江苏长电科技股份有限公司技术部部长。顾中平在长电科技从事技术工作27年,积极顺应高端芯片发展,圆满完成企业外延平面晶体管芯片制造的设备引进、技术改造及产业化任务,成功开发并量产国内技术领先的肖特基本、快恢复、TVS等二极管等产品。2015年以来,顾中平作为企业年产180万片半导体芯片搬迁技改扩能项目主要负责人,成功实现芯片制造产品创新驱动和转型升级,有效解决国内芯片供给紧缺矛盾,获“江苏省五一劳动奖章”称号。2017年,获“全国五一劳动奖章”称号。

(周光浩)

郭 健

郭健,男,汉族,1988年2月生,中共党员,大学本科学历。郭健作为黑龙江省到无锡务工人员,苦练维修技艺,利用休息时间到卡车4S店当义务维修工,学习与环卫车型相近车辆的修理技术,成功解决无解码器情况下检查判断车辆故障技术难题,在车辆配件使用、车辆故障提前预防等方面,大大降低车辆故障率和维修成本。郭健先后被评为无锡市优秀新市民和江苏省文明职工,获“江苏省五一劳动奖章”称号。2017年,获“全国五一劳动奖章”称号。

(周光浩)

杜华军

杜华军,男,汉族,1974年7月生,群众,大专学历。杜华军身为一名焊工高级技师,熟练掌握二氧化碳气体保护焊、手工氩弧焊、埋弧焊等多种焊接技法,主持改进四面送风碳弧气刨枪,总结出“大口径管对接焊的操作方法”,使无损探伤一次合格率达99.8%以上;研究发明半自动焊缝打磨机,减少手工打磨强度,大幅提高工作效率。杜华军被评为江苏省五一劳动奖章者。2016年,获“我心目中的无锡工匠”称号。2017年,获“全国五一劳动奖章”称号。

(周光浩)

钱军先

钱军先,男,汉族,1955年8月生,中共党员,大学本科学历。钱军先系江苏省特级教师、省首批教授级高级教师。他从事中学数学教育38年,担任班主任17年,勤恳踏实,为国家培育大批优秀人才。他潜心教研,先后完成省级教研课题5项、论文200余篇,其中两项课题获省一等奖,8篇论文获全国、江苏省一等奖。他先后获“无锡市十佳师德标兵”“‘奠基未来·感动无锡’教育年度人物”“无锡市道德模范”“江苏省最美教师”“江苏省五一劳动奖章”称号。2017年，获“全国五一劳动奖章”称号。

（周光浩）

逝世人物

宗菊如

宗菊如，男，汉族，1941年10月生，江苏宜兴人。1976年8月加入中国共产党。1965年8月，北京大学哲学系毕业后任山西省晋中地区宣传部干事；1972年3月起，先后任宜兴县太华中学教师、宜兴县归经中学革委会主任、中共宜兴县委宣传部副科长、科长、副部长、部长；1983年9月，任中共宜兴县委副书记；1984年7月，任中共无锡市委常委、宣传部部长；1998年2月至2003年1月，任政协无锡市第十届委员会副主席、党组副书记；2005年1月退休。2017年5月28日，因病医治无效，在无锡逝世，终年76岁。

（市委老干部局）

陆秀如

陆秀如，女，汉族，1922年3月生，江苏启东人。1941年1月加入中国共产党。1941年6月参加工作，先后担任启西区民运工作队组长，海四区农抗会宣教科长、区委委员兼妇女科长，启三区区委组织宣传委员、民运工作队队长、指导员、启西、启东区特派员，启东区区委委员、民运、组宣科长、区农抗主任等职；1949年1月起，历任崇明县二区区委书记、区大队政委，崇明县委委员兼妇委书记、妇联主任，南通地委妇委副书记、妇联主任，苏北法院民庭副庭长，南通地委妇委书记、妇联主任，南通地委委员、工业部部长、生活福利部部长、劳动工资部部长、妇联党组书记、妇联主任，江苏省贫协党组成员、妇女工作部部长等职；1975年1月，起先后任省妇联党组成员、城工部部长、省妇联副主任；1980年2月起，先后任无锡市第六届、第七届政协副主席；1985年5月离休。2015年9月，荣获由中共中央、国务院、中央军委颁发的“纪念抗战胜利七十周年”抗战老战士老同志纪念章。2017年8月27日，因病医治无效，在无锡逝世，终年95岁。

（市委老干部局）

耿子民

耿子民，曾用名耿泰仁、耿乐山、耿友辅，男，汉族，1922年6月7日生，江苏扬州人。1945年8月加入中国共产党。1945年9月参加工作。参加工作前，先后在上海仁记药行做学徒、店员，在原籍仁义桥小学担任教员。1945年9月至1946年5月，历任苏中五分区镇江办事处干事，二分区教导大队班长、排长；1946年6月至1947年8月，历任兴化区新新商店、江都烟厂会计；1947年9月至1949年4月，历任华中干部三中队滨海独立团北海总队副中队长、分队长，华野先遣纵队供给部文书、书记；1949年4月至1954年10月，历任镇江火柴厂军事代表，镇江地区工商局秘书、工商科股长，驻苏南百货公司三反工作组组长，苏南土产公司业务科科长，无锡市土产公司经理；1954年10月至1958年12月，历任无锡市商业局秘书室秘书，市医药公司经理，市贸易局副局长，市交电公司、五化交公司经理，市商业局党委副书记、副局长；1959年1月至1968年4月，历任无锡市委财贸部办公室秘书，市粮食局党委书记、局长，市供销社主任，市商业局局长；1968年4月至1973年4月，历任无锡市商业革委会主任，市财贸革委会副主任，市煤矿指挥部副指挥、指挥；1973年4月至1983年2月，历任无锡市革委会财办主任，市革委会副主任，市政府副市长；1983年3月，任无锡市人大常委会副主任、党组成员；1984年8月离休。中共无锡市第六次代表大会代表，无锡市第九届人民代表大会代表。2017年9月2日，因病医治无效，在无锡逝世，终年96岁。

（市委老干部局）

冯其庸

冯其庸，男，汉族，名迟，字其庸，号宽堂，1924年2月生。江苏无锡人。中共党员。1948年，毕业于无锡国学专修学校。1949年5月，在苏南行署工作。1950年，任教于无锡市第一女子中学。1954年，调中国人民大学，历任讲师、副教授、教授等职。1980年、1981~1982年，两度赴美在史坦福、哈佛、耶鲁、柏克莱等大学讲学。1984年12月，被国务院、外交部、文化部派往苏联鉴定列宁格勒藏本《石头记》，达成两国联合出书协议。1986年，调任中国艺术研究院副院长。1996年，应邀访问德国、法国，并在柏林和巴黎考察两国所藏敦煌、吐鲁番文献。1996年11月离休。2005年5月，任中国人民大学国学院首任院长，2008年1月，任中国人民大学国学院名誉院长。2009年，任中国文字博物馆首任馆长。先后兼任中国红楼梦学会会长、中国汉画学会会长、《红楼梦学刊》主编等职。2011年12月，冯其庸荣获文化部颁发的“中华艺文奖”终身成就奖。2012年10月，冯其庸获中国人民大学首届吴玉章终身成就奖。2017年1月22日在北京逝世，终年93岁。

（史　志）

李　正

李正，字勉之，1926年8月生，江苏无锡人，国家一级注册建筑师、高级工程师、教授。1949年毕业于杭州之江大学建筑系，留校任教。之后辗转于浙江大学、同济大学、苏南工业专科学校等任职。1958年，调无锡市城市建设局工作，曾任无锡市园林管理设计室主任、城市建设局总工程师、市建设委员会总建筑师等职。李正设计了80%以上的无锡园林，最大贡献可分3个方面：修复寄畅园等古典园林，扩建蠡园等民国园林，设计建造杜鹃园、吟苑等现代园林。2017年2月14日，李正在澳大利亚墨尔本逝世，终年91岁。

（史　志）

编辑　罗秋云

表 62　　2017 年无锡市国民经济和社会发展主要指标一览

指　　标	单　位	2017 年	增长(%)
土地面积			
行政区划面积	平方公里	4627.46	-
人口就业			
年末总人口(户籍)	万人	493.05	1.4
年末总人口(常住)	万人	655.30	0.4
城市化率	%	76.0	(+0.2 点)
从业人员	万人	388.30	0.3
第一产业	万人	15.80	-7.6
第二产业	万人	214.40	-0.2
第三产业	万人	158.10	2.0
国民经济核算			
地区生产总值	亿元	10511.80	7.4
第一产业	亿元	135.18	1.3
第二产业	亿元	4964.44	7.3
第三产业	亿元	5412.18	7.7
人均地区生产总值	元	160706	7.1
农业			
农林牧渔业总产值	亿元	249.90	平
粮食产量	万吨	55.15	-6.8
油料产量	万吨	0.79	-2.7
水产品产量	万吨	13.56	7.0
工业			
规模以上工业增加值	亿元	3382.77	8.6
规模以上工业总产值	亿元	15459.54	16.8
规模以上工业销售产值	亿元	15280.21	16.9
规模以上工业主营业务收入	亿元	15543.76	15.8
规模以上工业利润总额	亿元	1053.61	13.7

续表 62

指　　标	单　位	2017 年	增长(%)
服务业			
规模以上服务业营业收入	亿元	973.93	10.8
交通运输、邮电通信、供电			
邮电业务总量	亿元	224.26	14.4
货运量	万吨	17384.56	9.8
客运量	万人次	8799.70	1.9
全社会用电量	亿千瓦时	686.67	7.5
# #工业用电	亿千瓦时	524.68	6.3
城乡居民生活用电	亿千瓦时	66.79	10.6
固定资产投资			
固定资产投资	亿元	4967.51	4.7
# #工业投入	亿元	2089.73	5.9
房地产投资	亿元	1201.89	16.3
国内贸易			
社会消费品零售总额	亿元	3458.04	10.9
开放型经济			
进出口总值	亿美元	812.53	16.4
# #出口总值	亿美元	495.19	15.4
到位注册外资	亿美元	36.75	7.7
旅游			
旅游总收入	亿元	1743.66	12.1
接待国内游客人数	万人次	9179.34	6.9
接待入境旅游人数	万人次	49.54	12.8
市场物价			
居民消费价格总指数		101.9	(-0.4 点)
商品零售价格总指数		102.0	(+1.1 点)
财政金融			
一般公共预算收入	亿元	930.00	6.3
一般公共预算支出	亿元	987.66	14.1
金融机构人民币存款余额	亿元	14606.93	3.6
# #住户存款	亿元	5055.54	3.9
金融机构人民币贷款余额	亿元	11098.51	6.9
教育卫生			
高等院校在校学生数	人	112689	-0.9
普通中学在校学生数	人	223101	3.6
卫生机构床位数	张	43195	8.7
卫生技术人员数	人	51015	7.3
城市建设			
城市道路长度	公里	3846	3.5
城市道路面积	万平方米	7017	5.1
科技			
专利申请受理量	件	52252	-27.1

续表 62

指　　标	单　位	2017 年	增长(%)
专利申请授权量	件	28926	-3.1
人民生活			
城镇常住居民人均可支配收入	元	52659	8.3
农村常住居民人均可支配收入	元	28358	8.4

表 63　　2017 年无锡市人口、从业人员一览

指　　标	单　位	2017 年	2016 年
户籍人口	万人	493.05	486.20
男性	万人	243.04	240.02
女性	万人	250.01	246.18
户籍总户数	万户	166.85	163.87
平均户籍人口	万人	489.63	243.10
出生人数	人	49809	44836
死亡人数	人	39277	31253
出生率	‰	10.17	9.27
死亡率	‰	8.02	6.46
自然增长率	‰	2.15	5.59
常住人口	万人	655.30	652.90
平均常住人口	万人	654.10	652.00
城镇化率	%	76.0	75.8
从业人员	万人	388.30	387.00
第一产业	万人	15.80	17.10
第二产业	万人	214.40	214.90
第三产业	万人	158.10	155.00

表 64　　2017 年无锡市地区生产总值一览

指　　标	单　位	2017 年	增长(%)
地区生产总值	亿元	10511.80	7.4
1. 按产业分			
第一产业	亿元	135.18	1.3
第二产业	亿元	4964.44	7.3
第三产业	亿元	5412.18	7.7
2. 按行业分			
农林牧渔业	亿元	154.91	0.8
工业	亿元	4553.15	8.0
建筑业	亿元	411.85	0.1
批发和零售业	亿元	1629.46	6.6
交通运输、仓储及邮政业	亿元	212.41	6.8
住宿和餐饮业	亿元	283.18	5.8
金融业	亿元	779.01	6.3
房地产业	亿元	530.72	-0.5
其他服务业	亿元	1957.11	11.7

续表 64

指　　标	单　位	2017 年	增长(%)
营利性服务业	亿元	1089.03	15.1
非营利性服务业	亿元	868.08	7.2
地区生产总值构成	%	100.0	—
第一产业	%	1.3	(-0.1 点)
第二产业	%	47.2	(-0.4 点)
第三产业	%	51.5	(+0.5 点)
人均地区生产总值(常住人口)	元	160706	7.1

表 65　　2017 年无锡市全体居民人均收支一览

指　　标	单　位	2017 年	增长(%)
全体居民人均可支配收入	元	46453	8.6
工资性收入	元	31280	8.1
经营净收入	元	4917	9.7
财产净收入	元	4095	13.0
转移净收入	元	6161	8.0
全体居民人均生活消费支出	元	29659	6.2
食品烟酒	元	8269	4.4
衣着	元	2507	2.7
居住	元	6199	6.2
生活用品及服务	元	1655	8.0
交通通信	元	4552	7.8
教育、文化、娱乐	元	3658	8.9
医疗保健	元	1865	8.1
其他用品和服务	元	954	6.7

表 66　　2017 年无锡市城镇居民人均收支一览

指　　标	单　位	2017 年	增长(%)
城镇常住居民人均可支配收入	元	52659	8.3
工资性收入	元	35861	7.7
经营净收入	元	4950	10.5
财产净收入	元	4634	12.8
转移净收入	元	7214	7.1
城镇常住居民人均生活消费支出	元	32972	4.9
食品烟酒	元	9081	3.0
衣着	元	2770	1.5
居住	元	6891	4.8
生活用品及服务	元	1866	6.8
交通通信	元	5078	6.7
教育、文化、娱乐	元	4220	7.6
医疗保健	元	2011	6.6
其他用品和服务	元	1055	5.5

表 67　　2017 年无锡市农村居民人均收支一览

指　　标	单　位	2017 年	增长(%)
农村常住居民人均可支配收入	元	28358	8.4
工资性收入	元	17922	7.8
经营净收入	元	4821	7.3
财产净收入	元	2524	12.3
转移净收入	元	3091	10.4
农村常住居民人均生活消费支出	元	19998	8.3
食品烟酒	元	5901	7.3
衣着	元	1740	4.7
居住	元	4177	8.8
生活用品及服务	元	1040	9.6
交通通信	元	3020	8.7
教育、文化、娱乐	元	2020	10.4
医疗保健	元	1440	11.3
其他用品和服务	元	660	8.7

表 68　　2017 年无锡市价格指数一览

指　　标	2017 年	2016 年
居民消费价格总指数	101.9	102.3
# 服务项目价格指数	102.6	103.6
消费品价格指数	101.5	101.4
# 食品烟酒	100.0	103.4
衣着	101.3	99.5
居住	102.2	102.2
生活用品及服务	102.1	103.4
交通和通信	102.2	97.8
教育、文化和娱乐	104.4	99.1
医疗保健	103.4	115.3
其他用品和服务	102.3	103.3
商品零售价格总指数	102.0	100.9

表 69　　2017 年无锡市固定资产投资、房地产一览

指　　标	单　位	2017 年	增长(%)
固定资产投资	亿元	4967.51	4.7
1. 按产业分			
第一产业	亿元	10.26	44.5
第二产业	亿元	2089.73	5.7
# 工业投入	亿元	2089.73	5.9
# 技改投入	亿元	1544.11	16.2
第三产业	亿元	2867.52	4.1
# 房地产开发	亿元	1201.89	16.3
2. 在总计中：			
# 民间投资	亿元	3147.02	7.9
房地产开发与销售			

续表 69

指　　标	单　位	2017 年	增长(%)
房屋施工面积	万平方米	5736.51	-4.2
# 住宅	万平方米	4180.33	-2.4
# 新开工面积	万平方米	1111.53	13.6
房屋竣工面积	万平方米	1129.90	-14.7
# 住宅	万平方米	862.31	-11.2
竣工房屋价值	亿元	451.24	-30.2
# 住宅	亿元	333.67	-27.4
商品房销售面积	万平方米	1182.09	-7.4
现房销售面积	万平方米	393.13	1.7
期房销售面积	万平方米	788.96	-11.3
商品房销售额	亿元	1253.93	13.2
现房销售额	亿元	354.76	12.6
期房销售额	亿元	899.17	13.4

表 70　　2017 年无锡市农业产值、农产品产量一览

指　　标	单　位	2017 年	增长(%)
农林牧渔业总产值	亿元	249.90	平
农作物播种面积	千公顷	150.90	-5.9
# 粮食	千公顷	86.59	-7.9
夏粮	千公顷	39.80	-15.2
秋粮	千公顷	46.79	-0.7
粮食产量	万吨	55.15	-6.8
夏粮	万吨	16.79	-16.9
秋粮	万吨	38.36	-1.6
粮食年单产	公斤/公顷	6369	1.3
夏粮	公斤/公顷	4217	-2.0
秋粮	公斤/公顷	8198	-0.9
油菜籽	吨	6781	4.6
茶叶产量	吨	6412	-1.5
水果产量	吨	186643	5.9
造林面积	公顷	687	9.0
牛奶产量	吨	19227	-26.9
禽蛋产量	吨	30888	14.3
水产品产量	吨	135632	7.0

表 71　　2017 年无锡市规模以上工业总产值一览(一)

指　　标	单　位	2017 年	增长(%)
工业总产值(现价)	亿元	15459.54	16.8
1. 按经济类型:			
内资企业	亿元	9663.13	17.0
港澳台商投资企业	亿元	1867.02	19.0
外商投资企业	亿元	3929.39	15.2
2. 按轻重工业分			
轻工业	亿元	3817.14	12.1

续表 71

指　　标	单　位	2017 年	增长(%)
重工业	亿元	11642.41	18.4
3. 按规模分:			
# 大型企业	亿元	6474.14	19.1
中型企业	亿元	3522.94	12.8
小型企业	亿元	5353.19	16.0
4. 在总计中:			
# 国有控股	亿元	1010.59	21.5
# 民营企业	亿元	8804.67	16.6

表 72　　2017 年无锡市规模以上工业总产值一览(二)

指　　标	单　位	2017 年	增长(%)
规模以上工业总产值	亿元	15459.54	16.8
# 纺织业	亿元	818.67	3.4
纺织服装、服饰业	亿元	593.00	15.9
印刷和记录媒介复制业	亿元	120.02	0.6
石油加工、炼焦和核燃料加工业	亿元	134.14	12.5
化学原料和化学制品制造业	亿元	1139.46	13.7
医药制造业	亿元	250.29	10.7
化学纤维制造业	亿元	535.01	13.3
橡胶和塑料制品业	亿元	390.63	8.7
非金属矿物制品业	亿元	274.53	16.6
黑色金属冶炼和压延加工业	亿元	1134.90	43.2
有色金属冶炼和压延加工业	亿元	1126.28	23.4
金属制品业	亿元	833.29	12.7
通用设备制造业	亿元	1025.14	24.8
专用设备制造业	亿元	730.18	12.4
汽车制造业	亿元	954.85	18.3
铁路、船舶、航空航天和其他运输设备制造业	亿元	255.96	1.8
电气机械和器材制造业	亿元	2081.93	14.8
计算机、通信和其他电子设备制造业	亿元	2283.29	18.1
仪器仪表制造业	亿元	148.94	22.1
电力、热力生产和供应业	亿元	222.18	16.9

表 73　　2017 年无锡市规模以上工业增加值一览

指　　标	单　位	2017 年	增长(%)
规模以上工业增加值	亿元	3382.77	8.6
1. 按行业分:			
制造业	亿元	3249.53	8.6
电力、燃气、水的生产和供应业	亿元	133.24	8.6
2. 按轻重工业分:			
轻工业	亿元	739.22	3.1

续表 73

指　　标	单　位	2017 年	增长（%）
重工业	亿元	2643.55	10.3
3. 按规模分：			
# 大型企业	亿元	1593.34	11.5
中型企业	亿元	840.67	7.5
小型企业	亿元	891.58	6.0
4. 在总计中：			
国有控股	亿元	233.49	16.2
民营工业	亿元	1707.82	6.1

表 74　2017 年无锡市主要工业产品产量一览

指　　标	单　位	2017 年	增长（%）
粗钢	万吨	1096.14	4.9
钢材	万吨	1664.10	7.4
铜材	万吨	133.09	12.6
钢绞线	万吨	19.82	-3.4
电站锅炉	万蒸发量吨	1.92	25.1
工业锅炉	万蒸发量吨	1.52	8.5
滚动轴承	亿套	6.98	20.7
发动机	万千瓦	6801.18	33.9
电力电缆	万千米	149.02	-16.5
光缆	万芯千米	1593.18	-15.3
光纤	万千米	713.62	11.8
太阳能电池（光伏电池）	万千瓦	406.12	1.8
半导体分立器件	亿个	1228.91	9.6
集成电路	亿块	333.26	13.9
电子元件	亿个	151.18	13.5
印制电路板	万平方米	1118.05	5.7
绒线（俗称毛线）	万吨	2.36	9.4
呢绒	万米	11045.03	-2.8
帘子布	万吨	1.82	-3.9
化学纤维	万吨	440.72	8.9
合成纤维聚合物	万吨	212.58	-19.6
锂离子电池	万个	46171.25	11.5
硬盘存储器	万台	7956.60	17.2
服装	万件	60803.02	7.5
数码照相机	万台	304.53	22.3
民用钢质船舶	万载重吨	257.22	1.7
电动自行车	万辆	352.14	10.3
家用洗衣机	万台	1117.62	9.2
家用电热水器	万台	107.36	5.9
微型计算机设备	万台	74.86	-25.9

表 75　　2017 年无锡市规模以上工业经济效益一览

指　　标	单　位	2017 年	增长(%)
企业单位数	个	5258	(+370 个)
# 亏损企业	个	793	(-110 个)
从业人员平均人数	万人	117.59	-1.0
主营业务收入	亿元	15543.76	15.8
利润总额	亿元	1053.61	13.7
亏损总额	亿元	76.55	12.0
资产总计	亿元	16002.28	10.2
负债总计	亿元	8415.78	8.7
流动资产合计	亿元	9897.69	10.9
应收账款	亿元	3248.51	11.2
存货	亿元	2098.92	12.0
# 产成品	亿元	834.40	10.5

表 76　　2017 年无锡市建筑业一览

指　　标	单　位	2017 年	增长(%)
企业个数	个	562	(+12 个)
建筑业总产值	亿元	742.62	17.2
# 装修装饰产值	亿元	31.11	5.5
建筑业在外省完成的产值	亿元	255.58	56.7
# 建筑工程产值	亿元	578.03	14.6
安装工程产值	亿元	160.40	30.5
建筑业其他产值	亿元	4.19	-32.2
建筑业竣工产值	亿元	486.24	-8.7
房屋建筑施工面积	万平方米	3194.19	1.9
房屋建筑竣工面积	万平方米	1154.70	-11.8
建筑业直接从事生产经营活动的平均人数	人	242192	8.5
建筑业期末从业人数	人	210444	9.8
建筑业全员劳动生产率	元/人	306625	8.1

表 77　　2017 年无锡市规模以上服务业一览

指　　标	单　位	2017 年	增长(%)
规模以上服务业营业收入	亿元	973.93	10.8
交通运输、仓储和邮政业	亿元	202.70	17.9
信息传输、计算机服务和软件业	亿元	316.50	14.2
房地产业	亿元	59.64	12.5
租赁和商务服务业	亿元	179.32	6.1
科学研究和技术服务业	亿元	107.33	14.5
水利、环境和公共设施管理业	亿元	45.63	-28.5
居民服务和其他服务业	亿元	7.86	-2.7
教育	亿元	6.50	-2.7
卫生和社会工作	亿元	8.48	13.4
文化、体育和娱乐业	亿元	39.98	19.2

表 78　　2017 年无锡市民营经济一览

指　　标	单　位	2017 年	增长(%)
民营经济增加值	亿元	6895.74	7.3
民营经济增加值占 GDP 比重	%	65.60	(-0.1 点)
民营规上工业总产值	亿元	9295.29	16.6
民营限上社会消费品零售总额	亿元	866.30	8.6
民营规上服务业营业收入	亿元	544.46	13.5

表 79　　2017 年无锡市运输、邮电一览

指　　标	单　位	2017 年	增长(%)
交通运输			
客运量	万人	8799.70	1.9
# 铁路	万人	2303.00	7.2
公路	万人	5727.00	-1.0
货物运输量	万吨	17384.56	9.8
# 铁路	万吨	99.60	26.6
公路	万吨	14511.00	9.7
航空旅客吞吐量	万人	668.30	20.2
航空货邮吞吐量	万吨	10.70	12.1
港口吞吐量	万吨	21366.83	13.6
集装箱吞吐量	万 TEU	57.10	13.7
邮电业务			
邮电业务总量	亿元	224.26	14.4
# 邮政业务总量	亿元	104.08	23.9
固定电话用户数	万户	140.97	-9.1
移动电话	万户	879.90	0.6
固定互联网宽带接入用户数	万户	298.20	1.9
快递业务量	万件	45089.76	29.7
快递业务收入	亿元	55.26	23.3

表 80　　2017 年无锡市国内贸易、旅游一览

指　　标	单　位	2017 年	增长(%)
国内贸易			
社会消费品零售总额	亿元	3458.04	10.9
1. 按行业分			
批发和零售业	亿元	3193.32	10.8
住宿和餐饮业	亿元	264.72	10.9
2. 按销售单位所在地分			
城镇	亿元	2962.88	10.9
# 城区	亿元	2529.35	17.2
乡村	亿元	495.16	10.6
旅游			
旅游总收入	亿元	1743.66	12.1
接待国内游客人数	万人次	9179.34	6.9

续表 80

指　　标	单　位	2017 年	增长(%)
接待入境过夜旅游人数	万人次	49.54	12.8
AAAAA 级旅游景区	家	3	平
AAAA 级旅游景区	家	27	平
AAA 级旅游景区	家	14	平
星级宾馆	家	42	平
# 五星级	家	13	平
四星级	家	11	平

表 81　　2017 年无锡市国内贸易一览

指　　标	单　位	2017 年	增长(%)
限额以上社会消费品零售总额	亿元	1223.48	9.6
批发和零售业	亿元	1142.81	9.6
粮油、食品类	亿元	118.74	5.5
饮料类	亿元	16.68	31.2
烟酒类	亿元	18.19	18.5
服装、鞋帽、针纺织品类	亿元	86.42	5.6
化妆品类	亿元	12.95	16
金银珠宝类	亿元	21.27	12
日用品类	亿元	33.86	2.9
五金、电料类	亿元	10.14	13
体育、娱乐用品类	亿元	3.28	0.7
书报杂志类	亿元	36.44	8
家用电器和音像器材类	亿元	50.75	5.2
中西药品类	亿元	128.66	35.4
文化办公用品类	亿元	14.40	-10.1
家具类	亿元	7.45	0.8
通信器材类	亿元	18.59	-2.1
石油及制品类	亿元	122.38	13.8
建筑及装潢材料类	亿元	10.20	6.7
汽车类	亿元	425.04	6.4

表 82　　2017 年无锡市开放型经济一览

指　　标	单　位	2017 年	增长(%)
进出口总值	亿美元	812.53	16.4
# 一般贸易	亿美元	398.87	10.0
加工贸易	亿美元	335.65	15.1
来料加工	亿美元	50.56	31.7
进料加工	亿美元	285.09	12.6
出口总值	亿美元	495.19	15.4
# 一般贸易	亿美元	253.02	8.7
加工贸易	亿美元	194.95	12.9
来料加工	亿美元	26.08	74.8
进料加工	亿美元	168.87	7.1

续表 82

指　　　标	单　位	2017 年	增长(%)
进出口总值	亿元	5502.46	19.4
# 一般贸易	亿元	2701.32	12.9
加工贸易	亿元	2272.72	18.0
来料加工	亿元	341.79	34.5
进料加工	亿元	1930.93	15.4
出口总值亿元	3354.62	18.4	
# 一般贸易	亿元	1714.10	11.7
加工贸易	亿元	1320.68	15.9
来料加工	亿元	176.15	78.2
进料加工	亿元	1144.53	9.9

表 83　　2017 年无锡市财政收支、利用外资一览

指　　　标	单　位	2017 年	增长(%)
财政收支			
一般公共预算收入	亿元	930.00	6.3
# 税收收入	亿元	752.40	6.6
增值税	亿元	369.24	40.7
营业税	亿元	1.87	-98.5
企业所得税(40%)	亿元	125.37	21.0
个人所得税(40%)	亿元	47.16	-4.8
城市维护建设税	亿元	52.70	-2.7
房产税	亿元	36.57	10.6
印花税	亿元	11.86	13.8
契税	亿元	51.22	112.5
上划中央四税收入	亿元	654.03	9.9
一般公共预算支出	亿元	987.66	14.1
利用外资			
到位注册外资	亿美元	36.75	7.7
批准协议注册外资	亿美元	63.00	40.5
服务外包合同总额	亿美元	145.00	18.5
服务外包执行总额	亿美元	120.70	17.4
离岸外包合同总额	亿美元	94.80	17.1
离岸外包执行总额	亿美元	75.00	15.2
新批境外投资中方协议投资额	亿美元	12.05	-42.5
外经合同额	万美元	5820	22.2 倍
外经营业额	万美元	2948	9.7 倍

表 84　　2017 年无锡市金融机构信贷一览

指　　　标	单　位	2017 年	增长(%)
金融机构本外币存款余额	亿元	15141.30	3.6
金融机构本外币贷款余额	亿元	8835.44	4.3
金融机构人民币存款余额	亿元	14606.93	3.6
# 住户存款	亿元	5055.54	3.9
非金融企业存款	亿元	6223.72	3.2

续表 84

指　　　标	单　位	2017 年	增长(%)
金融机构人民币贷款余额	亿元	11098.51	6.9
# 住户贷款	亿元	2382.30	29.9
# 短期贷款	亿元	328.14	43.2
消费贷款	亿元	198.73	87.7
经营贷款	亿元	129.41	-2.3
# 中长期贷款	亿元	2054.16	27.9
消费贷款	亿元	1920.90	28.3
经营贷款	亿元	133.26	22.4
非金融企业及机关团体贷款	亿元	8712.27	8.1
# 短期贷款	亿元	3641.41	5.5
中长期贷款	亿元	4418.38	24.9
票据融资	亿元	642.78	-52.9

表 85　　2017 年无锡市保险、证券、用电一览

指　　　标	单　位	2017 年	增长(%)
保险			
保险业务收入	亿元	407.43	28.7
# 人寿保险	亿元	314.44	36.3
保险赔款支出	亿元	59.58	7.6
# 人寿保险	亿元	9.34	39.3
保险给付支出	亿元	32.66	31.0
满期给付	亿元	23.68	38.0
年金给付	亿元	8.98	15.4
证券			
上市公司数	家	129	(+18 家)
境内 A 股	家	77	(+16 家)
境外上市	家	52	(+2 家)
期货市场交易额	亿元	21386.63	32.8
证券市场交易额	万亿元	3.17	-41.9
供电			
全社会用电量	亿千瓦时	686.67	7.5
# 工业用电量	亿千瓦时	524.68	6.3
城乡居民生活用电量	亿千瓦时	66.79	10.6

表 86　　2017 年无锡市城市建设一览

指　　　标	单　位	2017 年	2016 年
城市道路			
城市道路长度	公里	3846	3715
城市道路面积	万平方米	7017	6679
城市路灯数	盏	260292	326395
公共交通			
年底运营车辆	辆	3015	3026
年底运营线路网长度	公里	5773	5609

续表 86

指　　　　标	单　位	2017 年	2016 年
运客总数	万人次	39845	40010
供水			
年底水厂	个	6	6
年底生产能力	万吨/日	245	245
全年供水总量	万吨	38866	36838
天然气			
年底管道长度	公里	2747	2603
全年供气总量	万立方米	137522	93030
液化气			
全年供气总量	吨	34501	39446
天然气、液化气普及率	%	100	100

表 87　　　2017 年无锡市文化、教育事业一览

指　　　　标	单　位	2017 年	2016 年
文化			
图书馆	个	8	8
博物馆	个	58	61
教育			
学校数	个	445	435
# 高等院校	个	12	12
中等专业学校	个	21	20
技工学校	个	15	14
普通中学	个	186	183
职业中学	个	2	2
小学	个	202	197
在校学生数	人	778789	757661
# 高等院校	人	112689	113732
中等专业学校	人	44950	44284
技工学校	人	18470	17958
普通中学	人	223101	215413
职业中学	人	3509	3874
小学	人	374871	361282
教职员工数	人	61322	60481
# 专任教师	人	54109	53178

表 88

2017 年无锡市卫生事业一览

指　　标	单　位	2017 年	2016 年
卫生			
卫生机构数	个	2350	2308
# 医院	个	166	159
卫生院	个	37	32
卫生机构床位数	张	43195	39732
# 医院	个	36544	35354
卫生院	个	1783	796
卫生工作人员数	人	62742	58434
# 卫生技术人员	人	51015	47549
# 业(助理)医师	人	19610	18107
注册护士	人	22489	20523
每万人拥有卫生机构床位数	张	65.9	60.9
每万人拥有卫生技术人员	人	77.8	72.8
# 执业(助理)医师	人	29.9	27.7
注册护士	人	34.3	31.4

表 89

2017 年无锡市科技、福利事业一览

指　　标	单　位	2017 年	2016 年
科技			
专利申请受理量	件	52252	71673
# 发明	件	20122	32610
专利申请授权量	件	28926	29865
# 发明	件	4825	5583
社会福利事业			
养老福利机构	个	139	144
养老机构床位数	张	39992	38616
年末收养人数	人	17391	16311
儿童福利机构	个	3	3
儿童床位数	张	620	620
年末集中供养人数	人	343	370
社区服务机构总数	个	2569	2517
城镇居民最低生活保障人数	人	10839	12045
农村居民最低生活保障人数	人	14260	16982

说明:统计资料中数据为初步统计数

(市统计局)

编辑　顾洪兴

文件选目

2017 年中共无锡市委文件目录

文件标题	印发日期
中共无锡市委、市政府关于2013－2015年度无锡市文明村镇文明单位（社区、校园）的通报	2017－01－10
中共无锡市委、市政府关于印发《深化市管企业负责人薪酬制度改革的实施意见》的通知	2017－01－18
中共无锡市委、市政府关于印发《无锡市“两减六治三提升”专项行动实施方案》的通知	2017－01－20
中共无锡市委印发《关于开展“连心富民、联企强市”大走访活动的实施方案》的通知	2017－02－27
中共无锡市委、市政府关于进一步降低实体经济企业成本的实施意见	2017－03－20
中共无锡市委、市政府关于进一步做好我市重大项目推进工作的实施意见	2017－03－20
中共无锡市委、市政府关于深化农业供给侧结构改革大力培育农民增收农村发展新动能的意见	2017－03－20
中共无锡市委、市政府关于无锡国家传感网创新示范区建设（2017－2020年）的实施意见	2017－03－24
中共无锡市委、市政府印发《无锡市加快发展以物联网为龙头的新一代信息技术产业三年（2017－2019年）行动计划》的通知	2017－03－30
中共无锡市委、市政府关于印发《无锡市智能制造三年（2017－2019年）行动计划》的通知	2017－03－30
中共无锡市委、市政府印发《无锡市现代服务业提质增效三年（2017－2019年）行动计划》的通知	2017－03－29
中共无锡市委、市政府关于2016年度法治无锡建设工作示范单位的通报	2017－04－10
中共无锡市委、市政府关于印发《无锡市全面深化河长制实施方案》的通知	2017－03－31
中共无锡市委关于向梁溪区人民检察院学习的决定	2017－04－24
中共无锡市委、市政府关于印发《无锡市审计机关人财物管理改革试点实施方案》的通知	2017－05－04
中共无锡市委关于推荐评选无锡市优秀共产党员的通知	2017－05－08
中共无锡市委、市政府印发《关于深化行政审批制度改革加快简政放权激发市场活力的实施意见》的通知	2017－05－15
中共无锡市委、市政府关于加强和改进农村住房建设管理的意见（试行）	2017－05－23

续表

文　件　标　题	印发日期
中共无锡市委、市政府关于深化现代产业发展政策的意见	2017－06－02
中共无锡市委、市政府关于深化“太湖人才计划”的若干意见	2017－06－05
中共无锡市委关于推荐评选“无锡市优秀共产党员”情况的通报	2017－06－21
中共无锡市委、市政府关于实施“三增三改三提升”重点任务深入推进城乡发展一体化的意见	2017－06－26
中共无锡市委、市政府关于进一步加强城市规划建设管理工作的实施意见	2017－07－05
中共无锡市委、市政府关于给2011－2015年度无锡市城市建设突出贡献集体和个人记功嘉奖的决定	2017－07－05
中共无锡市委印发《关于在深化国有企业改革中坚持党的领导加强党的建设的实施办法》的通知	2017－07－11
中共无锡市委、市政府关于印发《无锡市“十三五”基层基本公共服务功能配置标准(试行)》的通知	2017－08－03
中共无锡市委、市政府关于聚焦富民持续提高城乡居民收入水平的实施意见	2017－08－03
中共无锡市委、市政府关于印发《无锡市生态环境保护工作责任规定(试行)》的通知	2017－08－28
中共无锡市委关于转发市人大常委会《无锡市第十六届人大常委会立法规划》的通知	2017－08－28
中共无锡市委、市政府关于授予张立新等5位同志“无锡市优秀人才贡献奖”、刘军等5位同志“无锡市留学回国人才创业奖”、徐夏民等8位同志“无锡市高技能人才成就奖”、法尔胜泓昇集团等5家单位“无锡市引进人才工作奖”的决定	2017－09－15
中共无锡市委、市政府印发《关于加快实施创新驱动核心战略的若干政策措施》的通知	2017－09－30
中共无锡市委、市政府关于印发《“健康无锡2030”规划纲要》的通知	2017－10－01
中共无锡市委关于认真学习宣传贯彻党的十九大精神的通知	2017－11－06
中共无锡市委、市政府关于无锡市创建国家全域旅游示范区的意见	2017－12－04
中共无锡市委、市政府关于调整完善生态补偿政策的意见	2017－12－07
中共无锡市委、市政府关于建立“阳光扶贫”监管系统推进精准帮扶脱困的实施意见	2017－12－07
中共无锡市委、市政府无锡军分区关于完善拥军政策增强军人荣誉感的实施意见	2017－12－13

2017年中共无锡市委办公室文件目录

文　件　标　题	印发日期
中共无锡市委办公室、市政府办公室关于印发《无锡市深化国税、地税征管体制改革落实方案》的通知	2017－01－26
中共无锡市委办公室、市政府办公室印发《关于深入推进美丽乡村建设的实施意见》的通知	2017－01－26
中共无锡市委办公室关于转发《无锡市关心下一代工作委员会2017年工作要点》的通知	2017－02－06
中共无锡市委办公室关于调整有关领导小组成员的通知	2017－02－24
中共无锡市委办公室、市政府办公室关于印发《无锡市规范性文件和重大决策合法性审查程序规定》的通知	2017－03－10
中共无锡市委办公室关于印发《开展“连心富民、联企强市”大走访活动宣传报道工作方案》的通知	2017－03－24
中共无锡市委办公室、市政府办公室关于印发《无锡市2017年公共机构节能工作要点》的通知	2017－03－23
中共无锡市委办公室、市政府办公室印发《关于深入推进城乡发展一体化示范镇建设的实施意见》的通知	2017－03－28
中共无锡市委办公室关于调整市委老干部工作领导小组组长的通知	2017－03－31
中共无锡市委办公室、市政府办公室关于2016年度“法治镇(街道)建设工作先进单位”的通报	2017－04－10
中共无锡市委办公室、市政府办公室关于2016年度市级机关部门(单位)绩效管理和作风建设综合考评情况的通报	2017－04－12

续表

文　件　标　题	印发日期
中共无锡市委办公室、市政府办公室关于建立2017年度市级重点项目市领导挂钩服务制度的通知	2017-04-12
中共无锡市委办公室、市政府办公室关于做好2017年市人大代表和政协提案办理工作的通知	2017-04-11
中共无锡市委办公室、市政府办公室关于印发《无锡市贯彻落实中央第三环境保护督察组督察反馈意见整改方案》的通知	2017-04-19
中共无锡市委办公室、市政府办公室转发市全民科学素质工作领导小组办公室《关于举办2017年全国科技活动周暨无锡市第二十九科普宣传周活动的实施意见》的通知	2017-04-21
中共无锡市委办公室、市政府办公室印发《无锡市信访工作责任制实施细则》的通知	2017-04-20
中共无锡市委办公室、市政府办公室关于2016年度市（县）区科学发展考核评价和开发区综合考核结果的通报	2017-04-26
中共无锡市委办公室、市政府办公室关于成立“两减六治三提升”专项行动领导小组的通知	2017-04-28
中共无锡市委办公室印发《关于推进“两学一做”学习教育常态化制度化的实施方案》的通知	2017-05-09
中共无锡市委办公室关于印发《市委常委会“两学一做”学习教育年度工作安排》的通知	2017-05-15
中共无锡市委办公室、市政府办公室印发《关于进一步加强和改进离退休干部工作的实施方案》的通知	2017-05-18
中共无锡市委办公室、市政府办公室关于调整台湾同胞投资权益保障协调委员成员的通知	2017-05-23
中共无锡市委办公室、市政府办公室关于组织开展2017年无锡市“环境月”活动的通知	2017-05-24
中共无锡市委办公室、市政府办公室关于成立2017世界物联网博览会无锡市筹备指挥部的通知	2017-05-26
中共无锡市委办公室关于调整市关心下一代工作委员会成员的通知	2017-06-05
中共无锡市委办公室、市政府办公室关于印发《2017世界物联网博览会无锡市筹备指挥部工作方案的通知》	2017-06-16
中共无锡市委办公室关于进一步深入开展“连心富民、联企强市”大走访活动的通知	2017-06-29
中共无锡市委办公室关于市委会稳定工作领导小组更名为市委维护稳定工作领导小组的通知	2017-06-29
中共无锡市委办公室印发《关于建立实施领导干部上讲台制度的意见》的通知	2017-06-30
中共无锡市委办公室、市政府办公室关于印发《无锡市智能制造三年（2017-2019）行动计划2017年实施方案》的通知	2017-07-14
中共无锡市委办公室、市政府办公室关于将市河长制管理工作领导小组更名为市河长制工作领导小组的通知	2017-07-12
中共无锡市委办公室、市政府办公室关于成立无锡市“城市大脑”项目工作领导小组的通知	2017-07-12
中共无锡市委办公室、市政府办公室关于印发《无锡市加快发展以物联网为龙头的新一代信息技术产业三年（2017-2019年）行动计划2017年实施方案》的通知	2017-07-13
中共无锡市委办公室、市政府办公室关于成立市“雪浪小镇”建设领导小组的通知	2017-08-03
中共无锡市委办公室转发市侨联《关于筹备召开无锡市第九次归侨侨眷代表大会的方案》的通知	2017-08-03
市政府办公室关于印发无锡市地方政府性债务风险应急处置预案的通知	2017-07-27
市政府办公室关于转发市市政园林局市质监局加强液化石油气经营企业安全管理实施意见的通知	2017-08-04
中共无锡市委办公室、市政府办公室印发《关于进一步加强见义勇为基层基础建设的意见》的通知	2017-08-03
中共无锡市委办公室关于建立意识形态领域情况分析研判联席会议制度的通知	2017-08-11
中共无锡市委办公室、市政府办公室关于成立市富民增收工作领导小组的通知	2017-08-15
中共无锡市委办公室、市政府办公室印发《关于开展“垃圾分类——公共机构率先行动”活动的实施方案》的通知	2017-08-16
中共无锡市委办公室、市政府办公室关于成立市文化市场管理工作领导小组的通知	2017-08-31

续表

文 件 标 题	印发日期
中共无锡市委办公室关于认真做好《2017年度党风廉政建设责任书》执行情况年中检查反馈问题整改工作的通知	2017－09－01
中共无锡市委办公室、市政府办公室关于印发《2017年度无锡市市(县)区科学发展考核评价实施意见》的通知	2017－08－31
中共无锡市委办公室、市政府办公室关于印发《无锡市市级机关部门(单位)绩效管理和作风建设综合考评办法》的通知	2017－08－31
中共无锡市委办公室、市政府办公室关于成立市农村集体"三资"管理工作领导小组的通知	2017－09－06
中共无锡市委办公室、市政府办公室关于印发《2017年度无锡市开发区科学发展综合考评实施意见》的通知	2017－09－08
中共无锡市委办公室、市政府办公室关于调整市人才工作领导小组成员的通知	2017－09－11
中共无锡市委办公室、市政府办公室印发《关于进一步加强农村集体资金、资产、资源监管的实施意见》的通知	2017－09－21
中共无锡市委办公室、市政府办公室关于成立无锡波士顿大学建设领导小组的通知	2017－09－30
中共无锡市委办公室、市政府办公室印发《关于进一步深化文化市场综合执法改革的实施方案》的通知	2017－10－03
中共无锡市委办公室、市政府办公室关于成立无锡市美术馆建设领导小组的通知	2017－10－09
中共无锡市委办公室、市政府办公室印发《关于在领导干部经济责任审计中建立容错纠错机制的办法》的通知	2017－10－12
中共无锡市委办公室、市政府办公室关于印发《无锡市承担行政职能事业单位改革试点方案》的通知	2017－10－12
中共无锡市委办公室转发团市委《筹备召开共青团无锡市第十九次代表大会的方案》的通知	2017－10－31
中共无锡市委办公室关于调整市委政法委员会成员的通知	2017－10－30
中共无锡市委办公室、市政府办公室关于印发《无锡市旅游度假区考核评价办法》的通知	2017－10－30
中共无锡市委办公室关于市委副秘书处办公室主任副主任工作分工的通知	2017－11－03
中共无锡市委办公室、市政府办公室关于印发《无锡市科协系统深化改革实施方案》的通知	2017－10－31
中共无锡市委办公室、市政府办公室关于调整市对口支援工作领导小组成员的通知	2017－11－09
中共无锡市委办公室关于做好学习贯彻党的十九大精神宣讲工作的通知	2017－11－09
中共无锡市委办公室、市政府办公室关于成立无锡市"阳光扶贫"和农村集体"三资"监管系统建设领导小组的通知	2017－11－11
中共无锡市委办公室、市政府办公室关于印发《无锡市促进农民持续增收行动计划(2017－2020年)的通知	2017－11－11
中共无锡市委办公室关于市级党员领导干部联系党外领导干部分工的通知	2017－11－16
中共无锡市委办公室、市政府办公室关于印发《无锡市科协系统深化改革实施方案》的通知	2017－10－31
中共无锡市委办公室、市政府办公室关于印发《无锡市健全落实社会治安综合治理领导责任制实施办法》的通知	2017－11－15
中共无锡市委办公室关于调整市文化改革发展领导小组成员名单的通知	2017－11－29
中共无锡市委办公室、市政府办公室关于做好2018年度党报党刊发行工作的通知	2017－11－29
中共无锡市委办公室、市政府办公室印发《关于推行法律顾问制度和公职律师公司律师制度的实施意见》的通知	2017－11－29
中共无锡市委办公室关于印发《中共无锡市委法律顾问工作规则(试行)》的通知	2017－11－29
中共无锡市委办公室关于调整市精神文明建设指导委员会成员的通知	2017－12－05
中共无锡市委办公室、市政府办公室关于成立锡澄锡宜重大基础设施建设领导小组的通知	2017－12－07
中共无锡市委办公室关于市侨务工作联席会议更名为市侨务工作联席会议暨华侨投资权益保障协调委员会的通知	2017－12－06

续表

文件标题	印发日期
中共无锡市委办公室、市政府办公室关于转发市慈善总会《2017年送"温暖、献爱心"慈善捐赠活动实施方案》的通知	2017-12-06
中共无锡市委办公室、市政府办公室关于成立市旅游发展暨创建国家全域旅游示范区领导小组的通知	2017-12-21
中共无锡市委办公室关于聘任市委法律顾问的通知	2017-12-27

2017年无锡市人民政府文件目录

文件标题	印发日期
市政府关于第九届(2014-2015年度)自然科学优秀学术论文评选结果的通报	2017-01-05
市政府关于进一步做好居家养老服务工作的意见	2017-01-06
市政府关于公布2016年度无锡市市长质量奖的决定	2017-01-19
市政府关于支持无锡国家数字电影产业园建设发展若干意见(2016-2020年)	2017-01-24
市政府关于印发无锡市土壤污染防治工作方案的通知	2017-03-28
市政府关于2016年度无锡市纳税百强企业的通报	2017-02-23
市政府关于印发2017年为民办实事目标任务书的通知	2017-03-13
市政府关于印发无锡市人民政府2017年度立法工作计划的通知	2017-04-25
市政府关于调整2017年度市区住房保障标准的通知	2017-05-03
市政府关于印发2017年生态文明建设和环境保护重点工作目标任务书的通知	2017-05-09
市政府关于印发2017年无锡市安全生产工作目标责任考核实施办法的通知	2017-05-22
市政府关于印发无锡市教学成果奖励办法的通知	2017-05-24
市政府关于印发无锡市生态文明建设规划(2016-2020修编)的通知	2017-05-27
市政府关于培育建设特色小镇工作的实施意见	2017-05-27
市政府关于统筹推进城乡义务教育一体化促进优质均衡发展的实施意见	2017-05-31
市政府关于下放梁溪区等地一批行政权力事项的通知	2017-05-27
市政府关于提升发展无锡市现代畜牧业的意见	2017-06-16
市政府关于公布无锡市第十三届哲学社会科学优秀成果奖的决定	2017-06-28
市政府关于调整市区城镇居民最低生活保障标准的通知	2017-06-28
市政府关于印发无锡市户籍准入登记规定的通知	2017-07-04
市政府关于印发无锡市人民政府议事规则和市政府党组会议规则的通知	2017-07-04
市政府关于在市场体系建设中建立公平竞争审查制度的实施意见	2017-07-04
市政府关于实施无锡市现代服务业提质增效三年(2017-2019年)行动计划的若干政策意见	2017-06-20
市政府关于印发无锡市燃煤工业窑炉整治三年行动计划(2017-2019年)的通知	2017-07-24
市政府关于调整市区特困人员供养标准的通知	2017-07-26
市政府关于公布第一批市级特色小镇培育建设名单的通知	2017-08-11
市政府关于进一步加强地方政府性债务管理创新城市建设发展方式的意见	2017-08-17

续表

文 件 标 题	印发日期
市政府关于印发无锡市企业名称自主申报登记管理办法(试行)的通知	2017－09－25
市政府关于印发首批划转市行政审批局权力事项目录的通知	2017－09－27
市政府关于扩大对外开放积极利用外资的实施意见	2017－10－12
市政府关于做好我市积极稳妥降低企业杠杆率工作的意见	2017－11－08
市政府关于切实减轻企业负担的实施意见	2017－11－08
市政府关于命名第十二批无锡市 AAA 级重合同守信用企业的决定	2017－11－23
市政府关于促进快递业持续健康发展培育经济新增长点的实施意见	2017－11－29
市政府关于公布第十届无锡市专利奖获奖项目的决定	2017－12－13
市政府关于公布 2017 年度无锡市腾飞奖获奖项目的决定	2017－12－13
市政府关于公布 2017 年度无锡市科学技术进步奖获奖项目的决定	2017－12－13
市政府关于授予第八届无锡市优秀软件产品“飞凤奖”的决定	2017－12－13

2017 年无锡市人民政府办公室文件目录

文 件 标 题	印发日期
市政府办公室关于印发无锡市“十三五”安全生产规划的通知	2017－01－05
市政府办公室关于印发无锡市“十三五”开放型经济发展规划的通知	2017－01－09
市政府办公室关于加快推进无锡休闲观光农业建设的意见	2017－01－12
市政府办公室关于印发无锡市珍贵用材树种培育行动方案(2017－2020 年)的通知	2017－01－10
市政府办公室关于印发无锡市“十三五”审计工作发展规划的通知	2017－01－11
市政府办公室关于印发无锡市全民健身实施计划(2016－2020 年)的通知	2017－01－13
市政府办公室关于印发无锡市“十三五”金融发展规划的通知	2017－01－12
市政府办公室关于印发无锡市“十三五”实施商标品牌战略规划的通知	2017－01－16
市政府办公室关于印发无锡市网络与信息安全事件应急预案的通知	2017－01－13
市政府办公室关于印发无锡市“十三五”职业病防治规划的通知	2017－01－10
市政府办公室关于印发无锡市“十三五”人力资源和社会保障发展规划的通知	2017－01－16
市政府办公室关于印发无锡市“十三五”能源发展规划的通知	2017－01－16
市政府办公室关于印发无锡市人事考试突发事件应急预案的通知	2017－01－18
市政府办公室关于印发无锡市特种设备重特大事故应急预案的通知	2017－01－19
市政府办公室关于印发无锡市瓶装液化石油气安全管理专项整治工作方案的通知	2017－01－20
市政府办公室关于印发无锡市突发事件医疗卫生救援应急预案的通知	2017－01－24
市政府办公室关于印发无锡市处置民用航空器飞行事故应急预案的通知	2017－01－25
市政府办公室关于印发无锡市重特大火灾事故应急预案的通知	2017－01－25
市政府办公室关于调整城镇土地使用税税额标准的通知	2017－02－07
市政府办公室关于进一步整合优化全市电子政务外网的实施意见	2017－02－21

续表

文　件　标　题	印发日期
市政府办公室关于印发无锡市2017年财税重点工作目标管理办法的通知	2017-02-21
市政府办公室关于印发无锡市老龄事业发展"十三五"规划的通知	2017-02-21
市政府办公室关于印发无锡市水土保持规划(2015-2030年)的通知	2017-02-20
市政府办公室关于印发无锡市有关部门和单位安全生产工作职责规定的通知	2017-02-27
市政府办公室关于印发无锡市砖瓦行业环保专项行动工作方案的通知	2017-02-27
市政府办公室关于印发无锡市蓝藻集中突发应急预案的通知	2017-02-24
市政府办公室关于印发无锡市食品安全事故应急预案的通知	2017-02-24
市政府办公室关于印发无锡市公立医院管理委员会运作规则(试行)的通知	2017-03-06
市政府办公室关于印发无锡市2017年行政执法监督工作计划的通知	2017-03-05
市政府办公室关于开展建成区违法建设治理工作的实施意见	2017-03-06
市政府办公室关于转发市经信委无锡市2017年节能降耗工作意见的通知	2017-03-10
市政府办公室关于印发无锡市"两减六治三提升"专项行动工作方案的通知	2017-03-28
市政府办公室关于建立2017年无锡市价格调控目标责任制的实施意见	2017-03-28
市政府办公室关于印发无锡市电动汽车充电设施布局规划(2016-2020年)的通知	2017-03-28
市政府办公室关于进一步做好政府信息依申请公开及相关行政复议行政诉讼工作的意见	2017-03-30
市政府办公室关于印发无锡市突发建设工程安全事故应急预案的通知	2017-03-29
市政府办公室关于印发无锡市通用航空发展规划的通知	2017-04-07
市政府办公室关于印发无锡市交通干线沿线环境综合整治五项行动方案的通知	2017-04-14
市政府办公室关于印发授予无锡市荣誉市民称号实施方案的通知	2017-04-14
市政府办公室关于进一步加强商品住房价格管理的意见	2017-04-27
市政府办公室关于印发无锡市"十三五"卫生与健康暨现代医疗卫生体系建设规划的通知	2017-04-27
市政府办公室关于印发无锡市集中式饮用水源突发污染事件应急预案的通知	2017-04-30
市政府办公室关于印发无锡市危险化学品安全综合治理实施方案的通知	2017-05-05
市政府办公室关于转发市安监局2017年度无锡安全生产监管执法计划的通知	2017-05-09
市政府办公室关于印发无锡市公共资源交易目录的通知	2017-05-11
市政府办公室关于进一步加强市区房地产市场调控工作的通知	2017-05-20
市政府办公室印发无锡市关于加快全市政务服务网建设实施方案的通知	2017-05-19
市政府办公室关于印发无锡市2017年度主要污染物总量减排计划项目的通知	2017-05-22
市政府办公室关于印发无锡市"十三五"旅游业发展规划的通知	2017-05-23
市政府办公室关于深入推进美丽乡村休闲旅游示范村建设的意见	2017-05-27
市政府办公室关于印发2017年区级道路建设计划的通知	2017-05-27
市政府办公室关于印发无锡市2017年生态文明建设实施方案的通知	2017-05-27
市政府办公室关于印发无锡市2017年政务公开工作要点的通知	2017-05-31
市政府办公室关于进一步做好政策解读工作的意见	2017-05-31
市政府办公室关于印发无锡市"十三五"战略性新兴产业发展规划的通知	2017-06-06
市政府办公室关于扶持家禽业稳定发展的通知	2017-06-13

续表

文　件　标　题	印发日期
市政府办公室关于印发长江江阴段水上过驳专项整治实施方案的通知	2017－06－12
市政府办公室关于印发无锡市危险废物污染防治规划(2014－2020)的通知	2017－06－16
市政府办公室关于进一步加强和完善我市投资项目在线审批监管平台运行工作的通知	2017－06－19
市政府办公室关于印发无锡市本级社会保险基金征管考核管理办法(试行)的通知	2017－06－19
市政府办公室关于建立无锡市现代服务业提质增效三年(2017－2019年)行动计划工作体系的通知	2017－06－19
市政府办公室关于印发2017年无锡市服务业发展目标和重点工作任务考核办法的通知	2017－06－20
市政府办公室关于印发无锡市区餐厨废弃物处理规划(2015－2030)的通知	2017－06－21
市政府办公室关于印发无锡市区环境卫生专业规划(修编)(2015－2030)的通知	2017－06－21
市政府办公室关于建立无锡市重大项目服务专员工作机制的实施意见	2017－06－21
市政府办公室关于印发无锡市国有企业职工家属区“三供一业”分离移交实施方案的通知	2017－06－23
市政府办公室关于调整无锡市税收征管保障工作考核办法的通知	2017－06－25
市政府办公室印发关于加强非紧急求助分流处置的工作意见的通知	2017－06－28
市政府办公室关于加快发展健身休闲产业的实施意见	2017－06－30
市政府办公室关于印发无锡市现代产业发展资金信用承诺管理暂行办法的通知	2017－06－27
市政府办公室关于印发无锡市基层卫生事业发展规划(2017－2020年)的通知	2017－07－10
市政府办公室关于印发第十二届无锡现代农业博览会工作方案的通知	2017－07－10
市政府办公室关于印发2017年无锡苏南国家自主创新示范区建设工作要点的通知	2017－07－12
市政府办公室关于印发无锡市市区农贸市场长效管理综合考评办法的通知	2017－07－20
市政府办公室关于印发2017年无锡市食品安全重点工作安排的通知	2017－07－19
市政府办公室关于印发无锡市地方政府性债务风险应急处置预案的通知	2017－07－27
市政府办公室关于建立健全主体功能区建设推进机制的意见	2017－08－02
市政府办公室关于加强人防工程维护管理工作的实施意见	2017－08－10
市政府办公室关于推动人防工程建设与地下空间融合发展的实施意见	2017－08－10
市政府办公室关于印发无锡市“十三五”市(县)、区人民政府能源消耗总量和强度“双控”考核体系实施方案的通知	2017－08－15
市政府办公室关于开展无锡市能源消费预算管理工作的通知	2017－08－17
市政府办公室关于加快通用航空产业发展的实施意见	2017－08－18
市政府办公室关于调整无锡市职工生育保险缴费比例的通知	2017－08－23
市政府办公室关于印发2017年无锡市新能源汽车推广应用实施方案的通知	2017－08－30
市政府办公室关于优化建设工程防雷许可有关事项的通知	2017－08－31
市政府办公室关于印发2017世界物联网博览会工作方案的通知	2017－08－30
市政府办公室印发关于加快知识产权强市建设若干政策措施的通知	2017－09－12
市政府办公室关于印发无锡市城乡旅游交通专项规划的通知	2017－09－04
市政府办公室关于印发无锡市“十三五”水资源消耗总量和强度双控行动实施方案的通知	2017－09－09
市政府办公室关于印发第十四届中国(无锡)国际设计博览会实施方案的通知	2017－09－13

续表

文件标题	印发日期
市政府办公室关于开展基层政务公开标准化规范化试点工作的实施办法	2017－09－12
市政府办公室关于印发无锡市特色田园乡村建设实施方案的通知	2017－09－13
市政府办公室关于认真贯彻落实江苏省政府核准的投资项目目录（2017年本）的通知	2017－09－12
市政府办公室关于印发无锡市全民创业行动计划（2017－2020年）的通知	2017－09－08
市政府办公室关于进一步加强政府网站建设管理工作的实施意见	2017－09－13
市政府办公室关于推动全市农业保险再上新台阶的工作意见	2017－09－18
市政府办公室关于加强房地产市场调控的补充意见	2017－09－25
市政府办公室关于无锡市市区居民住宅二次供水设施改造的实施意见	2017－09－20
市政府办公室关于转发市发改委无锡市总部企业认定和管理办法的通知	2017－09－20
市政府办公室关于印发无锡市化工行业建设项目准入暂行管理办法的通知	2017－09－20
市政府办公室关于印发无锡市2017－2018年秋冬季节大气污染防治强化管控方案的通知	2017－09－27
市政府办公室关于全面推进生活垃圾分类的实施意见	2017－10－12
市政府办公室关于进一步加强建筑垃圾处置管理的实施意见	2017－10－11
市政府办公室关于印发江苏省无锡市“十三五”对口帮扶青海省海东市扶贫协作规划的通知	2017－10－12
市政府办公室关于印发江苏省无锡市“十三五”对口帮扶陕西省延安市扶贫协作规划的通知	2017－10－12
市政府办公室关于印发2017年无锡市打击侵犯知识产权和制售假冒伪劣商品工作要点的通知	2017－10－12
市政府办公室关于进一步推进“多证合一、一照一码”改革的实施意见	2017－10－16
市政府办公室关于印发无锡市企业安全生产责任保险实施办法的通知	2017－10－23
市政府办公室关于印发无锡市“十三五”绿色建筑专项规划（2016－2020年）的通知	2017－10－24
市政府办公室关于印发无锡市内河干线航道沿线非法码头整治工作方案的通知	2017－10－24
市政府办公室关于印发无锡市“残疾人之家”建设实施意见的通知	2017－11－01
市政府办公室关于进一步推进全市减煤工作的通知	2017－11－06
市政府办公室关于建立协同惩戒政府采购活动中围标、串标行为工作机制的通知	2017－11－09
市政府办公室关于印发无锡市减证便民专项行动方案的通知	2017－11－09
市政府办公室关于印发无锡市地质灾害防治规划（2016－2020年）的通知	2017－11－20
市政府办公室关于印发无锡市行政审批局主要职责内设机构和人员编制规定的通知	2017－11－22
市政府办公室关于印发无锡市基本公共服务体系建设监测统计工作实施办法的通知	2017－11－20
市政府办公室关于印发无锡市地方政府性债务风险预警暂行办法的通知	2017－11－29
市政府办公室关于规范市级行政事业单位往来款管理工作的通知	2017－12－02
市政府办公室关于确定最低生活保障家庭及低收入家庭人均金融资产限额标准的通知	2017－12－05
市政府办公室关于印发无锡市存量房交易资金监管办法（试行）的通知	2017－12－05
市政府办公室关于印发无锡市太湖治理工作督查考核办法的通知	2017－12－05
市政府办公室关于建立无锡市积极稳妥降低企业杠杆率工作部门联席会议制度的通知	2017－12－04
市政府办公室关于印发贯彻省政府办公厅对设区市人民政府履行教育职责的考评办法（试行）实施方案以及对市（县）、区人民政府履行教育职责的考评办法（试行）和考评指标（2017年）的通知	2017－12－13

续表

文 件 标 题	印发日期
市政府办公室关于印发无锡市区“十三五”环境卫生事业发展规划的通知	2017－12－16
市政府办公室关于无锡市推进公共资源交易平台一体化管理的实施意见(试行)	2017－12－15
市政府办公室关于印发无锡市国民经济和社会发展第十三个五年规划纲要中期评估工作方案的通知	2017－12－20

2017 年无锡市人民政府令

文 件 标 题		印发日期
159	无锡市居民住宅二次供水管理办法	2017－03－02
160	无锡市特种设备安全管理办法	2017－03－28
161	无锡市机关事务管理办法	2017－05－19
162	无锡市民用无人驾驶航空器管理办法	2017－07－31

无锡人士著作书目和全国报刊有关无锡文章题录

部分无锡人士著作书目

书 名	作 者	出 版 社	时 间
走过江南	陈原川	中国建筑工业出版社	2016 年 3 月
景观设计要素图解及创意表现	刘 佳	江西美术出版社	2016 年 1 月
明清小说版画	周 亮	安徽美术出版社	2016 年 3 月
设计・素描(新一版)	陈嘉全	上海人民美术出版社	2017 年 1 月
版式设计与应用	姜 靓	安徽美术出版社	2016 年 9 月
产品交互设计基础	蒋 晓	清华大学出版社	2016 年 9 月
AutoCAD2014 中文版机械设计标准实例教程	蒋 晓	清华大学出版社	2016 年 6 月
中国画欣赏	唐鼎华	清华大学出版社	2016 年 4 月
环境视觉设计	魏 洁	安徽美术出版社	2016 年 9 月
创意包装设计(升级版)	魏 洁	上海人民美术出版社	2017 年 1 月
装饰图案设计与表现	余雅林	上海人民美术出版社	2016 年 12 月
基础设施城市化	朱 蓉	华中科技大学出版社	2016 年 6 月
中国当代设计全集・第 6 卷・建筑类编・城建篇	过伟敏	商务印书馆	2015 年 12 月
中国当代设计全集	王 强	商务印书馆	2016 年 1 月
意匠图形	魏 洁	中国建筑工业出版社	2015 年 12 月
澳门旧城区街巷公共空间案例研究	吴 尧	澳门民政总署	2016 年 3 月
苏南乡土民居传统营造技艺	吴 尧	电力出版社	2016 年 1 月
中国当代设计全集・工业类编・百货篇	张凌浩	商务印书馆	2015 年 12 月

续表

书 名	作 者	出 版 社	时 间
许慎评传	张同标	中州古籍出版社	2016年1月
互联网背景下中国传统零售业的品牌危机处理与营销管理	陈 捷	现代出版社	2016年4月
公务员阳光心态的养成	朱晋伟	经济科学出版社	2016年10月
中国食品安全网络舆情发展报告(2016)	洪 巍	中国社会科学出版社	2016年12月
中国食品安全风险治理体系与治理能力的考察	吴林海	中国社会科学出版社	2016年12月
中国食品安全治理评论(第五卷)	王建华	中国社会科学文献出版社	2016年11月
中国食品安全治理评论(第四卷)	王建华	中国社会科学文献出版社	2016年7月
专业市场转型发展研究	谢守红	中国财富出版社	2016年10月
管理层权力、高管薪酬与上市公司盈余管理研究	张泽南	经济科学出版社	2016年11月
西方经济学	谢玉梅	上海交通大学出版社	2016年7月
应用统计学	颜节礼	西安电子科技大学出版社有限公司	2016年1月
设计人类工效学	黄 河	清华大学出版社	2016年1月
跨界于融合:基于学科交叉的大学人才培养研究	李佳敏	苏州大学出版社	2016年12月
低碳经济下的环境资源管理研究	季春艺	东北师范大学出版社	2016年12月
技术管理案例分析	季春艺	电子科技大学出版社	2016年9月
战略性新兴产业的公共资本支出与企业技术创新	王 雷	中国经济出版社	2016年12月
袁宏道散文注评	孙 虹	上海古籍出版社	2016年11月
江南诗性文化的多元解读	庄若江	中国文史出版社	2016年11月
中国经典电影解读	贺 昱	国防工业出版社	2016年11月
孙庵年谱孙庵私乘	刘桂秋	团结出版社	2016年11月
笠翁对韵与唐诗(中华经典诵读弹唱系列)	陶 红	武汉理工大学出版社	2016年11月
钢琴视奏训练与基础乐理	张蕾蕾	中国出版集团世界图书出版公司	2016年9月
翻转课堂实操指南	刘向永	东北师范大学出版社	2016年9月
声乐演唱艺术与教学实践研究	马 克	吉林大学出版社	2016年9月
面向概率型词汇知识库建设的名词语言知识获取	王 萌	电子工业出版社	2016年8月
学生有效学习与教师专业发展丛书	惠恭健	东北师范大学出版社	2016年5月
声乐艺术多维度研究	李恩忠	吉林大学出版社	2016年4月
有故事的钢琴集子	孙晓烨	湖南文艺出版社	2016年4月
江南学人文丛	庄若江	二十一世纪出版社	2015年11月
高校青年教师发展研究	周 萍	南京大学出版社	2015年12月
二十世纪无锡音乐家群体研究	胡永强	吉林大学出版社	2016年9月
有效教学研究丛书(丛书共10本)	戴 云	东北师范大学出版社	2016年5月
战后美国左翼政治文化:历史、理论与实践	吕庆广	社会科学文献出版社	2015年12月
太湖廉政论丛(第一辑)	徐玉生	中国出版集团东方出版中心	2016年5月

续表

书　名	作　者	出　版　社	时　间
文革风暴中的九位大学校长	汪春劼	台湾秀威资讯科技股份有限公司	2016 年 6 月
科学的先天形式研究	代利刚	中国出版集团东方出版中心	2016 年 8 月
资本逻辑论域下生态危机消解理路探究	张　乐	中国社会科学出版社	2016 年 6 月
社会视野中的思想政治教育系统研究	侯　勇	人民出版社	2016 年 7 月
绿色技术：自然、技术与社会博弈	孙　越	社会科学文献出版社	2016 年 10 月
思想政治理论课中的廉洁教育	章兴鸣	河海大学出版社	2016 年 11 月
罗尔斯政治哲学的建构主义政策策略及其困境研究	张祖辽	中国出版集团东方出版中心	2016 年 12 月
当代中国青年的价值困惑与出路	陈绪新	中国社会科学出版社	2016 年 12 月
公平与效率：实现公平正义的两难选择	杨宝国	中国社会科学出版社	2017 年 1 月
知识与权力视域下的“科玄论战”	连冬花	中国出版集团东方出版中心	2017 年 1 月
列宁和罗莎卢森堡政治观比较研究	贾淑品	中国人民出版社	2017 年 2 月
社会治理视阈下老年社会保障与社会服务研究	王金元	华东理工大学出版社	2015 年 10 月
侵犯名誉犯罪研究	胡　杰	东南大学出版社	2015 年 12 月
老龄化背景下社区独居老人生存状态与社会支持研究	王金元	华东理工大学出版社	2016 年 2 月
富裕之路：水库移民创业支持及行动	王沛沛	社会科学文献出版社	2015 年 12 月
门槛之外：城市劳务市场中的底边人群	王　华	知识产权出版社	2016 年 7 月
知识产权法的基本理论与实务分析	蔡永民	中国社会科学出版社	2016 年 1 月
论语移译	王金安	东北大学出版社	2016 年 7 月
高级日语泛读教程	李　智	上海交通大学出版社	2016 年 10 月
实用大学英语（网络教育版）上册	胡燕萍	上海交通大学出版社	2016 年 1 月
实用大学英语（网络教育版）下册	胡燕萍	上海交通大学出版社	2016 年 1 月
通用口笔译	汪莉萍	苏州大学出版社	2016 年 6 月
新托福英语听力教程	王伟炜	外语教学与研究出版社	2016 年 6 月
新托福英语口语教程	张　丹	外语教学与研究出版社	2016 年 6 月
新托福英语阅读教程	宣　泠	外语教学与研究出版社	2016 年 6 月
新托福英语写作教程	秦朝霞	外语教学与研究出版社	2015 年 12 月
叙述的艺术	张俊萍	江西高校出版社	2016 年 11 月
翻译名家译论评介	王金安	哈尔滨工业大学出版社	2016 年 11 月
球类运动的理论创新与实践拓展探究	万　勇	科学技术文献出版社	2016 年 7 月
当代大学生体育健康的实践性解读	郑孟君	新华出版社	2016 年 7 月
大学生体质健康管理与促进研究	李广宁	光明日报出版社	2016 年 7 月
素质拓展与大学生综合能力	蒋铮璐	光明日报出版社	2016 年 7 月
春华秋实——2014 国家艺术基金刺绣艺术青年人才培养艺术档案	张　毅	东华大学出版社	2015 年 11 月

续表

书　名	作　者	出　版　社	时　间
体验文化生态场景——非物质文化遗产馆的设计理念与运营模式	孟　磊	南京大学出版社	2016年12月
艺术与数字重构——城市文化视野的公共艺术及数字化发展	王　峰	中国建筑工业出版社	2016年12月
数字展示设计	孟　磊	江苏凤凰美术出版社	2016年12月
动漫衍生品与设计	宋晓利	中国原子能出版社	2016年12月
食用油精准适度加工理论与实践	王兴国	中国轻工业出版社	2016年12月
药理学	邱丽颖	中国医药科技出版社	2016年8月
金工实习	刘新佳	电子工业出版社	2016年7月
生鲜果蔬食品保鲜品质调控技术专论	张　慜	科学出版社	2016年4月
肿瘤全程关护	李秋萍	科学出版社	2016年9月
车刀刃磨技术全程图解	张能武	化学工业出版社	2016年2月
视觉物联网	彭　力	电子工业出版社	2016年3月
怎样识读汽车电路图	陶荣伟	中国电力出版社	2016年7月
汽车维修基础500问	张能武	化学工业出版社	2016年6月
汽车电工基础500问	张能武	化学工业出版社	2016年6月
怎样识读建筑电气施工图	刘利国	中国电力出版社	2016年7月
高等测量学_第二版	姜晨光	化学工业出版社	2016年3月
工程测量实用教程	姜晨光	中国水利水电出版社	2016年11月
土木工程专门地质学	姜晨光	国防工业出版社	2016年5月
怎样识读电工电路图	张能武	中国电力出版社	2016年7月
物理学(第六版)学习指导	陈国庆	高等教育出版社	2016年1月
现代生物催化	徐　岩	中国轻工业出版社	2016年6月
发酵食品生物危害物的形成机制与消除策略	陈　坚	化学工业出版社	2016年1月
怎样识读电子电路图	陈　刚	化学工业出版社	2016年7月
摩托车维修入门与技巧	张能武	化学工业出版社	2016年10月
工程制图习题解答与解题指导	鲁屏宇	华中科技大学出版社	2016年8月
城市污泥厌氧发酵产挥发性脂肪酸:原理与应用	刘　和	科学出版社	2015年11月
网络拓扑结构控制算法与仿真	李志华	江西人民出版社	2015年12月
汽车维修工入门与技巧	薛国祥	化学工业出版社	2015年5月
食品加工过程安全性及风险评估	孙秀兰	化学工业出版社	2016年12月
物理学(第六版)电子教案	何跃娟	高等教育出版社	2016年5月
系统辨识——多新息辨识理论与方法	丁　锋	科学出版社	2016年3月
贝雷油脂化学与工艺学(第一卷)	王兴国	中国轻工业出版社	2016年10月
贝雷油脂化学与工艺学(第二卷)	王兴国	中国轻工业出版社	2016年11月

续表

书　名	作　者	出　版　社	时　间
贝雷油脂化学与工艺学(第三卷)	王兴国	中国轻工业出版社	2016 年 11 月
贝雷油脂化学与工艺学(第四卷)	王兴国	中国轻工业出版社	2016 年 11 月
贝雷油脂化学与工艺学(第五卷)	王兴国	中国轻工业出版社	2016 年 12 月
贝雷油脂化学与工艺学(第六卷)	王兴国	中国轻工业出版社	2016 年 12 月

2017 年全国部分报刊有关无锡文章题录

标　　题	报　刊　名	期　号	作　者
高攀龙的主静修养论:以静坐法为中心	世界宗教研究	2015,(5)	李　卓
无锡早茶	课外语文	2017,(8)	林可步
蒋介石三游无锡	档案与建设	2017,(4)	汪春劼
无锡深度游(二)	食品与生活	2017,(1)	程尔曼
无锡:等风来	商界	2017,(7C)	吴海明 吴梦涵
《无锡景》教学设计	音乐天地	2017,(7A)	姜　丽
在无锡布码头	扬子江:诗刊	2017,(4)	龚学敏
无锡方言词“老小”研究	现代语文	2017,(15)	朱锦霞
无锡是最和平的地方	做人与处世	2017,(17)	薛业忠
质量时代的“无锡样本”	东方国门	2017,(5)	李　萌 吴　蔚
无锡合作创新模式探析	江南论坛	2017,(6)	朱广芹
水韵无锡生态文明	中国水利	2017,(21)	无锡市 水利局
无锡产业集聚效应研究	现代营销	2017,(1C)	陈　俊
江苏无锡江南兰苑	中国兰花	2017,(4)	胡鉴明
无锡“全球招贤”再升级	服务外包	2017,(6)	舒朝普 强煦菁 康冬舟
无锡钱家:“一门六院士”	档案记忆	2017,(7)	鲁先圣
无锡:“物联”与“智慧”的城市	中国信息安全	2017,(8)	无锡市委宣传部
民国无锡区域文化内涵及特征	无锡职业技术学院学报	2017,(16)	胡晓文
蓬勃兴起的物联网“无锡力量”	群众	2017,(6)	林燕鸥 翟　一
无锡近代园林营建特征研究	中国园林	2017,(33)	朱　蓉 王文姬 王　琛
无锡洛社志愿服务落地生根	民生周刊	2017,(5)	苏晓鸣
物联感知时代,无锡传递智慧	华人时刊	2017,(1A)	一　森

续表

标　　题	报 刊 名	期　号	作　者
关于涵养无锡文脉的若干思考	江苏地方志	2017,(2)	樊锡刚
无锡灵山食品营销策略研究	时代金融	2017,(6B)	徐子州
钱基博与无锡图书馆	城乡建设	2017,(8)	毛本栋
无锡有机水蜜桃种植技术	乡土·有机慢生活	2017,(9)	刘　华
论无锡近代园林的历史地位	中国园林	2017,(33)	朱震峻 严晨怡 王　欣
论无锡近代园林的艺术价值	中国园林	2017,(33)	刘　晓 薛晓飞 高　凡
无锡智慧体育产业园研究	体育文化导刊	2017,(9)	郑继超
王能父先生与无锡园林	苏州杂志	2017,(5)	华中伟
圆梦:产业强市的无锡梦	今商圈	2017,(10)	无锡市工商联
共话桑梓之情,共襄无锡发展	今商圈	2017,(10)	刘　杨 高琼玲 陈菁菁
无锡:让党建元素嵌入“城市肌理”	党的生活	2017,(10/11)	无锡市党组织
完善无锡城市创新创业环境研究	现代商贸工业	2017,(34)	顾晓峰
无锡市亮剑执法成常态	江苏安全生产	2017,(11)	金众辉
构建无锡特色就业失业预警制度	中国就业	2017,(10)	江苏省无锡市 劳动就业 管理中心
无锡惠山区康复医院正式启用	民生周刊	2017,(22)	苏晓鸣
无锡慈济环保教育基地经验分享	中华环境	2017,(12)	潘霄燕
無锡市學校水痘病例流行特徵分析	预防医学	2017,(29)	王旭雯 钱红丹 修仕信
無锡,兜蘭盆栽苗首次出口日本	中国检验检疫	2017,(12)	王　颖
无锡小微展绽放大精彩	花木盆景	2017,(9B)	朱　强
无锡黄氏喉科疗法流派钩沉	江苏中医药	2017,(49)	任思秀
无锡文脉演变的历史轨迹	江南论坛	2017,(4)	樊锡刚
无锡愚公谷园址更迭考	建筑师	2017,(2)	梁　洁 郑　炘
无锡公交2016年社会责任报告	人民公交	2017,(4)	无锡市 公共交通 股份有限公司
无锡市第34届模型比赛	航空模型	2017,(2)	邹炯宇
无锡重振产业雄风的策略选择	江南论坛	2017,(2)	李仲贵 占　丽
多款智慧科技新品集聚无锡展	电动自行车	2017,(6)	苏　燮

续表

标　　题	报刊名	期号	作者
透视2016无锡企业上市"成绩单"	今商圈	2017,(2)	刘　纯
无锡近代园林景观评价	中国园林	2017,(33)	胡兆忠 薛晓飞 黄　晓
无锡机关绩效管理的实践探索	中国机构改革与管理	2017,(9)	无锡市编办
无锡宏源:创新服务,赢得市场	纺织机械	2017,(6)	袁春妹
近现代文明与无锡区域文化	牡丹江教育学院学报	2017,(1/2)	胡晓文 常　刚
制造业转型升级的无锡之路	唯实	2017,(7)	肖新岳 杨蓉荣 吴文勤
无锡口岸首次出口航空箱	中国检验检疫	2017,(9)	王　颖
无锡·旺庄:智能装备小镇	新型城镇化	2017,(12)	桂楷东
无锡,一场山水田园梦	神州	2017,(12B)	南瓜小姐
广播专栏《无锡好人365》的创新	视听界	2017,(11)	朱允懿
无锡公交做好国庆、中秋运营保障工作	人民公交	2017,(10)	无锡公交
無錫市錫東新區水系規劃	水资源开发与管理	2017,(8)	王　健 薛　亮 秦景言
无锡明慈心血管病医院成为"无锡市侨界合作医院"	华人时刊	2017,(7A)	金建林
无锡移动推出首批"千兆宽带暨精品小区示范":引领无锡进入家用千兆宽带时代	江苏通信	2017,(33)	罗晓婷
美丽无锡,欢迎你回家:江苏发展大会无锡乡贤恳谈会聚焦之三	今商圈	2017,(6)	高　飞 王怡荻
无锡公交与团中央小记者无锡站举行红色品牌联盟共建活动	人民公交	2017,(1)	高晓飞
无锡姚湾无字墓坊略考:曹端妃并非无锡人民	江南论坛	2017,(9)	王　辉
百奥明中国无锡工厂开业典礼暨2017亚洲营养论坛在无锡举行	中国乳业	2017,(11)	张俊妍 祝文琪
无锡书画作品邀请展暨学术研讨会在无锡东方美术馆举行	书画艺术	2017,(6)	《书画艺术》 编辑部
無錫開放大學:爲新無錫、新需求提供優質人才支撐	在线学习·新思维新技术新业态	2017,(12)	刘增辉
无锡移动与浪潮集团达成战略合作,共同推进无锡浪潮	江苏通信	2017,(33)	罗晓婷
无锡:河长制"升级版"扬帆起航	河北水利	2017,(5)	邓淑珍 郑　爽 马颖卓
无锡金时空100W调频机应急维修研究	西部广播电视	2017,(5A)	钱国平
江苏无锡:用脚丈量民情,用心感悟民声	中国政协	2017,(13)	胡新兵
寻觅江南水乡的野趣:无锡梁鸿国家湿地公园	中华建设	2017,(7)	邹　笛

续表

标　　题	报 刊 名	期 号	作 者
无锡地区葡萄的数字化管理技术与应用	中外葡萄与葡萄酒	2017,(4)	王建平 陈宗元 唐建华
无锡某厂区防洪及雨水利用研究	城市道桥与防洪	2017,(5)	李　东 丁志斌 樊乔铭
无锡服务贸易发展现状与对策	现代营销	2017,(6C)	陈　俊
江苏:无锡出台养老护理员入职奖励政策	神州	2017,(7B)	江苏省民政局
近代无锡的工商业同业公会研究	现代商贸工业	2017,(24)	侍冰冰
无锡华师伊夫妇墓出土印章考	文物鉴定与鉴赏	2017,(8A)	李　慧 范健泉
无锡地铁1号线南禅寺站施工技术	上海隧道	2017,(1)	朱才骥
无锡:三只头雁领飞的“雁阵计划”	党的生活	2017,(8)	郭文献
无锡寄畅园:湖光山色泉水声	东方文化周刊	2017,(35)	老　克
无锡市重点人群弓形虫感染状况调查	中国血吸虫病防治杂志	2017,(29)	高东林 孟晓军 张　轩
无锡市委:创新“五张清单”,压实责任链条	党的生活:反腐倡廉版	2017,(8)	无锡市纪委
无锡“十三五”乡村旅游产业创新策划	无锡商业职业技术学院学报	2017,(17)	赵　刘
无锡地铁自动售检票系统安全性分析	职业技术	2017,(16)	张晶鑫
无锡方言量词汇释和名量搭配考察	苏州教育学院学报	2017,(34)	刘忆晨
无锡市青少年柔道后备人才培养现状调查	运动:综合版	2017,(6A)	张卫东 邱　莉
应收又现风险,无锡智能IP·之路能走多远?	证券市场周刊·红周刊	2017,(12)	王宗耀
从民国豫西赈灾看无锡慈善文化的光辉	江南论坛	2017,(3)	戈文辉
无锡马拉松推出退出和候补机制	体育时空	2017,(1A)	王　静
无锡检验检疫局推动“质量提升”再上新台阶	东方国门	2017,(8)	吴　鸣 吴　蔚 李正法
履历表上始终填写着“祖籍江苏无锡”	中国统一战线	2017,(7)	唐英年
对无锡城市坐标系改造方法的建议	现代测绘	2017,(40)	张艳炜 吴善昕 秦政国
无锡市城市调水改善水环境研究与思考	治淮	2017,(7)	李　娟 成晔波 徐　兴
无锡打造会展经济品牌的实践与思考	江南论坛	2017,(8)	姚忠伟
参加南昌起义的无锡籍烈士:姜铁英	江南论坛	2017,(8)	接玉松
无锡市梁溪区人民检察院	清风苑	2017,(9)	范　曾
地方政府公共服务创新路径:以无锡为例	党政干部学刊	2017,(3)	王华华

续表

标　　题	报 刊 名	期　号	作　者
从1.0到3.0:无锡广电新闻融合传播探索	中国广播影视	2017,(3A)	郭　王
2015年无锡市职业健康检查现状分析	中国工业医学杂志	2017,(30)	王宜庆 张金龙 王苗苗
起伏如涟漪的方形盒子无锡惠山客运中心	时代建筑	2017,(2)	张　煜
无锡服务新侨企业科技创新创业出新招	华人时刊	2017,(1A)	金晓华
发挥无锡率先作用,协同共推跨江融合发展	群众	2017,(13)	黄　钦
“锡惠名胜”无锡市公安局北塘分局	现代世界警察	2017,(1)	王　修 王　聪
“形－意”视域下无锡精微绣文化意象研究	中北大学学报:社科版	2017,(33)	王平善 王安霞
无锡市乡土建筑的保护研究	江南论坛	2017,(5)	陆航宇
无锡市青少年科学素养提升策略研究	科协论坛	2017,(4)	丁祥青
无锡植物专类园植物景观特征及成因分析	山东林业科技	2017,(47)	张淮南 王　欣
无锡地区商务英语人才需求情况分析	江南论坛	2017,(1)	耿协萍
无锡创新发展的区域比较及对策研究	江南论坛	2017,(1)	孟　菲
从“学徒”到“伙伴”,无锡叶片叫响顶级制造	东方国门	2017,(1)	杨　艳 严洪飞 徐亦韬
科技创新:无锡经济发展的新“引擎”	科技日报	2017,(1.10)	过国忠 吴伟新
无锡恒隆广场屋面钢结构施工技术	施工技术	2017,(2)	李景文 申士杰 包　升
无锡援疆出新招,9年情谊结硕果	中国民族教育	2017,(1)	吴　锡
无锡扩大利用外资规模的对策思考	江南论坛	2017,(6)	张　捷 周天捷
多途径提升无锡全民科学素养策略研究	科技创新与生产力	2017,(4)	丁祥青 钱颖雪
无锡玉祁文体服务中心:亮丽的“平湖彩玉”	房地产导刊	2017,(6)	钟恺琳
抗战时期无锡国专对广西的贡献	江南大学学报:人文社科版	2017,(16)	刘小云 吕广生
发挥统战优势,建设“强富美高”新无锡	中国统一战线	2017,(1)	李小敏
无锡智能投资蹊跷,募投项目规划存“过时”之嫌	证券市场周刊·红周刊	2017,(11)	王宗耀
无锡畅想2017:积极培育服务外包新增长点	服务外包	2017,(2)	无锡市 商务局
无锡一棉的9万多个传感器	纺织机械	2017,(1)	陈金灿
无锡市新常态下就业援助工作探索	中国劳动	2017,(1)	徐　斌 陆　昕

续表

标　　题	报 刊 名	期　号	作　者
无锡博物院藏李鱓作品考述	收藏家	2017,(2)	王照宇
无锡园林式名人故居设计分析及保护	山西建筑	2017,(43)	付　靓 吴　尧
无锡市"太湖人才计划"升级版出炉	华人时刊	2017,(9A)	朱品昌 杨　涛
基于顺风光电并购无锡尚德的案例思考	会计之友	2017,(14)	李星辰 姜英兵
无锡市公车改革实践与经验	上海后勤	2017,(2)	无锡市 机关事务 管理局
供给侧改革视角下无锡市老年教育发展研究	高等继续教育学报	2017,(4)	刘　晴
无锡发布2017物联网应用十大优秀案例	领导决策信息	2017,(39)	IUD中国 领导决策案例 研究中心
无锡兴达阻燃EPS材料实现产业化	国内外石油化工快报	2017,(9)	刘晓红
无锡公花园社会服务功能流变探析	山东林业科技	2017,(4)	吴一波 章　琳 王　欣
"互联网+"时代无锡婚博会的转型升级	产业与科技论坛	2017,(18)	卢　玉 丁　婧
无锡某大厦深层溶洞地基处理设计与施工方法	地质学刊	2017,(2)	黄新强
无锡科技职业学院传承东林书院文化	职业技术教育	2017,(8)	李　瑶
江苏乡镇企业档案馆定址无锡	中国档案	2017,(10)	张知常
医疗物联网助力智慧健康的无锡实践	江南论坛	2017,(10)	谢寿坤
无锡太湖观赏植物园之花菖蒲园	园林	2017,(12)	丁国强
无锡局积极帮扶企业有效应对欧盟法规	东方国门	2017,(11)	顾志军
检验检疫助力"无锡智造"企业转型升级	东方国门	2017,(11)	唐海琳
江苏无锡:财政监督助力帮扶经济薄弱村发展	财政监督	2017,(23)	吴云石
"两个效益"视阈下无锡王氏家族出版理念研究	江南论坛	2017,(11)	屈海香
无锡市间江大堤挡藻工程措施浅析	水利建设与管理	2017,(11)	陈科巨 吕晓威 何建栋
无锡地铁轨道减振技术应用探讨	现代城市轨道交通	2017,(11)	丁俊峰 李国栋
重视民歌《无锡景》教学提升学生核心素养探研	成才之路	2017,(36)	马自敏
无锡地铁土压平衡盾构盾尾刷更换技术	江苏建筑	2017,(5)	孙延盼 万　凯 王　涛
无锡市梁溪区托幼机构保健人员现状调查	河南预防医学杂志	2017,(12)	邱卓亚 华　燕 蒋娅琳
江苏无锡:乐当"啄木鸟",监督有成效	中国政协	2017,(23)	胡新兵

续表

标　题	报刊名	期号	作者
冬日里的太阳:无锡光伏产业扫描	今商圈	2017,(12)	刘　杨
无锡城市照明合同能源管理项目应用案例分析	照明	2017,(8)	丁明亚
无锡移动打造智慧政务助力“互联网+政务”发展	江苏通信	2017,(3)	罗晓婷
无锡:搭建“四大平台”,推动品牌建设	中华商标	2017,(11)	朱品昌 杨　晴
无锡公花园历史沿革及保护发展的研究	现代园艺	2017,(3)	刘诗琦 束鸿鸣
无锡硕放机场门位系统容量评估	民营科技	2017,(1)	傅汉邦
无锡市农业生态环境可持续发展研究	农村经济与科技	2017,(1A)	张一泓
无锡广电新媒体运营管控平台探讨	现代电视技术	2017,(5)	何　清
新时代,无锡企业如何创造与适应未来?	今商圈	2017,(5)	任　禾 朱　雷
新常态下无锡农民增收动力机制研究	北方经贸	2017,(2)	孟　菲 段祺华
无锡吉仓研发石墨烯静电扬声器	国内外石油化工快报	2017,(2)	刘晓红
无锡画家跨十省万里采风结硕果	书画艺术	2017,(2)	顾玮倩
河长制,让无锡河湖长治长美	中国水利	2017,(7)	刘　霞
无锡市织就养老六张“网”	银潮	2017,(4)	高建强
无锡联勤保障中心:专题保密教育让官兵醍醐灌顶	保密工作	2017,(3)	陈文华
加快无锡特色产业基地建设发展探析	江南论坛	2017,(4)	杨　慧
无锡外贸企业跨境电子商务发展路径探析	江南论坛	2017,(4)	占　丽 钱　娜
无锡儿童医疗环境的视觉导向设计研究	美术教育研究	2017,(4B)	姜　茜
无锡总结2016:服务外包业务形态再攀升	服务外包	2017,(1)	舒朝普 邹伟康 冬　舟
近代无锡民族工商业企业员工待遇研究	现代商贸工业	2017,(23)	侍冰冰
无锡地区居民饮用水暴露情况分析	环境卫生学杂志	2017,(2)	黄春华 丁新良 张　岚
无锡市锡山区全面推进阅读工程	中国校外教育	2017,(6B)	《中国校外教育》编辑部
无锡口岸,首次截获苹果牛眼果腐病菌	中国检验检疫	2017,(5)	王　颖 丁　均
近代无锡早期现代主义风格建筑初探	山西建筑	2017,(13)	戴梦婕
清代无锡诗人杨芳灿陇右诗歌创作	甘肃广播电视大学学报	2017,(2)	冉耀斌
无锡三大计划推进产业强市	领导决策信息	2017,(17)	IUD中国领导决策案例研究中心
无锡市职业病危害防治问题与对策	现代职业安全	2017,(5)	张永强
农工党无锡市委建言医用废塑料管控	江苏政协	2017,(2)	何光琴

续表

标　　题	报　刊　名	期　号	作　者
无锡：多措并举推进保安行业健康发展	人民公安报	2017，(5.17)	王　军
扩规模，育龙头，无锡力推文化贸易创新发展	服务外包	2017，(3/4)	无锡市商务局
无锡市耕地毁坏综合鉴定案例研究	中国土地科学	2017，(1)	孙　华 季余佳 吴　群
无锡荣氏梅园变化发展现象探析	中国园林	2017，(10)	王　欣 李玉红 王应临
无锡小功率调频发射机雷击故障与维修	西部广播电视	2017，(4A)	杨　庆
2016 年无锡市金融业发展报告	统计科学与实践	2017，(7)	梅婧秋
江苏无锡提高甜樱桃和杨梅坐果率技术	果树实用技术与信息	2017，(8)	陈　苏 高志红 陆爱华
无锡联勤保障中心疾病预防控制中心	中国退役军人	2017，(7)	陈　曦 赵建伟
多措并举，护航"无锡智造"走向全球	技术性贸易措施导刊	2017，(4)	李百胜
"无锡经验"：营造开放、协同、共享的物联网生态	南风窗	2017，(18)	谭保罗
无锡地区中华老字号品牌形象设计研究	艺海	2017，(8)	张　庆 周　静
无锡市分级诊疗与双向转诊调查分析	中国卫生事业管理	2017，(7)	申刚磊 方佩英 沈崇德
无锡局接受央视儿童座椅专题采访	东方国门	2017，(7)	秦　蕾
无锡公交开展"交通运输管理学"专题讲座	城市公共交通	2017，(7)	蒋月艳
无锡市高效设施农机化特点及发展	农机科技推广	2017，(5)	张建国
金砖：参观无锡窑群遗址博物馆	扬子江：诗刊	2017，(4)	成秀虎
无锡市双拥办开展双拥工作调研	中国双拥	2017，(6)	宋合忠 张勇官
盘点 2017 无锡上市公司排行榜	今商圈	2017，(7)	刘　纯 吴梦佳
三让遗风百代扬：无锡泰伯墓联	对联・民间对联故事	2017，(7)	解维汉
无锡为残友开展"艺游城市"活动	民生周刊	2017，(15)	苏晓鸣
无锡社区医院建设中医药特色科室	民生周刊	2017，(15)	苏晓鸣
无锡公交发布 2016 年服务责任报告	人民公交	2017，(7)	无锡市 公共交通 股份有限公司
无锡公交开展"交通运输管理学"专题讲座	人民公交	2017，(7)	蒋月艳
无锡博物院藏邓石如书法述略	中国书法	2017，(8A)	王照宇
无锡城市绿地的节约型营建方法初探	山西建筑	2017，(22)	王亚静 吴　尧
上海、无锡近代面粉工业遗产典型案例研究	工业建筑	2017，(8)	刘抚英 徐　杨 陈　颖

续表

标　　题	报 刊 名	期　号	作　者
无锡工业遗产活化利用中的若干问题	工业建筑	2017,(8)	甘信云 张希晨 胡　颖
服务外包提升无锡服务国际化水平	服务外包	2017,(8)	康冬舟
无锡市政协开展往年建议案"回头看"	江苏政协	2017,(10)	胡新兵
无锡为灵活就业人员全程在线服务	中国社会保障	2017,(10)	孙艺丹
9月,无锡崇安寺商圈火了！CBD资产配置热潮再起	今商圈	2017,(10)	萧　吉
无锡千名"银发人才"服务千家企业	银潮	2017,(11)	张永胜 田清宏
无锡高职院校学生职业素养现状调查	学园	2017,(3)	房　禹
无锡奥凯商业广场A塔楼抗震设计	山西建筑	2017,(31)	付修兵 沈　伟
无锡市首个外企党员政治生活馆开馆	中国老区建设	2017,(12)	曲　直
如梦令・过无锡蠡湖新城示友人	中华诗词	2017,(11)	简　单
无锡:开展专项行动治理教育培训市场	中国校外教育	2017,(10B)	《中国校外 教育》编辑部
无锡市滨湖区人民检察院	清风苑	2017,(12)	郭筱琦
无锡寄畅园,湖光山色泉水声	文存阅刊	2017,(6)	老　克
江苏省无锡市新光社区综合减灾室	中国减灾	2017,(11A)	田　琳
无锡地区实施DRGs的理论研究和策略	中国卫生产业	2017,(30)	王　毅
无锡:开展专项行动治理教育培训市场	中国校外教育	2017,(10C)	《中国校外教育》 编辑部
无锡高新区实施创新驱动发展战略的探索	中国高新区	2017,(10)	无锡高新区 党政办
風采無錫實力打造服務外包最佳投資環境	服务外包	2017,(11)	李燕妮 康冬舟
无锡市提升农贸市场食品安全水平	中国食品安全报	2017,(12.26)	徐　桐 李　黎
無錫市2016年水稻優新品種展示試驗	上海农业科技	2017,(6)	孙晓强 蒋　珑 陆一娇
超低温无锡环保环氧阴极电泳涂料	现代涂料与涂装	2017,(12)	黄小勇 梁卫南
无锡:利企便民,争创全国"百佳"示范窗口	国土资源	2017,(12)	中国不动 产官微
无锡检察护航经济发展科技创新	法制日报	2017,(12.15)	丁国锋 和建敏 张有亮
淺析我國公立醫院改革:無錫模式的思考	统计与管理	2017,(11)	赵雅冰
無錫博物院紀念品設計初探	山东农业工程学院学报	2017,(12)	曹晓丹

续表

标　　题	报 刊 名	期　号	作　者
《无锡国学专修学校丛书》的学术贡献	湖南科技学院学报	2017,(12)	张京华
无锡农户收入结构的变迁(1929－2010):基于"无锡保定农村调查系列资料"的分析	中国经济史研究	2017,(6)	赵学军
技术创新联盟对无锡"十三五"战略新兴产业发展启示:以无锡新能源汽车产业为例	现代商贸工业	2017,(15)	邱莉霞
以用户思维打造有用的信息主平台:无锡广电"智慧无锡"的实践和思考	视听界	2017,(5)	葛　湘
无锡开大机电一体化人才培养模式探究:基于无锡产业结构调整需要	现代营销	2017,(4C)	陈　俊
改革创新谋发展,精准服务结硕果:无锡市企业联合会(无锡市企业家协会)打造企业的共同新家园	中国社会组织	2017,(16)	许伟文 魏希喜
无锡地方文化资源与高职思想政治课融合的研究:以江苏联合职业技术学院无锡机电分院为例	职教通讯	2017,(30)	顾　铉
无锡市新建公共场所集中空调通风系统卫生学调查	环境卫生学杂志	2017,(3)	张　琦 张旭辉 周伟杰
无锡时代天使医疗器械科技有限公司自主研发无托槽隐形矫治技术	工业技术创新	2017,(4)	
无锡古运河历史文化街区商业业态调查与创业投资策略研究	现代商业	2017,(17)	韦　康 徐　颖
"职业化社会"背景下无锡职工职业道德分类建设的思考	宁波职业技术学院学报	2017,(3)	周雪梅 叶　凌
高职院校国有资产管理的改革与探索:以无锡职业技术学院为例	机械职业教育	2017,(7)	顾惠明
无锡新区国际化人才企业创业转型突破的对策研究	商场现代化	2017,(11)	褚　智
基于数据包络分析法的无锡市卫生资源配置效率分析	医学与社会	2017,(7)	陈舒盈 黄晓光 郭文翰
从项目制、团队化到项目经理人制:无锡广电经济频道的实践	视听界	2017,(7)	张　洪
红筹上市引入私募股权投资的风险探究:基于"无锡尚德"海外上市案	中国乡镇企业会计	2017,(7)	陈贞羽
无锡恩福油封公司实施·型密封圈橡胶制品扩建	中国橡胶	2017,(14)	吴　天
无锡高新区(新吴区)检察院知识产权办案组:创新企业的好伙伴	清风苑	2017,(8)	郝红梅
无锡市安泰路延伸段福安大桥的设计与施工	中国市政工程	2017,(4)	朱纯海
移动商务实训室规划与建设:以无锡商业职业技术学院为例	价值工程	2017,(10A)	顾　桢 王金龙
剧场舞台的科学管理及人才运用:以无锡市人民大会堂为例	剧影月报	2017,(4)	陈　荣
高校形势与政策课程供给侧改革个案研究:以无锡太湖学院为例	吉林省教育学院学报	2017,(4)	郑　斌
无锡市三大产业对其经济增长的影响研究	无锡商业职业技术学院学报	2017,(2)	甘蕾芳
基于网络文本分析的无锡旅游地形象感知研究	无锡商业职业技术学院学报	2017,(2)	梁　峰
无锡新瑞医院直线加速器室超厚墙顶板大体积混凝土施工技术	江苏建材	2017,(2)	杨真超 蒋　晟 张　涛

续表

标　　题	报 刊 名	期　号	作　者
高科技与寺院安全:“无锡开原寺·互联网＋时代的宗教生活”系列之七	中国宗教	2017,(4)	能　超
简述无锡严埭港水利枢纽船闸的养护与维修	科技尚品	2017,(4)	张继来
太湖深处种桃人:钱献庆和他的无锡龙山本味水蜜桃	上海商业	2017,(4)	沈源琼
无锡市梁溪区 2015－2016 年托幼儿童体质分析	江苏预防医学	2017,(4)	王　健 华　燕 蒋娅琳
无锡市滨湖区 2005－2016 年艾滋病疫情现状	江苏预防医学	2017,(4)	杜　明 周俊燕 陈　军
2012－2016 年无锡市食源性致病菌监测结果	江苏预防医学	2017,(4)	孙　钊 刘　萍
无锡“四美”合租故事:救回沦陷室友让悲伤逆流成歌	知音	2017,(29)	田　田
无锡市新型农业经营主体的相互关系与发展建议	现代农业科技	2017,(17)	李　燕 商亭悦
无锡市区地理国情城市绿化覆盖技术方案探讨	山西建筑	2017,(19)	张云涛 马　威
数字化电能计量技术在江苏无锡智能变电站的应用	电气技术	2017,(7)	程含渺 纪　峰 梁　凯
无锡市滨湖区推行村庄环境长效管理市场化	城建监察	2017,(7)	秦　峥
孝友传家,世代绵延:无锡秦氏家训及联宗续谱的故事	思想政治工作研究	2017,(9)	刘晓龙
无锡市大气 PM2.5 对儿童内科门诊量影响的时间序列分析	环境与职业医学	2017,(3)	李文毅 朱晶颖 张　熙
我国房地产市场“去库存”的路径研究:以无锡市为例	价格理论与实践	2017,(2)	许光建 陆颖婷 马小雨
无锡市苯作业工人职业健康状况调查分析	中国工业医学杂志	2017,(2)	王　炜 程茂定 王宜庆
无锡市电动车车架生产企业职业危害现状调查	中国工业医学杂志	2017,(2)	张金龙
执行无可阻挡:江苏省无锡市中级人民法院执行案纪实	人民法治	2017,(3)	叶　斌
无锡市锡山区城市管理行政审批工作情况调研与探讨分析	城建监察	2017,(3)	陆佩瑭
开放教育发展中面临的问题与探索:以无锡开放大学为例	现代教育	2017,(2)	赵金凤
报道要“吸睛”,互动很重要:采编《无锡日报·锡商周刊》“酷·话题”栏目的体会	中国地市报人	2017,(7)	刘兴荣
无锡至南通过江通道公路北接线工程桥梁方案设计	铁道建筑技术	2017,(4)	孙凌岩
生态旅游视角下的码头文化:以无锡码头文化为例	中国集体经济	2017,(19)	仝涵琦
无锡市侨办大走访问需于民困扰菜农的问题解决了	华人时刊	2017,(8A)	无锡市侨办
何日长吟对白鸥:有关无锡寄畅园前身“凤谷行窝”的几个史实	新美术	2017,(7)	毛茸茸
凸显整合优势推动网站转型:以无锡新传媒网为例	中国报业	2017,(17)	徐兢辉 许　松

续表

标　　题	报 刊 名	期　号	作　者
无锡市 2008 - 2015 年儿童死亡状况及减寿分析	中国学校卫生	2017,(3)	杨坚波
无锡市粮食规模化生产经营现状及发展对策	中国稻米	2017,(2)	龚克成 李育娟 吴　军
低碳园区总体规划路径探索:以无锡太科园规划实践为例	中外建筑	2017,(2)	郭　玲 李云飞
与世界佛教论坛结缘:无锡市重大活动档案工作的探索与实践	档案与建设	2017,(1)	魏菊仙 张知常 耿晨亢
档案在一线,实战是尖兵:无锡公安档案的科学发展之路	档案与建设	2017,(1)	吴月莉
以信息化引领无锡国土资源档案管理现代化	档案与建设	2017,(1)	田红保 刘爱萍
石墨炉原子吸收光谱法测定无锡地下水中的铅・镉・铜・铍	安徽农业科学	2017,(6)	刘欢欢 靳丹萍 赵　杰
无锡市人民医院构筑五大防线有效防控“两权”	江苏卫生事业管理	2017,(1)	周晓艳 薛惠红
2005 - 2015 年无锡市急性职业中毒发病情况分析	中国工业医学杂志	2017,(1)	任晓明
2009 - 2015 年无锡市疾控中心职业病危害因素监测结果分析	中国工业医学杂志	2017,(1)	关　辉 李春平 屠　鹃
无锡地区青年人人中角与唇峰角的测量研究	中国美容医学	2017,(2)	史高峰 李　虎 高凤山
地域文化视角下休闲农业园的传承与创新:以无锡“田园东方”为例	设计	2017,(3A)	周丽芸
基于无锡商院 e 学堂创新电工电子技术教学模式	新课程研究	2017,(1B)	陈和娟
小微企业融资难问题探索及出路:以无锡市为例	中小企业管理与科技	2017,(1B)	曲　鹤
旅游地居民空间权能、感知及态度关系研究:以无锡惠山古镇为例	四川旅游学院学报	2017,(1)	江增光
高科技与宗教慈善:“无锡开原寺・互联网 + 时代的宗教生活”系列之十	中国宗教	2017,(7)	能　超
财务管理辅助系统的设计与实现:以无锡城市职业技术学院为例	江苏商业会计	2017,(2)	满晓琳 黄　健
书香更添劳动美:无锡市总工会积极开展“书香”建设活动	江苏工运	2017,(6)	无锡市总工会
无锡华庄派出所:“两微”平台打造“指尖”警务室	人民公安报	2017,(6.14)	王　军 杨迎春
乘势而上,不断创新:记江苏省无锡交通高等职业技术学校	职业	2017,(5C)	雷光玉
无锡市惠山区 2010 - 2015 年流行性腮腺炎疫情分析	上海预防医学	2017,(5)	方　伟 朱剑融 吴　峥
基于“互联网 + ”的文化金融合作网络研究:以无锡为例	江南论坛	2017,(7)	朱佳俊 王　敏
强化无锡长三角区域中心城市地位研究	江南论坛	2017,(7)	无锡市发改委 课题组

续表

标　　题	报 刊 名	期　号	作　者
2015 年 5 月 15－16 日无锡市强雷雨天气过程分析	现代农业科技	2017,(12)	熊仕焱
无锡市城市三维可视化系统的设计与实现	现代测绘	2017,(1)	王联杰 沈虹玲 韩　吉
以市场为导向的无锡市生产性服务业发展研究	江南论坛	2017,(2)	曾佑新 杨雨舟 舒　颖
2009－2014 年无锡市女性乳腺癌死亡状况和趋势分析	实用预防医学	2017,(1)	董昀球 杨坚波 徐　明
2003－2014 年无锡市食物中毒流行病学分析	实用预防医学	2017,(1)	秦向阳 刘　萍 诸　芸
浅析文化发展中新模式的意义:以无锡新区文化馆为例	名作欣赏·下旬	2017,(1)	逯俊宁
无锡市:梁溪法院一审判决,人防车位收益权归全体业主所有	住宅与房地产	2017,(6A)	
城市文化新媒体传播现状分析与对策建议:以无锡为例	天津教育	2017,(5)	丁兰华 戴思维
江森自控助力提升无锡新吴区智慧建筑能效	电信工程技术与标准化	2017,(4)	隋　潇
无锡小微企业创新创业难点分析与保障措施研究	中国市场	2017,(12)	陆　珂
特色小镇:产业强市的新引擎:以无锡市为例	江南论坛	2017,(5)	丁　宏 吕永刚 郭玉燕
产城融合背景下 2.5 产业的发展路径:以无锡市滨湖区为例	江南论坛	2017,(5)	王路新
五年制高职 M··C 可持续发展探索:以无锡机电 M··C 建设实践为例	中国教育信息化	2017,(10)	糜凌飞
无锡地区孕早期产前筛查指标中位数的建立及临床意义	中国现代医学杂志	2017,(11)	石　皓 吴　晓 王峻峰
2009－2016 年无锡市锡山区餐饮单位卤菜卫生质量调查	中国校医	2017,(4)	张　晴 沈梅云 廉靖贤
制造业转型升级路径研究:以苏州,无锡为例	现代商贸工业	2017,(8)	叶茂林
新型城镇化进程中城市职业培训供给侧改革探析:以无锡为例	成人教育	2017,(2)	陈桂梅
十年磨一剑:无锡检察机关历时十年立案监督案	清风苑	2017,(2)	邓凌原 王　丹 范　曾
江苏省无锡市社会工作服务机构调研与建议	中国社会工作	2017,(1A)	严健媛 尹利华
推进无锡文化产业供给侧改革的思考:以成长型企业为重点的分析	江南论坛	2017,(1)	周及真
江苏省内不同区域土地生态安全动态评价及比较:以无锡、南通、徐州为例	价值工程	2017,(1C)	毕雪昊 梅　艳
“近代民族工商业发祥地”无锡市公安局锡山分局	现代世界警察	2017,(2)	王　军 臧亚青

续表

标　　题	报 刊 名	期　号	作　者
互联网,让世界更加信赖规则:记无锡市政协委员金为铠	江苏政协	2017,(6)	江宇薇
国家集成电路(无锡)设计中心钢结构连廊整体提升技术	建筑技术开发	2017,(11)	朱向前
无锡市梁溪区2015学年托幼机构卫生保健工作现状分析	中国妇幼保健	2017,(10)	李海霞 华　燕 蒋娅琳
“两弹一星”功勋文献史料实物捐献无锡市博物馆	华人时刊	2017,(6A)	周国明
城乡发展一体化实现路径研究:以无锡市为例	现代商贸工业	2017,(17)	马欣欣 安　芳 俞佳豪
完善影视之都产业价值链的几点思考:以无锡为例	江南论坛	2017,(6)	任广军
将环境污染责任保险引入环境风险管理:环境风险管理的无锡经验	环境保护	2017,(10)	刘鸿志 王志新 侯　红
速度与激情:无锡检验检疫局帮扶重点项目“落地”侧记	东方国门	2017,(6)	许　超 倪崇洵
吴文化在近现代无锡的历史嬗变:侧重于文化教育方面	开封教育学院学报	2017,(4)	胡晓文
无锡地区孕中期孕妇血清AFP、freeβ-HCG、uE3中位数标化及其应用	山东医药	2017,(3)	杨　岚 石　皓 赵　丽
无锡市2014-2015年学校教室和生活环境卫生现状	中国学校卫生	2017,(1)	钱红丹
无锡锡惠公交管理人员竞赛圆满落幕	人民公交	2017,(1)	陈丹梦
无锡梅村污水处理厂MBR工艺多年运行效果分析	给水排水	2017,(1)	聂新宇 罗　敏 刘　慰
无锡市多元化办医发展现状与问题分析	南京医科大学学报:社科版	2017,(2)	陈舒盈 王冬阳 朱帆帆
无锡鲁能万豪酒店综合楼预应力混凝土托柱转换梁设计	江苏建筑	2017,(1)	曹　荣
无锡市惠山区总工会积极推进星级职代会创建	江苏工运	2017,(3)	徐长波
让周刊传递更多有品质的信息:以《无锡日报》“教育周刊”为例	新闻研究导刊	2017,(2)	孙昕晨
无锡传统文化在IP时代的继承与发展研究	大众文艺	2017,(3)	刘　骏
无锡西区燃气热电有限公司提前供热方案的研究与实施	现代工业经济和信息化	2017,(3)	郝青松 薛　鸣 钱　星
无锡市“三个力查”促经济责任审计出成效	审计月刊	2017,(1)	唐　华
无锡高新区:以产业集聚人才资源以人才助推产业发展	中国科技人才	2017,(1)	秦全胜
无锡市社区老年人轻度认知功能障碍调查及其影响因素分析	现代预防医学	2017,(2)	吴　越 姚建军 程灶火
江苏省无锡市细菌性食物中毒和气象因素关系分析	医学动物防制	2017,(2)	焦建栋 刘　萍 诸　芸

续表

标　　题	报刊名	期号	作者
2015 年无锡市中小学生营养状况分析	中国校医	2017,(2)	钱红丹
大学生创业意愿与动机的调查分析:以无锡地区大学生为例	科技创业月刊	2017,(2)	范雪莹 冯文婧 吴琪瑶
创新提升主流时政新闻影响力:《无锡日报》省第十三次党代会报道总结	传媒观察	2017,(2)	杨　建
以无锡教堂为例谈教堂建筑的意义与应用	山西建筑	2017,(3)	谢居宸 吴　尧
加快经营结构调整和可持续发展的思考:以无锡农行为例	现代金融	2017,(6)	陈杏梅
“文革”前后苏南社队企业发展原因的历史考察:以无锡县为例	档案与建设	2017,(5)	朱万悦
“产业强市”主导战略下增创无锡物联网企业核心竞争力研究	江南论坛	2017,(9)	曾佑新
推进电子商务产业发展的战略思考:以无锡市滨湖区为例	江南论坛	2017,(9)	杨成伍 杨晓云
2012－2016 年无锡市 5 岁以下儿童死亡监测结果分析	中国妇幼保健	2017,(18)	江　澜 顾宇静 韦　玮
论地铁站的文化挖掘与人文关怀:以无锡地铁站设计为例	美术教育研究	2017,(10A)	张　芸
文化强国背景下对无锡名人文化资源开发的思考	无锡职业技术学院学报	2017,(5)	陈钰冰 王旭鹏
无锡职业技术学院着力促进科研工作创新发展	职业技术教育	2017,(23)	岳金凤
无锡市档案馆面向青少年举办“神奇的档案”讲座	档案与建设	2017,(5)	童燕芳
无锡市滨湖区肢体残疾人康复服务需求的调查研究	中国康复医学杂志	2017,(9)	徐　斌 刘　虹 傅锡南
无锡市档案局推出纪念“三八妇女节”网络微展览	档案与建设	2017,(3)	许琳瑶
小微企业融资环境调查及思考:以无锡为例	北方经贸	2017,(9)	蒋宏成 吴明芳 叶小霖
无锡市医疗机构污水消毒处理设施运行情况调查	中国消毒学杂志	2017,(8)	游颖琦 沈元兰 策　介
创新“房权换股权”模式的富民合作社:以无锡新吴区新安街道为例	江南论坛	2017,(10)	无锡市经济学会课题组
高品质学校建设的诠释与践行:以江苏省无锡市为例	江苏教育研究	2017,(9B)	龚雷雨
江阴－无锡成品油管道停输后压力变化分析	辽宁化工	2017,(9)	陈　春
全球锡商“嘉年华”,回报故土情怀深优势互补,托起无锡转型升级重任	今商圈	2017,(10)	刘　纯
2013－2015 年无锡市餐饮单位餐具消毒效果监测	中国消毒学杂志	2017,(9)	韩　毅 周　虹 毛菲菲
新常态下无锡制造企业服务创新路径探究:以供给侧改革为视角	江苏商论	2017,(9)	王　咪 盛汝菲

续表

标　　题	报 刊 名	期　号	作　者
坚持阳光操作,实施公开招租:无锡市直管非住宅公房的市场化之路	中国房地产	2017,(10A)	谢敏亚
无锡公立医院集团化改革下员工思想政治工作探索	江苏卫生事业管理	2017,(5)	郝爱民
对无锡市滨湖区偷倒建筑垃圾的问题的分析和建议	城建监察	2017,(11)	刘　军 周煜杰
无锡市人力资源市场人才评价体系的构建应用和发展思考	人力资源管理	2017,(11)	王建兰
2012－2016 年无锡市水痘流行病学特征分析	现代预防医学	2017,(19)	修仕信 王旭雯
纺织服装产业升级国际比较对无锡产业转型的启示	纺织科技进展	2017,(11)	朱旭明 葛林镕
爱孩子从点点滴滴开始:江苏无锡市社会福利中心大走访纪实	社会福利	2017,(18)	陈国梅
江苏省无锡市洛社镇一二三产业融合模式现状分析	江苏农业科学	2017,(24)	张　驰 沈建新
关于非物质文化遗产传承与发展的思考:以无锡惠山泥人为例	中国民族博览	2017,(10)	周珊军
加快推进无锡自主创新示范区核心区建设	江南论坛	2017,(11)	肖新岳
提高人民法庭审判工作质效的实践探索:以无锡基层法院为例	江南论坛	2017,(11)	赵建聪 赵　蔚
无锡市阿尔茨海默病患病现状和家属照料者心理状况调查研究	中国预防医学杂志	2017,(11)	吴　越 程灶火 包炤华
外来务工人员就业质量问题分析及其解决途径:以无锡为例	当代教育实践与教学研究	2017,(12)	项东红 吴铜霞
无锡市惠山区小型农田水利设施建设规划及管理研究	水利建设与管理	2017,(11)	陈　婕 周建东 王　健
无锡土地利用变化及生态系统服务价值研究	河北工程大学学报:自然科学版	2017,(3)	韩　炜
锡剧特色教育的实践与研究:以无锡市羊尖实验小学为例	艺术研究・哈尔滨师范大学艺术学报	2017,(2)	管　乐 陈雪芹
无锡雪桃新品上市:IH・AMP 系列室内环保型沥青混合料生产线	筑路机械与施工机械化	2017,(11)	
无锡梁溪:服务经济社会发展获全国人大代表肯定	方圆	2017,(10C)	范　曾
无锡市职业病诊断与鉴定中的问题和对策	中国工业医学杂志	2017,(6)	秦　宏 王苗苗 洪　霞
无锡市血吸虫病传播阻断后风险评估指标体系研究	中国血吸虫病防治杂志	2017,(5)	孟晓军 宗胜华 张　轩
无锡惠山区中医医院第四届名医膏方节正式启动	民生周刊	2017,(24)	苏晓鸣
2012－2016 年无锡市滨湖区 5 岁以下儿童死亡监测分析	现代预防医学	2017,(22)	夏冰洋 薛春梅 过　燕
无锡嘉坊不锈钢有限公司偿债能力分析	现代营销	2017,(11C)	何　晨
无锡鹅湖中队以新型执法模式贯彻执行“强转树”	城建监察	2017,(12)	周一峰

续表

标　　题	报 刊 名	期　号	作　者
无锡市锡山区云林中队启用无人机巡查监管违建效果好	城建监察	2017,(12)	程　莉
无锡梁溪城管启用新神器隐蔽违章将无所遁形	城建监察	2017,(12)	邵　霓
基于网络文本的无锡旅游形象 IPA 模型分析与对策	旅游论坛	2017,(6)	赵　刘 程　琦
为“产业强市”插上“资本翅膀”:无锡上市公司情况调研分析	吴骥	2017,(6)	江苏统计
无锡市惠山区头位难产阴道助产技术调查分析	安徽卫生职业技术学院学报	2017,(5)	赵佳莲 杨柳娟
无锡电信在海澜集团建成全省最大规模企业免费 WiFi	江苏通信	2017,(3)	梁华伟
无锡建成全国首个规模最大覆盖全域的 NB－I・T(800M)商用网络	江苏通信	2017,(3)	梁华伟
武学传承,舞韵芬芳:无锡市安镇实验小学武术工作交流	中国学校体育	2017,(12)	孙　洁
无锡市:70% 以上物业纠纷案件与物业费有关	住宅与房地产	2017,(11A)	陈凤山
“虎头鞋”的校园传承与实践:试论无锡非遗项目的传承与发扬	设计	2017,(11A)	葛建伟 丁　化
小康文明对城市文化发展的启示意义研究:以无锡为例	襄阳职业技术学院学报	2017,(5)	沈晓敏
养老机构服务现状调查及投资前景分析:以江苏省无锡市为例	商业经济	2017,(10)	王　芳
中国电信在无锡正式发布云堤高防产品	江苏通信	2017,(6)	梁华伟
无锡市部分城区学龄前儿童乳牙龋齿与肥胖相关性调查研究	实用口腔医学杂志	2017,(4)	刘　静 郭冰冰
经济体制转型对城乡地域结构嬗变的影响研究:以无锡市为例	现代城市研究	2017,(8)	刘帅宾 杨　山 王　钊
无锡市机动车维修行业协会配合推动行业危废处置的工作	汽车维护与修理	2017,(9A)	张振芳
2013－2015 年无锡市病毒性腹泻监测结果分析	现代预防医学	2017,(5)	耿倩石 平纪璘
2015 年无锡市各县区碘缺乏病监测结果分析	职业与健康	2017,(1)	陈玮绚 邵　洁
无锡地区健康人群尿硫氰酸盐正常参考值调查	职业卫生与应急救援	2017,(1)	宋振威 郭　平 刘文卫
2006－2015 年无锡市滨湖区职业病状况分析	职业与健康	2017,(1)	王昌松
2015 年无锡市食品化学污染物监测结果分析	职业与健康	2017,(1)	李文毅
无锡画家跨十省采风,百幅丹青颂万里山河	美术	2017,(3)	顾玮倩
移动互联网背景下无锡惠山泥人的营销策略研究	现代营销	2017,(1C)	张　晔 张蓓蓓
大学生创新创业教育路径初探:以无锡科技职业学院为例	时代金融	2017,(2C)	安　霞
无锡市出台《意见》推进居家养老服务创新	中国社会工作	2017,(2B)	江苏省老龄办
高科技与宗教档案:“无锡开原寺・互联网＋时代的宗教生活”系列之五	中国宗教	2017,(2)	能　超
无锡市惠山区高新技术企业发展面临的问题及对策	企业改革与管理	2017,(3A)	陈利馥 杨　青 赵树生

续表

标　题	报 刊 名	期　号	作　者
无锡市高效设施农业机械化发展浅议	江苏农机化	2017,(1)	吴伯荣
无锡市水利风景区建设与管理的实践及思考	水资源开发与管理	2017,(3)	温海燕 徐　兴 周　芸
无锡地区急性呼吸道病毒感染住院儿童的病原学分析	昆明医科大学学报	2017,(3)	杨俊钧 胡锡池 严子禾
无锡水弄堂桥巷空间切片的修复与再生	美术大观	2017,(3)	冯之漪
2011－2015 年无锡市滨湖区恶性肿瘤发病和死亡情况分析	河南预防医学杂志	2017,(4)	邓竹青 周　佳
助力产业强市无锡市工商联启动五项“三年行动计划”	今商圈	2017,(4)	《今商圈》编辑部
太湖深处种桃人:钱献庆和他的无锡龙山本味水蜜桃	主人	2017,(2)	沈源琼
金融机构编码的应用实践探索:以无锡辖区为例	金融科技时代	2017,(5)	王晓燕
基于微信终端的微商运行现状及制度构建:以无锡市为例	中国市场监管研究	2017,(4)	邵小东
无锡市污水处理厂抗生素抗性菌分布与去除特性研究	环境科学学报	2017,(6)	刘亚兰 李　冰 邱　勇
无锡市东北塘城管中队多措施治理农贸市场周边停车秩序	城建监察	2017,(4)	蒋薇薇
无锡市梁溪区扬名城管中队四项措施治理扬尘污染	城建监察	2017,(4)	浦江峰
去年无锡全市病例显示乳腺癌、消化道肿瘤和肺癌排前三	今商圈	2017,(5)	
春江水暖鸭先知:来自江苏无锡“人工智能”发展的报告	中国电信业	2017,(4)	周晓慷
无锡市惠山区 2014－2015 年食源性疾病哨点医院主动监测分析	江苏预防医学	2017,(2)	代传焕 曹　军 吴国强
何震白文印的形式特征:从无锡博物院藏何震印说起	中国书法	2017,(2A)	盛诗澜
论无锡本土文化与中国古代文学教学的融合	宁波工程学院学报	2017,(1)	张喜贵 李晓阳
无锡市腹泻病人沙门菌的病原学特征及分子分型研究	中国人兽共患病学报	2017,(4)	沙　丹 李　泓 管红霞
美丽乡村系统化营建的设计方法探析:以无锡阳山镇实践为例	装饰	2017,(4)	门坤玲 鲁晓军
基于 skyline 的三维城市规划辅助决策系统构建:以无锡市为例	无锡职业技术学院学报	2017,(2)	张佳丽 何宝金
无锡尚德:以高质量产品迎接分布式光伏机遇	进出口经理人	2017,(4)	黄　帅 李　前
无锡高新区(新吴区)“两场联动”监管模式的创新与实践	建筑市场与招标投标	2017,(2)	李智盛
无锡市锡山区被征地农民断保续保工作的做法及建议	办公室业务	2017,(3A)	路焱洁
无锡技师学院:多元人才培养模式,打造未来技能大师	职业	2017,(4A)	陈姝宇
无锡小天鹅股份有限公司财务分析	时代农机	2017,(1)	于　满 王艳芹

续表

标　　题	报 刊 名	期 号	作 者
无锡小天鹅股份有限公司偿债能力分析	时代农机	2017,(1)	朱晨曦 王艳芹
无锡太湖学院网球运动发展现状调查研究	体育世界:学术版	2017,(2)	章德发 陈　凯
无锡地区高职院校学生体质健康测试调查研究分析	体育世界:学术版	2017,(3)	李　林 朱常华 华宝元
2001－2015年无锡市伤害死亡状况及负担分析	现代预防医学	2017,(4)	杨坚波
实施无锡可可制品区域性“同线同标同质”工程初探	中国认证认可	2017,(1)	周建明 程正文 于东江
关于开发区供给侧改革的思考:以无锡市开发区为例	江苏商论	2017,(1)	袁晓楠
聚焦产业两端,引领智能制造:无锡机器人产业崛起之路	江南论坛	2017,(2)	邱晓东
江苏省无锡市2008～2015年结直肠癌死亡分析及趋势预测	中国肿瘤	2017,(2)	杨坚波
2014－2015年无锡市惠山区艾滋病自愿咨询检测情况分析	河南预防医学杂志	2017,(2)	朱　剑
动静交织·情景交融:浅谈无锡文化艺术学校建筑设计	中外建筑	2017,(6)	刘会莹
增长、结构、效率视阈下无锡高职专业设置对经济发展的贡献研究	北京农业职业学院学报	2017,(4)	李　富 孙建波
省人大代表省直无锡组本届以来履职情况报告	人民与权力	2017,(2)	王元慧
无锡市妇幼保健院人才培养机制的重构与思考	江苏卫生事业管理	2017,(2)	王　强
“亲”在强服务,“清”在重规则:无锡构建外企服务新型政商关系的探索和实践	中国外资	2017,(5)	石松哲 蒋洪伟
一数一源同源共享:无锡市感知安全建设纪实	江苏安全生产	2017,(4)	李海华
农村幼儿教师专业发展现状与需求调查研究:以无锡市为例	江苏第二师范学院学报	2017,(2)	杨　华 尹坚勤
无锡上市制造业企业绿色会计信息披露探讨	现代商贸工业	2017,(11)	张　弛
无锡地区儿童肺炎支原体抗体检测及流行病学分析	中国卫生产业	2017,(8)	常　青 高燕敏 黄嘉琪
从无锡地王现象看供给侧改革房地产去库存政策	现代商贸工业	2017,(9)	刘姝君 马　尧
高职与本科“3＋2”合作培养模式探索:以无锡城市职业技术学院为例	现代商贸工业	2017,(9)	鲁继业 曹　翔
2014－2016年无锡空港口岸核辐射监测处置情况	中国国境卫生检疫杂志	2017,(1)	曹晓蕴 顾海俊 丁　均
智能制造产业识别、目标路径与供给侧对策:基于无锡产业发展分析	南方论刊	2017,(5)	唐德森
中国电信无锡分公司物联网应用大发展大突破	江苏通信	2017,(1)	梁华伟
无锡市小学生体育锻炼行为的现状调查分析	湖北体育科技	2017,(5)	张　静
高职学生移动学习现状调查与对策:以无锡部分高职院校为例	中国教育信息化	2017,(11)	王　莉

续表

标　题	报 刊 名	期 号	作 者
无锡市进一步加强和改进内部审计工作	中国审计报	2017,(8.2)	朱一龙
老年教育课程建设研究:以无锡市老年教育为例	海南广播电视大学学报	2017,(3)	马国云
新技术新材料在无锡面塑保护性生产中的创新应用	浙江纺织服装职业技术学院学报	2017,(3)	缪同强
思变·谋新·转型:"淘最无锡"微信公众号养成记	视听界	2017,(9)	王 钢
无锡轨道交通3号线明挖车站防水设计探讨	中国建筑防水	2017,(18)	尚福建
无锡市梁溪区:对被巡察单位开展监督执纪随访	党的生活:反腐倡廉版	2017,(10)	蒋蕴霞 周 惠
从无锡国专办学经验看我国文科人才的培养	煤炭高等教育	2017,(3)	文胜利 陈 玲
无锡工会:"五走五多五访"零距离服务基层和职工	中国工运	2017,(9)	无锡市 总工会
残疾人托养专业化服务研究:以无锡市为例	残疾人研究	2017,(2)	刘 翔 周 沛
2013-2015年无锡市公共场所集中空调通风系统卫生状况	职业与健康	2017,(10)	朱嘉文 陈 茸
无锡广播电视台微信直播辅助系统的设计	广播电视信息	2017,(8)	沈 伟
高职学生学习性投入调查研究(2016):以无锡职业技术学院为例	机械职业教育	2017,(7)	刘法虎 韩 冰 王鑫芳
高职新生社交焦虑现状的调查研究:以无锡职业技术学院为例	机械职业教育	2017,(7)	林佳燕 刘文庆
无锡市惠山区:"四级勤廉"预警让"第一种形态"成常态	党的生活:反腐倡廉版	2017,(9)	徐锦华
中职院校技能竞赛工作的实践研究:以无锡技师学院为例	职业	2017,(9A)	朱建明
无锡梁溪区行政执法大队"四诊疗法"破解投诉难题	城建监察	2017,(7)	浦江峰
无锡市监管场所羁押人员HIV感染状况与危险因素分析	预防医学情报杂志	2017,(9)	朱 恺 成 浩
基于供给侧改革的高档酒店经营困境破解之道:以无锡为例	中国商论	2017,(25)	丁宗胜
无锡市人民医院团委创新开展"青春仁医阳光工程"体会	中国卫生产业	2017,(25)	谢 磊 丁 艳
携手共奋进,同心书华章:农工党无锡市委会五年工作掠影	前进论坛	2017,(1)	农工党 无锡市委会
无锡新吴区现代有轨电车线网规划研究	铁道勘测与设计	2017,(2)	贾显超
无锡市区域空间结构演化与电子信息产业竞争力评价研究	中国商论	2017,(19)	曹炳汝 付坤朋
2017走进江苏数字印刷业:以无锡、常州、南通为例	数字印刷	2017,(7)	《数字印刷》 编辑部
运用司法手段解决环境问题:无锡环保审判的创新与成效	环境保护	2017,(13)	刘鸿志 申哲民 崔凤山
无锡广播电视台高清融媒体演播室系统设计与运行管理	视听界	2017,(6)	曹 旻 张 挺 毛明杰

续表

标　　题	报 刊 名	期 号	作 者
无锡尚德电力有限公司企业家风险分析	中国经贸	2017,(5A)	卜睿昭
试析制造业发展现状和存在问题及建议:以无锡市为例	科技创新导报	2017,(13)	龚 锡
浅析酒店VIP客户维护与开发:以无锡弘阳洛克菲花园酒店为例	人力资源管理	2017,(7)	张新峰
一卷红楼万古情:在无锡冯其庸先生追思会上的发言	红楼梦学刊	2017,(4)	张庆善
为有源头活水来:无锡市统计局的人才队伍建设	中国统计	2017,(8)	徐 洁 许 威
"民办本科高校大学生心理健康"课程教学探析:基于无锡太湖学院	内蒙古师范大学学报:教育科学版	2017,(11)	汪翠满 毛华萍
城市轨道交通公示语英译问题与原则研究:以无锡为例	城市轨道交通公示语英译问题与原则研究:以无锡为例	2017,(4)	喻旭东
无锡市江海西路快速化改造总体设计方案分析	中国市政工程	2017,(5)	张 捷
无锡高中留学生网球运动开展的现状调查	课堂内外:教师版	2017,(9)	王 岳
无锡市医疗机构疟疾镜检能力现状调查与分析	中国血吸虫病防治杂志	2017,(4)	邵 洁 孟晓军 陈玮绚
公共体育教育协同专业艺术教育的SW·T分析:以无锡太湖学院为个案	兰州文理学院学报	2017,(5)	郑继超 刘 垚
无锡市托幼机构手足口病聚集性疫情发生影响因素	职业与健康	2017,(19)	徐雯蓉 徐园园 沈晓文
无锡市无偿献血人群HIV感染者流行病学特征分析	临床输血与检验	2017,(5)	李 林 郭 方 钱惠忠
党校教育面临的新形势、新问题与新思路:以中共无锡市委党校为例	学理论	2017,(10A)	杨成俊
高职院校"专接本"招生策略:以无锡职业技术学院为例	南京工业职业技术学院学报	2017,(3)	王 莹 王怀宝
谱写新时代中国特色社会主义无锡实践新篇章	群众	2017,(21)	李小敏
无锡市张巷浜节制闸改造工程结构计算浅析	水利建设与管理	2017,(10)	吕晓威 何建栋 周建东
高职院校学生专业社团指导实践:以无锡科技职业学院移动互联社为例	新课程研究	2017,(9B)	李立亚 吕 佳 张春燕
居住区地面景观式停车位探析:以无锡栖庭、东方天郡花园为例	园林	2017,(11)	张 磊
书香校园,快乐成长:无锡市新安实验小学崇雅书香校园建设记	华人时刊·校长	2017,(12)	邹丽华 王茹芳
建筑装潢垃圾偷倒治理:以无锡市锡山区东亭城区为例	今日重庆·城市管理	2017,(11)	王文军
无锡电视台全域素材高标清交互式播出整备系统的应用	现代电视技术	2017,(10)	陆春晔 王丹青 倪小方
无锡市档案馆成功创建江苏省社科普及示范基地	档案与建设	2017,(10)	童燕芳
财税管理应用型人才培养新模式方案设计:以无锡太湖学院为例	中国校外教育	2017,(10C)	金 成 黄文翠

续表

标　　题	报　刊　名	期　号	作　者
无锡洛社:家庭医生签约服务更应关注重点人群	民生周刊	2017,(20)	黄　婕
无锡地铁2号线列车车体表面油漆泛黄现象分析及处理	电力机车与城轨车辆	2017,(6)	朱建国 廖　玻
关于"专接本"工作现状及思考:以无锡城市职业技术学院为例	环渤海经济瞭望	2017,(6)	慈云双
无锡市香樟煤污病和日本壶链蚧的危害情况分析	江苏林业科技	2017,(5)	徐勤明 何志堃
2013－2015年无锡市城区恶性肿瘤发病与死亡分析	江苏预防医学	2017,(5)	杨志杰 董昀球 陈　海
2005－2015年无锡新区麻疹流行病学特征分析	江苏预防医学	2017,(5)	陈晓峰
三举措促合作社发展无锡市阳山镇大路头水蜜桃专业合作社	农家致富	2017,(21)	王　岩
无锡市健康生活方式指导员对居民运动干预效果评估	健康教育与健康促进	2017,(4)	陈再芳 张　激 马文娟
无锡市居民酒后驾驶相关认知与健康教育需求调查	健康教育与健康促进	2017,(5)	马文娟 陈再芳 杨国平
无锡市五年制高职女子篮球训练计划现状研究	武术研究	2017,(12)	周全权
社区文化建设低度参与困境研究:以无锡市Y街道为例	吉林省教育学院学报	2017,(12)	谌卉琚 潘竹君
发挥大数据技术优势,中国电信无锡分公司精心打造校园"智慧管家"	江苏通信	2017,(3)	周晓慷
外来女性城市融入现状研究:以无锡市黄巷街道为例	中国市场	2017,(28)	周妮雯
无锡太湖新城国家绿色生态城区绿色建筑专项规划研究	北京规划建设	2017,(5)	杨晓凡 姜纬驰 贺启滨
无锡近代住宅缪公馆建筑外观装饰的特异性	南京艺术学院学报:美术与设计版	2017,(6)	史　明
无锡市梁溪区医疗机构消毒质量调查分析	中国消毒学杂志	2017,(10)	张　萍 李文毅 刘北星
气候转折期前后无锡站年际旱涝周期水文特性的对比分析	水文	2017,(6)	秦建国 张　涛 孙　磊
管理会计推广的无锡样本:探索管理会计实践新路	中国会计报	2017,(12.15)	高　鹤
无锡市新区水环境容量分析及水资源保护措施研究	水利规划与设计	2017,(11)	王　健 陈科巨 曹丽娟
2006－2016年无锡市锡山区突发公共卫生事件的流行特征分析	现代预防医学	2017,(24)	李　杰 顾　月 邵佳奇
无锡市政协大力推进民主监督员工作	江苏政协	2017,(12)	胡新兵
无锡城市道路绿地人工植物群落变化规律研究	安徽农业科学	2017,(36)	徐勤明 何志堃 柳爱平

续表

标　　题	报 刊 名	期 号	作 者
無锡市 HIV 感染者及艾滋病患者 SCL－90 評定結果分析	东南大学学报：医学版	2017，(6)	成　浩 朱　靖 周　瑾
无锡市妇幼保健院近五年发表 SCI 收录论文统计分析	中国医药科学	2017，(6)	张　婷 项静英 蒋　洁
微课教学研究与实践：以无锡工艺职业技术学院《机械制图与CAD》为例	现代职业教育	2017，(5A)	裴红蕾 刘　刚
提倡个性化定制精工品质打造民族品牌：访无锡五洋赛德压缩机有限公司	通用机械	2017，(7)	徐裴裴
追忆十六年峥嵘岁月厚德品牌的崛起之路：访无锡市厚德自动化仪表有限公司	通用机械	2017，(7)	徐裴裴
员工的健康我们来守护：恩欧凯（无锡）防振橡胶有限公司尘毒危害治理纪实	江苏安全生产	2017，(6)	胡才鸿 孙亚强
“普惠、优质”教育的先行者：访江苏省无锡市新安镇中学校长韩荣寨	教育家	2017，(8A)	朱　乐
中国服务外包示范城市评价出炉：无锡稳居第一方阵，规模以上企业数全国第一	服务外包	2017，(7)	舒朝普 刘　娇 强煦菁
用脚丈量民情，用心感悟民声：无锡市政协开展“连心富民、联企强市”大走访记事	江苏政协	2017，(8)	胡新兵
中考英语阅读理解试题效度分析：以无锡市 2014－2017 年中考英语试题为例	教育界	2017，(20)	马　利
高职新生手机依赖与社交焦虑的关系研究：以无锡职业技术学院为例	无锡职业技术学院学报	2017，(4)	刘文庆 林佳燕
一把尺子量到底：江苏省无锡市国土资源局加强“四全”公共服务标准化的做法	国土资源通讯	2017，(10)	无锡市 国土资源局
以创新促节地增效：江苏省无锡市推进节约集约用地“双提升”的做法	国土资源通讯	2017，(11)	李安国
汽修车间里的“女教头”：记江苏省无锡汽车工程中等专业学校教师倪群群	江苏教育	2017，(60)	陈　路
中国梦视域下高职学生梦想现状调查研究：以无锡工艺职业技术学院为例	西部素质教育	2017，(17)	袁　莉
2012－2016 年无锡市第三人民医院住院患者抗菌药物使用强度分析	中国医院用药评价与分析	2017，(7)	刘言香 李　霞 赵懿清
互联网助推寺院财务管理信息化：“无锡开原寺·互联网＋时代的宗教生活”系列之六	中国宗教	2017，(3)	能　超
关于毕业生就业质量的分析：以江苏联合职业技术学院无锡交通分院为例	江苏教育·职业教育	2017，(2)	倪依纯 成　江
争取设立“基本教育实验区”的努力：无锡教育与联合国教科文组织的一些往事	中国教师	2017，(7B)	钱　江
职业学校生活德育模式的构建：内涵、重点与实施策略：以无锡技师学院为例	江苏教育研究	2017，(7C/8C)	梅亚萍
强化安全基础管理，提升安管队伍素质，无锡公交一批安全管理细则陆续出台	城市公共交通	2017，(2)	张　军

续表

标　题	报刊名	期号	作者
新型城镇化进程中乡土文化传承的学校教育使命:以无锡市 YQ 小学为例	当代教育科学	2017,(1)	杜芳芳 潘祝青
高职校园体育活动建设策略:以江苏城市职业学院无锡办学点为例	青少年体育	2017,(1)	杨　宁
建一流地铁,创金牌档案:无锡地铁"互联网+档案"全过程管控的实践与探索	档案与建设	2017,(1)	徐红梅
高职学生社会主义核心价值观认同度调查研究:以无锡市五所高职院校为例	常州信息职业技术学院学报	2017,(1)	顾永惠
品质梁溪再提速做优环境惠民生:2016 无锡市梁溪城区环境综合整治侧记	城建监察	2017,(2)	陈忠明
创新职业院校德育工作模式的实践与思考:以无锡机电高等职业技术学校为例	职教论坛	2017,(5)	张　旭
互联网时代的佛法弘传:"无锡开原寺·互联网+时代的宗教生活"系列之八	中国宗教	2017,(5)	能　超
无锡市社会公益组织发展的现状、困境与对策:基于对 75 家社会公益组织的调查与实证	中国管理信息化	2017,(10)	华　静 陆思辰 路晓丽
社会工作如何介入军休干部养老服务:以无锡市军队离休退休干部清扬休养所为例	中国社会工作	2017,(4C)	秦小明
基于 LIM 应用的无锡近代园林可持续更新规划设计研究:以横云山庄保护规划为例	门窗	2017,(4)	曹　杰 朱　蓉
制造企业精益管理、供给侧任务评价及路径选择:来自无锡小天鹅 A 的实践	现代商业	2017,(16)	郭佳佳
凝聚群贤力,助振家乡产业雄风:江苏发展大会无锡乡贤恳谈会聚焦之一	今商圈	2017,(6)	刘　纯
文化为媒,架起太湖通往世界的桥梁:江苏发展大会无锡乡贤恳谈会聚焦之二	今商圈	2017,(6)	挥　戈
以地域环境为导向的住区规划设计研究:浅谈无锡太湖锦园的规划设计	住宅科技	2017,(6)	许　刚 钱　晔 郝靖欣
非公有制企业专业技术人员职称评审的困境及对策:以无锡为例	人力资源管理	2017,(6)	张丽萍 刘佳媛
回归"真善美"的乡村建设探析:以无锡市阳山镇环境景观设计实践为例	艺术百家	2017,(3)	门坤玲 鲁晓军
瞄准市场前沿,做强"华检"品牌:无锡检验检疫局技术机构改革趟出新路	东方国门	2017,(6)	王蕾秦 蕾吴蔚
只有"知道"才能"跟上":江苏省无锡市国土资源系统强化"两个经常性"工作侧记	国土资源通讯	2017,(8)	李安国
消费者食品安全监管现状满意度及影响因素研究:基于无锡市的问卷调查	科教文汇	2017,(6B)	纪　宇 张景祥
高科技与寺院僧团:"无锡开原寺·互联网+时代的宗教生活"系列之四	中国宗教	2017,(1)	能　超
倾听基层登记人的声音:江苏省无锡市不动产登记工作交流发言摘录	中国不动产	2017,(1)	《中国不动产》编辑部

续表

标　题	报刊名	期号	作者
减灾教育课程基地建设实践探索:基于无锡市市北高级中学"馆课程"的案例研究	地理教学	2017,(4)	李树民
他们真的有点忙:无锡市行政审批中心工商局登记窗口的一天	工商行政管理	2017,(6)	无锡市工商局
"民生共享"语境下地方政府公共服务创新的路径:以长三角城市无锡为例	安徽行政学院学报	2017,(2)	王华华
A股"苏州板块"总市值破万亿,引发无锡资本市场思考:上市公司提升市值机会在哪里?	今商圈	2017,(4)	刘　纯
1915年北京师范学校首届毕业生参观上海、苏州、无锡、南通四地学校报告书	北京档案史料	2017,(1)	孙　刚
新闻广播与新媒体融合发展之要素:以无锡广播电台《直播937》为例	西部广播电视	2017,(1A)	沈晓红
"减灾馆课程":学会生存·变革学习:无锡市市北高级中学减灾教育课程基地建设实践探索	江苏教育研究	2017,(2A/3A)	李树民 朱昺旻 胡丹丹
节日文化活动的开展现状及融入社区教育的实践尝试:以无锡广益镇为例	南京广播电视大学学报	2017,(1)	杨　利
一"网"情深,让官兵就医变得容易:无锡联勤保障中心第117医院开启"互联网+医疗"新模式服务基层	浙江国防	2017,(1)	宋德宝
不忘初心,打造中国钢球高端优质品牌:专访无锡明珠钢球有限公司董事长吴昊	轴承工业	2017,(2)	何德明
社会主义核心价值观融入高校学生党建的思考:以无锡科技职业学院为例	机械职业教育	2017,(2)	夏　沁 刘兆晖
绩效改进助力企业业绩腾飞:浙江伟星新材无锡分公司绩效改进成功实践	中国培训	2017,(1B)	韩燕良 周春燕
传统美术类非物质文化遗产保护路径依赖与优化:基于无锡市惠山泥人的实证分析	江南大学学报:人文社科版	2017,(4)	吴媛媛 李卓一 陶赋雯
高职贫困生职业指导的特殊性及其对策探析:以无锡职业技术学院为例	黑龙江教育学院学报	2017,(7)	赵癸萍
2012-2016年无锡市儿童医院住院患儿肠球菌的分布及耐药性分析	现代预防医学	2017,(18)	张秀红 董　亮 耿先龙
精品课程资源学生满意度调查研究:以无锡商业职业技术学院为例	科教文汇	2017,(10A)	曹培培
佛教与高科技结合的前景:"无锡开原寺·互联网+时代的宗教生活"系列之十二	中国宗教	2017,(9)	能　超
退伍不褪色,岗位建新功:无锡公交新城分公司举办88路争创"拥军线"启动仪式	城市公共交通	2017,(9)	刘秀耘
诗意童年,奠基幸福一生:江苏省无锡市新吴区南星小学童诗教育回眸	小学语文教师	2017,(10)	华建谊 曹丽芳
让百姓吃上"放心肉":江苏检验检疫局在无锡建成进口肉类指定口岸	东方国门	2017,(10)	吴　蔚 李雪娇
江苏省无锡市梁溪区启动社工与社会组织"1+1"共同成长项目	中国社会工作	2017,(10A)	谢华娜

续表

标　　题	报刊名	期号	作者
高素质复合型会计专业人才培养模式的研究:以无锡太湖学院会计学专业为例	商业会计	2017,(19)	成晓婧 吴　婷
推进垃圾分类处理助力城乡绿色发展:关于无锡市锡山区生活垃圾分类处理情况的调研报告	城建监察	2017,(10)	李成柱
高职会计专业"云代账"创新创业实训平台构建:以无锡科技职业学院为例	会计师	2017,(11A)	徐　颖
小而美,特而精,聚而合:江苏省无锡市引导特色小镇走节地增效之路	国土资源通讯	2017,(17)	李安国
电镀园区重金属总镍污水达标排放:以无锡杨市金属表面处理工业园为例	环境与发展	2017,(9)	盛筱祺 盛俊宝
区域推进教育科研的内生式发展:以无锡市梁溪区精品课程建设为例	教育实践与研究	2017,(33)	汤雪平 魏　星
老有所养,老有所依:谈无锡市查桥敬老院改扩建设计	工程建设与设计	2017,(11A)	许　刚
"书香号地铁"圆梦记:记无锡市堰桥实验小学"红领巾追梦十三五,文明地铁ING"系列活动	辅导员	2017,(12A)	华　萍 华众一
民办高校工商管理专业人才培养模式研究:基于无锡太湖学院的实例分析	文教资料	2017,(21)	尹芳芳
基于体验经济的文化旅游产品组合开发研究:以无锡灵山小镇·拈花湾为例	湖北文理学院学报	2017,(11)	刘　晴
创建临床研究型医院谱写仁心仁术新篇章:专访无锡市人民医院院长陈卫平	中华医院管理杂志	2017,(12)	《中华医院管理杂志》编辑部
无锡市手工艺类非物质文化创意产业发展与传承人梯队建设研究	轻纺工业与技术	2017,(6)	杨武生
无锡市部分社区慢性阻塞性肺疾病患病率和相关危险因素的研究	现代医学	2017,(11)	黄捷晖 秦建强 吴庆盛
创新人才培养模式,深化园校合作机制:结合无锡爱儿星实习基地教育顶岗实习开展情况谈起	职业技术	2017,(11)	蒋咏梅
基於品牌個性和刻板印象内容模型的江蘇老字號品牌年輕化研究:以無錫王興記爲例	品牌研究	2017,(5)	张　一 张立英 仇荒宇
基于绿色发展理念的幼儿园校园设计实践:以无锡慧城幼儿园设计为例	建设科技	2017,(22)	汪滋淞
大隆:质量服务并驾齐驱:专访无锡大隆电工机械有限公司总经理王晓东	中国储运	2017,(11)	孙　昊
论住房公积金管理服务"金管家"品牌打造的三维架构:以无锡市住房公积金管理中心为例	经济师	2017,(11)	周泉林
成功的团队没有失败者:无锡市新吴区检察院的人才经	清风苑	2017,(11)	邓凌原 郝红梅
基于云计算和物联网技术的开放大学智慧校园建设:以无锡开放大学为例	铜仁学院学报	2017,(6)	丰明聪 李盘荣 胡　云
关于金融担保资产司法处置的调研报告:以无锡法院2011年以来涉金融执行案件为分析样本	审判研究	2017,(11)	无锡市中级人民法院执行局

续表

标　　题	报 刊 名	期 号	作 者
抓好党建促发展，践行文化结硕果：无锡移动成功创建全国文明单位的背后	江苏通信	2017,(6)	无锡移动 办公室
117 例无锡市农村地区急性心肌梗塞患者院前急救情况及临床效果分析	中外医疗	2017,(19)	杨凯涛 冯朝霞
无锡市医疗卫生机构专业技术人员寄生虫病防治能力评估研究	中国血吸虫病防治杂志	2017,(1)	孟晓军 高东林 张　轩
以应用研究为突破口，推进双师队伍建设：以无锡太湖学院的实践为例	中国高校科技	2017,(3)	吴学林 朱中伟 曹建君
老年人登山健身休闲研究：基于无锡市惠山国家森林公园的实证调查	四川体育科学	2017,(1)	郑继超 赵　娜
寻找中国教育“新生命”（下）：陶行知考察无锡开原乡立第一小学记	中国教师	2017,(2A)	钱　江
中国文化教育传统的百年回响：唐文治和“无锡国专”论略	苏州大学学报：教育科学版	2017,(1)	陈国安
向“蜂巢”聚集，与社区同行：无锡市滨湖区河埒街道水秀社区党建工作纪实	银潮	2017,(3)	张永胜 田清宏
地区非物质文化遗产在中小学教育中的传承现状及体系构建：以无锡为例	大众文艺	2017,(6)	李　欣 武泽容
高职院校教学质量监控信息化平台的设计：以无锡职业技术学院为例	无锡职业技术学院学报	2017,(3)	徐金凤 张路遥
区域经济视野下的职业教育学生核心素质培养研究：以无锡地区为例	当代教育实践与教学研究	2017,(1)	杨磊云 韩仁美
五年制高职现代商贸专业群建设探索：以无锡旅游商贸高等职业技术学校为例	职教通讯	2017,(9)	刘志娟
科技新城区电动汽车系统发展规划研究：以无锡市新吴区为例	交通与港航	2017,(2)	张国毅 邓立瀛 谷心怡
高职院校教师信息素养的现状调查与培养对策研究：以无锡商业职业技术学院为例	开封教育学院学报	2017,(2)	宋　歌 孔晓宇
“童化”书法，让童年更精彩：江苏省无锡市兰亭小学“童化”书法教育掠影	中国中小学美术	2017,(1)	邵华强 金苗红
基于 L·GISTIC 模型的智能化老年家居产品分析：以江苏省无锡市的调研为参照	企业研究	2017,(5)	杨谠旺 薛云建
快乐健身我参与，阳光体育展风采：无锡市第六高级中学激情跑操实例	青少年体育	2017,(4)	李　泽
财务分析下无锡制造企业经营绩效发展研究：以小天鹅与和晶科技为例	中国经贸	2017,(3A)	朱　婷 戴奇辰
基于全要素生产率视角的家庭农场创新驱动研究：来自无锡 228 户家庭农场的经验数据	农村经济	2017,(5)	王敏琴 王建华 赵利梅
中高职衔接课程体系构建研究：以无锡城市职业技术学院建筑工程专业为例	苏州市职业大学学报	2017,(1)	陈一虹

续表

标　　题	报　刊　名	期　号	作　者
无锡市锡山区某小学一起水痘暴发疫情的现场流行病学调查	现代预防医学	2017,(8)	李　杰 邵佳奇 孙凤妹
无锡社会组织工作:理念创新一小步,改革发展一大步	中国社会组织	2017,(10)	王冰洁
跨境电商创新创业人才培养探索:以无锡商业职业技术学院为例	中国高校科技	2017,(6)	王　冬
以学校特色“节日”体系为载体的文化育人创新实践:以无锡科技职业学院(科院)为例	思想理论教育导刊	2017,(6)	周雪梅 王国忠
基于T·PSIS方法的财务绩效发展评价研究:以无锡制造业上市公司为样本	会计之友	2017,(12)	朱和平 郭佳佳
户籍制度改革与农民工随迁子女义务教育:基于无锡东港镇的实证研究	经济师	2017,(6)	刘　建 刘庭庭 马　鑫
区域企业技术创新效率变动研究:对无锡市31家制造企业的实证分析	商业会计	2017,(13)	刘　览 孔　原
绿化废弃物处置利用对策及思考:以江苏省无锡市滨湖区为例	今日重庆·城市管理	2017,(8)	张　维
食品安全监管的多尺度建模与仿真研究:基于江苏无锡市消费者的调查分析	科教导刊	2017,(8A)	伍韩雪 张景祥
公共图书馆读者意见处理工作分析:以无锡市图书馆为例	图书馆界	2017,(4)	周　琼
无锡市某医院碳青霉烯类耐药肺炎克雷伯菌和大肠埃希菌的分布及耐药性分析	现代预防医学	2017,(16)	陈胜会 董　亮 张秀红
互联网与佛教对外交流:“无锡开原寺·互联网+时代的宗教生活”系列之十一	中国宗教	2017,(8)	能　超
基层党组织落实全面从严治党责任的思考:以江苏省无锡市为例	党史博采	2017,(6C)	曹文明
大学生实施“微公益”活动的探索与实践:以无锡商业职业技术学院为例	石家庄职业技术学院学报	2017,(3)	江雪茹 黄光雯
发挥高校优势提升全民科学素养的实践与探索:以无锡科技职业学院为例	科教导刊	2017,(6C)	鲍都娇
“十三五”旅游人才队伍建设:以无锡市“十三五”旅游人才队伍建设为例	经济研究导刊	2017,(18)	瞿立新 杨　婕
基于PISA科学素养测试的高职学生科学素养调查:以无锡城市职业技术学院为例	新疆职业大学学报	2017,(1)	丁同英
以“减量化”促进“双提升”:江苏省无锡市大力推进节约集约用地的经验	国土资源通讯	2017,(16)	李安国
微公益:高校思政课“实践育人”的有效载体:以无锡商业职业技术学院为例	职教通讯	2017,(24)	许会明
“互联网+”背景下无锡灵山胜境景区旅游满意度分析:以在线购后评价数据为基础	无锡商业职业技术学院学报	2017,(5)	张红英
高职院校学生毕业设计质量提升路径探索:以无锡职业技术学院材料专业为例	机械职业教育	2017,(9)	杨　飞 陈玉平 于金程
公共图书馆读者荐购服务的新模式:以无锡市图书馆“新书直借服务”为例	图书馆学刊	2017,(8)	陈　园

续表

标题	报刊名	期号	作者
中鼎:中鼎集成,善集大成:专访无锡中鼎集成技术有限公司总工程师刘庆国	中国储运	2017,(12)	孙 昊
企业文化在高职院校校园文化创新中的作用和影响:以无锡商业职业技术学院为例	淮海工学院学报:人文社科版	2017,(11)	张音宇 刘晓军
高职财务管理课程标准及教材开发研究:以无锡城市职业技术学院会计专业为例	淮南职业技术学院学报	2017,(4)	陶 红
基于"校企双制、工学结合"的现代学徒制探索与实践:以无锡技师学院博世项目为例	现代职业教育	2017,(9C)	顾宏亮
无锡地区62141例育龄期妇女T·RCH检测结果与季节性变化的相关性分析	安徽医药	2017,(12)	张 立 许耀辉 陈道桢
基于网络评论的五星级酒店服务质量分析:以无锡君来湖滨酒店为例	中国商论	2017,(36)	孙春艳 王立达
江苏省南京市和无锡市两地首次检出人星状病毒HAstV－1a基因亚型	病毒学报	2017,(6)	阎 岩 宫 辉 陆建荣
高校科技创业园发展困境与路径选择:以无锡大学城科教产业园为例	中国高校科技	2017,(12)	徐 进
户籍视角下农民工随迁子女教育融入问题研究:以无锡市DG镇为例	产业与科技论坛	2017,(20)	刘 建 刘庭庭 马 鑫
浅析以项目为载体的校企深度融合实践:以无锡工艺职业技术学院陶艺专业改革为例	当代教育实践与教学研究	2017,(2)	邓举青
女大学生身心健康状况调查与分析:以无锡工艺职业技术学院为例	河北能源职业技术学院学报	2017,(4)	张伟华
从财务报表看中小企业的融资困境及对策探讨:以无锡中小企业为例	萍乡学院学报	2017,(5)	王芙蓉
检视当下产业面临的环境瞩望未来转型升级的路径:第14届中国铸造铝合金产业链发展论坛在无锡落幕	资源再生	2017,(5)	翟 昕
校企融合背景下高职药物制剂技术课程改革实践:以江苏联合职业技术学院无锡卫生分院为例	河南教育	2017,(7B/8B)	宋振国 许志杰
深度融合,期待一个更美好的无锡:"从全域发展视野看锡澄锡宜一体化提速"调查报告(下)	今商圈	2017,(8)	王怡获 陈 苏
服务外包教育链与产业链融合发展的探索、实践与思考:以无锡市服务外包职业教育集团为例	教育观察	2017,(14)	林 俊
微信正成为诈骗"重灾区":无锡市检察机关2016年来办理微信诈骗犯罪案件情况报告	清风苑	2017,(8)	邓凌原 王 峰
牵住"牛鼻子",深耕"责任田":江苏省无锡市国土资源局党委强化"两个责任"落实的探索	国土资源通讯	2017,(4)	李安国
让职业学校成为师生实现自身价值的乐土:以江苏省无锡汽车工程中等专业学校为例	汽车维护与修理	2017,(7B)	杨正俊

续表

标　　题	报 刊 名	期 号	作 者
博采众长，砥砺奋进，建人民满意的基层站所：记无锡市梁溪区城管执法大队2016基层站所公共服务标准化建设	城建监察	2017,(3)	孟　栋
制造业转型升级背景下五年制高职现代工匠精神的培养：以无锡机电高等职业技术学校为例	机械职业教育	2017,(7)	王　军 蒋洪平 顾凌云
让小支部发挥大作用：关于江苏省无锡市国土资源系统基层党支部建设情况的调研报告	国土资源通讯	2017,(12)	李安国
"一带一路"背景下高职院校海外办学成效、困难与对策：以无锡商业职业技术学院柬埔寨办学为例	中国职业技术教育	2017,(18)	李传彬
"双身份"高职会计学生"职业人"的分级培养探索：以无锡商院"上海诚丰"代理记账项目为例	现代商贸工业	2017,(27)	陆兴凤 董丽丽 何　晨
融入社区党旗红：无锡市新吴区江溪街道太二社区离退休干部党支部党建工作掠影	银潮	2017,(1)	张永胜 田清宏
中德生物：成为老百姓可信赖的食品安全专家：访无锡中德伯尔生物技术有限公司总裁李林	食品安全导刊	2017,(5A)	高光普
借力区域职教资源优势，构建现代职教体系试点雏形：以无锡汽车工程中等专业学校为例	江苏教育研究	2017,(4C)	杨正俊
刻苦钻研，"门外汉"变"行家里手"：记无锡检验检疫局华检中心机电工程师过峰	东方国门	2017,(1)	杨　艳
新形势下加强医院思想政治工作的创新与启示：以无锡市第五人民医院为例	企业改革与管理	2017,(6A)	朱　关
信息化技术为引导信众正知正信打造新平台："无锡开原寺·互联网+时代的宗教生活"系列之九	中国宗教	2017,(6)	能　超
高起点，高标准，实施部门统计改革，以更加开放姿态推动部门合作共享双赢：访无锡市统计局党组书记、局长吴红星	统计科学与实践	2017,(5)	《统计科学与实践》编辑部
从工艺品到建筑物之跨界著作权侵权问题研究：以江苏无锡紫砂壶案为分析对象	上海政法学院学报	2017,(2)	王晓芬
医院信息化行业发展趋势：用数据说话：专访无锡市人民医院信息中心副主任刘喻	科技新时代	2017,(1)	杨慧林 郑序颖
公益创投背景下社会组织商业模式创新的案例研究：以无锡市可益会公益设计实验室为例	中国商论	2017,(6)	王梦竹
虚开增值税专用发票易发大案：无锡市惠山区检察院查办虚开增值税专用发票犯罪案件情况报告	清风苑	2017,(10)	肖　松
基于"企业博士工作站"的高职"双导师制"的创新研究与探索：以无锡城市职业技术学院为例	价值工程	2017,(12C)	赵　吉 傅　毅 梅　娟
特色校园文化建设与社会主义核心价值观教育融合研究：以无锡工艺职业技术学院为例	淮海工学院学报：人文社科版	2017,(11)	林素琴 邵汉强
高度可信赖的集成电路设计服务合作伙伴：访无锡华大国奇科技有限公司总裁谷建余先生	中国集成电路	2017,(11)	王喜莲
"一带一路"背景下来华留学生跨文化适应性研究：以无锡商业职业技术学院为例	机械职业教育	2017,(10)	王　崴

续表

标　题	报刊名	期　号	作　者
“一体化”诊疗打破专科局限:江苏省无锡市第三人民医院管理模式创新	中国卫生	2017,(4)	周　蓉
建设中小学名师工作室,提升示范性课程领导力:无锡市首批中小学名师工作室建设工作纪事	江苏教育研究	2017,(4B)	黄树生
先做一棵摇动自己的树:江苏省无锡市辅仁高级中学语文学科组建设的实践探索	江苏教育·教师发展	2017,(4)	顾小敏 李欣荣
供给侧结构性改革背景下制造业企业转型升级路径研究:以无锡、苏州地区集成电路企业为例	价值工程	2017,(5A)	高宇飞 徐　敏 陈　静
无锡市第三人民医院烧伤科病房环境细菌与烧伤病员创面细菌的同源性分析	现代预防医学	2017,(4)	朱　婕 黄　璇 程华莉
新常态下R&D投入对企业财务绩效的影响研究:基于无锡制造业上市公司的经验数据	中国集体经济	2017,(16)	郭佳佳
流动儿童学校适应性现状与策略研究:基于江苏省无锡市五河新村小学的实例分析	江苏教育·教育管理	2017,(4)	徐　诞
中鼎集成:向着国际一流系统集成商砥砺前行:访无锡中鼎集成技术有限公司总经理张科	物流技术与应用	2017,(4)	任　芳
美丽焊花里的无锡“汉子”:记“全国五一劳动奖章”获得者、大明钣金焊接班组长杜华军	金属加工·热加工	2017,(10)	杨木军
垃圾处理的“坊小模式”:江苏省无锡市坊前实验小学第二课堂之环保教育侧记	环境教育	2017,(9)	陈夏雷 王小平
高职软件技术专业“双元双创”人才培养模式构建与实践:以无锡工艺职业技术学院为例	教育教学论坛	2017,(37)	朱旭东 王明芳 王明超
我永远不会忘记那把“扳手”:访无锡先导智能装备股份有限公司总裁王燕清	今商圈	2017,(7)	《今商圈》 编辑部
供应链在企业中的战略职能及解决策略:从无锡世强休闲用品有限公司遇到的出口问题出发	产业与科技论坛	2017,(10)	浦敏华
探索少年军校发展新路,提升示范学校办学品位:江苏省无锡市凤翔实验学校少年女子军校的特色经验	中小学校长	2017,(7)	吴勇军
浅谈五年制高职语文情境教学实施的必要性和可行性:以江苏联合职业技术学院无锡交通分院为例	现代职业教育	2017,(11C)	熊　睿
学习贯彻党的十九大精神:聚力谱写工会积极参与新时代中国特色社会主义无锡实践的新篇章	江苏工运	2017,(11)	陈德荣
深入学习贯彻十九大精神,引领新时代中国佛教发展:中国佛教协会第九届理事会第二次会议在无锡灵山举行	法音	2017,(11)	陈长松 李星海
推进现代学徒制人才培养模式的实践与研究:以无锡科技职业学院与某公司合作实践人才培养为例	中国教育技术装备	2017,(20)	王薇菁 桂和利
立体送达抢占传播高地,内容为王吸引本土受众:以无锡广播为例浅析新媒体时代城市广播新闻节目的生产和播出	视听	2017,(11)	段　幔
高职院校建立现代学徒制长效育人机制的问题与对策:基于无锡商业职业技术学院的个案分析	职教通讯	2017,(32)	程　晶
优化教育培训“供给侧”,增强教师发展“获得感”:以江苏省无锡市乡村初中品德学科及教育科研带头人培育站建设为例	江苏教育	2017,(86)	贡和法

续表

标题	报刊名	期号	作者
数据将成为物联网时代最重要的生产资料:马云在2017世界物联网无锡峰会上的演讲	常州经济	2017,(9)	《常州经济》编辑部
“不做假账”不忘守土有责的初心:无锡市河埒街道稻香社区党委抓好工会财务工作的事迹	中国工会财会	2017,(12)	过　磊
职业院校开展非物质文化遗产保护传承的实践探索:以无锡工艺学院对宜兴紫砂陶非物质文化遗产的保护传承为例	江苏陶瓷	2017,(6)	陆小荣 陆旻瑶
创新三重点:技术、产品、渠道:马中超理事长在2016年中国(无锡)国际轻型电动车创新技术大会上阐述未来企业创新的方向	中国自行车	2017,(1)	余海峰

先进名录

2017年全国工人先锋号名单

宜兴市公共交通有限公司公交一路车组
无锡荣成环保科技有限公司制纸三课丙班
江苏省广电有限信息网络股份有限公司无锡分公司96296呼叫中心

2017年江苏省五一劳动奖和工人先锋号名单

江苏省五一劳动奖状(10个)

江阴广播电视集团
江苏亨鑫科技有限公司
无锡新中润国际集团有限公司
红豆集团有限公司
中航卓越锻造(无锡)有限公司
无锡市润和机械有限公司
索尼数字产品(无锡)有限公司
无锡市交通产业集团有限公司
无锡工艺职业技术学院
中国电子科技集团公司第五十八研究所

江苏省五一劳动奖章(20名)

缪金凤　江苏苏利精细化工股份有限公司董事长、总经理
包虎平　江苏方程电力科技有限公司技术研发部经理
蒋建国　江苏宜安建设有限公司暖通班班长
王华萍　灵谷化工有限公司中控主操
吴俊锋　江苏省科佳工程设计有限公司专业副总工程师
程泽文　江苏精享裕建工有限公司财务部经理
丁道俊　无锡卡秀堡辉涂料有限公司技术员
贾永康　无锡艾迪花园酒店有限公司行政总厨
吴跃华　无锡市滨湖区总工会组织生产部部长
孙运华　无锡小天鹅股份有限公司员工
李　晓　永得利科技(无锡)有限公司员工
冯　婷　无锡市第一中学校长办公室主任兼人事秘书
龚少愚　无锡市中医医院治未病科主任、内科副主任兼心血管科副主任

徐　政　无锡地铁集团有限公司董事局主席、党委书记
赵永书　中共无锡市纪律检查委员会副处级干部
杨　晖　中国航发控制系统研究所所长
蒋高明　江南大学纺织服装学院教授
徐爱东　江苏北方湖光光电有限公司技术员
陈　平　国网无锡供电公司变电检修一班班长
万正权　中国船舶重工集团公司第七〇二研究所副总工程师

江苏省五一劳动荣誉奖章(6 名)

陳文銓　中国台湾健鼎(无锡)电子有限公司董事长
萨巴弟尼　意大利威埃姆输送机械(无锡)有限公司 CEO
董　健　美国无锡药明康德生物技术股份公司副总裁、工厂厂长
曾国豹　马来西亚希捷国际科技(无锡)有限公司产品工程部总监
野村慎治　日本无锡村田电子有限公司董事长、总经理
苏宁龙　新加坡康明斯发电机技术(中国)有限公司总经理

江苏省工人先锋号(40 个)

法尔胜泓昇集团有限公司缆索张拉班组
江阴兴澄特种钢铁有限公司厚板分厂生产乙班
江苏江阴农村商业银行股份有限公司顾山支行
江苏霞客环保色纺股份有限公司化纤车间
江苏新金磊钢业有限公司成型班组
江苏宜兴农村商业银行股份有限公司陶都支行
远东电缆股份有限公司超高压电缆厂
中辰电缆股份有限公司交联班组
无锡天资乳业有限公司乳品生产车间
无锡爱邦辐射技术有限公司科技研发部
无锡压缩机股份有限公司工艺往复机服务组
无锡杰夫电声股份有限公司 B 班
乐丰精密零件制造(无锡)有限公司压铸班
江苏赛福天钢索股份有限公司捻绳车间电梯班
无锡市宏泰电机股份有限公司电工车间
天奇自动化工程股份有限公司企业技术中心
无锡中德美联生物技术有限公司扩增前车间
瑞普安华高(无锡)电子科技有限公司 SBX 创新小组
无锡微研股份有限公司研发部班组
无锡市振华轿车附件有限公司焊接车间
无锡富士电机有限公司检查线束班
易视腾科技股份有限公司终端部技术支持中心
银邦金属复合材料股份有限公司质量部
无锡市山水丽景大酒店餐饮部中厨房
江阴桃园山庄休闲度假有限公司餐饮部
无锡机电高等职业技术学校自动化工程系
无锡市妇幼保健院产科
无锡市自来水有限公司检漏班组
无锡市公共工程建设中心道桥工程部
无锡市工人文化宫
海鹰企业集团有限责任公司海加公司营销部
无锡华润安盛科技有限公司 EVI 外检
中国邮政集团公司无锡市分公司山北邮政支局
中国电信股份有限公司无锡分公司梁溪区局
中国移动通信集团江苏有限公司无锡分公司梁溪营销中心广益片区营业部
无锡广播电视台新闻中心新媒体运行部
中国银行无锡分行营业部
无锡太湖学院艺术学院
公安部交通管理科学研究所交通管理信息技术研究部
中国航空工业集团公司雷华电子技术研究所机械制造部数控二组

编辑　郭　鹏

索引

说 明

本索引为综合性主题索引，包括正文部分38个类目（不包括附录）的内容。索引标目按汉语拼音字母顺序排列，同音字按声调顺序，同音同声者按第二字拼音字母顺序排列。标目后数字为页码，字母a为左栏，b为中栏，c为右栏。

A

B

C

D

E

F

G

H

J

K

L

M

N

O

P

Q

R

S

T

W

X

Y

Z